BERLIN, BERLIN

BERLIN, BERLIN

DIE AUSSTELLUNG ZUR GESCHICHTE DER STADT

750 JAHRE BERLIN 1987

KATALOG
Herausgegeben von Gottfried Korff
und Reinhard Rürup

NICOLAI

GESAMTHERAUSGEBER
Berliner Festspiele GmbH
im Auftrag des Senats von Berlin
zur 750-Jahr-Feier Berlins 1987

SATZ
MEDIA trend, Berlin
gesetzt aus der Sabon

LITHOGRAPHIE
O.R.T. Kirchner + Graser GmbH, Berlin

DRUCK
H. Heenemann GmbH & Co, Berlin

BINDEARBEITEN
Lüderitz & Bauer GmbH, Berlin

UMSCHLAGENTWURF
Nicolaus Ott + Bernard Stein, Berlin
Photographie: Friedrichstraße, um 1930
(Landesbildstelle Berlin)

VERLAG
Nicolaische Verlagsbuchhandlung
Beuermann GmbH, Berlin

ISBN 3-87584-214-6

GRUSSWORT

Selten hat eine Stadt in relativ kurzer Zeit so viel Geschichte mitgestaltet und erfahren wie Berlin. In merkwürdigem Gegensatz dazu steht, daß manchem der erste Blick auf Berlin diese Stadt als ›geschichtslos‹ erscheinen läßt. Und doch drängt sich die Geschichte umgehend in das Blickfeld des Berlin-Betrachters. In West und Ost begannen in den letzten Jahren aufwendige Rekonstruktionsarbeiten. Vor allem aber die geopolitische Lage der Stadt, ihr Status und nicht zuletzt ihre Zugangswege – dies alles und mehr verweist mit Notwendigkeit in die Geschichte: In Berlin erklärt sich die Gegenwart immer auch aus der Vergangenheit. So sind denn auch die 750-Jahr-Feiern in Berlin (West) und Berlin (Ost) eine Rückschau auf das Vergangene, das – trotz allem Trennenden – zugleich auch verbindet. Zumindest im Westteil der Stadt soll die 750-Jahr-Feier dazu dienen, die Gemeinsamkeit der Geschichte aufzuzeigen und nach Möglichkeit für die Zukunft zu wahren. Hierfür eine Perspektive zu entwickeln, ist Auftrag an uns heute.

Berlin war immer vital, dem Neuen aufgeschlossen und übrigens auch respektlos gegenüber der eigenen Geschichte. So wurde das kriegsbeschädigte Schloß im Ostteil der Stadt 1950 gesprengt, viele wertvolle Bauten fielen dann der Abrißwut der fünfziger und sechziger Jahre zum Opfer, nur mit Mühe konnte im Westen später die endgültige Zerstörung des Martin-Gropius-Baus verhindert werden.

Berlin provoziert nicht nur zum Nachdenken über den Umgang mit Geschichte, sondern auch über die Zeitgeschichte schlechthin. Seine Lage in der Mitte Europas wirft die Frage auf, wie es in und mit dem europäischen Kontinent weitergehen wird. »Die Vergangenheit ist niemals tot, sie ist nicht einmal vergangen«, bemerkte einmal William Faulkner. Der Erfolg der zentralen Berlin-Ausstellung wird an diesem Wort zu messen sein.

Eberhard Diepgen
Regierender Bürgermeister von Berlin

GELEITWORT

»Es gibt nur ein Berlin – und das ist mein Berlin ... «, so sang Claire Waldoff zwischen den Kriegen verblüffend treffsicher. Sie brachte das Wesen der Stadt auf den Punkt: Berlin ist nichts aus sich selbst, sondern es ist eine subjektive Beziehungsgeschichte. Berlin bietet nur den Rohstoff, aus dem der Mensch seine Träume und Visionen bauen kann. Berlin ist das Gehäuse, das die Werkzeuge bereithält zur Arbeit des Menschen an sich selbst, an seiner Gesellschaft und seiner Welt. Insofern trifft das Wort Heinrich Manns von 1921 zu: Berlin sei eine Werkstatt für Menschen – mithin kein bequemer Ort. Symptomatisch für den Berliner ist seine Unfähigkeit zur Selbstzufriedenheit. Seine Beziehungen zur eigenen Stadt sind erkämpft und erlitten – im Widerspruch und in der Auseinandersetzung. Folgerichtig muß die Kunst im modernen Berlin weit mehr als in anderen Städten zum notwendigen Bestandteil menschlicher und gesellschaftlicher Existenz werden, zum präzisen seismographischen Instrument der Selbstdarstellung und der kritisch-realistischen Selbstfindung. ›Ich und die Stadt‹, der Titel eines Gemäldes von Ludwig Meidner, ist zutreffend der Titel der von der Berlinischen Galerie gestalteten Ausstellung über Mensch und Großstadt als integraler Teil der historischen Berlin-Ausstellung.

Berliner Geschichte kann aufgrund der Berliner Großstadtmentalität kein statisches Gut sein. Berlin ist da, wo die ›Menschenwerkstatt‹ offengehalten wird für das Neue und Schwierige, für das Fremde und Zukünftige, für Widerspruch und Gegensätze, für Toleranz und Dialog.

So mußte die Stadt ihre Identität und ihr Gesicht nach 1933 verlieren, als Menschenverachtung, politischer Mord und Vertreibung die Stadt im Innersten trafen, als der Exodus von Berlinern jüdischer Abstammung die Stadt mehr zerstörte als die Vernichtung der Gebäude im Bombenkrieg. Verdrängung der jüngsten Geschichte, Auslöschung historischer Spuren und Abriß von Gebäuden der Täterschaft geben bis in unsere Tage Zeugnis von geistiger Verwirrung und Verunsicherung. Vom tiefsten Fall in ihrer Geschichte hat sich die Stadt bis heute nicht erholt.

Notwendigerweise muß eine Berlin-Ausstellung, die Zeugnis ablegen will und gegenwärtig sein soll, unbequem sein wie ihr Gegenstand und zu Widerspruch herausfordern. ›Berlin, Berlin‹: Der Titel verdeutlicht Dynamik ebenso wie Gegensätzlichkeit. Wer durch die Ausstellung irritiert oder provoziert wird, hat sie verstanden und mit den Einsichten begonnen. Mehr als die erzählende Chronik steht im Vordergrund der Bemühungen die Verdeutlichung berlinischer Mentalität, der zivilisatorischen Leistung der Stadt vor allem im 19. und 20. Jahrhundert, der Katastrophe von Faschismus und Weltkrieg sowie der mühsamen, schwierigen Rückkehr in die Gegenwart.

Die Berlin-Ausstellung soll ihren Erlebnis- und Erkenntniswert nicht nur aus den visuellen Attraktionen einer Rauminszenierung und dem Reiz des ausgebreiteten

Stoffs, darunter vieler verblüffender Entdeckungen, gewinnen, sondern sehr wesentlich aus seiner Topographie. Die Nähe zur gemauerten DDR-Grenze macht unmittelbar bewußt und erfahrbar, daß Berlin in der mitteleuropäischen Schnittlinie liegt. An den Martin-Gropius-Bau, das ehemalige Kunstgewerbemuseum zur Förderung des Wachstums durch Handwerk und Industrie, grenzt das Gelände der ehemaligen Kunstgewerbeschule und des ehemaligen Prinz-Albrecht-Palais. Hier hatten Gestapo, SS und Reichssicherheitshauptamt die Zentralen ihrer Terrorherrschaft eingerichtet; von hier aus wurde die Verfolgung und Ermordung politischer Gegner und der Opfer des Rassenwahns durch die nationalsozialistische Gewaltherrschaft geplant und ausgeführt. Diese Stätten des Schreckens, die nach 1945 dem Vergessen und der Verdrängung von Geschichte bewußt oder unbewußt anheimfielen, deren Spuren beseitigt werden sollten, werden jetzt genau, ausführlich und unprätentiös dokumentiert – als notwendige Ergänzung zur Berlin-Ausstellung mit ihrem Gang durch die Geschichte der Stadt von ihren Anfängen bis zur Gegenwart.

Die große Stadt Berlin nutzt ihr Jubiläum zu Recht als Anlaß, um in der Geschäftigkeit des aktuellen Getriebes auch Arbeit und Muße für diesen historischen Blick aufzuwenden, sich Glanz und Elend der eigenen Geschichte zu vergegenwärtigen. Die Vergegenwärtigung muß bei alledem aber das leitende Interesse sein, für die Ausstellung ebenso wie für den Besucher. Zur Entlastung von der Konfrontation mit der Gegenwart, zur Verführung, ihr den Rücken zu kehren und in die Betrachtung der Vergangenheit zu entweichen, taugt gerade die Geschichte Berlins am wenigsten. So wie schon der Ort der Ausstellung versucht, vergessene und vernachlässigte Areale der Stadt neu bewußt zu machen, dem Vergessen zu entreißen und für zukünftige Entwicklungen wieder verfügbar zu machen, so ist auch in ihrem Inhalt die Gegenwart als Hintergrund für die Arbeit an der Geschichte präsent – nicht nur umgekehrt. Aus einem frischen Verständnis für das Vergangene und Gewordene ein gesteigertes Interesse und Engagement für das Gegenwärtige zu gewinnen – das wäre der schönste Erfolg dieser großen Anstrengung.

Die wissenschaftlich Verantwortlichen und die Autoren der Berlin-Ausstellung sahen sich außergewöhnlichen Problemen der Materialbeschaffung und der thematischen Gliederung des Stoffs ausgesetzt. Ihnen wie auch den Leihgebern gilt unser besonderer Dank.

Volker Hassemer, Ulrich Eckhardt

INHALT

Die Koordination der wissenschaftlichen Arbeiten zu den einzelnen Abteilungen lag bei Dr. Marie-Louise von Plessen (I, II), Prof. Dr. Gottfried Korff (III), Bodo-Michael Baumunk (IV, V) und Prof. Dr. Reinhard Rürup (VI, VII).

Für die Konzeption der Ausstellungsräume, Recherchen und Erstellung der Objektverzeichnisse waren verantwortlich: Heidemarie Anderlik (7, Mitarbeit: 1, 2, 29); Gesine Asmus (19); Bodo-Michael Baumunk (11, 26, 29); Dr. Rosmarie Beier (14, 20, 21, 24, 25); Christian Borngräber (36); Peter Hielscher (23, 27, 28); Sabine Hollburg (15); Dr. Leonore Koschnick (3, 5, 6, 16, 17); Günter Morsch (32, 33, Mitarbeit: 30, 31); Dr. Marie-Louise von Plessen (1, 2, 4, 9, 12, 13, 22); Sylvia Rogge (Mitarbeit: 31, 32, 33, 34); Christoph Schwarz (35, Mitarbeit: 34); Hans-Christian Täubrich (8, 10); Hans Wilderotter (30, 31, 34, Mitarbeit: 32, 33). Die Aufsätze sind mit den Initialen der Autoren gezeichnet. Den Text zu Raum 7 verfaßte Prof. Dr. Ilja Mieck, den Text zu Raum 36 Prof. Dr. Reinhard Rürup.

BERLIN, BERLIN
DIE AUSSTELLUNG ZUR GESCHICHTE DER STADT

VERANSTALTER
Berliner Festspiele GmbH im Auftrag des Senats von Berlin
Intendant: Dr. Ulrich Eckhardt

PLANUNGSGRUPPE
Prof. Dr. Jürgen Kocka, Prof. Dr. Gottfried Korff, Prof. Dr. Ilja Mieck, Prof. Dr. Horst Möller, Prof. Dr. Reinhard Rürup, Prof. Dr. Hagen Schulze, Dr. Christoph Stölzl

WISSENSCHAFTLICHE LEITUNG
Prof. Dr. Gottfried Korff, Prof. Dr. Reinhard Rürup

WISSENSCHAFTLICHER BEIRAT
Prof. Dr. Jürgen Kocka, Prof. Dr. Ilja Mieck, Prof. Dr. Horst Möller, Prof. Dr. Hagen Schulze, Dr. Christoph Stölzl, Prof. Dr. Rudolf von Thadden

AUSSTELLUNGSLEITUNG
Bodo-Michael Baumunk, Prof. Dr. Gottfried Korff, Dr. Marie-Louise von Plessen, Prof. Dr. Reinhard Rürup, Wolfgang E. Weick

AUSSTELLUNGSGESTALTUNG
Dipl.-Ing. Hans Dieter Schaal (Architektur)

Bodo-Michael Baumunk (Koordination)

GENERALSEKRETARIAT
Hans-Christian Täubrich, Wolfgang E. Weick

SEKRETARIAT UND VERWALTUNG
Guttaborg Kreissl, Elvira Rohr

WISSENSCHAFTLICHE MITARBEITER
Heidemarie Anderlik, Stephan Andreae, Gesine Asmus, Bodo-Michael Baumunk, Dr. Rosmarie Beier, Christian Borngräber, Peter Hielscher, Sabine Hollburg, Dr. Leonore Koschnick, Günter Morsch, Maja Reggentin, Sylvia Rogge, Christoph Schwarz, Hans-Christian Täubrich, Hans Wilderotter

PRODUKTION
Dipl.-Ing. Christian Axt

Dipl.-Ing. Andreas Elz, Sibylle Jans, Dipl.-Ing. Brigitte Leister; Prof. Frank Hess, Ulrike Damm, Susanne Jaeger (Graphik); Hartwig Hahn (Lichttechnik); Eva Wieland (Sekretariat); Dipl.-Ing. Douglas Waibel, Dipl.-Ing. Joachim Nagel, Dipl.-Ing. Karin Dürr; Dipl.-Ing. Gerd-Walter Miske (Statik); Dipl.-Ing. Jürgen Bauer (Prüfstatik)

KATALOGREDAKTION
Gesine Asmus

Heidemarie Anderlik, Dr. Rosmarie Beier, Dr. Leonore Koschnick, Sylvia Rogge, Hans-Christian Täubrich
Dr. Karl-Robert Schütze (für den Verlag)

Lidwien Steenbrink (Layout)

INFORMATIONSTAFELN ZUR STADTGESCHICHTE
Burkhard Asmuss

Prof. Dr. Ilja Mieck (wissenschaftliche Beratung)
Karsten Bremer (Kartographie)

LEIHVERKEHR
Sabine Hollburg, Christoph Schwarz

KONSERVATORISCHE BETREUUNG
Klaus Büchel

Christiane Altmann, Ernst Bartelt, Dorothee Beckmann-Budzinski, Waltraud Berner, Peter Dützer

PHOTOGRAPHIE
Margret Nissen

EDV
Gesine Asmus, Michael Burkert (Programm für die Objekterfassung)
Monika Hingst (Datenverwaltung)
Burkhard Asmuss (Organisation der Textverarbeitung)

DIE AUSSTELLUNGSLEITUNG DANKT FÜR HILFE
Andrea Bergler, Gabriele Kunkel-Brandt, Sabine Damm, Susanne Herms, Dr. Thomas Kirchner, Elisabeth Lucchesi, Gerda May, Anne Meckel, Karen Meyer, Monika Munka-Engels, Dr. Martin Roth, Dr. Jeannot Simmen, Cimen Tansu
Jan Schmolling (AV-Medien)
Hanspeter Krüger, Hanns Zischler (Tonprogramm Raum 18)

TRANSPORTE
Internationale Kunstspedition Hasenkamp

VERSICHERUNGEN
Oskar Schunck KG, Berlin

In Verbindung mit der historischen Ausstellung finden im Martin-Gropius-Bau folgende Ausstellungen und Begleitveranstaltungen statt:

ICH UND DIE STADT
Mensch und Großstadt in der deutschen Malerei vom Expressionismus bis zur Gegenwart
Eine Ausstellung der Berlinischen Galerie e.V.
(Eigener Katalog)

TOPOGRAPHIE DES TERRORS
Gestapo, SS und Reichssicherheitshauptamt auf dem ›Prinz-Albrecht-Gelände‹
Eine Dokumentation in der provisorischen Ausstellungshalle neben dem Martin-Gropius-Bau
Eine Veranstaltung im Rahmen der zentralen historischen Ausstellung (Eigene Publikation)

STADTWERKSTATT
Literaturprogramm: Lesungen und Gespräche zur Berlin-Ausstellung, veranstaltet von der Berliner Festspiele GmbH

FILMPLATZ BERLIN – SCHAUPLATZ BERLIN
Filmretrospektive, veranstaltet von der Stiftung Deutsche Kinemathek und den Freunden der Deutschen Kinemathek

GESCHICHTE BERLINS – BERLINER GESCHICHTEN
Fernseh-Retrospektive, veranstaltet von SFB und ZDF

Die Geschichte Berlins in einer großen historischen Ausstellung zu zeigen, wäre nicht möglich ohne die Hilfe und Unterstützung vieler Personen und Institutionen. Die Ausstellungsleitung und die Mitarbeiter möchten deshalb an dieser Stelle einen herzlichen Dank an all jene richten, die in den verschiedenen Stadien bei der Realisierung der Ausstellung behilflich waren. Die Unterstützung war vielfältig, sie reichte von wichtigen Hinweisen auf gesuchte Objekte über die Zuarbeit zu einzelnen Ausstellungsthemen bis hin zur tatkräftigen Teilnahme am Aufbau.

Die Ausstellung ist so auch das Ergebnis der wohlwollenden, aufgeschlossenen Haltung, mit der ihr die Verantwortlichen und Mitarbeiter zahlreicher Museen, Archive und Firmen begegneten, die einzeln zu nennen der Platz nicht ausreicht. Aufgeführt sind im folgenden die Leihgeber, die durch ihre großzügige Leihbereitschaft die Umwandlung des Ausstellungskonzeptes in eine historische ›Schau‹ ermöglichten.

VERZEICHNIS DER LEIHGEBER

AACHEN
Internationales Zeitungsmuseum der Stadt Aachen; Prof. Dr. med. Axel Hinrich Murken

ALBSTADT
Städtische Galerie Albstadt, Städtische Kunstsammlungen

ALTENKIRCHEN
Ingrid Heinemann

AMSTERDAM
Internationales Institut für Sozialgeschichte

ASCHAU
Dr. Heinz Böss

BAD KREUZNACH
Diakonie-Anstalten Bad Kreuznach

BALDHAM
Eva Heilmann

BAMBERG
Lothar Schmid

BASEL
Öffentliche Bibliothek der Universität Basel; Öffentliche Kunstsammlung Basel, Kunstmuseum

BERLIN
Agentur für Bilder zur Zeitgeschichte; Akademie der Künste; Fa. Albrecht – Grabdenkmale; Amerika Gedenkbibliothek / Berliner Zentralbibliothek; Anti-Kriegs-Museum; Archiv für Kunst und Geschichte; Ausstellungs-Messe-Kongress-GmbH (AMK);
Bachmann & Söhne; Dr. Ernst-Henri Balan; Bau- und Wohnungsaufsichtsamt Kreuzberg; Bauhaus-Archiv, Museum für Gestaltung; Klaus Behnken; Berlin Museum; Berliner Asyl-Verein für Obdachlose e.V.; Berliner Festspiele GmbH; Historische Lehrschau der Berliner Feuerwehr; Berliner Gaswerke (Gasag); Berliner Großmarkt GmbH, Archiv; Berliner Kindl Brauerei AG; Berliner Kraft- und Licht (Bewag)-AG; Berliner Krippenverein; Berliner Panopticum; Archiv der Berliner Philharmoniker e.V.; Berliner Post- und Fernmeldemuseum; Berliner Verkehrs-Betriebe (BVG); Berliner Wertpapierbörse; Berlinische Galerie; Irene Beust, geb. von Drenkmann-Drory; Bezirksamt Kreuzberg, Gartenbauamt; Bezirksamt Wedding; Bezirksverband Wedding der Kleingärtner e.V.; Bickhardt'sche Buchhandlung KG; Bildarchiv Preußischer Kulturbesitz (PK); Charlotte Bischoff; Bistum Berlin; Karl-Heinz Bittermann; Sammlung Manfred Bold; Bolle Meierei und Lebensmittel Filial Betriebe, Archiv; Börsen Cabinet Wirtschaftsantiquariat GmbH, Berlin; Fa. Borsig GmbH; Bröhan-Museum; Archiv der Buchbinder-Innung Berlin; Arnold Budczies; Bund der Pfadfinderinnen und Pfadfinder e.V., Landesverband Berlin; Bundesgesundheitsamt mit Robert-Koch-Institut;
Consistorium der Französischen Kirche zu Berlin; Ulrich Czekay;
Erna Deininger; Deutsches Historisches Museum (im Aufbau); Deutsches Institut für Normung e.V. (DIN); Deutsches Patentamt, Dienststelle Berlin; Deutsches Rotes Kreuz, Landesverband Berlin; Deutsches Rundfunk-Museum e.V.; Archiv und Bibliothek des Diakonischen Werkes der Evangelischen Kirche in Deutschland; Herbert Dierker; Diözesanarchiv Berlin; Gernot Dorau; ›Die Tödliche Doris‹; Dorland Werbeagentur GmbH;
Emil-Fischer-Heimatmuseum, Museum für Stadtkultur und Regionalgeschichte; Europa-Haus Grundstücksgesellschaft mbH & Co. KG; Evangelische Brüdergemeine Berlin; Evangelische Dorfkirchengemeinde Lankwitz; Evangelische Kirche in Berlin-Brandenburg, Konsistorium; Evangelische Kirche der Union Bereich Bundesrepublik Deutschland und Berlin-West; Evangelische Kirchengemeinde Dahlem; Evangelisches Johannesstift; Evangelisches Zentralarchiv in Berlin;
Ulrich Feuerhorst; Tilman Fichter; Fleischer-Innung Berlin; Fraunhofer-Gesellschaft;
Freie Universität Berlin (FUB): Archiv des Kaiserin Auguste Victoria-Hauses, Chirurgische Universitätsklinik und Poliklinik im Klinikum Charlottenburg, Hochschularchiv, Institut für Geschichte der Medizin, Institut für Theaterwissenschaft – Theaterhistorische Sammlung, John F. Kennedy-Institut für Nordamerikastudien, Kunsthistorisches Institut, Orthopädische Klinik und Poliklinik – Oskar-Helene-Heim, Universitätsbibliothek;
Freie Volksbühne Berlin; Ulrich Frenzel; Sammlung Friedrich; Edith Fritsch;
Gartenbauamt Steglitz; Gedenkstätte Deutscher Widerstand; Geheimes Staatsarchiv Preußischer Kulturbesitz (PK); Helmut Geisert; Der Generalstaatsanwalt bei dem Landgericht; Georg-Kolbe-Museum; Prof. Dr. Heinz Gerischer; Karl J. Germer; Gesundheitsamt Reinickendorf; G. Gohlke; Archiv Zeitgeschichte Gräfer; Julius Grieneisen – Erd- und Feuerbestattungen GmbH & Co. KG; Grundkreditbank;

Heimatarchiv Tempelhof; Heimatverein für den Bezirk Steglitz 1923 e.V.; Ulrich von Heinz; Helene-Lange-Archiv des Berliner Frauenbundes 1945 e. V.; Henke; Dr. Hildegard Hess; Historische Kommission zu Berlin; Hochschule der Künste: Fachbereich Architektur, Hochschulbibliothek; Elisabeth-Charlotte Hoecker; Gertrud Holstein;
Ideal-Lebensversicherung a.G.; Industrieverwaltungsgesellschaft AG; Internationales Jongleur-Archiv;
Rolf Jachmann; Sammlung Janoschka; Sud Jonas; Anne Jud; Jüdische Gemeinde zu Berlin; Karl-Heinz Jung;
Karl-Bonhoeffer-Nervenklinik; Karstadt AG; Katholische Kirchengemeinde St. Sebastian; Diethart Kerbs; Brigitte Kippe; Jürgen Klebs; Archiv Klünner; Dr. Helmut Köhler; Dr. Hans-Joachim Koloß; Engelbert Kremser; Ingetraud Kreßner; Kriminalmuseum; Wolfgang Krolow; Carlos Kühn; Kunstamt Kreuzberg; Kunstamt Schöneberg, Heimatmuseum / Archiv;
Landesarchiv Berlin; Landesbildstelle Berlin; Landespostdirektion Berlin; Landesuntersuchungsinstitut für Lebensmittel, Arzneimittel und Tierseuchen Berlin; Bernd Laurisch; Lawn-Tennis-Turnier-Club ›Rot-Weiß‹ e.V.; Sammlung Lehmann; Michael Lehr; Hans-Oskar Baron Löwenstein de Witt;
Markt- und Kühlhallen AG; Martin-Niemöller-Haus; Paul Marzschesky; Alter St. Matthäus-Kirchhof; Max-Planck-Gesellschaft: Archiv, Fritz-Haber-Institut; Irmgard Mayr-Kleffel; Wolfgang Menge; Leonore Mösch; Museum für Blindenwesen an der Johann-August-Zeune-Schule für Blinde; Museum für Verkehr und Technik Berlin; Musikinstrumentenmuseum des Staatlichen Instituts für Musikforschung Preußischer Kulturbesitz (PK);
Fritz Neubecker; Fa. Georg Neumann, Kondensator-Mikrophone; Galerie Bodo Niemann; Galerie Nierendorf; Bildgießerei Hermann Noack; Peter Nottebaum;
Oberfinanzdirektion Berlin; Ulrike Ottinger;
Pärschke Bürobedarf – Becker & Albrecht oHG; Galerie Pels-Leusden; Liese Petry; Manfred Pfeifer; Physikalisch-Technische Bundesanstalt; Bildarchiv Abraham Pisarek; Architekturwerkstatt Helge Pitz – Winfried Brenne; Christian Plähn; Hajo Plötz GmbH; Der Polizeipräsident in Berlin, Studiensammlung der Polizeifeuerwerker; SKKH Dr. Louis Ferdinand Prinz von Preußen;
Lene Reckenfelder-Bäumer; Dieter Robbert; Dr.-Ing. Lutz Rolf; Dr. Michael Ruland; Georg Rünzel, Krankentransport;
Prof. Dr. Wolfgang Scheffler; Schering AG, Scheringianum; Dr. Klaus Scheurenberg; Silke Schmidt; Fa. Schmidt & Haensch GmbH & Co.; Schüler-Ruder-Verband ›Wannsee‹ e.V.; Lothar Schürmann; Der Senat von Berlin: Senatskanzlei, Der Senator für Bau- und Wohnungswesen, Der Senator für Stadtentwicklung und Umweltschutz – Der Landeskonservator, Der Senator für Wirtschaft und Arbeit, Der Senator für Wissenschaft und Forschung; Senatsbibliothek; Kurt Siebke; Siemens AG; Hans Siemund; Sieghard Sladek; Volker Sobottke; ›Die Spitze‹, Mayr / Noltekuhlmann; Sammlung Axel Springer; Axel Springer Verlag AG;
Staatliche Museen Preußischer Kulturbesitz (SMPK): Gemäldegalerie, Gipsformerei, Kunstbibliothek, Kunstgewerbemuseum, Kupferstichkabinett, Museum für Deutsche Volkskunde, Museum für Vor- und Frühgeschichte, Museum für Völkerkunde, Nationalgalerie;
Staatliche Porzellan-Manufaktur Berlin (KPM), Archiv; Staatsbibliothek Preußischer Kulturbesitz (PK) mit Handschriftenabteilung, Kartenabteilung, Musikabteilung mit Mendelssohn-Archiv; Stadtgeschichtliches Museum Spandau; Stiftung Deutsche Kinemathek; Stiftung Diakonissenhaus Bethanien; Büro James Stirling;
Technische Universität Berlin (TUB): Institut für Luft- und Raumfahrt, Institut für Werkzeugmaschinen und Fertigungstechnik, Universitätsbibliothek – Abteilung für Kommunikations- und Geschichtswissenschaften, Gartenbaubücherei, Hochschularchiv und Plansammlung, Zentrum für Antisemitismusforschung;
Technische Werkstätten GmbH & Co. KG Konstantin Danner; Tennis-Club 1899 e.V. Blau-Weiß; Fa. Herbert Tenz; Theaterkunst GmbH;
Ullstein Bilderdienst; US Air Force, 7350th Air Base Group;
Sammlung Dr. Velder; Der Verein zur Förderung des Ägyptischen Museums; Verein für die Geschichte Berlins, gegr. 1865; Vereinigung der Verfolgten des Naziregimes, Verband der Antifaschisten; Verwaltung der Staatlichen Schlösser und Gärten, Schloß Charlottenburg; M. Voss & Co. GmbH;
Filmfundus Walkenhorst GmbH; Rainer Warzecha; Helga Weckerling; Design-Galerie Herbert Jakob Weinand; Andreas Weller; Werkbund-Archiv, Museum der Alltagskultur des 20. Jahrhunderts; Sammlung Werner des Johanniterordens; Siegfried Wetzel; Michael Winkelmann; Wissenschaftszentrum Berlin für Sozialforschung GmbH (WZB), Forschungsgruppe GLOBUS; Fredi Woytnik, Modellbautechnik Berlin;
Werner Zips; Zucker-Museum

BÖBLINGEN
Deutsches Fleischermuseum

BOCHUM
Hegel-Archiv an der Ruhr-Universität Bochum

BONN
Archiv der sozialen Demokratie der Friedrich-Ebert-Stiftung (FES); Bundesanstalt für Gesamtdeutsche Aufgaben, Gesamtdeutsches Institut; Bundesverband der Deutschen Erfrischungsgetränke-Industrie e.V.; Deutscher Bundestag – Verwaltung; Zoologisches Forschungsinstitut und Museum Alexander Koenig

BORDELUM
Heinz Brodersen

BREMEN
Flughafen Bremen GmbH; Kunsthalle Bremen; Staats- und Universitätsbibliothek; Job Ferdinand von Strantz

BREMERHAVEN
Deutsches Schiffahrtsmuseum

CALW
Richard-Ziegler-Stiftung

CELLE
Militärhistorische Sammlung des Bomann-Museums in Celle

CLEARWATER (FL) / USA
Dr. George W. Loewenstein

COBURG
Kupferstichkabinett der Kunstsammlungen der Veste Coburg; Landesbibliothek Coburg

DARMSTADT
Beatrice Czibulinski; Städtische Kunstsammlungen Darmstadt

DOORN / NIEDERLANDE
Stichting Huis Doorn

DORTMUND
Dortmunder Brauereimuseum; Christina und Klaus Leubner; Westfälisches Wirtschaftsarchiv

DÜSSELDORF
Deutscher Gewerkschaftsbund (DGB), Bundesvorstand, Archiv; Diakoniewerk Kaiserswerth, Fachbücherei für Frauendiakonie / Fliedner-Archiv

ERLANGEN
Stadtarchiv und Stadtmuseum Erlangen; Universität Erlangen-Nürnberg, Abteilung Geistesgeschichte, Institut für Politische Wissenschaft

ESSEN
Karstadt AG; Markt- und Schaustellermuseum; Museum Folkwang Essen mit Deutschem Plakat Museum

FAABORG / DÄNEMARK
Faaborg Museum for Fynsk Malerkunst

FRANKFURT A. M.
Firmenarchiv AEG Aktiengesellschaft; Behringwerke AG; Berliner Handels- und Frankfurter (BHF-) Bank; Bundespostmuseum; Deutsche Bank AG; Deutsche Bibliothek, Deutsches Exilarchiv 1933 – 1945; Deutsches Filmmuseum; Dresdner Bank AG; Frankfurter Allgemeine Zeitung; Freies Deutsches Hochstift, Frankfurter Goethe-Museum; Historisches Museum Frankfurt; Firmenmuseum der Hoechst AG; Industriegewerkschaft (IG) Bau-Steine-Erden, Bundesvorstand; Museum für Kunsthandwerk; Sarotti GmbH, Firmenarchiv; Städtische Galerie im Städelschen Kunstinstitut Frankfurt a. M.

FREIBURG
Bundesarchiv – Militärarchiv; Prof. Dr. Ernst Schulin (Walther Rathenau-Gesamtausgabe)

FRIEDRICHSHAFEN
Heinz Urban, Museum für Zeppelingeschichte; Städtisches Bodensee-Museum, Zeppelin-Museum

GÖTTINGEN
Städtisches Museum Göttingen

HAGEN
Karl Ernst Osthaus Museum

HAMBURG
Dr. Helmut Berlin; Electrum – Das Museum der Elektrizität; Hamburger Kunsthalle; Hamburger Wasserwerke GmbH; Fa. Kühne KG; Tabakhistorische Sammlung Reemtsma; Staatsarchiv mit Wappen- und Siegelsammlung; Staats- und Universitätsbibliothek Hamburg; Günter Zint

HANAU
W. C. Heraeus GmbH

HANNOVER
H. Bahlsens Keksfabrik KG, Firmenarchiv

HANNOVERSCH MÜNDEN
Städtisches Museum Hannoversch Münden, Welfenschloß

HEMMOOR
Johanna von Gerlach

HORNBURG
Claus Arnold

INGOLSTADT
Bayerisches Armeemuseum; Deutsches Medizinhistorisches Museum

JERUSALEM
Leo Baeck Institut; Prof. Dr. Leni Yahil

KARLSRUHE
Mirko Heipek Kunstkabinett; Ellen Hubbuch

KASSEL
Arbeitsgemeinschaft Friedhof und Denkmal e.V., Stiftung Zentralinstitut und Museum für Sepulkralkultur; Internationale FKK-Bibliothek; Brüder Grimm-Museum

KELLINGHUSEN
Wolfgang Kroker

KOBLENZ
Bundesarchiv Koblenz

KÖLN
Uwe H. Breker; Deutsche Lufthansa AG, Firmenarchiv; Deutsche Sporthochschule Köln, Carl-Diem-Institut e.V.; Deutsches Sportmuseum Köln; Prof. Lieselott Diem; Klöckner-Humboldt-Deutz AG; Käthe-Kollwitz-Museum, Träger: Kreissparkasse Köln; Museum Ludwig; Bernhard Paul (Roncalli-Museum); Universität zu Köln, Theatermuseum des Instituts für Theater-, Film- und Fernsehwissenschaft; Zollmuseum beim Zollkriminalinstitut

KOPENHAGEN
Königliches Ordenskapitel; Das Museum für Dänemarks Freiheitskampf 1940–1945; Schloß Rosenborg, Die Sammlungen der Dänischen Könige; Therkel Straede

KRAILLING
Yolanda Belling

KRANENBURG
Klaus Görlach

KREFELD
Deutsches Textilmuseum Krefeld

LENNESTADT
Meinolf Wulff

LEVERKUSEN
Bayer AG

LILIENTHAL
Dr. Hans Dieter Hellige (Walther Rathenau-Gesamtausgabe)

LINDAU
Günter Hütter

LONDON
Guildhall Library, City of London; Ernest K. Heyman; The Trustees of the Imperial War Museum; Marlborough Graphics Gallery; Irmelin Mayer; The Museum of London; National Portrait Gallery; Public Record Office

LORCH
Gerda Anderlik

LÜBECK
Archiv der Hansestadt Lübeck

LÜNEBURG
Industriedenkmal Saline Lüneburg, Deutsches Salzmuseum; Stadtarchiv

LUZERN
Verkehrshaus der Schweiz

MADISON (WI) / USA
George L. Mosse

MANNHEIM
Landesmuseum für Technik und Arbeit; Städtische Kunsthalle Mannheim

MARBACH A. N.
Schiller Nationalmuseum / Deutsches Literaturarchiv

MARBURG
Hessisches Staatsarchiv; Universitätsbibliothek Marburg

MILWAUKEE (WI) / USA
Marvin & Janet Fishman

MÖNCHENGLADBACH
Josef Wimmer

MÜHLHEIM A. D. RUHR
Städtisches Museum

MÜNCHEN
Bayerische Staatsbibliothek München; Bayerische Staatsgemäldesammlungen; Bayerisches Hauptstaatsarchiv; Archiv der Deutschen Städte-Reklame GmbH; Deutsches Museum; Dornier GmbH; Hans J. Ebert; Michael Hasenclever. Galerie; Wolfgang Hasselmann; Kester-Archiv, Heribert Sturm; Elfriede Köhl; Anna Freifrau von König; Sport Köpf KG; Messerschmitt-Bölkow-Blohm GmbH; Sammlung Loretto Molzahn; Münchner Stadtmuseum; Nestlé Alete GmbH; Siemens-Museum; Stadtwerke München, Elektrisches Prüfamt, Zählermuseum; Süddeutscher Verlag, Bilderdienst

MÜNSTER
Westfälisches Landesmuseum für Kunst und Kulturgeschichte, Porträtarchiv Diepenbroick

NEUFFEN
Ordenmuseum

NEUSS
Sammlung K. u. K. Rosenthal

NEW YORK
The Jewish Museum; Life Picture Service

NORDENHAM
Archiv der deutschen Pfadfinder und Pfadfinderinnen e.V.

NÜRNBERG
Germanisches Nationalmuseum

ODENSE / DÄNEMARK
Fyns Kunstmuseum

OFFENBACH A. M.
Volker Huber – Edition und Galerie

OSNABRÜCK
Kulturgeschichtliches Museum

OTTERSBERG
Mietje Bontjes van Beek

PARIS
Archives nationales; Bibliothèque historique de la Ville de Paris; Musée Carnavalet

PFAFFENHOFEN A. D. ROTH
Hermann-Köhl-Schule

PFARRKIRCHEN
Sammlung R. u. V. Ziegert

REGENSBURG
Ostdeutsche Galerie Regensburg

REMSCHEID-LENNEP
Deutsches Röntgen-Museum

ROCHESTER (MI) / USA
Mayo Medical Museum, Mayo Foundation

SCHLESWIG
Schleswig-Holsteinisches Landesmuseum, Schloß Gottorf

SCHLÜCHTERN-ELM
Isa Gräfin Brandenstein

SCHWÄBISCH GMÜND
Wolfgang Hollmann

SIEGEN
Wolf Kuhnke

STOCKHOLM
Statens Historiska Museum

STUTTGART
Robert Bosch GmbH, Firmenarchiv; Historisches Archiv der Daimler-Benz AG; Ursula Dülberg; Staatsgalerie Stuttgart, Graphische Sammlung; Württembergisches Landesmuseum Stuttgart

TEL AVIV
Inge Deutschkron

TISTRUP / DÄNEMARK
Chresten Jensen

TÜBINGEN
Universitätsbibliothek Tübingen

ULM
Deutsches Brotmuseum e.V.

WIEN
Felix Adanos; Kunsthistorisches Museum: Sammlung von Medaillen, Münzen und Geldzeichen, Waffensammlung; Museen der Stadt Wien; Naturhistorisches Museum

WIESBADEN
Linde AG; Museum Wiesbaden

WITZENHAUSEN
Archiv der deutschen Jugendbewegung, Burg Ludwigstein

WOLFENBÜTTEL
Herzog August Bibliothek; Evangelisch-lutherische Landeskirche in Braunschweig, Landeskirchenamt

WUPPERTAL
Von der Heydt-Museum

WÜRZBURG
Staatsarchiv Würzburg

ZÜRICH
Plakatsammlung – Museum für Gestaltung Zürich; Stiftung Studienbibliothek zur Geschichte der Arbeiterbewegung (Sammlung Pinkus)

Sammlung Dr. med. P. F. C. Wille

Zahlreiche private Leihgeber, die nicht genannt werden möchten.

ZUR AUSSTELLUNG

Die Veranstaltung im Martin-Gropius-Bau zur 750-Jahr-Feier stellt sich dem Anspruch, den der Titel ankündigt: es ist *die* Ausstellung zur Geschichte der Stadt. Anders als die zahlreichen Präsentationen, die im Rahmen des Stadtjubiläums einzelnen Phasen, Linien und Bereichen gelten, behält sie das Ganze im Auge. Mit gewissem Recht läßt sich sogar behaupten, daß die historische Bestandsaufnahme im Martin-Gropius-Bau der erste Versuch dieser Art ist. Denn Berlin stand seiner eigenen Geschichte lange Zeit mit Desinteresse und einem Mangel an Respekt und Leidenschaft gegenüber. 1937, als die Stadt zum ersten Mal in einer Jubelfeier der urkundlichen Erwähnung Cöllns im Jahre 1237 gedachte, war der historische Rückblick nicht mehr als Ornament und Dekor in einer gegenwartsbezogenen Selbstbespiegelung: was in der Ausstellung unterm Funkturm gezeigt wurde, war politische Propaganda mit historisch-biedermeierlichen Farbtupfern.

Die historische Ausstellung von 1987 ist um ein Gesamtbild bemüht. In 36 Räumen werden, dem Entwicklungsgang der Stadtgeschichte folgend, die unterschiedlichsten Wirklichkeitsbereiche in ihrer Verflechtung und Wechselwirkung vorgeführt: Wirtschaft und Gesellschaft, Politik und Kultur, Bildung und Wissenschaft, Alltag und Arbeit, Architektur und Kunst. Der Bogen spannt sich – den 750 Jahren des Jubiläums verpflichtet – von der mittelalterlichen Handels- und Bürgerstadt bis zur unmittelbaren Gegenwart. Die Ausstellung bietet jedoch die Stadtgeschichte nicht lückenlos von A bis Z, sondern sie hat den Mut zur These und zur Auswahl; sie setzt Akzente, nimmt Deutungen vor, zeichnet Konturen. Sie zeigt ein Bild der Berliner Geschichte aus dem Verständnis und mit den Möglichkeiten unserer Zeit.

Solch eine Rekonstruktion erweist sich als eine keineswegs leichte Aufgabe bei einer Stadt, deren Entwicklung nicht im Gleichmaß und nicht kontinuierlich verlief, sondern deren Geschichte gekennzeichnet ist durch Sprünge und Brüche, durch extreme Spannungen und größte Dramatik. Die Ausstellung hat deshalb bewußt die letzten drei Jahrhunderte als ihren Schwerpunkt gewählt. Es ist die Zeit, in der Berlin zum Zentrum des deutschen Geisteslebens, zur größten Industriemetropole des Kontinents, zur Reichshauptstadt und – so der britische Historiker Alan Bullock – zur »symbolischen Stadt« des 20. Jahrhunderts wurde. Besonderes Profil erhält die Darstellung dieses Zeitraums durch die Probleme der Urbanisierung, des Aufbaus und Ausbaus der großen Stadt (bis heute der größten in Deutschland), durch die Konzentration von Macht, Glanz, Wirtschaft und Wissenschaft im ›kaiserlichen Reichsberlin‹, durch das Lebensgefühl und den visionären Stadtentwurf in der republikanischen Ära und schließlich durch die innere und äußere Zerstörung in der Zeit der nationalsozialistischen Terrorherrschaft.

Diese Schwerpunktbildung gründet übrigens auch im Prinzip der authentischen Dokumentation, dem die Ausstellung folgt. Berlin ist zwar reich an materieller

Hinterlassenschaft aller Art, aber die Überlieferung der historischen Dingwelt ist, was ihre Dichte und Qualität angeht, für die einzelnen Epochen der Stadtgeschichte höchst unterschiedlich. Das aus der Zeit vor dem 18. Jahrhundert überkommene materielle Erbe ist über weite Strecken spärlich. Das liegt zum einen an der brandenburgisch-preußischen Kunstarmut, zum anderen an der Traditionslosigkeit der expandierenden Großstadt, in der immer wieder Neues das Opfer des Älteren verlangte. Dazu kommt die Situation der geteilten Stadt: Der historische Kern Berlins liegt jenseits der Mauer, und die im Ost-Teil der Stadt und in der DDR überlieferten Objekte standen – auch wegen der Jubiläumskonkurrenz – nicht zur Verfügung. Es wäre falsch, diese besonderen Schwierigkeiten einer Berlin-Ausstellung im Jahre 1987 zu verschweigen.

Für das 19. und 20. Jahrhundert ist die Überlieferungslage günstiger, vor allem auch was deren Bestandssicherung in den Museen und Archiven West-Berlins betrifft. Die zahlreichen Institutionen, die hier in den letzten Jahrzehnten zur Sammlung und Bewahrung des lokalen Kunst- und Kulturerbes entstanden sind, haben ihren Dokumentationsschwerpunkt in aller Regel in den letzten beiden Jahrhunderten. In vielen Fällen mußten die Ausstellungsmacher aber auch selbst auf Spurensuche (innerhalb und außerhalb Berlins) gehen und fast detektivische Objektrecherchen betreiben. Dies galt vor allem für die Zeit der NS-Herrschaft und für die vier Jahrzehnte nach dem Kriege.

Die Ausstellung ›argumentiert‹ mit Hilfe der originalen Kunstwerke und Sachzeugnisse, begibt sich aber nicht unter deren Zwang. Da Erklärungen und Deutungen nicht nur über das Wort und den Lesetext erfolgen sollen, kommt der Gestaltung der Ausstellung ein hoher Rang zu. Die Inszenierung der Räume ist selbst schon Deutung und Interpretation. Die gewählte Präsentationsmethode setzt auf das Einzelobjekt in seinem ästhetischen Eigenwert, vor allem jedoch auf thematisch angeordnete Ensembles und Arrangements. Diese geben durch die Art ihrer Komposition und durch die Ausstellungsarchitektur den Dingen eine besondere Wirkung und ›Sprache‹. Durch die Gestaltung wird die Ausstellung zu einer Abfolge historischer Schauräume. Nur so – durch den beim Begehen der Räume erfahrbaren Wechsel von Gesamteindruck und Einzelimpression – kann eine Ausstellung mit über 3000 Objekten vom Besucher noch erfaßt werden. Das eine leitet sich von der Inszenierung der Räume im Ganzen, das andere von dem Zeugniswert und der Aussagekraft des einzelnen Schaustückes her. Ausstellungen sind Museen auf Zeit. In ihrer Präsentation und Gestaltung können sie beherzter als diese sein. Dies gilt vor allem für historische Ausstellungen, die nicht nur ereignisgeschichtlich, sondern auch problemgeschichtlich angelegt sind. Inszenatorischer Wagemut wird deswegen von ihnen erwartet, weil sie in die Öffentlichkeit hineinwirken und einer breiten Diskussion Stoff und Richtung geben wollen.

Bei dieser Art der Präsentation kommt der sie begleitenden Publikation besondere Bedeutung zu. Sie ist kein weiteres Buch zur Berlin-Geschichte, sondern *Katalog* und Ausstellungs*führer* – beides in einem. *Katalog* im eigentlichen Sinn insofern, als alle Objekte registriert und erläutert sind – und zwar in der Reihenfolge, wie sie in der Ausstellung angeordnet und gegliedert sind. Das Ordnungs- und Gliederungsprinzip wird im Ausstellungs*führer* durch kurze Essays erschlossen, die in die Themen, Thesen und Probleme der 36 Räume einführen und auf diese Weise Einzelerscheinungen hervorheben und Zusammenhänge überschaubar machen. Die Autoren des Katalogs sind die Autoren der Ausstellung. Sie sind es, die recherchiert und zum Teil mühevolle Sachforschung betrieben, die Einzelthemen bearbeitet und die Räume komponiert haben.

Unser Dank gilt den vielen Leihgebern, die die Ausstellung großzügig, engagiert, oftmals auch mit sachverständiger Hilfe unterstützt haben. Dank gebührt dem wissenschaftlichen Beirat, der die Ausstellungsvorbereitungen mit intensivem Interesse und sicherer Kompetenz begleitet hat. Vor allem danken wir Hans Dieter Schaal, der dem gedanklichen Gerüst der Ausstellung mit den Mitteln der Architektur Ausdruck gegeben und so in entscheidender Weise das Gesamtbild der Ausstellung geprägt hat. Daß wir im schönsten Ausstellungshaus Berlins zu Gast sein dürfen, danken wir Eberhard Roters – als Direktor der Berlinischen Galerie ist er auch Hausherr im Martin-Gropius-Bau. Er hat uns beraten und ermuntert, und er hat, wofür wir ihm besonders dankbar sind, mit seinen Mitarbeitern die Ausstellung ›Ich und die Stadt‹ aufgebaut, die mit ihren bedeutenden Großstadt-Bildern unsere Bemühungen aufs beste ergänzt. Wir hoffen, daß sich auf diese Weise im Martin-Gropius-Bau die Tugenden der Kunstausstellung und der historischen Ausstellung wirkungsvoll durchdringen werden.

Gottfried Korff, Reinhard Rürup

ZUR ARCHITEKTUR DER AUSSTELLUNG

Was tut eine historische Ausstellung wie diese mit der Geschichte: erläutert sie, erzählt sie, erfindet sie dieselbe am Ende? Ersetzt sie die wissenschaftliche Beweisführung, nach der doch all ihre Aussagen verlangen, durch die Magie der Bilder? Kann eine Ausstellung, deren Erscheinung doch auch von vielen Zufällen bestimmt ist – insbesondere was die Verfügbarkeit einmaliger historischer Dokumente angeht –, ihrem Gegenstand gerecht werden, der die ganze Geschichte der Stadt Berlin ist? Eben dieses ›Ganze‹ der siebenhundertfünfzig Jahre, das der auf alle näheren Bestimmungen bewußt verzichtende Ausstellungstitel unterstreicht, war nicht unproblematisch: Berlin ist (und bleibt) Berlin? So in sich ruhend war die Identität der Stadt niemals. Wer von Regensburg oder Paris spricht, meint das Eine. Berlin hingegen mag zu verschiedensten Zeiten und für unterschiedlichste Köpfe das Zentrum der Aufklärung, die Hauptstadt der Moderne gewesen sein, das Licht oder der Hinterhof des übrigen Deutschland, Ausgangspunkt des europäischen Schreckens, Metropole Ostelbiens oder Mitte des Reiches, ein Brennpunkt des Ost-West-Konfliktes oder Modell alternativer Lebensformen. Zögern wird man aber, eine Art historischer Sendung zu behaupten, die in alledem seit dem Mittelalter gewaltet habe. Ein Ganzes der Berliner Geschichte besteht nur in der gerundeten Zahl des Jubiläumsjahres, nicht in einem wie auch immer gearteten Sinn.

Gleichwohl erwartet den Besucher im Martin-Gropius-Bau eine Geschichtsdarstellung, bei der sich Ende und Anfang in ein und demselben Aufzug begegnen. Das Vorhaben hat nach einem Stil, einer Formensprache verlangt: die Architektur Hans Dieter Schaals sollte im Wechselspiel mit der Dokumentation, mit den originalen historischen Zeugnissen eine eigene, die subjektive Handschrift nicht verleugnende, dem Gesamtunternehmen und seiner Mitteilung an die Besucher jedoch engstverwandte Perspektive bilden. So unerbittlich und notwendig die Forderung ausstellender Geschichtswissenschaftler ist, die ›Gestaltung‹ möge zu einer dienenden Rolle zurückfinden, so bestimmend bleibt doch deren Einfluß auf jene Geschichtsbilder, wie sie nicht im Buche stehen. Längst gehen hier die Erwartungen über die bloße Zweckmäßigkeit von Stellwänden, Vitrinen, Sockeln, Beleuchtungskörpern, also den unvermeidlichen Umständen gelungener und konservatorisch verantwortlicher Präsentation hinaus. Auch die Berlin-Ausstellung wollte aber den Boden der Übereinkunft nicht verlassen, daß das überlieferte Original im Mittelpunkt des Ausstellungswesens steht und nicht zur bloßen Illustration neben erläuternden Texttafeln oder zum Ornament ausschweifender Inszenierungen verkümmert.

Nicht selten stellt sich Enttäuschung ein, wenn die Objekte den hohen ›Leistungsanforderungen‹ komplexer Themenstellungen und entsprechenden Bildsehnsüchten wie Bildnöten oftmals eher beinerner Ausstellungsstoffe nicht genügen können. Historische Ausstellungen verlangen den Objekten viel ab, mitunter mehr als sie zu geben vermögen. Spätestens dann wird in solchen Unternehmungen, die nach der Bebilderung von Begriffen trachten, der Wunsch übermächtig, die widerborstige Individualität eines Kunstwerkes ebenso wie den ganz anders gearteten, eher indirekt wirkenden Reflexionsimpuls des Alltags-Kulturgutes in einen gemeinsamen gestalterischen Rahmen zu zwingen – dem einen zum Joche, dem anderen zur Stütze –, um suggestiv Zusammenhänge zu schaffen. Dies sollte bei der Berlin-Ausstellung nicht der Fall sein. Hier galt es, die ausgestellten Objekte auch in ihrem Eigenwert als historische und künstlerische Zeugnisse zu betonen. Der Unterschied zwischen Original und umgebender Ausstellungsgestaltung sollte nicht zugunsten eines atmosphärischen Gesamteindruckes oder gar eines multimedialen Geschichtstheaters verwischt werden. Immer wieder sucht die Ausstellungsarchitektur den krassen Gegensatz zu den historischen Objekten – z. B. in den Räumen zur Kaiserzeit, um damit auf Widersprüche in der Epoche selbst zu verweisen, aber auch um an den üblichen Klischees und der selbst schon trivialen Verspottung des Wilhelminismus vorbeizusteuern.

Keine historisierenden Kulissen, kein Straßenpflaster, keine Stuckfassaden aus kaschiertem Styropor, keine liebevoll nachempfundene Arbeiterwohnküche mit Hausschwammimitat aus der Acrylfarbentube sollen die Konzentration auf die einzelnen Ausstellungsstücke stören. Gestaltung versteht sich nicht als Rekonstruktion von Geschichte. Erst recht versucht die Ausstellung, allen krausen Sinnbildern, allen geschreinerten Allegorien, jeder gewählten Bedeutungs-Architektur aus dem Wege zu gehen. Die Rolle der Gestaltung besteht nicht einfach darin, die historischen Thesen der Ausstellung mit starker Geste zu bekräftigen. Ihre Absicht ist die Mehrdeutigkeit, Mehrsprachigkeit, eine Einladung an die Assoziationsbereitschaft der Besucher.

Die Ausstellungsgestaltung Hans Dieter Schaals setzt voraus, was die wissenschaftlichen Konzepte von historischen Ausstellungen eher notgedrungen in Kauf nehmen – den latent unhistorischen Charakter solcher Unternehmungen. Eine kurbrandenburgische Ritterrüstung nicht hunderte von Jahren, sondern nur wenige Meter von den Türmen eines modernistischen Wolkenkratzer-Kaufhauses aus dem Jahre 1929 entfernt – mit rechten Dingen kann es in einem synthetischen Geschichtspanorama nicht immer zugehen. Die Gestaltung der Berlin-Ausstellung setzt auf verwirrende wie erhellende Konfrontationen, auf unerwartete Begegnungen zwischen den Zeiten. Eine vom Neo-Historismus angebotene Geborgenheit des ›Geschichtsbewußtseins‹ schlägt sie aus.

Dies um so mehr, wo es um die Wahrnehmung und Wertung von ›Großstadt‹ geht, was bei aller lokalgeschichtlichen Selbstbeschränkung des Ausstellungsinhaltes hinter vielen Fragestellungen wirksam bleibt. Bei einer stadtgeschichtlichen

Ausstellung liegt der Gedanke nahe, daß ihr baulicher Ausdruck sich auf eine vergröberte Wiedergabe von Berliner Baugeschichte hätte einlassen können. Hier muß die Architektur Hans Dieter Schaals sich in einer tautologischen Gefahrenzone bewähren: wenn eine Stadt nicht die beste historische Ausstellung ihrer selbst ist, was muß eine Berlin-Ausstellung dann zwangsläufig von Berlin unterscheiden? Der Berührungspunkt beider ist das architektonisch höchst eigenwillige Ausstellungsgebäude, der Martin-Gropius-Bau. Immer mehr hat er in den letzten Jahren von seinem kaiserzeitlichen Erscheinungsbild zurückgewonnen, und der jeweilige Status seiner Verwandlung gilt als Pegelstand schwellenden Geschichtsbewußtseins. Der Gropius-Bau ist Berlin von seiner besten Seite, er steht für eine Epoche, derer sich die Stadt mit besonderer Rührung und Stolz entsinnt wie sonst nur des ersten der beiden Jahrzehnte zwischen den Weltkriegen. Dieses nach wie vor großartige Bauwerk sucht die Ausstellungsgestaltung zu ehren, nicht indem sie sich ihm anempfiehlt, sondern indem sie Kontrasten und Dissonanzen nicht ausweicht.

Wo immer über die Zukunft Berlins nachgedacht wird unter den Gebildeten, den Mächtigen und den Kritischen überwiegt fast einvernehmlich der Wunsch nach dem großen Plan, der die Anarchie der Nachkriegsbaugeschichte wiedergutmacht und eine neue tugendhafte Stadtgestalt herbeiführt, in der Wohlproportioniertheit, Traditionsbewußtsein und Durchgrüntheit herrschen. Aber wo Großstadt ist, da ist doch auch immer Chaos, Planlosigkeit, Wildheit, Halbfertiges, Unfertiges, Gescheitertes, Anmaßendes gewesen, kurzum: das Leben? Das Programm der Ausstellungsarchitektur basiert auf heute vielfach beargwöhnten Sinnenreizen der großen Stadt: Lichtüberflutung und Dunkelheit, Vertikalität und Enge, Anonymität und Masse. Das Schwarz der Asphaltnacht, das Grau des mißbilligend sprichwörtlich gewordenen ›steinernen Berlin‹, das hygienische Weiß von Kühle und Nüchternheit bilden die Grundfarben der Ausstellungsräume. Die Formen greifen über die historische Wirklichkeit hinaus in die Utopien und Delirien Berlins in diesem Jahrhundert, in die architektonischen Weltstadttollereien, in die Kulissenwelt des Films, in die Verwüstungen, die der Stadt von ihren Bewohnern widerfuhren. Einem ›Berlin-Typischen‹ will sich das Erscheinungsbild der Ausstellung nicht historisierend anbequemen. Wenig Anheimelndes, wenig Gemütlichkeit – aber kann Berlin, das es selbst und damit Großstadt bleiben will, anders aussehen?

Bodo-Michael Baumunk

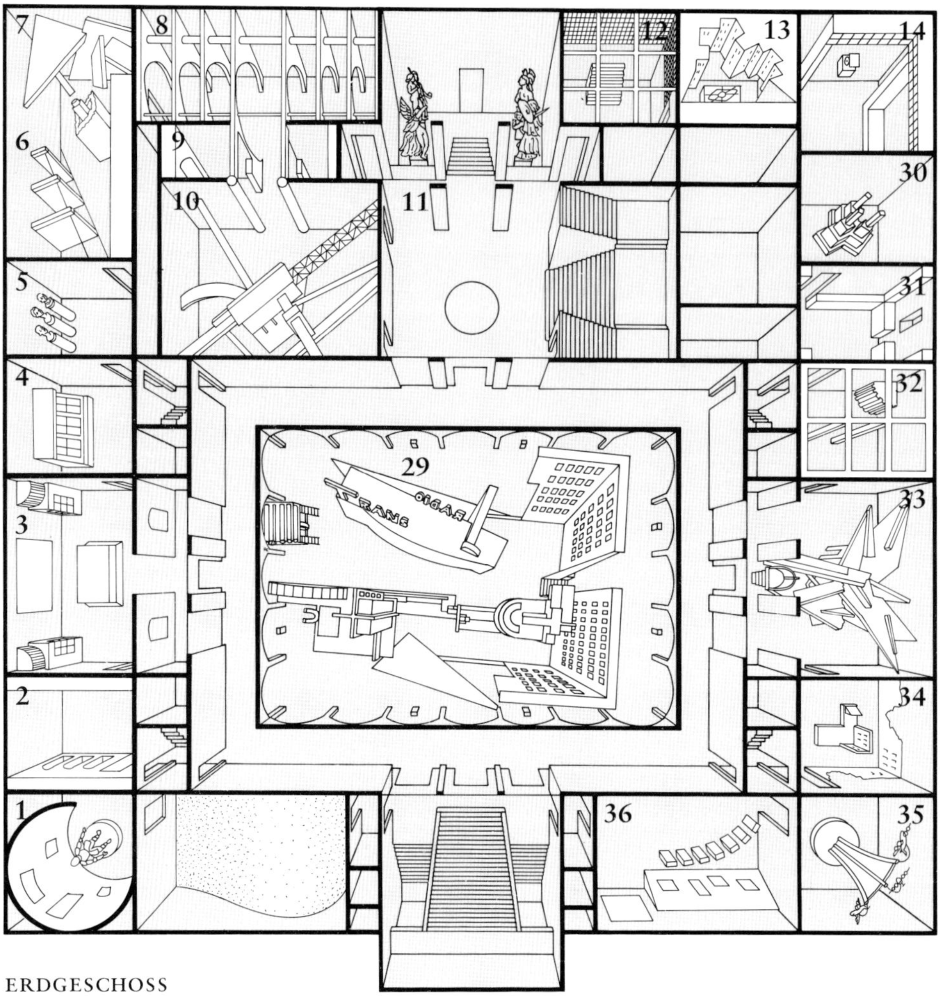

ERDGESCHOSS

I. DIE STADT UND DER HOF
1. Die mittelalterliche Handelsstadt
2. Reformation und Geistesleben
3. Residenz und Garnison
4. Juden, Hugenotten, Böhmen
5. Aufklärung und Emanzipation
6. Das bürgerliche Berlin
7. Krisen und Barrikaden

II. DER AUSBAU DER GROSSEN STADT
8. Industriestandort Berlin
9. Kommunale Selbstverwaltung und Polizei
10. Die Technik der Großstadt
11. Das Grand Hotel
12. Lebensmittelversorgung und Massenkonsum
13. Stadtgrün und Bestattungswesen
14. Gesundheitsvorsorge und Hygiene

V. METROPOLIS
29. Die schnellste Stadt der Welt

VI. INNERE UND ÄUSSERE ZERSTÖRUNG
30. Der Kampf der Symbole
31. Anfänge der Diktatur
32. ›Volksgemeinschaft‹ und Terror
33. Der ›totale Krieg‹

VII. GEGENWART ALS GESCHICHTE
34. Leben in Trümmern
35. Weltpolitik und Stadtgeschichte
36. Stadt der Widersprüche

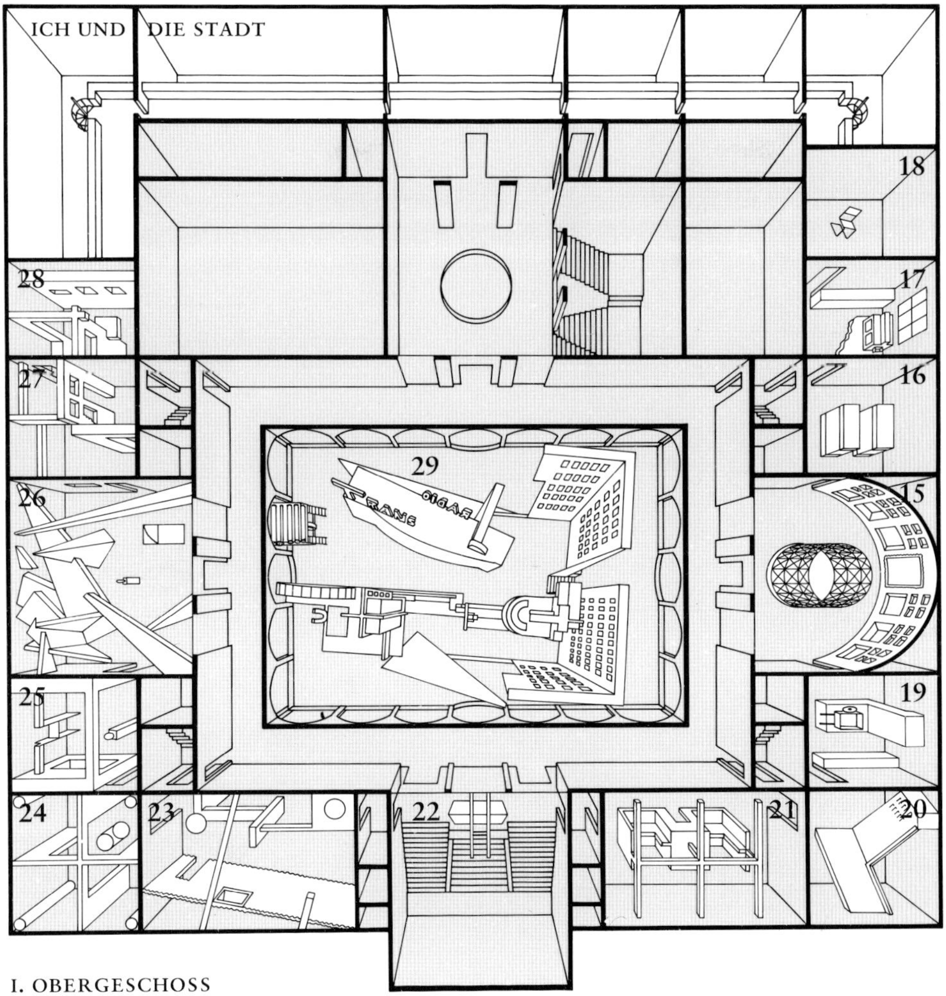

I. OBERGESCHOSS

III. REICHSHAUPTSTADT UND ›PARVENÜPOLIS‹

15. Metropole in Gardeuniform
16. Kunst und Repräsentation
17. Zentrum der Wissenschaften
18. Exkurs: Berliner Töne
19. Das dunkle Berlin
20. Nächstenliebe und Wohltätigkeit
21. Das arbeitende Berlin
22. Zivilisationskritik und Zeitenwende

IV. DAS REPUBLIKANISCHE BERLIN

23. Groß-Berlin: Entwürfe und Probleme
24. Die Befreiung des Körpers
25. Rationalisierung der Arbeit
26. Luna-Park und Metropol
27. Das Gedränge der Namen (Romanisches Café I)
28. Schaubühne und Journalistenbörse (Romanisches Café II)

BERLIN – UMRISSE DER STADTGESCHICHTE

Es gibt, wie Gustav Heinemann treffend formuliert hat, »schwierige Vaterländer«. Es gibt auch schwierige Städte, deren Geschichte und Gegenwart nicht auf einfache Formeln zu bringen sind. Um solche Orte zu begreifen, bedarf es gleichermaßen der Nähe und der Distanz, der Zuneigung und der Kritik. Berlin scheint in diese Kategorie zu gehören. Diese Stadt war immer von Gegensätzen, auch von Extremen bestimmt, und sie ist bis heute nicht auf einen einfachen Nenner zu bringen. Das bedeutet freilich auch, daß Berlin immer wieder als eine Herausforderung erlebt wird, als eine Stadt, die niemanden lau läßt, die Fragen stellt und Antworten fordert. Mit Berlin kann man es sich nicht bequem machen, Schwarz-Weiß-Bilder verfehlen die Vergangenheit ebenso wie die Gegenwart. Wer Berlin verstehen will, muß Widersprüche wahrnehmen und aushalten können.

Die Historiker haben mit Berlin eigentlich immer ihre Schwierigkeiten gehabt. Von Leopold von Ranke und Theodor Mommsen bis Otto Hintze und Friedrich Meinecke gab es stets eine große Zahl bedeutender Historiker in der Stadt, doch machte keiner die Geschichte Berlins zu einem Hauptgegenstand seiner wissenschaftlichen Arbeit. Das hatte viele Gründe, die weniger mit den Historikern als mit der besonderen Situation der Stadt zu tun hatten. Die Berliner des 19. und 20. Jahrhunderts waren in der Regel wenig traditionsbewußt. Sie lebten nicht aus der Vergangenheit, sondern waren auf die Gegenwart und die Zukunft hin orientiert. Soweit historisches Bewußtsein in der Öffentlichkeit eine Rolle spielte, schoben sich die preußische und die deutsche Geschichte vor die Lokalgeschichte – Berlin war so sehr Hauptstadt, daß seine besondere Geschichte mit der allgemeinen Geschichte verschmolz, genauer gesagt: hinter ihr verschwand. Selbst das äußere Bild der Stadt wirkte auf eine eigentümliche Weise ungeschichtlich. Die unaufhörlich wachsende Stadt verschlang gleichsam ihre eigene Geschichte: Im Stadtbild ließen sich die Spuren der Vergangenheit, abgesehen von wenigen Gebäuden und Plätzen im Zentrum, oft nur wenige Jahre, allenfalls einige Jahrzehnte zurückverfolgen. Schon im 17. und 18. Jahrhundert hatte sich die Stadt mehrfach grundlegend verändert; im Laufe des 19. Jahrhunderts wurde das alte Berlin mehr und mehr unsichtbar, mußten selbst die neuen Häuser und Straßen häufig schon nach kurzer Zeit der nächsten Gründungswelle weichen. Für die vielen Städte, Dörfer und Gutsbezirke, aus denen 1920 Groß-Berlin entstand, galt erst recht, daß sie, mit wenigen Ausnahmen wie Spandau oder Charlottenburg, über keine weit zurückreichenden, gefestigten Traditionen verfügten, als sie von dem Sog der Verstädterung erfaßt und binnen weniger Jahrzehnte in städtische – zum Teil sogar großstädtische – Gebilde verwandelt wurden.

Hinzu kam noch etwas anderes: Es fehlten in Berlin die sozialen Gruppen, auf die sich ein selbstbewußtes Traditionsgefühl hätte stützen können. Der Adel spielte in der Entwicklung der Stadt im Vergleich zu anderen europäischen Hauptstädten

– man denke nur an Wien – eine bemerkenswert geringe Rolle. Auch die Zahl alteingesessener und einflußreicher Bürgerfamilien war klein. Berlin war lange Zeit eine Militär- und Beamtenstadt, und es wurde in immer stärkerem Maße eine Zuwandererstadt. Erst im Laufe des 20. Jahrhunderts begann die Zahl der geborenen Berliner allmählich wieder die Zahl der Zuwanderer zu übersteigen, und erst von diesem Zeitpunkt an war die Mehrheit der Berliner der Stadt nicht nur durch ihre Arbeit, ihre Leistungen und ihre Leiden, sondern auch durch ihre Herkunft und ihre Familien verbunden. Soweit im späteren 19. Jahrhundert von großen, traditionsbewußten Familien in Berlin überhaupt die Rede sein konnte, handelte es sich vielfach um jüdische Familien, die aufgrund der früheren Rechtsbeschränkungen erst seit zwei bis drei Generationen, seit dem Beginn der Emanzipation, aktiv am städtischen Leben teilnehmen konnten, sich seitdem allerdings mit umso größerer Intensität für das Gemeinwohl einsetzten. »In der Tat«, schrieb 1910 der Berlin-Essayist Karl Scheffler, »ist das bürgerliche Patriziat, soweit davon in Berlin überhaupt die Rede sein kann, im wesentlichen aus dem Judentum hervorgegangen«. Und er fügte hinzu: »Nirgends aber sind sie (die Juden) so zu Vertretern einer bürgerlichen Familienkultur geworden wie in Berlin.«

Die Geschichte Berlins kann nicht als ein Prozeß des gleichmäßigen Wachsens und allmählichen Reifens beschrieben werden, es ist vielmehr eine Geschichte der unregelmäßigen Entwicklungen, der Verzögerungen, Beschleunigungen und scharfen Einschnitte. Die Groß- und Weltstadt Berlin war so sehr eine Neuschöpfung, daß die mittelalterlichen Traditionen der Stadt praktisch bedeutungslos für sie waren. Erst aus der zweiten Hälfte des 17. Jahrhunderts lassen sich deutlichere Verbindungslinien zur Metropole des frühen 20. Jahrhunderts ziehen. Nach den Katastrophen des Dreißigjährigen Krieges wurde die Stadt mit Hilfe großer Zuwanderergruppen wiederaufgebaut, und vor allem den Hugenotten und den Juden kam ein großer Anteil am wirtschaftlichen und kulturellen Aufstieg Berlins seit dem 18. Jahrhundert zu. Nur wenige Generationen später setzte unter dem Einfluß der Industrialisierung und der (klein-)deutschen Nationalstaatsgründung eine so dramatische, langanhaltende Wachstumsperiode ein, daß innerhalb weniger Jahrzehnte immer wieder eine ganz neue Stadt zu entstehen schien. Als sich im 20. Jahrhundert die sozialen und wirtschaftlichen Verhältnisse Berlins allmählich zu verfestigen begannen, traten die einschneidenden politischen Veränderungen umso stärker hervor. Aus der Kaiserstadt wurde die Hauptstadt der Republik, die vielbewunderte Kulturmetropole eines demokratischen Zeitalters, die aber von Anfang an durch die Schärfe der politischen Gegensätze gefährdet war. Nach wenigen Jahren kam bereits der jähe Absturz: Berlin wurde zur Hauptstadt des ›Dritten Reiches‹, zum Zentrum eines Unrechtssystems von bis dahin unbekannten Ausmaßen. Das Ergebnis der nationalsozialistischen Herrschaft war die doppelte Zerstörung der Stadt – zunächst von innen, dann auch von außen. Schließlich folgte die Teilung: Die Gemeinsamkeit des Wiederanfangs endete mit der politischen Spaltung von 1948, die beiden Teile Berlins entwickelten sich in höchst unterschiedliche Richtungen. Der eine Teil wurde faktisch zur Hauptstadt der DDR, der andere zum Land der Bundesrepublik.

Wer immer sich in den späten zwanziger Jahren mit der Geschichte Berlins beschäftigte, brauchte über den Inhalt und den Sinn dieser Geschichte nicht lange nachzudenken. Es war die Geschichte des ›Aufstiegs zur Weltstadt‹ – eine Geschichte des Erfolgs und der staunenswerten Leistungen. Das Berlin der zwanziger Jahre war eine überwältigende Gegenwart, die auch die Vergangenheit in ihrem spezifischen Licht erscheinen ließ. Es war in besonderer Weise eine Stadt des 20. Jahrhunderts, der technischen Rationalität, des künstlerischen Experiments, des utopischen Entwurfs, aber auch der Gefährdungen und Konfrontationen einer aufgewühlten, im Umbruch befindlichen Welt. Seine Dynamik resultierte aus der Verbindung von kapitalistischer Modernität und republikanischen, auch sozialistischen Zukunftsentwürfen. In seiner Stellung als Metropole brauchte Berlin nicht mehr hinter London, Paris und New York zurückzustehen, es schien ihnen in mancher Hinsicht sogar voraus zu sein. Gerade weil man sich in der europäischen Kultur selbstverständlich verwurzelt wußte, war man stolz darauf, daß Berlin immer wieder die ›amerikanischste‹ Stadt Europas oder die ›Stadt der unbegrenzten Möglichkeiten‹ genannt wurde.

Auch heute bleibt unbestreitbar, daß jene ›Zwanziger‹, die im Jahrzehnt vor dem Ersten Weltkrieg begannen und bis zur ›Machtergreifung‹ der Nationalsozialisten dauerten, die große Zeit Berlins waren. Dennoch kann die Geschichte Berlins in ihrer Gesamtheit nicht mehr in den Kategorien von ›Aufstieg‹ und ›Weltstadt‹ geschrieben werden. Die Jahre der nationalsozialistischen Gewaltherrschaft bedeuteten nicht lediglich eine vorübergehende Störung der Stadtentwicklung, sondern einen scharfen Bruch der Kontinuität. Allzuviele Entwicklungen, die den Rang der Metropole begründet hatten, brachen plötzlich ab, andere traten erschreckend in den Vordergrund. Berlin erlitt einen dramatischen Verlust an Substanz – an Menschen, an Ideen, an sozialen Strukturen. Danach konnte in der Stadt nichts mehr so wie vorher sein, und die verständlichen Versuche, nach 1945 möglichst schnell zur ›Normalität‹ zurückzukehren, mußten gerade in Berlin zum Scheitern verurteilt sein. Zurück blieb eine tiefe Erschütterung der Identität der Stadt, eine Skepsis auch gegenüber der Interpretation ihrer Geschichte als einer bloßen Erfolgsgeschichte. Hinzu kamen die Entwicklungen nach 1945, die auf ganz andere Weise ›Normalität‹ unmöglich machten. Die Teilung der Stadt konnte auch für den Umgang mit ihrer Geschichte nicht ohne Folgen bleiben. Die scheinbare Selbstverständlichkeit von Geschichte wurde durch die gegensätzliche Gegenwart immer wieder in Frage gestellt; aus den kontroversen Positionen der Gegenwart resultierten kontroverse Deutungen der Vergangenheit. Dennoch bleibt allerdings das Faktum der gemeinsamen Geschichte eine der wichtigsten Klammern um die getrennten Teile der Stadt.

*

Berlin feiert 1987 einen 750. Geburtstag; sein wirkliches Alter ist jedoch nicht genau bekannt. Da weder eine Gründungsurkunde noch ein Stadtrechtsprivileg existieren, orientiert sich der Jubiläumskalender der Stadt an der ersten überlieferten Urkunde, in der der Name erwähnt ist. Das ist eine Urkunde aus dem Jahre 1237, in der allerdings nicht Berlin, sondern Cölln als Wohnsitz eines geistlichen Zeugen namens Symeon genannt wird; 1244 wird auf die gleiche Weise – der Zeuge Symeon ist nun Propst der Nikolaikirche in Berlin – erstmals der Name Berlin erwähnt. Aufgrund archäologischer Funde kann man heute dagegen sicher sagen, daß beide Orte etwa fünfzig Jahre früher, im späten 12. Jahrhundert, gegründet worden sind. Stadtrechte sind ihnen um 1230 verliehen worden, obwohl auch hier die ersten schriftlichen Zeugnisse – 1251 für Berlin, 1261 für Cölln – später liegen.

Berlin und Cölln sind am Spreeübergang etwa auf der Mitte zwischen den älteren slawischen Burgen Spandau und Köpenick von Zuwanderern gegründet worden, die vom Niederrhein, aus Flandern und Westfalen, aus dem Harzvorland und Thüringen kamen. Es waren von Anfang an Handelsplätze – das ›Fischerdorf‹ als angebliche Keimzelle der späteren ›Weltstadt‹ ist eine Erfindung des 19. Jahrhunderts. Die Kaufmannsgründungen gehörten in den Zusammenhang der großen mittelalterlichen Ostwanderung und der Errichtung deutscher Herrschaft in den Gebieten östlich der Elbe. Sie entstanden in slawischem Gebiet, doch scheint es weder in Berlin noch in Cölln eine unmittelbare slawische Vorgängersiedlung gegeben zu haben. Der Name Berlin, der ein feuchtes, sumpfiges Gelände bezeichnet, ist allerdings slawischen Ursprungs; schon im 13. Jahrhundert wurde er mit einem Bären in Verbindung gebracht. Bereits im 12. Jahrhundert waren Juden als Händler im Berliner Raum tätig. Der älteste Grabstein des Spandauer Judenfriedhofs stammt aus dem Jahre 1244.

Die Berechtigung, die erste Erwähnung Cöllns zum Jubiläumsdatum zu machen, ergibt sich aus der Tatsache, daß es sich von Anfang an um eine Doppelstadt handelte, in der Berlin stets – etwa im Verhältnis zwei zu eins – der größere und einflußreichere Teil war. Im Jahre 1307 gingen die beiden Städte sogar eine förmliche ›Union‹ ein, so daß sie nach außen künftig als eine einzige Stadt in Erscheinung traten. Sie bildeten einen gemeinsamen Rat, bauten auf der Langen Brücke zwischen Berlin und Cölln ein drittes Rathaus für die ›Unions‹-Angelegenheiten und umzogen beide Orte mit einer gemeinsamen Stadtmauer. 1432, kurz bevor die Entwicklung durch das Eingreifen des Landesherrn eine ganz andere Richtung nahm, erreichte dieser Prozeß mit einer fast vollständigen Verschmelzung der beiden Städte – für die nun auch ein gemeinsames Bürgerrecht galt – ihren Höhepunkt. In den folgenden Jahrhunderten blieben Berlin und Cölln rechtlich getrennt. Praktisch waren sie jedoch weiterhin eine Doppelstadt, wie am deutlichsten an den großen Befestigungsanlagen zu sehen ist, die zur Zeit des Großen Kurfürsten beide Städte gleichermaßen umspannten. Auch die Neugründungen Friedrichswerder, Dorotheenstadt und Friedrichstadt erhielten seit 1662 eigene Stadtrechte, so daß schließlich sogar fünf kurfürstliche Residenzstädte bestanden, aus denen erst 1709/10 die neue königlich-preußische Residenzstadt Berlin gebildet wurde.

In den ersten zweieinhalb Jahrhunderten ihres Bestehens entwickelten sich Berlin und Cölln zu wirtschaftlich erfolgreichen, kulturell aufblühenden und politisch selbstbewußten Bürgerstädten. Ihre Handelsverbindungen reichten bis England und Flandern, Skandinavien und Polen, West- und Oberdeutschland. Man führte vor allem Getreide und Holz aus und brachte Tuche, Fische, Salz und Gewürze ins Land. Von großer Bedeutung war der West-Ost-Handelsweg, der von Magdeburg über Berlin nach Posen führte; noch wichtiger aber waren die Wasserwege, die über die Spree und die Havel in die Elbe führten, und der relativ kurze Landweg bis zur Oder. Innerhalb der Mark Brandenburg nahm die Doppelstadt bald eine führende Stellung ein, und vom 14. bis ins frühe 16. Jahrhundert gehörte sie auch der Hanse an. Obwohl sie der brandenburgischen Landesherrschaft unterstand, errang sie im

14. und frühen 15. Jahrhundert eine relativ unabhängige Stellung. Zu ihren wichtigen Privilegien gehörten das Stapelrecht, das durchreisende Kaufleute zwang, ihre Waren feilzubieten, die Befreiung von der Heerfolge für den Landesherrn, das Recht, Bündnisse mit anderen Städten abzuschließen, das Münzrecht (gemeinsam mit anderen brandenburgischen Städten) und schließlich auch die Hohe Gerichtsbarkeit. 1435 erwarb die Stadt Berlin-Cölln die Johanniterdörfer Tempelhof, Rixdorf, Marienfelde und Mariendorf. Darüber hinaus besaßen viele Bürgerfamilien Lehnsbesitz im weiteren Umkreis der Stadt. Die Familienverbindungen reichten bis zu den Fuggern nach Augsburg, und einzelne Berliner Familien wie die Blankenfelde waren durchaus in der Lage, auch große internationale Geldgeschäfte abzuwickeln.

Schon bald nach dem Beginn der Hohenzollernherrschaft in der Mark Brandenburg änderte sich die Situation jedoch grundlegend. Kurfürst Friedrich II. (Eisenzahn) nutzte 1442 innerstädtische Auseinandersetzungen zwischen dem Patriziat und den Zünften, um die Ansprüche des Landesherrn gegenüber Berlin und Cölln eindeutig und auf Dauer durchzusetzen. Er hob die Vereinigung von 1432 auf, ließ sich die Stadtschlüssel ausliefern, änderte die Ratsverfassung und untersagte den Städten, künftig selbständige Vereinbarungen und Bündnisse abzuschließen. Berlin und Cölln verloren das Stapelrecht ebenso wie die Hohe Gerichtsbarkeit; das gemeinsame Rathaus auf der Langen Brücke wurde zum Sitz des landesherrlichen Gerichts bestimmt. Der Versuch der Bürger, diese Entscheidungen noch einmal zu revidieren, mündete 1448 in eine offene Rebellion – den berühmten ›Berliner Unwillen‹ –, die jedoch wegen mangelnder Unterstützung von außen erfolglos blieb.

Damit war klar, daß Berlin künftig nicht mehr den Weg der selbstbewußten Bürgerstadt, sondern den Weg der Residenzstadt der Hohenzollern – für beinahe fünfhundert Jahre – gehen würde. Während auf den älteren Berliner Stadtsiegeln der städtische Bär und der brandenburgische Adler nebeneinander zu sehen waren – auf dem Siegel von 1280 hielten zwei schreitende Bären einen Adlerschild zwischen sich –, erhielt jetzt der auf dem Bären aufhockende Adler ein immer größeres Gewicht. Zum eigentlichen Wahrzeichen der neuen Machtverhältnisse wurde jedoch das Schloß. Der Grundstein wurde 1443 in Cölln gelegt, 1451 wurde es bezogen, und seit 1486 war es ständige Residenz der brandenburgischen Kurfürsten. In den nächsten zweihundert Jahren wurde es häufig umgebaut und erweitert – unter anderem um 1540 durch Caspar Theyß und um 1580 durch Rochus Guerini Graf zu Lynar –, ehe es ab 1698 durch Andreas Schlüter die Gestalt erhielt, die es bis zu seiner Zerstörung kennzeichnete.

Auch als Residenzstädte blieben Berlin und Cölln wohlhabend. Der Handel konnte trotz der verlorenen Privilegien weiter ausgebaut werden, und das Luxusgewerbe blühte so sehr auf, daß am Ende des 16. Jahrhunderts beispielsweise fünfzig Goldschmiedemeister in den Städten tätig waren. Einzelne Angehörige der Ratsfamilien traten in den Dienst des Landesherrn. Erst im Übergang zum 17. Jahrhundert vollzog sich ein Wechsel der führenden Familien, nachdem alte Geschlechter wie die Reiche, die neun oder zehn Generationen lang die Geschicke der Stadt mitbestimmt hatten, ausstarben. Auch die jüdische Bevölkerung hatte Anteil an der wirtschaftlichen Entwicklung, was sie jedoch nicht vor immer neuen Wellen der Verfolgung und der – meist nur kurzfristigen – Vertreibung schützte. 1342 wurden mehrere Berliner Juden getötet, 1510 wurden 38 Juden aus Berlin und anderen Orten der Mark vor den Toren der Stadt verbrannt, und 1573 erfolgte die grausame Hinrichtung des ›Hofjuden‹ Lippold. Im gleichen Jahr wurden alle Juden aus der Mark vertrieben – dieses Mal für fast genau einhundert Jahre.

Einen wichtigen Einschnitt in der Geschichte Berlins und Cöllns wie auch in der Geschichte des ganzen Landes bedeutete das Jahr 1539, als nach langem Drängen von Rat und Bürgern der Übergang zum neuen Glauben vollzogen, die Reformation eingeführt wurde. Berlin war fortan eine protestantische Stadt, wichtiger noch: die Hauptstadt eines Staates, der in späteren Jahren zur Führungsmacht des deutschen Protestantismus wurde. Als der Kurfürst 1613 zum Calvinismus übertrat, tat sich eine Kluft zwischen der lutherischen Landeskirche und dem reformierten Glauben des Herrscherhauses auf, die zunächst für erhebliche Unruhe sorgte. 1615 kam es zu Tumulten in der Stadt, denen weitere Proteste und obrigkeitliche Maßregelungen lutherischer Geistlicher folgten – der große Kirchenliederdichter Paul Gerhardt verlor noch in den sechziger Jahren des 17. Jahrhunderts in solchen Auseinandersetzungen sein kirchliches Amt in Berlin. Langfristig aber war das Nebeneinander von Lutheranern und Reformierten die Grundlage für die religionspolitische Toleranz, die die brandenburgisch-preußische Politik und auch die Geschichte Berlins seit dem ausgehenden 17. Jahrhundert kennzeichnet. Parallel zur Reformationsgeschichte machte auch die gelehrte Bildung in Berlin große Fortschritte. Humanisten wie Johannes Trithemius, Johannes Carion und der ungewöhnlich vielseitige Leonhard Thurneysser hinterließen ihre Spuren. 1574 wurde in den Gebäuden des früheren Franziskanerklosters (›Graues Kloster‹) das erste Berliner Gymnasium gegründet, das ein Jahrzehnt später bereits sechshundert Schüler, nicht nur aus Berlin und Cölln, sondern aus der ganzen Mark, aufwies. Erst 1650, als das Joachimsthalsche Gymnasium nach Berlin verlegt wurde, trat ihm eine zweite große humanistische Bildungsstätte an die Seite.

Der erste Abschnitt der Geschichte Berlins als Residenzstadt ging mit dem Dreißigjährigen Krieg zu Ende. Die Stadt blieb zwar von direkten Kriegszerstörungen verschont, aber sie litt in außerordentlich starkem Umfang unter den häufigen Brandschatzungen und Einquartierungen fremder Heere, unter der fast ständigen Abwesenheit des Hofes (der nach Königsberg verlagert worden war) und nicht zuletzt unter den häufigen Pestepidemien, denen allein in den dreißiger Jahren über 4000 Einwohner zum Opfer fielen. Gegen Ende des Krieges war die Bevölkerungszahl auf rund 6000 gesunken, was im Vergleich zu früheren, besseren Zeiten einen Rückgang um rund fünfzig Prozent bedeutete. Über ein Drittel der Häuser war wüst und verlassen, auch die Vorstädte waren während des Krieges niedergebrannt worden.

*

Daß Berlin sich verhältnismäßig rasch von den schweren Schäden des Krieges erholte und im 18. Jahrhundert zu der nach Wien größten deutschen Stadt wurde, hatte seinen Grund gleichermaßen in der allgemeinen Entwicklung des brandenburgisch-preußischen Staates und in dem besonderen Interesse der Kurfürsten und – ab 1701 – Könige am Ausbau ihrer Residenz. Als Hauptstadt profitierte Berlin von der wachsenden politischen und militärischen Macht Preußens, und auch die

Zentralisierung der Staatsverwaltung wirkte sich zu seinen Gunsten aus. Bis zum Beginn der Industrialisierung bildete der Hof ganz unbestritten den Mittelpunkt der städtischen Angelegenheiten. Von ihm gingen alle wichtigen Impulse für die Stadtentwickung aus. Gleichzeitig wurde die Verwaltung der Residenzstadt mehr und mehr in die allgemeine staatliche Verwaltung einbezogen. Von bürgerlicher Selbstverwaltung konnte bis zur Steinschen Städteordnung kaum mehr die Rede sein, doch angesichts des wachsenden Wohlstandes und des Glanzes, der vom Hof auf die Stadt ausstrahlte, war die große Mehrheit der Berliner damit nicht unzufrieden.

Schon unter dem Großen Kurfürsten begannen der Ausbau und die Erweiterung der Stadt, und unter seinen Nachfolgern waren es vor allem die Könige Friedrich I. und Friedrich II., die das neue Bild Berlins prägten. Neben das Schloß, das von Andreas Schlüter nach 1698 neugestaltet wurde, traten der Marstall (ab 1690) und das Zeughaus (ab 1695). In den Jahrzehnten nach 1740 entstand an der Straße Unter den Linden das Forum Fridericianum als eine große repräsentative Anlage mit der Oper, der Hedwigskirche, dem Prinz-Heinrich-Palais und der Bibliothek.

Die Befestigungsanlagen, die der Große Kurfürst zwischen 1658 und 1683 anlegen ließ, erwiesen sich schon bald als militärisch überholt und für den Ausbau der Stadt hinderlich. So wurden sie ab 1736 durch eine einfache, über vier Meter hohe Mauer ersetzt, die die Umgehung des Zolls – daher ›Akzisemauer‹ – verhindern und die Desertion von Soldaten der Berliner Garnison erschweren sollte. Sie war rund 17 Kilometer lang und schloß auch die Vorstädte ein. Mit ihren 14 Toren – von denen nur das prächtigste, das 1788 bis 1791 erbaute Brandenburger Tor, erhalten geblieben ist – bestimmte sie das Stadtbild bis ins 20. Jahrhundert hinein, da die meisten der Berliner Fernbahnstrecken so angelegt wurden, daß sie an den Stadttoren endeten. Erst nach 1860 mußte diese Stadtmauer, die 1787 bis 1802 als ›Ringmauer‹ erneuert worden war, endgültig den neuen Verkehrsbedürfnissen weichen.

Zum Ausbau der Residenz gehörten auch der Bau und die Erneuerung von Schlössern in der näheren Umgebung. Hier ist an Potsdam, Köpenick und Niederschönhausen zu denken und vor allem an das ab 1695 erbaute Schloß Lietzenburg, das 1705, nach dem Tode der Königin Sophie Charlotte, Charlottenburg genannt wurde. Ab 1703 kam Schloß Monbijou, ab 1785 schließlich Bellevue hinzu. Diese Bautätigkeit trug in besonderem Maße zur Blüte des Luxusgewerbes bei, und tatsächlich entstanden in der Residenz und ihrer unmittelbaren Umgebung zahlreiche, zum Teil bedeutende Manufakturunternehmen, in denen Gold- und Silberwaren, Gobelins, Fayencen, von der Mitte des 18. Jahrhunderts an auch Porzellan – seit 1763 von der Königlichen Porzellanmanufaktur – hergestellt wurden. Einige dieser Unternehmen entwickelten sich zu ausgesprochenen Großbetrieben mit mehreren hundert Beschäftigten.

Das äußere Bild der Stadt war im 18. Jahrhundert sehr stark durch das Militär bestimmt. 1653 war in Brandenburg die Entscheidung für ein Stehendes Heer gefallen, und seit 1657 waren Berlin und Cölln Garnisonstädte. Die Soldaten wurden in den Bürgerhäusern einquartiert, auch später standen nur für einen Teil der Garnison Kasernen zur Verfügung. Obwohl die Berliner selber seit 1733 von der Militärpflicht befreit waren – auch das gehörte zu den Entscheidungen, mit denen die Entwicklung der Residenz gefördert wurde –, betrug der Anteil der ›Militärbevölkerung‹ an der Gesamteinwohnerschaft während des ganzen 18. Jahrhunderts ständig 20 bis 25 Prozent, von denen jeweils etwa die Hälfte zum aktiven Militär gehörte. 1786, im Todesjahr Friedrichs des Großen, gehörten von 147 000 Einwohnern sogar 40 000 zur ›Militärbevölkerung‹, und erst ab 1800 begann der Anteil des Militärs an der schnell wachsenden Stadtbevölkerung deutlich zu sinken. Vor allem seit der Zeit des ›Soldatenkönigs‹ war Berlin in einem solchen Maße Militärstadt, daß es verwundern muß, daß unter solchen Bedingungen doch so etwas wie eine bürgerliche Stadtkultur entstehen konnte.

Daß Berlin trotz der zentralen Stellung des Hofes und des Militärs auch zu einer Bürgerstadt wurde, war in besonderem Maße den Flüchtlingen und Vertriebenen aus anderen Ländern zu verdanken, die seit dem letzten Drittel des 17. Jahrhunderts in die Stadt gekommen waren und entscheidend zu ihrem Wiederaufstieg beigetragen hatten. Zunächst wurde 1671 die inzwischen hundertjährige Ausschließung der Juden aufgehoben: fünfzig aus Wien vertriebenen jüdischen Familien wurde angeboten, sich in Berlin niederzulassen. Ab 1685 kamen rund 6000 aus Frankreich vertriebene Hugenotten. Bis 1710 folgten weitere Anhänger des reformierten Glaubens: Wallonen, Orangeois, Schweizer und auch Pfälzer, schließlich kamen ab 1732 noch einmal 2000 böhmische Protestanten. Für eine kurze Zeit um 1700 war die Muttersprache jedes fünften Berliners Französisch. Der quantitative Anteil nahm in den folgenden Jahrzehnten schnell ab – um 1800 betrug der Bevölkerungsanteil der Hugenotten nur noch 2,9 Prozent, der Juden 2,4 Prozent und der Böhmen 0,3 Prozent –, doch ging von diesen Zuwanderergruppen, die sich ethnisch, religiös, sprachlich-kulturell und auch wirtschaftlich deutlich von der Mehrheitsbevölkerung unterschieden, eine starke Wirkung auf die weitere Entwicklung Berlins aus. Das galt zunächst vor allem für die Hugenotten, die als ›Französische Kolonie‹ viele Privilegien genossen und seit 1689 auch über ein eigenes Gymnasium (Collège français) verfügten, später besonders für die Juden. Der französische Einfluß machte sich in Wissenschaft, Kunst und Gewerbe geltend, aber auch in der allmählichen Veränderung der Sprech-, Denk- und alltäglichen Verhaltensweisen der Berliner Bevölkerung. Berlin wurde lebhafter, zivilisierter, hauptstädtischer und begann sich immer deutlicher von den umliegenden märkischen Dörfern und Städten zu unterscheiden.

Die Einwohnerzahl entwickelte sich anfangs nur langsam – 1680 waren es erst 9800 –, stieg aber bis 1700 schon auf 29 000 an und erreichte bis 1800 sogar 172 000. Für den Aufschwung des Handels wurde die Eröffnung des Spree-Oder-Kanals 1669 wichtig, weil dadurch ein Wasserstraßennetz entstand, das Ost- und Nordsee verband und dessen Umschlagplatz Berlin wurde. Noch bis weit in das Eisenbahnzeitalter hinein beruhten der Berliner Handel, aber auch die Manufakturen und Fabriken in ihrem wirtschaftlichen Erfolg in erster Linie auf dem Binnenschiffahrtssystem, das den Zugang zu den großen deutschen und internationalen Märkten bot. Durch die Textil- und Bekleidungsmanufaktur wurde Berlin noch im 18. Jahrhundert zu einer Arbeiterstadt. Angesichts der großen Bedeutung der Uniformen zeigte sich hier auch eine gewerbefördernde Wirkung des Militärs: Das ›Lagerhaus‹, das zeitweise die größte europäische Tuchmanufaktur war, hatte um 1800 noch immer 1400 Beschäftigte. Insgesamt waren zu diesem Zeitpunkt schon über 25 000 Personen in der Berliner Textilfabrikation beschäftigt.

Um 1700 wurden die ersten Versuche unternommen, die Residenz auch zu einer Stadt der Wissenschaften und Künste zu machen. 1696 wurde die ›Akademie der Künste und mechanischen Wissenschaften‹ eröffnet, die vor allem der Ausbildung diente. 1700 folgte die Gründung der ›Societät der Wissenschaften‹, der ersten deutschen Akademie der Wissenschaften, die am Vorbild der großen Akademien in Paris und London orientiert war. Ihr Initiator und erster Präsident war Gottfried Wilhelm Leibniz, der für seine Pläne die Unterstützung der Kurfürstin Sophie Charlotte gefunden hatte. Die Anfänge der Akademie standen allerdings unter keinen günstigen Vorzeichen, so daß die Zeit ihrer großen Wirksamkeit erst 1744, nach der durchgreifenden Reorganisation durch Friedrich II., begann. Um 1700 wirkte in Berlin, als Propst an der Nikolaikirche, auch Philipp Jakob Spener, der führende Theologe des deutschen Pietismus. Von staatlicher Seite gefördert, bildete sich allmählich, ungeachtet aller weiterhin bestehenden Gegensätze und Spannungen zwischen den Religionen und Konfessionen, ein Klima der religiösen Toleranz aus, für das Berlin auch über die deutschen Grenzen hinaus Anerkennung zuteil wurde. Neben die lutherischen und reformierten Kirchen trat seit 1747 eine erste katholische Kirche, und auch den Juden war 1714 die Einrichtung einer Synagoge gestattet worden.

Etwa von der Mitte des 18. Jahrhunderts an begann Berlin sich zu einem der geistigen Führungszentren in Deutschland und bald auch in Europa zu entwickeln. Es wurde zum Zentrum der deutschen bürgerlichen Aufklärung und um 1800 bereits zu einem Sammelpunkt der deutschen Romantik. 1804 kam selbst eine so kritische Beobachterin wie Madame de Staël zu der Überzeugung, daß Berlin »zur wahren Hauptstadt des neuern, aufgeklärten Deutschland« geworden sei. Es waren vor allem Gotthold Ephraim Lessing, Moses Mendelssohn und Friedrich Nicolai, die das neue Ansehen Berlins begründeten, und ihre persönlichen Schicksale lassen zugleich die Spannung zwischen der bürgerlichen Aufklärung und dem offiziellen Berlin erkennen: Lessing wurde eine Anstellung, Mendelssohn die Aufnahme in die Akademie der Wissenschaften verweigert, und Nicolai mußte seine berühmte ›Allgemeine Deutsche Bibliothek‹ wegen der Zensur jahrelang außerhalb Berlins (und Preußens) herausbringen. Der Kreis der Berliner Aufklärer war groß, und darunter waren viele, auch führende Beamte des preußischen Staates. Die Diskussionen fanden in den zahlreichen Zeitschriften, aber auch in den mehr oder weniger festgefügten Vereinigungen statt, die sich der Förderung des Gemeinwohls verpflichtet fühlten. Die wichtigsten unter ihnen waren der ›Montagsclub‹ (seit 1748) und die ›Mittwochsgesellschaft‹ (seit 1783), und ein Mann wie Nicolai gehörte beiden Gesellschaften an. In den achtziger Jahren begann auch die Blütezeit der Berliner Salons, in denen – vor allem im Hause der Henriette Herz, etwas später der Rahel Levin – eine neue Form der künstlerisch-intellektuellen Geselligkeit entwickelt wurde, bei der Standes- und Rangunterschiede gering geachtet und selbst die noch immer bestehenden Schranken zwischen Juden und Christen überwunden wurden.

Um 1800 war Berlin ein Ort, an dem ungewöhnlich viele Wissenschaftler und Schriftsteller von Rang versammelt waren – von den Brüdern Humboldt und Schlegel bis zu Schleiermacher, Fichte, Niebuhr, Johannes von Müller, Kleist, Tieck, Wackenroder, Novalis, Arnim, Brentano, E. T. A. Hoffmann und Chamisso. Noch vor der Gründung der Universität wurden große Vorlesungen gehalten, die dem neuen geistigen Anspruch Berlins Ausdruck gaben: August Wilhelm Schlegels Vorlesungen über Kunst und Literatur, Schleiermachers ›Reden über die Religion, an die Gebildeten unter ihren Verächtern‹, Fichtes ›Grundzüge des gegenwärtigen Zeitalters‹ und ›Reden an die deutsche Nation‹. Die Eröffnung der Berliner Universität im Jahre 1810 wurde aufgrund der sie tragenden Reformideen – der Einheit und der Freiheit von Forschung und Lehre – zu einem Epochendatum der deutschen und internationalen Universitätsgeschichte. Die Universität, an der seit 1818 Hegel, seit 1825 der junge Ranke lehrte, errang in wenigen Jahren eine führende Position unter den deutschen Universitäten und begründete den Anspruch Berlins, fortan auch eine Hauptstadt der Wissenschaften zu sein. Während zunächst Philosophie, Philologie und Geschichte im Vordergrund standen, gelang es den Bemühungen Alexander von Humboldts, der 1827 aus Paris nach Berlin zurückkehrte, auch die Naturwissenschaften und die naturwissenschaftlich orientierte Medizin auf höchstem Niveau zu etablieren.

Etwa zwischen 1780 und 1840 entstand ein bürgerliches Berlin, das nicht mehr ausschließlich auf den Hof bezogen war. Das Musik- und Theaterleben wurde in zunehmendem Umfang von einem bürgerlichen Publikum getragen. Unter Ifflands Leitung entwickelte sich das Schauspielhaus zu einer führenden deutschen Bühne, und auch die Oper feierte unter Spontini, in späteren Jahren unter Meyerbeer, große Triumphe. Die wichtigste Uraufführung – Carl Maria von Webers ›Freischütz‹ – fand 1821 wegen der Konkurrenz zu Spontini allerdings nicht in der Oper, sondern im Schauspielhaus statt. Charakteristisch für Berlin war schließlich die Singakademie, die unter Zelters Leitung große Chorwerke aufführte und 1827 ein eigenes Konzertgebäude erhielt. Mit der 1829 von dem jungen Felix Mendelssohn-Bartholdy geleiteten Aufführung der Matthäus-Passion ging von Berlin auch die Wiederentdeckung der Musik Johann Sebastian Bachs aus. Vor allem aber wurden in diesen Jahrzehnten große Anstrengungen unternommen, der wachsenden Stadt durch anspruchsvolle, repräsentative Bauwerke einen unverwechselbaren Charakter zu geben. Im Mittelpunkt dieser Bemühungen stand Karl Friedrich Schinkel, aber die ›Schinkel-Zeit‹ wurde von zahlreichen Vorgängern wie Langhans, Gentz, Erdmannsdorff und den beiden Gilly wie auch von Schinkel-Schülern wie Stüler, Persius und Strack mitgestaltet. Schinkels eigene Bauten – die Neue Wache, das Schauspielhaus, die Schloßbrücke, das (Alte) Museum, die Bauakademie, dazu Kirchen, Adelspalais, Land- und städtische Wohnhäuser – trugen entscheidend dazu bei, einen ›Berliner Stil‹ auszubilden und den besonderen Charakter der Residenzstadt im bürgerlichen Zeitalter zu gestalten.

Allerdings ist gerade in jenen Jahrzehnten mehrfach der Gedanke ausgesprochen worden, daß in Berlin gar nicht die Gebäude, sondern die Menschen, nicht die Straßen und Plätze, sondern die wissenschaftlichen Diskussionen und die künstlerische Geselligkeit von Bedeutung seien. In diesem Sinne formulierte Heinrich Heine 1828 den vielzitierten Satz: »Berlin ist gar keine Stadt, sondern Berlin gibt bloß den Ort dazu her, wo sich eine Menge Menschen, und zwar darunter viele Menschen von Geist, versammeln, denen der Ort ganz gleichgültig ist...« Und Alexander von Humboldt schrieb ein Jahr später seinem Bruder Wilhelm über eine karge Landschaft zwischen Königsberg und Riga: »Wenn Schinkel dort einige

Backsteine zusammenklauben ließe, wenn ein Montagsclub, ein Zirkel von kunstliebenden Judendemoiselles und eine Akademie auf jenen mit Gestrüpp bewachsenen Sandsteppen eingerichtet würde, so fehlte nichts, um ein neues Berlin zu bilden.« Das Berlin, von dem Heine und Humboldt sprachen, war ein Ort der geistigen Begegnung, des Gesprächs, der gemeinsamen wissenschaftlichen und künstlerischen Arbeit, der ungezwungenen Geselligkeit. Es war ein Ideal großstädtischer Existenz, aber dieses Ideal war in der Realität genügend verankert, um zumindest in Ansätzen immer wieder erlebt werden zu können. Um 1830 mochte es wie der Abglanz einer langsam verblassenden Salonkultur und großbürgerlichen Geselligkeit erscheinen, doch begleitete die Vorstellung, daß die besondere Qualität Berlins in der Anregung des geistigen Lebens, in der Begegnung von Menschen und in der Offenheit des Meinungsaustauschs liege, auch die weitere Geschichte der Stadt – bis hin zu den berühmten literarischen Cafés des frühen 20. Jahrhunderts und über sie hinaus.

*

Rückblickend lassen sich die rund anderthalb Jahrhunderte vom späten 17. bis zum frühen 19. Jahrhundert trotz aller inneren Differenzierung deutlich als eine historische Einheit erkennen: Es war die Epoche der politisch, wirtschaftlich und kulturell aufblühenden Stadt in ihrer vorindustriellen Phase, in einer Zeit also, in der die Grundlagen der menschlichen Existenz im allgemeinen und der städtischen Lebensweise im besonderen im Kern unverändert blieben. Auch die Erschütterungen der ›Franzosenzeit‹ und die Veränderungen durch die preußische Reformgesetzgebung sprengten diesen Rahmen nicht. In gewisser Weise kann sogar die Revolution von 1848 mit den Forderungen nach bürgerlichen Freiheiten und Grundrechten, den Barrikadenkämpfen, den öffentlichen Debatten und schließlich dem Sieg der konservativen Staatsgewalt als Abschluß dieser Epoche gelten. Doch zeigte sich 1848 in den Massenbewegungen, den Arbeiterorganisationen, den Notstandsarbeiten und den elementaren Unruhen der verarmten Bevölkerung ebenso deutlich auch der Übergang zu einem neuen Zeitalter.

»Berlin ist zu groß geworden«, schrieb 1846 Friedrich Saß, »als daß der Hof, die Bürokratie es noch beherrschen könnten.« In der Tat traten jetzt die Emanzipation der Stadt vom Hof, die Befreiung der Bürger aus der Bevormundung durch das Herrscherhaus und die Staatsregierung immer stärker in den Vordergrund. Die Einführung der neuen Städteordnung bedeutete 1809 einen ersten Schritt in diese Richtung, doch blieben die bürgerlichen Selbstverwaltungsrechte sehr beschränkt, und die Massen der städtischen Bevölkerung wurden bis 1918 zuerst durch das Zensuswahlrecht, von der Mitte des 19. Jahrhunderts an durch das Drei-Klassen-Wahlrecht von jedem Einfluß auf die Kommunalpolitik ferngehalten. Berlin blieb bis zum Ende der Monarchie Residenzstadt, aber als ständig wachsende Großstadt, als Zentrum der industriellen Arbeit, war es nicht mehr in der gewohnten Weise zu kontrollieren und in seiner Entwicklung zu steuern. Vieles blieb der Dynamik der sich durchsetzenden kapitalistischen Wirtschaft überlassen; die Spannung zwischen Reichen und Armen wurde kaum gemildert, Not und Elend wurden nicht geringer, sondern nahmen zumindest in den ersten Jahrzehnten zu. Gerade im Hinblick auf die »furchtbaren Opfer« des städtischen Wachstums hatte Saß kritisch angemerkt, daß Berlin nunmehr zu »den ›großen Städten‹ Europas« gehöre, »welche berufen zu sein scheinen, alle Krebsschäden unseres gesellschaftlichen Zustandes an sich aufzuweisen«. Die Tatsache, daß im Krisenjahr 1847 allein 40 Prozent des städtischen Haushalts auf die Armenfürsorge entfielen, kann als Beleg für solche Feststellungen gelten.

Seit dem Beginn der Industrialisierung wurden in einem atemberaubenden Tempo alle älteren Strukturen der Stadt und ihres Umlandes gesprengt. In einem charakteristischen Vergleich hieß es 1882 in dem Verwaltungsbericht des Berliner Polizeipräsidenten, der noch immer für weite Bereiche der Stadtentwicklung zuständig war: »Die Stadt Berlin hat in den letzten 4 Jahrzehnten sich in einer Weise vergrößert, wie man dies nur in überseeischen Städten erlebt hat, die in Folge einer plötzlichen Entdeckung durch eine fieberhafte Geschäfts-Entwicklung binnen verhältnismäßig kurzer Zeit aus unbedeutenden Anfängen sich zu Mittelpunkten des Verkehrs- und Geschäftslebens entwickelt haben, wie in den Goldregionen Amerikas und Australiens und in den Oeldistricten Pennsylvaniens.« In Berlin waren weder Gold noch Öl noch überhaupt irgendwelche Rohstoffe zu entdecken, die Entwicklung der Stadt zum Industriezentrum vollzog sich auf der Grundlage moderner Technik, industriellen Kapitals und eines leistungsfähigen Transportsystems. Seit der Eröffnung der ersten Eisenbahnlinie – 1838 von Berlin nach Potsdam – wurde Berlin in wenigen Jahren zum Zentrum eines Eisenbahnnetzes, das schon bald nicht nur Preußen und Deutschland erschloß, sondern auch Verbindungen zu anderen europäischen Staaten herstellte. Auch im ›Eisenbahnzeitalter‹ profitierte Berlin allerdings weiterhin von dem bereits früher angelegten großen Wasserstraßennetz. Die schweren Lasten – Kohle und Erze ebenso wie Getreide und Baustoffe – wurden weiterhin in erheblichem Umfang auf dem Wasser transportiert. Weit ab von jeder Küste gelegen, entwickelte sich Berlin zum zweitgrößten Binnenschifffahrtszentrum Europas.

In wenigen Jahrzehnten wurde Berlin der führende – und größte – Industriestandort des europäischen Kontinents. Hinsichtlich der Beschäftigtenzahlen lag auch im Zeitalter der Industrialisierung das Textilgewerbe weiterhin an der Spitze, vor allem die Konfektionsindustrie gewann wachsende Bedeutung. Typisch für die Berliner Industrie waren jedoch vor allem die metallverarbeitenden Unternehmen. Das begann mit der Königlichen Eisengießerei und den Pionierbetrieben von Freund, den Brüdern Cockerill und Egells. Seit 1837/38, als August Borsig zunächst eine Eisengießerei, dann eine Maschinenbauanstalt eröffnete, wurde Berlin mit den folgenden Gründungen von Pflug, Wöhlert, Hoppe, Schwartzkopff und anderen zu einem Zentrum des Maschinenbaus. Abgesehen vom Dampfmaschinenbau, waren viele Unternehmen vor allem auf den Bedarf der Eisenbahn ausgerichtet. Borsig, dessen erste Lokomotive noch eine Bauzeit von acht Monaten benötigte, konnte 1858 bereits mit 30 000 Gästen in seinem Moabiter Werk das »Fest der 1000. Lokomotive« feiern. Seit 1856 wurden Borsig-Lokomotiven sogar nach England, in das Mutterland der Industriellen Revolution und der Eisenbahn, exportiert. 1871 waren zwei Drittel der Berliner Erwerbstätigen in Industrie und Gewerbe beschäftigt, davon allerdings noch immer ein großer Teil im Handwerk und nur relativ wenige in industriellen Großbetrieben.

Inzwischen hatte die Entwicklung Berlins zur ›Elektropolis‹ begonnen. Werner

Siemens, der 1847 mit Johann Georg Halske eine sehr erfolgreiche Telegraphenbauanstalt gegründet hatte, schuf 1866 mit der Entdeckung des elektrodynamischen Prinzips die Grundlagen der modernen Starkstromtechnik. Emil Rathenau gründete 1883 die AEG. Vor allem Siemens und die AEG, die zugleich Konkurrenten und Partner waren, eroberten der Berliner Elektroindustrie bis zur Jahrhundertwende eine führende Stellung auf dem Weltmarkt. Neben den großen Maschinenfabriken und den elektroindustriellen Unternehmen wuchs die Chemie mit Unternehmen wie Schering (seit 1851) und Agfa (Aktiengesellschaft für Anilinfabrikation, seit 1873) in die Rolle des dritten großen Berliner Industriesektors. Waren die frühen Industriegründungen in Berlin zum Teil noch durch die staatliche Gewerbeförderung unterstützt worden, beruhte die Entwicklung seit der zweiten Hälfte des 19. Jahrhunderts vor allem auf der engen Verflechtung von Kapital, Wissenschaft und Technik. Die großen Banken und die großen Forschungseinrichtungen standen gemeinsam Pate bei der Entwicklung Berlins zum europäischen Zentrum der zweiten Phase der Industriellen Revolution.

Die Steigerung der Einwohnerzahl Berlins nahm seit Beginn der Industrialisierung ein immer rasanteres Tempo an, und das Bevölkerungswachstum erfaßte mit einer gewissen Verzögerung auch das Berliner Umland. 1849 hatte Berlin 412 000 Einwohner; 1871, als es zur Hauptstadt des Deutschen Reiches wurde, hatte sich diese Zahl mit 826 000 bereits verdoppelt. 1877 wurde Berlin zur Millionenstadt, 1905 wurde auch die Zwei-Millionen-Grenze überschritten. 1912 war, nachdem sich das Tempo der Zunahme seit der Jahrhundertwende verlangsamt hatte, mit 2 095 000 der Höhepunkt der Bevölkerungsentwicklung innerhalb der alten Stadtgrenzen erreicht; seitdem vollzog sich in den dichtbebauten Innenstadtbereichen ein stetiger Bevölkerungsrückgang (1925 waren es 1 971 000 und 1939 nur noch 1 779 000). Inzwischen hatte sich in dem Gebiet, das ab 1920 ebenfalls zu Groß-Berlin gehörte, eine sogar noch dramatischere Entwicklung vollzogen: Aus 105 000 Bewohnern des Jahres 1871 waren bis 1910 1,7 Millionen geworden, und dieser Zuwachs ereignete sich zum allergrößten Teil in nur zwei Jahrzehnten, zwischen 1890 und 1910. Hatte es 1871 nur zwei Städte – Spandau und Charlottenburg – gegeben, die jeweils 20 000 Einwohner aufwiesen, waren es 1919 nicht weniger als sieben Großstädte, nämlich Charlottenburg (325 000), Neukölln (bis 1912 Rixdorf, 279 000), Schöneberg (208 000), Lichtenberg (184 000), Wilmersdorf (157 000), Steglitz (146 000) und Spandau (104 000). Hinsichtlich der Bevölkerungszahlen veränderte sich das Verhältnis von Berlin zu seinem Umland von 90 : 10 im Jahre 1871 auf etwa 50 : 50 im Jahre 1919. Charlottenburg war unter den Städten des Deutschen Reiches nicht nur die elftgrößte, sondern auch eine der wohlhabendsten: Um 1900 lag es mit dem Pro-Kopf-Einkommen seiner Bürger an der Spitze aller preußischen Städte. Dagegen waren Neukölln und Lichtenberg ausgesprochene Arbeiterstädte, während Schöneberg und Wilmersdorf wiederum einen eindeutig bürgerlichen Charakter ausbildeten.

Trotz des enormen Bevölkerungswachstums kam es – nach der Einbeziehung verschiedener Vorstädte 1841 – nur 1861 noch einmal zu einer räumlichen Erweiterung des bisherigen Stadtgebietes um nahezu 70 Prozent, als Moabit, Wedding, Gesundbrunnen und die nördlichen Gebiete Schönebergs und Tempelhofs eingemeindet wurden. Danach blieb, abgesehen von Teilen des Tiergartens (1881) und von der Jungfernheide (1915), die Fläche der Stadt Berlin bis 1920 unverändert. Alle Versuche einer Neustrukturierung des gesamten Raumes, etwa durch die Bildung einer eigenen ›Provinz Berlin‹ (1875), blieben stecken. Gegen weitere Eingemeindungen sträubten sich wegen der damit verbundenen Kosten zuerst die Berliner Kommunalpolitiker, später die Vertreter derjenigen Gemeinden, die auf Berlins Kosten groß und wohlhabend geworden waren. Die Verstädterung der Region vollzog sich daher in ungezügeltem Wildwuchs, als Resultat von Boden- und Bauspekulationen. Für Jahrzehnte gerieten die Stadt und ihre Umgebung fast vollständig unter das Diktat der privaten Wirtschaftsinteressen. Erst 1911 konnte schließlich die Gründung eines ›Zweckverbandes Groß-Berlin‹ durchgesetzt werden, der neben Berlin und fünf anderen inzwischen kreisfreien Städten die gesamten Landkreise Barnim und Teltow umfaßte. Schon aufgrund der Tatsache, daß hier ein Gebiet zusammengefaßt wurde, das dreimal so groß war wie das spätere Groß-Berlin, konnte der ›Zweckverband‹ nur wenig handlungsfähig sein. Hinzu kam, daß seine Kompetenzen auf Fragen der Verkehrsplanung, der allgemeinen Bebauungspläne und der Freiflächenpolitik beschränkt waren. Allerdings hatte der ›Zweckverband‹ 1915 doch noch einen Erfolg, der für die Zukunft der Stadt (und nicht zuletzt des heutigen West-Berlin) wichtig war: Vom preußischen Staat wurden mit dem Grunewald, dem Tegeler und dem Köpenicker Forst und Teilen des Potsdamer Forstes rund 10000 Hektar Wald erworben, die als ›Dauerwald‹ ausgewiesen wurden.

Die großen kommunalpolitischen Aufgaben wurden auch innerhalb der Stadt nur zögernd in Angriff genommen. Die Wasser- und Gasversorgung überließ man jahrzehntelang privaten Unternehmern, und erst 1873 bis 1886 konnte nach langwierigen Auseinandersetzungen eine moderne, unterirdische Kanalisation gebaut werden. Seit der Übernahme der Reichshauptstadtfunktionen wurde vor allem die Entwicklung eines weiträumigen städtischen Verkehrssystems immer dringender: 1871 bis 1877 wurde die Ringbahn, die die einzelnen Fernbahnlinien innerhalb Berlins verband, gebaut, 1882 folgte die erste Stadtbahn-, 1902 die erste U-Bahnstrecke. 1881 konnte Siemens in Groß-Lichterfelde die erste elektrische Straßenbahn der Welt vorführen, doch wurden die Berliner Pferdeeisenbahnen erst zwischen 1896 und 1902 durch elektrische Bahnen ersetzt. Während die U-Bahn von vornherein als elektrische Bahn angelegt wurde, begann die Elektrifizierung der S-Bahn erst in den zwanziger Jahren. Von der Jahrhundertwende an machte sich auch der Automobilverkehr bemerkbar – in Berlin wurden die ersten Straßenverkehrsregelungen nötig. Alle Bemühungen um die Entwicklung und Durchsetzung der modernen ›Stadttechnik‹ wurden jedoch bis zur Gründung des ›Zweckverbandes‹ von 1911 bzw. ›Groß-Berlins‹ von 1920 dadurch beeinträchtigt, daß keine Gesamtplanungen für den Berliner Raum möglich waren. Die umliegenden Städte entwickelten ihre eigene Infrastruktur, bauten teilweise sogar eigene U-Bahnstrecken.

Unbefriedigend war insbesondere die Bauplanung. Auf der Grundlage des Hobrecht-Plans von 1862, der einen Teil des Berliner Umlandes bzw. der angrenzenden Orte einbezog, entstand ein System breiter Straßen und repräsentativer Plätze, das noch heute für das Stadtbild charakteristisch ist. Die Nutzung der durch den Plan ausgewiesenen Bauflächen blieb allerdings weitgehend ungeregelt. Zu beachten waren lediglich die baupolizeilichen Bestimmungen, alles übrige unterlag den

Entwicklungen des Bau- und Wohnungsmarktes. So entstanden die für Berlin typischen fünfgeschossigen, tief gestaffelten und mit nur kleinen Innenhöfen versehenen Häuserblocks, die ›Mietskasernen‹. In wenigen Jahrzehnten wurde Berlin zur ›größten Mietskasernenstadt der Welt‹, in der ein großer Teil der Bevölkerung in dunklen, schlecht durchlüfteten, oft feuchten und jedenfalls maßlos überbelegten Wohnungen lebte. 1918 waren fast 40 Prozent aller Berliner Wohnungen Ein-Zimmer-Wohnungen. Die durch Heinrich Zille berühmt gewordene Äußerung, daß man einen Menschen ebenso gut mit einer Wohnung wie mit einer Axt erschlagen könne, zielte auf die menschenunwürdigen, oft lebensbedrohenden Berliner Wohnverhältnisse. Es war daher auch kein Zufall, daß die Säuglings- und Kleinkindersterblichkeit in Berlin mit 19,5 Prozent im Jahre 1905 weit über dem Reichsdurchschnitt lag und in einem Arbeiterviertel wie dem Wedding sogar 42 Prozent betrug. Die soziale Frage war in Berlin – von den berüchtigten vormärzlichen ›Familienhäusern‹ in der Rosenthaler Vorstadt über die Barackenstädte der siebziger Jahre bis zu den trostlosen Hinterhöfen, Kellerwohnungen und Mansarden in den ›Mietskasernen‹ – immer in erster Linie eine Wohnungsfrage.

*

Unter den großen europäischen Hauptstädten war das Berlin der Kaiserzeit ein Emporkömmling, der jedoch in kurzer Frist eine gleichberechtigte, auf manchen Gebieten sogar eine führende Stellung errang. Innerhalb des Deutschen Reiches wurde die neue Hauptstadt respektiert, manchmal auch beneidet, aber kaum geliebt. Tatsächlich war die Stellung Berlins schon bald so stark, daß es selbst die traditionsreichen deutschen Landeshauptstädte als ›Provinz‹ erscheinen ließ. »Parvenüpolis« nannte Walther Rathenau die Reichshauptstadt: Berlin sei, schrieb er, »der Parvenü der Großstädte und die Großstadt der Parvenüs«. Nicht nur in ihrer äußeren Erscheinung war die Stadt »nagelneu«, wie ein Schweizer Beobachter 1871 kritisch notierte, auch die Berliner waren ganz überwiegend ›homines novi‹, Großstädter ohne ausgesprochene Verwurzelung in der Stadt. In Berlin wurde hart gearbeitet, und wer Erfolg hatte, neigte dazu, ihn demonstrativ zur Schau zu stellen. Das galt in erster Linie für das aufsteigende Bürgertum, charakterisierte aber auch die Berliner Bevölkerung insgesamt. Der Typus des modernen Berliners war ein Produkt der Großstadt – ein Mensch, der auf Leistungen statt Privilegien setzt, dem die Zukunft wichtiger als die Herkunft ist, der an den Erfolg glaubt und gegenüber überlieferten Vorstellungen auf das eigene Urteil vertraut.

»Wie – ohne sonstigen Vergleich – Paris Frankreich war, so will und wird Berlin Deutschland und die Großstadt Weltstadt werden«, formulierte Rudolf Mosse im Dezember 1871 in der Probenummer des ›Berliner Tageblatts‹. Die Vorstellung einer beherrschenden Stellung Berlins im Leben der deutschen Nation und das Programm der ›Weltstadt‹ gehörten zusammen. Die Reichshauptstadt sollte alle Kräfte der Nation bündeln und zur gesteigerten Wirkung bringen. Sie sollte die Ideen und die Talente anziehen, Höchstleistungen auf allen Gebieten der Wissenschaft und Kunst, der Industrie und Technik, der Publizistik und der ›Zerstreuungskultur‹ ermöglichen. Auf diese Weise würde sie nicht nur zur inneren Konsolidierung des Deutschen Reiches beitragen, sondern die deutsche Kultur auch international in der gebotenen Weise zur Geltung bringen. Das waren die leitenden Vorstellungen des liberalen Berliner Bürgertums zur Zeit der Reichsgründung – Vorstellungen, denen die tatsächliche Entwicklung im Kaiserreich in hohem Maße entsprach. Berlin wurde zur ›Weltstadt‹, die nicht nur ein Zentrum der politischen und wirtschaftlichen Macht war, sondern auch eine Hauptstadt der Kultur und der Wissenschaften, ein Ort der künstlerischen und intellektuellen Experimente und des modernen, großstädtischen Lebensgefühls.

Innerhalb kurzer Zeit war Berlin eine vielbewunderte ›Zeitungsstadt‹. Trotz der herausragenden Stellung der drei großen Verlagshäuser Mosse, Ullstein und Scherl war der Berliner Zeitungsmarkt durch eine ungewöhnliche Vielfalt charakterisiert: 1895 erschienen 60 Tageszeitungen, davon zwölf sogar zweimal täglich. Obwohl die publizistische Führungsrolle bei der linksliberalen Presse lag, war das Spektrum der politischen Meinungen fast unbegrenzt – vom sozialdemokratischen ›Vorwärts‹ (›Berliner Volksblatt‹) bis zu den Publikationsorganen der Antisemiten oder später der ›Völkischen‹. Die Zahl der Wochenzeitungen und Zeitschriften war unüberschaubar, viele waren kurzlebig, andere aber konnten ihr Publikum über einen langen Zeitraum halten. Berlin wurde immer mehr zu einer Stadt der Journalisten und Redakteure, des schnellen Informationsflusses und der entschiedenen, oft kontroversen Meinungsäußerung. Es blieb darüber hinaus eine Stadt der großen und kleinen Buchverlage, ein Anziehungspunkt vor allem für junge, wagemutige Verleger. Der 1886 von Samuel Fischer gegründete S. Fischer Verlag wurde beispielsweise zu einem der wichtigsten und erfolgreichsten Förderer der zeitgenössischen deutschen und internationalen Literatur.

Die Stellung der Literatur war im Berlin des 19. Jahrhunderts jahrzehntelang relativ schwach. Sieht man von den großen Romanen des späten Fontane ab, kam der Durchbruch zur Literaturhauptstadt erst mit den naturalistischen Dramen seit dem Ende der achtziger Jahre und der expressionistischen Dichtung in den Jahren vor dem Ersten Weltkrieg. Im Theaterleben beeindruckten die großen Klassikeraufführungen des 1883 eröffneten Deutschen Theaters ebenso wie Aufführungen zeitgenössischer Autoren im Lessing-Theater seit 1888. Seit 1889 setzte sich der Verein ›Freie Bühne‹ besonders nachdrücklich für das sozialkritische naturalistische Drama ein, und ein Jahr später startete der Verein ›Freie Volksbühne‹ den erfolgreichen Versuch, ein Theaterprogramm für die ärmere Bevölkerung, insbesondere die Arbeiterschaft, zu schaffen. Otto Brahm und dann vor allem Max Reinhardt, der 1905 für fast drei Jahrzehnte die Leitung des Deutschen Theaters übernahm, waren die umjubelten Regisseure. Auf den rund dreißig Theatern, die es um 1910 in Berlin gab, beruhte ein großer Teil der kulturellen Attraktivität Berlins, auch wenn – oder gerade weil – viele von ihnen volkstümlichen Stoffen und Darstellungsweisen verpflichtet waren. Auch in der Musik spielte neben dem 1882 gegründeten Berliner Philharmonischen Orchester und der Oper, neben Dirigenten wie Hans von Bülow, Arthur Nikisch und Richard Strauss, die leichte Muse eine große Rolle. Paul Lincke, der von 1900 an zum Schöpfer der ›Berliner Operette‹ wurde, und wenig später Walter Kollo waren die bekanntesten und beliebtesten Komponisten ihrer Zeit. In der Malerei kam es um die Jahrhundertwende zum Bruch mit der offiziellen, vom Hof bestimmten Kunstpolitik, als Max Liebermann, Walter Leistikow, Fritz Klimsch und andere 1898 die ›Berliner Secession‹ gründeten. Mit ihnen, zu denen bald auch Max Slevogt und Lovis Corinth stießen, setzte sich eine Malerei des Großstadt-Impressionismus durch, der seine sozialkritische Ergänzung in den Arbeiten von Hans Baluschek, Käthe Kollwitz und Heinrich Zille fand.

Als die Berliner Friedrich-Wilhelms-Universität 1910 ihre Hundert-Jahr-Feier beging, konnte sie es in dem sicheren Gefühl tun, zu den unbestritten führenden Universitäten der Welt zu gehören. 1914 hatte sie rund 10000 Studenten, eine für die damalige Zeit außerordentlich hohe Zahl, und unter ihren Professoren befanden sich zahlreiche Gelehrte, die bereits durch den Nobelpreis geehrt waren oder ihn in den folgenden Jahren erhielten. Die Berliner Medizin wies ebenso große Namen auf wie die Physik und Chemie, die Altertums- und Geschichtswissenschaften. Auch die 1879 gegründete Technische Hochschule hatte sich in kurzer Zeit zu einer Ausbildungs- und Forschungsstätte entwickelt, die in Großbritannien ebenso wie in Rußland zum Vorbild für den Aufbau eines eigenen technischen Hochschulwesens genommen wurde. Von den siebziger Jahren an wurde Berlin zum Standort für die großen Reichsämter für Gesundheit, Materialprüfung, Statistik und Patentwesen; 1887 entstand auf Initiative von Werner Siemens die Physikalisch-Technische Reichsanstalt. 1911, ein Jahrhundert nach der Humboldtschen Universitätsgründung, geschah dann in Berlin noch einmal ein international richtungweisender Schritt in der Wissenschaftspolitik. Mit der Gründung der Kaiser-Wilhelm-Gesellschaft zur Förderung der Wissenschaften wurde der für die künftige wissenschaftliche Entwicklung wichtige Weg zur Einrichtung außeruniversitärer Großforschungseinrichtungen beschritten. Die ehrgeizigen Pläne, auf dem Gelände der Domäne Dahlem ein ›deutsches Oxford‹ zu schaffen, konnten nicht verwirklicht werden. Dem Mäzenatentum des Berliner Großbürgertums war es jedoch zu verdanken, daß noch vor dem Ersten Weltkrieg mehrere Kaiser-Wilhelm-Institute für die Naturwissenschaften in Dahlem errichtet werden konnten.

Der Anteil jüdischer Familien an den Mäzenen der Wissenschaft war beträchtlich, und auch die Berliner Museen sind beispielsweise von dem vielseitig gebildeten und künstlerisch begabten Unternehmer James Simon großzügig bedacht worden: Dem Kaiser-Friedrich-Museum schenkte er zur Eröffnung eine große Sammlung italienischer und deutscher Kunst der Renaissance, und auch die Büste der Nofretete verdanken die Berliner einer von ihm persönlich finanzierten Grabung in Ägypten. Die Berliner Jüdische Gemeinde, die zur Zeit der Reichsgründug 36000 Mitglieder hatte, war im Kaiserreich stark angewachsen – der Höchststand mit rund 175000 Personen wurde in der Mitte der Weimarer Republik erreicht –, ohne jedoch über einen Bevölkerungsanteil von vier bis fünf Prozent hinauszukommen. Dennoch ist die Geschichte Berlins im 19. und frühen 20. Jahrhundert ohne den jüdischen Anteil an den wirtschaftlichen, sozialen, wissenschaftlichen und kulturellen Entwicklungen kaum vorstellbar. Jüdische Unternehmer trugen wesentlich dazu bei, Berlin zur größten Industriestadt des Kontinents und zu einem internationalen Bankenzentrum zu machen. Jüdischen Wissenschaftlern gelangen bahnbrechende Fortschritte in der Medizin und den Naturwissenschaften, später auch in den Sozialwissenschaften. Die großen Warenhäuser der Wertheim, Tietz und Jandorf gehörten ebenso zum Bild der Stadt wie die Verlagsgebäude von Mosse und Ullstein oder die Industriebauten der von den Rathenaus geleiteten AEG. Theater und Musik, Malerei und Architektur, Publizistik und Film – überall waren jüdische Bürger als Künstler, Regisseure und Redakteure, als Auftraggeber und Organisatoren, nicht zuletzt auch als Publikum von großer, manchmal entscheidender Bedeutung. Gerade das spezifisch Großstädtische des Berliner Kulturlebens ist im Kaiserreich ebenso wie in der Weimarer Republik von jüdischen Künstlern und Intellektuellen wesentlich mitgestaltet worden. Der populärste Berliner Sozialdemokrat war Paul Singer, der bis zu seinem Tode 1911 nicht nur zwei Jahrzehnte lang mit August Bebel zusammen Vorsitzender der deutschen Sozialdemokratie, sondern fast drei Jahrzehnte lang auch Vorsitzender der SPD-Fraktion in der Stadtverordnetenversammlung war. Hugo Preuß, Professor an der 1906 gegründeten Handelshochschule und 1918/19 Schöpfer der Weimarer Reichsverfassung, war ebenso wie Walther Rathenau, der Außenminister der Republik, ein prominenter Vertreter des Berliner Linksliberalismus.

Berlin war der Ort, an den diejenigen in erster Linie dachten, die von einer ›deutsch-jüdischen Symbiose‹ sprachen. Hier wurden von Moses Mendelssohn und seinen Freunden die Grundlagen des modernen Judentums geschaffen, wurden die Bedingungen einer dem jüdischen Glauben und der jüdischen Tradition verpflichteten Existenz in einer nichtjüdischen Gesellschaft erarbeitet. Hier wurde erstmals in Europa das politische Programm der Emanzipation, der gleichberechtigten Integration der Juden in die entstehende bürgerliche Gesellschaft, formuliert. In den siebziger Jahren des 19. Jahrhunderts war Berlin allerdings auch der Ort, an dem sich – in der ›Berliner Bewegung‹ des Hofpredigers Adolf Stoecker, in den polemischen Artikeln des Universitätsprofessors Heinrich von Treitschke, in der judenfeindlichen Agitation von Studenten der Berliner Universität und in den Aktivitäten rassistischer Publizisten und Organisatoren – der moderne Antisemitismus zuerst formierte; sogar der Begriff ›Antisemitismus‹ wurde im Herbst 1879 in Berlin geprägt. Dennoch konnten sich in keiner großen deutschen oder europäischen Stadt vor 1933 so viele jüdische Begabungen entfalten, war in keiner anderen Stadt der Beitrag der jüdischen Bevölkerung zur allgemeinen Entwicklung so vielseitig und wirkungsmächtig wie in Berlin. Noch heute zeugen die über 2000 prachtvollen Erbbegräbnisse, die zwischen 1880 und 1933 auf dem Jüdischen Friedhof in Weißensee angelegt wurden, in all ihrem Repräsentationswillen von der tiefen Verwurzelung dieser Familien in der Kultur des Berliner Bürgertums.

*

Der Erste Weltkrieg und die Revolution von 1918/19 veränderten Berlin auf vielfältige Weise. Der Krieg – vom ›Augusterlebnis‹ des Jahres 1914 bis zu den Versorgungskrisen und Massenprotesten der späteren Jahre – erschütterte die gesellschaftlichen und politischen Verhältnisse in der Stadt und bewirkte eine Radikalisierung der Bevölkerung, die weit über die Revolutionszeit hinaus spürbar blieb. Die großen sozialen Gegensätze und Spannungen traten unter den Bedingungen des Krieges in aller Schärfe hervor. Im November 1918 waren es vor allem die Berliner Arbeiter, die den Sturz der Hohenzollern und die Errichtung der Republik erzwangen. Für einige Wochen schien es so, als ob aus Krieg und Niederlage eine gesicherte demokratische Ordnung entstehen würde. Die Revolution führte jedoch zu bürgerkriegsähnlichen Zuständen, und zu den Opfern der militärischen Auseinandersetzungen in der Stadt kamen die politischen Morde – von Rosa Luxemburg und Karl Liebknecht im Januar 1919 bis zu Walther Rathenau im Juni 1922. Die Republik war ungefestigt, die demokratischen Kräfte erzielten nur Teilerfolge, die Gegner der Republik und der parlamentarischen Demokratie blieben stark. Der Stil der Politik änderte sich: Die Massen, denen vor 1914 stets das ›Recht auf die Straße‹ bestritten worden war, beherrschten die Öffentlichkeit, artikulierten nachdrücklich ihre Interessen. Was als Ausdruck einer elementaren Demokratisierung begann, wurde jedoch schon bald zur ständigen Machtdemonstration politischer Parteien und Bewegungen. Marschkolonnen und Fahnen bestimmten das Bild der Stadt, die Uniformierung und Militarisierung der Politik schuf vor allem seit dem Auftreten der Nationalsozialisten eine Atmosphäre der Gewalt und des latenten – immer häufiger auch des offenen – Bürgerkrieges. In Berlin traten zwischen dem Winter 1918/19 und dem Winter 1932/33 die Chancen, aber auch die Gefährdungen der demokratischen Republik deutlicher als an jedem anderen Ort hervor.

Für die Stadtentwickung brachte die Republik vor allem die Chance, endlich die vielbeklagte »kommunalpolitische Anarchie Groß-Berlins« (Hugo Preuß) zu überwinden. Im preußischen Landtag wurde mit den Stimmen von SPD, USPD und Teilen der Liberalen das ›Gesetz über die Bildung einer neuen Stadtgemeinde Berlin‹ vom 27. April 1920 verabschiedet. Aus 8 Städten, 59 Landgemeinden und 27 Gutsbezirken entstand ein neues Berlin – ›Groß-Berlin‹, wie man allgemein sagte. Die in 20 Bezirke gegliederte neue Stadt hatte 3 858 000 Einwohner auf einer Fläche von 878 Quadratkilometern. Gegenüber dem alten Berlin hatte sich damit die Einwohnerzahl verdoppelt, die Fläche verdreizehnfacht. Zu dem ›steinernen‹ Berlin kam mit den Domänengütern, den Villenvororten und den großen Wald- und Seengebieten das ›grüne‹ Berlin.

Politisch bedeutete die Schaffung Groß-Berlins, das 1925 zur Vier-Millionen-Stadt wurde, eine Stärkung der bürgerlichen Parteien gegenüber der Arbeiterbewegung. Im Kaiserreich war Berlin trotz aller politischen Unterdrückung und Verfolgung immer mehr zu einer ›roten‹ Stadt geworden. Die Stärke der Sozialdemokratie, die bei den Kommunalwahlen durch das Drei-Klassen-Wahlrecht extrem benachteiligt war, kam vor allem in den Reichstagswahlergebnissen zum Ausdruck: 1877 eroberte die SPD erstmals zwei der sechs Berliner Reichstagsmandate, Anfang der neunziger Jahre entfiel auf sie bereits die Mehrheit der abgegebenen Stimmen, und 1912 erhielt sie in den Berliner Wahlkreisen 75,3 Prozent aller Stimmen. Berlin war von den Tagen Lassalles bis zum alten Bebel das Zentrum der deutschen Arbeiterbewegung, und seit den neunziger Jahren spielte es auch eine führende Rolle in der sozialistischen Internationale. In der Berliner Kommunalpolitik dominierte dagegen seit den sechziger Jahren der Linksliberalismus: Während des ganzen Kaiserreichs stand auch das bürgerliche Berlin stets deutlich links von der Reichsregierung und der preußischen Regierung. Selbst in der Weimarer Republik war von 1921 bis 1929 mit Gustav Böss ein linksliberaler Oberbürgermeister an der Spitze der kommunalen Verwaltung, der jetzt allerdings auf die Unterstützung der SPD angewiesen war. Die gespaltene Arbeiterbewegung verlor die knappe rechnerische Mehrheit, die sie in der Stadtverordnetenversammlung von 1920 besessen hatte, schon bald wieder, obwohl Sozialdemokraten und Kommunisten bei den Reichstagswahlen auch in den späten Jahren der Republik deutlich vor den Parteien der bürgerlichen Mitte und der Rechten lagen. Die NSDAP tat sich bei den Wahlen in Berlin stets schwer und erzielte bei den Reichstagswahlen Ergebnisse, die um 20 Prozent und mehr unter dem Reichsdurchschnitt lagen. Noch bei den letzten freien Wahlen im November 1932 erreichte die NSDAP im Reich 33,1 Prozent, in Berlin dagegen lediglich 26,0 Prozent, während hier die KPD auf 31 Prozent und die SPD auf 23,3 Prozent kamen.

Die Eingemeindungen von 1920 verstärkten das ohnehin große wirtschaftliche Gewicht Berlins. Große Industrieunternehmen wie Siemens oder Borsig, die seit der Jahrhundertwende neue Standorte außerhalb der Stadt bezogen hatten, befanden sich nun wieder innerhalb der Stadtgrenzen. 1930 erwirtschaftete Berlin, bei einem Bevölkerungsanteil von 7 Prozent, etwa 13 Prozent der Umsatzsteuer, 16 Prozent der Einkommensteuer, 23 Prozent der Hauszinssteuer und 25 Prozent der Körperschaftssteuer des Deutschen Reiches. Die Konzentrationsprozesse in der deutschen Wirtschaft wirkten sich zugunsten der Reichshauptstadt aus, und auch in der Rationalisierungsbewegung übernahm Berlin aufgrund seiner hochentwickelten Industrie eine führende Rolle. Berlin blieb Industriestadt, baute aber auch seine Position als Zentrum der Banken und Versicherungen, des Groß- und Einzelhandels, der öffentlichen und privaten Verwaltungen aus. So wurde aus der Stadt der Arbeiter zugleich eine Stadt des ›neuen Mittelstandes‹: Unter den 2,3 Millionen Berufstätigen des Jahres 1925 befanden sich neben einer Million Arbeiter schon 665 000 Angestellte und Beamte. Krisenfrei war die wirtschaftliche Entwicklung allerdings selbst in den kurzen Jahren der relativen Stabilisierung zwischen Inflation und Weltwirtschaftskrise kaum: Die Zahl der Arbeitslosen blieb auch in den mittleren Jahren der Republik hoch, und Ende 1931 war bereits ein Viertel der Berliner Erwerbsbevölkerung ohne Arbeit.

Das Berlin der zwanziger Jahre war eine Stadt voller Probleme und Gegensätze, aber auch voller Energie, Zukunftsoptimismus und Lebensfreude. Der Verlust an politischer Macht, den das Reich durch die Niederlage im Kriege erlitten hatte, schien für seine Hauptstadt wenig zu bedeuten – im Gegenteil: die intellektuelle Unruhe, die künstlerische Vitalität und Radikalität, auch die urbane Qualität Berlins traten umso stärker in den Vordergrund. Vieles von dem, was schon in den späten Jahren des Kaiserreichs begonnen hatte, kam nun im neuen, republikanischen Berlin zur Entfaltung. Das galt für die Malerei des Expressionismus, für die expressionistische und experimentelle Dichtung, für das große Regie-Theater der Leopold Jessner, Max Reinhardt und Erwin Piscator, für die moderne Musik und das avantgardistische Musiktheater, für die Bühnenautoren, die Essayisten und Zeitkritiker. Berlin war voller Menschen, die ungeduldig und begeisterungsfähig, hektisch und sensationslüstern waren – Großstädter, die trotz aller Not und Ungerechtigkeit für neue Erfahrungen und überraschende Erlebnisse offen blieben. Die Revuen und Kabaretts, die Vergnügungsparks und Sportveranstaltungen fanden ein ständig wachsendes Publikum. Der Film eroberte die Stadt – große Produzenten, Regisseure und Schauspieler machten es zum ›europäischen Hollywood‹, und die Berliner gingen so massenhaft ins Kino, daß immer mehr und immer prachtvollere ›Filmtheater‹ und ›Kinopaläste‹ gebaut wurden. Die Montagetechnik des Films, die Zerlegung und Neukombination von Wirklichkeiten, eröffnete neue

Möglichkeiten der Wahrnehmung und Darstellung, die der Vielfalt und Widersprüchlichkeit der großen Stadt besonders zu entsprechen schienen und rasch auch in andere Bereiche der Kunst vordrangen. Mit Alfred Döblins ›Berlin Alexanderplatz‹ lag 1929 der erste große Berlin-Roman vor, und Filme wie Fritz Langs ›Metropolis‹ (1927) und Walter Ruttmanns ›Berlin. Die Sinfonie der Großstadt‹ (1927) gaben dem neuen Selbstverständnis und Anspruch Berlins als der ›Stadt des 20. Jahrhunderts‹ Ausdruck.

Seine konsequenteste Ausprägung fand der ›Weltstadt‹-Anspruch Berlins in der Architektur und Stadtplanung der zwanziger Jahre. Martin Wagner, Stadtbaurat seit 1926, verstand sich als ein ›Regisseur‹ der ›Weltstadt‹, der das möglichst perfekte Zusammenwirken der unzähligen Teile eines komplexen Systems zu sichern habe. In großen, zum Teil visionären Entwürfen versuchten Wagner und seine Mitarbeiter, dem Prinzip der Rationalisierung verpflichtet, eine neue, an den sich verändernden Bedürfnissen ihrer Bewohner orientierte Stadt zu gestalten. Im Mittelpunkt dieser Planungen standen die Verkehrsanlagen und -plätze. Die ›Weltstadt‹ schien geradezu durch den immer schnelleren und dichteren Verkehr definiert zu sein – Bewegung und Tempo waren die leitenden Gesichtspunkte der Planer. Die durch den Krieg und die Kriegsfolgen weiter verschärfte Wohnungsnot zu beheben, gelang in den kurzen Jahren der Republik nicht. Mit den großen Siedlungsbauten – der ›Hufeisensiedlung‹ in Britz, der ›Waldsiedlung‹ in Zehlendorf, der ›Weißen Stadt‹ in Reinickendorf und der ›Großsiedlung Siemensstadt‹ – wurden jedoch Maßstäbe für städtisches Bauen gesetzt, die weit über Berlin hinaus wirkten. Darüber hinaus entstanden vor allem seit den mittleren zwanziger Jahren zahlreiche große Neubauten in Berlin – von den Industriehallen und Großkraftwerken, den Verlags- und Druckereigebäuden, den Messe- und Sportanlagen, den Büro- und Verwaltungsgebäuden bis zu den Großkinos und dem ›Haus des Rundfunks‹ an der Masurenallee. Für alle diese Aufgaben stand eine ungewöhnlich große Zahl bedeutender Architekten zur Verfügung: Die Brüder Bruno und Max Taut, Hans und Wassili Luckhardt, Erich Mendelsohn, Hans Poelzig, Emil Fahrenkamp, Walter Gropius, Hans Scharoun und viele andere schufen kühne, die Stadtlandschaft verändernde Bauten, machten Berlin zum vielbewunderten Zentrum der modernen Großstadtarchitektur.

*

Politisch geschah das alles bereits auf schwankendem Boden. »Die Zukunft Deutschlands«, hatte Heinrich Mann 1921 in einem Essay über Berlin geschrieben, »wird heute andeutungsweise vorgelebt von Berlin. Wer Hoffnung fassen will, blicke dorthin.« Für ihn war das Berlin der frühen zwanziger Jahre der Kern eines wahrhaft republikanischen Deutschland, der Entwurf einer vernünftigen, republikanischen Gesellschaft. »Die große Stadt«, so glaubte er im Hinblick auf Berlin feststellen zu können, »ist wesentlich vernünftig«. Für eine solche Überzeugung mochte es gute Argumente geben, die Wirklichkeit aber sah schon bald ganz anders aus. Die ›goldenen‹ Jahre Berlins waren allzu kurz, der nationalsozialistische Straßenterror ließ schon in den letzten Jahren der Republik ahnen, was folgen würde. Lion Feuchtwanger, einer der aufmerksamsten Beobachter der Zeit, schrieb schon am 21. Januar 1931 in der ›Welt am Abend‹: »Was also die Künstler und Intellektuellen zu erwarten haben, wenn erst das Dritte Reich sichtbar wird, ist klar: Ausrottung. Das erwarten denn auch die meisten, und wer irgend unter den Geistigen es ermöglichen kann, bereitet heute seine Auswanderung vor. Man hat, wenn man unter den Intellektuellen Berlins herumgeht, den Eindruck, Berlin sei eine Stadt von lauter zukünftigen Emigranten.« Feuchtwanger, der zu den ersten gehörte, denen im Sommer 1933 die deutsche Staatsbürgerschaft aberkannt wurde, kaufte trotz dieser Diagnose noch ein Haus im Grunewald; es gab jedoch nicht wenige Künstler, Wissenschaftler und Journalisten, die Berlin und Deutschland tatsächlich schon vor der ›Machtergreifung‹ der Nationalsozialisten verließen, weil sie für sich und das Land keine Zukunft mehr sahen.

Mit dem Stimmzettel ist Berlin, selbst wenn man die Ergebnisse des deutschnationalen Koalitionspartners einbezieht, von den Nationalsozialisten nicht erobert worden. Die Stadt wurde aber auch nicht von der ›braunen Provinz‹ überwältigt, wie heutzutage in Darstellungen zur Geschichte Berlins häufig zu lesen ist. Die Entscheidungen, durch die den Nationalsozialisten die Macht ausgeliefert wurde, fielen vielmehr in Berlin. Die in der Reichshauptstadt versammelten traditionellen Führungsgruppen – die Ministerialbürokratie und das Militär, die Interessenvertretungen des Gewerbes und der Industrie, die Kirchen und die Universitäten – trugen wesentlich dazu bei, daß Hitler nicht nur zum Reichskanzler ernannt wurde, sondern auch mit seinem Programm der ›Machtergreifung‹ und ›Gleichschaltung‹ erfolgreich sein konnte. Die Stadt wurde nicht von außen erobert, sondern – wenn auch gegen den erklärten Willen der Mehrheit der Bevölkerung – von einem Teil der bürgerlichen Rechten den Nationalsozialisten ausgeliefert. So wurde Berlin zur Hauptstadt des ›Dritten Reiches‹, eines rassistischen und imperialistischen Systems, dessen Herrschaftsgrundlage der Terror im Innern und – seit dem Beginn des Krieges – auch in den eroberten Gebieten Europas war. Die Stadt, die bis 1933 ein Symbol der Modernität, der Leistungsfähigkeit und Gestaltungskraft der Menschen des 20. Jahrhunderts war, wurde nun zum weltweiten Symbol des Unrechts und des Machtmißbrauchs, der Unmenschlichkeit und der Zerstörung.

Die zwölf Jahre der nationalsozialistischen Herrschaft bedeuteten für Berlin die innere und äußere Zerstörung der Stadt. Die innere Zerstörung begann sofort nach dem 30. Januar 1933. Der offene Terror der SA, die auch als Hilfspolizei eingesetzt wurde, und die staatlichen Unterdrückungs- und Verfolgungsmaßnahmen führten innerhalb weniger Wochen und Monate zur Ausschaltung der politischen Gegner und zur Einschüchterung der gesamten Bevölkerung. Die Maßnahmen reichten von den in Berlin besonders zahlreichen ›wilden Konzentrationslagern‹ der SA, der ›Säuberung‹ des öffentlichen Dienstes, der demonstrativen Bücherverbrennung auf dem Opernplatz am 10. Mai, der Auflösung der Gewerkschaften, dem Verbot der politischen Parteien (oder ihrer erzwungenen Selbstauflösung) bis zur ›Gleichschaltung‹ des kulturellen Lebens durch die Einrichtung von ›Reichskulturkammern‹ und die ›Ausbürgerung‹ prominenter Wissenschaftler, Künstler und Politiker, die schon im Frühjahr 1933 zur Emigration gezwungen worden waren. Viele der in Berlin lebenden Schriftsteller gehörten zu den ›verbrannten Dichtern‹, und fast alle Maler, auf denen Berlins Ruf als internationale Kunststadt beruhte, galten nun als ›entartet‹ und erhielten Ausstellungs- und häufig auch Arbeitsverbote. Die sozialistischen, demokratischen und pazifistischen Künstler, Journalisten und Verleger wurden verfolgt und mit Berufsverboten belegt. In kürzester Frist wurde vieles – in manchen Bereichen geradezu alles – zerschlagen, was bis 1933 den nationalen und internationalen Rang Berlins begründet hatte.

Obwohl ›Machtergreifung‹ und ›Gleichschaltung‹ nicht nur mit ungehemmter Brutalität, sondern auch höchst effizient durchgeführt wurden, blieb die Berliner Bevölkerung auch in den folgenden Jahren innerlich gespalten. Nur eine Minderheit war entschieden nationalsozialistisch, andere glaubten an die ›nationale Revolution‹ und die ›Volksgemeinschaft‹, wieder andere entschieden sich für die Anpassung und das Mitmachen aus Furcht oder Opportunismus, und schließlich gab es auch die nicht wenigen, die oppositionell blieben, den Versuchungen widerstanden und auch den Einsatz ihres Lebens nicht scheuten, um das Unrechtssystem zu bekämpfen und, wenn möglich, zu stürzen. Von Anfang an war die Hauptstadt des ›Dritten Reiches‹ auch ein Zentrum des Widerstandes – zunächst vor allem der Kommunisten, Sozialdemokraten und Gewerkschafter, dann auch von Teilen der Kirchen, wobei vor allem die evangelische Kirchengemeinde Dahlem in der ›Bekennenden Kirche‹ eine wichtige Rolle spielte. Der Widerstand von bürgerlichen Politikern und Wissenschaftlern, von hohen Offizieren, Verwaltungsbeamten und Diplomaten setzte in der Regel erst spät ein, doch wurde Berlin durch ihn zum Mittelpunkt der Verschwörung gegen die Gewaltherrschaft und des gescheiterten Staatsstreichs vom 20. Juli 1944. Während der gesamten Dauer des ›Dritten Reiches‹ gab es darüber hinaus immer wieder einzelne Menschen, kleine und größere Gruppen, die sich gegen das Unrecht auflehnten, ihren Protest in Flugblättern formulierten oder Verfolgten Hilfe leisteten – von der Gestapo gesuchte Widerstandskämpfer wurden verborgen, und auch rund 5000 ›untergetauchte‹ Juden, von denen etwa 1400 unentdeckt überlebten, wurden während des Krieges in der Stadt versteckt und versorgt.

Das Tempo und das Ausmaß der inneren Zerstörung der Stadt fanden ihren deutlichsten Ausdruck in der Behandlung der jüdischen Bevölkerung. Die rund 170 000 Juden, die Anfang 1933 in Berlin lebten, wurden – von den ersten sogenannten ›Boykott‹-Aktionen im Frühjahr 1933 bis zum November-Pogrom 1938 und den Deportationen seit Oktober 1941 – Opfer einer rassistischen Politik der Entrechtung und Verfolgung, die es in dieser radikalen Unmenschlichkeit und bürokratischen Perfektion bis dahin nicht gegeben hatte. Die Juden wurden nicht nur diskriminiert und schikaniert, ihnen wurden nach und nach auch alle Arbeits- und Lebensmöglichkeiten geraubt. Auf allen Ebenen des gesellschaftlichen Lebens wurden sie von der übrigen Bevölkerung isoliert – aus Bürgern der Stadt wurden ›Fremde‹ gemacht. Etwa zwei Drittel der Berliner Juden wurden bis 1939/40 zur Auswanderung gezwungen. Mit ihrer Vertreibung wurde noch einmal deutlich, in welch hohem Maße das ›jüdische Berlin‹ zum Aufstieg und zu den Leistungen der Stadt, zu ihrer Modernität, ihrer Offenheit gegenüber neuen Ideen, ihrer Toleranz, kurz: ihrem ›Weltstadt‹-Charakter beigetragen hatte. Etwa 50 000 Berliner Juden wurden seit dem Herbst 1941 deportiert und – mit Ausnahme einer kleinen Zahl Überlebender in Theresienstadt – ermordet.

Der inneren folgte die äußere Zerstörung. Einige Jahre lang konnten die wirtschaftlichen Erfolge, vor allem der Abbau der Arbeitslosigkeit, den Eindruck erwecken, als ob die Stadt in eine neue Phase ihres Ausbaus eintreten würde. Die großen Neubauten für das Olympia-Sportgelände und den Zentralflughafen Tempelhof, für das Reichsluftfahrtministerium, die Reichsbank oder die Verwaltungen am umgestalteten Fehrbelliner Platz demonstrierten weithin sichtbar, daß die Stadt trotz der Zerstörung ihrer inneren Substanz an äußerer Macht gewonnen hatte. Man gewöhnte sich an die Normalität des Unrechts, und die großen öffentlichen Inszenierungen der Olympischen Spiele, der 700-Jahr-Feier oder des Mussolini-Besuchs versuchten, nicht ohne Erfolg, den Eindruck der Identität von Reichshauptstadt und NS-Herrschaftssystem zu vermitteln. Die ersten Flammenzeichen in der Stadt setzten die Nationalsozialisten selbst, als sie im November 1938 die Berliner Synagogen niederbrannten. Wenig später wurde von Berlin aus der Zweite Weltkrieg begonnen, der Tod und Verwüstung über große Teile der Welt, vor allem Europas, brachte und mit der totalen Niederlage des Deutschen Reiches und der Zerstörung der Stadt endete.

Ende August 1940 wurden die ersten Bomben über Berlin abgeworfen, und seit November 1943, dem Beginn der ›Schlacht um Berlin‹, fiel die Stadt unter den immer häufigeren und immer schwereren Luftangriffen der britischen, seit März 1944 auch der amerikanischen Luftwaffe in Trümmer. Unter den Bedingungen des am 18. Februar 1943 im Berliner Sportpalast von Joseph Goebbels – der nicht nur Reichspropagandaminister, sondern auch ›Gauleiter‹ von Berlin, ›Beauftragter der NSDAP für die Reichshauptstadt‹ und ›Reichsverteidigungskommissar für Berlin‹ war und im April 1944 noch ›Stadtpräsident‹ wurde – proklamierten ›totalen Krieges‹ wurden ab August 1943 eine Million Menschen aus Berlin ›evakuiert‹, um in weniger bedrohten Gebieten Sicherheit vor den Bomben zu finden. Nicht zuletzt durch diese ›Evakuierung‹ sank die Zahl der Bewohner der Stadt, die 1939 4,3 Millionen betragen hatte, bis Kriegsende auf 2,3 Millionen. Insgesamt wurden 310 Luftangriffe, darunter 29 sogenannte ›Großangriffe‹, gegen Berlin geflogen; an einzelnen Angriffen waren weit über tausend Bomber beteiligt. Die Zahl der durch die Bomben getöteten Personen betrug nach neueren Untersuchungen etwa 20000. Etwa die Hälfte aller Gebäude wurde zerstört oder beschädigt, nur ein Viertel aller Wohnungen blieb unversehrt. Das Schloß, die großen Museen, die Altstadt, das Zeitungsviertel, das Hansaviertel im Tiergarten, das Gebiet um die Tauentzienstraße und viele andere Teile der Stadt, vor allem in den Innenstadtbezirken, wurden schwer beschädigt oder existierten gar nicht mehr. Vom 20. April 1945 an wurden die Luftangriffe eingestellt, da am gleichen Tag die Rote Armee die Außenbezirke Berlins erreichte und mit der Eroberung der Stadt begann: Am 30. April wehte die Rote Fahne auf dem Reichstagsgebäude, und am 2. Mai kapitulierten die letzten deutschen Truppen in Berlin.

*

Die Stadt, die die Nationalsozialisten hinterließen, war »das größte zusammen hängende Ruinengebiet Deutschlands und Europas«, wie es in einer neueren Untersuchung heißt. In den Nachkriegsjahren entstanden in der von Natur aus eher ebenen Stadt aus den mindestens 80 Millionen Kubikmetern Trümmerschutt zahlreiche neue Erhebungen (›Trümmerberge‹), die Höhen bis zu 120 Metern erreichen. Der unmittelbare Eindruck, der von den Verwüstungen ausging, übertraf noch das tatsächliche Ausmaß der Zerstörungen. »Das ist das zweite Karthago«, notierte der amerikanische Präsidentenberater Harry Hopkins im Mai 1945 nach einem Flug über Berlin. Drei Jahre später formulierte Bertolt Brecht mit einer Anspielung auf die Potsdamer Konferenz von 1945: »Berlin. Der Schutthaufen bei Potsdam.« Daß aus diesem Schutthaufen noch einmal eine große, interessante und lebendige Stadt werden könnte, war bei Kriegsende unvorstellbar. Im Gegenteil: »Eine Politik, die Berlin austilgt, würde den Beginn der notwendigen Erziehung einleiten, die Deutschland wieder auf ein zivilisiertes Niveau hebt«, argumentierte Harold Callender unmittelbar nach Kriegsende in der ›New York Times‹. Das war ebenso wie die an gleicher Stelle formulierte Überzeugung, daß nur »sehr wenige Menschen ... das Verschwinden dieses unliebenswürdigen Parvenüs unter den europäischen Hauptstädten bedauern« würden, zweifellos eine verbreitete und angesichts des Ausmaßes der Zerstörung und der Verbrechen, für die das Deutsche Reich und mit ihm seine Hauptstadt verantwortlich waren, auch verständliche Meinung.

Umso erstaunlicher war es, daß die Besatzungsmächte in Berlin – die Sowjets, und vom 1. Juli 1945 an, dem Londoner Abkommen vom September 1944 entsprechend, auch die Westalliierten – von Anfang an nicht nur um die Versorgung der Stadt und das Überleben ihrer Bevölkerung bemüht waren, sondern auch um den Wiederaufbau eines Kulturlebens. Ab Mitte Mai 1945 – wenig mehr als zwei Wochen nach der Eroberung Berlins durch die Rote Armee – fanden bereits erste Konzerte und Theateraufführungen statt, und Anfang August konnte am Kurfürstendamm die erste Galerie eröffnet werden, in der die zwölf Jahre lang verbotene moderne Kunst zu sehen und zu kaufen war. Inmitten der Trümmer gab es im Winter 1945/46, dem Hunger und der Kälte abgetrotzt, schon wieder ein breit gefächertes Theaterprogramm mit Aufführungen von Lessings ›Nathan‹ bis zu Brecht/Weills ›Dreigroschenoper‹. Die Veranstaltungen waren überfüllt: Die Berliner bemühten sich um eine Selbstbesinnung mit den Mitteln der Kunst, aber es war nicht selten auch eine Flucht in den Kulturbetrieb, eine Flucht vor einer bedrückenden Gegenwart mit ungewisser Zukunft und mehr noch vor der unmittelbaren Vergangenheit. Für die vielen, die nicht überzeugte Gegner des Nationalsozialismus waren, gehörte das Vergessen und Verdrängen dessen, was geschehen war, zu den Überlebens-Techniken. Das galt für diejenigen, die lediglich mitgemacht, aber auch nichts verhindert hatten, und es galt erst recht für die kleinen und großen Anhänger und Funktionsträger des Systems, die nun darauf warteten, daß sie politisch und juristisch zur Verantwortung gezogen wurden – und nicht wissen konnten, daß sie in aller Regel so ungeschoren davonkommen würden.

So wenig man sich bei Kriegsende den materiellen Wiederaufbau und die geistige Regeneration der Stadt vorstellen konnte, so wenig war es auch vorstellbar, daß Berlin eine geteilte Stadt werden würde, die auf beiden Seiten der Demarkationslinie zwischen den großen weltpolitischen Blöcken liegt und deren Teile unterschiedlichen, in wichtigen Punkten scharf gegensätzlichen politischen und gesellschaftlichen Systemen angehören. »Möglich, daß wir schon ab morgen zwei Stadtregierungen und eine chinesische Mauer mit Wehrgang und Wachtürmen längs der Sektorengrenzen haben. Vielleicht braucht man dann wirklich ein Auslandsvisum, um von Charlottenburg nach den Linden zu fahren.« Diese Tagebuchnotiz der

Journalistin Ruth Andreas-Friedrich von Anfang September 1948 erwies sich im Hinblick auf den späteren Mauerbau als ungewöhnlich hellsichtig. Politisch war die Stadt zu diesem Zeitpunkt bereits weitgehend gespalten und von weiterem Auseinanderbrechen bedroht. Im März 1948 hatte die Sowjetunion ihre Mitarbeit im Alliierten Kontrollrat für Deutschland, der seinen Sitz in Berlin hatte, eingestellt, und am 1. Juli war der sowjetische Vertreter auch aus der Alliierten Kommandantur für Berlin ausgeschieden. Seit dem 24. Juni 1948 war der Zugang zu den Westsektoren auf den Land- und Wasserwegen gesperrt, wenig später begann die Spaltung der städtischen Verwaltung, zuerst der Polizei, dann der anderen kommunalen Behörden. Im September sah sich die Mehrheit der Stadtverordnetenversammlung aufgrund der anhaltenden Demonstrationen und Störungen gezwungen, ihre Sitzungen in den Westteil der Stadt zu verlegen. Die Spaltung wurde durch die Bildung eines eigenen Magistrats im sowjetischen Sektor im November 1948 vollendet – die Wahlen vom 5. Dezember 1948, die der SPD mit 64,5 Prozent der Stimmen einen überwältigenden Sieg brachten, konnten nur noch in den drei Westsektoren durchgeführt werden. Mit der Gründung der beiden deutschen Staaten im Jahre 1949 wurden die beiden Teile der Stadt in die Bundesrepublik bzw. die DDR integriert. Ungeachtet der aus dem Viermächtestatus herrührenden besonderen Rechte der Alliierten wurde West-Berlin zu einem – wenn auch nicht konstitutiven – Teil der Bundesrepublik, während Ost-Berlin zur Hauptstadt der DDR erklärt wurde.

Die Geschichte Berlins seit 1945 ist eine Geschichte der ungewöhnlichen Belastungen und der unverhofften Chancen, des raschen Wechsels und des allmählichen Wiederaufstiegs, vor allem aber der dramatischen und überraschenden Entwicklungen. Die erste Überraschung bestand darin, daß die Hauptstadt des ›Dritten Reiches‹ – soeben noch ein weltweites Symbol des Terrors, der Aggression und Unmenschlichkeit – in kürzester Frist zu einem Symbol der Freiheit, zu einem Vorposten der westlichen Demokratie innerhalb des sowjetischen Machtbereichs wurde. Dieser Vorgang ist nur aus der Zuspitzung des Ost-West-Konfliktes zu verstehen, aber die Berliner waren nicht ausschließlich Objekte der Interessenpolitik der Großmächte, sondern auch Handelnde, Mitgestaltende ihres Schicksal. Das begann 1946 mit dem Widerstand der Berliner SPD-Bezirke gegen die Verschmelzung von SPD und KPD zur ›Sozialistischen Einheitspartei Deutschlands‹ und erreichte seinen Höhepunkt während der ›Berliner Blockade‹ vom 24. Juni 1948 bis zum 12. Mai 1949, als die Bewohner der drei Westsektoren nicht nur in großen politischen Demonstrationen, sondern auch in ihrem alltäglichen Verhalten ihre Entschlossenheit zeigten, für die politische Freiheit und die demokratische Selbstbestimmung zu kämpfen. Die ›Luftbrücke‹, durch die die rund zwei Millionen Einwohner der Westsektoren versorgt wurden, besiegelte, noch vor der Gründung der Bundesrepublik, die neue Zugehörigkeit West-Berlins zur Völkergemeinschaft des Westens: Aus den westlichen Besatzungsmächten wurden Schutzmächte. Wenige Jahre später konnte der Volksaufstand des 17. Juni 1953 als Beweis dafür dienen, daß der gleiche Freiheitswille auch im östlichen Teil der Stadt vorhanden war. Als Ernst Reuter, der zur zentralen politischen Gestalt im antikommunistischen Freiheitskampf wurde, im September 1948 auf einer großen Kundgebung vor dem Reichstag ausrief: »Ihr Völker der Welt, schaut auf diese Stadt!«, fürchtete er offensichtlich schon keine Mißverständnisse mehr im Hinblick auf die nationalsozialistische Vergangenheit. Im Juni 1963 bestätigte schließlich John F. Kennedy das neue Berlin-Bild, den erfolgreich vollzogenen Symbolwechsel mit der Feststellung, daß jeder freie Mensch auf der Welt ein »Bürger dieser Stadt West-Berlin« und insofern auch er »ein Berliner« sei.

Kennedy sprach in einer Stadt, deren Bild in der internationalen Öffentlichkeit durch die Mauer charakterisiert war. Daß eine Stadt von der Größe und Bedeutung Berlins nicht nur politisch gespalten, sondern auch physisch so geteilt werden konnte, daß ihre beiden Teile hermetisch gegeneinander abgeschlossen wurden – das war eine weitere überraschende Wendung in der Berliner Nachkriegsgeschichte. Auch nach der politischen Spaltung von 1948 und den gegen West-Berlin gerichteten Trennungs- und Isolierungsmaßnahmen von 1952 (Abschaltung der Telephonverbindungen zwischen Ost- und West-Berlin, Sperrung des Zugangs zur DDR für West-Berliner, usw.) war Berlin eine relativ offene Stadt geblieben, in der die großen Theater-, Kino- und Sportveranstaltungen ihr Publikum auch aus dem jeweils anderen Teil der Stadt hatten, in der zwischen 1950 und 1960 246 000 Personen ihren Wohnsitz von Ost nach West und 40 000 von West nach Ost verlegten, in der 1961 über 50 000 Menschen im Osten wohnten, aber im Westen arbeiteten, in der die Zahl der täglichen Pendelbewegungen zwischen Ost- und West-Berlin für 1960 auf eine halbe Million Personen geschätzt wurde. Diese Offenheit wurde jedoch von der DDR in wachsendem Maße als Bedrohung empfunden, da es ihr nicht gelang, den Flüchtlingsstrom aus ihrem Lande zu stoppen. Seit 1952 bot West-Berlin den einzigen mehr oder weniger unkontrollierten Zugang zum Westen, und von den 2,7 Millionen Menschen, die zwischen 1949 und 1961 die DDR verließen, wählten seit 1952 die allermeisten den Weg über Berlin. Im August 1961 geschah dann das bis dahin Unvorstellbare: West-Berlin wurde auf einer Gesamtlänge von 165 Kilometern, von denen allein 46 Kilometer auf die innerstädtische Grenze entfielen, mit einer hohen, militärisch bewachten Sperrmauer umgeben. Die DDR löste dadurch – mit Unterstützung der Warschauer-Pakt-Staaten und Duldung der Westalliierten – ihr ›Berlin-Problem‹ auf radikale Weise. West-Berlin wurde strikt isoliert, für die Menschen innerhalb der Stadt gab es über die Mauer hinweg keinerlei Kontaktmöglichkeiten mehr. Es dauerte zweieinhalb Jahre, ehe die West-Berliner ihre Verwandten und Freunde in Ost-Berlin erstmalig mit ›Passierscheinen‹ besuchen durften. International wirkte die Mauer vor allem als ein unübersehbares Zeichen für die Schwierigkeiten der DDR, für die Politik der Staatsführung die Zustimmung ihrer Bürger zu gewinnen.

Der Mauerbau markierte den Tiefpunkt der Berliner Nachkriegsgeschichte und in gewisser Weise auch schon einen Wendepunkt. Die seit 1958 andauernde ›Berlin-Krise‹ schwächte sich langsam ab, und in beiden Teilen der Stadt zeichnete sich eine allmähliche Konsolidierung der Verhältnisse ab. Im Viermächteabkommen vom 3. September 1971 wurden schließlich die besonderen Rechte der Alliierten in Berlin ebenso bestätigt wie die Bindungen West-Berlins an den Bund. Mit der gleichzeitigen Sicherung und Erleichterung des Transitverkehrs, den Verbesserungen im Reise- und Besuchsverkehr, der Wiederaufnahme des Telephonverkehrs zwischen Ost- und West-Berlin und den Reisemöglichkeiten für West-Berliner nach Ost-Berlin und in die DDR wurden entscheidende Verbesserungen für Berlin (West) und seine Bürger erreicht. Durch die Errichtung der Botschaften der drei Westmächte – neben die seit 1974 die ›Ständige Vertretung‹ der Bundesrepublik trat – wurde parallel dazu auch die Stellung Ost-Berlins als Hauptstadt der DDR weiter gefestigt. Auf die langen Jahre der Unsicherheiten und Krisen folgte damit seit dem Beginn der siebziger Jahre eine Phase der relativen Stabilität und der politischen Berechenbarkeit in Berlin.

Schon in den sechziger Jahren, noch vor der Verbesserung der politischen Rahmenbedingungen, hatte sich gezeigt, daß Berlin (West) auch nach dem Mauerbau, allen Befürchtungen zum Trotz, lebensfähig und zukunftsfähig geblieben war. Das war angesichts der räumlichen Isolierung und des zunächst weiter andauernden politischen Drucks, der von der Sowjetunion und der DDR ausgeübt wurde, alles andere als selbstverständlich. Es bedurfte großer Anstrengungen, um aus der Halbstadt ohne eigenes Hinterland ein funktionsfähiges Ganzes zu machen. Auch stand die Stadt in wirtschaftlicher Hinsicht durch den Verlust der Hauptstadtfunktionen, die Unsicherheit der politischen Verhältnisse und die Entfernung von der Bundesrepublik vor erheblichen strukturellen Problemen, die durch die hohen Zuschüsse des Bundes nur teilweise ausgeglichen werden konnten. Entscheidend für die weitere Entwicklung wurde, daß es gelang, sich aus der Erstarrung der ›Frontstadt‹ des Kalten Krieges zu lösen, die seit dem Mauerbau verstärkt drohende Provinzialisierung zu vermeiden und eine neue Anziehungskraft auf Künstler und Wissenschaftler, auf junge Menschen und produktive Köpfe zu entwickeln.

West-Berlin ist keine Hauptstadt mehr, auch keine Stadt der großen Gesellschaft oder des großen Geldes. Aber es ist noch immer (oder wieder) eine Stadt, die über sich selbst hinauswirkt, in der sich allgemeine Zeittendenzen verdichten, in der gesellschaftliche Krisen eine frühere und schärfere Zuspitzung finden als anderswo, in der alternative Zukunftsentwürfe erdacht und erprobt werden – eine Stadt also, die in wichtigen Teilbereichen des sozialen und kulturellen Lebens Funktionen einer Metropole wahrnimmt. Berlin ist wieder eine Wissenschaftsstadt von Rang geworden, und mit seinem Musik- und Theaterleben, seiner Literatur und Malerei zählt es unbestritten zu den führenden europäischen Kunststädten der Gegenwart. Zugleich aber ist es eine junge, unruhige, rebellische Stadt, eine Stadt des politischen und sozialen Aufbegehrens und der alternativen Lebensformen. Berlin ist keine Stadt aus einem Guß, sondern voller Widersprüche und Konflikte, und seine besondere Lebendigkeit resultiert nicht zuletzt aus dem oft schroffen Nebeneinander der verschiedenen Stadtteile, sozialen Schichten und kulturellen Milieus. Der Aufstieg und die Blüte der Stadt beruhten in der Vergangenheit nicht zuletzt darauf, daß man auf Homogenität und Uniformität der Bevölkerung verzichtete und den vielen ethnischen, religiösen, sozialen und kulturellen Gruppen, die sich von der Mehrheitsbevölkerung unterschieden, Raum zur Entfaltung ihrer Eigenart und ihrer besonderen Fähigkeiten gewährte. Die Stadt hat diese Tradition wieder aufgenommen, und es wird für die Zukunft Berlins entscheidend sein, daß sie konsequent und mit Erfolg fortgesetzt wird.

Reinhard Rürup

I. DIE STADT UND DER HOF

RAUM 1
DIE MITTELALTERLICHE HANDELSSTADT

Die Geschichte Berlins reicht in das ausgehende 12. Jahrhundert zurück. Ein Gründungszeugnis ist nicht überliefert. Das Datum, auf das sich die 750-Jahr-Feier der Stadt Berlin bezieht, ist das der ersten schriftlichen Erwähnung in einer Urkunde vom 28. Oktober 1237. In ihr wird als Pfarrer von Cölln ein Zeuge namens Symeon genannt, in einer weiteren Urkunde vom 26. Januar 1244 wird der gleiche Zeuge als Propst von Berlin bezeichnet. Als Städte sind Berlin und Cölln erstmals 1251 beziehungsweise 1261 genannt, obwohl sie schon um 1230 Stadtrechte erhalten haben.

Berlin und Cölln entstanden als Kaufmanns- und Gewerbesiedlungen; auch Cölln war, allen hartnäckigen Legenden zum Trotz, kein ›Fischerdorf‹. Die Kaufleute, die sich am Spreeübergang, auf halbem Wege zwischen den älteren Burgen Spandau und Köpenick, niederließen, stammten vom Niederrhein, aus Flandern und Westfalen, aus dem Harz und dem Thüringer-Wald. Die Neugründungen lagen auf slawischem Gebiet, doch scheinen sie keine slawische Vorgängersiedlung verdrängt oder überlagert zu haben. Der Name Berlin ist wahrscheinlich slawischer Herkunft: Ein Flurname, der ein ›sumpfiges, feuchtes Gelände‹ bezeichnete, ist offenbar auf die Kaufmannssiedlung übertragen worden. Schon für die Zeit vor deren Gründung auf den Spreeinseln sind jüdische Händler im Berliner Raum nachweisbar. Der älteste Grabstein des jüdischen Friedhofs in Spandau, der auch Grablege der Juden aus Berlin und Cölln wurde, datiert von 1244. In Berlin sind Juden urkundlich zum erstenmal 1295 erwähnt.

Die Spreeniederung an der schmalsten Stelle des Warschau-Berliner Urstromtals, zwischen den Hochflächen des Barnim im Norden und des Teltow im Süden, hatte in der slawischen Zeit keine besondere Bedeutung, da sich die politischen Zentren dieses Gebiets in Spandau und Köpenick befanden. Die Doppelstadt Berlin-Cölln entwickelte sich erst zu einem überregionalen Handelsplatz, nachdem es gelungen war, die alte Heer- und Handelsstraße von Magdeburg nach Posen über Berlin und Cölln zu führen, die Verbindung von Halle und Meißen zur Odermündung zu verstärken und die Wasserwege bis nach Hamburg und in die Nordsee vermehrt zu nutzen. Die Berliner Kaufleute exportierten vor allem Getreide und Holz, und sie brachten flandrische Tuche, Salz aus Lüneburg und Heringe von den Seeküsten ins Land. Die Handelsverbindungen erstreckten sich bis nach England, Skandinavien und Polen, in den west- und mitteldeutschen, bald auch in den oberdeutschen Raum.

Seit ihrer Gründung standen Berlin und Cölln unter der Landesherrschaft der Markgrafen von Brandenburg. Die Askanier, die die Förderung der märkischen Städte erfolgreich mit der Sicherung ihrer Territorialherrschaft verbanden, unterstützten mit Nachdruck die wirtschaftliche Entwicklung von Berlin und Cölln. Vor allem in den politisch unsicheren Zeiten der Herrschaft der Wittelsbacher und der

Luxemburger vermochten sich die Städte in hohem Maße politische Macht und Unabhängigkeit zu sichern, ehe die Hohenzollern als neue Landesherren sie in der Mitte des 15. Jahrhunderts ihrer wichtigsten Privilegien beraubten und sie zur Residenz wählten.

Seit dem Jahre 1307 waren Berlin und Cölln in einer förmlichen ›Union‹ zusammengeschlossen. Sie behielten ihre eigenständigen Rechte und Verwaltungen, traten aber nach außen, vor allem in Verteidigungs- und Bündnissachen, als einheitliches Gemeinwesen auf. Auch die Befestigung umschloß beide Städte. Ein neues, drittes Rathaus wurde auf der Langen Brücke gebaut, die beide Städte verband. An der Besetzung des gemeinsamen Rates läßt sich das unterschiedliche Gewicht von Berlin und Cölln ablesen: Berlin, das nicht nur größer, sondern wohl von Anfang an auch wirtschaftlich und politisch einflußreicher war, erhielt doppelt so viele Sitze wie Cölln. Der Schultheiß, der die Rechte des Landesherrn in beiden Städten wahrnahm, hatte seinen Sitz in Berlin; ebenso der Propst, der für Berlin und Cölln gleichermaßen zuständig war.

Die wirtschaftlich aufstrebende, politisch selbstbewußte Doppelstadt konnte im 13. und 14. Jahrhundert, teilweise mit Unterstützung des Landesherrn, wichtige Privilegien erwerben. Dazu gehörte vor allem das Niederlagsrecht, das durchreisende Kaufleute verpflichtete, ihre Waren in der Stadt zum Verkauf anzubieten oder sich durch Zahlung einer Gebühr davon zu befreien. Dazu gehörten aber auch Steuer- und Zollprivilegien, die Befreiung von der Heerfolge, das Recht der Münzprägung (in Berlin wurde der ›ewige Pfennig‹ geprägt, der an die Stelle der üblichen jährlichen Neuprägungen treten sollte), die 1391 teuer erkaufte hohe Gerichtsbarkeit, nicht zuletzt auch das im 14. und frühen 15. Jahrhundert häufig gebrauchte Recht, Bündnisverträge mit anderen Städten zu schließen. In dieser Zeit nahm Berlin als städtischer Mittelpunkt der Mark eine führende Rolle in den Städtebündnissen ein. Spätestens seit 1359 gehörte es der Hanse an, was jedoch auf die Entwicklung der Stadt keinen großen Einfluß hatte.

1415, als die Hohenzollern mit der Mark Brandenburg belehnt wurden, begann ein neuer Abschnitt in der Geschichte der Stadt. Zwar gingen Berlin und Cölln 1432 eine noch engere Verbindung ein, doch nutzte Kurfürst Friedrich II. (›Eisenzahn‹) zehn Jahre später einen Konflikt zwischen dem Rat und großen Teilen der Bürgerschaft, um die Stadt stärker unter die Herrschaft des Landesherrn zu zwingen. 1442 wurde die ›Union‹ der beiden Städte aufgehoben; in das gemeinsame Rathaus auf der Langen Brücke zog die landesherrliche Gerichtsbarkeit. Der Kurfürst verfügte die Auslieferung der Stadtschlüssel und die Änderung der Ratsverfassung; er nahm der Stadt das Bündnisrecht, die hohe Gerichtsbarkeit und das Niederlagsrecht. 1443 wurde der Grundstein für das kurfürstliche Schloß, die ›Zwing Cölln‹, gelegt. Der Bau des Schlosses – ab 1486 ständige Residenz der brandenburgischen Kurfürsten – symbolisiert deutlich die Umwandlung der mittelalterlichen Handelsstadt in eine Residenzstadt.

Noch während die ›Zwing Cölln‹ errichtet wurde, lehnten sich die Städte gegen die landesherrliche Politik auf. 1447 mündete der Konflikt in eine Rebellion, die als ›Berliner Unwille‹ in die Geschichte eingegangen ist. Da Hilfe von außen ausblieb, mußten die Städte schließlich nachgeben. 1448 hatte die fürstliche Territorialgewalt über das Unabhängigkeitsstreben der beiden Städte gesiegt.

Die Schwäche Berlins und Cöllns beruhte in diesen entscheidenden Jahren nicht zuletzt auf den großen inneren Spannungen und Interessengegensätzen zwischen dem Patriziat einerseits und den kleineren Kaufleuten und Handwerkern andererseits. Die wohlhabenden Großkaufleute und Fernhändler bildeten eine politische und gesellschaftliche Führungsschicht, die die Ratsmitglieder und Bürgermeister stellte. Berlin war aber nicht nur eine Stadt des großen Handels, sondern auch der kleinen Gewerbe und des Handwerks. Immer heftiger wandten sich die Zünfte gegen den Anspruch der patrizischen Ratsfamilien, die Geschicke der Stadt allein zu bestimmen. Diese Auseinandersetzungen führten schließlich zu den Eingriffen des Kurfürsten und zum Verlust wichtiger städtischer Rechte.

Der wirtschaftliche Aufstieg der Stadt war mit dem Übergang zur Residenzstadt nicht beendet. Der Einfluß der großen Ratsfamilien, zu denen die Blankenfelde, die Reiche oder die Wins zählten, blieb weiterhin bedeutend. Ihre Verbindungen reichten weit über den märkischen Raum hinaus. Mit dem oberdeutschen Handelshaus der Fugger standen die Blankenfelde sogar in verwandtschaftlicher Beziehung. Sie waren durchaus in der Lage, umfangreiche Geldgeschäfte – etwa mit der römischen Kurie, großen Fürstenhöfen und anderen Handelspartnern – abzuwickeln. So vermittelte Johann Blankenfelde beispielsweise die Anleihe für die Einsetzung Albrechts von Brandenburg als Erzbischof von Mainz. Die engen Beziehungen der Residenzstädte zum süddeutschen Raum dokumentiert auch der von Nürnberger Plattnern gefertigte prunkvolle Reiterharnisch von Kurfürst Joachim II. Hektor.

M.-L. P.

1/1 Fossilien der Süßwasserschnecke ›Viviparus diluvianus‹, früher ›Paludina (Vivipara) diluviana KUNTH‹

15 ausgewachsene Exemplare, Dm 20 mm
Berlin, Edith Fritsch (226)

Um 250000 v. Chr. bildete sich die ›Berliner Paludinenbank‹ aus Pflanzenresten und Schalen der Süßwasserschnecke ›Viviparus diluvianus‹, dem Leitfossil der Warmzeit zwischen den beiden ersten Eiszeiten. Der Boden der märkischen Sandflächen, in deren Mitte die Siedlungen Spandau, Cölln und Berlin am Zusammenfluß der eiszeitlichen Schmelzwasserrinnen von Havel und Spree entstanden, bildete sich während der Schmelzprozesse der letzten Eiszeit. Der in den Gletschern enthaltene Gesteinsschutt formte die Grundmoränenplatten des Teltow und des Barnim.

1/2 Erste Erwähnung der Stadt Cölln, 28. Oktober 1237 (Abb.)

Urkunde mit anhängenden Siegeln, 50,5 × 45,8 cm (ohne Siegel); Faksimile des Originals im Domarchiv Brandenburg.

In dieser Urkunde ist ein Pfarrer von Cölln namens Symeon als Zeuge für einen Rechtsausgleich über Zehntabgaben zwischen dem brandenburgischen Bischof Eckehard und den Markgrafen Johann I. und Otto III. genannt. Da durch den Großbrand von 1380 die städtischen Urkunden von Berlin und Cölln weitgehend vernichtet worden sind, gilt diese erste überlieferte Nennung von Cölln als Geburtstag und zugleich als Jubiläumsdatum für die 750-Jahr-Feier der Stadt.

1/3 Erste Erwähnung der Stadt Berlin, 26. Januar 1244

Urkunde mit anhängenden Siegeln, 41,6 × 30 cm (ohne Siegel); Faksimile des Originals im Domarchiv Brandenburg.

Die Markgrafen von Brandenburg, Johann I. und Otto III., verzichten auf das ›ius spolii‹, das Verfügungsrecht über den Nachlaß der Geistlichen, zugunsten des Brandenburger Klerus. Zu den Zeugen der Urkunde gehört wiederum der Geistliche Symeon, der hier als Propst von Berlin genannt wird.

1/4 Grabstein des Jona, Sohn des Dan, 1244

Gipsabguß, 110×70 cm
Berlin, Museum für Vor- und Frühgeschichte, SMPK (VIIa 1257)

1955 wurden bei Ausgrabungen in der Spandauer Zitadelle Grabsteine gefunden, die eine jüdische Gemeinde im Berliner Raum von 1244 bis 1347 bezeugen.

1/5 Münzen der Landesherren der Mark Brandenburg

a) Brakteat. Bistum Brandenburg
Münzbild: stehender Heiliger mit Schlüssel und Kreuzstab (einseitig); Silber, Dm 20 mm

b) Brakteat. Johann I. Markgraf von Brandenburg (1225–1266)
Münzbild: Trugschrift, Brustbild des Markgrafen zwischen zwei Schwertern (einseitig); Silber, Dm 22,3 mm

c) Brakteat. Otto IV. Markgraf von Brandenburg (1266–1308)
Münzbild: auf Zinnenmauer Sitzender mit Schwert und Fahne (einseitig); Silber, Dm 21,3 mm

d) Denar. Johann II., Otto IV., Konrad I., Markgrafen von Brandenburg (1266–1281)
Vorderseite: auf Bogen sitzender Markgraf mit zwei Helmen, Rückseite: zwei sitzende Markgrafen halten einen auf einem Bogen stehenden Kuppelturm; Silber, Dm 15,5 mm

e) Denar. Otto V. Markgraf von Brandenburg (1267–1298)
Vorderseite: sitzender Markgraf mit zwei Lilien, Rückseite: Otto V. auf einem Bogen; Silber, Dm 14,9 mm

f) Denar. Albrecht III. Markgraf von Brandenburg (1269–1300)
Vorderseite: Markgraf mit zwei Schwertern zwischen zwei kleinen und zwei großen Kuppeltürmen stehend, Rückseite: »BRANDENBORGE« um einen Helm; Silber, Dm 16,2 mm

g) Denar. Woldemar Markgraf von Brandenburg (1308–1319)
Vorderseite: Markgraf zwischen zwei Helmen und zwei Zinnen, Rückseite: Kreuz, in den Winkeln vier Adlerköpfe; Silber, Dm 14,2 mm

Frankfurt a. M., Historisches Museum Frankfurt

1/6 Denar. Ludwig II. Markgraf von Brandenburg (1352–1365)

Vorderseite: Markgraf mit zwei Schwertern zwischen zwei Rosetten, Rückseite: »LODEVIC« um einen Helm; Silber, Dm 15,7 mm
Frankfurt a. M., Historisches Museum Frankfurt

1/7 Böhmischer Groschen (Abb.)

Vorderseite: Steigender böhmischer Löwe, Rückseite: Krone, von doppelter Umschrift umgeben; Silber, Dm 28 mm
Frankfurt a. M., Historisches Museum Frankfurt

Der böhmische Groschen wurde erstmals um 1300 von König Wenzel II. geprägt. Während der Regierungszeit des Hauses Luxemburg fand er auch in der Mark Brandenburg weite Verbreitung und erleichterte den Kaufleuten den Zahlungsverkehr.

1/8 Gulden. König Sigismund (1410–1437) (Abb.)

Vorderseite: St. Johannes stehend, Rückseite: Reichsapfel; Frankfurt a. M.; Gold, Dm 24 mm
Frankfurt a. M., Historisches Museum Frankfurt

Der Versuch, im Heiligen Römischen Reich mit dem Gulden eine einheitliche Münze zu schaffen, scheiterte an den Interessen der rheinischen Kurfürsten.

1/9 Münzen der Kurfürsten von Brandenburg

a) Taler. Joachim II. (1535–1571)
Vorderseite: Brustbild des Kurfürsten nach rechts mit Zepter, Rückseite: Wappen, darüber »1541«; Silber, Dm 40,7 mm

b) Taler. Johann Georg (1571–1598) (Abb.)
Vorderseite: Brustbild des Kurfürsten nach rechts, Rückseite: Wappen; Berlin 1587; Silber, Dm 40,2 mm

c) Halber Taler. Johann Sigismund (1608–1619)
Vorderseite: Brustbild des Kurfürsten nach rechts mit Zepter, Rückseite: Wappen; Berlin 1612; Silber, Dm 34,4 mm

d) Viertel Taler. Georg Wilhelm (1619–1640)
Vorderseite: Brustbild des Kurfürsten nach rechts mit Zepter, Rückseite: Wappen; Königsberg 1625; Silber, Dm 29,1 mm

1/2

e) Sechstel Taler. Friedrich Wilhelm (1640–1688)

Vorderseite: Brustbild des Kurfürsten nach rechts, Rückseite: Vier Wappen; Berlin 1674; Silber, Dm 28 mm

Frankfurt a. M., Historisches Museum Frankfurt

1/7

1/10 Münzen der Handelspartner

a) Taler. Lübeck

Vorderseite: Doppeladler, Rückseite: St. Johannes über Wappen; 1546; Silber, Dm 41,3 mm

b) Taler. Lüneburg

Vorderseite: Stadtburg, Rückseite: Halbmond; 1562; Silber, Dm 40,9 mm

c) Taler. Wismar

Vorderseite: St. Laurentius mit Rost, Rückseite: Reichsadler; 1608; Silber, Dm 40,9 mm

d) Taler. Rostock

Vorderseite: Greif, Rückseite: Reichsadler; 1610; Silber, Dm 42,7 mm

e) Taler. Magdeburg

Vorderseite: Magd auf der (Stadt)burg, Rückseite: Reichsadler; 1617; Silber, Dm 43,9 mm

f) Taler. Hamburg

Vorderseite: Hamaburg, Rückseite: Madonna; 1553; Silber, Dm 39,9 mm

Frankfurt a. M., Historisches Museum Frankfurt

1/11 Karte von Deutschland mit Angabe von Berlin, Lebus, Brandenburg und Frankfurt an der Oder (gesüdet)

Kupferstich, in: Sebastian Münster, Cosmographey. Oder beschreibung aller Länder Herrschafftenn und fürnemsten Stetten des gantzen Erdbodens, Basel 1550
Berlin, Kupferstichkabinett, SMPK (KK 2105)

1/12 ›Denarius perpetuus‹. Münze der Stadt Berlin (Abb.)

Vorderseite: Markgraf mit Lanze und gesenktem Schwert, Rückseite: Bär nach links; nach 1369; Silber, Dm 15 mm
Wien, Sammlung von Medaillen, Münzen und Geldzeichen des Kunsthistorischen Museums (8774 aα)

Im 14. Jahrhundert bemühten sich Städte und Adel der Mark Brandenburg, dem Markgrafen das Münzrecht abzukaufen, um die jährlich entwerteten markgräflichen Münzen durch den ›ewigen Pfennig‹ zu ersetzen. Berlin erhielt dieses Recht 1369.

1/13 Karte der Mark Brandenburg (Abb.)

Henricus Hondius nach Olof Hansson Svart (Olaf Johannis Gothus)

Amsterdam, um 1638; kolorierter Kupferstich, 48×55 cm; M ca. 1:700000
Berlin, Staatsbibliothek PK, Kartenabteilung (N 2351)

Vorlage für die Karte von Olaf Johannis Gothus, Generalquartiermeister des schwedischen Königs Gustav Adolph, war die erste Karte der Mark Brandenburg des 1581 verstorbenen Elias Camerarius, die erst um 1600 von Gerhard Mercator herausgegeben wurde.

1/8

1/14 Ansichten von Wittenberg, Wismar, Frankfurt an der Oder und Rostock

Franz Hogenberg nach Georg Hufnagel

Kolorierte Kupferstiche, in: Georg Braun, Civitates Orbis Terrarum, Bd. 1, Köln 1572
Tübingen, Universitätsbibliothek Tübingen (Fa 23 2° Bd 1)

Der Handel Berlins mit den Ostseehäfen verlief über Rostock und Wismar.

1/15 Ansicht von Frankfurt an der Oder

Holzschnitt, in: Sebastian Münster, Cosmographey. Oder beschreibung aller Länder Herr-

schafftenn und fürnemsten Stetten des gantzen Erdbodens, Basel 1553
Hamburg, Hamburger Kunsthalle, Bibliothek (Ill. XVI Basel 1553 4°/dt.)

Das erst 1253 gegründete und mit Berliner Stadtrecht ausgestattete Frankfurt an der Oder entwickelte sich zum größten Konkurrenten Berlins im Handel mit Polen und den Ostseestädten.

1/9 b

1/16 Ansicht von Krakau
Michael Wolgemut nach Wilhelm Pleydenwurff

Holzschnitt, in: Hartmann Schedel, Registrum huius operis libri cronicarum cum figuris et ymaginibus ab inicio mundi, Nürnberg: Koberger 1493
Berlin, Staatsbibliothek PK, Handschriftenabteilung (Wgdr.69)

Krakau war wichtiger Warenumschlagplatz für den Handel von Flandern nach Osteuropa.

1/17 Ansichten von Lübeck und Hamburg
Franz Hogenberg nach Georg Hufnagel

Kolorierte Kupferstiche, in: Georg Braun, Civitates Orbis Terrarum, Bd. 1, Köln 1572
Wolfenbüttel, Herzog August Bibliothek, Handschriftensammlung (T 29.2° Helmst.)

Lübeck war im Hansebund die führende Stadt für den Ostseehandel.

1/18 Münzen der Hansestädte Lübeck und Hamburg

a) Zehn Hohlpfennige. Lübeck
Münzbild: gekrönter Kaiserkopf (einseitig); 12./13. Jh.; Silber, Dm 15–20 mm

b) Hohlpfennig (städtische Prägung). Lübeck
Münzbild: gekrönter Kopf mit Seitenlocken in Strahlenrand (einseitig); Silber, Dm 16,1 mm

c) Zehn halbe Hohlpfennige. Hamburg
Münzbild: Stadttor (einseitig); 12./13. Jh.; Silber, Dm 16–20 mm

a) c) Lübeck, Archiv der Hansestadt Lübeck
b) Frankfurt a. M., Historisches Museum Frankfurt

Die vielen verschiedenen Landesmünzen erschwerten den Fernhändlern den Zahlungsverkehr. Die Berliner Kaufleute mußten ihre mitgeführten Silberbarren für kleinere Zahlungsbeträge gegen andernorts gültige Münzen eintauschen.

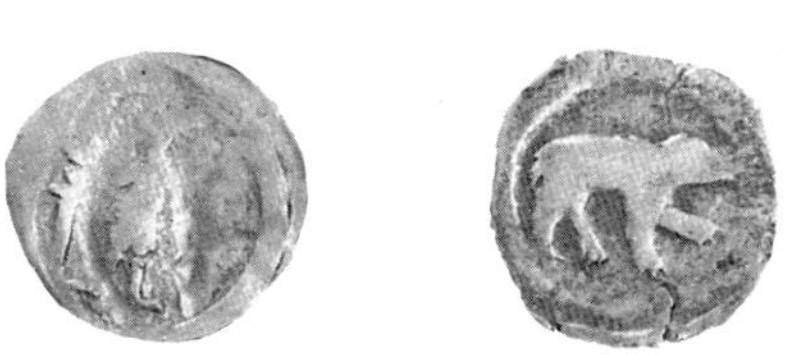

1/12

1/19 Münzen des Wendischen Münzvereins

a) Zehn Witten. Lübeck
Vorderseite: Doppeladler, Rückseite: Doppeladler; vor 1379; Silber, Dm 20 mm

b) Witten. Rostock
Vorderseite: Greif, Rückseite: Wappen; 1325–1381; Silber, Dm 18,4 mm

c) Witten. Wismar
Vorderseite: Blumenkreuz, Rückseite: Stierkopf mit Rund und Stern; 1379–1387; Silber, Dm 18,8 mm

a) Lübeck, Archiv der Hansestadt Lübeck (Behrens 44b)
b) c) Frankfurt a. M., Historisches Museum Frankfurt

1379 bildeten Lübeck, Hamburg und Wismar den Wendischen Münzverein, dem sich 1381 Rostock, Stralsund und Lüneburg anschlossen. Der Witten (Weißpfennig) war als Groschenmünze neben anderen Münzen auch in der Mark Brandenburg ein gebräuchliches Zahlungsmittel.

1/20 Siegel von Berlin und seinen wichtigsten Handelspartnern

a) Stadt Berlin, um 1280

Wachsabdruck; Siegelbild: Wappenschild mit Adler, links und rechts je ein Bär; Dm 7,7 cm

b) Hansestadt Salzwedel, um 1350

Wachsabdruck; Siegelbild: Adler mit einem Schlüssel in den Klauen; Dm 8 cm

c) Hansestadt Stendal

Wachsabdruck; Siegelbild: Adler über einer sechstürmigen Stadtmauer; Dm 8,7 cm

d) Hansestadt Frankfurt an der Oder, 1370

Wachsabdruck; Siegelbild: Hahn in einem Tor; Dm 7 cm

e) Hansestadt Magdeburg, 1356

Wachsabdruck; Siegelbild: Frau auf einer Zinnenmauer stehend; Dm 7,7 cm

f) Hansestadt Rostock, 1310

Wachsabdruck; Siegelbild: gekrönter Auerochsenkopf; Dm 8,4 cm

g) Hansestadt Lüneburg, 1397

Wachsabdruck; Siegelbild: Burg; Dm 7,2 cm

h) Hansestadt Hamburg, 1451

Wachsabdruck; Siegelbild: Burg; Dm 9 cm

i) Hansestadt Stralsund, um 1350

Wachsabdruck; Siegelbild: Schiff; Dm 9,5 cm

j) Hansestadt Lübeck, nach 1350

Wachsabdruck; Siegelbild: Schiff; Dm 10 cm

k) Hansestadt Wismar, 1296

Wachsabdruck; Siegelbild: Schiff mit Wappenschild und Auerochse; Dm 7,5 cm

Lübeck, Archiv der Hansestadt Lübeck (S 13, S 19, S 22, S 25, S 28, S 46, S 101, S 106, S 108, S 129)

Die Spree-Havel-Elbe-Verbindung mit Hamburg begünstigte den Anschluß Berlins an den hansischen Städtebund. Berlin ist als Mitglied der Hanse erstmals 1359 erwähnt.

1/21 ›Liber pignorum et pactorum de anno 1288‹ (Hamburger Schuldbuch von 1288)

Eintrag vom 5. Juli 1290 über die ausstehende Lieferung von Eichenbrettern des Berliner Kaufmanns Hermann Mucke an Werner Metscendorp, Kaufmann in Hamburg; Reproduktion aus dem Schuldbuch im Staatsarchiv mit Wappen- und Siegelsammlung in Hamburg

Der Handel Berliner Kaufleute mit Hamburg ist für die Zeit von 1288 bis 1322 durch die im Hamburger Schuldbuch verzeichneten Rechnungsbeträge belegt. Holz und Getreide zählten zu den wichtigsten Ausfuhrprodukten der märkischen Kaufleute.

1/22 Modell eines mittelalterlichen Stecknitz-Prahms

1987; Holz, 45×17×80 cm; M 1:20
Lüneburg, Industriedenkmal Saline Lüneburg, Deutsches Salzmuseum

Der Prahm diente dem Transport von Handelsgütern auf flachen Gewässern.

1/23 ›Fischer Ordnung. // Wie es in vnserm Churfuersten- // thumb der Marcke Brandenburgk auff // der Hawell Sprew vnd andern waes- // sern mit der Fischerey Fischzeugk // und Fischmaerckten allent- // halben solle gehalten // werden etc.‹, 23. Februar 1574

21×17 cm
Berlin, Geheimes Staatsarchiv PK (I.HA. Rep.9 Nr.39)

Die Fischerordnungen von 1551, 1574 und 1690 sollten eine einheitliche Regelung des Fischereiwesens in der Mark Brandenburg begründen und einer Überfischung der Gewässer entgegenwirken.

1/24 Handelsfische aus märkischen Gewässern: Barsch, Hecht, Karpfen, Zander, Lachs

Stopfpräparate
Bordelum, Heinz Brodersen

Frischfisch aus den Gewässern der Mark wurde von Fischhökern verkauft oder auf den Cöllnischen Markt gebracht. Die Spree war 1397 noch freies Fischwasser. Die landesherrlichen Hoheitsrechte, die Wasserregalien, waren zu beachten: Lachs, Hecht und Stör mußten als ›Herrenfische‹ auf dem Möllenhof, dem Wirtschaftshof der fürstlichen Haushaltung am Mühlendamm, gegen Bezahlung abgeliefert werden.

1/13

1/25 Drei Netzsenker

Kalkstein, zwischen 14×17 cm und 20,5×17 cm
Berlin, Stadtgeschichtliches Museum Spandau (III We/2,4)

Die Binnenfischerei war durch Nutzungsregelungen in die Großgarnfischerei und die Klein- oder Zeugfischerei unterteilt.

1/26 Ansicht, wie in Lüneburg Salz gesotten und auf Wagen geladen oder in Tonnen geschlagen verkauft wird

Holzschnitt, in: Sebastian Münster, Cosmographey. Oder beschreibung aller Länder Herrschafften und fürnemsten Stetten des gantzen Erdbodens, Basel 1598
Berlin, Staatsbibliothek PK, Kartenabteilung (2° Kart 2359)

Zur Konservierung von Fisch und Fleisch wurde in großen Mengen Salz benötigt, das von den Salzlagerstätten und Salinen teuer verkauft wurde. Erst im 14. Jahrhundert wurde die Mark Brandenburg durch die Einfuhr von Meersalz von der Salzeinfuhr aus Lüneburg, Halle und einigen kleinen Salinen unabhängiger.

1/27 Schreiben des Kurfürsten Johann Cicero an »Den Ersamen unnd weyßen unnsern Lieben besundern Burgermeistern unnd Rate der Statt Lunenburgh« wegen beschlagnahmter Heringe, Cölln, 28. Februar 1491

22×32,5 cm; Wasserzeichen: Stierkopf, Kreuz mit Schlange; Papiersiegel
Lüneburg, Stadtarchiv (Br 26/50)

Johann Cicero (1486–1499) residierte als erster Hohenzoller ständig in Berlin.

1/28 Schreiben des Kurfürsten Joachim I. Nestor und des Markgrafen Albrecht von Brandenburg »Nachdem wir auf ersuchn des Rats zu Lunemburg die Saltzschiffung Zum besten auffgericht« an Adel und Städte ihres Landes

1506; 21,5×31,5 cm
Lüneburg, Stadtarchiv (Br 27/13)

1/29 Schreiben des Kurfürsten Joachim I. Nestor »wegen ein schuthen für Havel und Spree« an den Magistrat der Stadt Lüneburg, Cölln, 11. Mai 1512

22×25 cm; Wasserzeichen: Stierkopf mit Stabkreuz zwischen den Hörnern, Oblatensiegel als Verschluß
Lüneburg, Stadtarchiv (Br 27/36)

1/30 Schutzbrief des Kurfürsten Johann Georg für Händler und Kaufleute »zu unser Land, Herrschaft, Fürstentum und Gebiete, zu Wasser und zu Lande, eß sey an Getreide oder ander Kauffmannschatz und allem Handel«, Cölln, 18. Juli 1571

39,5×57 cm, Dm 8 cm (Kapsel); Wachssiegel an Pergamentband; mit dazugehöriger Urkundenkapsel, Aufschrift: »Johannis Georgii Schutzbrieff und Confirmation des Churfürstl. Privileg ... 1571«
Lüneburg, Stadtarchiv (a 4471 1571 Juli 18)

1/31 Schreiben des Kurfürsten Johann Georg an den Bürgermeister und den Rat der Stadt Lüneburg über den Empfang des für Martini des Vorjahres fällig gewesenen Schutzgeldes von 200 rheinischen Goldgulden, Cölln, 7. Januar 1572

25×17 cm, Oblatensiegel
Lüneburg, Stadtarchiv (1572–97)

1/32 Kasten zur Aufbewahrung von Rechnungsbelegen des Magistrats der Stadt Lüneburg

Holz, mit Schiebedeckel und inliegenden Rechnungsbelegen; Aufschrift: »Anno 1639«; 19×23×38 cm
Lüneburg, Stadtarchiv

1/33 Zwei Lüneburger Salztonnen

Rekonstruktionen nach Vorschriften für die Lüneburger Tonnenböttcher, 1612; Buchenholz; H 72 cm, Dm 67,2 cm
Lüneburg, Industriedenkmal Saline Lüneburg, Deutsches Salzmuseum

1/34 Zwei Eichgewichte der Stadt Lüneburg

a) Einpfund

Aufschrift: »dit is ein punt«, Umschrift: »desse lode hor(en) dem rade to luneborch«; um 1360; Messing; Dm 5,5 cm, Gewicht 485,8 g

b) Zweipfund

Aufschrift: »dit is twe punt«, Umschrift: »desse lode hor(en) dem rade to luneborch«; um 1360; Messing; Dm 7 cm, Gewicht 972 g

Lüneburg, Stadtarchiv (G 12)

Die Kaufleute mußten ihre Ware in Lüneburg und anderen Handelsstädten nach dort gültigem Marktrecht umschlagen. Dazu gehörten die Kontrolle der Maße für feste und flüssige Ware und die Aufstellung von Qualitätsnormen.

1/35 Zwei Eichgefäße der Stadt Lüneburg

a) Halbstübchen
Lukas Reimers zugeschr.

1588; Zinn; H 26 cm, Dm 15 cm, 1,85 Liter; eingeschlagene Stadtmarke, darüber »88«

b) Viertelstübchen
Daniel Cories zugeschr.

Zinn; H 23 cm, Dm 11 cm; eingeschlagene Stadtmarke

Lüneburg, Stadtarchiv

1/36 Prägestempel für Tuchplomben

Göttingen 16. Jh.; Eisen, geschmiedet und graviert; L 11 cm, Dm 3,5 cm und L 21 cm, Dm 3,3 cm
Göttingen, Städtisches Museum Göttingen

Im hansischen Wirtschaftssystem wurden die Tuchballen mit einer von der Herstellungsstadt geprägten Plombe versehen. Berliner Fernhändler bezogen Tuche für den eigenen Markt u. a. aus England, Flandern und den Niederlanden.

1/37 Tuchplombe der Tuchmachergilde Göttingen

Vorderseite: gekröntes Göttinger G im Schild, von drei Kreisen umgeben, Umschrift: »NOVI/PANNI/GOTTING(ENSIS)«; Rückseite: von Kreisen umgebener Schild mit zwei welfischen Löwen, Umschrift: wie auf der Vorderseite; geprägtes Blei, Dm 4,2 cm
Göttingen, Städtisches Museum Göttingen

1/38 Vier Wolltuchreste

Göttingen 15. Jh; bis zu 21×11 cm
Göttingen, Städtisches Museum Göttingen

1/39

1/39 Kardinal Albrecht von Brandenburg als Heiliger Hieronymus (Abb.) *Lucas Cranach d. Ä.*

1527; Öl/Lindenholz, 57×37,6 cm; bez. auf dem Baumstumpf mit dem Schlangenzeichen, dat. 1527
Berlin, Gemäldegalerie, SMPK

Albrecht von Brandenburg (1490–1545), zweiter Sohn des Kurfürsten Johann Cicero, wurde 1513 Erzbischof von Magdeburg und Administrator von Halberstadt, 1514 Erzbischof von Mainz und 1518 Kardinal. Er gehörte zu den meistporträtierten Fürsten seiner Zeit. Matthias Grünewald, Hans Baldung Grien, Lucas Cranach d. Ä. und die Erzgießerfamilie Vischer arbeiteten in seinem Auftrag. Lucas Cranach malte das Porträt in Varianten nach einer Stichvorlage von Albrecht Dürer.

1/40 Bischofsstab des Kardinals Albrecht von Brandenburg

Um 1539; Holz; Krümme: Silber, vergoldet, getrieben, gegossen, graviert und ziseliert; L 185 cm
Stockholm, Statens Historiska Museum (SHM 351)

Den Knauf zieren mehrfarbig geschmelzte Wappen des Kardinals und seiner Bistümer Mainz, Magdeburg und Halberstadt.

1/41 Bildnis des Johann Blankenfelde

Kupferstich, in: Martin Friedrich Seidel, Bildersammlung in welcher hundert größtentheils in der Mark Brandenburg gebohrene, allerseits aber um dieselbe wohlverdiente Männer vorgestellet werden ..., Berlin 1751
Berlin, Evangelisches Zentralarchiv in Berlin (Bibliothek 80/2191)

Johann Blankenfelde (1471–1527), der 1515 Bischof von Reval, 1518 Bischof von Dorpat und 1524 Erzbischof von Riga wurde, entstammte einer der angesehensten und ältesten Berliner Familien, aus der Kaufleute, Ratsherren und Bürgermeister hervorgingen. Er vermittelte die Anleihe, die das Handelshaus Fugger Albrecht von Brandenburg zur Verfügung stellte, der für die Ernennung zum Erzbischof von Mainz beträchtliche Summen an die Kurie zu zahlen hatte.

1/42 Ablaßbrief des Erzbischofs Albrecht von Mainz, Markgraf von Brandenburg, zum Besten des Baues der Peterskirche zu Rom, Göttingen, 1. Juli 1517

13,4×19,3 cm
Wolfenbüttel, Herzog August Bibliothek, Handschriftensammlung (Jüngere Ablaßbriefe)

1/43 Bildnis des Jakob Fugger *Hans Holbein d. Ä.*

Um 1509; Silberstiftzeichnung, 39×52 cm; bez.: u. r.
Berlin, Kupferstichkabinett, SMPK

Jakob Fugger der Reiche (1459–1525) leitete seit 1510 die Augsburger Handelsgesellschaft, die auch mit Berliner Kaufleuten in Verbindung stand. Elisabeth Blankenfelde, eine Schwester des Johann Blankenfelde, war mit Sigmund Fugger vom Reh, einem Neffen des Jakob Fugger von der Lilie, verheiratet.

1/44 Depotquittung des Jakob Fugger über die Wechsel zur Wahl Karls V., Augsburg, 11. Februar 1519

Nürnberg, Germanisches Nationalmuseum

Am 28. Juni 1519 wurde der spanische König Karl (1500–1558) in Frankfurt am Main von den Kurfürsten des Heiligen Römischen Reiches Deutscher Nation einstimmig zum Kaiser gewählt. Jakob Fugger stellte die Wahlgelder für die Kurfürsten bereit, an denen Albrecht von Brandenburg mit 103 000 Gulden beteiligt war.

1/45 Riefelküriß Joachims II. Hektor, Kurfürst von Brandenburg (Abb.)

Nürnberg, um 1525; Eisen; H 185 cm; auf den Handschuhen Stadtwappenmarke von Nürnberg und (Meistermarke) Rübe im Schild
Wien, Kunsthistorisches Museum, Waffensammlung (A 312)

Laut Erwerbungskorrespondenz stammt der Reiterharnisch aus der brandenburgischen Rüstkammer: »Marggraf Joachim von Brandenburg Curfürst: Ain weisse ganze rüstung mit reüfen durchaus sambt seinem helmblin« (Inventar der Ambraser Rüstkammer 1596, fol. 325).

1/46 Bildnis Joachims II. Hektor, Kurfürst von Brandenburg

Ganzfigur in Rüstung; Kupferstich, aus: Jakob Schrenk von Notzing, Armentarium heroicum, Nürnberg 1735, Tafel 38 (Erstausgabe 1601)
Berlin, Berlin Museum

Kurprinz Joachim (1505–1571), seit 1535 Kurfürst, hatte 1532 als Hauptmann des niedersächsischen Kreises im Reichsheer gegen die Türken gekämpft. Dabei erhielt er den Beinamen Hektor.

1/45

RAUM 2
REFORMATION UND GEISTESLEBEN

Seitdem die Hohenzollern 1486 das Schloß, die ›Zwing Cölln‹, zu ihrer ständigen Residenz gemacht hatten, wuchsen die Schwesterstädte Berlin-Cölln immer mehr in ihre neue Funktion als Regierungssitz der Kurfürsten hinein. Joachim I. Nestor begünstigte Spekulanten und Projektemacher, um damit die Staatseinnahmen und das Steueraufkommen der Bürger zu erhöhen. Als Johann Tetzel in Berlin und in der Mark 1517 seine Ablässe vertrieb, gestattete ihm der Kurfürst diesen Handel, weil die von den Fuggern vorgestreckten Zahlungen an den Papst, die die Investitur seines Bruders Albrecht mit dem Erzbistum Mainz ermöglicht hatten, ausgeglichen werden mußten. Seinen Hofbediensteten jedoch untersagte der Kurfürst den Kauf der Ablaßbriefe, die Tetzel in Berlin erfolgreich absetzte, wie der Chronist Peter Hafftiz in seinen nach 1550 erschienenen ›Berolinensien‹ vermerkte: »Er hat auch unverschämt vorgeben dürfen, alsbald das eingeworfene geld im abfall klinge, so schwinge sich also fort die seele des, dem es zu gute eingeleget würde, aus dem Fegfeuer.«

Durch den Buchdruck, der in Berlin allerdings erst 1539 von Johann Christoph Weis eingeführt wurde, fanden die Reformationsschriften gegen die Mißstände des Klerus schnell Verbreitung, setzte sich die Kritik an der Papstkirche auf breiter Basis durch. Jedoch zeigte der Kurfürst als Parteigänger des Kaisers keinerlei Neigung, die neue Lehre in seinen Landen zu dulden. Sein eigenes und seiner Untertanen Wohl und Wehe zu deuten, überließ er dem schwäbischen Mathematiker Johannes Carion, den er 1522 als Berater und Astronomen an den Hof berief. Die Ausbreitung der Reformation konnte Joachim I. aber trotz seiner entschiedenen Auftritte gegen die Lutherischen auf den Reichstagen zu Worms und Speyer von 1521 und 1522 in seinen Landen nicht aufhalten. Schon 1521 hatten sich Rat, Gilden und Schulen der Residenzstadt nicht mehr an den Fronleichnamsprozessionen beteiligt. Die Kurfürstin Elisabeth, Tochter des dänischen Königs Johann, nahm heimlich sechs Jahre später das Abendmahl in beiderlei Gestalt. Dem Versuch des Kurfürsten, sie zum Widerruf zu zwingen, entzog sie sich im März 1528 durch ihre Flucht nach Sachsen. Die reformatorischen Überzeugungen verbreiteten sich bei Bürgern und Ratsfamilien, die von ihrem Fürsten mit Nachdruck, aber vergebens, die Einführung der neuen Lehre forderten.

Als Joachim II. 1535 die Regierung übernahm, konnte er sich dem Drängen der Stände nicht mehr widersetzen. Zwei Jahre später berief der Rat den Protestanten Baderesche als Prediger an die Petrikirche. Bei der Ausarbeitung einer neuen Kirchenordnung ließ sich der Kurfürst auch von Philipp Melanchthon beraten, der dreimal nach Berlin kam. Joachim II. setzte eine gemäßigte Reform durch, die das Abendmahl, die Priesterehe und den lutherischen Katechismus einführte. Mit diesen Zugeständnissen genügte der Kurfürst den Interessen von Bürgerschaft und Ständen, die 1539 in einem Bittbrief die Einführung der Reformation gefordert hatten. Mit Genehmigung des Kurfürsten und wahrscheinlich in seiner Anwesenheit feierte die märkische Ritterschaft gemeinsam mit dem Bischof von Brandenburg in der Nikolaikirche zu Spandau am 1. November 1539 das Abendmahl in beiderlei Gestalt. Am folgenden Tag wurde im Berlin-Cöllner Dom vor Bürgern und Rat der erste evangelische Gottesdienst in der Residenz abgehalten. Von der neuen Lehre zeugt das 1550 entstandene Grabbild für den Berliner Bürgermeister Joachim Reiche, in dem der Gekreuzigte in die Bildmitte gerückt und auf die Darstellung von Heiligen verzichtet wurde.

Im Jahr 1540 genehmigte der Landtag die neue Kirchenordnung, bei deren Ausarbeitung den Reformatoren Jakob Stradner und Georg Witzel der Melanchthonschüler Georg Buchholzer zur Seite stand. Er hatte in Gegenwart des Kurfürsten im September 1539 die erste evangelische Predigt im Dom gehalten. Unter Leitung Johann Weinlöbens, der auf Empfehlung Melanchthons mit der Kirchenvisitation betraut war, wurde der Kirchenbesitz aufgelistet. Die Schulden des Kurfürsten übernahmen der landgesessene Adel und die Berliner Ratsgeschlechter. Zum Ausgleich dafür beanspruchte der Rat allerdings das ausschließliche Verfügungsrecht über die Steuerkraft der Stadt.

Joachim II. ließ den Bau der Hofkirche und Erweiterungsbauten am Schloß durchführen. Zur Finanzierung dieser Arbeiten und zum Ausgleich seiner Schulden bei den Ständen machte er den jüdischen Bankier Michel 1543 zum ›Hofjuden‹. Diese Funktion wurde seitdem zur Unterstützung der kurfürstlichen Hofhaltung unentbehrlich. Sieben Jahre nach Michels Tod ernannte Joachim II. 1556 »Unsern lieben getreuen Lippold Jude« aus Prag zum »Obersten aller märkischen Juden«, der 1565 neben seinen Ämtern als Kämmerer und Schatullenverwalter auch die kurfürstliche Münze übernahm. Damit übertraf sein Einfluß den des mächtigsten Beamten am Hofe, des Kanzlers. Nach dem Tod Joachims II. 1571 plünderten und mißhandelten die Bürger die Juden, denen sie als Finanzvermittlern des Kurfürsten die Hauptschuld an der luxuriösen Hofhaltung anlasteten. Der nachfolgende Kurfürst Johann Georg vertrieb 1573 die Juden erneut »auf ewige Zeiten« aus der Mark, nachdem sie schon 1510 des Landes verwiesen und 38 von ihnen wegen angeblicher Hostienschändung vor den Toren Berlins verbrannt worden waren. Der Hofjude Lippold, Opfer eines ungerechten Prozesses, wurde 1573 vor dem Schloß hingerichtet: »mit gluenden Zangen gezwackt, darnach von unten auff geredert, volgents geviertelt, vor jedem Thor ein Viertel aufgehenkt«.

Die abschreckende Exekution ist durch einen Einblattdruck aus der Offizin von Leonhard Thurneysser überliefert. Den Polyhistor aus Basel hatte Johann Georg 1571 als Leibarzt der Kurfürstin nach Berlin berufen. Er stellte dem Gelehrten Kapitelsaal und Langhaus im leerstehenden Franziskanerkloster zur Verfügung. Dort entfaltete Thurneysser zwischen 1571 und 1584 eine in Berlin bislang nicht gekannte Schaffenskraft als Forscher und Unternehmer. Zur Drucklegung seiner Schriften aus verschiedensten Wissensgebieten unterhielt Thurneysser eine Buchdruckerei mit eigener Schriftgießerei. Der Verkauf seiner Publikationen, besonders der Taschenkalender mit astrologischen Weissagungen, war so einträglich, daß er 200 Personen beschäftigen und neiderregenden Luxus in Kleidung und Ausstattung seines Hausstandes betreiben konnte. Für seine 1575 in Berlin verstorbene zweite Frau Anna ließ er ein großrahmiges Epitaph ausführen. Seine Projekte, für die er eine Studiensammlung von medizinischen Präparaten, Mineralien und Schaltieren in Art einer Kunstkammer aufgebaut hatte, forderten Argwohn und Mißtrauen anderer Gelehrter heraus. Sie ›entlarvten‹ seine Unternehmungen als Scharlatanerie und Teufelswerk. Ohne daß er deswegen die Gunst seines Fürsten verloren hätte, verließ er 1584 insgeheim Berlin. Im ehemaligen Franziskanerkonvent gründete der Kurfürst 1574 auch Berlins erste Gelehrtenschule: Das Gymnasium zum Grauen Kloster zählte schon im ersten Jahr 600 Schüler.

Die aufwendige Hofhaltung verführte die reichen Geschlechter zu Prunksucht in Kleidung und Bauten. Der Rat versuchte 1580, mit einer Polizeiordnung den zulässigen Aufwand der Bürger ständisch zu reglementieren. Gleichzeitig dauerte der Theologenstreit an, den die Kirchenordnung von 1540 mit dem immer noch gebräuchlichen katholischen Ritus nicht beendet hatte. Das 1572 vom Kurfürsten erlassene ›Corpus doctrinae‹ bekannte sich zur Augsburgischen Konfession und zum lutherischen Katechismus. Fünf Jahre später unterschrieben die Berliner Geistlichen die Konkordienformel, nach der die reine Lehre Luthers erhalten werden sollte. Allen calvinistischen Tendenzen wurde der Kampf angesagt. Die Glaubenskonflikte zwischen Lutheranern und Calvinisten (Reformierten) griffen auch auf Brandenburg über, als Kurfürst Johann Sigismund aus politischen Gründen 1613 zum Calvinismus übertrat.

Paul Gerhardt, seit 1657 Diakon an der Nikolaikirche zu Berlin, wurde ein spätes Opfer des andauernden Konfessionsstreits zwischen Lutheranern und Reformierten, den der Große Kurfürst vergebens mit Religionsgesprächen und Eintrachtsformeln zu schlichten suchte. Da dem Kurfürsten der Wiederaufbau der Stadt und die Wiederbelebung ihrer Ressourcen wichtiger zu sein schienen als die Auseinandersetzung um das richtige Glaubensbekenntnis, verbot er durch ein Edikt vom 16. September 1664 beiden religiösen Parteien die gegenseitigen Verunglimpfungen von der Kanzel herab.

Als der Kirchenmusiker entgegen der Forderung des Kurfürsten doch den Glaubenskonflikt auf der Kanzel austrug, wurde er am 2. Februar 1666 seines Amtes enthoben und des Landes verwiesen. Auch seine zweite Amtszeit (1667–1669) war nicht spannungsfrei, so daß er Berlin schließlich den Rücken kehrte. Johann Crüger, der von 1622 an vierzig Jahre als Kantor an der Nikolaikirche wirkte, gab 1640 das erste lutherische Gesangbuch für Berlin heraus. Seine Kompositionen und die Kirchenlieder Paul Gerhardts zählen zu den bedeutendsten Werken der Kirchenmusik. Sie entstanden in den Jahrzehnten, in denen die Residenzstadt noch schwer unter den Auswirkungen des Dreißigjährigen Krieges litt. *M.-L. P.*

2/1 Vorlegung gemacht // von Bruder Johan Tetzel Prediger // Ordes Ketzermeister: wyder eynen // vormessen Sermon von tzwentzig // irrige Artickeln Bebstlichen ablas // vn gnade belangede allen cristglau- // bige mensche tzuwissen von notten

Johann Tetzel

Um 1518
Berlin, Evangelische Kirche der Union Bereich Bundesrepublik Deutschland und Berlin-West (1010)

Zum Generalsubkommissar der Magdeburger Kirchenprovinz für das Ablaßgeschäft wurde der Dominikaner Johann Tetzel (1465–1519) ernannt, der seit 1504 im Dienste des Ordens für den Ablaß predigte. 1517 begann er im Auftrag Albrechts von Brandenburg, im Erzbistum Magdeburg, zu dem die Mark Brandenburg gehörte, Ablaßbriefe zu vertreiben.

2/2 ›Das sibenhabtig Pabstier Offenbarung Johannis Tessaloni‹ Satire auf den Ablaß

Kolorierter Holzschnitt, 34,5 × 25 cm
Berlin, Kupferstichkabinett, SMPK (G.1575, 282–10)

2/3 Dialogus oder gesprech des Apposta // licums Angelica vnd anderer Specerey der Appotecken An- // treffen Doctor M. Lutterers ler vnd sein anhanck

Ulrich Bossler

1521
Berlin, Evangelische Kirche der Union Bereich Bundesrepublik Deutschland und Berlin-West (1256)

2/4 Prognosticatio und Erklerung der grossen Wesserung: auch anderer erschrockenlichen Wirckungen, so sich begebe nach Christi unsers lieben hern geburt, funfftzehenhundert un XXIII. iar

Johannes Carion

Leipzig: Wolfgang Stöckel 1522
Wolfenbüttel, Herzog August Bibliothek, Handschriftensammlung (P 264.4° Helmst.⟨1–19⟩)

Johannes Carion (1499–1537/38?) wurde 1522 von Joachim I. als Hofastronom, Berater und Mathematicus an den Hof in Cölln berufen. Aus den Sternen sagte er eine große Wasserflut in Berlin voraus, der der Kurfürst durch seine Flucht auf den Tempelhofer Berg zu entgehen suchte.

2/5 Chronica durch Magistru Johan Carion vleissig zusamen gezogen meniglich nützlich zu lesen

Johannes Carion

Wittenberg 1532 (Erstdruck Magdeburg 1531)
Wolfenbüttel, Herzog August Bibliothek, Handschriftensammlung (T 223.8° Helmst.⟨1.2⟩)

2/6 Bedeutnus und offenbarung warer hymlischer influentz Alle Landschafft und Stende/mit jrem glück und unglück klerlich betreffend/Von dem 1540 : jar zu jaren werende/ biß man schreybt 1550 jar bestellt durch C. F. G. von Brandemburg hocherfarnen Mathematicum

Johannes Carion

Nürnberg: Georg Wachter 1539
Wolfenbüttel, Herzog August Bibliothek, Handschriftensammlung (S 402.4° Helmst.⟨1–12⟩)

2/7 Eyn Freyheyt desz Sermons // Bebstlichen ablasz vnd gnad // belangend... widder // die vorlegung, ßo tzur schmach seyn, vnd // desselben Sermon ertichtett

Martin Luther

Erstdruck, Wittenberg: Johann Rhau-Grunenberg 1518
Coburg, Landesbibliothek Coburg (PI 4/1.26)

2/8 Von der Freyheyt // eyniß Christen // menschen. // Martinus Luther. // Vuittembergae. // Anno Domini // 1520

Martin Luther

Erstdruck, Wittenberg: Johann Rhau-Grunenberg 1520
Coburg, Landesbibliothek Coburg (Lu I a 1520, 10)

Die Kritik am Ablaßhandel verbreitete sich mit dem Druck von Martin Luthers Thesen. In der Schrift ›Sermon von Ablaß und Gnade‹ von 1518 stellte Luther die Reformbedürftigkeit der Papstkirche dar. Mit seiner Abhandlung ›Von der Freiheit eines Christenmenschen‹ legte er die letzte seiner drei großen programmatischen Schriften aus dem Jahre 1520 vor.

2/9 Von der Beicht ob // die der Bapst ma- // cht habe zu // gepieten. // Doctor Martinus // Luther. // Wittenbergk

Martin Luther

Erstdruck, Wittenberg: Johann Rhau-Grunenberg 1521; mit Widmung Luthers an Franz von Sickingen
Berlin, Evangelische Kirche der Union Bereich Bundesrepublik Deutschland und Berlin-West (273)

2/10 Uon beyder gestallt // des Sacraments zu // nehmen vnd ander // newrung... Wittemberg. // M.D.XX. ij.
Martin Luther

Erstdruck, Wittenberg: Johann Rhau-Grunenberg 1522
München, Bayerische Staatsbibliothek München (Res. Th.U.104, IV ⟨14⟩)

2/11 Deudsch // Catechis- // mus. // Mart. Luther
Martin Luther

Erstdruck, Wittenberg: Georg Rhau 1529; darin: ›Die Zehen gepot Gottes‹
Berlin, Kunstbibliothek, SMPK (Gris.322 kl)

2/12 Bildnis mit Allianzwappen der Elisabeth, Tochter König Johanns von Dänemark und ihres Gemahls Joachim I. Nestor, Kurfürst von Brandenburg (Abb.)

Dritte Tafel der vierteiligen Ahnentafel König Christians IV. von Dänemark; um 1610; Öl/Lw., 179×149 cm
Kopenhagen, Schloß Rosenborg, Die Sammlungen der Dänischen Könige (7/121)

1527 nahm die Kurfürstin heimlich das Abendmahl in beiderlei Gestalt. Als der Kurfürst sie zur Rückkehr zum alten Glauben zwingen wollte, flüchtete sie in den Schutz ihres protestantischen Vetters, des Kurfürsten Johann von Sachsen.

2/13 ›Kirchen Ordnung // im Churfurstenthum der Marcken // zu Brandemburg / wie man sich // beide mit der Leer vnd Cere- // monien halten sol. // Gedruckt zu Berlin im iar // M.D.XL.‹

Berlin: Johann Christoph Weis 1540
Berlin, FUB, Universitätsbibliothek (Rara 48/70/5313 ⟨9⟩–1–3)

Als Joachim II. 1535 die Regierung übernahm, bemühte er sich um den notwendigen Ausgleich in geistlichen Angelegenheiten und suchte Rat bei Philipp Melanchthon. Die Theologen Jakob Stradner, Georg Buchholzer und Georg Witzel wurden mit der Ausarbeitung einer Kirchenordnung beauftragt. Den erreichten Kompromiß formulierte der Kurfürst in der Einleitung zur Kirchenordnung selbst: »So wenig ich an die Röm. Kirche will gebunden seinn / so wenig will ich auch an die Wittenbergische Kirche gebunden seinn / ...« Den Druck fertigte Johann Christoph Weis, der erste Drucker und Buchhändler Berlins.

2/14 Vom ampt // der weltlichen Fuersten // das jn aus befelh des wort Got // tes gebueren woell / alle miß- // breuch in jren Kirchen ab // zuthun. // Philip. Melan. Zu // Wittemberg. // 1539
Philipp Melanchthon

Nürnberg 1539
Berlin, Evangelische Kirche der Union Bereich Bundesrepublik Deutschland und Berlin-West (879)

2/15 Das die Fuersten // aus Gottes beuelh // vnd gebot schuldig // sind / bey iren vnterthanen // abgoetterey / vnrechte Gottes dienst vnd fal- // sche lehr abzuthun /vnd dagegen // rechte Gottes dinst vnd rechte // Christliche lehr vff zu rich- // ten / verdeutschet durch // Georgium Maiorem. // Philip. Melanth. // Wittemberg. // 1540
Philipp Melanchthon

Wittenberg 1540
Berlin, Evangelische Kirche der Union Bereich Bundesrepublik Deutschland und Berlin-West (880)

2/16 Bildnis des Georg Buchholzer

Kupferstich, aus: Martin Friedrich Seidel, Bildersammlung in welcher hundert größtentheils in der Mark Brandenburg gebohrene, allerseits aber um dieselbe wohlverdiente Männer vorgestellet werden ..., Berlin 1751; 13,9×9,8 cm (Plr.)
Berlin, Berlin Museum

Georg Buchholzer (um 1500–1566) wurde während seiner Studienzeit in Wittenberg Anhänger der Lehren Luthers und Melanchthons. Auf Wunsch Joachims II. wurde er als Propst an die Nikolai-Kirche in Berlin berufen und hielt am 14. September 1539 in Gegenwart des Kurfürsten im Dom die erste offizielle protestantische Predigt.

2/12

2/17 Bildnis des Georg Witzel (Wicelius)

Hans Brosamer

1542; Kupferstich, 12,6×8,8 cm
Berlin, Kupferstichkabinett, SMPK
(B.24, 761–3)

Georg Witzel (1501–1573) wollte durch Reformen wie Abschaffung des Zölibats und der bezahlten Messen den Kirchenstreit beenden. In zahlreichen Schriften befürwortete er die Kirchenpolitik des Kaisers.

2/18 Taufschale mit Darstellung des Sündenfalls

Nürnberg 15. Jh.; in Messing getrieben;
Dm 31,3 cm, H 6,9 cm, Randbreite 1,6 cm
Nürnberg, Germanisches Nationalmuseum
(HG 471)

Die in einigen Berliner Dorfkirchen bewahrten Taufschalen des 15. bis 17. Jahrhunderts gehören zu den ältesten erhaltenen Kirchengeräten. Ein ähnliches Exemplar befindet sich in der Dorfkirche Lankwitz.

2/19

2/19 Abendmahlskelch (Abb.)

Fuß in Sechspaßgliederung, Griffe als Engelsköpfe gearbeitet; Silber; H 18 cm, Fuß: Dm 7 cm; bez.: »1589 Lankwitz«
Berlin, Evangelische Dorfkirchengemeinde Lankwitz

Erstmals am 1. November 1539 nahmen die Ritterschaft und der Kurfürst an einem Gottesdienst in der Spandauer Nikolaikirche teil, bei dem das Abendmahl in beiderlei Gestalt durch den Bischof von Brandenburg gereicht wurde. Dabei galt die neun Jahre zuvor im Augsburger Bekenntnis formulierte Auslegung, daß Brot und Wein in unverwandelter Form ausgeteilt werde.

2/20 Medaille auf den 300. Jahrestag der Einführung des Protestantismus in Brandenburg, 1839

Vorderseite: »Die Stadt Berlin zum 2. Nov. 1839«, Umschrift: »Suchet in der Schrift sie ist's die von mir zeuget Joh. 5. v. 39«, Rückseite: »Trinket alle daraus Matth. 26. v. 27«; Kupfer, Dm 45 mm
Wien, Sammlung von Medaillen, Münzen und Geldzeichen des Kunsthistorischen Museums (bß 3547/C10)

Am 2. November 1539 zelebrierte der Bischof von Brandenburg im Berliner Dom einen Gottesdienst nach der neuen Lehre für die Bürger der Stadt.

2/21 Epitaph der Familie Reiche mit Kreuzigungsdarstellung zum Gedenken an den 1540 verstorbenen Berliner Bürgermeister Joachim Reiche (Abb.)

1550; Öl/Holz, 95 × 87 cm
Berlin, Evangelische Kirche in Berlin-Brandenburg, Konsistorium

Das Epitaph zeigt ein Glaubensbekenntnis in Wort und Bild im Sinne Luthers. Im Vordergrund der Kreuzigungsszene kniet die Stifterfamilie. Abendmahl, Kreuzigung und Auferstehung wurden zu zentralen Themen der reformatorischen Bildkunst.

2/22 ›Visitation: und Consistorial Ordnung‹

Berlin: Michael Hentzke 1577 (Erstdruck 1573); darin: Titelkupfer mit Kurhut und Wappen; Pergamenteinband
Berlin, Evangelisches Zentralarchiv in Berlin (Bibliothek 80/2221)

2/23 ›Concordia. Christliche widerholete einmütige Bekenntnis nachbenanter Churfürsten / Fürsten vnd Stende Augspurgischer Confeßion‹ Erster Pfarralmanach der Kirchen Lutherischer Reformation

Frankfurt a. d. Oder 1581; darin: »Namen der Kirchen und Schuldiener so das Buch der Concordien unterschrieben. Domstift ›Cöln an der Sprew‹, Kirchenkreis Berlin und Umgebung«
Berlin, Evangelisches Zentralarchiv in Berlin (Bibliothek 80/1504)

Kurfürst Johann Georg (1571–1598) bestimmte in seiner von Andreas Musculus und Georg Cölestin verfaßten Kirchenordnung das Luthertum zur gültigen Religion für Brandenburg. Damit stellte er sich nicht nur gegen die Calvinisten, sondern auch gegen die sich auf Melanchthon berufenden Philippisten.

2/24 Dreier mit dem Zeichen des Münzmeisters Lippold

Vorderseite: Wappen zwischen Sternen, darüber Münzzeichen Davidstern, Rückseite: Wappen, darüber Jahreszahl »1569«; Silber, Dm 16,7 mm
Frankfurt a. M., Historisches Museum Frankfurt

2/25 ›Warhafftige Abconterfeyung oder gestalt / des angesichts Leupolt Juden // sampt fürbildung der Execution / welche an ihme / seiner woluerdienten grausamen vnd

2/21

vnmenschlichen thaten halben so er an dem // vnschuldigen Christlichen Blut begangen den 28. Jenners / 1573 zu Berlyn / nach innhalt Göttliches und Kayserliches Rechten / vollnzogen worden ist‹ (Abb.)

1573; Holzschnitt, 61,6×47,5 cm
München, Bayerische Staatsbibliothek München (Einblattdrucksammlung II,14)

Der um 1550 aus Prag nach Berlin berufene Lippold zog die Schutzgelder der in der Mark ansässigen Juden ein. Seit 1565 war er als kurfürstlicher Münzmeister tätig und wurde nach dem Tode Joachims II. 1571 verhaftet. Da ihm die Mißwirtschaft des Kurfürsten angelastet wurde, beschuldigte ihn der neue Kurfürst der Veruntreuung von Geldern, falscher Münze und anderer Vergehen wie Hostienschändung. Er wurde zum Tod durch das Rad verurteilt und öffentlich hingerichtet.

2/26 Bildnis des Leonhard Thurneysser (Abb.)

Frans Floris

Um 1569; Öl/Eichenholz, 48×38 cm
Basel, Öffentliche Kunstsammlung Basel, Kunstmuseum (445)

Der als Sohn eines Goldschmieds 1531 in Basel geborene Gelehrte galt vielen seiner Zeitgenossen als Scharlatan und Abenteurer. Nach seiner Berufung zum Leibarzt der Kurfürstin im Jahre 1571 bis zu seiner geheimen Abreise aus Berlin 1584 unterhielt er eine Druckerei mit Schriftgießerei und entwickelte eine rege Herausgebertätigkeit in verschiedensten Bereichen der Wissenschaften, die ihm neben der Gunst, die er beim Kurfürsten genoß, auch Neid und Argwohn anderer Gelehrter einbrachte, so daß er schließlich die Stadt verließ, die ihn reich gemacht hatte.

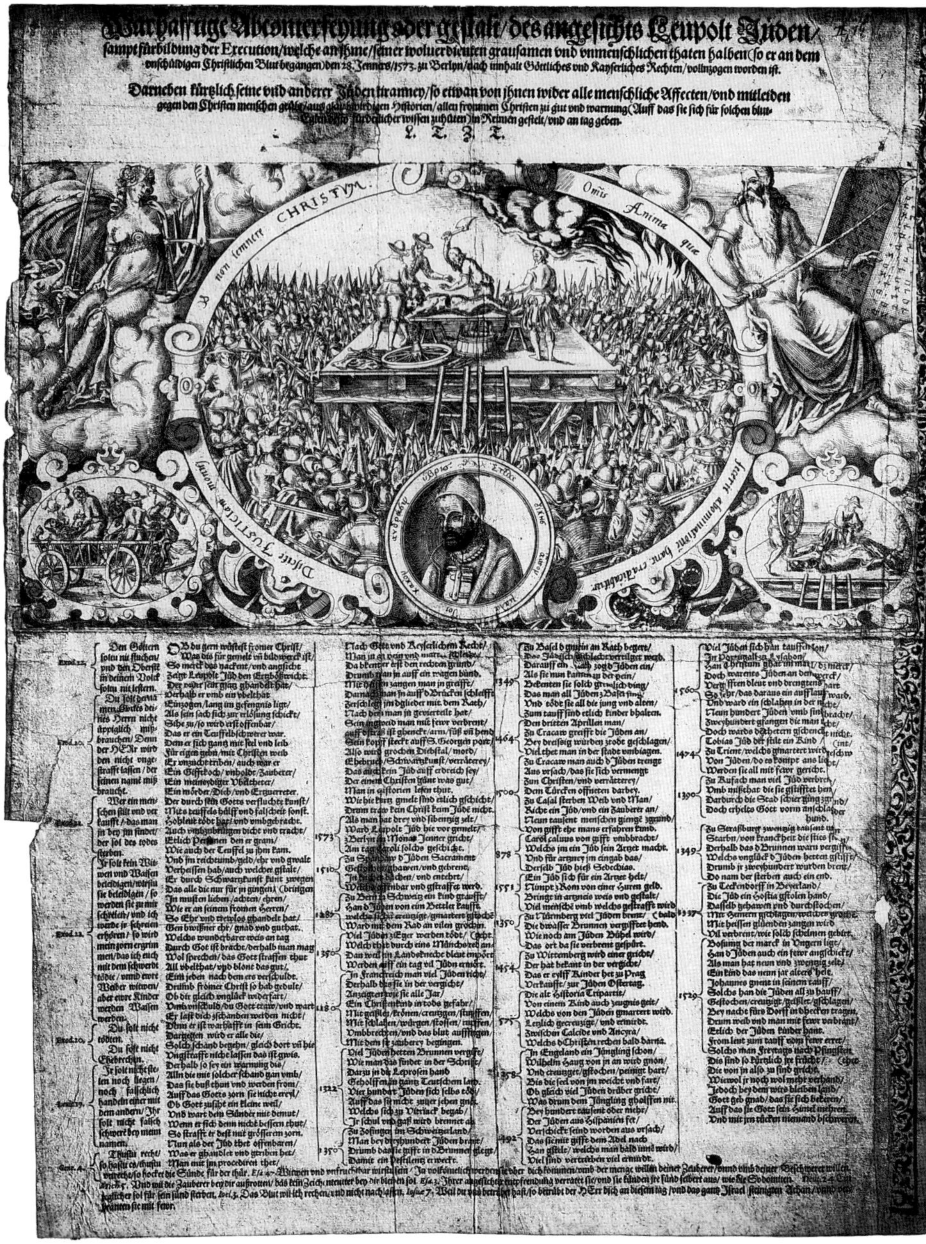

2/25

2/27 Epitaph mit Predella der Anna Thurneysser

Inschrift: »Anno 1575 den 12. septemb. starb die Erbar Tugentsame fraw. Anna Thurneisserin geborne Huettlin von Costanz. / Leonhart Thurneissers zum Thurn Ehliche haussfraw, welche hie begraben ligt, deren got ein fröliche auferstendtnus verleicheth.«

1575; Öl/Lw.; 129,4×129 cm, 45×127 cm (Predella)
Berlin, Evangelische Kirche in Berlin-Brandenburg, Konsistorium

Thurneyssers zweite Frau stand während der ersten drei Jahre in Berlin seinem Hausstand vor. An die 200 Personen – Schreiber, Drucker, Magister, Bedienstete und Helfer – hatte Thurneysser zeitweise um sich versammelt.

2/28 Pison / Das erst Theil. Von Kalten / Warmen / Minerischen und Metallischen Wassern sampt der vergleichunge / der Plantarum und Erdgewechsen 10 Bücher / Durch Leonhart Thurneisser zum Thurn / mit grosser mühe und arbeit / gemeinem nutz zu gut an tag geben
Leonhard Thurneysser

Frankfurt a. d. Oder: Johan Eichorn 1572; darin: ›Von der Sprew‹ (7. Buch, 79. Kapitel); Ledereinband über Karton mit Ornamentleisten und Medaillonfriesen mit Köpfen in Blinddruck
Basel, Öffentliche Bibliothek der Universität Basel (hxi 4)

Die Beschreibung der Mineralschätze in der Mark, der Heilquellen, salz- und alaunhaltigen Brunnen sowie des vermeintlichen Goldgehalts in der Spree brachte Thurneysser die Berufung an den Berliner Hof ein: »Die wasser Sprew ist etwas grünfarbig und lauter. Es führet in seinem Schlich Gold und eine schöne Glasur.«

2/29 Das ist ein ONOMASTICUM INTERPRETATIO oder erklerunge Leonhardt Thurneyssers zum Thurn. Uber die frembden und unbekanten Wörter, Caracter und Namen, welche in den schrifften des Tewren Philosophi, und Medici Theophrasti Paracelsi, von Hohenheim gefunden werden. Das erst Theil
Leonhard Thurneysser

Berlin: Leonhard Thurneysser im Grauen Kloster 1574; Pergamenteinband
Basel, Öffentliche Bibliothek der Universität Basel (L e VIII 6, Nr.2)

2/30 Das ist ein genügsame uberflussige und ausfierliche erklerunge, oder erleuterunge, und verstandt der Archidoxen / Darin mancherley Dieffsinniger Explicationes / und eröffnungen vieler streitiger sachen / von Göttern / Englen / Teuffeln / Menschen / Tieren / Caracteren / Siglen / Zaubreyen / Gespensten / Kreutteren / Metallen / Mineren und Gesteinen eröffnet
Leonhard Thurneysser

Berlin: Leonhard Thurneysser im Grauen Kloster 1575; Ledereinband mit Ornamentleisten und Medaillonfriesen mit Köpfen in Blinddruck
Basel, Öffentliche Bibliothek der Universität Basel (A K I 5, Nr.1)

2/26

2/31 ›Der Sonnen Circkel und Lauff./ Der Veneris Circkel und Lauff‹ (Abb.)
Lucas Mayr nach Jost Amman zugeschr.

Kolorierte Holzschnitt-Tafeln mit dem Lauf der Planeten, der Sonne, des Mondes und dem ›Microcosmos‹; aufmontierte, drehbare Scheiben; in der Mitte der Tafel unten Thurneyssers Wappen; in: Astrologische Tafeln, Berlin, um 1575; Ledereinband über Karton mit Heiligenporträts in Blinddruck
Basel, Öffentliche Bibliothek der Universität Basel (A U IV 9)

2/32 Das ist Confirmatio Concertationis oder ein Bestettigung dessjenigen so Streittig / Häderig oder Zenkisch ist / wie dann auss unverstandt die Neuwe und vor unerhörte erfindung der aller Nützlichste und Menschlichem Geschlecht der Notturftigsten kunst des Harrnprobirens ein zeitlang gewest ist
Leonhard Thurneysser

Berlin: Leonhard Thurneysser im Grauen Kloster 1576; darin: »Von der Facultet der Innerlichen Gliedern ...«, aufklappbarer Männerakt nach anatomischen Studien am »exekutierten starcken Menschen Paul Limmer« (S. 34/35); Leineneinband
Basel, Öffentliche Bibliothek der Universität Basel (L k I 12, Nr.2)

Textauszug: »Welcher Kunst Grundt und Fundament hierin durch den Inventorem Leonharten Thurneisser zum Thurn Churfürstischen Brandenburgischen bestalten Leibs Medicum ausfuerlich sampt beweislicher Erkantnus deß gantzen Menschlichen Cörpers auch desselbigen Eysserlicher und Innerlicher Glieder zuefallen / gebresten / Kranckheiten / und deren Ursachen.«

2/33 Regiment. Kurtzer und einfeltiger Bericht, wie sich in eingefallner Göttlicher straff / welche von wegen unser sünde und unbüssfertigen lebens / auss dem Ewigen und Gerechten Urtheil Gottes / durch den ietzwirckende gifftige Ruten seines Zorns / der Pestilentz / so aber uns zur züchtigung geschickt wird / zu halten sey / Dem gemeinen Nutz zu gutt

Leonhard Thurneysser

Berlin: Leonhard Thurneysser im Grauen Kloster 1576; 71×35 cm
Basel, Öffentliche Bibliothek der Universität Basel (Mscr.Fr.Gr.I 13, fol.30)

Nach Neujahr 1576 brach die Pest in Berlin aus. Kurfürst und Hof begaben sich nach Küstrin und Karzig. 1000 Menschen sollen der Epidemie zum Opfer gefallen sein.

2/34 Allmanach und schreib Kalender, sampt verenderung dess wätters, mit eingefürter Practic, auff das Jar der Gnadenreichen Geburt Jesu Christi, Unsers Erlösers

Leonhard Thurneysser

Berlin: Michael Hentzke im Grauen Kloster 1577; Broschur; darin: »Auff das 13. Neiwscheinig Jar / welches da ist das ander nach dem Schaltjar / und von der Geburt Christi gezelt 1578 // Der Siben Planeten und zwelff Himelischen gebildeten Zeichen Caracter / ...«
Basel, Öffentliche Bibliothek der Universität Basel (Ki. Ar. A I 8, Nr.1)

Thurneyssers astrologische Kalender, versehen mit Anpreisungen seiner medizinischen Mittel und Prophezeiungen, fanden weite Verbreitung. Thurneysser beschäftigte für seine Korrespondenz bis zu zwölf Schreiber und ließ sich Harnprobendiagnosen, Salben, Pomaden, Amulette und Talismanmedaillons teuer bezahlen. Vor allem fertigte er mit großem Erfolg ›Nativitäten‹, Zukunftsdeutungen nach astrologischen Berechnungen des Geburtsdatums, an.

2/35 Historia und Beschreibung Influentischer Elementischer und Natürlicher Wirckungen / Aller fremden unnd Heimischen Erdgewechssen

Leonhard Thurneysser

Berlin: Michael Hentzke im Grauen Kloster 1578; darin: Stich mit dem Bildnis Thurneyssers und seinem Wahlspruch ›Festina Lente‹ (S. 3); Ledereinband
Berlin, FUB, Universitätsbibliothek (42/78/252227/Rara)

2/36 Das ist ein Lehr und Unterweisung von den offenbaren und verborgenlichen Naturen / Arten und Eigenschafften / allerhandt wunderlicher Gewechssen / Ersten / Metallen / Mineren / Erdsäfften / Saltzen / Gesteinen

Leonhard Thurneysser

Berlin: Niklaus Voltz 1583; darin: »Mutmassung von der Radice oder Ursprung des Worts / oder des eigentlichen Namens / der Kunst Alchymia ...«; Pergamenteinband
Basel, Öffentliche Bibliothek der Universität Basel (L o I 12, Nr.3)

2/37 Stopfpräparat eines Weißstorches (Ciconia ciconia L.) in fliegender Haltung

Wien, Naturhistorisches Museum

Der Brief eines Nürnbergers an den Reichsmarschall von Pappenheim schildert Versuche eines Praktikanten von Thurneysser, der Störche mit Messinghülsen beringte und durch Beschriftung um Rücksendung zur systematischen Erforschung des Vogelflugs bat. Nach Forschungen Paul H. Boerlins, Basel, wurden diese Experimente während Thurneyssers Aufenthalt in Berlin durchgeführt.

2/38 Bildnis des Johann Crüger (Abb.)

Michael Konrad Hirt

1663; Öl/Lw., 163×127 cm (mit Schriftrahmen)
Berlin, Evangelische Kirche in Berlin-Brandenburg, Konsistorium

Johann Crüger (1598–1662) wurde 1622 nach Studien in Olmütz, Breslau, Preßburg und Wittenberg zum Kantor der Nikolai-Kirche und Lehrer am Grauen Kloster bestellt. Durch die Verbindung der Tradition des alten Kirchengesangs mit eigenen Kompositionen führte er die Kirchenmusik zu neuer Blüte.

2/31

2/38

2/39 Newes vollkoemliches Gesangbuch Augspurgischer Confession, Auff die in der Chur und Marck Brandenburg Christliche Kirchen Fuernemlich beyder Residentz Staedte Berlin und Coelln gerichtet

Johann Crüger

Berlin: Georg Rungens sel. Witwe 1640; darin: »Vom heiligen Abendmahl CVIII. Ein Lobgesang« (S. 254/255)
Berlin, Evangelische Kirche der Union Bereich Bundesrepublik Deutschland und Berlin-West (Ff 2595)

Auf Anregung des Kurfürsten Friedrich Wilhelm entstand ein von Johann Crüger zusammengestelltes lutherisches Gesangbuch, das auf 630 Seiten 248 Lieder enthält, die dem Kirchenjahr zugeordnet sind.

2/40 Praxis pietatis melica. Das ist: Übung der Gottseligkeit in Christlichen und Trostreichen Gesängen Herrn D. Martini Lutheri

Johann Crüger

Berlin: Christoff Runge 1666; angebunden: Jakob Hintze, Fünff und Sechtzig Geistreiche Epistolische Lieder, Berlin 1666 und Johann Habermann, Christliches Gebätbuch, auff alle Tage in der Wochen zu gebrauchen, Berlin 1666; darin: Kirchenlied von Paul Gerhardt in zwölf Versen (S. 356/357); Ledereinband
Berlin, Staatsbibliothek PK, Musikabteilung mit Mendelssohn-Archiv (N.Mus.ant.pract.44)

Die ›Praxis pietatis‹ ist die Fortsetzung des Gesangbuchs von 1640, dessen Liedersammlung mit jeder Ausgabe erweitert wurde.

2/41 Synopsis Musica continens rationem constituendi & compendi Melos Harmonicum

Johann Crüger

Berlin: Johannes Kally 1630; zeitgenössische handschriftliche Eintragungen von Alfred Linnemann; darin: Titelkupfer mit Allegorie der Musik, umrahmt von Grammatik, Dialektik, Rhetorik, Arethmetik, Geometrie und Astrologie; Ledereinband
Berlin, Staatsbibliothek PK, Musikabteilung mit Mendelssohn-Archiv (Mus.ant.theor.C 308)

Mit der ›Synopsis Musica‹ schuf Johann Crüger die erste umfassende Kompositionslehre des 17. Jahrhunderts.

2/42 Bildnis des Paul Gerhardt

Ludwig Buchhorn

Kupferstich, 29,5×22 cm (Plr.); mit faksimilierter Unterschrift von Paul Gerhardt
Berlin, Evangelische Kirche in Berlin-Brandenburg, Konsistorium

Paul Gerhardt (1607–1676) war nach dem Studium der Theologie bei der Familie Berthold in Berlin als Hauslehrer tätig. Von 1651 bis 1657 wirkte er als Pfarrer in Mittenwalde, danach als Diakon an der Nikolaikirche in Berlin, bis er 1666 als Gegner der Evangelischen Kirchenunion seines Amtes enthoben wurde. 1667 durfte er seine Arbeit wieder aufnehmen. Zwei Jahre später verließ er Berlin endgültig. 88 seiner Kirchenlieder veröffentlichte Johann Crüger in seiner ›Praxis pietatis‹.

2/43 Geistliche Andachten

Paul Gerhardt

Berlin: Christoff Runge 1667
Wolfenbüttel, Evangelisch-lutherische Landeskirche in Braunschweig, Landeskirchenamt (P I 11)

2/44 Gehäuse eines Orgelpositivs

Süddeutsch, 2. Hälfte 17. Jh.; farbig bemaltes Holz, Eisen; 175×87,5×45 cm
Nürnberg, Germanisches Nationalmuseum (M I 260 A)

RAUM 3
RESIDENZ UND GARNISON

Der Dreißigjährige Krieg (1618–1648) hatte für Berlin und Cölln wie für die gesamte Mark Brandenburg verheerende Folgen. Zwar blieb die Doppelstadt von unmittelbaren Kriegseinwirkungen verschont, aber die Bürgerschaft litt unter Truppeneinquartierungen, hohen Kontributionen und Pestepidemien. Um eine bessere Verteidigung zu ermöglichen, wurden 1640/41 die Vorstädte niedergebrannt. Insgesamt verringerte sich die Einwohnerzahl während des Krieges von etwa 12 000 auf 6 000.

Kurfürst Friedrich Wilhelm (1620–1688), der 1640 die Regierung übernahm und später den Beinamen ›Der Große Kurfürst‹ erhielt, schuf die Grundlagen für die weitere Entwicklung der Doppelstadt. Er und die auf ihn folgenden brandenburgischen Kurfürsten und preußischen Könige Friedrich I., Friedrich Wilhelm I. und Friedrich II. wollten Berlin zu einer Residenzstadt machen, die den Vergleich mit anderen europäischen Hauptstädten nicht zu scheuen brauchte. Vorbild des ersten preußischen Königs war das absolutistisch regierte Frankreich Ludwigs XIV. Allerdings war in fast allen Bereichen ein Neuanfang notwendig. Auf wirtschaftlichem, militärischem und kulturellem Gebiet galt es Rückstände aufzuholen, und dazu wurden qualifizierte Handwerker und Kaufleute, Offiziere und Techniker, Baumeister und Künstler aus dem Ausland gebraucht.

Mit den ersten Planungen zum Ausbau der Stadt beauftragte Kurfürst Friedrich Wilhelm den aus Linz an der Donau zugewanderten Architekten Johann Gregor Memhardt, von dem auch der älteste erhaltene, um 1650 gezeichnete Stadtplan von Berlin-Cölln stammt. Memhardt war für den 1658 bis 1685 durchgeführten Bau des sternförmigen Befestigungsgürtels verantwortlich, der nach holländischem Vorbild errichtet wurde und neuesten militärischen Erkenntnissen entsprach: ein Wall von acht Metern Höhe und sechs Metern Breite, ausgestattet mit dreizehn Bastionen und sechs Toren und umgeben von einem 50 Meter breiten Wassergraben. Nachdem Berlin 1657 Garnisonsstadt geworden war, spielte das Militär eine wichtige Rolle bei der Stadtentwicklung und für das Leben der Bürger. Sie mußten Soldaten samt ihren Familien aufnehmen, am Bau der Befestigungsanlagen mitarbeiten und dazu hohe finanzielle Beiträge leisten.

Erste Grundlage für das Wiedererstarken der Berliner Wirtschaft nach dem Dreißigjährigen Krieg war der Bau des Friedrich-Wilhelm-Kanals in den Jahren 1662 bis 1669. Elf Schleusen wurden errichtet, um das Gefälle zwischen Oder und Spree zu überwinden. Der Kanal machte Berlin zum Knotenpunkt an der längsten durchgehenden Wasserstraße Deutschlands. Schiffe, die von Schlesien kamen und nach Hamburg wollten, luden ihre Waren in der Residenzstadt um. So wuchs Berlins Bedeutung als Hafenstadt; es entstand eine eigene Schiffswerft, die auf Anregung des Generaldirektors der brandenburgischen Marine, des Niederländers Benjamin Raule, 1680 in der Dorotheenstadt ihre Arbeit aufnahm.

Einen deutlichen Aufschwung der Handels- und Gewerbetätigkeit brachte auch die vom Großen Kurfürsten betriebene Einwanderungspolitik. Er war bemüht, holländische Kaufleute und Handwerker, später auch französische Glaubensflüchtlinge nach Berlin zu holen. Um den Zuwanderern genügend Wohnraum bieten zu können, ließ Friedrich Wilhelm unter Memhardts Leitung westlich von Cölln den neuen Stadtteil Friedrichswerder anlegen, der 1670 neben Berlin und Cölln zur dritten selbständigen Gemeinde erklärt wurde und damit eine eigene Verwaltung, ein eigenes Rathaus, städtische Privilegien, Bürgerrecht und einen Jahrmarkt bekam. Die nach der zweiten Ehefrau des Großen Kurfürsten benannte Dorotheenstadt, deren Hauptstraße eine mit sechs Baumreihen bepflanzte Allee war (die später Unter den Linden genannt wurde), erhielt 1674 ebenfalls die Stadtrechte. Wie auf dem Perspektivplan von Johann Bernhard Schultz aus dem Jahre 1688 zu erkennen ist, wurde die Dorotheenstadt in die erweiterten Befestigungsanlagen einbezogen; die in den folgenden Jahren unter dem seit 1688 regierenden Kurfürsten Friedrich III. gegründete Friedrichstadt lag bereits außerhalb der Stadtmauern vor dem Leipziger und dem Neuen (Neustädtischen) Tor.

Nachdem sich Friedrich III. 1701 in Königsberg selbst zum König Friedrich I. in Preußen gekrönt hatte, wurden Berlin und Cölln sowie die Vorstädte Friedrichswerder, Dorotheenstadt und Friedrichstadt am 1. Januar 1710 zur königlich-preußischen Residenzstadt Berlin vereint. Dieser Zusammenschluß ermöglichte eine zentrale Verwaltung der städtischen Angelegenheiten, die einzelnen Gemeinden mußten dafür aber zahlreiche ihrer Privilegien aufgeben. Der neu eingesetzte Magistrat war unmittelbar dem König unterstellt, der sich berechtigt sah, überkommene Stadtrechte jederzeit außer Kraft zu setzen und die Ratsherren nach seinem Gutdünken auszuwählen.

Das Repräsentationsbedürfnis des Hofes beeinflußte in besonderem Maße die wirtschaftliche und kulturelle Entwicklung der Stadt. Als Zeichen seiner Macht und seines Machtanspruchs ließ Friedrich I. das alte Renaissanceschloß von Andreas Schlüter zu einer gewaltigen Barockanlage umbauen. Schlüter wirkte fast zwanzig Jahre als Architekt und Bildhauer in Berlin. Er war vorübergehend auch für die Errichtung des Zeughauses verantwortlich, für dessen Lichthof er die monumentalen Köpfe sterbender Krieger entwarf. Auf der Langen Brücke an der Ostseite des Schlosses wurde das von ihm geschaffene Bronzestandbild des Großen Kurfürsten aufgestellt. Es gilt als eines der schönsten Reiterstandbilder nördlich der Alpen. Während Schlüter mit den Erweiterungsarbeiten am Berliner Schloß begann, entstand 1695 bis 1699 westlich von Berlin das Sommerschloß Lietzenburg (nach dem benachbarten Dorf Lietzow benannt), erbaut für die Kurfürstin und spätere Königin Sophie Charlotte nach einem Entwurf des 1695 verstorbenen Architekten Johann Arnold Nering.

Zahlreiche Manufakturen wurden gegründet, die sich auf die Produktion von Luxusgütern für die Ausstattung der Schlösser spezialisierten und hochwertige Möbel, Wandteppiche, Leuchter, Fayencen, Silber- und Porzellangefäße herstellten. 1679 nahm die erste Fayencemanufaktur ihre Arbeit auf. Nachdem sie mehrmals ihre Besitzer – aus Holland eingewanderte Manufakturisten – gewechselt hatte, übernahm 1697 Gerhard Wolbeer die Leitung des Unternehmens. Eine zweite Fayencemanufaktur eröffnete Cornelius Funcke im Jahre 1699. Beide Manufakturen arbeiteten mit großem Erfolg, konnten aber in der zweiten Hälfte des 18. Jahrhunderts gegen die Konkurrenz der Königlichen Porzellan-Manufaktur (KPM) nicht bestehen. Da Friedrich I. prunkvolle Feste liebte und Gold- und Silberverzierungen an Kleidern und Möbeln schätzte, förderte er besonders das Edelmetallhandwerk. Selbst im Jahre 1730, zur Zeit Friedrich Wilhelms I., des ›Soldatenkönigs‹, hatten 67 Gold- und Silberschmiede ihre Werkstätten in Berlin. Stofftapeten und Wandteppiche fertigte seit 1685 Pierre Mercier. Eine zweite Teppichmanufaktur gründeten 1720 Jean Barraban und Charles Vigne. Als das Unternehmen nicht mehr genügend Aufträge erhielt, wollte Vigne Berlin verlassen. Durch königliche Order wurde ihm dies 1736 verboten, verbunden mit der Bewilligung einer Pension von 400 Talern. Darüber hinaus erhielt er die Zusage, daß alle fremden Gesandten eine Tapisserie aus seiner Manufaktur im Wert von ca. 1500 Talern als Geschenk erhalten sollten.

Schloß Lietzenburg entwickelte sich schnell zu einem Zentrum geistig-kulturellen Lebens. Der Philosoph Gottfried Wilhelm Leibniz gehörte zu den bedeutendsten Gästen Sophie Charlottes: Ihr gemeinsames Interesse galt der 1700 gegründeten ›Societät der Wissenschaften‹. Nach dem Tod der Königin (1705) wurden das Sommerschloß und das benachbarte Dorf ›Charlottenburg‹ genannt. Hinter dem Schloß wurde nach französischem Vorbild ein barocker Garten angelegt. Bereits der Große Kurfürst hatte nördlich des Berliner Stadtschlosses auf sumpfigem Terrain einen Lustgarten nach holländischem Vorbild mit Zierhecken, Fontänen und Figuren gestalten lassen. Sein Enkel, der ›Soldatenkönig‹, der 1713 die Regierung übernahm, ließ diesen Lustgarten in einen Exerzierplatz umwandeln.

Während sich Friedrich I. wenig um die Armee gekümmert hatte, stand das Militär für Friedrich Wilhelm I. im Zentrum des politischen und staatlichen Handelns. Er verdoppelte das Heer nahezu. Der Hofstaat wurde nach militärischem Muster umgebildet. Die Rekrutenwerber des Königs waren so berüchtigt für ihre rigorosen Methoden, daß viele junge Männer, vor allem Handwerksgesellen, von Berlin abwanderten. Um den Verlust von Arbeitskräften zu verhindern, sah sich der König gezwungen, Wollarbeiter, Handwerker und die Kinder von Beamten und Geistlichen vom Militärdienst zu befreien. Nach 1730 war Berlin grundsätzlich von der Rekrutenaushebung ausgenommen, doch beherrschten Soldaten auch weiterhin das Stadtbild.

Der Unterhalt der Armee schluckte einen großen Teil der Staatseinnahmen. Unter Friedrich Wilhelm I. wurden rund drei Viertel des Staatshaushaltes für das Heer verwendet. Vor allem die auf die Bedürfnisse des Militärs spezialisierten Kaufleute und Fabrikanten profitierten von diesen Ausgaben. Das Militär entwickelte sich zu einem Schwungrad der Berliner Wirtschaft. Für den Heeresbedarf arbeitete ein Großteil der Textilindustrie, die nur im Inland gefertigte Tuche verwenden durfte. Größte Produktionsstätte war das königliche Lagerhaus mit bis zu 5000 Beschäftigten in der zweiten Hälfte des 18. Jahrhunderts.

Vor den Toren Berlins hatte Friedrich Wilhelm I. weitere Exerzierplätze anlegen lassen. Um den Ausbau der Dorotheen- und der Friedrichstadt voranzutreiben, vergab der König Bauplätze und Baumaterialien, gewährte den Bauherren großzügige Kredite und erließ ihnen einen Teil der Grundsteuer. Die meist zweistöckigen Häuser der Friedrichstadt mit ihren durchgehend gleich hohen Dächern und Gesimsen ließen die Straßenzüge recht uniform erscheinen. Demgegenüber schlossen markante Plätze die Stadt nach Westen und Süden ab: das ›Quarré‹ (der spätere Pariser Platz) zwischen Tiergarten und Unter den Linden, das ›Oktogon‹ (der spätere Leipziger Platz) am Ende der Leipziger Straße und das ›Rondell‹ (der spätere Belle-Alliance-Platz, heute Mehringplatz) als südlichster Punkt der Friedrichstadt.

Seit 1734 ließ Friedrich Wilhelm I. Teile der im 17. Jahrhundert errichteten Wallanlagen abtragen. Eine neue Stadtmauer wurde errichtet, auf der rechten Spreeseite zunächst in Form eines Palisadenzaunes. Sie schloß die neu entstandenen Vorstädte ein. Ihre Aufgabe war allerdings nicht mehr die Verteidigung der Stadt; sie sollte vielmehr das Desertieren von Soldaten verhindern und die Zollabgaben, die Akzise, an den nunmehr vierzehn Stadttoren gewährleisten.

Weitere Veränderungen im Stadtbild – neu erbaute Kirchen und Palais – zeigen die um 1740 entstandenen Stiche des Augsburger Verlegers Matthaeus Seutter. Grundriß und Panorama der gesamten Stadt sowie Ansichten einzelner repräsentativer Gebäude vermitteln einen Eindruck vom Aussehen Berlins vor der Thronbesteigung Friedrichs II., in dessen Regierungszeit die dem römischen Pantheon nachempfundene katholische Hedwigskirche, das Opernhaus und die Königliche Bibliothek – die sogenannte Kommode – errichtet wurden. Friedrich II., der bereits zu Lebzeiten den Beinamen ›der Große‹ erhielt, intensivierte auch den Ausbau des Luxusgewerbes, und mit steigender Qualität wurden die Produkte zu wichtigen Exportartikeln. Schon sein Vater hatte die ersten Maulbeerplantagen für die Seidenproduktion anlegen lassen. Unter Friedrich nahm die Zahl der Seidenmanufakturen stark zu, da der König die Unternehmer mit Schenkungen und Vorschüssen unterstützte und aus den Zentren der europäischen Seidenindustrie, unter anderem aus Lyon und Turin, die erfahrensten Spezialisten nach Berlin kommen ließ.

1751 gründete der Textilfabrikant Wilhelm Caspar Wegely die erste Porzellanfabrik. Sein Nachfolger, der polnische Unternehmer Johann Ernst Gotzkowsky, verkaufte das Unternehmen 1763 aufgrund finanzieller Schwierigkeiten an den preußischen Staat. Friedrich II. überwachte die Produktion der nunmehr Königlichen Porzellan-Manufaktur (KPM) persönlich und nahm auch Einfluß auf die Gestaltung der Produkte.

Der Hof als Hauptabnehmer dieser Luxusgüter schätzte die wertvollen Manufakturwaren unter anderem als Gastgeschenke. Friedrich Nicolai rühmt in seiner ›Beschreibung der Königlichen Residenzstädte Berlin und Potsdam‹ die Qualität der Berliner Harfenuhren: »Spieluhren, sowohl Harfen- als Flötenuhren, welche vermittelst Walzen spielen, werden in Berlin in so grosser Vollkommenheit gemacht, als sonst nirgends, weder in Deutschland noch außer Deutschland; daher diese Industrie Berlin vorzüglich eigen ist ... Es werden Bravour-Arien und ganze Flötenkonzerte auf solchen Uhren gesetzt, welche mit grosser Nettigkeit und mit Ausdruck der kleinsten musikalischen Zierlichkeiten gespielt werden ... Die grosse Geschicklichkeit hiesiger Künstler in Bildschnitzerey, Bronzierung, Vergoldung usw. hat diesen Uhren auch die äussere Schönheit gegeben, dass sie dem Auge so angenehm sind als dem Ohre.«

Das Berliner Bürgertum versuchte, den höfischen Lebensstil nachzuahmen. Da der ›Soldatenkönig‹, Friedrich Wilhelm I., jeglichen Luxus abgelehnt hatte, war während seiner Regierungszeit den »ganz gemeinen Weibsleuten« das Tragen seidener Röcke und Blusen verboten. In der zweiten Hälfte des 18. Jahrhunderts galten die Berliner Damen der bessergestellten Kreise als äußerst modebewußt: Neue Frisuren und Kleider wurden bei Spaziergängen im Tiergarten zur Schau getragen. Daniel Chodowiecki hat einige Szenen dieses bürgerlich-galanten Lebens in treffenden Genredarstellungen festgehalten. Andererseits blieb zum Ende des Jahrhunderts auch der Hof nicht ganz unbeeinflußt von der Schlichtheit bürgerlichen Lebensstils. Am deutlichsten zeigen das die Innenansichten der Räume des Berliner Schlosses, die in der Regierungszeit Friedrich Wilhelms III. neu gestaltet wurden.

Im Gegensatz zu den repräsentativen Bauten und dem Berliner Schloß, deren prachtvolles Aussehen allseits gelobt wurde, beklagten die Besucher noch Ende des 18. Jahrhunderts die miserablen Straßenverhältnisse in der Stadt: Schlechte, unregelmäßige Pflasterung, offene Rinnsteine an jeder Straßenseite und Dreckhaufen vor den Häusern machten einen Spaziergang beschwerlich. Dazu kamen die unzulängliche Straßenbeleuchtung und die durch den sandigen Boden bedingte staubige Luft.

Mit dem Wachstum der Bevölkerung – die Einwohnerzahl war bis zum Ende des 17. Jahrhunderts auf rund 29 000 gestiegen und betrug im Todesjahr Friedrichs des Großen 1786 bereits 147 388 (davon etwa 40 000 ›Militärpersonen‹) – nahm auch die Zahl der Armen zu. Nach Veröffentlichung einer Denkschrift durch den Magistrat wurde 1739 das Königlich Preußische Armen-Direktorium gegründet, um die Betreuung der Bedürftigen, Kranken und Waisen zu übernehmen. 1788 wies die Armen-Direktion darauf hin, daß beinahe jeder zehnte Einwohner der Stadt auf Unterstützung und mildtätige Spenden angewiesen sei. *L. K.*

3/1 Schild mit dem Kopf eines sterbenden Kriegers
Andreas Schlüter

Gipsabguß nach dem Original aus Sandstein vom Hof des Berliner Zeughauses (1696), 140 × 90 cm
Berlin, Gipsformerei, SMPK (2804)

3/2 ›Berlin v. Cöln‹
N. Vischer nach Pieter H. Schut

1652; Kupferstich, 22 × 28,1 cm (Plr.)
Berlin, Landesarchiv Berlin (Rep.250 Acc.1361 Nr.2)

3/3 ›Grundriß der Beyden Churf. Residentz Stätte Berlin und Cölln an der Spree‹
Johann Gregor Memhardt

Um 1650; Kupferstich, 26 × 35,5 cm; M ca. 1 : 5300
Berlin, Landesarchiv Berlin, Plankammer (Acc.236 Nr.3)

3/4 ›Residentia Electoralis Brandenburgica‹ Perspektivplan der Festungs- und Residenzstadt Berlin
Johann Bernhard Schultz

1688; Kupferstich, 47,4 × 145 cm
Berlin, Geheimes Staatsarchiv PK (XI. HA A 50027)

3/5 Tafel mit dem Berliner Ratswappen von 1686
Öl/Holz, 82 × 83 cm
Berlin, Evangelische Kirche in Berlin-Brandenburg, Konsistorium

Das hier gezeigte Ratswappen von Berlin – ein Schild mit dem brandenburgischen Adler, gehalten von zwei aufrecht stehenden Bären – wurde 1710 nach dem Zusammenschluß der fünf Städte Berlin, Cölln, Dorotheenstadt, Friedrichswerder und Friedrichstadt zur königlich-preußischen Residenzstadt Berlin durch ein neues Wappen ersetzt. Auf Anordnung des Königs war der weiße Schild des neuen Wappens

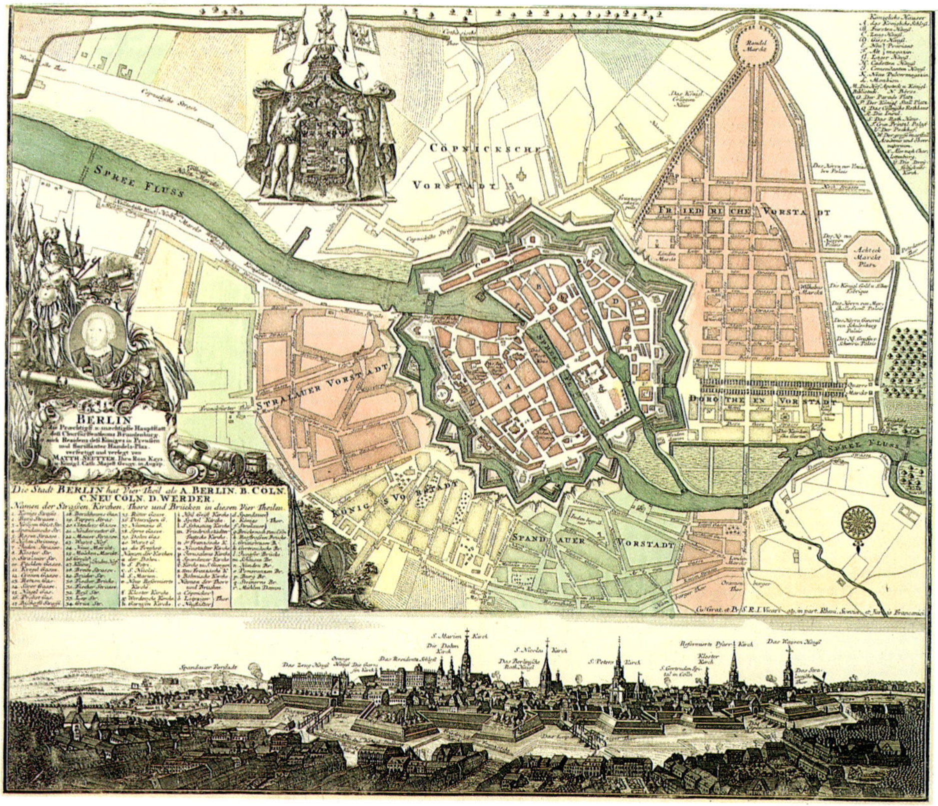

3/7

in drei Felder geteilt, geschmückt mit dem roten Adler Brandenburgs, dem schwarzen Adler Preußens und dem aufrecht schreitenden Berliner Bären, darüber die Kurkrone des Landesherrn.

3/6 Vier Tafeln mit Berliner Bürgermeisterwappen aus der Heiliggeistkapelle der Marienkirche

a) Weber, Hoffman, Richter und Mollin
b) Schardius, Schmidt, Schröder und Otto
c) Ohnesorge, Neubaur, Faber und Ferber
d) Engel, Westorpf, Falckenberg und Sellou

17. Jh.; Öl/Holz; 83×97 cm, 83×97 cm, 85×103 cm, 84×100 cm
Berlin, Evangelische Kirche in Berlin-Brandenburg, Konsistorium

3/7 ›Berlin, die Praechtigst u. mächtigste Hauptstatt deß Churfürstenthums Brandenburg, auch Residenz deß Königes in Preußen und florissanter Handels-Plaz‹, Grundriß und Ansicht (Abb.)

Matthaeus Seutter

Um 1740; kolorierter Kupferstich; 38×56 cm (Kartengr.), 49×56 cm (Blgr.); M ca. 1 : 7500
Berlin, Staatsbibliothek PK, Kartenabteilung (Kart. 16849 R)

3/8 ›Eigentliche Abbildung und Prospecte derer Kirchen, Palläst, prächtigen publiquen Gebäuden u. Statuen so in der Königl. Preußisch und Churfürstlich Brandenburgischen Residenz-Statt Berlin anzutreffen‹, Gesamtansicht der Stadt mit 20 Einzeldarstellungen (Abb.)

Matthaeus Seutter

Um 1740; kolorierter Kupferstich, 50×114 cm
Berlin, Kupferstichkabinett, SMPK

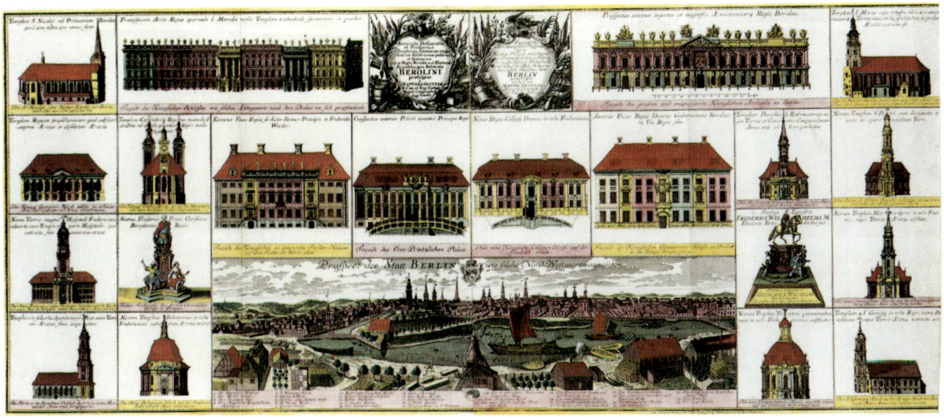

3/8

3/9 ›Berolinum Berlin‹
Berlin-Ansicht von Westen
Georg Balthasar Probst nach Saur

Um 1750; Kupferstich, 38,6 × 105,4 cm (Plr.)
Nürnberg, Germanisches Nationalmuseum, Kupferstichkabinett (S.P. 305a Kapsel 1056)

3/10 Medaille auf den Bau der Spreebrücke, 1692
Raimund Faltz (Medailleur)

Vorderseite: Ansicht der Spreebrücke »UTILITATI PUBLICAE«, »PONS AD SPREAM IN URBIS SPLENDOREM MEDIO BELLO BERLINI ERECTUS MDCXCII«, Rückseite: Brustbild Friedrichs III. »FRIDER.III D.G.M. BRAND. S.R.I.A.C. ET ELECT.«; Galvanoplastische Nachbildung (Original Gold), Dm 49 mm
Wien, Sammlung von Medaillen, Münzen und Geldzeichen des Kunsthistorischen Museums (bß 3360/c2)

3/11 Medaille auf den Bau der Berliner Schleuse, 1694 (Abb.)
Raimund Faltz (Medailleur)

Vorderseite: Ansicht der Berliner Schleuse, »LIGNEAM INVEN LAPID RELINQUIT«, »MDCXCIV«, Rückseite: Brustbild Friedrichs III. »FRIDER III. D.G.M. BRAND S.R.I.A.C. ET ELECT.«; Silber, Dm 49 mm
Wien, Sammlung von Medaillen, Münzen und Geldzeichen des Kunsthistorischen Museums (bß 3364/c2)

3/12 Medaille auf Berlin-Cölln und seine Vorstädte (Abb.)
Raimund Faltz (Medailleur)

Vorderseite: Grundriß der Städte »BERLIN / CÖLLN / FRIDRICHSWERDER / FRIDRICHSTAT / DOROTHENSTAT«, »ORNAVIT ET AUXIT«, Rückseite: Brustbild Friedrichs III. »FRIDER. III. D.G. MARCH BRAND. S.R.I.A.C. ET ELECT.«; 1700; Silber, Dm 68 mm
Wien, Sammlung von Medaillen, Münzen und Geldzeichen des Kunsthistorischen Museums (bß 3352/c2)

3/13 Urkunde, in der König Friedrich I. dem Kaufmann Daniel Bourgeat einen Bauplatz für ein Freihaus gegenüber dem Schloß und dem Dom verschreibt, Cölln a. d. Spree, 20. Juni 1702

Pergament, Siegel an schwarzweiß geflochtenem Pressel in Holzkapsel; 35 × 25 cm (Deckblatt), Dm 10,7 cm (Kapsel)
Berlin, Geheimes Staatsarchiv PK (PrBr Rep.16 Nr.232)

3/14 ›Vue de la Porte de Hambourg à Berlin‹ (Abb.)
Louis Serrurier

Um 1795; kolorierte Radierung, 25,8 × 42,1 cm (Plr.)
Berlin, Berlin Museum

Zwischen Hamburger und Rosenthaler Tor, außerhalb der Stadtmauer im Norden Berlins, lag die Handwerkersiedlung ›Neuvoigtland‹: »... vier lange Reihen Häuser mit dazwischen gelegenen Gärten. Diese Häuser wurden im Jahr 1752 auf Königl. Kosten erbaut, und den Mauer- und Zimmerleuten eingegeben, welche bey den vielen hiesigen Bauten aus Sachsen und dem Voigtlande im Sommer in Berlin Arbeit suchten, und im Winter zurückzukehren pflegten. Daher ist der Name Neuvoigtland entstanden« (Friedrich Nicolai, 1786).

3/15 ›Vue de la Porte de Rosenthal à Berlin‹

Louis Serrurier

1797; kolorierte Radierung, 27×42,2 cm (Plr.)
Berlin, Verwaltung der Staatl. Schlösser und Gärten, Schloß Charlottenburg, Plankammer

3/16 Reskript gegen die Beherbergung von Gästen ohne Passierscheine innerhalb des Stadtgebiets, Berlin, 12. September 1709

33×38,5 cm
Berlin, Landesarchiv Berlin (Rep.240 Acc.2270 Nr.550)

3/11

3/17 ›Edict, Daß alle Fremde Bettler Aus Berlin weggeschaffet, Keine eingelassen noch beherberget, Auch deren Angreiffung Durch Die Gassenmeister Von niemand gehindert werden soll‹, Berlin, 5. Januar 1735

33,5×20,5 cm
Berlin, Berlin Museum

3/18 ›Edict, Wegen Der Diebstähle In denen hiesigen Residentzien‹, Berlin, 9. Januar 1736

32,2×20 cm
Berlin, Berlin Museum

3/19 ›Patent, Daß alle und jede, Welchen Unter-Officiers Oder Gemeine Soldaten, Ausser ihren Garnisonen begegnen, nach dererselben Pässen fragen ... sollen‹, Berlin, 15. September 1730

29×19,5 cm
Berlin, Berlin Museum

3/20 ›Declaration Des General-Pardons vor die Deserteurs und entwichenen Unterthanen, betreffend diejenigen, welche sich als Bürger setzen wollen‹, Berlin, 23. November 1740

Faksimile, 34×20,5 cm
Berlin, Geheimes Staatsarchiv PK (PrBr Rep. 8 Prenzlau, Nr.537)

3/21 ›Prospect des Königl. Arsenals zu Berlin‹

Johann David Schleuen

2. Hälfte 18. Jh.; Radierung, 20,5×32,1 cm (Plr.)
Berlin, Berlin Museum

Das Königliche Arsenal (Zeughaus) wurde in den Jahren nach 1695 errichtet und diente dem preußischen Heer als Waffen- und Munitionsdepot. Im Obergeschoß waren im 18. und 19. Jahrhundert auch einige Soldaten untergebracht, die in den ersten Jahren Strickleitern benutzen mußten, da das Gebäude ursprünglich keine Treppen besaß. Erst 1730 wurde in der Nordecke des Hofes eine Wendeltreppe eingebaut. Das Zeughaus – heute ›Museum für Deutsche Geschichte‹ – ist der größte noch erhaltene Berliner Bau aus der Epoche Friedrichs I.

3/22 ›Das Königl. Hospital der lahmen Kriegs-Leute, zu Berlin‹

Georg Balthasar Probst

Um 1750; kolorierter Kupferstich, 31,3×42 cm (Plr.)
Berlin, Landesarchiv Berlin (Rep.250 Acc.424 Nr.14)

Friedrich der Große ließ das Invalidenhaus 1745 bis 1748 vor dem Oranienburger Tor im Nordwesten Berlins errichten. Er stiftete diese Anstalt »zum Aufenthalte der durch Wunden zum Dienst untüchtig gewordenen Soldaten«. Die

Invaliden bekamen »Uniform und Löhnung gleich anderen Soldaten, freye Wohnung im Hause und ein Stück Gartenland« (Friedrich Nicolai, 1786). Nach dem Siebenjährigen Krieg reichte die Kapazität der Anstalt bei weitem nicht mehr aus.

3/23 Invalider Husar auf Krücken

Friedrich A. Calau

Um 1800; lavierte Federzeichnung, 22×12,3 cm
Berlin, Kupferstichkabinett, SMPK

3/12

3/24 Bescheinigung des ›Krieges Ministerium, Abtheilung für Invaliden-Wesen‹, für den Feldwebel Dietzel über Invalidität und Versorgung mit Zivildienst, Berlin, 16. Oktober 1839

18×21,2 cm
Berlin, Landesarchiv Berlin (Rep.240 Acc.2087 Nr.1)

3/25 Schnupftabakdose (Abb.)

Berlin, nach 1760; Kupfer, emailliert, teilweise vergoldet; 4,0×6,4×8,0 cm
Doorn, Stichting Huis Doorn (HuD 1953)

3/14

Die Außenseite des Dosendeckels zeigt einen Stadtplan von Berlin mit der Aufstellung preußischer und russischer Truppen, die Innenseite eine Darstellung des Zeughauses: »Prospect des Königl. Arsenals zu Berlin«.

3/26 Schnupftabakdose

Berlin, um 1760; Kupfer, emailliert, teilweise vergoldet; 4,0×6,6×8,5 cm
Doorn, Stichting Huis Doorn (HuD 1875)

Auf der Außen- und Innenseite des Deckels sowie auf den Seitenflächen befinden sich Darstellungen von ganzen Seiten und Ausschnitten der Vossischen Zeitung, angeordnet vor Landkarten Brandenburg-Preußens.

3/27 Schnupftabakdose

Berlin, um 1760; Kupfer, emailliert, teilweise vergoldet; 4,0×6,5×8,3 cm
Doorn, Stichting Huis Doorn (HuD 1954)

Die Außenseite des Deckels und die Seitenflächen der Dose sind mit Fahnen, Pauken und dem Wappenschild Friedrichs des Großen geschmückt, die Innenseite des Deckels zeigt ein Brustbild des Königs nach einer Vorlage von Daniel Chodowiecki.

3/28 Preußische Soldaten: Musketier, Grenadier, Offizier vom 1. Bataillon-Garde und zwei Grenadiere

KPM

Berlin 1785–1790; bemaltes Porzellan, Mahagoni (Sockel); H 12,5–13,5 cm (Figuren), 7×13,7×38,6 cm (Sockel)
Doorn, Stichting Huis Doorn (HuD 1869)

3/29 Das Berliner Kadettenhaus (Lehrgebäude)

Wilhelm Brücke

1828; Öl/Lw., 28,5×48 cm; bez. u. r.: W. Brücke. 1828
Berlin, Verwaltung der Staatl. Schlösser und Gärten, Schloß Charlottenburg

Das Lehrgebäude für Kadetten ließ Friedrich der Große 1775 errichten, nachdem bereits Friedrich Wilhelm I., der ›Soldatenkönig‹, 1720 die Kadetten zu einem Korps vereint und in einem provisorisch eingerichteten Kadettenhaus untergebracht hatte.

3/30 Medaille auf die Parade zwischen Berlin und Charlottenburg, 1733

Peter Paul Werner (Medailleur)

Vorderseite: Ansicht der Parade »PRO DEO ET MILITE«, »BEROL. MDCCXXXIII«, Rück-

seite: Brustbild Friedrich Wilhelms I. »FRID. WILH. D. G. REX BORUSS. EL. BRAND.«; galvanoplastische Nachbildung (Original Gold), Dm 87 mm
Wien, Sammlung von Medaillen, Münzen und Geldzeichen des Kunsthistorischen Museums (bß 86)

3/31 Parade des Regiments Gens d'Armes vor Friedrich Wilhelm I. in der Hasenheide
Christian Wolffgang

Nach 1728; Radierung, 24,6×36,2 cm (Plr.)
Berlin, Kunstbibliothek, SMPK (Sign. 77,18 Lipp)

3/32 Friedrich der Große besucht »die 5 Parade Pläz in Berlin«
Johann Michael Probst

Um 1760; Kupferstich, 41×51,5 cm (Plr.)
Berlin, Kunstbibliothek, SMPK (Sign. 5,7 Lipp)

3/33 Preußischer Soldat als Kesselflicker
Ferdinand Berger nach Johann Carl Wilhelm Rosenberg

Um 1780; Punzenstich, 27,5×43 cm
Coburg, Kupferstichkabinett der Kunstsammlungen der Veste Coburg (IV,415,20)

3/34 Preußischer Soldat als Bürstenverkäufer (Abb.)
Carl Christian Glassbach nach Johann Carl Wilhelm Rosenberg

Um 1780; Kupferstich, 23×29 cm
Coburg, Kupferstichkabinett der Kunstsammlungen der Veste Coburg (V,199,2)

3/35 Uniformrock (Leibregiment Friedrichs des Großen)

Blaues Tuch mit Stickereien und Applikationen
Berlin, Berlin Museum

Die Tuche für die Militäruniformen wurden im Königlichen Lagerhaus gefertigt. »Der erste Anfang der Wollenmanufaktur im Lagerhause wurde ... im Jahr 1713 von dem Staatsminister Johann Andreas von Kraut zum Besten armer Wollarbeiter errichtet; denen die Wolle zum Verarbeiten gegeben, und die verfertigten Tücher und Zeuge (zur Bekleidung der königl. Armee) sogleich gegen baare Bezahlung des Arbeitslohns abgenommen wurde. Diese Anstalt hatte einen so glücklichen Fortgang, daß schon im Jahre 1716 die ganze Armee aus dem Lagerhause gekleidet werden konnte« (Friedrich Nicolai, 1786).

3/36 ›Das neue Exercierhaus des von Winnig und von Kunheim'schen Regiments zu Berlin‹ (Abb.)
Peter Haas nach Louis Serrurier

Kolorierter Kupferstich, 14×18,9 cm (Plr.)
Berlin, Kunstbibliothek, SMPK (Sign. Dfn 4 Lipp)

3/37 ›Die Militair-Reitschule und Caserne des Kaiser Franz-Grenadier-Regiment in der Lindenstr. zu Berlin‹
Friedrich August Schmidt nach Friedrich A. Calau

Kolorierte Radierung, 17×23,7 cm (Plr.)
Berlin, Verwaltung der Staatl. Schlösser und Gärten, Schloß Charlottenburg, Plankammer

3/38 ›Reitbahn der Lehr-Escadron in Berlin‹ am Halleschen Tor

Kolorierte Lithographie, 14,9×21 cm
Berlin, Berlin Museum

3/39 ›Garde-Landwehr-Zeughaus & Examinations-Gebäude in Berlin‹
Fritz Meyer

Kolorierte Lithographie, 14,3×22,1 cm
Berlin, Berlin Museum

3/40 Manöver bei Berlin
Gustav Schwarz

1839; Öl/Lw., 41×61 cm; bez. u. r.: G. Schwarz 1839
Berlin, Verwaltung der Staatl. Schlösser und Gärten, Schloß Charlottenburg

3/41 Ansicht des Molkenmarktes
Johann Georg Rosenberg

1785; kolorierte Radierung, 48,6×69 cm (Plr.)
Berlin, Verwaltung der Staatl. Schlösser und Gärten, Schloß Charlottenburg, Plankammer

Der bereits im 13. Jahrhundert angelegte Molkenmarkt war der älteste Berliner Marktplatz. Im 18. Jahrhundert wurde hier vor allem mit Gartengewächsen gehandelt.

3/42 Der Spittelmarkt mit der Gertraudenkirche
Johann Georg Rosenberg

1783; kolorierte Radierung, 48,3×71,7 cm (Plr.)
Berlin, Verwaltung der Staatl. Schlösser und Gärten, Schloß Charlottenburg, Plankammer

Wie auf den meisten Berliner Marktplätzen hatten die Händler auch auf dem Spittelmarkt

3/25

hölzerne Krambuden errichtet, deren Ausbreitung Friedrich der Große allerdings durch eine Kabinettsorder vom 10. November 1783 zu verhindern suchte. Die Buden galten als Schandflecke im Stadtbild und behinderten den Verkehr. Zeitgenossen schlugen vor, statt der Buden in den Erdgeschossen neu zu errichtender Häuser Kramläden einzurichten und die Händler dort unterzubringen.

3/43 Lehrbrief der Kaufmannschaft für Spezerei- und Materialhandel für Johann Daniel Grawe, Berlin, 24. Juni 1770

Pergament, Siegel an hellblauem Seidenband in Holzkapsel; 40×58 cm, Dm 4 cm (Siegel)
Berlin, Landesarchiv Berlin (Rep.238 1770/2⟨3⟩)

3/44 ›Wechsel-Cours in Berlin‹, 26. April 1760 (Tabelle mit einer Ansicht des Pomeranzengrabens mit Brücke und Packhof)

Carl Friedrich Franck

Radierung; 8×8 cm, 18×8 cm (Blgr.)
Berlin, Berlin Museum

3/45 ›Reglement für die in Accise und Zoll-Sachen bestellte besondere Richter‹, Berlin, 11. Juni 1772

Berlin, Geheimes Staatsarchiv PK (XII. HA VI Nr.494)

1667 war von Kurfürst Friedrich Wilhelm eine neue Besteuerungsart, die Akzise, eingeführt worden: eine indirekte Steuer, die auf fast alle Konsumgüter gelegt wurde und die von allen Stadtbewohnern, auch von Adligen und Geistlichen, zu entrichten war. Die Absicht, die neue Steuer auch auf dem flachen Lande einzuführen, scheiterte an den Protesten des steuerfreien Adels. Seitdem gab es die für Preußen charakteristische Zweiteilung der Steuererhebung in Kontribution (Land) und Akzise (Stadt). Deshalb mußten auch die Stadtmauern erhalten oder sogar erneuert werden. Immer neue Akzisebestimmungen wurden erlassen. Alles, was an steuerpflichtigen Dingen in die Stadt gebracht wurde, mußte von den Torschreibern gezählt und aufgezeichnet werden.

3/46 ›Nachtrag zu dem Accise-Tarif von 1787 die Apothecker- und Drogerie-Waaren betreffend‹, Berlin, 16. Mai 1788

3/34

Alphabetisches Verzeichnis (Faksimile), darin: Buchstabe C und Anfang Buchstabe D (S. 8/9)
Berlin, Geheimes Staatsarchiv PK (PrBr Rep. 8 Prenzlau, Nr. 7)

3/47 ›Erneuertes und geschärftes Hausir-Edict, worin das Herumlaufen mit einheimischen und fremden Waaren gänzlich verboten wird‹, Berlin, 17. November 1747

35,2×21 cm
Nürnberg, Germanisches Nationalmuseum, Kupferstichkabinett (HB 4818 Kapsel 1279)

3/48 ›Die Höcker-Conferenz‹
Benjamin Glassbach nach August Niegelssohn

Ende 18. Jh.; Kupferstich, 17,9×21,9 cm (Plr.)
Berlin, Kunstbibliothek, SMPK (Sign. 77,39 Lipp)

3/49 Straßenhändler vor der Akademie: »Koff koff allerang, – wolfeil Spielwerg vor Kinde«
Johann Carl Wilhelm Rosenberg

Um 1790; Kupferstich, aus der Serie: ›Les Cris de Berlin. 12 merkwürdige Ausrufer von Berlin mit ihrem Geschrey‹; 17,7×22 cm (Plr.)
Berlin, Staatsbibliothek PK, Handschriften-abteilung (YB 432 kl. 10)

3/50 Straßenhändler vor dem Berliner Schloß: »Kauffen Sie mir doch von meinen Bildern ab«
Johann Carl Wilhelm Rosenberg

Um 1790; Kupferstich, aus der Serie: ›Les Cris de Berlin. 12 merkwürdige Ausrufer von Berlin mit ihrem Geschrey‹; 16,8×22 cm (Plr.)
Coburg, Kupferstichkabinett der Kunstsammlungen der Veste Coburg (V, 199,1)

3/51 Straßenhändlerin: »Ferkelbucksche Hänekens aus Kummer Land, t'Stück en Fennig«
Johann Carl Wilhelm Rosenberg

Um 1790; Kupferstich, aus der Serie: ›Les Cris de Berlin. 12 merkwürdige Ausrufer von Berlin mit ihrem Geschrey‹; 17,8×22 cm (Plr.)
Berlin, Staatsbibliothek PK, Handschriften-abteilung (YB 432 kl. 11)

3/52 ›Der Berlinische Christmarkt‹ in der Breiten Straße
Johann Samuel Halle nach Johann David Schubert

1796; Kupferstich, 21,3×26,1 cm (Plr.)
Berlin, Staatsbibliothek PK, Handschriften-abteilung (YB 454 kl)

Der Berliner Christmarkt wurde erstmals 1729 erwähnt, als er seinen Standort noch auf dem Molkenmarkt am Mühlendamm hatte. Seit 1750 fand der Markt alljährlich in der Breiten

Straße statt. Als der Platz dort nicht mehr ausreichte, wurden auch auf dem benachbarten Schloßplatz Verkaufsbuden errichtet.

3/53 ›Prospect des Königl. Lust-Schlosses zu Charlottenburg, von forne anzusehen‹

Johann David Schleuen

2. Hälfte 18. Jh.; Radierung, 21×32,1 cm (Plr.)
Berlin, Berlin Museum

3/54 Allegorie der Wissenschaften mit dem Bildnis der Königin Sophie Charlotte

Georg Daniel Heumann

Um 1710; Kupferstich, 32,5×21 cm (Plr.)
Berlin, Staatsbibliothek PK, Handschriftenabteilung (YA 12 300 kl)

3/55 Bildnis des Gottfried Wilhelm Leibniz

Johann Martin Bernigeroth

Kupferstich, 29,7×22 cm (Plr.)
Münster, Westfälisches Landesmuseum für Kunst und Kulturgeschichte, Porträtarchiv Diepenbroick

Der Philosoph Gottfried Wilhelm Leibniz (1646–1716), seit 1691 Leiter der herzoglichen Bibliothek in Wolfenbüttel, gründete 1700 mit Unterstützung der Kurfürstin und späteren Königin Sophie Charlotte die ›Societät der Wissenschaften‹ in Berlin, die 1711 als ›Königliche Academie der Wissenschaften‹ ihre Arbeit aufnahm.

3/56 Bildnis Friedrichs I.

Andreas Schlüter

Rundes Gipsrelief, Dm 67 cm
Berlin, Akademie der Künste, Archiv der Preußischen Akademie der Künste

3/57 Entwurf Andreas Schlüters für den Umbau des Berliner Schlosses

Peter Schenk

Um 1700; Kupferstich, 17,5×19,8 cm (Plr.)
Berlin, Verwaltung der Staatl. Schlösser und Gärten, Schloß Charlottenburg, Plankammer

3/58 ›Prospect des Königl. Gartens und Schlosses zu Berlin‹, Erweiterungsentwurf nach Andreas Schlüters Neubauplänen

Paul Decker d. J.

3/36

Um 1706; grau lavierte Federzeichnung, 27,7×44 cm (Blgr.)
Nürnberg, Germanisches Nationalmuseum, Kupferstichkabinett (S.P.6561a Kapsel 1077)

3/59 Idealansicht des Berliner Schlosses von der Breiten Straße aus

Jean de Bodt zugeschr.

Um 1707; kolorierte Zeichnung, 31,5×50,5 cm
Berlin, Verwaltung der Staatl. Schlösser und Gärten, Schloß Charlottenburg, Plankammer

3/60 Modell des Berliner Stadtschlosses

Wolfgang Schulz Modellbau

Berlin 1984–1987; Gießholz, 430×340 cm; M 1:100
Berlin, Technische Universität Berlin

Das Modell zeigt nicht nur die seit 1699 von Andreas Schlüter durchgeführten Ausbauten, sondern auch die späteren Ergänzungen der Architekten Johann Eosander Frhr. Göthe und Georg Wenzeslaus von Knobelsdorff sowie die erst Mitte des 19. Jahrhunderts hinzugefügte Kuppel über dem westlichen Portal. Die Gestaltung der Details, wie beispielsweise der Fenstervergitterungen, und des städtebaulichen Umfeldes (in Grundrissen angedeutet) entspricht der Situation Anfang des 20. Jahrhunderts.
Das Berliner Stadtschloß wurde im Zweiten Weltkrieg von Spreng- und Brandbomben teilweise zerstört und auf Anordnung der Ost-Berliner Behörden 1950/51 abgerissen. An seiner Stelle steht heute der ›Palast der Republik‹.

3/61 Treppenaufgang im Berliner Schloß

Carl Graeb

Um 1850; Aquarell, 42,7×35,7 cm; bez. u. l.: C. Graeb
Berlin, Verwaltung der Staatl. Schlösser und Gärten, Schloß Charlottenburg, Plankammer

3/62 Kronleuchter-Saal im Berliner Schloß

Carl Graeb

1846; Aquarell, 39,5×48,2 cm; bez. u. r.: C. Graeb 1846
Berlin, Verwaltung der Staatl. Schlösser und Gärten, Schloß Charlottenburg, Plankammer

3/63 Schlafzimmer der Prinzessin Marianne, Schwägerin König Friedrich Wilhelms III., im Berliner Schloß

Carl Beckmann

Aquarell, 24,6×34 cm
Berlin, Verwaltung der Staatl. Schlösser und Gärten, Schloß Charlottenburg, Plankammer

3/64 Grünes Zimmer im Berliner Schloß

Eduard Gaertner

1852; Aquarell, 30,2×45,4 cm; bez. u. r.: E. Gaertner 1852
Berlin, Verwaltung der Staatl. Schlösser und Gärten, Schloß Charlottenburg, Plankammer

3/65 Harfenuhr

Johann Conrad Krüger

Berlin 1764; Holz, farbig gefaßt; 295×70×53 cm
Berlin, Staatliches Institut für Musikforschung PK, Musikinstrumentenmuseum

3/66 Hoftracht eines äthiopischen Kammerdieners (›Cubicularius Electoralis‹) und des Vorstehers der Leibgarde (›Praefectus satellitibus‹)

Peter Schenk

Zwei kolorierte Kupferstiche, aus: Kurfürstlich Brandenburgische Militär- und Hoftrachten, Amsterdam 1696–1701; je 29×19,5 cm
Berlin, Kunstgewerbemuseum, SMPK

Der äthiopische Kammerdiener trägt, wie die meisten Pagen am Hof Kurfürst Friedrichs III., einen blauen Rock mit goldenen und roten Besätzen, der Vorsteher der Leibgarde hat einen roten, mit Gold und Silber besetzten Leibrock. Für die Gold- und Silberborten der Livreen der kurfürstlichen Bediensteten gab der Berliner Hof 42 838 Taler allein im Jahre 1696 aus. Wohlhabende Berliner Bürger folgten dem Beispiel des Hofes, wogegen Luxusgesetze erlassen wurden. Eine Luxuskommission sollte den Aufwand der Bürger überwachen.

3/67 ›Edict, Daß Die Königlichen Bedienten und Vasallen Kein ander Roth noch blau Tuch, Als was im Lande fabriciret ist, gebrauchen sollen‹, Berlin, 26. April 1718

30,2×19,5 cm
Berlin, Kunstbibliothek, SMPK (Sign. Wa 15 Lipp)

3/74

3/68 ›Königliches Preußisches Rang-Reglement‹, Cölln an der Spree, 16. November 1708

33,5×21 cm (Deckblatt)
Berlin, Geheimes Staatsarchiv PK (I.HA Rep.9 Nr.49 I Bl.73–78)

3/69 ›Edict, Daß auch Bey wohlfeiler Zeit Das Gesinde Ihrer Herrschaft den schuldigen Gehorsam leisten, auch Knechte und Mägde Auf Ihre eigene Hand sich nicht setzen sollen‹, Berlin, 9. Januar 1731

29×21 cm
Berlin, Berlin Museum

3/70 Männliche und weibliche Bedienstete

Daniel Chodowiecki

1780; drei Kupferstiche, je 16×10 cm
Berlin, Kunstbibliothek, SMPK (Sign. 52,28 Lipp)

3/71 Münzhumpen aus dem Rittersaal des Berliner Schlosses

Daniel Mänlich d. Ä.

Berlin, um 1693; Silber, teilweise vergoldet; H 39 cm, Dm 26,4 cm (Fuß)
Doorn, Stichting Huis Doorn

3/72 Deckelpokal mit Kriegsfigur und mythologischen Darstellungen
Joachim Ast d. Ä.

Berlin 1660–1670; Silber, H 47,5 cm
Berlin, Kunstgewerbemuseum, SMPK (1960,9)

3/73 Münzhumpen
Daniel Mänlich d. Ä.

Berlin, um 1681; Silber, innen vergoldet; H 30 cm, Dm 25,2 cm (Fuß)
Doorn, Stichting Huis Doorn (HuD 7717)

3/74 Präsentierteller mit einem gravierten Chinamotiv (Abb.)

Berlin, Mitte 18. Jh.; Silber, teilweise vergoldet; Dm 29,5 cm; auf der Rückseite bekröntes ligiertes Monogramm »FR« (= Fridericus Rex) in einer Kartusche
Doorn, Stichting Huis Doorn

Seit dem späten 17. Jahrhundert wurden Produkte des Luxusgewerbes mit Chinamotiven geschmückt. Die Anregungen waren über den holländischen und englischen Fernhandel vermittelt worden. Während der Blütezeit der Chinamode im 18. Jahrhundert ließ sich Friedrich II. größere Mengen Porzellan aus China schicken. Berliner Kunsthandwerker gestalteten ihre Luxuswaren dieser Mode entsprechend.

3/75 Deckelbecher
Martin Friedrich Müller

Berlin, 3. Viertel 18. Jh.; Silber, innen vergoldet; H 19 cm, Dm 9 cm (Fuß), Dm 12,5 cm (oben); auf der Wandung drei Reihen versetzt angeordneter Münzen und asymetrische Ornamente
Doorn, Stichting Huis Doorn (HuD 7744)

3/76 Terrine
George Wilhelm Marggraff und Martin Friedrich Müller

Berlin, um 1765; Silber, teilweise vergoldet; B 41 cm
Berlin, Kunstgewerbemuseum, SMPK (V 8)

3/77 Leuchter mit siebenkerzigem Girandolen-Aufsatz
Hermann Neupert II

Berlin 1764–1775; Silber; H 48 cm, Dm ca. 44 cm
Doorn, Stichting Huis Doorn

3/79

3/78 Zwei Pistolen, Marke Kehl

Berlin, um 1800; Holz, mit tauschiertem Stahl beschlagen; L 36 cm; am Griff der einen Waffe das Monogramm »FWR« (= Fridericus Wilhelmus Rex); die andere mit Porträtmedaillons König Friedrich Wilhelms III. von Preußen und Kaiser Alexanders I. von Rußland
Doorn, Stichting Huis Doorn (HuD 1917–18)

3/79 Relief mit der Darstellung des Direktors der Königlichen Porzellan-Manufaktur zu Berlin, Johann Georg Grieninger, im Kreise seiner Familie (Abb.)
Friedrich Elias Meyer (Entwurf), KPM

Berlin, vor 1871 (Entwurf 1765); Bisquitporzellan, 28,9×25,4 cm (oval)
Berlin, Berlin Museum (KGK 64.21)

Johann Georg Grieninger war von 1763 bis 1798 Direktor der Königlichen Porzellan-Manufaktur. Auf dem Relief ist er stehend, gegen den Sessel seiner Frau gelehnt, dargestellt. In den Händen hält er eine Kabinettsorder Friedrichs des Großen: »S: Königl. Majestät be-/fohlen dero Director/Grieninger etc-/Porcel: Ma-/nufactur zu/Berlin.«

3/80 Nachtgeschirr, bemalt mit einer literarisch-satirischen Szene
KPM

Berlin, um 1780; Porzellan; H 10,5 cm, Dm 17 cm
Frankfurt a. M., Museum für Kunsthandwerk (6884/RF 124)

3/81 Vase in Amphorenform mit zwei querformatigen Bildfeldern: ›Blick über die Lange Brücke auf das Schloß‹ und ›Blick von der Schloßbrücke unter die Linden‹ (Abb.)
KPM

Berlin, um 1832; Porzellan, farbig bemalt und vergoldet; H 68 cm
Berlin, Verwaltung der Staatl. Schlösser und Gärten, Schloß Charlottenburg

3/82 Vase in Amphorenform mit Ansichten des Schlüterhofes und des Eosanderhofes des Berliner Schlosses nach Gemälden von Eduard Gaertner
KPM

Berlin, nach 1832; Porzellan, farbig bemalt und vergoldet; H 54 cm
Berlin, Berlin Museum (KGK 68.11)

3/83 Grundriß der ersten Etage des Königlichen Schlosses in Berlin mit Angabe der Raumnutzungen

1794; kolorierte Federzeichnung, 77,7 × 123 cm
Berlin, Verwaltung der Staatl. Schlösser und Gärten, Schloß Charlottenburg, Plankammer

3/84 Wandteppich ›Kartenspieler‹ (Abb.)
Manufaktur Charles Vigne

Berlin 1740–1750; Wolle und Seide, gewirkt; 290 × 318 cm
Frankfurt a. M., Museum für Kunsthandwerk (ML 646)

3/85 Berliner Schloß und Lange Brücke
Maximilian Roch

1834; Öl/Lw., 96 × 142 cm
Berlin, Verwaltung der Staatl. Schlösser und Gärten, Schloß Charlottenburg

3/86 Chinesischer Würdenträger (›Bonze‹)
Manufaktur Gerhard Wolbeer

Berlin, 1. Viertel 18. Jh.; Fayence, H 35,1 cm
Berlin, Berlin Museum (KGK 78.2)

3/87 Deckelvase
Manufaktur Cornelius Funcke

Berlin, nach 1700; Fayence, H 43,2 cm (mit Deckel)
Berlin, Berlin Museum (KGK 64.7)

Die Berliner Fayencen wurden nach Delfter Vorbild gefertigt. Seit Mitte des 18. Jahrhunderts folgte man auch in Berlin dem aus China übernommenen Brauch, Vasen verschiedener, aufeinander abgestimmter Formen zusammenzustellen und auf den Simsen von Paneelen, Kaminen und in eigens dafür gefertigten Schränken oder vor Spiegelwänden zu präsentieren.

3/88 Zwei Enghalsflaschen
Manufaktur Cornelius Funcke

Berlin, um 1710; Fayence; H 28,7 cm, H 28,9 cm
Berlin, Berlin Museum (KGK 76.1, 2)

3/89 Satz von drei Vasen
Manufaktur Gerhard Wolbeer

Berlin 1710–1720; Fayence; H 60 cm (Mittelvase), H 57,6 cm, H 58,3 cm (Seitenvasen)
Berlin, Kunstgewerbemuseum, SMPK (63,9–63,11)

3/90 Satz von drei Vasen

Berlin, 3. Viertel 18. Jh.; Fayence; H 46 cm (Mittelvase mit Deckel), H 31,8 cm, H 32 cm (Seitenvasen)
Berlin, Berlin Museum (KGK 72.1–3)

3/91 Harfenuhr
Johann Conrad Krüger

Berlin, um 1770; Holz, goldgefaßt; 280 × 75 × 42 cm
Berlin, Henke

Die Uhr war ein Geschenk Friedrichs des Großen an seine Schwester Luise Ulrike, Königin von Schweden.

3/92 Portal IV des Berliner Schlosses
Eduard Gaertner

Um 1832; Öl/Lw., 63,6 × 53 cm
Berlin, Verwaltung der Staatl. Schlösser und Gärten, Schloß Charlottenburg

3/93 Tordurchfahrt im Berliner Schloß

Um 1820; Öl/Lw., 72,5 × 96 cm
Berlin, Berlin Museum (GEM 64/8)

3/94 Treppenhaus im Berliner Schloß
Eduard Gaertner

1828; Öl/Lw., 59 × 47,5 cm; bez. u. r.: Ed. Gaertner fec. 1828
Berlin, Verwaltung der Staatl. Schlösser und Gärten, Schloß Charlottenburg

3/81

3/84

3/95 Rittersaal (Thronsaal) des Berliner Schlosses
Eduard Gaertner

Um 1844; Öl/Lw., 48,3×58,5 cm
Berlin, Berlin Museum (GEM 69/5)

3/96 ›Prospect von Monbijoux, dem Königl. Lust-Schlosse und Sommer-Palais der Königl. Frau Mutter, wie selbiges sich gegen die so genannte Chaussé präsentiret‹
Johann David Schleuen

2. Hälfte 18. Jh.; Kupferstich, 25×39,5 cm
Berlin, Berlin Museum

Das an der Spree außerhalb des ehemaligen Festungsgürtels im Norden vor Berlin gelegene Sommerschloß Monbijou hatte König Friedrich I. für seinen Günstling, den Grafen Wartenberg, 1703 bis 1706 erbauen lassen. 1710 kam das Schloß in den Besitz der Kronprinzessin und späteren Königin Sophie Dorothea, nach deren Wünschen es mehrfach erweitert wurde. Es wurde im Zweiten Weltkrieg zerstört und später abgebrochen.

3/97 ›Ansicht von Bellevue im Thiergarten‹
Friedrich August Schmidt nach Johann Hubert Anton Forst

Kolorierte Radierung, 17,2×23,4 cm (Plr.)
Berlin, Kunstbibliothek, SMPK (Sign. Dfn 4 Lipp)

Prinz Ferdinand, der jüngste Bruder Friedrichs des Großen, ließ das Schloß Bellevue seit 1785 am nördlichen Rand des Tiergartens errichten. Das Gebäude, im Zweiten Weltkrieg zerstört, wurde bis 1959 als Sitz des Bundespräsidenten wiederaufgebaut.

3/98 ›Anfang der Churfürstl. Leich-Procession Friedrich Wilhelms des Grossen, Marggrafen und Churfürsten zu Brandenburg‹
Johann Ulrich Crause nach Constantin Friedrich Blesendorff

Nach 1688; Radierung, 38×52 cm
Berlin, Staatsbibliothek PK, Handschriftenabteilung (YB 821 gr)

Am 12. September 1688 veranstaltete Kurfürst Friedrich III., der spätere König Friedrich I. in Preußen, für seinen verstorbenen Vater die Trauer- und Beisetzungsfeierlichkeiten. Höhepunkt war die Leichenprozession, die vom Berliner Schloß durch die Breite Straße, am Cöllnischen Rathaus vorbei und dann durch die Brüderstraße zurück zum Dom führte.

3/99 ›Liburnica‹, die bewaffnete Staatsyacht des ersten preußischen

Königs auf der Spree vor dem Berliner Schloß, mit Friedrich I. und zahlreichen Gästen sowie einer Militärkapelle an Bord
Johann Georg Wolffgang nach Michael Maddersteeg
Um 1708; Kupferstich, 46,5 × 37,3 cm (Blgr.)
Berlin, Kunstbibliothek, SMPK (OS 1451 f)

Die 26 Meter lange Yacht ›Liburnica‹ war 1707 von dem Schiffskonstrukteur und Marinemaler Michael Maddersteeg gebaut worden. Die Art der Beflaggung auf dem Stich signalisiert die Anwesenheit des Königs.

3/100 ›Repraesentation des sehr prächtigen Carrousels, welches den 25. Aug. 1750 bey Anwesenheit der Durchlauchtigsten Hohen Herrschaften zu Berlin, auf dem grossen Parade Platz ist aufgeführet worden‹

Kupferstich, 27 × 38 cm
Berlin, Staatsbibliothek PK, Handschriftenabteilung (YB 6450 m)

3/101 ›Friedrichs nach dem 15. Febr. 1763 zu Hubertusburg erfolgten Frieden erfreulicher Einzug zu Berlin den 30. Mertz‹

Johann Lorenz Rugendas
Kolorierter Kupferstich, 24,3 × 34,6 cm (Plr.)
Berlin, Staatsbibliothek PK, Handschriftenabteilung (YB 8948 m)

3/102 ›Premiere promenade de Berlin – La place des Tentes au Parc‹

Daniel Chodowiecki
1772; Kupferstich, 34 × 45,1 cm (Plr.)
Nürnberg, Germanisches Nationalmuseum, Kupferstichkabinett (S.P.5299 Kapsel 1077)

An heißen Sommertagen suchten die Berliner im Tiergarten Erholung, wo am ›Zirkel‹, einer halbrunden barocken Gartenanlage nahe der Spree, in einigen Zelten und Hütten Erfrischungen verkauft wurden. »An schönen Sommernachmittagen, sonderlich des Sonntags und Feyertags gegen 6 Uhr, pflegen hier einige Tausend Spazierende zu Fuß, zu Pferde und in Wagen, zusammen zu kommen« (Friedrich Nicolai, 1786). Seit 1832 heißt die Straße ›In den Zelten‹.

3/103 ›Berlinische Folgsamkeit‹ (Abb.)

Daniel Chodowiecki
1794; fünf Kupferstiche von einer Platte (verschiedene Zustände der Ausarbeitung), je 4,9 × 9,5 cm (Plr.)
Bremen, Kunsthalle Bremen, Kupferstichkabinett (07/192–196)

Anlaß zu dieser Folge von Darstellungen war eine Polizeiverordnung, nach der Hunde an der Leine zu führen seien.

3/104 Berliner Mode: ›Coeffures Berlinoises‹, ›Coeffages Berlinois‹ und ›Habillemens Berlinois‹

Daniel Chodowiecki
Vier Kupferstiche, aus: Göttinger Almanach für das Jahr 1781 (1); Lauenburger Kalender für 1781 (3); 10,4 × 12,3 cm (Plr.), 10,6 × 5,8 cm (Blgr.), 10,6 × 6,0 cm (Blgr.), 10,7 × 17,3 cm (Plr.)
Bremen, Kunsthalle Bremen, Kupferstichkabinett (26721, 26722, 26718)

3/105 ›Hotel de Venus. Wo man Kranckheiten theurer als Arzneyen verkauft‹

Carl Christian Glassbach nach Wilhelm Chodowiecki
Kupferstich, 15 × 20 cm
Berlin, Staatsbibliothek PK, Handschriftenabteilung (YB 533 kl)

3/106 ›Abendbelustigungen auf dem berühmten Bergerschen Tanzsaale zu Berlin‹

1799; Kupferstich, braun getönt; 29,7 × 23,4 cm (Plr.)
Berlin, Staatsbibliothek PK, Handschriftenabteilung (YB 11590 kl b)

3/103

RAUM 4
JUDEN, HUGENOTTEN, BÖHMEN

Nach der Entvölkerung Berlins im Dreißigjährigen Krieg, der die Zahl der Einwohner von 12000 auf etwa die Hälfte vermindert hatte, war die Anwerbung von Zuwanderern ein vorrangiges Ziel der Politik des Großen Kurfürsten. Mit ihrer Hilfe sollten Handel und Gewerbe belebt werden. Als ›erster Unternehmer seines Staates‹ hatte Friedrich Wilhelm 1685 damit begonnen, französische Glaubensflüchtlinge in Berlin anzusiedeln. Das Edikt von Potsdam vom 29. Oktober 1685 gewährte ihnen bei ihrer Niederlassung in Preußen zahlreiche wichtige Privilegien und Religionsfreiheit. 1699 wiesen die Listen der ›Colonie française‹ in Berlin bereits 5700 Personen aus. Damit stellten die Berliner Refugiés 41 Prozent aller in Preußen niedergelassenen Hugenotten. Auch in Berlin erfüllten die französischen Glaubensflüchtlinge die in sie gesetzten Erwartungen: Sie erbrachten wichtige Leistungen für den Aufbau von Manufakturen und neuen Gewerbezweigen und waren mit Erfolg auch in anderen Bereichen tätig – als Prinzenerzieher, als Offiziere der preußischen Armee und als Wissenschaftler.

Bereits 1671 hatte der Große Kurfürst – ebenfalls zur ›Beförderung Handels und Wandels‹ in der Mark – die Aufnahme von fünfzig wohlhabenden jüdischen Familien verfügt, die aus Wien vertrieben worden waren. Die Zuwanderung blieb aber zunächst hinter den Erwartungen zurück. 1688 sollen nur etwa 40 jüdische Familien in Berlin gelebt haben, doch stieg die Zahl im folgenden Jahrzehnt rasch an: Um 1700 gab es bereits 117 jüdische Familien in der Stadt, von denen siebzig mit einem Schutzbrief versehen und 47 ›unvergleitet‹, d. h. lediglich bis auf weiteres geduldet waren. Sie mußten hohe jährliche Schutzgelder und andere Abgaben zahlen, waren aber gleichzeitig zahlreichen Rechtsbeschränkungen unterworfen. So waren sie nicht zu den Zünften zugelassen und von fast allen Gewerben ausgeschlossen. Dennoch spielten die Juden schon bald eine wichtige Rolle im wirtschaftlichen, seit dem späten 18. Jahrhundert auch im kulturellen Leben der Stadt. Als Hof- und Kriegslieferanten, Steuer- und Münzpächter der Krone, als Manufakturunternehmer und Großhändler erwarben einige Berliner Juden wie Joel Liebmann und Veitel Heine Ephraim bedeutende Vermögen. Jüdische Im- und Exporthändler vermittelten auch die Rohstoffe für die Manufakturen der Hugenotten.

Die jüdische Gemeinde konnte 1714 ihre erste Synagoge eröffnen. Zahlreiche von Berliner Kunsthandwerkern gearbeitete Kultgegenstände spiegeln den wachsenden Wohlstand. Davon zeugt auch ein prachtvoller Thoravorhang aus dem 18. Jahrhundert, der den Pogromen des ›Dritten Reiches‹ und den Zerstörungen des Zweiten Weltkrieges entgangen und erst kürzlich wieder aufgefunden worden ist.

Während die Juden bis ins 19. Jahrhundert hinein einen minderen Rechtsstatus behielten, wurden den Hugenotten mit dem Naturalisationsedikt von 1709 alle Sonderrechte bestätigt. Johann Christoph Bekmann nennt in seiner ›Historischen Beschreibung der Chur und Mark Brandenburg‹ von 1751 nicht weniger als 46 Berufe, vor allem in Textilgewerbezweigen, die von den Refugiés eingeführt worden waren. Für den Hof, den Adel und das gehobene Bürgertum produzierten die Glaubensflüchtlinge Luxuswaren, stellten aber im Staatsauftrag auch Massenware für den Militärbedarf her. Sie hielten die Reihen der ›Colonie française‹ mit ihrer eigenen Kirchenverwaltung, Gerichtsbarkeit und Kaufmannschaft geschlossen und heirateten weitgehend unter sich, wie die Register der französischen Kirche bezeugen. Ohne die Refugiés wären weder die Leistungen der ›Academie der Wissenschaften‹ noch das rege Geistesleben der Berliner Aufklärung denkbar gewesen. Neben Gottfried Wilhelm Leibniz gehörten mit Charles Ancillon, der 1690 die erste Geschichte der hugenottischen Einwanderung in Berlin und Brandenburg verfaßt hatte und gewählter Richter der französischen Kolonie war, und dem Orientalisten Mathurin Weyssière de la Croze zwei Refugiés bereits dem Gründungskomitee der ›Societät der Wissenschaften‹ im Jahre 1700 an. Noch um 1750, als die französische Kolonie weniger als ein Zehntel der Berliner Bevölkerung ausmachte, stellte sie ein Drittel der Akademiemitglieder.

Die dritte wichtige Gruppe neben Franzosen und Juden bildeten die aus Nordostböhmen stammenden lutherischen und reformierten Glaubensflüchtlinge, die in mehreren Phasen zwischen 1732 und 1771 zuwanderten und in Kolonien in Berlin, in der südlichen Friedrichstadt, in (Böhmisch-) Rixdorf, in Schöneberg am Böhmerberg und in einigen anderen umliegenden Ortschaften angesiedelt wurden. Neben Siedlern, die als Ackerbürger im Erbpachtsystem ihr Auskommen fanden, handelte es sich vor allem um Weberfamilien. In Berlin unterstanden sie der Gerichtsbarkeit des Magistrats und waren zum Erwerb des Bürgerrechts verpflichtet. Zwar genossen sie wie die Hugenotten freies Meisterrecht, mehrjährige Steuerfreiheit und waren vom Militärdienst befreit, viele von ihnen mußten sich aber als Arbeiter im Verlagssystem verdingen.

Nach der ›Statistisch-topographischen Beschreibung der Mark Brandenburg‹ von Friedrich Wilhelm August Bratring zählte 1750 die böhmische Kolonie 1534 Mitglieder, schrumpfte aber bis Anfang des 19. Jahrhunderts auf etwa ein Drittel. Obwohl die böhmischen Flüchtlinge sich schnell mit der Berliner Bevölkerung vermischten, sicherte ihnen der religiöse Kult in der Brüdergemeine den Zusammenhalt: Erst 1839 wurde das böhmische Gesangbuch durch das deutsche ersetzt, noch bis 1875 wurde die große Kirchenlitanei in tschechischer Sprache verlesen.

Obwohl die Mitglieder der jüdischen Gemeinde im Vergleich zu den französischen und böhmischen Zuwanderern nur wenige Rechte genossen, beeinflußten sie in hohem Maße die gewerblich-industrielle Entwicklung Berlins, dessen Bedeutung als Banken- und Handelsplatz ständig zunahm. 1808 hob die Städteordnung das Statut der Refugiés auf und unterstellte die französische Gemeinde dem Kultusministerium und das 1689 gegründete ›Collège royal français‹ der preußischen Schulbehörde. Hatte sich der prägende Einfluß der Hugenotten auf die Lebens- und Denkweise der Berliner noch im frühen 18. Jahrhundert als außerordentlich stark erwiesen, so trat er in der Folgezeit immer mehr zurück. Im Übergang zum 19. Jahrhundert gewann das ›jüdische Berlin‹ neue Bedeutung für die weitere Entwicklung der Stadt. Alle drei Gruppen übten große Antriebskraft beim Aufbau neuer Gewerbe- und Wirtschaftsformen im 18. Jahrhundert aus. *M.-L. P.*

4/1 ›Synagoge der Berliner Judenschaft‹
Friedrich A. Calau

2. Hälfte 18. Jh.; Kupferstich, 14,5 × 22,5 cm (Plr.)
Berlin, Landesarchiv Berlin (Rep.250 Acc.340 Nr.38)

Die 1714 in der Heidereutergasse eröffnete Synagoge war die erste öffentliche jüdische Kultuseinrichtung in der Stadt. Das Aufnahmeedikt von 1671 hatte den Juden noch untersagt, »eine Synagoge zu halten«, und ihnen den Gottesdienst nur in Privathäusern zugestanden.

4/2 Thoravorhang (Abb.)

1. Viertel 18. Jh.; bestickter Seidensamt, Silberapplikationen; 284 × 165 cm
Berlin, Jüdische Gemeinde zu Berlin

Nach der Widmung am oberen Rand wurde der Thoravorhang möglicherweise zur Eröffnung der Synagoge Heidereutergasse im Jahre 1714 gestiftet. Stifter ist Seew Wolf, Sohn des Elieser Beschütz und seiner Ehefrau Gittel, Tochter des Rabbiners Mordechai Rathenow.

4/3 Zwei Thoraschilder (Abb.)
Casimir Ernst Burcky, Carl Friedrich Hüb(e)ner

Berlin, um 1796, um 1810; Silber, teilvergoldet; 34 × 26 cm, 33 × 25 cm
Berlin, Berlin Museum, Jüdische Abteilung (KGM 83/18, KGM 80/2)

Da den Juden die Ausübung von zunftgebundenen Handwerken bis 1812 untersagt war, fertigten christliche Kunsthandwerker Kultgeräte von hoher Qualität für den Bedarf der jüdischen Gemeinde zu Berlin.

4/3

4/4 Chanukkaleuchter
George Wilhelm Marggraff

Berlin, um 1776; Silber, 70 × 50 cm
Berlin, Berlin Museum, Jüdische Abteilung (KGM 83/16)

4/5 Thorazeiger
Martin Friedrich Müller

Berlin, um 1762; Silber, L 30 cm
New York, The Jewish Museum, Gift of Harry G. Friedman (F 74)

4/6 Rimmonim (Verzierung für die Stäbe einer Thorarolle)
August Ferdinand Gentzmer zugeschr.

Berlin 1788–1801; Silber, gegossen, ausgesägt, ziseliert, graviert, teilvergoldet; 70 × 40,7 cm
New York, The Jewish Museum, Gift of the former Jewish community of Danzig (D 173 a,b)

4/7 Sederteller, Modell ›Königsglatt‹
KPM

Berlin 1770–1780; Porzellan, Dm 26,5 cm
Berlin, Verwaltung der Staatl. Schlösser und Gärten, Schloß Charlottenburg

Dieser bisher einzig bekannte Teller für das Pessachfest, das etwa zeitgleich mit dem christlichen Osterfest fällt, ist möglicherweise eine Auftragsarbeit der Königlichen Porzellan-Manufaktur für eine Berliner jüdische Familie. Es besteht kein Zusammenhang mit der Verordnung Friedrichs II. von 1769, die der Judenschaft zur Auflage machte, für jedes ihr gewährte Privileg und bei bestimmten Anlässen (Heirat, Hauskauf u. a.) eine willkürlich festgesetzte Menge aus den Beständen der KPM zu kaufen.

4/8 ›Hölle Paradies‹

Übersetzung des hebräischen Titels; »Gedruckt in der jüdischen Gemeinde hier in Berlin unter der Herrschaft des großen Königs Friedrich II. König von Preußen im Jahre 1774«
Berlin, Berlin Museum, Jüdische Abteilung

Dieses Buch ist eines der wenigen Exemplare eines frühen in Berlin hergestellten hebräischen Werkes in deutscher Übersetzung.

4/2

4/18

4/9 Bildnis des Joel (Jost) Liebmann
Anthon Schoonjans

Öl/Lw., 80×56 cm
Berlin, Verwaltung der Staatl. Schlösser und Gärten, Schloß Charlottenburg

Der 1702 in Berlin verstorbene Joel Liebmann lieferte Gold und Silber zur Münzprägung und handelte mit Edelsteinen und Juwelen. Aufgrund seiner wirtschaftlichen Bedeutung für den preußischen Hof wurden ihm 1694 von Friedrich I. die Rechte eines christlichen Kaufmanns verliehen.

4/10 Modell des Ephraim-Palais
Torsten Mahlke

Berlin 1986/87; Nußbaumholz, Plexiglas, Messing; 48×95×75 cm (Palais); 120×108 cm (Grundplatte); M 1:50
Berlin, Berliner Festspiele GmbH

Veitel Heine Ephraim (1703–1775) war ein erfolgreicher Unternehmer, der in der Textilmanufaktur ebenso wie später in der Gold- und Silbermanufaktur tätig war. Im Siebenjährigen Krieg wurden ihm und Daniel Itzig von Friedrich II. zunächst die sächsischen, dann auch die preußischen Münzstätten verpachtet. Auf Befehl des Königs wurden während des Siebenjährigen Krieges Münzen mit immer geringerem Edelmetallgehalt geprägt, die im Volksmund ›Ephraimiten‹ genannt wurden. 1761 erhielt Ephraim für sich und seine Nachkommen die Rechte christlicher Kaufleute. An der Poststraße/Ecke Mühlendamm ließ er ein prächtiges Palais nach Plänen von Friedrich Wilhelm Dieterich errichten, das 1765 vollendet war und bis 1820 in Familienbesitz blieb. Danach diente es bis zur Errichtung des Polizeipräsidiums am Alexanderplatz im Jahre 1889 als Polizeiverwaltungsbehörde, von 1895 bis 1925 als Sitz des Statistischen Amts. Zur Verbreiterung des Mühlendamms wurde das Palais 1935 abgetragen. Die damals magazinierten Fassadenteile dienten als Grundelemente für die Rekonstruktion des Palais in den Jahren 1985 bis 1987 an gleicher Stelle, etwas zurückversetzt. Das Modell zeigt den Zustand kurz vor dem Abriß.

4/11 Der Wilhelms-Platz mit der Gold- und Silbermanufaktur

Kolorierter Kupferstich, in: Karl Neander von Petersheiden, Anschauliche Tabellen von der gesamten Residenz-Stadt Berlin, worin alle Straßen, Gassen und Plätze in ihrer natürlichen Lage vorgestellt und in denselben alle Gebäude oder Häuser wie auch der Name und die Geschäfte eines jeden Eigenthümers aufgezeichnet stehen, Berlin 1799 (S. 192)
Berlin, Staatsbibliothek PK, Handschriftenabteilung (302 198 R)

Die Gold- und Silbermanufaktur wurde 1763 an Veitel Heine Ephraim verpachtet. Das infolge des Monopols für Gold- und Silberverarbeitung zunächst sehr erfolgreiche Unternehmen, in dem um 1800 fast 1000 Personen beschäftigt waren, erlitt durch die Konkurrenz der plattierten Waren und mit Einführung der Gewerbefreiheit 1810 schwere Rückschläge.

4/12 ›Ephraimiten‹ (Münzprägungen minderen Edelmetallgehalts)

a) Zwei 1/24 Taler. Sachsen, König Friedrich August II.

Vorderseite: »24 EINEN THALER 1760 L« (Leipzig), Rückseite: gekröntes Wappen Friedrich Augusts, darunter »EDC« (Ernst Dietrich Croll – Münzmeister); Leipzig 1760; Silber; Dm 21 mm, Gewicht 1,98 g

b) 3 Pfennig. Sachsen, König Friedrich August II.

Vorderseite: »3 PFENNIG 1761«, Rückseite: »C. S.« (Chur Sachsen) »SCHEID MÜNTZ«; Kupfer, versilbert; Dm 16 mm, Gewicht 0,85 g

Nürnberg, Germanisches Nationalmuseum (Mü 10345, Mü 30712, Mü 18213)

4/13 Klappwaage

18. Jh.; Eisen, Waagschalen aus Messing; 21×15 cm (aufgeklappt)
Berlin, Privatbesitz

4/14 Bildnis des Markus Levin
Daniel Chodowiecki

Öl/Holz, 22×17,5 cm; bez. l.: Chodowiecki pinx
Berlin, Gemäldegalerie, SMPK

Markus Levin (1723–1790), dessen Tochter Rahel einen der wichtigsten Berliner Salons führte, war Commissaire des Münzunternehmers Ephraim.

4/15 ›Moses Mendelssohns Examen am Berliner Thor zu Potzdam‹
Johann Michael Siegfried Lowe

Kupferstich, aus: Physiognomischer Almanach aus dem Jahr 1792; 10×7 cm (Plr.)
Berlin, Staatsbibliothek PK, Musikabteilung mit Mendelssohn-Archiv (Zsn. 22553)

Moses Mendelssohn, bedeutendster Vertreter der Emanzipationsidee, lebte seit 1743 in Berlin und verstarb dort 1786. Wie allen Juden war ihm der Zugang zur Stadt durch bestimmte Tore vorgeschrieben. In Potsdam war dies das Berliner Tor, in Berlin das Rosenthaler Tor.

4/16 ›Generalprivilegium und Reglement, Wie es wegen der Juden In Sr. Königl. Majestät Landen zu halten‹, Berlin, 29. September 1730

35,5×40,5 cm
Berlin, Geheimes Staatsarchiv PK (XX.HA EM 74a Nr.84)

Das Generalprivileg von 1730 verfügte die Auflösung der 1708 eingesetzten ständigen Juden-Kommission und die endgültige Zuordnung aller ›Juden-Sachen‹ unter die Kriegs- und Domänenkammer. Das revidierte Reglement vom 17. April 1750 übernahm die Bestimmungen mit Bezug auf die 1742 erstellte Liste der jüdischen Einwohner Preußens sowie Art und Umfang ihrer Privilegien. Mit wenigen Ausnahmen galten diese Ordnungen bis zum Emanzipationsedikt von 1812.

4/17 ›Naturalisations-Patent. Für den hiesigen Banquier Daniel Itzig, und dessen eheliche Descendenten beiderlei Geschlechts‹, Berlin, 2. Mai 1791

35,5×21,7 cm
Berlin, Landesarchiv Berlin (Rep.240 Acc.894 Nr.2)

Die gedruckte Urkunde dokumentiert die Einbürgerung des Berliner Bankiers und Seidenfabrikanten Daniel Itzig und seiner Nachkommen in Preußen. Als erste Juden erhielten er und die elf Familien seiner ehelichen Nachkommen (u. a. Isaac Daniel Itzig, David Friedländer, Benjamin Isaac Wulf und Samuel Salomon) damit »alle Rechte christlicher Bürger« in Preußen.

4/18 Tasse mit Bildnis des Isaac Daniel Itzig (Abb.)
KPM

Berlin, um 1796; Porzellan; H 7 cm, Dm 7 cm
Berlin, Berlin Museum, Jüdische Abteilung

4/19 Bildnis des David Friedländer (Abb.)
Caroline Bardua

Lithographie, 58×41 cm
Berlin, Staatsbibliothek PK, Musikabteilung mit Mendelssohn-Archiv (Mendelssohn-Archiv)

David Friedländer (1750–1834) gründete 1776 eine Seidenfabrik in Berlin. Er war einer der Vorsteher der jüdischen Gemeinde und Vorkämpfer einer radikalen Reform des Judentums im Sinne der Assimilation an die deutsche Kultur.

4/19

4/20 »Lesübungen / Gebräuchliches jüdisches Alphabet im Schreiben«

In: David Friedländer, Lesebuch für jüdische Kinder. Zum Besten der jüdischen Freyschule, Berlin 1779 (S. 8/9)
Berlin, Staatsbibliothek PK (144 869)

Zusammen mit Isaac Daniel Itzig gründete David Friedländer 1778 die jüdische Freischule in Berlin, um jüdischen Kindern den Zugang zur deutschen Kultur zu ermöglichen.

4/21 »Folgende Herren jüdischer Nation, welche auf einen ihnen ertheilten Königl. Schutz-Privilegium Handlungs-Geschäfte betreiben, und zu dieser Corporation getreten sind«

In: Verzeichnis der Vorsteher und sämmtlicher Mitglieder der teutsch und französisch vereinigten Kaufmannschaft der Tuch- und Seiden-Handlung hiesiger Residenzien, Berlin 1808 (S. 4/5)
Berlin, Staatsbibliothek PK (Td 862)

Nachdem 1803 mit der ›Vereinigten Börsenkorporation‹ der beiden christlichen und der jüdischen Handelsgilden eine erste Gesamtvertretung der Berliner Handelswelt gebildet worden war, wurden wenig später jüdische Kaufleute auch in die ›Kaufmannschaft der Tuch- und Seidenhandlung‹ aufgenommen.

4/25

4/22 ›Edikt, betreffend die bürgerlichen Verhältnisse der Juden in dem Preußischen Staate‹, Berlin, 11. März 1812

In: Gesetz-Sammlung für die Königlich Preußischen Staaten, Bd. 3, Berlin 1812 (S. 17)
Berlin, Senatsbibliothek (GES 8 1812–1813)

Das Emanzipationsedikt verfügte im § 1 die rechtliche Gleichstellung der Juden mit den christlichen Staatsbürgern: »Die in Unsern Staaten jetzt wohnhaften, mit General-Privilegien, Naturalisations-Patenten, Schutzbriefen und Konzessionen versehenen Juden und deren Familien sind für Einländer und Preußische Staatsbürger zu achten.« Um 1812 zählte die jüdische Gemeinde zu Berlin ca. 3300 Mitglieder.

4/23 Verfügung des Magistrats der Stadt Berlin an das Buchbinder-Gewerk der Stadt, das Edikt vom 11. März über die Gleichbehandlung jüdischer Lehrburschen einzuhalten, Berlin, 8. Dezember 1812

18 × 20 cm
Berlin, Archiv der Buchbinder-Innung Berlin

4/24 ›Gesellschaft zur Verbreitung der Handwerke und des Ackerbaues unter den Juden‹

In: Gesetze fuer die Gesellschaft zur Befoerderung der Industrie unter den Bewohnern der Koenigl. Preußischen Staaten juedischer Religion, Berlin 1813 (S. 7)
Berlin, Staatsbibliothek PK, Musikabteilung mit Mendelssohn-Archiv (Nachlaß 5, III/I)

4/25 Bildnis des Großen Kurfürsten (Abb.)

Abraham Romandon

Um 1687; Öl/Lw., 84 × 72 cm (oval)
Berlin, Verwaltung der Staatl. Schlösser und Gärten, Schloß Charlottenburg

Abraham Romandon verstarb kurz nach seiner Bestallung zum Hofmaler, die er am 21. Februar 1687 erhielt.

4/26 ›Chur-Fürstlich-Brandenburgisches EDICT worinnen enthalten Alle Berechtigungen Freyheit / und Privilegien, welche ihro Chur-Fürst. Durchl. denen / der Reformirten Religion zugethanen Frantzosen so sich in Dero Landen niederlassen wollen zu gönnen versprochen‹, Potsdam, 29. Oktober 1685

Titelblatt der ältesten gedruckten Ausgabe, 14,7 × 18 cm
Marburg, Hessisches Staatsarchiv (5:9690. B.19 ff)

Den französischen Protestanten wurden aufgrund des Potsdamer Edikts u. a. das Recht auf eigene Gemeindeverwaltung und Gerichtsbarkeit, auf die Mitgliedschaft in der Kaufmannschaft sowie zahlreiche Handelsprivilegien zugestanden. Textauszug: »Diejenigen welche einige Manufacturen von Tuch, Stoffen, Hüten … anzurichten willens seyn, wollen wir nicht allein mit allen dessfals verlangten Freyheiten, Privilegiis und Begnadigungen versehen, sondern auch damit bedacht seyn, daß ihnen auch mit Gelde und andern Nothwendigkeiten, deren sie zur Fortsetzung ihres Vorhabens bedürffen werden, soviel möglich assistiret und an die Hand gegangen werden soll.«

4/27

4/27 Medaille auf die Jahrhundertfeier des Edikts von Potsdam (1685–1785) (Abb.)

Daniel Chodowiecki (Entwurf), Abraham Abramson (Medailleur)

Vorderseite: »LES ENFANS DES REFUGIÉS HEUREUX SOUS FRÉDÉRIC LE GRAND LE XXIX OCT. MDCCLXXXV«, Rückseite: »LES REFUGIÉS CONSOLÉS DANS LEURS INFORTUNES PAR LE GRAND ELECTEUR LE XXIX. OCT. MDCLXXXV.«; Zinn, Dm 43 mm
Berlin, Geheimes Staatsarchiv PK (VIII.HA D Nr.26)

4/28 Medaille auf die Jahrhundertfeier der französischen Kirche, 1772

Daniel Chodowiecki (Entwurf), Jakob Abraham (Medailleur)

Vorderseite: »ASYLE OUVERT A LA FOI PAR LA CHARITÉ / LE X IUIN MDCLXXII«, Rückseite: »L'EGLISE FRANÇOISE FONDÉE A BERLIN PAR LE GRAND ELECTEUR CÉLÈBRE SON JUBILÉ SOUS LE RÈGNE DE FRÉDÉRIC LE GRAND LE X JUIN MDCCLXXII«; Silber, Dm 25 mm;
Berlin, Gernot Dorau

Die Stiftung der französisch-reformierten Gemeinde in Berlin geht auf das Jahr 1672 zurück, 13 Jahre vor dem Edikt von Potsdam.

4/29 Medaille auf den 150. Gründungstag der französischen Kolonie in Berlin, 1835

Henri François Brandt

Vorderseite: Kurfürst Friedrich Wilhelm und König Friedrich Wilhelm III., Rückseite: die fünf Berliner Parochialkirchen, angeordnet um ein Fünfeck mit der Inschrift »150. ANNIVERSAIRE DE LA FONDATION DE L'ÉGLISE FRANÇAISE REFUGIÉE DE BERLIN«; Bronze, Dm 17 mm
Berlin, Gernot Dorau

4/30 ›Régistre des bans de mariages de la communauté huguénote de Berlin‹ Heiratsregister des Consistoriums der Französischen Kirche zu Berlin aus den Jahren 1738 bis 1762

Gebundene Handschrift, 31×21×4 cm
Berlin, Consistorium der Französischen Kirche zu Berlin

Die Refugiés hielten ihre Gottesdienste mit eigenem Prediger zunächst in der Schloßkapelle, seit 1699 im Marstall des Markgrafen von Brandenburg-Schwedt ab, bis 1705 der in Anlehnung an den 1685 zerstörten ›Temple de Charenton‹ bei Paris erbaute Französische Dom auf dem Gendarmenmarkt geweiht wurde. Erst im Jahre 1715 wurde die französische Gemeinde in Kirchspiele aufgeteilt.

4/31 Bürgerbrief in französischer Sprache für Jean Didier Wolfgram »en qualité de Bourgeois et de Membre de la Colonie Française de cette Ville«, Berlin, 12. September 1792

37,5×21 cm
Berlin, Landesarchiv Berlin (Rep.240 Acc.1239 Nr.2)

4/32 Bildnis des Charles Ancillon

Vor 1715; Kupferstich, 14,7×9,3 cm
Berlin, Sammlung Velder

Charles Ancillon (1659–1715), Richter und Direktor der französischen Kolonie Berlins und seit 1699 Oberrichter aller Refugié-Kolonien in Preußen, war der Verfasser der ›Histoire de l'Etablissement des Refugiés dans le Brandebourg‹, die bereits 1690 erschien. Seit 1709 vertrat er die Interessen der Kolonie beim kombinierten Berlinischen Magistrat und wurde 1710 nach der ein Jahr zuvor befohlenen Bildung einer vereinigten Stadtgemeinde zu deren Polizei-Direktor ernannt.

4/33 Bildnis des Etienne Chauvin
Jodocus Egidus Krauß
Vor 1725; Kupferstich, 8,5 × 13 cm
Berlin, Sammlung Velder

Etienne Chauvin (1640–1725), Prediger der französischen Gemeinde und Philosophieprofessor am Französischen Gymnasium, war Mitglied der ›Societät der Wissenschaften‹ und von 1694 bis 1698 Herausgeber des ›Nouveau Journal des Scavans‹, der ersten literaturkritischen Zeitschrift Berlins.

4/34 ›Nouveau Journal des Scavans‹, hg. von Etienne Chauvin
Rotterdam 1694
Berlin, Staatsbibliothek PK (Ad 2985)

4/35 Bildnis des Jean Pierre Erman (Abb.)
Suzette Henry
1816; Öl/Lw., 93 × 79 cm; bez.: S. Henry 1816
Berlin, Consistorium der Französischen Kirche zu Berlin

Jean Pierre Erman (1735–1814), Prediger der französischen Gemeinde, wurde 1766 zum Direktor des Französischen Gymnasiums ernannt.

4/36 ›Tableau des Ecoliers qui ont frequenté le Collège depuis 1689‹
In: Jean Pierre Erman, Mémoire historique sur la Fondation du Collège Royal François de Berlin. Denkschrift anläßlich der Hundertjahrfeier des Französischen Gymnasiums in Berlin, Berlin 1789
Berlin, Staatsbibliothek PK, Handschriftenabteilung (169 613 R)

4/37 Die französischen Refugiés errichten Manufakturen in Brandenburg
Daniel Chodowiecki
Radierung, in: Jean Pierre Erman / Pierre Chrétién Frédéric Reclam, Mémoires pour servir à l'histoire des refugiés françois dans les Etats du Roi, Bd. 4, Berlin 1785
Berlin, FUB, Universitätsbibliothek (38/71/125137–4)

4/38 ›Receptions-Schein ... bey der Teutsch und Frantzösisch-Combinierten Kaufmannschafft‹ für Daniel Philipp Sanier
J. G. Schmidt
Berlin 1794; Kupferstich, 62 × 53 cm
Berlin, Museum für Deutsche Volkskunde, SMPK (44 E 8)

4/35

4/39 Bildnis des Hofjuweliers André Jordan
Joachim Martin Falbe
Um 1755; Öl/Lw., 154 × 132 cm
Berlin, Verwaltung der Staatl. Schlösser und Gärten, Schloß Charlottenburg

André Jordan (1708–1778) gehörte einer aus Südfrankreich stammenden Hugenottenfamilie an, deren Nachkommen als Fabrikanten hohe Ämter in der französischen Kolonie innehatten und Mitglieder der Akademie der Wissenschaften waren.

4/40 Bezugsstoff für ein Sitzmöbel
Berlin, um 1765; Silberbrokat mit Muster in Chenille
Berlin, Verwaltung der Staatl. Schlösser und Gärten, Schloß Charlottenburg

An der Spitze aller hugenottischen Manufakturtätigkeiten stand neben der Gold- und Silberstickerei sowie der Knopf- und Spitzenfabrikation auch die Herstellung von Stoffen. Der Bezug stammt wahrscheinlich aus dem Neuen Palais, Potsdam-Sanssouci (Oberes Fürstenquartier, Jagdkammer), aus der Stoffserie mit dem im Anschuß eingewebten Signum »FBF A BERLIN«.

4/41 Tier-Tarock zu 78 Blatt
Werkstatt Jean Pierre Perrin
Um 1775; kolorierte Holzschnitte
Berlin, Ernst-Henri Balan

Die Refugiéfamilie Perrin begann 1723 in Berlin mit der Herstellung französischer Spielkarten.

4/42 Kerzenständer, Bürste und Dose aus einer Toilettengarnitur in 46 Teilen, dem Prunkservice der dänischen Königinnen zugehörig

Marcus Pipgros, Pierre Froméry, Conrad Ludolph

Kopenhagen und Berlin 1728; Silber, vergoldet; Kerzenständer: H 16,2 cm, Dm 13 cm; Bürste: 7×8,2×12,8 cm; Dose: 7,6×10,2×14,4 cm
Kopenhagen, Schloß Rosenborg, Die Sammlungen der Dänischen Könige (11–13, 11–14, 11–12 a b)

4/43 Standuhr

Pierre Froméry

Stahl mit feuervergoldetem Bronzebeschlag, 25,7×12,2 cm
Berlin, Verwaltung der Staatl. Schlösser und Gärten, Schloß Charlottenburg

Pierre Froméry (1659–1738), Kunsthandwerker aus Sedan, wurde 1687 zum Hofbüchsenmacher und Armeelieferanten ernannt.

4/44 Spiegel mit Schmuckrahmen

18. Jh.; Glas mit Reliefschnitt, 160×114 cm
Berlin, Verwaltung der Staatl. Schlösser und Gärten, Schloß Charlottenburg

Vermutlich stammt der Spiegel aus der Spiegelmanufaktur in Neustadt an der Dosse, die 1695 in kurfürstlichen Besitz übergegangen und an den dafür angeworbenen Jean Henri de Moor verpachtet worden war. Die Fabrik hatte eine Niederlassung in Berlin.

4/45 Berliner Gewächshaus (Abb.)

Johann Wilhelm Meil

Radierung, aus: Spectaculum naturae et artis, Berlin 1761; 12,7×10 cm (Plr.)
Berlin, TUB, Universitätsbibliothek, Gartenbaubücherei (Bildslg. Weber Nr.2)

Nach der Liste der ›Colonie française‹ von 1699 waren 13 Prozent der eingewanderten Franzosen als Gärtner tätig. Die Berliner Tafelkultur bereicherten sie durch den Anbau neuartiger Gemüsesorten wie Spargel, Artischocken und Blumenkohl.

4/46 Hutspanner

Um 1780; Nußbaum, Ahorn, Drahtstifte; 18,5×17×4 cm
Erlangen, Stadtarchiv und Stadtmuseum Erlangen (1096)

4/47 Strumpfformbrett

19. Jh.; Holz, 79×15,6×1,2 cm
Erlangen, Stadtarchiv und Stadtmuseum Erlangen (N 87/2493)

Im Erdgeschoß des Königlichen Marstalls in der Dorotheenstraße betrieb der Refugié Delon seit 1711 eine Manufaktur für Seidenstrümpfe. Bereits um 1700 waren in Berlin 104 Strumpfweber ansässig.

4/48 Handschuhnähmaschine

Anfang 19. Jh.; Holz mit Hornzwinge und Eisenfeder; 87×30×24 cm
Erlangen, Stadtarchiv und Stadtmuseum Erlangen (N 2557)

4/49 Brouillon-Plan von Böhmisch-Rixdorf, 1795 (Abb.)

Karl Treplin

Kolorierte Tuschzeichnung; 50×70 cm
Berlin, Evangelische Brüdergemeine Berlin

1737 wurde das sogenannte Schulzengericht Rixdorf für 18 Familien als Siedlungsgelände in Erbpacht bereitgestellt, um die zweite Zuwanderung der Glaubensflüchtlinge aus Nordostböhmen aufzunehmen. Ihnen folgten 1748 weitere 20 Ackerbürger nach Rixdorf. Der Plan zeigt die Siedlung mit dem Verzeichnis der Hausbesitzer. Für die ersten böhmischen Zuwanderer, die 1732 eintrafen, ließ der König 39 Häuser in der Wilhelmstraße bauen.

4/45

4/50 Bildnis des Johann Amos Comenius

Kupferstich, Frontispiz in: Die Geschichte vom Leiden, Tod, Begräbnis und Auferstehung unseres Herrn Jesus Christus (Übersetzung des tschechischen Titels), Berlin: Karl Friedrich Rellstab 1757 (Erstdruck Lissa 1631)
Berlin, Evangelische Brüdergemeine Berlin

Johann Amos Comenius (1592–1670) war nach seiner Vertreibung aus Mähren und seiner Flucht nach Österreich Lehrer und Rektor der Gemeinde Polnisch-Lissa, die seit etwa 1630 zahlreiche böhmische Glaubensflüchtlinge aufnahm.

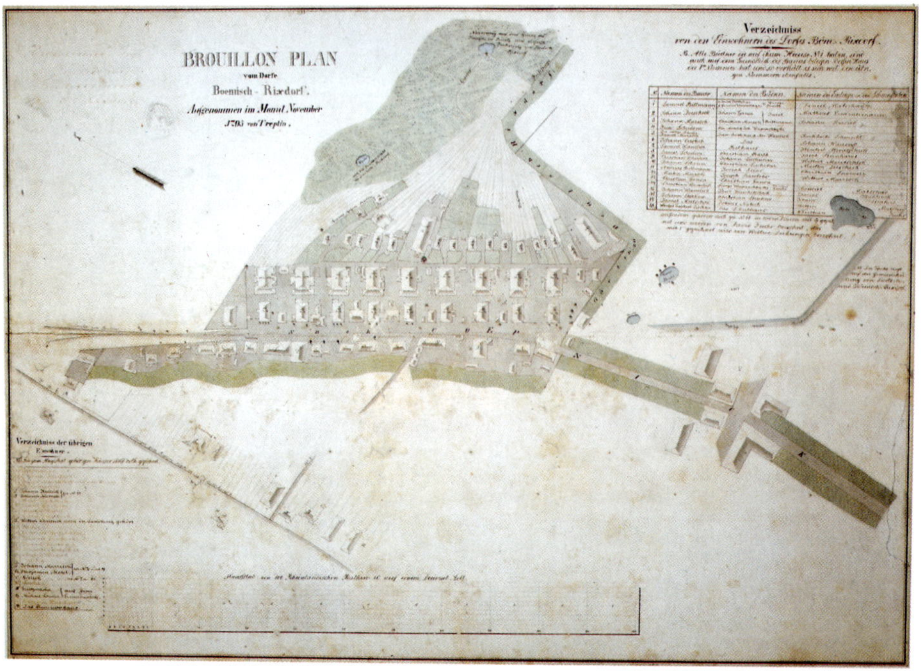

4/49

4/51 ›Kirchen-Buch der böhmisch-Mährischen Evangelischen Brüder-Gemeine zu Rücksdorff‹

Darin: Taufeintrag für Anna Benigna Proske, 30. September 1759 (deutsch und tschechisch)
Berlin, Evangelische Brüdergemeine Berlin

4/52 Abendmahlskelch der ersten Brüdergemeine in Böhmisch-Rixdorf

Um 1740; Silber; H 26 cm, Dm 14 cm
Berlin, Evangelische Brüdergemeine Berlin

4/53 Grabsteine vom Böhmischen Gottesacker
a) Grabstein des Johann Wilhelm Eccard
b) Grabstein des Adam Krystek

Silicon-Abgüsse der Originale auf dem Böhmischen Friedhof in Neukölln; 96×50 cm, 87×46 cm

Johann Wilhelm Eccard (1722–1765) war einer der ersten Lehrer und Prediger der Brüdergemeine in Rixdorf. Adam Krystek (1714–1785) gehörte zu den 700 Ansiedlern von 1737, die aus Nordostböhmen und Nordmähren zugewandert waren. 1751 wurde der Böhmische Friedhof in Rixdorf eingeweiht.

4/54 ›Vue de la Rue dite la Mauer-Straße ainsi que de l'Eglise Bohémienne‹
Johann Georg Rosenberg

1776; kolorierter Kupferstich, 48,5×71 cm
Berlin, Verwaltung der Staatl. Schlösser und Gärten, Schloß Charlottenburg, Plankammer

Friedrich Wilhelm I. stellte für den Bau der Böhmischen Kirche in der Mauerstraße, die in Anlehnung an die Predigerstätte Johann Hus', die Bethlehemskirche in Prag, errichtet worden war, 2000 Taler zur Verfügung. Sie wurde am 12. Mai 1737 eingeweiht, 1943 durch Bomben zerstört und schließlich 1964 abgetragen.

4/55 Übergabe der Baumwollfabrik Kubasseck & Co. an die Brüdergemeinen in Berlin und Böhmisch-Rixdorf, Berlin, 1. Mai 1759

Handschrift in deutsch und tschechisch, 36×22 cm
Berlin, Evangelische Brüdergemeine Berlin

Nach ihren Angaben waren die Weber Georg Ostry, Georg Urban und Georg Kubasseck die ersten in Brandenburg-Preußen, die Kattun, feinen Zitz und ›indianische Tücheln‹ herstellten. Um 1750 betrieben sie 58 Webstühle und beschäftigten 650 Personen. 1759 übertrugen sie ihren Besitz als Stiftung an die böhmischen Brüdergemeinen.

RAUM 5
AUFKLÄRUNG UND EMANZIPATION

In der zweiten Hälfte des 18. Jahrhunderts wurde Berlin zu einem bedeutenden Zentrum der europäischen Aufklärung. Ziel dieser ursprünglich von Westeuropa ausgehenden Bewegung war das vernunftbestimmte Denken und Handeln eines jeden Menschen. Durch offene Kritik und Meinungsaustausch sollten Unwissenheit, Intoleranz und Aberglaube ausgeräumt werden. Waren die Vorstellungen der einzelnen Aufklärer in manchen Fragen unterschiedlich, so stimmten sie doch überein in der Forderung nach Freiheit: Freiheit der Rede, Freiheit zur Entfaltung der Persönlichkeit, Freiheit der moralischen Entscheidung und vor allem – Befreiung von der Willkürherrschaft. Obwohl Friedrich der Große als absolut regierender Monarch die feudale Gesellschaftsordnung nicht in Frage stellte, galt auch er als bedeutender Aufklärer. Über die Grenzen Preußens hinaus wurde er, der einen ›Anti-Machiavell‹ veröffentlichte, mit Voltaire (der 1750 bis 1753 am Hofe Friedrichs lebte) diskutierte, die freie Religionsausübung in seinem Staat garantierte und sich zur Geltung der Gesetze auch im Hinblick auf den Monarchen bekannte, als aufgeklärter Herrscher bewundert.

Auch die Wiederbelebung und Reorganisation der Königlichen Akademie der Wissenschaften im Jahre 1744 war ein Beitrag Friedrichs zur Aufklärung, nachdem sein Vater, der ›Soldatenkönig‹, diese Institution fast vollkommen ignoriert hatte. Die philosophische Klasse galt bald als die führende Abteilung, vor der philologischen, der mathematischen und der physikalischen. Die öffentlichen Vorträge der Akademie stießen auch beim bürgerlichen Publikum auf reges Interesse, und die Preisaufgaben – in der Regierungszeit Friedrichs wurden 45 formuliert – fanden aufgrund anspruchsvoller Themenstellungen in ganz Europa Beachtung. Die Sprache der Akademie war Französisch, dies erleichterte den internationalen Gedankenaustausch. Aber nicht nur die Unternehmungen des Königs rückten Berlin in das Zentrum intellektueller Auseinandersetzung. Es waren vor allem die bürgerlichen Aufklärer, die die preußische Residenzstadt aus ihrer geistigen Provinzialität herausführten und zu einer kulturellen Hauptstadt werden ließen.

Im Mittelpunkt dieser bürgerlichen Aufklärung standen drei Persönlichkeiten: Gotthold Ephraim Lessing, Friedrich Nicolai und Moses Mendelssohn. Lessing arbeitete in Berlin als freier Schriftsteller und Journalist und schrieb in der ›Berlinischen privilegirten Zeitung‹ literarische Kritiken. Er war 1748 als Neunzehnjähriger in die preußische Hauptstadt gekommen, zuvor hatte er in Leipzig studiert, am Theater gearbeitet und sein erstes Lustspiel ›Der junge Gelehrte‹ erfolgreich auf die Bühne gebracht. In Berlin lernte Lessing Moses Mendelssohn und Friedrich Nicolai kennen. Der vier Jahre jüngere Nicolai hatte als Autodidakt Philosophie und Geschichte studiert und nutzte die Möglichkeit, einige Schriften der Freunde in dem vom Bruder übernommenen väterlichen Verlag herauszubringen.

Nicolai und Lessing gründeten 1757 gemeinsam die Monatsschrift ›Bibliothek der schönen Wissenschaften und freyen Künste‹ (erschienen in Leipzig bei Johann Gottfried Dyck). 1759 wurde die Monatsschrift in eine Wochenschrift mit dem Titel ›Briefe, die neueste Literatur betreffend‹ umgewandelt, für die Lessing die wichtigsten Beiträge lieferte und die Nicolai nun selbst verlegte. Mit der ›Allgemeinen Deutschen Bibliothek‹ gründete Nicolai 1765 eine weitere Rezensions-Zeitschrift, in der die wichtigsten deutschen Aufklärer ein Forum für ihre literarischen und philosophischen Gedanken fanden. Tatsächlich lag Nicolais Hauptverdienst für die Berliner Aufklärung in seiner Tätigkeit als Verleger, Herausgeber und Buchhändler. Er hatte das väterliche Unternehmen 1758 nach dem Tode seines Bruders übernommen. Die Bibliographie seiner Verlagserzeugnisse zeigt, daß er insgesamt etwa 550 Werke (in fast 900 Bänden) aus allen Literatur- und Wissensgebieten verlegte, darunter auch Reise- und Stadtschilderungen, wie die von ihm selbst verfaßte und berühmt gewordene ›Beschreibung der Königlichen Residenzstädte Berlin und Potsdam‹ (1. Aufl. 1769, 3. Aufl. 1786). Aufklärung bedeutete für Nicolai nicht nur die Beschäftigung mit philosophischen Fragen, sie umfaßte alle Bereiche des Lebens. Viele der Erkenntnisse und Lehren Nicolais beruhten auf persönlichen Erfahrungen, die er auf umfangreichen Reisen durch Deutschland erweiterte, und auf dem sogenannten gesunden Menschenverstand. Die Philosophie Kants lehnte er als zu abstrakt und theoretisch entschieden ab.

Die ›Allgemeine Deutsche Bibliothek‹ geriet wie andere in Preußen publizierte Aufklärungsschriften in eine Krise, als Friedrich Wilhelm II. 1788 ein verschärftes Zensuredikt erließ und die Zeitschriften nicht mehr in Berlin gedruckt werden durften. Die radikale Einschränkung der Pressefreiheit gefährdete den Erfolg der bürgerlichen Aufklärung, die eine breite Öffentlichkeit brauchte, um zu einem politischen Faktor zu werden.

Meinungsfreiheit und Toleranz waren aber auch in der Regierungszeit Friedrichs des Großen nicht selbstverständlich gewesen. Das hatte Lessing zu spüren bekommen, als ihm die Stelle des Direktors der Königlichen Bibliothek aufgrund der ablehnenden Haltung des Königs verweigert worden war. Lessing schrieb an Nicolai: »... sagen Sie mir von Ihrer Berlinischen Freiheit zu denken und zu schreiben ja nichts. Sie reduziert sich einzig und allein auf die Freiheit, gegen die Religion so viel Sottisen zu Markte zu bringen, als man will ... lassen Sie einen in Berlin auftreten, der für die Rechte der Untertanen, der gegen Aussaugung und Despotismus seine Stimme erheben wollte, wie es itzt sogar in Frankreich und Dänemark geschieht, und Sie werden bald die Erfahrung haben, welches Land bis auf den heutigen Tag das sklavischste Land von Europa ist.« Lessing verließ Berlin und lebte seit 1767 in Hamburg, ab 1770 in Wolfenbüttel, wo er bis zu seinem Tode die Stelle eines Bibliothekars an der Herzoglichen Bibliothek innehatte. Seinem Freund Moses Mendelssohn setzte er mit dem Stück ›Nathan der Weise‹ (1779), das 1783 in Berlin uraufgeführt wurde, ein literarisches Denkmal.

Mendelssohn war 1743 mit 14 Jahren als Sohn eines armen jüdischen Lehrers nach Berlin gekommen. Während er sich als Hauslehrer und Buchhalter seinen Lebensunterhalt verdiente, studierte er nebenher die großen Philosophen seines Jahrhunderts, ehe er die ersten eigenen Schriften veröffentlichte, in denen er Toleranz und Menschenliebe forderte. Die Unsterblichkeit der Seele versuchte er im ›Phädon‹ (1767) zu beweisen. Dieses Buch fand große Resonanz und wurde innerhalb weniger Jahre in viele Sprachen übersetzt. Mendelssohns ›Abhandlung über die Evidenz in den metaphysischen Wissenschaften‹ (1763/64) wurde von der Berliner Akademie der Wissenschaften preisgekrönt. Durch die Übersetzung des Psalters und des Hohen Liedes führte Mendelssohn erstmals die deutsche Sprache in die jüdische Literatur ein.

Mendelssohn leistete Entscheidendes für die jüdische Emanzipation. Sein Ziel war die soziale Eingliederung der Juden in die Gesellschaft bei gleichzeitiger Anerkennung der jüdischen Glaubens- und Lebensformen. Er wirkte weit über Berlin hinaus. Als sich die Juden des Elsaß 1780 mit einem Hilferuf an Mendelssohn wandten, gelang es ihm, in Christian Wilhelm Dohm einen Autor zu finden, der die gemeinsamen Anliegen in einem Buch ›Über die bürgerliche Verbesserung der Juden‹ (1781) zusammenfaßte. Dohm forderte, gegen alle herrschenden Vorurteile, die bürgerliche Gleichberechtigung der Juden. In der Schrift ›Jerusalem, oder über religiöse Macht und Judenthum‹ (1783) interpretierte Mendelssohn als erster jüdischer Philosoph der Neuzeit die jüdische Religion mit Begriffen der modernen Philosophie. Aber die Ehre, Mitglied der Akademie der Wissenschaften zu werden, wurde ihm trotz seines hohen Ansehens nicht zuteil. Nachdem der Philosoph Johann Georg Sulzer ihn vorgeschlagen und die Mitglieder der Akademie 1771 seine Aufnahme beschlossen hatten, scheiterte sie an der Ablehnung des Königs.

Johann Georg Sulzer gehörte auch zu den Gründern des sogenannten Montagsklubs. Seit 1748 trafen sich 25 bis 30 Mitglieder und Freunde des Vereins – Wissenschaftler, Schriftsteller, Künstler und Staatsbeamte – montags in einem Lokal zum Essen und zum freien, offenen Gespräch. Neben Friedrich Nicolai waren mit Christian Friedrich Voß und Georg Jacob Decker in dieser Runde zwei weitere wichtige Berliner Verleger vertreten. In der zweiten Hälfte des 18. Jahrhunderts war Berlin nach Leipzig zum zweitwichtigsten Verlagszentrum in Deutschland aufgerückt.

Einen exklusiveren Charakter als der Montagsklub besaß die 1783 gegründete ›Gesellschaft von Freunden der Aufklärung‹, die sogenannte Mittwochsgesellschaft, der zuerst zwölf, später 24 einflußreiche Persönlichkeiten angehörten. Die Teilnehmer der Gesprächsrunden waren zu unbedingter Toleranz untereinander und zu strikter Verschwiegenheit nach außen verpflichtet. Staatsbeamte, Theologen, Juristen und Ärzte diskutierten nicht nur philosophische und literarische Themen, sondern vor allem Fragen der Politik, der Justiz und der Ökonomie. Diesem Kreis gehörte auch Carl Gottlieb Svarez an, der federführend in der Ausarbeitung des als Musterbeispiel aufklärerischer Gesetzgebung geltenden ›Allgemeinen Landrechts für die Preußischen Staaten‹ (1794) war. Die von Friedrich Gedike und Johann Erich Biester herausgegebene ›Berlinische Monatsschrift‹ diente den Teilnehmern der Mittwochsgesellschaft als Publikationsorgan.

Auch die stärkerer Geheimhaltung unterworfenen Gesellschaften der Freimaurer verfolgten Ziele der Aufklärung, indem sie Adelige und Bürgerliche sowie Personen verschiedener Glaubensrichtungen zusammenführten und zu Humanität und Toleranz anhielten. Die in den Logen praktizierten Rituale und das System verschiedener Grade widersprachen allerdings dem aufklärerischen Denken und wurden daher von vielen Zeitgenossen kritisiert.

Eine ganz andere, in dieser Art und zu dieser Zeit wohl einmalige Form der Geselligkeit entwickelte sich in den achtziger Jahren in den Salons gebildeter jüdischer

Frauen. Hier trafen sich die ersten Romantiker, die ihren musischen und literarischen Neigungen nachgehen wollten. Hatten die Brüder Wilhelm und Alexander von Humboldt ursprünglich die Vorträge des Arztes und Mendelssohnschülers Marcus Herz besucht, so wechselten sie bald in den benachbarten Salon seiner jungen Ehefrau über. Zu den regelmäßigen Besuchern der Henriette Herz gehörten neben den Brüdern Humboldt die Brüder Schlegel, Dorothea Veit, die Tochter Moses Mendelssohns, Friedrich Gentz, Alexander von Dohna und vor allem Friedrich Schleiermacher.

Im Salon der Rahel Levin, die seit 1791 die Berliner Literaturbegeisterten in ihre ›Dachstube‹ einlud, wurde der Goethekult geboren. Zu den Gästen Rahels gehörte auch der junge Prinz Louis Ferdinand von Preußen, dessen Vorträge eigener Klavierkompositionen mit Beifall aufgenommen wurden. Seit der Jahrhundertwende änderte sich der Charakter der Berliner Salons, doch blieben sie auch in den folgenden Jahrzehnten von großer Bedeutung für das kulturelle Leben der Stadt. Rahel, die 1814 den preußischen Diplomaten und Schriftsteller Karl August Varnhagen von Ense heiratete und Berlin für einige Jahre verließ, machte ihr Haus in den zwanziger Jahren wiederum zu einem begehrten Treffpunkt der literarischen Welt, an dem sich dann auch Ludwig Börne, Heinrich Heine und viele andere Schriftsteller der kritischen jüngeren Generation versammelten. *L. K.*

5/1 ›Prospect des ... Fördergebäudes des grossen Königl. Stalls auf der Dorotheen-Stadt zu Berlin. Welches überaus ansehnliche Gebäude für die Königl. Academie der Wissenschaften und freien Künste, und für die Academie der Künste und mechanischen Wissenschaften bestimmt ist‹
Johann David Schleuen
2. Hälfte 18. Jh.; Radierung, 21×32,1 cm (Plr.)
Berlin, Berlin Museum

5/2 ›Die Königliche Bibliothec in Berlin‹
Johann Friedrich Schleuen
Kupferstich; 28,8×40,1 cm (Plr.)
Berlin, Kunstbibliothek, SMPK (Sign.1951,15 Lipp)

Die Bibliothek, die der Große Kurfürst 1661 im Berliner Schloß untergebracht hatte, wurde von Friedrich II. wesentlich vergrößert und erhielt mit der 1775 bis 1780 errichteten sogenannten Kommode ein eigenes Gebäude.

5/3 Bildnis des Pierre Louis Moreau de Maupertuis
Johann Jacob Haid nach Robert Tournieres
Schabkunstblatt, 31,3×19,3 cm (Plr.)
Münster, Westfälisches Landesmuseum für Kunst und Kulturgeschichte, Porträtarchiv Diepenbroick

Der französische Physiker, Mathematiker und Philosoph Pierre Louis Moreau de Maupertuis (1698–1759) wurde 1741 von Friedrich II. nach Berlin berufen, um das Amt des Präsidenten der Akademie der Wissenschaften zu übernehmen. Eine scharfe Satire Voltaires veranlaßte ihn 1756, dieses Amt wieder aufzugeben.

5/4 Bildnis des Jean Henri Samuel Formey
Kupferstich, 6,4×9,9 cm (Plr.)
Münster, Westfälisches Landesmuseum für Kunst und Kulturgeschichte, Porträtarchiv Diepenbroick

Des
Herrn Formey
Entwurf
aller
Wissenschaften.
Zum Gebrauche
der Jünglinge,
und aller
die sich belehren wollen.
Aus dem Französischen übersetzt
von
F. J. Bierling.
Erster Theil.
Berlin, 1765.
bey Joachim Pauli, Buchhändler.

5/10

Jean Henri Samuel Formey (1711–1797), Prediger der französischen Gemeinde in Berlin, war Sekretär der Akademie der Wissenschaften und eines ihrer produktivsten Mitglieder. Zu den 130 von ihm herausgegebenen Veröffentlichungen gehören Werke der Theologie und Philosophie, der Philologie und Geschichte sowie der Rechtswissenschaften. In einem seiner Bücher stellt er die Gründungsgeschichte der Berliner Akademie dar.

5/5 Bildnis des Johann Georg Sulzer

Alte Kopie nach einem Gemälde von Anton Graff (1774); Öl/Lw., 46,7 × 34,6 cm
Frankfurt a. M., Freies Deutsches Hochstift, Frankfurter Goethe-Museum (IV–1942–1)

Der Schweizer Philosoph und Pädagoge Johann Georg Sulzer (1720–1779) wurde 1749 von Friedrich II. als Professor für Mathematik des Joachimsthalschen Gymnasiums und als Mitglied der Akademie der Wissenschaften nach Berlin berufen. Seine erstmalig 1771 bis 1774 erschienene ›Allgemeine Theorie der Schönen Künste‹ gehört zu den fundamentalen Werken der Aufklärung.

5/6 Bildnis des Leonhard Euler
F. Rebagli nach C. B. Bosio

Kupferstich, 19,7 × 13,8 cm (Plr.)
Münster, Westfälisches Landesmuseum für Kunst und Kulturgeschichte, Porträtarchiv Diepenbroick

Der Schweizer Mathematiker Leonhard Euler (1707–1783) folgte 1741 dem Ruf Friedrichs II. an die Berliner Akademie der Wisssenschaften, nachdem er bereits im Alter von zwanzig Jahren nach Petersburg berufen worden war. In Berlin leitete er von 1744 bis 1766 – bis zu seiner Rückkehr nach Petersburg – die mathematische Klasse der Akademie.

5/7 Bildnis des Johann Elert Bode
Emil Krafft

Lithographie, 29 × 22,8 cm
Berlin, Berlin Museum

Der Astronom Johann Elert Bode (1747–1826) war seit 1772 Mitglied der Akademie der Wissenschaften und seit 1786 Direktor der Berliner Sternwarte. Er begründete 1774 das Berliner Astronomische Jahrbuch.

5/8 Bildnis des Christoph Wilhelm Hufeland
Friedrich Müller nach Johann Friedrich August Tischbein

1802; Kupferstich, 37×27 cm (Plr.)
Münster, Westfälisches Landesmuseum für Kunst und Kulturgeschichte, Porträtarchiv Diepenbroick

Der Arzt Christoph Wilhelm Hufeland (1762–1836) wurde 1801 an die Berliner Akademie der Wissenschaften berufen. Mit seinen Veröffentlichungen über ›Die Kunst das menschliche Leben zu verlängern‹ (1797) begründete er die wissenschaftlich fundierte Altersheilkunde, die Geriatrie. Er gilt als der wichtigste Aufklärer innerhalb des gesamten Bereichs der medizinischen Wissenschaft.

5/9 Histoire de l'Academie Royale des Sciences et Belles Lettres depuis son origine jusqu'à présent
Jean Henri Samuel Formey

Berlin: Haude und Spener 1750
Berlin, Staatsbibliothek PK (4° Aa 2052)

5/10 Des Herrn Formey Entwurf aller Wissenschaften. Zum Gebrauche der Jünglinge, und aller die sich belehren wollen (Abb.)
Jean Henri Samuel Formey

Berlin: Joachim Pauli 1765–1772; Teil 1 und 7 mit Kupferstichen von Christian Benjamin Glassbach auf den Frontispizen: Bildnis des Samuel Formey; Formey im Studierzimmer
Berlin, Staatsbibliothek PK (A 5856)

5/11 Vorübungen zur Erweckung der Aufmerksamkeit und des Nachdenkens, Bd. 1
Johann Georg Sulzer

Berlin und Stettin: Friedrich Nicolai 1781
Berlin, FUB, Universitätsbibliothek (V 38/77/30621)

5/12 Andr. Siegm. Marggrafs Directors und Chymici der Königl. Preußischen Akademie der Wissenschaften und der Churmaynzischen Akademie nützlicher Wissenschaften ordentlichen Mitglieds Chymischer Schriften Theil 1 und 2
Andreas Siegismund Marggraf

Berlin: Arnold Wever 1767/68
Berlin, Staatsbibliothek PK (Mt 951)

Andreas Siegismund Marggraf (1709–1782) arbeitete bereits als Apotheker und Chemiker in Berlin, als er 1738 an die Akademie der Wissenschaften berufen wurde. Er übernahm 1754 die Leitung des chemischen Laboratoriums und 1760 auch das Direktorium der physikalischen Klasse der Akademie. Seine Entdeckung des Zuckergehaltes der Runkelrübe bildete den Ausgangspunkt für die Rübenzuckerindustrie, deren späterer Aufschwung ab 1786 von seinem Schüler Franz Carl Achard (1753–1821) in Kaulsdorf bei Berlin und seit 1801 in der ersten Rübenzuckerfabrik auf dem Gut Kunern in Schlesien vorbereitet wurde.

5/13 Beschreibung und Gebrauch einer auf den Horizont von Berlin entworfenen neuen Weltcharte in zween Hemisphären worauf die neuesten Entdeckungen angezeigt werden von J. E. Bode, Astronom der Königl. Academie der Wissenschaften und Mitglied der Gesellschaft Naturforschender Freunde zu Berlin
Johann Elert Bode

Berlin und Stettin: Friedrich Nicolai 1783
Berlin, FUB, Universitätsbibliothek (V 18 E 231/2)

5/15

5/14 Der Königl. Residentz Berlin schneller Wachsthum und Erbauung. In zweyen Abhandlungen erwiesen *Johann Peter Süßmilch*

Berlin: Haude und Spener 1752; darin: »Acht und dreyßigjährige Liste aller Verheyratheten, Getauften und Begrabenen, in der Residentz Berlin, worunter die Garnison und alle Arten Einwohner mit begriffen sind« (S. 31)
Berlin, Privatbesitz

Der Theologe Johann Peter Süßmilch (1707–1767) war seit 1742 Propst an der Petrikirche Cölln und Konsistorialrat in Berlin. Er gilt aufgrund seiner Veröffentlichungen über die Bevölkerungsentwicklung Berlins als Begründer der Demographie. Das Zahlenmaterial zu seinen Statistiken, an denen auch Leonhard Euler mitarbeitete, fand Süßmilch u. a. in den ihm zugänglichen kirchlichen Verzeichnissen. Er wurde 1745 in die Akademie der Wissenschaften aufgenommen.

5/15 Satirische Allegorie ›Rechenkunst‹ (Abb.) *Wilhelm Christian Meyer (Entwurf), KPM*

Berlin 1769; Porzellan, bemalt; H 30,5 cm
Berlin, Kunstgewerbemuseum, SMPK (38,23)

5/16 Figur der Arithmetik aus einem Tafelaufsatz *Wilhelm Christian Meyer (Entwurf), KPM*

Berlin 1770–1772; Porzellan, bemalt; H 42 cm
Berlin, Kunstgewerbemuseum, SMPK (95,101)

5/17 Die göttliche Ordnung in den Veränderungen des menschlichen Geschlechts, aus der Geburt, dem Tode und der Fortpflanzung desselben erwiesen, Teil 3 *Johann Peter Süßmilch*

Berlin: Verlag der Buchhandlung der Realschule 1776; darin: »Vier und dreyßigste Tabelle. Berlinische Krankheitsliste der Gestorbenen im Jahr 1774« (S. 51)
Berlin, Staatsbibliothek PK (584 500)

5/18 ›Berlinische privilegirte Zeitung‹, 3. Juli 1731, hg. von Johann Andreas Rüdiger

Berlin, Landesarchiv Berlin (Rep.240 Acc.3351 Nr.18)

5/20

Die ›Berlinische privilegirte Zeitung‹ erschien erstmals 1721 und wurde 1751 von dem Verleger Christian Friedrich Voß übernommen. Unter dem Namen ›Vossische Zeitung‹, der allerdings erst 1911 offiziell wurde, war sie bis in das 20. Jahrhundert eine der angesehensten Tageszeitungen Berlins.

5/19 ›Berlinische Nachrichten von Staats- und gelehrten Sachen‹, 10. Oktober 1741

Berlin, Verwaltung der Staatl. Schlösser und Gärten, Schloß Charlottenburg

Die ›Berlinischen Nachrichten‹ erschienen seit 1740 im Verlag des Buchhändlers Haude, später wurde das Blatt nach dem 1748 eingetretenen zweiten Verleger Johann Carl Spener, etwas vereinfachend, ›Spenersche Zeitung‹ genannt.

5/20 Büste des Friedrich Nicolai (Abb.) *Gottfried Schadow*

Bronzereplik (Original 1798); H 51 cm
Berlin, Berlin Museum

Friedrich Nicolai (1753–1811) war Mittelpunkt und Organisator der Berliner Aufklärung. Selbst Autor zahlreicher aufklärerischer Werke, veröffentlichte er in seinem Verlag auch Schriften seiner Freunde Lessing und Mendelssohn, Abhandlungen zur bürgerlichen Allgemeinbildung sowie wissenschaftliche Fachliteratur der Akademiemitglieder.

5/22

5/21 Büste des Gotthold Ephraim Lessing
Ernst Friedrich August Rietschel

Gipsabguß (Original Mitte 19. Jh.), H 64 cm
Berlin, Gipsformerei, SMPK (4972)

Der Dichter und Philosoph Gotthold Ephraim Lessing (1729–1781) lebte zwischen 1748 und 1767 mit einigen Unterbrechungen in Berlin, schrieb für die ›Berlinische privilegirte Zeitung‹ und die von Friedrich Nicolai herausgegebenen Zeitschriften literaturkritische Beiträge und gab der deutschen Aufklärung wesentliche Impulse.

5/22 Büste des Moses Mendelssohn (Abb.)
Jean Pierre Antoine Tassaert

1906 (Original 1785); vergoldete Bronzereplik, H 50 cm
Hamburg, Hamburger Kunsthalle

Moses Mendelssohn (1729–1786) war einer der wichtigsten Vertreter der deutschen Aufklärung. Seine Veröffentlichungen zu Fragen der Ästhetik, der Moral, des Glaubens und der jüdischen Emanzipation fanden durch zahlreiche Übersetzungen auch im Ausland große Verbreitung.

5/23 ›Briefe, die Neueste Literatur betreffend‹, hg. von Gotthold Ephraim Lessing, Moses Mendelssohn und Friedrich Nicolai, Teil 3 in Bd. 1

Berlin: Friedrich Nicolai 1759
Berlin, Staatsbibliothek PK, Musikabteilung mit Mendelssohn-Archiv (Zsn 22351)

5/24 ›Allgemeine Deutsche Bibliothek‹, hg. von Friedrich Nicolai, Bd. 1

Berlin und Stettin: Friedrich Nicolai 1765
Berlin, Staatsbibliothek PK, Musikabteilung mit Mendelssohn-Archiv (Zsn 22350)

Mit der ›Allgemeinen Deutschen Bibliothek‹ begründete Friedrich Nicolai 1765 eine Rezensionszeitschrift für die gesamte deutsche Literatur. Während der 40jährigen Erscheinungsdauer wurden insgesamt etwa 80000 Titel angezeigt bzw. rezensiert. Ende der siebziger Jahre genoß die ›ADB‹ das höchste Ansehen und erreichte eine Auflage von 2500 Exemplaren.

5/25 ›Verzeichniß einer Handbibliothek der nützlichsten deutschen Schriften zum Vergnügen und Unterricht, ... welche um beygesetzte Preise zu haben sind bey Friedrich Nicolai Buchhändler zu Berlin ...‹

Berlin 1787
Berlin, Staatsbibliothek PK, Musikabteilung mit Mendelssohn-Archiv (167845)

5/26 Beschreibung der Königlichen Residenzstädte Berlin und Potsdam, aller daselbst befindlichen Merkwürdigkeiten, und der umliegenden Gegend, Bd. 1–3
Friedrich Nicolai

3. Aufl., Berlin: Friedrich Nicolai 1786 (Erstaufl. 1769)
Berlin, Staatsbibliothek PK, Handschriften-abteilung (Bibl.Varnhagen 1250–1252 R)

Über seine Arbeit an dieser dritten Auflage der ersten umfassenden Darstellung der Stadt Berlin berichtet Nicolai in der ›Vorrede‹: »Ich habe in meinem Fleiße nicht nachgelassen. Seit der vorigen Ausgabe, hatte ich beständig Materialien zu der neuen Ausgabe gesammelt, hatte alle Veränderungen angemerkt, hatte mehrere Monate lang auf dem K. Archive gearbeitet ... indessen darf ich wohl ohne Ruhmredigkeit sagen, daß noch bis jetzt die Geschichte keiner großen Stadt Deutschlands so genau und archivarisch ist untersucht worden, als von mir die Geschichte Berlins.«

5/27 Ueber meine gelehrte Bildung, über meine Kenntniß der kritischen Philosophie und meine Schriften, dieselbe betreffend, und über die Herren Kant, J. B. Erhard und Fichte
Friedrich Nicolai

Berlin und Stettin: Friedrich Nicolai 1799
Berlin, Staatsbibliothek PK, Handschriften-abteilung (Av 3596 R)

5/42

5/28 Philosophische Abhandlungen. Größtentheils vorgelesen in der Königlichen Akademie der Wissenschaften zu Berlin, Bd. 1 u. 2
Friedrich Nicolai
Berlin und Stettin: Friedrich Nicolai 1808
Berlin, Staatsbibliothek PK (Nh 5112)

5/29 Wie die Alten den Tod gebildet
Gotthold Ephraim Lessing
Berlin: Christian Friedrich Voß 1769
Berlin, Staatsbibliothek PK, Handschriftenabteilung (Nw 3436 R)

5/30 Nathan der Weise. Ein Dramatisches Gedicht, in fünf Aufzügen
Gotthold Ephraim Lessing
Berlin: Christian Friedrich Voß 1779
Berlin, Staatsbibliothek PK, Handschriftenabteilung (Yr 1613a R)

5/31 Philosophische Schriften, Teil 1
Moses Mendelssohn
Verb. Aufl., Berlin: Christian Friedrich Voß 1771
Berlin, Staatsbibliothek PK, Musikabteilung mit Mendelssohn-Archiv (168205–1)

5/32 ›Lettres juives du célèbre Mendels-Sohn philosophe de Berlin‹
Moses Mendelssohn
Frankfurt und La Haye: La Compagnie 1771
Berlin, Staatsbibliothek PK, Musikabteilung mit Mendelssohn-Archiv (168295)

5/33 Lettere Filosofiche di Moisè Mendelssohn. Sui Sentimenti o sia Sulla Natura del Piacere
Moses Mendelssohn
Triest: Torricella 1797
Berlin, Staatsbibliothek PK, Musikabteilung mit Mendelssohn-Archiv (168216)

5/44

5/34 Ueber die Hauptgrundsätze der schönen Künste und Wissenschaften
Moses Mendelssohn
Berlin 1777
Berlin, Staatsbibliothek PK, Musikabteilung mit Mendelssohn-Archiv (168217)

5/35 Verhandeling over het verhevene en naive in de fraeje wetenschappen
Moses Mendelssohn
Utrecht: de Waal 1774
Berlin, Staatsbibliothek PK, Musikabteilung mit Mendelssohn-Archiv (168218)

5/36 Phädon oder über die Unsterblichkeit der Seele, in drey Gesprächen
Moses Mendelssohn
4. Aufl., Berlin und Stettin: Friedrich Nicolai 1776 (Erstaufl. 1767)
Berlin, Staatsbibliothek PK (Nq 9468)

5/37 Phédon, ou entretiens sur la spiritualité et immortalité de l'âme
Moses Mendelssohn
Paris: Saillant 1772
Berlin, Staatsbibliothek PK, Musikabteilung mit Mendelssohn-Archiv (168254)

5/38 Fedone, ossia della spiritualità ed immortalità dell'anima
Moses Mendelssohn
Venezia: Traduttore 1806
Berlin, Staatsbibliothek PK, Musikabteilung mit Mendelssohn-Archiv (168263)

5/39 Jerusalem, oder über religiöse Macht und Judenthum
Moses Mendelssohn
Berlin: Friedrich Maurer 1783
Berlin, Staatsbibliothek PK, Musikabteilung mit Mendelssohn-Archiv (168342)

5/40 Ueber die bürgerliche Verbesserung der Juden, Teil 1 u. 2
Christian Wilhelm Dohm
Neue verb. Aufl., Berlin und Stettin: Friedrich Nicolai 1783 (Erstaufl. 1781)
Berlin, Staatsbibliothek PK, Musikabteilung mit Mendelssohn-Archiv (168330)

Dieses Werk, in dem erstmalig das politische Programm der rechtlichen Gleichstellung und der gesellschaftlichen Integration der Juden entwickelt und historisch-systematisch begründet wurde, stand am Beginn der europäischen Diskussion über die Emanzipation der Juden.

5/41 Ueber Moses Mendelssohn. Ueber die bürgerliche Verbesserung der Juden und insbesondere über die zum Besten derselben 1753 in England vorgefallene Veränderung. Vom Grafen Mirabeau
Honoré Gabriel Riqueti, Comte de Mirabeau
Aus dem Französischen mit Anm., Berlin: Friedrich Maurer 1787
Berlin, Staatsbibliothek PK, Musikabteilung mit Mendelssohn-Archiv (HB MA 167988)

5/42 ›Geheimniße der Freymäurer, deren Sitten und Gebräuche bey ihren Versammlungen und Aufnehmen der Brüder, Diener, Lehrlinge, Gesellen, Meister, u: Obermeister‹ (Abb.)
1766; auf dem Frontispiz einige in Kupfer gestochene Freimaurerzeichen
Berlin, Staatsbibliothek PK (Nb 5052)

5/43 ›Almanach oder Taschen-Buch für die Brüder Freymäurer der vereinigten Deutschen und Schwedischen Logen auf das Jahr Christi 1778‹
Darin: Verzeichnis der »wirklich arbeitenden Freymäurer-Logen der drey ersten Grade«
Berlin, Staatsbibliothek PK (Nb 4525–1778)

5/51

5/44 Freimaurer (Abb.)
Samuel Gottlieb Poll (Entwurf), KPM

Berlin 1770/71; Porzellan, H 19,5 cm
Berlin, Kunstgewerbemuseum, SMPK (99,440)

5/45 ›Berlinische Monatsschrift‹, hg. von Friedrich Gedike und Johann Erich Biester, Bd. 1

Berlin: Johann Friedrich Unger 1783; auf dem Frontispiz ein in Kupfer gestochenes Bildnis des aufklärungsfreundlichen Staatsministers Karl Abraham Freiherr von Zedlitz
Berlin, Geheimes Staatsarchiv PK (Bibl.19a 234–1)

5/46 Bildnis des Friedrich Gedike
Johann Daniel Laurens nach Anton Graff

Kupferstich, 12,7×8,9 cm (Plr.)
Münster, Westfälisches Landesmuseum für Kunst und Kulturgeschichte, Porträtarchiv Diepenbroick

5/47 Praktischer Beitrag zur Methodik des öffentlichen Schulunterrichts
Friedrich Gedike

Berlin: August Mylius 1781
Berlin, FUB, Universitätsbibliothek (38/80/14332⟨5⟩5/60)

5/48 Bildnis des Johann Erich Biester, »Königl. Preuss. Erster Bibliothekar zu Berlin, Mitglied der Akademie der Wissenschafften«
Johann Daniel Laurens

Kupferstich, 16,5×9,8 cm (Plr.)
Münster, Westfälisches Landesmuseum für Kunst und Kulturgeschichte, Porträtarchiv Diepenbroick

5/49 ›Berlinisches Journal für Aufklärung‹, hg. von Andreas Riem und Gottlob Nathanael Fischer, Bd. 1

Berlin 1788
München, Bayer. Staatsbibliothek München

5/50 Ueber Aufklärung. Ob sie dem Staate – der Religion – oder überhaupt gefährlich sey, und seyn könne? Ein Wort zur Beherzigung für Regenten, Staatsminister und Priester
Andreas Riem

Berlin 1788
Berlin, Staatsbibliothek PK (Fb 13 057)

5/51 Henriette Herz als Hebe (Abb.)
Anna Dorothea Therbusch

1778; Öl/Lw., 75×59 cm; bez. u. l.: A. D. Therbusch née Liszewska. Peintre du Roi 1778
Berlin, Nationalgalerie, SMPK

Henriette Herz (1764–1847), Tochter des jüdischen Arztes Benjamin de Lemos, wurde bereits im Alter von fünfzehn Jahren mit dem Arzt und Mendelssohn-Schüler Marcus Herz verheiratet. Mitte der achtziger Jahre begründete sie den ersten der berühmten Berliner Salons, und ihr Haus wurde gesellschaftlicher Mittelpunkt für Künstler, Schriftsteller, Diplomaten und Gelehrte.

5/52 Bildnis der Dorothea Schlegel
Anton Graff

Öl/Lw., 44×37 cm
Berlin, Nationalgalerie, SMPK

Die älteste Tochter Moses Mendelssohns, Dorothea (1763–1839), seit 1783 in erster Ehe mit dem Bankier Simon Veit verheiratet, war eine enge Freundin von Henriette Herz und häufiger Gast in deren Salon. Dort lernte sie auch Friedrich Schlegel kennen, den sie 1804 heiratete. Schlegel gab 1801 ihren Roman ›Florentin‹ heraus, ohne die Autorin zu nennen.

5/53 Bildnis des jungen Alexander von Humboldt
C. V. Normand nach Franz Gerard

1795; Radierung, 28,1×21,2 cm (Plr.)
Münster, Westfälisches Landesmuseum für Kunst und Kulturgeschichte, Porträtarchiv Diepenbroick

5/54 Bildnis des jungen Friedrich Schleiermacher
Johann Heinrich Lips

Um 1792; Kupferstich, 17,1×10,8 cm (Plr.)
Münster, Westfälisches Landesmuseum für Kunst und Kulturgeschichte, Porträtarchiv Diepenbroick

5/55 Lesendes Paar
Johann Gottfried Glume

1749; Kupferstich, 12,4×11,6 cm (Plr.)
Coburg, Kupferstichkabinett der Kunstsammlungen der Veste Coburg (III fol.189,3)

5/59

5/56 Schreibende Frau
Daniel Chodowiecki

Kupferstich, aus: Christian Felix Weiße, Briefwechsel der Familie des Kinderfreundes, Leipzig 1784; 7×8 cm (Plr.)
Coburg, Kupferstichkabinett der Kunstsammlungen der Veste Coburg (IV 71–3060)

5/57 Bildnis der Rahel Levin, verheiratete Varnhagen von Ense
Moritz Michael Daffinger zugeschr.

Lithographie, 44,9×30,8 cm
Frankfurt a. M., Freies Deutsches Hochstift, Frankfurter Goethe-Museum

Die ›Dachstube‹ der Rahel Levin (1771–1833) war neben dem Salon der Henriette Herz wichtigster Treffpunkt der literarisch interessierten Berliner Gesellschaft. Rahel wurde schon von zeitgenössischen Verehrern als die erste Frau gefeiert, die die »geistige Emancipation des Weibes« und die »gesellschaftliche Emancipation des Judenthums« in sich vereinte und in überzeugender Weise vertrat. Karl August Varnhagen von Ense, den sie 1814 geheiratet hatte, gab bereits 1833 ihre gesammelten Briefe heraus und machte sie so einem breiteren Publikum bekannt.

5/58 Bildnis des Louis Ferdinand, Prinz von Preußen
Heinrich Seyffert

Um 1800; Pastell/Lw., 30×21,5 cm
Berlin, Charlotte Bischoff

Prinz Louis Ferdinand, ein Neffe Friedrichs des Großen, zählte seit 1800 zu den regelmäßigen Gästen der Rahel Levin. Er galt als künstlerisch sehr begabt: der Generalleutnant der preußischen Armee war ausgebildeter Musiker und schuf auch eigene Klavierkompositionen.

5/59 Berliner Wohnzimmer des Klassizismus (Abb.)
Carl Friedrich Zimmermann

1816; aquarellierte Federzeichnung, 26,9×29,8 cm
Bremen, Kunsthalle Bremen

RAUM 6
DAS BÜRGERLICHE BERLIN

»Früher lebte Berlin vom Hofe, und es strömte meistens nur dahin, wessen Stellung oder Gewerbe davon besonders profitieren konnte ... Dieses alles hat sich geändert, und ungeachtet der Einwirkung des Residenzcharakters hat sich Berlin, namentlich seit der Entfesselung der Gewerbe, mehr noch seit dem Weltfrieden in einem erstaunlichen Umfange zu einer modernen Stadt, worin Erwerb, Konkurrenz, Handel und Industrie die Schlagadern bilden, entwickelt. Und so wächst es denn einer Größe und einer Zukunft entgegen, deren Gestalt gar nicht vermutet werden kann.« So schilderte Friedrich Saß 1846 die Entwicklung Berlins von der Residenzstadt des 17. und 18. Jahrhunderts zur expandierenden Großstadt Mitte des 19. Jahrhunderts. Die Jahre zwischen der französischen Besetzung 1806 bis 1808 und der Revolution von 1848 waren voller Gegensätze. Berlins Bürger lösten sich nur langsam aus ihrer Provinzialität und Ergebenheit gegenüber dem Königshaus, aber hier, in der Hauptstadt Preußens, sammelten sich auch, wie Saß schrieb, »alle Elemente, welche sich in dem preußischen Staate geltend machen und denselben zum Teil bewegen«. Und er fügte hinzu: »Eben durch die Vielseitigkeit der Interessen, durch das gegenseitige Anziehen und Abstoßen und den damit verbundenen Kampf bekommt das Berliner Leben seinen besonderen Reiz.«

Die Auflösung überkommener hierarchischer Strukturen und das neue bürgerliche Selbstbewußtsein, für die die Aufklärung im 18. Jahrhundert wichtige Voraussetzungen geschaffen hatte, spiegelten sich auch im äußeren Gesicht der Stadt. Neben das Schloß traten andere Mittelpunkte des städtischen Lebens. Die Straße Unter den Linden hatte seit der Mitte des 18. Jahrhunderts eine neue Bedeutung gewonnen. Friedrich der Große hatte im mittleren Bereich der Prachtstraße mit dem Forum Fridericianum und den dazugehörenden Bauten – Opernhaus, Hedwigskirche, Bibliothek und Prinz-Heinrich-Palais – eine weitläufige repräsentative Platzanlage geschaffen. Später erhielt sie architektonisch markante Anfangs- und Endpunkte: das Brandenburger Tor, das Carl Gotthard Langhans in den Jahren 1788 bis 1791 nach dem Vorbild der Athener Propyläen errichtete, und die von Karl Friedrich Schinkel entworfene und 1821 bis 1824 erbaute Schloßbrücke, durch die die sogenannte Hundebrücke, die bisher die Straße Unter den Linden mit dem Lustgarten verbunden hatte, ersetzt wurde. Die Schloßbrückenfiguren, die zu Schinkels Entwurf gehörten, wurden allerdings erst 1857 aufgestellt.

Die alljährlich stattfindenden Paraden Unter den Linden boten dem Militär wie auch den Honoratioren der Stadt Gelegenheit, sich vor glanzvoller Kulisse dem Publikum zu präsentieren. Zwei Parade-Bilder von Franz Krüger aus den Jahren 1830 und 1839 sind berühmt geworden, weil der Maler auf ihnen zahlreiche Personen von Rang und Namen im Porträt festgehalten hat. Auch das Parade-Bild von Antonio Schrader, gemalt 1817 bis 1819, vermittelt einen stimmungsvollen Eindruck von einem dieser Höhepunkte des öffentlichen Lebens in der Residenzstadt.

Das Brandenburger Tor hat im Laufe der letzten 200 Jahre unzählige Militäraufmärsche erlebt. Nach der Niederlage des preußischen Heeres gegen die französischen Truppen bei Jena und Auerstedt, von der die Berliner am 17. Oktober 1806 durch Maueranschläge erfuhren, zog Napoleon am 27. Oktober durch das Brandenburger Tor ein und ließ sich auf dem ›Quarré‹ von Mitgliedern des Magistrats die Schlüssel der Stadt überreichen – über zwei Jahre lang blieb Berlin unter französischer Besetzung. Viele Berliner, vor allem leitende Staatsbeamte, große Teile des Adels und des reichen Bürgertums, hatten die Stadt zuvor fluchtartig verlassen; König Friedrich Wilhelm III. begab sich nach Ostpreußen. Das unter französischer Kontrolle stehende ›Comité administratif‹, ein Kollegium aus sieben Bürgern, übernahm die Verwaltung der Stadt. Die zweisprachigen Verordnungen und Dokumente bezeugen den Ausnahmezustand, in dem sich Berlin befand. Die Stadt hatte schwere Kriegslasten zu tragen, Armut und Hunger breiteten sich aus.

In dieser Zeit allgemeiner Niedergeschlagenheit, im Winter 1806/07, hielt Johann Gottlieb Fichte im Akademiegebäude die ›Reden an die deutsche Nation‹, die nicht nur in Berlin begeistert aufgenommen wurden. Er ermunterte seine Zuhörer, den Mut nicht sinken zu lassen und das Vertrauen in das Vaterland nicht zu verlieren, und er forderte die Erneuerung und Stärkung nationaler Werte durch eine Reform des Erziehungswesens.

Obwohl Ende 1808 die letzten französischen Einheiten abgezogen waren, kehrte der König mit seinem Hof erst im Dezember 1809 nach Berlin zurück. Die 1808 im Rahmen der Steinschen Reformen erlassene und ein Jahr später in Berlin eingeführte Städteordnung schränkte die Eingriffsmöglichkeiten der Regierung in die Angelegenheiten der Stadt ein. Die neuen Organe städtischer Selbstverwaltung waren Magistrat und Stadtverordnetenversammlung.

1809 wurde Wilhelm von Humboldt als Leiter der Sektion Kultus und Unterricht ins Innenministerium berufen. Überzeugt von der Notwendigkeit einer Reform des preußischen Bildungswesens, nahm er die Schließung der Universität Halle durch Napoleon 1807 zum Anlaß, in Berlin 1810 eine neue Universität zu gründen: die – ab 1829 so genannte – Friedrich-Wilhelms-Universität.

Berlin erhielt seine Universität im Vergleich zu anderen europäischen Hauptstädten sehr spät, der Staat nutzte aber nun die Chance zu grundlegenden Reformen des Universitätswesens. Den alten Vorstellungen von einer Lehranstalt, in der nur festgeschriebene Lerninhalte vermittelt wurden, stellte Humboldt das Prinzip der Einheit von Forschung und Lehre und der Lehr- und Lernfreiheit entgegen. Es gelang ihm darüber hinaus, eine große Zahl hervorragender Gelehrter für die neue Universität zu gewinnen. Seit Georg Wilhelm Friedrich Hegel 1818 den Lehrstuhl des 1814 verstorbenen Fichte übernommen hatte, zählte die Universität den bedeutendsten Philosophen der Zeit zu ihren Professoren. Weitere herausragende Wissenschaftler, die einem Ruf nach Berlin folgten, waren der Rechtsgelehrte Friedrich Carl von Savigny, die Philologen August Boeckh und Karl Lachmann und 1834 der Historiker Leopold (von) Ranke, der mit seinen Forschungen neue Maßstäbe für die Geschichtswissenschaft setzte. In den vierziger Jahren kamen auch die Brüder Jacob und Wilhelm Grimm, die ihre Professuren an der Universität Göttingen aus politischen Gründen verloren hatten, nach Berlin, allerdings nicht an die Universität, sondern an die Akademie.

Der bedeutendste Vertreter der Naturwissenschaft war Alexander von Humboldt, der seit 1827 in der Singakademie vor über 1000 Zuhörern Privatvorlesungen hielt. 1828 fand in Berlin unter seinem Vorsitz ein Kongreß statt, an dem 600 Naturforscher aus ganz Deutschland teilnahmen. Die Vorlesungen Humboldts wurden auch von Frauen und Angehörigen des Hofes besucht und galten als gesellschaftliches Ereignis.

Aufgrund der Karlsbader Beschlüsse vom September 1819 wurden in Berlin wie in anderen deutschen Städten und Ländern die Zensurmaßnahmen verschärft. Staatsfeindliche Äußerungen waren verboten, Studenten und Professoren wurden strikt überwacht, eine Neuauflage von Fichtes ›Reden an die deutsche Nation‹ beispielsweise wurde untersagt. Auch in den Zeitungen erschienen nur noch gelegentlich zeitkritische Artikel. Das politische Interesse der Bürger wurde mehr und mehr erstickt. Man zog sich zurück ins Privatleben oder entdeckte eine neue Leidenschaft: das Berliner Musik- und Theaterleben.

Das Königliche Opernhaus stand seit 1820 unter der Leitung des italienischen Komponisten und Dirigenten Gaspare Spontini. Seine Inszenierungen waren sehr aufwendig – vor allem die seiner eigenen Werke –, während die Opern von Mozart, Spohr und anderen deutschen Komponisten eher vernachlässigt wurden. Am 14. Mai 1821 fand die deutsche Premiere seiner Oper ›Olimpia‹ statt. Das Libretto war von E. T. A. Hoffmann aus dem Französischen übersetzt worden, die Bühnenbilder hatte Karl Friedrich Schinkel entworfen. Ein Heer von Musikern, Chorsängern und Statisten war an der Aufführung beteiligt, die insgesamt 28 000 Taler kostete. Das Publikum reagierte begeistert. Nur wenige Wochen später, am 18. Juni 1821, erlebte Carl Maria von Webers romantisches Singspiel ›Der Freischütz‹ unter der Leitung des Komponisten im Berliner Schauspielhaus seine Uraufführung. Es wurde ebenfalls ein durchschlagender Erfolg; die Berliner pfiffen die ›Freischütz‹-Melodien auf der Straße. Damit war die Vormachtstellung der italienischen Oper erstmals gebrochen, zu der festen Anstellung, die sich Weber in Berlin erhofft hatte, kam es jedoch nicht.

Ein weiteres bedeutendes Musikereignis war die Wiederaufführung der lange verschollenen Matthäuspassion von Johann Sebastian Bach am 11. März 1829 durch die Berliner Singakademie. Seit 1800 leitete Carl Friedrich Zelter diese Vereinigung singender Dilettanten, die 1791 von Carl Friedrich Christian Fasch gegründet worden war. 1827 erhielt die Singakademie Unter den Linden hinter der Neuen Wache ein eigenes Konzertgebäude. Zelter hatte eine Aufführung der Passion für unmöglich gehalten, wurde aber durch den Opernsänger Eduard Devrient und den Komponisten Felix Mendelssohn-Bartholdy vom Gegenteil überzeugt; Mendelssohn-Bartholdy übernahm die Leitung der Aufführung. Mit ihrem Erfolg begann die Wiederentdeckung der sakralen Musik Bachs.

Das Berliner Publikum verehrte seine Künstler – so die Sängerin Henriette Sontag, die ›göttliche Jette‹, deren Auftritte im Königstädtischen Theater zu den Sensationen des Opernlebens gehörten, oder den Schauspieler Ludwig Devrient, den der Generaldirektor der Schauspiele, August Wilhelm Iffland, nach Berlin geholt hatte. Devrient wurde als Darsteller von König Lear, Falstaff, Franz Moor und anderen Charakterrollen berühmt; nicht zuletzt ihm verdankte Berlin im frühen 19. Jahrhundert seinen Ruf als Theaterstadt. 1817 brannte das erst 1802 von Carl Gotthard Langhans errichtete Schauspielhaus am Gendarmenmarkt bis auf die Grundmauern ab. Daraufhin wurde Karl Friedrich Schinkel mit einem Neubau beauftragt. Der König verlangte ein »harmonisches Äußeres«, Schinkel selbst legte Wert auf die »Zweckmäßigkeit des Inneren in betreff des guten Hörens und Sehens«, auf Schönheit, Feuersicherheit und Sparsamkeit. Am 26. Mai 1821 wurde das Theater mit Goethes ›Iphigenie auf Tauris‹ eröffnet.

Unterdessen beschäftigte sich Schinkel bereits mit der Planung eines Museumsgebäudes, das am Lustgarten errichtet werden sollte. Erstmals 1798 war der Gedanke entwickelt worden, die in den verschiedenen königlichen Sammlungen verstreuten Kunstschätze unter einem gemeinsamen Dach dem Publikum zugänglich zu machen. Später wurde Wilhelm von Humboldt einer der stärksten Fürsprecher dieses Vorhabens. 1825 fand die Grundsteinlegung statt, die Eröffnung wurde zusammen mit dem 60. Geburtstag des Königs am 3. August 1830 gefeiert. Die Sammlung antiker Skulpturen beanspruchte das gesamte Erdgeschoß, in den sieben Sälen des Obergeschosses wurden nahezu 2000 Bilder ausgestellt.

Die seit 1786 regelmäßig stattfindenden Akademie-Ausstellungen boten dem Berliner Publikum Gelegenheit, die Werke zeitgenössischer Künstler zu begutachten. Johann Gottfried Schadow, der seine größten Erfolge als Bildhauer bereits Ende des 18. Jahrhunderts hatte (Quadriga mit der Viktoria auf dem Brandenburger Tor, 1793; Doppelstandbild der Prinzessinnen Luise und Friederike, 1797), war ab 1815 für 34 Jahre Direktor der Königlichen Akademie der Künste. Der junge Maler Adolph (von) Menzel fand erste Beachtung, als er die Illustrationen zu Franz Kuglers ›Geschichte Friedrichs des Großen‹ (1839–1842) lieferte.

Auch wenn die Maler häufig Motive der städtischen Lebenswelt wählten, beispielsweise die Leipziger Straße, einen Hofeingang, eine Berliner Küche, ein Wohnzimmer, zeigen die Bilder in der Regel eine biedermeierliche Idylle. Die Alltagswirklichkeit sah anders aus. Vor allem die mangelhaften hygienischen Verhältnisse machten auch den wohlsituierten Bürgern zu schaffen und waren ein ständiger Gefahrenherd. Sie begünstigten Krankheiten und Epidemien wie die Cholera. Auf jedem Hof befanden sich ein Brunnen und eine Senkgrube für Abwässer und Exkremente, »aber die Anlagen waren fast überall so verständnisinnig eingerichtet«, berichtet der Chronist Hugo Wauer, »daß die ausgegossenen Abwässer nicht in die Senkgrube liefen, sondern durch den Abflußkanal, der sich in der Mitte eines jeden Hausflurs und unter dem Bürgersteig hinzog und sich dann in den Straßenrinnstein ergoß ... Die besseren Wohnungen hatten ihre Klosetträume – aber ohne Abfluß«.

Das gesellige Leben spielte sich zumeist im häuslichen Rahmen ab, aber es gab auch zahlreiche Kaffeegärten, Weinstuben und Tanzlokale. Beliebt waren vor allem die Konditoreien, da man dort auswärtige und ausländische Zeitungen und Zeitschriften studieren konnte. Während sich im Kranzler Unter den Linden die Gardeleutnants und ›Dandys‹ trafen, verkehrten im Café Stehely am Gendarmenmarkt hauptsächlich Künstler, politisch engagierte Schriftsteller und Universitätsangehörige.

L. K.

6/1 Anschlag des stellvertretenden Gouverneurs von Berlin, Graf von der Schulenburg-Kehnert, nach der Niederlage von Jena und Auerstedt, Berlin, 17. Oktober 1806, mit dem Aufruf: »Jetzt ist Ruhe die erste Bürgerpflicht«

15×18 cm
Berlin, Landesarchiv Berlin (Rep.240 Acc.371 Nr.2)

6/2 Einzug der französischen Truppen durch das Brandenburger Tor in Berlin am 27. Oktober 1806
Edme Bovinet nach Jacques Swebach

Kolorierte Radierung, 25×38 cm
Berlin, Landesarchiv Berlin (Rep.250 Acc.2665 Nr.2)

6/3 Tagesbefehl, die Verpflegung französischer Soldaten in Bürgerquartieren betreffend, 8. November 1806

Französisch und deutsch; 34,8×19,2 cm
Berlin, Landesarchiv Berlin (Rep.240 Acc.573 Nr.24)

6/4 Vergleichstabelle der brandenburgischen und französischen Maße und Gewichte, Berlin, 11. Juni 1807

Faksimile, 35×40,5 cm
Berlin, Geheimes Staatsarchiv PK (PrBr Rep.8 Prenzlau Nr.610)

6/5 Tages-Logement ›Place de Berlin‹, 29. August 1808

9,3×16,5 cm
Berlin, Landesarchiv Berlin (Rep.240 Acc.2154 Nr.2)

Das Dokument autorisierte den Magistrat von Berlin, französischen Soldaten Unterkunft zu beschaffen.

6/6 Ansicht des Brandenburger Tores

Aquarellierte Federzeichnung, 44,5×57,5 cm
Berlin, Verwaltung der Staatl. Schlösser und Gärten, Schloß Charlottenburg, Plankammer

Die von Gottfried Schadow entworfene Quadriga war auf Anordnung Napoleons im Dezember 1806 vom Brandenburger Tor genommen und zusammen mit anderen Kunstwerken nach Paris geschafft worden. Die Rückführung der zwischenzeitlich im Louvre untergebrachten Skulpturengruppe im Frühjahr 1814 glich einem Triumphzug. Anläßlich der Wiederaufstellung und zur Erinnerung an den Frieden von Paris wurde das im ersten Drittel des 18. Jahrhunderts angelegte ›Quarré‹ im August 1814 in ›Pariser Platz‹ umbenannt.

6/7 ›Der Pariser Platz mit der Aussicht nach den Linden‹
Laurens und Dietrich nach Friedrich A. Calau

Kolorierte Radierung und Aquatinta, 18,4×22,7 cm (Plr.)
Berlin, Berlin Museum

6/8 ›Ansicht von den Linden nach den Königl. Schlosse zu Berlin‹
Friedrich August Schmidt nach Friedrich A. Calau

Kolorierte Radierung, 17×23,6 cm (Plr.)
Berlin, Berlin Museum

6/9 ›Die besetzte Bank unter den Linden‹
Karl Weindauer

Um 1822; Lithographie, 26×42,5 cm (Blgr.)
Berlin, Kunstbibliothek, SMPK (Sign.77.26 Lipp)

6/10 ›Fashionable Eisesser‹ (Offiziere und ›Dandys‹ auf der Terrasse der Konditorei Kranzler Unter den Linden)
Baron von Knaller

1848; Lithographie, 33×44 cm
Berlin, Kunstbibliothek, SMPK (Sign.1951,2 Lipp)

6/11 ›Palais Seiner Hochgeborenen des Grafen von Redern‹
E. A. Barth

1829; Gouache, 38,2×47,8 cm; bez. u. l.: Deß. et peint d'apres Nature par E. A. Barth
Berlin, Verwaltung der Staatl. Schlösser und Gärten, Schloß Charlottenburg, Plankammer

6/12 Parade unter den Linden (Abb.)
Antonio Schrader

1817–1819; Öl/Lw., 189×251 cm; bez.: A: Schrader pinx: Anf. 17 Nobr 1817 – Ende 7 Jan 1819
Berlin, Verwaltung der Staatl. Schlösser und Gärten

6/12

6/13 ›Grundriss von Berlin‹ (Abb.)

Jean Chrétien Selter

1841; kolorierter Kupferstich, 73×96 cm
Berlin, Staatsbibliothek PK, Kartenabteilung (Kart. 18886)

6/14 Medaillon mit dem Bildnis Wilhelm von Humboldts, von einem Putto gehalten

Bildnis nach einer Zeichnung von Franz Krüger (um 1828); Gips, 50×60×40 cm
Berlin, Ulrich von Heinz

Wilhelm von Humboldt (1767–1835) war der entscheidende Initiator bildungspolitischer Reformen in Preußen. Nachdem er elf Jahre im Ausland gelebt hatte – davon sieben Jahre als preußischer Gesandter in Rom –, wurde er 1809 zum Leiter der Sektion Kultus und Unterricht im preußischen Innenministerium ernannt. Er setzte die Gründung der Berliner Universität durch und entwickelte die Grundgedanken der Universitätsreform und des humanistischen Bildungswesens. Auch nach seinem Rücktritt im Frühjahr 1810 blieb er kulturpolitisch engagiert und beteiligte sich u. a. maßgeblich an Planung und Aufbau des (ersten) Berliner Museums am Lustgarten.

6/15 ›Das gelehrte Berlin‹ (W. von Humboldt, Hufeland, A. von Humboldt, Hegel, Ritter, Neander, Schleiermacher)

Julius Schoppe

Lithographie, 49,2×32,7 cm
Berlin, Berlin Museum

6/16 ›Das gelehrte Berlin. II‹ (Lichtenstein, Weiß, Erman, Linck, Savigny, Marheineke)

Loeillot de Mars

Lithographie, 50×35,5 cm
Berlin, Staatsbibliothek PK, Musikabteilung mit Mendelssohn-Archiv (Mendelssohn-Archiv)

6/17 ›Das gelehrte Berlin. III‹ (Horn, Poselger, Heim, Boeckh, Hitzig, Mitscherlich, von Graefe)

Wilhelm Devrient

Lithographie, 49×35 cm
Berlin, Staatsbibliothek PK, Musikabteilung mit Mendelssohn-Archiv (Mendelssohn-Archiv)

6/18 ›Portal der Universität zu Berlin‹

Eduard Gaertner

1829; Lithographie, 47×34,8 cm
Berlin, Berlin Museum

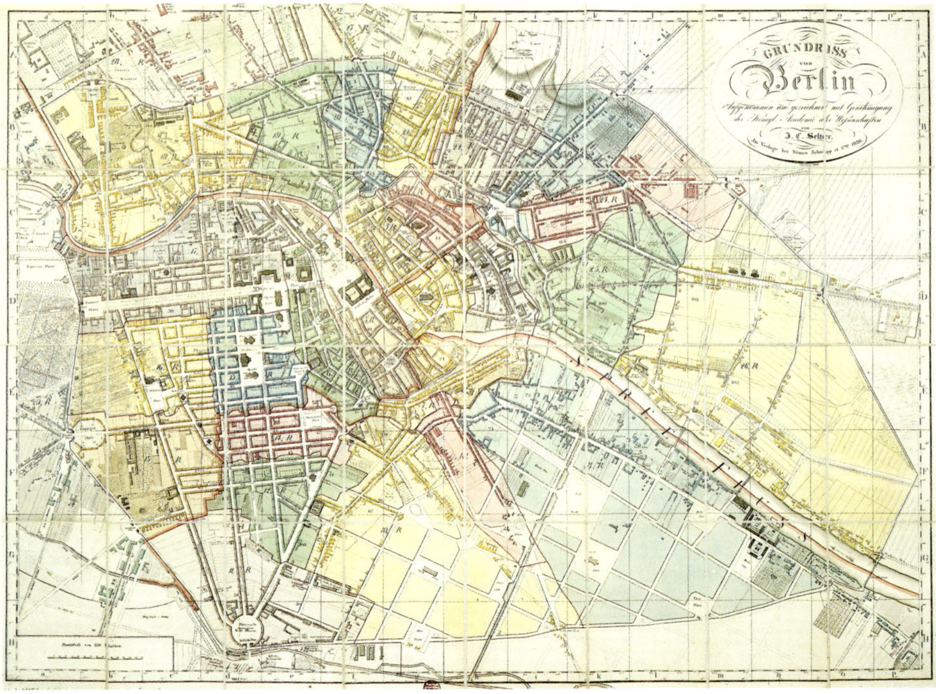

6/13

6/19 ›Das Universitäts-Gebäude zu Berlin‹

Friedrich August Schmidt nach Johann Hubert Anton Forst

Kolorierte Radierung, 17,2×23,5 cm (Plr.)
Berlin, Berlin Museum

6/20 Deducirter Plan einer zu Berlin zu errichtenden höhern Lehranstalt. Geschrieben im Jahre 1807

Johann Gottlieb Fichte

Stuttgart und Tübingen 1817
Berlin, Staatsbibliothek PK, Handschriftenabteilung (Ay 13 004 R)

6/21 Reden an die deutsche Nation

Johann Gottlieb Fichte

Berlin: Realschulbuchhandlung 1808
Berlin, Staatsbibliothek PK, Handschriftenabteilung (106 372 R)

6/22 Gelegentliche Gedanken über Universitäten in deutschem Sinn. Nebst einem Anhang über eine neu zu errichtende

Friedrich Schleiermacher

Berlin 1808
Berlin, Staatsbibliothek PK, Handschriftenabteilung (Ay 732 R)

6/23 Gesetze für die Studierenden auf der Universität zu Berlin, September 1810

Handschriftlicher Entwurf einer Studienordnung, 38×50 cm
Berlin, Geheimes Staatsarchiv PK (I.HA Rep.76 Nr.233 S.216)

6/24 Inskriptionsurkunde für den Studenten der Wirtschaftswissenschaften Philipp Nernst, 3. November 1811

Ausgestellt und unterzeichnet vom Rektor der Universität zu Berlin, Friedrich Carl von Savigny; 41×34,3 cm
Berlin, Landesarchiv Berlin (Rep.240 Acc.2127 Nr.3)

6/25 Wilhelm von Humboldt in seinem Arbeitszimmer im Schloß Tegel (Abb.)

Öl/Lw., 35,5×29,8 cm
Frankfurt a. M., Freies Deutsches Hochstift, Frankfurter Goethe-Museum (IV–1951–1)

Wilhelm von Humboldt verbrachte die Jahre nach seinem Rückzug aus dem Innenministerium (1810) als preußischer Gesandter in Wien und London, übernahm aber 1819 als Minister für ständische Angelegenheiten noch einmal ein leitendes politisches Amt in Berlin. Er setzte sich entschieden, aber vergeblich für die Schaffung einer Verfassung ein und stürzte über seinen Widerstand gegen die Karlsbader Beschlüsse. Als Privatgelehrter lebte er seitdem auf Schloß Tegel. Der Renaissancebau befand sich seit 1766 im Besitz der Familie Humboldt und wurde 1820 bis 1824 nach Plänen von Karl Friedrich Schinkel ausgebaut.

6/26 ›Schleiermacher's letzte Erbauungs-Predigt am 2ten Februar 1834‹

Lithographie, 34,7×23,9 cm
Münster, Westfälisches Landesmuseum für Kunst und Kulturgeschichte, Porträtarchiv Diepenbroick

Der evangelische Theologe und Philosoph Friedrich Schleiermacher (1768–1834) kam 1796 nach Berlin und übernahm zunächst für sechs Jahre eine Stelle als Hilfsprediger an der Charité. Nach einer Professur in Halle siedelte er 1807 endgültig nach Berlin über, wo er 1809 eine Predigerstelle an der Dreifaltigkeitskirche antreten konnte. Auf der Kanzel dieser Kirche hielt er die bedeutendsten und aufsehenerregendsten evangelischen Predigten Deutschlands. Schleiermacher war ein häufiger Gast im Salon der Henriette Herz und wurde ein enger Freund Wilhelm von Humboldts. Er nahm Einfluß auf die Gründung der Berliner Universität und wurde einer ihrer wichtigsten Professoren. Seit 1814 war er auch Sekretär der Akademie der Wissenschaften.

6/27 ›Hegel in seinem Arbeitszimmer‹
Julius Ludwig Sebbers

1828; Lithographie, 51×37 cm
Bochum, Hegel-Archiv an der Ruhr-Universität Bochum

Georg Wilhelm Friedrich Hegel (1770–1831) war der bedeutendste und einflußreichste Philosoph des 19. Jahrhunderts. Er war Rektor des Nürnberger Gymnasiums, bevor er 1816 an die Universität Heidelberg und schließlich 1818 an die Berliner Universität berufen wurde. Als wichtigstes Werk seiner Berliner Zeit veröffentlichte er 1821 die ›Grundlinien der Philosophie des Rechts oder Naturrecht und Staatswissenschaft im Grundrisse‹. Er definiert darin die ›bürgerliche Gesellschaft‹ und setzt sich mit dem Verhältnis von Staat und Individuum auseinander.

6/28 ›Alexander von Humboldt in seinem Arbeitszimmer‹ (Abb.)
Paul Grabow

6/25

Um 1845; Farblithographie, 25,5×36 cm; mit dem Vermerk: »Ein treues Bild meines Arbeitszimmers, als ich den zweiten Band des Kosmos schrieb«
Nürnberg, Germanisches Nationalmuseum, Kupferstichkabinett (Kapsel 1338a, HB 25382/ L3260)

Als Naturforscher und Geograph verbrachte Alexander von Humboldt (1769–1859) viele Jahre im Ausland: auf Forschungsreisen nach Südamerika, den Karibischen Inseln, Mexiko und den Vereinigten Staaten (1799–1804), auf einer Rußland-Expedition bis an die chinesische Grenze (1829) und in Paris, wo er seit 1808 zumeist lebte. 1827 kehrte er nach Berlin zurück, wo er vor großem Publikum seine Privatvorlesungen über physikalische Geographie hielt. Humboldt setzte sich seit 1827 erfolgreich für die Entwicklung der Naturwissenschaften und der naturwissenschaftlich fundierten Medizin in Berlin ein. Über seine Reisen berichtet er in dem 30 Bände umfassenden Werk ›Voyage aux régions équinoxiales du Nouveau Continent‹ (1805–1834), seine naturwissenschaftlichen Erkenntnisse veröffentlichte er u. a. im ›Kosmos‹ (5 Bände, 1845–1862).

6/29 Einladungskarte mit Umschlag an Joseph Mendelssohn »zur letzten Vorlesung, Donnerstag, den 27ten März 1828« über »Physikalische Geographie« im Gebäude der Singakademie
Alexander von Humboldt

Berlin, Staatsbibliothek PK, Handschriftenabteilung (Serie B I Nr.236, Nachlaß Fam. Mendelssohn)

6/28

6/30 Das Joachimsthalsche Gymnasium (Fassade an der Burgstraße)
Eduard Gaertner
1857; Aquarell, 20×30,5 cm; bez. u. l.:
E. Gaertner 1857
Berlin, Privatbesitz

Das Joachimsthalsche Gymnasium war neben dem Gymnasium zum Grauen Kloster eine der ältesten Lehranstalten Berlins. 1607 von Kurfürst Joachim Friedrich in Joachimsthal als Fürstenschule gegründet, wurde die Anstalt 1647 nach Berlin verlegt. Von 1717 bis 1880, bis zum Einzug in den Neubau im ›Neuen Westen‹ Berlins in der Kaiserallee (der heutigen Bundesallee), war die Schule in dem Gebäude an der Burgstraße untergebracht.

6/31 Arbeitszimmer des Direktors August Meineke im Joachimsthalschen Gymnasium (Abb.)
Eduard Gaertner
1857; Aquarell, 21×29 cm; bez. u. l.:
E. Gaertner fec: 1857
Berlin, Privatbesitz

6/32 ›Der Gensd'armesmarkt mit dem alten Schauspielhause‹
Laurens und Karl Friedrich Thiele nach Friedrich A. Calau
Radierung und Aquatinta, 18,8×22,9 cm (Plr.)
Berlin, Berlin Museum

6/33 Bildnis des August Wilhelm Iffland
Johann Heinrich Schröder
1803; Pastell, 36×29 cm
Köln, Universität zu Köln, Theatermuseum des Instituts für Theater-, Film- und Fernsehwissenschaft

Der Schauspieler und Dramatiker August Wilhelm Iffland (1759–1814) war von 1796 bis 1811 Direktor des Königlichen Nationaltheaters in Berlin, anschließend Generaldirektor der Königlichen Schauspiele. Unter seiner Leitung begann die Blütezeit des Berliner Theaters.

6/34 Das neue Schauspielhaus (Abb.)
Ludwig Eduard Lütke
Um 1840; Farblithographie, 28×39 cm
Berlin, Kupferstichkabinett, SMPK

6/35 Einfahrt in das Königliche Schauspielhaus
Eduard Gaertner
Um 1829; kolorierte Lithographie, 38,9×25,7 cm
Berlin, Berlin Museum

6/31

6/36 Jugendbildnis des Heinrich von Kleist

Um 1795; Öl/Lw., 38×31,5 cm
Berlin, Staatsbibliothek PK, Handschriftenabteilung (Nachlaß Kleist, Bildnis Nr.2)

Zu Lebzeiten Heinrich von Kleists (1777–1811) wurde keines seiner Dramen aufgeführt.

6/37 Theaterzettel der Königlichen Schauspiele für ›Das Käthchen von Heilbronn‹ von Heinrich von Kleist, Premiere am 21. April 1824

37,5×22,2 cm
Berlin, Landesarchiv Berlin (Rep.128 Acc.228 I Nr.8)

6/38 Bühnenbildentwurf für ›Das Käthchen von Heilbronn‹ von Heinrich von Kleist: ›Schlosshof auf Burg Turneck‹
Friedrich Christoph Dietrich nach Karl Friedrich Schinkel

Entworfen für eine 1816 geplante Aufführung, ausgeführt für die Premiere am 21. April 1824; aus: Sammlung von Theater-Dekorationen. Erfunden von Carl Friedrich Schinkel. XXXII Tafeln, Berlin 1874;
Aquatinta, 43,2×52 cm (Plr.)
Berlin, Berlin Museum

6/39 Friedrich Wilhelm III. in der Loge des Schauspielhauses
Theodor Hosemann nach Friedrich Hartmann von Witzleben

Lithographie, 21,1×17,8 cm
Berlin, Berlin Museum

6/40 Friedrich Wilhelm IV. in der Theaterloge sitzend »Zum Besten der nothleidenden Schlesischen Weber«
Theodor Hosemann nach Friedrich Hartmann von Witzleben

1846; Lithographie, 23,8×17,9 cm
Berlin, Berlin Museum

6/41 ›Opernplatz in Berlin‹
Friedrich Wilhelm Meyer nach Karl Friedrich Schinkel

Radierung, 22,4×29 cm (Plr.)
Berlin, Berlin Museum

6/42 ›Berliner Künstler – Musiker II‹ (Spontini, Rungenhagen, Mendelssohn-Bartholdy, Zelter, Wollank, Klein)
Eduard Devrient

Lithographie, 30,5×29,6 cm
Berlin, Berlin Museum

6/34

6/43 Bildnis des Gaspare Spontini
Friedrich Wilhelm Ternite
1830; Öl/Lw., 73×61 cm; bez.: W Ternite pinxt: 1830
Berlin, Verwaltung der Staatl. Schlösser und Gärten, Jagdschloß Grunewald

Der italienische Komponist Gaspare Spontini (1774–1851) leitete seit 1820 das Berliner Opernhaus. Er wurde 1842 von Giacomo Meyerbeer abgelöst.

6/44 Theaterzettel der Königlichen Schauspiele für die Premiere der Oper ›Olimpia‹ von Gaspare Spontini, 14. Mai 1821
36×23 cm
Berlin, Staatsbibliothek PK (2 Yp 4824/2100)

6/45 Bühnenbildentwurf für die Oper ›Olimpia‹, erster Akt (Erstaufführung im Berliner Opernhaus 1821)
Friedrich Jügel nach Karl Friedrich Schinkel
Aquatinta, aus: Dekorationen auf den königlichen Hoftheatern zu Berlin; 29×40 cm
Berlin, FUB, Institut für Theaterwissenschaft, Theaterhistorische Sammlung

6/46 Theaterzettel der Königlichen Schauspiele für die Premiere der Oper ›Der Freischütz‹ von Carl Maria von Weber, 18. Juni 1821
36,5×21,4 cm
Berlin, Staatsbibliothek PK (2 Yp 4824/2100)

6/47 Bühnenbildentwurf für die Oper ›Der Freischütz‹: Zimmer im Jagdschloß (Erstaufführung im Königlichen Schauspielhaus 1821)
Karl Friedrich Thiele nach Karl Wilhelm Gropius
Aquatinta, 24,1×35,7 cm
Köln, Universität zu Köln, Theatermuseum des Instituts für Theater-, Film- und Fernsehwissenschaft

6/48 Bildnis der Henriette Sontag (Abb.)
Karl Christian Vogel von Vogelstein
Öl/Lw., 31,6×25 cm
Berlin, Berlin Museum

Henriette Sontag (1803–1854), neben Jenny Lind Deutschlands berühmteste Sängerin der ersten Hälfte des 19. Jahrhunderts, gastierte 1825 bis 1827 in Berlin und feierte im Königstädtischen Theater in den Titelrollen der Opern Rossinis, Aubers und anderer zeitgenössischer Komponisten Triumphe.

6/49 ›Die Singacademie in Berlin‹
Ludwig Eduard Lütke
Kolorierte Lithographie (mit zwei Tonplatten), 26,1×33,6 cm
Berlin, Berlin Museum

6/50 Bildnis des Carl Friedrich Zelter
M. Eßlinger
Kupferstich, 9,5×9,5 cm (Plr.)
Münster, Westfälisches Landesmuseum für Kunst und Kulturgeschichte, Porträtarchiv Diepenbroick

Der Maurermeister und Komponist Carl Friedrich Zelter (1758–1832) war 1791 in die Berliner Singakademie eingetreten, deren Leitung er 1800 übernahm. 1809 gründete er die erste (Berliner) Liedertafel.

6/51 Bildnis des Felix Mendelssohn-Bartholdy
Joseph Caspar nach Wilhelm Hensel
Stahlstich, 35,4×27,1 cm
Münster, Westfälisches Landesmuseum für Kunst und Kulturgeschichte, Porträtarchiv Diepenbroick

Felix Mendelssohn-Bartholdy (1809–1847) war ein Schüler Carl Friedrich Zelters und einer der bedeutendsten Pianisten, Dirigenten und Komponisten des europäischen Musiklebens in der ersten Hälfte des 19. Jahrhunderts. Als ihm in Berlin eine Anstellung versagt blieb, übernahm er die Leitung des Leipziger Gewandhauses.

6/52 ›Berliner Künstler‹ (Krüger, Begas, Wach, C. Wichmann, Schadow, L. Wichmann, Rauch, Schinkel, Tieck)
Johann Sprick nach Franz Krüger
Lithographie, 44,3×32,8 cm
Berlin, Kupferstichkabinett, SMPK (655–137)

6/53 Das Publikum auf der Kunstausstellung in der Akademie der Künste Unter den Linden
Gottfried Schadow
1831; Zinkographie, 19,5×35 cm
Bremen, Kunsthalle Bremen, Kupferstichkabinett

6/54 Brief- und Rechnungskopf der Lüderitz'schen Kunsthandlung, Unter den Linden No. 30
Adolph (von) Menzel
Um 1839/40; Federlithographie, 10,4×14,3 cm
Berlin, Kupferstichkabinett, SMPK

6/48

6/55 Bildnis des Gottfried Schadow
Rudolf Julius Benno Hübner
1832; Öl/Lw., 53×53 cm; bez. o. r.: Gottfried Schadow, Año 1832, im 69ten Jahre seines Alters; bez. u. l.: H j
Berlin, Nationalgalerie, SMPK

6/56 Bildnis des Adolph (von) Menzel
Eduard Magnus
1843; Öl/Lw., 60×47,5 cm; bez. auf der Rückseite: 1843 gemalt von meinem Freund Eduard Magnus, Adolph Menzel
Berlin, Privatbesitz

6/57 Bildnis des Karl Friedrich Schinkel (Abb.)
Johann Eduard Wolff
Um 1826; Öl/Lw., 46×30 cm
Berlin, Nationalgalerie, SMPK

Karl Friedrich Schinkel (1781–1841), Architekt und ›Denkmalpfleger‹, Maler und Bühnenbildner, Entwerfer von Möbeln und Gebrauchsgegenständen, hat das Berliner Stadtbild entscheidend geprägt. 1815 wurde er Geheimer Oberbaurat, 1819 Mitglied der Technischen Deputation im Ministerium für Handel, Gewerbe und Bauwesen, 1830 Oberbaudirektor und 1838 schließlich Oberlandesbaudirektor in Berlin. Er übte durch seine Tätigkeit als ›Professor an der Bauakademie‹ (seit 1820) auf die nachfolgende Architektengeneration großen Einfluß aus. Seine wichtigsten Berliner Bauten waren: die Neue Wache (1816/17), der Dom-Umbau (1816–1821), das Denkmal auf dem Kreuzberg

6/57

(1818–1821), das Schauspielhaus (1818–1824), das Museum (1822–1830) und die Bauakademie (1832–1836).

6/58 ›Perspectivische Ansicht des Neuen Museums in Berlin, vom Standpunkte zwischen dem Zeughaus und der neuen Schloßbrücke‹ (Abb.)
Karl Friedrich Thiele nach Karl Friedrich Schinkel

Kolorierte Radierung, 31,8 × 53 cm (Plr.)
Berlin, Berlin Museum

6/59 ›Die Leipziger Strasse zu Berlin von Dönhofs-Platz aus aufgenommen‹ (Abb.)
Friedrich August Schmidt nach Friedrich A. Calau

Kolorierte Radierung, 16,9 × 23,2 cm (Plr.)
Berlin, Verwaltung der Staatl. Schlösser und Gärten, Schloß Charlottenburg, Plankammer

6/60 ›Die Droschken-Anstalt zu Berlin‹

Lithographie, 20,4 × 28 cm
Berlin, Kunstbibliothek, SMPK (Sign.77.12 Lipp)

Die 1814 gegründete Droschkenanstalt war ein privates Unternehmen, das der Pferdehändler Alexis Mortier nach Erteilung eines Privilegs in der Landsberger Straße aufgebaut hatte. 1827 unterhielt er 119 Wagen. Nachdem 1837 der freie Wettbewerb zugelassen worden war, stieg die Gesamtzahl der Berliner Droschken auf 339 Einspänner und 42 Zweispänner im Jahre 1838. Die Fahrpreise richteten sich nach der Fahrzeit.

6/61 »Nachtwächter wat woll'n Sie? dat is mein Mann« (Nachtwächter und junger Bursche helfen einem gestürzten älteren Herren aus dem Straßengraben)
Gottfried Schadow

Kolorierte Lithographie, 23 × 34,3 cm
Bremen, Kunsthalle Bremen, Kupferstichkabinett (08/2758)

Über die Tätigkeit der Berliner Nachtwächter heißt es in einem zeitgenössischen Bericht von Albert Ballhorn (1852): »Sie riefen an jeder Ecke die Straße ab, patroullirten dann ihr Revier durch, zogen im Winter bei starkem Froste alle Stunde die Brunnen an, und mußten, sobald sie Feuer bemerkten, mit dem Horn so lange Zeichen geben, bis durch die Trommel hinreichend Lärm gemacht worden war. Es gehörte auch zu ihren Dienst-Instruktionen, die zunächst wohnenden Spritzenleute sogleich zu wecken, und den zur Rettung herbeieilenden Mannschaften anzuzeigen, wo das Feuer sei. Es wurden zu Nachtwächtern nur alte Invaliden genommen.«

6/62 Hof und Treppenaufgang eines alten Berliner Hauses (Abb.)
Eduard Gaertner

1846; Öl/Lw., 28 × 39 cm; bez. u. r.: E. Gaertner 1846
Berlin, Privatbesitz

6/63 Familie Dehn in ihrem Wohnzimmer

Um 1835; schwarze Kreide, mit weißer Deckfarbe gehöht; 59 × 103 cm
Berlin, Berlin Museum

Professor Siegfried Dehn war Kustos an der Musikabteilung der Königlichen Bibliothek.

6/64 Berliner Küche um 1850 (Abb.)
Franziska Kobes

Öl/Lw., 45 × 65 cm
Nürnberg, Germanisches Nationalmuseum

6/58

6/59

6/65 Berliner Kaffeehaus
Gustav Taubert
1832; Öl/Lw., 38,5×38,5 cm; bez. u. r.: Gus. Taubert 1832
Berlin, Berlin Museum

Von großer Bedeutung für die Bildung der öffentlichen Meinung und die Entwicklung eines politischen Lebens in Berlin waren die in den zwanziger Jahren zumeist von Schweizern gegründeten Kaffeehäuser. Hier konnten die Bürger ihr Bedürfnis nach Unterhaltung und politischen Informationen stillen, denn in den Konditoreien lagen beispielsweise auch die ›Augsburger Zeitung‹, das ›Journal des Débats‹ und die ›Times‹ aus, während die Berliner Presse nach der preußischen Zensurverordnung von 1819 kaum noch interessanten Lesestoff bot.

6/66 Weinstube
Theodor Hosemann

1858; Öl/Lw., 36,5×46,5 cm; bez. am Pfeiler u. r.: Th. HOSEMANN 1858
Berlin, Nationalgalerie, SMPK

6/67 Tanzvergnügen
Theodor Hosemann

1839; Öl/Holz, 22×17 cm; bez. u. r.: 18TH39
Berlin, Nationalgalerie, SMPK

6/68 Grunewaldpartie im Regen
August von Rentzell

1839; Öl/Holz, 28,5×33,5 cm; bez. u. l.: A. von Rentzell, pinx. 1839
Berlin, Berlin Museum

6/69 ›Der erste Turnplatz Deutschlands – jetzt Karlsgarten – in der Hasenhaide bei Berlin im Jahre 1818‹
Engelbeck

1846; Lithographie, 49×37,5 cm
Berlin, Kunstbibliothek, SMPK (Sign. 1951,4 Lipp)

1811 hatte der ›Turnvater‹ Friedrich Ludwig Jahn in der Hasenheide einen Turnplatz eingerichtet. Das erste große Fest der Turner fand im Oktober 1814 statt. Nachdem das Turnen im März 1819 verboten worden war, wurde der Platz vorübergehend geschlossen.

6/70 ›Rückkehr der Berliner vom Stralauer Fischzug‹
Theodor Hosemann

1830; Lithographie, 15×29 cm
Berlin, Kunstbibliothek, SMPK (Sign. 77,35 Lipp))

Der Stralauer Fischzug, mit dem die Bewohner des im Südosten Berlins gelegenen Fischerdorfes seit 1574 am Bartholomäustag (24. August) die neue Fangsaison feierlich eröffneten, entwikkelte sich seit etwa 1780 zum beliebtesten Volksfest der Berliner. Zwischen 1820 und 1840 nahmen alljährlich Zehntausende daran teil.

6/71 ›Ansicht des Monuments auf dem Kreuzberge nebst dem Tivoli bei Berlin‹
Zänkert

Kolorierte Lithographie, 25×38,5 cm
Berlin, Berlin Museum

Zu Füßen des zur Erinnerung an die Freiheitskriege (1813–1815) nach einem Entwurf Karl Friedrich Schinkels errichteten Denkmals wurde 1829 das Tivoli eröffnet, das »einen öden Hügel in einen Lustort« verwandelte. Zur Anlage gehörten »mehrere Lusthäuser und Vergnügungs-Anstalten ... von denen namentlich die Kreisfahrbahn, auch Rutschbahn, vorzugsweise zu nennen ist« (Neuestes Conversations-Handbuch für Berlin und Potsdam, 1834).

6/72 ›Winter-Belustigung auf der Spree – hinter den Zelten im Thiergarten bei Berlin‹
Laurens und Karl Friedrich Thiele nach Friedrich A. Calau

Kolorierte Radierung und Aquatinta, 18,5×22,6 cm (Plr.)
Berlin, Berlin Museum

6/73 ›Krolls Wintergarten in Berlin‹
Ludwig Eduard Lütke

Lithographie (mit Tonplatte), 22,6×28,4 cm
Berlin, Berlin Museum

1844 wurde das Krollsche Etablissement am Exerzierplatz vor dem Brandenburger Tor eröffnet. »Keine Stadt in Deutschland hat ein ähnliches Lokal aufzuweisen«, berichtete zwei Jahre darauf Friedrich Saß. »Die ganze Einrichtung ist majestätisch. Die Pracht des großen Saales mit den Logen, die ihn umgeben, und seinen beiden Seitensälen übertrifft beinahe alle Beschreibung.« Aber die Berliner nahmen diese Tanz- und Vergnügungsstätte nur zögernd an: »Herr Kroll muß also alle Mittel der Raffinerie aufbieten und immer darüber aus sein, den Berlinern etwas Neues, etwas ganz Unerhörtes zu versprechen. Italienische Sommernächte, chinesische Nächte, Sommernachtsträume, Verlosungen, Bohnenfeste, phantastisch arrangierte Maskenbälle ... alles wird ... den Berlinern in riesengroßen Anschlagzetteln verkündigt.«

6/74 ›Der Wollmarkt. Alexander Platz‹
Hermann

Lithographie, 16,4×20,8 cm
Berlin, Berlin Museum

In jedem Jahr, vom 19. bis zum 23. Juni, wurde auf dem Alexanderplatz ein großer Wollmarkt abgehalten, an dem auch viele auswärtige Händler, vor allem russische Kaufleute, teilnahmen. Neben Breslau war Berlin wichtigstes Zentrum des preußischen Wollhandels.

6/75 ›Der Wollmarkt. Königl. Lagerhaus‹
Hermann

Lithographie, 16,5×20,8 cm
Berlin, Berlin Museum

6/62

6/76 ›Die Seehandlung 1772 – 1848‹
Wilhelm Scholz

Lithographie, 24,4×36,1 cm
Nürnberg, Germanisches Nationalmuseum, Kupferstichkabinett (HB 23452 Kapsel 1231)

Über die 1772 gegründete preußische Seehandlung heißt es in einem Bericht von C. von Kertbeny (1831): »Die Seehandlungs-Societät ist als das Handlungs-Komptoir der Regierung zu betrachten, indem sie alle, von der Staatsverwaltung unmittelbar ausgehenden kaufmännischen Geschäfte besorgt ... Außerdem aber verbreitet sich ihre Thätigkeit in mehreren einzelnen Punkten noch weiter, wie z. B. in der Leitung des Chaussée-Baues, in der Beschützung, die sie den Interessen des Ackerbaues dadurch angedeihen läßt, daß sie theils für die Spedition der feinen Wolle nach dem Auslande Sorge trägt, theils auf diese direkte Vorschüsse leistet, endlich auch noch in See-Expeditionen, deren sie mehrere zur Auffindung der geeignetsten Wege für den preußischen Seehandel unternommen hat.«

6/77 Statut der Kaufmannschaft zu Berlin

Berlin 1820
Berlin, Staatsbibliothek PK, Musikabteilung mit Mendelssohn-Archiv (Mendelssohn-Archiv)

Am 2. März 1820 schlossen sich 421 Kaufleute »von der Tuch- und Seidenhandlung«, 531 »von der Spezerei- und Materialhandlung« sowie die im Herbst 1803 gegründete Vereinigte Börsenkorporation, die eine erste Gesamtvertretung der Berliner Handelswelt war, zur ›Korporation der Kaufmannschaft von Berlin‹ zusammen. 21 Älteste, auf drei Jahre gewählt, vertraten die Gesamtinteressen nach außen und innen. Der Konferenzraum der Ältesten befand sich im neuen Börsengebäude. Aus der Korporation ging später die Berliner Industrie- und Handelskammer hervor.

6/78 Aufnahmeurkunde in die Berliner Kaufmannschaft, Berlin, 21. August 1820

39×47 cm
Berlin, Berlin Museum

6/79 ›Die Börse mit der Aussicht nach dem neuen Packhof, dem Badehaus und der Friedrichsbrücke‹
Laurens und Dietrich nach Friedrich A. Calau

Kolorierte Radierung und Aquatinta, 19,1×22,8 cm (Plr.)
Berlin, Berlin Museum

In der 1801 bis 1805 für über 100 000 Taler erbauten Börse traf sich die Berliner Kaufmannschaft. Täglich von 13.00 bis 15.00 Uhr fand das Börsengeschäft statt: bei schlechtem Wetter und im Winter in den Geschäftsräumen des Erdgeschosses, bei gutem Wetter auf dem von Bäumen umsäumten Vorplatz. Im oberen Geschoß, das 1821 der ›Gesellschaft der Börsenhalle‹ überlassen wurde, befand sich auch ein Lesekabinett.

6/64

6/80 Berliner Börsenhalle: Einlaß-Karte für Paul Mendelssohn-Bartholdy für das Jahr 1834

Berlin, Staatsbibliothek PK, Musikabteilung mit Mendelssohn-Archiv (Mendelssohn-Archiv)

6/81 ›Fackelzug der Berliner Handlungsdiener am 14ten October 1840‹ »Zum Besten des Berliner Unterstützungs Vereins für hilfsbedürftige Handlungsdiener«

Wilhelm Meyerheim

Lithographie, 45 × 34 cm
Berlin, Staatsbibliothek PK, Handschriften-abteilung (YB 15 249 m)

6/82 ›Die neuen Mühlen in Berlin‹

Fritz Meyer

Lithographie (mit Tonplatte); 15,2 × 22,2 cm, 29,2 × 40,6 cm (Blgr.)
Berlin, Berlin Museum

Die vom Wasser der Spree angetriebenen Mühlen am Mühlendamm waren 1838 durch einen verheerenden Brand, der auch fünfzehn Menschenleben forderte, zerstört worden. Obwohl der Berliner Magistrat einen Wiederaufbau ablehnte, ließ Friedrich Wilhelm IV. die neuen, nach amerikanischem System arbeitenden Mühlen auf den alten Pfählen errichten.

RAUM 7
KRISEN UND BARRIKADEN

Nach dem Ende der Freiheitskriege begann für Preußen eine der längsten Friedensperioden seiner Geschichte. In dieser Zeit vollzog sich in seiner Hauptstadt zunächst unmerklich, doch seit den dreißiger Jahren deutlich spürbar, eine grundlegende Veränderung der politischen und sozialen Grundstrukturen der städtischen Gesellschaft.

Das zentrale und für die Entwicklung in diesen Jahren entscheidende Phänomen war das enorme Wachstum der Stadt. Die Einwohnerzahl stieg zwischen 1815 und 1847 von knapp 200000 auf mehr als 400000. Berlin bekam jetzt die Folgen des Oktober-Edikts von 1807 zu spüren, das die Mobilität der Landbevölkerung vorbereitet hatte. Von dem Bevölkerungsgewinn von 200000 entfielen etwa 150000 auf die Zuwanderung. Die meisten Neu-Berliner kamen aus der Mark Brandenburg (45 Prozent); mit weitem Abstand folgten die Zuwanderer aus der Provinz Sachsen (15 Prozent) und aus Schlesien (9 Prozent). Angesichts der starken Wanderungsgewinne fielen die Verluste durch die Cholera, die Berlin 1831 und 1837 heimsuchte, statistisch kaum ins Gewicht.

Berliner und Neu-Berliner verschmolzen auf den verschiedenen Etagen der gesellschaftlichen Pyramide zu heterogenen, in sich stark differenzierten Schichten. Dabei vertiefte sich auch die soziale Kluft: »Oben«, so notierte ein aufmerksamer Zeitgenosse, »der Glanz einer Residenz und des Reichtums, in breiter Unterlage die Schichten einer notdürftigen Existenz und des Proletariats.« 80 – 90000 Einwohner rechnete man 1840 zur ›fluktuierenden Bevölkerung‹, während 240 – 250000 ›in festen Verhältnissen‹, aber dennoch oft in Not und Elend lebten. Von der 1815 eingeführten Haus- und Mietsteuer waren 1828 nicht weniger als 16,5 Prozent aller Berliner Familien wegen ihrer Armut formell befreit.

Der Ausbau der Stadt vollzog sich durch eine verstärkte Bebauung des innerstädtischen Bereichs und durch das Herauswachsen der Stadt aus dem durch die Zollmauer umschlossenen Areal. Eine Neuerung im Wohnungswesen stellten die ›Familienhäuser‹ im Voigtland dar, mehrstöckige, langgestreckte Gebäude mit winzigen Einraum-Wohnungen. In einer Stube wohnten oft über zehn Personen, nicht selten auch mehrere Familien, die ihre Reviere durch Schnüre oder Kreidestriche markierten. Über 2000 Menschen lebten hier auf engstem Raum zusammen, darunter zahlreiche Kinder, von denen nur wenige die Schule besuchten. Durch das berühmte ›Königsbuch‹ der Bettina von Arnim wurden diese Elendsquartiere 1843 einer breiteren Öffentlichkeit bekannt.

Die politische ›Friedhofsruhe‹, von der Grillparzer einmal für Österreich sprach, herrschte auch im Berlin der Restaurationszeit. Unterbrochen wurde sie im September 1830, als nach der französischen Julirevolution einige Schneidergesellen den Aufstand probten. Die Quellen zeigen, daß dieser ›Schneiderrevolution‹ eine eminent politische Motivation zugrundelag, zu der sich freilich andere Forderungen gesellten wie der Wunsch, im Tiergarten rauchen zu dürfen und keine Hundesteuer zahlen zu müssen. Auch die Unruhen vom August 1835, als man den Berlinern am Geburtstag des Königs das Abbrennen von Feuerwerkskörpern verbieten wollte, können nicht ohne den Hintergrund der jahrelangen Unterdrückung aller liberalen Regungen gesehen werden. Hatte es 1830 über 200 Verhaftete gegeben, so waren es diesmal 152, meist Arbeiter, Gesellen und Lehrburschen, aber auch Angehörige anderer Stände. Die politischen Hoffnungen richteten sich daher auch in Berlin auf den Kronprinzen, von dem man eine liberalere Grundhaltung und die Einlösung der Verfassungsversprechen seines Vaters erwartete. Schon ein halbes Jahr nach seinem Regierungsantritt im Jahre 1840 hatte der neue König Friedrich Wilhelm IV. bei den liberalen Kräften allerdings allen Kredit verspielt. Die Folge war eine bisher nicht dagewesene Politisierung und Mobilisierung der öffentlichen Meinung, die sich vor allem in den berühmten Konditoreien und Lesecafés artikulierte. Der Staat antwortete mit Repression und Zensur und verschärfte so die sich ständig vergrößernden sozialen Spannungen und gesellschaftlichen Konflikte.

Auch vom Vereinigten Landtag, der 1847 im Schloß zusammentrat, war keine ›Konstitution‹, keine Verfassung, zu erwarten; in der Stadt verkaufte man ›Konstitutions-Pfannkuchen‹ – sie waren innen hohl. Etwa gleichzeitig kam es wegen stark gestiegener Kartoffelpreise zu Hungerunruhen, die nur mit Hilfe des Militärs beendet werden konnten. Von den 300 Verhafteten erhielten viele schwere Freiheitsstrafen. Dagegen endete der ›Kommunistenprozeß‹ 1847 mit einem fast vollständigen Freispruch, der die Öffentlichkeit begeisterte. Was seinem Vater in vier Jahrzehnten nicht dauerhaft widerfahren war, schaffte Friedrich Wilhelm IV. in sechs oder sieben Jahren: eine letztlich irreparable Entfremdung zwischen dem König und seiner Hauptstadt.

Der Verfassungsstreit, die ›Kartoffelrevolution‹, der ›Kommunistenprozeß‹, schließlich auch noch der Kattundrucker-Streik vom gleichen Jahr machen deutlich, daß sich 1847 eine solche Fülle von Konfliktpotential angesammelt hatte, daß ein Funke genügen konnte, um das Pulverfaß zur Explosion zu bringen. Als unter dem Eindruck der Pariser Februarrevolution von 1848 auch in Berlin große politische Versammlungen stattfanden, kam es nach dem 13. März zu Zusammenstößen mit dem Militär und zu Verhaftungen. Am 15. März gab es erstmals Tote und Verwundete; vereinzelt wurden Barrikaden errichtet. Unter dem zunehmenden öffentlichen Druck ging Friedrich Wilhelm auf einige Forderungen ein, doch als die am 18. März vor dem Schloß versammelte Menschenmenge Truppen erblickte und plötzlich zwei Schüsse fielen, kippte die Situation schlagartig um: Die Unruhen der Vortage wurden zur Revolution. In kurzer Zeit entstanden über 200 Barrikaden, die Straßenkämpfe begannen.

Nachdem der König noch in der Nacht vergeblich »An meine lieben Berliner« appelliert hatte, die Barrikaden zu räumen, gab er um die Mittagsstunde des 19. März den Befehl zum Rückzug. Noch am gleichen Tage begann die Garnison aus Berlin abzuziehen, der König genehmigte die Bildung einer bewaffneten Bürgerwehr und erwies den zum Schloßhof gebrachten ›Märzgefallenen‹ die letzte Ehre. Die Revolution hatte, wie es schien, auf der ganzen Linie gesiegt. Am Montag, dem 20. März, war Berlin voller schwarz-rot-goldener Fahnen und Kokarden, »ohne Militär, ohne Polizei, ohne Behörden, ohne Arbeit«. Die Stadt war voller politischer Diskussionen, es gab eine zensurfreie Presse, eine Bürgerwache vor dem Schloß und anderen öffentlichen Gebäuden, einen neuen Chef des Magistrats (Naunyn), einen neuen Leitenden Minister (von Arnim-Boitzenburg), und die Bürger erfreuten sich eines königlichen Amnestiedekrets und der Freiheit, auf der Straße rauchen zu dürfen. Tags darauf erklärte der König, daß Preußen fortan in Deutschland aufgehe und unternahm, mit einer schwarz-rot-goldenen Armbinde geschmückt, den berühmten Umritt durch Berlin. Am 22. März wurden 183 zivile Opfer der Straßenkämpfe (das Militär verzeichnete 24 Tote und 254 Verwundete) in einem feierlichen Trauerzug zum Friedrichshain geleitet und dort beigesetzt. Die gesamten Kosten hatte die Stadt übernommen.

Die weitere Entwicklung vollzog sich auf mehreren Ebenen. Den siegreichen Barrikadenkämpfern, die kaum ein Prozent der Bevölkerung ausmachten, ging es zunächst um die politische Mobilisierung breiter Schichten »zur Sicherung der Früchte der Revolution«. Die ›Waffen der Demokratie‹ waren Zeitungen, Zeitschriften, Flugblätter und die politischen Vereine. Dem ›Politischen (später: Demokratischen) Klub‹ folgten der ›Konstitutionelle Klub‹, der ›Republikanische‹ und der ›Demokratische Damenklub‹, auch ein ›Zentralkomitee für Arbeiter‹. Angesichts der langwierigen Verfassungsberatungen und der konservativen Erholung fürchtete man um die Ergebnisse der Revolution. Es kam zu Demonstrationen, Gewaltakten und zu dem blutigen Zeughaussturm am 14. Juni. Der König reagierte mit schroff-programmatischen Worten: »Was not tut, ist die Zähmung Berlins.«

Auch die in Berlin tagende preußische Nationalversammlung geriet in ein radikales Fahrwasser. Die am 1. Mai gewählten Abgeordneten berieten seit dem 22. Mai über einen von der liberalen Regierung Camphausen/Hansemann vorgelegten Verfassungsentwurf. Er wurde so gründlich in demokratischem Sinne umgeformt, daß ihn der König für unannehmbar erklärte. Als im September die Abschaffung des Adels, das Verbot aller Orden und die Streichung des Zusatzes ›von Gottes Gnaden‹ im Königstitel beschlossen wurden, war das Maß voll. Regierungsumbildungen hatten bereits erkennen lassen, daß der Wind aus einer anderen Richtung zu wehen begann.

Unter dem Eindruck der erfolgreichen Gegenrevolutionen im Ausland bereitete man den konservativen Staatsstreich vor. Unruhen in Berlin, in denen die Spaltung zwischen der radikalen Linken und dem liberalen Bürgertum zum Ausdruck kam, lieferten den Vorwand für die Unterdrückung der Revolution. Der seit dem 2. November amtierende Ministerpräsident Graf Brandenburg und der an der Spitze von 80000 Soldaten stehende General von Wrangel bestimmten nun das Geschehen: Verlegung der Nationalversammlung nach Brandenburg (8./9. November), Einmarsch der Truppen und Sprengung der im Schauspielhaus tagenden Nationalversammlung (10. November), Auflösung der Bürgerwehr (11. November), Verhängung des Belagerungszustandes (12. November). Die Nationalversammlung rief zwar am 15. November noch zu einem allgemeinen Steuerboykott auf, erwies sich aber, als sie – stark dezimiert – am 27. November in Brandenburg zusammentrat, als nicht handlungsfähig und wurde am 5. Dezember aufgelöst.

Am gleichen Tage erließ der König aus eigener Machtvollkommenheit eine Verfassung, durch die Preußen zur konstitutionellen Monarchie wurde. Ihre liberalen Bestimmungen wurden allerdings durch Ausnahmemöglichkeiten verwässert, und das gewährte allgemeine und gleiche Wahlrecht fiel schon am 30. Mai 1849 dem Dreiklassenwahlrecht zum Opfer, das bis 1918 unangetastet blieb.

Daß nach den liberalen Erwartungen auch die nationalen Hoffnungen enttäuscht wurden, als Friedrich Wilhelm im April 1849 die ihm von der Frankfurter Nationalversammlung angetragene Kaiserwürde ausschlug, war vorauszusehen: Das Scheitern der Revolution in Deutschland war durch das Scheitern der Revolution in Berlin unabwendbar geworden. *I. M.*

7/1 Bildnis des Heinrich Andreas de Cuvry (Abb.)

Julius Schrader

1850; Öl/Lw., 153×116 cm
Berlin, Evangelische Kirche in Berlin-Brandenburg, Konsistorium

Andreas de Cuvry (1785–1869) war von 1834 bis 1850 Vorsteher der Armen-Direktion, die seit dem 23. September 1819 dem Magistrat unterstellt war und die Oberaufsicht über das Armenwesen der Stadt führte.

7/2 Der Armenarzt Ernst Ludwig Heim in seinem Ordinationszimmer

Wilhelm und F(riedrich) Henschel

1822; Radierung und Aquatinta, koloriert; 25×21,2 cm
Berlin, Berlin Museum

7/3 ›Das grosse Friedrichs Waisenhaus mit der Waisenkirche‹

Finden nach Friedrich Wilhelm Klose

Um 1833; kolorierter Stahlstich, 9,6×14,3 cm
Berlin, Berlin Museum

Kurfürst Friedrich III. gründete 1697 am Stralauer Tor das später größte Berliner Waisenhaus zunächst als Zufluchtsstätte für Stadtarme. Der Bau wurde 1727 vollendet. Seit 1819 unterstand das Waisenhaus der Stadtverwaltung. 1820 waren hier 1157 Kinder untergebracht. Andere Waisen und Pflegekinder lebten im Bürger-Waisenhaus oder bei Pflegeeltern.

7/4 ›Zum Besten des Vereins zur Beförderung der Klein-Kinder-Bewahranstalten‹

Adolph (von) Menzel nach Friedrich Hartmann von Witzleben

Lithographie, 31×18,1 cm
Berlin, Kupferstichkabinett, SMPK (Erw.Nr.356–97)

1830 errichtete die Armen-Direktion – nach dem Vorbild der in Kopenhagen und England um 1800 gegründeten Klein-Kinder-Bewahranstalten – in Berlin die erste Einrichtung dieser Art zur Versorgung armer Kinder im Alter von zwei bis sechs Jahren. Weitere 28 Anstalten wurden bis 1844 von sieben Vereinen gegründet, allein dreizehn vom ›Verein zur Beförderung der Klein-Kinder-Bewahranstalten‹.

7/5 ›Skizze zu einer Armenstadt vor den Thoren von Berlin für circa 5800 seßhafte Bewohner (die Schlafgäste ungerechnet)‹

Wilhelm Stier

1848/49; kolorierte Bleistiftzeichnung, 56×56 cm
Berlin, TUB, Plansammlung der Universitätsbibliothek (7255)

Die Armenstadt sollte Schule, Kirche, Werkstätten, Krankenhaus, Grünflächen, 452 ›große Wohnungen‹ (Stube und Kammer) und 360 ›Kleinwohnungen‹ (Stube) umfassen.

7/6 ›Entwurf der Gesetze des Berlinischen Bürger-Rettungs-Instituts‹

In: Neue Nachricht von der Verfassung der von Sr. Königl. Majestät allergnädigst bestätigten Gesellschaft zur Rettung Berlinischer in ihrem Gewerbe zurückgekommener Bürger, Berlin: Wilhelm Dieterici 1818 (S. 15)
Berlin, Staatsbibliothek PK (Td 3460)

7/1

7/7 ›Armen-Ordnung fuer die Residenz Berlin‹

Berlin: Wilhelm Dieterici 1826; darin: Vom städtischen Armenwesen überhaupt und von dessen Beaufsichtigung und Verwaltung im besonderen (S. 3ff.)
Berlin, Staatsbibliothek PK (Td 3211)

7/8 ›Die öffentliche Armenpflege in Berlin. Mit besonderer Beziehung auf die vier Verwaltungs-Jahre 1822 bis 1825 dargestellt von der Armen-Direction‹

Berlin: Georg Reimer 1828
Berlin, Staatsbibliothek PK (Td 3216)

Die Armen-Direktion gibt in ihrem Bericht einen Überblick über das gesamte Armenwesen der Stadt, da nach den Bestimmungen der Städteordnung allen »mit dem Armenwesen in Verbindung stehenden Anstalten, als: Hospitälern, Armen-, Kranken-, Pesthäusern, milden Stiftungen etc., einzelne oder mehrere Mitglieder der Commission vorgesetzt, welche die Verwaltung besorgen oder controllieren, jedoch die Disposition des Stifters bei den Stiftungen nicht ändern dürfen«.

7/9 Quittung der Magistratskämmerei über Bürgergeld und Armenbeitrag zur Abführung an die Hauptarmenkasse, Berlin, 31. August 1831

Gedrucktes Formblatt mit handschriftlichen Eintragungen, 8,7 × 14,3 cm
Berlin, Landesarchiv Berlin (Rep.240 Acc.1239 Nr.9)

7/10 Berlin
Ernst Dronke

2 Bde., Frankfurt a. M. 1846; darin: ›Das Proletariat‹ und ›Die Arbeiterlöhne in Berlin‹ (Bd. 2, S. 32)
Berlin, Amerika Gedenkbibliothek / Berliner Zentralbibliothek (B 173/21)

Ernst Dronke (1822–1891) wurde 1847 seiner sozialkritischen Schriften wegen zu zwei Jahren Festungshaft verurteilt. Nach seiner Flucht aus der Festung Wesel war er Mitarbeiter der Neuen Rheinischen Zeitung.

7/11 Berlin in seiner neuesten Zeit und Entwicklung
Friedrich Saß

1846; darin: ›Die Arbeit und ihr Lohn‹ mit einer Statistik: ›Zahl der Berliner Meister, Gesellen und Lehrlinge in den einzelnen Gewerben‹ (S. 254/55)
Berlin, Amerika Gedenkbibliothek / Berliner Zentralbibliothek (B 184/6)

Friedrich Saß (1819–1851), der zum Kreis der ›Freien‹ um Adolf Streckfuß und Karl Nauwerck gehörte, nahm nach der Märzrevolution im ›Politischen Klub‹ eine führende Rolle ein. 1849 wurde er aus der Stadt gewiesen.

7/12 Stadtplan von Berlin, mit Eintragung der Cholerafälle und Heilanstalten, 1831

39 × 53 cm
Berlin, FUB, Institut für Geschichte der Medizin

1831, 1837, 1848–1850 und 1866 trat in Berlin die Cholera auf. Am 6. Juli 1831 wurden ein Gesundheitskomitee für Berlin eingesetzt, Quarantänemaßnahmen erlassen und zur Absonderung und Pflege der Cholerakranken in der Kochstraße und in der Luisenstraße zwei Häuser gekauft. Ein wirksames Mittel gegen die Seuche konnte jedoch erst nach der Entdeckung des Cholera-Erregers durch Robert Koch 1883 entwickelt werden.

7/13 ›Berliner Cholera-Zeitung. Materialien zur Geschichte und Behandlung der asiatischen Cholera, mit Benutzung amtlicher Quellen und unter Mitwirkung eines Vereins von Medicinal-Beamten‹, hg. von Johann Ludwig Casper

Berlin: Ferdinand Dümmler 1831
Berlin, Staatsbibliothek PK (Ka 1800–1831)

7/14 ›Anfang der Revolution vor dem Königl: Schlosse‹, Berlin, 18. März 1848

Lithographie, 11 × 17 cm
Berlin, Staatsbibliothek PK, Handschriftenabteilung (YB 16941 kl)

7/15 Proklamation des Ministers des Innern von Bodelschwingh anläßlich der Ereignisse auf dem Schloßplatz, Berlin, 18. März 1848

43 × 31,5 cm
Berlin, Amerika Gedenkbibliothek / Berliner Zentralbibliothek (Mappe 2 Bl.6)

Die Schüsse auf dem Schloßplatz wurden zum Signal für den Ausbruch der Barrikadenkämpfe in den Straßen Berlins.

7/16 ›Neuer Grundriss von Berlin 1848‹ Plan mit eingezeichneten Barrikaden

1851; 33,7 × 42 cm
Berlin, Landesarchiv Berlin, Plankammer (Acc.108,2)

7/17 ›Barrikadenlied. Was soll's noch mit Scepter und Krone?‹

1848; Flugblatt, 34,6 × 16 cm
Berlin, Staatsbibliothek PK, Handschriftenabteilung (Rz 8885/100 Nr.10)

7/18

7/18 ›Erinnerung an den Befreiungskampf in der verhängnisvollen Nacht vom 18–19 März 1848. Treueste Auffassung‹ (Abb.)

Kolorierte Lithographie, 33,7×44,5 cm
Berlin, Kunstbibliothek, SMPK (Sign. 1951,5 Lipp)

7/19 ›Das merkwürdige Jahr 1848. S. Majestät Friedrich Wilhelm IV. König von Preußen verkündet in den Straßen seiner Hauptstadt die Einheit der deutschen Nation‹, Berlin, 21. März 1848

Kolorierte Lithographie, 33,5×41 cm
Nürnberg, Germanisches Nationalmuseum, Kupferstichkabinett

In seiner Proklamation ›An mein Volk und an die deutsche Nation!‹ erklärte Friedrich Wilhelm IV.: »Ich habe heute die alten deutschen Farben angenommen und Mich und Mein Volk unter das ehrwürdige Banner des deutschen Reiches gestellt. Preußen geht fortan in Deutschland auf.« Auf dem Schloß hatte er die schwarz-rot-goldene Fahne aufziehen lassen.

7/20 Bekanntmachung über die Einlösung von Schuldscheinen der privaten Leihanstalten bis zu 5 Talern auf Kosten der Staatskasse, Berlin, 21. März 1848

45,2×39,8 cm
Berlin, Amerika Gedenkbibliothek / Berliner Zentralbibliothek (Mappe 3 Bl.25)

Um die soziale Not etwas zu lindern, befahl der König, daß die im Kgl. Leihamt befindlichen Pfandstücke bis zum Gegenwert von 5 Talern unentgeltlich zurückgegeben werden sollten. Am folgenden Tag wurde das gleiche auch für die privaten Leihhäuser angeordnet, von denen es 1847 elf gab.

7/21 ›Todte und Verwundete in den Schlosskeller geschafft. – Abtheilung der Leidtragenden der gefallenen Bürger. – Feierliches Leichenbegräbnis der in dem Kampfe am 18. und 19. März 1848 gefallenen Bürger in Berlin‹
Julius Steinmetz

Lithographie, 22,4×30,5 cm
Berlin, Berlin Museum

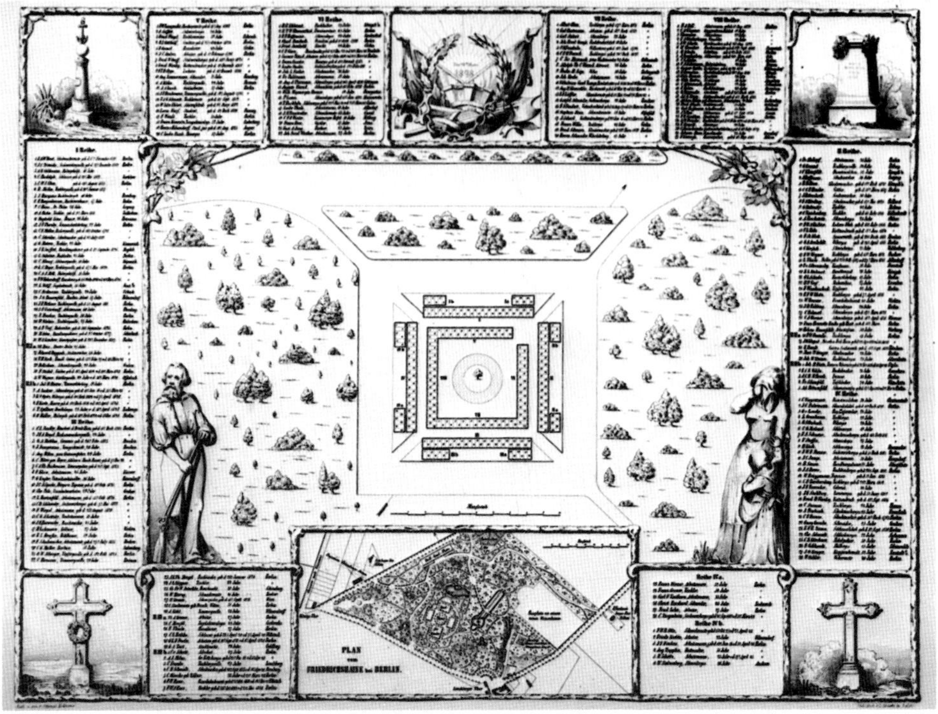

7/23

7/22 ›Friedrichshain. Begräbnis und Einsegnung der am 18. und 19. März Gefallenen‹

C. F. G. Loeillot de Mars

Lithographie, 29,8 × 40 cm
Berlin, Staatsbibliothek PK, Handschriftenabteilung (YB 17143 kl)

Die 183 Särge der Märzgefallenen wurden in einem Leichenzug vom Gendarmenmarkt über die Charlottenstraße, Unter den Linden, den Schloßplatz, die Königsstraße und den Alexanderplatz zum Landsberger Tor hinaus zum Friedrichshain getragen.

7/23 ›Plan vom Friedrichshaine bei Berlin‹ (mit Anordnung der Gräber und den Namen der Märzgefallenen) (Abb.)

Lithographie, 46,5 × 55,7 cm
Berlin, Staatsbibliothek PK, Handschriftenabteilung (YB 17141 gr)

7/24 ›Bekanntmachung. Seine Majestät der König haben auf den Wunsch der Einwohner Berlins die Bürgerbewaffnung zu genehmigen geruht‹, Berlin, 19. März 1848 (Abb.)

40 × 23 cm
Berlin, Landesarchiv Berlin (Rep.240 Acc.2 Nr.7)

Die Bürgerwehr war der Polizei untergeordnet und wurde zunächst vom Polizeipräsidenten von Minutoli geleitet, der im April von General von Aschoff abgelöst wurde. Unter dessen Kommando wurde die Bürgerwehr militärisch straff organisiert und das Zentralbüro der Bürgerwehr aus dem Polizeipräsidium ins Schloß verlegt.

7/25 ›Inhaber dieser Karte, Herr Bürger A(lexander) Mendelssohn ist berechtigt, Waffen zu tragen‹, Berlin, 20. März 1848

Handschriftlich ausgefüllter Vordruck
Berlin, Staatsbibliothek PK, Musikabteilung mit Mendelssohn-Archiv (Mendelssohn-Archiv)

7/26 Dienst-Instruktion für die Bürgerwehr, Berlin, 4. April 1848

39,5 × 28,6 cm
Berlin, Staatsbibliothek PK, Handschriftenabteilung (Rz 8885/100 Nr.30)

7/27 Aufruf des Friedrich-Wilhelmstädtischen Bezirks-Vereins, »daß die

Volksbewaffnung eine Wahrheit werde ...«, Berlin, 1. Juni 1848

26,7×47,8 cm
Berlin, Staatsbibliothek PK, Handschriften-abteilung (Rz 8885/100 Nr.46)

Der am 22. Mai der Nationalversammlung vorgelegte Verfassungsentwurf sah eine Einschränkung der Volkssouveränität vor. Vor den Häusern der Regierungsmitglieder kam es zu Katzenmusiken und Zusammenstößen mit der Bürgerwehr. Gerüchte über eine Rückkehr des Militärs in die Stadt kamen auf, so daß die Ausdehnung der Bürgerbewaffnung auf Arbeiter und Gesellen gefordert wurde.

7/28 ›Alle Bürgerwehrmänner von Berlin fordern wir auf, an dem feierlichen Zuge nach der Grabstätte der am 18. und 19. März gefallenen Helden in großer Anzahl Theil zu nehmen‹, Berlin, 4. Juni 1848

24×32,5 cm
Berlin, Staatsbibliothek PK, Handschriften-abteilung (Rz 8885/100 Nr.4)

7/29 Aufruf ›Gedächtniß-Feier zu Ehren der März-Helden!‹

1848; 42×52,6 cm
Berlin, Staatsbibliothek PK, Handschriften-abteilung (Rz 8885/100 Nr.48)

»Sonntag, den 4. Juni, Nachmittags 4 Uhr findet zu Ehren der im Friedrichshaine ruhenden, für die Freiheit gefallenen Opfer des 18. März ein feierlicher, unbewaffneter Zug statt ... Die zur Ordnung des Zuges ernannte Commission.«
Um den Revolutionsgeist zu erneuern, beschlossen die politischen Klubs der Stadt einen Gedenkzug zum Friedrichshain, an dem Abgeordnete, Stadtverordnete, Studenten, Bürger, Arbeiter und Frauen teilnahmen.

7/30 ›Sturm des Pöbels auf das Zeughaus in Berlin‹ und ›Plünderung des Zeughauses zu Berlin‹, 14. Juni 1848

Neuruppiner Bilderbogen Nr. 1348, 33×41 cm
Berlin, Staatsbibliothek PK, Handschriften-abteilung (YB 17898 m)

7/31 Karikatur ›Berlin am Abend des 14. Juni. Heldenmütige Vertheidigung des Zeughauses 1848‹ (Abb.)

Farblithographie, 34×43 cm
Berlin, Amerika Gedenkbibliothek / Berliner Zentralbibliothek (Mappe 56 Bl.9)

Mit der Rückkehr des Prinzen von Preußen, des späteren Königs Wilhelm I., verstärkten sich die

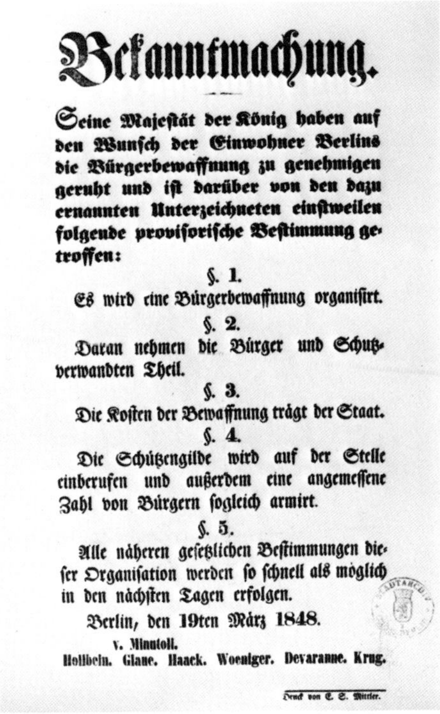

Bekanntmachung.

Seine Majestät der König haben auf den Wunsch der Einwohner Berlins die Bürgerbewaffnung zu genehmigen geruht und ist darüber von den dazu ernannten Unterzeichneten einstweilen folgende provisorische Bestimmung getroffen:

§. 1.
Es wird eine Bürgerbewaffnung organisirt.

§. 2.
Daran nehmen die Bürger und Schutzverwandten Theil.

§. 3.
Die Kosten der Bewaffnung trägt der Staat.

§. 4.
Die Schützengilde wird auf der Stelle einberufen und außerdem eine angemessene Zahl von Bürgern sogleich armirt.

§. 5.
Alle näheren gesetzlichen Bestimmungen dieser Organisation werden so schnell als möglich in den nächsten Tagen erfolgen.

Berlin, den 19ten März 1848.

v. Minutoli.
Hollbein. Glaue. Haack. Woeniger. Devaranne. Krug.

Druck von E. S. Mittler.

7/24

Gerüchte über eine Zusammenziehung von Militär in der Umgebung der Stadt. Am 14. Juni stürmten erregte Volksmassen das Zeughaus, bis Militär und Bürgerwehr gemeinsam das Gebäude besetzten.

7/32 Karikatur ›Die Flucht des letzten Censors‹

W. Ammon zugeschr.

1848; Federzeichnung, 32×25 cm
Berlin, Staatsbibliothek PK, Handschriften-abteilung (YB 17082 kl)

§ 1 des ›Preußischen Preßgesetzes‹ vom 17. März 1848 lautet: »Die Zensur wird hiermit aufgehoben. Alle auf die Zensur bezüglichen Bestimmungen, Anordnungen, Einrichtungen und Strafvorschriften treten außer Kraft.«

7/33 Karikatur auf die ›Errungenschaften der Berliner Märztage 1848‹ (Abb.)

Haag

1848; Lithographie, 34×44 cm
Berlin, Staatsbibliothek PK, Handschriften-abteilung (YB 17171 m)

Den Bürgerwehrposten am Landsberger Tor fragt der Geist eines Märzgefallenen: »Was wir mit unserem Bluthe erkauft haben?« Antwort: »Rauchfreiheit und Nationaleigenthum!«

7/31

7/34 ›Wie sich die Zeiten ändern‹ Karikatur auf die Aufhebung des Rauchverbotes auf der Straße *H. Ulke*

1848; Lithographie, 32,5×24,5 cm
Berlin, Staatsbibliothek PK, Handschriften-abteilung (YB 17203 m)

7/35 ›Hôtel und Zufluchtsstätte für gewesene Minister, Staatskanzler, ect:‹ Karikatur auf den 19. März 1848

Lithographie, 32,2×26,5 cm
Berlin, Staatsbibliothek PK, Handschriften-abteilung (YB 17054 m)

7/36 Medaille auf die Revolution von 1848 (Abb.)

Vorderseite: »Das Volk hat massacrirt die Bürger haben exercirt der Adel hat sich versteckt die Fürsten haben bewilligt«, Rückseite: »FREch HEIT GLEICHgültigkEIT EINfältIGKEIT«; Zinn, Dm 45 mm
Wien, Sammlung von Medaillen, Münzen und Geldzeichen des Kunsthistorischen Museums (1302/C11)

7/37 ›Allgemeines Politisches Bürger A-B-C‹

1848; 33×24,2 cm
Berlin, Staatsbibliothek PK, Handschriften-abteilung (RZ 8885/100 Nr.21)

7/38 Probenummer der ›Freien Blätter‹, 1. Juli 1848, hg. von Adolph Glaßbrenner

Nürnberg, Germanisches Nationalmuseum, Kupferstichkabinett (HB 13021 Kapsel 1387)

7/39 ›Berliner Krakehler‹ vom 23. September 1848: »Acht Tage vor dem Bombardement Berlins«

Berlin: Ernst Litfaß
Nürnberg, Germanisches Nationalmuseum, Kupferstichkabinett (HB 13352 Kapsel 1387)

Das Motto des ›Berliner Krakehlers‹ lautet: »Ruhe ist die letzte Bürgerpflicht; die erste aber: immer mit dem Kuhfuß (Brechstange).«

7/40 Leitartikel des ›Kladderadatsch‹

a) »Sind das die Früchte unsrer großen Revolution?« (Nr. 13, 30. Juli 1848)

7/33

b) »Anzeige der Charlottenburgritter« (Nr. 14, 6. August 1848)
c) »Wollt Ihr, daß endlich Ruhe sei – Sperrt ganz Berlin in die Stadtvogtei« (Nr. 18, 3. September 1848)
d) »!Wrangel'scher Wildbraten! mit historischen mixed-pikles in Berliner Reminiscenzen-Sauce« (Nr. 21, 24. September 1848)

Berlin: A. Hofmann & Comp.
Nürnberg, Germanisches Nationalmuseum, Kupferstichkabinett (HB 13044, 13045, 13046, 13048 Kapsel 1387)

7/36

7/41 Aufruf des Maschinenbauarbeiter-Vereins mit dem Angebot, »bei ausbrechendem Streit zwischen Arbeitern und Bürgerwehr zu vermitteln«, Berlin, 1. November 1848

43,3×36,1 cm
Berlin, Staatsbibliothek PK, Handschriftenabteilung (Rz 8885/100 Nr.20)

Im Oktober kam es zu Unruhen und Zusammenstößen der Arbeiterschaft mit der Bürgerwehr. Die zur Mäßigung auffordernde Proklamation des Maschinenbauer-Vereins wurde von der Bürgerschaft begrüßt.

7/42 ›Der 9te November 1848‹ Sitzung der Preußischen Nationalversammlung im Konzertsaal des Königlichen Schauspielhauses
C. F. G. Loeillot de Mars

Lithographie, 19,5×27,2 cm
Berlin, Berlin Museum

Der preußische Ministerpräsident Friedrich Wilhelm Graf Brandenburg forderte am 8. November 1848 die preußische Nationalversammlung im Namen des Königs auf, »ihre Beratungen nach geschehener Verlesung Unserer gegenwärtigen Botschaft sofort abzubrechen und zur Fortsetzung derselben am 27. d. M. in Brandenburg wieder zusammen zu treten«.

7/47

7/43 ›Verordnung. Die Bürgerwehr der Stadt Berlin ist hiermit aufgelöst‹, Sanssouci, 11. November 1848

45,7×32,6 cm
Berlin, Amerika Gedenkbibliothek / Berliner Zentralbibliothek (Mappe 22 Bl. 31)

7/44 Bekanntmachung des Oberbefehlshabers der Truppen in den Marken, General von Wrangel, über die Verhängung des Belagerungszustandes, Berlin, 12. November 1848

45×30 cm
Berlin, Landesarchiv Berlin (Rep.240 Acc.685 Nr.572)

Am 10. November marschierte General von Wrangel in Berlin ein. Die Nationalversammlung wurde nach Brandenburg verlegt, die Bürgerwehr aufgelöst, die Pressefreiheit aufgehoben und der Belagerungszustand verhängt. Der König erließ am 5. Dezember eine Verfassung und löste zugleich die Nationalversammlung auf.

7/45 Aufruf der Stadtverordneten, »keinen offenen Widerstand der Gewalt entgegenzusetzen«, Berlin, 12. November 1848

46×36,2 cm
Berlin, Amerika Gedenkbibliothek / Berliner Zentralbibliothek (Mappe 22 Bl.10)

7/46 Bekanntmachung des Verbots von acht Zeitschriften während des Belagerungszustandes, Berlin, 13. November 1848

45×30 cm
Berlin, Landesarchiv Berlin (Rep.240 Acc.685 Nr.573)

7/47 ›Erinnerungen an den 9 monatl: Berliner Belagerungszustand‹ (Abb.)

1849; Lithographie, 47×60 cm
Berlin, Staatsbibliothek PK, Handschriftenabteilung (YB 18756 m)

II. DER AUSBAU DER GROSSEN STADT

RAUM 8
INDUSTRIESTANDORT BERLIN

»Wenn wir einen hochgelegenen Punkt in der Nähe Berlins betreten, so gewährt der Anblick der obeliskenartigen Schornsteine mit ihren hoch emporwirbelnden Rauchsäulen einen eigenthümlichen Anblick. Diese merkwürdigen Colosse sind ein Zeugnis der neuesten Zeit, und, wie sie itzt im Norden, Süden, Osten und Westen die Residenz umgeben, erscheinen sie gleichsam als Sitz der Cyklopen, welche den Eingang in die Stadt verteidigen wollen.«

Diese Betrachtung in der Haude & Spenerschen Zeitung vom 22. Januar 1840 belegt einprägsam die Veränderung des Stadtbildes durch die aufstrebende Industrie. Sie spiegelt die Tendenz jener Zeit wider, die wachsende Zahl der Fabrikschlote als Zeichen großartiger menschlicher Betriebsamkeit zu deuten und die maschinelle Potenzierung des bekannten Berliner Gewerbefleißes nachdrücklich zu rühmen. Doch zeigte die Entwicklung vor und nach der Revolution von 1848, daß mit der wirtschaftlichen Expansion die gesellschaftliche Ordnung in Bewegung geriet. In den acht Jahrzehnten von 1830 bis 1910 veränderten die entstehende Industriewirtschaft und -gesellschaft das soziale und kulturelle Gefüge Berlins nachhaltig und beschleunigten den Prozeß neuzeitlicher Urbanisierung.

Im Zuge der Industriellen Revolution wurde die preußische Hauptstadt zu einer europäischen Wirtschaftsmetropole, die zwar über keinerlei Rohstoffvorkommen verfügte, aber eine Reihe anderer, ihre Entwicklung begünstigende Faktoren aufwies. Zum Erbe merkantilistischer Wirtschaftspolitik gehörten in Berlin nicht nur eine ausgeprägte Gewerbetradition, sondern auch eine Beamtenschaft, von der entscheidende Initiativen zur Entfaltung der Wirtschaft ausgingen. Solange die Zahl kapitalkräftiger, unternehmerisch interessierter Bürger gering blieb, waren es vor allem Staatsbetriebe, die zu Zentren technischer Innovation und wirtschaftlicher Modernisierung wurden. Kennzeichnend dafür war der 1804 begonnene Bau der Königlichen Eisengießerei vor dem Neuen Tor, die den steigenden Bedarf der eisenverarbeitenden Industrie an Gußwaren decken sollte.

Für die zunächst nur zögernd einsetzende wirtschaftliche Aufwärtsentwicklung waren der Anschluß an den in England erreichten, sorgsam gehüteten technologischen Standard und die Förderung unternehmerischen Wettbewerbs von größter Bedeutung. Die Initiativen dazu kamen von staatlichen Stellen wie der von Peter Christian Wilhelm Beuth geleiteten ›Technischen Deputation für Gewerbe‹ oder dem 1821 von ihm eingerichteten Gewerbeinstitut. Gewerbeausstellungen sollten die Verbreitung technischer Innovationen beschleunigen und die frühen Unternehmer dazu veranlassen, ihre Produkte öffentlich zu präsentieren und sich einem Leistungsvergleich zu stellen.

Das gute Wasserstraßennetz und die im raschen Ausbau befindlichen Chausseen förderten die wirtschaftliche Entwicklung der Stadt schon vor dem Beginn des Eisenbahnbaus; seit 1838 wurde Berlin dann zum Mittelpunkt eines ständig wachsenden Eisenbahnnetzes. Das neue Verkehrsmittel vergrößerte nicht nur die Transportvolumen für Waren und Rohstoffe, sondern erleichterte auch die Zuwanderung Arbeitssuchender, die aus entfernteren Landesteilen in die Hauptstadt kamen und das Arbeitskräftepotential rasch verstärkten. Die Funktion der Stadt als Regierungszentrum wirkte sich, vor allem seit 1871, ebenso wirtschaftsfördernd aus wie die Entwicklung eines leistungsfähigen Bankwesens in der zweiten Hälfte des 19. Jahrhunderts und die Gründung wissenschaftlicher Institute, deren Forschungsergebnisse der elektrotechnischen und der chemischen Industrie in besonderer Weise zugute kamen.

Die Industrialisierung schuf neue Stadträume in Berlin. Die Entwicklung begann mit kleinen Manufakturen und den frühen Maschinenbauanstalten vor der Stadt. Sie führte – parallel zu der Durchmischung eng bebauter Wohnviertel mit Werkstätten und Kleinbetrieben – innerhalb weniger Jahrzehnte zur Entstehung ausgedehnter Industrieareale und neuer Arbeiterviertel, die ganze Stadtteile umfaßten. Randwanderungen expandierender Großbetriebe an die raumbietende Peripherie forcierten die Ausdehnung Berlins, das auf diese Herausforderung mit dem Ausbau der städtischen Ver- und Entsorgungssysteme und neuer Massenverkehrsmittel reagieren mußte. Großflächige Fabrikanlagen und Verkehrseinrichtungen wandelten zwischen 1830 und 1900 das Bild der Stadt grundlegend.

Die Herausbildung großindustrieller Fabrikkomplexe begann auf dem Sektor des Maschinenbaus. Für den technischen Bedarf der Textilindustrie gründeten Wilhelm Tappert (1810) und die Brüder John und Charles-James Cockerill (1815) erste private Maschinenbauanstalten. Georg Christian Freund begann ebenfalls 1815 mit dem Bau von Dampfmaschinen; sechs Jahre später entstand die Maschinenbau-Werkstatt von Franz Anton Egells für Dampf- und Textilmaschinen. 1837 gründete August Borsig, der bei Egells gelernt hatte, eine eigene Maschinenbauanstalt, in der er Dampfmaschinen und seit 1841 auch Lokomotiven herstellte. Der stark expansive Eisenbahnbau, der in Preußen mit der Eröffnung der Berlin-Potsdamer Eisenbahn 1838 einsetzte, schuf mit dem riesigen Bedarf an Material und Gerät einen außerordentlich großen Markt. Viele der dafür produzierenden Betriebe, zu denen die Maschinenbau-Anstalten von Friedrich Adolf Pflug, Friedrich Wöhlert, Carl Hoppe und Louis Schwartzkopff gehörten, konzentrierten sich im Nordwesten Berlins. Sie entstanden entlang der Chausseestraße zum Wedding, wo die Nähe zur Königlichen Eisengießerei, niedrige Grundstückspreise und später der direkte Anschluß an die Stettiner Bahn entscheidende Standortvorteile boten.

Die Erweiterung der Produktion und die gleichzeitige Verdichtung der Industrieanlagen hatten eine starke Konzentration von Fabrik-, Verwaltungs- und Lagerbauten auf dem zur Verfügung stehenden Raum zur Folge. Um die meist aus einem zentralen Hütten- oder Maschinengebäude, einem Kesselhaus und einigen Werkstätten bestehenden ›Urzellen‹ entstand ein dichter Kranz zusätzlicher Bauten, in denen für den rasch steigenden Bedarf produziert wurde. »Bereits 1838 wurden (bei Borsig) die ersten Ausbauten vorgenommen; unmittelbar an der Straßenfront wurde ein Kontorgebäude errichtet, die Werkstatt wurde vergrößert und ein kleines Grundstück wurde hinzugekauft. Bis 1845 erweiterte Borsig auch das Hüttengebäude, je eine Schmiede, eine Kesselschmiede, eine Hilfsschmiede, zwei Kesselhäuser, eine Kerntrocknerei, drei Trockenkammern, je eine Bohr- und Drehwerkstätte in zweistöckigen Gebäuden sowie ein Eisenlager und ein Schuppen wurden an die bestehenden Gebäude angebaut, während eine Metallgießerei, eine Feilenhauerei und eine Eisenputzerei in separaten, langgestreckten Bauten untergebracht wurden.« In ähnlicher Weise entwickelten sich auch die Maschinenbaubetriebe von Egells und Wöhlert.

Mit dem Wachstum der industriellen Unternehmen ging eine immer dichtere Bebauung der zur Verfügung stehenden Grundstücke einher. Als es in der Chausseestraße keine Ausdehnungsmöglichkeiten mehr gab, erwarb Borsig seit 1842 Gelände an der Spree in Moabit, dessen bereits eingeleitete Entwicklung zum Industriestandort durch die von Borsig 1847 bis 1850 errichteten Werke entscheidend vorangetrieben wurde. Nach 1898 verlegte die Firma schließlich die gesamte Produktion nach Tegel, wo mit der Berlin-Kremmener Bahn und der Verbindung zum Elbe-Havel-Kanal über den Tegeler See hervorragende Transportmöglichkeiten bestanden. Außerdem lagen die Bodenpreise dort noch unter denen von Moabit. Auch die Maschinenfabrik Schwartzkopff bezog mit einem Teil ihrer Fertigung eine neu errichtete Filialwerkstätte in der Ackerstraße. Das ausgedehnte Areal wurde nach einem einheitlichen Plan gestaltet, der durch entsprechende Abstände zwischen einzelnen Fabrikhallen die Möglichkeit späterer Erweiterungen von vornherein vorsah.

Die als nicht standesgemäß empfundene Bauaufgabe ›Fabrik‹ blieb mit Ausnahme der Fassadengestaltung lange Zeit Ingenieuren und unbekannten Bauleitern überlassen. Die Tatsache, daß später prominente Architekten mit dem Entwurf von Fabrikgebäuden betraut wurden, die funktional, zugleich aber auch repräsentativ sein sollten, verweist auf das inzwischen gewachsene Selbstbewußtsein der Unternehmensführungen. So entstanden zunächst Fabriken, deren Äußeres meist noch dem Historismus verhaftet war, der nach kurzer Frist einer fortschrittlicheren Architekturauffassung weichen mußte. Mitunter fand sich in engem zeitlichen Abstand in ein und derselben Firma beides, so etwa bei der AEG die zweitürmige, historisierende Toranlage von Franz Schwechten (1894) und die bahnbrechende neue Turbinenhalle von Peter Behrens (1909).

In unmittelbarer Nähe der großen Industrieanlagen lagen die Wohngebiete der Arbeiter. Da erst gegen Ende des 19. Jahrhunderts preiswerte Massenverkehrsmittel zur Verfügung standen, war die ungesunde enge Verbindung von Wohnort und Arbeitsstätte unvermeidbar. So entstanden im Norden Berlins, im Wedding und am Gesundbrunnen, dichte Arbeiterwohnquartiere, in denen abwechselnd endlose Mietskasernen und große Fabrikgebäude das Stadtbild prägten. Im Bereich der mechanischen Industrie und vor allem des Handwerks gab es aber auch viele kleinere Betriebe mit geringer Arbeiter- und Maschinenzahl und entsprechend geringerem Raumbedarf, die sich oft zu wichtigen Zulieferbetrieben oder zu hochspezialisierten Werkstätten mit weitreichenden Handelsverbindungen entwickelten wie die 1864 gegründete feinmechanische Firma Schmidt & Haensch. Sie fanden häufig in den Hinterhäusern der dichten Blockbebauung Berlins Platz (Gewerbehöfe). Besonders charakteristisch war diese Vermischung von Wohnungen und Kleinbetrieben in den südlichen Vorstädten, etwa in der Luisenstadt und der Friedrichstadt. Die zahlreichen Betriebe der Kattunherstellung sowie der Färberei- und Wäschereibranche wiederum lagen am Wasser, das sie für ihre Arbeitsprozesse brauchten. Zu ihnen gehörten die ›Fabrik für Seidenzwirnerei und Färberei, für Seiden-, Zwirn- und Wollgarne von Bergemann & Co.‹, die ›Kammgarnspinnerei Schwendi & Co.‹ und die berühmte ›Färberei und Druckerei W. Spindler‹, die sich später zu einem bedeutenden chemischen Betrieb entwickelte. Die chemische Industrie wurde nach Maschinenbau und Elektrotechnik zum drittgrößten Produktionsbereich (1907) in Berlin, maßgeblich getragen von Konzernen wie Schering (gegr. 1851) oder der Aktiengesellschaft für Anilinfabrikation (Agfa, gegr. 1867). Die Großstadt Berlin als ergiebiger Absatzmarkt für chemische und medizinische Produkte, als Sitz zahlreicher weiterverarbeitender Industrien und als Standort der für diesen Bereich wichtigen wissenschaftlichen Forschungseinrichtungen begünstigte die rasche Entfaltung dieses Industriezweiges.

Die Standortwahl für viele Fabriken verdeutlicht, wie zunächst vorhandene, die Ansiedlung begünstigende Faktoren genutzt wurden: gute Anschlüsse an Wasserstraßen und Eisenbahn, Nähe zum Wasser, wenn es für die Produktion wichtig war, oder zu den dichtbesiedelten Wohnvierteln der Lohnarbeiter. Grundsätzlich neue Probleme stellten sich den später expandierenden Unternehmen, als die Standorte mit ›natürlichen‹ Vorteilen bereits besetzt waren oder wegen eines zu geringen Platzangebots nicht mehr in Frage kamen. Ihnen blieb nur die Möglichkeit, unerschlossenes Gelände weit vor der Stadt zu kaufen und für die Anbindung an die Stadt, die Unterbringung der Arbeitskräfte und die Schaffung einer eigenen Infrastruktur selbst zu sorgen.

Ein prägnantes Beispiel dafür sind die Siemenswerke. Sie entwickelten sich aus der Telegraphenbauanstalt, die Werner Siemens 1847 zusammen mit dem Mechaniker Johann Georg Halske in der Schöneberger Straße gegründet hatte. Die technischen Innovationen zur industriellen Anwendung des Starkstroms machten Berlin nach 1867 rasch zum Zentrum der deutschen Elektroindustrie. Ende der neunziger Jahre beschloß die Unternehmensleitung, neue Werkanlagen und Wohnungen auf den Spreewiesen zwischen Charlottenburg und Spandau zu errichten. Städtebaulich unterlag die Entwicklung des neuen Industriestandortes keiner administrativen Planung. Das zeigte besonders deutlich die Frage nach der Gemeindezugehörigkeit: Die Industriebauten wurden auf Grundstücken errichtet, die verschiedenen Gutsbezirken oder Kreisen zugehörten. 1908 beendete die Regierung in Potsdam diesen Zustand mit der Entscheidung, große Flächen Spandau zuzuschlagen, so daß der raumgreifende Fabrikkomplex leichter ausgedehnt werden konnte. Die benachbarte, großbürgerlich geprägte Stadt Charlottenburg hatte lange Zeit kein Interesse, für eine vernünftige Verkehrsanbindung des in ihrer unmittelbaren Nähe schnell zum Industrieriesen wachsenden Unternehmens zu sorgen, das zwar zu Spandau gehörte, aber auf Berlin ausgerichtet war. Die Siemenswerke minderten die Risiken und Beschwernisse, die aus ihrer isolierten Lage für die Arbeiter und den Warentransport entstanden, auf eigene Kosten. Nach und nach wurde das Werk für die Pendler durch Spreedampfer (1903 bis 1905), Straßenbahnen (nach Spandau 1908; zum Bahnhof Jungfernheide 1913) und durch den Ausbau des nach Charlottenburg führenden Nonnendamms erschlossen.

Das Gesetz zur Bildung der Stadtgemeinde Groß-Berlin (1920) machte den Fabrikort Siemensstadt zum Bestandteil der Industriestadt Berlin. Diese war durch die Verknüpfung von gewerblicher Tradition mit wirtschaftlich-technischen Neuerungen und von Kapital mit wissenschaftlichen Erkenntnissen sowie durch die Entwicklung eines ausgeprägten nationalstaatlichen Selbstbewußtseins zur beherrschenden Wirtschaftsmetropole des europäischen Festlands geworden. Das komplexe Gefüge der dynamisch expandierenden Großstadt sah sich in seiner rasanten Entwicklung mit vielen Problemen konfrontiert, deren Bewältigung eine zeitgemäße Verwaltungs- und Selbstverwaltungsstruktur erforderte. *H.-C. T.*

8/1 ›Bohrwerk der Berliner Eisengießerei‹ Grundriß, Längsschnitt und Querschnitt

1774; drei aquarellierte Federzeichnungen; 45×48 cm, 58×63 cm, 49×63 cm
München, Deutsches Museum (1906/1–3)

8/2 ›Project zu einer Feuermaschine für die Berliner Eisengießerei zum Betrieb der Cupolo Öfen, durch denselben im Gang erhalten‹

Anfang 19. Jh.; Federzeichnung, 49×68 cm
München, Deutsches Museum (001948)

8/3 Ansicht der Königlichen Eisengießerei bei Berlin

Um 1810; Radierung, 34,5×45,4 cm (Plr.)
Berlin, Landesarchiv Berlin (Rep.250 Acc.148 Nr.1)

Nachdem es im oberschlesischen Hüttenwerk Malapane geglückt war, dünnflüssiges Eisen für feine Gußwaren herzustellen, veranlaßte der Minister Graf Reden den Bau einer Königlichen Eisengießerei mit Bohr-, Dreh- und Schleifanstalt vor dem Oranienburger Tor, die 1804 zu arbeiten begann. Da sie bis 1826 einziger Betrieb dieser Art in Berlin war, sollte sie zu einem wichtigen Standortfaktor für die frühen Maschinenbaufabriken werden, die Gußteile benötigten und sich zur Vermeidung langer Transportwege in der Nähe der Gießerei ansiedelten.

8/4 ›Die Königliche Eisengießerei vor dem Oranienburger Thore bei Berlin‹ *Friedrich A. Calau*

Kupferstich, 30×38 cm (Plr.)
Berlin, Kupferstichkabinett, SMPK

8/5 Neujahrsplaketten der Königlichen Eisengießerei Berlin

a) Innenansicht der Bohrhütte
1809; Eisenguß, 6,4×8,9 cm

b) Innenansicht der Gießhütte mit großem Drehkran und verschiedenen Gußwaren
1810; Eisenguß, 6,8×9,3 cm

c) Innenansicht der Form- und Gießhütte mit dem Arbeitsplatz eines Formers, Formkästen und Werkzeugen
1811; Eisenguß, 6,4×8,6 cm

d) Darstellung von verschiedenen Gußwaren
Aufschrift: »Von Gott kam Sieg. Gott segne Land u. König! 1815«; Eisenguß, 6,8×7,7 cm

Berlin, Berlin Museum

Die Berliner Eisengießerei übernahm auf dem Gebiet des Kunstgusses sehr bald die Führung unter den königlich preußischen Gießereien. Von 1805 bis 1848 gab sie zum Jahreswechsel

8/9

kleine Neujahrsplaketten heraus, die einen Überblick über die damalige Produktion bieten und die technische Ausstattung der Manufaktur in jener Zeit dokumentieren.

8/6 Neujahrsplaketten der Königlichen Eisengießerei Berlin

Zwei Rahmen mit je vier Plaketten: 1812, 1816, 1822, 1823; 1828, 1829, 1830, 1831; Eisenguß; 16,8×21,6 cm, 16,9×21,7 cm
Berlin, Berlin Museum

8/7 Plakette mit der Ansicht des Verkaufsmagazins der Königlichen Eisengießerei Berlin

Nach 1820; Zinnguß, 66,3×90,6 cm
Berlin, Verwaltung der Staatl. Schlösser und Gärten, Schloß Charlottenburg (Ks IV/227)

8/8 Ansicht der Maschinenfabrik von John und Charles-James Cockerill in Berlin

Titelkupfer, aus: Heinrich Weber, Der vaterländische Gewerbsfreund. Ein Leitfaden zur Kenntnis der industriellen Geschäftigkeit im Preußischen Staate, Bd. 1, Berlin und Leipzig 1819/20
Berlin, Geheimes Staatsarchiv PK (Bibl.19a574)

8/9 Charlottenburg, von Moabit aus gesehen, mit einzelnen Fabrikgebäuden an der Spree (Abb.)

Um 1850; kolorierte Lithographie, 7,5×23,5 cm
Berlin, Berlin Museum

8/10 Bildnis des Fabrikanten Julius Conrad Freund
Max Slevogt

1926; Öl/Lw., 101,5×71,5 cm; bez. o. r.: Slevogt 1926
Berlin, Berlin Museum

Julius Conrad Freund (1801–1877) übernahm nach dem frühen Tod seines Bruders Georg Christian (1793–1819) die Fabrik zum Bau von Dampfmaschinen, die dieser 1815 gegründet hatte. Slevogt malte das Bildnis des Kunstsammlers Freund posthum.

8/11 Maschinenbauanstalt und Eisengießerei von Julius Conrad Freund in Charlottenburg (Abb.)
Hermann Brüggemann

Um 1860; Öl/Lw., 56×78,5 cm
Berlin, Berlin Museum

Die Anlage der ›Charlottenburger Maschinenfabrik und Eisengießerei‹ (Firmenname ab 1871) kaufte 1883 die AEG, die in den Gebäuden die Fertigung von Dynamomaschinen und Kabeln aufnahm.

8/12 Büste des Berliner Maschinenfabrikanten Franz Anton Egells
Gustav Bläser

1856; Bronze, H 62,5 cm
Berlin, Landesarchiv Berlin

Franz Anton Egells gründete 1826 vor dem Oranienburger Tor die erste private Eisengießerei.

8/13 Zwei Briefköpfe der Firma Martin Hirtz in Berlin, Chausseestr. 75, einer »Fabrik von allen Arten Hilfsmaschinen«

a) Briefkopf mit einer Abbildung der Preismedaille von der Gewerbeausstellung in Berlin 1844 und Darstellungen von Dreh- und Bohrmaschinen

Nach 1846; Lithographie, 28×20 cm (Blgr.)

b) Briefkopf mit Ansichten des Bürohauses und der Fabrik

1849; Lithographie, 28×22 cm (Blgr.)

Dortmund, Westfälisches Wirtschaftsarchiv

8/14 Büste des Peter Christian Wilhelm Beuth
Christian Daniel Rauch

Gipsabguß (Original 1846), H 67 cm
Berlin, Gipsformerei, SMPK (5000/46)

Peter Christian Wilhelm Beuth (1781–1853) setzte sich als preußischer Staatsbeamter nachdrücklich für die Förderung von Gewerbe und Industrie in Berlin und Preußen ein. Er wurde 1819 Direktor der ›Preußischen Deputation für Gewerbe‹, richtete die ›Gewerbeschule‹ ein (1821; zwei Jahre später in ›Königlich-Preußisches Gewerbeinstitut‹ umbenannt) und gründete den ›Verein zur Beförderung des Gewerbfleißes in Preußen‹ (1821).

8/15 Königlich-Preußisches Gewerbeinstitut in Berlin
Ernst Friedrich Grünewald nach Eduard Gaertner

Um 1830; kolorierter Kupferstich, 12×20 cm (Plr.)
Berlin, TUB, Universitätsbibliothek

8/11

8/16 Zwei Festkarten für den ›Verein zur Beförderung des Gewerbfleißes in Preußen‹
Theodor Hosemann
1844, 1846; Federzeichnung, Federlithographie; 17×14,5 cm, Dm 15,5 cm
Berlin, Kunstbibliothek, SMPK (5001,19GS/26GS)

8/17 Zwei Einladungskarten zu Stiftungsfesten des Berliner Gewerbevereins, 24. Januar 1835 und 24. Januar 1836
Adolph (von) Menzel
Federlithographien; 17,1×12,4 cm, 14,1×14,2 cm
Berlin, Kunstbibliothek, SMPK (5005 m,4GS/5GS)

8/18 Zwei Erinnerungsmedaillen

a) Auf die »Ausstellung vaterländischer Gewerbeerzeugnisse vom Jahre 1844«
Christoph Karl Pfeuffer (Medailleur)
Vorderseite: Ansicht des Zeughauses, Rückseite: Bildnis Friedrich Wilhelms IV.; Bronze, Dm 52 mm

b) Zur »Erinnerung an die Ausstellung Deutscher Gewerbeerzeugnisse zu Berlin 1844«
Rückseite: Abbildung der Germania und die Umschrift »Vorwaerts mit Deutschem Fleisse und Deutscher Kraft«; Bronze, Dm 48 mm

Wien, Sammlung von Medaillen, Münzen und Geldzeichen des Kunsthistorischen Museums (11058/G134, 23180/G134)

Die von Beuth initiierten Berliner Gewerbeausstellungen demonstrierten die zunehmende Leistungsfähigkeit der jungen preußischen Industrie. Sie sorgten – erstmals 1822, dann 1827 und 1844 veranstaltet – für Anregungen und Vergleichsmöglichkeiten und schufen durch die Auszeichnung herausragender Erzeugnisse Anreize, den Wettstreit mit den Konkurrenten aufzunehmen.

8/19 Erinnerung an die Berliner Gewerbeausstellung im Jahre 1879
Emil Fontong
Lithographie; 18,4×35 cm, 42,7×48,8 cm (Blgr.)
Berlin, Berlin Museum

8/20 Plakat ›Berliner Gewerbeausstellung vom 1. Mai bis 15. Okt. 1896‹
Ludwig Sütterlin

Berlin: Otto von Holten 1896; 87,5×59 cm
Berlin, Kunstbibliothek, SMPK

8/21 Zwei Erinnerungsmedaillen

a) ›Ausstellung Deutscher Gewerbeerzeugnisse zu Berlin 1844‹
Kupfer, Dm 44 mm

b) ›Berliner Gewerbe-Ausstellung, 1896‹
Aluminium, Dm 45 mm

Berlin, Landesarchiv Berlin (Rep.238 Acc.461 Nr.1,3)

8/22 Eintritts-Billet zur Berliner Gewerbeausstellung, 1896

2,5×9 cm
Berlin, Landesarchiv Berlin (Rep.240 Acc.1773 Nr.18)

8/23 Panorama der Berliner Gewerbeaustellung, 1896

Farbig bedruckter Karton, 15,5×12×22 cm
Berlin, Museum für Verkehr und Technik Berlin

8/24 Neue Packhof-Anlage: Ansicht von Ost- und Westfront des Niederlagegebäudes
H. Weber, F. Wolff

Lithographie, 52×86,1 cm
Berlin, TUB, Plansammlung der Universitätsbibliothek (29707)

Als der von Schinkel entworfene alte Packhof am Kupfergraben vor allem wegen der fehlenden Bahnanschlüsse nicht mehr ausreichte, errichtete man 1882 bis 1885 in Moabit eine neue Anlage. Zu dem langgestreckten Niederlagebau gehörten noch zwei Zollkontrollgebäude.

8/25 Wasserstraßenkarte mit Teltow-Kanal, Verbindungskanal Britz-Kanne, Prinz Friedrich Leopold-Kanal, Schiffahrtsweg Berlin-Stettin

Beilage zum Pharus-Führer ›Teltow-Kanal‹; 39,3×51,3 cm
Berlin, Berlinische Galerie (BG–Ar 31/80)

8/26 Pharus-Plan ›Teltow-Kanal‹, westliche Hälfte (Abb.)

Karte des Raumes Steglitz-Potsdam mit den markierten Gebieten verschiedener Terrain- und Bau-Aktiengesellschaften und eingetragenen Industriebauten; um 1906; Farblithographie, 90,5×120 cm
Berlin, Berlinische Galerie (BG–Ar 31/80)

8/27 ›Übersichtskarte der Eisenbahnverbindungen im Preussischen Staate‹

1859; 54×89 cm
Berlin, Staatsbibliothek PK, Kartenabteilung (Kart N 4012/12)

Der Eisenbahnbau verbesserte die Verkehrslage Berlins entscheidend. Der ersten preußischen Eisenbahnlinie von Berlin nach Potsdam (1838) folgten rasch und systematisch weitere für die Verbindungen in die rheinischen, westfälischen und sächsischen Industriegebiete.

8/28 Plan der Terraingesellschaft Rittergut Lichtenberg GmbH
Julius Straube

Aufdruck: »Wir verkaufen: Gut geschnittene Fabrikbaustellen mit und ohne Eisenbahnanschluß«; farbige Photolithographie, 71,5×70 cm
Berlin, Berlinische Galerie (BG–Ar 7/83)

8/29 Haupt-Verkehrsplan von Berlin mit Angabe bekannter Firmen

Um 1890; Farbdruck, 34×43 cm
Nürnberg, Germanisches Nationalmuseum, Kupferstichkabinett (SP 3825 Kapsel 1077a)

8/30 Bildnis des Bankiers Paul Eduard Conrad
Otto Heyden

Um 1856; Öl/Lw., 130×105 cm
Frankfurt a. M., Berliner Handels- und Frankfurter (BHF-)Bank

Paul Eduard Conrad war von 1856 bis 1860 Geschäftsinhaber der Berliner Handels-Gesellschaft und initiierte die Einrichtung zahlreicher Terraingesellschaften zur Erschließung von Bau- und Industriegelände.

8/31 Die Berliner Börse
W. Loeillot

Farblithographie, 22,5×33,5 cm
Berlin, Berliner Wertpapierbörse

Die Berliner Börse entwickelte sich zu einem wichtigen Finanzplatz für die zunehmend kapitalintensiven neuen Industrien.

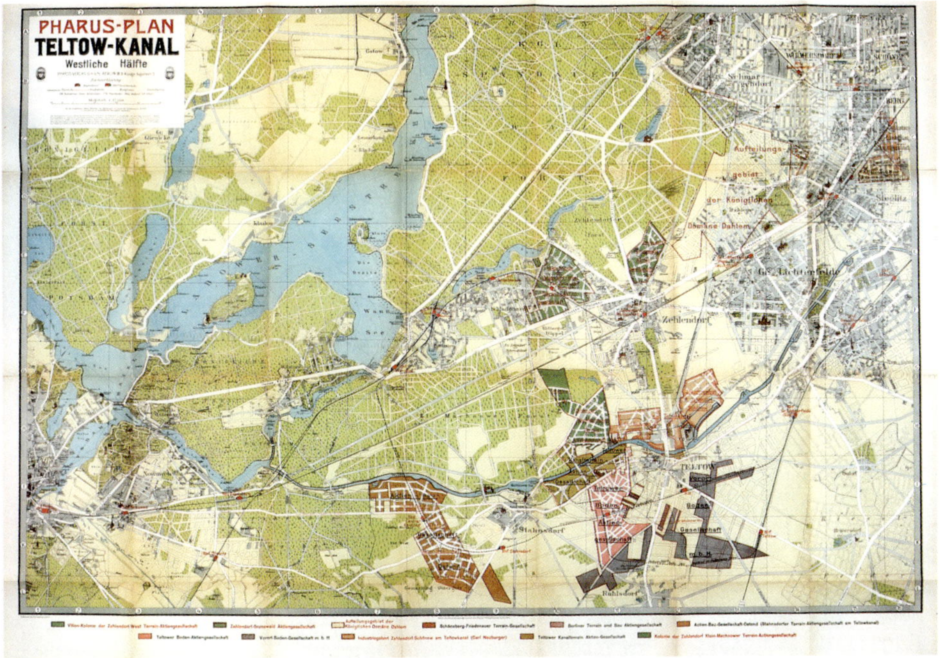

8/26

8/32 Büste des August Borsig für sein Grab auf dem Dorotheenstädtischen Friedhof, modelliert nach der Totenmaske und einer Daguerreotypie

Christian Daniel Rauch

Gipsabguß (Original 1854), H 61 cm
Berlin, Gipsformerei, SMPK (5000/49)

Johann Carl Friedrich August Borsig (1804–1854) arbeitete acht Jahre in Egells' Eisengießerei und gründete 1837 eine eigene Maschinenbaufabrik.

8/33 Borsigs Eisengießerei im Jahre 1837

Karl Eduard Biermann

1847; Aquarell, 31,2×48 cm
Berlin, Museum für Verkehr und Technik Berlin

8/34 Eingang zur Lokomotiv-Fabrik August Borsigs in der Chausseestr. 1

1862; Farblithographie, 29,6×46,8 cm
Berlin, Berlin Museum

Die zur Erinnerung an das 25jährige Firmenjubiläum 1862 entstandene Lithographie zeigt die repräsentative Fabrikfassade zur Chausseestraße mit dem Verwaltungsgebäude und der Arkadenhalle.

8/35 ›Borsig's Eisengießerei und Lokomotivbauanstalt am Oranienburger Thor in Berlin‹

Adolf Eltzner

1867; kolorierter Holzstich, 42×28,2 cm
Berlin, Landesarchiv Berlin (Rep.250 Acc.3009 Nr.2)

Die Gesamtansicht veranschaulicht die dichte Konzentration der Borsigschen Fabrikanlagen an der Chausseestraße. Die geschlossene Randbebauung und die daran anschließenden Wohnhäuser verhinderten jede weitere Expansion.

8/36 ›Borsigs Maschinenbauanstalt. Lokomotivensaal‹

Um 1860; kolorierter Holzstich, 19×13 cm
Berlin, Landesarchiv Berlin (Rep.250 Acc.2457 Nr.1)

8/37 Modell der 1844 von der Firma Borsig gebauten Lokomotive ›Beuth‹

78×133×46 cm; M 1:5
Berlin, Museum für Verkehr und Technik Berlin

Die ›Beuth‹ war die 24. bei Borsig gebaute Lokomotive. Nach der Gewerbeausstellung 1844, auf der sie mit der Goldmedaille ausgezeichnet wurde, gingen bei der Firma 60 Vorbestellungen ein, Beginn der damit einsetzenden, bis dahin beispiellosen Massenproduktion.

8/38 ›Das Fest der 1000. Locomotive, ihre Schmückung und ihre Abfahrt vom Bahnhofe unter dem Jubel ihrer Erbauer‹, Berlin, 21. August 1858

Hartwich nach Bartsch

1858; Lithographie, 38,8 × 52,4 cm
Berlin, Berlin Museum

8/39 ›Hundertjähriges Jubiläum der Gebr. Schickler'schen Zuckersiederei Alexander-Strasse. 1855‹ (Abb.)

Wilhelm Ludwig Friedrich Riefstahl, Ludwig Burger

1856; Lithographie, 58,3 × 69 cm
Nürnberg, Germanisches Nationalmuseum, Kupferstichkabinett (L107 Kapsel 1022)

Neben Brennerei und Brauerei gehörte auch die Zuckersiederei zu den in Berlin stark vertretenen Zweigen der Nahrungs- und Genußmittelindustrie.

8/40 Fabriksaal der ›Nähmaschinenfabrik, vormals Frister & Roßmann‹ in Berlin

Um 1860; kolorierter Holzstich, 21 × 14 cm
Berlin, Landesarchiv Berlin (Rep.250 Acc.2457 Nr.2)

Seit der Mitte der sechziger Jahre wurden in dieser Fabrik Nähmaschinen und Greifermaschinen für die Wäschefabrikation und Weißzeugnäherei hergestellt. Hauptstandorte der Berliner Nähmaschinenindustrie waren die Friedrichstadt und die Luisenstadt.

8/41 Plakat ›Leinen-Waaren-Fabrik Goschenhofer & Roesicke‹ (Abb.)

Um 1860; Farblithographie, 34 × 51 cm
Berlin, Kunstbibliothek, SMPK

8/42 Stoffproben aus dem Magazin des Königl. Hoflieferanten H. Lissauer, Berlin: Frühjahrs- und Sommer-Stoffe

Um 1875; 38,2 × 27,2 cm
Nürnberg, Germanisches Nationalmuseum, Kupferstichkabinett (HB3771 Kapsel 1232)

8/43 Kasten zur Aufbewahrung von Indigo-Farbmustern der Firma S. Schönlank Söhne, Berlin

Mitte 19. Jh.; Holz, 13 × 44 × 69 cm
Krefeld, Deutsches Textilmuseum Krefeld

8/44 Wäscherei und Färberei Spindler an der Spree bei Köpenick (Abb.)

1881; Öl/Lw., 52 × 73 cm
Berlin, Berlin Museum

Die 1832 gegründete ›Färberei und Druckerei W. Spindler‹ war, wie die Kattunfabriken und die übrigen Firmen der Färberei- und Wäschereibranche, durch die Standortwahl an einem Gewässer charakterisiert, da Wasser für die Produktion gebraucht wurde. 1854 führte Spindler die chemische Reinigung in Deutschland ein.

8/45 Kalender der Färberei und chemischen Waschanstalt W. Spindler für das Jahr 1904

30,8 × 46,1 cm
Bremen, Kunsthalle Bremen

8/46 ›W. Spindler, Berlin und Spindlersfeld bei Cöpenick. Färberei – Druckerei – Appretur. Wasch- und Chem. Wasch-Anstalt: Eine Denkschrift und Ansichten von Spindlersfeld zur Berliner Gewerbe-Ausstellung 1896‹

Berlin: H. Rifforter; 30,5 × 21,3 cm
Frankfurt a. M., Firmenmuseum der Hoechst AG

8/47 Porträtaufnahme des Ernst Schering

Photographie (Originalabzug)
Berlin, Schering AG, Scheringianum

Der Kommerzienrat Ernst Schering war Begründer der Firma E. Schering (1864), die 1871 in die ›Chemische Fabrik auf Actien (vormals E. Schering)‹ umgewandelt wurde.

8/48 Scheringwerke, Zweigwerk Charlottenburg

G. J. Junk

Um 1900; Photographie (Originalabzug), 9,5 × 14 cm
Berlin, Berlinische Galerie, Fotografische Sammlung (BG-FS 79/85,5)

8/49 Model zum Pressen von Zäpfchen

2. Hälfte 19. Jh.; Messing, 15 × 3 cm
Berlin, Schering AG, Scheringianum

Leinen-Waaren-Fabrik
Goschenhofer & Roesicke
HOFLIEFERANTEN
Sr. K. H. des Prinzen FRIEDRICH v. PREUSSEN
Sr. K. H. des Prinzen ADALBERT v. PREUSSEN
Leinwand
Tischgedecke
Handtücher
Bettstoffe
in Seide, Leinen, Halbleinen und Baumwolle.
Fertige Wäsche
Negligees
Grösstes Lager
Fertige Betten
Matratzen
Seidene und Baumwollene Steppdecken
Pique Bettdecken und wollene Schlafdecken
Toiles
Assortiment complet de toute espèce et de toute qualité de toiles.
Linge de table
En damasse, Jaquard et treillis.
Etoffes pour lits
En soie, toile, demi toile et calicot
Linge
Chemises pour hommes et pour femmes de toutes façons.
Negligées
Rechanges de lit et taies.
Premier magasin
de plumes de Bohême et d'édredon
Lits complets
des plus simples aux plus élégants.
Matelats
de crin à ressorts et en varech
Couvertures de lit en piqué et en soie.
Courtes pointes en soie et callicot. Couvertures de laine.
BERLIN Spittel-Brücke 18
empfehlen ihr stets wohl assortirtes Lager rein leinener Waaren
ont l'honneur de recommander leur magasin parfaitement assorti de toiles.

8/41

8/39

8/50 Salbenpresse

2. Hälfte 19. Jh.; Holz, Porzellan, Eisen, Messing; 35×25×35 cm
Berlin, Schering AG, Scheringianum

8/51 Packung mit Photopapier ›Satrapid – Das selbsttonende Auskopierpapier‹

Ende 19. Jh.; 9×13×1,5 cm
Berlin, Schering AG, Scheringianum

8/52 Assur-Farben der ›Chemischen Fabrik auf Actien (vormals E. Schering)‹

Ende 19. Jh.; Pappschachtel, 35×15×1cm
Berlin, Schering AG, Scheringianum

8/53 Firmenschrift ›Die Farbstoffe der Actien-Gesellschaft für Anilin-Fabrikation Berlin SO 36‹

Berlin, um 1900
München, Deutsches Museum (71914)

Nach Entdeckung des Anilins im Steinkohlenteer, einem Abfallprodukt aus den Gasanstalten, entstanden in Berlin zahlreiche Farbenfabriken zur künstlichen Herstellung organischer Farbstoffe, für die sich mit den Stoffdruckereien und -färbereien ein ergiebiger Absatzmarkt bot.

8/54 Büste des Werner (von) Siemens
Adolf von Hildebrand

1892; Bronze, H 55 cm
Berlin, Physikalisch-Technische Bundesanstalt

Werner (von) Siemens (1816–1892) gründete 1847 mit dem Mechaniker Johann Georg Halske (1814–1890) in der Schöneberger Straße eine Werkstatt zum Bau von Zeigertelegraphen. Wenige Jahre später zog die Firma in die südliche Friedrichstadt um, wo sie bis in die achtziger Jahre hauptsächlich technische Erzeugnisse aus Bereichen der Schwachstromtechnik – Telegraphie, Telephon – herstellte. Die Produktionsausweitung in die Bereiche der Starkstromtechnik – Eisenbahn, Beleuchtung, Stromerzeugung – führte zu einer Randwanderung der Firma zunächst nach Charlottenburg (um 1860) und vierzig Jahre später in ein gänzlich neu zu erschließendes Gebiet zwischen Charlottenburg und Spandau.

8/55 Werner (von) Siemens und Johann Georg Halske
Ludwig Burger

Farblithographie, 42,8×53 cm
Berlin, Berlin Museum

8/56 Strommeßgerät mit Holzfuß und Ständer

Um 1890; 22×18×31 cm
München, Siemens-Museum (1796)

8/57 Hauswasserzähler (zerlegt)
Siemens

1910; 47×40,5×13 cm (Glasschaukasten)
München, Siemens-Museum (487)

Wasserzähler waren in den ersten Jahrzehnten neben den Telegraphieeinrichtungen ein Haupterzeugnis der Firma.

8/58 Wechselstromgenerator
Siemens & Halske

1878; 105×89×101 cm
München, Siemens-Museum (1318)

8/59 Unipolarmaschine
Siemens & Halske

Nach 1880; Eisen, Kupfer; 31×82×37 cm
München, Siemens-Museum (0141)

8/60 Drehstromzähler
Siemens & Halske

1899; Messingfassung; Dm 40 cm, T 25 cm
München, Stadtwerke München, Elektrisches Prüfamt, Zählermuseum (D2)

8/61 Säbelzähler von Werner (von) Siemens
Siemens & Halske

1889; 50×30×30 cm
München, Stadtwerke München, Elektrisches Prüfamt, Zählermuseum (33614)

8/62 Kurzpendelzähler

Um 1890; 40×20×20 cm
München, Stadtwerke München, Elektrisches Prüfamt, Zählermuseum (P6)

8/63 Bildnis des Emil Rathenau
Heinrich Heuser

1951; Öl/Lw., 112×92 cm
Berlin, Berliner Kraft- und Licht (Bewag)-AG

Emil Rathenau (1838–1915) erwarb 1881 die Patentrechte für das Beleuchtungssystem Thomas Alva Edisons. Zwei Jahre später entstand unter Beteiligung eines Bankenkonsortiums die Deutsche Edison Gesellschaft (DEG, die spätere Allgemeine Elektricitäts-Gesellschaft, AEG) zur Nutzung der Edison-Patente für Beleuchtung und Kraftübertragung. Für die technischen Anlagen wurde ein Liefervertrag mit Siemens &

8/44

Halske geschlossen. Die Grundlagen der Elektrizitätswirtschaft entstanden in jenen Jahren in Berlin.

8/64 Modell einer Kabelschlagmaschine des AEG Kabelwerkes Oberspree, Oberschöneweide

Um 1910; Metall, 254×73×127 cm
München, Deutsches Museum (35343)

Mit der Maschine wurden Starkstromkabel mit Metallummantelung und Papierisolierung versehen. Der AEG wurde 1894 in einem Prozeß gegen Siemens & Halske das Recht zur eigenen Kabelherstellung zugesprochen. Als für die explosionsartig ansteigende Produktion elektrotechnischer Erzeugnisse die Fabrikkomplexe im Wedding ausgelastet waren, baute die AEG für die Kabelproduktion ein neues Werk in Oberschöneweide. Dort hatte die Grundrentengesellschaft ausgedehnte Areale für Industrieunternehmen erschlossen.

8/65 Modell eines Kabeltrommelwagens für den Fernmeldebau

1860; Holz, 38×35×77 cm; M 1:6
Frankfurt a. M., Bundespostmuseum (5306)

8/66 Modell eines mehrpoligen Drehstrom-Innenpol-Generators

Um 1910; 61×70×39 cm; M 1:10
München, Siemens-Museum (0159)

8/67 Kombination von Viertakt-Otto-Gasmotor und Siemens-Gleichstrommaschine

1880 (Gleichstrommaschine), 1883 (Gasmotor); 180×135×310 cm
Köln, Motoren-Museum Klöckner-Humboldt-Deutz AG

Die Verbreitung von Gasmotoren war von großer Bedeutung für die Mechanisierung kleiner und mittlerer Betriebe, die sich Dampfmaschinen nicht leisten konnten. Bis zur zentralen Stromversorgung und der Durchsetzung des Einzelantriebs durch Elektromotoren wurde mit Kombinationen wie dieser Strom erzeugt, hier für den Betrieb von Galvanisierungsanlagen.

8/68 Telephonhörer und Bell-Fernsprecher

Um 1880; Dm 9 cm, H 18 cm
München, Siemens-Museum (0575,2428)

8/69 Wand-Fernsprecher mit Batterieruf und hängendem Hörer
Fa. C. F. Newert
Berlin, um 1890; 25×13×47 cm
München, Siemens-Museum (2429)

8/70 Plakat ›Robert Abrahamson GmbH. Berlin Steglitz – Mess-Instrumente – Widerstände‹
Fritz Bersch
Farblithographie, 50,5×36,5 cm
Berlin, Heimatverein für den Bezirk Steglitz 1923 e. V.

8/71 Plakat ›Osram Lampe. Neue elektr. Glühlampe‹
Julius Klinger
Berlin: Hollerbaum & Schmidt, um 1910; Farblithographie, 56×84 cm
Berlin, Kunstbibliothek, SMPK

8/72 Demonstrationskasten ›Entwicklung des Glühlichts Osramlampe. Deutsche Gasglühlicht-AG (Auergesellschaft)‹
1914; Holz, 59×43×116 cm
Berlin, Museum für Verkehr und Technik Berlin

8/73 Berliner Firmenschriften
a) ›Moderne Beleuchtungskörper für Gas und elektrisches Licht; Julius Conrad, Berlin C 25‹
b) ›Elektrische Haustelegraphen, Fernsprech-Apparate, Sprachrohr- und Blitzableiter-Materialien u.s.w.; Schlag & Berend, gegr. 1864, Berlin C 25‹
c) ›Miniaturlampen und Reklamebeleuchtung der AEG Berlin‹
d) ›Pluvius-Feuerlöscher-Gesellschaft mbH, Berlin-Charlottenburg. Fabrik für Handfeuerlöscher‹
e) ›Million-Lampe, Czarnikow & Busch, Broncewaren-Fabrik u. kunstgewerbliches Magazin, Berlin W.‹ (um 1894)
f) ›Hausklingel-Gleichstromwecker‹, Werbeblatt der Deutschen Werke Berlin
g) ›Sucro-Filter sind die besten Trinkwasser-Filter der Gegenwart. Sucrofilter- und Wasserreinigungs-Gesellschaft mbH, Berlin-Schöneberg‹ (um 1910)
h) ›Wilhelm Wurl, Maschinenfabrik, Weissensee-Berlin‹ (1911)
i) ›Werkstätten für Präzisions-Mechanik und Optik von Carl Bamberg in Friedenau b. Berlin‹ (1904)
k) ›Berliner Maschinenbau-Actiengesellschaft, vormals L. Schwartzkopff. Neuanlage der Lokomotivfabrik & Arbeiterkolonie in Wildau bei Königswusterhausen‹ (1903)

a)–c) Berlin, Museum für Deutsche Volkskunde, SMPK (682/83)
d)–k) München, Deutsches Museum, Plansammlung

8/74 ›Die Belegschaft der Opt. Mech. Werkstätte Schmidt & Haensch, Berlin, 17. März 1903‹
Photographie (Originalabzug), 31×41 cm
Berlin, Fa. Schmidt & Haensch GmbH & Co.

1864 gründeten der Feinmechaniker Franz Schmidt und der Feinoptiker Hermann Haensch durch Zusammenlegung ihrer Werkstätten ein neues Unternehmen, das sich zu einem Spezialbetrieb zur Herstellung wissenschaftlicher Instrumente entwickelte. Standort der Firma war Kreuzberg, wo sich traditionell mittelständische Handels- und Industriebetriebe konzentrierten.

8/75 Halbschatten-Polarimeter nach Lippich
Schmidt & Haensch
Um 1895; Messing, Marmor; 42×68×139 cm
Berlin, Fa. Schmidt & Haensch GmbH & Co.

8/76 Patentschrift für den Halbschatten-Polarisationsapparat der Firma Schmidt & Haensch, Berlin, 29. September 1894
32,5×22,5 cm
Berlin, Fa. Schmidt & Haensch GmbH & Co.

RAUM 9
KOMMUNALE SELBSTVERWALTUNG UND POLIZEI

Die Rechtsgrundlage für die Verwaltung Berlins in der ersten Hälfte des 19. Jahrhunderts war die preußische Städteordnung vom 19. November 1808. Sie gewährte der Stadtverordnetenversammlung, die aus 102 gewählten Mitgliedern bestand, und dem Magistrat als der obersten städtischen Verwaltungsbehörde erste, wenn auch noch recht eingeschränkte, kommunale Selbstverwaltungsrechte. An die Stelle der staatlichen Leitung der städtischen Angelegenheiten trat die Staatsaufsicht, wobei allerdings die weitreichenden Zuständigkeiten und Rechte des Polizeipräsidenten städtischer Selbstverwaltung entzogen blieben.

Wahlberechtigt und wählbar waren nur männliche Bürger, die Hauseigentümer waren oder ein jährliches Einkommen von mindestens 200 Talern nachweisen konnten. Zu ihnen gehörten auch die Hugenotten, die bis dahin als französische Kolonie einen besonderen Status gehabt hatten, und die Juden, die im übrigen noch immer zahlreichen Rechtsbeschränkungen unterworfen waren. Es waren dennoch weniger als zehn Prozent der Berliner Haushaltsvorstände, die an den Stadtverordnetenwahlen teilnehmen konnten. Die Wahlen fanden alle zwei Jahre statt, wobei jeweils ein Drittel der Versammlung neu gewählt wurde. Da andere öffentliche Gebäude fehlten, dienten die Kirchen als Wahllokale. Die Stadtverordnetenversammlung tagte von 1822 an – 1847 zum ersten Mal öffentlich – im ehemaligen Cöllnischen Rathaus und seit 1870 im neuen Rathaus der Stadt Berlin. Der Magistrat versammelte sich bis zu dessen Eröffnung im alten Berliner Rathaus. Er wurde von der Stadtverordnetenversammlung gewählt und bestand aus teils besoldeten, teils ehrenamtlichen Mitgliedern. Die Wahl des Oberbürgermeisters bedurfte bis zum Ende der Monarchie stets der Bestätigung durch den König. Von Leopold von Gerlach, dem 1809 in sein Amt eingeführten ersten Oberbürgermeister, bis zu Adolf Wermuth, dem letzten Oberbürgermeister vor der Bildung der neuen Stadtgemeinde ›Groß-Berlin‹ im Jahre 1920, standen an der Spitze der Stadtverwaltung eine große Zahl bedeutender Persönlichkeiten, die – dem konservativen oder, seit den sechziger Jahren, dem liberalen Bürgertum angehörend – der kommunalen Entwicklung wesentliche Impulse gaben. Allerdings mußten auch die Oberbürgermeister oft genug erfahren, wie eng der Spielraum städtischer Politik zwischen staatlicher Bevormundung und partikularen Interessen war.

Nach dem Scheitern der Revolution von 1848 wurden durch die preußische Gemeindeordnung von 1850 und die sie ablösende Städteordnung von 1853 die Selbstverwaltungsrechte weiter eingeschränkt und die Aufsichtsrechte des Staates gestärkt. Einen Fortschritt bedeutete es, daß 1850 die herkömmliche Unterscheidung zwischen Bürgern und ›Schutzverwandten‹ endgültig aufgehoben und damit ein wichtiger Schritt auf dem Weg zur modernen Einwohnergemeinde vollzogen wurde. Das Wahlrecht wurde 1850 durch eine Erhöhung des Zensus – es mußten nun 300 Taler jährliches Einkommen nachgewiesen werden – und die Einführung des Drei-Klassen-Wahlrechts noch stärker beschnitten; auch weiterhin mußte die Stadtverordnetenversammlung mindestens zur Hälfte aus Haus- und Grundbesitzern bestehen. Ausdrücklich untersagt wurde die Erörterung allgemeiner politischer Fragen im Kommunalparlament. Neben dem Oberbürgermeister bedurften nun auch alle anderen Magistratsmitglieder nach ihrer Wahl der Bestätigung durch den König.

Die kommunalrechtlichen Bestimmungen der Jahrhundertmitte blieben in allen wesentlichen Punkten bis 1918 in Kraft. Die mit ihrer Einführung beabsichtigte Stärkung der konservativen Positionen war jedoch nur von kurzer Dauer. Seit den späten fünfziger Jahren dominierte in Berlin der Linksliberalismus, und er behauptete seine Stellung im bürgerlichen Lager auch während des Kaiserreichs, als Konservative und Rechtsliberale auf nationaler Ebene das Übergewicht errangen. Bismarck sprach 1881 sogar von einem ›Fortschrittsring‹, der die Stadt beherrsche, wobei er auf die starke Stellung der liberalen Presse wie auf die überwältigenden Wahlerfolge der Linksliberalen anspielte. Gefährdet wurde die linksliberale Position erst durch die sozialistische Bewegung, die allerdings bei den Kommunalwahlen ebenso wie bei den preußischen Landtagswahlen bis 1918 durch das Drei-Klassen-Wahlrecht extrem benachteiligt war. Bei den Reichstagswahlen eroberte die Sozialdemokratie bereits 1884 zwei der sechs Berliner Wahlkreise; 1893 gewann sie schon vier, und 1912 konnte sie in Berlin nicht weniger als 75,3 Prozent aller Stimmen auf sich vereinigen. Im preußischen Abgeordnetenhaus teilten sich in den späten Jahren des Kaiserreichs Linksliberale und Sozialisten die zehn Berliner Mandate. Kommunalpolitisch blieb der Einfluß der SPD bis 1918 gering, obwohl sie 1913 in der Dritten Klasse 86 Prozent der Stimmen erhielt.

Der eigentliche Regent der Stadt war das ganze 19. Jahrhundert hindurch der Polizeipräsident, der einer staatlichen, keiner städtischen Behörde vorstand. Er war dem preußischen Innenministerium direkt unterstellt und berechtigt, dem Magistrat Anweisungen zu geben. Ihm oblagen die Verwaltungs- und Überwachungsaufgaben der Straßen- und Baupolizei, des Paß- und Fremdenwesens, der Zensur und der politischen Polizei, der Gewerbepolizei und natürlich auch der Kriminal-, Schutz- und Sittenpolizei. Die von Anfang an überaus starke Stellung des Polizeipräsidenten wurde in der ›Ära Hinckeldey‹ zwischen 1848 und 1856 noch weiter ausgebaut. Einerseits wurde, unter Einsatz von Spitzeln, die polizeiliche Überwachung verschärft, andererseits die Modernisierung der Stadt entschieden vorangetrieben. Der Polizeipräsident entschied über Wasserversorgung und Straßenreinigung, Feuerwehr und öffentliche Beleuchtung. Der Aufgabenbereich war so weit gesteckt, daß das Polizeipräsidium, das seit 1881 seinen Sitz am Alexanderplatz hatte, die größte, einheitlich verwaltete Ortsbehörde des Deutschen Reiches war. 1900 dehnte sich die Zuständigkeit des Polizeipräsidenten mit der Schaffung des ›weiteren Polizeibezirks‹ auch auf den Groß-Berliner Raum aus.

1848 wurden in Berlin die ersten Schutzmannschaften aufgestellt, die an die Stelle der Gendarmerie traten. Obwohl die Stadt vier Fünftel der Kosten zu tragen hatte, handelte es sich weiterhin um eine staatliche Einrichtung. Unter dem Einfluß von Hinckeldeys erfolgte die Ausrichtung der Schutzmannschaften nach militärischem Vorbild. Das galt für den organisatorischen Aufbau, für die Uniformen, für die Bewaffnung und auch für die Ausbildung – die Schutzleute mußten nicht nur

Berliner Bürger, sondern auch altgediente Militärs sein. An dieser Militarisierung der Polizei änderte sich bis 1918 kaum etwas.

In den sechziger und siebziger Jahren nahm die Zahl der Kanzlei- und Exekutivbeamten beträchtlich zu. Mit dem Wachstum der Bevölkerung und der steigenden Bedeutung der Stadt wurde auch die städtische Bürokratie immer umfangreicher. Zugleich wuchs das Interesse an zuverlässigen Daten über die Bevölkerung, die wirtschaftliche Entwicklung und die öffentlichen Einrichtungen. 1862 richtete Berlin als erste deutsche Stadt ein eigenes Statistisches Amt ein. Die Stadt übernahm von der Polizeiverwaltung zahlreiche neue Aufgaben: von der Wasserversorgung bis zur Kanalisation, von der Gas- und Stromversorgung bis zu den großen Markthallen, dem zentralen Schlachthof und der Straßenreinigung. Die Berliner Kommunalbehörden mußten immer mehr Aufgaben der modernen Leistungsverwaltung, der Daseinsvorsorge für eine wachsende Bevölkerung erfüllen.

Jahrzehntelang blieben die Probleme, die aus der Entstehung eines großstädtischen Ballungsgebietes außerhalb der Stadtgrenzen entstanden, ungelöst, und die Verhältnisse nach den Eingemeindungen von 1861 blieben bis 1920 im wesentlichen unverändert. Forderungen, durch eine großzügige Eingemeindung des Berliner Umlandes die Voraussetzungen für eine sinnvolle Stadtentwicklung zu schaffen, scheiterten immer wieder an den Interessen der einzelnen Städte und Gemeinden. Erst 1911 kam es zur Bildung des ›Zweckverbandes Groß-Berlin‹, dem außer Berlin die sechs kreisfreien Städte des Berliner Raumes (Charlottenburg, Spandau, Schöneberg, Rixdorf, Wilmersdorf und Lichtenberg) und die Landkreise Teltow und Niederbarnim angehörten. Es handelte sich um ein Gebiet mit über vier Millionen Einwohnern und einer Fläche, die dreimal so groß war wie das 1920 geschaffene Groß-Berlin. Die Funktionen dieses Verbandes blieben freilich eng begrenzt: Sie betrafen den Ausbau des öffentlichen Nahverkehrs, die Erstellung von Bebauungsplänen und die Erhaltung von Freiflächen. Erfolge wurden vor allem bei der Zentralisierung und Kommunalisierung des Nahverkehrswesens und mit dem Erwerb großer Waldflächen – Grunewald, Tegeler, Potsdamer und Köpenicker Forst – erzielt, die als ›Dauerwald‹ ausgewiesen wurden, der für eine Bebauung nicht mehr in Anspruch genommen werden durfte. 1920, unter den Bedingungen der parlamentarischen Republik, war es dann möglich, Berlin mit seinem durch den raschen Urbanisierungsprozeß geprägten Umland zu einer neuen Stadtgemeinde ›Groß-Berlin‹ zu vereinen, deren Planung und Verwaltung ganz neue Probleme aufwarfen.

M.-L. P.

9/3

9/1 Büste Friedrich Wilhelms III.
Christian Daniel Rauch

Gipsabguß (Original 1813); H 70 cm
Berlin, Gipsformerei, SMPK (5000–27)

Während der Regierungszeit Friedrich Wilhelms III. wurde im Jahre 1809 die städtische Selbstverwaltung eingerichtet, die allerdings bis zum Sturz Wilhelms II. in die obrigkeitsstaatliche Struktur Preußens eingebunden blieb.

9/2 Büste Wilhelms II.
Max Bezner

1914; Marmor; H 70 cm
Berlin, Sammlung Werner des Johanniterordens

9/3 Bildnis des Leopold von Gerlach d. Ä. (Abb.)
Heinrich Stürmer zugeschr.

Um 1814; Öl/Lw., 36×30 cm
Hemmoor, Johanna von Gerlach

9/4 Bürger-Brief für Leopold von Gerlach, 12. April 1809

Unterschrieben von Johann Stephan Gottfried Büsching; 36×23,7 cm
Erlangen, Institut für Politische Wissenschaft der Universität Erlangen

Gerlach wurde trotz seiner Ablehnung der am 19. November 1808 erlassenen Preußischen Städteordnung aufgrund seiner Erfahrungen als kurmärkischer Kammerpräsident zunächst zum Vorsteher der Stadtverordnetenversammlung und am 1. Mai 1809 einstimmig zum Oberbürgermeister gewählt. Der König, dem drei Kandidaten zu präsentieren waren, bestätigte die Wahl am 8. Mai. Als ›Eximierter‹, der als (pensionierter) Staatsbeamter nicht der Obrigkeit des Magistrats unterstand, mußte Gerlach vor der Stadtverordnetenwahl das Bürgerrecht erwerben.

9/5 Bildnis des Johann Stephan Gottfried Büsching
Franz Krüger

Kreide, 23,5×19,1 cm
Berlin, Berlin Museum

Büsching, der seit 1804 als Stadtpräsident, Polizeidirektor und Bürgermeister wirkte, wurde 1813, nach dem Tode von Gerlachs, zum Oberbürgermeister gewählt. Bis 1832 blieb er Stadtoberhaupt. Er widmete sich vor allem dem Interessenausgleich zwischen städtischem und staatlichem Fiskus. Während seiner Amtszeit wurde 1819 die Verwaltung des Armenwesens städtischen Behörden übertragen.

9/6 ›Bürgerin-Brief‹ für »Johanne Marie gebohrne Falckenthal verwittwete Kriegs-Rätin zur Wohnung«, 29. Dezember 1809

Ausgestellt durch den Magistrat der Stadt Berlin; 37×22,5 cm
Berlin, Landesarchiv Berlin (Rep.240 Acc.2075 Nr.1)

Der Passus »... und insonderheit den Bestimmungen der allgemeinen Städte-Ordnung vom 19ten November 1808 mich unweigerlich zu unterwerfen« weist auf die Gleichstellung der Bürger vor dem Gesetz hin, da nach der neuen Ordnung »Stand, Geburt, Religion und Geschlecht und überhaupt persönliche Verhältnisse bei Gewinnung des Bürgerrechts keinen Unterschied mehr machen«.

9/7 Bildnis des Friedrich von Baerensprung
Eduard Eichens

1835; Kreide, 27,9×22 cm
Berlin, Berlin Museum

Als Nachfolger Büschings war Friedrich von Baerensprung Oberbürgermeister von 1832 bis 1834.

9/8 Bildnis des Heinrich Wilhelm Krausnick (Abb.)

Um 1860; Lithographie, 35×28 cm
Berlin, Arnold Budczies

In Krausnicks Amtszeit fiel die Eingemeindung von Moabit, Wedding, Gesundbrunnen sowie von Teilen Schönebergs und Tempelhofs. Abgesehen von einer fast dreijährigen Unterbrechung nach seinem erzwungenen Rücktritt 1848 war er

Stadtoberhaupt von 1834 bis 1862 und damit der am längsten amtierende Oberbürgermeister Berlins vor dem Ersten Weltkrieg.

9/9 Glückwunschadresse des Magistrats und der Stadtverordnetenversammlung für Heinrich Wilhelm Krausnick zum 25jährigen Amtsjubiläum als Oberbürgermeister, Berlin, 6. Oktober 1859

Mit Originalunterschriften; samtgefütterte Lederkassette mit Bandziselierungen, Zinnbeschlägen und Siegeln der Stadtverordnetenversammlung und des Magistrats von Berlin; 60×70 cm
Kranenburg, Privatbesitz

9/10 Bildnis des Max von Forckenbeck (Abb.)

Fritz Paulsen
1879; Öl/Lw., 170×93 cm; bez. u. r.: Fritz Paulsen 1879
Berlin, Privatbesitz

Auf den 1862 bis 1872 amtierenden linksliberalen Oberbürgermeister Karl Theodor Seydel, der sich besonders um das Schulwesen und den städtischen Krankenhausbau verdient gemacht hat, und Arthur Hobrecht (1873–1878) folgte 1878 Max von Forckenbeck, der bis 1892 tätig war. Seine freisinnigen Anschauungen brachten ihn oft in Konflikt mit dem Hof.

9/11 Robert Zelle am Schreibtisch

Photographie (Originalabzug), 21×18 cm
Berlin, Ullstein Bilderdienst

Der Verwaltungsexperte Robert Zelle, Oberbürgermeister von 1892 bis 1898, befürwortete die Eingemeindung der Vororte Berlins und setzte sich nachdrücklich für einen größeren Kommunalverband ›Provinz Berlin‹ ein. Er sprach sich auch gegen das Dreiklassenwahlrecht und die Sonderstellung des Polizeipräsidenten aus.

9/12 Bildnis des Martin Kirschner

Rudolf Dührkoop
Kunstbeilage zu Lynkeus, ›Die führenden Männer Berlins‹, in: Reclams Universum, H. 10, 1909; Photographie, 29×20 cm
Berlin, Privatbesitz

Martin Kirschner, Oberbürgermeister von 1898 bis 1912, wartete aufgrund seiner Differenzen mit dem Kaiser eineinhalb Jahre auf die Bestätigung seiner Wahl. Er setzte sich für eine verstärkte Selbstverwaltung der Vororte ein und betrachtete den 1911 gegründeten ›Zweckverband Groß-Berlin‹ als ein (notwendiges) Provisorium.

9/8

9/13 Adolf Wermuth bei der Jahrhundertfeier für die Völkerschlacht bei Leipzig in Berlin, 1913

Photographie (Originalabzug), 11×15 cm
Berlin, Ullstein Bilderdienst

Der 1909 zum Reichsfinanzminister ernannte Adolf Wermuth war eine der bedeutendsten Persönlichkeiten, die das höchste Amt der Stadt innehatten. Als Oberbürgermeister in den Jahren 1912 bis 1920 beeinflußte er maßgeblich die Verhandlungen zur Eingemeindung der Vororte, die am 27. April 1920 mit dem ›Gesetz über die Bildung einer neuen Stadtgemeinde Berlin‹ ihren Abschluß fanden.

9/14 Amtskette des Magistrats der Stadt Berlin für einen Bezirksvorsteher

Berlin 1808; Silber, geprägt; Medaille mit Stadtwappen von 1709
Berlin, Berlin Museum

In § 208 bestimmte die Städteordnung von 1808, daß die Magistrats-Mitglieder und Stadtverordneten bei ihren Zusammenkünften im Dienste der Stadt und bei der Ausübung ihres Amts in ganz schwarzer Kleidung erscheinen und folgende Amtszeichen tragen sollten: »In großen Städten a) Die Magistratsmitglieder und Stadtverordneten goldene Ketten mit goldenen Medaillen b) die Bezirksvorsteher und Bürgerbeisitzer in den Deputationen und Commissionen silberne Ketten mit silbernen Medaillen«. Seit dem 1. April 1809 war die Stadt Berlin »gemäß den Bestimmungen der Städteordnung in Hundert und Zwei Bezirke eingetheilt worden«.

9/15 Preußischer Beamtenzweispitz

Um 1860; Haarfilz mit schwarzer Straußenfederplumage, preußische Kokarde mit Agraffe; 20×50×13 cm
Berlin, Privatbesitz

9/16 Preußischer Beamtenstichdegen

Solingen, nach 1881; Stahl, sechskantige Klinge mit Ätzdekor; L 98 cm (Scheide), L 74,9 cm (Klinge)
Kellinghusen, Wolfgang Kroker (56a)

9/17 Bildnis des Abraham Mendelssohn

Wilhelm Hensel

1829; Bleistiftzeichnung auf Karton, 22,6×17,3 cm; bez. r.: WH 1829
Berlin, Nationalgalerie, SMPK (Bildnisslg. Wilhelm Hensel 9/1 NG 3/56)

Abraham Mendelssohn (1776–1835), zweiter Sohn des Philosophen Moses Mendelssohn und Vater des Musikers Felix Mendelssohn-Bartholdy, Bankier und – seit 1825 – wiederholt gewählter Stadtrat in Berlin, war in der Servis- und Einquartierungsdeputation und als Vorsteher der Armenspeisungsanstalt tätig. Er hatte sich 1812 taufen lassen und gehörte zur assimilierten Oberschicht.

9/18 Rudolf Virchow in Hut und Mantel, Zeitung lesend in der Straßenbahn

Emil Orlik

1898; Bleistiftzeichnung, 20,9×12 cm
Berlin, Berlin Museum

Rudolf Virchow, Mitbegründer der Fortschrittspartei, wirkte über 40 Jahre als Stadtverordneter. Er förderte das von James Hobrecht 1869 ausgearbeitete ›generelle Projekt für die Entwässerung Berlins‹, dessen Realisierung die Stadtverordnetenversammlung 1873 zustimmte.

9/19 Wahlplakate zu Stadtverordnetenwahlen in Berlin und in den Berliner Vororten aus den Jahren 1883–1889

a) Aufruf des »liberalen Wahlkomités III. Abtheilung« zur Wahl des Geheimrats Professor Dr. Virchow am 18. Oktober (Abb.)
b) Aufruf des Wahlausschusses der Deutschen Bürgerpartei
c) Aufruf der vereinigten Liberalen an die Wähler Wilmersdorfs
d) Aufruf der sozialdemokratischen Partei »An das arbeitende Volk von Charlottenburg!«
e) Aufruf der sozialdemokratischen Vertrauensleute an »Arbeiter! Kleinbürger! Parteigenossen!« (Abb.)
f) Aufruf der Vereinigten bürgerlichen Parteien an die »Wähler der 3. Abteilung« (Abb.)
g) Aufruf des »Arbeiter-Wahlcomités« an die »Wähler der dritten Abteilung« im »3. Communal-Wahlbezirk« zur Wahl des Klempnermeisters Oscar Rojahn (Abb.)

Aus: 89 Schriften zu den Stadtverordnetenwahlen in Berlin 1883–1889; zwischen 28,2×22 cm und 40,5×29 cm
Berlin, Staatsbibliothek PK, Handschriftenabteilung (Td 1088, Nr.11, 3, Flugblatt 2, Nr.72, 62, 57, 74, 32)

9/20 Bildnis des Rudolph Wilde

Michael Bell

Öl/Lw., 56×45 cm
Berlin, Kunstamt Schöneberg, Heimatmuseum/Archiv (A 363)

Durch die Eröffnung der Pferdeeisenbahn von Berlin nach Schöneberg im Jahre 1879, die Fertigstellung der Ringbahnstation 1880 und die Anschlüsse an Kanalisation, Elektrizität und Gasversorgung, war Schöneberg immer enger an Berlin angebunden. Rudolph Wilde, 1898 bis 1902 erster Bürgermeister und seit 1902 Oberbürgermeister der Stadt Schöneberg, war Gegner der Eingemeindungsbestrebungen. Unter seinem Nachfolger Alexander Dominicus (1911–1921) wurde 1920 die Eingemeindung Schönebergs nach Groß-Berlin vollzogen.

9/21 Bildnis des Alexander Dominicus

Michael Bell

Öl/Lw., 56×45 cm
Berlin, Kunstamt Schöneberg, Heimatmuseum/Archiv (A 364)

9/22 Rathaus Schöneberg, 1914

Photographie (Originalabzug), 16,2×22,8 cm
Berlin, Ullstein Bilderdienst

Das Rathaus wurde 1914 nach Entwürfen der Architekten Peter Jürgensen und Jürgen Bachmann fertiggestellt.

9/23 Rathaus Lichterfelde, 1908

Photographie (Originalabzug), 16,6×22,5 cm
Berlin, Heimatverein für den Bezirk Steglitz 1923 e. V.

Das Rathaus wurde nach einem Entwurf des Geheimen Baurats Bohl in den Jahren 1892 bis 1894 erbaut.

9/24 Rathaus Lankwitz
a) Nachtaufnahme anläßlich des 25jährigen Regierungsjubiläums von Wilhelm II., 1913
b) Gemeindekasse
c) Post
d) Polizeiwache mit Fernsprechvermittlungsstelle

Photographien (Originalabzüge); 19,5×30 cm, 8,2×13,2 cm, 17×23 cm, 8,2×13,2 cm
Berlin, Heimatverein für den Bezirk Steglitz 1923 e. V.

Das von den Architekten Brüder Ratz entworfene Rathaus wurde am 2. September 1911 eingeweiht.

9/25 Rathaus Steglitz
a) Rathausplatz, 1911
b) Sitzungssaal

Photographien (Originalabzüge), je 13×18 cm
Berlin, Heimatverein für den Bezirk Steglitz 1923 e.V.

Das nach Entwürfen der Architekten Reinhardt & Süßenguth erbaute Rathaus wurde am 22. März 1898 eingeweiht.

9/26 ›Umbau des alten Berliner Rathhauses‹: Grundriß des Erdgeschosses mit Angabe der Raumnutzung
Willy Holtzmann

1852; aquarellierte Federzeichnung, 45,8×62,3 cm
Berlin, TUB, Plansammlung der Universitätsbibliothek (19097)

9/27 ›Concurrenzproject für den Neubau des Rathhauses in Berlin / I. Preis‹
Friedrich Freiherr von Schmidt

1857; Tuschfederzeichnung auf Transparentpapier, 73,7×120,2 cm
Wien, Museen der Stadt Wien (157.103/7)

Der Entwurf des Wiener Dom- und Rathausbaumeisters Friedrich Freiherr von Schmidt wurde nicht ausgeführt.

9/10

9/28 ›Das neue Rathaus zu Berlin‹
W. Loeillot nach Bernhard Kolscher

Um 1865; Farblithographie, 21×34,5 cm
Berlin, Berlin Museum

Das wegen der Verwendung von roten Ziegelsteinen sogenannte Rote Rathaus mit seinem 94 Meter hohen Turm wurde in zwei Bauabschnitten nach Plänen des Architekten Hermann Friedrich Waesemann von 1861 bis 1870 errichtet, nachdem das alte Berliner Rathaus ebenso wie das ehemalige Rathaus der Stadt Cölln, in dem die Stadtverordnetenversammlung seit 1822 getagt hatte, zu klein geworden waren. Das seit 1902 nach Plänen des Architekten Ludwig Hoffmann errichtete Stadthaus nahm die Dienststellen auf, die im benachbarten Roten Rathaus keinen Platz mehr fanden.

9/29 ›Extract aus der städtischen Tabelle der Stadt Berlin für das Jahr 1831‹

In: Akte ›Kirchensprengel in Berlin: die Einteilung und deren Umgebung‹, Rubrik 10: Juden mit/ohne Staatsbürgerrecht
Berlin, Evangelisches Zentralarchiv in Berlin (14/2371a)

Zum 18. October.

(9 Uhr Vormittags bis 5 Uhr Nachmittags.)

Bezirksgenossen!

Nur durch die geringe Betheiligung der liberalen Wähler haben wir im November 1882 in der dritten Abtheilung eine uns tief beschämende Niederlage erlitten.

Diese Scharte muß glänzend ausgewetzt werden!

Dazu ist nur nöthig, daß **jeder Liberale am Donnerstag zur Wahl komme** und unseren hochgeachteten Mitbürger

Geh.-Rath Professor Dr. Virchow

wähle.

Rudolf **Virchow**, dieser gefeierte Name, weit über Deutschlands Gauen hinaus vom besten Klange, seit vielen Jahren Stadtverordneter, muß **mit überwältigender Majorität** gewählt werden.

Wer **nicht** will, daß unsere Schulen einem starren, unduldsamen Muckerthum überantwortet werden sollen, der wähle

Virchow!

Wer **nicht** will, daß unsere musterhaft geordnete Finanzverwaltung großsprecherischen Strebern ausgeliefert werden soll, welche nur **unhaltbare** Versprechungen im Munde führen, der wähle

Virchow!

Wer dem schmachvollen Treiben einer Clique, welche die Eintracht in der Bürgerschaft zu untergraben und Haß und Neid zu säen sucht, ein rasches Ende bereitet sehen will, der wähle

Virchow!

Wer die gegenwärtige, **von aller Welt** anerkannte Entwickelung unserer großen schönen Stadt, ihre Gesundheitsverhältnisse, die Ordnung im Verkehr, die vom **freisinnigsten** Geiste beseelte Selbstverwaltung erhalten sehen will, muß

Donnerstag unseren Mitbürger und Bezirksgenossen Professor Virchow

zum **Stadtverordneten** wählen.

Thue **jeder** Liberale seine Pflicht, dann werden wir siegen!

Das liberale Wahlkomité III. Abtheilung,

7. Wahlbezirk (Stadtbezirke 45—50).

Beckmann, Schuhmacher-Meister. **Bilgmann,** Maler-Mstr. **Ebel sen.,** Instrumentenmacher. **Goetz,** Buchhändler. **Knuth sen.,** Heilgehülfe.

Roeder, Klempner-Meister. Dr. **Witz,** pr. Arzt. **Zelter,** Kaufmann.

Druck und Verlag der „Volks-Zeitung“, Act.-Ges. in Berlin.

9/19 a

Arbeiter!

Kleinbürger! Parteigenossen!

Im Herbst dieses Jahres finden die Neuwahlen zur Stadtverordneten-Versammlung statt. Die Liste der stimmberechtigten Bürger liegt in der Zeit vom 15.–31. Juli d. J., täglich von 9–3 Uhr im städtischen Wahlbureau, Poststr. 16, 2 Tr., zu Jedermanns Einsicht aus.

Wahlberechtigt ist nach § 5 der Städte-Ordnung Jeder in die Wählerlisten eingetragene selbständige Einwohner, der mindestens zur 2. Steuerstufe (660–900 Mk. Einkommen) eingeschätzt ist und seit einem Jahr aus öffentlichen Mitteln keine Armenunterstützung empfangen hat.

Einwendungen gegen die Richtigkeit der Listen können nur während der Zeit des Ausliegens schriftlich beim Magistrat erhoben werden. Ueber die Berechtigung der gegen die Richtigkeit der Listen erhobenen Einsprüche entscheidet die Stadtverordneten-Versammlung.

Um nicht seines Wahlrechts verlustig zu gehen, ist es Pflicht jedes Bürgers, sich davon zu überzeugen, daß sein Name in die Wählerliste eingetragen ist. Wer die Einsichtnahme jetzt versäumt, kann sehr leicht am Tage der Wahl rechtlos dastehen und zum Siege des Gegners indirekt mit beitragen. Wir mahnen daher dringend zur genauesten Kontrolle der Wählerlisten.

Bei der Ausübung der Kontrolle wird es sich empfehlen, die letzte Steuerquittung mitzunehmen, um, sollte die Eintragung versäumt sein, sofort die Nachtragung in die Liste beantragen zu können.

Möge Niemand versäumen, dieser Pflicht nachzukommen, damit er im Stande ist, sein Wahlrecht auszuüben.

Um denjenigen Wählern, die keine genügende Zeit zur Einsichtnahme in die Wählerlisten übrig haben, die Sache zu erleichtern, haben sich untenstehende Parteigenossen bereit erklärt, Meldungen entgegenzunehmen, um dann für diese die Einsicht in die Wählerlisten zu besorgen. Wir bitten, diesen Genossen die Legitimation (Steuerzettel, Miethskontrakt) auszuhändigen, dieselbe wird prompt und gewissenhaft wieder abgeliefert.

Die sozialdemokratischen Vertrauensleute.

Moabit:

Karl Bachstein, Restaurateur, Salzwedelerstr. 16. — May, Restaurateur, Rostockerstr. 12.
Döring, „ Thurmstr. 72. — Petri, „ Emdenerstr. 2.
Max Faber, „ Stephanstr. 11. — Johann Pfarr, „ Putlitzstr. 10.
A. Fabra, „ Waldstr. 57. — Renfer, „ Beusselstr. 23.
Karl Fischer, „ Beusselstr. 9. — Rowe, „ Beusselstr. 62.
Otto Fischer, „ Beusselstr. 66. — Schreiber, „ Huttenstr. 7.
Illhardt, „ Stromstr. 46. — Wendt, „ Rostockerstr. 29.
Lorenz, „ Sickingenstr. 43.

Wedding und Oranienburger Vorstadt:

Fr. Bergmann Restaurateur, Pasewalkerstr. 3. — Franz Gleinert, Restaurateur, Schulstr. 29.
Ad. Bärsch, „ Drontheimerstr. 1b. — Herm. Krawczak, „ Müllerstr. 139a.
W. Brösicke, „ Tegelerstr. 26. — Bernh. Raabe, „ Colbergerstr. 23.
Ad. Dobat, „ Sellerstr. 3. — Schulze, „ Gerichtstr. 80.
Aug. Dove, „ Müllerstr. 32a. — Alb. Seidel, „ Gerichtstr. 19.
F. Gleinert, „ Müllerstr. 7a. — Herm. Tauschel, „ Wiesenstr. 29.

Rosenthaler Vorstadt und Gesundbrunnen:

Karl Bloßfeld, Schlächterladen, Hussitenstr. 21. — Lorenz, Voltastr. 43, im Laden.
Otto Brückner, Gartenstr. 63. — Fritz Lietzke, Brunnenstr. 85, im Laden.
Fickinger, Usedomstr. 22. — Gustav Pape, Barbier, Gerichtstr. 80, im Keller.
Karl Helbig, Barbier, Usedomstr. 9. — Bernhard Steinhauser, Grenzstr. 4, pt.
Otto Janisch (früher Kerber), Brunnenstr. 74. — Karl Walter, Zigarrengeschäft, Hussitenstr. 35.

Schönhauser Vorstadt:

Fellechner, Weißenburgerstr. 29, im Laden. — Lamprecht, Restaurateur, Wörtherstr. 39.
Grobler, Restaurateur, Franseckistr. 12. — Pinner, Zigarrengeschäft, Tresckowstr. 36.
Gubin, „ Prenzlauer Allee 232. — Emil Schmidt, Restaurateur, Tresckowstr. 22.
Kiesel, „ Weißenburgerstr. 53. — Siebert, „ Wörtherstr. 15.

Verantwortlich f. Redaktion u. Verlag: [illegible] Berlin, [illegible] Druck: [illegible] Berlin N., Brunnenstr. 164.

9/19 e

Vereinigte bürgerliche Parteien.

Auf zur Stadtverordnetenwahl!

Mitbürger! Wähler der 3. Abteilung!

Wilmersdorf ist in die Reihe der deutschen **Großstädte** eingetreten.

Seine Einwohnerzahl hat die ersten 100 000 überschritten.

Die städtischen Behörden haben bisher mit glücklichem Erfolge darauf hingearbeitet, Wilmersdorf innerhalb der mächtig aufblühenden Vorortgemeinden eine bevorzugte Stellung zuzuweisen, **trotzdem die**

städtischen Steuern zu den niedrigsten von Groß-Berlin

gehören.

Das **Volksschulwesen**

ist **vorzüglich ausgestaltet**. Allen Anforderungen der Neuzeit, um **Körper** und **Geist** der heranwachsenden **Jugend** gleichmäßig auszubilden, hat die städtische Verwaltung Rechnung getragen. **Schulbrausebäder, Handfertigkeitsunterricht, Schulküchen, Jugendspiele** und **Klassenbibliotheken** sind eingerichtet, **städtische Schulärzte** beraten die Schüler und Eltern, die **geistig Zurückgebliebenen** werden in einer **Hilfsschule** unterrichtet, die bei der Jugend so häufig auftretende **Rückgratsverkrümmung** wird durch **planmäßige Uebungen unter ärztlicher und pädagogischer Leitung** bekämpft.

Auch das **höhere Schulwesen**

ist vorzüglich ausgebildet; zahlreiche **Freistellen** ermöglichen den **weniger bemittelten** Kreisen den Besuch der **Realschulen** und **Gymnasien**.

Der **Bebauungsplan** berücksichtigt das Bedürfnis nach Licht und Luft, nach

weiten Plätzen und **Gartenanlagen.**

Fabriken sind ferngehalten. Das ganze Gemeindegebiet soll mit einem

breiten Gürtel von Parkanlagen

im Laufe des alten Fenns, am See entlang, geschmückt werden.

Die **soziale Fürsorge** der Stadt ist immer weiter ausgedehnt worden und erstreckt sich jetzt

auch auf **Säuglingspflege,**

Mutterberatung und **Vorbeugung der Tuberkulose.**

Das **Rettungswesen**

ist im Anschluß an die Berufsfeuerwehr mustergiltig eingerichtet, so daß es von anderen Städten vielfach nachgeahmt wird.

Die **Verkehrsverhältnisse**

werden auf Grund eines günstigen **Vertrages** mit **der Großen Berliner Straßenbahn** vom kommenden Frühjahr ab eine wesentliche, allen Stadtteilen zu gute kommende **Besserung erfahren.**

9/19 f

3. Communal-Wahlbezirk.

Wahllokal:

Dorotheenstraße 13/14, Friedr.-Werdersches Gymnasium.

Wahlzeit Dienstag, den 24. November, von 9–6 Uhr.

Auf, auf zur Stadtverordneten-Wahl!

Arbeiter und Handwerker! Wähler der dritten Abtheilung!

Wir rufen Euch zur Ausübung Eures Rechtes und Eurer Pflicht! Es gilt, einen Mann in die Stadtvertretung zu [wä]hlen, der Euer Vertrauen hat, von dem Ihr überzeugt seid, daß er Eure Lage kennt und der von dem besten Willen beseelt [is]t, die traurigen Verhältnisse nach Kräften bessern zu helfen.

Wohlan denn, Arbeiter und Handwerker, Ihr Wähler der dritten Abtheilung! Euch Allen, [di]e um's tägliche Brod ringen müssen, gleichviel, ob Ihr im feuchten Keller oder in einer Dachwohnung Euer bescheidenes Heim [hab]t, ob Ihr mit Hammer und Feile, mit Scheere und Nadel oder mit Hobel und Säge hantirt, Euch Allen können wir aus [...]ster Ueberzeugung einen Mann empfehlen, der aus eigener Erfahrung weiß, wie schwer der Kampf um die Existenz ist, und [wo] uns der Schuh drückt, den

Klempnermeister Oscar Rojahn

Kleine Markus-Straße 28

Wer also bessere Verhältnisse herbeiwünscht, wem an seine Familie gelegen ist, wer da will, daß Erleichterungen geschaffen [wer]den sollen, der kann nur einem Manne seine Stimme geben, der mit Herz und Hand bereit ist, in diesem Sinne in der Stadt[vertr]etung zu wirken.

Darum lasse sich Niemand täuschen, ein Jeder muß vielmehr dafür Sorge tragen, [da]ß am Tage der Wahl alle Wähler an den Wahltisch treten und ihre Stimme ab[ge]ben für den

Klempnermstr. Oscar Rojahn, Kl. Markusstr. 28.

Das Arbeiter-Wahlcomité.

Verantwortlich für Redaktion und Verlag: Hugo Lehmann, Berlin, [illegible] 3. — Druck von Max Bading, Berlin SW., [illegible]

9/19 g

9/30 Statistiken der Todesfälle im Jahre 1852 und der Lohnverhältnisse im Jahre 1853 in Berlin

Aus: E. H. Müller, C. F. Schneider, Jahresberichte des statistischen Amtes im königlichen Polizei-Präsidio zu Berlin für das Jahr 1852 und 1853 (S. 16/17, 68/69)
Berlin, Senatsbibliothek (Zs 1403–1852, 1853)

Das statistische Büro im Polizeipräsidium, eröffnet am 1. April 1852, mußte seine Veröffentlichungen aus Geldmangel wenige Jahre später einstellen. Von 1862 bis 1912 besaß die Stadt Berlin ein kommunales ›Statistisches Bureau‹, dessen Einrichtung der Vorsitzende der Städtischen Armen-Direktion Naunyn beim Magistrat beantragt hatte, denn »die genaue Kenntnis der Verhältnisse des Lebens bilde die sicherste Grundlage für den Fortschritt«.

9/31 ›Die Resultate der polizeilichen Aufnahme in Berlin für 1861‹

Berlin 1863; darin: Berliner Volkszählung vom 3. Dezember 1861, T. 2, Anhang
Berlin, Senatsbibliothek (4° 0543–1.2)

Der Bericht der ›Städtischen Central-Commission für die Volkszählung‹ faßte die Ergebnisse der 1861 erfolgten Eingemeindungen zusammen. Zählte die Stadt Berlin im Jahre 1849 schon 412000 Einwohner, so wuchs die Bevölkerung 1861 nach der Eingemeindung auf 548000 Einwohner an.

9/32 ›Statistische Tabelle der vom Jahre 1861 ab zur Stadt Berlin einzutretenden Ortschaften der Kreise Nieder-Barnim und Teltow nach den Aufnahmen von 1858‹

Mit einer Anweisung für die Eintragung in die statistische Tabelle; 41,5 × 35,5 cm
Berlin, Landesarchiv Berlin (Rep.239 Acc.2011 Nr.30 Bl.100)

9/33 Schreibtischgeräte

Drei Schreibtischschalen, zehn mundgeblasene Tintenfässer mit Halterungen, je ein Briefbeschwerer, Hefter, Federhalterständer, Zettelhalter, Aschenbecher, Locher, Briefabroller, Blockhalter, Stempelhalter; vor 1900; Gußeisen, Glas (Tintenfässer)
Berlin, Sammlung Manfred Bold

9/34 Formular-Mappe der ›Firma H. Strahlendorffs Schreib- und Handels-Akademie‹, Beuthstrasse, am Spittelmarkt

Um 1900; Pappe, 23,5 × 36,3 cm
Berlin, Hildegard Hess

9/35 Zwei Paar Ärmelschoner

1900, 1910; Baumwolle
Berlin, Museum für Deutsche Volkskunde, SMPK (14/64 a-d)

9/36 Sechs Polizeipräsidenten von Berlin (Abb.)

Photographie (Reproduktion)
Berlin, Ullstein Bilderdienst

Bis 1809 wurde die polizeiliche und städtische Verwaltung in Personalunion geführt. Die Städteordnung trennte mit der Einrichtung des Polizeipräsidiums die Polizeiverwaltung von der Stadt. Erster Polizeipräsident Berlins war Justus (von) Gruner (1809–1811). Folgende Polizeipräsidenten sind abgebildet: Paul Ludwig Le Coq (1812–1821), Friedrich Wilhelm von Arnim (1831–1832), Carl Gerlach (1832–1839), Carl Ludwig Friedrich von Hinckeldey (1848–1856), Constantin Freiherr von Zedlitz-Neukirch (1856–1861), Otto Friedrich Karl von Bernuth (1862–1867).

9/37 Sechs Polizeipräsidenten von Berlin (Abb.)

Photographie (Reproduktion)
Berlin, Ullstein Bilderdienst

Folgende Polizeipräsidenten sind abgebildet: Eugen von Puttkammer (1839–1847), Julius Freiherr von Minutoli (1847–1848), Heinrich Moritz Albert von Bardeleben (1848), Lothar von Wurmb (1867–1872), Guido von Madai (1872–1885), Ludwig Eduard Freiherr von Richthofen (1885–1895).

9/38 ›Carl Ludwig Friedrich von Hinckeldey Königl. Preuss. General-Polizei-Director, Ritter pp‹ (Abb.)

Ludwig Burger

Lithographie, 62,8 × 47,9 cm; »Den Wächtern des Gesetzes, den Hütern der Ordnung und den Freunden gemeinnütziger Einrichtungen gewidmet«
Bremen, Kunsthalle Bremen, Kupferstichkabinett (63/453)

Der politisch entschieden antiliberale Polizeipräsident von Hinckeldey schuf während seiner Amtszeit 1848 bis 1856 zahlreiche städtische Einrichtungen wie Wasserleitungen und öffentliche Straßenreinigung, Wasch- und Badeanstalten, Anschlagsäulen, Telegraphen und Feuerwehr. Der ›Wirkliche Geheime Ober-Regierungs Rath, General-Polizei-Director und Polizei-Präsident von Berlin‹ wurde mit zahlreichen Orden ausgezeichnet.

9/39 Orden, die dem Polizeipräsidenten Carl Ludwig Friedrich von Hinckeldey verliehen wurden

a) Königlicher Hausorden von Hohenzollern, Ritter (Königreich Preußen)

Weiß emailliertes Kreuz mit schwarzen Randstreifen; weißes Band mit schwarzen Streifen

b) Johanniterorden, Ehrenritter (Königreich Preußen)

Weiß emailliertes achtspitziges Kreuz mit gekrönten schwarzen Adlern in den Winkeln; schwarz-moiriertes Band; Leinenkreuz

c) Roter Adlerorden II. Klasse mit Eichenlaub (Königreich Preußen)

Weiß emailliertes breitendiges Kreuz mit goldenen Rändern, an der oberen Spitze goldenes Eichenlaub

d) Orden der eisernen Krone II. Klasse (Kaiserreich Österreich)

Mit roten Edelsteinen geschmückte goldene ›eiserne Krone‹, darauf der gekrönte Adler; goldgelbes Band mit schmalen dunkelblauen Randstreifen

e) St. Annenorden II. Klasse (Kaiserreich Rußland)

Breitendiges, goldbordiertes, dunkelrot emailliertes Kreuz; ponceaurotes Band mit gelben Randstreifen

f) Herzoglich Sachsen-Ernestinischer Hausorden, Komtur (Herzogtümer Sachsen-Altenburg, Coburg und Gotha, Meiningen)

Achtspitziges, weißemailliertes Kreuz mit goldenen Säumen und Kugeln an den Spitzen; ponceaurotes, dunkelgrün eingefaßtes Band

g) Guelphenorden, Commandeur (Königreich Hannover)

Achtspitziges, goldenes, an den Spitzen mit Kugeln besetztes Kreuz; hellblaues Band

h) Verdienst-Orden der Bayerischen Krone, Commandeur (Königreich Bayern)

Weiß emailliertes Doppelkreuz, Borde, Strahlen und Krone golden, Eichenkranz grün; hellblaues Band mit weißen Randstreifen

i) Danebrogorden I. Klasse, Commandeur (Königreich Dänemark)

Goldbordiertes Brilliantkreuz; weißes Band mit ponceaufarbenen Randstreifen; silberner Stern mit darauf gelegtem Kreuz

j) Albrechtsorden II. Klasse, Komtur (Königreich Sachsen)

Goldgesäumtes weißes breitendiges Kreuz, mit weißem Medaillon und grünem Eichenkranz; grünes Band mit zwei weißen Streifen

k) Hausorden Albrechts des Bären, Commandeur (Herzogtum Anhalt)

Goldenes ovales Kreuz, oben am Ring das anhaltische Wappen; grünes Band mit zwei ponceauroten Streifen

l) Christus-Orden, Commandeur (Königreich Portugal)

Kreuz an einem mit goldenen Strahlen versehenen Stern, in dessen Mitte das Herz Jesu; scharlachrotes Band

a) Berlin, Verwaltung der Staatl. Schlösser und Gärten, Schloß Charlottenburg (6/18)
b) d) e) f) g) Celle, Militärhistorische Sammlung des Bomann Museums (Ord 491/492, 670, 696, 611, 74)
c) Berlin, Kunstgewerbemuseum, SMPK (21.116, Nr. 178)
h) Ingolstadt, Bayerisches Armeemuseum
i) Kopenhagen, Königliches Ordenskapitel
j) k) l) Neuffen, Ordenmuseum (D 2196, D 7, P 6707)

Die Orden sind nach dem ›Königl. Preussischen Staats-Kalender für das Jahr 1855‹ zusammengestellt.

9/40 »Im Monat November 1822 ... ergriffenen ... und über die Grenze beförderten Vagabonden«

In: Amts-Blatt der Königlichen Regierung zu Potsdam und der Stadt Berlin, 1823 (S.10/11)
Berlin, Senatsbibliothek (Ges. 25–1823)

9/41 Reisepaß für den Buch- und Kunsthändler Alexander Sala aus Berlin »in eigenen Angelegenheiten nach Köln, Brüssel, Paris, London, den kaiserlich Österreichischen und Deutschen Bundesstaaten, Schweden und Dänemark«, 20. August 1855

Unterzeichnet von dem Polizeipräsidenten von Hinckeldey; 46,5 × 34 cm
Berlin, Landesarchiv Berlin (Rep.240 Acc.229 Nr.25)

Die seit 1830 mit wachsendem Geschäftsumfang vergrößerte Polizeibehörde gliederte sich bis zum Ende des Kaiserreichs in sechs Abteilungen: 1. Verwaltungssachen, 2. Ortspolizeiliche Geschäfte, 3. Bauwesen, ausgenommen die städtische Straßenpolizei, 4. Sicherheits- und Sittenpolizei, 5. Ausstellung von Pässen und Ausweisen, 6. Bestrafung von Gesetzesübertretungen.

9/36

9/37

9/38

9/42 De Waber (Die Weber, Dialekt-Ausgabe)
Gerhart Hauptmann

Berlin: S. Fischer 1892
Berlin, Landesarchiv Berlin (PrBr. Rep.30 C Zensurbibliothek W 405 a)

Die letzte Seite trägt den Vermerk des Königlichen Polizei-Präsidiums: »Die Genehmigung wird dem Deutschen Theater aus ordnungspolizeilichen Gründen versagt«, Berlin, 3. März 1892.

9/43 Polizeiliche Erlaubnis für Herrn Haering, seinen Sohn Carl in einem Handwagen auf den Bürgersteigen der Straßen und Plätze fahren zu lassen, Berlin, 24. April 1888

18,2×22,5 cm
Berlin, Berlin Museum

9/44 Vermessung für das Verbrecheralbum nach der Methode von Alphonse Bertillon (1890) (Abb.)

1904; sechs Photographien (Originalabzüge), je 13,5×10,5 cm
Berlin, Ullstein Bilderdienst

1896 wurde bei der preußischen Polizei das Körpermeßverfahren zur Erstellung einer Delinquentenkartei mit anthropometrischer Klassifikation eingeführt; drei Jahre später wurde im Königlichen Polizeipräsidium ein Photoatelier für erkennungsdienstliche Aufnahmen eingerichtet.

9/45 Schulung und Einsatz von Polizei und Schutzmannschaft

a) Schießübungen auf dem Schießplatz der Garde-Füsiliere in der Jungfernheide
b) Schutzleute mit Schutzbrille bei Beobachtung der Sonnenfinsternis
c) Schutzmann mit dem neuen Helm (Abb.)
d) ›Im Kriminalbureau einer Revierwache‹ (Abb.)
e) ›Der altpreussische Polizeigriff‹ (Abb.)
f) Theoretischer Unterricht mit Typenstudien

Um 1900; Photographien (Reproduktionen)
München, Süddeutscher Verlag, Bilderdienst

9/46 Berliner Kriminalpolizeipatrouillen in Verkleidungen für Beobachtungszwecke

1913; Photographie (Reproduktion)
Berlin, Kriminalmuseum

9/47 Parderkopfsäbel
E. & F. Hörster

Solingen, um 1915; Parderkopf mit eingelegten Glasaugen am Parierstangen-Ende, Ätzdekor auf der Klinge; L 76,3 cm (Klinge), L 91,9 cm (Scheide)
Kellinghusen, Wolfgang Kroker (56e)

Der Parderkopfsäbel war für preußische Polizei- und Landjäger-Offiziere bestimmt, die ihren Dienst bei der Artillerie abgeleistet hatten.

9/48 Kavalleriesäbel Preußen, Modell 52/79

Um 1880; mit Eisenkorb; L 80,9 cm (Klinge), L 96 cm (Scheide)
Kellinghusen, Wolfgang Kroker (56g)

9/49 Preußischer Schutzmannssäbel, sogen. ›neupreußischer Infanterie-Kurzsäbel‹, Briquet-Typ

Um 1890; Keilklinge, Messingbügelgefäß mit Lederscheide; L 58,9 cm (Klinge), L 77,9 cm (Scheide)
Kellinghusen, Wolfgang Kroker (55k)

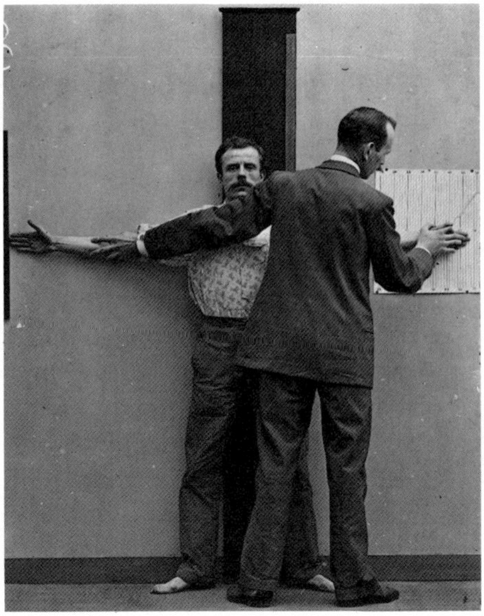

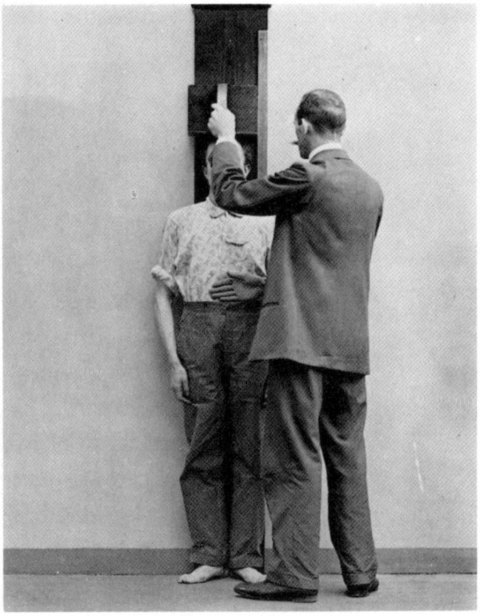

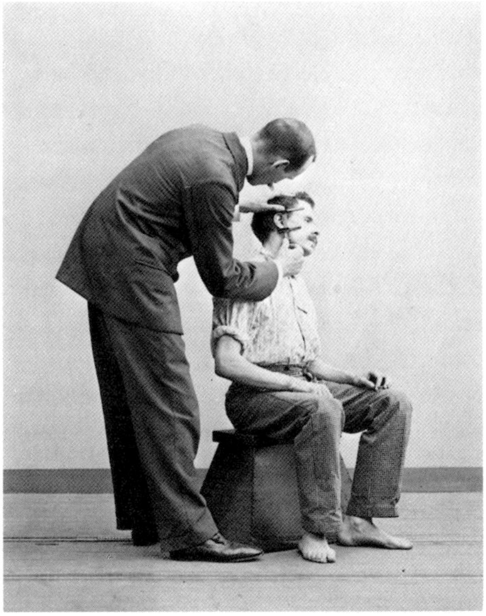

9/44

9/50 Schutzmannssäbel für kommunale preußische Schutzleute, Briquet-Typ

Um 1900; schwarz-braune Lederscheide mit Mundblech, weißes Woll-Portepee; L 66,4 cm (Klinge), L 82,3 cm (Scheide)
Kellinghusen, Wolfgang Kroker (55m)

9/51 Kurzsäbel für preußische Gendarmen

Um 1870; Fischhautgriff mit gelber Drahtumwicklung, schwarze Lederscheide mit zwei gelben Beschlägen; 64,8 cm (Klinge), L 79,4 cm (Scheide)
Kellinghusen, Wolfgang Kroker (55o)

9/52 Preußische Kavalleriepistole, Modell 1850

Preußische Gewehrfabrik

Suhl 1852; Artillerie-Modell mit Ring am Kolben, Kaliber 15,17 mm, für Perkussionszündung
Kellinghusen, Wolfgang Kroker (Y86)

Die Kavalleriepistole wurde um 1860 von der preußischen Landjägerei übernommen.

9/53 Revolver, deutsches Armeemodell 1883

Königlich Preußische Waffenfabrik

Erfurt 1893; Kaliber 10,6 mm, Lauflänge 18,1 cm; Fabriknr. 7439
Kellinghusen, Wolfgang Kroker (Y49)

Mit diesem Modell wurde um 1890 auch die preußische Gendarmerie ausgerüstet.

9/54 Löwenkopfsäbel, Kavallerie-Typ

Fa. Alexander Coppel

Solingen, um 1919; Portepee, Messing, Leder, Stahl; L 75,8 cm (Klinge), L 92 cm (Scheide)
Kellinghusen, Wolfgang Kroker (56d)

Mit diesem Säbel wurden Beamte ausgerüstet, die bei der Kavallerie Dienst getan hatten.

9/55 Löwenkopfsäbel, Gala-Stück

P. O. & Co.

Solingen, um 1910; mit vergoldetem Gefäß, Löwenkopf mit eingesetzten Glasaugen, Portepee; L 83,6 cm (Klinge), L 99 cm (Scheide)
Kellinghusen, Wolfgang Kroker (56c)

Der Löwenkopfsäbel wurde für einen preußischen Landjäger-Offizier angefertigt, der in den Polizeidienst übertrat.

9/56 Lederhelm für preußische Gendarmen zu Fuß

Um 1912; Dm 25 cm; Adler mit Stern
Kellinghusen, Wolfgang Kroker (40b)

9/57 Lederhelm der städtischen Polizei-Wachtmeister in Preußen

Vor 1887; Dm 25 cm; Adler mit aufgelegtem Initial »W« des preußischen Königs
Kellinghusen, Wolfgang Kroker (35a)

9/58 Lederhelm der Berliner Schutzmannschaft

Um 1900; Dm 25 cm; Bandeau des II. Zuges
Kellinghusen, Wolfgang Kroker (35e)

9/59 Infanterieoffiziersdegen, Modell 1889

Weyersberg, Kirschbaum & Cie.

Solingen, um 1900; Portepee; L 78 cm (Klinge), L 101,5 cm (Scheide)
Kellinghusen, Wolfgang Kroker (56q)

Der Degen aus dem ›Warenhaus für Armee und Marine, Berlin‹ wurde von preußischen Polizei- und Landjäger-Offizieren getragen.

9/60 Preußischer Kavallerie-Portepee-Degen, Modell 1889

Starres Gefäß, blanke Stahlscheide mit zwei Ringen, Portepee; L 84,2 cm (Klinge), L 101,6 cm (Scheide)
Kellinghusen, Wolfgang Kroker (56h)

9/61 Die Stadtvogtei in Berlin, Molkenmarkt 172

Gottlob Theuerkauf

Um 1880; Holzstich, 17×23,4 cm
Berlin, Berlin Museum

Seit der Mitte des 19. Jahrhunderts reichte die 1791 als Gefängnis eingerichtete Stadtvogtei für die Gefangenen nicht mehr aus. Hinzu kamen 1865 das Strafgefängnis Rummelsburg für männliche, 1867 die Filiale Eisenbahnstr. 22 für politische und 1868 die Filiale Barnimstraße für weibliche Gefangene.

9/62 ›Das Zellengefängniss vor Berlin‹

F. Foltz nach F. A. Borchel

Nach 1849; Stahlstich, 11×16 cm
Berlin, Kunstbibliothek, SMPK (Sign.78.19 Lipp)

Am 26. März 1842 verfügte König Friedrich Wilhelm IV. den Bau des ersten preußischen Zellengefängnisses in Moabit auf einem Gelände außerhalb der Stadtmauer. Der verantwortliche Geheime Oberbaurat C. F. Busse orientierte sich am Vorbild des Eastern Penitentiary in Philadelphia und dem Mustergefängnis in Pentonville bei London mit strahlenförmigem Grundriß. 1856 wurde Johann Hinrich Wichern die Leitung des Moabiter Gefängnisses übertragen. Er wirkte als Oberkonsistorialrat und Referent für die Gefängnisreform in Berlin.

9/63 ›Karte von Berlin und weiterer Umgebung mit der am 1. Juni 1906 in Kraft tretenden Gerichtseinteilung nebst Darstellung der Amts- und Gemeinde-Bezirksgrenzen‹

1906; Farbdruck, 67×85 cm; M 1:60000
Berlin, Landesarchiv Berlin, Plankammer (Acc.2630 Nr.66)

In der Polizeischule.
Der altpreussische Polizeigriff.

9/45 e

Vom Berliner Polizeiwesen.
Im Kriminalbureau einer Revierwache.

9/45 d

Berliner Schutzmann mit dem neuen Helm.

9/45 c

RAUM 10
DIE TECHNIK DER GROSSSTADT

In Berlin fand 1910 eine internationale Städtebauausstellung statt, die erstmals eine Rückschau auf die Stadtentwicklung im Metropolenvergleich bot. So unterschiedlich die Geschichte bedeutender europäischer Städte wie London, Paris oder Berlin vorher gewesen war, so ähnlich waren die Schwierigkeiten, die sie bei der, in engster Verflechtung mit der Industrialisierung ablaufenden, Umwandlung von königlichen Residenzstädten in komplex organisierte Metropolen bewältigen mußten. Die ungeheure Bevölkerungszunahme – das 1800 erst 172 000 Einwohner zählende Berlin wurde 1877 Millionenstadt – stellte die städtischen Gemeinwesen überall vor die gleichen neuartigen Probleme; es galt, die ausreichende Ver- und Entsorgung, die Verwaltung, den Transport riesiger Menschen- und Gütermengen und die Ausdehnung der Kommunen planerisch und gestalterisch zu steuern.

Die bekannten, einfachen Techniken der Wassergewinnung und Unratbeseitigung waren den steigenden Umweltbelastungen nicht gewachsen. Das Wasser floß aus unkontrollierten Hausbrunnen, die Fäkalien, aber auch Abwässer und Abfälle aus Schlachthäusern oder Gerbereien wurden über den offenen Rinnstein in die Flüsse geschwemmt. Es gab nur wenige gepflasterte Straßen und keine öffentliche Beleuchtung. Das Leben in der Stadt war von Gestank, Lärm, Seuchengefahr, Kriminalität, hoher Sterblichkeit und großem Wohnungselend belastet. Die einsetzende Urbanisierung hatte zunächst nichts mit der Entwicklung einer großstädtischen, funktionalen Vielfalt der Annehmlichkeiten zu tun, sondern bezeichnete lediglich eine zunehmende Menschenzusammenballung. Neue Standards städtischen Lebens durch die Anwendung industrieller Techniken und die Entstehung leistungsfähiger Kommunalbehörden und -betriebe sollten um 1900 Hauptergebnis vielfältiger Bemühungen um die Zukunft der modernen Großstädte sein.

London war die erste große Metropole des Industriezeitalters. Vor allem ihr Reichtum als Sitz der Börse, mächtiger Banken, Handels- und Versicherungsgesellschaften und ihre Aktivität als Mittelpunkt eines weltumspannenden Empire bestimmten ihre Entwicklung seit dem ausgehenden 18. Jahrhundert, nicht so sehr die Dominanz staatlicher Macht wie in Paris oder in Berlin. Mit seinen ausgedehnten Dockanlagen, zahlreichen Fabriken, herrschaftlichen Haushalten und einer umfangreichen Bautätigkeit wirkte London wie ein Magnet auf viele Arbeitssuchende. Diese rekrutierten sich zum großen Teil aus Kleinbauern, denen die Agrarreformen (Enclosure Acts) ihre Lebensgrundlage entzogen hatten.

Paris besaß seit dem Absolutismus mit seiner Präsenz zentralen Königtums und nahezu des gesamten französischen Adels gleichfalls eine große Anziehungskraft. Mehrfach hatten die Regenten versucht, das unkontrollierte Wachstum durch strikte Beschränkung des Stadtbezirks auf das Gebiet innerhalb der Festungsanlagen, später der neu festgelegten Stadtgrenzen, einzudämmen. Das führte zu einem regelrechten Schwammeffekt, weil es durch Zuwanderer und steigenden Geburtenüberschuß zu einer enormen Bevölkerungsverdichtung auf gleichbleibendem Raum kam. Jeder noch verbliebene freie Platz in der Altstadt wurde mit Wohnhäusern und Fabriken zugebaut. Das gleiche traf auch auf Berlin zu. In einer Erklärung an den Magistrat definierte die Regierung 1810 den Gemeindebezirk als Gebiet innerhalb der 1735 errichteten Zollmauer, die eine Fläche von rund 1400 Hektar umschloß. Nur die dort lebenden Einwohner konnten das Bürgerrecht oder die Genehmigung erhalten, ein Gewerbe zu betreiben. 1830 wohnten in diesem Bereich 94 Prozent der Bevölkerung. Die Einbeziehung des Berliner Hufenlandes 1829 und die schrittweise vollzogene Eingemeindung von Vororten vergrößerten das Areal städtischen Grund und Bodens 1841 auf 3510 Hektar und 1861 auf 5925 Hektar und boten die Möglichkeit einer entlastenden Stadterweiterung. Da sich aber die stadttechnischen Infrastrukturen dort nicht so schnell entwickelten, nahm die Bevölkerungskonzentration im Zollmauerbereich nur langsam ab. Dort lebten 1846 rund 88 Prozent und 1871 immer noch weit über 60 Prozent der Berliner Gesamtbevölkerung, so daß die Stadt zunächst einmal in die Höhe wuchs.

Dem Zuzug in die englische Hauptstadt waren keine künstlichen Grenzen gesetzt: Die Verteidigungslinie Londons lag an der Küste Englands. Die Einwohnerzahl der Themsestadt stieg innerhalb des 19. Jahrhunderts von einer auf vier Millionen, und der preußische Zeitungskorrespondent Theodor Fontane sah 1852 in dieser Massenhaftigkeit ihren eigentlichen Charakter: »Die überschwengliche Fülle, die unerschöpfliche Masse – das ist die eigentliche Wesenheit, der Charakter Londons. Ob man die Citystraßen durchwandert und, von der Menschenwoge halb fortgerissen, den Gedanken nicht unterdrücken kann, jedes Haus sei wohl ein Theater, das eben jetzt seine Zuhörerschwärme wieder ins Freie strömt – überall ist es die *Zahl*, die *Menge*, die uns Staunen abzwingt.«

Für die kommunale Organisation warf die Massenhaftigkeit jedoch überall handfeste Probleme bislang unbekannter Dimensionen auf. Was den heutigen großen Städten an vielfach verschränkter technischer Infrastruktur im wahrsten Sinne zugrunde liegt, entstand vor rund hundert Jahren erst nach und nach, oft genug als späte Reaktion auf akute Mißstände. Die horizontale Ausbreitung der Gemeinden war begleitet von einer vertikalen: Vor immer höher werdenden Häusern wurden immer wieder die Straßen tief aufgerissen. Unter Plätzen und Boulevards, den pulsierenden Lebensadern im Körper der Städte, wurden die Eingeweide ins Erdreich gebettet: Die Rohrnetze für Kanalisation und Wasserversorgung, die Leitungen für Gas und Strom, die feinen Nervenstränge der Kommunikationssysteme Telefon und Telegraphie; und mehrstöckig dehnten sich die Unterwelten der weitläufigen Tunnels und Stationen für die neuen Untergrundbahnen.

Die lebenswichtigen, maschinenbetriebenen Stadtorganismen entstanden in Berlin, Paris und London mit leichten Zeitverschiebungen in der zweiten Hälfte des 19. Jahrhunderts und um die Jahrhundertwende. Größte Probleme bereiteten die Trinkwasserversorgung und die Beseitigung der Fäkalien. Zunehmend belasteten Unrat und Industrieabwässer die Spree und, wie gerade jüngste Forschungsergebnisse zeigen, ganz besonders die Panke. Die Berliner Stadtflüsse entwickelten sich ebenso zu Seuchenherden ersten Ranges wie die Seine oder die Themse, aus der neun Gesellschaften direkt das Trinkwasser für die Londoner Bevölkerung pumpten. Obwohl in Berlin die geologischen Bedingungen für die Wassergewinnung aus

Brunnen und Grundwasser günstiger waren, zeigte die Zunahme von Cholera- und Typhusfällen an, daß Abhilfe dringend geboten war. Dabei kam es auf dem Hygiene-Kongreß in Brüssel 1852 erstmals auch zu internationalem Erfahrungsaustausch. Edwin Chadwick veröffentlichte 1842 in London die ›Sanitary Reports‹, in denen er die Lösung der sozialen Frage aufs engste mit der Beseitigung der katastrophalen Wohn- und Hygieneverhältnisse verband. Der Präfekt des Seine-Departments Georges Eugène Baron Haussmann legte 1852 in einem Memorandum die Pläne eines umfassenden Wasserversorgungs- und Kanalisationsnetzes vor. Für die Reichshauptstadt entwickelte der Berliner Ingenieur James Hobrecht ein fortschrittliches Entwässerungssystem, und mit den Erkenntnissen von Wissenschaftlern wie Rudolf Virchow, Louis Pasteur und Justus Freiherr von Liebig entstand ein wirkungsvolles, wissenschaftlich-technologisches Instrumentarium zur Bekämpfung der Gefahren, die aus den Mißständen drohten. Um die Jahrhundertwende gab es in allen genannten Metropolen leistungsfähige Systeme der Wasserversorgung und Kanalisation. Dabei hatte Berlin den Vorteil, aufgrund seiner ›Verspätung‹ aus den in Paris und London gemachten Fehlern lernen zu können, beispielsweise durch die Informationsreise, die Oberbaurat Ernst Wiebe 1860 mit James Hobrecht nach England und Frankreich unternahm.

Die Stadtverwaltungen hielten sich zunächst noch zurück, als auf vielen Gebieten die Notwendigkeit übergreifender Maßnahmen zur Herstellung und Erhaltung des Allgemeinwohls entstand. Man scheute die hohen Investitionen, und es gab für viele der neuen Aufgaben keine ausgebildeten Fachleute. In Berlin ging die Wahrnehmung großstädtisch-öffentlicher Interessen wie Energie- und Wasserversorgung oder die Erschließung des Stadtraums durch öffentliche Verkehrsmittel auf privatwirtschaftliche Initiativen zurück. Die Unternehmungen wurden jedoch meist einige Jahre oder Jahrzehnte später kommunalisiert.

1825 errichtete die englische Imperial Continental Gas Association unter der Leitung des Ingenieurs Leonard Drory die erste ›Gas-Erleuchtungsanstalt‹ in Berlin, die 1826 die Prachtstraße Unter den Linden in helles Laternenlicht tauchte. Die ebenfalls englische Firma Fox & Crampton erbaute 1856 das erste Wasserwerk vor dem Stralauer Tor. Auch die frühen Berliner Gesellschaften für Personentransport waren private Gründungen, ob es sich nun um den Betrieb von Pferdeomnibus-, Eisen- und Pferdebahnlinien oder um die Hoch- und Untergrundbahn handelte. Seit 1885 erhielten einige vornehme Geschäfte und Restaurants in der City Strom für elektrische Beleuchtung von Berlins erstem Kraftwerk, das eine Tochterfirma der Deutschen Edison Gesellschaft betrieb. Unabhängig von der Unternehmensform der neuen stadttechnischen Einrichtungen markierten ihre Bauwerke, die Wassertürme und Hochreservoirs, die Abwasserpumpstationen und Gasometer, unübersehbar die Entwicklung Berlins zur Industriemetropole und Millionenstadt.

Die Ausdehnung der Stadt führte zur Veränderung geltender räumlicher Maßstäbe. Die ›Randwanderungen‹ von Industriebetrieben mit großem Flächenbedarf (Borsig, ab 1898 von Moabit nach Tegel; Siemens, ab 1898 nach Spandau) erschwerten dem in der Regel immer noch zu Fuß gehenden Stadtbewohner die Verbindung zwischen Wohn- und Arbeitsort. Der Mangel an geeigneten, billigen Verkehrsmitteln zwang viele Arbeiter, mit ihren Familien in unmittelbarer Nähe der Fabriken zu leben. Erst gegen Ende des Jahrhunderts entstand mit den verschiedenen großstädtischen Nahverkehrssystemen die Möglichkeit, bei der Wahl des Wohnortes von der Entfernung zum Arbeitsplatz unabhängiger zu sein.

Das ging nicht immer ohne Druck: Nach Verlegung der Artilleriewerkstätten von Berlin nach Spandau 1867 mußte die Hamburger Bahn für in Berlin wohnende Arbeiter Züge zu ermäßigten, vom Staat subventionierten Tarifen bereitstellen. Die ›Große Berliner Straßenbahn‹ wurde 1901 vertraglich verpflichtet, für Fahrten in Berlin und sechzehn Nachbargemeinden nur einen Einheitstarif von 10 Pfennig zu verlangen. Auch in London wurden private, gewinnorientierte Eisenbahngesellschaften durch den Cheap Trains Act gezwungen, für Pendler Sonderzüge zu niedrigem Fahrpreis, die ›Penny Trains‹, einzusetzen.

Die Eisenbahnen veränderten mit der Monumentalität ihrer Stationen und mit den weiträumigen Gleisanlagen das Bild der Städte nachhaltig. Sie formten neuartige topographische Strukturen mit eigenen Gesetzen für die weitere Stadtentwicklung. Während die dicht an die Zentren heranführenden Strecken das Weichbild der Städte durchschnitten und anders gliederten als früher geplant, erschlossen sie an der Peripherie neue Wohnbezirke und beschleunigten die räumliche Expansion. Wo der Platz nicht ausreichte, verlegte man die Anlagen unter die Erde: 1863 nahm in London die erste unter der Erde fahrende Bahn der Welt ihren Betrieb auf. Von großer Bedeutung für spätere leistungsfähige Nahverkehrssysteme sollte die in Berlin hochentwickelte elektrische Antriebstechnik werden, die um die Jahrhundertwende in allen drei Metropolen den Betrieb moderner Untergrundbahnen ermöglichte (London 1890, Paris 1900, Berlin 1902).

In Paris wurden die ersten Eisenbahnlinien 1833 genehmigt. Kurz darauf entstanden zahlreiche Güterbahnhöfe und Nutzbauten entlang der Linien, die in den großen Kopfbahnhöfen St. Lazare, Gare du Nord oder Gare d'Austerlitz aus den verschiedenen Landesteilen das Herz der Stadt erreichten. Eine Verbindungsbahn zwischen den einzelnen Endstationen entwickelte sich in gleicher Weise zum städtebaulichen und Verkehrshindernis wie die erste ›Ringbahn‹ in Berlin, die entlang der alten Zollmauer verlief und zahlreiche belebte Straßenzüge kreuzte. Sie verband zwischen 1851 und 1871 Potsdamer, Hamburger, Stettiner, Frankfurter, Görlitzer und Anhalter Bahnhof, allesamt Kopfbahnhöfe, die mit den vorgelagerten Abstellflächen für Waggons wahre Inseln im Stadtgebiet bildeten, später beherrscht von den riesigen Eisenkonstruktionen der Bahnsteighallen. Die größte Überdachung erhielt übrigens 1880 der Neubau des Anhalter Bahnhofs.

In London legte sich seit 1837 eine dichte Kette von Stationen um den nördlichen Teil der Stadt. Die weitverzweigten Bahnanlagen waren der stärkste städtebauliche Eingriff zwischen dem Wiederaufbau der Stadt nach dem großen Brand von 1666 und der neuzeitlichen Anpassung an den motorisierten Individualverkehr. Wie später bei der Berliner Stadtbahn legte man die Gleise zur Vermeidung ebenerdiger Kreuzungen mit Straßen auf gemauerte Viadukte. Die breiten Streckentrassen wurden von den Eisenbahngesellschaften unter Umgehung des vornehmen Westends rücksichtslos durch die Armenwohnviertel gezogen.

Dieser Effekt einer auf Wirtschaftsliberalismus beruhenden Stadtveränderung glich dem der Stadtplanung in Paris. Dort mußten nach 1853 fast dreißigtausend Wohnungen dem vom Seine-Präfekten Haussmann geleiteten Aufbrechen der engen, in ihrer Struktur noch vom Mittelalter geprägten Stadt weichen. Die Niederlegung ganzer Wohnquartiere für die Breschen überbreiter Straßen, großer Plätze und Parkanlagen ging auf ein Konzept Kaiser Napoleons III. zurück.

Gewaltsame Kahlschläge dieser Größenordnung mit dem Ziel einer grundsätzlichen Neugestaltung gab es in Berlin nicht, doch verschwand spätestens mit dem Ausbau der Reichshauptstadt nach 1871 auch hier das mittelalterliche Bild in der Innenstadt. Eine hektische, unentwegte Bautätigkeit zeugte von ständiger Erneuerung und Vergrößerung, räumte fort, was ihr im Wege war. Seit den sechziger Jahren wurde die Akzisemauer abgetragen. Von ihren vierzehn Zugängen ist einzig das Brandenburger Tor erhalten geblieben. Außerhalb gab es nach der ›Entfestigung‹ durch Neuplanung nur wenig zu zerstören. Die projektierte Fortführung großer Magistralen, etwa die Verlängerung der Straße Unter den Linden nach Westen (Heerstraße), stieß weitgehend in unbebautes Umland. Dem entlang der Eisenbahnstrecken expandierenden Berlin standen nach den Eingemeindungen von 1861 die leeren Flächen zwischen den Vororten und Nachbarstädten zur Verfügung, die in einem von Bodenspekulationen begleiteten Boom schnell bebaut wurden.

Der stilisierte Nachbau eines Berliner Hochbahnhofs im Ausstellungsraum verweist auf die Dominanz moderner technischer Architekturen im Stadtbild und auf die Bedeutung des öffentlichen Nahverkehrs. Die Stadtentwicklung Berlins steht in Verbindung mit der neuen Ringbahn (1877), die mehrere Vororte erschloß, mit den ins Umland führenden, bald auch die Innenstadt (Stadtbahn, 1882) erschließenden Eisenbahnstrecken, aus denen sich das später elektrifizierte S-Bahnnetz entwikkelte, und mit der Hoch- und Untergrundbahn, deren projektierte Linie in die benachbarte Stadt Schöneberg um 1908 beispielsweise ein wesentlicher Motor für die dort erfolgte Terrainspekulation und Baulanderschließung war.

Die Sicherung des öffentlichen Nahverkehrs und das private Interesse an Grund und Boden bestimmten das weitere Werden Berlins, denn gegen diese Verbindung ließ sich eine übergreifende, obrigkeitliche Gesamtstadtplanung im 19. Jahrhundert nicht mehr durchsetzen. Bereits die Entwürfe von Oberbaurat Johann Carl Ludwig Schmid (1830) und Peter Joseph Lenné (1840), die noch die Verbindung der Bedürfnisse einer feudalen Residenz mit den Erfordernissen der Industrie- und Verkehrsentwicklung anstrebten, scheiterten an den von einer umfassenden Stadtplanung abweichenden Interessen privater Grundbesitzer, aber auch einzelner Städte und Gemeinden. Das galt auch für den von James Hobrecht ausgearbeiteten Bebauungsplan von 1862. Er legte in Verknüpfung von vorhandenen und geplanten Bauflächen nach Pariser Vorbild die neuen Fluchtlinien fest. Der behördliche Einfluß erreichte jedoch nur die Reservierung von Grund und Boden für die projektierten breiten Straßen und Plätze, woran immerhin so markante Orte wie Wittenberg- oder Nollendorfplatz erinnern. Hobrechts weitergehende Vorstellungen von einer mit kleinen Plätzen und Gärten aufgelockerten Bebauung der durch seine Planungen entstandenen, tiefen Grundstücke wurden nicht aufgenommen. Über die von Eigennutz und Profitsucht geprägte bauliche Entwicklung Berlins zwischen 1870 und 1900 sind deshalb kritische und bittere Worte gefallen. Unabhängig davon, was sich auf den zu erschließenden Flächen abspielte, erfüllte unter ihnen eine hochentwickelte technische Infrastruktur ihre Funktion, den komplizierten Organismus der Millionenstadt in Gang zu halten. *H.-C. T.*

10/1 Das unterirdische Paris: Der große Sammelkanal vom Gare de Strasbourg am Tag der Einweihung des Boulevard de Sébastopol, 1858

Holzstich, aus: Les tableaux de Paris, 1858; 17,1×24,2 cm
Paris, Musée Carnavalet (Egoutiers-Moeurs 14/3)

10/2 Die Pariser Kanalisation, 1. Januar 1889
L. Wuhrer

Kolorierte Lithographie, aus dem Atlas ›Les travaux de Paris 1789–1889 dressé sous l'administration de M. E. Poubelle‹ (Plan XII); 68×86 cm
Paris, Bibliothèque Historique de la Ville de Paris (Fo A I 67)

10/3 Der neue Boulevard Reine-Hortense oberhalb des unterirdischen Verlaufs des Kanals St. Martin
Eugène Moreau

Holzstich, 25,4×34 cm
Paris, Musée Carnavalet (Z4 Topo P.C.152 D)

10/4 ›Plan de Paris en 1865 divisée en 20 arrondissements‹
J. N. Henriot

Faltplan mit Straßenverzeichnis; Eintragung der Befestigungsanlagen und farbige Kennzeichnung der Bezirke; kolorierter Kupferstich, auf Leinen aufgezogen; 60×87 cm; M 1:1000
Berlin, Staatsbibliothek PK, Kartenabteilung (8° Kart.15.437)

Der Plan dokumentiert deutlich den beengenden Ring der Festungsanlagen. In der Regierungszeit Kaiser Napoleons III. (1852–1870) begann eine neue städtebauliche Epoche mit der von Baron Haussmann ausgeführten Planung weitläufiger Boulevards, Plätze und Parkanlagen.

10/5 Durchbruch des neuen Boulevard du Prince Eugène, Zustand der Abbrucharbeiten im Jahre 1862
Felix Thorigny, A. Jacob

Holzstich, 24,5×32,7 cm
Paris, Musée Carnavalet (Topo P.C.152 B)

Die Trassen für die projektierten, bis zu 34 Meter breiten, neuen Straßen wurden durch dicht besiedelte Wohnquartiere gezogen.

10/6 Place d'Italie und Avenue de l'Opéra vor den bzw. während der Durchbrucharbeiten (Abb.)
Charles Marville

Um 1870; zwei Photographien (Reproduktionen)
Paris, Bibliothèque Historique de la Ville de Paris

10/7 Bau der Pariser Metro
a) Vorkonstruiertes Tunnelsegment zur Unterquerung der Seine, 12. Oktober 1906 (Abb.)
b) Das bereits teilweise abgesenkte Segment, 29. Januar 1907
c) Vorarbeiten zur Station Boulevard de Sébastopol – Rue Réaumur, 23. Januar 1908
d) Station Place Saint Michel, 28. Juni 1910

Vier Photographien (Reproduktionen)
Paris, Archives nationales (F14 12668, No.139,173,201,262)

10/8 Im Omnibus
M. Delondre

1890; Öl/Lw., 66×94 cm; bez. u. l.: Delondre
Paris, Musée Carnavalet (P 2215)

10/9 Bayswater Omnibus
George William Joy

1895; Öl/Lw., 120,6×172,5 cm
London, The Museum of London (29.166)

Seit 1829 war der Pferdeomnibus auch in London das erste brauchbare Nahverkehrsmittel, von dessen regelmäßiger Benutzung viele wegen der hohen Fahrpreise jedoch ausgeschlossen waren. Dies änderte sich 1870 mit der Einführung der billigeren Pferdestraßenbahn.

10/10 Neuer Plan der städtischen Eisenbahnen, Straßenbahnen und verschiedenen kommunalen Einrichtungen in London, hg. von Edward Stanford, 1873

Lithographie, 72×117,7 cm
London, The Museum of London (Z 8803)

10/11 Innenansicht der Kensington Station

Holzstich, aus: London Illustrated News, 10. Oktober 1868; 23,8×34,4 cm
London, Guildhall Library, City of London (C48.5/P1868)

10/12 Die Arbeiten am Bahnhof der Midland Eisenbahn, Euston Road

Holzstich, aus: London Illustrated News, 15. Februar 1868; 23,6 × 34,4 cm
London, Guildhall Library, City of London (C48.5/P1868)

London erlebte im Zuge des Eisenbahnbaus in den sechziger Jahren eine Phase gewaltsamer, raumgreifender Stadtteildurchbrüche. 76 000 Einwohner verloren ihre Behausungen.

10/13 Entwurf für die Themseuferbefestigung (Victoria Embankment)

Holzstich, aus: London Illustrated News, 22. Juni 1867; 23,8 × 34 cm
London, Guildhall Library, City of London (Print V. Group 8/1867)

10/14 Ansicht der nördlichen Auffahrt zur London Bridge während der Bauarbeiten mit Blick auf die wenig später abgerissene St. Michaels-Kirche

George Scharf

1830; zwei Lithographien; je 49 × 75 cm
London, Guildhall Library, City of London (335/Kin)

10/15 Geöffneter Kanal unter einer Straße in London, 1825 (Abb.)

George Scharf

Reproduktion einer aquarellierten Bleistiftzeichnung aus dem British Museum (Scharf-Collection, Vol. 1, p. 14), London

In dem Werk George Scharfs finden sich mehrere Zeichnungen, die erstmals Kanalisationsarbeiten dokumentieren. Durch die frühen unterirdischen Abflußsysteme Londons flossen die ungereinigten Abwässer der Stadt direkt in die Themse.

10/16 Bau der unterirdischen Kanäle in London im Jahr 1845 (Abb.)

George Scharf

Reproduktion einer Bleistiftzeichnung aus dem British Museum (Scharf-Collection, Vol. 1, p. 16), London

10/17 Vier Ansichten aus London
a) Dichtes Verkehrstreiben
b) Mit dem Zug über London
c) Lagerhäuser in der City
d) Straße am Fluß

Gustave Doré

1872; Holzstiche; 24,7 × 19 cm, 19,8 × 24,5 cm, 24,5 × 19,5 cm, 24,5 × 19,7 cm
London, Guildhall Library, City of London (C48/1872; C48.5/P1872; C63.1/1872)

1872 schuf Doré mit seinem Werk ›London: A Pilgrimage‹ die erste große illustrierte Reportage des 19. Jahrhunderts, die sozialkritisch die dunklen Seiten der brodelnden Hauptstadt festhielt.

10/18 Ankunft von Pendlern mit einem der ›Penny Trains‹ in der Victoria Station

Holzstich, aus: London Illustrated News, 22. April 1865; 23,7 × 34,5 cm
London, Guildhall Library, City of London (C48.5/P1861/1865)

10/19 Büste des Georges Eugène Baron Haussmann

Francisque Duret

Marmor, H 56 cm
Paris, Musée Carnavalet (S.3468)

Georges Eugène Baron Haussmann (1809–1891) war von 1853 bis 1870 Präfekt des Seine-Departements und realisierte die von Napoleon III. angeregte Neugestaltung der Stadt Paris.

10/20 Büste des Sir Edwin Chadwick

Adam Salomon

1863; Marmor, H 75 cm
London, National Portrait Gallery (849)

Edwin Chadwick (1800–1890) war ein englischer Sozialreformer, der 1842 seinen Hygiene-Bericht über London veröffentlichte und damit die Gründung des Metropolitan Board of Works zum Aufbau eines leistungsfähigen Kanalisationssystems initiierte.

10/21 Büste des Peter Joseph Lenné

Christian Daniel Rauch

Gipsabguß (Original 1847), H 58 cm
Berlin, Gipsformerei, SMPK (5000/47)

Peter Joseph Lenné (1789–1866) war Generaldirektor der königlichen Gärten in Preußen. Seinem auf staatlicher Gesamtplanung beruhenden Entwurf ›Projektierte Schmuck- und Grenzzüge von Berlin und nächster Umgebung‹ (1840) standen die Interessen von Industrie und privaten Grundbesitzern gegenüber.

10/22 Plakat ›Gasglühlicht – Schönste und billigste Beleuchtung‹

Ernst Lübbert

Berlin: Ernst Marx 1913; Farblithographie, 69 × 93 cm
Berlin, Kunstbibliothek, SMPK

10/6

10/7a

10/23 Bildnis des Leonard George Drory
Helen Menshausen

1883; Öl/Lw., 70×60 cm
Altenkirchen, Ingrid Heinemann

Leonard George Drory (1800–1866) errichtete 1826 für die englische Imperial Continental Gas Association die erste Gasanstalt in Berlin.

10/24 Gasometer, vom gegenüberliegenden Ufer des Schafgrabens aus gesehen
Zielche

1846; Aquarell, 54×68 cm
Berlin, Irene Beust

Die gesamte Anlage zur Beleuchtung der vertraglich festgesetzten Straßen und Plätze durch 1789 Gaslaternen mit je 1390 Brennstunden pro Jahr wurde 1829 fertiggestellt.

10/25 Blick vom Gelände der alten englischen Gasanstalt in der Gitschiner Straße auf das andere Ufer des Schafgrabens, 1854
Leonard George Drory

Aquarell, 30,5×24,5 cm
Berlin, Irene Beust

Der Blick geht zwischen dem Gasometer und dem Wohnhaus des Gaswerkdirektors hindurch auf die noch ländliche Gegend des heutigen Stadtteils Kreuzberg.

10/26 ›Heize mit Gas‹ Plakat der Zentrale für Gasverwertung e. V. Berlin
Ortmann

Berlin: Ernst Marx; Farblithographie, 70×94 cm
Berlin, Kunstbibliothek, SMPK

10/27 Straßen-Gaslaterne (›Schinkelleuchte‹)

Um 1870; Gußeisen, Glas; H 130 cm, Dm 50 cm
Berlin, Der Senator für Bau- u. Wohnungswesen

10/28 Plan der Entwicklungsgeschichte Berlins auf Grund des Sineck'schen Planes
Richard Borrmann

Um 1890; kolorierte Lithographie, 107×147 cm; M 1:10000
Berlin, Landesarchiv Berlin, Plankammer (Acc.2202)

10/29 Rollschuh-Plan von Berlin

Mit farbigen Markierungen der mit Holz bzw. mit Asphalt gepflasterten Straßen; um 1910; Mehrfarbendruck, 45×62 cm; M 1:23000
Berlin, Landesarchiv Berlin, Plankammer (Acc.3038 Nr.39)

10/30 Hundemarken der Stadt Berlin

1832–1941; Eisen, Messing
München, Wolfgang Hasselmann

Mit der seit 1830 erhobenen Hundesteuer sollte die steigende Zahl der in der Stadt gehaltenen Hunde eingeschränkt werden. Aus dem daraus gewonnenen Steuereinkommen wurde überwiegend die für Berlin typische Pflasterung der Bürgersteige mit Granitplatten finanziert.

10/31 Plan von Berlin und Umgebung bis Charlottenburg
Wilhelm Bembé

1861/62, berichtigt 1865; kolorierter Kupferstich, 73×95 cm; M 1:15384
Berlin, Landesarchiv Berlin, Plankammer (Acc.961 Nr.3)

Der von James Hobrecht erstellte Bebauungsplan von 1862 bestimmte zusammen mit der Bauordnung von 1853 die bauliche Entwicklung Berlins. Ein System, bestehend aus einer Ringstraße (dem sogenannten Generalszug), breiten Diagonal- und Ausfallstraßen sowie Rund- und Blockplätzen, gliederte das Weichbild der Stadt. Die Bebauung der durch die Planung entstandenen Parzellen führte jedoch zu einer Fehlentwicklung. Die Bauordnung erlaubte bei Grundstücken mit 20 m Straßenfront die Nutzung bis in eine Tiefe von 50 m. Dies förderte eine gewinnbringende Errichtung mehrfach gestaffelter Hinterhöfe: Berlin wurde zur Mietskasernenstadt.

10/32 Karte zur Berechnung des Grund- und Bodenwertes in Berlin und Charlottenburg-Westend
Gustav Müller

1896/97; Farblithographie, 65,5×80,5 cm; M 1:15000
Berlin, Landesarchiv Berlin, Plankammer (Acc.191 Nr.3)

»Die Karte gibt eine Darstellung des Wertes massiver Gebäude in den verschiedenen Baustadien und der Wohnungsmieten.«

10/33 Bildnis des Schöneberger Dorfschulzen Georg Mette (›Millionenbauer‹) (Abb.)
B. Breil

10/15

10/16

Öl/Lw., 56 × 45 cm
Berlin, Kunstamt Schöneberg, Heimatmuseum / Archiv (A33)

Die Wertsteigerung landwirtschaftlicher Grundstücke durch geplante Eisenbahntrassen führte unter anderem in Schöneberg zur Beteiligung bäuerlicher Grundbesitzer an Spekulationsgeschäften. Der Verkauf von Bauland an kapitalkräftige Terraingesellschaften machte einige von ihnen zu Millionären.

10/34 ›Kostenloser Nachweis für Vermietungen von Wohnungen und Geschäftslokalen‹ in Moabit

Emailleschild, 100 × 80 cm
Berlin, Museum für Verkehr und Technik Berlin

10/35 Lageplan der Villenkolonie Grunewald

Hg. von der Kurfürstendamm-Gesellschaft; um 1895; Farbdruck, 29 × 40,5 cm; M 1:75 000
Berlin, Geheimes Staatsarchiv PK (F50044)

Mit der Erschließung des Umlandes durch die Eisenbahn entstanden große Bauprojekte, die nominell der Gartenstadtidee verhaftet waren, sich jedoch meist zu unkontrollierten Spekulationsobjekten zahlreicher Terraingesellschaften entwickelten.

10/36 Plan des Geländes der Terraingesellschaft Rittergut Lichtenberg

1910; Farbdruck, 48 × 54 cm; M 1:10 000
Berlin, Landesarchiv Berlin, Plankammer (Acc.1863 Nr.11)

10/33

10/37 Plakat ›Wilhelmshorst-Gartenstadt‹
W. Blanke

Um 1910; Farblithographie, 72×95 cm
München, Münchner Stadtmuseum

10/38 Plakat ›Gartenstadt Frohnau‹

Charlottenburg: Hans Lindenstaedt 1912; Farblithographie, 64,5×84 cm
München, Münchner Stadtmuseum

10/39 Sommerstraße mit Stadtmauer, 1867
F. Albert Schwartz

Photographie (Originalabzug), 18×11,7 cm
Berlin, Berlinische Galerie, Fotografische Sammlung (BG–FS 65/83,4)

10/40 Die Königsmauer kurz vor dem Abriß, 1885
F. Albert Schwartz

Photographie (Originalabzug), 18×11,5 cm
Berlin, Landesarchiv Berlin (Rep.250 Acc.36 Bd.3 Nr.44)

Die 1735 begonnene, erst 1802 ganz in Stein ausgeführte Zollmauer mit 14 Toren sollte Schmuggel und Desertionen verhindern. Zum Hemmnis der städtischen Entwicklung geworden, wurde sie nach 1861 wieder abgetragen.

10/41 ›Kaiser-Wilhelm-Strasse Berlin‹ Konkurrenz-Entwurf 1886, Motto ›Dividende‹
Holst & Zaar

Aquarellierte Federzeichnung, 62×75 cm
Berlin, TUB, Plansammlung der Universitätsbibliothek (2486)

Zum Ausbau Berlins als Reichshauptstadt gehörte auch der Durchbruch der Kaiser-Wilhelm-Straße als Fortsetzung der Prachtstraße Unter den Linden.

10/42 Panorama der deutschen Kaiserstadt aus der Vogelschau
Adolf Eltzner

Abbildung, aus: Beilage zur Illustrirten Zeitung Nr. 2281, 19. März 1887; 74,5×46,5 cm
Berlin, Landesarchiv Berlin (Rep.250 Acc.842 Nr.1)

10/43 ›Normaluhr‹ Monats-Konkurrenz-Entwurf Oktober 1873, Motto ›Time is money‹
Steenbock

Aquarellierte Bleistiftzeichnung; 25,1×19,6 cm, 58×47 cm (Blgr.)
Berlin, TUB, Plansammlung der Universitätsbibliothek

Auf belebten Plätzen standen seit 1869 öffentliche Normaluhren, zum Teil reich verzierte Straßenmöbel aus Gußeisen mit zusätzlichen meteorologischen Anzeigen, Stadtplänen und Werbeflächen.

10/44 ›Pissoir‹ Monats-Konkurrenz-Entwurf November 1877, Motto ›Eilig‹ (Abb.)
R. Rohde

Lavierte Bleistiftzeichnung, 55,8×44,1 cm
Berlin, TUB, Plansammlung der Universitätsbibliothek

1862 endete ein fast 25jähriger Streit zwischen der Stadt und dem Polizeipräsidium, wer für Einrichtung und Unterhalt von ›Urinieranstalten‹ aufkommen sollte: je fünfzehn sollten von Magistrat und Fiskus errichtet werden. 1863 stand das erste Pissoir auf dem Askanischen Platz. Die bekannten, im Volksmund ›Café Achteck‹ genannten Bedürfnisanstalten gibt es erst seit 1879.

10/45 ›Straßenbrunnen für die Stadt Berlin‹ Monats-Konkurrenz-Entwurf April 1890, Motto ›Guss-Eisen‹
Otto Rieth

Lavierte Bleistiftzeichnung, 66×38 cm
Berlin, TUB, Plansammlung der Universitätsbibliothek

1865 gab es in Berlin 937 Straßenbrunnen zur öffentlichen Trink- und Löschwasserversorgung. Wegen der zunehmenden Bodenverschmutzung stellte man ab 1877 Rohrbrunnen auf, die aus rund 30 Meter Tiefe gutes Trinkwasser förderten. Für eine neue, einfachere Konstruktion wurde 1890 vom Architektenverein per Wettbewerb ein formschönes Gehäuse gesucht.

10/46 ›Wasserturm‹ Monats-Konkurrenz-Entwurf Januar 1855, Motto ›Wasser / Wasser‹
Bachmann

Aquarellierte Federzeichnung; 37,5×25,7 cm, 61,7×44,5 cm (Blgr.)
Berlin, TUB, Plansammlung der Universitätsbibliothek

10/47 ›Berlin Waterworks. Constructed by Messrs Fox and Crampton. The Pumping Station at Stralauer Thor‹
W. Knoll nach Th. Dettmers

Um 1860; Farbdruck, 33,6×22,3 cm
Berlin, Berlin Museum

Am 14. Dezember 1852 schloß Polizeipräsident von Hinckeldey mit den englischen Unternehmern Charles Fox und Thomas Russel Crampton einen Vertrag über Errichtung und Betrieb eines Wasserwerks. Sie hatten unentgeltlich Wasser für Straßenreinigung und -sprengung sowie für Feuerlöschzwecke zu liefern und konnten dafür den Tarif für Privatabnehmer selbst festlegen. Der Wasserverbrauch der Großstadt stieg rapide: Die geförderte Wassermenge belief sich im Juni 1862 auf 392727 Kubikmeter, im gleichen Monat des Jahres 1882 betrug sie 2102908 Kubikmeter. 1873 übernahm die Stadt die Wasserwerke.

10/48 Germania Wasserturm Westend (Abb.)
Heinrich Grebs

Aquarellierte Federzeichnung, 18,4×24 cm
Berlin, Berlin Museum

10/49 Die städtischen Wasserwerke in Berlin: Filterbau der Friedrichsfelder und Müggelsee-Anlagen
F. Albert Schwartz

10/44

10/48

1885, 1891; vier Photographien (Reproduktionen)
Berlin, TUB, Plansammlung der Universitätsbibliothek

Weil offene Reinwasserspeicher durch Lichteinwirkung (Algenbildung) und Luftverschmutzung zu schnell verunreinigt wurden, ging man zum Bau geschlossener Hochreservoire mit Sandfiltern über.

10/50 Bildnis des Carl Ludwig Scabell

Öl/Lw., 71×61 cm
Berlin, Historische Lehrschau der Berliner Feuerwehr

Carl Ludwig Scabell, Bauinspektor und Oberspritzenkommissarius, wurde am 1. Februar 1851 Königlicher Branddirektor der neugegründeten Berliner Feuerwehr.

10/53

10/51 Feuerwehr in Steglitz, 1893
a) Gruppenbild mit Angabe der Namen der Feuerwehrmänner
b) Alte Feuerwache mit Blick auf die Gemeindeschule

Zwei Photographien (Originalabzüge); 16,8×22,7 cm, 13,1×18 cm
Berlin, Heimatverein für den Bezirk Steglitz 1923 e.V.

Auf die vermehrte Feuergefahr, die aus den neuartigen Industrien und der dichten Bebauung der Stadt resultierte, reagierte der Berliner Magistrat mit der Aufstellung ständig einsatzbereiter, geschulter, gut ausgerüsteter Feuerwehrmannschaften (1851) und mit dem Erlaß strenger feuerpolizeilicher Bauvorschriften (1853).

10/52 Empfangsgerät für Feuer- und Wächtermeldungen
Siemens & Halske

Berlin, um 1876; 49×25×19,5 cm
München, Siemens-Museum (2275)

1851 entwickelte Siemens ein auf der Basis der Telegraphie arbeitendes Feuermeldesystem für die Berliner Feuerwehr. Zunächst gab es nur einige Feuermelder in Gebäuden, 1886 wurde auf dem Moritzplatz in Kreuzberg der erste öffentliche Straßenfeuermelder aufgestellt.

10/53 Modell einer Dampfspritze der Berliner Feuerwehr um 1890 (Abb.)

1948–1951; Metall, Holz; 26×22×70 cm; M 1:10
Berlin, Historische Lehrschau der Berliner Feuerwehr

Neue Vorschriften zur Feuersicherheit (1853) prägten die städtebauliche Entwicklung Berlins: Die engen, dunklen Höfe der tiefen, dichtbebauten Grundstücke gehen auf Anordnungen zurück, nach denen lediglich ausreichend breite Durchfahrten und die Mindesthoffläche von 28,52 qm zum Einbringen von Feuerlöschgerät zu berücksichtigen waren. Seit den achtziger Jahren verfügte jede der fünf Berliner Feuerwehrkompanien über einen Dampfspritzenzug. Das Modell wurde zur 100-Jahr-Feier der Berliner Feuerwehr (1951) angefertigt.

10/54 Feuerwehrschlauch

Nach 1849; genieteter Lederschlauch mit Schraubkupplungen und Strahlrohr, L 740 cm
Berlin, Historische Lehrschau der Berliner Feuerwehr

10/55 Drei Mehrstrahl-Flügelradzähler (Wassermesser)
Siemens & Halske

Berlin 1902, 1904, 1906; Messing
Hamburg, Hamburger Wasserwerke GmbH

Wasser-, Gas- und Stromversorgung waren nur dann wirtschaftlich zu betreiben, wenn die abgegebenen Mengen genau registriert werden konnten. Für die Herstellung von Meßgeräten der einzelnen Sparten entstanden in Berlin hochspezialisierte Betriebe. Erste Siemens-Wassermesser waren bereits 1856 in Gebrauch. Ab 1877 wurde die Wasserentnahme durch die zwangsweise Einführung von Wassermessern kontrolliert. Die über Wassermesser gelieferte Wassermenge stieg zwischen 1856 und 1882 von jährlich 84313 auf mehr als 18 Millionen Kubikmeter.

10/56 Langpendelzähler

1884; 80×20×15 cm
München, Stadtwerke München, Elektrisches Prüfamt, Zählermuseum (3819)

Der exakten Messung des Stromverbrauchs widmete sich Hermann Aaron, Physiklehrer an der Ingenieurschule in Berlin, der 1884 das Patent auf einen Elektrizitätszähler erhielt. In seinem Langpendelzähler wurde das Pendel einer Uhr über einen Elektromagneten vom Strom beeinflußt. Die dadurch bewirkte Voreilung gegenüber einer Uhr mit freischwingendem Pendel wurde als Maß zur Berechnung des Energieverbrauchs verwendet.

10/57 Haushaltszähler der Berliner Elektrizitätswerke (BEW)

1914; 51×28×17,5 cm
Berlin, Berliner Kraft- und Licht (Bewag)-AG, Gerätesammlung

10/58 Zähler-Ablesekarte

1915; 23×18 cm
Berlin, Berliner Kraft- und Licht (Bewag)-AG, Gerätesammlung

Die Ablesekarte eines privaten Haushalts dokumentiert den anfänglich noch sehr spärlichen Verbrauch des teuren Stroms.

10/64

10/59 Experimentiergasometer: »Die Beobachtungsziffer giebt direct den event. Consum pro Stunde«
Schaeffer & Walcker

Berlin, um 1900; Metall, 30×26×12 cm
München, Deutsches Museum (29566)

Der Gasverbrauch der Abnehmer konnte entweder über monatlich abgelesene Gasmesser oder über mietfrei zur Verfügung gestellte Gasautomaten kontrolliert werden, die nach Münzeinwurf eine bestimmte Gasmenge freigaben.

10/60 Atlas ›Die Canalisation von Berlin‹
James Hobrecht

Berlin 1884; Plangröße je 66×80; M 1:1000
Berlin, Landesarchiv Berlin, Plankammer (Acc.2412)

Nach Einrichtung einer geregelten Wasserversorgung entstanden erhebliche Probleme bei der Abführung der schlagartig vermehrten Abwässer, denen die offenen Rinnsteine und Hausgruben nicht gewachsen waren. Erst 1873 begann der Ausbau einer Kanalisation nach den Plänen von James Hobrecht. Sie sahen vor, die Abwässer über Pumpstationen durch radial verlaufende Leitungen aufs Land zu führen und auf Rieselfeldern schrittweise abzubauen.

10/61 Plan der Rieselfeldanlagen Falkenberg-Burknersfelde-Hellersdorf

Farbdruck, 75×61,5 cm; M 1:12500
München, Deutsches Museum (8570–3)

10/62 Trockenkessel für ›Riesel-Gemüse‹ in der Lankwitzer Abkocherei für Dörrgemüse

Photographie (Originalabzug), 13,8×18,2 cm
Berlin, Heimatverein für den Bezirk Steglitz 1923 e.V.

10/63 Menükarte zum Festmahl aus Anlaß der Betriebseröffnung der Kanalisation von Charlottenburg am 6. Oktober 1890

Farblithographie, 28×20 cm
Berlin, Landesarchiv Berlin (Rep.240 Acc.1736 Nr.47)

10/64 Müllabfuhr und Straßenreinigung in Berlin (Abb.)
Philip Kester

1906/07; fünf Photographien (Reproduktionen)
München, Kester-Archiv, Heribert Sturm

10/65 Aufruf der 35. Revier-Sanitäts-Commission zur Reinhaltung der Straßen

1873; 31×22,5 cm
Berlin, Evangelische Brüdergemeine Berlin (V.A. R 12.3)

10/66 Querschnitt durch das 1885 errichtete Elektrizitätswerk in der Markgrafenstraße (Abb.)
Fritz Jacobsen

1929; Öl/Lw., 150×250 cm
München, Deutsches Museum (63133)

Das erste öffentliche Elektrizitätswerk wurde von der Deutschen Edison Gesellschaft, der späteren Allgemeinen Elektricitäts-Gesellschaft, gebaut. Es versorgte einige Großabnehmer wie das Königliche Schauspielhaus und die Reichsbank sowie einen Teil der Leipziger Straße. Zur Sicherstellung der zunehmenden Elektrifizierung von Nahverkehr, Industrie und privaten Haushalten wurden anstelle der kleinen Blockstationen Großkraftwerke notwendig; das erste war das 1897 in Betrieb genommene Kraftwerk Oberspree.

10/67 Sechser-Omnibus
Otto Haeckel

Um 1905; Photographie (Originalabzug), 12×15 cm
Berlin, Ullstein Bilderdienst

10/68 Pferdeaufrichtbohle

Um 1900; Holz, Eisen; L 350 cm
Berlin, Historische Lehrschau der Berliner Feuerwehr

Pferde bewältigten bis zum Ersten Weltkrieg den größten Teil des Transportaufkommens; 1892 waren allein 17000 Pferde im Berliner Fuhrwesen registriert. Die Bohle diente als Hilfsmittel, wenn ein Tier gestürzt oder zusammengebrochen war.

10/69 Modell eines Wagens der Berliner Pferde-Eisenbahn (Abb.)

Metall, Holz; 32×22×60 cm
Berlin, Berliner Verkehrs-Betriebe (BVG)

1865 rollte der erste Wagen der ›Berliner Pferde-Eisenbahn-Gesellschaft‹ vom Brandenburger Tor nach Charlottenburg. Die 1871 gegründete ›Große Berliner Pferde-Eisenbahn‹ verband zunächst die äußeren Stadtteile mit der Innenstadt, ab 1880 erschloß sie auch die Innenstadt selbst. Ihre Beförderungsleistung umfaßte 1880 51,8 Millionen Fahrgäste und stieg auf 141 Millionen im Jahr 1890. 1893 betrug die Länge des Streckennetzes 340 Kilometer.

10/66

10/70 Modell der ersten elektrischen Straßenbahn der Welt

Metall, Holz; 34×25×54,5 cm
München, Siemens-Museum (2439)

Werner (von) Siemens eröffnete am 16. Mai 1881 in Groß-Lichterfelde die erste elektrische Straßenbahnlinie der Welt. Nach Verbesserung der Stromabnahmetechniken elektrifizierte die ›Große Berliner Straßenbahn‹ – vormals ›Große Berliner Pferde-Eisenbahn‹ – ihren gesamten Betrieb. Zwischen 1900 und 1914 entstanden weitere Gesellschaften, die 1920 alle zum Kommunalbetrieb der ›Berliner Straßenbahn‹ zusammengefaßt wurden.

10/71 Fahrplan der Berlin-Anhaltischen Eisenbahn

1842; 77,5×56 cm
München, Deutsches Museum

10/72 Berliner Bahnhof der Berlin-Potsdamer Eisenbahn

Kolorierte Lithographie, 15×21,1 cm
Nürnberg, Germanisches Nationalmuseum, Kupferstichkabinett (H.B.9830, Kapsel 1077a)

10/73 Bahnhof der Berlin-Frankfurter Eisenbahn

Hans Fincke nach W. Loeillot

Stahlstich, 8,7×13,1 cm
Berlin, Berlin Museum

10/74 Der Hamburger Bahnhof in Berlin

Georg Michael Kurz nach Ludwig Rohbock

1855; kolorierter Stahlstich, 10,9×15,6 cm
Berlin, Berlin Museum

10/75 Plan der Gleisanlagen in und um Berlin (Abb.)

Farblithographie, aus: Berlin und seine Eisenbahnen, hg. im Auftrage des Königl. Preussischen Ministeriums der öffentlichen Arbeiten, 2 Bde., Berlin: Julius Springer 1896 (Bd. 2, Anlage III); 54×72 cm
Berlin, Berlinische Galerie, Archiv

Berlin entwickelte sich nach 1838 schnell zum zentralen Eisenbahnknotenpunkt Preußens. Ringbahn, Stadtbahn und die raumgreifenden Kopf- und Rangierbahnhöfe gliederten das Stadtgebiet auf neue Weise.

10/69

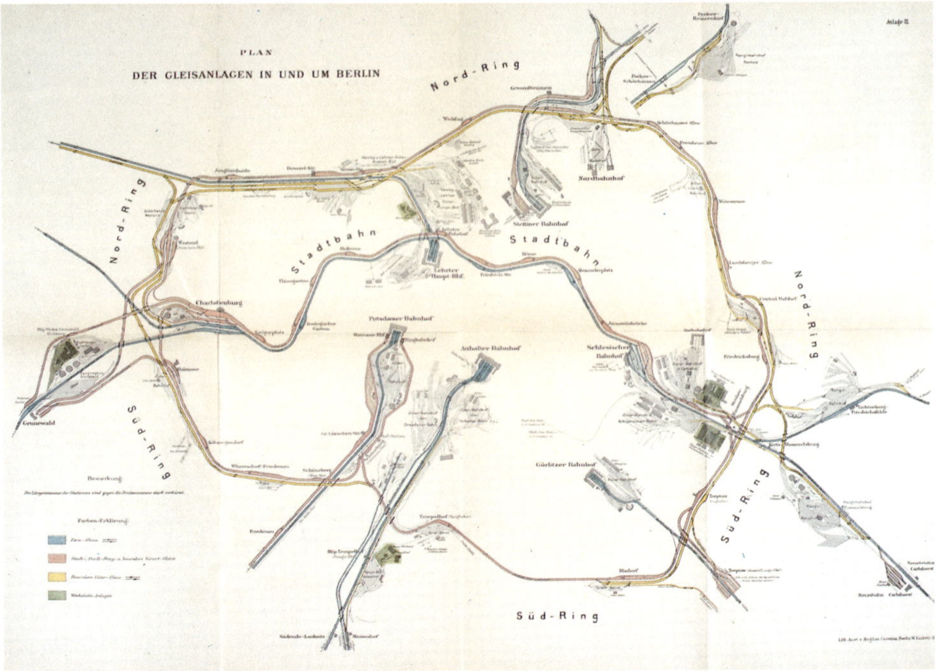

10/75

10/76 Kreuzung von Landwehrkanal, Anhalter Eisenbahn und Hochbahn
Hermann Rückwardt

Um 1915; Photographie (Originalabzug), 30×39 cm
Berlin, Berlinische Galerie, Zarbel-Sammlung

10/77 Niederschlesisch-Märkischer Bahnhof: Aufstellung der eisernen Dachkonstruktion
F. Albert Schwartz

1869; Photographie (Originalabzug), 26×39 cm
München, Deutsches Museum (25617)

10/78 Der Bau des neuen Anhalter Bahnhofs (Abb.)
F. Albert Schwartz

Um 1878; zwei Photographien (Originalabzüge); 26×39 cm, 34×39,5 cm
München, Deutsches Museum, Plansammlung (25618,7463)

Der 1841 errichtete Bahnhof der Berlin-Anhalter Eisenbahn wurde 1875 bis 1880 nach einem Entwurf von Franz Schwechten zum größten der Berliner Kopfbahnhöfe umgebaut. Die lichte Weite der Hallenkonstruktion betrug 60 Meter.

10/79 Großstadt
Hugo Krayn

1914; Öl/Lw.; 85×129,5 cm; bez. u. l.: H. Krayn 1914
Berlin, Deutsches Historisches Museum (im Aufbau)

Dargestellt ist vermutlich die Gegend um die Jannowitzbrücke.

10/80 Der Bau der U-Bahnlinie 1

Sechs Photographien (Originalabzüge), aus: 17 Fotos vom U-Bahnbau der U-Bahnlinie 1, hg. von Siemens & Halske, 1900–1902; je 23×29 cm bzw. 29×23 cm
Berlin, Landesarchiv Berlin (Rep.250 Acc.3039 Nr.2–5,10,14)

Am 12. Februar 1902 verkehrte zwischen Stralauer Tor und Potsdamer Platz der erste Zug der ›Gesellschaft für elektrische Hoch- und Untergrundbahnen‹, die 1897 von Siemens und der Deutschen Bank gegründet worden war. Die bis zum Knie (heute Ernst-Reuter-Platz) führende Stammstrecke verlief zwischen Warschauer Brücke und Nollendorfplatz auf eisernen Viadukten, die anschließende Weststrecke mußte auf Wunsch der Stadt Charlottenburg unterirdisch verlegt werden.

10/78

RAUM 11
DAS GRAND HOTEL

»Die Berliner Hotels waren der Spott und Hohn der Reisewelt« – so lautete das bündige Urteil über das Beherbergungswesen vor der Reichsgründung aus dem Munde eines Sachkundigen: Sebastian Hensel, Gründungsdirektor des Hotels Kaiserhof, mit dem der unwürdige Zustand 1875 ein Ende nahm. Bis dahin hatte es außer dem bescheidenen, 1866 eröffneten Hôtel de Rome, aus welchem Wilhelm I. sich hin und wieder eine Badewanne entlieh, kein großes Hotel gegeben, das als solches gebaut worden war.

Der Kaiserhof verdankte sein Entstehen zunächst einer mißlungenen Terrainspekulation im Zuge des Gründerbooms. Als die Deutsche Baugesellschaft, der das Gelände am Wilhelmplatz gehörte, feststellen mußte, daß sich der Zuschnitt für Mietshäuser nicht eignete, bebaute man das ganze zur Verfügung stehende Geviert mit einem Hotel. So entsprach der Kaiserhof einem für diesen Bautypus stets geforderten und an vielen architektonischen Idealentwürfen ablesbaren Muster insofern, als er völlig freistand und darum besonders viele Fenster zur Straße hin anbieten konnte. Das erste Berliner Grand Hotel konnte daher die gattungsgeschichtliche Beziehung zu Schloß und Adelspalais – denen die Bezeichnung Hôtel schließlich entstammte – in besonders vornehmer Weise betonen. Der Kaiserhof war die bürgerliche Antwort auf das kaiserliche Stadtschloß, nur eben moderner und komfortabler. Wilhelm I., der das Hotel ein »Denkmal des Bürgerfleißes« nannte, mußte denn auch bei einem Besuch kurz vor der Eröffnung bekümmert feststellen, daß er es zuhause nicht so schön habe.

Die ›Hotelbetriebsgesellschaft‹, welcher der Kaiserhof gehörte, errichtete 1879/80 das Central-Hotel am Bahnhof Friedrichstraße und 1890/91 das Bristol Unter den Linden. Im Jahre 1907 öffnete das Adlon am Pariser Platz die Pforten; 1908 stand der erste, 1912 der zweite Bauabschnitt des Esplanade in der Bellevue-Straße – ein Unternehmen des sogenannten Fürstenkonzerns. Das Excelsior, das erst in den zwanziger Jahren als größtes Hotel des europäischen Kontinents Aufsehen erregte, entstand 1906–1908. Gegenüber dem Anhalter Bahnhof gelegen, zählte es wie auch der Fürstenhof (1906/07) am Potsdamer Platz und alle anderen Hotels in unmittelbarer Bahnhofsnachbarschaft nicht zu den Häusern ersten Ranges. Mit dem Eden, das 1919 als Hauptquartier der Garde-Kavallerie-Schützen-Division im Zusammenhang mit der Ermordung Rosa Luxemburgs und Karl Liebknechts von sich reden machen sollte, wagte sich 1911/12 ein großes Hotelunternehmen erstmals aus der alten Stadtmitte in den ›Neuen Westen‹ vor. Der sogenannte Boarding-Palast am Kurfürstendamm ging schon 1913, ein Jahr nach seiner Eröffnung, in Konkurs, da ein Hotel in dieser zentrumsfernen Gegend von den Reisenden noch nicht angenommen wurde.

Die Berliner Grand Hotels bildeten einen wichtigen Gradmesser für den zivilisatorischen Standard, für den Weltstadtcharakter Berlins. Der Kaiserhof und die anderen Großhotels der ersten Generation hatten hier noch Pionierarbeit zu leisten, die Auswirkungen auf den privaten Wohnungsbau hatte. Im Kaiserhof lernte der Gast Badezimmer und Zentralheizung schätzen, bequemes und zweckmäßiges Mobiliar, gleichmäßige und sofort verfügbare Beleuchtung mit Gaslampen und schon bald elekrischem Licht. In den Hotels fanden Telefon und Aufzüge sofort Anwendung. Das Café im ›Wiener Stil‹ hielt seinen Einzug in Berlin ebenso über die Hotels wie die ›American Bar‹. Die von dem Schweizer Hotelier César Ritz und seinem Küchenchef Auguste Escoffier ausgelöste Reform von Restaurant und Kochkunst verbreitete sich in Berlin über die Restaurants der großen Hotels, etwa des Adlon, wo Escoffier selbst eine Zeitlang das Kommando am Herd innehatte.

Insbesondere die Zunahme der Einzelbäder in den Hotels spiegelte die wachsende Bedeutung moderner sanitärer Anlagen und eines entsprechenden hygienischen Bewußtseins wider. Noch im Jahre 1904 empfahl das ›Handbuch der Architektur‹ das Verhältnis von einem Bad auf zwanzig bis dreißig Betten. In Luxushotels wie dem Adlon kamen 1907 dagegen 140 Bäder auf 400 Betten, im Esplanade 1912 waren es 180 Bäder auf 600 Betten. Zeitgenössische Innenansichten zeigen, daß die Waschschüssel noch keineswegs aus diesen modernen Hotels verbannt war. Ein konservatives Hygienebewußtsein mißtraute offenbar gerade der Undurchsichtigkeit öffentlicher Wasserrohre.

Zwischen 1896 und 1913 verdoppelte sich die Zahl der Übernachtungen in Berlin auf 1,4 Millionen im Jahr. Zwischen 1909 und 1913 entfielen davon im Durchschnitt 262000 auf Ausländer: 17 Prozent stammten aus Österreich-Ungarn, 11 Prozent aus Amerika, 6 Prozent aus England und ebenso viele aus Schweden. Den höchsten Anteil stellten mit 36 Prozent die Russen, was sich in der wirtschaftlichen Krisensituation der Berliner Grand Hotels nach Krieg und Revolution sofort schmerzlich bemerkbar machte, als die Klientel der russischen Hocharistokratie ausblieb. Die Preise lagen um 1910 bei einem Hotel wie dem Adlon zwischen 12 Mark für ein Zimmer mit Bad und 75 bis 100 Mark für die Appartements mit Schlafzimmer und Salon. Je mehr luxuriöse Herbergen in der Hauptstadt mit Festsälen in jeder Größenordnung für Bälle und Familientage entstanden, desto bereitwilliger gab die preußische Aristokratie ihre Stadtwohnsitze in Berlin auf. Nur ein sehr standesbewußter Geist wie die alte Fürstin Radziwill, Gemahlin des Generaladjutanten Wilhelms I., verbot sich auch weiterhin die Teilnahme an Bällen selbst im feudalen Kaiserhof: sie tanze nicht in einem Gasthof.

Gleichwohl wuchs das soziale Ansehen des Hoteliers. Ein Mann wie Lorenz Adlon (1849–1921) ähnelte in nichts dem behäbigen Alt-Berliner Gastwirt mit schmieriger Schürze; er war von Kaiser und Kronprinz protegierter Zeremonienmeister der Gesellschaft, ein Repräsentant der Modernität des kaiserlichen Deutschland und der kulturellen Vorherrschaft, die Berlin dabei ausübte. Das Adlon, für das Schinkels Palais Redern gegen Bürgerproteste, aber mit kaiserlicher Unterstützung, abgerissen wurde, trug mit seiner schlichten Außenfassade bereits die Züge des architektonischen Reformstils der letzten Friedensjahre. Im Innern herrschte die verschwenderische Pracht seltenen Marmors und exotischer Hölzer – »das Hotel als klassisch vollendetes Kunstwerk«, wie sich das Adlon in seiner Eröffnungsfestschrift rühmen ließ. Besonders stolz war man im Adlon darauf, daß die fortschrittsbewußten Amerikaner es zu ihrem Lieblingshotel erkoren hatten.

Nichts kennzeichnete das Grand Hotel alten Stils in Berlin und anderswo so sehr, wie der sorglose Umgang mit dem Platz, und zwar dort, wo er keinen eigentlichen Zweck hatte. Im Esplanade folgten allein zwei Hallen und ein Palmenhof aufeinander, bis man mit dem weitläufigen Speisesaal erstmals eine Räumlichkeit mit Funktionsbestimmung erreichte. Die Empfangshalle mit Portiersloge und Kasse war davon noch einmal abgetrennt – kein Gast betrat mit Koffern in der Hand die eigentliche Hotelhalle, die dem Umherschweifen des mondänen Publikums vorbehalten blieb. Ein hallenartiger Wintergarten, der große Marmorsaal, ein Frühstückssaal und eine Reihe kleinerer Festräume kamen hinzu. Die Hotelhallen im Adlon, Esplanade, Kaiserhof waren der Ort der beliebten 5-Uhr-Tees mit Tanzmusik, von denen 1909 ›Velhagen & Klasings Monatshefte‹ berichteten: »Vorherrschend Jugend, mit würdigen ›Müttern‹ dazwischen. Junge Frauen, junge Mädchen, junge Offiziere. Berlin W und Agrarierkinder, Hofgesellschaft und Tiergartenviertel. Ein leises Raunen, ein verstecktes Kichern – viel, viel, sehr viel Flirt.«

Und ein bißchen Schaulust für weniger wohlhabende Nicht-Hotelgäste und ein kleines bißchen Prostitution – später dann, nach dem Ersten Weltkrieg, als die Grand Hotels sozial durchlässiger wurden. »Statt auf das Gottesverhältnis gründet sich in der Hotelhalle die Gleichheit auf das Verhältnis zum Nichts«, notierte Siegfried Kracauer um 1923 auf der Suche nach einem metaphysischen Sinn der Hotelhalle, den ein millionenfaches Lesepublikum dann allerdings eher in Vicki Baums Ullstein-Roman ›Menschen im Hotel‹ (1928) zu finden meinte. Als der neue Besitzer des Excelsior, Curt Elschner, nach der Übernahme des Hotels 1919 auch hier durch Überdachung eines Innenhofes eine riesige Halle schuf, in welcher er Rezeption, Portiersloge, Geldwechsel, Reisebüro, Zeitungsbüro, Fahrstühle nach oben und hinab zur direkten Tunnelverbindung mit dem Anhalter Bahnhof unterbrachte, war der entscheidende Übergang der Hotelhalle von der zweckungebundenen Gesellschaftsbühne zur verkehrsbestimmten Verteilerzone vollzogen.

In der Weimarer Republik erwiesen sich die Berliner Grand Hotels als Hochburgen kaiserzeitlicher Gesinnung. Im gemeinsamen Entschluß ihres Berliner Dachvereins weigerten sich die Hoteliers 1927, am 11. August, dem Verfassungstag, die schwarz-rot-goldene Fahne der Republik auszuhängen. Als im selben Monat der New Yorker Oberbürgermeister Jimmy Walker zu einem Besuch nach Berlin reiste, kam es zum Eklat, als weder das Adlon, wo Walker wohnte und ein Empfang des Auswärtigen Amtes stattfinden sollte, noch der Kaiserhof, wo ihm der Amerikanische Club ein Bankett geben wollte, bereit waren, neben dem Sternenbanner die Flagge der Republik zu hissen. Man müsse Rücksicht auf die überwiegend konservativen Gäste nehmen, hieß es, und man verhalte sich ›parteipolitisch neutral‹, indem man in solchen Fällen die Handelsflagge zeige – die aber war schwarz-weiß-rot und die ständig betonte ›Neutralität im Flaggenstreit‹ in Wahrheit verfassungswidrig. Berlins Oberbürgermeister Gustav Böss blieb daher den Veranstaltungen demonstrativ fern. Nur das Excelsior zeigte die republikanischen Farben.

Der Kaiserhof wurde seit 1930 zur bevorzugten Unterkunft der NS-Prominenz aus München, die das Hotel in den folgenden Jahren mehr und mehr in Beschlag nahm. Horrende Hotelrechnungen kursierten 1932 in der Berliner Presse. Der Eigentümer des Excelsior hatte nach 1933 unter anderem wegen seiner Haltung im

11/1

Flaggenstreit einiges Ungemach auszustehen, darunter den Versuch, ihn aus der Geschäftsleitung zu verdrängen. Dem Esplanade drohte 1941 der ›Generalbauinspektor für die Reichshauptstadt‹ mit dem Teilabriß, da das Grundstück für das neue ›Reichsmarschallamt‹ vorgesehen war. In den Jahren 1943 bis 1945 fielen alle Berliner Grand Hotels Luftangriffen oder Bränden unmittelbar nach der Eroberung Berlins zum Opfer. *B.-M. B.*

11/1 Blumenladen am Hotel Esplanade (Abb.)
Max Beckmann

1936; Öl/Lw., 139,5 × 89,5 cm; bez. u. M.: Beckmann B 36
München, Bayer. Staatsgemäldesammlungen, Kunsthalle Augsburg

Das Hotel spielte in Leben und Werk Max Beckmanns eine große Rolle. Er schätzte nicht nur die Atmosphäre der Grand Hotels, sondern widmete ihnen auch etliche Arbeiten, so dem Pariser Claridge (1930) oder dem New Yorker Plaza (1950). Der Symbolgehalt des Hotels als Abbild der Gesellschaft und der Ruhelosigkeit des menschlichen Lebens inspirierte Beckmann immer wieder. Auch ein Theaterstück ›Das Hotel‹ entstand von seiner Hand.

11/2 Fünf Kronleuchter aus dem Hotel Esplanade

Um 1908; Messing mit Überzugslack zur Goldimitation, Glas; H 180 cm, Dm 80 cm; H 75 cm, Dm 96 cm; H 275 cm, Dm 140 cm
Berlin, Industrieverwaltungsgesellschaft AG

Die Kronleuchter wurden nach 1945 aus den Trümmern des Hotels geborgen.

11/6 c

11/3 Mädchen mit Reh
Reinhold Kübart

Um 1908; Bronze, 31×22×13,5 cm
Berlin, Industrieverwaltungsgesellschaft AG

Die Kleinplastik stammt aus einem Gästezimmer des Hotels Esplanade.

11/4 Weißweinkühler aus dem Hotel Esplanade

Um 1908; versilbert; H 45 cm, Dm 15 cm
Berlin, Industrieverwaltungsgesellschaft AG

11/5 Ansicht des Hotels Esplanade

Um 1913; Photographie (Reproduktion)
Berlin, Ullstein Bilderdienst

11/6 Innenräume des Hotels Esplanade

a) Salon in einem Gästeappartement
b) Schlafzimmer
c) Badezimmer (Abb.)
d) Kleiner Festsaal (vermutlich der heute noch existierende Rote Saal)
e) Marmorsaal im Erweiterungsbau mit Durchgang zum Wintergarten

Fünf Photographien (Reproduktionen)
Berlin, Industrieverwaltungsgesellschaft AG

11/7 Menschen und Ereignisse im Hotel Esplanade

a) Festliche Herrenrunde, Dezember 1913
b) Zahnärzte-Kongreß, Januar 1926
c) Hotelpagen, um 1930
d) Das erste Jo-Jo-Turnier in Berlin, Januar 1933 (Abb.)

Vier Photographien (Reproduktionen)
Berlin, Industrieverwaltungsgesellschaft AG

11/8 ›Entwurf zu einem Gasthofe 1. Ranges für Berlin‹ Schinkelpreisarbeit, 1865 (Abb.)
Bernhard Kühn

Aquarellierte Federzeichnung, 59,4×84,7 cm
Berlin, TUB, Plansammlung der Universitätsbibliothek

Der Entwurf datiert aus einer Zeit, in der es in Berlin noch keine Großhotels gab. Die Bezeichnung ›Gasthof 1. Ranges‹ weist darauf hin, daß noch nicht einmal der Name ›Hotel‹ für solche Beherbergungsstätten allgemein verbindlich war. Der hier entworfene schloßähnliche Bau hätte hinsichtlich seiner Größenordnung auch anderswo in Europa kaum Vorbilder gehabt. Der zehn Jahre später errichtete Kaiserhof kam dem Idealbild solcher Entwürfe Kühns immerhin insoweit nahe, als auch er ein völlig freistehendes, an Schloßbauten erinnerndes Gebäude war.

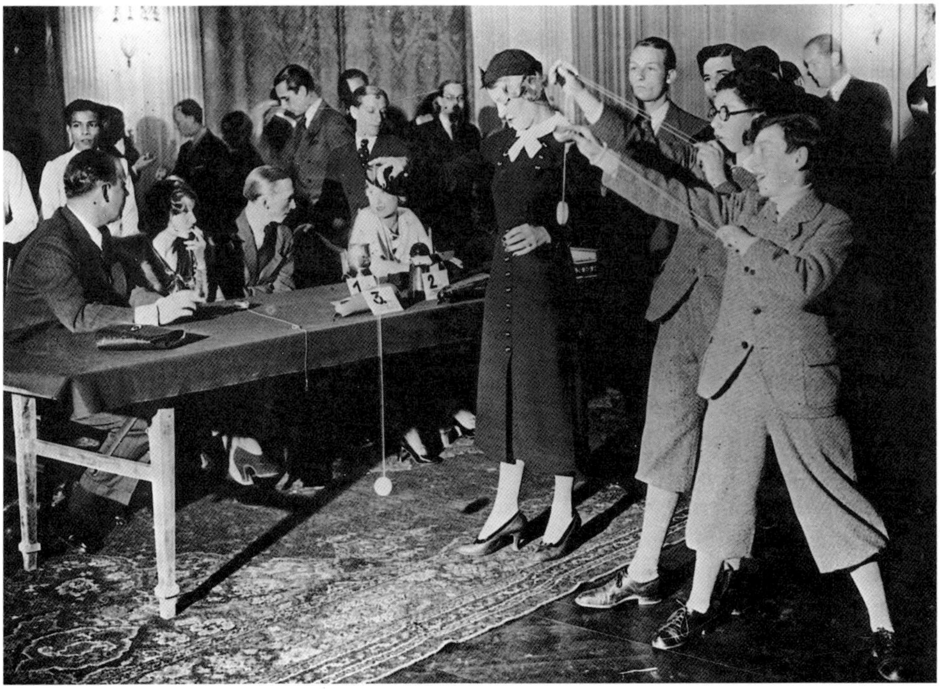

11/7 d

11/9 Haupthalle des Hotels Kaiserhof (nach einem Entwurf von Hermann von der Hude und Julius Hennicke) (Abb.)
Theobald Müller

Um 1874; Feder- und Bleistiftzeichnung, 27,5×44 cm
Berlin, TUB, Plansammlung der Universitätsbibliothek (5951)

11/10 Speisesaal, Damensalon und Bibliothek des Hotels Kaiserhof (nach einem Entwurf von Hermann von der Hude und Julius Hennicke)
Theobald Müller

Um 1874; Feder- und Bleistiftzeichnung, 30×46 cm
Berlin, TUB, Plansammlung der Universitätsbibliothek (5952)

11/11 Speisekarte des Hotels Kaiserhof für das Abschiedsdiner der Offiziere des Gardedukorps für den Grafen Dohna-Schlobitten in Anwesenheit der königlichen Prinzen am 1. November 1911

21,5×13 cm
Berlin, Landesarchiv Berlin (Rep.240 Acc.187 Nr.9)

11/12 Hotel Kaiserhof

1926; Photographie (Originalabzug), 21,6×29,3 cm
Berlin, Ullstein Bilderdienst

11/13 Die Reichstagsfraktion der NSDAP im Hotel Kaiserhof nach der Reichstagswahl am 31. Juli 1932

Photographie (Reproduktion)
München, Süddeutscher Verlag, Bilderdienst

Der Kaiserhof bildete in den letzten Jahren vor 1933 eine Art Hauptquartier der NSDAP-Führung. Bei der Wahl am 31. Juli 1932 wurde die NSDAP stärkste Fraktion im Reichstag.

11/14 Ansicht des Hotels Bristol

1922; Photographie (Reproduktion)
Berlin, Bildarchiv PK

Von Carl Gause 1890/91 errichtet, zählte das Bristol zu den vornehmsten Hotels in Berlin. Auf dem Grundstück des im Zweiten Weltkrieg zerstörten Gebäudes Unter den Linden befindet sich heute die sowjetische Botschaft in Ost-Berlin.

11/15 Ansicht des Hotels Adlon

1917; Photographie (Reproduktion)
Berlin, Bildarchiv PK

Das Adlon wurde 1906/07 von den Architekten Carl Gause und Robert Leibnitz an der Ecke Pariser Platz/Unter den Linden errichtet. Der luxuriöse Bau, der 17 Millionen Mark gekostet hatte, wurde insbesondere in den zwanziger Jahren zum bevorzugten Hotel des Auswärtigen Amtes, das hier seine Festlichkeiten veranstaltete und Staatsgäste unterbrachte.

11/16 Im Restaurant des Hotels Adlon

1913; Photographie (Reproduktion)
Berlin, Ullstein Bilderdienst

11/17 Ansicht des Hotels Eden

Nach 1928; Photographie (Reproduktion)
München, Süddeutscher Verlag, Bilderdienst

Es handelt sich um den Erweiterungsbau des alten Eden (erbaut 1911/12 von Moritz Lesser) in der Kurfürstenstraße, errichtet 1928 von Michael Rachlis. Die ebenso schlichte wie elegante Einrichtung stand in deutlichem Kontrast zu der pompösen Ausstattung der alten Großhotels der Kaiserzeit.

11/18 Beim Tanztee im Dachcafé des Hotels Eden

1929; Photographie (Reproduktion)
München, Süddeutscher Verlag, Bilderdienst

11/19 Hotel Fürstenhof am Potsdamer Platz

1907; Photographie (Originalabzug), 25,5×35,3 cm
Berlin, Kunstbibliothek, SMPK

Das Hotel wurde 1906/07 von den Architekten Bielenberg & Moser errichtet. Es gehörte dem Gastronomie-Großunternehmen Aschinger AG. Im Zweiten Weltkrieg wurde es zerstört.

11/20 Das Café im Hotel Fürstenhof

1907; Photographie (Originalabzug), 25,5×35,3 cm
Berlin, Kunstbibliothek, SMPK

11/21 In der Stehbierhalle des Hotels Fürstenhof

1907; Photographie (Originalabzug), 25,4×34,6 cm
Berlin, Kunstbibliothek, SMPK

11/8

11/9

11/22 Lesezimmer im Hotel Prinz Albrecht

Vor 1914; Photographie (Originalabzug), 25×34,1 cm
Berlin, Kunstbibliothek, SMPK

11/23 Schreibzimmer im Hotel Prinz Albrecht (nach einem Entwurf von Bruno Möhring)

Vor 1914; Photographie (Originalabzug), 23,1×35 cm
Berlin, Kunstbibliothek, SMPK

11/24 ›Excelsior-Zeitung‹ Hauszeitung des Hotels Excelsior

Zwei Ausgaben, 31. Dezember 1928, 10. August 1929
Aachen, Internationales Zeitungsmuseum der Stadt Aachen (53/64, 53/131)

Im August-Heft 1929 wird auf den bevorstehenden ›Welt-Reklamekongreß‹ hingewiesen.

11/25 ›Zu Tee und Tanz‹ Revue- und Operettenschlager im Klavierauszug

Um 1929
Berlin, Werkbund-Archiv

RAUM 12
LEBENSMITTELVERSORGUNG UND MASSENKONSUM

Das Wachstum der Großstadt Berlin erforderte spätestens seit den siebziger Jahren eine neue Organisation der Beschaffung, Verteilung und Kontrolle der Lebens- und Genußmittel. Der Großstadtbewohner ohne eigenen Garten und Stall mußte mit Frischfleisch und Frischgemüse, mit lebensmittelpolizeilich einwandfreien Waren und Getränken versorgt werden. Im Zusammenhang mit den modernen, auf Rationalisierung abgestellten Arbeitsabläufen und einer neuen, urbanen Zeitökonomie bildete der Großstädter neue Konsumgewohnheiten aus, die ihrerseits wieder den Lebensstil der großen Stadt prägten. Gustav Stresemann, Sohn eines Berliner Flaschenbierverlegers, schilderte diesen drastischen Wandel in seiner Dissertation über die ›Entwicklung des Berliner Flaschenbiergeschäfts‹ aus dem Jahre 1900: »Welcher Gegensatz zwischen einer Weissbierstube im alten Berlin und den in den letzten Jahren entstandenen berühmten Aschinger'schen Bierquellen! Dort die Bürger etwas ehrwürdig an den einfachen Tischen vor den runden großen Gläsern vereinigt, Zeitung lesend oder in Ruhe und Behäbigkeit sich unterhaltend. Hier ein ewiges Hasten und Treiben, Kommen und Gehen, die Einzelnen kaum sich Zeit lassend, um Platz zu nehmen, sondern im Stehen eines der obligaten Brötchen essend oder einen Schnitt echten Bieres hinunterstürzend und mit dem Blick auf die Uhr nach einigen Minuten forteilend, um anderen Platz zu machen, welche ebenso wie sie ›in der Eile‹ etwas ›geniessen‹ wollen.«

Berliner Bierverleger setzten im hochentwickelten Flaschenbiergeschäft um die Jahrhundertwende jährlich an die hundert Millionen Flaschen ab. Wie der amtliche Bericht der Gewerbe-Ausstellung von 1896 vermerkte, ließ die Flaschenabfüllung den Preis des Bieres sinken und machte es zum beliebten Getränk, das den Branntweinverbrauch minderte. 1827 hatte der pfälzische Küfer Georg Leonhard Hopf die untergärige bayerische Brauart in Berlin eingeführt, die die obergärigen Traditionsbrauarten der Weiß-, Braun- und Bitterbiere schnell überholte. Neue Kühlsysteme nach der bahnbrechenden Erfindung von Carl (von) Linde sorgten in den Lagerbierbrauereien dafür, daß Berlin um 1900 mit 31 obergärigen und 77 untergärigen Braustätten die größte Braustadt des Kontinents wurde. Der wirtschaftliche Aufschwung der Gründerzeit verwandelte die großen Brauereien in Aktien-Gesellschaften, die auch eigene geräumige Restaurationen und Konzertgärten betrieben. Die mehrgeschossigen Paläste des Bierkonsums, von namhaften Architekten erbaut, bestimmten das glanzvolle Gesicht der Kaiserstadt. Den größten Saal besaß die ›Actien-Brauerei Friedrichshain‹ mit 1100 Quadratmeter für 1400 Gäste. Die Blütezeit der Bierpaläste endete mit dem Ersten Weltkrieg.

Die Auslieferungsfuhrwerke der Großbrauereien gehörten ebenso zum Bild des kaiserlichen Berlin wie die Aschinger'schen ›Bierquellen‹. 1882 eröffneten die Brüder Carl und August Aschinger aus Württemberg ihre erste Gastwirtschaft in der Neuen Roßstraße. Zehn Jahre später entwickelte sich das Familienunternehmen mit seinen Spezialgerichten für den Schnellesser am Tresen, der den Teller Löffelerbsen mit Speck und gratis Weißbrötchen dazu im Stehen einnahm, zum größten Gastronomie-Imperium Berlins. Die spiegelverglasten Räume, Papierservietten, die Bierseidel und Sülzkoteletts, serviert von weißblau gewandeten Kellnerinnen, gefielen den Berlinern. 1930 besaß die Aschinger-Kette mehr als 23 ›Bierquellen‹ mit Schnellimbiß in der Innenstadt, dazu kamen noch fünfzehn Konditoreien und acht Restaurants, darunter das berühmte Weinhaus Rheingold.

Ein anderes Wahrzeichen der Versorgung Berlins waren die ›Bimmeljungs‹ der Meierei von Carl Bolle. 1881 begründete der vielseitige Unternehmer direkt an der Spree in Alt-Moabit einen ›Milchwirtschaftlichen Großbetrieb‹ bis dahin unbekannten Ausmaßes. Zwölf Jahre später betrug der Umsatz des Milchgeschäftes, das neben Milch aus eigenen Musterkuhställen vor allem die sogenannte ›Bahnmilch‹ aus dem Umland vertrieb, täglich rund 60 000 Liter. 150 eigene Verkaufswagen brachten die nach der Methode von Louis Pasteur hygienisch abgefüllte Trinkmilch in plombierten Flaschen und Kannen im Straßenhandel an die Konsumenten. Carl Bolle richtete ein bakteriologisches Laboratorium ein, in dem die Nahrungsmittel untersucht wurden, bevor sie in den Handel gingen. Für seine Verdienste wurde er 1893 mit dem Roten Adlerorden 3. Klasse ausgezeichnet und 1909 zum Geheimen Kommerzienrat ernannt.

Bedingt durch die Trennung von Wohnort und Arbeitsplatz und die zunehmende Berufstätigkeit der Frauen setzten sich um die Jahrhundertwende Automaten-Restaurants in der Innenstadt durch. Die Ausfuhrwagen der Berliner Zentralküche brachten die Speisen für Arbeiter und Angestellte in die Betriebe, die keine Mahlzeiten anboten. Nach 1914 gingen die Unternehmen dazu über, Konsumläden einzurichten – wie etwa im Dynamowerk bei Siemens –, um die Nahrungsversorgung während der Arbeitszeit zu gewährleisten. In der Innenstadt kamen Selbstbedienungsrestaurants nach amerikanischem Vorbild auf, die Vorläufer der heutigen Fast-Food-Ketten.

Auch die Verfahren der Lebensmittelherstellung änderten sich: Im Schokoladenwerk Sarotti in der Belle-Alliance-Straße regierte schon in den achtziger Jahren der Rhythmus fabrikmäßiger Teilarbeit von der Werkküche bis zur Vollendung der »feinen Chokoladen-Desserts«. Um 1900 führten Brotfabriken und Armeebäckereien Teigknet- und Teigteilmaschinen ein, die eine höhere Produktivität bei deutlich geringerem Aufwand an Arbeitszeit und Personal ermöglichten. Zur gleichen Zeit gingen Traditionsfirmen wie die des Berliner Senf- und Essigproduzenten Carl Kühne dazu über, einen Teil ihrer Produkte zu Konserven zu verarbeiten, um die Haltbarkeit zu verlängern.

Die größte Neuerung in der Nahrungsmittelversorgung aber war die Konzentration und Überwachung des Frischwarenangebots. 1868 wurde die amtliche Fleischbeschau gesetzlich eingeführt, die jedoch in den rund 800 Schlachtanlagen, die noch um 1875 in der Stadt bestanden, nur schwer durchzuführen war. 1881 wurde der zentrale städtische Schlacht- und Viehhof in der Thaerstraße auf der Lichtenberger Feldmark in Betrieb genommen; Privatschlachtung war fortan verboten. Die Vollendung der Berliner Stadtbahn 1882 begünstigte die seit langem vom Magistrat befürwortete Einrichtung zentraler städtischer Markthallen. Mehrere Versuche privater Unternehmer zur Konzentration des Frischwarenangebots in Zentralmärkten waren an Zulieferschwierigkeiten und fehlendem Gleisanschluß gescheitert. Mit der Nutzung der Stadtbahn für den Güterverkehr verbesserten sich die Voraussetzungen für die direkte Versorgung der Stadt mit frischen Lebensmitteln. 1883 genehmigte die Stadtverordnetenversammlung den Bau der ersten Zentralmarkthalle am Alexanderplatz. Bis 1898 wurden weitere fünfzehn Markthallen eröffnet; die Wochenmärkte auf den großen Stadtplätzen wurden geschlossen.

Voraussetzung für die hygienisch einwandfreie Lagerung der Nahrungsmittel in den zentralen Markthallen und dem städtischen Fleischgroßmarkt war ein wirkungsvoll und zuverlässig arbeitendes Kühlsystem. In den Kühlhäusern der Norddeutschen Eiswerke Rummelsburg, der größten natürlichen Lagerstätte für Eis im Berliner Raum, waren große Mengen Lebensmittel und Konserven in Natureis gelagert, das im Winter aus den Seen geschlagen wurde. Vom Kaiserlichen Gesundheitsamt wurden jedoch »gesundheitsgefährliche Kleinwesen« in den auf diese Weise gekühlten Waren entdeckt, so daß der Polizeipräsident 1892 vor dem Genuß solch eisgekühlter Getränke und Nahrungsmittel warnte. Die 1890 gegründete ›Gesellschaft für Markt- und Kühlhallen Berlin‹ schuf mit der Einführung von Maschinen, die Eis aus destilliertem Wasser herstellten und die Lagerräume mit Luftkompressoren atmosphärisch kühlten, bahnbrechende Abhilfe. Außerdem wurden nun auch die Nahrungsmittelkontrollen weiter verschärft.

Seit dem Erlaß des Nahrungsmittelschutzgesetzes von 1879 waren nur bei Milch und Fleisch Stichproben durchgeführt worden, ansonsten hatte sich die Polizei auf die Nachprüfung von Beschwerden über verdorbene Lebensmittel beschränkt. Seit Februar 1896 waren polizeiliche Kontrollstationen in allen Markthallen eingerichtet worden; Zuwiderhandlungen gegen das Nahrungsmittelschutzgesetz wurden gerichtlich verfolgt und mit hohen Geldstrafen belegt. Die 1901 gegründete ›Staatliche Anstalt zur Untersuchung von Nahrungs- und Genußmitteln sowie Gebrauchsgegenständen‹ kontrollierte in ihren Diensträumen im Polizeipräsidium Frischwaren und Konserven in Stichproben.

Gegen Ende des Jahrhunderts setzte sich fabrikmäßig hergestelltes Tafel- und Mineralwasser als neues Erfrischungsgetränk durch. Größter Fabrikant in Berlin war das ›Etablissement Fürstenbrunn‹ in Westend. 1882 wurde in Berlin der ›Verein Deutscher Mineralwasserfabrikanten‹ gegründet. 1901 schlossen sich die ›Selterwasser-Fabrikanten für Berlin und Umgegend‹ zusammen, da der Vertrieb in Trinkhallen sich als gutes Geschäft erwiesen hatte. Der Magistrat förderte den Verkauf nichtalkoholischer Getränke, um den Alkoholkonsum der unteren Schichten zu verringern. Deshalb konnten mit Sonderkonzessionen Trinkbuden in städtischen Parkanlagen und auf Plätzen eröffnet werden.

Typisches Genußmittel des Großstädters wurde nach 1900 die Zigarette; sie war gewissermaßen das Symbol für Moderne und Urbanität. So berichtete die ›Berliner Illustrirte Zeitung‹ am 2. Mai 1912: »Die gesteigerten Ansprüche im Erwerbsleben an jeden einzelnen verlangten ein Anregungsmittel. Pfeife und Zigarre, die älteren Formen des Tabakgenusses, entsprachen nicht mehr den allgemeinen Anforderungen.« 1896 noch wurden in und bei Berlin etwa 2400 Zigarrenläden betrieben. Gustav Stresemann hatte in seiner Dissertation bereits die Gleichzeitigkeit verschiedener Neuerungen im Konsumverhalten beschrieben: »Es ist interessant und gewiss nicht Zufall, dass in den selben Jahren, in welchen in Berlin das bayerische Bier eingeführt wurde, auch in den meisten Schichten der Bevölkerung die Cigarre an die Stelle der Pfeife trat.« War die Heimarbeit bezeichnend für die Zigarrenherstellung gewesen, so war das Manolihaus im Südosten der Stadt Charakteristikum für die Zigarettenfabrikation. 1912 waren in diesem monumentalen Gebäude 800 Arbeiter damit beschäftigt, für den veränderten Geschmack der Zeit zu produzieren: »Anregend und flüchtig, den Bedürfnissen und allen Lagen des hastenden, täglichen Lebens angepaßt, stellt sie heute die beliebteste Form des Rauchgenusses dar« (›Berliner Illustrirte Zeitung‹ vom 2. Mai 1912). *M.-L. P.*

12/5

12/1 120 Bierflaschen mit eingeformten Schriftzeichen aus Berliner Brauereien und Bierhandlungen

1875–1940; Glas mit Reliefschrift, teilweise etikettiert
Berlin, Sammlung Manfred Bold

Zu den wichtigsten Brauereien gehörten die Firmen: Carl Gregory am Gesundbrunnen (1891–1909), Actien-Brauereigesellschaft Moabit (1871–1900), Spandauerberg Brauerei (1885–1917), Julius Bötzow am Prenzlauer Berg (1864–1948), Ernst Engelhardt Nachf. AG Pankow (gegr. 1907), Oswald Berliner am Gesundbrunnen (1869–1918), Eduard Gebhardt Berl. Weißbierbrauerei im Wedding (1887–1913), Actien-Brauerei Friedrichshain (1868–1920), Löwenbrauerei Böhmisches Brauhaus (1870–1922), Schultheiß-Brauerei (gegr. 1853), Berliner Kindl-Brauerei (gegr. 1910), Actien-Brauerei-Gesellschaft Friedrichshöhe vormals Patzenhofer (1871–1917), Schloßbrauerei Schöneberg (1871–1959) und Vereinsbrauerei Rixdorf (1879–1910).

12/2 Vereinsbrauerei Rixdorf
a) Ansicht der Vereinsbrauerei
b) Firmengebäude in Böhmisch-Rixdorf
c) Pferdelieferwagen
d) Gastwirte mit Vereinsfahne
A. Benninghoven

Nach 1879; vier Photographien (Originalabzüge); zwei 30×36 cm, zwei 45×55 cm
Berlin, Berliner Kindl Brauerei AG

12/3 ›Haus der Münchner Pschorr-Brauerei in Berlin, Friedrichstr. 163 und Behrenstr. 25–26. Erbaut 1887–88‹ von Kayser & von Groszheim

Architektonischer Bilderbogen (254); Lichterfelde: Wilhelm Wicke 1890; Lichtdruck, 42×28,5 cm (Blgr.)
Berlin, Landesarchiv Berlin (Rep.250 Acc.346 Bd.3)

»Die Braupaläste der Münchner Bierkönige Pschorr, Sedlmeyer etc. sind Wahrzeichen des neuen Berlin«, schrieb die ›Berliner Illustrirte Zeitung‹ 1895 (Nr. 1), »durch sie haben die Berliner erst Kneipen-Komfort kennengelernt.«

12/4 Actien-Brauerei-Gesellschaft Friedrichshöhe vormals Patzenhofer, Kaiserdamm

Vor 1914; Photographie (Originalabzug), 26,5×35 cm
Berlin, Kunstbibliothek, SMPK (KBB 8388)

12/5 Schultheiß-Brauerei: Lagerraum und Flaschenverschluß-Fabrik (Abb.)

Zwei Reproduktionen, aus: Die Schultheiß-Brauerei in Vergangenheit und Gegenwart, Berlin 1918 (S.83, 85)

1920 fusionierte die Schultheiß-Brauerei AG mit der Actien-Brauerei-Gesellschaft Friedrichshöhe vormals Patzenhofer und entwickelte sich zur größten Lagerbierbrauerei der Welt.

12/6 »Weissbier-Eimer Brauerei Ed. Gebhardt Prinzen-Allee«

Um 1900; Emaille; H 28 cm, Dm 28 cm
Berlin, Sammlung Manfred Bold

12/7 Abziehanlage für Bierflaschen

Um 1900; Messing, Stahl, Gummi, Holz; 158×73×91 cm
Dortmund, Dortmunder Brauereimuseum

»Bei den Kohlesäure-Bierdruckapparaten findet kein Bierverlust statt. Der Apparat ist leicht zu behandeln und alle mechanische Arbeit leistet die Kohlensäure selbst« (E. Luhmann, Die Kohlensäure, Wien und Leipzig 1880).

12/8 Vier Metallmarken der ›Automat G.m.b.H.‹, Berlin

1893; Kupfer und Messing; 50 Pf., 30 Pf., 40 Pf., 50 Pf.
München, Wolfgang Hasselmann

12/9 Bierseidel und zwei Glasflaschen der Firma Aschinger

1890–1900, um 1910; Glas mit Reliefschrift; H 14 cm, H 20,5 cm, H 25,5 cm
Berlin, Sammlung Manfred Bold

12/10 Ansichten der Aschinger-Häuser

a) Friedrichstraße mit Aschinger-Restauration, um 1910
b) »Gruß aus dem Aschinger-Haus Berlin Friedrichstraße 97«
c) Aschinger-Haus am Alexanderplatz, um 1915

Drei Photographien (Reproduktionen)
München, Süddeutscher Verlag, Bilderdienst
Berlin, Archiv Klünner
Berlin, Bildarchiv PK

12/11 Vier Metallmarken der Restaurationsbetriebe Aschinger

1895, 1898; Dm 2–2,6 cm
München, Wolfgang Hasselmann

12/12 Meierei Bolle

a) Pferdeställe
b) Verkaufswagen mit Kundinnen
c) Bildnis des Carl Bolle
d) Milchfüllanlage
e) Verkaufswagen mit Bimmeljungs
f) Verkaufspersonal auf der Straße
g) Waschen der Milchflaschen
h) Gemeinschaftsraum
i) Mädchen

1884–1913; neun Photographien (Originalabzüge); 24×17 cm, 12×17 cm, 24×18 cm, 23×29,4 cm, 12,2×17 cm, 11×15,5 cm, 16,2×23,2 cm, 13,5×21,5 cm, 22×17 cm
Berlin, Bolle Meierei und Lebensmittel Filial Betriebe, Archiv

12/13 Arbeitsvorgänge in der Meierei Bolle (Abb.)

Um 1910; neun Photographien (Abzüge von den Original-Glasnegativen); Verlag Dr. Franz Stoedtner Berlin, Wissenschaftliche Projection und Stereoskopie
Berlin, Bolle Meierei und Lebensmittel Filial Betriebe, Archiv (113294, 113300/05, 113310/11, 113316/18, 113321, 113341)

Die Bilder zeigen die vielfältigen Arbeitsvorgänge und Werkseinrichtungen: Ausgeben der Milch an die Kutscher; Waschen von Tourenwagenkannen; Butterfaß mit 2000 Liter Nutzinhalt; Kneten der Butter in der Maschine; Reinigen der Bahnkannen durch Waschmaschinen; Laboratorium für Milchuntersuchung; Simmenthaler Milchkuh; Anlieferung der Milch aus der Meierei; Butterformen und Packen von Ein-Pfund-Stücken.

12/14 Briefkopf ›C. Bolle Milchwirtschaftlicher Großbetrieb‹ mit Ansicht des ›Bacteriologischen Laboratoriums‹

1905; 15×21 cm; mit Unterschrift: C. Bolle 5. 7. 05
Berlin, Bolle Meierei und Lebensmittel Filial Betriebe, Archiv

12/15 Ausrüstung für das Bolle-Straßenverkaufspersonal: Mützen der Bimmeljungs, Kutschermützen und Bolle-Klingeln

Mützen (Nachbildungen): hellblaues Leinen, grüner Stoff, schwarze Schirme; Klingeln: Messing, Aluminium und Holz; Dm 12 cm, H 16 cm, H 19,5 cm
Berlin, Bolle Meierei und Lebensmittel Filial Betriebe, Archiv

12/13

12/16

12/16 Milchkur-Anstalt auf dem Kreuzberg (Abb.)

Ansichtskarte (Poststempel 1910)
Berlin, Archiv Klünner

Die Milchkur-Anstalt von F. Grub, seit 1888 in der Kreuzbergstr. 27/28 in Betrieb, verkaufte nur Milch von eigenen Kühen. Neben privaten Unternehmern hatte es sich vor allem der gemeinnützige Verein für Milch-Ausschank in Groß-Berlin zur Aufgabe gemacht, »der Milch als Volksnahrungsmittel weiteste Verbreitung zu verschaffen«; er bemühte sich laut Magistratsvorlage vom 19. Juni 1909 um Konzessionen zur Errichtung von Milchhäuschen auf Stadtplätzen und in Volksparkanlagen.

12/17 Automaten-Restaurant, Berlin, Friedrichstr. 166 (Abb.)

Um 1912; Photographie, Lichtdruck aus: Architektur im Bild, Ser. 3 (Taf. 16); 44,5 × 34 cm
Berlin, Hans Siemund

12/18 Große Berliner Zentralküche, Greifswalderstraße: Ausfuhrwagen

Vor 1900; Photographie (Originalabzug), 17 × 23 cm
Berlin, Ullstein Bilderdienst

12/19 Verkaufsraum im Konsum Siemens Dynamowerk

Um 1914; Photographie (Reproduktion)
München, Siemens-Museum

12/20 Kaffeekochmaschinen

Um 1914; Photographie (Reproduktion)
München, Siemens-Museum

12/21 Selbstbedienungs-Restaurants

a) Potsdamer Straße, 1929
b) Straße unbekannt, zwanziger Jahre (Abb.)

Photographien (Reproduktionen)
München, Süddeutscher Verlag, Bilderdienst

12/22 Automaten-Restaurant in der Tauentzienstraße

Osram-Photodienst, um 1930; Photographie (Originalabzug), 16,7 × 22,7 cm
Berlin, Berlinische Galerie, Fotografische Sammlung (BG-FS 36/82,6)

12/23 Schokoladenwerk Sarotti, Berlin, Belle-Alliance-Straße

a) Pralinen-Packraum (Abb.)
b) Melangeur-Raum
c) Letzte Vollendung der »feinen Chokoladen-Desserts«

12/17

1885–1895; Photographien (Originalabzüge); 22,5×29,5 cm bzw. 29,5×22,5 cm
Frankfurt a. M., Sarotti GmbH, Firmenarchiv

Die Firma Sarotti, 1868 von Hugo Hoffmann als Konfitürenfabrik gegründet, 1880 zur Schokoladenfabrik erweitert, erhielt ihren Namen durch die Übernahme des Detailgeschäfts Felix & Sarotti in der Leipzigerstr. 136. Der Betrieb beschäftigte bis 1914 im Durchschnitt 600 Personen und verfügte über eine Zwillings-Compound-Dampfmaschine, eine Kohlensäure-Eismaschine, ein eigenes Pumpwerk, Förderbänder, Walzapparate und eine Verpackungsherstellung. Auf der Gewerbeausstellung von 1896 führte Sarotti die in Vakuumkochapparaten gefertigten Pralinés als neues Massenprodukt vor.

12/24 Schaufensterdekorationen der Firma Bahlsen im Warenhaus Tietz, im Warenhaus Wertheim und in einem Musterladen in der Budapester Straße (Abb.)

1911, 1913, 1921; vier Photographien (Originalabzüge); 22,9×16,6 cm, 15,5×22,5 cm, 16,3×22,5 cm, 20×28 cm
Hannover, H. Bahlsens Keksfabrik KG, Firmenarchiv

»Einen wesentlichen Ansporn (zur Ausstattung der Lebensmittelgeschäfte) gaben ... besonders die großen und glänzenden Warenhäuser. Ihre gut geführten Lebensmittelabteilungen fanden schnell den Zulauf weiter Kreise der Bevölkerung« (Richard Schachner, Märkte und Markthallen für Lebensmittel, 1914).

12/25 Teigteilmaschine zur Herstellung von Brötchen

Halle, um 1880; Eisen auf Holzsockel, 90×65×95 cm
München, Deutsches Museum (81/179)

12/26 Schwarzbrotbäckerei
a) Kneterei mit Knetmaschinen vom Siemens-Schuckertwerk, um 1910
b) Verpackungsmaschine für Steinmetz-Kastenbrot

Photographien (Originalabzüge); 16,5×22,5 cm, 15,8×23,5 cm
Ulm, Deutsches Brotmuseum e. V. (F-49, F-25)

12/27 Lieferung und Lagerung bei der Firma Kühne
a) Pferdefuhrwerke und motorisierte Eilwagen für Senf und Essig
b) Konservenkeller in der Brunnenstraße

Nach 1904; Photographien (Reproduktionen)
Hamburg, Fa. Kühne KG (Neg.Nr.791/86)

Der Ursprung der Essig- und Weinhandlung geht auf das Jahr 1792 zurück. 1832 übernahm Wilhelm Kühne die Firma, sein Sohn Carl baute das Berliner Traditionsunternehmen aus und wurde Hoflieferant. Die Abfüllung in Konserven erhöhte die Lagerfähigkeit und damit auch die Verkaufskapazität.

12/21 b

12/23 a

12/28 Maschine zur Herstellung von Konservendosen

Berlin 1905; Eisen, 40×40×120 cm
Berlin, Berlin Museum

12/29 Fahne ›Verein der Fleischermeister Moabit-Berlin 1898–1902‹

Seide, bestickt; 165×106 cm
Berlin, Fleischer-Innung Berlin

12/30 Städtischer Zentral-Vieh- und Schlachthof, Thaerstraße

Waldemar Titzenthaler

1897; Photographie (Reproduktion)
Berlin, Landesbildstelle Berlin

12/31 Zentral-Vieh- und Schlachthof in Berlin

a) Verladen von Schafen in Eisenbahnwaggons
b) Schweine in den ›Buchten‹

Otto Haeckel

Um 1905; Photographien (Originalabzüge), je 13×18 cm
Berlin, Ullstein Bilderdienst

12/32 Wagen der Schlachter in der Zentralmarkthalle

1907; Photographie (Reproduktion)
München, Süddeutscher Verlag, Bilderdienst

12/33 Umladen von Gänsen aus den preußischen Ostprovinzen im Berliner Zentral-Viehbahnhof

Um 1910; Photographie (Reproduktion)
Berlin, Archiv für Kunst und Geschichte

1875, sechs Jahre vor Eröffnung des städtischen Schlachthofs, bestanden in der Stadt noch an die 800 größere und kleinere Schlachthaus-Anlagen. »Der Transport des Viehes vom Markte nach den zahlreichen Privatschlächtereien störte den Verkehr auf den Strassen, die Schlächtereien selbst belästigten die Nachbarschaft durch üble Gerüche und das aus ihnen abfliessende Blut und Dünger verunreinigte das Wasser. Vor allem aber war eine wirksame polizeiliche Kontrolle derselben nicht möglich und noch weniger eine genaue Untersuchung des lebenden Viehes und des Fleisches, deren Notwendigkeit immer dringender hervortrat« (Hermann Blankenstein, August Lindemann, Der Zentral-Vieh- und Schlachthof zu Berlin, Berlin 1885).

12/34 ›Berliner Fenster‹ (Glasvitrine mit Kühlrinnvorrichtung für Stangeneis, verwendet in Fleischerläden)

Faster & Delcourt

Berlin, um 1880; Blech, Glas; 103×59×65 cm
Köln, Bernhard Paul

12/35 Technischer Betrieb in einem Schlachthaus

Um 1900; kolorierter Holzstich, 17×24 cm
Böblingen, Deutsches Fleischermuseum

12/36 Schlachtmaske für Rinder und Schlagbolzen mit Schlaghammer

Leder, Eisen; L 104 cm, B 54 cm; Holz, Eisen; L 85 bzw. 98 cm
Böblingen, Deutsches Fleischermuseum

Das Preußische Schlachthofgesetz von 1868 gab den Kommunen das Recht zur Durchführung des Schlachthofzwangs und zur Untersuchung des Schlachtviehs. 1881 wurde die Nachuntersuchungspflicht für alles von auswärts in die Stadt gebrachte und zum öffentlichen Verkauf bestimmte Vieh eingeführt. Das Reichsnahrungsmittelgesetz von 1879 verfügte eine tierärztliche Kontrolle der Wochenmärkte, der Schlachtstätten und Fleischerläden.

12/37 Fleischmahlmühle (›Speckschneider‹) und Wurstfüller

Um 1870; Holz, Eisen, Messing; 63×50×35 cm, 100×52×30 cm
Böblingen, Deutsches Fleischermuseum

12/38 Innenansicht der neuen Zentralmarkthalle in Berlin

Holzstich nach einer Zeichnung von N. Busch, aus: Das Buch für Alle, Nr. 5, 1886 (S. 109); 23×32,5 cm
Berlin, Archiv Klünner

Am 3. Mai 1886 wurde die 10000 Quadratmeter große Zentralmarkthalle in der Neuen Friedrichstraße eröffnet. Sie hatte Gleisanschluß an die Stadtbahn und war mit hydraulischen Aufzügen zur Warenbeförderung und Kojen für Gemüse, Fleisch, Obst, Blumen, Brot und Fisch ausgestattet.

12/39 Polizei-Verordnung betreffend die Regelung des Marktverkehrs in den Markthallen

In: Marktpolizeiverordnung für die städtischen Markthallen, Berlin 1917
Berlin, Berliner Großmarkt GmbH

12/24

12/40 Großmarkthalle: Geschäftsbetrieb, Inneres mit Warendepot, Kühlräume, Gleisanschluß und Obsthändler

Um 1920; fünf Photographien (Reproduktionen)
Berlin, Berliner Großmarkt GmbH

12/41 Briefkopf ›Aelteste Berliner Eiswerke Louis Thater, Berlin-Reinickendorf, gegr. 1840‹

Um 1900; 9×20 cm
Berlin, Privatbesitz

12/42 Medaille der ›Gesellschaft für Markt- und Kühlhallen‹, Berlin

Aufschrift: »Ihrem verdienstvollen Schöpfer und weitblickenden Führer 1890–1915 Herrn Geheimer Rat Professor Dr. C. von Linde in Ehrerbietung und Dankbarkeit gewidmet«; 1915; Bronze, Dm 55 mm
Wiesbaden, Linde AG

12/43 ›Stangeneislieferer‹ für Kristalleis aus destilliertem Wasser von der Gesellschaft für Markt & Kühlhallen

F. Albert Schwartz

Photographie, Reproduktion aus: Das Berliner Werk der Gesellschaft für Markt & Kühlhallen, 1902 (Abb. 36)

12/44 Gesellschaft für Markt & Kühlhallen, Berlin, Trebbinerstr. 5: Lieferwagen, Gefrierräume für Schweinehälften, Kaviar und Fische (Abb.)

Um 1900; vier Photographien (Originalabzüge); 24×30 cm, 22×29 cm, zwei je 17×23 cm
Berlin, Markt- und Kühlhallen AG

12/45 Eiswagen in Berlin

1929; Photographie (Reproduktion)
München, Süddeutscher Verlag, Bilderdienst

Der 1890 gegründeten ›Gesellschaft für Markt & Kühlhallen‹ ging als eine der ersten Kühlfabriken Carl Bolles 1872 gegründete ›Norddeutsche Eiswerke AG Rummelsburg‹ voraus. Sie bediente sich amerikanischer Kühlsysteme wegen des »im merkantilen Betriebe mehr und mehr hervortretende(n) Mißstand(s) des völligen Mangels an kühlen Lagerstätten behufs sicherer Bergung von Waaren, deren längere Erhaltung nur bei einer äußerst niedrigen Temperatur ermöglicht werden kann« (Paul Hirschfeld, Berlins Großindustrie, Bd. 2, Berlin 1899).

12/46 ›Neuer Berliner Polizeilicher Milchprober‹ Laktodensimeter in Originalpackung

Modell 1887 nach Dr. Bischoff, mit Gebrauchsanleitung; L 28 cm
Berlin, Werkbund-Archiv

Die Untersuchung des Verdünnungsgrades der Milch (durch Wasserzusatz) erfolgte seit dem 15. Oktober 1877.

12/47 Hauptlaboratorium der Staatlichen Nahrungsmittel-Untersuchungsanstalt im Polizeipräsidium Berlin, Dircksenstraße

Nach 1901; Photographie (Originalabzug), 17×22,5 cm
Berlin, Landesuntersuchungsinstitut für Lebensmittel, Arzneimittel und Tierseuchen Berlin

Ansicht des Laborraums mit dem damaligen Leiter und späteren Präsidenten der 1901 gegründeten ›Staatlichen Anstalt zur Untersuchung von Nahrungs- und Genußmitteln sowie Gebrauchsgegenständen‹, Prof. Dr. Adolf Juckenack.

12/48 Bekanntmachungen über die Verurteilung eines Kolonialwarenhändlers, eines Schlachtermeisters und eines Gemüsehändlers auf Anordnung des Königlichen Amtsgerichts in Berlin wegen Vergehens gegen das Lebensmittelgesetz

1904, 1905 und 1912; 31×37 cm, 25,5×29,5 cm, 28,2×30 cm
Berlin, Landesuntersuchungsinstitut für Lebensmittel, Arzneimittel und Tierseuchen Berlin

12/49 Mikroskop für die Fleischbeschau im Schlachthof

Schmidt & Haensch

Berlin, um 1880 (Patent 1879); Messing, 29×10×11,5 cm
Berlin, Fa. Schmidt & Haensch GmbH & Co.

12/50 Limonadenverkäufer auf dem Dreirad

Holzstich nach einer Zeichnung von E. Hosang, aus der Reihe: Berliner Bilder, um 1898; 11,5×16 cm
Bonn, Bundesverband der Deutschen Erfrischungsgetränke-Industrie e.V.

12/44

12/59

12/51 Blechplakat ›Fürstenbrunn bestes Tafelwasser‹
J. Aberle & Co.

Um 1906; 51×37 cm
Berlin, Ulrich Feuerhorst

Die Mineralwasseranstalt Fürstenbrunn bei Westend, seit 1897 GmbH, füllte auf wissenschaftlicher Grundlage täglich 19000 Liter Quellwasser unter Verwendung flüssiger Kohlensäure ab. 1899 vertrieb die Fabrik täglich 30–40000 Flaschen Fürstenbrunn Quellwasser und Brauselimonade.

12/52 Druckplatte ›Etablissement Fürstenbrunn‹
H. Baudouin

Berlin, um 1893; Eisen, 15×21,5×2 cm
Berlin, Karl-Heinz Bittermann

Die Druckplatte zeigt das Fabrikgebäude, die Schutzmarke, den Flaschenspülsaal, den Flaschenfüllsaal, die Stallungen, die Hofansicht und die Kellereien.

12/53 Getränkeabfüllmaschine
Fa. W. Noll

Minden i. W., um 1910; Gußeisen, 135×44×39 cm
Bonn, Bundesverband der Deutschen Erfrischungsgetränke-Industrie e.V.

12/54 Körperschutz-Vorrichtungen zur Bedienung eines Abfüllgeräts für Mineralwasser

Abbildung, in: Max Wender, Praktische Anleitung zur Fabrikation kohlensäurehaltiger Erfrischungs- und Luxus-Getränke. Nach dem neuesten Standpunkte der Wissenschaft und Praxis, Berlin und Wien 1898 (S. 236/237)
Bonn, Bundesverband der Deutschen Erfrischungsgetränke-Industrie e.V.

Das Polizeipräsidium in Berlin verordnete am 9. April 1888, alle Apparate, »in welchen ein den gewöhnlichen Luftdruck übersteigender Druck hervorgebracht wird ... mit Manometer und Sicherheitsventil zu versehen«, die Siphonflaschen mit Sicherheitskörben aus enggeflochtenem Draht zu überdecken, und es empfahl wegen Explosionsgefahr den Gebrauch von Schutzbrillen.

12/55 Traditionsfahne des ›Verein der Selterwasser-Fabrikanten für Berlin und Umgebung‹

1905; Seide, Brokat; an Original-Holzstange; 175×110 cm
Bonn, Bundesverband der Deutschen Erfrischungsgetränke-Industrie e.V.

12/56 Zigarrenautomat ›Für 10 Pfennig zwei Zigarren‹

Um 1910; Gußeisen, Glas; H 49 cm, Dm 30 cm
Hamburg, Tabakhistorische Sammlg. Reemtsma

12/57 ›Salem Aleikum Cigaretten‹ Vitrine für ein Tabakwarengeschäft

Um 1912; Holz, Glas; 81×47×30 cm
Hamburg, Tabakhistorische Sammlg. Reemtsma

12/58 Zwei Anzeigenblätter für ›Manoli Cigaretten‹
Ernst Deutsch

1912, 1913; 15,5×23 cm, 17×24 cm
Hamburg, Tabakhistorische Sammlg. Reemtsma

12/59 Zigarettenetui für Damen, mit Puderdose, Spiegel, Toilettengeld und drei Zigaretten der Marke ›Unser Kaiser‹ (Abb.)

Um 1914; Messing mit Emaille, 8×10 cm
Hamburg, Tabakhistorische Sammlg. Reemtsma

RAUM 13
STADTGRÜN UND BESTATTUNGSWESEN

Als der spätere Stadtbaurat Martin Wagner 1915 in seiner Arbeit über die ›Grundsätze und Richtlinien für Größe und Verteilung der verschiedenen Arten von sanitärem Grün im Stadtplan mit besonderer Berücksichtigung von Groß-Berlin‹ die Versäumnisse städtischer Freiflächenplanung anprangerte, kam die Kritik für den innerstädtischen Bereich fast zu spät. Schon im Mai 1865 hatte der ›Berliner Beobachter‹ besorgt registriert, daß die Berliner Bevölkerung in »nie geahnten Verhältnissen« zunähme, die Pflanzen dagegen im gleichen Verhältnis verschwänden. Es sei immerhin Gartenland, auf dem »himmelhohe Hintergebäude ... neue Straßen, Fabriken oder dergleichen« entstanden waren. In einem Beschluß von 1869 betonte auch der Magistrat die Notwendigkeit, der dichtgedrängten Bevölkerung des Wedding nach dem Muster des 1840 auf Anregung Peter Joseph Lennés angelegten Friedrichshains »die Möglichkeit zu geben, an dem Anblick von Gottes schöner Natur den Geist von der Noth des Lebens zu erheben und neue Kraft und Lust zur Arbeit sich zu gewinnen«.

Bis 1910 verfügte Berlin über insgesamt 573 Hektar Grünflächen, verteilt auf zehn Parkanlagen; davon lagen nur 392 Hektar innerhalb des städtischen Weichbildes. 1848 war neben dem alten Stadtbesitz des Plänterwaldes und des Treptower Parks – mit ausgewiesenem Spielbereich – der Friedrichshain als Volkspark fertiggestellt worden. 1869 wurde der Humboldthain angelegt, 1876 übernahm die Stadt vom königlichen Fiskus den ›kleinen Tiergarten‹ im Pachtvertrag, seit 1886 verantwortete sie die Pflege des Invalidenparks. Von 1888 bis 1894 entstand der Viktoriapark in Kreuzberg, ein Geschenk des Staates an die Stadt. Für die Verwaltung der städtischen Park-, Garten- und Baumanlagen war seit 1870 Gustav Meyer als erster Stadtgartendirektor zuständig. Seine Behörde überwachte Pflege und Gestaltung der Parkanlagen, aber auch das sittliche Betragen der Besucher.

Bezeichnend für den Mangel an verfügbarem Gelände war, daß Friedhöfe in die Freiflächenplanung einbezogen werden mußten, die nicht mehr für Erdbestattungen genutzt wurden. 1894 waren dies in Berlin dreizehn. Obwohl sich die Kirchengemeinden gegen eine Umnutzung sträubten, wurde beispielsweise der Alte Jakobskirchhof in Kreuzberg 1887 in den Waldeck-Park umgewandelt. 1907 schließlich kaufte die Stadt 5,6 Hektar des Botanischen Gartens auf und erwarb ein 25 Hektar großes Gelände im Wedding für die Anlage des Schillerparks.

Zur Erweiterung des Stadtgrüns trugen auch die Laubenkolonien bei, die, wegen der großen Wohnungsnot 1870/71 von der Stadtverwaltung geduldet, auf den Bauplätzen der Terraingesellschaften entstanden. Die Kleingartenvereine, die sich größere Landkomplexe für die Anlage von Gartenkolonien sichern wollten, setzten ihre Forderungen nach 1900 allmählich durch. 1911 waren erst 1500 Laubengärten in städtischer Verwaltung, während die Gesamtzahl der auf städtischem Grund gelegenen Gärten auf 40 000 geschätzt wurde.

Bei zunehmender Knappheit an Freiflächen war es schwierig, geeignetes Gelände für Friedhöfe zu finden. Besonders die dichtbevölkerten Gemeinden im Südosten, Osten und Norden mußten mangels verfügbarer nahegelegener Grabstätten ihre Toten außerhalb Berlins bestatten. Der ›Verein Berliner Vororte‹ sprach sich deswegen 1896 gegen weitere Friedhöfe fremder Kommunen in den Vororten aus und forderte die Einrichtung parkartig gestalteter Zentralanlagen mit Gleisanschluß an die Vorortbahnen. Nachdem die Untersuchungen der Sanitätspolizei in aller Regel eine Auslastung oder Überfüllung der alten Friedhöfe ergaben, sahen sich auch die Kirchen veranlaßt, zur Sicherung der Hygiene und der öffentlichen Gesundheit kommunale Anlagen außerhalb des Weichbildes der Stadt mitzufinanzieren. 1881 entstand der Kommunalfriedhof Friedrichsfelde für diejenigen, »deren Beerdigung die städtischen Behörden zu veranlassen haben, d.h. für die Mittellosen« (Stadtgartendirektor Hermann Mächtig). Ein Jahr nach der Eröffnung war er bereits zu drei Vierteln belegt.

1903 wurde der kommunale Parkfriedhof Lichterfelde angelegt, 1908 und 1909 entstanden durch den Berliner Synodalverband die Zentralfriedhöfe Stahnsdorf und Ahrensfelde. Der neue Südwestkirchhof in Stahnsdorf sollte 600000 Grabstätten auf 150 Hektar Waldfläche anbieten. Die ›Gartenkunst‹ wies 1907 auf seine verkehrstechnischen Besonderheiten hin: »Der Leichentransport erfolgt mit der Staatseisenbahn, die Überführung zur Leichenhalle ohne Anwendung von Dampfkraft und ohne Umladung.« Die Eröffnung des Friedhofs hatte sich jedoch wegen des Bahntrassenbaus verzögert, so daß die Städte Schöneberg und Charlottenburg, deren Tote dorthin überführt werden sollten, sich genötigt sahen, zunächst auf ihren alten Gemeindefriedhöfen aus Raumnot »das laufgrabenartige Massengrab in Anwendung zu bringen«.

Die Preußische Gewerbeordnung schaffte 1869 das Amt des ›Königlichen Leichen-Commissarius‹ ab, der die Überführung der Toten auf die Kirchhöfe bis dahin überwacht hatte. Danach konnte das Geschäft mit dem Tod unternehmerisch genutzt werden. 1830 als Sargtischlerei begründet, entwickelte sich das Beerdigungsinstitut Julius Grieneisen zum größten Bestattungsunternehmen der Stadt, das 1907 über zwölf Filialen verfügte. Das Spektrum des Sargangebots spiegelt Standesbewußtsein auch noch im Todesfall: im Vergleich zum ›Gothischen Sarkophag‹ zum Preis von 3000 Mark, wie ihn der 1908 von Grieneisen übernommene ›Lieferant der Hochsel. Majestäten‹ F. O. Kersten anbot, kostete der Typus ›Verbrenner‹ nur 150 Mark.

Auf die Vorteile der Feuerbestattung hatte übrigens kein Geringerer als Jacob Grimm bereits 1849 in seiner Vorlesung ›Über das Verbrennen der Leichen‹ vor der Akademie der Wissenschaften zu Berlin hingewiesen. Nach jahrzehntelangen Diskussionen zwischen den freisinnigen Befürwortern der Feuerbestattung einerseits und der Kirche andererseits wurde 1911 das preußische Feuerbestattungsgesetz verabschiedet. Die ersten Krematorien wurden im Wedding (1912) und in Treptow (1913) eingerichtet; 1926 waren bereits 30 Prozent der Bestattungen in Berlin Einäscherungen.

Als unentbehrliche Erholungszone in der Großstadt, vor allem für Spiel und Sport, gewannen die Freiflächen immer mehr Bedeutung. Dies hatte neben anderen Kommunalpolitikern auch Martin Wagner erkannt, der 1915 ein Programm aufstellte, das sich an englischen und amerikanischen Vorbildern orientierte. Zur Erhaltung der Volksgesundheit sollte erreicht werden, daß auf jeden Einwohner im statistischen Durchschnitt 2,4 qm Kinderspielplätze, 1,6 qm Sportplätze, 0,5 qm Promenaden, 2 qm Parkanlagen und 13 qm Stadtwald kamen. Spielplätze sollten von den Wohnquartieren nicht mehr als 10 bis 15, Parkanlagen nicht mehr als 20 Minuten, Sportplätze und Stadtwälder nicht mehr als 30 Minuten entfernt sein. Diesen Idealforderungen standen die Verhältnisse entgegen. Der 1909 gegründete Hauptausschuß zur Förderung von Leibesübungen in Groß-Berlin hatte 1910 in einer Denkschrift über die Spielplatznot für das Stadtgebiet 96 Prozent fehlender Spielpätze – bezogen auf eine Bevölkerungsdichte von zwei Millionen – errechnet. Für die Vororte fiel die Bilanz nicht besser aus. In der Reichsstatistik der Spielplätze stand Berlin damit an 27. Stelle. Die schlechte gesundheitliche Verfassung der Großstadtjugend, wesentlich bedingt durch den Mangel an Spiel- und Sportmöglichkeiten, hatte schon früh Besorgnis erregt und 1899 zur Gründung eines Ausschusses für ›Förderung der Wehrkraft durch Erziehung‹ geführt. Dieser Ausschuß forderte, »insbesondere die Leibesübungen den Anforderungen des Heeresdienstes anzupassen«. Mit dem Bau von Turnhallen und Sportplätzen bemühte sich die Stadt seitdem um den Ausbau des Turn- und Schulsports. So setzte sich das Gebot der Volksgesundheit auf dem Umweg über die ›Förderung der Wehrkraft‹ durch.

Als 1907 das erste städtische Freibad am Wannsee eröffnet wurde, bestanden zunächst noch Bedenken wegen sittlicher Gefährdung der Familien. Der Drang nach Licht und Luft ließ sich jedoch nicht länger auf umzäunte Schmuckrabatten und bewachte Wegeführungen in den öffentlichen Anlagen einschränken. *M.-L. P.*

13/1 Viktoria-Luise-Platz, um 1900 (Abb.)

Photographie (Reproduktion)
Koblenz, Bundesarchiv Koblenz, Bildarchiv

Die Anlage der Stadtplätze erfolgte nach Maßgabe des Bebauungsplans, ihre Ausführung durch Siedlungsträger. Für den Viktoria-Luise-Platz schrieb die Berlinische Bodengesellschaft 1898 einen Wettbewerb aus. Der erste Preis ging an Fritz Encke für seinen Entwurf eines ›Erholungsplatzes‹ mit Schmuckrabatten.

13/2 Alexanderplatz, 1906

Waldemar Titzenthaler

Photographie (Reproduktion)
Berlin, Landesbildstelle Berlin

Der Alexanderplatz wurde um 1890 nach einem Entwurf von Hermann Mächtig gestaltet; 1895 wurde das Standbild der Berolina von Emil Hundrieser errichtet.

13/3 Bayerischer Platz, 1909

Photographie (Reproduktion)
Berlin, Landesbildstelle Berlin

Den Bayerischen Platz ließ die Berlinische Bodengesellschaft 1907/08 nach Plänen von Fritz Encke als Schmuckplatz ausführen.

13/4 ›Praktische Neuerung für öffentliche Parks: der Rasenzaun als Sitzbank‹

Photographie (Reproduktion); veröffentlicht im Berliner Mittag, 19. September 1909
Berlin, Ullstein Bilderdienst

13/5 Wilhelmplatz, 1901

Photographie (Reproduktion)
Berlin, Landesbildstelle Berlin

13/6 Weichselplatz mit Neuköllner Schiffahrtskanal, um 1910

Photographie (Reproduktion)
Berlin, Landesbildstelle Berlin

13/7 Belle-Alliance-Platz von der Lindenstraße aus, 1916
Waldemar Titzenthaler

Photographie (Reproduktion)
Berlin, Landesbildstelle Berlin

Die Anlage entstand nach dem Plan für die Friedrichstadt von Philipp Gerlach 1732 und wurde 1844 von Peter Joseph Lenné als Schmuckplatz umgestaltet.

13/8 Plan des Südost-Parks bei Treptow

In: Bericht über die Gemeinde-Verwaltung der Stadt Berlin in den Jahren 1861 bis 1875, H. 2, Berlin 1880 (S. 68)
Berlin, Staatsbibliothek PK (Td 1118)

Am 5. Dezember 1864 beschloß die Stadtverordnetenversammlung die Anlage eines Südost-Parks bei Treptow auf städtischem Grund. Erst 1876 begannen die Arbeiten nach einem Entwurf Gustav Meyers, des ersten Direktors der ›Deputation für die Verwaltung der städtischen Park-, Garten- und Baumanlagen‹ ab 1870. 1888 war der Park mit 26 Hektar Fläche und zwölf ausgewiesenen Spielplätzen fertiggestellt.

13/09 Wasserfallanlage im Viktoriapark, 1898
Waldemar Titzenthaler

Photographie (Originalabzug), 17,7×23,5 cm
Berlin, Bezirksamt Kreuzberg, Gartenbauamt, Bildarchiv (Viktoriapark Nr.259)

Schon vor der Anlage des Südost-Parks bei Treptow plante Gustav Meyer einen Park vor dem Schlesischen Tor. Sein Nachfolger Hermann Mächtig führte 1888 bis 1894 seine Pläne aus den Jahren 1877 bis 1881 aus. 1893 wurde die Wasserfallanlage in Betrieb genommen.

13/10 Plan für den Humboldthain, mit ausgewiesenem Spielplatzgelände

1900; Federzeichnung auf Wachsleinen, 37×39 cm
Berlin, Bezirksamt Wedding (Akte Wedding 72/79)

Der ›Berliner Beobachter‹ bemerkte zur »Notwendigkeit einer Parkanlage im Norden« am 28. Mai 1865: »Entweder schlechte Luft in Berlin oder die Anlegung größerer mit Pflanzen bestandener Plätze. Denn das Gras, das auf den Straßen wächst, reicht für die Lufterneuerung nicht aus. Parkanlagen sind demnach keine Forderung des Luxus, sondern der Gesundheitspflege ... Daß aber im Norden ein Park gebaut werden muß, zeigt schon ein Blick auf die Karte Berlins. Rationell wäre es, ganz Berlin mit einem Wall von Parkanlagen zu umgeben.« Der 1869 angelegte Humboldthain sollte auch botanischen Unterrichtszwecken dienen.

13/11 Schrebergartenanlage Berlin-Jungfernheide, 1905 (Abb.)

Photographie (Reproduktion)
München, Süddeutscher Verlag, Bilderdienst

Außer den Gärten auf Pachtgelände, das die Stadt und die Terraingesellschaften an Kleingärtner abgaben, entstanden auch ›wilde‹ Kleingärten. Auf dem ehemaligen Kasernengelände der Jungfernheide bildete sich eine solche Kleingartenkolonie.

13/12 Kleingärtner
a) Laubenkolonie ›Wildenbruchs Thal‹, 1900
b) Grammophon-Konzert in einer Berliner Laubenkolonie, 1906
Otto Haeckel

Photographien (Orginalabzüge), je 12×16,5 cm
Berlin, Archiv für Kunst und Geschichte

13/13 Werbeprospekt »Zerlegbare und transportable Gartenlaube ›Ida‹«

1909; 22×29,5 cm
Berlin, Museum für Deutsche Volkskunde, SMPK (MDV 683/83)

13/14 Vereinsfahne des Weddinger Kleingartenvereins ›Schillerhöhe‹ (gegr. 1919)

Bemaltes Tuch, 166×120 cm
Berlin, Bezirksverband Wedding der Kleingärtner e.V.

13/15 Erster Waldlauf des Verbandes Berliner Athletikvereine, März 1905

Photographie (Originalabzug), 9×12 cm
Köln, Deutsche Sporthochschule Köln, Carl-Diem-Institut e.V. (1/86)

13/16 ›Mitbürger helft uns unsere Wälder erhalten!‹ Plakat des Berliner Waldschutzvereins (Abb.)
Lucian Bernhard

Berlin: Hollerbaum & Schmidt 1907; Lithographie, 59×48,5 cm
München, Münchner Stadtmuseum (A 21/14)

13/1

13/11

13/16

Auf dem ›Berliner Waldschutztag‹ wurden am 16. Januar 1909 folgende Leitsätze aufgestellt: ungeschmälerte Erhaltung des Bestandes der Wälder und Naturschönheiten in und um Berlin, Anwendung und Ausbau des preußischen Waldschutzgesetzes von 1875 und des Gemeindewaldgesetzes von 1907, weitgehende Übernahme der Wälder durch die Kommunalverwaltungen gegen Entschädigung der Vorbesitzer, Aufbringung von Mitteln zur Entschädigung des Staates sowie Beseitigung der Bauordnungs- und Bebauungsplanbestimmungen zugunsten eines Generalbebauungsplans für Groß-Berlin.

13/17 Plan für ein ›Dauerwaldgelände des Verbandes Groß Berlin‹

1916; Farbdruck, 49,5×71 cm; M 1:60000
Berlin, Landesarchiv Berlin, Plankammer (Acc.1323 Nr.4)

Der Abgeordnete Graf Tschirschky-Renard forderte bereits 1897 im Herrenhaus die Umwandlung des Grunewalds in einen Stadtpark, um dem Großstädter ein Stück unbebauter Natur zu erhalten. 1902 erklärte Wilhelm II. den Grunewald zum Volkspark. 1915 verkaufte der preußische Staat im sogenannten Dauerwaldvertrag an den Zweckverband Groß-Berlin rund 10000 Hektar Wald in der Umgebung Berlins für 50 Millionen Mark. Dadurch sollte das Waldgelände der Bodenspekulation entzogen werden.

13/18 ›Plan zu einer Promenade auf demjenigen Theile des Jacobi-Begräbnissplatzes, auf dem nicht mehr beerdigt wird‹

1869; aquarellierte Federzeichnung, aus: Acta der Deputation für die städtischen Park-, Garten- und Baum-Anlagen betreffend den Park auf dem Jakobskirchhof, Bd. 1 (Bl. 7), 1868–1882; 48×32,5 cm
Berlin, Landesarchiv Berlin (Rep.206 Acc.3328 Nr.276)

1864 erwarb die Stadt einen Teil des nicht mehr belegten Jakobskirchhofs an der Oranienstraße, 1887 den Rest und wandelte den Kirchhof mit 1,5 Hektar Fläche in den Waldeck-Park um.

13/19 ›Ansicht des Hauptplatzes mit der Fontaine und den Sitzbänken‹ *Johann Heinrich Haeberlin*

Aquarell, aus: ›Entwurf zu einem öffentlichen Garten in Berlin‹, Monats-Konkurrenz zum 5. März 1870, Bd. 34 (Bl. 11); Motto: ›Dolce far niente‹; 41,2×58,8 cm; M 1:50
Berlin, TUB, Plansammlung der Universitätsbibliothek

13/20 ›Topographische Karte der Gegend um Berlin. SR. Majestät dem Koenige von Preussen Friedrich Wilhelm III.‹

1829; kolorierte Federzeichnung, mit roten Markierungen der Kirchhöfe im Weichbild der Stadt; 69×71,5 cm
Berlin, Landesarchiv Berlin, Plankammer (A I b 20)

13/21 Grabdenkmäler auf dem Dorotheenstädtischen und auf dem Friedrich-Werderschen Friedhof

Zwei Holzstiche, aus der Serie: ›Denkmäler auf den Berliner Kirchhöfen‹, 1868; 17,5×27,7 cm, 18,5×27,3 cm
Kassel, Arbeitsgemeinschaft Friedhof und Denkmal e.V., Stiftung Zentralinstitut und Museum für Sepulkralkultur (GS 1979/65 a–b)

13/22 Situationsplan der Friedhöfe Berlins, 1883 (Abb.)

Plan mit farbigen Markierungen, Reproduktion aus: Werner Hegemann, Der Städtebau nach den Ergebnissen der Allgemeinen Städtebau-Ausstellung in Berlin, T. 2, Berlin 1913 (Abb. 338)

Gelb markiert sind die 1883 in Gebrauch befindlichen Friedhöfe; grün die 1883 noch unterhaltenen, aber nicht mehr benutzten; rot die seit 1850 angelegten und im Jahre 1883 bereits aufgelassenen Friedhöfe; blau die 1883 verschwundenen mittelalterlichen Friedhöfe.

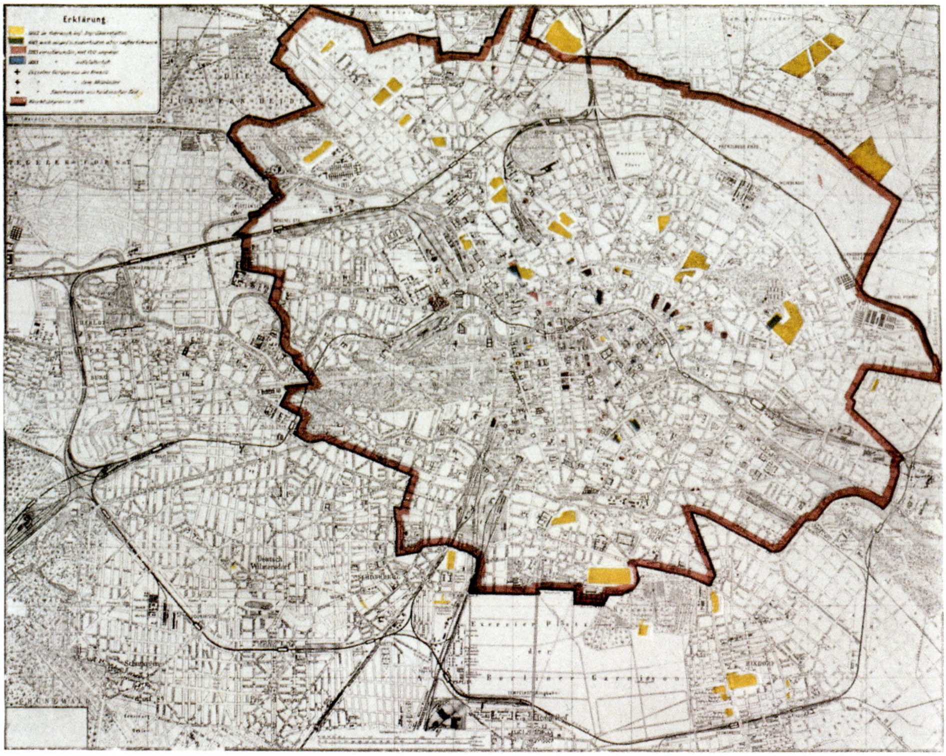

13/22

13/23 ›Grabmal des Herrn Konsul Herm. Fränkel auf dem Israelitischen Friedhof in Neu-Weißensee bei Berlin‹
Erdmann und Spindler
Lichtdruck, aus: Architektonische Rundschau, Nr. 2, 1905 (Taf. 16); 28×22 cm
Berlin, Landesarchiv Berlin (Acc.1268/2)

Der jüdische Friedhof in Weißensee wurde am 9. September 1880 eingeweiht. Die ›Totenstadt von Weißensee‹ repräsentierte in ihren aufwendigen Gräberstraßen die bürgerliche Gesellschaft der Kaiserstadt Berlin.

13/24 ›Lageplan für einen Central Südwest-Kirchhof der Berliner Stadtsynode‹ (Abb.)
Farbdruck, aus: Acta betr. den Südwestkirchhof der Berliner Stadtsynode zu Stahnsdorf, August 1902 (Bl. 48); 66×60 cm; M 1:6000
Berlin, Evangelisches Zentralarchiv in Berlin (7/Brdbg.XI 3 Beiakte B3, Bl.48)

13/25 ›Einladungskarte zur Einweihung der Friedhofskapelle auf dem Südwestkirchhof der Berliner Stadtsynode zu Stahnsdorf‹, 28. März 1909
Aus: Acta betr. den Südwestkirchhof der Berliner Stadtsynode zu Stahnsdorf, August 1902; 14,5×17,5 cm
Berlin, Evangelisches Zentralarchiv in Berlin (7/Brdbg.XI 3 Beiakte B3, Bl.114)

Durch die langwierige Verzögerung des Bahntrassenbaus für den Anschluß des geplanten Zentralfriedhofs Stahnsdorf an die Wannseebahn bestand die »schwere Gefahr, daß in den Städten Schöneberg und Charlottenburg das dort vorhandene Friedhofsgelände verbraucht wird, bevor der mehr denn 1100 Morgen große Südwestkirchhof in Stahnsdorf für den Beerdigungszweck eingerichtet ist« (Schreiben der Berliner Stadtsynode an den Minister der geistlichen, Unterrichts- und Medizinal-Angelegenheiten vom 4. November 1904). Der Kirchhof wurde am 1. April 1909 eröffnet, während die ›Kirchhofsbahn‹ Wannsee-Stahnsdorf erst am 2. Juni 1913 den Betrieb aufnahm.

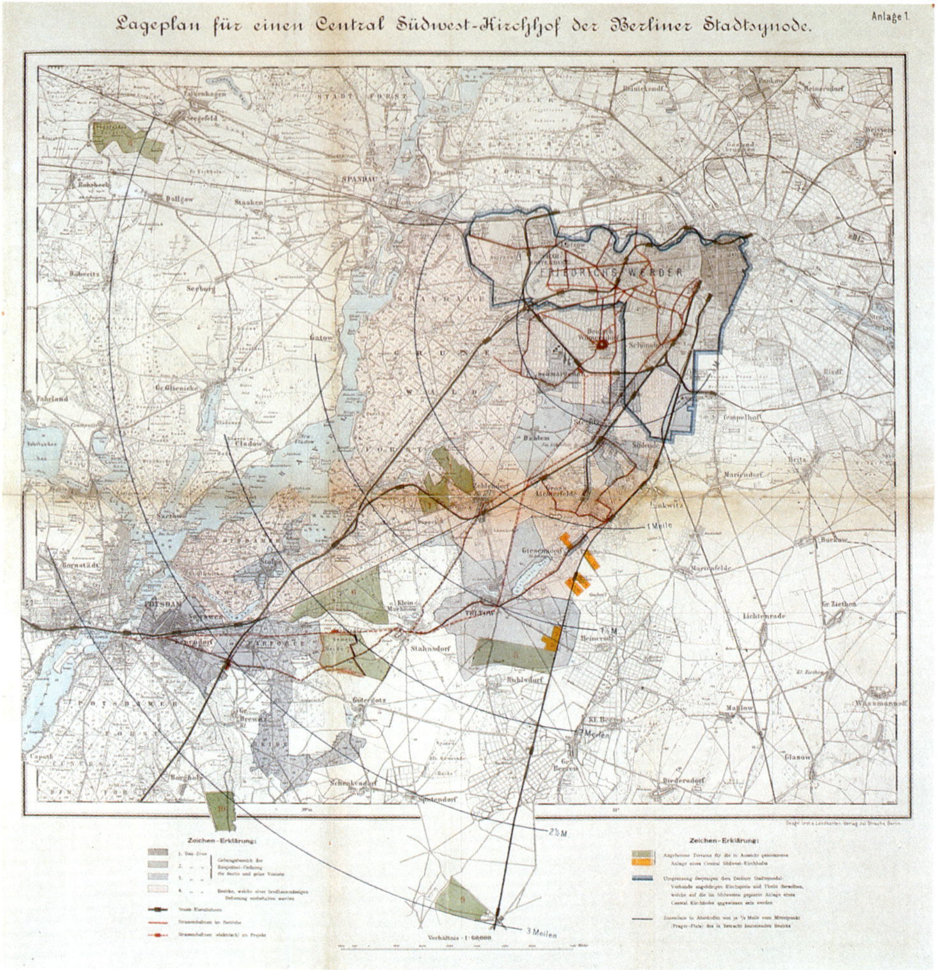

13/24

13/26 Entwurf für einen ›Beerdigungs-Block‹ auf dem Stahnsdorfer Kirchhof
Erwin Barth

Federzeichnung, 65 × 50 cm; bez. u. l.: EBarth
Berlin, TUB, Plansammlung der Universitätsbibliothek

Der Entwurf erhielt den ersten Preis im Wettbewerb Wilmersdorf, Kennwort ›Kein Park‹. »Der Kirchhof wird in einigen Jahren 600000 Einwohnern dienen mit etwa 21 Kirchengemeinden, daher sind 21 Beerdigungsblöcke von je durchschnittlich 5 ha Größe einschließlich der Wege einzuteilen« (Gartenkunst 1907).

13/27 Gebäude zur Abfertigung von Leichentransporten auf dem alten Ostbahnhof zu Berlin: Gesamtansicht und Portal der Leichenauslieferungshalle

Zwei Photographien (Reproduktionen) aus den Beständen des Verkehrs- und Baumuseums Berlin
Berlin, Museum für Verkehr und Technik Berlin (EB/XIII/7)

Der mit einer Fläche von 1000 Morgen am 1. Juli 1908 als ›Nordostkirchhof‹ eingeweihte Zentralfriedhof Ahrensfelde war durch Bahntrassen an den Schlesischen Bahnhof und den Ostbahnhof angeschlossen.

13/28

13/38

13/28 Leichenhaus für den Elisabeth-Kirchhof mit Grundriß vom Belebungs-, Leichen- und Wächterzimmer (Abb.)
August Stüler
1851; kolorierte Federzeichnung, aus: Acta betr. die Einrichtung von Leichenhäusern, Nr. 4, 28. 5. 1834 bis 16. 5. 1928; 36×48,5 cm; bez. u. l.: A. Stüler 3/51
Berlin, Evangelisches Zentralarchiv in Berlin (14/2417)

1840 wurde nach dem Vorbild der Pariser ›Morgue‹ beim Polizeipräsidium am Molkenmarkt ein Kommissariat zur Sicherstellung von Leichen Verunglückter und Selbstmörder eingerichtet.

13/29 ›Zeichnung zum Bau eines Todtengräber-Hauses, zweitens einer Kapelle, dreitens der Bewährung an der Straße und viertens der Bewährung nach der Seite des Grundstücks auf dem Kirchhofe auf Schöneberger Feldmark der Matthaeus-Kirche gehörig. Todtengräber-Haus, Kapelle mit Leichenzimmer‹
1854; kolorierte Federzeichnung, 53,7×68 cm
Berlin, Alter St. Matthäus-Kirchhof

13/30 Kolbenspritze zur Injektion von Substanzen für die Leichenkonservierung
Fa. H. Katsch
München, 2. Hälfte 19. Jh.; L 35 cm, Dm 5,7 cm
Ingolstadt, Deutsches Medizinhistorisches Museum

13/31 ›Bekanntmachung betreffend die Einsargung von Leichen mit epidemischen Krankheiten‹, Berlin, 8. Februar 1908
Unterzeichnet von Polizeipräsident Ernst von Stubenrauch; aus: Acta betr. ›die Anordnung über die Begräbnisplätze in Berlin‹, Bd. 3; 32,5×45 cm
Berlin, Evangelisches Zentralarchiv in Berlin (14/2385)

13/32 ›Leichen-Attest‹, Berlin, 25. Februar 1911
Ausgestellt vom Königlichen Kreisarzt des Stadtkreises Schöneberg; aus: Acta der St. Matthäikirche Berlin betr. Umbettung von Leichen, Abt. V.4
Berlin, Alter St. Matthäus-Kirchhof

13/33 Zwei Torflügel der Grabumfriedung des Niemann'schen Erbbegräbnisses auf dem St. Matthäus-Kirchhof
Um 1875; Schmiedeeisen; H 140 cm, B 60 cm (je Flügel)
Berlin, Alter St. Matthäus-Kirchhof

13/34 Bruchstücke von zwei Graburnen und zwei Grabtympana
Um 1890; schwarzer Granit; 94×34×34 cm, 60×23×23 cm; 60×120 cm, 60×120 cm
Berlin, Privatbesitz

13/42

13/35 Anzeige ›Gothischer Sarkophag‹

In: Angebotskatalog für Särge der Fa. F. O. Kersten, ›Holz-Sarg-Fabrik, Bronze-, Zink- und Zinn-Gießerei‹, 1908; 17,5 × 54,3 cm
Berlin, Julius Grieneisen – Erd- und Feuerbestattungen GmbH & Co. KG

Der Katalog enthält Angebote verschiedener Ausstattungen mit Preisangaben, darunter das Sargmodell ›Verbrenner‹ für Feuerbestattungen. Die Firma F. O. Kersten (gegr. 1835) war »Lieferant der Hochsel. Majestäten Kaiser Wilhelm I., Kaiserin Augusta, Kaiser und Kaiserin Friedrich«. Das Unternehmen wurde 1908 vom Bestattungsinstitut Julius Grieneisen übernommen.

13/36 Kranzwagen 2. Klasse und Leichenwagen 3. Klasse der Firma Grieneisen, um 1910

Zwei Photographien (Originalabzüge), je 21 × 29 cm
Berlin, Julius Grieneisen – Erd- und Feuerbestattungen GmbH & Co. KG

13/37 ›Über das Verbrennen der Leichen‹ Vorlesung von Jacob Grimm, gehalten an der Akademie der Wissenschaften am 29. November 1849

Berlin: Ferdinand Dümmler 1850; mit handschriftlicher Widmung »Herrn Dr. Kurd von Schlözer Jac. Grimm«
Kassel, Brüder Grimm-Museum (BGM 1963 B 51)

Mit großer Entschiedenheit ergriff Jacob Grimm Partei für die Feuerbestattung: »das feuer geht mit den todten nicht härter um als die erde, nur daß es schnell vollbringt, was diese langsam vernichtet.«

13/38 ›Der Siemens'sche Ofen für Leichenverbrennung, empfohlen von Prof. Reclam‹ (Abb.)

Holzstich nach einem Entwurf von W. Reiche, aus: Die Gartenlaube, Nr. 19, 1874; 30,8 × 22,3 cm
Kassel, Arbeitsgemeinschaft Friedhof und Denkmal e.V., Stiftung Zentralinstitut und Museum für Sepulkralkultur (GS 1979/96)

13/39 ›Der Verbrennungsofen für Leichentheile in Berlin‹

Leitartikel, in: Die Flamme, Zeitschrift zur Förderung der Feuerbestattung im In- und Auslande, Berlin, Nr. 145, 1. April 1898
Berlin, Ideal-Lebensversicherung a.G.

Bei der Erstbesichtigung des Verbrennungsofens in Anwesenheit des Bestattungs-Kuratoriums des Magistrats entströmte dem »Schornstein

13/45

13/46 b

keine Spur von Rauch, sodass der Beweis erbracht ist, dass Crematorien mitten in der Stadt angelegt werden können, ohne auch nur im geringsten die Nachbarschaft zu behelligen«.

13/40 ›Rechnung für die Sargüberführung des verstorbenen Fräuleins Ida Stich aus Berlin zur Krematoriumsbestattung in Hamburg. Verladeort Lehrter Bahnhof, 1. September 1908‹

29,5 × 21 cm
Berlin, Julius Grieneisen – Erd- und Feuerbestattungen GmbH & Co. KG

Die Berliner Illustrirte Zeitung befürwortete die Feuerbestattung: »... es wird die langsame und fortwährende Verunreinigung des Bodens durch Fäulniß verhindert; es wird die Verunreinigung des Trinkwassers durch die Fäulniß zerfallender organischer Stoffe vermieden ... auch wird dem Ackerbau kein Boden mehr entzogen. Ferner: die Friedhöfe hören auf, in Zeiten herrschender Epidemien eine fortwährende Gefahr für die Lebenden zu sein, und endlich: das Lebendigbegrabenwerden Scheintodter ist ausgeschlossen« (1895, Nr. 4).

13/41 Volks-Feuerbestattungsverein Groß-Berlin
a) Restaurant Fritz Dietrich, Neukölln, in dem der Verein 1913 gegründet wurde
b) Schaufenster des ersten Volks-Feuerbestatters Franz Wegner

Nach 1913; Ansichtskarten
Berlin, Ideal-Lebensversicherung a.G.

13/42 ›Willkommen im Grünen‹ (Abb.)
Otto Haeckel

Um 1905; Photographie (Originalabzug), 13 × 17 cm
Berlin, Ullstein Bilderdienst

Blick auf den Ferienspielplatz in Blankenfelde bei Berlin.

13/43 Freizeitvergnügen auf dem Tempelhofer Feld

1907, 1908; zwei Photographien (Originalabzüge), je 12,2 × 16,6 cm
Berlin, Archiv für Kunst und Geschichte

»Schon heute ist das Tempelhofer Feld an schönen Nachmittagen wie auch des Sonntags von Fußballklubs, spielenden Kindergruppen, sowie von Spaziergängern, Frauen und Kindern, geradezu übersät ... Der Abgeordnete von Bülow hat im preußischen Abgeordnetenhause am 13. März vorigen Jahres erklärt, daß für die 300000 Volksschüler und für die 120000 Fortbildungsschüler und Turner Berlins gegen 150 Hektar Spielplätze erforderlich sind und zwar in möglichster Nähe Berlins, nicht erst in stundenweiter Entfernung« (Hermann Kötschke, Die Berliner Waldverwüstung, Berlin 1910).

13/44 Kinderwagen

Um 1900; Korbgeflecht
Berlin, Museum für Verkehr und Technik Berlin

13/45 ›Der »verbotene« Spielplatz im Humboldthain‹ (Abb.)

Photographie, Reproduktion in: Broschüre des Propaganda-Ausschusses ›Für Gross-Berlin‹, H. 2, 1912 (S. 69)
Berlin, Landesarchiv Berlin, Bibliothek (Soz 1009/2)

Kommentar zum Bild: »Dieser Platz ist auf jeder Karte Berlins, z. B. im Bädeker, groß als ›Spielplatz‹ eingetragen.« Aufschrift des Schildes: »Das Betreten des Spielplatzes ist Unbefugten bei Strafe verboten. Städt. Parkverwaltung.«

13/46 Spielplätze
a) ›Spielplätze in Berlin und Chicago‹
b) ›Die öffentliche Spielwiese im Treptower Park‹ (Abb.)

Photographien, Reproduktionen aus: Broschüre des Propaganda-Ausschusses ›Für Gross-Berlin‹, H. 2, 1912 (S. 70 u. 87)

1903 wurden in Preußen in 71 Prozent der höheren Schulen und 36,5 Prozent der Volksschulen Spielnachmittage eingerichtet. Nach R. Gasch (Handbuch des gesamten Turnwesens, 1920) machten 1912 in Berlin mehr als 60 Prozent der Gymnasiasten, aber nur 1,3 Prozent der Gemeindeschüler von diesem Spielangebot Gebrauch.

13/47 ›Großes Fenn‹ und ›Schwarzer Graben‹, der spätere Stadtpark Schöneberg, 1908

Photographie (Originalabzug), 12×17 cm
Berlin, Kunstamt Schöneberg, Heimatmuseum/Archiv

13/48 Berliner Ferienspielplätze
Gebr. Haeckel

Acht Photographien, Reproduktionen in: Über Land und Meer, Nr. 44, 1913 (Beilage)
Berlin, Berlinische Galerie, Archiv

»Um den Kindern während der Ferienzeit den Aufenthalt in frischer Luft zu ermöglichen, ist ein großer Platz von 4,2 Hektar (im Plänterwald) für Ferienkolonisten hergerichtet. Sie zahlen pro Tag zwanzig Pfennige und werden mit der Straßenbahn hin- und herbefördert ... Die Zahl der dort spielenden Kinder, die meist zu den ärmsten gehören, hat schon die 4000 überschritten« (Albert Brodersen, Berliner Parke und Gartenplätze, Berlin und Oldenburg 1914).

13/49 Planschwiese im Schillerpark, 1912 (Abb.) und 1914

Zwei Photographien (Originalabzüge); 12×16,5 cm, 16,2×24 cm
Berlin, Ullstein Bilderdienst

13/50 Spielplatz im Friedrichshain
Paul Paeschke

1920; Öl/Lw., 90×110,8 cm
Berlin, Berlin Museum

13/51 Modell des Turnsaals des Ernst-Moritz-Arndt-Gymnasiums, Berlin-Dahlem
Fabrik für Turngeräte E. Zahn

Berlin, um 1895; Holz, Eisen; mit Glassturz; 171×203×80 cm
Berlin, M. Voss & Co. GmbH

13/52 Turnunterricht
a) In einer Berliner Mädchen-Volksschule, um 1900 (Abb.)
b) Berliner Schulkinder lernen das Aufspringen auf die Straßenbahn, 1910

Zwei Photographien (Abzüge von den Original-Glasnegativen); 13,2×18 cm, 13×18 cm
Berlin, Ullstein Bilderdienst

13/53 Gymnastische Kampfspiele in der Sporthalle Kurfürstendamm, August 1901

Photographie (Originalabzug), 16,8×23 cm
Berlin, Ullstein Bilderdienst

13/54 Deutsches Stadion in Berlin-Grunewald
a) Ansichtskarte
b) »Deutsches Stadion Weihe 8. Juni 1913« (auf Stoff gedruckt)

Köln, Deutsche Sporthochschule Köln, Carl-Diem-Institut e.V.

In der damals größten Sportarena mit 30000 Zuschauerplätzen auf 8 Hektar Fläche sollten 1916 die Olympischen Spiele ausgetragen werden.

13/55 ›Magistratssportplatz‹ in der Niebuhrstraße, Charlottenburg

Vor 1920; Photographie (Originalabzug), 17,5×23 cm
Köln, Deutsches Sportmuseum Köln (85/1B)

Nach dem Ersten Weltkrieg betrug die Spiel- und Sportplatzfläche pro Kopf der Bevölkerung in Berlin nur rund 0,4 Quadratmeter. Erst mit der von Oberbürgermeister Gustav Böss im Dezember 1921 ins Leben gerufenen Stiftung ›Park, Spiel und Sport‹, die aus städtischen Haushaltsmitteln, Staats- und Reichszuschüssen finanziert wurde, setzte eine gezielte Förderung ein.

13/56 Herrenfahrrad mit Luftbereifung
Fa. Dürkopp

Bielefeld 1892
Berlin, Museum für Verkehr und Technik Berlin (1/81/0067)

13/49

13/52 a

13/63

13/57 Vereinsfahne ›Radfahrer-Verein Tempelhof‹

1898; Tuch, Brokat, Seide; 65×65 cm, bez. auf der Rückseite: »All Heil«, auf den Bändern: »Gewidmet von den Frauen und Jungfrauen 1898«
Berlin, Heimatarchiv Tempelhof

Seit Erfindung des Luftreifens im Jahre 1888 eroberte sich der Radfahrsport »von Jahr zu Jahr mehr Terrain in immer weiteren Kreisen« (Berliner Illustrirte Zeitung, 1895). Im selben Jahr unterhielt der ›Verein für Velocipedfahren‹ bereits eine Radrennbahn in Berlin. Für die kommerzielle Verbreitung sorgte seit 1888 auch der ›Verein deutscher Fahrradfabrikanten‹. 1890 zählte die Radler-Abteilung der Berliner Turngemeinde nur 21 Mitglieder.

13/58 Das Freibad Wannsee im Jahr der Eröffnung (1907) und um 1910
Otto Haeckel

Zwei Photographien (Originalabzüge), je 8,5×14,2 cm
Berlin, Archiv für Kunst und Geschichte

13/59 Handzettel mit der Aufforderung zum Einhalten von Ordnung und Sauberkeit im Freibad Wannsee

1907; 14,5×20 cm
Berlin, Landesarchiv Berlin (Rep.210 Nr.1048 Bl.233)

13/60 Lage- und Höhenplan des Freibadgeländes am Wannsee

1915; Farbdruck, 32×79 cm; M 1:1250
Berlin, Landesarchiv Berlin, Plankammer (Rep.210 Nr.24)

Der Plan zeigt die Aufteilung des Geländes: den Zeltplatz des ›Vereins für Körperkultur‹, das See- und Familienbad und das Damen- und Herrenbad.

13/61 Frauenbadeanzug mit Gürtel

Berlin, um 1900; rotes Baumwolltrikot mit angeschnittenen Beinen, weißen Borten und rotweißer Bordüre
Berlin, Museum für Deutsche Volkskunde, SMPK (442/77)

13/62 Männerbadehose

Vor 1914; Baumwollstoff, weiß-rot gestreift
München, Münchner Stadtmuseum, Textilsammlung (A 70/113/2)

13/63 ›Eine epochale Erfindung des neuen Jahrhunderts! ... Untergehen selbst im tiefsten Wasser unmöglich‹ Werbeanzeige für einen Badeanzug (Abb.)

Reproduktion, aus: Sport im Bild, Nr. 22, 1911 (S. 109)

RAUM 14
GESUNDHEITSVORSORGE UND HYGIENE

Mit der Entwicklung Berlins zum größten deutschen Industriestandort und der damit einhergehenden Bevölkerungsexplosion wurde die unzureichende medizinische und hygienische Versorgung der unteren Schichten zum drängenden sozialen Problem. Das Ringen um die Verbesserung der gesundheitlichen, hygienischen und sozialen Lebensbedingungen hatte zahlreiche Facetten. Eine der wesentlichsten war sicherlich der Fortschritt in der Medizin selbst.

Bahnbrechende Forschungen zur Bakteriologie und Serumtherapie erhöhten die Erfolgschancen der Behandlung von Infektionen. 1882 entdeckte Robert Koch in Berlin den Erreger der Tuberkulose. Auf diese ›Proletarierkrankheit Nr. 1‹ war damals fast jeder siebte tödlich verlaufende Krankheitsfall in Berlin zurückzuführen. Die Hoffnungen auf einen vorbeugenden Schutz erfüllten sich noch nicht, denn das dafür entwickelte Serum ›Tuberkulin‹ erwies sich als wenig wirksam. Gleichwohl war der von Koch erbrachte Beweis, daß die Tuberkulose keine »cellularpathologische«, sondern eine infektiöse Erkrankung war, die Voraussetzung für hygienische Maßnahmen in der Vorbeugung und Behandlung. Die Forschungen Emil (von) Behrings am Königlichen Institut für Infektionskrankheiten in Berlin führten zur Schutzimpfung gegen Diphterie. An dem zunächst in Berlin, später in Frankfurt a. M. beheimateten Institut für Serumforschung und Serumprüfung entwickelte Paul Ehrlich das ›Salvarsan‹, das erste wirksame Mittel bei der Behandlung von Geschlechtskrankheiten.

Die wachsende staatliche Verantwortung für die Volksgesundheit fand ihren Ausdruck ebenso in der Förderung der medizinischen Forschung wie in gesetzlichen Maßnahmen. Bereits 1848 hatte der für die Sozialhygiene Berlins so bedeutende Arzt Rudolf Virchow die programmatische Forderung nach einer ›öffentlichen Gesundheitspflege‹ durch den Staat erhoben. Rund dreieinhalb Jahrzehnte später wurden in Deutschland als erstem Staat überhaupt allgemeine Kranken- und Sozialversicherungsgesetze geschaffen. Da die Krankenversicherung zunächst nur für Arbeiter in Gewerbebetrieben galt, wirkte sich das Gesetz in der Großstadt Berlin nachhaltiger aus als auf dem flachen Land. So war um 1900 in Ostpreußen nur etwa jeder siebzehnte Einwohner versichert, in Berlin dagegen jeder vierte. Das Gesetz sah neben Sachleistungen, beispielsweise Arztbesuch oder Versorgung mit Medikamenten, die Zahlung eines Krankengeldes vor. Mit der gering bemessenen Höhe (etwa die Hälfte des ortsüblichen Lohnes für Tagearbeiter) konnte aber das Ziel, ein Sinken des Einkommens unter das Existenzminimum zu verhindern, kaum erreicht werden.

Mit wachsender Aufmerksamkeit gegenüber der Gesundheit der Bevölkerung wurde auch der Krankenhausbereich erheblich ausgebaut. Zwischen 1886 und 1913 erhöhte sich die Zahl der Berliner Krankenhäuser von 29 auf 78. Auf 1000 Berliner kamen jetzt sechs Krankenhausbetten, dreimal so viel wie im preußischen

Durchschnitt. Beim Bau der Kliniken wurden die neuen hygienischen Erkenntnisse berücksichtigt. Bevorzugt wurde das ›Pavillonsystem‹, bei dem die einzelnen Abteilungen in gesonderten Häusern untergebracht waren, um eine Luftinfektion zu verhindern. Der größte und repräsentativste Bau dieser Art, das 1906 eröffnete Rudolf-Virchow-Krankenhaus, bestand aus 62 Einzelgebäuden, die durch Parkanlagen und Alleen voneinander getrennt waren. Die Innenausstattung sah u. a. hygienische Bodenbeläge (Fliesen oder Linoleum) und Möglichkeiten zur Desinfektion der Wäsche vor. Auch in den Operationsbereich hielt die Hygiene Einzug. Der Berliner Chirurg Ernst von Bergmann, von Zeitgenossen auch als ›Grandseigneur der Hygiene‹ tituliert, entwickelte in Zusammenarbeit mit der Firma Carl Lautenschläger Instrumente zur Desinfektion und Sterilisation des Operationsbereichs. Ein französischer Journalist lobte um 1910 die Berliner Krankenhäuser als die modernsten der Welt, und tatsächlich war Berlin richtungweisend für die allerorts unternommenen Anstrengungen zur Verbesserung von Medizin und Hygiene. So spiegelt das hier gezeigte, aus Wien stammende Gemälde ›Desinfektion im Krankenhaus‹ zugleich den überregionalen, von Berlin mitgeprägten Kenntnis- und Erfahrungsstand wider.

Waren die älteren Krankenhäuser häufig nur Bewahranstalten gewesen, in denen neben mittellosen Patienten unterschiedslos auch Sieche, Krüppel und Geisteskranke untergebracht wurden, so vollzog sich nun eine zunehmende Differenzierung. Spezialkliniken entstanden: 1880 wurde die ›Städtische Idioten- und Irren-Anstalt‹ Dalldorf (die heutige Karl-Bonhoeffer-Nervenklinik in Wittenau) eröffnet, und 1914 wurde in Zehlendorf das ›Oskar-Helene-Heim‹ des ›Krüppelkinder-Heil- und Fürsorge-Vereins‹ eingeweiht. Körperbehinderte Kinder und Jugendliche wurden dort medizinisch versorgt und erhielten erstmals die Möglichkeit einer Schul- und Berufsausbildung. Mit dem Ausbau des Krankenhauswesens entwikkelte sich die Krankenpflege von der ›christlichen Liebestätigkeit‹ zum neuen Berufsfeld für Frauen. Seit der Jahrhundertwende wurden städtische Pflegeschulen gegründet, auch der Beruf der Säuglings- und Kinderschwester entstand.

Neben all diesen Entwicklungen im Bereich medizinischer Forschung und Versorgung erlangte die Hygiene als Präventivmaßnahme zunehmend Bedeutung. Das sozial engagierte Bürgertum sah in der vorbeugenden Gesundheitspflege nicht zuletzt einen Beitrag zum »socialen Ausgleich«. Der 1874 gegründete Berliner ›Verein für Volksbäder‹ beispielsweise, der erste seiner Art in Deutschland, propagierte die Körperhygiene als den wirksamsten Gesundheitsschutz. Vor dem Hintergrund der Tatsache, daß ein Badezimmer in der Wohnung ein Luxus war, den sich nur wenige leisten konnten, und in Berlin eine öffentliche Badeanstalt auf 34000 Einwohner kam (1880), warb der Verein für das bis dahin kaum gebräuchliche Duschbad als »billigste und einfachste Form volksthümlicher Badeanstalten«. Die Aktivitäten des Vereins forcierten den Bau städtischer Bäder, die schwerpunktmäßig in den Arbeiterbezirken errichtet wurden. Das Neuköllner Stadtbad in der Ganghoferstraße oder das Kreuzberger in der Baerwaldstraße erinnern noch heute daran.

Trotz aller medizinisch-hygienischen Maßnahmen blieb ein Bereich lange Zeit wenig beachtet: die extrem hohe Säuglingssterblichkeit. 1875 starb in Berlin jedes dritte Kind im ersten Lebensjahr; um 1900 war es noch jedes fünfte, in den Arbeiterbezirken sogar jedes vierte. Der Mangel an Licht, Luft und Sonne sowie die ungenügenden sanitären Verhältnisse in der Mietskaserne schwächten die körperliche Widerstandskraft der Neugeborenen. Zudem galt in allen Bevölkerungsschichten das Stillen als nicht mehr zeitgemäß. Industriell hergestellte Babynahrung wurde für gesünder gehalten, obwohl sie kein vollwertiger Ersatz für die Muttermilch sein kann. Die Arbeiterfrauen, die sich die künstliche Nahrung kaum leisten konnten, wichen auf Tiermilch aus, deren Qualität und hygienische Lagerung jedoch ein Dauerproblem waren. Gerade in den heißen Sommermonaten erreichte die Säuglingssterblichkeit, die zu mehr als einem Drittel auf Ernährungsstörungen zurückgeführt werden konnte, ihren Höchststand.

Erst nach 1900 setzte eine intensive Aufklärung und Beratung der Mütter ein. Säuglingsfürsorgestellen wurden geschaffen, die hygienisch einwandfreie Milch abgaben. Außerdem wurden ›Stillprämien‹ an die Mütter gezahlt, die ihre Kinder stillten. Der Beratung und Behandlung sowie der wissenschaftlichen Forschung diente das unter Mitwirkung des ersten deutschen Ordinarius für Pädiatrie, Otto Heubner, 1907 eröffnete ›Kaiserin Auguste Victoria-Haus zur Bekämpfung der Säuglingssterblichkeit im Deutschen Reich‹ in Charlottenburg. Die erste Oberin, Antonie Zerwer, verfaßte ein Lehrbuch zur Säuglingspflege, das noch heute als Standardwerk gilt.

So vollzogen sich seit dem letzten Drittel des 19. Jahrhunderts in Berlin tiefgreifende Veränderungen auf dem Gebiet der Medizin, des Krankenhauswesens, der Hygiene und der Säuglingspflege. Vor dem Hintergrund zunehmender Bedeutung des Lebensfaktors Gesundheit wirkten mehrere Ursachen zusammen: der Bevölkerungsanstieg, die rapiden wissenschaftlichen Fortschritte, das Engagement des Bürgertums sowie das wachsende kommunale und staatliche Interesse an der Gesundheit der Bevölkerung. *R. B.*

14/1 Ansicht des auf der Hygiene-Ausstellung Berlin 1882/83 gezeigten ›Volks-Bades‹ (›10-Pfennig-Bad‹) (Abb.)

Reproduktion, aus: Bericht über die Allgemeine deutsche Ausstellung auf dem Gebiete der Hygiene und des Rettungswesens, hg. von Paul Börner, Bd. 1, Breslau 1885 (S. 339)

Das aus Wellblech gefertigte Bad bestand aus einer Männer- und einer Frauenabteilung mit je fünf Kabinen, in denen zum Preis von 10 Pfennig eine warme Dusche (einschließlich Seife und Handtuch) genommen werden konnte. Wie der Vorsitzende des Berliner Vereins für Volksbäder, der Hautarzt Oscar Lassar, berichtete, wurde diese neuartige Einrichtung während der Dauer der Hygiene-Ausstellung von mehr als 10000 Besuchern benutzt.

14/2 Bericht über die Allgemeine deutsche Ausstellung auf dem Gebiete der Hygiene und des Rettungswesens, hg. von Paul Börner

Bd. 1, Breslau: S. Schottlaender 1885
Berlin, TUB, Universitätsbibliothek, Abteilung für Kommunikations- und Geschichtswissenschaften (8 Bi 1689)

14/3 Bade-Ordnung des Vereins für Volksbäder, Berlin, September 1874

39,9×29,9 cm
Berlin, Berliner Asyl-Verein für Obdachlose e. V.

14/4 Innenansicht des Stadtbads Charlottenburg, Krumme Straße

Um 1910; Photographie (Reproduktion)
Berlin, Landesbildstelle Berlin

14/5 Flußbadeanstalten an der Waisenbrücke

Um 1904; Photographie (Reproduktion)
Berlin, Landesbildstelle Berlin

Seit 1850 ließ der Berliner Magistrat Badekähne in der Spree verankern, um dem »Mangel an öffentlichen Badeanstalten« abzuhelfen. 1905 gab es 15 dieser sogenannten Prähme mit insgesamt 18 Bassins, davon 10 für Männer, 7 für Frauen und eines wechselnd für beide Geschlechter. Mit Rücksicht auf den Schiffsverkehr befanden sich alle Flußbadeanstalten im Stadtzentrum.

Dr. Lassar's Volksbad. Ansicht.

14/1

14/6 ›Freikarte zur Benutzung der städtischen Flussbadeanstalten‹, ausgestellt von der Deputation für das städtische Turn- und Badewesen, Berlin 1903

8,9 × 11,1 cm
Berlin, Landesarchiv Berlin (Rep.240 Acc.1667 Nr.2)

14/7 Berliner Schulkinder im Volksbad (Abb.)

Photographie, Reproduktion aus: Berliner Leben, Jg. 6, 1903 (S. 173)

14/8 In einem Berliner Damenbad
Otto Haeckel

1906; Photographie (Reproduktion)
Berlin, Ullstein Bilderdienst

14/9 Entwurf einer Kurhausanlage für den Verein der Wasserfreunde in Berlin: Blick ins Herren-Schwimmbad und Blick vom Kurgarten aus

Schnellpressenrotationsdruck, aus: Blätter für Architektur und Kunsthandwerk, Jg. 9, 1896 (Taf. 27); 34,1 × 26,7 cm
Berlin, Berlinische Galerie, Fotografische Sammlung

Mit wachsender Bedeutung der vorbeugenden Gesundheitspflege entwickelte sich im Bürgertum ein Bedürfnis nach hygienischen und zugleich komfortablen Bademöglichkeiten. Der gezeigte Entwurf war 1895 realisiert worden.

14/10 ›Verein der Wasserfreunde. Wasserheil- und Badeanstalt Berlin S. W. Kommandanten-Strasse 7–9. Abtheilung Kurhaus. Haus-Ordnung‹

In: Akten des Vereins der Wasserfreunde zu Berlin, Bd. 1, um 1895
Berlin, Landesarchiv Berlin (Rep.232 Acc.2231 Nr.1)

14/11 Das Admiralsbad in der Friedrichstraße: Herrenbad und Damenbad

1911; zwei Photographien (Originalabzüge), je 26 × 20 cm
Berlin, Ullstein Bilderdienst

14/12 Wannenreihe in einem öffentlichen Bad (Abb.)

Um 1900; Öl/Lw., 122 × 105 cm
Wien, Immobilienverwaltung Erika Glassner

Dieses Gemälde wurde ebenso wie die unter Kat. Nr. 14/13 und 14/51 beschriebenen im Auftrag eines Wiener Sanitätsgeschäftes angefertigt. Es hing bis 1985 an seinem ursprünglichen Ort, in der Passage des Hauses Schottenfeldgasse 78 im siebten Wiener Stadtbezirk. Dargestellt ist mit hoher Wahrscheinlichkeit das Dianabad in Wien, das 56 ›Salon-‹ und Wannenbäder enthielt und von dem ein Kritiker bei seiner Eröffnung 1883 begeistert urteilte: »Wir kennen einen grossen Theil der Bade-Etablissements Frankreichs, Deutschlands, Englands und Italiens, doch keines derselben vermag sich mit dem Dianabad in seiner heutigen Gestalt zu messen.«

14/13 Medizinische Abteilung eines öffentlichen Bades

Um 1900; Öl/Lw., 122 × 105 cm
Wien, Immobilienverwaltung Erika Glassner

Mit dem Siegeszug der Wasserhygiene ging die Verbreitung medizinischer Bäder einher. Ähnlich der hier dargestellten Einrichtung bot beispielweise das Stadtbad in Neukölln neben Reinigungsbädern auch Moor-, Kohlensäure- und andere medizinische Bäder sowie eine ›Vibrationsmassage‹ durch ein Schwachstrombad an.

14/7

14/14 ›Baginsky's Säuglingsbett‹

Zeichnung, Reproduktion aus: Die Säuglingsfürsorge der Haupt- und Residenzstadt Berlin. Verfaßt im Auftrage des Magistrats von der Waisenverwaltung. Gewidmet dem III. internationalen Kongress für Säuglingsschutz Berlin, September 1911 (S. 133)

14/15 ›Epsteinscher Schaukelstuhl‹

Um 1910; Holz, 81×41×80 cm
Berlin, Freie Universität Berlin, Archiv des Kaiserin Auguste Victoria-Hauses

Im Kaiserin Auguste Victoria-Haus wurde der von dem Sozialhygieniker Miezislav Epstein entwickelte kippsichere Schaukelstuhl verwendet. Auf diesem Stuhl saß das Kind rücklings; damit sollten der »Gebrauch und die Übung aller Muskeln, namentlich auch der Rückenmuskeln«, gefördert werden.

14/16 ›Stillstuhl‹

Um 1910; Holz, 63×61×68 cm
Berlin, Freie Universität Berlin, Archiv des Kaiserin Auguste Victoria-Hauses

Dem Schutz des Kindes und seiner bestmöglichen Entwicklung diente der Stillstuhl, dessen niedrige, nach hinten abgeschrägte Sitzfläche und besondere Lehnenstellung eine für den Säugling optimale Haltung der Stillenden bewirkte.

14/17 Aus der Arbeit des Kaiserin Auguste Victoria-Hauses: Milchküche, Milchausgabestelle, Ammenstation, Kinderfüttern, Säuglingskrankenhaus und Höhensonnenbestrahlung

1907–1920; sechs Photographien (Reproduktionen)
Berlin, Freie Universität Berlin, Archiv des Kaiserin Auguste Victoria-Hauses

14/18 Moulagen (plastische Schaubilder)

a) ›Angina lacunaris‹

Wachs, Leinen; 28×20×7 cm

b) ›Scharlach‹

Wachs, Leinen; 42×23×7 cm

c) ›Impfpusteln‹

Wachs, Leinen; 25,2×14×5 cm

Bad Kreuznach, Diakonie-Anstalten Bad Kreuznach

14/19 Höhensonne (Kippbrenner) *Hanauer Quarzlampenfabrik*

Hanau 1929; H 150 cm
Hanau, W. C. Heraeus GmbH

1918 entwickelte der Berliner Kinderarzt Kurt Huldschinsky die Prophylaxe und Therapie der Rachitis durch ultraviolette Bestrahlung. Von dieser auf unzureichende Ernährung und auf Licht- und Luftmangel zurückzuführenden Vitamin D-Mangel-Krankheit waren um 1900 zwischen 70 und 90 Prozent der Berliner Arbeiterkinder betroffen.

14/20 Schaublatt zur Rachitis, mit Originalphotographien aus dem Kaiserin Auguste Victoria-Haus

Um 1920; 34×49,5 cm
Berlin, Freie Universität Berlin, Archiv des Kaiserin Auguste Victoria-Hauses

Rachitische Kinder litten an einer Verkrümmung der Beine und aufgetriebenen Gelenken. Der Kopf erschien infolge der Unterentwicklung des Körpers oft als übergroß.

14/21 ›Merkblatt zur Verhütung und Heilung der englischen Krankheit (Rachitis). Bist Du eine gute Mutter?‹, hg. vom Kaiserin Auguste Victoria-Haus. Reichsanstalt zur Bekämpfung der Säuglings- und Kleinkindersterblichkeit

Um 1925; 29,5×20,7 cm
Berlin, FUB, Universitätsbibliothek, Sammlung Rott (251)

14/22 Antragsformular für unentgeltliche Milchabgabe (›Freimilch‹) durch die Säuglingsfürsorgestelle Charlottenburg

Um 1910; 29,5×21 cm
Berlin, FUB, Universitätsbibliothek, Sammlung Rott (160/161 Nr.2)

In Zusammenarbeit mit dem Kaiserin Auguste Victoria-Haus wurde in den Säuglingsfürsorgestellen hygienisch und ernährungsphysiologisch einwandfreie Milch abgegeben. Die ersten Fürsorgestellen in Charlottenburg und Berlin wurden 1905 eröffnet.

14/23 Gutschein für ›Freimilch‹ der Charlottenburger Säuglingsfürsorgestelle

Um 1910; 8,1×9,1 cm
Berlin, FUB, Universitätsbibliothek, Sammlung Rott (160/161 Nr.2)

14/24 ›Nestle's condensirte Milch von Henri Nestle‹ (Schaudose)

Um 1900; Pappe; H 8,5 cm, Dm 6 cm
Berlin, Werkbund-Archiv

14/25 ›Hygienische Saugflasche mit Britannia Metall-Verschluss und Kugel-Ventil. Garantiert bleifrei‹ (mit Originalverpackung)

Nach 1887; Glas, Zinn; 25×6×6 cm (Verpakkung)
Berlin, Sammlung Manfred Bold

14/26 ›Eledon Buttermilch in Pulverform. Hergestellt unter ständiger Kontrolle des Kaiserin Auguste Victoria Hauses‹

Nachbildung 1986 (Original-Dose 1930); H 10 cm, Dm 9,1 cm
München, Nestlé Alete GmbH

14/27 Kinderheim Siemensstadt: Sprechzimmer der Säuglingsfürsorgestelle

Um 1905; Photographie (Reproduktion)
München, Siemens-Museum

14/28 Photoalbum mit Aufnahmen der Säuglingsschwester-Schülerinnen des Berliner Krippenvereins

1908–1923; 40,9×30×10 cm
Berlin, Berliner Krippenverein

Am 1. Oktober 1908 wurde im Krippenhaus in Berlin-Schöneberg (Kyffhäuserstraße, heute Karl-Schrader-Straße) eine Pflegeschule eröffnet, die »dazu dienen (soll), strebsame, brave Mädchen und alleinstehende Frauen zu geschulten Säuglingspflegerinnen auszubilden, an denen es in Deutschland bisher fehlt. Diese Ausbildung mußte unter Aufwendung großer Kosten im Auslande gesucht werden«.

14/29 Zeugnis des Berliner Krippenvereins für Hedwig Wollburg, 1. November 1909

28,6×22,4 cm
Berlin, Berliner Krippenverein

14/12

14/30 Dienstbroschen und Dienstanhänger aus der Säuglingspflegeschule des Kaiserin Auguste Victoria-Hauses: Schülerinnenbrosche, zwei Schwesternbroschen, Oberinnenbrosche und Oberinnenkette mit Anhänger

1909; Silber, Emaille; 4×3 cm, Dm 3,2 cm, Dm 4,7 cm, Dm 4,3 cm, Kette: L 72 cm
Berlin, Freie Universität Berlin, Archiv des Kaiserin Auguste Victoria-Hauses

14/31 Schaublätter zur Säuglingspflege und Säuglingshygiene (Abb.)

36 Farblithographien bzw. Lichtdrucke, aus: Leo Langstein, Fritz Rott, Atlas der Hygiene des Kindes, 3. Aufl., Berlin: Preußische Verlagsanstalt G.m.b.H. 1926 (Erstauflage 1918); je 35,2×49,8 cm
Berlin, Freie Universität Berlin, Archiv des Kaiserin Auguste Victoria-Hauses

14/32 Hygienisch-medizinische Präparate
a) Schering's flüssige Kamillen-Seife
b) Desinfektionsmittel ›Formalin‹
c) Formalin-Fußpuder
Fa. Schering

Berlin, vor 1910, 1920 (Kamillen-Seife)
Berlin, Schering AG, Scheringianum

14/33 Hausapotheke mit Inhalt

Berlin, nach 1920; 8,8×28,5×18,5 cm
Berlin, Schering AG, Scheringianum

14/34 Sammlung von Medikamenten und medizinischen Hilfsmitteln aus der Praxis eines Arztes im Wedding

Vor 1910 (teilweise später)
Berlin, Schering AG, Scheringianum

Schätzungen gehen davon aus, daß vor Einführung der Krankenversicherung nur etwa 10 bis 20 Prozent aller Erkrankungen in der Arbeiterschaft ärztlich behandelt wurden. Mit dem Krankenversicherungsgesetz von 1883 wurden die Kosten für Sachleistungen wie Arznei, Brillen u. ä. von den Kassen übernommen. Gleichwohl blieben der Apotheker und der Drogist weiterhin die erste Anlaufstelle bei leichteren Erkrankungen.

14/35 Innenansicht einer Apotheke am Ludwigkirchplatz in Wilmersdorf

Um 1908; Photographie (Reproduktion)
Berlin, Landesbildstelle Berlin

14/36 Arzneirezept, ausgestellt am 12. Juni 1897, in einem Umschlag mit der Aufschrift ›Augusta-Apotheke von A. Alves. Berlin W 10‹

Berlin, FUB, Institut für Geschichte der Medizin (S 574)

14/37 Plakat ›Unfall-Stationen – Berliner Rettungswesen. Tag und Nacht für Jedermann ärztliche Hilfe und Transportmittel bei Unglücksfällen und plötzlichen Erkrankungen‹
Emil Döpler d. J.

Vor 1914 (vermutl. 1913); Farblithographie, 67,5×51,5 cm
Berlin, Kunstbibliothek, SMPK

1913 wurden die ›Berliner Unfallstationen vom Roten Kreuz‹ von der Stadt Berlin übernommen. Sie waren 1893 gegründet worden, um den Arbeitern in den Gewerbebetrieben Erste Hilfe zuteil werden zu lassen; sie hatten ihre Hilfeleistung jedoch bald auf die gesamte Bevölkerung ausgedehnt.

14/38 Drei Armbinden des Deutschen Roten Kreuzes, Berlin
a) ›Genossenschaft freiwilliger Krankenpfleger im Kriege, Verband Berlin‹
b) ›Sanitätskolonne Schöneberg-Friedenau‹
c) ›Sanitätskolonne Zehlendorf-Dahlem‹

Berlin, Deutsches Rotes Kreuz, Landesverband Berlin

Auch nach der Übernahme der Unfallstationen durch die städtische Verwaltung war das Rote Kreuz weiterhin auf dem Gebiet der Ersten Hilfe aktiv.

14/39 Krankentransportwagen vor dem Krankenhaus Bethanien

Um 1895; Photographie (Originalabzug), 49,3×66 cm
Berlin, Georg Rünzel, Krankentransport

14/40 Pferdewagen für den Krankentransport

Um 1895; Photographie (Originalabzug), 29,8×36,2 cm
Berlin, Georg Rünzel, Krankentransport

Langstein-Rott, Atlas der Hygiene des Kindes. 3. Auflage.
Tafel 20.
Verhütung der Bakterienübertragung.
Spiritus.
SODA
Vernichtung der Bakterien.
Sublimat
GIFT
Lysol
Lysol
Die Bakterienübertragung wird verhütet durch Sauberkeit, also durch Waschen mit heißem Wasser, Seife und Bürste, auch z. B. durch den Gebrauch von Soda oder Spiritus. Die Bakterien werden vernichtet durch Hitze oder den Gebrauch von Desinfektionsmitteln wie z. B. Sublimat und Lysol. Die Desinfektionsmittel sind Gifte, daher Vorsicht.

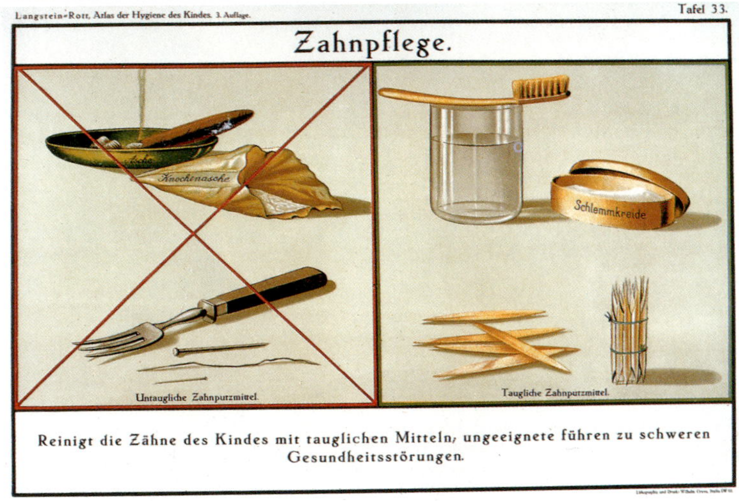
Langstein-Rott, Atlas der Hygiene des Kindes. 3. Auflage.
Tafel 33.
Zahnpflege.
Knochenasche
Schlemmkreide
Untaugliche Zahnputzmittel.
Taugliche Zahnputzmittel.
Reinigt die Zähne des Kindes mit tauglichen Mitteln, ungeeignete führen zu schweren Gesundheitsstörungen.

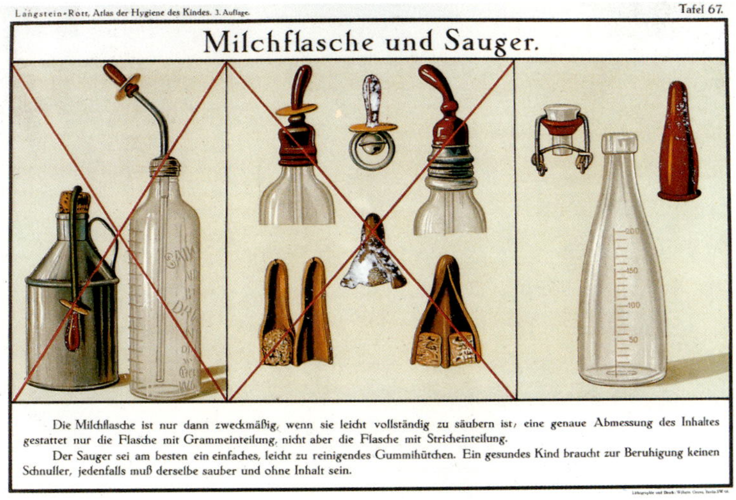
Langstein-Rott, Atlas der Hygiene des Kindes. 3. Auflage.
Tafel 67.
Milchflasche und Sauger.
200
150
100
50
Die Milchflasche ist nur dann zweckmäßig, wenn sie leicht vollständig zu säubern ist, eine genaue Abmessung des Inhaltes gestattet nur die Flasche mit Grammeinteilung, nicht aber die Flasche mit Stricheinteilung.
Der Sauger sei am besten ein einfaches, leicht zu reinigendes Gummihütchen. Ein gesundes Kind braucht zur Beruhigung keinen Schnuller, jedenfalls muß derselbe sauber und ohne Inhalt sein.

14/31

14/43

14/41 Motorisierter Krankentransportwagen
Um 1910; Photographie (Originalabzug), 11,9 × 17,1 cm
Berlin, Georg Rünzel, Krankentransport

14/42 Gedenkblatt des ›Verbandes für erste Hülfe‹, »aus Anlaß seiner Übergabe in die städtische Verwaltung«, Berlin, 1. Oktober 1919
33,8 × 22,8 cm
Berlin, Deutsches Rotes Kreuz, Landesverband Berlin

14/43 Krankenfahrstuhl (Abb.)
Berliner Krankenmöbel-Fabrik Carl Homann
Um 1890; Holz, Eisenblech, Gummi; 117 × 70 × 150 cm
Berlin, Museum für Verkehr und Technik Berlin

14/44 Städtische Irrenanstalt Dalldorf: ›Pavillon 6 für 50 unruhige Kranke‹
1882; kolorierte Federzeichnung, 48 × 65 cm; M 1:125
Berlin, Karl-Bonhoeffer-Nervenklinik

14/45 Städtische Irrenanstalt Dalldorf: ›Pavillon für 100 ruhige Irre‹
1883; kolorierte Federzeichnung, 60 × 95 cm; M 1:133
Berlin, Karl-Bonhoeffer-Nervenklinik

14/46 Städtische Irrenanstalt Dalldorf
a) Gesamtansicht der Anlage
b) Zimmer in der Frauenabteilung
c) Pflegepersonal
d) Ärzte und Verwaltungsbeamte
Um 1890; vier Photographien (Originalabzüge); 22 × 40,2 cm, 15,3 × 20,6 cm, 15,2 × 20,3 cm, 15,2 × 20,4 cm
Berlin, Karl-Bonhoeffer-Nervenklinik

14/47 ›Oskar-Helene-Heim für Heilung und Erziehung gebrechlicher Kinder‹ in Zehlendorf
a) Kind in der Glissowschen Schwebe
b) Mädchen mit Wirbelsäulenverbiegung im Wullstein
c) Im Geräteraum (Abb.)
d) Schulunterricht im Freien
Um 1914; vier Photographien (Originalabzüge); 16,7 × 5,7 cm, 16,8 × 12 cm, 18 × 24,1 cm, 11,9 × 15,8 cm
Berlin, FUB, Orthopädische Klinik und Poliklinik, Oskar-Helene-Heim

14/48 ›Städtisches Allgemeines Krankenhaus im Friedrichshain zu Berlin‹
a) ›Pavillon für chirurgische Kranke – Pavillon für innere Kranke‹
b) ›Isolir-Gebäude für ansteckende Krankheiten‹
Hermann Rückwardt
Um 1874; zwei Photographien (Originalabzüge) aus einer Mappe, je 27,3 × 39,8 cm
Sammlung P. F. C. Wille

Das in den Jahren 1868 bis 1874 von den Architekten Martin Gropius und Heino Schmieden errichtete Krankenhaus im Friedrichshain war das erste städtische Krankenhaus und zudem das erste in der beschriebenen Pavillonbauweise. Dieses System wurde in Berlin besonders von Rudolf Virchow propagiert. Wenngleich die Forschungen Robert Kochs zur Bakteriologie die Erkenntnis erbracht hatten, daß nicht die Luftinfektion, sondern die Kontaktinfektion (durch unmittelbare Berührung der infizierten Körperteile, Wundverbände, Instrumente oder Kleidungsstücke) für die gefürchtete Wundfäule verantwortlich war, blieb der Pavillonbau für Berlins Kliniken bis zum Ersten Weltkrieg bestimmend (u. a. 1906 Rudolf-Virchow-Krankenhaus, 1909 Krankenhaus Neukölln).

14/49 Berliner Krankenhäuser
Um 1910; Serie von 18 Ansichtskarten
Aachen, Axel Hinrich Murken

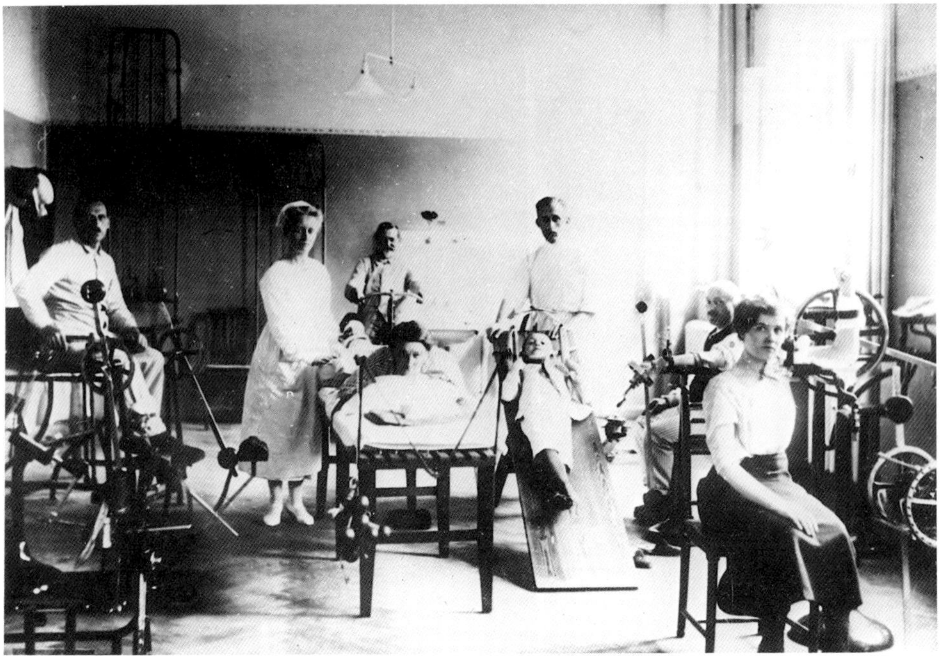

14/47 c

14/50 ›Neubauten der Charité zu Berlin. Pathologisches Institut. Lageplan‹

Farblithographie, aus: Sammlung von Bauausführungen des preussischen Staates, Inventarzeichnungen, Bd. 40, Berlin 1908 (Bl. 1); 70,2×85 cm
Berlin, TUB, Plansammlung der Universitätsbibliothek (29577)

Die alte Charité, das wohl berühmteste Krankenhaus Berlins, konnte den Erfordernissen einer wachsenden Bevölkerungszahl und neuer hygienischer Erkenntnisse nicht mehr hinreichend Rechnung tragen. Deshalb entstand auf Initiative Friedrich Althoffs in den Jahren 1897 bis 1910 eine städtebaulich geschlossene Neuanlage, deren Gesamtfläche mehr als 130000 Quadratmeter betrug.

14/51 Desinfektion im Krankenhaus

Um 1900; Öl/Lw., 124×200 cm
Wien, Immobilienverwaltung Erika Glassner

Das Gemälde zeigt die Desinfektionsabteilung oder die Pathologie eines Krankenhauses. In den in Regalen untergebrachten Gefäßen befinden sich die Desinfektionsmittel (Karbol, Lysol u. a.). Das Bild spiegelt den neuen internationalen Standard der klinischen Hygiene wider; auch in den Berliner Krankenhäusern befanden sich derartige Desinfektionsabteilungen.

14/52 Der erste Sterilisator für den aseptischen Operationssaal in der Klinik Ernst von Bergmanns in Berlin (Prototyp)

Fa. Carl Lautenschläger

Berlin 1889; Metall; H 117 cm, Dm 41 cm
Ingolstadt, Deutsches Medizinhistorisches Museum

Die von Robert Koch, Friedrich Löffler und Georg Gaffky im Kaiserlichen Gesundheitsamt in Berlin durchgeführten bakteriologischen Versuche hatten ergeben, »dass heisse strömende Wasserdämpfe von mindestens 100 Grad im Stande seien, in verhältnismässig kurzer Zeit auch die widerstandsfähigsten Mikroorganismen zu zerstören« (so die Beschreibung in dem von den städtischen Behörden herausgegebenen Bericht ›Die öffentliche Gesundheits- und Krankenpflege der Stadt Berlin‹, 1890). Ausgehend von dieser Erkenntnis wurden von Ernst von Bergmann, dem Leiter der Berliner Universitätsklinik in der Ziegelstraße, und seinem Assistenten Curt Schimmelbusch sanitärtechnische Einrichtungen für die Operationshygiene entwickelt und in Zusammenarbeit mit der Berliner Firma Carl Lautenschläger konstruiert. Neben der Sterilisation wurden auch Maßnahmen zur Desinfektion eingeführt (keimfreie Operationskleidung, Desinfektion der Hände).

14/53 Ernst von Bergmann bei einer Operation in der Universitätsklinik, Ziegelstraße

Franz Skarbina

1907; Heliogravüre; 57,4×69,5 cm, 87×94 cm (Blgr.)
Berlin, Berlin Museum

14/54 Pathologisch-anatomisches Besteck (im Originalkasten mit zwei Einsätzen)

Medicinisches Waarenhaus (Act. Ges.) Berlin

Um 1890; 13,5×51,5×26,5 cm (Kasten)
Ingolstadt, Deutsches Medizinhistorisches Museum

14/55 Operationssaal im Auguste Victoria-Krankenhaus, Schöneberg (Abb.)

Hermann Rückwardt

1907; Photographie (Originalabzug), 23,8×20 cm
Berlin, Kunstamt Schöneberg, Heimatmuseum / Archiv

14/56 Brutapparat nach Robert Koch

Um 1890; Kupfer, 135×62×38 cm
Berlin, Bundesgesundheitsamt, Robert-Koch-Institut

In diesem von Robert Koch entwickelten Brutapparat konnten bei konstanter Temperatur Bakterienkulturen gezüchtet werden. Im Bereich der Bakteriologie gelangen Koch am Kaiserlichen Gesundheitsamt in Berlin fundamentale Entdeckungen: u. a. wies er 1878 den spezifischen Erreger des Milzbrandes nach, 1882 den der Tuberkulose, 1883 den der Cholera.

14/57 ›Lageplan des Institutes für Infections-Krankheiten bei der Königlichen Charité zu Berlin‹

1891; kolorierte Federzeichnung, 78×115 cm
Berlin, Bundesgesundheitsamt

14/58 Mikroskop Robert Kochs (mit Originalkasten)

Um 1890; H 25 cm, Dm 12 cm; 30×15×15 cm (Kasten)
Berlin, Bundesgesundheitsamt, Robert-Koch-Institut

14/59 Zwei Standgläser mit dem Tuberkulose-Impfstoff ›Neues Tuberkulin Koch‹

Um 1900; H 54 cm, Dm 13 cm
München, Deutsches Museum

14/60 Drei Präparate zur Diagnose und Therapie der Tuberkulose (in Originalschachteln)

a) ›Alt-Tuberculin »Koch«‹
b) ›Tuberkulose-Diagnostikum »Hoechst«‹
c) ›Tuberkinin-Injectionen‹

Um 1890; je 2×10×5 cm
Berlin, Bundesgesundheitsamt, Robert-Koch-Institut

14/61 Taschenflasche für Hustende (in Originalschachtel, mit Gebrauchsanweisung)

Nach Angaben des Geh. Sanitätsrats Dr. Dettweiler, Falkenstein / Ts. (Deutsches Reichspatent Nr. 51.691); vor 1914; Glas, Chrom; 10,5×5,5 cm
Privatbesitz

Fläschchen wie dieses wurden an Tuberkulosekranke verkauft oder kostenlos abgegeben. Sie dienten der Sammlung des infizierten Auswurfs, der eine große Ansteckungsgefahr bedeutete.

14/62 Plakat ›Deutsche Mütter schützt Eure Kinder vor der Tuberkulose – dem ärgsten Feinde der Volksgesundheit‹, hg. vom Deutschen Central-Komitee zur Bekämpfung der Tuberkulose, Berlin

Emil Döpler d. J.

Berlin: Wilhelm Greve, Königl. Hofbuchdruckerei, um 1908; Farblithographie, 63×48 cm
Berlin, FUB, Universitätsbibliothek, Sammlung Rott (252)

14/63 Desinfektoren bei der Arbeit: Desinfektion von Bettwäsche und Matratzen und Desinfektion eines Zimmers (Abb.)

Um 1910; zwei Photographien (Reproduktionen)
Berlin, Bundesgesundheitsamt, Robert-Koch-Institut

Aus Furcht vor einer Verbreitung der 1884 in Frankreich heftig aufgetretenen Cholera beschloß die Stadt Berlin die Errichtung zweier öffentlicher Desinfektionsanstalten. Das Handbuch ›Die öffentliche Gesundheits- und Kran-

14/55

kenpflege der Stadt Berlin‹ aus dem Jahre 1890 beschreibt ihre Arbeit: »Auf Anordnung des Verwalters holen Desinfektoren in besonderen gut verschliessbaren Wagen, deren Bespannung und Fuhrpersonal ein Unternehmer gegen eine fest normirte Entschädigung zu stellen hat, die infizirten Gegenstände aus der betreffenden Wohnung ab. Während des Einpackens in der Wohnung tragen die Beamten einen bis an die Füsse reichenden, uniformartig gearbeiteten Leinewandpaletot über ihrem Dienstanzug, der bei dem Verlassen der Wohnung mit einer 5 proz. Karbolsäurelösung mittels eines Sprayapparates gründlich besprüht und dann abgelegt und in den Wagen gepackt wird. Zum Einpacken der Gegenstände sind leinene Hüllen und Beutel in den verschiedensten Grössen mitzunehmen, die, nachdem sie gefüllt sind, ebenfalls mit derselben Karbollösung stark angefeuchtet werden, um ein Ausstäuben ihres Inhaltes zu vermeiden.«

14/64 Emailleschild ›Nicht auf den Boden spucken‹

Um 1910; 16×8 cm
Berlin, Museum für Verkehr und Technik Berlin

14/63

14/65 Salvarsan-Ampulle in Originalverpackung, mit Gebrauchsanweisung

Um 1911; H 6,5 cm, Dm 1,5 cm (Ampulle); 35,5×17,5 cm (Gebrauchsanweisung)
Frankfurt a. M., Firmenmuseum der Hoechst AG

Mit dem Wirkstoff Salvarsan, der 1907 auf den Markt kam, stand erstmals ein erfolgversprechendes Präparat für die Behandlung der Geschlechtskrankheiten zur Verfügung. Paul Ehrlich, dessen Forschungsarbeit das Mittel zu verdanken ist, war seit 1899 in Frankfurt a. M. tätig, wo das zunächst in Berlin-Steglitz untergebrachte Institut für Serumforschung und Serumprüfung in Zusammenarbeit mit der Firma Hoechst angemessene Forschungsbedingungen erhalten hatte.

14/66 Gebrauchsanweisung für Diphtherie-Serum

1894; 22,8×14,6 cm
Frankfurt a. M., Firmenmuseum der Hoechst AG

14/67 ›Beschütze Dein Kind vor Diphtherie‹

Um 1925; Farblithographie (Reproduktion), 42×29,5 cm
Frankfurt a. M., Firmenmuseum der Hoechst AG

Der Text des Plakates betont die Vorteile einer Diphtherie-Schutzimpfung: »Vor der Impfung: In Deutschland erkranken jährlich an Diphtherie: 150000 Kinder, davon sterben: 1500 Kinder. Nach der Impfung: Würden alle Kinder gegen Diphtherie geimpft, so erkranken noch: 1500 Kinder, davon würden schlimmsten Falles sterben: 150 Kinder.«
Emil (von) Behring, der in Berlin – zunächst als Assistent Robert Kochs – am Kaiserlichen Gesundheitsamt und am Königlichen Institut für Infektionskrankheiten tätig war, entwickelte in den Jahren 1890 bis 1892 ein Diphtherie-Antiserum. Seine Forschungen wurden anfangs mit großer Skepsis aufgenommen; erst seit 1907 wurde die Diphtherie-Schutzimpfung in der Praxis angewandt.

III. REICHSHAUPTSTADT UND ›PARVENÜPOLIS‹

RAUM 15
METROPOLE IN GARDEUNIFORM

In den vier Jahrzehnten zwischen Reichsgründung und Erstem Weltkrieg wurde Berlin zur Millionenstadt. 1871 gab es knapp über 800000 Einwohner, 1905 war die Zwei-Millionen-Grenze überschritten. Das städtische Ballungsgebiet – 1911 war der ›Zweckverband Groß-Berlin‹ gegründet worden – zählte kurz vor dem Kriege mit fast vier Millionen Einwohnern zu den größten Stadtgebilden der Welt; in Europa war nur London größer. Zu diesem Groß-Berlin gehörten auch Charlottenburg, Wilmersdorf, Schöneberg, Rixdorf (Neukölln) und Lichtenberg, die im Sog der vehementen Entwicklung der Reichshauptstadt in kurzer Zeit zu beachtlichen Großstädten geworden waren. Zwischen 1871 und der Jahrhundertwende wuchs die Stadt jedes Jahr um fast so viele Einwohner, wie sie zu Beginn der Regierungszeit Friedrichs II. gezählt hatte.

Diesen rasanten Bevölkerungszuwachs verdankte Berlin nicht nur seiner Rolle als ›Kaiserstadt‹ und Hauptstadt eines Reiches, welches voller Optimismus und nationalem Kraftgefühl den Weg in die ›Weltpolitik‹ angetreten hatte, sondern mehr noch seiner expandierenden Industrie. Seit der Mitte des 19. Jahrhunderts entfaltete sich die Berliner Wirtschaft in einem solchen Maße, daß die alte Residenz-, Beamten- und Militärstadt zu einer der größten Industriemetropolen der Welt wurde. Aus dem ›Spree-Athen‹ wurde ein ›Spree-Chicago‹, wie Mark Twain um die Jahrhundertwende schrieb.

Wenn dennoch die Inszenierung eines kaiserlichen Hofballs die Mitte des Eingangs- und Hauptraumes der Abteilung ›Reichshauptstadt und »Parvenüpolis«‹ bildet und so den Cäsarismus des Hohenzollernreiches in Erinnerung ruft, dann deshalb, weil Berlin trotz aller rasch und stark entwickelten Modernität von Anspruch und Dekor der Monarchie, des Hofes und des Militärs prägender bestimmt war als die großen westeuropäischen Metropolen. Nicht ohne Grund hatte 1887 der französische Schriftsteller Jules Laforgue seinem Berlin-Buch den Titel ›La cour et la ville‹ gegeben, den Hof vor der Stadt genannt, und damit die Bedeutung feudal-konservativer Leitvorstellungen in der Berliner Gesellschaft deutlich hervorgehoben. Auf den Berliner Hof – als Sitz des deutschen Kaisers und preußischen Königs – war der Blick der Stadt und des ganzen Reiches gerichtet, und auch die bürgerlichen und großbürgerlichen Schichten aus Industrie und Hochfinanz, Wissenschaft und Kunst, die den Takt, die Meinung und den Stil einer neuen Zeit angaben, konnten sich der Strahlkraft des Hofes nicht entziehen.

Man hat Kaiser Wilhelm II. den »Industriekaiser, den Großstädter auf dem Thron« (Karl Scheffler) genannt, und tatsächlich wird man das Hofleben unter den beiden Kaisern zu unterscheiden haben: während der Regierungszeit Wilhelms I. war das Hofzeremoniell noch einem alt-berlinischen Stil, einer eher preußisch-gediegenen Noblesse verpflichtet, der junge Kaiser hingegen sah in opulenter Repräsentation und Imperatorengebärde ein Mittel der politischen Reichs- und Selbstdarstellung. Das forcierte Bekenntnis des jungen Herrschers zur monarchisch-feudalen Tradition war nicht zuletzt auch eine Reaktion auf die Veränderung und Begrenzung des Hofeinflusses durch die Demokratisierung und Politisierung des öffentlichen Lebens in der modernen Großstadt.

Berlin war die Bühne für ein pracht- und wirkungsvolles Ineinander von imperialer Selbstbestätigung, Behauptung des Weltmachtsgestus, aristokratischer Traditionspflege und der Demonstration nationalen Ehrgeizes. Dabei war das Erscheinungsbild der Stadt wesentlich vom Parade-, Manöver- und Soldatenspiel in visuell-zeremonieller Form bestimmt – nicht nur im Zentrum der Stadt, zwischen Stadtschloß und Brandenburger Tor, wo man das eigentliche Areal der Reichshauptstadt hat ausmachen wollen, sondern auch in den Randbezirken mit ihren Kasernen und Exerzierplätzen bis hin zum Tempelhofer Feld und zur Jungfernheide. Man sprach in der Kaiserzeit von der ›Metropole in Gardeuniform‹ und unterstrich damit, daß das gesellschaftliche Leben in Berlin wie in keiner anderen der europäischen Hauptstädte vom Geist und von der Couleur des Militärs durchtränkt war. Theodor Fontane, dessen Berliner Soziographien als Meisterwerke des literarischen Realismus in Deutschland gelten, mokierte sich über das Leutnantspatent als »Vitzliputzli des preußischen Cultus«. Wilhelm II., der mit diesem Offizierspatent das militärische Karrieresystem modernisieren wollte, um so die neuen besitz- und bildungsbürgerlichen Schichten in das Offizierskorps zu integrieren, förderte auf der anderen Seite auch die feudalsten Elemente des Militärs wie das in Berlin und Charlottenburg stationierte Gardedukorps oder die Formen eines Exerzierreglements, die sich spektakulär für die urbane Öffentlichkeit inszenieren ließen.

Die Gestaltung des Ausstellungsraumes hat sich an diesem Bühnen- und Theatercharakter der ›Kaiserstadt‹ orientiert. In einer zentralen Vitrine, die in ihrer Konstruktionstechnik an die Zweckarchitektur der Jahrhundertwende erinnert (um so auch die ›heimliche‹ Modernität des Wilhelminismus ins Bild zu setzen), sind Kleider und Uniformen ausgestellt, wie sie auf den jährlich in der Wintersaison stattfindenden Hofbällen und Hofereignissen im Berliner Stadtschloß getragen wurden. Wer bei welchen Anlässen in welchen Sälen und in welchem Abstand zum Kaiser zugelassen war, wurde in Zeremonial-Büchern und Hof-Rang-Ordnungen festgelegt. In welch starkem Maße diese Vorschriften von starren ständischen Kategorien diktiert waren, belegt das bis zum Ende der Monarchie geltende ›Hof-Rang-Reglement vom 19. Januar 1878‹, welches dem Oberbürgermeister von Berlin die 39. und den Rektoren der Universitäten die 47. von insgesamt 62 Rangstufen zuwies. Weit vor ihnen waren nicht nur die Reichsfürsten und die Staatsminister, sondern auch die hohen Militärs und die Oberhofchargen plaziert. Kleiderordnungen regelten die Garderobe bis hin zur Zahl der Knöpfe bei Uniformen und Hoftrachten. In einem Erlaß vom 30. Dezember 1889 hatte Kaiser Wilhelm II. Kniehosen und Seidenstrümpfe für die Zivilbediensteten wieder eingeführt und fast programmatisch sein angestrengtes Bekenntnis zur höfischen Tradition niedergelegt: »Es ist Mein Wunsch, daß in Beziehung auf die Trachten die schönen Sitten und Gebräuche früherer Zeit wiederum zur Geltung gelangen.«

Die ausgestellte Hof-Uniform eines Geheimen Regierungs- und Ministerialrats belegt mit ihrer Kniehose, ihren weißseidenen Strümpfen und ihrem Dreispitz diesen Kostümhistorismus. Von den ausgestellten Ball- und Hofkleidern verdient das der Bankiersgattin Elizabeth Eleanor (von) Schwabach hervorgehoben zu werden. Es gibt sich mit seinem Gold-Frisé und seinen Silberbroschierungen als besonders aufwendiges Stück der Haute-Couture zu erkennen (es stammt tatsächlich aus Paris) und wurde anläßlich der Schwabachschen Erhebung in den erblichen Adelsstand bei Hof getragen. Dr. phil. Paul Hermann (von) Schwabach, im Juni 1907 nobilitiert, gehörte als Mitinhaber des Bankgeschäftes S. Bleichröder der neuen, an den Hof drängenden Finanz- und Industrie-Elite an.

Mit dem Ausbau der Industrie und der wirtschaftlichen Macht in der Reichshauptstadt hatte sich eine neue Schicht von reichen ›Bourgeois‹ gebildet, die in ihren Formen der Selbstdarstellung mit der Aristokratie konkurrierte. Durch ihre Finanzkraft war sie zu einer Lebensführung imstande, die in Pracht und Aufwand dem höfischen und adeligen Luxus in nichts nachstand; freilich ging es in Berlin immer noch bescheidener zu als in Wien oder London. Was am Hofe an Glanz und Prunk üblich war, wurde von dem reichen Berliner Besitzbürgertum in Stil, Lebensart und gesellschaftlichem Auftreten nachgeahmt.

Mit zwölf Prozent aller Nobilitierten stellten diese Neureichen aus Industrie und ›haute-finance‹ in der Regierungszeit Wilhelms II. eine bedeutende Gruppe unter dem Neu-Adel dar. Zwar machte die Nobilitierung ›hoffähig‹ und verschaffte Prestige durch die Nähe zum Thron; sie bedeutete aber nicht in jedem Fall eine uneingeschränkte Anerkennung und Integration in die Solidarität und das Selbstverständnis der vornehmsten staatstragenden, -erhaltenden und -repräsentierenden Kreise. Es gab Unterschiede und Konkurrenzen innerhalb der Hofgesellschaft. Die geadelte Finanzaristokratie galt den Altständischen als parvenühaft, ›Koofmichs‹ hießen sie zuweilen, und vor allem ein in den Adelsstand erhobener jüdischer Unternehmer, Bankier oder Kaufmann war in der Gesellschaft, und gerade bei Hofe, Diskriminierungen ausgesetzt, die in den Adels-Memoiren der Zeit nachzulesen sind. In ihnen hatte sich das Mißtrauen gegenüber den neuen wirtschaftlichen Kräften, gegenüber der ›Geldherrschaft‹, mit antisemitischen Haltungen, wie sie in der Berliner Hofgesellschaft verbreitet waren, verflochten.

Einer der Wortführer des politisch angelegten antijüdischen Ressentiments war der im konservativen Lager hochangesehene Hofprediger Adolf Stoecker, der als Begründer der Berliner antisemitischen Bewegung gilt. Die Vorbehalte gegenüber dem modernen Industrie- und Bankkapitalismus wurden gerade in der dynamischen, jungen Hauptstadt mit ihren neuen Formen des Geldumlaufs und des Kreditwesens mit antisemitischen Urteilen verschmolzen, die Stoecker zur ideologischen Grundlage seiner christlich-sozialen Partei machte. Durch Stoecker und auch durch den Historiker Heinrich von Treitschke war der Berliner Antisemitismus in einem wörtlichen Sinn hof- und gesellschaftsfähig geworden. »... geht im Hofkleid zu Kaisers, wird aber nirgends Reserveoffizier ...«, so notierte nicht ohne Scham und Mitgefühl die wohl einfühlsamste Chronistin der Berliner Hofgesellschaft, Hildegard Baronin Spitzemberg, im April 1905 über den jungen jüdischen Bankier Albert von Goldschmidt-Rothschild, »der diesen Winter hier ausgegangen ist und umschichtig kolossal fetiert und ausgebeutet und dann wieder schmählich behandelt worden ist«.

Niemand hat die Benachteiligung des Berliner jüdischen Patriziats am Hof und in der Gesellschaft schärfer beobachtet und registriert als Walther Rathenau: Der Jude »ist als Bürger zweiter Klasse in die Welt getreten«, und aus dieser Lage könne ihn keine Tüchtigkeit und kein Verdienst befreien. Rathenau, selbst durch verschiedene Ordensverleihungen und durch persönlichen Kontakt zum Kaiser dem Hof verbunden, hat in einer seltsam ambivalenten Haltung auf die Gesellschaft im Weißen Saal des Schlosses geblickt: fasziniert und distanziert zugleich. Rathenau habe, so berichtet sein Biograph Harry Graf Keßler, »große Damen und adelige Offiziere der Hofgesellschaft« beobachtet wie die »Bewohner eines fremden Gestirns«. Wie in einer ethnologischen Reisebeschreibung habe er seine Eindrücke festgehalten. Die Rolle desjenigen, der dabei dennoch abseits stand, hat Rathenau zum äußerst sensiblen Chronisten des »kaiserlichen Reichsberlins«, so eine seiner Formulierungen, gemacht. Sein Kommentar, auf den die Ausstellung in der Präsentation und Deutung des wilhelminischen Berlins zuweilen zurückgreift, erschließt Spannungen und Brüche hinter dem Kostüm- und Fassadenhistorismus, wie sie für die Metropole im Kaiserreich bezeichnend waren.

Im Vergleich zu seiner gesellschaftlichen und kulturellen Ausstrahlung war die politische Bedeutung des Hofes in der Reichshauptstadt relativ gering. Im Verlauf des Jahrhunderts hatten sich neue politische Instanzen herausgebildet: Parteien, Interessenverbände, Presse und Parlamente, deren Einfluß entscheidender war als der des verfassungsrechtlich im neuen Gebilde des Reiches nicht vorgesehenen Hofstaates. Dennoch nutzte Wilhelm II. die Symbolkraft des Thrones, um den monarchischen Geltungsanspruch im politischen System des jungen Staates zu bekräftigen. Deutlich wird das an den Reichstags-Eröffnungen, zu denen bei Beginn der Sitzungsperiode in den Weißen Saal des Schlosses geladen wurde. Die Ölskizze für ein Monumentalgemälde, welches der Hofmaler Anton von Werner 1893 rückblickend gefertigt hat, vergegenwärtigt die feierliche Eröffnung des Reichstags am 25. Juni im Drei-Kaiser-Jahr 1888, bei der Wilhelm II., kurz nach seinem Regierungsantritt, in Anwesenheit der kaiserlichen Familie, der Reichsfürsten, der obersten Militärs und der Reichstagsabgeordneten (nur die sozialdemokratischen Vertreter waren ferngeblieben), in einer Thronrede seinen Regierungswillen erklärte.

Selbst als das neue Reichstagsgebäude neben dem Brandenburger Tor nach mehr als zehnjähriger Planungs- und zehnjähriger Bauzeit 1894 fertiggestellt war, fanden die Reichstagseröffnungen weiterhin im Berliner Schloß statt. Man weiß: Wilhelm II. hat das Gebäude nicht gemocht. Er hat es nur zweimal betreten – bei der Eröffnung und bei einem Schwächeanfall des Reichskanzlers Bülow im April 1906. Der eigens geschaffene aufwendige ›Kaiserliche Salon‹ blieb unbenutzt.

Im Reichstagsgebäude war das Selbstbewußtsein des Nationalstaates auf imposante Weise Stein geworden. Bauaufgabe war es, einen ›deutschen Reichsstil‹ zu ›erfinden‹, der nicht Stilgemisch, sondern durch die »in freier Bewegung höher entwickelten« Formen der historischen Stile ein ganz neuer, eigenständiger sein sollte. Dies vollbracht zu haben, bescheinigten dem Architekten Paul Wallot die zahlreichen Ehrungen, die nicht selten in allegorischen Darstellungen des Baumeisters als Verkörperung der ›deutschen Architektur‹ ihren Ausdruck fanden. Das Gebäude war, wenn nicht die wichtigste Architektur-, so doch die wichtigste Bauleistung, die in der jungen Reichshauptstadt erbracht wurde (unter Verwendung eines Betrags von 24 Millionen Mark aus der französischen Kriegsentschädigung). Mit dem Reichstagsgebäude, seinen beeindruckenden Ausmaßen und seinen ›Fassadenorgien‹ entstand ein stadtplanerisches und architektonisches Gegengewicht zum Schloß.

Der Reichstag, in dem der Rang der neuen nationalen Metropole in monumentaler Weise sichtbar wurde, ist nur einer von vielen Bauten, die im Zuge des Ausbaus Berlins zur Reichshauptstadt entstanden und zu markanten Punkten der Stadt wurden. Der Kaiser ließ ebenso bauen wie die neuen Reichsbehörden und die Versicherungs-, Bank- und Industriezentralen. Auf die Initiative Wilhelms II., der Berlin »zur schönsten Stadt der Welt« machen wollte, gehen der Dom und das Kaiser-Friedrich-Museum, die Bibliothek, die Kaiser-Wilhelm-Gedächtniskirche und die Skulpturen der Siegesallee zurück. Absicht dieser kaiserlichen Bau- und Kunstpolitik war nicht nur die Verschönerung der Stadt, sondern auch eine erzieherische Wirkung: den »unteren Ständen« sollte die Möglichkeit gegeben werden, »sich an den Idealen wieder aufzurichten« (so Wilhelm II. bei der Eröffnung der Siegesallee 1901). Der Historismus, der auf diese Weise gefordert und gefördert wurde, der synthetische Stil, der von höchster Stelle legitimiert war, wurde zum Kennzeichen der hauptstädtischen Architektur; die Fassaden an zahlreichen öffentlichen Gebäuden sahen nicht anders aus als die an Versicherungsanstalten und an Wohnhäusern. Die Reichsbehörden und Institutionen wie etwa das Reichsversicherungsamt oder das Reichspatentamt, wollten mit ihrer monumentalen Fassadenornamentik und ihrem allegorischen Skulpturenschmuck ebenso imponieren wie die Banken, Versicherungs-Sozietäten und Großkonzerne. Selbst die Schauseiten ganz normaler Wohnhäuser waren mit den unterschiedlichsten historischen Stilelementen drapiert, beinahe so, wie es im Kostümhistorismus am Hof vorexerziert wurde.

Im Rückblick hat Walther Rathenau der Stadt wie dem Kaiser die gleichen Unsicherheiten in Stil- und Geschmacksfragen vorgeworfen: »Der Kunstgeschmack, der in Bauten des Kurfürstendamms ins Kraut schoß, in brutalen Bismarcksäulen sich blähte, wollte in üppiger Hofkunst sein Abbild und Vorbild sehen, so wie die bürgerliche Prunksucht und Schwelgerei sich gern davon überzeugen ließ, daß es auch in den Höhen mit altpreußischer Einfachheit zu Ende sei, und daß auch dort alle Trivialitäten des Tages und der Mode soviel galten wie in den Tiefen.«

Rathenau selbst hat mit den AEG-Bauten andere architektonische Akzente gesetzt und das Neue Bauen in Berlin mit den modernen Fabrikanlagen Peter Behrens' ermöglicht: die Turbinenhalle von 1909 an der Ecke Hutten-/Berlichingenstraße galt mit ihrer modernen, durchaus sichtbaren Konstruktionstechnik als radikales Gegenprogramm zur kaiserzeitlichen Stilarchitektur. Schon 1899 hatte Rathenau in einer Auseinandersetzung mit der Parole des Kaisers, Berlin solle »schönste Stadt der Welt« werden, das »Tamtam der Gipsorgien und Stucktrompeten« und die »entsetzlichen Frühgeburten polytechnischer Bierphantasien« kritisiert: »In Nudeln, Kringeln, Zöpfen und Locken bläht und ballt sich die erliehene Herrlichkeit aus Gips, Stuck, Kunstmörtel und Zement. Und was birgt sich hinter diesem kunsthistorischen Fassadenbabel mit allen seinen Erkern, Türmen, Säulenstellungen, Balkonen und Giebeln?« Rathenaus Antwort – »hier wohnen ein paar hundert Kanzleibeamte, Ladenbesitzer und Agenten« – macht eine Angleichung aristokratischer und bürgerlicher Stil- und Geschmacksformen klar, die durchgehendes Kennzeichen von Kultur und Lebensweise in der ›Parvenüstadt‹ Berlin war.

Was am öffentlichen Gebäude die kunstvolle Marmorskulptur, am großbürgerlichen Wohnhaus der luxurierende Steinmetzschmuck war, das waren am gewöhnlichen Mietshaus die angeklebten Gipsstücke, die mit Ölfarben wasserfest gemacht wurden. Mit der Gips- und Kalkmörtelzier war auch der Kleinbürger dabei. Die Mietshausfassaden der ›Maurermeisterarchitektur‹, die teils nach Vorlagebüchern gestaltet, teils von den Bauherren und Baumeistern erdacht wurden, bestanden aus Bauelementen, die in Stuckfabriken und Gipsereibetrieben, die in den achtziger und neunziger Jahren Hochkonjunktur hatten, vorgefertigt wurden. Zierstücke, Säulen, Kapitelle, Gesimsbänder und Figurenteile einer Stukkaturwerkstatt sind ausgestellt und bezeugen in ihrem historischen Stil-Allerlei den Wunsch des Berliner Bürgers, auch mit ästhetischen Mitteln zu manifestieren, daß man ›wer‹ geworden, daß man ›emporgekommen‹ war.

Der Trend zur repräsentativen Selbstdarstellung, wie er im ›kaiserlichen Reichsberlin‹ gang und gäbe war, machte vor dem Kleinbürgertum und selbst vor den Unterschichten nicht halt. Trotz aller sozialen Benachteiligung und trotz krasser kultureller Unterschiede wirkte das am aristokratischen Vorbild entwickelte bürgerliche Lebensgefühl als Prägeschema für alle Bevölkerungsgruppen der Stadt. Ablesbar ist das an der Porträtphotographie der Zeit. So wie die Fassade als Außenhaut des Hauses soziales und kulturelles Prestige der Öffentlichkeit gegenüber kundtat, so sollte mit der Kleidung und dem gesamten äußeren Habitus die Bürgerlichkeit dokumentiert werden – auf Bildern, die im Leih-Milieu der Photoateliers gestellt wurden, auf Porträts, die mit der Person auch deren Anspruch, ihre Selbststilisierung zeigten. Wie in den Straßen die historisierenden Stilfassaden aufgezogen wurden, wurden in der geborgten Kunstwelt des Ateliers, mit ihren Marmorsäulen aus Holz, gemalten Kulissenwänden und historisierenden Möbeln das Sonntagsgesicht und das Sonntagskostüm angezogen. Diese Art der Porträtphotographie vereinte die Angehörigen aller Stände, Klassen und Schichten im Habitus einer stolzen Repräsentationskultur. Von den etwa 180 ›Photographischen Ateliers‹, die im Handelsregister Berlins (also ohne Charlottenburg, Wilmersdorf, Schöneberg usw.) 1886 aufgezählt sind, folgten alle dem gleichen Porträtstil. Loescher & Petsch in der Leipziger Str. 114 bildeten Bismarck und Moltke im Renaissance-Ambiente ab, und Wallner in der Müllerstraße hielt den Schneidergesellen aus dem Wedding in einem Rokoko-Arrangement fest – in der gleichen Pose: stramm, steif und stolz. Als besondere Porträtgattung treten im Berlin der Kaiserzeit die Militär- und Soldatenbilder hervor; auch sie vereinen und uniformieren den Leutnant und den Kanonier in ein und derselben Bildschablone. Schon die Berliner Knaben wurden so, fernab von Exerzierplatz und Manöver, im künstlichen Arrangement des Photoateliers auf den »kleinbürgerlichen Gesinnungsmilitarismus« (H.-U. Wehler) hin erzogen.

Der bürgerliche Stilwille und die bürgerliche Repräsentationslust, wie sie von den Spitzen des Großbürgertums bis hin zum kleinbürgerlichen Milieu des alten Mittelstandes in ›feinen Unterschieden‹ zwar, aber dennoch durchgehend in der Reichshauptstadt praktiziert wurden, erwiesen sich in der gesamten Zeit der Monarchie von feudalen Traditionen, wie man sie am Hofe zelebrierte, und von Einflüssen des Militärs abhängig. Dennoch war das Berlin um 1900 eine Stadt voller sozialer Spannungen und kultureller Konflikte, in der die Modernität in allen Lebensbereichen hervorbrach. Walther Rathenau hat auch dies beobachtet und den Doppelcharakter Berlins als Stadt der Beharrung und des Wandels beschrieben: »Ein überhitztes, tatsachenhungriges Großstadtleben, auf Technik und sogenannte Errungenschaften gestellt, begierig nach Festen, Erstaunlichkeit, Aufzügen und lärmenden Nichtigkeiten, für die der Berliner die Spottnamen Klimbim und Klamauk erfunden hat, verlangte eine Repräsentation, die Rom und Byzanz, Versailles und Potsdam auf einer Platte vereinigte. Die militärisch gedrillte Masse wollte ihre erlernten Künste in kriegerischen Glanzspielen zeigen und gezeigt sehen.«

S. H., G. K.

15/4

15/7

15/1 Standbild Kaiser Wilhelms I.
Ernst Wenck

1897; Bronze, H 260 cm
Berlin, Der Senator für Stadtentwicklung und Umweltschutz, Der Landeskonservator

15/2 Standbild des Theodor Fontane
Max Klein

1908; Marmor, H 270 cm
Berlin, Der Senator für Stadtentwicklung und Umweltschutz, Der Landeskonservator

15/3 Einzug Kaiser Wilhelms I. mit den siegreichen Truppen durch das Brandenburger Tor am 16. Juni 1871
Ernst Henseler

1892; Gouache, 52×42,5 cm; bez. u. r.: E. H. 92.
Berlin, Privatbesitz

15/4 Wachablösung Unter den Linden (Abb.)
Georg Schöbel

Öl/Lw., 94×154 cm; bez. u. l.: G. Schöbel
Bonn, Zoologisches Forschungsinstitut und Museum Alexander Koenig

15/5 Turnende Kadetten
Martin Brandenburg

1894; Öl/Lw., 55,4×46,6 cm
Berlin, Berlin Museum (GEM 82/2)

15/6 Nachricht über den Tod Kaiser Wilhelms I.
Ernst Henseler

1892; Gouache, 52×42,5 cm; bez. u. r.: E. H. 92.
Berlin, Privatbesitz

15/7 Eröffnung des Deutschen Reichstags im Weißen Saal des Berliner Schlosses durch Kaiser Wilhelm II. am 25. Juni 1888 (Abb.)
Anton von Werner

1888; Entwurf zu einem Monumentalgemälde (1893); Öl/Lw., 102,5×152,5 cm; bez. u. l.: A. v. W. 1888
Berlin, Sammlung Werner des Johanniterordens (11/404)

Dargestellt ist die Reichstagseröffnung im ›Dreikaiserjahr‹ 1888, bei der Wilhelm II. in einer Thronrede seine Regierungserklärung abgab. Der Festakt fand im Weißen Saal des Schlosses statt, dessen Trauerflor-Ausschmückung auf den Tod Wilhelms I. am 9. März und auf den frühen Tod des ›99-Tage-Kaisers‹ Friedrich III. am 15. Juni hinweist.

15/8

15/8 Bildnis des Walther Rathenau (Abb.)

Lesser Ury

1896; Pastellkreide, 48×69,5 cm; bez. o. l.: L. Ury 96
Jerusalem, Leo Baeck Institut

Der langjährige AEG-Vorstandsvorsitzende Walther Rathenau (1867–1922), der Zugang zur Hofgesellschaft hatte, war ein scharfsichtiger Kritiker der politischen, gesellschaftlichen und kulturellen Entwicklungen im Berlin der Kaiserzeit. Er hielt Kontakt zu Vertretern der künstlerischen Moderne in Malerei, Literatur und Architektur. In zahlreichen Essays und philosophischen Abhandlungen nahm er Stellung zu Fragen der entstehenden Massenkultur, des technischen Fortschritts, zur Rolle der Juden in der deutschen Gesellschaft und zum Werden der Berliner Stadtgestalt.

15/9 Sieben Skizzenbücher aus den Jahren 1895 bis 1910/12 (Abb.)

Walther Rathenau

Zwischen 11×15,5 cm und 17×26 cm
Lilienthal, Hans Dieter Hellige
Freiburg, Ernst Schulin
(Walther Rathenau-Gesamtausgabe)

In den Skizzenbüchern finden sich zahlreiche Bleistift- und Kohlezeichnungen, die die Entwicklung des Berliner Stadtbildes festhalten. Außerdem enthalten sie eine große Anzahl von Selbstporträts und Bildnisstudien nicht identifizierter Personen aus Rathenaus privatem Bekanntenkreis. Zuweilen gibt er in Interieur-Skizzen auch Einblicke in die Wohnkultur des Berliner Großbürgertums. Zur Zeit seines Studiums und seiner frühen Berufstätigkeit spielte Rathenau mehrmals mit dem Gedanken, sich als Kunstmaler ausbilden zu lassen. Er stand in Kontakt mit Edvard Munch und Lesser Ury und ließ von diesen sein Zeichentalent beurteilen. »Was an Studien- und Skizzenbüchern erhalten ist, beweist, daß Walter Rathenau nicht nur dilettantisch skizzierte, sondern ernst und gewissenhaft gearbeitet hat ... Bei Festmahlen und Sitzungen, bei Generalversammlungen und anderen Anlässen ... porträtierte er die Anwesenden mit den von ihm besonders kunstvoll und lang gespitzten Bleistiften, mit denen er auch alle vertrauten Briefe und alle Manuskripte schrieb und die eine so leichte Hand erforderten« (Etta Federn-Kohlhaas, Walther Rathenau, 1927).

15/10 Preußische Orden: Kronenorden und Roter Adlerorden II. Klasse

Bronze, Email, 8×5 cm; Gold, Email, 7×5 cm
Celle, Militärhistorische Sammlung des Bomann-Museums in Celle (Ord 442)
Neuffen, Ordenmuseum (D 1662)

Orden dieser Kategorie wurden Walther Rathenau von Kaiser Wilhelm II. verliehen.

15/9

15/11 Parade-Uniform Kaiser Wilhelms II. (Leib-Garde-Husaren-Regiment) (Abb.)

Roter Dolman, blaue Attila, Tuchhose
Doorn, Stichting Huis Doorn (HUD–4018, 4016, 4028)

15/12 Hofkleid
Salon Hirsch

Dresden, um 1894; seegrüner Seidensatin mit Silberbrokatstickerei
Berlin, Kunstgewerbemuseum, SMPK (1979,6)

15/13 Hofschleppe
Jean Philippe Worth

Paris 1907; cremefarbener Seidendamast mit Gold-Frisé, Silberbroschierungen und Straßstickerei; L 345 cm
Berlin, Berlin Museum (KGT 71/1)

Nach Angaben der Vorbesitzerin wurde diese Hofschleppe von Elizabeth Eleanor (von) Schwabach anläßlich der 1907 erfolgten Erhebung ihres Ehemannes in den erblichen Adelsstand am Hof getragen. Paul Hermann (von) Schwabach war Mitinhaber und Seniorchef des Bankhauses S. Bleichröder, Berlin.

15/14 Ballkleid (Abb.)
Atelier für Damen-Konfektion Bertha Pechstein

Berlin 1908–1910; bestickter Tüll, hellgrüner Samt und Seide
Stuttgart, Württembergisches Landesmuseum Stuttgart (1977–53)

Das Atelier Pechstein ist zwischen 1880 und 1915 im Berliner Gewerbeverzeichnis unter der Adresse Friedrichstr. 203 aufgeführt.

15/15 Hof-Uniform von Dr. Max Krause
Mohr & Speyer

Berlin, um 1900; blauer Tuchrock mit rotem Tuchbesatz und Goldstickerei, weiße Tuchweste, weiße Tuchkniehose (Kasimir), weißseidene Strümpfe, schwarze Lackschnallenschuhe, Zweispitz, Degen
Berlin, Berlin Museum (KGT 82/4 ⟨1–7⟩)

Im Berliner Adreßbuch von 1911 ist Dr. Max Krause als Geheimer Regierungsrat und Vortragender Rat im Ministerium für Landwirtschaft, Domänen und Forsten aufgeführt. Seine Hofuniform entspricht der von Kaiser Wilhelm II. am 30. Dezember 1889 erlassenen Kleiderordnung bei Hofe. Sie sah die Einführung von Kniehosen, Schnallenschuhen und anderen historisierenden Uniformteilen vor.

15/14

15/11

15/16 Hof-Uniform des königlich preußischen Kammerherrn und Mitglieds des Preußischen Herrenhauses, Carl Graf Scheel-Plessen

Um 1900; blauer Tuchrock mit rotem Tuchbesatz und Goldstickerei, weiße Tuchweste, weiße Tuchkniehose (Kasimir), schwarze Lackschnallenschuhe, Zweispitz, Degen
Schleswig, Schleswig-Holsteinisches Landesmuseum, Schloß Gottorf (1959/1574)

15/17 Hofschleppe der ›Palastdame Ihrer Majestät der Deutschen Kaiserin und Königin von Preußen‹, Louise Gräfin Scheel-Plessen

Um 1909; cremefarbener Seidensamt mit applizierter Goldbrokatstickerei; L 296 cm, B 143 cm
Schleswig, Schleswig-Holsteinisches Landesmuseum, Schloß Gottorf (1959/1571)

Am Mittwoch, dem 27. Januar 1909, schrieb Louise Gräfin Scheel-Plessen in ihr Tagebuch: »Früh Palastdamen-Orden erhalten. Zu Cour und Gottesdienst im Schloß. Th. (d. i. die Oberhofmeisterin Gräfin Brockdorf) sagt, ich solle mich vor Neidern hüten!«

15/18 Die neue Hoftracht
Emil Döpler d. J.

1889/90; Tuschzeichnung, 19,2×11,4 cm
Berlin, Kunstbibliothek, SMPK (Sign. 105,22 Hdz Lipp)

Anton von Werner berichtet in seinen Erinnerungen, Wilhelm II. habe bereits bei der Entstehung des Gemäldes ›Die Eröffnung des Deutschen Reichstags im Weißen Saal‹ geäußert, der »unschöne Geheimratsfrack, wie er bis dahin Mode war, und also auch auf meiner Skizze figurierte, solle in Zukunft verschwinden; ... sowohl ich, wie besonders aber Professor E. Doepler d. j. hatten uns bald sehr ernsthaft mit Kostüm- und ähnlichen Fragen zu beschäftigen«. Diese Zeichnung ist möglicherweise ein Entwurf für die neue Hoftracht der »ohne Uniform bei Hofe erscheinenden Herren«.

15/19 Das Ballsouper (Abb.)
Adolph (von) Menzel

1878; Öl/Lw., 71×90 cm; bez. u. l.: Adolf Menzel Berlin 1878
Berlin, Nationalgalerie, SMPK

Menzel war wegen seiner Darstellungen zur preußischen Geschichte am Berliner Hof hoch angesehen. Als häufiger Gast der Hofbälle fer-

15/19

tigte er gerne Studien und Skizzen an. Die danach ausgeführten Gemälde erfreuten sich in Kreisen, die die Nähe des Hofes suchten, großer Beliebtheit. So ist bekannt, daß die Familien (von) Bleichröder und (von) Schwabach je eines solcher Bilder besaßen.

15/20 Der erste Hofball (Abb.)

Anton von Werner

1897; Öl/Holz, 70×50 cm; bez. u. l.: A. v. W. 1897
Regensburg, Ostdeutsche Galerie Regensburg (9249)

Anton von Werner hält rückblickend mit photographischer Genauigkeit einen historischen Augenblick fest und nimmt die feierliche Vorstellung einer jungen Debütantin bei Hof zum Anlaß für zahlreiche Porträts von Mitgliedern der Hofgesellschaft. Während Menzel in freier Manier eine Charakteristik der Hofballgesellschaft liefert – Personen und Ort sind nicht authentisch, sondern lediglich nachempfunden –, zeigt das Bild Anton von Werners u. a. den alten Kaiser Wilhelm I., seinen Hofmarschall, den Grafen Perponcher, und Generalfeldmarschall Graf Moltke.

15/21 Vor dem Hofball (Abb.)

Franz Skarbina

1885; Öl/Malkarton, 46×36,5 cm; bez. u. l.: FSkarbina 1885
Berlin, Privatbesitz

Franz Skarbina hatte 1883 im ›Künstlerzug‹ als ›Niederländischer Künstler‹ am ›Medicäerfest‹ zur Silberhochzeit des Kronprinzenpaares teilgenommen. Seine Sehweise – er war später Gründungsmitglied der Berliner Secession – unterscheidet sich schon hier grundlegend von der naturalistisch-konventionellen Malerei Anton von Werners.

15/22 Einladung zum Hofball am 5. Februar 1896 im Königlichen Schloß zu Berlin für »den königlichen Lieutenant Herrn von Glisczinski« mit »beifolgender Ansage«

Lithographie, Faltblatt; 17,5×22,5 cm, 29×45 cm (aufgeschlagen)
Berlin, Landesarchiv Berlin (Rep.240 Acc.786 Nr.2 u. 1)

Die der Einladung beigefügte ›Ansage‹ spiegelt die strenge höfische Etikette – die Kleidung für Damen wie für Herren war bis ins Detail vorgeschrieben: jene »Herren, die früher im schwarzen Frack und weißer Kravatte erschienen, haben nunmehr Befugniß, das vorgeschriebene Hofkleid zu tragen«.

15/23 Einladung zum Hofball am 29. Januar 1908 im Königlichen Schloß zu Berlin für den »Großherzoglich sächsischen Bezirks-Commissar a. D. Herrn von Strantz«

Lithographie, 15,5 × 20,5 cm (beschnitten)
Bremen, Privatbesitz

15/24 Ballbüchlein für den Hofball im Königlichen Schloß am 3. Februar 1897

12,5 × 8,7 cm
Berlin, Landesarchiv Berlin (Rep.240 Acc.786 Nr.3)

15/25 Sechs Cotillon-Orden

1895–1910; geprägtes Blech, Pappe, Gaze, Seide; Dm 6,5 cm (Hofballorden), Dm 8 cm
Berlin, Berlin Museum
Berlin, Museum für Deutsche Volkskunde, SMPK (33 Q)

Der Cotillon war ein beliebter Gesellschaftstanz, der auf Hofbällen Höhepunkt und Abschluß des Festes bildete.

15/26 Drei ›Kaiserbonbons‹ *Sprengel & Co.*

Berlin, um 1895; geprägtes und gestanztes Silberpapier; L 8 cm, L 8 cm, L 11,5 cm
Berlin, Museum für Deutsche Volkskunde, SMPK (33 Q 892 a,b,c)

Diese Bonbons mit Bildnissen der kaiserlichen Familie wurden bei den Diners am Hofe zum Kaffee gereicht und gern als Souvenir aufbewahrt.

15/27 Kleeblatt-Diadem der Kaiserin Auguste Viktoria *Kaiser Wilhelm II (Entwurf), Robert Koch*

Frankfurt a. M. 1906; Platin auf Gold, Diamant; vordere H 10,8 cm, Dm 12 cm
Berlin, SKH Dr. Louis Ferdinand Prinz von Preußen

Das Diadem war das Silberhochzeitsgeschenk Wilhelms II. an seine Gemahlin. Es wurde nach einem eigenhändigen Entwurf des Kaisers angefertigt.

15/28 Mäander-Diadem der Kronprinzessin Cecilie von Preußen *Robert Koch*

Frankfurt a. M. 1905; Platin, Diamant; vordere H 6,8 cm, Dm 15,5 cm
Berlin, SKH Dr. Louis Ferdinand Prinz von Preußen

15/20

15/21

15/29 Silberner Lorbeerkranz der Fischerinnung von Berlin »Dem Heldenkönig Wilhelm 1866« (auf der Schleife), »Königgrätz 3. Juli 1866«, »Prag 23. August 1866«

1866; Silber, Dm 19 cm
Berlin, Ehem. Zeughaus Berlin, Kunstgewerbemuseum, SMPK (AB 2963); Dauerleihgabe auf Burg Hohenzollern, Hechingen

15/33 a

15/30 Goldener Lorbeerkranz der Berliner Kaufmannschaft zum Einzug Kaiser Wilhelms I. in Berlin am 17. März 1871 »Dem Deutschen Kaiser Unserem Ruhmreichen König Wilhelm«
S. Friedeberg Söhne

Berlin 1871; Gold, Dm 29 cm
Berlin, Ehem. Zeughaus Berlin, Kunstgewerbemuseum, SMPK (AB 2966); Dauerleihgabe auf Burg Hohenzollern, Hechingen

Die Neue Preußische Zeitung berichtet am 23. März 1871 über den Empfang der Kaufmannschaft: »... Se. Majestät ... sprach der Corporation seinen herzlichen Dank für die Darbringung dieses schönen Geschenkes aus, bei welcher Gelegenheit Se. Majestät die Äußerung that, Jeder in seiner Armee habe einen Lorbeerkranz verdient ...«

15/31 Nachricht an Bismarck über die Erhebung von Gerson Bleichröder und Adolph Hansemann in den erblichen Adelsstand, Berlin, 8. März 1872

Handschrift, in: Akte betreffend die Standeserhöhungen
Berlin, Geheimes Staatsarchiv PK (I.HA Rep.90a Nr.2010, Bl.310)

Gerson Bleichröder hatte bei Ausbruch des Krieges von 1870/71 große Beträge für die Kriegsanleihe gezeichnet und war Bismarcks Berater in Fragen der französischen Kriegsentschädigung gewesen. Bismarck hatte sich für Bleichröders Erhebung in den Adelsstand eingesetzt. Bleichröder war der erste preußische Jude, der ohne Übertritt zum Christentum nobilitiert wurde.

15/32 Abschrift eines Sitzungsprotokolls des Königlichen Staatsministeriums über den Antrag des Geheimen Regierungsrates Schwabach wegen der Errichtung eines Familienfideikommiß in der Provinz Posen, 28. Februar 1905

Maschinenschrift, in: Akte betreffend die Standeserhöhungen
Berlin, Geheimes Staatsarchiv PK (I.HA Rep.90a Nr.2011, Bl.40–41)

In dieser Sitzung wurde der Wunsch Schwabachs, ein Familienfideikommiß zu gründen, erörtert: Seine »günstige Vermögenslage« ermögliche es ihm, einen polnischen Besitz zu erwerben. »Es sei übrigens schon ein großer Vorteil, wenn in deutscher Hand befindlicher Grundbesitz für die Deutschen dauernd festgelegt würde ...« Das Staatsministerium einigte sich, dem Antrag zu entsprechen, »auch hinsichtlich eines etwaigen späteren Antrags auf Nobilitierung«. Schwabachs Erhebung in den erblichen Adelsstand erfolgte 1907.

15/33 Service-Teile aus dem Tafelsilber zur Hochzeit des späteren Kaisers Wilhelm II. mit Auguste Viktoria von Schleswig-Holstein

a) Zwei Leuchter (Abb.)
Adolf Heyden (Entwurf), H. Meyen & Co.

Berlin 1881–1883; Silber, vergoldet; transluzides Email; H 98 cm

b) Obstschale
Adolf Heyden (Entwurf), H. Meyen & Co.

Berlin 1881; Silber, teilvergoldet; Email; H 34 cm; im Innern beschriftet: »Die Obstzüchter der Stadt Werder 27. Februar 1881«

c) Jardinière
Adolf Heyden (Entwurf), D. Vollgold & Sohn

Berlin 1881–1883; Silber, vergoldet; 26×75×44,3 cm

15/34

d) Weinbowle
Adolf Heyden (Entwurf), H. Meyen & Co.
Berlin 1882; Silber, teilvergoldet; H 45 cm

e) Vier Weinkannen
E. Schürmann & Co., Moritz Wentzel (Glasarbeit)
Frankfurt a. M. und Breslau 1881–1883; Silber, vergoldet; geschliffenes Glas; H 39,5 cm

f) Vier Etagèren
I. Wagner & Sohn
Berlin 1904/05 (Ergänzungsserie); Silber, vergoldet; H 44 cm, B 35,5 cm

g) Zwei Vorlegeplatten
D. Vollgold & Sohn
Berlin 1900; Silber, vergoldet; 65 × 37,5 cm

h) Vorlegeplatte
D. Vollgold & Sohn
Berlin 1900; Silber, vergoldet; 46 × 33 cm

i) Zwanzig Serviertabletts
D. Vollgold & Sohn, Gebr. Friedländer, Wilm
Berlin 1895–1908; Silber; 26 × 37 cm, 36 × 49 cm, 38,5 × 52,5 cm

k) Vierzig flache Teller
D. Vollgold & Sohn, Gebr. Friedländer u. a.
Berlin 1907–1913 (Ergänzungsserie); Silber, Dm 26,5 cm (zehnfach geschweift)

l) Dreißig tiefe Teller
Gebr. Friedländer
Berlin 1890 (Ergänzungsserie); Silber, Dm 32,8 cm (zwölffach geschweift)

m) Vierzig Doppelsalzschalen mit adlerförmigem Griff
I. Wagner & Sohn
Berlin 1893; Silber, innen vergoldet; H 11 cm, B 14 cm

n) ›Tischgabeln Rocc. (spitz)‹ mit den dazugehörigen Messern aus dem ›Großen Speiseservice – Preußischer Adler‹ in vier Holzkästen à 50 Stück
Silber; 36 × 52 cm (je Kasten)

o) ›50 Tischlöffel Rocc. (spitz)‹ in einem Holzkasten
Silber, vergoldet; 36 × 52 cm (Kasten)

p) Tischgabeln aus dem ›Kleinen Speiseservice Preußischer Adler‹ in vier Holzkästen
Silber, 36 × 52 cm (je Kasten)

15/39

a)–d) Doorn, Stichting Huis Doorn
e)–p) Berlin, SKH Dr. Louis Ferdinand Prinz von Preußen

Das aus 808 Einzelstücken bestehende Tafelgeschirr war ein Geschenk von 96 preußischen Städten an das Hochzeitspaar (Vermählung am 27. Februar 1881) und wurde am 21. Mai 1883 vom Berliner Oberbürgermeister Max von Forckenbeck überreicht. Das Tafelsilber konnte anschließend vier Wochen lang von der Berliner Bevölkerung im Lichthof des Kunstgewerbemuseums (heute Martin-Gropius-Bau) besichtigt werden. Die Silberteile des Services, an deren Entwurf Julius Lessing, der Direktor des Kunstgewerbemuseums, und der Architekt Martin Gropius beteiligt waren, sind in den Werkstätten des Museums modelliert worden.

15/34 Ansicht des Reichstagsgebäudes kurz vor der Fertigstellung (Blick aus der Königgrätzer Straße) (Abb.)

Hans Herrmann

1893; Aquarell, 60×87 cm; bez. u. r.: Hans Herrmann 1893
Berlin, Privatbesitz

15/35 Grundsteinlegung zum Reichstagsgebäude in Berlin am 9. Juni 1884 durch Kaiser Wilhelm I.

Ottomar Anschütz

Photographie (Originalabzug), 33×42 cm
Berlin, Kunstbibliothek, SMPK (Sign. 1951,37 Lipp)

Der Baubeginn des ›Reichstagshauses‹ verzögerte sich durch die mehr als zehn Jahre dauernden Auseinandersetzungen um Standort und Baustil. Während Regierung und Krone ein kleines, funktionstüchtiges Gebäude in der Nähe der Ministerien in der Wilhelmstraße bevorzugten, wünschten die Parlamentarier einen »würdigen, monumentalen« Neubau. Nach der Grundsteinlegung 1884 durch Kaiser Wilhelm I. dauerte es noch zehn weitere Jahre, bis sein Enkel, Kaiser Wilhelm II., den Schlußstein legen konnte.

15/36 ›Erklärungs-Blatt zur photographischen Aufnahme der Grundsteinlegung des Reichstagsgebäudes in Berlin, am 9. Juni 1884‹

1884; Lithographie, 29,7×42,5 cm
Berlin, Kunstbibliothek, SMPK (Inv.1984,67, Wallot-Nachlaß)

15/37 Schlußsteinlegung zum Reichstagsgebäude am 5. Dezember 1894 durch Kaiser Wilhelm II.

M. Ziesler

Photographie (Originalabzug), 15,5×21,6 cm
Berlin, Kunstbibliothek, SMPK (Inv.1984.67, Wallot-Nachlaß)

15/38 Bauarbeiten am Reichstagsgebäude

Vier Photographien (Originalabzüge); 10,5×16 cm (3), 15×10 cm (1)
Berlin, Kunstbibliothek, SMPK (Inv.1984,67, Wallot-Nachlaß)

15/39 Entwurf für eine nicht ausgeführte Wandmalerei im Berliner Reichstagsgebäude (Abb.)

Franz (von) Stuck

1894; Bleistift und Deckfarben, 60,5×122,7 cm; bez. u. r.: Franz Stuck
Baldham, Eva Heilmann (302a Nachlaß)

Paul Wallot steht stellvertretend für die Architektur neben allegorischen Darstellungen der Malerei, Bildhauerei und Poesie. Unter dem Arm trägt er den Grundriß des Reichstagsgebäudes.

15/40 Gedenkblatt ›Zur Vollendung des neuen Reichstags-Gebäudes in Berlin – 5. Dezember 1894‹ mit der Darstellung von 270 am Bau beteiligten Personen

1895; Photogravüre (nach einem verschollenen Gemälde von Franz Th. Würbel), 56×85 cm
Berlin, Kunstbibliothek, SMPK (Inv.1984,67, Wallot-Nachlaß)

15/41 ›Namen-Verzeichniß und Orientierungsblatt des Gedenkblattes: Zur Vollendung des neuen Reichstags-Gebäudes‹

Schlüssel zum Gedenkblatt Kat. Nr. 15/40; 1895; Lithographie (Reproduktion)
Berlin, Landesarchiv Berlin (Rep.240 Acc.2194 Nr.4)

15/42

15/42 Ehrenurkunde für Paul Wallot von seinen Mitarbeitern, »Männern des Kunst- und Baugewerbes«, anläßlich der »Vollendung des Reichstagsbaues« (Abb.)
E. Fischer-Coerlin

Zwei Gouachen auf Pergament, je 57 × 42 cm; bez.: E. Fischer-Coerlin, Berlin 1895; Lederkassette, 61 × 47 cm
Berlin, Kunstbibliothek, SMPK (Inv.1984,67, Wallot-Nachlaß)

15/46

15/43 Drei Architektur-Fragmente von der Ruine des Reichstagsgebäudes

Berlin, vor 1894; Sandstein
Berlin, Gartenbauamt Steglitz

15/44 Weiblicher Kopf aus der Wandverkleidung des Reichstagsgebäudes

Berlin, vor 1894; Sandstein, 73×80×33 cm
Bonn, Deutscher Bundestag – Verwaltung

15/45 Vier Figuren aus der Ringkrone des ehemaligen Kuppelsaales im Reichstagsgebäude

a) Wulfila (311–383), Bischof der Westgoten
b) Bonifatius (675–754), Erzbischof und Legat für Germanien
c) Albertus Magnus (1193–1280), Kirchenlehrer und Naturforscher
d) Martin Luther (1483–1546), Reformator

Oskar Dedreux

Augsburg; installiert im Reichstagsgebäude 1895; Bronze; H 76,5 cm, H 78 cm, H 66 cm, H 76 cm
Bonn, Deutscher Bundestag – Verwaltung

15/46 Zwei berittene Reichsherolde (Abb.)

Rudolf Maison

Um 1897; verkleinerte Bronzerepliken der beiden Reiterstandbilder von der Ostfassade des Reichstagsgebäudes; H 115, H 114 cm (mit Plinthe und Lanze bzw. Standarte); bez. jeweils auf der Plinthe: R. Maison
Berlin, Privatbesitz

Die Herolde des Münchner Bildhauers Rudolf Maison sind typisch für das Bildprogramm des Reichstagsgebäudes. Im ganzen Haus angebrachte Wappen sowie eine Vielzahl ›altdeutscher‹ Motive dienten der Darstellung der Reichsidee; sie spiegelten gleichzeitig den Stand deutscher Kunst und deutschen Kunsthandwerks. Zwei weitere Nachbildungen der Reichsherolde wurden auf der Pariser Weltausstellung von 1900 in der Halle der deutschen kunstgewerblichen Abteilung gezeigt.

15/47 Innenansicht vom Atelier des Hofphotographen Carl Schatzmann (Abb.)

Um 1890; Photographie (Originalabzug), 6,5×8,7 cm
Berlin, Berlinische Galerie, Fotografische Sammlung (BG–Ar 12/84,2)

15/48 Der Photograph Schatzmann bei der Aufnahme eines Familienphotos

Um 1890; Photographie, 16,4×23,5 cm
Berlin, Berlinische Galerie, Fotografische Sammlung (BG–Ar 12/84,8)

15/49 Drei Atelieraufnahmen: Berliner Bürger in Uniform

Um 1900; Photographien (Originalabzüge); 21,5×16,2 cm, 14,3×9,7 cm, 8,9×5,9 cm
Berlin, Ullstein Bilderdienst
Berlin, Berlin Museum (Slg. Jordan)
Berlin, Siegfried Wetzel

15/50 Militaria als Kinderspielzeug: Holzkanone, Küraß des Gardedukorps, Gardehelm, Trommel, Blech-Blasinstrument, Degen und Satteltasche

15/47

Berlin, um 1900; Blech, Tuch, Holz
Berlin, Berlin Museum (Slg. Jordan)

Derartige Utensilien gehörten zu den üblichen Requisiten der Photoateliers im kaiserlichen Berlin. Die Ateliers boten darüber hinaus Kleidung und kostbar wirkende Staffagen im Renaissance-, Barock- und Rokokostil. Mit der Wahl des Bildhintergrunds hatte der Kunde eine weitere Möglichkeit, seine Person repräsentativ in Szene zu setzen.

15/51 Serie von Porträtaufnahmen des Berliner Landwirts Heinrich Kleffel (geb. 1883)

Verschiedene Photoateliers; Berlin 1887, 1889, 1890, 1892, 1902, 1903, 1904, 1905, 1908; neun Photographien (Originalabzüge), teilweise im Visitkartenformat
Berlin, Irmgard Mayr-Kleffel

15/52 Serie von Porträtaufnahmen der Hildegard Kleffel, geb. Becker (geb. 1888), Ehefrau des Landwirts Heinrich Kleffel

Verschiedene Photoateliers; Berlin 1889 (2), 1897, 1902, 1906; fünf Photographien (Originalabzüge), teilweise im Visitkartenformat
Berlin, Irmgard Mayr-Kleffel

15/53 Serie von Porträtaufnahmen des Rixdorfer Bankbeamten Theodor Wetzel (geb. 1895)

Verschiedene Photoateliers; Rixdorf und Berlin 1897, 1898, 1900, 1907, 1910, 1912 (2), 1915; acht Photographien (Originalabzüge), teilweise im Visitkartenformat
Berlin, Siegfried Wetzel

15/54 Serie von Porträtaufnahmen des Berliner Diplom-Ingenieurs und Fabrikbesitzers Paul Gurlt (geb. 1865) und seiner Ehefrau Alice Gurlt, geb. Werner (geb. 1871)

Verschiedene Photoateliers; Berlin 1868–1913; elf Photographien (Originalabzüge), teilweise im Visitkartenformat
Berlin, Elisabeth-Charlotte Hoecker

15/55 Serie von Porträtaufnahmen des Berliner Referendars und Leutnants Hermann Gurlt (geb. 1892), seiner Mutter Alice und seiner Schwester Elisabeth-Charlotte

Verschiedene Photoateliers, Berlin 1897–1918; sieben Photographien (Originalabzüge), teilweise im Visitkartenformat
Berlin, Elisabeth-Charlotte Hoecker

15/56 Porträtaufnahmen von Mitgliedern des ›Vereins für die Geschichte Berlins, gegr. 1865‹

a) Richard Béringuier (1854–1916)

Kammergerichtsreferendar, Amtsrichter, Amtsgerichtsrat; Rittmeister der Reserve; *Großbeerenstr.* 75, Berlin SW (1875), Blumenthalstr. 18, Berlin W (1877), Alvenslebenstr. 10, Berlin W (1880), Invalidenstr. 40/41, Berlin N (1893), Schlegelstr. 27, Berlin N (1897), Nettelbeckstr. 21, Berlin W (1904)

b) Gerson (von) Bleichröder (1822–1893)

Bankier, Geheimer Kommerzienrat; *Berliner Str. 170 a,* Charlottenburg (1865)

c) Emil Döpler d. J. (1855–1922)

Maler, Professor am Kunstgewerbemuseum; Regentenstr. 23, Berlin W (1877), Dörnbergstr. 2, Berlin W (1884); *Atelier: Prinz Albrechtstr. 8*

d) Johann Gustav Droysen (1808–1884)

Historiker, Universitätsprofessor; Victoriastr. 3 (1866), *Matthäikirchstr. 10* (1871)

e) Theodor Fontane (1819–1898)

Dichter und Theaterkritiker; *Potsdamer Str. 134 c,* Berlin W

f) Ernst Friedel (1837–1918)

Märkischer Geschichts- und Heimatforscher, Geheimer Regierungsrat, Stadtrat von Berlin; Dorotheenstr. 62, Berlin NW (1876), Schiffbauerdamm 38, Berlin NW (1878), *Paulstr.* 4, Berlin NW (1885)

g) Major von Harder

Major und Standesbeamter; Michaelkirchstr. 42, Berlin SO (1876), Schöneberger Str. 5, Berlin SW (1877), Königgrätzer Str. 54, Berlin SW (1878), Charlottenburg (1880), *Belleallliancestr.* 21 a, Berlin SW (1881), Linkstr. 28, Berlin W (1883)

h) Arthur Hobrecht (1824–1912)

Oberbürgermeister von Berlin, Kgl. Staats- und Finanzminister, Mitglied des Abgeordnetenhauses; *Potsdamer Str.* 125, Berlin W (1873), Hinter dem Giesshause, Berlin NW (1878)

i) Paul Rasche

Steinmetzmeister; Genthiner Str. 14, Berlin W (1874), Paulstr. 2, Berlin NW (1877), Alt-Moabit 136, Berlin NW (1880), Alt-Moabit 98, Berlin NW (1884), Rathenowerstr. 104 a, Berlin NW (1886), Lessingstr. 35, Berlin NW (1893), Lessingstr. 31. Berlin NW (1895), Carmerstr. 1, Charlottenburg (1897), *Kantstr.* 123, Charlottenburg (1902)

k) Franz Reuleaux (1829–1905)

Techniker, Direktor der Kgl. Gewerbeakademie, Geheimer Regierungsrat; *Potsdamer Str.* 20a, Berlin W

Zehn Photographien (Originalabzüge), Visitkarten- und Kabinettformat
Berlin, Verein für die Geschichte Berlins, gegr. 1865

Der als Reaktion auf das rapide Stadtwachstum und die Veränderung der Stadtgestalt gegründete ›Verein für die Geschichte Berlins‹ förderte die Sammlung und Erhaltung wertvoller Belege zur Geschichte der Stadt sowie die Berlin-Forschung auf wissenschaftlicher Grundlage. Zu den Gründungsmitgliedern gehörten zahlreiche wohlhabende Bürger der Stadt und namhafte Wissenschaftler der Friedrich-Wilhelms-Universität. Der Verein gibt noch heute die ›Mitteilungen des Vereins für die Geschichte Berlins‹ und das Jahrbuch ›Der Bär von Berlin‹ heraus. In repräsentativen Photoalben sind Porträtaufnahmen der Mitglieder und anderer bedeutender Berliner gesammelt worden. Den zehn ausgewählten Porträts sind zehn photographische Ansichten (Reproduktionen) der Häuser und Straßen beigefügt, in denen die Dargestellten wohnten.

15/57 Entwurf zu einem Geschäfts- und Wohnhaus der Stettiner Lebensversicherung ›Germania‹, Friedrichstr. 78/Ecke Französische Straße

Um 1880; aquarellierte Tuschzeichnung, 150×83 cm
Berlin, TUB, Plansammlung der Universitätsbibliothek (8335)

Das Gebäude wurde 1880/81 von Kayser & von Groszheim ausgeführt und zählte zu den »im letzten Jahrzehnt entstandenen zahlreichen Geschäftshäusern in künstlerisch monumentaler Ausführung«. Bauten dieser Art, so heißt es im Berlin-Baedeker von 1896 weiter, hätten der Friedrichstraße »ein ganz verändertes Aussehen« gegeben.

15/58 Entwurf zu einem Geschäfts- und Wohnhaus der Lebensversicherungs-Gesellschaft ›New York‹, Wilhelm-/Ecke Leipziger Straße (Abb.)

Um 1885; aquarellierte Tuschzeichnung, 92,6×122 cm; bez. u. r.: Kayser/von Grossheim
Berlin, TUB, Plansammlung der Universitätsbibliothek (8296)

Der Berlin-Baedeker von 1896 erwähnt den »von Kayser und von Groszheim 1885/86 ausgeführten prunkenden Neubau« voller Anerkennung und weist insbesondere auf die farbigen Mosaiken der sechs Weltstädte Paris, New York, Berlin, Wien, London und Rom hin.

15/58

15/59 »Umänderungszeichnung des ... genehmigten Neubaues Grossbeerenstr. 56. 57, dem Rentier Herrn W. Riehmer, Bellealliancestr. 17 gehörend«

1882/83; Tuschzeichnung auf Wachsleinen, 68×71 cm
Berlin, Bau- und Wohnungsaufsichtsamt Kreuzberg

Durch geschickten Grundstücksankauf und nach schwierigen Verhandlungen mit den Behörden gelang es dem Maurermeister Wilhelm Ferdinand August Riehmer nach und nach, eine prachtvolle Wohnanlage zwischen der Hagelberger-, der Großbeeren- und der Yorckstraße anzulegen. Sie unterschied sich vom Standard der üblichen Mietskasernen u. a. dadurch, daß die Fassaden der Hinterhäuser mit der gleichen Sorgfalt gestaltet waren wie die der Vorderhäuser. Die im Dekor verwendeten Stilarten reichen von Renaissance über Barock bis zum Klassizismus.

15/60 Fassadenschmuck der Wohnanlage ›Riehmers Hofgarten‹

a) Weibliche Allegorie von der Fassade Großbeerenstraße
b) Puttenrelief von der Gartenseite Yorckstraße

Berlin 1883–1891; Stuck (Gips); H 145 cm, 99×147 cm
Berlin, Fa. Herbert Tenz

15/61 Fragmente historisierenden Fassadenschmucks von Berliner Mietshäusern

Um 1900; Stuck (Gips) und Gipsabgüsse
Berlin, Fa. Bachmann & Söhne
Berlin, Fa. Herbert Tenz

15/62 Merkurkopf von der Fassade eines Berliner Mietshauses

Um 1900; Stuck (Gips), H 30 cm
Berlin, Fa. Bachmann & Söhne

RAUM 16
KUNST UND REPRÄSENTATION

Berlin war seit der Reichsgründung von 1871 ständig weltoffener geworden und übte immer größere Anziehungskraft auf in- und ausländische Wissenschaftler und Künstler aus. Das kulturelle Leben entfaltete sich auf vielen Ebenen und war voller Gegensätze: auf der einen Seite die staatlich geprägte Kulturpolitik, unterstützt von einem kapitalkräftigen Großbürgertum, das für seine mäzenatischen Leistungen mit gesellschaftlicher Anerkennung, Ordensverleihungen oder Nobilitierung belohnt wurde, auf der anderen Seite unabhängige Maler und Galeristen, Dichter und Verleger, Theaterleute und Musiker, die sich in hartem Konkurrenzkampf um die Gunst des großstädtischen Publikums zu behaupten suchten.

Berlin besaß um 1910 dreißig repräsentative Theater, von denen lediglich die Hofoper und das Schauspielhaus am Gendarmenmarkt staatlich subventioniert wurden. Jede Wintersaison brachte eine Fülle musikalischer Ereignisse. Neben den Philharmonikern erfreuten sich vor allem die Revue-Konzerte größter Beliebtheit. Paul Lincke dirigierte allabendlich im eigenen Apollo-Theater. Seinen Ruf als Theaterstadt verdankte Berlin hauptsächlich dem Deutschen Theater und dem Lessing-Theater. Die Berliner Spielpläne waren maßgebend für das ganze Reich, und jeder Provinzschauspieler träumte von einem Engagement in der Hauptstadt. Junge, auch unbequeme Literaten und Dichter wurden u. a. von dem Verleger Samuel Fischer gefördert, der, an die alte Tradition Berlins als Verlagsstadt anknüpfend, 1886 einen eigenen Verlag, den S. Fischer-Verlag, gegründet hatte. Für den Bildungs- und Lesehunger der breiteren Bevölkerung standen immer mehr Volksbüchereien zur Verfügung, deren Ausbau zum Programm der städtischen Kulturpolitik gehörte; 1888 gab es bereits 27, von denen allerdings die meisten mangels eigener Räumlichkeiten in Schulen untergebracht waren.

Die staatliche Kulturpolitik konzentrierte sich vor allem auf den Ausbau und die Erweiterung der Berliner Museen. Durch spektakuläre Museumsgründungen und Kunstankäufe versuchte Berlin, den älteren Kunstmetropolen ihre Vormachtstellung streitig zu machen. Insbesondere gegenüber London wurde ein eifersüchtiges Konkurrenzdenken entwickelt. Voraussetzung für die Museumspolitik war die Bereitstellung großzügig bemessener Geldbeträge durch den Staat wie auch durch private Stifter. Der wirtschaftliche Aufschwung in den Gründerjahren und in der Zeit um die Jahrhundertwende setzte Mittel frei, die der Kunstpflege zugute kamen. Während der Jahresetat der Berliner Museen bis 1872 lediglich 20000 Taler für Ankäufe vorsah, wurde diese Summe zunächst verfünffacht, und in den Jahren 1900 bis 1905 standen dann allein der Gemäldegalerie zweieinhalb Millionen Mark für Erwerbungen zur Verfügung.

Das Berliner Großbürgertum – Bankiers, Kaufleute und Unternehmer – unterstützte die Sammlungsaktivitäten durch Spenden und Schenkungen. Zu den bedeutendsten Mäzenen gehörten der Bankier Franz (von) Mendelssohn, der der Gemäldegalerie u. a. ›Die Versuchung des hl. Antonius‹ von Hieronymus Bosch stiftete, und der Textilfabrikant und Kaufmann James Simon, dessen Interesse nicht nur der europäischen, sondern auch der nahöstlichen Kunst galt. Simon gab 1898 den entscheidenden Anstoß zur Gründung der Deutschen Orient-Gesellschaft, die 1899 ihre Grabungen in Babylon aufnahm. Die 1911 bis 1913 in Ägypten durchgeführten Grabungen wurden allein von Simon finanziert. Zu den wichtigsten Funden dieser Expedition gehörte die Büste der Königin Nofretete – noch heute eine der Hauptattraktionen der Berliner Museen. Anläßlich der Eröffnung des Kaiser-Friedrich-Museums 1904 schenkte Simon dem Haus wertvolle Gemälde und Plastiken der italienischen und deutschen Renaissance. Gleichzeitig richtete er in seiner Villa in der Tiergartenstraße ein kleines Privatmuseum mit Werken der italienischen und französischen Kunst des 13. bis 16. Jahrhundert ein. Auch diese Sammlung vermachte er, Anfang der zwanziger Jahre, den Berliner Museen.

Mendelssohn und Simon waren Mitglieder des 1897 gegründeten Kaiser-Friedrich-Museums-Vereins, dessen Vorsitz der spätere Generaldirektor der Königlichen Museen, Wilhelm (von) Bode, übernommen hatte. Bode galt als einer der größten Kunstkenner seiner Zeit – ein Spezialist auf vielen Gebieten, der es glänzend verstand, seine Forderungen und Vorstellungen durchzusetzen. Durch die von ihm betriebene Erwerbungspolitik konnten die bisher etwas vernachlässigten Schulen des italienischen Barock, der altniederländischen und der holländischen Malerei ausgebaut werden. Einer seiner spektakulärsten Ankäufe war der von ihm entdeckte und bis vor wenigen Jahren Rembrandt zugeschriebene ›Mann mit dem Goldhelm‹. Auch die Skulpturenabteilung verdankt bedeutende Werke dem Engagement Bodes.

Das Königshaus unterstützte den Ausbau der Berliner Museen nach Kräften. Bereits im Sommer 1871 war Kronprinz Friedrich Wilhelm, der spätere Kaiser Friedrich III., zum Protektor der Königlichen Museen ernannt worden. Wegen seiner Leistungen für die Berliner Museumspolitik wurde das 1898 bis 1904 von dem Architekten Ernst von Ihne erbaute Museum auf dem Nordwestzipfel der Museumsinsel (das heutige Bode-Museum) Kaiser-Friedrich-Museum genannt.

Das Interesse Kaiser Wilhelms II. galt vor allem der Archäologie. Auf Korfu führte er unter der wissenschaftlichen Leitung Wilhelm Dörpfelds selbst Ausgrabungen durch. In die Berliner Museumsangelegenheiten griff er nur in Ausnahmefällen ein. Der bekannteste Fall war die Kritik an der Umgestaltung der Nationalgalerie durch deren Direktor Hugo von Tschudi im Jahre 1899. Tschudi hatte die französischen Impressionisten als attraktive Neuerwerbungen präsentiert und dabei die akademischen Historienbilder in einige Nebenräume verbannt; daraufhin entschied der Kaiser, daß alle weiteren Ankäufe der Nationalgalerie nur mit seiner Einwilligung getätigt werden dürften. Wilhelm II. wurde in seiner Vorliebe für die Historienmalerei durch den Kunstpapst der Zeit, den Direktor der Berliner Hochschule der bildenden Künste, Anton von Werner, bestärkt. Werners Einfluß reichte sogar so weit, daß er die Werke moderner Berliner Maler von den alljährlich stattfindenden großen Kunstausstellungen ausschließen konnte. 1898 gründeten die abgelehnten Künstler, darunter Max Liebermann und Walter Leistikow, mit der ›Berliner Secession‹ eine unabhängige Künstlergemeinschaft, die ihre Werke ab

1899 in dem eigens für sie errichteten Ausstellungshaus in der Kantstraße und später am Kurfürstendamm zeigte.

Die einzelnen Abteilungen der Berliner Museen konnten aufgrund der 1878 in Kraft getretenen Statuten im Prinzip selbständig über Kunstankäufe bestimmen. Ende der siebziger Jahre standen mit dem Alten Museum, dem Neuen Museum und der in den Jahren 1866 bis 1876 von Heinrich Strack nach einem Entwurf von August Stüler errichteten Nationalgalerie auf der Museumsinsel drei Ausstellungsgebäude zur Verfügung, die jedoch für die umfangreichen Neuerwerbungen schon bald nicht mehr ausreichten. Das als ›Renaissancemuseum‹ konzipierte Kaiser-Friedrich-Museum und ein provisorisches Gebäude für die Ausgrabungsfunde aus Kleinasien – das von dem Architekten Fritz Wolff entworfene Pergamonmuseum – übernahmen Teile der Sammlungen. Die neu gegründeten Museen für Kunstgewerbe und Völkerkunde konnten dagegen nicht mehr auf der Museumsinsel untergebracht werden. Man entschied sich für einen Standort außerhalb des alten Stadtzentrums, an der Königgrätzer Straße (heute Stresemannstraße) in der Nähe des Anhalter Bahnhofs.

Das Berliner Kunstgewerbemuseum war 1867 als ›Deutsches Gewerbe-Museum‹ gegründet worden, um das nationale Kunsthandwerk mit Hilfe einer Mustersammlung zu fördern. Auf der Pariser Weltausstellung im selben Jahr hatte das preußische Handelsministerium 900 Proben internationaler moderner Kunstindustrie angekauft, auf der Weltausstellung in Wien 1873 kamen 560 Objekte hinzu. Nach der Übergabe der ›Königlichen Kunstkammer‹ und dem Ankauf einiger Privatsammlungen in den Jahren 1873 bis 1876 waren die provisorischen Ausstellungsräume in den alten Gebäuden der Königlichen Porzellan-Manufaktur überfüllt. Der von den Architekten Martin Gropius und Heino Schmieden errichtete Neubau für das Kunstgewerbemuseum wurde 1881 eröffnet.

Die zunächst in mehreren Räumen des Neuen Museums auf der Museumsinsel untergebrachte ›Ethnographische Sammlung‹ erhielt 1873 aufgrund einer Eingabe der 1869 gegründeten Gesellschaft für Anthropologie, Ethnologie und Urgeschichte den Status eines eigenständigen Museums. Erster Direktor wurde Adolph Bastian, der sich in Verbindung mit der deutschen Kolonialpolitik seit Anfang der siebziger Jahre vor allem mit Afrikaforschung beschäftigt hatte. Er hatte an der 1870 bis 1873 durchgeführten Loango-Expedition teilgenommen und sich um direkte Zusammenarbeit mit den Kolonialverwaltungen bemüht. Nach der Einverleibung weiterer ›Schutzgebiete‹ in Afrika und Ozeanien im Jahre 1884 entwickelte Bastian Pläne, wie die ethnologische Forschung den größten Nutzen aus der deutschen Kolonialpolitik ziehen könnte. Schließlich wurde 1889 vom Auswärtigen Amt offiziell bestätigt, »daß die aus den Schutzgebieten zu erwartenden ethnologischen Gegenstände ... dem Museum für Völkerkunde zunächst zur vorläufigen Aufstellung zu überweisen sein werden«.

Der in den Jahren 1880 bis 1886 von Hermann Ende und Wilhelm Böckmann direkt neben dem Kunstgewerbemuseum errichtete Neubau für das Völkerkundemuseum konnte die Fülle der nach Berlin geschickten ethnographischen Objekte kaum fassen. 1896 wurde die Vorschrift erlassen, daß alle in den Kolonien gesammelten Ethnographica an die ›Zentralstelle‹ in Berlin zu schicken seien. Die Völkerkundemuseen anderer deutscher Städte erhielten lediglich Doubletten. Um den in

Afrika und Ozeanien tätigen Kolonialbeamten, Missionaren, Kaufleuten und Soldaten einige Anhaltspunkte für die ihnen ungewohnte Aufgabe zu geben, verschickte das Berliner Museum »Anleitungen zum ethnologischen Beobachten und Sammeln«.

Während das Museum für Völkerkunde trotz der engen Zusammenarbeit mit den Kolonialverwaltungen rein wissenschaftliche Ziele verfolgte, wollten die Veranstalter der gleichzeitig immer beliebter werdenden ›Völkerschauen‹, bei denen die Bewohner der ›Schutzgebiete‹ im Zoo oder im Zirkus ausgestellt wurden, die Sensationslust der Berliner befriedigen. Der Erfolg der 1896 im Rahmen der Gewerbeausstellung veranstalteten großen Kolonialausstellung führte zu der Gründung eines eigenständigen Kolonialmuseums, das 1899 im ehemaligen Marine-Panorama am Lehrter Bahnhof eröffnet wurde und in erster Linie politischen Propagandazwecken diente.

Durch die Entscheidung, die Museen für Kunstgewerbe und Völkerkunde nicht im alten Stadtzentrum, sondern in der südlichen Friedrichstadt zwischen Anhalter Bahnhof und provisorischem Reichstag in der Leipziger Straße zu errichten, wurde diese Gegend auch für andere Kulturinstitutionen attraktiv. Die 1882 gegründeten ›Philharmoniker‹ übernahmen eine Rollschuhbahn in der Bernburger Straße und gaben dort ihre ersten Konzerte unter der Leitung von Joseph Joachim und Gastdirigenten wie Anton Dvořák. Später wurde die Sportarena durch Franz Schwechten in einen Konzertsaal umgebaut. Die großen zeitgenössischen Komponisten wie Johannes Brahms und Peter Tschaikowsky brachten hier ihre Werke zur Aufführung. Chefdirigenten waren Hans von Bülow (1887–1892), Richard Strauss (1894/95) und Arthur Nikisch (1895–1922). 1898 erhielt die Philharmonie mit dem von Ludwig Heim errichteten Beethovensaal einen Erweiterungsbau. Mit dem Kunstgewerbemuseum, dem Völkerkundemuseum und der Philharmonie war der Zug der Kulturstätten in den Südwesten Berlins eröffnet worden. In den neunziger Jahren entstanden dann die ersten Konzert- und Theaterbauten im Umkreis des Zoologischen Gartens und im Neuen Westen, und bereits 1907 plante Wilhelm (von) Bode in einer Denkschrift die Verlagerung von Teilen der Königlichen Museen nach Dahlem. *L. K.*

16/2

16/1 Uniformrock für einen Aufseher der Königlichen Museen zu Berlin

Berlin, um 1910; blaues Tuch mit roten Spiegeln, Metallknöpfe mit preußischem Adler
Berlin, Kunstgewerbemuseum, SMPK (1982,19)

16/2 Bildnis des Wilhelm (von) Bode (Abb.)

Max Liebermann

1904; Öl/Lw., 107×89 cm
Berlin, Nationalgalerie, SMPK

Der Jurist und Kunsthistoriker Wilhelm (von) Bode (1845–1929) begann seine Karriere an den Berliner Museen 1872 als Assistent der Gemäldegalerie, deren Leitung er 1880 übernahm. Als Generaldirektor der Königlichen Museen (1905–1920) war er maßgeblich an den Planungen zum Ausbau der Museumsinsel beteiligt. Die von ihm mit großer Kennerschaft zusammengetragenen Erwerbungen begründeten Berlins Weltruf als Stadt bedeutender Museen. Bode wurde 1914 nobilitiert.

16/3 Büste des James Simon

Tina Haim Wentscher

Bronzereplik, H 31 cm
Berlin, Der Verein zur Förderung des Ägyptischen Museums

Der Bankier und Kaufmann James Simon (1851–1932) war einer der bedeutendsten Kunstsammler Berlins und mit Wilhelm (von) Bode befreundet. Er finanzierte u. a. die Ausgrabungen von Babylon und schenkte seine umfangreiche Privatsammlung nach und nach den Berliner Museen.

16/4 Eingang des Privatmuseums von James Simon in der Tiergartenstraße

Ernst Oppler

1918; Öl/Lw., 73×64 cm; bez. u. l.: E. Oppler 18
Jerusalem/Israel, Leni Yahil

16/5 Innenansicht des Privatmuseums von James Simon (Abb.)

Ernst Oppler zugeschr.

Öl/Lw., 49×68 cm
Jerusalem/Israel, Leni Yahil

16/6 Perspektivische Vorderansicht der Nationalgalerie

Johann Heinrich Strack

1877; aquarellierte Bleistiftzeichnung, 65,5×99,5 cm; bez. u. r.: Strack 1877
Berlin, TUB, Plansammlung der Universitätsbibliothek (17109)

16/7 Vorläufige Aufstellung der Zeusgruppe in der Rotunde des Alten Museums in Berlin

Max Lücke

Um 1886; kolorierte Federzeichnung, 33,5×46 cm
Berlin, Kunstbibliothek, SMPK (Sign. 101,5 Hdz Lipp)

Die Reste des in der Antike weltberühmten Zeusaltars waren bei Ausgrabungen, die Carl Humann und Wilhelm Dörpfeld 1871 bis 1886 im Auftrag der Königlichen Museen in Pergamon im westlichen Kleinasien durchgeführt hatten, gefunden worden. Der Altar wurde das Prunkstück der Berliner Antikensammlungen.

16/8 ›Museumsbau‹

E. Kuhn

1912; Radierung, 39,3×27 cm
Berlin, Kupferstichkabinett, SMPK

16/5

16/9 Vorentwurf für das Berliner Kunstgewerbemuseum: Nordfassade mit dem ehemaligen Haupteingang
Martin Gropius & Heino Schmieden

1875; Aquarell, 51,8×90,2 cm; bez. u. r.: zur Ansicht 30. Oct: 1875. Gropius & Schmieden
Berlin, TUB, Plansammlung der Universitätsbibliothek (1614)

16/10 Portal des Kunstgewerbemuseums
Max Klinger

1881; Radierung, 10,5×16 cm (Plr.)
Bremen, Kunsthalle Bremen, Kupferstichkabinett

16/11 Zwei Einladungen zur Eröffnung des Berliner Kunstgewerbemuseums am 21. November 1881

Nürnberg, Germanisches Nationalmuseum, Kupferstichkabinett (HB 10,070/71 Kapsel 1366a)

16/12 Ausstellung der Sammlung Emil Riebeck im Kunstgewerbemuseum zu Berlin (Winter 1883/84): Gesamtansicht des Lichthofs (Abb.)
Hermann Rückwardt

1884; Lichtdruck nach einer Photographie, aus einer Serie von 21 Tafeln; 37×51 cm
Berlin, Museum für Völkerkunde, SMPK

16/13 Plakat ›1763–1913. Jubiläums-Ausstellung der Königlichen Porzellan-Manufaktur im Kunstgewerbemuseum‹

Charlottenburg: Hermann A. Weber 1913; Farblithographie, 31×43 cm
Berlin, Kunstbibliothek, SMPK

16/14 Ziervase
Wilhelm Georg Timm (Entwurf), KPM

Berlin, um 1880; Seger-Porzellan, H 36,5 cm
Berlin, Kunstgewerbemuseum, SMPK (05,96)

Das Kunstgewerbemuseum kaufte die Vase 1905 von der Witwe des ehemaligen Direktors der Unterrichtsanstalt des Museums, Ernst Ewald.

16/15 Schüssel mit einer Darstellung zur Glorifizierung des deutschen Kaisertums
Pietro Mazzuoli (Entwurf), Atelier Ende, Ravené und Ewald

Berlin 1875; Fayence, Dm 55 cm
Berlin, Kunstgewerbemuseum, SMPK (77,426)

Das Kunstgewerbemuseum kaufte die Schüssel 1877 vom Hersteller. Der Eisengroßhändler und Kunstsammler Louis Ravené und der Maler Ernst Ewald betrieben gemeinsam mit dem Baumeister Hermann Ende eine Fayencewerkstatt. Ravené und Ewald gehörten auch dem Vorstand des Kunstgewerbemuseums an.

16/16 Kanne
Atelier Ende, Ravené und Ewald

Berlin 1877; Fayence, H 28 cm
Berlin, Kunstgewerbemuseum, SMPK (77,429)

Das Museum kaufte die Kanne 1877 vom Hersteller.

16/17 Tischuhr
Ravené & Sußmann

Berlin, um 1880; vergoldete Bronze, Kupferplatten, Email, Holzunterbau; 77×33×33 cm
Berlin, Kunstgewerbemuseum, SMPK (82,575)

Das Museum kaufte die Uhr 1882 im Berliner Kunsthandel.

16/18 Fußschale
Atelier Ende, Ravené und Ewald

Berlin 1877; Fayence; H 10,3 cm, oberer Dm 15,8 cm
Berlin, Kunstgewerbemuseum, SMPK

16/19 Wandteller
Marie Drews

Berlin 1877; Fayence, Dm 34,5 cm
Berlin, Kunstgewerbemuseum, SMPK (77,434)

Das Museum kaufte den Teller 1877 von der Werkstatt des Töpfermeisters Drews in Berlin.

16/20 Zwei Stangenbecher
Ludwig Foltz (Entwurf), Tonwarenfabrik Ernst March Söhne

Berlin, vor 1867; Terrakotta; H 40,3 cm, H 37,6 cm
Berlin, Kunstgewerbemuseum, SMPK (K 1488, K 1489)

Die Becher kamen 1875 mit den kunstgewerblichen Teilen der Königlich Preußischen Kunstkammer in den Besitz des Kunstgewerbemu-

16/12

seums. Die Tonwarenfabrik Ernst March Söhne lieferte auch die in Terrakotta gebrannten Reliefs für den Fassadenschmuck des Museumsneubaus.

16/21 ›Königliches Museum für Völkerkunde. Situations-Plan‹
Lithographie, 80×66,3 cm
Berlin, TUB, Plansammlung der Universitätsbibliothek (29138)

16/22 Das Museum für Völkerkunde, Königgrätzer/Ecke Prinz-Albrecht-Straße
Um 1890; Photographie (Originalabzug), 21×26,5 cm
Berlin, Museum für Völkerkunde, SMPK

16/23 In der Afrika-Abteilung des Museums für Völkerkunde
Um 1900; Photographie (Reproduktion)
Berlin, Museum für Völkerkunde, SMPK

16/24 Deutsche Kolonial-Ausstellung im Rahmen der Gewerbe-Ausstellung im Treptower Park, Berlin 1896

a) Die Kolonialhalle
b) Präsentation der Neu-Guinea-Compagnie in der Kolonialhalle
c) Büste des Präsidenten der Deutschen Kolonialgesellschaft, Johann Albrecht zu Mecklenburg, in der Kolonialhalle (Abb.)
d) Die Batanga
e) Die Kameruner
f) Die Massai

Franz Kullrich
Aus einer Serie von 21 Photographien (Originalabzüge), je 19,5×26,5 cm
Berlin, Landesarchiv Berlin (Rep.250 Acc.1623 Nr.4,5,6,10,12,14)

16/25 Plakat ›Central-Afrika-Expedition 1907/08 des Herzog's Adolf Friedrich zu Mecklenburg – Ausstellung der wissenschaftlichen Ergebnisse – Ausstellungshallen am Zoo‹, Berlin, 3.–20. März 1909 (Abb.)
Hans Rudi Erdt
Berlin: Hollerbaum & Schmidt 1909; Farblithographie, 70×94 cm
Berlin, Kunstbibliothek, SMPK

16/24 c

16/26 Anleitung für ethnographische Beobachtungen und Sammlungen. Zusammengestellt im Auftrage der Direktion des Königl. Museums für Völkerkunde in Berlin
Felix von Luschan
Berlin: Gebr. Unger 1899
Berlin, Hans-Joachim Koloß

16/27 Anleitung zum ethnologischen Beobachten und Sammeln. Hg. im Auftrag des Generaldirektors der Königl. Museen zu Berlin
Bernhard Ankermann
Berlin: Georg Reimer 1914
Berlin, Hans-Joachim Koloß

16/28 Holzfigur eines Kriegers (Abb.)
Bena Lulua / Kongo; H 74 cm
Berlin, Museum für Völkerkunde, SMPK, Abt. Afrika (III C 3246)

Das Museum für Völkerkunde kaufte die Figur 1885 von dem Stabsarzt Dr. Wolf (Teilnehmer der Expedition Wissmann).

16/29 Holzfigur
Luba / Kongo; H 82 cm
Berlin, Museum für Völkerkunde, SMPK, Abt. Afrika (III C 16999)

Die Figur wurde dem Berliner Museum für Völkerkunde 1903 von Dr. Göring geschenkt. Göring, wohnhaft auf der Burg Veldenstein bei Neuhaus an der Pegnitz, wurde 1910 in die Berliner Gesellschaft für Anthropologie, Ethnologie und Urgeschichte aufgenommen.

16/30 Männliche Holzfigur mit Raphiaschurz und breitem Fellgürtel
Luba / Kongo; H 81 cm
Berlin, Museum für Völkerkunde, SMPK, Abt. Afrika (III E 5200 a–c)

Hauptmann Hans von Ramsay schenkte die Figur 1897 dem Museum. Von Ramsay, wohnhaft in Duala / Westafrika, wurde 1910 in die Berliner Gesellschaft für Anthropologie, Ethnologie und Urgeschichte aufgenommen.

16/31 Weibliche Fetischfigur
Cokwe / Angola; Holz; Frisur aus Menschenhaar; H 59 cm
Berlin, Museum für Völkerkunde, SMPK, Abt. Afrika (III C 1886)

16/25

16/32 Fetischfigur, auf einer Schildkröte stehend (Abb.)

Kongo; Holz, Stoff; Kopfputz aus Federn; H 37 cm
Berlin, Museum für Völkerkunde, SMPK, Abt. Afrika (III C 531)

Die Figur wurde 1872 im Rahmen der Loango-Expedition, an der auch der Direktor des Berliner Museums für Völkerkunde, Adolf Bastian, teilnahm, für das Museum erworben.

16/33 Weibliche Fetischfigur

Cokwe / Angola; Holz; Frisur aus Menschenhaar; H 35 cm
Berlin, Museum für Völkerkunde, SMPK, Abt. Afrika (III C 2969)

Der Generalkonsul in Afrika, Dr. Gustav Nachtigal, überließ die Figur 1886 dem Berliner Museum. Nachtigal war seit 1880 Mitglied der Berliner Gesellschaft für Anthropologie, Ethnologie und Urgeschichte.

16/34 Fetischfigur

Songe / Kongo; Holz, mit kupfernen Knöpfchen benagelt; um Hals und Taille Ringe aus Schlangenhaut; H 18 cm
Berlin, Museum für Völkerkunde, SMPK, Abt. Afrika (III C 1792)

Die im Rahmen der 1880 bis 1882 durchgeführten Expedition des Leutnants Hermann Wissmann erworbene Figur kam 1883 in den Besitz des Berliner Museums für Völkerkunde.

16/35 Bogenhalter in Gestalt einer weiblichen Figur

Luba / Kongo; Holz, H 58 cm
Berlin, Museum für Völkerkunde, SMPK, Abt. Afrika (III C 1591)

Der im Rahmen der Expedition Wissmann erworbene Bogenhalter kam 1883 in den Besitz des Museums.

16/36 Spazierstab mit geschnitztem Doppelkopf

Ngangela / Angola; Holz, H 56,5 cm
Berlin, Museum für Völkerkunde, SMPK, Abt. Afrika (III C 31788)

Der Stab wurde 1913 von Alfred Schachtzabel, Mitarbeiter des Berliner Museums für Völkerkunde, auf einer Afrika-Expedition erworben.

16/37 Holzmaske

Vili / West-Kongo; Haare aus Schnüren, Bart aus einem Stück Fell; H 37 cm
Berlin, Museum für Völkerkunde, SMPK, Abt. Afrika (III C 3906)

16/28

16/32

Die Maske wurde dem Museum 1887 von dem Berliner Professor Dr. phil. Wilhelm Joest geschenkt. Joest war seit 1880 Mitglied der Berliner Gesellschaft für Anthropologie, Ethnologie und Urgeschichte.

16/38 Ansicht der Museumsinsel vom Kupfergraben her:

»MUSEUM FUER ORIGINAL-SCULPTUREN UND GIPSABGUESSE, PERGAMON-MUSEUM, MUSEUM FUER ABGUESSE NACH DEN ANTIKEN SCULPTUREN, OLYMPIA-MUSEUM«

Entwurf für die große Museumskonkurrenz von 1884

Alfred Messel

Aquarellierte Federzeichnung, 76×209 cm
Berlin, TUB, Plansammlung der Universitätsbibliothek (15661)

Messels Plan von 1884 wurde nicht realisiert. Erst die 1907 von ihm vorgelegten Entwürfe konnten dank der massiven Fürsprache Wilhelm (von) Bodes verwirklicht werden. Nach dem Tode Messels wurde Ludwig Hoffmann mit der Bauausführung beauftragt.

16/39 Jury der Großen Berliner Kunstausstellung

Hans Herrmann

1890; Deckfarben, 48,5×63,7 cm; bez. u. r.: Hans Herrmann 1890
Berlin, Berlin Museum

16/40 Staatsbegräbnis Adolph (von) Menzels vor dem Alten Museum im Februar 1905 (Abb.)

Carl Alexander Brendel

1905–1907; Öl/Karton, 77×102 cm; bez. u. r.: Carl Alexander Brendel 1905–1907
Berlin, Berlin Museum

Der 1898 nobilierte Adolph (von) Menzel (1815–1905) wurde noch in hohem Alter zu allen Hoffesten eingeladen. Bei seinem Begräbnis trugen Leibgrenadiere in friderizianischen Uniformen seinen Sarg zum Lustgarten und bahrten ihn in der Rotunde des Alten Museums auf. Die Beisetzung fand auf dem Neuen Dreifaltigkeitsfriedhof in Kreuzberg statt; zahlreiche Würdenträger von Regierung, Kunst und Wissenschaft nahmen daran teil.

16/41 Büste des Adolph (von) Menzel

Reinhold Begas

Gipsabguß (Original 1875/76); H 63 cm
Berlin, Gipsformerei, SMPK (4976)

16/42 Büste des Anton von Werner

Gipsabguß, H 62 cm
Berlin, Gipsformerei, SMPK (4986)

Anton von Werner (1843–1915) war seit 1875 Direktor der Hochschule für die bildenden Künste und lange Jahre Vorsitzender des Vereins Berliner Künstler. Diese Ämter verliehen ihm die Autorität eines lokalen Kunstpapstes. Seine Historienbilder fanden vor allem bei Hof große Anerkennung.

16/40

16/43 Büste des Max Liebermann
August Kraus

1931; Bronze, H 39 cm; bez.: AK 31
Berlin, Akademie der Künste, Archiv der Preußischen Akademie der Künste (84–56–216)

Der Maler Max Liebermann (1847–1935) lebte und arbeitete nach längeren Aufenthalten in Paris und München seit 1884 wieder in Berlin, wo er auf den großen akademischen Kunstausstellungen erste Erfolge erringen konnte. Aus Solidarität mit den jüngeren, mißachteten Künstlern war er 1898 Mitbegründer der Berliner Secession und übernahm auch deren Vorsitz. Von 1920 bis 1933 war Liebermann Präsident der Preußischen Akademie der Künste.

16/44 Büste des Walter Leistikow
Georg Kolbe

Um 1908; Bronze, H 45 cm
Berlin, Nationalgalerie, SMPK

Der Maler Walter Leistikow (1865–1908) gehörte zu den Gründungsmitgliedern der Berliner Secession. Seine stimmungsvollen Bilder märkischer Landschaften waren von der Jury der Großen Berliner Kunstausstellung abgelehnt worden.

16/45 Bildnis des Lovis Corinth
Max Liebermann

1899; Öl/Lw., 88 × 63 cm
Frankfurt a. M., Deutsche Bank AG

Der Maler Lovis Corinth (1858–1925) kam 1900 von München nach Berlin und hatte sein Atelier zuerst in der Lützowstraße, später in der Klopstockstraße in Tiergarten. Er gehörte zu den führenden Mitgliedern der Berliner Secession.

16/46 Der Maler Walter Leistikow
Lovis Corinth

1900; Öl/Lw., 60 × 49 cm; bez. u. l.
Berlin, Nationalgalerie, SMPK

16/47 Bildnis des Gerhart Hauptmann
Max Liebermann

Um 1892; Pastell, 78,8 × 59,5 cm; bez. u. l.: M Liebermann
Berlin, Staatsbibliothek PK, Handschriftenabteilung (Nachlaß G. Hauptmann)

Der Dichter Gerhart Hauptmann (1862–1946) lebte von 1885 bis 1893 in Berlin und schrieb hier seine ersten Dramen, darunter ›Die Weber‹ und ›Der Biberpelz‹, deren Uraufführungen in der Freien Volksbühne und im Deutschen Theater in Berlin stattfanden.

16/48 Bühnenbildentwurf für ›Das Friedensfest‹ von Gerhart Hauptmann in der Inszenierung von Max Reinhardt im Deutschen Theater (Premiere 17. Januar 1907)

Emil Orlik

1906; farbige Kreide, 53×77 cm
Köln, Universität zu Köln, Theatermuseum des Instituts für Theater-, Film- und Fernsehwissenschaft

16/49 Max Reinhardt bei einer Bühnenprobe im Zirkus Schumann

Emil Orlik

1910; getönte Radierung, 19×29,7 cm (Plr.)
Berlin, Berlin Museum

Max Reinhardt (1873–1943) war 1894 als Schauspieler nach Berlin gekommen und hatte acht Jahre dem Ensemble des Deutschen Theaters angehört, bevor er 1903 die Leitung des Neuen Theaters, 1905/06 auch die des Deutschen Theaters und der Kammerspiele übernahm. Er beschritt vollkommen neue Wege, so auch 1910, als er den ›König Ödipus‹ in der Arena des Zirkus Schumann einstudierte.

16/50 Plakat ›Theater-Ausstellung vom 1. November – 2. Januar 1911 Ausstellungshallen am Zoo‹ (Abb.)

Julius Klinger

Berlin: Hollerbaum & Schmidt 1910; Farblithographie, 70×48 cm
Berlin, Kunstbibliothek, SMPK

16/51 ›Aufruf zur Betheiligung an der »Berliner Philharmonischen Gesellschaft«‹, Berlin, 18. März 1884

28,2×21,8 cm
Berlin, Archiv der Berliner Philharmoniker e. V. (G 1884)

16/52 Programmzettel ›Im Saal der Philharmonie. Erstes Extra-Concert unter der Leitung des Herrn Professor Joseph Joachim und des Herrn Anton Dvorak aus Prag‹, 21. November 1884

29,5×23 cm
Berlin, Archiv der Berliner Philharmoniker e. V. (P 1884,XI,21)

16/53 Bildnis des Joseph Joachim

Ernst Hildebrand

1891; Öl/Lw., 126×90 cm
Berlin, Akademie der Künste, Archiv der Preußischen Akademie der Künste (84/56/283)

Der Komponist und Violinvirtuose Joseph Joachim (1831–1907) war seit 1868 Direktor der Berliner Hochschule für Musik und leitete die ersten Konzerte der Berliner Philharmoniker. Darüber hinaus wirkte er als Solist und Mitglied eines Streichquartetts. Einige der Violinkonzerte von Max Bruch, Johannes Brahms, Anton Dvořák und Robert Schumann sind unter seiner Mitarbeit entstanden und ihm gewidmet.

16/54 Bildnis des Hans von Bülow (Abb.)

Ludwig Michalek

1891; Pastell, 73×49 cm; bez. o. r.
Berlin, Archiv der Berliner Philharmoniker e. V. (I Bül 1 Inv.Nr.41)

Hans von Bülow (1830–1894) hatte als Pianist und Dirigent große Erfolge in ganz Europa und Amerika, bevor er 1887 erster Chefdirigent der Berliner Philharmoniker wurde.

16/55 Bülow-Album des Berliner Philharmonischen Orchesters mit den Photos sämtlicher Orchestermitglieder »Unserm hochverehrten Meister Herrn Dr. Hans von Bülow in dankbarer Erinnerung an die Concertzeit 1887–88«

Titelblatt mit einer aquarellierten Zeichnung von K. Storch, 44×32 cm; Ledereinband mit Prägedruck, farbig gefaßt; 54×38×8 cm
Berlin, Archiv der Berliner Philharmoniker e. V.

16/50

16/56 Saal der Philharmonie in der Bernburger Straße kurz vor dem Umbau, 1888
Photographie (Reproduktion)
Berlin, Archiv der Berliner Philharmoniker e. V.
(F 5 II/1888–2)

16/57 Konzertsaal der Philharmonie in der Bernburger Straße nach dem Umbau
Photographie (Originalabzug), 22×35 cm
Berlin, Archiv der Berliner Philharmoniker e. V.
(F 3 II/1888–1)

16/58 Programmzettel ›Im neuerbauten Saale: Concert des Philharmonischen Orchesters ... unter gefälliger Mitwirkung des Herrn Peter Tschaikowsky‹, 26. Februar 1889
22×14,2 cm
Berlin, Archiv der Berliner Philharmoniker e. V.
(P 1889,II,26)

16/59 Programmzettel für die ›Doppel-Aufführung der IX. Sinfonie von Ludwig van Beethoven – Dirigent: Dr. Hans von Bülow‹, 6. März 1889
22×14,2 cm
Berlin, Archiv der Berliner Philharmoniker e. V.
(Pb 1889,III,6)

16/60 Programmzettel ›Im neuerbauten Saale: Concert des Philharmonischen Orchester unter gefälliger Leitung des Herrn Dr. Johannes Brahms‹, 7. März 1889
22×12,8 cm
Berlin, Archiv der Berliner Philharmoniker e. V.
(P 1889,III,7)

16/61 Programmbuch ›Philharmonische Concerte – Dirigent: Arthur Nikisch. Berlin. IX. Saison 1895/1896‹, hg. von der Concert-Direction Hermann Wolff
Berlin, Archiv der Berliner Philharmoniker e. V.
(P 1895,X,14)

16/54

16/62 Anstehen nach einem Stehplatz in einem Nikisch-Konzert
Reproduktion einer Zeichnung von Edward Cucuel, aus: Leipziger Illustrirte; 13×18,2 cm
Berlin, Archiv der Berliner Philharmoniker e. V.
(F 5 II/1902–1)

16/63 ›Nikisch in der Probe‹
Eugen Spiro
Bleistiftzeichnung, 20,4×17 cm
Berlin, Archiv der Berliner Philharmoniker e. V.
(I Nik 1 Inv.Nr.56)

Arthur Nikisch (1855–1922) war von 1895 bis zu seinem Tode Chefdirigent der Berliner Philharmoniker und unternahm mit dem Orchester zahlreiche große Konzertreisen.

16/64 Programmheft ›Concert-Reise des Berliner Philharmonischen Orchesters unter der Leitung von Arthur Nikisch‹, 1897
15,3×10,6 cm
Berlin, Archiv der Berliner Philharmoniker e. V.
(Pr 1897)

16/65 Statut des Berliner Philharmonischen Orchesters, Berlin, 7. Dezember 1903
16×10,3 cm
Berlin, Archiv der Berliner Philharmoniker e. V.
(G 1903)

16/67

16/66 Programmzettel ›Richard Strauss-Matinee‹ in der Philharmonie am 8. Januar 1905 »unter persönlicher Leitung des Komponisten und unter Mitwirkung von Pauline Strauss-de Ahna«

27,8 × 23 cm
Berlin, Archiv der Berliner Philharmoniker e. V. (P 1905,I,8)

Richard Strauss (1864–1949) hatte bereits in der Wintersaison 1894/95 die Konzerte der Berliner Philharmoniker dirigiert, erhielt aber erst 1898 als Hofkapellmeister eine feste Anstellung in Berlin.

16/67 Konzert der Berliner Philharmoniker (Blick aus der Loge) (Abb.)

Max Liebermann

1911; Öl/Lw., 51 × 65 cm; bez. u. r.: M. Liebermann 1911
Berlin, Berlin Museum (GEM 75/29)

RAUM 17
ZENTRUM DER WISSENSCHAFTEN

Seit der Gründung seiner Universität war Berlin eine Hochburg der Geisteswissenschaften. Nur wenige Naturwissenschaftler hatten zu Beginn des 19. Jahrhunderts einer Vielzahl bedeutender Philosophen, Philologen, Historiker und Rechtswissenschaftler gegenübergestanden. Im letzten Drittel des Jahrhunderts vollzog sich jedoch ein grundlegender Wandel. Es gab zwar weiterhin berühmte Namen in den etablierten Disziplinen, die die Studenten in ihren Bann zogen, so beispielsweise bei den Historikern die politischen Kontrahenten Heinrich von Treitschke und Theodor Mommsen. Aber Berlins Aufschwung zur Industriemetropole wäre ohne gleichzeitige Grundlagenforschung in den naturwissenschaftlich-technischen Fächern kaum denkbar gewesen. Eine Schlüsselfigur dieser engen Zusammenarbeit zwischen Wirtschaft und Wissenschaft war Werner (von) Siemens. Nicht nur die Berliner Industrie, sondern auch das gesamte In- und Ausland verfolgte mit Spannung die in Berlin erzielten naturwissenschaftlichen Fortschritte. Das galt besonders für den Bereich der Medizin, wo die Probleme der explodierenden Großstadt von den Forschern als Herausforderung angenommen und auf den Gebieten der Hygiene und der Seuchenbekämpfung wichtige Entdeckungen gemacht wurden.

Wissenschaftspolitik in Berlin um die Jahrhundertwende ist vor allem mit dem Namen Friedrich Althoff verbunden. Althoff war seit 1882 im preußischen Kultusministerium als vortragender Rat für Hochschulwesen, Bibliotheken, höhere Schulen und sonstige Wissenschaftseinrichtungen zuständig, und er galt als Planer und Organisator, als treibende Kraft und entscheidende Autorität der Wissenschaftspolitik. Das ›System Althoff‹ wurde zu einem feststehenden Begriff. Es beinhaltete zum einen den systematischen Ausbau des Hochschulwesens zu einem ›Großbetrieb‹, die zentrale Leitung durch Althoff unter Ausnutzung persönlicher Beziehungen und Abhängigkeiten und die Eingriffe der staatlichen Bürokratie in die Hochschulautonomie, zum anderen die finanzielle Beteiligung privater Geldgeber an wissenschaftlichen Großprojekten.

Althoff gelang es, viele bedeutende Wissenschaftler für Berlin zu gewinnen. Die Friedrich-Wilhelms-Universität war um die Jahrhundertwende eine der angesehensten Hochschulen der Welt. Persönlichkeiten wie der Historiker Theodor Mommsen, der Althistoriker und Archäologe Ernst Curtius, der Theologe Adolf (von) Harnack, die Mediziner Rudolf Virchow, Robert Koch und Ernst von Bergmann, die Physiker Hermann (von) Helmholtz und Max Planck und die Chemiker August Wilhelm Hofmann und Emil Fischer traten nicht nur durch ihre Tätigkeit im Bereich der Hochschule hervor. Sie engagierten sich für politische Reformen (Virchow und Mommsen), und sie beteiligten sich an der Gründung bedeutender außeruniversitärer Wissenschaftseinrichtungen (Harnack, Fischer, Helmholtz). Fischer, Koch, Mommsen und Planck erhielten den Nobelpreis, und fast alle Genannten wurden mit hohen Orden dekoriert, was bei ihnen allerdings nicht immer Begeisterung hervorrief. Eine Auswahl von Gelehrtenporträts steht im Zentrum des Ausstellungsraumes zur Wissenschaftspolitik im Kaiserreich. Die Köpfe der Naturwissenschaftler sind einem Labortisch der Firma Schering zugewandt, der beispielhaft das experimentelle Prinzip der damals als moderne Erfahrungswissenschaften konzipierten Naturwissenschaften verkörpert. Auch auf der Weltausstellung 1893 in Chicago stand im Mittelpunkt der Selbstdarstellung deutscher Wissenschaft ein Arbeitsschrank der Berliner Chemiefabrik Schering.

Mit der Errichtung großer Chemielaboratorien, zuerst an der Friedrich-Wilhelms-Universität, später an der Technischen Hochschule, den wissenschaftlichen Reichsanstalten und den Kaiser-Wilhelm-Instituten drängten sich die Naturwissenschaften in den Vordergrund des wissenschaftlichen Lebens. Als 1879 der Zusammenschluß von Bau- und Gewerbeakademie zur Technischen Hochschule Berlin beschlossen wurde, lagen bereits Pläne für einen Neubaukomplex auf dem Gelände des ehemaligen Hippodroms in Charlottenburg vor. Die Hochschule entwickelte sich innerhalb weniger Jahre zu einer international führenden Wissenschaftseinrichtung, deren Konzept auch von anderen Ländern übernommen wurde.

Im Wintersemester 1901/02 waren an der Technischen Hochschule bereits 4800 Hörer eingeschrieben, die sich auf sechs Abteilungen verteilten: Architektur, Bauingenieurwesen, Maschinenbau, Schiff- und Schiffsmaschinenbau, Chemie- und Hüttenwesen und Allgemeine Wissenschaften. Seit 1899 waren die Technischen Hochschulen den Universitäten gleichgestellt, so daß die Titel Dipl.-Ing. und Dr.-Ing. verliehen werden konnten. Nachdem Frauen seit 1908 das Abitur ablegen durften, wurden auch sie zum Studium zugelassen. Emil Fischer berichtet in seinen Lebenserinnerungen, er habe »Mädchen ... kennen gelernt, die guten Chemikern an Leistungen ganz gleich zu stellen waren«, aber »die Gefahr der Verheiratung« bringe es mit sich, »daß die Mehrzahl der studierten Frauen, und gerade die besten ... dann gewöhnlich nicht mehr imstande sind, ihren Beruf auszuüben«.

Außerhalb der Hochschulen waren nach der Reichsgründung weitere Wissenschafts- und Forschungsinstitute entstanden, die entweder – wie z. B. das Reichsgesundheitsamt, das Materialprüfungsamt, das Reichspatentamt und die Physikalisch-Technische Reichsanstalt – vom Staat finanziert, oder – wie die Kaiser-Wilhelm-Institute – mit Mitteln privater Geldgeber errichtet wurden. Während die Reichsanstalten in erster Linie vom Gesetzgeber festgeschriebene Forschungsaufgaben übernahmen (etwa die Überprüfung der Patentfähigkeit neuer Erfindungen oder die Festlegung verbindlicher Maßeinheiten und Gewichte), betrieben die Kaiser-Wilhelm-Institute eine relativ unabhängige Grundlagenforschung: relativ deshalb, weil die Mäzene – zum großen Teil bedeutende Industrieunternehmer – eigene Erwartungen an die Effektivität der wissenschaftlichen Arbeit richteten.

Die Gründung der Kaiser-Wilhelm-Gesellschaft zur Förderung der Wissenschaften im Jahre 1911 ging auf Pläne Friedrich Althoffs zurück, der den Mangel an naturwissenschaftlicher Grundlagenforschung erkannt hatte und auf dem Gelände der zur Besiedelung freigegebenen Domäne Dahlem ein »deutsches Oxford« errichten wollte. Nach dem Tode Althoffs 1908 nahm sich Adolf (von) Harnack dieser Idee an und entwickelte in einer Denkschrift eine Konzeption, die sich an Beispielen aus England, Frankreich und den USA orientierte und die Finanzierung unabhängiger Forschungsinstitute durch private Stiftungsmittel vorsah. Nachdem Kaiser Wilhelm II. das Protektorat übernommen hatte, fanden sich über 80 Gründungsmitglieder zur Kaiser-Wilhelm-Gesellschaft zusammen; sie hatten eine Aufnahmegebühr von mindestens 2000 Mark und einen jährlichen Beitrag von 1000 Mark zu entrichten.

Bereits im Oktober 1912 konnte Wilhelm II. mit dem Kaiser-Wilhelm-Institut für Chemie und dem Kaiser-Wilhelm-Institut für physikalische Chemie und Elektrochemie die beiden ersten Gebäude eröffnen. Zum Leiter des Instituts für physikalische Chemie und Elektrochemie, das vom Berliner Privatbankier Leopold Koppel gestiftet worden war, wurde Fritz Haber berufen. Das zuerst nur mit wenigen Wissenschaftlern arbeitende Institut entwickelte sich im Ersten Weltkrieg zu einer von der Kriegswirtschaft intensiv geförderten Forschungszentrale mit Tausenden von Mitarbeitern. Haber arbeitete an der Entwicklung chemischer Kampfstoffe. Als glühender Patriot war er von seinem militärischen Forschungsauftrag überzeugt und besuchte auch Kampfstätten an der Front. Für diese Tätigkeit wurde er vom Vizefeldwebel zum Hauptmann befördert und mit zahlreichen Orden ausgezeichnet.

Ein anderer Bereich, in dem Wissenschaft und Militär eng zusammenarbeiteten, war der Schiffbau. Kaiser Wilhelm II. hatte sich seit seiner Kindheit für die Marine begeistert. Als 1897/98 der Konteradmiral Alfred (von) Tirpitz Staatssekretär des Reichsmarineamtes wurde und dem Kaiser Pläne für einen expansiven Ausbau der Kriegsflotte vorlegte, fand er große Zustimmung. Zugleich wurde auch der Ausbau der für die Kolonial- und Wirtschaftsmacht Deutschland so wichtigen Handelsflotte forciert. An der Technischen Hochschule gab es bereits seit 1894 die selbständige Abteilung für Schiff- und Schiffsmaschinenbau, in der nun zusätzliche Lehrstühle eingerichtet wurden. Im Winter 1897/98 fand in Berlin die erste Marine-Modell-Ausstellung statt, und 1899 wurde an der Friedrich-Wilhelms-Universität ein Institut für Meereskunde eingerichtet. Das im Jahr darauf verabschiedete zweite Flottengesetz sah eine Verdoppelung des 1898 beschlossenen Flottenumfangs vor. Die von den Hochschulen unabhängige Königliche Versuchsanstalt für Wasserbau und Schiffbau konnte 1903 ihre Arbeit aufnehmen, und 1906 wurde im Rahmen des Museums für Meereskunde das Marinemuseum eröffnet. 1908 fand in den Ausstellungshallen am Zoo eine große Schiffbauausstellung statt, die wie das Museum bei den Berlinern großen Anklang fand. Die Begeisterung der Bevölkerung für die Marine war schon 1898 in der Gründung des Deutschen Flottenvereins zum Ausdruck gekommen. Der Einsatz des Hochschulfaches Schiffbau für militärische Zwecke gipfelte 1913 in der Einrichtung eines offiziell so genannten Lehrstuhls für ›Kriegsschiffbau‹ an der Technischen Hochschule. *L. K.*

17/1

17/2

17/1 Büste des Friedrich Althoff (Abb.)

Fritz Schaper

Marmor, H 57 cm
Berlin, Fritz-Haber-Institut der Max-Planck-Gesellschaft (FH 8604)

Friedrich Althoff (1838–1908) leitete von 1882 bis 1907 die Abteilung Hochschulwesen, seit 1897 auch die für das höhere Schulwesen im preußischen Kultusministerium.

17/2 Büste des Adolf (von) Harnack (Abb.)

Hugo Lederer

1926; Marmor, H 75 cm
Berlin, Fritz-Haber-Institut der Max-Planck-Gesellschaft (FH 8605)

Adolf (von) Harnack (1851–1930) kam 1888 als Professor für Kirchengeschichte an die Berliner Universität und übernahm bald darauf auch eine Reihe wichtiger außeruniversitärer Ämter: Seit 1890 wirkte er in der Akademie der Wissenschaften, 1905 wurde er Generaldirektor der Königlichen Bibliothek und 1911 Präsident der von ihm mitgegründeten Kaiser-Wilhelm-Gesellschaft zur Förderung der Wissenschaften. Harnack, der 1914 nobilitiert wurde, gilt als bedeutender evangelischer Theologe und als einer der einflußreichsten Wissenschaftsorganisatoren seiner Zeit.

17/3 Büste des Ernst Curtius

Fritz Schaper

Gipsabguß, H 55 cm
Berlin, Gipsformerei, SMPK (4914)

Ernst Curtius (1814–1896) wirkte seit 1844 als Professor für Klassische Philologie und Archäologie in Berlin. Nach einer vorübergehenden Lehrtätigkeit in Göttingen kehrte er 1868 an die Berliner Universität zurück; 1872 wurde er außerdem zum Direktor des Antiquariums der Königlichen Museen ernannt. Curtius war der Initiator und erste Leiter der Ausgrabungen von Olympia.

17/4 Büste des Theodor Mommsen

Gustav Eberlein

1905; Gips, H 100 cm
Hannoversch Münden, Städtisches Museum Hannoversch Münden, Welfenschloß

Der Jurist und Historiker Theodor Mommsen (1817–1903) wurde 1858 an die Akademie der Wissenschaften berufen, 1861 übernahm er den Lehrstuhl für Alte Geschichte an der Friedrich-Wilhelms-Universität. Politisch der bürgerlichen Linken angehörend, war er von 1863 bis 1866 und von 1873 bis 1879 Mitglied des preußischen Abgeordnetenhauses, von 1881 bis 1884 Mitglied des Reichstags. Für seine ›Römische Geschichte‹ erhielt er 1902 den Nobelpreis für Literatur.

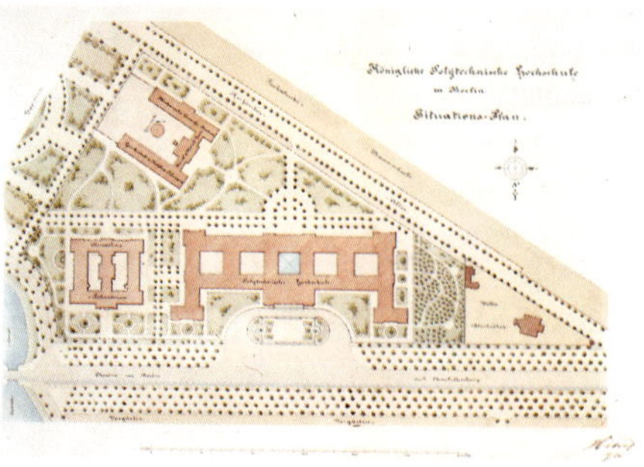

17/13

17/5 Büste des Rudolf Virchow
Bernhard Afinger

Gipsabguß, H 78 cm
Berlin, Gipsformerei, SMPK (5187)

Der Mediziner Rudolf Virchow (1821–1902), seit 1856 Professor für Pathologie in Berlin, war nicht nur in seinem eigentlichen Fachgebiet bahnbrechend und mit großem Erfolg tätig. In vielen Bereichen des öffentlichen Lebens kämpfte er für soziale Fortschritte: Er förderte u. a. Projekte der Volksbildung, beispielsweise die Urania, und entwickelte gemeinsam mit James Hobrecht Pläne für eine Kanalisation Berlins. Er gehörte auch zu den Gründungsmitgliedern der Berliner Gesellschaft für Anthropologie, Ethnologie und Urgeschichte, die an dem Aufbau der Museen für Völkerkunde, für deutsche Volkskunde und für Vor- und Frühgeschichte maßgeblich beteiligt war. Als führender Repräsentant des deutschen Linksliberalismus war Virchow Mitglied der Berliner Stadtverordnetenversammlung (seit 1859), des preußischen Abgeordnetenhauses (von 1862 bis zu seinem Tode) und von 1880 bis 1893 auch des Reichstags.

17/6 Büste des Robert Koch
Johannes Pfuhl

Gipsabguß (Original 1904), H 56 cm
Berlin, Gipsformerei, SMPK (4925)

Robert Koch (1843–1910) wurde 1880 nach Berlin berufen, um die Leitung des Hygienischen Instituts der Universität und des neugegründeten Instituts für Infektionskrankheiten zu übernehmen. Zugleich war er Mitglied des Kaiserlichen Gesundheitsamtes. Koch entdeckte das Tuberkelbakterium und den Choleraerreger, er erforschte die Malaria und die Schlafkrankheit. 1905 erhielt er den Nobelpreis für Medizin.

17/7 Büste des Ernst von Bergmann
Adolf von Hildebrand

1906; Gips, H 43 cm
München, Bayer. Staatsgemäldesammlungen, Neue Pinakothek (B 470)

Der Chirurg Ernst von Bergmann (1836–1907) wurde 1882 an die Berliner Universität berufen. Seine größten Verdienste lagen im Bereich der Hirnchirurgie.

17/8 Büste des Emil Fischer
Fritz Klimsch

1919 (Original 1913); Bronzereplik; H 44 cm, H 16,5 cm (Steinsockel)
Leverkusen, Privatbesitz

Der Chemiker Emil Fischer (1852–1919) wurde 1892 als Leiter des I. Chemischen Instituts der Friedrich-Wilhelms-Universität nach Berlin berufen. Für die Entdeckung der Synthese des Traubenzuckers und Arbeiten über Purinkörper, die zur Synthese des Coffeins führten, erhielt er 1902 den Nobelpreis für Chemie.

17/9 Büste des Hermann (von) Helmholtz
Adolf von Hildebrand

1891; Gips, H 56 cm
München, Bayer. Staatsgemäldesammlungen, Neue Pinakothek (B 482)

Der Physiker Hermann (von) Helmholtz (1821–1894) war zunächst als Militärarzt in Potsdam und als Lehrer für Anatomie an der Akademie der Künste in Berlin tätig. Nach Professuren für Physiologie und Anatomie in Königsberg, Bonn und Heidelberg kehrte er 1870 nach Berlin zurück und übernahm eine Professur für Physik an der Friedrich-Wilhelms-Universität. Helmholtz, 1882 nobilitiert, wurde 1888 erster Präsident der neugegründeten Physikalisch-Technischen Reichsanstalt.

17/10 100-Jahr-Feier der Königlichen Friedrich-Wilhelms-Universität zu Berlin am 11. Oktober 1910
a) Begrüßung der Kaiserlichen Familie durch Rektor Erich Schmidt
b) Festakt in der Aula der Universität

Photographien (Reproduktionen)
Berlin, Archiv zur Geschichte der Max-Planck-Gesellschaft

17/11 Speisekarte zum »Festmahl« anläßlich der »Hundertjahrfeier der Koeniglichen Friedrich Wilhelms Universitaet Berlin« am 11. Oktober 1910

20,3×12,4 cm (Deckblatt)
Berlin, Berlin Museum

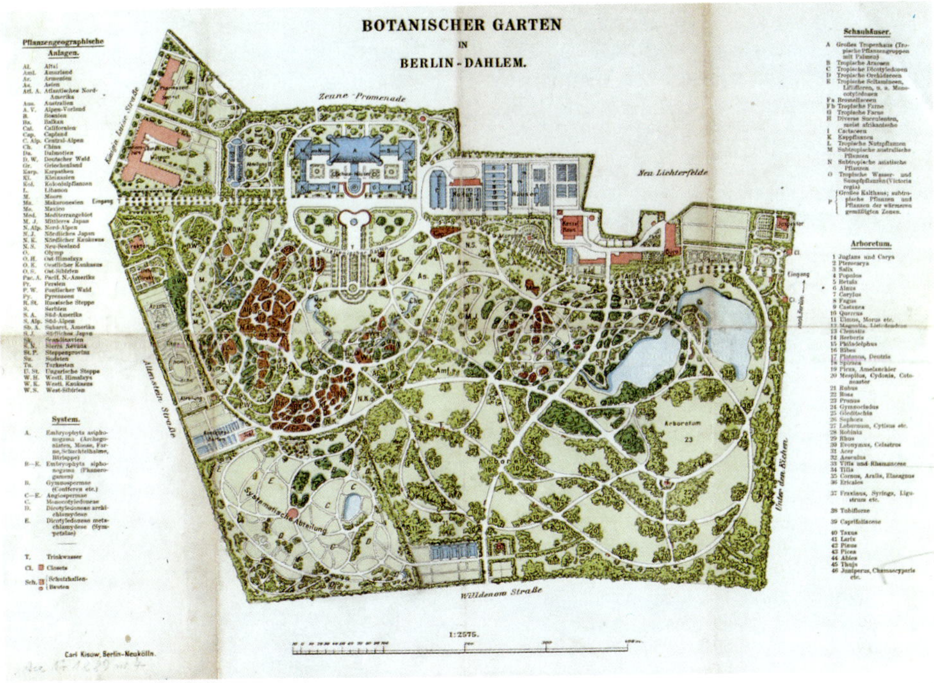

17/21

17/12 ›I. Chemisches Institut der Universität zu Berlin. N. Hessische Str. 1‹ Schnitt durch das Gebäude

1901; Lithographie, 68,4×100 cm; M 1:50
Berlin, TUB, Plansammlung der Universitätsbibliothek (29118)

Dem Chemiker Emil Fischer war bei seiner Berufung nach Berlin vom Kultusministerium zugesichert worden, daß statt des alten Chemischen Instituts der Friedrich-Wilhelms-Universität ein den modernsten technischen Ansprüchen genügender Neubau errichtet würde. Das Institut wurde im Sommer 1900 eröffnet.

17/13 ›Königliche Polytechnische Hochschule zu Berlin. Situations-Plan‹ (Abb.)

Friedrich Hitzig

1880; aquarellierte Federzeichnung, 60,4×80,5 cm (Blgr.)
Berlin, TUB, Plansammlung der Universitätsbibliothek (1853)

17/14 ›Entwurf zum Neubau eines Polytechnikums. Vorderansicht des Mittelbaues‹

Friedrich Hitzig

1878; lavierte Federzeichnung, 63×96,2 cm (Blgr.)
Berlin, TUB, Plansammlung der Universitätsbibliothek (1856)

17/15 ›Chemisches Laboratorium‹ Vorderansicht des Mittelbaus

Friedrich Hitzig

1881; lavierte Federzeichnung, 42,8×59,5 cm (Blgr.)
Berlin, TUB, Plansammlung der Universitätsbibliothek (20006)

17/16 ›Hochschule für die bildenden Künste Charlottenburg. Ansicht an der Hardenbergstraße‹

Lithographie, 50,1×68,1 cm; M 1:200
Berlin, TUB, Plansammlung der Universitätsbibliothek (29066)

17/17 »Zur Erinnerung an den Einzug der Akademischen Hochschule für die bildenden Künste und für Musik in Charlottenburg am 2. November 1902«

Schild vom Haupteingang der Hochschule; Blech, 37,7×25 cm
Berlin, Akademie der Künste, Archiv (84/56/202)

17/18 Einladung, Einlaßkarte und Programm zur »Einweihung des Neubaus für die Königliche Akademie der Wissenschaften und die Königliche Bibliothek in Berlin« am 22. März 1914

Berlin, Staatsbibliothek PK, Handschriftenabteilung (Nachl. Georg Leyh, K XLVII)

17/19 Königliche Bibliothek, Neubau Unter den Linden

Photographie, 16×23 cm
Berlin, Bildarchiv PK

17/20 Einweihung des Museums für Naturkunde in Berlin durch Kaiser Wilhelm II. am 2. Dezember 1889

Photographie (Originalabzug), 16,8×22,2 cm
Berlin, Staatsbibliothek PK, Handschriftenabteilung (YB 21 303 m)

Das Museum für Naturkunde in der Invalidenstraße, heute direkt hinter der Mauer in Ost-Berlin gelegen, gehörte zu einem größeren Komplex wissenschaftlicher Institute. Neben dem Museum standen die 1878 eröffnete Geologische Landesanstalt und die 1876 bis 1880 errichtete Landwirtschaftliche Hochschule.

17/21 ›Botanischer Garten in Berlin-Dahlem‹ Plan mit pflanzengeographischen Anlagen, Schauhäusern und Arboretum (Abb.)

Um 1905; Farbdruck, 34,5×46,5 cm; M 1:2575
Berlin, Landesarchiv Berlin, Plankammer (Acc.1289 Nr.7)

Auf einem 42 Hektar großen Gelände zwischen Lichterfelde und Dahlem entstand in den Jahren 1897 bis 1909 ein neuer Botanischer Garten, nachdem der bereits im 18. Jahrhundert angelegte Schaugarten in Schöneberg zu klein geworden und auf Initiative Friedrich Althoffs verkauft worden war. Mit dem Erlös konnten sowohl die Umgestaltung der Charité als auch die neue Gartenanlage finanziert werden. Auch das Botanische Museum wurde auf das Dahlemer Gelände verlegt, auf dem Friedrich Althoff, seinem Wunsch entsprechend, 1908 seine letzte Ruhestätte fand.

17/22 Denkschrift Adolf (von) Harnacks an Kaiser Wilhelm II., Berlin, 21. November 1909

Berlin, Archiv zur Geschichte der Max-Planck-Gesellschaft (I.Abt. Rep.1A Nr.3–2)

17/23 Entwurf einer Satzung der Kaiser-Wilhelm-Gesellschaft zur Förderung der Wissenschaften, 1910/11

Berlin, Archiv zur Geschichte der Max-Planck-Gesellschaft (I.Abt. Rep.1A Nr.5)

17/24 Gründungssitzung der Kaiser-Wilhelm-Gesellschaft in der Königlichen Akademie der bildenden Künste zu Berlin am 11. Januar 1911

Photographie (Reproduktion)
Berlin, Archiv zur Geschichte der Max-Planck-Gesellschaft (Q 16–1–41–3)

17/25 Gründungsurkunde der Kaiser-Wilhelm-Gesellschaft, Berlin, 11. Januar 1911

Handschrift; drei Blatt, je 30,5×21 cm
Berlin, Archiv zur Geschichte der Max-Planck-Gesellschaft (I.Abt. Rep.1A)

17/26 Anwesenheitsliste der Kaiser-Wilhelm-Gesellschaft, 23. Januar 1911

Zwei Blatt, je 29,7×21 cm
Berlin, Archiv zur Geschichte der Max-Planck-Gesellschaft (I.Abt. Rep.1A Nr.5 Bl.161,162)

17/36

17/53

17/27 Zeugnis des Amtsgerichts Berlin-Mitte über die Eintragung des Vereins Kaiser-Wilhelm-Gesellschaft zur Förderung der Wissenschaften, Berlin, 2. Mai 1912
Kanzleischrift, 33×21 cm
Berlin, Archiv zur Geschichte der Max-Planck-Gesellschaft (I.Abt. Rep.1A Nr.6 Bl.185)

17/28 Eintrittskarte für die Einweihungsfeier der Kaiser-Wilhelm-Institute für Chemie und für physikalische Chemie und Elektrochemie in Dahlem am 23. Oktober 1912
12,8×20,6 cm
Berlin, Archiv zur Geschichte der Max-Planck-Gesellschaft (I.Abt. Rep.1A Nr.842 Bl.51)

17/29 ›Festordnung für die am 23. Oktober 1912 … stattfindende Feier zur Einweihung der Kaiser-Wilhelm-Institute für Chemie sowie für physikalische Chemie und Elektrochemie‹
26,5×21 cm
Berlin, Archiv zur Geschichte der Max-Planck-Gesellschaft (I.Abt. Rep.1A Nr.842 Bl.52)

17/30 Einweihung des Kaiser-Wilhelm-Instituts für Chemie und des Kaiser-Wilhelm-Instituts für physikalische Chemie und Elektrochemie durch Wilhelm II.
Photographie (Reproduktion)
Berlin, Archiv zur Geschichte der Max-Planck-Gesellschaft (Q 16–3–33–5)

Dem Kaiser folgen Adolf (von) Harnack, Emil Fischer und Fritz Haber.

17/31 Das Kaiser-Wilhelm-Institut für Chemie, 1913
Photographie (Originalabzug), 17,6×23,6 cm
Berlin, Archiv zur Geschichte der Max-Planck-Gesellschaft (VI.Abt. P2 Nr.8)

17/32 Das Kaiser-Wilhelm-Institut für physikalische Chemie und Elektro-Chemie, um 1917
Ansichtskarte
Berlin, Archiv zur Geschichte der Max-Planck-Gesellschaft (VI.Abt. P2 Nr.5)

17/33 Vertrag zwischen dem Privatdozenten Herrn Professor Dr. Otto Hahn in Berlin und dem Kaiser-Wilhelm-Institut zu Berlin-Dahlem, 14. Juni 1912

Unterzeichnet: E. Fischer, Vorsitzender des Verwaltungsausschusses des Kaiser-Wilhelm-Instituts für Chemie; W. Nernst, Schriftführer des Verwaltungsausschusses des Kaiser-Wilhelm-Instituts für Chemie
Maschinenschrift; zwei Blatt, je 33×21 cm
Berlin, Archiv zur Geschichte der Max-Planck-Gesellschaft (II.Abt. Rep.14 Nr.80)

17/34 Lise Meitner und Otto Hahn im Labor der Universität, um 1909

Photographie (Reproduktion)
Berlin, Archiv zur Geschichte der Max-Planck-Gesellschaft

17/35 Eintrittskarte für die Hauptversammlung des Kaiser-Wilhelm-Instituts für physikalische Chemie und Elektrochemie am 28. Oktober 1913

12,6×20,6 cm
Berlin, Archiv zur Geschichte der Max-Planck-Gesellschaft (I.Abt. Rep.1A Nr.845 Bl.44)

17/36 Zweite Hauptversammlung der Kaiser-Wilhelm-Gesellschaft im Anschluß an die Einweihung des Kaiser-Wilhelm-Instituts für experimentelle Therapie am 28. Oktober 1913 (Abb.)

Photographie (Reproduktion)
Berlin, Archiv zur Geschichte der Max-Planck-Gesellschaft

Kaiser Wilhelm II. und Adolf (von) Harnack verlassen das Kaiser-Wilhelm-Institut für physikalische Chemie und Elektrochemie durch den ›Kaisereingang‹.

17/37 Das Kaiser-Wilhelm-Institut für Biologie, um 1915

Zwei Photographien, je 11×17 cm
Berlin, Archiv zur Geschichte der Max-Planck-Gesellschaft (VI.Abt. P2 Nr.23,26)

17/38 Luftbild von Dahlem mit den Instituten für Chemie, physikalische Chemie und experimentelle Therapie, 1918

Photographie (Reproduktion)
Berlin, Archiv zur Geschichte der Max-Planck-Gesellschaft

17/39 Bildnis des Fritz Haber

Emil Orlik

Radierung, 24×18,3 cm
Berlin, Heinz Gerischer

Der Chemiker Fritz Haber (1868–1934) leitete von 1911 bis 1933 das Kaiser-Wilhelm-Institut für physikalische Chemie und Elektrochemie. Für die Entdeckung der Synthese von Ammoniak erhielt er 1918 den Nobelpreis für Chemie.

17/40 ›Die chemische Industrie und der Krieg‹

Fritz Haber

Artikel, aus: Die Chemische Industrie, 1920, Nr. 31/32
Berlin, Archiv zur Geschichte der Max-Planck-Gesellschaft (V.Abt. Rep.13 Nr.734)

17/41 Bescheinigung vom Oberkommando der 4. Armee über die Verleihung des Eisernen Kreuzes 2. Klasse an den Hauptmann Fritz Haber, 28. Februar 1916

Handschriftlich ausgefülltes Formular, 16,5×20,7 cm
Berlin, Archiv zur Geschichte der Max-Planck-Gesellschaft (V.Abt. Rep.13 Nr.652)

17/42 Urkunde über die Verleihung des ›Kreuzes der Ritter des Königlichen Hausordens von Hohenzollern mit Schwertern‹ an Fritz Haber auf Befehl des Königs von Preußen, Berlin, 10. September 1917

Handschriftlich ausgefülltes Formular, 33×21 cm
Berlin, Archiv zur Geschichte der Max-Planck-Gesellschaft (V.Abt. Rep.13 Nr.655)

17/43 Im chemischen Labor

Arthur Kampf

Öl/Lw., 94×49 cm
Berlin, Deutsches Patentamt, Dienststelle Berlin (P.A. 29173)

17/44 Installation einer elektrischen Leuchte im Park

Arthur Kampf

Öl/Lw., 94×49 cm; bez.: A. Kampf
Berlin, Deutsches Patentamt, Dienststelle Berlin (P.A. 29172)

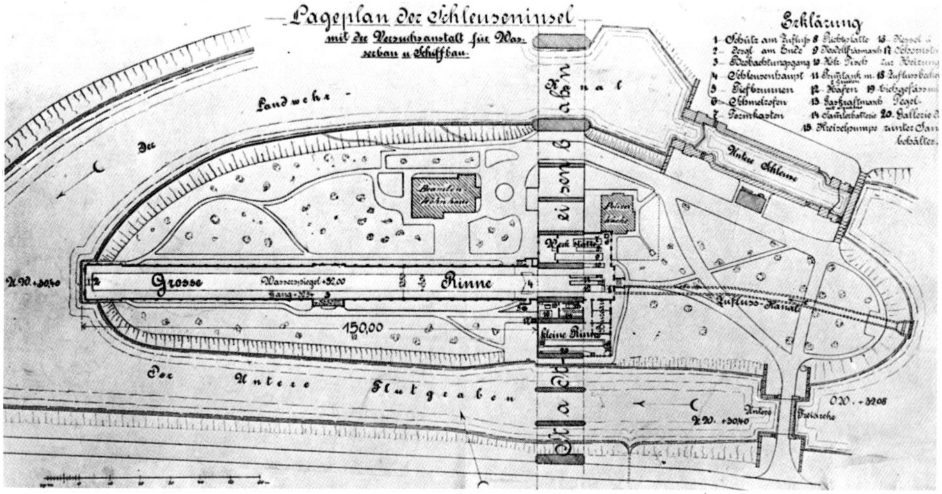

17/55

17/45 Denkschrift betreffend die Errichtung einer »physikalisch-technischen Reichsanstalt« für die experimentelle Förderung der exakten Naturforschung und der Präzisionstechnik, Berlin, 20. März 1884
Werner (von) Siemens
Berlin, Physikalisch-Technische Bundesanstalt

Werner (von) Siemens setzte sich nicht nur mit dieser Denkschrift für die Gründung der Physikalisch-Technischen Reichsanstalt ein. Er unterbreitete dem preußischen Kultusministerium auch das Angebot, ein Gelände von 12000 qm als Geschenk zu überlassen und die Kosten für die erforderlichen Bauten zu tragen.

17/46 ›Entwurf für gesetzliche Bestimmungen über die elektrischen Maaßeinheiten‹, Berlin, 10. Februar 1892
Handschrift, 21 × 33 cm
Berlin, Physikalisch-Technische Bundesanstalt

17/47 ›Gesetz, betreffend die elektrischen Maßeinheiten‹, Berlin, 1. Juni 1898
In: Reichs-Gesetzblatt, Nr. 26
Berlin, Physikalisch-Technische Bundesanstalt

17/48 ›Bericht über die Thätigkeit der Physikalisch-Technischen Reichsanstalt im Jahre 1900‹
Handschrift, 21 × 30 cm
Berlin, Physikalisch-Technische Bundesanstalt

Nachdem sich die Physikalisch-Technische Reichsanstalt mit Industrie und Gesetzgeber auf das Ohm und das Ampere als gesetzlich festgelegte elektrische Maßeinheiten geeinigt hatte, wurden 1900 von der Reichsanstalt auch die »Ausführungsbestimmungen zu dem Gesetz betreffend die elektrischen Maßeinheiten« erarbeitet.

17/49 Das Gelände der Physikalisch-Technischen Reichsanstalt aus der Vogelschau

Um 1900; aquarellierte Zeichnung (Reproduktion)
Berlin, Physikalisch-Technische Bundesanstalt

17/50 Das Kaiserliche Gesundheitsamt Berlin-Tiergarten: Sitzungssaal und drei Laboratorien

Um 1905; vier Photographien, je 18×24 cm
Berlin, Bundesgesundheitsamt

Das Kaiserliche Gesundheitsamt war nach seiner Gründung 1876 zunächst in provisorischen Räumlichkeiten in der Luisenstraße untergebracht worden. 1897 konnte der Neubau in der Klopstockstraße in Tiergarten bezogen werden.

17/51 Laborarbeitsplatz mit Aufbauten zur Kampfersynthese aus Terpentinöl

a) Apparatur zur Wasserdampf-destillation
b) Geräte zur Gehaltsbestimmung von *Pinen* in Terpentinöl und von *Campher*
c) Polarimeter zur optischen Gehaltsbestimmung von *Campher*
d) Geräte zum Umkristallisieren, Lösen und Eindampfen
e) Feinwaage

Um 1900 (Aufbauten); Labortisch: Rekonstruktion eines Modells aus dem Katalog für chemische Geräte der Fa. Bender & Dr. Holbein, München 1905; Holz, 90×150×130 cm (H mit Aufbauten ca. 150 cm)
Berlin, Schering AG, Scheringianum

Campher wurde schon seit dem Altertum durch Wasserdampfdestillation aus dem Holz des *Laurus Camphora* für Heilzwecke und als Desinfiziens gewonnen. Seit seiner Verwendung als Weichmacher in einem der ersten Kunststoffe ›Celluloid‹ (ab 1868) stiegen die Preise für dieses ätherische Öl aus Ostasien in Europa beträchtlich. Als die japanische Regierung 1899 das Monopol auf die gesamte Kampferproduktion (Japan, Formosa) durchsetzte, wurde in Deutschland, Frankreich, England und den USA nach Möglichkeiten der künstlichen Herstellung (Synthese) gesucht. Die Firma Schering war dabei mit ihrer Forschung besonders erfolgreich und konnte schon im Jahre 1902 ein brauchbares Verfahren vorstellen, das auf dem in Europa billigsten Rohstoff hierfür, dem Terpentinöl, basierte. Ab 1903 wurde im Werk Charlottenburg eine Versuchsanlage mit einer Tagesproduktion von 300 kg eingerichtet (Anfang 1906 waren es bereits 2000 kg pro Tag). Die Versuchsaufbauten beziehen sich sämtlich auf diese Synthese des Kampfers in der Reihenfolge: Terpentinöl – *Pinenchlorhydrat* – *Camphen* – *Iso-Borneol* – *Campher*.

17/52 Der Plenar-Sitzungssaal des Reichspatentamtes in Berlin

Nach 1905; zwei Photographien (Reproduktionen)
Berlin, Deutsches Patentamt, Dienststelle Berlin

Nachdem 1874 das Markenschutzgesetz und 1877 das Patentgesetz erlassen worden waren, nahm das neu eingerichtete Kaiserliche Patentamt seine Arbeit noch im Jahre 1877 auf. Der Neubau in der Gitschiner Straße wurde allerdings erst 1905 fertiggestellt.

17/53 Sechs Glasfenster aus dem Plenar-Sitzungssaal des Reichspatentamtes mit wissenschaftsallegorisierenden und heraldischen Darstellungen (Abb.)

F. W. Mayer

Berlin, um 1905; bleigefaßtes Glas in Holzrahmen, Schwarzlot und Silbermalerei; je 161,5×91,5 cm
Berlin, Deutsches Patentamt, Dienststelle Berlin

17/54 Die Abteilung für Schiffbau der Königlich Technischen Hochschule zu Berlin: Zeichensaal und Sammlungsraum

Photographien, Reproduktionen aus: Die Königliche Technische Hochschule zu Berlin, Berlin 1903 (Abb. Nr. 19/20)

17/55 Zehn Ansichten von der Königlichen Versuchsanstalt für Wasserbau und Schiffbau zu Berlin (Abb.)

Egon Schümann

1904; Photographien mit ausführlichen Erläuterungen, aus einer Serie von 29 Tafeln; je 33,3×24 cm
Berlin, Amerika Gedenkbibliothek / Berliner Zentralbibliothek (B 543/32)

17/56 Plakat ›Deutsche Armee-Marine- u. Kolonial-Ausstellung 1907 Berlin 15 Mai – 15 Sept.‹

Rudolph Hellgrewe

Berlin: Wendisch 1907; Farblithographie, 72×47,5 cm
München, Münchner Stadtmuseum (A/14/38)

17/57

17/57 Plakat ›»Wie Schiffe entstehen und vergehen« – Vortrag mit farbigen, festen und lebenden Lichtbildern – Wissenschaftliches Theater für Meereskunde der Deutschen Schiffbau-Ausstellung, Berlin 1908‹ (Abb.)
Hans Bohrdt
Berlin: Hollerbaum & Schmidt 1908; Farblithographie, 69,5×94 cm
Berlin, Kunstbibliothek, SMPK

17/58 Modell der Rohrleitungen, der Kessel- und Maschinenanlagen des Schlachtschiffes ›Thüringen‹ in einer zeitgenössischen Vitrine
Um 1910; 49×242×75 cm; M 1:40
Bremerhaven, Deutsches Schiffahrtsmuseum (I/3943/86)

Für die technischen Innenausbauten großer Schiffe wurden nicht nur Konstruktionszeichnungen, sondern auch maßstabgetreue Modelle benötigt. Zu der Sammlung des 1945 zerstörten Meereskundemuseums in Berlin gehörten auch zwei Modelle des Schlachtschiffes ›Thüringen‹.

17/59 Schlachtschiff ›Thüringen‹
Photographie (Originalabzug), 20,3×28 cm
Bremerhaven, Deutsches Schiffahrtsmuseum, Archiv (Findel-Nr.0 721)

17/60 Bildnis Kaiser Wilhelms II. in Marineuniform
Felix Ehrlich
Öl/Lw., 120×72 cm
Bonn, Zoologisches Forschungsinstitut und Museum Alexander Koenig

RAUM 18
EXKURS: BERLINER TÖNE

Außer in Bild- und Objektzeugnissen ist die jüngere Geschichte Berlins auch in Tondokumenten bewahrt. Ihnen ist – eingegliedert in den Ausstellungsrundgang, doch thematisch abgesondert von der Raumfolge – ein eigener Raum gewidmet, der zum Verweilen und Zuhören einlädt. In besonderer Weise geben Tondokumente Zeitkolorit, Erregung durch und Anteilnahme an historischen Geschehnissen wieder und lassen so wichtige Ereignisse und bedeutende Gestalten gegenwärtig werden.

Dem späten 19. Jahrhundert entstammen die Erfindung von Grammophon und Schallplatte (1887). Sie sollten mit der ›Demokratisierung‹ von hoher Musikkunst und Unterhaltung durch beliebige Verfügbarkeit und Wiederholungsmöglichkeit zur Veränderung des kulturellen Alltagslebens beitragen. Für die Nachwelt entstand damit gleichzeitig eine erste, unschätzbare Hilfe zum Erleben historischer Personen und Ereignisse in einer fixierten atemberaubenden Unmittelbarkeit. Hier ergibt sich die Möglichkeit, mit einer Direktheit Episoden der Geschichte dieser großen Stadt zu erleben, die die zeitliche Distanz von Jahrzehnten vergessen macht.

In den Anfangsjahren entstanden nur spärliche Zeugnisse dieser Art, die Technik mußte sich erst entwickeln, und doch sind sie wuchtige Akkorde ihrer Zeit: Das Lächeln über die markig vorgetragene Rede des deutschen Kaisers vergeht bei dem Gedanken, daß ein Volk in diesem ›Geist‹ wenig später dem – gleichfalls akustisch dokumentierten – Aufruf zur Mobilmachung folgte und in einen bis dahin beispiellosen Krieg ging.

Mit fortschreitender technischer Entwicklung, insbesondere mit dem Beginn der Rundfunkgeschichte 1923, verkürzte sich für die Hörer der zeitliche Abstand zwischen ihnen und einem Ereignis, sie konnten ›dabeisein‹. Das war ein neues Erlebnis, und die aufgeregte Anteilnahme an dem, was durch die Mikrofone mitgeteilt wurde, teilt sich noch heute in packender Gegenwärtigkeit mit.

Die um 1929 beginnende, zunächst noch sehr lückenhafte, Archivierung von Schallaufzeichnungen sorgte dafür, daß mehr und mehr Tondokumente erhalten blieben. Obwohl durch Krieg und Nachkrieg stark reduziert, ergeben sie doch und gerade für das Berlin der zwanziger und dreißiger Jahre ein unverfälschtes Zeitmosaik mit schillernden Einheiten aus den Bereichen der Reportage, des Chansons und Kabaretts, der politischen Rede und des schauspielerischen Vortrags. So notgedrungen zufällig die Auswahl sein muß, repräsentieren die zusammengestellten tönenden Zeitzeugen den berlinischen ›Zeitgeist der Moderne‹ gleichrangig mit den stummen Zeugnissen jener Epoche. *H.-C. T.*

Titelseiten der Klavierauszüge zu ›Frau Luna‹ (1901), ›Donnerwetter – tadellos‹ (1908), ›Ich küsse ihre Hand Madame‹ (1925) und ›Das ist der rote Lippenstift‹ (1927) – vier Beispiele aus der Vielfalt Berliner Töne, die die Stadt als Zentrum der leichten Muse unsterblich machten.

RAUM 19
DAS DUNKLE BERLIN

»Man kann mit einer Wohnung einen Menschen genau so gut töten, wie mit einer Axt!« Dieser fast sprichwörtlich gewordene Satz spiegelt eine Erfahrung wider, die viele Berliner zur Kaiserzeit machen mußten: den Gewaltcharakter der Wohnbedingungen. Wer arm war, krank, kinderreich oder arbeitslos, hatte in einer miserablen Wohnung zu hohen Mietkosten meist auch noch Schikanen, Kündigung oder Zwangsräumung zu gewärtigen.

Wesentliche Voraussetzung für solche Verhältnisse war das sprunghafte Anwachsen der Berliner Bevölkerung. Die Einwohnerzahl hatte sich von 1849 bis 1871 auf 826000 verdoppelt, war 1877 bereits auf eine Million angestiegen und überschritt 1905 die Zwei-Millionen-Grenze. Die 1861 eingemeindeten nördlichen und östlichen Randgebiete entwickelten sich rasch zu dicht belegten Arbeiterquartieren. Während die Altstadt von 1861 bis 1875 65 Prozent mehr Menschen aufnehmen mußte, stieg die Bevölkerungszahl in Moabit und im Wedding im gleichen Zeitraum um 330 Prozent. Grün- und Freiflächen verdrängend, wuchs die Stadt in die Breite – und vor allem in die Höhe. Innerhalb weniger Jahrzehnte kam es zu einer beispiellosen städtebaulichen und sozialen Verdichtung, die diejenige anderer europäischer Metropolen weit in den Schatten stellte und Berlin den Titel der »größten Mietkasernenstadt der Welt« (Werner Hegemann) eintrug.

Der Wohnungsstandard war katastrophal. Die erste Volkszählung von 1861 ergab, daß jeder zehnte Berliner in einer Kellerwohnung lebte; über zwei Drittel der Bevölkerung lebten in Wohnungen mit höchstens zwei Zimmern; fast die Hälfte aller Wohnungen hatte nur ein heizbares Zimmer. Die hektische Bautätigkeit der sechziger Jahre schuf zwar mehr Wohnraum, aber keinen besseren. Bei rasant steigender absoluter Wohnungszahl – sie vervierfachte sich zwischen 1853 und 1887 – erhöhte sich der prozentuale Anteil an schlechten Wohnungen zunächst noch und fiel merkbar erst nach der Jahrhundertwende.

Die Bewohner der ungünstig gelegenen und unvorteilhaft geschnittenen Kleinwohnungen litten häufig Mangel an Luft, Licht, Ruhe und familiärer Abgeschlossenheit. Schlechte Heizmöglichkeiten und vor allem unzureichende sanitäre Anlagen förderten Feuchtigkeit, Schimmel, Ungeziefer und üble Gerüche. Unter solchen Umständen verbreiteten sich Tuberkulose und Rachitis, die als typische ›Wohnungskrankheiten‹ galten. Sie waren in erster Linie für die hohen Sterblichkeitsraten verantwortlich. Besonders problematisch wurden die Zustände, wenn die beengten Wohnungen auch noch für Heimarbeit genutzt oder mit Schlafgängern geteilt werden mußten. Erzwungene Intimität zwischen Eltern und Kindern, Familienangehörigen und Einmietern, insbesondere zwischen Erwachsenen und Kindern, hatte schwerwiegende Folgen: sexuelle Nötigung und Ausbreitung ansteckender Krankheiten, darunter Geschlechtskrankheiten, die häufig schon bei Kindern festgestellt wurden.

Für einen großen Teil der Bevölkerung waren die Wohnungen, erinnerte sich Ludwig Turek in seiner Autobiographie 1930, »nicht zu groß zum Wohnen, wohl aber zum Bezahlen«. Deshalb waren die Kleinwohnungen besonders gefragt, durchschnittlich am dichtesten belegt und relativ am teuersten. Hermann Schwabe, erster Leiter des Statistischen Büros der Stadt Berlin, erkannte 1867 in den jährlich erhobenen Zahlen eine Gesetzmäßigkeit, die als ›Schwabesches Gesetz‹ bekanntgeworden ist: »Je ärmer Jemand ist, einen desto größeren Theil seines Einkommens muß er für Wohnung verausgaben.« Die Hausbesitzer rechtfertigten ihre Mietforderungen mit der starken Abnutzung der Wohnungen durch Umzugshäufigkeit, durch Überbelegung und mit der geringen Garantiefähigkeit der Bewohner. Den Schaden davon hatten allemal die Mieter. Ihre Rechtslage charakterisierte der Berliner Arzt, Sozialdemokrat und Herausgeber der ersten Berliner Wohnungs-Enquete, Adolf Braun, 1893: »Der Inhalt der Hausordnungen enthält oft Bestimmungen, wie sich ärgere die Feudalherren des Mittelalters ihren Leibeigenen gegenüber nicht herausnahmen.«

Bei knappem Haushaltsbudget war die Miete oft der einzige Posten, der noch gekürzt werden konnte. Wer in finanzielle Not geriet und sich durch Untervermietung nicht in dem geforderten Maße entlasten konnte, mußte in eine billigere, das heißt noch kleinere und noch schlechtere Wohnung umziehen. Mancher zog vorübergehend in die kaum fertiggestellten Neubauten, um gegen Mietnachlaß oder umsonst feuchte, ungesunde Wohnungen für zahlungskräftigere Mieter ›trockenzuwohnen‹. Auch der Wechsel des Arbeitsplatzes erzwang häufig einen Umzug, wenn der Weg nicht mehr zu Fuß zurückgelegt werden konnte.

Neben denen, die sich ›verschlechtern‹ mußten, gab es immer auch solche, die sich ›verbesserten‹. Umzugsfuhren aller Art gehörten nicht nur im Berliner Norden und Osten und auch nicht nur an den klassischen ›Ziehtagen‹ zu Anfang jeden Quartals ins Stadtbild. Hermann Schwabe errechnete, daß 1876 in 42,3 Prozent der Berliner Wohnungen ein Umzug stattfand. Dabei zogen die Mieter, die unter 100 Taler Jahresmiete bezahlten, doppelt so oft um wie diejenigen, die über 1000 Taler bezahlten. Von den Dauerumzüglern sprach man als den ›Nomaden der Großstadt‹.

Grundlagen für die Entwicklung im Wohnungswesen waren der Hobrechtsche Bebauungsplan von 1862 und die Bauordnung von 1853. Lieferte der Bebauungsplan ein grobes Nutzungsraster mit Fluchtlinien und großen, tiefgeschnittenen Parzellen, so regelte die Bauordnung Einzelfragen wie Straßenbreiten, Häuserabstände, Häuserhöhen und Hofgrößen nach verkehrs- und feuerpolizeilichen Gesichtspunkten. In der Lücke, die sich zwischen diesen beiden grundlegend verschiedenen gesetzlichen Bestimmungen auftat, konnten sich Boden- und Bauspekulation einnisten und entfalten. Es entstand eine Blockbebauung, die sich mit vier- bis fünfgeschossigen Seitenflügeln und Quergebäuden oft weit in die Tiefe staffelte und deren Masse nur durch die berüchtigten Höfe durchbrochen wurde, deren Fläche das feuerpolizeilich begründete Mindestmaß von 28,52 Quadratmetern oft nicht überschritt.

Erst 1887 wurde für den Stadtkreis Berlin eine neue Bauordnung erlassen, die die exzessive Nutzung der Grundstücke durch private Bauherren und Baugesellschaften einschränkte. Genossenschaftliche Ansätze zur Entwicklung von Arbeitermietshäusern, Arbeitersiedlungen und Werkswohnungen konnten sich allerdings auch unter den günstigeren Bedingungen nicht durchsetzen. Der 1911 gegründete Zweckverband Groß-Berlin verfolgte zwar das Ziel, die Wohnverhältnisse zu verbessern, doch erst ab 1919 wurden der privaten Bauspekulation durch grundlegend neue städtebauliche Gesetze Riegel vorgeschoben und progressive Ansätze in der Wohnungspolitik gefördert.

Das Wohnungsproblem mit seinen gesundheitlichen und sozialen Folgen war bereits seit der Mitte des 19. Jahrhunderts eines der wichtigsten sozialpolitischen Themen. Aufgeschreckt durch die Cholera-Epidemie in Hamburg 1892 veröffentlichte die Arbeiter-Sanitäts-Kommission 1893 die Untersuchung ›Berliner Wohnungsverhältnisse‹. 1901 wurde von einer der Berliner Ortskrankenkassen unter der Leitung von Albert Kohn eine breit angelegte Untersuchung durchgeführt, um den Zusammenhang zwischen Wohnen und Krankheit nachzuweisen und damit der Forderung nach kommunaler Wohnungsaufsicht und nach menschenwürdigen Wohnungen mehr Gewicht zu verleihen. Solche Bestrebungen führten unter anderem zur Einrichtung des städtischen Wohnungsamtes im Oktober 1913.

Die Wohnungsfrage war ein maßgebender Faktor im Kreislauf eines sich reproduzierenden Elends. Ohne Arbeit und Lohn konnte keiner die Wohnung oder auch nur eine Schlafstelle bezahlen. Die städtischen und privaten Asyle waren zeitweilig so überfüllt, daß sie Obdachlose abweisen mußten, die dann gezwungenermaßen in Hauseingängen, unter Brücken oder bei ›Mutter Grün‹ nächtigten.

Unter solchen Bedingungen spielte der Alkohol eine nicht geringe Rolle. Die Zahlen im zweiten Verwaltungsbericht des Königlichen Polizei-Präsidiums von Berlin sprechen eine deutliche Sprache: von 1885 bis 1905 stieg die Zahl der Gastwirtschaften insgesamt um 145 Prozent, die »für gebildetere Stände« um 86,3 Prozent, die »für niedere Stände« um 216,6 Prozent. Im Jahre 1905 kam auf 152 Einwohner eine Schenke, das heißt, im Schnitt befand sich wenigstens auf jedem zweiten Grundstück eine Kneipe. Pro Kopf verausgabten die Berliner, Frauen und Kinder eingeschlossen, durchschnittlich ein Siebtel ihres Einkommens für Alkohol, bei Arbeitern war es oft ein Fünftel und mehr.

Mit wachsenden Problemen nahm häufig der Alkoholkonsum zu, in der Regel beim ›Haushaltsvorstand‹. Frauen und Kinder waren betroffen durch »Vorenthaltung des Haushaltsgeldes, böswilliges Verlassen und Mißhandlungen«. Diese drei Sachverhalte führt Otto von Leixner 1891 als Hauptscheidungsgründe an; neun von zehn Ehescheidungsanträgen zu dieser Zeit stellten Frauen. Kindern war nicht nur durch mangelnde Fürsorge, sondern auch durch beschränkte Ausbildungsmöglichkeiten der Weg vorgezeichnet. Von 11000 schulpflichtigen Arbeiterkindern des Jahrgangs 1900 gingen nur 74 auf eine schulgeldpflichtige Mittelschule, 34 erwarben die mittlere Reife, und nur etwa fünf machten das Abitur.

Wirtschaftliche Not und sozialer Abstieg führten oft in verzweifelte Situationen. Manch einer versuchte, sich als Bettler, Knochen- und Lumpensammler, Straßenhändler oder Straßenmusikant durchzuschlagen. Büßten Mädchen oder alleinstehende Frauen ihre Arbeit ein, blieb ihnen, um zu überleben, oft nur die Prostitution. Die Grenze der Legalität war schnell überschritten: Hausfriedensbruch, Diebstahl, Hehlerei und Zuhälterei waren verbreitete Gelegenheitsdelikte. In Zeiten verschärfter Wohnungsnot, wie etwa 1871/72, stieg die Zahl der Selbstmorde, und nicht selten wurden Kinder von ihren verzweifelten Müttern mit in den Tod genommen.

Was theoretische Abhandlungen, Schilderungen und Zahlen so eindrücklich darstellen, fand in die bildende Kunst nur sehr begrenzt Eingang. Das kaiserliche Diktum, »Kunst soll erheben und erbauen ... und nicht das Elend noch scheußlicher darstellen«, galt weithin als Maßstab. Dennoch hatten sich schon in den achtziger Jahren die Berliner Naturalisten den Verelendungserscheinungen der Großstadt zugewandt und durch provozierende Darstellungen öffentliches Ärgernis erregt.

Die Berliner Secession, die 1898 aus Opposition zur offiziellen Kunstpolitik gegründet worden war, vertrat die freie Wahl von Themen und Stilmitteln. Die Gemüter der Maler und Kritiker erhitzten sich jedoch mehr an der Malweise von Edvard Munch und den französischen Impressionisten als an den sozialkritischen Werken von Heinrich Zille, Käthe Kollwitz und Hans Baluschek. Bezeichnenderweise förderte erst die höchstkaiserliche Ablehnung, Käthe Kollwitz auf den Vorschlag der Jury der Großen Berliner Kunstausstellung 1898 für ihren ›Weberzyklus‹ mit einer Goldmedaille auszuzeichnen, den Durchbruch der Künstlerin in die Öffentlichkeit.

Zille, Kollwitz und Baluschek knüpften an die Naturalisten an, nicht nur thematisch, sondern auch mit ihrem Anspruch, für die Unterdrückten Partei zu nehmen und durch ihre künstlerische Arbeit die Mißstände des Großstadtlebens vor Augen zu rücken, um damit zur Besserung der Verhältnisse beizutragen. Bei aller Verschiedenheit ist ihnen der Verzicht auf die repräsentative Form gemeinsam. Abgesehen von Baluscheks Gemälden in größerem Format bildeten Graphik, Handzeichnungen, bei Zille auch die Photographie, ihre hauptsächlichen Darstellungsmittel. Zusammen mit den Aufnahmen einiger weniger berufsmäßiger Photographen vermitteln diese Werke einen weitgehend authentischen Eindruck von den miserablen Lebensumständen jener großen Zahl von Menschen, die die Reichshauptstadt als ›dunkles Berlin‹ erlebten. *G. A.*

19/2

19/5

19/1 Umzugsfuhre (Zweirädriger Transport-Karren, beladen mit Möbeln und Hausrat aus der Zeit um 1900)

Karren: Berlin, um 1905; Holz, Eisen;
H 114 cm, B 100 cm, L 245 cm (mit Holmen)
Berlin, Paul Marzschesky

Kaum ein anderer Gegenstand verweist so nachdrücklich auf die Wohnbedingungen der ärmeren Schichten der Berliner Bevölkerung wie eine Umzugsfuhre. 1871 heißt es in einem amtlichen Bericht über den 1. April: »In allen Straßen ... sah man von früh bis spät alle nur erdenklichen Transportmittel in Bewegung, um jede Art von Hausrat aus einem Mietsgelaß in das andere zu befördern. Tragbahren und Hundekarren, Wagen jeder Gestalt mit Pferden jeder Gattung, oft auch mit keuchenden Menschen bespannt oder von letzteren geschoben, bewegten sich in allen möglichen Tempos über das Pflaster hin, sperrten hier oder dort die Passage, erlitten da oder da einen mehr oder minder großen Schaden. Am ärgsten jedoch war das Treiben in den Vorstädten ...«

19/2 Karren-Transportunternehmen im Krögel (Abb.)
Gebr. Haeckel

1908; Photographie (Originalabzug),
12,6×17,7 cm
Berlin, Archiv für Kunst und Geschichte

19/3 ›Mieths-Kontrakt‹ für das Haus Wilhelmstr. 136: »1 Stube, eine kleine Küche, Keller i. einem Gelaß unter der Treppe«

1882; 36,5×22,5 cm
Berlin, Evangelische Brüdergemeine Berlin

1873 schrieb Ernst Engel, der Direktor des Kgl. Preußischen Statistischen Büros: »Der trockene Inhalt eines Berliner Mietskontraktes kennzeichnet besser den in den Großstädten herrschenden Wohnungsfeudalismus, als es die farbenreichste Beschreibung zu tun vermöchte.«

19/4 ›Hauswart-Vertrag (Hausreiniger und Pförtner)‹ für das Haus Motzstr. 58

1911; 35,3×21,4 cm
Berlin, Landesarchiv Berlin (Rep.240 Acc.1597 Nr.2)

19/5 Frau Anna Hinze, Portiersfrau, mit ihren vier Kindern (Abb.)

1912; Photographie (Originalabzug),
12,5×8,9 cm
Berlin, Museum für Deutsche Volkskunde, SMPK (32 L 111 b)

Frau Hinze, geb. 1882 in Niederadelsdorf/Schlesien, war Portiersfrau in der Koburger Str. 13 in Schöneberg, wo sie das Haus für 35 Mietparteien in Ordnung halten mußte. Ihr Entgelt waren 25 Mark monatlich und freie Miete in einer bescheidenen Wohnung.

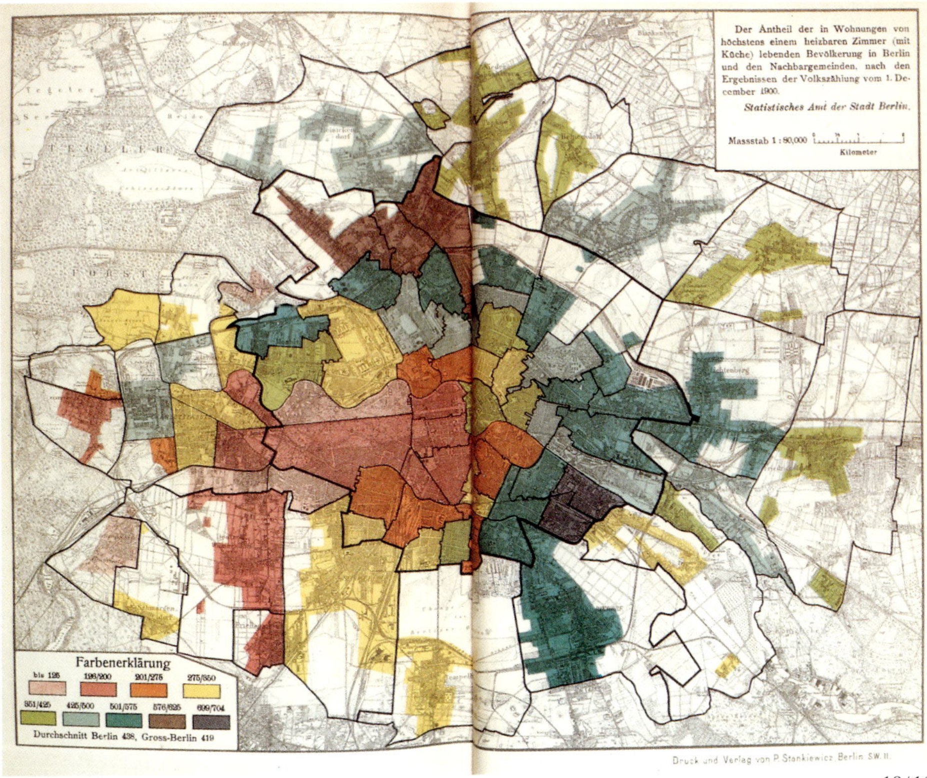

19/13

19/6 Die Dachstube der Näherin
Heinrich Zille
Kohle und rote Kreide, 36,2×27,7 cm
Berlin, Berlin Museum

19/7 Geburtstag
Heinrich Zille
1909; Heliogravüre (nach einer Zeichnung um 1905), aus der Serie ›Zwölf Künstlerdrucke‹ (Bl. 10); 15,7×22 cm (Plr.)
Berlin, Berlin Museum

19/8 Der späte Schlafbursche
Heinrich Zille
1909; Heliogravüre (nach einer farbigen Zeichnung von 1902), aus der Serie ›Zwölf Künstlerdrucke‹ (Bl. 2); 19,1×23,7 cm (Plr.)
Berlin, Berlin Museum

Um 1900 hatten fast 20 Prozent der Berliner Haushalte Untermieter, oft mehrere. Knapp 13 Prozent beherbergten ›Schlafgänger‹, Untermieter, die keinen Anspruch auf ein eigenes Zimmer, sondern nur auf einen Schlafplatz hatten. Betten wurden oft umschichtig benutzt und mit anderen geteilt.

19/9 ›26000 Schlafstellen! Ein Hilferuf. Vortrag von Hanna Bieber-Böhm, gehalten im Verein »Frauenwohl« im Dezember 1889‹
Berlin: Imberg & Lesson, vormals Friedrich Schob 1890
Berlin, Staatsbibliothek PK (Fd 10794–2)

19/10 ›Schlechte Wohnungsverhältnisse, eine Quelle der Unsittlichkeit (Beleuchtet an Berliner Zahlen). Vortrag, gehalten auf der Konferenz der Sittlichkeitsvereine Deutschlands in Kassel am 20. August 1889 von Pastor W. Philipps, Inspektor der Berliner Stadtmission und Vorstandsmitglied des Männerbunds zur Bekämpfung der Unsittlichkeit‹
Berlin: Verlag der Buchhandlung der Berliner Stadtmission (K. J. Müller)
Berlin, Staatsbibliothek PK (Fd 3678)

19/11

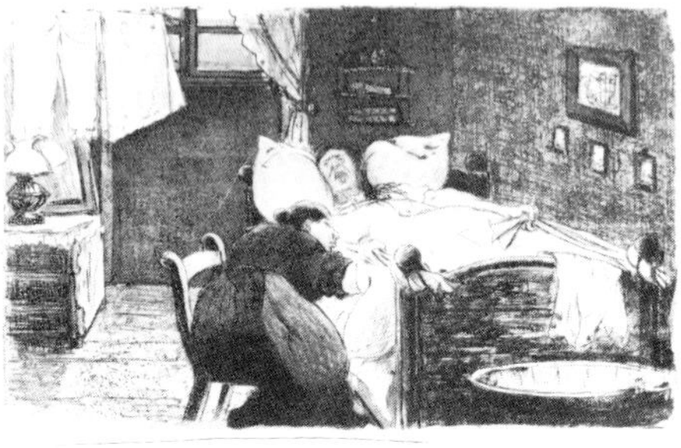

19/12

19/16

19/11 Die Mantelnäherin während des Konfektionsstreiks (Abb.)
Heinrich Zille

Um 1898; Radierung und Aquatinta, 9,4×14,8 cm (Plr.)
Berlin, Privatbesitz

19/12 Die Entbindung (Abb.)
Heinrich Zille

Um 1898; Radierung, Aquatinta und Roulette; 9,4×14,8 cm (Plr.)
Berlin, Sammlung Axel Springer

19/13 ›Der Antheil der in Wohnungen von höchstens einem heizbaren Zimmer (mit Küche) lebenden Bevölkerung in Berlin und den Nachbargemeinden, nach den Ergebnissen der Volkszählung vom 1. December 1900‹ (Abb.)

Topographische Karte, M 1:80000; Anlage in: Statistisches Jahrbuch der Stadt Berlin (1900–1902), hg. von Ernst Hirschberg, Jg. 27, 1903
Berlin, Senatsbibliothek (Zs 144–Jg.27)

19/14 ›Die Säuglingssterblichkeit in den einzelnen Standesamtsbezirken von Berlin sowie in den Vororten 1904 bis 1906‹

Topographische Karte, M 1:80000; Anlage in: Statistisches Jahrbuch der Stadt Berlin (1906, 1907), hg. von Heinrich Silbergleit, Jg. 31, 1909
Berlin, Senatsbibliothek (Zs 144–Jg.31)

Die Säuglingssterblichkeit lag 1905 bei knapp 20 Prozent. Im proletarischen Wedding war die Sterblichkeitsrate dreimal so hoch wie im feineren Dahlem. Albert Südekum stellte 1908 lakonisch fest: »Was den Vater in die Kneipe treibt, treibt das Kind in die Grube.«

19/15 Frau an der Wiege
Käthe Kollwitz

1897; Radierung (mit Tonplatte), 27,6×14,5 cm (Plr.)
Berlin, Kupferstichkabinett, SMPK

19/16 Mutter am Bett des toten Kindes (Abb.)
Käthe Kollwitz

1911; Vernis mou und Radierung, 21,9×26,8 cm (Plr.)
Berlin, Kupferstichkabinett, SMPK

19/17 Überfahren
Käthe Kollwitz

1910; Vernis mou, 24,8×31,7 cm (Plr.)
Berlin, Kupferstichkabinett, SMPK

19/18 Tod und Frau um das Kind ringend
Käthe Kollwitz

1911; Radierung, 22,6×28,5 cm (Plr.)
Berlin, Kupferstichkabinett, SMPK

19/33 d

19/19 Zur Mutter Erde
»Besauft eich nich und bringt det Sarj wieder, de Müllern ihre Möblierte braucht'n morjen ooch -«
Heinrich Zille
Um 1905; Heliogravüre (nach einer Zeichnung) und Roulette, 22,7×50,7 cm (Plr.)
Berlin, Berlin Museum

Als Spielplätze dienten Kindern hauptsächlich Hinterhof und Straße. Eine von dem Arzt Dr. Ebeling im Jahre 1912 durchgeführte Untersuchung an Berliner Volksschulen ergab, daß 70 Prozent der Kinder keine Vorstellung von einem Sonnenaufgang hatten, 54 Prozent keinen Sonnenuntergang, 76 Prozent keinen Tau kannten; 82 von hundert hatten nie eine Lerche, 49 nie einen Frosch gehört; 53 hatten keine Schnecke, 87 keine Birke, 59 nie ein Ährenfeld gesehen (mitgeteilt von Victor Noack, 1926).

19/20 Vor dem Sarggeschäft
Heinrich Zille
Kohlezeichnung, 32,8×25,4 cm
Berlin, Berlin Museum

19/21 Verhaftung
Heinrich Zille

Lithographie (Text und Bild), in: Zwanglose Geschichten und Bilder, Berlin: Fritz Gurlitt 1919 (Bl. 4)
Berlin, Sammlung Axel Springer

»Zusammengepfercht in hohe Mietskasernen, mit schmalen ungelüfteten Treppen.
Elende Zufluchtsorte in nassen Kellern und über stinkenden Ställen, ohne Luft und Sonne.
›Man kann mit einer Wohnung einen Menschen genau so gut töten, wie mit einer Axt!‹
Garstige finstere Höfe, stinkende Müllkästen, die verschwiegenen Leichenhallen für ›Abgetriebene‹ und Neugeborene.
Unter Schlafleuten und Absteigemädchen, – so entwickelt sich der Lebensfilm Abertausender.
Eine Welt für sich – die man bekämpft – aber nicht heilt!«

19/22 Bildbeilagen der ›Wohnungs-Enquête der Ortskrankenkasse für den Gewerbebetrieb der Kaufleute, Handelsleute und Apotheker‹, hg. von Albert Kohn (1902–1922)

a) Berlin N, Seestr. 27, 1909
b) Berlin NW, Alt-Moabit 73, 1903
c) Berlin NO, Pal(l)isadenstr. 71, Kellerwohnung, 1903
d) Berlin SO, Manteuffelstr. 27, im Keller, 1906
e) Berlin N, Rheinsbergerstr. 62, im Keller, 1906
f) Berlin N, Lynarstr. 8, Seitenflügel parterre, 1911
g) Rixdorf, Jägerstr. 53, Entresol, 1904
h) Berlin C, Grenadierstr. 32, Mansarde 3 Treppen, 1903
i) Berlin N, Bellermannstr. 75, Dachwohnung, 1904

Neun Photographien (Reproduktionen)
Berlin, Archiv für Kunst und Geschichte

19/23 Meyer's-Hof
Gebr. Haeckel

Um 1910; Photographie (Originalabzug), 8,9×13,9 cm
Berlin, Archiv für Kunst und Geschichte

Meyer's-Hof wurde 1873/74 auf dem Grundstück Ackerstr. 132/133 im Berliner Norden erbaut. Obwohl die Anlage mit ihren sechs aufeinanderfolgenden Innenhöfen, ca. 300 Wohnungen und mehr als 2000 Bewohnern eine Ausnahme war, erlangte sie als Inbegriff proletarischen Milieus traurige Berühmtheit (›Zilleburg‹, ›Proletenkaserne im Wedding‹).

19/24 Hof eines Mietshauses in der Stralauer Straße

Um 1900; Photographie (Reproduktion)
München, Süddeutscher Verlag, Bilderdienst

19/25 Umzug
Philip Kester

1906/07; Photographie (Reproduktion)
München, Kester-Archiv, Heribert Sturm

19/26 ›Berliner Wohnungsverhältnisse. Denkschrift der Berliner Arbeiter-Sanitäts-Kommission‹, bearbeitet von Adolf Braun

Aus der Reihe: Berliner Arbeiter-Bibliothek, hg. von Max Schippel, Ser. 3, H. 6 u. 7; Berlin: Verlag der Expedition des ›Vorwärts‹ Berliner Volksblatt 1893
Berlin, Senatsbibliothek (OE 201 ⟨R⟩)

Mit Hilfe eines Fragebogens, den Ignaz Zadek, Führer des Sozialdemokratischen Ärztevereins, und Alfred Blaschko entwickelt hatten, erhoben Arbeiter Daten zur Wohnsituation und erstellten unter der Anleitung von Adolf Braun die erste Berliner Wohnungs-Enquete. Im Vorwort heißt es: »... als Hauptziel muß uns vorschweben, Staat und Stadt zu einer so intensiven Thätigkeit auf dem Gebiete der Sanitätspolizei zu zwingen, daß Einrichtungen wie die Berliner Arbeiter-Sanitäts-Kommission überflüssig werden.«

19/27 ›Wohnungs-Enquête der Ortskrankenkasse für den Gewerbebetrieb der Kaufleute, Handelsleute und Apotheker‹, hg. von Albert Kohn

4 Bde, Berlin: Selbstverlag 1902, 1903, 1906, 1911
Berlin, Staatsbibliothek PK (8° u. 4° Fd 3802)

Die Untersuchungen umfassen den Zeitraum 1901 bis 1920 (erschienen 1902 bis 1922) und sind in ihrer Ausführlichkeit, Dauer und Periodizität beispiellos. Zu ihrer Zielsetzung schrieb Albert Kohn 1906: »Eine Besserung schlechter Zustände kann nur eintreten, wenn man die bestehenden Mißstände aufdeckt, wenn man sie an das Licht des Tages zerrt, damit klar sichtbar wird, wo eingesetzt werden muß, um eine Wendung zum Bessern herbeizuführen.« Die wichtigste Forderung Kohns neben der nach besserer ärztlicher Versorgung und dem Bau von Krankenhäusern und Heilstätten war die nach einer durchgreifenden Boden- und Wohnungsreform.

19/35

19/36 b

19/38

19/28 ›Professor Dr. Wolpert's Luftprüfer D. R. P.‹ (Apparat zur Bestimmung des Kohlendioxydgehaltes der Zimmerluft)
Thüring'sche Glas-Instrumenten-Fabrik Alt, Eberhardt und Jäger
Ilmenau, nach 1882; zwei Glasflaschen, Reaktionsgefäß, Glaszylinder, zwei Glasröhren mit Reinigungsstab, zwei Gummiballons; Gebrauchsanleitung und Tabelle; Luxusausführung im Original-Etui; 9,8×8,5×5 cm (Etui)
Ingolstadt, Deutsches Medizinhistorisches Museum

Der Architekt und Bauhygieniker Adolf Wolpert entwickelte diesen Luftprüfer auf der Grundlage Pettenkoferscher Meßverfahren. Einem neuen hygienischen Bewußtsein Rechnung tragend, konstruierte er einen Apparat für den Gebrauch von Laien. 1882 wurde der Luftprüfer als deutsches Reichspatent eingetragen und 1882/83 auf der Hygiene-Ausstellung in Berlin vorgestellt. Während die luxuriöse Ausführung nur in relativ geringer Zahl verkauft werden konnte, wurden von der einfachen bis 1890 mehr als 1000 Stück abgesetzt.

19/29 Eine einfache Luftprüfungs-Methode auf Kohlensäure mit wissenschaftlicher Grundlage
Heinrich Wolpert
Dissertation, Nürnberg: W. Tümmel 1891
Berlin, Staatsbibliothek PK (4° Ja 8994)

Der Arzt und Hygieniker Heinrich Wolpert war der Sohn von Adolf Wolpert.

19/30 Die Wohnungsnot unserer Zeit. Vortrag auf dem 6. Verbandstage Deutscher Mietervereine in Cassel
Friedrich Naumann
Aus der Reihe: Flugschriften des Deutschen Mieterverbandes, Nr. 3, Leipzig: Otto Zöphel (um 1910)
Berlin, FUB, Universitätsbibliothek (3 ZA 336)

19/31 Großstädtisches Wohnungselend
Albert Südekum
Aus den Reihen: Großstadtdokumente, Bd. 45, hg. von Hans Ostwald; Im Sittenspiegel, Bd. 4; Berlin und Leipzig: Hermann Seemann Nachfolger (um 1908)
Berlin, Senatsbibliothek (Ser 104-Sammelbd 4)

19/32 Plakat ›Für Gross Berlin‹
Käthe Kollwitz
Charlottenburg: Hans Lindenstaedt 1912; Lithographie, 71,5×94,5 cm
Berlin, Kunstbibliothek, SMPK

Aufschrift: »Öffentliche Versammlung am Sonntag den 10. März 12 Uhr in der Brauerei Friedrichshain.
Was erwarten wir vom Zweckverband?
Redner: Bernhard Dernburg, Friedrich Naumann, Albert Südekum M. D. R. ...
600000 Gross-Berliner wohnen in Wohnungen, in denen jedes Zimmer mit 5 und mehr Personen besetzt ist. Hunderttausende von Kindern sind ohne Spielplätze.«

19/33 Arbeitslosigkeit und Not
a) Lektüre des ›Stellenmarkts‹ vor dem Verlagsgebäude des ›Berliner Lokal-Anzeigers‹, 1899
b) Wartesaal für ungelernte Arbeiter beim ›Centralverein für Arbeitsnachweis‹, 1913
c) Gesindevermittlungsbüro in der Jägerstraße, 1900
d) Eingang eines Mietshauses in der Elsasser Straße, 1902 (Abb.)
e) Wartende vor der Städtischen Freibank, 1905

Fünf Photographien (Reproduktionen)
a) b) Berlin, Bildarchiv PK
c)–e) Berlin, Ullstein Bilderdienst

19/34 Ambulantes Gewerbe: Scherenschleifer und Kesselflicker
Gebr. Haeckel

1908–1910; zwei Photographien (Reproduktionen)
Berlin, Archiv für Kunst und Geschichte

19/35 Zeitungsfrau, Leierkastenmann und Obdachloser (Abb.)
Philip Kester

1906/07; drei Photographien (Reproduktionen)
München, Kester-Archiv, Heribert Sturm

Im zweiten Verwaltungs-Bericht des Königlichen Polizei-Präsidiums von Berlin 1902 ist über »Öffentliche Schaustellungen, Musikanten, Sänger, Drehorgelspieler« zu lesen: »Die Zahl dieser Gewerbetreibenden war nach dem Inkrafttreten der neuen Gewerbe-Ordnung (1. Juli 1883) und ist auch jetzt noch eine so große, daß das Bedürfnis für die Residenz mehr als gedeckt ist und eine Vermehrung derselben aus Gründen der öffentlichen Ruhe und Ordnung, Sicherheit und Sittlichkeit verhindert werden muß.« Die Zahl der ›Wandergewerbescheine‹ lag 1880 bei 6045, 1890 bei 8123.

19/36 Randexistenzen
a) Alte Frau mit Kohlensack
b) Mann hilft Betrunkenem auf (Abb.)
Willy Römer

1905; Photographien (Reproduktionen)
Berlin, Agentur für Bilder zur Zeitgeschichte

19/37 Arbeitslosigkeit
Käthe Kollwitz

1909; Radierung und Schmirgeldurchdruck, Korrekturen in Blei, Deck- und Wasserfarben; 44,9×54,4 cm (Plr.)
Berlin, Kupferstichkabinett, SMPK

19/38 Nacht (Abb.)
Heinrich Zille

1895; Vernis mou und Radierung (mit Tonplatte), 19,8×11,2 cm (Plr.)
Berlin, Kupferstichkabinett, SMPK

19/39 Straßenszene
Heinrich Zille

1892; Radierung und Aquatinta, 25×15,2 cm (Plr.)
Berlin, Sammlung Axel Springer

19/42

19/40 »s'dunkle Berlin. Was woll'n Sie von die Dame, die Dame is meine Braut!«
Heinrich Zille

1909 (erste Fassung 1898); Radierung und Aquatinta, aus der Serie ›Zwölf Künstlerdrucke‹ (Bl. 4); 15,8×21,8 cm (Plr.)
Berlin, Berlin Museum

19/41 Rummelplatz
Heinrich Zille

1909; Heliogravüre (nach einer Zeichnung von 1905), Radierung, Kaltnadel und Roulette, aus der Serie ›Zwölf Künstlerdrucke‹ (Bl. 12); 17,8×23,2 cm (Plr.)
Berlin, Berlin Museum

19/42 Dämon Berlin. Aufzeichnungen eines Obdachlosen (Abb.)
Paul Grulich

Berlin: Deutscher Verlag GmbH (1907)
Berlin, Staatsbibliothek PK (Fb 4300)

19/43 Dunkle Winkel in Berlin
Hans Ostwald

Aus der Reihe: Großstadt-Dokumente, Bd. 1, hg. von Hans Ostwald, Berlin und Leipzig: Hermann Seemann Nachfolger GmbH 1904
Berlin, Lene Reckenfelder-Bäumer

19/44 »Hoch lebe die Pennerei!«

Photographie, Reproduktion in: Hans Ostwald, Landstreicher (Die Kultur, Sammlung illustrierter Einzeldarstellungen, hg. von Cornelius Gurlitt, Bd. 8), Berlin: Bard Marquardt & Co. (um 1905)
Berlin, FUB, Universitätsbibliothek (18/76/206817)

19/45 »Ausgedient« (Studie alter Schuhe)

Heinrich Zille

1890/1900; Federzeichnung, 16,5×20,5 cm (Blgr.); bez: H. Zille 1890/H. Zille 1900
Berlin, Berlin Museum

19/46 Landstreicher

Heinrich Zille

Kohleskizze, 18,1×10,5 cm (Blgr.)
Berlin, Berlin Museum

19/47 Berliner Harfenjule

1896; Photographie (Originalabzug), 15,2×10,7 cm
Berlin, Museum für Deutsche Volkskunde, SMPK (32 L 21a)

In dem Buch ›Norddeutsches Babel‹ (1870) über die Berliner Prostitution kann man über die Harfenmädchen lesen: »Es finden sich nämlich in gewissen Localen entweder an jedem oder an bestimmten Abenden Mädchen ein, welche die Gesellschaft durch Gesang und Harfenspiel sowie durch Vorträge, die gewöhnlich mehr oder weniger unzüchtig sind, zu unterhalten suchen, und auch hier ist es wieder die verkappte Prostitution, auf welche es allein abgesehen ist.«

19/48 ›Die Kinder-Prostitution Berlins. Ungeschminkte Enthüllungen und Sittenbilder. Zugleich ein Mahn- und Warnungsruf an die Öffentlichkeit, von einem Eingeweihten‹

Leipzig: Carl Minde (1896)
Berlin, Staatsbibliothek PK (Fb 4839/8)

19/49 Kindliche Prostituierte

Heinrich Zille

Tuschfederzeichnung, Kohle und farbige Kreide; 15,3×8,5 cm (Blgr.)
Berlin, Berlin Museum

19/50 Freier auf der Treppe (Abb.)

Heinrich Zille

Um 1900; Mischtechnik, 41×28,5 cm
Berlin, Galerie Pels-Leusden

19/51 In engen Gassen »Schon wieder de Sitte! Na, mir kenn se nischt, ick bin gemeld't un zahle meine Steuer«

Heinrich Zille

Um 1904; Kohle und farbige Kreide, 42,5×26,5 cm (Blgr.); bez. u. r.: Zille
Berlin, Sammlung Axel Springer

19/52 Syphilis (Abb.)

Käthe Kollwitz

1909; Radierung und Durchdruckverfahren, 18,7×16,2 cm (Plr.)
Berlin, Kupferstichkabinett, SMPK

19/53 Zwei ›Gesinde-Dienstbücher‹ für Bertha Geppert, ausgestellt 1895 und 1907

16,5×10 cm, 16,8×10,5 cm
Berlin, Landesarchiv Berlin (Rep.240 Acc.1471 Nr.1, 2)

Das erste Dienstbuch für Bertha Geppert, geb. 1880, wurde 1895 in Olberndorf/Schlesien ausgestellt, das zweite 1907 in Schöneberg. In der Rubrik »Inhaber ist angenommen als« finden sich die Bezeichnungen: Mädchen für Alles, Mädchen für Haus und Küche, Dienstmädchen, Stubenmädchen und Köchin.

19/50

19/52

19/60

19/54 ›Gesinde-Zeugniss-Buch‹, ausgestellt 1881

Darin: Gründe für die Entlassung von Dienstpersonal (S. 6/7); 20,2×12,4 cm
Berlin, Museum für Deutsche Volkskunde, SMPK (45 L 8)

Nach einer Untersuchung von Oscar Stillich aus dem Jahre 1902 wechselten in Berlin 43 Prozent aller Dienstmädchen vor Ablauf eines Jahres die Stelle, 41 Prozent, bevor 2 Jahre vorbei waren.

19/55 »Gewerbsmässige Stellenvermittlerin Frau Pauline Birkenzeller für herrschaftliches Haus-Personal«

Ansichtskarte, verschickt am 26. November 1910
Berlin, Landesarchiv Berlin (Rep.240 Acc.1471 Nr.3)

19/56 ›Die Animierkneipe. Notstände und Abhilfe. Bericht über die vom Deutschen Verein gegen den Missbrauch geistiger Getränke einberufene Allgemeine Konferenz am 30. Juni 1908 im Prov.-Landtags-Gebäude in Berlin‹

Berlin: Mäßigkeits-Verlag 1908
Berlin, Landesarchiv Berlin, Bibliothek (Soz 1777)

In seinem Buch ›Das Kellnerinnen-Elend in Berlin‹ (1893) schreibt Karl Schmidt: »In der Mädchenkneipe ist der Wirth der Sklavenhalter, die Kellnerin die Sklavin, die für ihn arbeiten, ... die Gäste ausbeuten, manchmal direkt beschwindeln und bestehlen muß.«

19/57 ›Verhältnis von Einwohnerzahl zur Zahl der Schankstätten und Weinhandlungen in Steglitz, 1897 bis 1908‹

Liste in der Akte ›Schankkonzessionssachen‹ (Steglitz)
Berlin, Landesarchiv Berlin (Rep.212 Acc.2148 Nr.3760)

Die Liste verzeichnet für diese ›bessere‹ Wohngegend Berlins einen Zuwachs der »Schankstätten mit Spirituosenausschank« von 23 auf 118 innerhalb von elf Jahren. Die »Seelenzahl, welche auf eine dieser Schankstätten entfällt«, lag 1897 bei 750, 1908 bei 358.

19/58 Die Destille
Heinrich Zille

1909; Heliogravüre (nach einer farbigen Zeichnung von 1901), aus der Serie ›Zwölf Künstlerdrucke‹ (Bl. 7); 23,1×33,8 cm (Plr.)
Berlin, Berlin Museum

19/59 Des Lebens satt
Heinrich Zille

Um 1899/1900; Lithographie (mit Tonplatte), partiell beschabt; 18,4×23,3 cm (Plr.)
Berlin, Kupferstichkabinett, SMPK

19/60 Zertretene (Abb.)
Käthe Kollwitz

1900; Radierung (linker Teil eines Triptychons), 23×19,5 cm (Plr.)
Berlin, Kupferstichkabinett, SMPK

19/61 Am Brückengeländer
Heinrich Zille

Lithographie (Text und Bild), handkoloriert, in: Hurengespräche, Berlin: Fritz Gurlitt 1921 (Bl. 13)
Berlin, Sammlung Axel Springer

»Wie Mutter krank wurde und se hat lange gelegen, brauchte sie ihr Bett alleene und ick mußte bein Vater schlafen, da hat er mir jleich nen verpaßt. Mutter is' in Urban gestorb'n, sie hat alles jewußt, aber nischt verraten. Durchs Kind ist's rausjekomm, wie se mir in die Schariteh entbunden haben, ins' Milchfieber hab icks ausjequatscht.
In Moabit, uff's Jericht, hab'n se den Oll'n ausjelacht wie er jebrüllt hat: Daß ist mein irdisches Recht, ich kann die Frucht, die ich gesäet habe, auch genießen!
Vor een Jahr hat er sich erst erseeft, nacht's, von die Brücke wo ick nach zwölwe immer stehe. An det eiserne Jeländer hat er mitjearbeet, er war Kunstschmied.«

19/62 Plakat ›Ausstellung des Deutschen Künstler-Bundes Berlin Mai – Oktober 1905 im Ausstellungshause am Kurfürstendamm 208/9‹ (Abb.)
Thomas Theodor Heine

Berlin: Ausstellungshaus am Kurfürstendamm GmbH; Lithographie, 67×45 cm
Berlin, Kunstbibliothek, SMPK

Das Plakat für die Ausstellung des Deutschen Künstlerbundes in den Räumen der Berliner Secession persifliert eine berühmte Passage aus der Rede Kaiser Wilhelms II. zur Einweihung der Siegesallee, 1901: »Die Kunst soll auch den unteren Ständen nach harter Mühe und Arbeit die Möglichkeit geben, sich an dem Idealen wieder aufzurichten ... Das kann sie nur, wenn sie erhebt, statt daß sie in den Rinnstein niedersteigt.« Hinter der trauernden Muse, die Rosen aus dem Rinnstein pflückt, schreitet die hochmütige ›akademische Kunst‹, die verächtlich zurückblickt und nicht wahrnimmt, daß der Strauch in ihren eigenen Händen verdorrt ist.

19/63 Katalog der ersten Ausstellung der Berliner Secession, 1899

Berlin: Bruno und Paul Cassirer
Berlin, Berlin Museum

Zu den Gründungsmitgliedern der Berliner Secession (gegr. 1898) gehörte neben Max Liebermann und Walter Leistikow auch Hans Baluschek (1870–1935). Käthe Kollwitz (1867–1945) trat der Vereinigung 1899 bei, Heinrich Zille (1858–1929), der sich bereits 1901/02 mit einigen graphischen Arbeiten an der ersten ›Schwarz-Weiß-Ausstellung‹ der Secession beteiligt hatte, wurde 1903 Mitglied.

19/64 Katalog der elften Ausstellung der Berliner Secession, 1906

Berlin: Ausstellungshaus am Kurfürstendamm GmbH; darin: Illustration von Heinrich Zille (S. 32)
Berlin, Staatsbibliothek PK (1282/130–1906)

19/65 ›Beim Essentragen‹
Heinrich Zille

1904; Secessions-Künstlerkarte Nr. 15
Mühlheim a. d. Ruhr, Städtisches Museum

19/66 Selbstbildnis mit Hut
Heinrich Zille

Schwarze Kreide, 11,3×8,5 cm (Blgr.)
Berlin, Berlin Museum

19/67 24 Ansichten aus Berlin um 1900
Heinrich Zille

Photographien (Originalabzüge); zwischen 7,5×8 cm und 9×14 cm
Berlin, Berlinische Galerie, Fotografische Sammlung (BG-FS 90/86) (Schenkung der Berliner Bank AG)

Als private ›Aufzeichnungen mit der Kamera‹ gehörten Aufnahmen wie diese zum künstlerischen Arbeitsprozess des Zeichners und Graphikers Zille. Wie fast alle seine Werke zeigen sie die Stadt und ihre Bewohner aus ungewohntem Blickwinkel und vermitteln ein authentisches Bild des ›dunklen Berlin‹.

19/68 Vier Blätter aus dem Zyklus ›Ein Weberaufstand‹ (1893–1898)
Käthe Kollwitz

a) Not
1897; Lithographie, 15,4×15,3 cm

b) Beratung
1895; Radierung, 29,6×17,8 cm (Plr.)

c) Sturm
1897; Radierung u. Schmirgel, 23,7×29,5 cm (Plr.)

d) Ende
1897; Radierung, Aquatinta und Schmirgel; 24,5×30,5 cm (Plr.)

Berlin, Kupferstichkabinett, SMPK

Die Arbeit am Weberzyklus begann Käthe Kollwitz unter dem Eindruck der Uraufführung des Dramas ›Die Weber‹ von Gerhart Hauptmann am 26. Februar 1893. Noch im Jahr seiner Fertigstellung 1898 wurde der Zyklus auf der Großen Berliner Kunstausstellung gezeigt.

19/69 Arbeiterfrau mit blauem Tuch
Käthe Kollwitz

1903; Lithographie (mit drei Tonplatten), 35,2×24,6 cm
Berlin, Kupferstichkabinett, SMPK

19/70 Arbeiterfrau (mit dem Ohrring)
Käthe Kollwitz

1910; Radierung, 32,9×25,1 cm (Plr.)
Berlin, Kupferstichkabinett, SMPK

19/71 Schwangere Frau
Käthe Kollwitz

1910; Vernis mou und Radierung, 37,7×23,6 cm (Plr.)
Berlin, Kupferstichkabinett, SMPK

19/72 Selbstbildnis mit der linken Hand
Käthe Kollwitz

1905; Radierung und Durchdruckverfahren, 37,8×31,9 cm (Plr.)
Berlin, Kupferstichkabinett, SMPK

19/73 Tagebucheintrag vom 19. September 1908
Käthe Kollwitz

Photographische Reproduktion aus den Tagebüchern (Bd. 1, S. 2/3) im Käthe-Kollwitz-Archiv der Akademie der Künste, Berlin

»Je länger je mehr verstehe ich das typische Unglück in Arbeiter-Familien. Sobald der Mann trinkt oder krank u. arbeitslos ist, immer dieselben Erscheinungen. Entweder er hängt als toter Stein an seiner Familie u. läßt sich ernähren – von allen Familienmitgliedern verwünscht – ... oder er wird schwermütig ... oder wird verrückt ... oder er nimmt sich das Leben. Bei der Frau dann immer derselbe Jammer. Sie behält die Kinder, die sie ernähren muß, schimpft und klagt über den Mann. Sieht nur, was aus ihm geworden ist u. nicht wie er es geworden ist.«

19/74 Hans Baluschek in seinem Atelier

Um 1904; Photographie, Reproduktion aus: Kunstamt Kreuzberg (Hg.), Hans Baluschek 1870–1935, Berlin 1975 (S. 12)

19/62

19/75 Lieder aus dem Rinnstein
Hans Ostwald

3 Bde., Leipzig und Berlin: Karl Henckell & Co. 1903, 1904, o.J.; Umschlagillustrationen von Hans Baluschek
Berlin, Lene Reckenfelder-Bäumer

19/76 Ein Verbrechen ist geschehen
Hans Baluschek

1894; Mischtechnik auf Pappe, 94×62,5 cm; bez. u. r.: HBaluschek 94
Berlin, Bröhan-Museum

19/77 Lumpensammlerinnen
Hans Baluschek

1899; Aquarell und Pastell auf Pappe, 48,8×62,5 cm; bez. u. r.: HBaluschek 1899
Essen, Museum Folkwang Essen

19/78 Obdachlose
Hans Baluschek

1919; Mischtechnik auf Pappe, 99,5×69 cm; bez. u. l.: HBaluschek 19
Berlin, Bröhan-Museum

RAUM 20
NÄCHSTENLIEBE UND WOHLTÄTIGKEIT

Mit den sozialen Problemen im Zuge der Bevölkerungsexplosion Berlins war die traditionelle kommunale Armenpflege überfordert. Sie war nicht auf große Bevölkerungsverschiebungen eingestellt, und die getroffenen Maßnahmen beschränkten sich weitgehend auf Versuche der Erfassung und Kontrolle. Ehe sie sich umgestellt hatte und auch ehe der Staat seiner sozialen Verpflichtung nachkam, ergriffen Bürgertum und Kirche die Initiative. Sie gründeten, insbesondere seit den späten sechziger Jahren, eine beständig wachsende Zahl wohltätiger Vereine, Komitees und Stiftungen. Das 1899 in zweiter Auflage erschienene Auskunftsbuch über ›Die Wohlfahrtseinrichtungen Berlins und seiner Vororte‹ nennt über 1000 Einrichtungen, die in ihrer überwiegenden Mehrzahl von der privaten Wohltätigkeit wie auch von der evangelischen und katholischen Kirche getragen wurden. Die ›Centralstelle für die Wohlthätigkeits-Anstalten in der jüdischen Gemeinde‹ war mit mehr als fünfzig angeschlossenen Organisationen verzeichnet.

Das großstädtische Bürgertum sah, geleitet vom Gedanken der Philanthropie, der Menschenliebe, in der Wohlfahrtspflege den besten Weg zur sozialen Harmonie. Berliner Industrielle, Bankiers, Kaufleute, Ärzte und Verwaltungsbeamte stifteten deshalb zum Teil beträchtliche Summen für Asyle und Ledigenheime, für Volksküchen, Klein-Kinder-Bewahranstalten, Kindergärten und -horte, Ferienkolonien, für Einrichtungen zur Fürsorge für Kranke, Wöchnerinnen, Gebrechliche, zur Gewährung von Darlehen und Geldgeschenken, für Arbeitsnachweise und Stellenvermittlungen. Viele übernahmen Vorsitz und Verwaltungstätigkeiten, und auch ihre Ehefrauen und Töchter engagierten sich in der Vereinsarbeit. An diesen Aktivitäten wird deutlich, wie sehr sich das wirtschaftlich mächtige Bürgertum zugleich als staatstragende Kraft verstand. Wohlfahrtspflege wurde zudem als Vorbeugung gegen mögliche soziale Unruhen angesehen und sollte der Abwehr des seit den sechziger Jahren wachsenden Einflusses der Sozialdemokratie dienen.

Eine der bedeutendsten privaten Einrichtungen war der ›Berliner Asyl-Verein für Obdachlose‹. Seine Gründung 1868 ist typisch für das bürgerliche Engagement dieser Zeit. Bekannte Berliner Bürger wie der Industrielle August Borsig, der Mediziner und Politiker Rudolf Virchow und der Unternehmer Louis Ravené waren daran beteiligt; den Vereinsvorsitz übernahm der Bankier Gustav Thölde. Ziel des Vereins war die Errichtung von Asylen, um die Wohnungslosen vor weiterem sozialem Fall, vor Alkoholismus, Prostitution, Diebstahl zu schützen und ihnen, wie der Vorsitzende Thölde ausführte, »den festen Punkt zu geben, von welchem aus sie selbständig für sich sorgen können«. Dazu gehörte die uneingeschränkte Anonymität der Asylbewohner: Anders als im Städtischen Obdach in der Fröbelstraße, der berüchtigten ›Palme‹, wurden in den Unterkünften des Berliner Asyl-Vereins keine Personalien verlangt, hatte die Polizei keinen Zutritt.

Im März 1870 veranstaltete der Asyl-Verein einen Wohltätigkeitsbasar zugunsten der Obdachlosen. Die Tatsache, daß dies die erste große Veranstaltung im neuerrichteten Rathaus war, zeigt, welchen Stellenwert das Bürgertum Berlins seinen sozialen Aufgaben beimaß. Im Festsaal des Rathauses hatte der Architekt Hermann Friedrich Waesemann eine ›Verkaufsstadt‹ eingerichtet, für die Handel und Industrie der Stadt zahlreiche Waren spendeten. Der Basar war gut besucht, selbst die königliche Familie gab den Veranstaltern die Ehre, und der Reinerlös betrug mehr als 50000 Mark. Der Asyl-Verein, wie überhaupt die gesamte private Wohltätigkeit, finanzierte sich durch Spenden, Stiftungen, Legate, durch die Erlöse aus Wohltätigkeitskonzerten, Weihnachtsbasaren, Lotterien, Gartenfesten oder Kostümbällen. An die Spendebereitschaft des Bürgertums mußte immer wieder appelliert werden, denn die verschiedenen Vereine existierten nebeneinander und konkurrierten zudem mit den kirchlichen Organisationen.

Besonders wichtig war das soziale Engagement der Frauen aus dem Bürgertum. Die Vereinsarbeit bot ihnen die Möglichkeit, der häuslichen Enge zu entfliehen und eine gesellschaftlich geachtete Tätigkeit auszuüben. Aus der ehrenamtlichen Arbeit wurde allmählich ein neues Berufsfeld: Ein Meilenstein in dieser Entwicklung war die auf Initiative Alice Salomons erfolgte Gründung der Sozialen Frauenschule, der heutigen Fachhochschule für Sozialarbeit und Sozialpädagogik, in Schöneberg (1908). Außerdem gehen etliche Vereine und Einrichtungen auf die Initiative von Frauen zurück: so der von der Apothekergattin Anna Sallbach ins Leben gerufene ›Berliner Krippenverein‹ (1877), das von Hedwig Heyl, Ehefrau eines Fabrikanten, geschaffene Jugendheim in Charlottenburg oder der von Hanna Bieber-Böhm geleitete Verein ›Jugendschutz‹, der über zwei Wohnheime für alleinstehende Mädchen verfügte (1899). Eine der bekanntesten Frauen in der privaten Wohltätigkeit war Lina Morgenstern. Als Gründerin des ›Vereins der Berliner Volksküchen‹ hieß sie im Volksmund ›Suppenlina‹. Der ersten, 1866 eingerichteten Volksküche folgten in nur zwei Jahren zehn weitere. Nach ihrem Vorbild entstanden dann in mehr als dreißig Städten öffentliche Küchen, z. B. in Hamburg, Breslau, Wien und Stockholm. Die arbeitende Bevölkerung stand dem Besuch der Volksküchen allerdings häufig skeptisch gegenüber: Zu deutlich wurde hier der Wunsch nach sozialer Harmonie vorgetragen, wurde Selbstbescheidung seitens der Arbeiter verlangt. So lautete ein eigens für die Speiseräume angefertigter Wandspruch: »Die Arbeit macht gesund und frisch, sie würzt das Leben und den Tisch.«

Mit der Expansion Berlins wuchs auch in der Kirche das soziale Engagement. Die Armen- und Krankenpflege, die Betreuung von Alten, Siechen und Kleinkindern war in der evangelischen Kirche den Gemeinden zugeordnet, in den katholischen Pfarreien den Ortsgruppen des St. Vinzenz-Vereins. Darüber hinaus entstand eine Fülle nicht gemeindegebundener Einrichtungen: z. B. die beiden ›Herbergen zur Heimath‹ des Evangelischen Vereins, die katholischen Ledigenheime für Handwerker und Arbeiter ›St. Joseph-Hospiz‹ und ›St. Leo-Hospiz‹, das ›St. Afra-Stift‹, ein Asyl für katholische stellungslose Dienstmädchen, Waisenkinder und »sittlich gefährdete« und strafentlassene junge Frauen, die evangelischen »Rettungshäuser« ›Bethabara‹, ›Siloah‹, ›Magdalenenstift‹ und ›Beth-Elim‹ für »verirrte und verführte« Mädchen und ledige Schwangere, der evangelische Verein ›Dienst an Arbeitslosen‹ und viele andere.

Auch die Berliner Einrichtungen der Inneren Mission reagierten auf die neuen großstädtischen Probleme. Das 1858 in Plötzensee errichtete und 1910 nach Spandau verlegte Evangelische Johannesstift war als Reaktion auf die Massenarmut der Frühindustrialisierung entstanden. Sein geistiger Vater, der Vortragende Rat im preußischen Innenministerium Johann Hinrich Wichern, hatte das Stift als Ausbildungsstätte für Diakone im Dienst der Armen-, Kranken-, Kinder- und Gefangenenfürsorge geplant, überdies auch als Erziehungshaus für »hülfsbedürftige Kinder beiderlei Geschlechts«. Um 1900 verfügte das Stift über ein Kinderheim, ein Heim für schulentlassene Mädchen, eine sechsklassige Volksschule, eine landwirtschaftliche Ausbildungsstätte sowie eine eigene Ferienkolonie.

Aus dem Diakonissenstammhaus in Kaiserswerth bei Düsseldorf waren die ersten Schwestern in das von Friedrich Wilhelm IV. 1843 in der Luisenstadt gegründete Haus Bethanien nach Berlin gekommen, das der Armen- und Krankenpflege dienen sollte. 1854 wurde die ebenfalls von Diakonissen geleitete ›Evangelische Mägdeherberge auf Marthashof‹ am Prenzlauer Berg gegründet, die neu zugewanderte oder stellungslose Dienstmädchen aufnahm, um sie vor »sittlicher Gefährdung« zu schützen. Vier Jahrzehnte später gab es neben dem Wohnheim eine Stellenvermittlung, eine Mägdebildungsschule, d. h. eine Haushaltungsschule für schulentlassene Mädchen, eine Kleinkinder-Schule, in der Kindermädchen ausgebildet wurden, sowie eine sechsklassige Mädchen-Elementar-Schule.

So breit gefächert und engagiert die Aktivitäten bürgerlicher und kirchlicher Wohltätigkeit auch waren – ihrer Wirksamkeit waren doch enge Grenzen gesetzt. Selten erreichte ein Verein mehr als einige hundert, oft nur einige Dutzend Bedürftige. Finanzielle Engpässe waren ein Dauerproblem, und der Fortbestand eines Vereins hing vielfach entscheidend vom Engagement und Durchhaltevermögen einzelner aktiver Mitstreiter ab. Etwas grundlegend Neues bedeuteten hier die staatlichen Sozialversicherungsgesetze, die in Deutschland seit 1883 sukzessive eingeführt wurden (1883 Kranken-, 1884 Unfall-, 1889 Alters- und Invalidenversicherung). Mit ihnen erkannte der Staat – erstmals überhaupt – seine Fürsorgepflicht für die gesamte Bevölkerung an. Allerdings galten die Versicherungsgesetze in erster Linie für die gewerblichen Arbeiter; Zuwanderer, Arbeitslose und andere Bedürftige waren ausgeschlossen.

Die sozialen Probleme riefen nicht nur Stellungnahmen unterschiedlicher weltanschaulicher Couleur hervor, sondern sie wurden auch zum Thema in der Kunst. Das künstlerische Engagement für die Armen und Schwachen enthielt in der Regel immer auch die Aufforderung zur Besserung der Situation. Einer der sozial engagierten Künstler im Berlin des Kaiserreichs war der Däne Jens Birkholm, der von 1892 bis 1910 mit Unterbrechungen in der Reichshauptstadt lebte. Daß seine Werke in Deutschland kaum bekannt sind (eine Ausnahme ist nur das in den letzten Jahren wiederholt ausgestellte Gemälde ›Wärmehalle in Berlin‹), ist bezeichnend für den zeitgenössischen Stellenwert der ›Rinnsteinkunst‹: Als Birkholm nach Dänemark zurückkehrte, nahm er fast alle seine Arbeiten mit, weil er in Berlin keine Käufer gefunden hatte. Birkholm (geboren 1869) hatte in seiner Heimatstadt Faaborg das Malerhandwerk erlernt und kam 1892 auf der Suche nach Arbeit nach Berlin. Im Kreuzberger Gewerbegebiet, in der Alten Jacobstr. 131, mietete er eine Dachwohnung, wo er unter härtesten Existenzbedingungen lebte und arbeitete.

Wegen einer Tuberkuloseerkrankung kehrte er 1902 nach Faaborg zurück, hielt sich aber auch später wieder in Berlin auf, um hier zu malen und auszustellen. Birkholm starb, erst 46 Jahre alt, 1915 in Faaborg. Seine Berlin-Bilder sind einprägsame Dokumente der sozialen Wirklichkeit der Großstadt. *R. B.*

20/3

20/1 Zur Schlafenszeit in der Herberge

Jens Birkholm

1893; Öl/Lw., 69×81 cm; bez. u. r.: J. B. 93
Faaborg / Dänemark, Faaborg Museum for Fynsk Malerkunst (Nr.5)

Dieses Werk Birkholms wurde zusammen mit dem Gemälde ›Hunger‹ 1893 auf der Großen Berliner Kunstausstellung gezeigt. In der Zeitschrift ›Die Neue Welt‹ schrieb der Journalist Theodor Völcker 1911 rückblickend: »Als dann Birkholm 1892 München verließ und nach Norden zu wanderte, hatte er den Entwurf zu seinem Bilde ›Zur Schlafenszeit in der Herberge‹ bereits fertig ... In Berlin vollendete er bald darauf dieses Gemälde, sein erstes größeres Werk. Die nackten und halbnackten Gestalten von der Landstraße stehen um den Herbergsvater und zeigen ihre Hemden vor. Es wird gefilzt – es wird nachgesehen, ob etwa jene gefährlichen Tierchen darin sind, die sich so unheimlich stark vermehren.«

20/2 Wärmehalle in Berlin

Jens Birkholm

1908; Öl/Lw., 88×117 cm
Berlin, Berlinische Galerie (BG-M 706/78)

Die dargestellte Wärmehalle befand sich in den Stadtbahnbögen 96–99 in der Nähe des Alexanderplatzes. In dem Handbuch ›Die Wohlfahrtseinrichtungen Berlins und seiner Vororte‹ (2. Aufl. 1899) wird sie so beschrieben: »Während der Wintermonate geöffnet von 7 Uhr Morgens bis 7 Uhr Abends. Sitzplätze für ca. 1300 Personen,

Waschvorrichtungen. An die Besucher werden, zu einem beträchtlichen Theile unentgeltlich, sonst für 2 1/2, 5 und 10 Pf. Schrippen, Kaffee, Milch, Suppen verabreicht. Eine Anzahl Arbeitsloser werden in besonderer Werkstatt gegen Lohn und Kost mit Ausbesserung der Kleidungsstücke und des Schuhwerks der Gäste der Wärmehalle, andere mit der Anfertigung von Decken aus Flicken oder von Strohmatten beschäftigt.«

20/3 Hunger (Abb.)

Jens Birkholm

1892; Öl/Lw., 61×74 cm; bez. u. r.: J B 92
Faaborg/Dänemark, Faaborg Museum for Fynsk Malerkunst (Nr.3)

Dieses Gemälde ist, ebenso wie die Werke ›Zur Schlafenszeit in der Herberge‹ und ›Sonntagsschule im Asyl‹, in einem schlechten Erhaltungszustand. Die Farbrisse erklären sich aus der Tatsache, daß Birkholm die handwerkliche Seite der Ölmalerei nur ungenügend beherrschte. Bei der Mischung der Farben verwendete er zu wenig Pigment und zu viel Malmittel; außerdem ließ er die einzelnen Farbschichten nicht genügend trocknen. So setzte schon beim Trocknungsprozeß ein ›Frühschwund-Craquelé‹ ein. Von einer Restaurierung dieses und anderer Gemälde wurde Abstand genommen, da der ursprüngliche Eindruck nicht hätte wiederhergestellt werden können.

20/4 Sonntagsschule im Asyl (Abb.)

Jens Birkholm

1906; Öl/Lw., 90×115 cm; bez. u. r.: J. B. 06
Faaborg/Dänemark, Faaborg Museum for Fynsk Malerkunst (Nr.8)

20/5 Die Bewohner vor dem Familienhaus Charlottenburg (Abb.)

Jens Birkholm

1910; Öl/Lw., 86×117 cm; bez. u. r.: JB. 10
Odense/Dänemark, Fyns Kunstmuseum (FSKM 595)

Die Städtischen Familienhäuser in der Sophie-Charlotte-Str. 113 dienten der Aufnahme von Siechen wie auch von obdachlosen Familien. 1910 fand eine größere Ausstellung der Arbeiten Birkholms in der Berliner Kunsthandlung Eduard Schulte statt. Für sie entstanden dieses und das folgende Gemälde.

20/6 Spielplatz vor dem Familienhaus Charlottenburg, auch ›Im Garten des Asyls, Berlin‹ betitelt (Abb.)

Jens Birkholm

1908; Öl/Lw., 88×119 cm
Faaborg/Dänemark, Faaborg Museum for Fynsk Malerkunst (Nr.9)

20/7 Selbstporträt

Jens Birkholm

1891; Öl/Lw., 25×19 cm; bez. o. l.: J. B. 91
Faaborg/Dänemark, Faaborg Museum for Fynsk Malerkunst (Nr.2)

Dieses Selbstporträt entstand ein Jahr vor Birkholms Reise nach Deutschland.

20/8 Einrichtungsgegenstände aus dem Asyl des Berliner Asyl-Vereins für Obdachlose, Berlin-Wedding, Wiesenstraße

a) Drei ›Doppelsitzbänke‹

Um 1900; Holz, Eisen; je 90×140×76 cm

b) Zwei Tische

Um 1900; Holz, Eisen; je 80×148×50 cm

c) Bettgestell mit Kleiderhaken

Rekonstruktion 1980 (Original: um 1900); Eisenblech, Draht; 130×70×180 cm

d) Reihenwaschtisch (Fragment)

Um 1900; Porzellan, Schiefer; 20×62×162 cm

e) Badetuch

Um 1920; Baumwolle, 170×100 cm

Berlin, Berliner Asyl-Verein für Obdachlose e. V.

20/9 ›Der Bazar zum Besten des Asyls für Obdachlose im Festsaal des neuen Rathhauses zu Berlin‹

1874; Druck nach einer Zeichnung von Carl Koch und Gottlob Theuerkauf, 28×35 cm
Berlin, Landesarchiv Berlin (Rep.250 Acc.557 Nr.12)

20/10 ›Bazar-Zeitung – zum Besten der Asyle für Obdachlose‹

Nr. 2, Berlin, 9. März 1870
Berlin, Berliner Asyl-Verein für Obdachlose e. V.

20/11 ›Zur Erinnerung an den Bazar im Rathhause zum Besten der Asyle für Obdachlose, vom 7.ten bis 12.ten März 1870‹ (Abb.)

Photoatelier F. Jamrath & Sohn

Um 1870; Photographie auf einem Gedenkblatt, gewidmet der Freifrau von Patow vom Verwaltungsrat des Asyl-Vereins für Obdachlose; 29×26 cm, 45,5×35,5 cm (Blgr.)
Berlin, Staatsbibliothek PK, Handschriftenabteilung (YB 20610m)

20/4

20/12 Programm eines Konzerts im Wintergarten des Central-Hotels »zum Besten des Asyls für Obdachlose in Berlin ... veranstaltet von den beiden Berliner Gastwirthsvereinen«
Um 1870; 27,7 × 18,1 cm
Berlin, Berliner Asyl-Verein für Obdachlose e. V.

20/13 Zahlungsbescheinigung über einen Jahresbeitrag von 1 M. 50 Pf. »zur Erhaltung der Asyle für Obdachlose«, quittiert vom Berliner Asyl-Verein für Obdachlose, 1. Januar 1914
14,7 × 22,6 cm
Berlin, Berliner Asyl-Verein für Obdachlose e. V.

20/14 Sechs Antwortkarten betr. Zahlung eines Jahresbeitrages für den Berliner Asyl-Verein für Obdachlose, darunter eine Antwortkarte von Rudolf Virchow
1882–1904; je 9,2 × 13,9 cm
Berlin, Berliner Asyl-Verein für Obdachlose e. V.

Antworten wie: »Für Fortschrittsleute und Socialdemokraten wird nichts bewilligt« oder: »Für einen Verein, dem ein ›Singer‹ angehört, zahle ich keinen Beitrag« zeigen, wie der Verein von seinen Gegnern politisch eingeordnet wurde. Der Kaufmann und sozialdemokratische Abgeordnete Paul Singer war seit 1875 Kurator des Männerasyls.

20/15 Männer-Waschraum und -Baderaum im Asyl des Berliner Asyl-Vereins für Obdachlose, Wiesenstraße
1899; zwei Photographien (Originalabzüge), je 25 × 39 cm
Berlin, Berliner Asyl-Verein für Obdachlose e. V.

20/16 ›Haus-Ordnung des Asyls für männliche Obdachlose‹ am Prenzlauer Berg, Büschingstraße
1870; Entwurf mit handschriftlichen Korrekturen (1874); 73 × 48,4 cm
Berlin, Berliner Asyl-Verein für Obdachlose e. V.

20/17 Die Aufnahmen im Männerasyl des Berliner Asyl-Vereins für Obdachlose, Büschingstraße, 1890–1892
Handschriftliche Statistik, 24,5 × 29,8 cm
Berlin, Berliner Asyl-Verein für Obdachlose e. V.

Zwischen Januar 1890 und Dezember 1892 wurden insgesamt 301 000 Aufnahmen registriert.

20/5

20/18 ›Unsere Vereins-Asyle befinden sich a) für weibliche Obdachlose Füsilierstrasse No. 5– b) für männliche Obdachlose Wiesenstrasse No. 55–59‹
Plakat des Berliner Asyl-Vereins für Obdachlose
1897; Druck mit handschriftlichen Anmerkungen; 56,6×45 cm
Berlin, Berliner Asyl-Verein für Obdachlose e. V.

20/19 Plakat ›Ein Sommerfest im Waldpark Grunewald / Hubertusallee am 13. Juni 1914 … zum Besten des Hilfsbundes für bedürftige gebildete Frauen und Mädchen‹ (Abb.)
Oskar Werner Hermann Hadank
Berlin: Hollerbaum & Schmidt; Farblithographie, 74,5×94,5 cm
Berlin, Kunstbibliothek, SMPK

20/20 Programmheft für den Gesellschafts-Abend »zum Besten des unter dem Protektorat Ihrer Majestät der Kaiserin stehenden Frauenverein zur Unterstützung verschämter Armer Berlin's«, 24. April 1902
29×23 cm
Berlin, Landesarchiv Berlin (Rep.240 Acc.1818 Nr.53)

Der Verein leistete Unterstützung durch Arbeitsvergabe, Lebensmittel-, Geld- und Kleiderspenden. 1897 verzeichnete er 378 einmalige und 198 fortlaufende Unterstützungen im Gesamtwert von rund 7400 Mark.

20/21 Kinder-Volksküche im Wedding, Swinemünder Straße (Abb.)
Photographie, Reproduktion aus: Berliner Leben, Jg. 8, 1905, H. 14

Das Auskunftsbuch über ›Die Wohlfahrtseinrichtungen Berlins und seiner Vororte‹ (2. Aufl. 1899) kennzeichnet als Zweck des Vereins: »Armen Kindern gutes Essen unentgeltlich oder gegen geringe Bezahlung zu verschaffen (à Portion 5 Pfg.). Schulpflichtige Kinder, die nachweislich zu Haus keine genügende Nahrung bekommen, erhalten Frei-Essen. Auf Anordnung der Armenärzte erhalten kranke oder schwächliche Kinder Kakao oder Brühe (größtentheils unentgeltlich). Meldungen durch die Rektoren der Gemeindeschulen … Die Küchen sind nur während der Wintermonate geöffnet.«

20/22 Programmheft für ein Wohltätigkeitsfest »zum Besten der Berliner Kinder-Volksküchen: Fest des

20/6

Rajah von Maihir, Indien« in der Philharmonie, 7. Februar 1901

32×24,5 cm
Berlin, Landesarchiv Berlin (Rep.240 Acc.1818 Nr.54)

20/23 ›Statistische Aufstellung des Consums oder vertheilte Portionen (in den Berliner Volksküchen) vom 1. November 1867 bis 31. October 1868‹

In: Lina Morgenstern, Berliner Volksküchen. Eine cultur-historische, statistische Darstellung nebst Organisationsplan, Berlin: Selbstverlag der Verfasserin 1868 (S. 46f.)
Berlin, Bibliothek des Diakonischen Werkes der Evangelischen Kirche in Deutschland – Bestand Berlin (C I 3529)

Im erfaßten Zeitraum wurden insgesamt rund 309000 Portionen ausgegeben.

20/24 Erinnerungsmedaille des Vereins der Berliner Volksküchen

Vorderseite: »Ehrendame des Vereins der Berliner Volksküchen v. 1866«, Rückseite: »Für treue persönliche und ausdauernde Mitwirkung«; nach 1866; Kupfer, Dm 3 cm
Berlin, Landesarchiv Berlin (Rep.238 Acc.461 Nr.2)

20/25 Anstecknadel der Volkskaffee- & Speisehallengesellschaft, Wedding, Chausseestr. 105

Aufschrift: »Berliner Volksspeisen«; 1910; Messing, Emaille; 3,2×2,5 cm
München, Wolfgang Hasselmann

Die Volkskaffee- & Speisehallengesellschaft gab in den drei von ihr betriebenen Speisehallen »gute Speisen und Getränke für mäßige Preise« aus. Außer Bier wurden keine alkoholischen Getränke verkauft.

20/26 Anstecknadel des Vereins für Kinder-Volksküchen, Berlin

Aufschrift: »Verein für Kinder-Volksküchen Berlin«; 1905; Messing, Emaille; Dm 3,3 cm
München, Wolfgang Hasselmann

20/27 Gedenkblatt zum 25jährigen Jubiläum des Kinderschutzvereins *Lina Morgenstern*

Berlin: Verlag Deutsche Hausfrauen-Zeitung 1894
Berlin, Staatsbibliothek PK (Fd 10831)

Der Kinderschutzverein war eine ebenfalls von Lina Morgenstern geschaffene Einrichtung. Der Verein wollte verhindern, daß »arme Mädchen, die, verlassen von ihrem Verführer, die ganze

Last der Lebenserhaltung für ihr Kind allein zu tragen haben ... ihr Kind in fremde Pflege geben« (so die Gründerin im ›Gedenkblatt‹). Das 1869 eingerichtete Pflegeheim, in dem allerdings nicht mehr als 20 Kinder betreut werden konnten, mußte aus finanziellen Gründen bereits 1870 wieder aufgegeben werden. Fortan beschränkte sich der Verein auf die Kontrolle der Pflegefamilien.

20/28 Ansichten von Einrichtungen des Berliner Krippenvereins (Abb.)

Um 1900; vier Photographien (Originalabzüge), je zwei 13 × 18 cm und 17 × 23 cm
Berlin, Berliner Krippenverein

Auf Initiative der Apothekergattin Anna Sallbach wurde 1877 der Berliner Krippenverein mit dem Ziel gegründet, »in den Arbeiter-Vierteln Anstalten (Asyle, Krippen) zu errichten, in denen (nicht mit ansteckenden Krankheiten behaftete) Kinder im Alter von 6 Wochen bis Ende des dritten Lebensjahres außer dem Hause beschäftigter, würdiger und bedürftiger Eltern den Tag über verwahrt und gepflegt werden, um sie vor Gesundheits- und Lebensgefährdung zu schützen«. Kurz nach dem Ersten Weltkrieg wurden in den Vereinskrippen fast 2000 Kinder im Jahr betreut.

20/29 Plakat ›Wohltätigkeits-Matinée im Kgl. Schauspielhause Gendarmenmarkt zum Besten des Berliner Krippen-Vereins‹

Um 1910; Farblithographie, 71 × 46 cm
Berlin, Berliner Krippenverein

20/30 Programmheft für ein Wohltätigkeits-Fest des Kinderpflegevereins ›Krippe‹ in Charlottenburg

Um 1895; 31,5 × 23,5 cm
Berlin, Landesarchiv Berlin (Rep.240 Acc.1818 Nr.45)

20/31 Berliner Ferienkolonien

Photographie, Reproduktion aus: Berliner Leben, Jg. 7, 1904, H. 8

Zahlreiche wohltätige Vereine boten für schwächliche und bedürftige Berliner Kinder (Frei-)Plätze in Ferienkolonien an. Die größte Einrichtung dieser Art war das ›Comité für die Ferienkolonien‹ unter Vorsitz des Stadtrates Selberg. 1897 entsandte es rund 2100 Kinder in See- oder Solbäder. Etwa 1200 Kinder verlebten die Ferien in ›Halbkolonien‹ und unternahmen hier Tagesausflüge in die Umgebung Berlins. Knapp 400 Kinder fanden Aufnahme im ›Kaiser und Kaiserin Friedrich-Berliner Kinderheim‹ in Kolberg, das der Industrielle und Kunstmäzen James Simon gestiftet hatte.

20/32 ›Alleinstehenden Mädchen der arbeitenden Stände ...‹ Handzettel mit Hinweis auf das Marien-Heim des ›Verein zur Fürsorge für die weibliche Jugend‹, Berlin, Borsigstr. 5

Um 1890; 22,5 × 14 cm
Berlin, Evangelisches Zentralarchiv in Berlin (7/Brdbg. XII 37 Bd.1,Bl.17,Rücks.)

Das Marien-Heim bot – so der erläuternde Text dieses Handzettels – »Schutz gegen Versuchung und Ausbeutung, statt elender Schlafstellen freundliche Wohnung«. Die mehr als 100 weiblichen Mitglieder des unter dem Protektorat der Kaiserin stehenden ›Vereins zur Fürsorge für die weibliche Jugend‹ nahmen sich auf den Berliner Bahnhöfen der neu eintreffenden jugendlichen Zuwanderinnen an und bemühten sich um ihre Vermittlung in häusliche Dienste.

20/33 »Gedenket der Verirrten und Verführten!« Neueste Mitteilungen über die Rettungsarbeit der Bethabara-Stiftung nebst Abdruck der Statuten

Jg. 9, Berlin 1888
Berlin, Evangelisches Zentralarchiv in Berlin (14/2849)

Geschaffen wurde die Bethabara-Stiftung von dem Geistlichen Ernst Berendt, Pfarrer am Berliner Frauen- und Polizei-Gefängnis. In den ersten vier Jahren ihres Bestehens (1878–1882) wurden rund 280 weibliche Strafentlassene oder Prostituierte im Hause Bethabara sowie in anderen ›Rettungshäusern‹ oder Pflegestellen in Berlin untergebracht.

20/34 ›Das Berliner Magdalenen-Stift am Schifffahrtskanal, Südufer‹ Aufruf für »eine Liebesgabe für das Magdalenenstift und das Mädchen-Rettungshaus Siloah«

Um 1885; 28 × 19,3 cm
Berlin, Evangelisches Zentralarchiv in Berlin (7/Brdbg. XII 24,Bd.1,Bl.56)

»In zweijähriger ernster Zucht und liebevoller Unterweisung sind aus armen Verführten und gefährlichen Verführerinnen tüchtige Dienstmädchen geworden ... Mit dem in erschreckendem Maaße wachsenden Laster in der großen Stadt Berlin müßte auch diese nöthigste und schwerste Arbeit bedeutend mehr gewachsen sein, als es der Fall ist, da leider noch immer die nöthigsten Mittel dazu fehlen« (so Textausschnitte aus diesem Aufruf).

Zur Erinnerung an den

Bazar im Rathhause

zum Besten der Asyle für Obdachlose, vom 7ten bis 12ten März 1870

der Freifrau von Patow, Excellenz,

Mit dem Ausdruck

des herzlichsten Dankes für die freundliche und aufopfernde Thätigkeit bei demselben

gewidmet vom

Verwaltungsrath des Asylvereins.

20/11

20/19

20/35 ›Aus dem dunkelsten Berlin‹

Blätter des Vereins ›Dienst an Arbeitslosen‹, Nr. 75/76, Berlin, Juni 1909
Berlin, Staatsbibliothek PK (Fd 692/30)

Der von dem Berliner Journalisten Constantin Liebich 1882 gegründete Verein veranstaltete Sonntagsgottesdienste, an die sich die Ausgabe eines einfachen Frühstücks anschloß. Kern der Vereinsarbeit war die ›Brockensammlung‹. Die aus der ganzen Stadt zusammengetragenen, wiederverwertbaren Gebrauchsgegenstände wie Möbel, Hausrat und Kleidung wurden in Werkstätten repariert oder weiterverarbeitet und anschließend billig zum Kauf angeboten. Trotz allen Engagements war der Wirkungskreis eng begrenzt; nicht einmal 100 Menschen konnte damit Arbeit gegeben werden.

20/36 Informationsblatt ›Der Verein für die Berliner Arbeiter-Kolonie‹

Um 1900; Farbdruck, 30×21 cm
Berlin, Evangelisches Zentralarchiv in Berlin (7/Brdbg. XII 42)

Die erste und einzige innerstädtische Arbeiterkolonie Berlins wurde 1883 im Wedding, Reinickendorfer Str. 36a, eröffnet. Nach dem Vorbild der von Pfarrer Friedrich von Bodelschwingh geschaffenen Arbeiterkolonie Wilhelmsdorf bei Bielefeld gab sie wandernden Arbeitslosen Unterkunft und Arbeit.

20/37 Handskizze für die bauliche Gestaltung des Johannesstifts in Berlin

Johann Hinrich Wichern

In: Acta betreffend die Vorbereitung und Gründung des Johannesstifts, 1858 (S. 15); 17,5×20,6 cm
Berlin, Evangelisches Johannesstift (A Nr.1, Bd.1)

Diesen – nicht realisierten – Entwurf für eine diakonische Anstalt stellte Wichern am 21. April 1858 auf der Gründungssitzung des Kuratoriums in der Berliner Singakademie vor.

20/38 Medaille auf das Evangelische Johannesstift in Berlin-Plötzensee

Vorderseite: »Exposition universelle internationale 1900«, Rückseite: »Maison d'Education Evangélique Saint-Jean«; um 1900; Bronze, Dm 6,2 cm
Berlin, Evangelisches Johannesstift

Diese Medaille erhielt das Johannesstift auf der Pariser Weltausstellung von 1900 in Anerkennung seiner Verdienste auf dem Gebiet der sozialen Arbeit.

20/39 Der Evangelist Johannes (Gemälde aus dem Saal des Brüderhauses Tabor des Evangelischen Johannesstiftes in Berlin-Plötzensee)

Paul Händler

1895; Öl/Lw., 290×110 cm; bez. u. r.: Paul Händler 1895
Berlin, Evangelisches Johannesstift

Dieses Werk des Historienmalers Paul Händler ist Teil einer für das Johannesstift geschaffenen Serie von Gemälden, die Christus und die Evangelisten zeigen. Händler, Absolvent der Berliner und der Düsseldorfer Kunstakademie, war seit 1871 in Berlin tätig. Er schuf religiöse Bilder für zahlreiche deutsche Kirchen.

20/40 ›Ev. Johannesstift Plötzensee b. Berlin. Gegründet von D. Joh. Hin. Wichern‹
Gesamtansicht aus der Vogelschau

Vor 1910; Druck, 33,1×47 cm
Berlin, Evangelisches Johannesstift

20/41 Zwei Schaubilder des Evangelischen Johannesstifts in Spandau
a) Erziehungsanstalt. Brüderhaus
b) Volksschule

Nach 1910; Farbdrucke, je 45,1×54,6 cm
Berlin, Evangelisches Johannesstift

20/42 Erlaß Friedrich Wilhelms IV. betr. die Gründung einer ›Anstalt zur Ausbildung evangelischer Kranken- und Armenpflegerinnen im Sinn der Diakonissen der apostolischen Kirche‹

Vor 1843; Kanzleiabschrift, 34×21,5 cm
Düsseldorf, Diakoniewerk Kaiserswerth, Fachbücherei für Frauendiakonie/Fliedner-Archiv (302)

20/21

20/28

20/46

20/43 Krankenhaus der Diakonissen-Anstalt Bethanien
W. French nach A. H. Payne

Um 1850; kolorierter Stahlstich, 19,9×27,2 cm
Berlin, Berlin Museum

Der Bericht ›Aus der Arbeit der Diakonissen auf den Berliner Krankenpflege-Stationen im Jahre 1897‹ hebt hervor: »... wie viel Hülfe in großer Not und Bewahrung vor völliger Verlassenheit bei schweren Krankheitsfällen durch sie in die Häuser getragen ist, davon legt die Zahl der geleisteten Pflegen Zeugnis ab. In 2833 Familien ist Krankenpflege geübt und sehr oft auch die Fürsorge für die Häuslichkeit übernommen worden.«

20/44 Bildnis der ersten Oberin der Diakonissenanstalt Bethanien, Marianne von Rantzau
Georg Friedrich Bolte

Nach 1855; Öl/Lw., 71×57,5 cm
Berlin, Stiftung Diakonissenhaus Bethanien

20/45 Regeln zur Aufnahme in die evangelische Mägdeherberge und Mägdefortbildungsschule auf Marthashof, Prenzlauer Berg, Schwedter Str. 37–40

1896; Plakat, 47,5×36 cm
Düsseldorf, Diakoniewerk Kaiserswerth, Fachbücherei für Frauendiakonie/Fliedner-Archiv

20/46 Bilder aus Marthashof: Schulküche, Bügelstunde, Mathematikunterricht (Abb.)
Heinrich Boll

Um 1910; drei Photographien (Originalabzüge); 22×30 cm, 21,7×30 cm, 17,6×23,2 cm
Düsseldorf, Diakoniewerk Kaiserswerth, Fachbücherei für Frauendiakonie/Fliedner-Archiv

20/47 ›Gruß aus Marthashof Berlin‹

Vor 1914; Ansichtskarte
Düsseldorf, Diakoniewerk Kaiserswerth, Fachbücherei für Frauendiakonie/Fliedner-Archiv

RAUM 21
DAS ARBEITENDE BERLIN

»Was uns den Namen gibt, ist die Fabrikstadt, die im Westen niemand kennt und die vielleicht die größte der Welt ist. Nach Norden, Süden und Osten streckt die Arbeiterstadt ihre schwarzen Polypenarme, sie umklammert den schwächlichen Westen mit Eisenzähnen.« Mit diesen Worten kennzeichnete um 1900 der Industrielle und spätere Reichsaußenminister Walther Rathenau das Berlin jenseits des bürgerlichen Westens. In der riesigen »Fabrikstadt« war die Großindustrie ebenso ansässig wie kleine und mittlere Unternehmen und Handwerksbetriebe. Gerade an die Großunternehmen mag Rathenau aber in besonderem Maße gedacht haben, führten sie, deren flächenmäßige Ausdehnung und Beschäftigtenzahlen alles bis dahin Gekannte weit hinter sich ließen, doch am eindringlichsten die stürmische Industrialisierung Berlins vor Augen. 1895 waren rund 20000 Arbeiter in Betrieben mit mehr als fünfzig Beschäftigten tätig, 1907 war ihre Zahl auf etwa 70000 gestiegen.

Über die Entstehung und Expansion der Großbetriebe hinaus bedeutete die Industrialisierung Wachstum und Veränderung des gesamten Arbeitsmarktes. Der Bausektor, die Holzverarbeitung, das Druckereigewerbe, die Nahrungsmittelindustrie, die städtischen Versorgungsbetriebe und der Handel, um nur die wichtigsten Branchen zu nennen, boten mit dem Wachstum der Stadt immer mehr Menschen Beschäftigung. Mit der seit den achtziger Jahren rasch wachsenden Bekleidungsindustrie entstand ein neuer Industriezweig, der besonders für erwerbsuchende Frauen eine große Rolle spielte. In dieser Branche waren um 1905 nahezu 100000 Arbeiterinnen in Werkstätten und Heimarbeit tätig. Neue Gewerbezweige wie die Elektro- und die chemische Industrie expandierten besonders seit den neunziger Jahren und eröffneten neue Berufsfelder.

Als die ›neuen‹ Arbeiter par excellence galten die Fabrikarbeiter. Sie waren in Berlin überwiegend qualifizierte Facharbeiter, die, anders als die Handwerker, auf eine Teilarbeit spezialisiert waren. In Metallindustrie und Maschinenbau beispielsweise gab es immer weniger den Maschinenbauer, sondern Bohrer, Fräser, Stanzer, Revolver- und Schraubendreher. Diese Berufszweige waren mit der Einführung der Werkzeugmaschinen und zunehmender Vereinheitlichung der Fertigungsabläufe seit den achtziger Jahren entstanden.

Mit der Spezialisierung wurde die Arbeit zugleich monotoner. Bei aller Eintönigkeit gehörte aber exaktes Arbeiten – ebenso wie Pünktlichkeit und ordnungsgemäßes Verhalten – zu den obersten Prinzipien der Fabrikarbeit, die durch die strenge Aufsicht der Meister, durch Stempeluhr und Lohnabzüge bei Verstößen durchgesetzt wurden.

Die betriebliche Sicherheit, die bis in die achtziger Jahre hinein äußerst mangelhaft gewesen war, verbesserte sich infolge der wachsenden öffentlichen Diskussion um umfassendere Vorsorge- und Hilfsmaßnahmen. Mit dem Unfallversicherungsgesetz von 1884 entstanden als Versicherungsträger die Berufsgenossenschaften der Unternehmer. Zu ihren Aufgaben gehörte auch die Formulierung verbindlicher Vorschriften der Unfallverhütung, die z. B. als Gebots- und Warnschilder in den Fabrikhallen ausgehängt wurden.

Die Arbeitstage in den Fabriken waren lang. Die Arbeitszeit betrug um 1870 zwölf und um 1910 immer noch neun bis zehn Stunden täglich. Es gab zumeist eine kurze Frühstücks- und Vesperpause und eine etwas längere Mittagspause (eine bis anderthalb Stunden). Viele Arbeiterfrauen und -töchter brachten, wie Hans Baluscheks bekanntes Gemälde ›Mittag bei Borsig‹ zeigt, das warme Essen vor die Fabrik; nur die ledigen Arbeiter suchten die Fabrikkantinen auf.

In den meisten Branchen gab es sowohl den Zeitlohn als auch die Entlohnung nach der Anzahl der gefertigten Teile. Viele Arbeiter entschieden sich für den Stücklohn, da sie damit etwas mehr verdienen konnten. Um 1905 betrug der durchschnittliche Stundenlohn in der Berliner Maschinenbauindustrie im Akkordsystem etwa 60 Pfennig, im Zeitsystem nur 45 Pfennig. Der durchschnittliche Jahreslohn eines Berliner Facharbeiters lag um 1910 bei rund 1500 Mark. Maurer z. B. hatten bei einer Jahresbeschäftigung von 40 Wochen ein Einkommen in dieser Höhe, und auch die Mehrzahl der Metallfacharbeiter erreichte diese Summe. Hochspezialisierte Fachkräfte im Maschinenbau, im Bausektor und auch im graphischen Gewerbe hatten ein weit höheres Einkommen. Verdienste von ca. 2500 Mark im Jahr ermöglichten dieser ›Oberschicht‹ von Arbeitern einen Lebensstandard, der hoch über dem der übrigen Arbeiterschaft lag. Sehr viel schlechter sah dagegen die Situation der ungelernten Arbeiter aus: Ihr Jahreslohn belief sich selten auf mehr als 1000 Mark.

Das zur Verfügung stehende Einkommen wurde in den Arbeiterhaushalten zumeist von den laufenden Kosten, den Ausgaben für Miete, Ernährung und Kleidung, verschlungen. Die Miete für die typische Arbeiterwohnung, die Ein-Zimmer-Wohnung mit Küche, aber ohne Bad, betrug rund 250 Mark im Jahr. Mehr als die Hälfte des Einkommens mußte für das Essen ausgegeben werden. Es bestand in der Hauptsache aus Kartoffeln und Brot, Fleisch, Wurst, Speck und Käse. Gemüse und Obst spielten nur eine untergeordnete Rolle, und Genußmittel wie Kaffee oder Tee waren seltene Luxusgüter (eine Ausnahme bildeten Bier und billiger ›Fusel‹). Alles, was über die elementaren Ausgaben hinausging, größere Anschaffungen wie Haushaltsgegenstände, Möbel oder auch nur ein Schulranzen für die Kinder, mußte durch zusätzliche Arbeit verdient bzw. langfristig vom Essen oder von der Kleidung abgespart werden.

Der Beitrag von Frau und Kindern zum Familienbudget war notwendig und auch selbstverständlich. Kinder übernahmen kleine Gelegenheitsarbeiten und Botendienste oder wurden mit dem Austragen von Zeitungen, Brötchen, Wäsche usw. beschäftigt. Verheiratete Frauen, die Kinder zu versorgen hatten, griffen zur Heimarbeit, um die verschiedenen anfallenden Arbeiten wenigstens an einem Ort erledigen zu können. Heimarbeit war in Berlin in erster Linie Arbeit für die Bekleidungsindustrie, zu deren Zentrum in Deutschland die rasch wachsende Stadt mit ihren Zehntausenden arbeitsuchender Mädchen und Frauen geworden war. Der Einstieg in die Heimarbeit war denkbar einfach: Handelsvertreter für Nähmaschinen warben an der Wohnungstür und auch in den Fabriken für das Ratenkaufsystem, das eine Anschaffung erheblich erleichterte. Allerdings erhöhte sich der Preis einer Maschine dabei um mindestens ein Drittel und betrug damit um 1900 zwischen 85 und 230 Mark.

Trotz einer täglichen Arbeitszeit von durchschnittlich zehn bis zwölf Stunden verdiente eine Heimarbeiterin kaum mehr als fünf bis sieben Mark in der Woche – also nicht einmal ein Viertel des in Berlin üblichen Lohnes für männliche Arbeiter. Aber da der Arbeitskräfteandrang enorm war, konnten die Unternehmer die Löhne ständig senken und fanden trotzdem noch genügend Frauen, die bereit waren, für den geringsten Lohn zu arbeiten.

Die Lohnverhältnisse in der Heimarbeit waren Thema der 1906 in Berlin veranstalteten ›Deutschen Heimarbeit-Ausstellung‹. In seltener Einmütigkeit waren Organisationen unterschiedlicher politischer Richtung an der Vorbereitung beteiligt: die freien Gewerkschaften ebenso wie die ›Hirsch-Dunckerschen Gewerkvereine‹ und der christliche ›Gewerkverein der Heimarbeiterinnen Deutschlands‹, verschiedene Frauenverbände und der von den ›Kathedersozialisten‹ gegründete ›Verein für Sozialpolitik‹. Das Ausstellungsplakat, das auf einen Entwurf von Käthe Kollwitz zurückgeht und eine verhärmte Arbeiterfrau zeigt, löste einen Eklat aus: Die Kaiserin weigerte sich, die Ausstellung zu besuchen, bis das Plakat, das durch öffentlichen Anschlag in Berlin weit verbreitet war, überklebt wurde.

Im Unterschied etwa zur großen Berliner Gewerbe-Ausstellung im Treptower Park im Jahre 1896 war die Heimarbeit-Ausstellung keine Leistungsschau gewerblicher Erzeugnisse, im Gegenteil: »Wer die Räume des alten Akademiegebäudes betritt, empfindet zuerst etwas wie Enttäuschung. Dort stehen, hängen, liegen die Erzeugnisse einer nicht sehr eleganten Konfektion, große Tische sind mit Wäschestücken bedeckt, die auch nicht den Anspruch erheben, den Gipfel des Komforts und des Luxus darzustellen ... Unsere Aufmerksamkeit gilt nicht den Waren, sondern jenen kleinen Zetteln, die uns den Lohn bezeichnen, für den der Arbeiter das Stück geliefert hat« (so ein Bericht der ›Gartenlaube‹). Besonders die Diskrepanz zwischen den niedrigen Stücklöhnen und den Ladenverkaufspreisen machte die Öffentlichkeit betroffen. Eine Heimarbeiterin erhielt z. B. für einen Malerkittel, an dem sie über eine Stunde nähte, 24 Pfennig, der Verkaufspreis betrug jedoch 2,50 Mark.

Über die unmittelbare Betroffenheit hinaus hatte die Ausstellung allerdings kaum weiterreichende Folgen. Zwar kam es, durch sie ausgelöst, 1911 zu einer gesetzlichen Regelung der Entlohnung in der Heimarbeit, doch die Vorschrift, daß der Stücklohn jetzt vorab schriftlich fixiert werden mußte, änderte nichts an der insgesamt niedrigen Lohnzumessung.

Für alle Frauen gehörte die Hausarbeit zu den unabdingbaren Pflichten. Das Leben in der Mietskaserne prägte die einzelnen Tätigkeiten: Die ›große Wäsche‹ beispielsweise wurde zur neuen Mühsal. Gewaschen wurde in der Waschküche bzw. auf dem Waschboden oder, wenn der dürftige Textilvorrat nicht für einen Waschtag reichte, in der Wohnung. Zu der Plackerei des Waschens (das Einweichen, Rühren, Schrubben, Wringen, Spülen und Stärken mußte ja mit der Hand gemacht werden) kam der beschwerliche Weg zum Trockenboden und zurück. Wurde in der Küche gewaschen, war die Wohnung mit heißem Dampf beschlagen, der die Wände durchfeuchtete.

Auch der Einkauf wurde zur neuen, großstädtisch geprägten Arbeit von Frauen. Er bedeutete ein Mehr an Wegen und an Schlepperei, und er erforderte neues Wissen. Hatten auf dem Land Gemüse und Obst aus dem eigenen Kleingarten so genommen werden müssen, wie die Natur sie wachsen ließ, wurde es jetzt für die Hausfrau wichtig, darauf zu achten, was sie für ihr Geld bekam. Überdies wurden nun neue Anforderungen an die Hausfrau gestellt, die auf dem Land, woher ja der überwiegende Teil der Berliner Bevölkerung stammte, unbekannt gewesen waren. Auch die Arbeiterfrau sollte jetzt die ›Hüterin des Hauses‹ sein, das sie – so die Vorstellungen von Wohnungsbauplanern, Medizinern und Hygienikern – volksgesundheitlichen Vorgaben entsprechend reinhalten und pflegen sollte. Die Wohnung wurde das ›Feld der Frau‹, wie der Titel einer Broschüre des Groß-Berliner Vereins für Kleinwohnungswesen (um 1912) lautete.

Nicht nur für Arbeiterfrauen und -mädchen, sondern zunehmend auch für die Töchter aus dem Bürgertum war eine Erwerbstätigkeit finanziell notwendig. Berufstätigkeit bedeutete für sie zugleich die Möglichkeit, häuslicher Enge zu entfliehen. Diese Entwicklung wurde insbesondere von der organisierten Frauenbewegung als Chance gesehen, ›soziale Mütterlichkeit‹, d. h. die spezifischen weiblichen Sozialeigenschaften, in Beruf und Gesellschaft zu tragen. Eine Bilanz des Lebens zwischen Beruf und Familie zog die 1912 in Berlin veranstaltete Ausstellung ›Die Frau in Haus und Beruf‹. Sie veranschaulichte – in den Worten ihrer Organisatorin, der Fabrikantengattin Hedwig Heyl –, »was die Frau in Kunstgewerbe, Literatur und Wissenschaft, in der Kunst sowohl gestaltend, wie reproduzierend schafft, was sie auf dem Gebiet des Erziehungsrechtes, der Sozialpolitik, als Beamtin, als Hauswerkerin leistet«. Begleitend hielt der in Berlin ansässige Bund Deutscher Frauenvereine einen Kongreß ab, an dem mehr als achtzig Vereine und Verbände teilnahmen.

Die Tätigkeit im Büro erlangte auch und gerade in Berlin für erwerbstätige Frauen zunehmend Bedeutung. In der Phase der Hochindustrialisierung wurde im Handel, in der Industrie und in der öffentlichen Verwaltung eine arbeitsteilige Zerlegung der anfallenden Büroarbeiten notwendig, eine Entwicklung, die in Berlin als bedeutender Industrie- und Handelsstadt sowie Reichshauptstadt besonders ausgeprägt war. Gesucht wurden jetzt kostengünstige Arbeitskräfte, die wenig spezialisierte Anlerntätigkeiten übernahmen. Das waren zunehmend Frauen, die bis dahin überhaupt nicht in den Büros anzutreffen waren. Zugleich verschlechterte sich die Berufssituation der männlichen Bürodiener. Die traditionellen Qualifikationen der Schreiber und Kopisten waren immer weniger gefragt, denn nicht mehr die sorgfältige Handschrift, sondern die fehlerfreie Maschinenschrift wurde zur Visitenkarte erfolgreicher Unternehmen – der Beruf der Maschinenschreiberin, der Typistin, entstand.

Die zahlenmäßig stärkste Interessenvertretung des ›arbeitenden Berlin‹ waren ohne Zweifel die der Sozialdemokratie nahestehenden Freien Gewerkschaften, deren Mitgliederzahlen besonders nach der Jahrhundertwende erheblich wuchsen. Die Berliner Gewerkschaftskommission umfaßte 1905 rund 224 000 Mitglieder in achtzig Organisationen, von denen die der Metallarbeiter (64 000), der Bauarbeiter (43 000), der Holzarbeiter (26 000) und der im graphischen Gewerbe Tätigen (21 000) die größten waren. 15 000 der Mitglieder waren Frauen, die meisten von ihnen Fabrikarbeiterinnen. Die Heimarbeiterinnen der Konfektion waren kaum organisiert (1910 nur 1000). Zum einen erschwerte ihre miserable soziale Lage den Beitritt, zum anderen stieß die von den Freien Gewerkschaften immer wieder aufgestellte Forderung nach Abschaffung der Heimarbeit bei ihnen nicht auf Gegenliebe.

Verglichen mit den Freien Gewerkschaften spielten die liberal-demokratischen ›Hirsch-Dunckerschen Gewerkvereine‹ und die konfessionelle Arbeiterbewegung eine untergeordnete Rolle. Die katholischen Arbeitervereine hatten rund 4000 Berliner Mitglieder (1906). Innerhalb des Verbandes der katholischen Arbeitervereine, der seinen Sitz in Berlin hatte, war Berlin jedoch, nicht zuletzt aufgrund seiner Hauptstadtfunktion, nach Aussage des Verbandes »der Mittelpunkt der katholischen Arbeiterbewegung«. Die evangelischen Arbeitervereine zählten zur gleichen Zeit nur etwa 400 Mitglieder.

Fast jedes sechste Mitglied der Freien Gewerkschaften war Mitglied der Sozialdemokratischen Partei, die 1906 in Berlin 40000 Mitglieder zählte. Die Reichshauptstadt war das unbestrittene Zentrum der Sozialdemokratie: Hier hatte die Parteiführung ihren Sitz, hier konzentrierte sich das sozialdemokratische Presse- und Verlagswesen, hier konnte eine breite Basis innerhalb der Arbeiterschaft mobilisiert werden. 1910 beispielsweise demonstrierten 150000 Arbeiter vor dem Reichstag für eine Demokratisierung des preußischen Wahlrechts; im selben Jahr und im folgenden sprach Rosa Luxemburg auf großen Versammlungen über den Massenstreik, und ebenfalls 1911 nahmen etwa 200000 Arbeiter aus Anlaß des Marokko-Konflikts an einer Friedenskundgebung im Treptower Park teil.

Auch die Arbeiterkulturbewegung war in Berlin besonders ausgeprägt. Hier befanden sich zum einen die für ganz Deutschland zuständigen Organisationsleitungen des Arbeiter-Sängerbundes, des Arbeiter-Schwimmerbundes und des Arbeiter-Samariterbundes; zum anderen entwickelte sich besonders nach 1900 eine vielfältige lokale Bildungs- und Kulturarbeit. Die Freie Volksbühne, in der zu niedrigen Eintrittspreisen Theateraufführungen für Arbeiter und Arbeiterinnen inszeniert wurden und populäre Komödien ebenso wie moderne Dramen (Ibsen, Hauptmann, Gorki) gespielt wurden, hatte um 1911 rund 18000 Mitglieder. Die von Wilhelm Liebknecht gegründete Arbeiter-Bildungsschule am Engelufer veranstaltete für alle Interessierten Kurse in Nationalökonomie, Recht, Naturwissenschaften und Rhetorik.

Grundlegend für die sozialdemokratische Kulturarbeit war das eigene Presse- und Verlagswesen. Der Vorwärts-Verlag in der Lindenstraße verdankte seine Gründung und wesentliche Impulse dem langjährigen Parteivorsitzenden Paul Singer. Dieser heute weitgehend vergessene Parteiorganisator war in Berlin der wohl populärste sozialdemokratische Führer. Singer, 1844 als jüngstes von neun Kindern einer jüdischen Kaufmannsfamilie in Berlin geboren und seit 1869 Mitinhaber der Damenmäntelfabrik ›Gebrüder Singer‹ am Dönhoffplatz im Stadtzentrum, kam über die demokratische Bewegung zur Sozialdemokratie. Er gehörte zu den ersten fünf sozialdemokratischen Kandidaten, die 1883 in die Berliner Stadtverordnetenversammlung einzogen. Dort war er bis zu seinem Tod 1911 als Fraktionsvorsitzender tätig. 1885 wurde Singer Mitglied des Reichstages, 1890 übernahm er den Parteivorsitz, den er seit 1892 zusammen mit August Bebel innehatte. Seit 1890 erschien das bald in ›Vorwärts‹ umbenannte ›Berliner Volksblatt‹ im Verlagshaus Singer & Co. in der Lindenstraße. Singer hatte sowohl das Gründungskapital bereitgestellt als auch die inhaltliche Konzeption mitgeprägt. Am Vorabend des Ersten Weltkrieges war die Sozialdemokratie mit großem Abstand die stärkste politische Bewegung in der Stadt: Bei den Reichstagswahlen von 1912 erhielt sie 75 Prozent aller in Berlin abgegebenen Stimmen. *R. B.*

21/1 Fabrikplatz mit rauchenden Schloten
Adolph (von) Menzel

1872; Bleistiftzeichnung, 19×12,1 cm; bez. o.r.: A. M.
Berlin, Kupferstichkabinett, SMPK

21/2 Studien nach Arbeitern
Adolph (von) Menzel

1872/73, 1872–1875; zwei Bleistiftzeichnungen; 37,9×24,7 cm, 39,9×26 cm; bez. je: A. M.
Berlin, Kupferstichkabinett, SMPK

Für das bekannte Gemälde ›Eisenwalzwerk‹ (1875) führte Menzel umfangreiche vorbereitende Arbeiterstudien durch, die in der Regel nicht datiert sind. Sie entstanden entweder beim Besuch in Königshütte (1872) oder bei anschließenden Studien in Berliner Fabriken.

21/7

21/3 Sitzender Arbeiter mit Mütze
Käthe Kollwitz

1903; schwarze Kreide auf grauem Zeichenkarton, 59×47 cm; bez. u. r.: Kollwitz
Hamburg, Hamburger Kunsthalle

21/4 Arbeiter
Hans Baluschek

1911; Aquarell und Ölkreide auf Karton, 61,8×46,4 cm
Essen, Museum Folkwang Essen (C 14/55)

21/5 Papierschneidemaschine im Buchbindersaal bei Büxenstein
Erich Büttner

1911; Öl/Lw., 39×51 cm; bez. u. r.: Erich Büttner 1911
Berlin, Kunstamt Kreuzberg

In der in der südlichen Friedrichstadt (Zimmerstraße) ansässigen Druckerei W. Büxenstein wurde u. a. der bei Scherl verlegte Berliner Lokal-Anzeiger gedruckt.

21/6 Papierfalzerinnen bei Büxenstein
Erich Büttner

1911; Öl/Lw., 54×64 cm; bez. u.: Erich Büttner 1911
Berlin, Kunstamt Kreuzberg

21/7 Ständerbohrmaschine (Abb.)
De Fries & Cie. AG

Berlin, um 1900; Gußeisen, 200×135×70 cm
Berlin, Museum für Verkehr und Technik Berlin

Die grundlegenden Arbeitsgänge in der Metallverarbeitung waren Bohren, Drehen und Fräsen. Die Bohrmaschine stammt, ebenso wie die nachstehend aufgeführte Drehbank und die Fräsmaschine, aus einem Kleinbetrieb in Moabit, wo sie bis vor wenigen Jahren benutzt wurde. Ihre Antriebsenergie erhielten die Maschinen über eine ›Transmission‹, die sie mit der zentra-

21/11

len Energiequelle (Dampfmaschine, Elektrogenerator oder Gasmotor) verband. So konnte an jedem Arbeitsplatz die zumeist an der Decke geführte Hauptwelle für die darunter installierte Maschine ›angezapft‹ werden. Seit den neunziger Jahren wurde, in erster Linie in den Großbetrieben, die Transmission zunehmend durch den an jeder einzelnen Maschine angebrachten Elektromotor ersetzt. Zwar wandelte sich damit das Äußere der Fabriken (es entstanden die großen Hallen), für den einzelnen Arbeiter an der Maschine änderte sich jedoch nicht allzuviel: Das Arbeitstempo wurde nach wie vor bestimmt vom Akkordlohn und von der Kontrolle durch die Vorarbeiter und den Meister.

21/8 Mechanikerdrehbank

Um 1900; Gußeisen, 120×270×90 cm
Berlin, Museum für Verkehr und Technik Berlin

21/9 Fräsmaschine
Brown & Sharp

Providence/USA, um 1900; Gußeisen, 145×115×125 cm
Berlin, Museum für Verkehr und Technik Berlin

21/10 Zwei Bogenlichtlampen für Fabrikhallen
AEG

Berlin, um 1906; Eisenblech, Glas, Draht; H 50 cm, Dm 32 cm
Mannheim, Landesmuseum für Technik und Arbeit (84/385)

21/11 In den Berliner Werken der AEG (Abb.)

1898–1913; Serie von 16 Photographien (Abzüge von den Original-Glasnegativen), je 24×30 cm bzw. 30×24 cm
Berlin, FUB, Kunsthistorisches Institut

Die Photographien zeigen die Arbeit in den Hallen der AEG-Maschinenfabriken auf dem Gelände Brunnenstraße im Wedding. Zu sehen ist die Generatoren-, Straßenbahn- und Kleinmotorenherstellung; die Tätigkeiten gliedern sich in die Bereiche Anreißen, Hobeln, Bohren, Stoßen und Drehen. Auffällig ist das Fehlen von Transmissionsanlagen. Einige Photographien sind von den höhergelegenen Meisterstuben aus aufgenommen, von denen aus jeder Winkel der weiten Fabrikhallen kontrolliert werden konnte.

21/12 Drehbänke mit Transmissionsantrieb im Charlottenburger Werk von Siemens & Halske

1901; Photographie (Reproduktion)
München, Siemens-Museum

21/16 a

21/13 Lehrwerkstatt im Charlottenburger Werk von Siemens & Halske

Um 1905; Photographie (Reproduktion)
München, Siemens-Museum

21/14 Frauenarbeit in der Elektroindustrie: Drehstromwickelei und Fließfertigung im Elektromotoren-Werk

Um 1912; zwei Photographien (Reproduktionen)
München, Siemens-Museum

21/15 Emailleschild ›Gebote für die Sicherheit des Maschinenarbeiters‹

Um 1910
Berlin, Museum für Verkehr und Technik Berlin

21/16 Informationsschau zur Arbeitssicherheit im ›AEG Hygiene Museum‹
a) Augenschutz (Abb.)
b) Schutz gegen Staub, Säuren und Dämpfe
c) Gesicherte Werkzeuge
d) Erste Hilfe

Vor 1920; sechs Photographien (Reproduktionen)
Frankfurt a. M., Firmenarchiv AEG Aktiengesellschaft

Das ›AEG Hygiene Museum‹ wurde im Anschluß an eine im Gewerkschaftshaus der AEG in der Brunnenstraße im Wedding gezeigte Wanderausstellung des Deutschen Holzarbeiterverbandes zum Thema ›Die Unfallgefahren in der Holzindustrie‹ (1912) eingerichtet. Es diente, wie der begleitende Katalog erläutert, »zur Aufklärung und Belehrung der in den AEG-Fabriken tätigen Beamten, Meister und Arbeiter. Darüber hinaus soll es jedoch, um auch dem allgemeinen Wohl dienstbar zu sein, allen interessierten Kreisen außerhalb der AEG bereitwilligst zugänglich gemacht werden.«

21/17 Respirator (Atemschutzgerät)

Um 1900; Eisenblech, Gummi;
12×8,5×8,7 cm
Wien, Technisches Museum für Industrie und Gewerbe mit österreichischem Eisenbahnmuseum und Post- und Telegrafenmuseum (27187)

Der ähnlich wie eine Gasmaske konstruierte Respirator besteht aus einer dem Gesicht angepaßten Maske und einem Filterteil, das Staub, Gase und giftige Dämpfe absorbiert. Durch verschiedene Varianten im Material (Draht, Leder, Samt usw.) wurde versucht, die Trageeigenschaften des Respirators zu verbessern, denn er war vielen Arbeitern so lästig, daß sie ihn wenig oder gar nicht benutzten. Effizienter waren Absauganlagen und Ventilatoren.

21/18 Plakat ›Deutsche Heimarbeit-Ausstellung in der Alten Akademie, Unter den Linden 38‹ (Abb.)

Käthe Kollwitz

1906; Lithographie, 69,2×48,5 cm
Frankfurt a. M., Städtische Galerie im Städelschen Kunstinstitut Frankfurt a. M.

Ziel dieser Ausstellung war es, auf die schlechte Lohnsituation in der Heimarbeit aufmerksam zu machen. Berlin war das Zentrum der Heimarbeit für die Bekleidungsindustrie: Um 1900 wurden in Berlin rund 90 Prozent der deutschen Damen- und Mädchenkonfektion, drei Viertel der Knaben- und gut ein Viertel der Herrenkonfektion produziert. Nahezu 100000 Frauen arbeiteten zu dieser Zeit für die Bekleidungsindustrie, davon etwa 60–65000 in Heimarbeit.

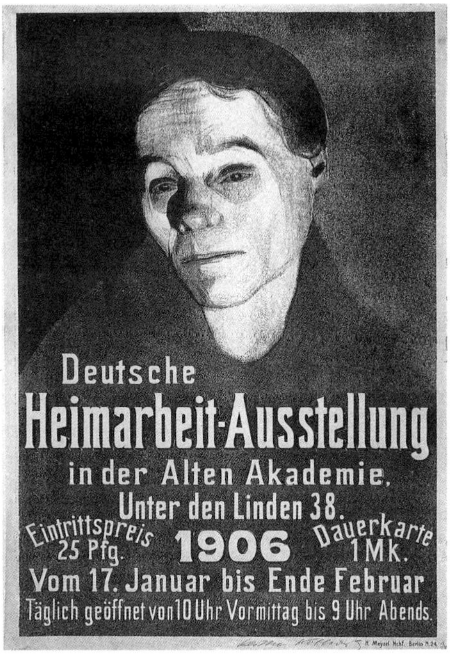

21/18

21/19 Herrenjoppe

Um 1910; Wolle
Berlin, Theaterkunst GmbH

Beschriftung in der Heimarbeit-Ausstellung 1906: »Arbeitszeit pro Stück: 6,5 Std.
Arbeitslohn pro Stück: 3,75 Mk.
Auslagen des Arbeiters pro Stück: 38 Pf.
Reinverdienst pro Stunde: 51 11/13 Pf.
Ladenpreis: 21–25 Mk.«
Mit derartigen Angaben, die zu jedem Exponat gemacht wurden, wollten die Veranstalter der Heimarbeit-Ausstellung auf die Diskrepanz zwischen der Entlohnung der in Heimarbeit Tätigen und dem Ladenverkaufspreis aufmerksam machen. Alle Angaben sind gesammelt in dem zur Ausstellung erschienenen Katalog ›Heimarbeit und Hausindustrie in Deutschland. Ihre Lohn- und Arbeitsverhältnisse‹. Da dieser Katalog keine Abbildungen der in der Ausstellung gezeigten Stücke enthält, wurde bei der Rekonstruktion auf den bebilderten Modekatalog des Kaufhauses Wertheim (Berlin 1903) zurückgegriffen. Stimmten die dort gemachten Angaben über den Ladenpreis eines Bekleidungsgegenstandes mit dem eines Exponats der Heimarbeit-Ausstellung überein, diente die Katalogabbildung als Vorlage für die Exponatauswahl (Herrenjoppe, Krawatte, Fliege, Operationsmantel, Damen-Unterhemd und -Beinkleid) bzw. für die Nachbildung (Damenkostüm, Kleiderschürze).

21/20 Krawatte

Um 1910; Seide
Berlin, Theaterkunst GmbH

Beschriftung in der Heimarbeit-Ausstellung 1906: »Arbeitszeit pro Dutzend: 1 Std.
Arbeitslohn pro Dutzend: 1 Mk.
Auslagen des Arbeiters pro Dutzend: 62 Pf.
Reinverdienst pro Stunde: 38 Pf.
Durchschnittliche tägliche Arbeitszeit: 6 Std.
Reinverdienst pro Woche: 13,68 Mk.
Ladenpreis des Ausstellungsgegenstandes: 1 Mk.
29jährige Arbeiterin. Der Nähraum ist zugleich Schlafraum. Drei Mitarbeiterinnen, 1 als Binderarbeiterin, 1 als Vorarbeiterin, 1 als Knopfhalternäherin für 1,25, 2,25 und 3,10 Mk.«

21/21 Fliege

Um 1910; ripsartiges Baumwollgewebe
Berlin, Museum für Deutsche Volkskunde, SMPK (1023/82)

Beschriftung in der Heimarbeit-Ausstellung 1906: »Arbeitszeit pro Dutzend: 5 Std.
Arbeitslohn pro Dutzend: 75 Pf.
Auslagen des Arbeiters pro Dutzend: 3 Pf.
Reinverdienst pro Stunde: 14 $^{2}/_{5}$ Pf.
Durchschnittliche tägliche Arbeitszeit: 10 Std.
Reinverdienst pro Woche: 8,64 Mk.
Arbeitslohn für denselben Gegenstand aus der Fabrik: 85 Pf.
Ladenpreis pro Stück: 45 Pf.
Die Ablieferung erfordert pro Woche: 7 $^{1}/_{2}$ Std.
44jährige Arbeiterin. Der Nähraum ist zugleich Schlafraum: 1fenstrig. Z(immer) u. Küche, enger Hof, 3 Treppen.«

21/22 Operationsmantel

Um 1910; Leinen
Berlin, ›Die Spitze‹, Mayr / Noltekuhlmann

Beschriftung in der Heimarbeit-Ausstellung 1906: »Arbeitszeit pro Stück: 1 $^{1}/_{4}$ Std.
Arbeitslohn pro Stück: 25 Pf.
Auslagen des Arbeiters pro Stück: 1 Pf.
Reinverdienst pro Stunde: 19 Pf.
Durchschnittliche tägliche Arbeitszeit: 8 Std.
Reinverdienst pro Woche: 9,12 Mk.
Verlust durch An- und Ablieferung wöchentlich: 3 × 20 Pf.
Ladenpreis des ausgestellten Gegenstandes: 2,50 Mk.
46jährige Witwe. Der Nähraum ist zugleich Schlafraum.«

21/23 Damenkostüm

Nachbildung 1987 (Original: um 1906); Wolle

Beschriftung in der Heimarbeit-Ausstellung 1906: »Arbeitszeit pro Stück: 13 $^{1}/_{2}$ Std.
Arbeitslohn pro Stück: 300 Pf.
Auslagen des Arbeiters pro Stück: 30 Pf.
Reinverdienst pro Stunde: 20 Pf.
Durchschnittliche tägliche Arbeitszeit: 10 Std.
Reinverdienst pro Woche: 12 Mk.
Ladenpreis: 54 Mk.«

21/24 Kleiderschürze

Nachbildung 1987 (Original: um 1906); Baumwolle

Beschriftung in der Heimarbeit-Ausstellung 1906: »Arbeitszeit pro Dutzend: 13 Std.
Arbeitslohn pro Dutzend: 1,75 Mk.
Auslagen des Arbeiters pro Dutzend: 24 Pf.
Reinverdienst pro Stunde: 11 $^{8}/_{13}$ Pf.
Reinverdienst pro Woche: 9,05 Mk.
Verlust durch An- und Ablieferung wöchentlich: 3 Std.
Ladenpreis des Ausstellungsgegenstandes: 3 Mk.
41jährige Arbeiterin, verheiratet. 1 St(ube) und K(üche). Drei Erwachsene, 1 Kind. Mann nervenkrank, Frau kränklich. Abzüge bei Musterarbeit 20–25 Pf. pro Dutzend, bei fehlerhafter Ablieferung pro Stück 1 Mk. Abzug.«

21/25 Damen-Unterhemd

Um 1910; Baumwolle, Spitze
Berlin, Theaterkunst GmbH

Beschriftung in der Heimarbeit-Ausstellung 1906: »Arbeitszeit pro Dutzend: 14 Std.
Arbeitslohn pro Dutzend: 5,25 Mk.
Auslagen des Arbeiters pro Stück: 10 Pf.
Reinverdienst pro Stunde: 36 $^{1}/_{14}$ Pf.
Durchschnittliche tägliche Arbeitszeit: 12 Std.
Reinverdienst pro Woche: 26,49 Mk.
Ladenpreis des Ausstellungsgegenstandes: 2,50 Mk.
33jährige Arbeiterin. Mit 24j. Schwester, Verdienst wird geteilt.«

21/26 Damen-Beinkleid

Um 1910; Baumwolle, Spitze
Berlin, ›Die Spitze‹, Mayr / Noltekuhlmann

Beschriftung in der Heimarbeit-Ausstellung 1906: »Arbeitszeit pro Dutzend: 24 Std.
Arbeitslohn pro Dutzend: 3,75 Mk. (in der Fabrik 2,40 Mk.)
Auslagen des Arbeiters pro Dutzend: 84 Pf.
Reinverdienst pro Stunde: 12 $^{1}/_{8}$ Pf.
Durchschnittliche tägliche Arbeitszeit: 12 Std.
Reinverdienst pro Woche: 8,73 Mk.
Verlust durch An- und Ablieferung wöchentlich: 6 Stunden und 40 Pf.
Ladenpreis des Ausstellungsgegenstandes: 2 Mk.
51jährige Arbeiterin, verheiratet. Der Nähraum ist zugleich Schlafraum. Abzahlung für die Maschine pro Woche 1,50 Mk.«

21/27 Mittag bei Borsig (Abb.)
Hans Baluschek

1912; Öl/Lw., 160 × 111,5 cm; bez. u. l.: HBaluschek
Berlin, Kunstamt Kreuzberg

Vielen Arbeitern brachten die Ehefrauen oder die Kinder das Mittagessen an das Fabriktor. Dementsprechend gering war der Besuch der Fabrik-Kantinen: bei Siemens war es nur jeder fünfte Arbeiter (1906).

21/28 ›Kochmaschine‹

Um 1910; 150 × 65 × 110 cm
Berlin, Berliner Festspiele GmbH

Die ›Kochmaschine‹ (gemauerter Küchenherd) war typisch für Berliner Wohnungen. Sie diente sowohl zum Kochen als auch zum Heizen. Durch variable Ringe auf der Kochfläche konnten Töpfe unterschiedlicher Größe direkt auf das Feuer gestellt werden.

21/27

21/29 Kühlkiste

Um 1910; Holz, Zinkblech; 80×41×39 cm
Berlin, Berliner Kraft- und Licht (Bewag)-AG, Gerätesammlung (SB 0189)

Solch ein ›natürlicher‹ Kühlschrank dürfte nur in wenigen Arbeiterküchen zu finden gewesen sein, denn zum Anschaffungspreis kamen noch die Kosten für die regelmäßig zu erneuernden Eisblöcke.

21/30 Nähmaschine

Fa. Singer

Um 1898; Gußeisen, Holz
Berlin, Werkbund-Archiv

21/31 Heizkessel für Waschküche bzw. Waschboden

Fa. Merker

Um 1910; Kupfer; H 108 cm, Dm 73 cm
Berlin, Berliner Kraft- und Licht (Bewag)-AG, Gerätesammlung (SB 0553)

21/32 Wäschestampfer mit Federung

Um 1910; Holz, Messing; H 92 cm, Dm 12,5 cm
Berlin, Berliner Kraft- und Licht (Bewag)-AG, Gerätesammlung (SB 0227)

21/33 Hinweisschild ›Die Waschküche muß nach jedem Gebrauch sauber gereinigt werden. Für Benutzung des Waschkessels sind 25 Pf. pro Tag zu entrichten‹

Um 1910; Eisenblech, 25×35 cm
Berlin, Werkbund-Archiv

21/34 ›Die Wohnung, das Feld der Frau. Ein Merkblatt zur Wohnungspflege‹

Hg. vom Groß-Berliner Verein für Kleinwohnungswesen E. V., Berlin W. (um 1912); 29×21,5 cm
Berlin, Landesarchiv Berlin (Rep.240 Acc.731 Nr.9)

»Den Frauen ist die Sorge für die Wohnstätte übertragen. Damit ist es in ihre Hand gelegt, die Gesundheit der Familie zu erhalten und zu fördern ... Die Sonne tötet die Krankheitskeime und belebt den menschlichen Körper. Deshalb vermeide man Wohnungen, die nach Norden gelegen sind, also das Sonnenlicht völlig entbehren. Küche, Klosett, Bade- und Waschraum müssen ebenso wie alle anderen Räume Fenster oder direkten Ausgang ins Freie besitzen, damit Dämpfe und Gerüche ungehindert abziehen können ... Schlechte Luft ist dem Körper schädlicher als verdorbene Nahrung, denn die Lungen gewöhnen sich in schlechter Luft, oberflächlich zu atmen ... Es ist nachgewiesen, daß die Säuglingssterblichkeit, besonders im Sommer, zum großen Teil auf Wärmestauungen, wodurch sich die Milch zersetzt, zurückzuführen ist, eine Folge ungenügender Lüftung« (Textauszug).

21/35 Plakat zur Ausstellung ›Die Frau in Haus und Beruf‹, Berlin, 24. Februar – 24. März 1912

Ilse Schütze-Schur

Berlin: Hollerbaum & Schmidt; Farblithographie, 71,5×93,5 cm
Berlin, Kunstbibliothek, SMPK

21/36 ›Die Frau in Haus und Beruf‹

Sechs Photographien, Reproduktionen aus: Illustrirte Zeitung, Leipzig, 7. März 1912

21/37 Erinnerungsdiplom für Frau H. Dominicus anläßlich der Ausstellung ›Die Frau in Haus und Beruf‹, Berlin 1912

Farblithographie, 62×45 cm
Berlin, Landesarchiv Berlin (Rep.240 Acc.1577 Nr.27)

21/38 Die Koch- und Haushaltungsschule des Pestalozzi-Fröbel-Hauses in Schöneberg (Abb.)

1913; zwei Photographien (Reproduktionen)
Berlin, Bildarchiv PK

Die von Hedwig Heyl gegründete Koch- und Haushaltungsschule war dem Pestalozzi-Fröbel-Haus zur Ausbildung von Kindergärtnerinnen und -pflegerinnen (Schöneberg, Barbarossastraße) angeschlossen. Sie bot Kurse an ›für Lehrerinnen an Koch- und Haushaltungsschulen‹, ›für die Ausbildung in bürgerlicher und feiner Küche‹, ›zur Ausbildung zu Stützen und zu Dienstmädchen‹, darüber hinaus ›Kinderkochkurse für Mädchen aus Gemeindeschulen‹ sowie Wasch- und Plättkurse, Hausarbeits-, Schneider-, Putzmacher- und Handarbeitskurse.

21/39 Aus dem neuen Heim des Lette-Vereins: Kochschule, Schneiderschule, Kunststickereischule

Um 1910; drei Photographien (Reproduktionen)
Berlin, Bildarchiv PK

1901 bezog der ›Lette-Verein zur Förderung höherer Bildung und Erwerbsfähigkeit des weiblichen Geschlechts‹ sein neues Haus in Schöneberg, Motzstraße. Der Verein verfügte neben den genannten Einrichtungen über eine Handels- und Gewerbeschule, eine photographische Lehranstalt, eine Setzerinnen-Schule, ein Stellenvermittlungsbüro ›für alle weiblichen Berufe‹ und eine Ausbildungsstätte für Büro-Arbeiterinnen.

21/40 Schreibmaschine
Frister & Rossmann

Berlin 1898; Modell 1, Nr. 1877, mit Volltastatur und Unteranschlag; 35×43×49 cm
Berlin, Lutz Rolf

21/41 Schreibmaschinentisch ›Continental‹
Wanderer Werke AG

Siegmar-Schönau 1910; Holz, Gußeisen
Berlin, Museum für Verkehr und Technik Berlin

Schreibmaschinentische waren vor dem Ersten Weltkrieg noch eine Seltenheit. Zumeist stand die Maschine – wie auf der in Kat. Nr. 21/42 aufgeführten Photographie – auf einem umgebauten Nähmaschinentisch.

21/42 Eine Maschinenschreiberin bei der AEG

1914; Photographie (Abzug vom Original-Glasnegativ), 24×30 cm
Berlin, FUB, Kunsthistorisches Institut

Von der Maschinenschreiberin und ihrem Arbeitsgerät machte der Photograph zwei Aufnahmen auf einer Platte (von vorn und von hinten), wobei er jeweils nur eine Hälfte belichtete.

21/43 Büroeinrichtung aus dem Kaiserlichen Patentamt, Berlin

a) Schreibpult
Um 1900; Holz, 121×133×68 cm

b) Regulator
Um 1900; Holz, Eisen, Messing; 89,5×42,5×18,5 cm

c) Aktenwagen
Um 1877; Holz, 85×72×48 cm

d) Garderobenständer
Um 1900; Holz; H 200 cm, Dm 70 cm

Berlin, Deutsches Patentamt, Dienststelle Berlin

21/44 In den Büros der AEG (Abb.)

1906–1914; zwei Photographien (Abzüge von den Original-Glasnegativen); 24×30 cm, 30×24 cm
Berlin, FUB, Kunsthistorisches Institut

21/45 Stehpultkontor der Berliner Kindl-Brauerei: Büroangestellte und Bürovorsteher

Um 1900; zwei Photographien (Reproduktionen)
Berlin, Bildarchiv PK

21/46 In der Registratur der Versicherungsgesellschaft ›Nordstern‹

Vor 1914; zwei Photographien (Originalabzüge), je 25,5×35,3 cm
Berlin, Kunstbibliothek, SMPK (M VI A2)

21/47 ›Die Kurzschrift‹

Monatsblatt für Schülerkreise, Nr. 11, Berlin, 15. Dezember 1896
Berlin, Brigitte Kippe

21/48 Die Reise des deutschen Kronprinzen nach dem fernen Osten
Annie Specht-Blaurock

In vereinfachter deutscher Stenographie Stolze-Schrey; Berlin: Franz Schulze Stenographie-Verlag (nach 1910/11)
Berlin, Brigitte Kippe

Als ›Übungslektüre‹ wurde Stenographinnen Unterhaltungsliteratur in Kurzschrift angeboten.

21/38

21/49 Stenographische Roman-Bibliothek

Jg. 2, Berlin: Ferdinand Schrey 1904
Berlin, Brigitte Kippe

21/50 Moderne Schreibmaschinen und modernes Maschinenschreiben

Karl Borchert

Berlin: Verlag für Schreibmaschinen-Literatur 1916
Berlin, Brigitte Kippe

21/51 Illustriertes Lehrbuch für das Schreiben auf der Schreibmaschine

Karl Borchert

Berlin: Borcherts Verlag für Schreibmaschinen-Literatur (um 1918)
Berlin, Brigitte Kippe

21/52 Fernsprechgehilfinnen beim Berliner Fernsprechamt II (Abb.)

1894; Photographie (Originalabzug), 32,5×43,5 cm
Frankfurt a. M., Bundespostmuseum

Weibliche Angestellte wurden auch in der Telephonvermittlung beschäftigt. Seit 1897 hatten die in der Post-, Telegraphie- und Eisenbahnverwaltung tätigen Frauen die Möglichkeit, als Beamte eingestellt zu werden – allerdings unter der Voraussetzung, daß sie ledig blieben.

21/53 Fahne des Evangelischen Arbeiter-Vereins Tegel

Vorderseite: »Evangel. Arbeiter-Verein Tegel. 1912. Gegr. 1908« und Ornamente; rote, blaue und gelbe Seide, bestickt; 100×120 cm
Berlin, Berlin Museum

21/54 Fahne des Katholischen Arbeitervereins St. Sebastian, Wedding

Vorderseite: »Katholischer Arbeiter-Verein St. Sebastian Berlin 1890«, Rückseite: Jesuskind und Hl. Joseph, »Heiliger Joseph Führe uns – Heiliger Joseph Beschütze uns«; 1890; rote Seide, reich bestickt; 130×130 cm
Berlin, Katholische Kirchengemeinde St. Sebastian

21/55 Fahne der sozialdemokratischen Arbeiterbewegung

Vorderseite: »Einigkeit macht stark« und Ornamente, allegorische Frauengestalt mit Hammer und Fackel im Eichenblattkranz; nach 1870; blaue Seide, bestickt und appliziert; 110×136 cm
Düsseldorf, DGB, Bundesvorstand, Archiv

21/56 Fahne des Deutschen Baugewerksbundes, Baugewerkschaft Neukölln

Vorderseite: »Deutscher Baugewerksbund. Baugewerkschaft Berlin Bezirk Neukölln« und Ornamente (Dreieck und Hammer, Verbrüderungshände), Rückseite: »Wir wollen den Frieden, Freiheit und Recht. Berlin Neukölln«; rote Seide, bestickt und appliziert; 104×150 cm
Frankfurt a. M., IG Bau – Steine – Erden, Bundesvorstand

21/57 Fahne des Deutschen Baugewerksbundes, Bezirk Berlin, Nord-Osten

Vorderseite: »Deutscher Baugewerksbund – DBB – Bezirk Berlin, Nord-Osten« und Ornamente (Zirkel, Hammer, Maurerschnur, Senklot, Maurerkelle, Schaufel und Hacke im Goldkranz, Verbrüderungshände), Rückseite: »Das Banner steht, wenn der Mann auch fällt!«; um 1900; rote und violette Seide, bestickt und appliziert; 127×85 cm
Düsseldorf, DGB, Bundesvorstand, Archiv

21/58 Standarte vom ›Verein der Heizer und Maschinisten von Cöpenick und Umgegend‹

Vorderseite: »Seid muthig in Gefahr – Verein der Heizer und Maschinisten von Cöpenick und Umgegend – Gegr. 14. 9. 89« und Ornamente (Schaufel, Ölkanne, Maschinenschlüssel im Eichenblattkranz, Verbrüderungshände), Rückseite: »Gewidmet von den Frauen des Vereins«; 1896; gelbe und violette Seide, bestickt und appliziert; 155×104 cm
Düsseldorf, DGB, Bundesvorstand, Archiv

21/59 Standarte des ›Neuen Handwerker Vereins zu Rixdorf‹

Vorderseite: »Neuer Handwerker Verein 1897 zu Rixdorf. Gegr. 24. Mai 1897« und Ornamente (Verbrüderungshände im Eichenblattkranz); nach 1897; Seide, Stickerei aus Woll- und Metallfäden; 180×100 cm
Berlin, Emil-Fischer-Heimatmuseum – Museum für Stadtkultur und Regionalgeschichte

21/60 ›Abschied vom Sozialistengesetz‹, 1. Oktober 1890

Titelseite eines Faltblattes; Braunschweig: F. Wilke 1890
Berlin, Historische Kommission zu Berlin (Slg. Schaarschmidt)

21/61 Porträtgalerie der sozialdemokratischen Reichstagsfraktion, 1884

24 Photographien, passepartouriert, mit Namens-, Geburtstags- und Wahlkreisangaben; 40×55 cm
Bonn, Archiv der sozialen Demokratie, FES

Unter den Porträtierten sind die Berliner Abgeordneten Paul Singer und Wilhelm Pfannkuch.

21/62 Porträtgalerie der sozialdemokratischen Reichstagsfraktion, 1907

43 Photographien, passepartouriert, mit Namens- und Wahlkreisangaben; 38×50 cm
Bonn, Archiv der sozialen Demokratie, FES

Die Reichstagswahlen von 1907 brachten der Sozialdemokratie zwar einen absoluten Stimmenzuwachs (in Berlin erreichte sie 66 Prozent gegenüber 61 Prozent 1903); aufgrund der sie benachteiligenden Wahlkreiseinteilung büßte sie jedoch zum ersten Mal seit Ende des Sozialistengesetzes Sitze im Reichstag ein: die Zahl der Abgeordneten sank von 81 auf 43. Berliner Abgeordnete waren Richard Fischer, Wolfgang Heine, Georg Ledebour, Robert Schmidt und Paul Singer.

21/63 ›Bilder vom soz(ial)-dem(okratischen) Parteitag in Berlin‹

In: Zweite Beilage zum Wahren Jacob, Stuttgart: Dietz (1892), zweite Dezember-Ausgabe (S. 1374/1375)
Berlin, Historische Kommission zu Berlin, Bibliothek (A 65–66)

Der sozialdemokratische Parteitag 1892 in Berlin war der einzige der Partei in der Reichshauptstadt. Auf ihm wurden August Bebel und Paul Singer zu Parteivorsitzenden gewählt. Beide hatten dieses Amt bis zu ihrem Tod inne.

21/64 Akten der Städtischen Baupolizeiverwaltung zu Berlin, betr. das Grundstück des Eigentümers Liebknecht (u. a.) hinter Prinzen-Allee No. 46a, Bd. 5

Darin: Schreiben des Königlichen Amtsgerichts Berlin an das Königliche Polizei-Präsidium Berlin vom 31. Oktober 1901, betr. das hinter Prinzenallee No. 46a gelegene Grundstück (S. 4)
Berlin, Landesarchiv Berlin (Rep.203 Acc.705 Nr.2917)

Rudolf Eberstadt beschreibt in seinem ›Handbuch des Wohnungswesens‹ (1909) den politischen Hintergrund dieses Grundstückskaufs: »Es sei hier erwähnt, daß in Berlin inmitten des Mietskasernengebietes im Jahre 1904 eine Wohnstraße mit Kleinhäusern entstanden ist, und daß sie ... ihre Anlage dem sogenannten ›Hausbesitzerprivileg‹ der Städteordnung verdankt. Als die Sozialdemokratie in der 3. Klasse bei den Gemeindewahlen vordrang, ergab sich für sechs neugewählte Stadtverordnete die

21/44

Notwendigkeit, die Hausbesitzereigenschaft zu erwerben. Ein wohlhabender Parteigenosse kaufte zu diesem Zweck ein tiefes Grundstück in der Prinzenallee (im Wedding), bebaute es indes nicht in der üblichen Weise mit einer Mietskaserne, sondern er legte die Hofstraße (als Privatstraße) an, die zu sechs Zweiwohnungshäusern nebst Vorgärten aufgeteilt und den sechs neuen Hausbesitzern überlassen wurden.«

21/65 Die Moabiter Unruhen, 1910
a) Ein von Schutzleuten eskortierter Kohlenwagen
b) Schutzpolizei sorgt für Ruhe
c) Ein Streikpostensteher wird abgeführt

Drei Photographien (Originalabzüge); 15,6×21,5 cm, 16,4×22,4 cm, 10,8×15,2 cm
Berlin, Ullstein Bilderdienst

Der Streik von 140 Transportarbeitern eines Kohlenhofes in der Moabiter Beusselstaße um eine Erhöhung ihres Stundenlohns eskalierte binnen kurzem zu insgesamt drei Wochen andauernden ›Straßenkämpfen‹ zwischen den Streikenden, bewaffneten Streikbrecher-Kolonnen und der Polizei. Auf seiten der Streikenden gab es zwei Tote und zahlreiche Schwerverletzte. Obwohl die Mehrzahl der verhafteten Streikenden sozialdemokratisch organisiert war, distanzierte sich die Sozialdemokratie aus Furcht vor möglichen Ausnahmegesetzen von den Vorgängen. Nach der Zusage einer Lohnerhöhung wurde der Streik am 8. Oktober 1910 abgebrochen.

21/66 Ansichtskarte mit den Porträts von Paul Singer, Wilhelm Liebknecht und August Bebel

Um 1900
Bonn, Archiv der sozialen Demokratie, FES

21/67 Paul Singer liest den ›Vorwärts‹

Um 1905; Photographie (Originalabzug), 17,8×13 cm
Bonn, Archiv der sozialen Demokratie, FES

21/68 Paul Singer an seinem Schreibtisch

Um 1900; Photographie (Originalabzug), 20,4×16,5 cm
Berlin, Ullstein Bilderdienst

21/69 ›Paul I. der Großartige‹ Karikatur auf Paul Singer

Um 1900; Zeichnung (Reproduktion)
Berlin, Ullstein Bilderdienst

21/70 ›Der neue Reichstagspräsident‹ Karikatur auf Paul Singer

Zeichnung, Reproduktion aus: Unterhaltungs-Beilage zum Wahren Jacob, Stuttgart: Paul Singer, Jg. 24, 1907, Nr. 5341 vom 8. Januar (S. 5297)
Berlin, Historische Kommission zu Berlin, Bibliothek (A 65–66)

Die Zeichnung greift eine Äußerung des Zentrumspolitikers Graf Ballestrem vom 13. Dezember 1906, dem Tag der Reichstagsauflösung, auf (»Mich sehen Sie hier nicht wieder, und der nächste Einwohner ist Singer«) und zeigt Paul Singer als Anwärter auf das Amt des Reichstagspräsidenten. Der Reichstag war durch kaiserliche Verordnung aufgelöst worden, nachdem die Abgeordneten des Zentrums und der Sozialdemokratie die von der Regierung beantragte Verstärkung der deutschen Truppen in Südwestafrika abgelehnt hatten.

21/71 Beisetzung Paul Singers in Berlin am 5. Februar 1911: Der Trauerzug

Photographie (Reproduktion)
Berlin, Bildarchiv PK

Der Berliner Publizist und Essayist Kurt Hiller, mütterlicherseits ein Neffe von Paul Singer, erinnert sich in seiner Autobiographie ›Leben gegen die Zeit‹ (1969): »Das Leichenbegängnis wurde zu einem der gewaltigsten, die Berlin je sah. Der Zug der Massen hinter seinem Sarge zog sich durch Kilometer. Daß ich, zusammen mit andern Neffen und Großneffen an der Spitze des Zuges marschieren durfte, empfand ich als Ehre.«

21/72 Beisetzung Paul Singers in Berlin am 5. Februar 1911: Die Stadtverordneten im Trauerzug

Ansichtskarte, 9,3×13,8 cm
Bonn, Archiv der sozialen Demokratie, FES

21/73 ›Paul Singer zum Abschied‹

Titelseite des Vorwärts vom 5. Februar 1911; 47×31,5 cm
Marburg, Universitätsbibliothek Marburg (VII d A 94 xrl)

21/74 Ansichtskarte zur Erinnerung an Paul Singer

Aufschrift: »Und ob auch müde Fechter / Sinken im harten Strauss, / Es kommen neue Geschlechter / Und kämpfen ihn redlich aus«; um 1911, 14,1×9,1 cm
Bonn, Archiv der sozialen Demokratie, FES

21/75 Photoalbum zum 60. Geburtstag von Richard Fischer, 1915

41×30×12 cm; darin: Innenaufnahmen des Vorwärts-Gebäudes, Lindenstr. 3, und zwei Schmuckblätter
Berlin, Historische Kommission zu Berlin, Archiv

21/76 ›Aktien-Gesellschaft Lindenhaus‹ in Kreuzberg, Lindenstr. 3

a) Außenansicht (Abb.)
b) Parteivorstand – Büroräume
c) Parteivorstand – Sitzungssaal
d) Parteischule
e) Parteischule – Erholungsraum (Abb.)
f) Zentralbildungsausschuß (Abb.)
g) Verband der Wahlvereine – Sekretariat
h) Kinderschutzkommission
i) Arbeiterbildungsschule – Bibliothek (Abb.)
j) Redaktion des Vorwärts – Sekretariat (Abb.)
k) Hauptexpedition und Buchhandlung des Vorwärts (Abb.)
l) Verlagsbuchhandlung – Expedition und Lager (Abb.)
m) Hauptkontor
n) Setzmaschinen
o) Tiefdruck-Rotationsmaschine (Abb.)

Fünfzehn Photographien, Reproduktionen aus dem Photoalbum zum 60. Geburtstag von Richard Fischer, 1915 (Kat. Nr. 21/75)
Berlin, Historische Kommission zu Berlin, Archiv

1914 zog die sozialdemokratische Partei aus der Lindenstr. 69 in einen großen Gebäudekomplex in der Lindenstr. 3 in Kreuzberg. Hier befand sich auch die ›Vorwärts Buchdruckerei und Verlagsanstalt Paul Singer & Co.‹.

21/77 Teilnehmer und Lehrer des fünften Kurses der Parteischule der SPD, Lindenstraße, 1910/11

Photographie, 21×28 cm
Bonn, Archiv der sozialen Demokratie, FES

21/78 Leitfaden für die Bildungsarbeit in Groß-Berlin

Hg. vom Bezirksbildungsausschuß Groß-Berlin, Berlin: Verlag Vorwärts 1913
Berlin, Historische Kommission zu Berlin, Bibliothek (E 611–65,1)

21/52

21/79 Die Konsum-Genossenschaft Berlin und Umgegend
a) Verwaltungsgebäude – Haupteingang
b) Verwaltungsgebäude – Empfangshalle
c) Zweite Bäckerei
d) Lagergebäude

Vier Photographien, Reproduktionen aus: Konsum-Genossenschaft Berlin und Umgegend e.G.m.b.H., Berlin: Verlag Vorwärts Buchdruckerei 1930

21/80 Erste-Hilfe-Kurs der Arbeiter-Samariter

Um 1890; Photographie (Originalabzug), 18×12,6 cm
Berlin, Landesarchiv Berlin (Rep.250 Acc.2374 Nr.354)

Der ›Samariter-Cursus für Arbeiter und Arbeiterinnen‹ erteilte Unterricht in der Ersten Hilfe bei Unglücksfällen und plötzlichen Erkrankungen. 1897 waren in Berlin 136 männliche und 58 weibliche Teilnehmer eingeschrieben. Die Kurse wurden u. a. von den sozialdemokratischen Ärzten Raphael Friedeberg und Karl Kollwitz, Ehemann von Käthe Kollwitz, durchgeführt. Aus ehemaligen Absolventen der Kurse wurde die ›Samariter-Kolonne‹ gebildet, die bei größeren Arbeiterfesten Erste Hilfe leistete.

21/81 ›Freie Volksbühne‹
Zehn Programm- und Mitteilungshefte für Mitglieder der Freien Volksbühne

Berlin, Jg. 7, 1902/03 – Jg. 15, 1910/11
Berlin, Freie Volksbühne Berlin

21/82 Titelblattentwurf für die Programmhefte der Freien Volksbühne Berlin
Käthe Kollwitz

Um 1900; Tuschfederzeichnung, Graphit; 40×30 cm
Köln, Käthe-Kollwitz-Museum, Träger: Kreissparkasse Köln

21/83 Vier Theaterzettel der Königlichen Schauspiele für Sonntag-Nachmittag-Vorstellungen für die Berliner Arbeiterschaft
a) Prinz Friedrich von Homburg, 7. November 1909
b) Wie die Alten sungen, 3. April 1910
c) Der Schlagbaum, 21. Januar 1912
d) Der eingebildete Kranke, 16. März 1913

Je 35,6×23,5 cm
Berlin, Landesarchiv Berlin (Rep.240 Acc.2003 Nr.1,3,7,8)

»Auf Allerhöchsten Befehl« gaben die Königlichen Schauspiele seit 1907/08 Vorstellungen für die Berliner Arbeiterschaft. Hertha Siemering berichtete darüber 1911 in ihrer vergleichenden Untersuchung des Arbeiterbildungswesens in Berlin und Wien: »Die Arbeiteraufführungen der Kgl. Bühnen waren jedesmal von etwa 1560 Personen besucht; die Nachfrage nach Eintrittskarten überstieg regelmäßig bei weitem die genannte Ziffer. Der große Andrang zu diesen Vorstellungen erklärt sich wohl, abgesehen von dem besonders niedrig bemessenen Eintrittsgeld (von 50 Pf.) und dem Reiz, der in dem Bewußtsein liegt, die Königliche Bühne zu besuchen, durch das Repertoire. Mit vorherrschend klassischen Stücken ist es den Wünschen der Arbeiter vorläufig jedenfalls viel angemessener als eine Auswahl moderner Dichtungen.«

21/84 Evangelium der armen Leute (Abb.)

Jens Birkholm

1900; Öl/Lw., 141 × 181 cm; bez. u. r.: J. B. 1900
Tistrup/Dänemark, Chresten Jensen

Dieses Gemälde, auch ›Arbeiterevangelium‹ genannt, ist das wohl politischste Werk Birkholms. Es zeigt einen jungen Redner der Sozialdemokratie oder Gewerkschaft, der vor einer Versammlung von Arbeitern spricht, während im Hintergrund – neben der Büste von Karl Marx – Vertreter der Obrigkeit wachen. Bei dem Redner handelt es sich um ein Selbstporträt Birkholms, das ein Freund, der Berliner Schriftsteller Georg Hermann, als eine »merkwürdige Mischung aus Christus und Agitator« charakterisierte.

21/85 Stickbild mit eingeklebten Porträtaufnahmen der sozialdemokratischen Parteiführer Paul Singer, August Bebel und Wilhelm Liebknecht

Eingestickt ist der Spruch: »Wir wollen den Frieden, Freiheit und Recht, Dass Niemand sei des Andern Knecht, Dass Arbeit aller Menschen Pflicht, und Niemand es an Brod gebricht«; um 1910; Baumwolle, Seide, Stramin; 50 × 40 cm
Bonn, Archiv der sozialen Demokratie, FES

21/86 Stickbild mit eingeklebter Porträtaufnahme des sozialdemokratischen Politikers Karl Liebknecht

Eingestickt ist der Spruch: »Nicht betteln, nicht bitten – nur mutig gestritten / Nie kämpft es sich schlecht für Freiheit und Recht«; um 1912; Baumwolle, Seide, Stramin; 39 × 32 cm
Bonn, Archiv der sozialen Demokratie, FES

21/87 Festzeitungen zur Arbeiter-Maifeier

Fünfzehn Ausgaben zum 1. Mai der Jahre 1891–1894, 1898, 1899, 1901, 1903–1905, 1907–1909, 1912, 1913
Berlin, Landesarchiv Berlin (Rep.240 Acc.1548 Nr.2–6: 1898, 1899, 1901, 1903, 1907)
Berlin, Historische Kommission zu Berlin

21/88 Zwei Anstecknadeln mit dem Emblem des Arbeiter-Turn- und Sportbundes

Um 1900; Dm 1 cm
Bonn, Archiv der sozialen Demokratie, FES

21/89 Anstecknadel mit dem Bildnis August Bebels

Um 1900; Dm 1 cm
Bonn, Archiv der sozialen Demokratie, FES

21/90 Aufruf zur großen öffentlichen Frauen-Versammlung ›Her mit dem Frauenwahlrecht!‹ im Restaurant Volksheim, Spandau, 19. März 1911

Handzettel, 12,1 × 15,4 cm
Bonn, Archiv der sozialen Demokratie, FES

21/91 ›Wahlrecht für die Frauen!‹

Um 1910; Ansichtskarte
Bonn, Archiv der sozialen Demokratie, FES

Die Karte zeigt eine von der aufgehenden Sonne umfangene Frauengestalt, deren erhobener Arm in die Ferne weist. Das mit der Forderung ›Wahlrecht für die Frauen‹ beschriftete Banner ruht auf einem Sockel mit dem Bildnis August Bebels.

21/92 Sozialdemokratische Flugschrift ›Schlafendes Dornröschen, Frau aus dem arbeitenden Volke wache auf!‹

Um 1900; 31,3 × 23,5 cm
Berlin, Evangelisches Zentralarchiv in Berlin (44/90)

Mit Blick auf den geringen Organisationsgrad der Arbeiterinnen schloß die Flugschrift mit dem Aufruf: »Darum auf, Dornröschen Arbeiterin! strecke dem Ritter Sozialismus die Hand entgegen, und er führt Dich zu Freiheit und Glück.«

21/93 Zwei Mitgliedsbücher der Sozialdemokratischen Partei Deutschlands

Um 1910
Bonn, Archiv der sozialen Demokratie, FES

a

e

f

i

j

k

l

o

21/76

21/84

21/94 Mitgliedsbuch des ›Sozialdemokratischen Wahlvereins für den zweiten Berliner Reichstags-Wahlkreis‹, ausgestellt am 18. März 1906
Bonn, Archiv der sozialen Demokratie, FES

Aufgrund des preußischen Vereinsgesetzes, das jeden Zusammenschluß örtlicher Vereine zu einem Zentralverein verbot, gliederte sich die Groß-Berliner Organisation der Sozialdemokratie in sechs ›Wahlvereine‹, die den Reichstagswahlkreisen entsprachen. Jeder dieser lokalen Vereine besaß einen eigenen Vorstand, hielt Versammlungen ab und entwickelte ein eigenes Parteileben. 1905 schlossen sich die lose verbundenen Vereine zum einheitlich geleiteten ›Verband der sozialdemokratischen Vereine Berlins und Umgegend‹ zusammen.

21/95 Mitgliedsbuch des Deutschen Transportarbeiter-Verbandes und Mitgliedskarte für ›fakultative Rechtsschutz-Unterstützung‹, ausgestellt am 29. April 1904 und 1. Juli 1914
Bonn, Archiv der sozialen Demokratie, FES

21/96 Mitgliedsbuch des Arbeiter-Radfahrer-Bundes ›Solidarität‹, Ortsgruppe Berlin, ausgestellt am 1. Mai 1905
Bonn, Archiv der sozialen Demokratie, FES

21/97 Mitgliedskarte der ›Vereinigung Jugendheim Neukölln‹, ausgestellt im Januar 1914
10×13,1 cm
Bonn, Archiv der sozialen Demokratie, FES

RAUM 22
ZIVILISATIONSKRITIK UND ZEITENWENDE

»Die Großstadt verschandelt die Jugend, verbildet ihre Triebe, entfremdet sie immer mehr einer natürlichen, harmonischen Lebensweise. Aus den großen Häusermassen steigt das neue Ideal: Erlöse dich selbst, ergreife den Wanderstab und suche da draußen den Menschen wieder, den du verloren hast, den einfachen, schlichten, natürlichen«, so rief Karl Fischer, Mitbegründer des ›Wandervogel‹, 1896 zum Aufbruch aus der Dekadenz der Stadt in die Natur. Es waren Gymnasiasten aus Steglitz bei Berlin, die um die Jahrhundertwende auszogen, den Zwängen der großstädtischen Zivilisation und den autoritären Konventionen wilhelminischer Prägung zu entsagen. Der Schülerwanderverein ›Stenografia‹ von 1896 eroberte von diesem noch naturnahen Vorort Berlins aus ganz Deutschland und erlangte Bedeutung als Keimzelle der deutschen Jugendbewegung: Sieben Jahre später bestanden im Deutschen Reich bereits in 78 Orten organisierte Wandervogelgruppen.

Neben diesen Jugendlichen gab es in Berlin um 1900 zahlreiche ›Alternative‹, die ebenfalls die Rückkehr zu einer naturgemäßen Lebensweise forderten und praktizierten. Sie suchten nach Befreiung von bürgerlichen Traditionen, ohne dabei die gesellschaftlich etablierten Normen ganz aufgeben zu wollen. Die Widersprüchlichkeit ihrer theoretischen und praktischen Ansätze bewegte sich zwischen Eskapismus und Emanzipation. Seit den neunziger Jahren als ›Lebensreformer‹ bezeichnet, bildeten sie eine kulturelle Minderheit in der Stadt, die »alles wie in einen eisernen Ring des freudlos Unabänderlichen geschmiedet« habe – so notierte 1906 der um die Jahrhundertwende vielgelesene Schriftsteller Wilhelm Bölsche, Mitbegründer des Friedrichshagener Dichterkreises. Vom Streben nach der Einheit von Natur und Körper waren verschiedene Bewegungen und Zielsetzungen der Lebensreformer bestimmt; dem entsprach ihr Engagement gegen Alkoholismus und Nikotin, ihr Einsatz für eine Boden-, Siedlungs- und Kleidungsreform, für die ernsthafte Beschäftigung mit Körperkultur und eine überzeugte Haltung zum Vegetarismus. Mit 152 vegetarischen Speisegelegenheiten lag Berlin 1902 sogar an der Spitze der vegetarischen Bewegung in Mitteleuropa. Die Obstbaukolonie Eden bei Oranienburg, 1893 zunächst mit achtzehn Mitgliedern auf genossenschaftlicher Basis gegründet, war die beständigste Siedlung der Lebensreformbewegung, die von Berlin ihren Ausgang nahm. Ihre Mitgliederzahl stieg bis 1900 auf 131; 1909 waren es 162 Genossenschaftler, die ihre Existenz auf Obst- und Gemüseverkauf aus Eigenanbau gründeten.

So widersprüchlich die Impulse im einzelnen auch waren, sie hatten doch gemeinsame Motive: Rückzug und Flucht aus Enge und Menge der Großstadt. Das Lebensgefühl der Lebensreformer schwankte zwischen einer scharfen Ablehnung der Großstadtreize und einer unbestimmten Anziehung durch die Vielfalt des urbanen Milieus. Dem entsprachen die Werke der expressionistischen Maler, die sich in der ›Brücke‹ zusammengeschlossen hatten. 1904 versammelte der Galerist Herwarth Walden im ›Verein für Kunst‹ die Elite der avantgardistischen jungen Dichter, die ihrer Kritik am Zeitgeist und ihren Zukunftsängsten in beklemmenden Visionen von Schützengräben, Schlachtfeldern und Massensterben Ausdruck gaben, noch bevor sich die Katastrophe des Ersten Weltkriegs ankündigte.

Von ähnlicher Unruhe, von Verlustängsten geplagt, wandten sich die Lebensreformer gegen die steife Lebensordnung und die bürgerliche Doppelmoral des wilhelminischen Deutschland. Ihre Zielsetzungen propagierten sie in Publikationen wie der ›Monatsschrift des Vereins für vernünftige Leibeszucht‹, ›Empor! Deutsche Blätter für natürliche Lebensweise und höhere Gesittung gegr. 1886‹ oder der ›Zeitschrift des Vereins für volksverständliche Gesundheitspflege‹, der »die Förderung der Selbsttätigkeit auf dem Gebiete der Gesundheitspflege durch Verbreitung von Kenntnissen über Licht, Luft, Wasser, Wärme, Ruhe, Bewegung wie über die verschiedenen Nahrungsmittel in ihrem Einfluß auf die Erhaltung der Gesundheit und Herstellung derselben nach den Grundsätzen der Naturheilkunde« verfolgte.

Die radikalsten Vertreter der Lebensreformbewegung waren die Anhänger der Nacktkultur. Der ›Werbeanwalt für den Nacktsport‹, Fedor Fuchs, gründete 1906 den ersten, in Schrebergärten verborgenen Nacktbadeverein, die ›Deutsche Luftbadegesellschaft‹ in Rixdorf bei Berlin. »Zur Mehrung der eigenen und der Volkskraft« durch Nacktgymnastik rief auch der ›Verein für Körperkultur, Ortsgruppe Berlin e.V.‹ ins ›Sport-Luftbad großen Stils‹ nach Grunewald-Eichkamp. Der Verein pflegte klassische Sportarten an Reck, Barren und Ringen; die Männer turnten im ›Lichtkleid‹ oder mit Sonnenbadehose. Seit 1903 konnten sich auch Frauen an den Freiübungen beteiligen. Der Künstler Fidus, der dem lebensreformerischen Kreis von Friedrichshagen angehörte, ästhetisierte diese Sonnenanbetung und Nacktkultur in lichtdurchfluteten Edelmenschen. Die seit 1904 erscheinende Zeitschrift ›Die Schönheit‹, die neun Jahre später in Karl Vanselows ›Garten der Schönheit‹ aufging, hielt den Kult um den nackten Körper auch photographisch fest.

In den Luft-Sportbädern suchte der lebensreformbewußte Berliner im ›Lichtkleid‹ inmitten ›grauer Städte Mauern‹ nach Gesundung von den Schädigungen der Großstadt. Lebensreform bedeutete auch Kleiderreform, Befreiung von Korsett und ›Vatermörder‹. Die Berliner Nacktkultur-Zeitschrift ›Aristokratie‹ würdigte diesen Wandel 1907 so: »Die anerkennenswerte Zunahme von Luft- und Sonnenbädern hat mehr und mehr die unverhüllte Menschengestalt aus ihrem tausendjährigen Kleidergefängnis heraustreten lassen.«

Während die Lichtfreunde ihre Kleider ablegten, zogen die Söhne, seit 1908 auch die Töchter mittelständischer Bürger mit wetterfester Montur aus der Stadt hinaus. Für ihre ›Fahrten‹ in die freie Natur rüsteten sie sich mit Joppen, Pelerinen, Gamaschen, Flanellhemden, Fellrucksäcken, Armeebesteck, Fleischbüchsen, Kompass und Feldflaschen, Faltzelt und Klampfe aus. Zunächst zogen sie in die nähere Umgebung Berlins, mit dem Wachsen der Vereine in mehrtägigen Ausflügen in den Harz oder auf den Hohen Meißner. Wie die Lebensreformer trat auch die wandernde Jugend für vegetarische Speisen und Abstinenz von Alkohol und Nikotin ein. Berliner Warenhäuser stellten sich mit »Spezialkleidung für Wandervögel« und Trockenobstspeisen, in Tagesrationen verpackt, auf ihren Bedarf ein.

Andere Ziele verfolgte eine weitere, seit 1911 bestehende Organisation der deutschen Jugendbewegung mit zentraler Geschäftsstelle in Berlin. Die Gründung der deutschen Pfadfinderbewegung im Jahre 1909 ging auf ein Buch des Stabsarztes Alexander Lion zurück, in dem er die Bedeutung der ›Boy Scouts‹ während der Kolonialkämpfe in Deutsch-Südwestafrika hervorhob. Die deutsche Pfadfinderbewegung lehnte sich an diese von dem Engländer Sir Robert Baden-Powell 1907 gegründete Jugendorganisation an. Sie beruhte auf den Prinzipien der Erwachsenenführung und der Körperertüchtigung zur Steigerung der Militärtauglichkeit. Diesen Leitlinien folgten auch die Berliner Pfadfinder: Ihre militärischen Geländespiele im Grunewald wurden vom Kronprinzen und von hohen Offizieren gefördert. So kritisierte der 1910 als halbstaatliche Organisation zur Pflege des Sports und des Gruppengeistes gegründete ›Jungdeutschlandbund‹, dem sich viele Wandervogelbünde anschlossen, im Jahre 1913: »Man päppelt die Jugend mit patriotischen Phrasen. Man uniformiert die Jugend, führt den militärischen Kommandoton ein ... Nicht selten beteiligen sich auch Offiziere an den Kriegsspielen, Militär rückt mit aus ... Später folgt Kritik und eine mit einem Hurra schließende Rede. So wird die Jugendpflege nichts als eine Militärschule.« *M.- L. P.*

22/1 Die Anfänge des ›Wandervogels‹

a) Im Grunewald 1897, mit Karl Fischer und Hermann Hoffmann (Abb.)

b) ›Stenografia‹ Steglitz 1898/99 (Karl Fischer mit weißer Primanermütze)

Zwei Photographien (Originalabzüge); 15×15,5 cm, 10×16 cm
Witzenhausen, Archiv der Deutschen Jugendbewegung, Burg Ludwigstein

1896 gründete der Student Hermann Hoffmann an der Oberschule in Steglitz einen Studienkreis für Kurzschrift, der Gruppenausflüge in die Umgebung unternahm. Aus dieser Schülerbewegung ging am 4. November 1901 unter Leitung des Gymnasiasten Karl Fischer und des Schriftstellers Heinrich Sohnrey die Keimzelle der deutschen Jugendbewegung, der ›Wandervogel‹ – ›Bund für deutsches Jugendwandern‹ – hervor.

22/1 a

22/2 Des Wandervogels Liederbuch

Hg. Wandervogel e. V., Steglitz b. Berlin; Erstausgabe, Berlin und Osterwieck 1905
Berlin, Ulrich Frenzel

22/3 ›Alt-Wandervogel‹

a) Laube der Ortsgruppe Berlin-Lichterfelde, erbaut 1909/10

Ansichtskarte nach einer Photographie von Ernst Jähn, 9,5×14,5 cm

b) Laube in Berlin-Karlshorst, erbaut 1909

Photographie (Originalabzug), 17,6×23,3 cm

c) Ortsgruppe Rathenow

Um 1910; Ansichtskarte

Witzenhausen, Archiv der deutschen Jugendbewegung, Burg Ludwigstein

Karl Fischer (1881–1941) führte 1904 mit der Gründung des ›Alt-Wandervogels‹ die erste Spaltung des ›Wandervogels‹ herbei. 1906 verließ er die Gruppe.

22/9

22/4 ›Gustav Steidel Berlin SW, Leipzigerstr. 67–70 Spezialgeschäft für Touristenausrüstung. Der Wandervogel findet bei uns alles in unerreichter Auswahl und Zweckdienlichkeit‹

Werbeanzeige, in: Der Wandervogel, Jg. 5, Nr. 6, Juni 1910
Witzenhausen, Archiv der deutschen Jugendbewegung, Burg Ludwigstein

22/5 Werbeanzeigen für den ›Wandervogel‹

a) ›Hapke & Schmidt ... besorgt alle Wandervogel-Literatur ...‹
b) ›Wandervögel finden vollen Ersatz für eig. Küche im Vegetarischen Speisehaus von Josef Schmelz ...‹
c) ›Wandervogelfutter! ... Reformhaus »Vegeta«, Charlottenburg‹

Aus: Der Wandervogel, Jg. 5, Nr. 6, Juni 1910
Witzenhausen, Archiv der deutschen Jugendbewegung, Burg Ludwigstein

22/6 ›Ausrüstung für längere, mehrtägige Wanderfahrten‹ Merkblatt des ›Alt-Wandervogels‹

11,3 × 15 cm
Witzenhausen, Archiv der deutschen Jugendbewegung, Burg Ludwigstein

Der ›Alt-Wandervogel‹, Bund für Jugendwanderungen, empfahl einen praktischen Anzug aus wasserdichtem Lodenstoff mit Kniehose, nicht drückende Schnürschuhe mit dicker Sohle und als Mundvorrat für zwei Tage neben Brot, Zukker, Salz und Mehl »nach Geschmack Konserven, Erbswurst, Suppentafeln« und Würstchen.

22/7 ›Ein neues Wandervogelkleid aus einem Stück‹ Werbeblatt der »Erfinderin der neuen Frauentracht«, Hedwig Buschmann, Berlin

Um 1912; 23 × 14,8 cm
Witzenhausen, Archiv der deutschen Jugendbewegung, Burg Ludwigstein

Seit 1908 waren Mädchen im ›Wandervogel‹ zugelassen.

22/8 Ausrüstung des ›Wandervogels‹

Adler- und Falkenkluft, Kochtopf mit Futteral, zwei Feldflaschen, großer Kochtopf, Filzwanderhut, fünfteiliges Kochgeschirr, Tornister mit Fellbesatz, Laute; Vor 1914; Fahnenkluft: Leinen (um 1920)
Witzenhausen, Archiv der deutschen Jugendbewegung, Burg Ludwigstein

22/9 Lichtgebet (Abb.)
Fidus (= Hugo Höppener)

1913; Farblithographie (7. Fassung), 63 × 43 cm; bez. u. r.: Fidus 13
Berlin, Heimatverein für den Bezirk Steglitz 1923 e. V.

Fidus (1868–1948) wirkte als Maler und Graphiker seit 1893 in Berlin und schloß sich der Vorort-Boheme des Friedrichshagener Dichterkreises an.

22/10 Kalenderblatt des Deutschen Bundes der Vereine für naturgemäße Lebens- und Heilweise (Naturheilkunde) e. V.
Fidus (= Hugo Höppener)

Berlin 1928; Farbdruck, 33 × 19 cm
Berlin, Berlinische Galerie, Fidus-Archiv

22/11 Prospekt ›Licht-Luft-Sportbad Kurfürstendamm ... Übungsstätte des Deutschen Vereins für vernünftige Leibeszucht, Berlin-Charlottenburg, Wilmersdorferstr. 78 neben der Rad-

rennbahn, an der Einmündung der Wilmersdorferstr. in den Kurfürstendamm unweit Stadtbahnhof Charlottenburg‹
1902
Berlin, Berlinische Galerie, Fidus-Archiv

Fidus entwarf 1901 das Plakat für das Licht-Luft-Sportbad am Kurfürstendamm, das nach polizeilichen Vorschriften mit einem Bretterzaun von mindestens 2,50 Metern Höhe umgeben sein sollte, um einen Einblick in das Gelände zu verhindern.

22/12 Evas Rückkehr ins Paradies
Amalie Altmann-Reich

Artikel zur Eröffnung eines Frauentages im Licht-Luft-Sportbad Kurfürstendamm, aus: Berliner Illustrirte Zeitung, Nr. 28, 12. Juni 1903 (S. 436)
Berlin, Berlinische Galerie, Fidus-Archiv

Der ›Frauentag‹ wurde polizeilich genehmigt. Erstmals konnten die Frauen empfinden, »wie so ganz anders man sich bewegen kann, wenn der lästige Kleiderzwang wegfällt« (Amalie Altmann-Reich).

22/13 Der Heilwert des Licht-Luftbades
a) ›Im Luftbade des Kreiskrankenhauses Groß-Lichterfelde‹
b) ›Gesundheitsarbeit im Frauen- und Kinder-Sonnenbade‹ (Abb.)
c) ›Von kleinster zu größter Arbeit‹ (Abb.)
d) ›An den Geräten‹ (Abb.)
e) ›Arbeit im Gewand der Freude‹
f) ›Ortsgruppe Berlin‹

Sechs Photographien, Reproduktionen aus: Kraft und Schönheit, Nr. 6, 1904 (S. 187); Nr. 7, 1904 (S. 202–211)

22/14 Aufruf des Vereins für Körperkultur e. V. betr. Mitteilung zur Errichtung eines »Sport-Luftbades großen Stils«
Um 1905
Berlin, Berlinische Galerie, Fidus-Archiv

Das Sport-Luftbad wurde für Männer und Frauen getrennt im Grunewald an der Königlichen Tiergartenbaumschule auf 2 1/2 Morgen Pachtgelände eingerichtet. Der Verein für Körperkultur pflegte antike Gymnastik und verstand sich als Stätte des »reinsten untätigen Sonnenbadekults« (Die Schönheit, Jg. 11, Bd. 11, 1913/14).

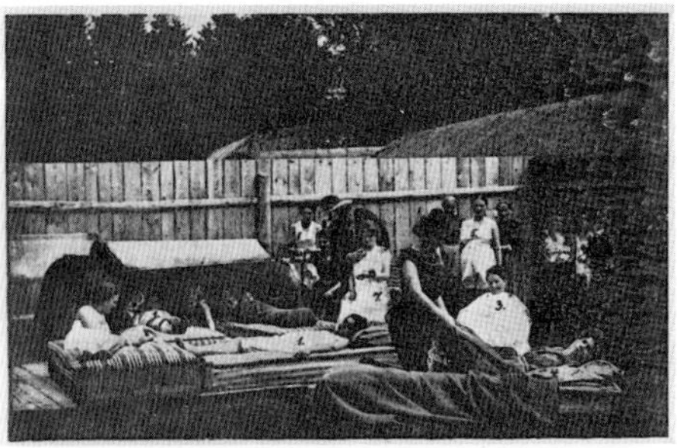

b

c

d *22/13*

22/15 ›Die Besten aus dem Körperformen-Wettbewerb vor den Preisrichtern‹, 25. August 1912
Otto Haeckel

Photographie (Originalabzug), 12 × 16,5 cm
Berlin, Ullstein Bilderdienst

Die Aufnahme entstand anläßlich des Jubiläums-Gymnastikfestes des Vereins für Körperkultur, Eichkamp-Grunewald.

22/16 ›Naturmensch Kurzrock auf einem Spaziergang in Berlin 1907‹
Photographie (Originalabzug), 13 × 18 cm
Berlin, Ullstein Bilderdienst

22/18

22/17 ›Naturfreund Fedor Fuchs in seinem herrlichen Gelände zu Motzenmühle bei Berlin‹

Photographie (Reproduktion)
Kassel, Internationale FKK-Bibliothek

Der ›Werbeanwalt für den Nacktsport‹ Fedor Fuchs gründete 1906 die ›Deutsche Luftbadegesellschaft‹ in Rixdorf. Als Sammelplatz für seine »Nacktsportscharen« erwarb er einen Teil des Truppenübungsplatzes Wünsdorf bei Berlin mit einer Kiesgrube, die den Nacktbadenden als Schwimmbad diente.

22/18 ›Frühlingsmärchen‹ (Abb.)

Titelbild, in: Der Lichtfreund. Illustrierte Wochenschrift für naturgemäße Körperkultur. Auf wissenschaftlich-gesundheitlicher und ästhetischer Grundlage unter Mitwirkung erster Fachautoren herausgegeben von W. Kästner, H. 5, 1908
Berlin, Lene Reckenfelder-Bäumer

22/19 Pfadfinderbuch, hg. von Stabsarzt Dr. A. Lion

München: Verlag der Aerztlichen Rundschau 1909
Berlin, Andreas Weller

22/20 Deutscher Pfadfinderbund: Geländespiel im Grunewald

1910; Photographie (Originalabzug), 12 × 16 cm
Nordenham, Archiv der deutschen Pfadfinder und Pfadfinderinnen e. V.

Es handelt sich um die erste Aufnahme der Berliner Gruppe.

22/21 ›Pfadfinder zeigen einer Gruppe von Pfadfinderinnen, wie man Zelte baut und Verwundete pflegt‹

Photographie, Reproduktion in: Der Pfadfinder, Jugendzeitung des Deutschen Pfadfinderbundes, Jg. 1, Nr. 2, Februar 1912
Nordenham, Archiv der deutschen Pfadfinder und Pfadfinderinnen e. V.

22/22 Werbeblatt ›Anzug für die Mitglieder des Deutschen Pfadfinder-Bundes für junge Mädchen. Alleinige Bezugsquelle: A. Wertheim G.m.b.H., Berlin‹ (Abb.)

1912; 20 × 14 cm
Siegen, Wolf Kuhnke

Die Tracht bestand aus »einem wetterfesten Cape, Lodenhut, Loden-Überbluse … Satin-Reformbeinkleid, das an ein aus porösem Stoff verfertigtes Leibchen geknöpft wird«.

22/23 ›Auf! zu fröhlichem Wandern, zu Tanzreigen, zu Bewegungsspielen in Gottes freier Natur!‹ Aufruf des deutschen Pfadfinder-Bundes für junge Mädchen

Um 1912; 30 × 20 cm
Siegen, Wolf Kuhnke

Textauszug: »In unserem unruhigen, komplizierten Zeitalter, das an die Körper- und Geisteskräfte so viele Anforderungen stellt, auch beim weiblichen Geschlechte, mußte bei aller Ansammlung von Kenntnissen, die für Bildung und Beruf notwendig sind, die Pflege der Gesundheit und die Erziehung des Charakters sehr in den Hintergrund treten.«

22/24 Deutscher Pfadfinderbund Berlin

a) 6. und 12. Kompanie beim ›Zeltbahnprellen‹, 1912
b) ›Übung Zeltbau‹, 1912
c) Kriegsspiel ›Durchbruch‹ in Eichkamp, 1912

d) Kronprinz Friedrich Wilhelm schreitet mit Hauptmann Bayer die Front der 22. Feldkompanie des Pfadfinderkorps Groß-Berlin ab, Eichkamp, 15. März 1914

Vier Photographien (Originalabzüge); 13×18 cm, 10×12 cm (oval), 13×18 cm, 16,5×22,5 cm
Nordenham, Archiv der deutschen Pfadfinder und Pfadfinderinnen e. V.

22/25 Aufruf des Deutschen Pfadfinderbundes Berlin »an die Herren Studierenden der Berliner Hochschulen«

Vor 1914; 29,5×21 cm
Nordenham, Archiv der deutschen Pfadfinder und Pfadfinderinnen e. V.

Textauszug: »Wir haben eine Organisation geschaffen, die sich über ganz Deutschland erstreckt und deren Zweck es ist, unserer heranwachsenden Jugend, besonders der Großstadt, Kraft und Gesundheit zu geben, zu erhalten und sie zu aufrechten, geraden Charakteren und frischen jungen Leuten heranzubilden. 10000 Jungens aus allen Ständen, arm und reich, hoch und niedrig zählt unser Pfadfinderkorps in Deutschland.«

22/26 Nagelschild ›GUT PFAD / ALLZEIT BEREIT / 1914–1917‹

Holz, Stahl; 77×54 cm
Berlin, Bund der Pfadfinderinnen und Pfadfinder e. V., Landesverband Berlin (Stamm Burgund)

22/27 ›Durch Not und Tod‹ Diaprojektion zum Ersten Weltkrieg

Mobilmachung am 1. August 1914 in Berlin; Die ersten erbeuteten Geschütze; Arbeit in Munitionsfabriken; Frontkämpfe, Schlachtfelder, Gefallene, Feldlazarette; Versorgung und Einsatz der Berliner Bevölkerung; Kriegsversehrte, Feldsanitäter im Dienst, Gefallenenfriedhöfe; Revolutionstage in Berlin im November/Dezember 1918; Rückkehr der Fronttruppen nach Berlin am 10. und 11. Dezember 1918; Spartakusaktionen in Berlin im Januar 1919

Photographien (Reproduktionen)
Berlin, Ullstein Bilderdienst
Berlin, Bildarchiv PK

22/22

Abbildungen:
a) b) Mobilmachung – ausziehende Kavallerie und erste Berliner Truppen
c) d) Bahnhof in Berlin, Abfahrt der Reserve-Truppen und des Landsturms
e) f) Munitionsfabrik, Fertigung von Feldartilleriegeschossen und Patronenhülsen
g) Berlin, Herbst 1917, Lager einer Obstkernsammlung
h) Berlin 1918, Verwertung eines Pferdekadavers auf der Straße
i) j) Schützengräben bei Eppaghem / Brabant, 1914 und an der Ostfront, Ostpreußen 1914/15
k) l) Bergung Verwundeter im Felde
m) Übungen im ›medico-mechanischen Saal‹ eines Lazaretts
n) Berlin, Kaiserin-Friedrich-Haus am Luisenplatz, Kriegsärztliche Ausstellung
o) Brandenburg an der Havel, Freiübungen Einbeiniger
p) Berlin, 10. Dezember 1918, Einzug der Fronttruppen

a

b

c

d

e

f

g

h

i

j

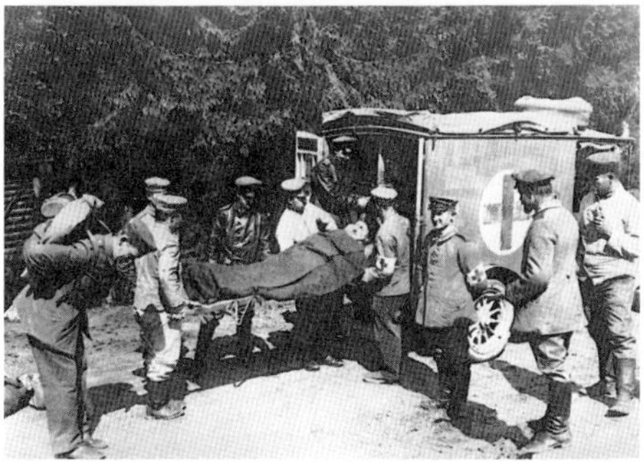

k

l

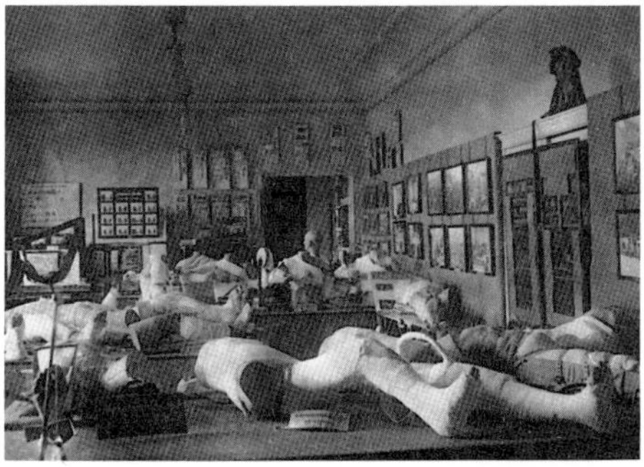

m

n

o

p

22/27

IV. DAS REPUBLIKANISCHE BERLIN

RAUM 23
GROSS-BERLIN: ENTWÜRFE UND PROBLEME

Das republikanische Berlin entstand aus Krieg und Revolution. Glaubte die große Mehrheit der Berliner 1914 an einen raschen Sieg und die deutsche ›Weltmacht‹, an den ›Burgfrieden‹ der politischen Parteien und an die neue ›Volksgemeinschaft‹, so verflogen diese Illusionen mit der Dauer des Krieges. Die sozialen Spannungen brachen wieder auf, die Kritik am politischen System verschärfte sich. Die Bevölkerung litt Not und Hunger. Vor allem in der Arbeiterschaft wuchs die Unzufriedenheit. Im Januar 1918 legten 500000 Beschäftigte in Berlin die Arbeit nieder, und in den großen Rüstungsbetrieben begannen ›Revolutionäre Obleute‹, Vorbereitungen für einen politischen Umsturz zu treffen.

Berlin war nicht der Ursprungsort der Revolution von 1918, aber die Stätte der Entscheidungen. Hier wurde am 9. November die Republik ausgerufen und einen Tag später der Sieg der Revolution durch die Bildung einer Revolutionsregierung aus Mehrheitssozialdemokraten (SPD) und Unabhängigen Sozialdemokraten (USPD) bestätigt. In den folgenden Wochen und Monaten war die Reichshauptstadt Schauplatz heftiger Kämpfe um die Inhalte der demokratischen Neuordnung. Zwar konnte der ›Vollzugsrat‹ der Groß-Berliner-Arbeiter- und Soldatenräte seinen politischen Führungsanspruch gegenüber der Revolutionsregierung nicht durchsetzen, doch versuchten die Berliner Arbeiter immer wieder, durch Massendemonstrationen Einfluß auf die politischen Entscheidungen zu nehmen.

Seit Mitte Dezember spitzten sich die Auseinandersetzungen in Berlin zu. Über die Kämpfe um Schloß und Marstall am 24. Dezember, bei denen Truppen der alten Ordnung gegen die ›Volksmarinedivision‹ eingesetzt wurden, brach die Revolutionsregierung auseinander. In den Januarunruhen (›Spartakusaufstand‹) entwickelten sich eher planlose Massenkundgebungen zu blutigen Kämpfen um das Zeitungsviertel, in denen über 150 Menschen starben. Anfang März 1919 kam es in der Stadt zum Generalstreik und zum offenen Bürgerkrieg, der 1200 Todesopfer, überwiegend unter den Revolutionären, forderte. Wegen der Unruhen war die Nationalversammlung nach Weimar einberufen worden.

Die politische Entwicklung war seit dem Winter 1918/19 auch durch eine Radikalisierung nach rechts gekennzeichnet. Der politische Mord stand auf der Tagesordnung – von der Ermordung Rosa Luxemburgs und Karl Liebknechts am 15. Januar 1919 bis zur Ermordung Walther Rathenaus am 24. Juni 1922. Im März 1920 konnte der gegen die parlamentarische Demokratie gerichtete Kapp-Putsch in Berlin durch einen Generalstreik erfolgreich abgewehrt werden, doch gelang die politische Stabilisierung nur vorübergehend. Die Demokratie war nicht gefestigt, gerade die konservativen Gegner der Republik verfügten noch immer über wichtige wirtschaftliche und gesellschaftliche Machtpositionen. Die bis 1923 anhaltende Inflation führte zu Not und Verelendung weiter Bevölkerungskreise. Sie stellte die Kommunalpolitik und die städtischen Finanzen vor kaum zu lösende Aufgaben.

Dennoch gelang in der Republik vieles, was im Kaiserreich gefordert und lediglich geplant worden war. Am 27. April 1920 beschloß der preußische Landtag mit einer knappen Mehrheit das ›Gesetz über die Bildung der neuen Stadtgemeinde Berlin‹, den Zusammenschluß von acht Städten, 59 Landgemeinden und 27 Gutsbezirken. Auf einem Areal von fast 880 Quadratkilometern, weit größer als das aller anderen europäischen Metropolen, entstand mit 3,8 Millionen Einwohnern die nach New York und London drittgrößte Stadt der Welt. In ihr diktierte das Neue den Takt der Zeit: ›Rationalisierung‹ hieß ein Schlüsselwort der Epoche, und es meinte weit mehr als die vorgeplanten und beschleunigten Fertigungsverfahren der industriellen Arbeitswelt. Das handwerkliche Bauen wurde in den Großsiedlungen durch rationalisierte und mechanisierte Produktionsformen ersetzt. Büros wurden zu Großraumbüros, Verkäufer arbeiteten unter Akkordbedingungen, und auch die zahlreichen Angebote der ›Kulturindustrie‹ von Revue und Film spiegelten die Hektik und Anonymität der Arbeitsbedingungen wider. Immer stärker prägten die Angestellten das städtische Leben. 1925 war ihre Zahl auf ca. 500 000 gestiegen; die Zahl der Arbeiter lag im selben Jahr bei einer Million.

Sachlichkeit war ein anderes Schlüsselwort im Berlin der zwanziger Jahre; als ›Neue Sachlichkeit‹ wurde sie zum Stilbegriff der Künste, vor allem der Malerei und Photographie. »Nach den Ekstasen des Expressionismus suchte man die Nüchternheit des Blicks ... nach dem Überschwang des Gefühls die Freiheit von aller Sentimentalität ... Den Blick zu richten auf das Hier und Heute, darum ging es, den Blick aus dem Fenster und auf den Alltag und auf den Asphalt vor dem Haus« (Wieland Schmied). Dieser registrierende Blick kennzeichnet die Photographien Arthur Kösters, der die neuen Siedlungen aufnahm, und Felix H. Mans, der 1931 die Wohnungen eines Berliner Mietshauses mit der Kamera dokumentierte. So hielt Willy Römer die revolutionären Kämpfe photographisch fest, und Carl Grossberg begleitete die Bauphasen des Kraftwerks West mit einer Folge von Lithographien.

Für den Berliner Stadtbaurat Martin Wagner war die Stadt ein Großbetrieb, in dem Zweckmäßigkeit und Verkehrsgerechtheit an erster Stelle stehen sollten. Seine Vorstellung von einer neuen Großstadtarchitektur faßte er in der Beschreibung des von ihm und Hans Poelzig erarbeiteten Entwurfs für das Berliner Messegelände zusammen: »... es ist der Geist der großen Linie und des weiten Raumes, der Kurve, die das Flugzeug steuert, der Bahn, auf der das Auto gleitet, der knappen klaren Form, die die Maschine zeigt, die die Bewegungsgelenke des menschlichen Körpers freiläßt, kurz: das Wahre und nicht das Verlogene, das Konstruktive und nicht das Willkürliche, das Sachliche und nicht das Theaterhafte.«

Einzelne Impulse der Revolutionszeit von 1918/19 wirkten im Berlin der zwanziger Jahre weiter. Die im ›Arbeitsrat für Kunst‹ propagierte Glasarchitektur, die in ›Volkshäusern‹ Kunst und Volk zusammenbringen sollte, fand sich als Widerschein in den Fassaden der Geschäfts- und Kaufhäuser und in den Treppenhäusern der Gewerkschaftsbauten. Auch glaubten und hofften die Architekten und Planer, durch Veränderung der Umwelt den Menschen verändern zu können. So waren die Großsiedlungen und Volksparks Aufforderung zu neuen Formen kollektiven Wohnens und Lebens. Manches wurde zum Vorbild für andere Städte: die Zusammenfassung der Verkehrs- und Versorgungssysteme in städtischen Gesellschaften, die Siedlungen und deren Erschließung durch städtische Verkehrsmittel. Vieles allerdings blieb Entwurf, wie die Umgestaltung des Platzes der Republik und Martin Wagners Plan für eine Großsiedlung mit 14 500 Wohnungen auf dem Schöneberger Südgelände. Zahlreiche Entwicklungen wurden 1933 abgeschnitten und damit auch Korrekturen und Änderungen verhindert, die im System des ›Neuen Bauens‹ als Prinzip mit angelegt waren.

Die Stadt erhielt 1920 eine Mischform von zentraler und dezentraler Verwaltung. Sie wurde in zwanzig Bezirke eingeteilt, die sich bis heute erhalten haben. Die Wahlen zur ersten Stadtverordnetenversammlung im Juni 1920 ergaben eine Mehrheit der Linken. Adolf Wermuth, Berliner Oberbürgermeister seit 1912, wurde im September zum Oberbürgermeister der neuen Gesamtgemeinde gewählt, trat jedoch schon zwei Monate später zurück. Sein Nachfolger wurde im Januar 1921 der bisherige Stadtkämmerer Gustav Böss, Mitglied der Demokratischen Partei und Kandidat der bürgerlichen Parteien der Mitte. In die Amtszeit des überzeugten Republikaners, der 1929 im Zusammenhang mit einem Bestechungsskandal zurücktreten mußte, fielen die großen Bau- und Sozialprogramme des republikanischen Berlins.

Gustav Böss übernahm die Verantwortung für eine Stadt, die weiterhin unter den Folgen des verlorenen Krieges litt. 1923 gab er in der Broschüre ›Not in Berlin. Tatsachen und Zahlen‹ eine telegrammartig verdichtete Bestandsaufnahme des städtischen Elends und der Inflationsfolgen: »Erschütternde Berichte des Jugendamtes und der Hauptfürsorgestelle für Kriegsbeschädigte und Hinterbliebene beleuchten das herrschende Elend der Kinder – zahlreiche Kinder auch im zartesten Alter, nie einen Tropfen Milch – als Schulfrühstück trockenes Brot – schwere Psychosen der Mütter infolge der Entbehrungen – Kinder vielfach ohne Hemd und warme Kleidungsstücke zur Schule oder aus Mangel an Leib- und Unterwäsche ganz vom Schulbesuch zurückgehalten – in unbezogenen Betten oft 3–4 Kinder oder zusammen mit Erwachsenen ...«

Die minimale Bautätigkeit während des Krieges hatte den schon im Kaiserreich herrschenden Wohnungsmangel drastisch verschärft. Barackensiedlungen und Notunterkünfte gehörten zum Bild der Stadt. Die Zahl der Obdachlosen wuchs Anfang der zwanziger Jahre immens: Von 13 000 im Jahre 1918 registrierten Übernachtungen in den Asylen stieg die Zahl bis 1922 auf 782 000. Gegen Kinderelend und Arbeitslosigkeit, gegen lichtlose Hinterhöfe, Not- und Massenquartiere setzte die Stadt mit Erfolg ihre Wohnungsbau- und Freiflächenplanungen. Nicht mehr in einem ›Häusermeer‹, sondern in einem ›großen Garten mit Häusern‹ sollten die Berliner Arbeiter und Angestellten nun leben. Finanziert wurden die Siedlungen nach 1924 überwiegend aus Erträgen der Hauszinssteuer, die Volksparks, Stadien und Spielplätze mit den Mitteln der ›Stiftung Park, Spiel und Sport‹, die Gustav Böss im Dezember 1921 gegründet hatte.

Forderte und förderte Böss vor allem die Umgestaltung der Freiflächen, so trieb Martin Wagner, seit 1924 Geschäftsführer der von den Gewerkschaften getragenen Deutschen Wohnungsfürsorge AG (DEWOG), die Errichtung von Großsiedlungen voran. Da sie der Boden- und Zinsspekulation entzogen werden sollten, kamen private Bauträger nicht in Frage. Es entstand eine Vielzahl von gemeinwirtschaftlichen, oft genossenschaftlichen Wohnungsbaugesellschaften.

Bereits die erste der Großsiedlungen, die von Martin Wagner und Bruno Taut 1925 konzipierte ›Hufeisensiedlung‹ in Britz (Bauherr: GEHAG), das »gebaute Manifest«, war Experiment und zugleich programmatische Vollendung. Das Prinzip egalitären Wohnens, dem die Siedlungsplanungen verpflichtet waren, führte zu heftigen Protesten der Zehlendorfer und Dahlemer Villenbesitzer gegen die Waldsiedlung ›Onkel-Toms-Hütte‹. Neben der ›Weißen Stadt‹ in Reinickendorf war ›Siemensstadt‹ die letzte der vier Großsiedlungen, die im republikanischen Berlin erbaut wurden. Wie keine andere hatte sie den Charakter einer Bauausstellung, an der die Avantgarde Berliner Architekten: Hans Scharoun, Walter Gropius, Hugo Häring, Fred Forbat, Otto Bartning und Paul Rudolf Henning beteiligt war.

Beispielhaft für die Planungen in den zwanziger Jahren waren die Verdichtung des Verkehrsnetzes und die Sicherung der Stromversorgung. Trotz der hohen Baukosten wurde das Hoch- und U-Bahn-Netz zwischen 1918 und 1929 nahezu verdoppelt. 1929 erreichte der Verkehrsstadtrat Ernst Reuter den Zusammenschluß der Straßenbahn-, Omnibus- und Schnellbahn-Gesellschaften zur städtischen Berliner Verkehrs AG (BVG). Der Ausbau des Schnellbahnsystems, die Versorgung der Großsiedlungen, die Verdoppelung der ans Stromnetz angeschlossenen Haushalte zwischen 1924 und 1929 und die expandierende Industrie steigerten den Strombedarf der Stadt so sehr, daß die 1923 gegründete ›Berliner Städtische Elektrizitätswerke AG‹ (Bewag) den Bau von zwei Großkraftwerken in Auftrag gab. Im Frühjahr 1927 ging das Großkraftwerk Rummelsburg (später nach seinem Erbauer Klingenberg benannt) mit einer Kapazität von 270 000 Kilowatt ans Netz; bereits 1928 war das Kraftwerk West (heute Kraftwerk Reuter) im Bau. Beide Anlagen waren um 1930 beispielhafte großtechnische Ingenieurleistungen und darüber hinaus Modelle einer funktionalen Ästhetik, welche vor allem Photographen und Maler faszinierte.

1920 hatte die Republik das Amt eines Reichskunstwarts geschaffen. Sein Dienstsitz war Berlin, der erste Stelleninhaber war der Museumsdirektor und Kunsthistoriker Edwin Redslob. Wie er selbst formulierte, hatte er »bei allen Fragen, die mit Kunst und staatlicher Repräsentation zusammenhängen, eine den kulturellen und künstlerischen Ansprüchen genügende Auffassung (zu) gewährleisten.« Die »künstlerische Formgebung des Reiches« war der – letztlich nicht erfolgreiche – Versuch, nach einer Zeit des üppigen Dekors kaiserlicher Prachtentfaltung neue, schlichte republikanische Staatssymbole zu etablieren. Die »Inszenierung der Republik«, so nannten es die Zeitgenossen, schien sich »in den Kulissen zu verstecken« (Heinrich Mann). Nur selten kamen Volk und Republik zusammen – vor allem zu den Trauerfeiern für Walther Rathenau, Friedrich Ebert und Gustav Stresemann, die Edwin Redslob ausrichtete. Die Trauerfeier für Stresemann, an der Hunderttausende teilnahmen, war eine der wenigen großen und würdigen Selbstdarstellungen der Republik.

Der Reichskunstwart beriet auch die wenigen Bauvorhaben des Staates. Es mutet symbolhaft an, daß der erste Behördenbau der Republik 1919 bis 1924 die Reichsschuldenverwaltung in der Oranienstraße war. Ihr folgte das Dienstgebäude der Reichskanzlei, das Eduard Jobst Siedler 1928 bis 1930 nüchtern und sparsam repräsentativ errichtete. Die Wettbewerbsbeiträge von Hans Poelzig aus den Jahren 1927 und 1929 für die Gestaltung des Platzes der Republik (ehemals Königsplatz) hätten republikanisches Bauen in strenger Monumentalität sichtbar werden lassen; sie blieben jedoch Entwurf.

Am 9. August 1930 findet sich in Redslobs Terminkalender der Eintrag »Kroll«. Die Kroll-Oper, offiziell ›Staatsoper am Platz der Republik‹, verkörperte den Versuch, ein Opernhaus in die Reformbewegung der sozialen Musikerziehung und -pflege einzubinden, eine neue Form der Oper für neue Publikumsschichten zu schaffen. Sie stand vor allem den Mitgliedern der Berliner Volksbühne zur Verfügung. Dem Dirigenten und Intendanten Otto Klemperer gelang in den vier Jahren ihres Bestehens von 1927 bis 1931 die radikale, ja revolutionäre Veränderung der Kunstform Oper. An die Stelle von Pathos und Gefälligkeit traten Werkgenauigkeit, Rationalität und Exaktheit, an die Stelle der Stars das Ensemble. Gegen die bis dahin üblichen illusionistischen Bühnenbilder setzten Künstler wie Ewald Dülberg, László Moholy-Nagy, Oskar Schlemmer und Traugott Müller konstruktivistische Räume, Zeichen und Licht.

Die Kroll-Oper wurde zum Zentrum des avantgardistischen Musiktheaters, das weit über Berlin hinauswirkte, zum Anziehungspunkt der Künstler und Intellektuellen. »Die Kroll-Oper ist die einzige kunstpolitische Leistung, die der neue Staat vollbracht hat. Das einzige Staatstheater, das diesen Namen verdient«, so Herbert Ihering 1930. Bekämpft wurde sie von denen, die den Bruch mit überkommenen Seh- und Hörgewohnheiten nicht akzeptieren wollten. Nach langen heftigen Auseinandersetzungen beschloß der preußische Landtag im Mai 1931, die Zuschüsse zu streichen. Die Unterstützung wurde, wie Thomas Mann schrieb, verweigert, »weil die Kroll-Oper eine starke Position der geistigen und kulturellen Linken, weil sie Schnittpunkt der sozialen und künstlerischen Interessen und also aller sozialen und kulturellen Verstocktheit ein Dorn im Auge ist«. *P. H.*

23/1

23/10

23/1 Bewaffnete Arbeiter, Soldaten und Matrosen Unter den Linden, 9. November 1918 (Abb.)
Otto Haeckel
Photographie (Reproduktion)
Berlin, Agentur für Bilder zur Zeitgeschichte

Am 9. November 1918 erreichte die Revolution Berlin. In den Betrieben, den Kasernen und Lazaretten bildeten sich Arbeiter- und Soldatenräte.

23/2 Berliner vor der Reichskanzlei
Nach dem 9. November 1918; Photographie (Reproduktion)
Berlin, Bildarchiv PK

23/3 Der Rat der Volksbeauftragten, November 1918:
Wilhelm Dittmann (USPD), Otto Landsberg (SPD), Hugo Haase (USPD), Friedrich Ebert (SPD), Philipp Scheidemann (SPD), Emil Barth (USPD)
Photographie (Reproduktion)
Berlin, Ullstein Bilderdienst

Der am 10. November 1918 gebildete Rat der Volksbeauftragten war die erste provisorische Regierung der Republik. Er war paritätisch aus Mitgliedern der (Mehrheits-) Sozialdemokratie und der 1917 gegründeten Unabhängigen Sozialdemokratischen Partei Deutschlands (USPD) zusammengesetzt.

23/4 Berliner bei der Rückkehr der Truppen Unter den Linden, 10. Dezember 1918
Willy Römer
Photographie (Reproduktion)
Berlin, Agentur für Bilder zur Zeitgeschichte

23/5 Die Reichskonferenz der Arbeiter- und Soldatenräte in Berlin, 16. Dezember 1918:
Der Sitzungssaal im Preußischen Abgeordnetenhaus während der Eröffnungsrede des Vorsitzenden des Berliner Vollzugsrates der Arbeiter- und Soldatenräte und Führers der Revolutionären Obleute, Richard Müller
Photographie (Reproduktion)
Berlin, Ullstein Bilderdienst

23/6 Die Volksmarinedivision und die Dezemberkämpfe 1918
a) Matrosen der Volksmarinedivision bei einer Mahlzeit im Marstall-Gebäude in der Nähe des Berliner Stadtschlosses, November 1918
b) Das Schloßportal nach der Beschießung durch Regierungstruppen (Generalkommando Lequis), 24. Dezember 1918
Willy Römer
c) Soldaten vor dem Schloß nach den Kämpfen am 24. Dezember 1918
Willy Römer

Drei Photographien (Reproduktionen)
Berlin, Ullstein Bilderdienst
Berlin, Agentur für Bilder zur Zeitgeschichte

Die Volksmarinedivision war im Schloß und im Marstall einquartiert. Ihre geplante Verlegung führte am 24. Dezember 1918 zu heftigen Kämpfen, bei denen es 67 Tote gab.

23/7 Der Rat der Volksbeauftragten, Januar 1919:
Otto Landsberg, Philipp Scheidemann, Gustav Noske, Friedrich Ebert, Rudolf Wissell (alle SPD)
Photographie (Reproduktion)
Berlin, Landesarchiv Berlin (Rep. 250 Acc. 2374 Nr. 120)

23/11 a

Wegen schwerwiegender politischer Differenzen schieden am 29. Dezember 1918 die drei USPD-Mitglieder aus dem Rat der Volksbeauftragten aus. An ihre Stelle traten am gleichen Tag die SPD-Mitglieder Noske und Wissell; der ebenfalls berufene Paul Löbe lehnte ab.

23/8 Januarkämpfe in Berlin, 1919

a) Bewaffnete Arbeiter besetzen das Zeitungsviertel in der Friedrichstadt, 5. Januar 1919
b) Arbeiter und Soldaten hinter Barrikaden aus Zeitungspapierrollen vor dem Mosse-Haus in der Schützenstraße, 11. Januar 1919

Willy Römer

Zwei Photographien (Reproduktionen)
Berlin, Agentur für Bilder zur Zeitgeschichte

Die Entlassung des Berliner Polizeipräsidenten Emil Eichhorn, der der USPD angehörte, führte am 5. Januar 1919 zu Massendemonstrationen gegen die Regierung und zur Besetzung von Teilen des Zeitungsviertels. Der sogenannte ›Spartakusaufstand‹ wurde mit Hilfe regierungstreuer Truppen und Freikorps militärisch niedergeschlagen. Am 15. Januar wurden Karl Liebknecht und Rosa Luxemburg von Angehörigen der Garde-Kavallerie-Schützen-Division ermordet.

23/9 ›Die Lebenden dem Toten. Erinnerung an den 15. Januar 1919‹ Gedenkblatt für Karl Liebknecht

Käthe Kollwitz

1920; Holzschnitt, 54×67,6 cm (Blgr.)
Kassel, Arbeitsgemeinschaft Friedhof und Denkmal e. V., Stiftung Zentralinstitut und Museum für Sepulkralkultur (82/312)
(Dauerleihgabe der Bundesrepublik Deutschland)

23/10 Menschen über der Welt (Abb.)

Conrad Felixmüller

1919; Lithographie, 70,5×54 cm
Wiesbaden, Museum Wiesbaden

Felixmüllers Lithographie ist Karl Liebknecht und Rosa Luxemburg gewidmet.

23/11 Märzkämpfe in Berlin, 1919

a) Posten der Regierungstruppen auf dem Alexanderplatz, 8. März 1919 (Abb.)
b) Erschossene Gefangene der Regierungstruppen nach den Kämpfen in der Großen Frankfurter Allee und in Lichtenberg

Willy Römer

Zwei Photographien (Reproduktionen)
Berlin, Agentur für Bilder zur Zeitgeschichte

Mit einem Generalstreik, der am 3. März 1919 von der Vollversammlung der Groß-Berliner Arbeiter- und Soldatenräte beschlossen und seit dem 4. März auch von der Berliner Gewerkschaftsführung mitgetragen wurde, sollte eine Änderung der Regierungspolitik im Sinne der ursprünglichen Revolutionsforderungen erzwungen werden. Es kam zu schweren bürgerkriegsähnlichen Kämpfen in Berlin, die bis zum 11. März andauerten. Die Märzkämpfe forderten 1200 Tote.

23/12 Der Kapp-Putsch, März 1920
a) Freikorpssoldaten beim Verteilen von Flugblättern
b) Biwak der Freikorpssoldaten vor dem Brandenburger Tor
Willy Römer

Zwei Photographien (Reproduktionen)
Berlin, Ullstein Bilderdienst
Berlin, Agentur für Bilder zur Zeitgeschichte

Die größte Bedrohung der Republik kam von rechts. Der ultrarechte Politiker Wolfgang Kapp und der Reichswehrgeneral Walther von Lüttwitz ließen am 13. März 1920 die Freikorpsbrigade Ehrhardt in Berlin einmarschieren, um die Regierung zu stürzen. Diese flüchtete nach Stuttgart. Regierungstruppen waren nicht bereit, gegen die Aufständischen anzutreten. Der zunächst scheinbar erfolgreiche Putsch löste einen Generalstreik aus und scheiterte daraufhin binnen weniger Tage.

23/13 Das Attentat auf Walther Rathenau, 24. Juni 1922
a) Der Tatort in der Königs-Allee in Berlin-Grunewald
b) Demonstration im Lustgarten

Zwei Photographien (Reproduktionen)
Berlin, Ullstein Bilderdienst

Bei radikalen Nationalisten und Antisemiten war der Außenminister der Republik einer der meistgehaßten Politiker. Offiziere der rechtsradikalen ›Organisation Consul‹ ermordeten Rathenau am 24. Juni 1922 in der Königs-Allee.

23/14 Berliner Not- und Inflationsjahre
a) Kinder durchsuchen in der Nähe der Zentralmarkthalle Abfälle nach Eßbarem, 1919
b) Unterernährte Großstadtkinder im Inflationsjahr 1923

Zwei Photographien (Reproduktionen)
Berlin, Landesbildstelle Berlin
Koblenz, Bundesarchiv Koblenz (74/74/43)

23/15 Eisenbahnwaggon als Notwohnung
Photographie, Reproduktion aus: Hans Ostwald, Sittengeschichte der Inflation, Berlin 1926

23/16 Inflationsgeld wird vernichtet
Photographie, Reproduktion aus: Hans Ostwald, Sittengeschichte der Inflation, Berlin 1926

23/17 ›Trotz alledem‹ Photomontage zur ›Roten Revue‹
Reproduktion (Original 1925)
Berlin, Akademie der Künste, Erwin-Piscator-Archiv

Die von Erwin Piscator und Felix Gasbarra konzipierte, kollektiv erarbeitete ›Rote Revue‹ hatte die Epoche vom Ausbruch des Krieges bis zur Ermordung von Liebknecht und Luxemburg zum Thema. Die KPD hatte für die Aufführung, die sie für die Eröffnung ihres zehnten Parteitages am 12. Juli 1925 in Berlin in Auftrag gegeben hatte, das Große Schauspielhaus gemietet.

23/18 ›Programm des Arbeitsrats für Kunst‹
Bruno Taut

2. Aufl., Berlin 1919
Berlin, Akademie der Künste, Sammlung Baukunst

Das Forum der Architekten war vor allem der ›Arbeitsrat für Kunst‹, der sich bereits im November 1918 konstituiert hatte. Sein Ziel war die »Einheit von Kunst und Volk«. ›Volkshäuser‹ und gläserne ›Stadtkronen‹ sollten als »Vermittlungsstätten aller Künste an das Volk« errichtet werden. Scharouns Aquarelle und Molzahns Zeichnung (vgl. Kat. Nr. 23/19 u. 23/20) sind utopische Entwürfe, die diese Gedanken widerspiegeln.

23/19 Architekturvisionen
Hans Scharoun

Um 1919; zwei Aquarelle; 47,5 × 36 cm, 36 × 47,5 cm
Berlin, Akademie der Künste, Sammlung Baukunst

23/20 Architekturentwurf, eingesandt an den ›Arbeitsrat für Kunst‹
Johannes Molzahn

1919; Bleistiftzeichnung, 60,2 × 40,7 cm
München, Sammlung Loretto Molzahn

23/27 d

23/27 a

23/21 ›Für Groß-Berlin‹ Broschüre des ›Propaganda-Ausschusses‹

Heft 1, Berlin 1912
Berlin, Landesarchiv Berlin, Bibliothek
(Soz 1009/1)

Ziele des 1911 gegründeten ›Zweckverbandes Groß-Berlin‹ waren: »Weiträumige Bebauungspläne für gesunde Kleinwohnungen. Ausbau des Schnellbahnnetzes und billige Tarife / leicht erreichbare Parks und Spielplätze. Wald und Wiesengürtel« (so die auf der Titelseite der Broschüre aufgeführten Forderungen). Der größte Erfolg des Zweckverbandes war der Erwerb von rund 10000 Hektar ›Dauerwald‹ 1915.

23/22 Übersichtsplan der Stadt Berlin nach dem Gesetz über die Bildung der neuen Stadtgemeinde Berlin vom 27. April 1920

Farbdruck, 82×100 cm
Berlin, Landesarchiv Berlin, Plankammer
(Acc.2717 Nr.5)

23/23 ›Wie fahr ich in Groß-Berlin?‹ Straßen- und Verkehrsplan mit allen Linien der Straßenbahn, der Autobusse, der U-Bahn und der S-Bahn

1933; Farbdruck, 53,5×82 cm
Berlin, Staatsbibliothek PK, Kartenabteilung
(19014 R)

23/24 Modell eines S-Bahnzuges (um 1929)

Um 1950; 10×160×8 cm
Berlin, Privatbesitz

Die Elektrifizierung der S-Bahn war 1929 abgeschlossen. Für ihren Betrieb hatten die Reichsbahn und die Stadt eine Kapazität von je 37500 Kilowatt in das Netz einzugeben.

23/25 Blick vom Bahnhof Gleisdreieck auf die Gleise der Ring- und Vorortbahn in der Nähe des Potsdamer Platzes
Emil-Otto Hoppé

Um 1930; Photographie (Originalabzug),
19,5×24,5 cm
Berlin, Ullstein Bilderdienst

23/26 Zentrale Überwachungsstelle des Hochspannungsnetzes der Berliner Stadt-, Ring- und Vorortbahnen
W. Seldow

1931; Photographie (Originalabzug),
16×24 cm
Berlin, Ullstein Bilderdienst

23/27 Das Kraftwerk Rummelsburg
a) Außenansicht (Abb.)
b) Turbo-Dynamo
c) Kohlenförderanlage
d) Schaltzentrale (Abb.)
Emil-Otto Hoppé

Um 1930; vier Photographien (Originalabzüge); 19,3×24,5 cm, 27,8×21,3 cm,
23×28,2 cm, 19×24,2 cm
Berlin, Ullstein Bilderdienst

1925 begann die AEG im Auftrag der ›Berliner Städtischen Elektrizitätswerke Aktiengesellschaft‹ (Bewag; gegründet 1923) nach den Plänen von Gustav Klingenberg den Bau eines Großkraftwerks in Rummelsburg. Es ging bereits 1927 mit einer Leistung von 270000 Kilowatt ans Netz. Die Turbinen der Anlage gehörten zu den größten der Welt.

23/28 Das Freibad Stralau-Rummelsburg
a) Massenbesuch im Bad
Alfred Eisenstädt
b) Das Freibad, im Hintergrund das Kraftwerk Rummelsburg

Um 1931; zwei Photographien; 22,5×16 cm,
16×20 cm
Berlin, Ullstein Bilderdienst
Berlin, Berliner Kraft- und Licht (Bewag)-AG,
Archiv

Mit dem Kühlwasser des Kraftwerks Rummelsburg wurde die Wassertemperatur des nahegelegenen Freibades um 3–5°C erwärmt.

23/29 Bau des Kraftwerks West
a) Aushebung des Hafens
b) Kesselhausstützen
c) Kühlwasserpumpen
d) Ansicht von Westen
Carl Grossberg

1929–1932; vier Lithographien aus einer Mappe mit zwölf Blättern, je 40×50 cm bzw.
50×40 cm (Blgr.)
Berlin, Berliner Kraft- und Licht (Bewag)-AG,
Archiv

Von 1928 bis 1930 wurde in Ruhleben als ›Tagesgrundkraftwerk‹ das zweite Großkraftwerk Berlins, das Kraftwerk West (das heutige Kraftwerk Reuter), mit einer Leistung von 200000 Kilowatt erbaut.

23/31 b

23/30 Modell ›Berliner Stromverbrauch 1922–1928‹ (›Belastungsgebirge‹)

Um 1929; Stoff, Gips, Draht; 55 × 152 × 29 cm
München, Deutsches Museum

Das ›Belastungsgebirge‹ verdeutlicht den zum Ende der zwanziger Jahre in die Höhe schnellenden Stromverbrauch der Gesamtgemeinde Berlin.

23/31 Querschnitt durch ein Mietshaus in der Stresemannstraße in Kreuzberg

a) ›Der Hof des Hauses in der Stresemannstraße, dessen Wohnungen unser Berichterstatter mit der Kamera durchwandert hat‹
b) ›Ganz oben unter dem Dach hat ein Zeichner, der für Kinderzeitungen arbeitet, sein Atelier‹ (Abb.)
c) ›Er ist Straßenbahnschaffner und übernimmt zu Mittag am Halleschen Tor den Wagen der Linie 1‹
d) Die Frau des Bildhauers räumt vor dem Atelier auf
e) Die Wäsche eines Privatsanatoriums im Hause wird von einem Lkw abgeladen
f) Waschtag
g) Eine Bewohnerin holt Holz und Kohlen aus dem Keller
h) Garderobe in einer Kellerwohnung
i) Die Praxis eines Röntgenarztes
j) Dienstmädchen beim Teppichklopfen
k) Klavierunterricht
l) Kaffeekränzchen

Felix H. Man

1932; zwölf Photographien (Originalabzüge) aus einer Serie von achtzehn Photographien, je 18 × 24 cm bzw. 24 × 18 cm
Berlin, Ullstein Bilderdienst

Felix H. Mans im Auftrag der ›Berliner Illustrirten‹ erstellte Bildreportage ist ein einzigartiges Dokument des Berliner Alltags am Ende der Weimarer Republik.

23/32 Die ›Hufeisensiedlung‹ in Britz, erster und zweiter Bauabschnitt

a) Das ›Hufeisen‹ kurz nach der Fertigstellung
b) Fritz-Reuter-Allee (›Rote Front‹)
c) Kirsch-Allee (heute Parchimer Allee) (Abb.)

Arthur Köster

Um 1927; drei Photographien (Reproduktionen)
Berlin, Akademie der Künste, Sammlung Baukunst

23/32 c

Die ›Hufeisensiedlung‹, 1925 bis 1933 unter der Leitung von Bruno Taut und Martin Wagner im Auftrag der Gemeinnützigen Heimstätten AG (GEHAG) erbaut (2317 Wohnungen; Gartengestaltung Leberecht Migge), war die erste der vier Großsiedlungen, die im republikanischen Berlin entstanden. Ihr folgten die Waldsiedlung ›Onkel-Toms-Hütte‹, die Siedlung ›Siemensstadt‹ und die ›Weiße Stadt‹ in Reinickendorf. An ihnen waren die wichtigsten Architekten des ›Neuen Bauens‹ beteiligt. Als Projekte gemeinwirtschaftlicher Gesellschaften waren die Siedlungen der Mietspekulation entzogen. Die standardisierte und rationalisierte Bauausführung ermöglichte kurze Bauzeiten und vergleichsweise niedrige Mieten.

23/33 Modell der ›Hufeisensiedlung‹ im Bau, Zustand 1925

Jörg Schulze, Fery Poursoltan

1985; Holz, Grundfläche 100×200 cm (Teilmodell); M 1:85
Berlin, Akademie der Künste, Sammlung Baukunst

Das Modell basiert auf Photographien, die die einzelnen Bauphasen von der Markierung des Grundstücks bis zum Rohbau zeigen.

23/34 Zweiter Lageplanentwurf der ›Hufeisensiedlung‹, 1926/27

Farbdruck, 31×46 cm
Berlin, Akademie der Künste, Sammlung Baukunst

23/35 Die Waldsiedlung ›Onkel-Toms-Hütte‹ in Zehlendorf

a) Vierfamilienhäuser in der Riemeisterstraße (Entwurf Bruno Taut)
b) Argentinische Allee (Entwurf Bruno Taut)

Arthur Köster

Um 1931; drei Photographien (Reproduktionen)
Berlin, Akademie der Künste, Sammlung Baukunst

Die Siedlung wurde unter der Leitung von Bruno Taut, Hugo Häring und Otto-Rudolf Salvisberg im Auftrag der GEHAG erbaut; die Gartenanlagen wurden von Leberecht Migge gestaltet. Anders als bei der ›Hufeisensiedlung‹ war hier Baumbestand vorhanden, der von den Architekten in die Planungen einbezogen wurde.

23/36 Rekonstruktion der Fassadenfarbigkeit der Berliner Großsiedlungen

a) ›Hufeisensiedlung‹: das Hufeisen und ›Dörchleuchting‹
b) Waldsiedlung ›Onkel-Toms-Hütte‹: Riemeisterstraße und Argentinische Allee

1983–1987; vier farbige Zeichnungen, je 24×18 cm
Berlin, Architekturwerkstatt Helge Pitz – Winfried Brenne

Die Farbgebung, für die Architekten der zwanziger Jahre wichtiger Bestandteil der Planung, wurde im Laufe der Jahre immer wieder verändert. Die Architekturwerkstatt Helge Pitz und Winfried Brenne rekonstruierte im Auftrag des Landeskonservators und der Wohnungsbaugesellschaft GEHAG die ursprüngliche Farbigkeit der Siedlungen.

23/37 Ausstellungspavillon der ›Allgemeinen Häuserbau AG von 1872 Adolf Sommerfeld‹ (AHAG) für die Ausstellung ›Wohn im Grünen – Idealfall Zehlendorf‹ (Abb.)

1928; Photographie (Reproduktion)
Berlin, Bauhaus-Archiv

Der Bauunternehmer Adolf Sommerfeld ließ 1928 diesen von Walter Gropius und László Moholy-Nagy entworfenen Pavillon errichten, der für die geplanten Ein- und Mehrfamilienhäuser ebenso werben sollte wie für die rationelle Bauausführung seiner Firmen.

23/38 Die Siedlung ›Siemensstadt‹

a) Goebelstraße (Entwurf Hugo Häring)
b) Jungfernheideweg (Entwurf Walter Gropius)
c) Jungfernheideweg (Entwurf Hans Scharoun)

Arthur Köster

1931; drei Photographien (Reproduktionen)
Berlin, Akademie der Künste, Sammlung Baukunst

23/37

Der Bauherr der Siedlung ›Siemensstadt‹ war die Gemeinnützige Baugesellschaft Heerstraße mbH, die Architekten waren Hans Scharoun, Walter Gropius, Hugo Häring, Otto Bartning, Fred Forbat und Paul Rudolf Henning (Gartengestaltung: Leberecht Migge).

23/39 Das Eßzimmer des Theaterregisseurs Erwin Piscator (Abb.)

Sasha Stone

Um 1928; Photographie (Originalabzug), 15,5×23 cm
Berlin, Ullstein Bilderdienst

Radikal wie bei seinen Inszenierungen zeigte sich Piscator auch bei der Einrichtung seiner Wohnung, die er avantgardistisch karg mit Möbeln der Bauhausdesigner ausstattete.

23/40 Das Wohnzimmer Erwin Piscators

Atelier Jacobi

Um 1928; Photographie (Originalabzug), 18×24 cm
Berlin, Ullstein Bilderdienst

23/41 Die Wohnung des Filmregisseurs Fritz Lang: Schlafzimmer mit Toilettentisch und Box-Zimmer

Martin Munkacsy

1932; zwei Photographien (Originalabzüge); 30×20,8 cm, 20,5×29 cm
Berlin, Ullstein Bilderdienst

Fritz Lang hatte die Einrichtung seiner dem internationalen Stil der Zeit – art deco – verpflichteten Wohnung selbst entworfen. Zwar hatten viele Künstler der zwanziger Jahre Sportgeräte in der Wohnung, Fritz Lang aber ließ sich einen vollständigen Boxring installieren.

23/42 Das Verbandshaus der Deutschen Buchdrucker in Schöneberg, Dreibundstraße (Entwurf Max Taut, Franz Hoffmann): Sitzungssaal und Druckerei

Zwei Photographien (Reproduktionen)
Berlin, Akademie der Künste, Sammlung Baukunst

1924 bis 1926 entstand das Verbandshaus der Deutschen Buchdrucker an der Dreibundstraße, der heutigen Dudenstraße. Der konstruktivistische Bildhauer Rudolf Belling gestaltete für den Sitzungssaal die Bildnismaske des Gründers der Gewerkschaft der Buchdrucker, Richard Haertel. In den Treppenhäusern des Wohn- wie des Bürotraktes finden sich die Farben der Republik Schwarz – Rot – Gold.

23/39

23/43

23/45

23/43 Das Verwaltungsgebäude der Reichsknappschaft am Breitenbachplatz (Entwurf Max Taut, erbaut 1928–1930): Hofansicht und Treppenhaus (Abb.)

Zwei Photographien (Reproduktionen)
Berlin, Akademie der Künste, Sammlung Baukunst

Wie der Allgemeine Deutsche Gewerkschaftsbund oder der Deutsche Metallarbeiter-Verband nahm auch die Reichsknappschaft, die Genossenschaft für den Bergbau, ihren Verwaltungssitz in der Reichshauptstadt. Für das Verwaltungsgebäude gestaltete Rudolf Belling 1930 die lebensgroße Statue eines Bergarbeiters.

23/44 Bergarbeiter
Rudolf Belling

1930; Eisenguß, H 80 cm
Krailling, Yolanda Belling

Diese Statuette war das Modell für die im Auftrag der Reichsknappschaft geschaffene Plastik.

23/45 Das Warenhaus der Konsumgenossenschaft am Oranienplatz in Kreuzberg (Entwurf Max Taut, erbaut 1930/31): Außenansicht und Dachterrassen (Abb.)

Zwei Photographien (Reproduktionen)
Berlin, Akademie der Künste, Sammlung Baukunst

23/46 Das Haus des Deutschen Metallarbeiter-Verbandes in Kreuzberg, Alte Jakobstraße (Entwurf Erich Mendelsohn, Rudolf W. Reichel): Außenansicht, Hof mit Treppenhaus und Blick in das Treppenhaus

Zwei Photographien (Reproduktionen)
Berlin, Kunstbibliothek, SMPK

Der sachlich-repräsentative, in den Jahren 1929/30 auf einem Eckgrundstück errichtete Bau ist bewußt in Kontrast zu dem üppig ornamentierten kaiserzeitlichen Reichspatentamt auf der gegenüberliegenden Straßenseite gesetzt.

23/47 Straßen der Arbeit (Rekonstruktion des Wandbildentwurfs von Oskar Nerlinger)
Barry McCallion

1977 (Original 1929); Tempera/Lw., 173×323 cm
Berlin, Berlinische Galerie (BG-G 2202/80)

23/48 b

23/48 Strandbad Wannsee
a) Das Strandbad im Modell
b) Sommerlicher Badebetrieb (Abb.)
Arthur Köster

Um 1931; zwei Photographien (Reproduktionen)
Berlin, Akademie der Künste, Sammlung Baukunst

1930 wurde das alte Strandbad Wannsee nach Entwürfen der Architekten Martin Wagner und Richard Ermisch zur großstädtischen, zehntausende von Besuchern fassenden Badeanstalt umgebaut. Die Planungen sahen einen großen Pier mit Pavillon, ein zentrales Terrassenrestaurant und einen Yachthafen vor. Sie konnten nur in reduzierter Form verwirklicht werden.

23/49 Das Stadion des ›Sport-Clubs Charlottenburg‹ in Eichkamp (Entwurf Fred Forbat, erbaut 1930): Außenansicht und Tribüne

Zwei Photographien (Reproduktionen)
Berlin, Akademie der Künste, Sammlung Baukunst

23/50 Modell des Volksparks Rehberge, mit Wassersportplatz und Uferweg Plötzensee (Abb.)

1928; Holz, Gips, Tempera; Grundfläche 153×222 cm; M 1:1000
Berlin, Bezirksamt Wedding

Der Volkspark Rehberge wurde 1923 bis 1929 unter der Leitung der Gartenarchitekten Erwin Barth und Rudolf Germer auf einem Dünengelände angelegt. Er enthielt Sportstätten und ein Freibad am Plötzensee, einen Uferweg mit Gartenanlagen, Dauerkleingärten und Planschwiesen, eine Freilichtbühne und seit 1930 auch den Rathenau-Brunnen. Da die Ausführung der Anlage als Notstandsarbeit durchgeführt wurde, beschränkten sich die Ausgaben der Stadt auf 600 000 Mark.

23/51 Die Anlage des Volksparks Rehberge (Abb.)

1923–1929; acht Photographien (Originalabzüge), je 16×23 cm
Berlin, Bezirksamt Wedding

23/52 Modell des Rathenau-Brunnens nach den Zeichnungen und Entwürfen Georg Kolbes
Harald Haacke

1985; Gips; H 58 cm, Dm 76 cm
Berlin, Bezirksamt Wedding

Die von der Kunstdeputation des Berliner Magistrats geförderte Errichtung des Brunnens in den Rehbergen im September 1930 wurde von der AEG ermöglicht. Bereits 1934 veranlaßten die Nationalsozialisten die Demontage des Brunnens. Am 9. Juli 1987 wurde eine Rekonstruktion auf dem alten Platz aufgestellt.

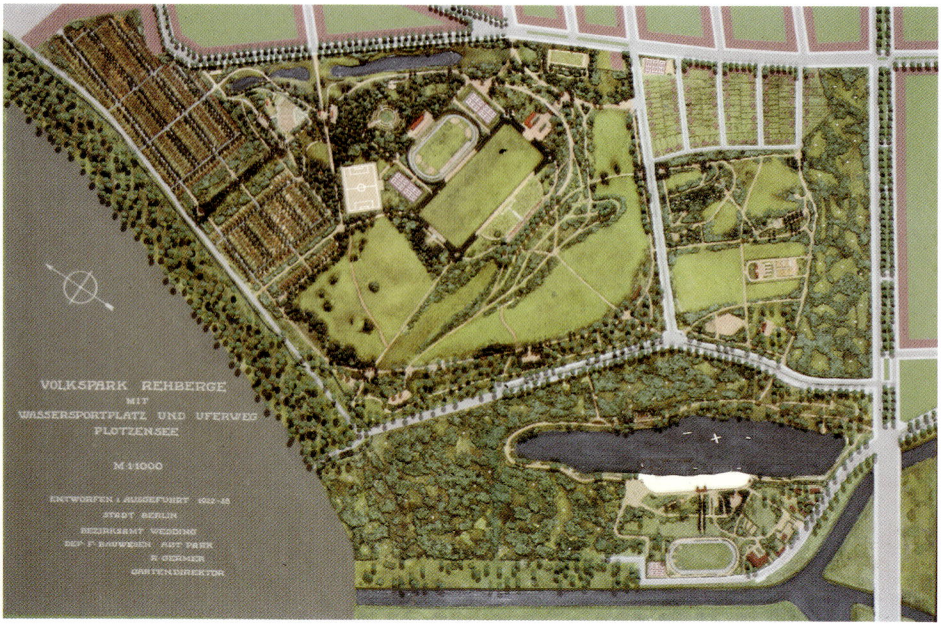
VOLKSPARK REHBERGE
MIT
WASSERSPORTPLATZ UND UFERWEG
PLOTZENSEE
M 1:1000
STADT BERLIN
BEZIRKSAMT WEDDING

23/50

23/51

23/53 Der Rathenau-Brunnen

1930; Photographie (Reproduktion)
Berlin, Landesarchiv Berlin (Rep. 200 Acc.2527 Nr.31 Bl.3)

23/54 Bildnis des Martin Wagner

Um 1930; Photographie (Reproduktion)
Berlin, Akademie der Künste, Sammlung Baukunst

Martin Wagner (1885–1957), seit 1918 Stadtbaurat von Schöneberg, wurde 1924 Geschäftsführer der von den Gewerkschaften gegründeten ›Deutschen Wohnungsfürsorge AG‹ (DEWOG). Zusammen mit Bruno Taut begann er 1925 die Planungen für die Hufeisensiedlung in Britz. 1926 wurde Wagner Dezernent der Hochbaudeputation des Magistrats und Leiter des Städtebauamtes. 1927 begann er mit den Vorbereitungen für die Deutsche Bauausstellung Berlin, die 1931 eröffnet wurde. 1933 aus dem Amt entlassen, emigrierte Wagner 1935 in die Türkei und 1938 in die USA.

23/55 Deutsche Bauaustellung Berlin, 1931

a) ›Wohnungskultur‹
Emil Leitner
b) ›Spielende Jugend‹
Düren & Henschel
c) Halle des Bundes deutscher Architekten
d) Das Ausstellungsgelände aus der Vogelschau

Vier Photographien (Originalabzüge), je 22×28 cm
Berlin, Ausstellungs-Messe-Kongress-GmbH

23/56 Bildnis des Gustav Böss (Abb.)

Max Oppenheimer
Vor 1929; Öl/Lw., 107×90 cm; bez. u. l.: MOPP
Berlin, Berlin Museum

Gustav Böss (1873–1946), seit 1912 Stadtkämmerer von Berlin, wurde am 20. Januar 1921 zum Oberbürgermeister gewählt. Böss, Mitglied der Deutschen Demokratischen Partei (DDP), erwies sich als überzeugter Demokrat und engagierter Sozialpolitiker. Im Zusammenhang mit einem Korruptionsskandal im Herbst 1929 (›Sklarek-Skandal‹) wurde Böss Bestechlichkeit vorgeworfen. Vor allem die rechtsgerichteten Parteien, aber auch die Kommunisten forderten seine Amtsenthebung; am 7. November 1929 trat er zurück. Der Prozeß vor dem Oberverwaltungsgericht führte am 1. Oktober 1930 zur fast vollständigen Rehabilitierung, dennoch ließ sich Böss im Oktober 1930 pensionieren. 1933 von den Nationalsozialisten verhaftet, wurde er 1934 freigelassen.

23/56

23/57 Büste des Gustav Böss

Karl Trumpf
1924; Bronze, H 29 cm; bez. rückseitig: K. Trumpf 1924
Aschau, Heinz Böss

23/58 Bestallungsurkunde des Oberbürgermeisters Gustav Böss, ausgestellt vom Magistrat der Stadt Berlin, 10. Februar 1921

Maschinenschrift, 29,5×21 cm
Berlin, Landesarchiv Berlin (Rep.200 Acc.2527 Nr.17/4)

23/59 Zwei Photoalben mit Aufnahmen aus der Amtszeit des Oberbürgermeisters Gustav Böss

1921–1929 (Aus dem dienstlichen Leben), 24×30 cm; 14.–31. Oktober 1929 (Dienstreise in die USA), 30×32 cm
Aschau, Heinz Böss

23/60 Die Not in Berlin – Tatsachen und Zahlen

Gustav Böß
Berlin: Zentralverlag 1923
Berlin, Landesarchiv Berlin, Bibliothek (Soz 989)

Hier wie bei anderen Publikationen erscheint der Name des Oberbürgermeisters in der Schreibweise ›Böß‹.

23/66

23/61 Wie helfen wir uns? Wege zum wirtschaftlichen Wiederaufstieg
Gustav Böß

Berlin: Alfred Metzner 1926
Berlin, Landesarchiv Berlin, Bibliothek (Soz 954)

23/62 Berlin von heute – Stadtverwaltung und Wirtschaft
Gustav Böß

Berlin: Gsellius 1929
Berlin, Landesarchiv Berlin, Bibliothek (Soz 135)

23/63 Ansichtskarte ›»Oberbürgermeister« Böss auf den Trümmern Berlins!‹

Aufschrift: »Vergiss nicht Deine große Zeit, Wo Du zum stehlen weit und breit Pelzmäntel, Geld und Titel raubtest, Pension auf 28000 schraubtest. Zu Asche wirst Du Schwein verwehen, für Dich werden Ehrenmänner stehen«
Aschau, Heinz Böss

Am 30. April 1933 (Poststempel) erhielt Böss im Untersuchungsgefängnis Moabit diese von den Nationalsozialisten herausgegebene diffamierende Postkarte, auf der sein von Max Oppenheimer gemaltes Bildnis reproduziert ist.

23/64 Büste des Walther Rathenau
Benno Elkan

1923; Bronze, H 32 cm; bez.: Benno Elkan 1923
Hamburg, Hamburger Kunsthalle

Der 1867 geborene Sohn des Gründers der AEG, Emil Rathenau, war seit 1899 Mitglied, seit 1915 Vorsitzender des Vorstands der AEG. Verfasser vielbeachteter Bücher und Abhandlungen, trat er 1914/15 als Organisator des Kriegsrohstoffwesens und seit 1915 vielfach als Sachverständiger der Reichsregierung auf internationalen Konferenzen hervor. Er wurde 1921 Wiederaufbauminister und im Februar 1922 Reichsaußenminister. Am 16. April 1922 schloß er den Vertrag von Rapallo mit der Sowjetunion. Am 24. Juni 1922 fiel er auf dem Weg ins Auswärtige Amt einem Mordanschlag von Rechtsradikalen zum Opfer.

23/65 Bildnis des Edwin Redslob
Emil Stumpp

Lithographie, 38×28 cm
Bonn, Deutscher Bundestag – Verwaltung

Der Kunsthistoriker Edwin Redslob (1884–1973) wurde 1920 in das neugeschaffene Amt des Reichskunstwarts eingesetzt. Er war verantwortlich für »die künstlerische Formgebung des Reiches«, d. h. für das Erscheinungsbild und die Symbolik des republikanischen Staates (z. B. am Verfassungstag, dem 11. August, und bei Staatsbegräbnissen). Redslob wurde 1933 seines Amtes enthoben. Er war einer der Gründer der Freien Universität Berlin (1948) und 1948/49 ihr geschäftsführender Rektor.

23/66 Entwurf für einen Reichsadler der Weimarer Republik (Abb.)
Karl Schmidt-Rottluff

Um 1920; Holzschnitt, 50×39,4 cm
Berlin, Berlin Museum

Der Holzschnitt Schmidt-Rottluffs war einer der vom Reichskunstwart in Auftrag gegebenen Entwürfe für den republikanischen Reichsadler. Er wurde nicht verwendet.

23/67 Das Reichssiegel (Der Reichsadler als Schmuckform zur Verwendung auf amtlichen Schildern und Drucksachen)

Um 1920; Prägedruck in Rot und Schwarz, 32,5×20,5 cm
Nürnberg, Archiv für Bildende Kunst im Germanischen Nationalmuseum (I B,2 ⟨b 21⟩)

23/77

23/68 Fünf Reichsadler vom Portal des Dienstgebäudes der Reichsschuldenverwaltung

Getönte Gipsabgüsse nach den Originalen von Hugo Lederer (1923/24), je 48,7 × 46,7 cm
Berlin, Berliner Festspiele GmbH

Die Reichsschuldenverwaltung in der Oranienstraße in Kreuzberg wurde von German Bestelmeyer 1919 bis 1924 erbaut. Sie war der erste große Behördenbau der Republik in Berlin. Die Bauplastik entwarf Hugo Lederer.

23/69 Berliner vor dem Gebäude der Reichsschuldenverwaltung, 1923

Photographie (Reproduktion)
Berlin, Ullstein Bilderdienst

23/70 Verfassungsfeiern in Berlin

a) Der geschmückte Sitzungssaal des Reichstags, 11. August 1922
b) Reichspräsident Friedrich Ebert auf der Terrasse des Schlosses, 11. August 1924
c) Reichspräsident Paul von Hindenburg begibt sich zur Abnahme der Parade der Wachtruppen, 11. August 1931

Drei Photographien (Reproduktionen)
Berlin, Ullstein Bilderdienst

23/71 Kalender des Reichskunstwarts Edwin Redslob für das Jahr 1930 mit der Eintragung »Kroll«

Nürnberg, Archiv für Bildende Kunst im Germanischen Nationalmuseum (I A,3)

Wie viele Künstler und Intellektuelle gehörte auch Edwin Redslob zu den Besuchern der avantgardistischen Kroll-Oper am Platz der Republik.

23/72 Die künstlerische Formgebung des Reichs
Edwin Redslob

Berlin: Werkkunstverlag 1926
Nürnberg, Archiv für Bildende Kunst im Germanischen Nationalmuseum (I B,2)

23/73 ›Programm der Feiern des Deutschen Volkes zum Gedächtnis an die Opfer des Weltkrieges‹, Berlin, 3. August 1924

Mit handschriftlichen Korrekturen Edwin Redslobs; 26 × 19 cm
Nürnberg, Archiv für Bildende Kunst im Germanischen Nationalmuseum (I B,2 ⟨b 21⟩)

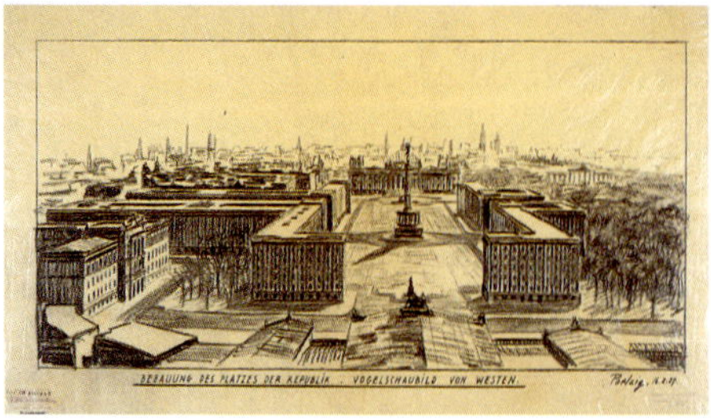

23/79 a

23/74 Einlaßkarte für Edwin Redslob zu der Trauerfeier der Reichsregierung für den Reichspräsidenten Friedrich Ebert, 4. März 1925

16×24 cm
Nürnberg, Archiv für Bildende Kunst im Germanischen Nationalmuseum (I B,4)

Als Reichskunstwart hatte Redslob auch den Entwurf für die Einlaßkarten in Auftrag gegeben.

23/75 Die Beisetzung Gustav Stresemanns

Josef Bato

1929; Öl/Holz, 66×82 cm; bez. u. r.: Bato 6.10.1929 Die Beisetzung Gustav Stresemanns
Berlin, Berlin Museum

Die Trauerfeier für Gustav Stresemann, die Edwin Redslob am 6. Oktober 1929 ausrichtete, war eine der wenigen würdigen republikanischen Feierstunden, die die Bürger und die Repräsentanten des Staates vereinten. Redslob beauftragte Berliner Künstler, die Stationen der Trauerfeier in Zeichnungen, Lithographien und Gemälden festzuhalten.

23/76 Die Aufbahrung Gustav Stresemanns

Eugen Spiro

1929; Öl/Lw., 70,5×82,5 cm; bez. u. r.: Eugen Spiro 29
Regensburg, Ostdeutsche Galerie Regensburg

23/77 Staatsakt im Reichstagsgebäude zum Tode Gustav Stresemanns, 6. Oktober 1929 (Abb.)

Vier Photographien (Reproduktionen)
Berlin, Landesbildstelle Berlin

23/78 Bildnismaske des Gustav Stresemann

Otto Placzek

Vor 1929; Bronze, H 29 cm
Berlin, Berlin Museum

Gustav Stresemann (1878–1929) gründete 1918 die Deutsche Volkspartei. Als Reichskanzler und Außenminister einer großen Koalition gelang es ihm 1923, die Ruhrgebietsbesetzung durch Frankreich zu beenden und die Inflation zu stoppen. Er blieb Außenminister aller folgenden Kabinette bis 1929. Stresemann betrieb eine Politik des Interessenausgleichs und der Aussöhnung mit den Siegermächten. Er schloß den Dawesplan ab, bewirkte die Aufnahme Deutschlands in den Völkerbund (1926) und wurde im selben Jahr zusammen mit Aristide Briand mit dem Friedensnobelpreis ausgezeichnet.

23/79 Wettbewerbsentwurf für die Umgestaltung des Platzes der Republik
a) Vogelschau von Westen (Abb.)
b) Blick nach Osten auf den Reichstag

Hans Poelzig

1927; zwei Kohlezeichnungen; 48×81,5 cm, 45×93 cm
Berlin, TUB, Plansammlung der Universitätsbibliothek (3555, 3550)

1927 wurde ein Wettbewerb zur Umgestaltung des Platzes der Republik (bis 1926 Königsplatz) ausgeschrieben. Poelzigs Entwurf sah einen rechteckigen, von kubischen Bauten begrenzten Platz vor, dessen Achse von der Kroll-Oper über die Siegessäule auf den Reichstag zuführte.

23/80 Wettbewerbsentwurf für den Erweiterungsbau des Reichstags

Hans Poelzig

1929; Lichtpause, 90×149 cm
Berlin, TUB, Plansammlung der Universitätsbibliothek (3554)

Poelzig entwarf nicht nur einen Erweiterungsbau für den Reichstag, sondern schlug auch eine monumentale Bebauung des Spreebogens durch blockhafte, radial angeordnete Verwaltungshochhäuser vor.

23/81 Das Haus des Rundfunks in Charlottenburg (Entwurf Hans Poelzig): Treppe im Lichthof (Abb.)

1929; Photographie (Originalabzug), 112×91,5 cm
Berlin, TUB, Plansammlung der Universitätsbibliothek (F 4921)

Das Haus des Rundfunks wurde 1929 bis 1931 im Auftrag der Reichs-Rundfunk GmbH (RRG) erbaut. Poelzig gelang mit diesem ersten großen Funkhaus in Deutschland ein vorbildlicher »moderner Zweckbau« (Theodor Heuss), bei dem die Vorderfront (an der Masurenallee) und die kreissegmentförmigen Seitenflügel die drei Sendesäle umschließen und abschirmen.

23/82 Das Haus des Rundfunks: Ansicht von Nordwesten und Treppenhaus

Um 1930; zwei Photographien (Reproduktionen)
Berlin, TUB, Plansammlung der Universitätsbibliothek

23/83 Großer Sitzungssaal im Haus des Rundfunks mit den Schliffverglasungen nach Entwürfen von Ewald Dülberg

1931; Photographie (Originalabzug), 23,6×29,9 cm
Stuttgart, Ursula Dülberg

23/84 Zwei Entwürfe für die Schliffverglasungen des Sitzungssaals im Haus des Rundfunks (Abb.)
Ewald Dülberg

1931; Bleistift- und Deckfarbenzeichnungen; 18×34 cm, 18×25 cm
Stuttgart, Ursula Dülberg

23/85 Bühnenmodell für Igor Strawinskys ›Oedipus Rex‹ in der Kroll-Oper (Regisseur und Dirigent Otto Klemperer; Premiere am 25. Februar 1928)
Ewald Dülberg

Holz, Textil, Metall; 67×97×54 cm
Köln, Universität zu Köln, Theatermuseum des Instituts für Theater-, Film- und Fernsehwissenschaft (38)

Die Gründung der Kroll-Oper war ein beispielhaftes Modell republikanischer Kulturpolitik. Organisatorisch von der Volksbühne getragen, sollte die Kroll-Oper auch der Arbeiterschaft den Zugang zur ›Neuen Musik‹ und zur klassischen Oper ermöglichen.
Ewald Dülberg (1888–1933) wurde 1927 von Otto Klemperer als künstlerischer Beirat und Bühnenbildner an die Kroll-Oper verpflichtet. Mit konstruktivistischer Radikalität ersetzte Dülberg die überlieferten, illusionistischen Bühnenbilder gerade der klassischen Oper durch strenge kubische Architekturen.

23/81

23/84

23/86 Szenenentwurf für Ludwig van Beethovens ›Fidelio‹, erster Akt, zweiter Aufzug, in der Kroll-Oper (Regisseur und Dirigent Otto Klemperer; Premiere am 9. November 1927) (Abb.)
Ewald Dülberg

Gouache auf Karton, 42,5×63,2 cm
Köln, Universität zu Köln, Theatermuseum des Instituts für Theater-, Film- und Fernsehwissenschaft (7439 a)

23/87 Zwei Szenenentwürfe für Paul Hindemiths ›Neues vom Tage‹ in der Kroll-Oper (Regisseur Ernst Legal, Dirigent Otto Klemperer; Premiere am 8. Juli 1929)
Traugott Müller

Aquarell; Collage; 26,6×40,5 cm, 28,5×41 cm
Köln, Universität zu Köln, Theatermuseum des Instituts für Theater-, Film- und Fernsehwissenschaft (33 474a, b)

23/86

23/89

23/88 Szenenentwurf für Jacques Offenbachs ›Hoffmanns Erzählungen‹ in der Kroll-Oper (Regisseur Ernst Legal, Dirigent Alexander von Zemlinsky; Premiere am 12. Februar 1929)
László Moholy-Nagy
1928; Blei, Tusche, Tempera auf Pergamin; 41×58,8 cm
Köln, Universität zu Köln, Theatermuseum des Instituts für Theater,- Film- und Fernsehwissenschaft (1267 d)

»Das übliche romantische Biedermeier verschwand, und Moholy stellte an seinen Platz konstruktivistisch abstrakte Formen, Bewegung, Lichtspiel, filmische Überblendung« (Hans Curjel, Dramaturg und Mitglied des Direktionskollegiums der Kroll-Oper).

23/89 Szenenentwurf für Arnold Schönbergs ›Die glückliche Hand‹ in der Kroll-Oper (Regisseur Arthur Maria Rabenalt, Dirigent Otto Klemperer; Premiere am 7. Juni 1930) (Abb.)
Oskar Schlemmer
Collage; Kreide, Tempera; 46×58 cm
Köln, Universität zu Köln, Theatermuseum des Instituts für Theater-, Film- und Fernsehwissenschaft (31 338)

23/90 Bildnis des Otto Klemperer
Ewald Dülberg
1920; Holzschnitt, 39,5×23 cm
Stuttgart, Ursula Dülberg

RAUM 24
DIE BEFREIUNG DES KÖRPERS

Nach dem Ersten Weltkrieg, der in starkem Maße auch soziale Entwicklungen und kulturelle Traditionen unterbrochen hatte, bildete sich in der demokratischen Gesellschaft der Weimarer Republik ein neues Körperbewußtsein heraus. Der Körper wurde gleichsam ›entdeckt‹: Die neue Mode enthüllte ihn mehr, als daß sie ihn verbarg, durch Sport, Turnen, Gymnastik wurde der Körper in Bewegung gesetzt; Sexualität und Schwangerschaft, Verhütung, Abtreibung und die Bekämpfung von Geschlechtskrankheiten wurden vom Tabu zum Gegenstand öffentlicher Diskussionen. Diese Veränderungen zeigten in der Großstadt Berlin, die auch in dieser Hinsicht das Zentrum Deutschlands war, ein besonders scharfes Profil.

Nach den entbehrungsreichen Kriegsjahren wurde die Verbesserung der Gesundheit der Berliner Bevölkerung, ihre »Gesundung an Leib und Seele« (wie der Direktor des Berliner Hauptgesundheitsamtes Wilhelm Hoffmann 1926 formulierte), zu einem Leitziel der Kommunalpolitik. Die private Wohlfahrt war durch Krieg und Inflation so geschwächt, daß ihre Aufgaben zunehmend von der Stadt übernommen wurden. Der soziale Bereich machte 1927 über 36 Prozent des Berliner städtischen Haushalts aus. Das waren sechs Prozent mehr als im Durchschnitt der deutschen Gemeinden, denn in der 4,2-Millionen-Stadt Groß-Berlin waren die Folgeschäden der Kriegs- und Nachkriegsjahre besonders krass.

Bereits 1920 wurde mit der Schaffung von Groß-Berlin auch das Amt des Stadtarztes eingerichtet. Den Stadtärzten unterstanden in den einzelnen Stadtbezirken die Schwangeren-, Säuglings- und Kleinkinderfürsorge, die Schulgesundheitspflege, die Alkohol-, Geschlechtskranken- und Tbc-Fürsorge sowie die Seuchenbekämpfung. Einer der herausragenden Stadtärzte war der auch sozialpolitisch aktive Georg Loewenstein. Er war maßgeblich am Zustandekommen des Reichsgesetzes zur Bekämpfung der Geschlechtskrankheiten (1927) beteiligt, ein Gesetz, das erstmals eine Meldepflicht für Frauen und Männer vorsah und die bisherige Sittenpolizei durch eine ›weibliche Fürsorgepolizei‹ ersetzte.

Mit der ›gesundheitlichen Schwangerenfürsorge‹ (1929 gab es 33 Fürsorgestellen) schuf das neue Groß-Berlin eine Institution zur gesundheitlichen Aufklärung und Versorgung der Bevölkerung, die insbesondere die Gesundheit der noch nicht Geborenen im Blick hatte und damit die Voraussetzungen »für eine gesunde Bevölkerungspolitik« bilden sollte (so der Obermagistratsrat Häußler 1925).

Die neue Sicht auf den Körper, seine Funktionen und seine Gesundheit spiegelt sich im medizinischen Informations- und Aufklärungsmaterial: Schaukarten, Dias, plastische Schaubilder (Moulagen) gaben das Körperinnere detailliert, gleichsam wie in einer Röntgenaufnahme, wieder. Das wohl eindrucksvollste Dokument ist der ›Gläserne Mensch‹. Dabei handelt es sich um eine nach dem Vorbild der griechischen Statue ›Betender Knabe‹ gestaltete Figur, deren aus durchsichtigem Kunststoff geschaffene Hülle den Blick in das Körperinnere ermöglicht. Mittels einer technischen Einrichtung konnten die Organe zu Demonstrationszwecken erleuchtet werden. Wenngleich der ›Gläserne Mensch‹ nicht in Berlin, sondern im Deutschen Hygiene-Museum in Dresden gefertigt wurde, ist er eng verknüpft mit den sozialmedizinisch-hygienischen Aktivitäten in der Reichshauptstadt. Der unverstellte Blick auf den freigelegten Körper entspricht dem neuen Verhältnis von Medizin und Bevölkerung. Die 1925 in Berlin im Rahmen der ersten in Deutschland veranstalteten ›Gesundheitswoche‹ stattfindende ›Allgemeine deutsche Hygiene-Messe und -Ausstellung‹ zeigte Moulagen, die als Vorläufer des ›Gläsernen Menschen‹ angesehen werden können. Erst 1935 wurde der ›Gläserne Mensch‹ in der Ausstellung ›Das Wunder des Lebens‹ dem Berliner Publikum vorgestellt, für das er – wie Bruno Gebhardt, Vertreter des Dresdner Hygiene-Museums bei der Berliner Ausstellungs- und Messegesellschaft, berichtete – »die Sensation« war. Die Vorstellung des transparenten Körpers hatte sich zu diesem Zeitpunkt aber von ihrem Ausgangspunkt, einer heilenden und vorbeugenden Gesundheitspflege für die Gesamtbevölkerung, weit entfernt: Der durchsichtige Körper war zum Abbild der auserwählten, gesunden ›Rasse‹ geworden, Berlin zum Mittelpunkt der nationalsozialistischen ›Rassenpolitik‹.

So wie der Körper und seine Funktionen in den zwanziger Jahren ins Blickfeld rückten, waren Sexualität, Ehe, Verhütung und Schwangerschaft vieldiskutierte Themen. Zum einen gründeten Krankenkassen, sozialdemokratische und kommunistische Wohlfahrtsverbände sowie die Vereine zur Sexualreform Ehe- und Sexualberatungsstellen; zum anderen war Berlin weltweit das Zentrum der Sexualwissenschaft. Hier fand 1926 der Erste Internationale Kongreß für Sexualforschung statt, hier waren Wissenschaftler wie die Ärzte Max Marcuse, Begründer des ›Archivs für Sexualforschung‹ und anderer sexualwissenschaftlicher Zeitschriften, und Magnus Hirschfeld tätig, der 1919 in Berlin-Tiergarten das Institut für Sexualwissenschaft eröffnet hatte.

Auch die Auseinandersetzungen um den umstrittenen § 218 hatten ihren Schwerpunkt in Berlin. Das Gesetz stellte jeden Schwangerschaftsabbruch unter Strafe; seit 1925 war allein die eugenische Indikation zulässig. Die Diskussion um eine weitergehende Änderung erhielt ihre Brisanz durch die rückläufigen Geburtenraten, deren Sinken in Berlin besonders ausgeprägt war. Waren 1876 in Berlin auf 1000 Einwohner im statistischen Durchschnitt 47 Geburten gekommen, waren es 1914 noch 21, 1920 fünfzehn und 1923 sogar nur noch zehn. Bereits 1913 hatte eine ›volkswirtschaftliche Studie‹ des Sozialhygienikers Felix A. Theilhaber mit dem Titel ›Das sterile Berlin‹, die die Geburtenbeschränkung als Haltung »eines niedergehenden Volksstammes« interpretierte, familienpolitische Unterstützungsmaßnahmen gefordert. Diese Forderungen gewannen in den zwanziger Jahren an Gewicht; zugleich schwangen häufig Vorstellungen einer ›quantitativen und qualitativen Verbesserung‹ der Nachgeborenen mit, so z. B. bei dem sozialdemokratischen Hygieniker Alfred Grotjahn oder bei dem Berliner Arzt Borngraeber, der schon kurz nach dem Ersten Weltkrieg eine Sterilisierung aller tuberkulosekranken Arbeiterfrauen gefordert hatte. Diesen Aspekt der Bevölkerungswissenschaft setzten die Nationalsozialisten wenige Jahre später in die Praxis um.

Die dramatische Zuspitzung des langfristig wirksamen Geburtenrückgangs nach 1918 war zum einen Reaktion auf die wirtschaftliche Not nach dem Ersten Weltkrieg, zum anderen Resultat eines veränderten Selbstverständnisses der Frauen, die sich nach den Erfahrungen der Kriegsjahre nicht länger ausschließlich als Hausfrau, ›Arbeitstier‹ und Gebärerin definieren lassen wollten. Das Ideal war die ›Neue Frau‹, die kurzgeschnittene Haare trug, Make-up benutzte, in der Öffentlichkeit rauchte, aktiv und ökonomisch unabhängig war. Dieses Ideal wurde kennzeichnend für das Bild der Berlinerin der zwanziger Jahre, dem die Berliner ›Mode-Königin für das Jahr 1927‹ ebenso nacheiferte wie die Kandidatinnen des ›Schönheitswettbewerbs der Berliner Verkäuferinnen‹ (1926). Vor allem Sportlichkeit gehörte zum Bild der ›Neuen Frau‹ und prägte zudem generell das neue Schönheitsideal der Zeit.

Der Sport erlebte einen ungekannten Aufschwung: »Der Leib war der Schlager der Stunde. Sport war im Kommen. Die Kommerznase des Jahrzehnts witterte die Konjunktur ... Man bot Sport an, Sport wurde gefragt, man lieferte Sport«, konstatierte ein Berliner Sportwissenschaftler 1928. Der Rekordsport fand in Berlin ebenso ein begeistertes Riesenpublikum wie der Sport als Entertainment (Sechstagerennen, Boxen). Auch kommunalpolitisch wurde der Sport gefördert. 1922 hatte Oberbürgermeister Gustav Böss die Initiative zu einem Berliner Sportfest ergriffen, aus dem die jährlich wiederkehrende ›Berliner Turn- und Sportwoche‹ hervorging. Mit der ebenfalls von Böss eingerichteten ›Stiftung Park, Spiel und Sport‹ wurde der Spiel- und Sportplatzbau gefördert. Waren 1920 auf jeden Berliner durchschnittlich nur 0,4 Quadratmeter Sportfläche gekommen, so lag dieser Wert zehn Jahre später immerhin dreimal so hoch. Berlin war ein Zentrum des Arbeitersports: Rund ein Viertel aller Sportvereine gehörte zur Arbeiterbewegung; der größte war der Arbeiter-Turn- und Sportverein ›Fichte‹ mit fast 11000 Mitgliedern. Aufgrund des starken SPD- und KPD-Anteils in den kommunalen Gremien war der Arbeitersport in Berlin, im Unterschied zu anderen deutschen Städten, gegenüber den bürgerlichen Organisationen finanziell nicht benachteiligt.

Auch der Leistungssport, insbesondere die Leichtathletik, fand in Berlin günstige Bedingungen. Mit dem für die geplanten Olympischen Spiele 1916 in Berlin errichteten Deutschen Stadion (an seiner Stelle steht das 1934 bis 1936 erbaute Olympiastadion) besaß die Stadt nach Ansicht des Leiters und führenden Sportfunktionärs Carl Diem »das Trainingshauptquartier des deutschen Sports«. An der angeschlossenen Deutschen Hochschule für Leibesübungen wurden sportliche Leistungen erstmalig systematisch untersucht.

Aufgrund der geographischen Lage spielte der Wassersport in Berlin eine große Rolle. Besonders an den Wochenenden zogen Zehntausende an die Gewässer, vor allem in das Strandbad Wannsee, das nach Umbauten (1930) das modernste Freibad Europas war. Überhaupt hatte das Wochenende große Bedeutung im Leben der Berliner. Herwarth Walden stellte 1926 ironisch fest: »Auch Berlin kennt jetzt die weltstädtische Freude des Wochenendes.« Die vom Berliner Messe-Amt veranstaltete Ausstellung ›Das Wochenende‹ (1927) sollte der »besonders intensiven Propagierung ... des Wochenend-Gedankens« dienen. Der Schriftsteller Bernard von Brentano merkte nach einem Besuch an: »Von den Galerien herab sieht man verblüfft auf diesen Jahrmarkt der Natur, diese Landschaft aus Holz und Pappe.«

Während so, in Brentanos Worten, »die Stadt Berlin gründlich die Natur eroberte«, indem nämlich die naturhungrigen Großstädter ihre Vorstellungen und Formen von Freizeit aus der Stadt verlagerten, stellten die Organisationen der Jugendbewegung und Lebensreform dem als dekadent empfundenen Großstadtleben das einfache Leben in und mit der Natur entgegen: sie zogen, zumindest temporär, aus der Stadt aus. *R. B.*

24/7

24/1 Damenriege der Großen Berliner Industrie-Staffel

a) Oberbürgermeister Böss gibt den Startschuß
b) Staffelwechsel zwischen einer Läuferin und einer Schwimmerin

1926, 1929; zwei Photographien (Reproduktionen)
Berlin, Ullstein Bilderdienst

24/2 Ruder-Verein Siemens, Siemenswerder

Um 1925; zwei Photographien (Originalabzüge); 18,2×12,7 cm, 12,6×17,8 cm
München, Siemens-Museum

24/3 ›Körperkultur. Pflicht für jede Arbeiterfrau‹

Photomontage mit Text, Reproduktion aus: Arbeiter-Illustrierte-Zeitung, 1930, Nr. 10 (S. 198)

Der Sport als ›Waffe im Klassenkampf‹: »Wir sollen Freude haben am Sport, Freude an der Gewandtheit und Entwicklung der Kräfte, aber wir sollen diese gewonnenen Kräfte auch eine Quelle sein lassen für unsere revolutionäre Mitarbeit an der großen Umwälzung, die wir Frauen in voller Gleichberechtigung mit den Männern bis zum Siege des Proletariats durchführen wollen« (so der kommentierende Text).

24/4 Rotes Arbeiter-Sportfest im Neuköllner Stadion: Geräteturnen der Männer

1930; Photographie (Originalabzug), 18×13 cm
Berlin, Ullstein Bilderdienst

24/5 Arbeiter-Turn- und Sport-Verein ›Fichte‹

a) Einzug ins Grunewaldstadion, 1919
b) Festumzug am 13. Juni 1920 anläßlich des 30jährigen Bestehens
c) Sportgelände am Baumschulenweg in Treptow, um 1925
d) Gymnastik-Vorführung der ›Männer-Abteilung der Zweiten Fichte-Gruppe‹ im Mercedes-Palast, Neukölln, um 1925

Vier Photographien (Reproduktionen)
Berlin, Herbert Dierker

24/6 Reichsarbeitersporttag im Grunewaldstadion, 1921

Photographie (Reproduktion)
Berlin, Herbert Dierker

Stimmungsbericht zum Reichsarbeitersporttag in der Zeitschrift ›Arbeiterfußball‹: »Genau 20 Minuten dauerte der Einmarsch der in drei Säulen marschierenden Arbeitersportler. Mit dem Kampfliede ›Brüder zur Sonne zur Freiheit‹ fand der Aufmarsch einen guten Abschluß.«

24/7 Gymnastik-Vorführung (Abb.)
Otto Schulz

Um 1925; zwei Photographien (Originalabzüge), je 12×16,5 cm
Berlin, Ullstein Bilderdienst

24/8 Das Deutsche Stadion in Berlin-Grunewald: Standphotographie aus dem Ufa-Film ›Wege zu Kraft und Schönheit‹, 1924

Originalabzug, 8,9×13,5 cm
Köln, Deutsche Sporthochschule Köln, Carl-Diem-Institut e. V.

Neben der gesundheitsfördernden Wirkung der Körperpflege und -ertüchtigung betonte der Film, wie der Werbeprospekt es formulierte, »die ethische, man möchte fast sagen religiöse Bedeutung der Körperkultur«. »Eine Überschätzung des Bloß-Natürlichen, der die Körperkraft und Körperschönheit unversehens zum Kult gerät«, kommentierte Siegfried Kracauer 1926.

24/9 ›Deutsche Kampfspiele‹ 1922 im Deutschen Stadion in Berlin-Grunewald
a) Ein Student der Deutschen Hochschule für Leibesübungen als Herold
b) Freiübungen von 3000 Turnern und Turnerinnen
c) Berlin gewinnt das Speerwerfen der Städtemannschaften

1922; drei Photographien (Originalabzüge); 18×11,7 cm, 11,9×16,5 cm, 11,9×16,5 cm
Köln, Deutsche Sporthochschule Köln, Carl-Diem-Institut e. V.

Die ›Deutschen Kampfspiele‹ wurden als Ersatz für die Olympischen Spiele, von denen Deutschland bis 1928 ausgeschlossen war, und zur Hebung des deutschen Nationalbewußtseins veranstaltet: »Die Spiele sollen in der Bevölkerung Lust und Liebe am Turnen und Sport erwecken und der Pflege deutschen Volkstums dienen« (so der Aufruf zur Teilnahme).

24/10 Grundsteinlegung zum Hochschulgebäude des Deutschen Sportforums am 18. Oktober 1925: Reichspräsident von Hindenburg vollzieht den ersten Hammerschlag

Photographie (Originalabzug), 14,5×16,1 cm
Köln, Deutsche Sporthochschule Köln, Carl-Diem-Institut e. V.

24/11 Deutsche Hochschule für Leibesübungen in Berlin-Grunewald
a) Studentinnen bei der Medizinballgymnastik
b) Studentinnen bei der Ausgleichsgymnastik
c) Ruderbootweihe
d) Carl Diem bei anthropometrischen Messungen zur Vorbereitung einer individuellen Ausgleichsgymnastik

Um 1925; vier Photographien (Originalabzüge); 11×16,5 cm, 9,5×16,4 cm, 11,5×18,1 cm, 16,5×11,9 cm
Köln, Deutsche Sporthochschule Köln, Carl-Diem-Institut e. V.

24/12 Plakat ›Berliner Sportclub‹
Ludwig Hohlwein

München: Graphia, um 1925; Farblithographie, 93,5×69,5 cm
Berlin, Kunstbibliothek, SMPK

24/13 ›Was der Sport vom neuen Reichstag erhofft‹ Titelentwurf für die ›BZ am Mittag‹ vom 14. September 1930

Kreidezeichnung, 51,7×39,3 cm
Berlin, Axel Springer Verlag AG

24/14 Faltboot ›Klepper-Delphin‹
Klepper-Werke

Rosenheim, um 1923; Holzgestell mit Bootshülle aus Baumwollgewebe; L 410 cm, B 75 cm, H 64 cm
München, Sport Köpf KG

Mit dem 1905 entwickelten zusammenlegbaren Paddelboot war ein einfaches und preiswertes Wasserfahrzeug geschaffen, das ohne Transport- und Abstellprobleme genutzt werden konnte. Im gewässerreichen Berlin wurde das ›Klepper-Boot‹ besonders populär.

24/15 Das zerlegbare Paddelboot: Transport und Fahrt auf dem Wannsee

1922, 1924; zwei Photographien (Originalabzüge); 15×11 cm, 11,7×16,5 cm
Berlin, Ullstein Bilderdienst

24/16 Frauenbadeanzug

Um 1925; Baumwolltrikot
Berlin, Filmfundus Walkenhorst GmbH

24/17 Männerbadehose

Um 1930; Leinen
Berlin, Museum für Deutsche Volkskunde, SMPK (2369)

24/18 Freibad Wannsee
Fritz Meisel

Bleistiftzeichnung, mit Deckweiß gehöht; 27,9×43 cm; veröffentlicht in der ›BZ am Mittag‹ vom 5. Juli 1927
Berlin, Axel Springer Verlag AG

24/19 Strandbad Wannsee
Umbo (= Otto Umbehr)

Um 1930; zwei Photographien (Originalabzüge); 16,5×21,5 cm, 20,5×16,5 cm
Berlin, Berlinische Galerie, Fotografische Sammlung (BG-FS 20/80,1,4)

24/20 Ein Sonntag am Wannsee: Camping und Badeleben am Strand

Um 1923; zwei Photographien (Originalabzüge), je 12,5×17,5 cm
Berlin, Archiv für Kunst und Geschichte

24/21 Bade-Ordnung und Gebühren-Tarif des Freibades Wannsee, 1921

31,5×20,5 cm
Berlin, Landesarchiv Berlin (Rep.210 Nr.23 Bl.195)

24/22 Bilder von der Ausstellung ›Das Wochenende‹, Berlin 1927 (Abb.)
Adolf Dinges

Acht Photographien (Originalabzüge), je 13×18 cm
Berlin, Ullstein Bilderdienst

24/23 Berliner Wochenendvergnügen
a) Angestellte feiern auf dem Hausdach
b) Tanz im Freibad
c) Tanz auf einem schwimmenden Hausboot auf dem Wannsee

Um 1925; drei Photographien (Originalabzüge), je 18×24 cm
Berlin, Bildarchiv PK

24/24 Zwei Tennisschläger

Um 1925
Berlin, Lawn-Tennis-Turnier-Club ›Rot-Weiß‹ e. V.
Berlin, Hajo Plötz GmbH

24/25 6000 Zuschauer im Blau-Weiß-Stadion beim Schaukampf Lacoste - Froitzheim am 9. Mai 1929

Photographie (Originalabzug), 29,5×95 cm
Berlin, Tennis-Club 1899 e. V. Blau-Weiß

24/26 Der ›Gläserne Mensch‹ (Abb.)
Deutsches Hygiene-Museum, Dresden

Um 1930; Cellon, 202,5×130×65 cm
Rochester (MI)/USA, Mayo Medical Museum, Mayo Foundation (EH95)

Dieses Modell des ›Gläsernen Menschen‹ ist eines von insgesamt dreien, die vor dem Zweiten Weltkrieg für den Export nach Amerika produziert wurden. Es steht seit 1935 im Mayo Medical Museum in Rochester, dessen erstes Exponat es seinerzeit war.
Der auf der Internationalen Hygiene-Ausstellung 1930 in Dresden erstmals gezeigte ›Gläserne Mensch‹ wurde 1935 in Berlin in der Ausstellung ›Das Wunder des Lebens‹ dem Publikum präsentiert: »Die Besucher traten nach dem Gang durch eine Art von Lichtschleuse in einen halbdunklen Raum. Sie kamen vom Lärm der Straße in die Stille einer kathedralengleichen Halle mit einer aus seitwärts versteckten Lichtquellen angestrahlten mattblauen Decke. Nachdem der Besucher einige Stufen hinabgestiegen war, sah er auf einem runden Sockel eine plastische dreidimensionale Darstellung der menschlichen Anatomie« (so der Bericht Bruno Gebhardts, seit 1932 Vertreter des Dresdner Hygiene-Museums beim Berliner Ausstellungs- und Messe-Amt). Die Vorstellung, mit Hilfe der Transparenz des Körpers eine heilende und vorbeugende Gesundheitspflege erreichen zu können, wie sie in der Weimarer Republik entwikkelt worden war, wurde im Nationalsozialismus von einer anderen Perspektive verdrängt: der transparente Körper wurde zum Abbild der auserwählten, gesunden ›Rasse‹. Das Motiv des ›Gläsernen Menschen‹ erschien nach der Hygiene-Ausstellung 1930 auch in anderen Bereichen.

24/27 Walter Gropius' Projekt eines Wohnhochhauses in der graphischen Gestaltung von Xanti Schawinsky auf der Deutschen Bauaustellung, Berlin 1931

Photographie (Originalabzug), 18×24 cm
Berlin, Bauhaus-Archiv (Nachl. Walter Gropius)

Als Prinzipien des Wohnungsbaus wurden auf einer Schaufläche die Leitsätze ›Das Auge braucht Licht‹, ›Die Nase braucht Luft‹, ›Der Körper braucht Bewegung‹ vorgestellt. Unter dem letztgenannten Motto war eine Abbildung des ›Gläsernen Menschen‹ zu sehen.

DAS WOCHENENDE
IN DEN VEREINIGTEN STAATEN VON NORD-AMERIKA
ZUSAMMENGESTELLT VON AMERICAN NEWS HAMBURG-BERLIN
Ford ins Wochenende
FALL RIVER LINE
NEW YORK BOSTON
RHODE ISLAND
FROM PINES TO PALMS
CAPE COD
NANTUCKET

24/22

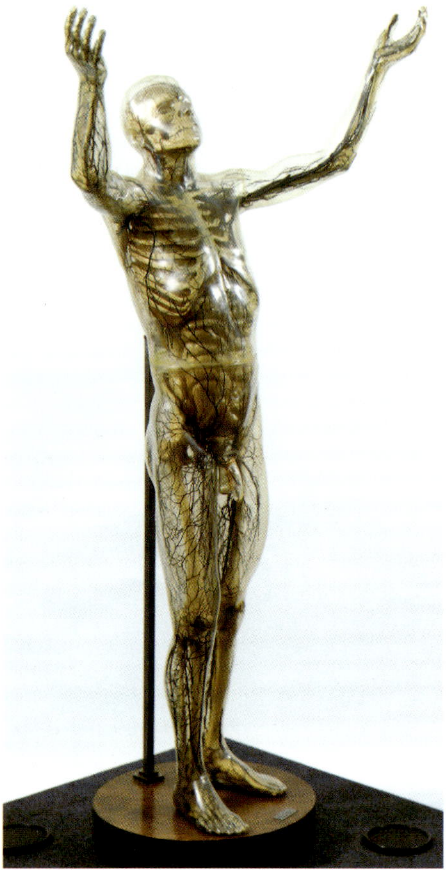

24/26

24/28 ›Kranke Zähne – kranker Mensch‹ Werbung für Chlorodont Zahncreme *Herbert Bayer*

Entwurf für die Dorland Werbeagentur, 1937; 34,2×24,5 cm
Berlin, Dorland Werbeagentur GmbH

24/29 Urkunde »für Herrn Dr. Georg Loewenstein, Berlin-Lichtenberg in Anerkennung der Beteiligung an der Internationalen Hygiene-Ausstellung«, 1930

Lichtdruck, 43,4×27,9 cm
Clearwater (FL) / USA, George W. Loewenstein

Auf den Ehren-Urkunden der Hygiene-Ausstellung war leitmotivisch der ›Gläserne Mensch‹ abgebildet.
Georg Loewenstein, geboren 1890, war von 1922 bis 1925 Stadtarzt in Nowawes bei Potsdam, dann bis 1933 leitender Stadtarzt in Lichtenberg. In dieser Eigenschaft und als führendes Mitglied der Deutschen Gesellschaft zur Bekämpfung der Geschlechtskrankheiten wirkte er bei der Vorbereitung der Dresdner Hygiene-Ausstellung mit. 1933 verhängten die Nationalsozialisten ein Berufsverbot über Loewenstein, 1938 emigrierte er aus Deutschland und fand Aufnahme in den USA. Nach Deutschland kehrte er nicht zurück.

24/30 Gesundheitsamt Wedding (Abb.)

a) Stadtbad
b) Schulsonderturnen
c) Schulzahnklinik
d) Beratungs- und Behandlungsstelle für Haut- und Geschlechtskranke
e) Städtische Tuberkulose-Fürsorgestelle

Um 1925; sechs Photographien (Reproduktionen)
Berlin, Bezirksamt Wedding

24/31 Universalstativ zur Röntgenuntersuchung von stehenden, liegenden und sitzenden Patienten *Siemens & Halske*

Berlin 1917; Holz, Eisen, Glas; 215×115×130 cm
Remscheid-Lennep, Deutsches Röntgen-Museum

1895 hatte Wilhelm Conrad Röntgen die später nach ihm benannten elektromagnetischen Strahlen entdeckt. Röntgengeräte wurden auch im Berliner Gesundheitswesen in den zwanziger Jahren für diagnostische Zwecke eingesetzt.

24/32 Schaukarten, entwickelt im Deutschen Hygiene-Museum, Dresden

a) Der Blutkreislauf und die inneren Organe
b) Das Auge
c) Die Niere
d) ›Die Beckenorgane des Weibes‹

Um 1930; Farbdrucke; 111×97 cm, 91×122,5 cm, 88,5×79,5 cm, 89×75 cm
Bad Kreuznach, Diakonie-Anstalten Bad Kreuznach

Geſundheitsamt
Wedding
Stadtbad. Gerichtſtr. 65/68
Schwimmhalle
Deutſche
Lichtbild-
Geſellſchaft
E.V.
Berlin SW.19

Geſundheitsamt
Wedding
Schulſonderturnen
Kriechübungen
Deutſche
Lichtbild-
Geſellſchaft
E.V.
Berlin SW.19

Geſundheitsamt
Wedding
Schulzahnklinik
Hochſtr. 46
Behandlungszimmer
Deutſche
Lichtbild-
Geſellſchaft
E.V.
Berlin SW.19

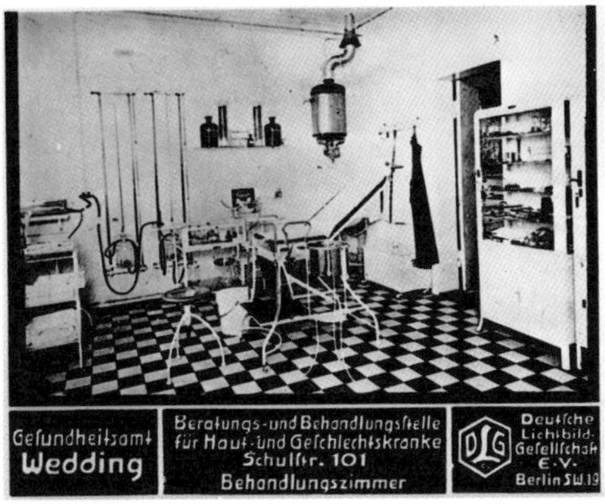
Geſundheitsamt
Wedding
Beratungs- und Behandlungsſtelle
für Haut- und Geſchlechtskranke
Schulſtr. 101
Behandlungszimmer
Deutſche
Lichtbild-
Geſellſchaft
E.V.
Berlin SW.19

Geſundheitsamt
Wedding
Städt. Tuberkuloſe-Fürſorgeſtelle
im Rudolf Virchow-Krankenhaus
Warteraum
Deutſche
Lichtbild-
Geſellſchaft
E.V.
Berlin SW.19

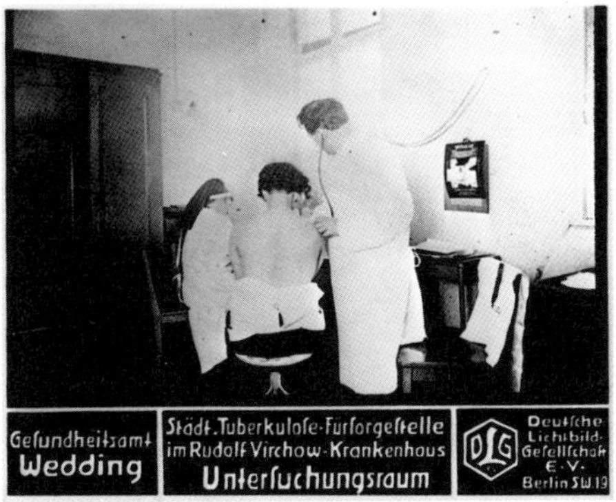
Geſundheitsamt
Wedding
Städt. Tuberkuloſe-Fürſorgeſtelle
im Rudolf Virchow-Krankenhaus
Unterſuchungsraum
Deutſche
Lichtbild-
Geſellſchaft
E.V.
Berlin SW.19

24/30

24/33 Plakat ›Es werde Licht!‹
Ludwig Kainer

Berlin: Reclame Verlag und Vertrieb Tauentzien-Palast 1918; Farblithographie, 140×94,5 cm
Berlin, Kunstbibliothek, SMPK

Unter Beratung des Berliner Sexualwissenschaftlers Iwan Bloch entstand 1916 bis 1918 der Aufklärungsfilm ›Es werde Licht!‹, der sich mit dem Problem der Syphilis auseinandersetzt.

24/34 Flugblatt ›Deutsche Frauen‹ Stellungnahme der Frauenvereine zum geplanten Gesetz zur Bekämpfung der Geschlechtskrankheiten

Vor Oktober 1927; 30×21 cm
Berlin, Helene-Lange-Archiv des Berliner Frauenbundes 1945 e. V.

Die »Abschaffung der polizeilichen Reglementierung der Prostitution« und die »Einrichtung von Pflegeämtern für die sittlich gefährdeten Frauen und Mädchen« wurden von Vertreterinnen des Evangelischen wie des Katholischen Frauenbundes, des Berliner Vereins zur Förderung der Sittlichkeit, des Bundes Deutscher Frauenvereine und der Sozialdemokratischen Partei gefordert.

24/35 Zwei Merkblätter »zur Bekämpfung der Geschlechtskrankheiten«, hg. unter Mitwirkung der Deutschen Gesellschaft zur Bekämpfung der Geschlechtskrankheiten

Um 1925; Farbdrucke; 28×21,8 cm, 29×22,3 cm
Berlin, FUB, Universitätsbibliothek, Sammlung Rott (111)

24/36 ›Kampf gegen die Geschlechtskrankheiten heißt Kampf für Bevölkerung und Rasse, heißt Kampf gegen vermeidbare wirtschaftliche Opfer unseres Volkes‹ Flugblatt, hg. von der Deutschen Gesellschaft zur Bekämpfung der Geschlechtskrankheiten

Um 1927; 21,2×15 cm
Berlin, Archiv des Diakonischen Werkes der Evangelischen Kirche in Deutschland (ADW, CA, G 2003/3)

Die Bekämpfung der Geschlechtskrankheiten hatte neben der medizinischen auch eine bevölkerungs- und eine wirtschaftspolitische Zielrichtung: der Gesundheitszustand der nachwachsenden Generation sollte verbessert, die Ausgaben im Gesundheitswesen sollten reduziert werden.

24/37 ›Frauen denkt an Eure Kinder – wählt nur gesunde Männer‹ Handzettel, hg. von der Deutschen Gesellschaft zur Bekämpfung der Geschlechtskrankheiten

Um 1925; 15×11 cm
Berlin, Archiv des Diakonischen Werkes der Evangelischen Kirche in Deutschland (ADW, CA, G-S 106)

24/38 Hinweisblatt ›Der Groß-Berliner Aerzteschaft zur gefl. Kenntnisnahme. Ab 1. Oktober! Schutz vor Geschlechtskrankheiten!‹

Um 1927; 20,7×14,8 cm
Berlin, FUB, Universitätsbibliothek, Sammlung Rott (115)

Georg Loewenstein, einer der ›Väter‹ des Gesetzes zur Bekämpfung der Geschlechtskrankheiten, schrieb über dessen wesentlichste Neuerung: »Die Strafe wurde ersetzt durch Aufklärung, Beratung und Behandlung.«

24/39 Einheitsformblatt für Zeugnisse über den Gesundheitszustand gemäß § 4 Abs. 1 des Gesetzes zur Bekämpfung der Geschlechtskrankheiten vom 18. Februar 1927

14,6×20,6 cm
Berlin, FUB, Universitätsbibliothek, Sammlung Rott (115)

24/40 ›In Grosstädten erkranken: 40 % der männlichen Jugend an Syphilis. 160 % an Tripper (also viele mehrmals)‹ Schaubild zur zahlenmäßigen Verteilung der Geschlechtskrankheiten

Um 1925; 29,3×22,2 cm
Berlin, Archiv des Diakonischen Werkes der Evangelischen Kirche in Deutschland (ADW, CA, G-S 103)

Richtig muß es heißen: »In Großstädten sind 40% der an Syphilis Erkrankten männliche Jugendliche«, denn die Statistik weist die prozentuale »Verteilung der Geschlechtskrankheiten auf die verschiedenen Lebensalter« aus. Mit dieser falschen Wiedergabe der Statistik war eine Demonstration des ›Sittenverfalls‹ in der Großstadt beabsichtigt.

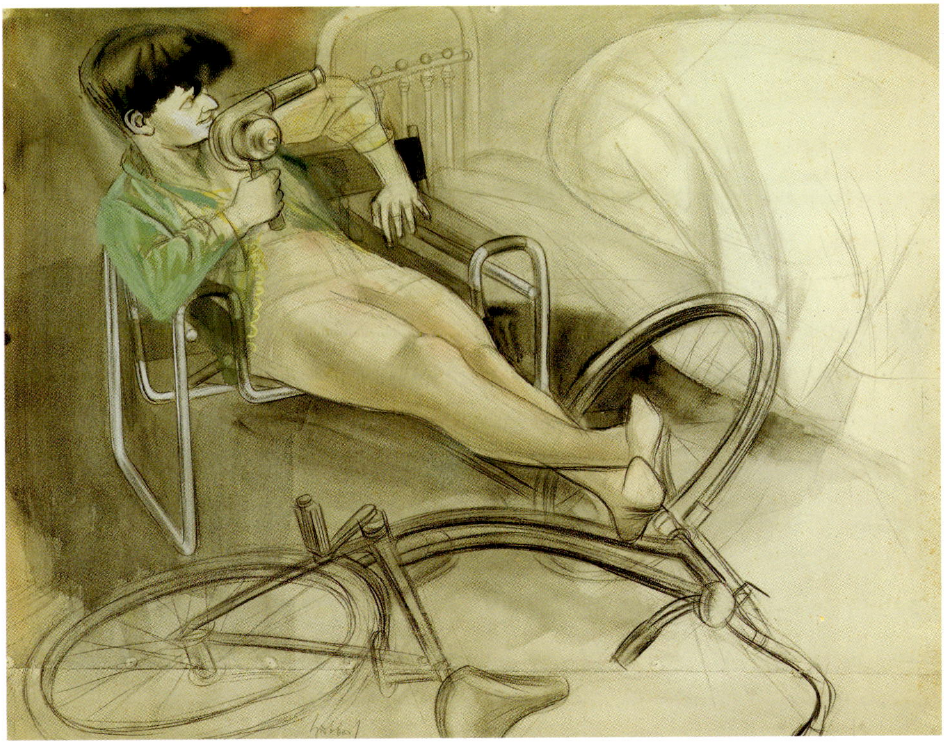

24/51

24/41 ›10 Jahre Institut für Sexualwissenschaft‹
Titelseite der Zeitschrift ›Die Aufklärung‹, 1929 (Nr. 5)
30×21 cm
Berlin, Archiv des Diakonischen Werkes der Evangelischen Kirche in Deutschland (ADW, CA, G-S 103)

24/42 ›§ 218 St.G.B.‹
Titelseite der ›Brücke des Berliner Tageblatts‹, 1930 (Nr. 12)
46,8×32 cm
Berlin, Archiv des Diakonischen Werkes der Evangelischen Kirche in Deutschland (ADW, CA, G-S 40)

Auf der Titelseite veröffentlichte die Redaktion Zuschriften zum § 218. Die Leiterin der Schwangerschaftsfürsorge des Verbandes der Krankenkassen, Berlin, schrieb z. B.: »Geburtenregelung als Allgemeingut! Das gewünschte, ersehnte Kind, statt Abtreibung und Elend der ungewollten Mutterschaft! Aber auch eine andere Einstellung des Mannes zur Mutterschaft, zur Schwangerschaft und zur Beseitigung derselben! Mehr Verantwortung bei den Männern und eine Erziehung der Jugend in diesem Sinne.«

24/43 ›Einladung zu einer Kundgebung – Frauen sprechen zu § 218‹, Berlin, 23. März 1931, veranstaltet vom Ausschuß Groß-Berliner Ärztinnen zur Stellungnahme gegen den § 218 des St.G.B.
29,8×21 cm
Berlin, Archiv des Diakonischen Werkes der Evangelischen Kirche in Deutschland (ADW, CA, G-S 43)

Unter den Rednerinnen waren die konservative Reichstagsabgeordnete Katharina von Kardorff und die Regisseurin Thea von Harbou.

24/44 Prospekt der Firma ›Frau Anna Kaupa. Spezialhaus für hygienische Frauen-Bedarfsartikel u. Kosmetik‹ – Werbung für Mittel zur Empfängnisverhütung
Um 1925; Leporello, 15,6×42 cm
Berlin, Archiv des Diakonischen Werkes des Evangelischen Kirche in Deutschland (ADW, CA, G-S 39)

Der Vertrieb von empfängnisverhütenden Mitteln und die Werbung dafür waren strafbar. Der Handel griff deshalb auf verschleiernde Begriffe zurück.

24/45 Das Abtreibungsgesetz
Arthur Segal

1929; Öl auf Sackleinwand und Jute, 71,5×91,5 cm
Berlin, Berlinische Galerie (BG-M 532/77)

24/46 Vegetarischer Kongreß in der Obstbausiedlung Eden bei Oranienburg
Julius Groß

1932; vier Photographien (Originalabzüge), je 12,5×7,8 cm bzw. 7,8×12,5 cm
Witzenhausen, Archiv der deutschen Jugendbewegung, Burg Ludwigstein (865,866, 884,1059)

Natürliche Lebensweise, d. h. Vegetarismus, und ›völkische‹ Weltanschauung durchdrangen einander in der Gemeinnützigen Obstbausiedlung Eden bei Oranienburg: Sie gab den Anstoß zur Gründung ›völkisch-arischer‹ Jugendbewegungssiedlungen.

24/47 Aktaufnahmen nach der Surén-Körperschule, Birkenheide
Julius Groß

1925; zwei Photographien (Originalabzüge); 24×18 cm, 18×24 cm
Witzenhausen, Archiv der deutschen Jugendbewegung, Burg Ludwigstein (31, 98)

Der ›Birkenheider Arbeitskreis. Bund für Körperkultur in der Jugendbewegung‹ veranstaltete auf seinem Freigelände am Motzener See in der Umgebung Berlins Gymnastikkurse und Körperschulungswochen, die allen Mitgliedern der einzelnen Lager der Jugendbewegung offenstanden. Die Körperschulung folgte den von Hans Surén, Major a. D., entwickelten Grundsätzen, die später auch für den nationalsozialistischen Sport von Bedeutung wurden.

24/48 Freikörperkultur

1921; acht Ansichtskarten
Berlin, Berlinische Galerie, Fotografische Sammlung (BG-FS 81/85,1–8)

24/49 Nachstellung des Bildes ›Sonnenwanderer‹ von Fidus
Hanni Schwarz

Nach 1920; Photographie (Originalabzug), 15,7×21,7 cm
Berlin, Berlinische Galerie, Fotografische Sammlung

24/50 Vier Zeitschriften der Freikörperkultur-Bewegung

a) ›Lachendes Leben‹ (Jg. 8, 1931, H. 2, und o. Jg., H. 6)
b) ›Leben und Sonne. Zeitschrift für Freikörper-Kultur und sittliche Lebensgestaltung‹ (Jg. 1, 1925/26, H. 5, und Jg. 3, 1928, Oktober-Heft)

Berlin, Lene Reckenfelder-Bäumer

24/51 Mit Föhn und Fahrrad (Abb.)
Karl Hubbuch

1929/30; aquarellierte Kreidezeichnung, 57×74 cm
Offenbach a. M., Volker Huber - Edition und Galerie

Die dargestellte junge Frau verkörpert in ihrem Selbstbewußtsein und in ihrer Lässigkeit den Typus der ›Neuen Frau‹ der zwanziger Jahre, zu deren Kennzeichen auch Sport- und Technikbegeisterung gehörten.

24/52 Lieselott Bail als Pionierin des Motorradsports

Photographie (Originalabzug), 16,6×22,1 cm
Köln, Lieselott Diem

Lieselott Bail heiratete später den Leiter der Deutschen Hochschule für Leibesübungen, Carl Diem.

24/53 Tenniskostüm ›Atlantic‹ (Abb.)

Um 1925; Photographie (Originalabzug), 15,2×10,5 cm
Berlin, Kunstbibliothek, SMPK (Sign. A 12 Lipp)

24/54 ›Den Preisgekrönten Elsy, Lotte, Ella!‹ Bericht über die Siegerinnen des Schönheits-Wettbewerbs der Berliner Verkäuferinnen

Reproduktion, aus: Berlin. Berliner Wochenspiegel für Leben, Wirtschaft, Verkehr, Ausstellungs- und Messewesen der Reichshauptstadt, 1926, Nr. 50 (S. 2)

Das Ausstellungs-, Messe- und Fremdenverkehrsamt der Stadt Berlin rief 1926 auf zu einem ›Volksentscheid. Wer ist die schönste Warenhausverkäuferin von Berlin?‹: – »denn wir kaufen alle lieber und leichter dort, wo uns Schönheit und Anmut bedient, wo Schönheit und Anmut gepflegt werden«.

24/53

24/55 Elektrische Massage

Zwei Photographien, Reproduktionen aus: Zeitschrift für den Elektrohandel, 1931, Bd. 2 (S. 146, 148)

Im Gefolge des Postulats von Schönheit und Schlanksein wurden elektrische Geräte zur Gewichtsreduktion und Gewebestraffung angeboten.

24/56 Zwei Berlinerinnen
Emil Orlik

Um 1925; Kreidezeichnung, 26,8×20,9 cm; bez. u. r.: Orlik
Berlin, Berlin Museum

24/57 Elektrischer Dauerwellenapparat
Fa. Kadus

1930; Eisenblech, Kunststoff; 170×55 cm
Hamburg, Electrum – Das Museum der Elektrizität (14/319)

24/58 ›Frauen aller Länder und aller Rassen huldigen der Odol-Hygiene‹ Werbeblatt für Odol-Produkte
Herbert Bayer

Entwurf für die Dorland Werbeagentur, 1928; Farbdruck, 34×24,5 cm
Berlin, Dorland Werbeagentur GmbH

24/59 Weibliche Schaufensterbüste (Abb.)

Um 1925; Pappmaché, Gips; 45×27×28 cm, 14×14 cm (Sockel)
Berlin, ›Die Spitze‹, Mayr/Noltekuhlmann

24/60 Weibliche Schaufensterbüste (Abb.)

Um 1930; Pappmaché, Gips; 70×28×24 cm, 17×15 cm (Sockel)
Berlin, ›Die Spitze‹, Mayr/Noltekuhlmann

24/61 Hilde Zimmermann, die Berliner Mode-Königin, 1927

Photographie, Reproduktion aus: Berlin. Berliner Wochenspiegel für Leben, Wirtschaft, Verkehr, Ausstellungs- und Messewesen der Reichshauptstadt, 1927, Nr. 51 (Titelseite)

»Hilde Zimmermann, die 16jährige, die noch auf der Schulbank der Fortbildungsschule sitzt, Hilde Zimmermann ... ist Königin, sie zittert vor Freude, sieht und hört nichts, nicht einmal den Oberbürgermeister, der den Krönungsmantel hält« (so der kommentierende Pressetext).

24/59

24/60

24/62 ›Modeball. Die Wahl der Modekönigin. Prämiierung der Modekönigin Hilde Zimmermann‹
Rudolf Großmann
Federzeichnung, 39×32 cm; veröffentlicht in der ›BZ am Mittag‹ vom 12. Dezember 1927
Berlin, Axel Springer Verlag AG

24/63 Entwurf für Bürokleider
Jeanne Mammen
1927; aquarellierte Federzeichnung, 33,7×23,2 cm
Berlin, Kunstbibliothek, SMPK (Sign. 47,4 Hdz Lipp)

RAUM 25
RATIONALISIERUNG DER ARBEIT

Der mit der Währungsstabilisierung und dem Dawesplan 1924 einsetzende ökonomische Aufschwung in Deutschland und vor allem im Wirtschaftszentrum Berlin stand im Zeichen umfassender Rationalisierungsmaßnahmen, d. h. Maßnahmen, die auf einen optimalen zeit-, kraft- und wegesparenden Einsatz von Menschen und Maschinen mit dem Zweck der Produktivitäts- und Gewinnsteigerung abzielten. Produktionsverfahren dieser Art waren als solche keineswegs neu; neu waren nach dem Ersten Weltkrieg jedoch das breite Interesse der Wirtschaft an rationeller Produktion und das enge Zusammenspiel von Wirtschaft, Staat und Wissenschaft bei ihrer Durchsetzung. Beides resultierte aus den Hoffnungen auf eine wirtschaftliche Aufwärtsentwicklung, die sich auf die Zauberformel ›Rationalisierung‹ richteten: »Auf des Messers Schneide sitzt die Dividende«, hatte der amerikanische Pionier der Rationalisierung Frederick W. Taylor einmal den Ansatz seiner betriebstechnischen Neuerungen umschrieben.

Berlin war die Hauptstadt der deutschen Rationalisierungsbewegung. Hier, in der größten Wirtschaftsstadt Deutschlands, die das Zentrum der elektrotechnischen Industrie, ein wichtiger Schwerpunkt des Maschinenbaus und darüber hinaus Sitz von mehr als der Hälfte der deutschen Unternehmerverbände war, durchdrangen Industrie und Wissenschaft einander in besonderem Maße. 1921 wurde in Berlin auf Anregung des Wirtschaftsministeriums und des ›Deutschen Verbandes technisch-wissenschaftlicher Vereine‹ das ›Reichskuratorium für Wirtschaftlichkeit‹ (RKW, Sitz: Berlin NW 6, Luisenstraße) als Zentraleinrichtung zur Unterstützung der Rationalisierungsbestrebungen gegründet. Es entwickelte seine Aktivitäten vor allem nach dem Ende der Inflation mit finanzieller Unterstützung durch den Staat (1925). Seit 1927 erschienen einmal im Monat die ›RKW-Nachrichten‹, und 1931 fand in Berlin die erste große Tagung mit dem Schwerpunkt ›Mensch und Rationalisierung‹ statt. Das Reichskuratorium hielt ständige Kontakte zu zahlreichen anderen Rationalisierungseinrichtungen wie etwa dem ›Normenausschuß der Deutschen Industrie‹ (NDI), dem ›Ausschuß für wirtschaftliche Fertigung‹ (AWF) und dem ›Reichsausschuß für Arbeitszeitermittlung‹ (Refa). Das RKW war eng mit der Berliner Industrie verknüpft: Den Vorstand leitete Carl Friedrich von Siemens; stellvertretender (und seit 1930 erster) Vorsitzender war Carl Köttgen, Generaldirektor der Siemens-Schuckertwerke. Siemens gehörte dann auch zu den Berliner Großunternehmen, die im Zeichen der Rationalisierung standen.

Der rationellen Arbeitsorganisation hatten sich die Ingenieurwissenschaften bereits vor dem Ersten Weltkrieg zugewandt. Einer der Pioniere war der zunächst als Betriebsleiter und Konstruktionschef bei der Berliner Firma Ludwig Loewe tätige Georg Schlesinger, der 1904 Leiter des neugegründeten ›Lehrstuhls für Werkzeugmaschinen und Fabrikbetrieb‹ an der Technischen Hochschule Berlin-Charlottenburg geworden war. Schlesinger war der wichtigste Vermittler für die Aufnahme der wissenschaftlichen Betriebsorganisation im Sinne Taylors in Deutschland. Er trug wesentlich zur Durchsetzung der ›industriellen Psychotechnik‹ bei, die den Menschen als Teil des Fertigungsprozesses untersuchte und ihn durch Eignungstests, Arbeitsplatz- und Bewegungsstudien funktionalisierte. »Man hatte vergessen ... daß die verschiedenen Umstände, die im Material, im Werkzeug, aber auch in der menschlichen Disposition liegen, berücksichtigt werden müssen«, konstatierte Schlesinger 1921 in der Zeitschrift ›Die Technische Hochschule‹ und forderte, daß man zu einer »Verbindung des Seelischen mit dem Mechanischen« gelangen müsse.

Der Rationalisierungsschub beschränkte sich nicht auf die Fabriken, sondern erreichte besonders seit der Mitte der zwanziger Jahre auch den Bürobereich, der veraltet und nach betriebstechnischen Kriterien ungenügend effizient erschien. Dieser Schub erfaßte im wesentlichen die Büros der Großbetriebe in Industrie und Handel, Banken und Versicherungen. 1929 arbeiteten in Berlin, der größten Handelsstadt auf dem europäischen Kontinent, 840000 Personen (oder umgerechnet jeder fünfte Erwerbstätige) im Bereich Handel, Banken und Versicherungen. 50000 Angestellte, d. h. ein Viertel aller im deutschen Bank- und Börsenwesen Tätigen, entfielen allein auf die rund 3200 Berliner Bankniederlassungen.

Rationalisierung hieß in den Büros dieser Branchen die Einführung der Methode des ›fließenden Bandes‹ und die Zerlegung der Tätigkeiten in Teilarbeitsschritte. Die Rationalisierung der Arbeitsbewegungen und -abläufe ging einher mit zunehmender Technisierung: »Jede Arbeit, also auch die Büroarbeit, wird charakterisiert durch den Arbeitsrhythmus, die Arbeitskontinuität und die Arbeitsexaktheit. Von diesen Gedankengängen ausgehend ... hat die Bürotechnik die Aufgabe, die organisatorischen und mechanischen Mittel bereitzustellen, welche dazu beitragen, diese drei Tätigkeiten« wirkungsvoll auszuüben (so eine Büro-Fachzeitschrift 1931). Die Schreibmaschine, die schon vor dem Ersten Weltkrieg Einzug in das Büro gehalten hatte, setzte sich weiter durch; auch die Zahl anderer technischer Hilfsmittel wie Buchungs- und Rechenmaschinen oder Diktiergeräte stieg ständig an. Die angelernten Tätigkeiten wurden zumeist von Frauen ausgeführt, die um 1925 mehr als ein Drittel der Berliner Angestelltenschaft ausmachten. Typisch für ihre Arbeitssituation war gerade in den Großbetrieben der Arbeitssaal, in dem zahlreiche Maschinenschreiberinnen zusammen untergebracht waren. Dieser Saal, Vorläufer des Großraumbüros, war bis in die Raumordnung und Beleuchtung nach rationellen Kriterien zum Zwecke der Leistungssteigerung gestaltet.

Mit der Rationalisierung des Büros beschleunigte sich die schon vor dem Ersten Weltkrieg erkennbare Proletarisierung der Angestellten. Mit der Dequalifikation der Tätigkeiten wuchs die Unsicherheit des Arbeitsplatzes. Siegfried Kracauer, aufmerksamer Beobachter dieser Veränderungen, schrieb über Berlin als den »Ort ... an dem sich die Lage der Angestellten am extremsten darstellt«: »Aus den ehemaligen ›Unteroffizieren des Kapitals‹ ist ein stattliches Heer geworden, das in seinen Reihen mehr und mehr Gemeine zählt, die untereinander austauschbar sind« (Die Angestellten, 1929). Besonders die älteren Angestellten waren von dieser Entwicklung hart betroffen: Von den im Juni 1926 beim Groß-Berliner Stellennachweis für Angestellte vorgemerkten 15000 Bewerbern waren mehr als vierzig Prozent älter als vierzig Jahre.

Es ist kaum genau zu bestimmen, in welchem Ausmaß die hohen Erwerbslosenzahlen der zwanziger Jahre auf den Rationalisierungsschub in der Wirtschaft zurückzuführen sind. Die Arbeitslosigkeit lag in Berlin höher als im Reichsdurchschnitt: Die Differenz betrug 1924/25 mehr als zwanzig Prozent und vergrößerte sich in den folgenden Jahren weiter. 1927 war die Arbeitslosigkeit in Berlin fast doppelt so hoch wie im Reich. Im Juli 1928 wurden in der Reichshauptstadt rund 115 000 unterstützungsberechtigte Arbeitslose gezählt, im Dezember 1928 sogar 164 000. Oberbürgermeister Gustav Böss betonte, daß »die Erwerbslosenziffer nicht nur als Ausdruck einer wirtschaftlichen Krise und der ›Rationalisierung‹ zu werten« sei, sondern auch aus der Herabsetzung der Heeresstärke von 800 000 auf 100 000 Mann, »den Veränderungen im Altersaufbau der Bevölkerung und der Rückkehr zahlreicher Angehöriger der verarmten Rentnerschicht in das Erwerbsleben« resultiere (Wie helfen wir uns?, 1926).

Selbst die Hausarbeit blieb vom umfassenden Rationalisierungstrend der zwanziger Jahre nicht unberührt. Überlegungen zum rationellen Haushalt, die in der Rezeption amerikanischer Untersuchungen ebenso wie seit 1928 vom Reichskuratorium für Wirtschaftlichkeit propagiert wurden, gingen vom Bild der berufstätigen Frau aus, die ihre Hausarbeit ›wissenschaftlich‹ erledigte, um Zeit und Kräfte für Beruf und Familie zu sparen. In der 1921 auch in Deutschland erschienenen Untersuchung ›The New Housekeeping‹ von Christine Frederick wird dazu ausgeführt: »Durch Übertragung der Grundsätze der wissenschaftlichen Betriebsführung ... auf die Hausarbeit« soll erreicht werden, »den Haushalt so zu meistern, daß er sich mit einem Mindestmaß an Zeit und Mühe fast automatisch erledigen und die Aufgaben von Mutterschaft und Beruf mehr zu ihrem Recht kommen läßt.«

Nicht zuletzt in die Architektur des großstädtischen Wohnungsbaus fanden Überlegungen zur rationellen Hausarbeit Eingang. In den neuen Siedlungen wie in der Waldsiedlung ›Onkel-Toms-Hütte‹ oder in der Hufeisensiedlung in Britz gab es Küchen mit zeit- und wegesparender Möbelanordnung. Mit dem Ideal der Zeit-, Wege- und Kraftersparnis arbeitete auch die Werbung für technische Hausgeräte. Durch den Ausbau der Stromversorgung (die Zahl der an das Stromnetz angeschlossenen Haushalte stieg von 27 Prozent 1925 auf mehr als 50 Prozent 1928) und das von der Bewag 1926 eingeführte Teilzahlungssystem ›Elektrissima‹ erlebte die Verbreitung elektrischer Hausgeräte in Berlin einen Boom. 1928 kamen auf 100 Berliner Haushalte schon 76 elektrische Geräte. Bügeleisen und Staubsauger waren besonders gefragt, waren sie doch, im Vergleich zu Großgeräten wie Kühlschrank oder Waschmaschine, relativ erschwinglich. Mit 365 000 (vierzig Prozent) bzw. 180 000 (zwanzig Prozent) verkauften Geräten waren sie die Spitzenreiter auf dem Berliner Markt (1928). Gleichwohl waren sie für die einkommensschwachen Haushalte weiterhin ein nicht verfügbarer Luxus. *R. B.*

25/1 Skulptur 23 (Abb.)
Rudolf Belling

1923; Bronze, auf Messingfarbe legiert, poliert; H 41,5 cm, Dm 21,5 cm
Berlin, Nationalgalerie, SMPK

Bellings Metallplastik versinnbildlicht die Vorstellung des frühen 20. Jahrhunderts von der Einheit von Rationalität, Technik und Moderne.

25/2 Siemensstadt (Abb.)
Anton Scheuritzel

Um 1930; Öl/Lw., 158×310 cm; bez. u. r.: Anton Scheuritzel
Berlin, Siemens AG

Es handelt sich um eine Idealansicht, basierend auf einem Entwurf für Siemensstadt, der in dieser Größenordnung nicht realisiert wurde.

25/3 Siemens-Werke Berlin
a) Kleinstanzerei in Siemensstadt
b) Fließbandarbeit im Zwietusch-Werk von Siemens & Halske
c) Kleinwickelei
d) Kondensatoren-Aufspulen im Zwietusch-Werk
e) Montage für automatische Fernsprechämter
f) Fräserei
g) Kleinbohrerei: Männerarbeit
h) Kleinbohrerei: Frauenarbeit
i) Werkschluß in Siemensstadt

Franz Graf

1929; neun Radierungen aus der Mappe ›Arbeit ist Leben‹, je 44,7×54,9 cm
München, Siemens-Museum

25/4 Serie von vier Normblättern aus den Anfängen der Normung, hg. vom Normenausschuß der Deutschen Industrie
a) DINORM 16, Bl. 2.: ›Zeichnungen – Schräge Blockschrift – Schriftgrößen‹, 14. Juli 1919
b) DINORM 27: ›Zeichnungen – Sinnbilder für Schrauben‹, 16. Oktober 1919
c) DINORM 73: ›Niedrige Kronenmuttern. Whitworth-Gewinde‹, 15. Mai 1922
d) DINORM 92: ›Splint- und Kegelstiftsicherungen‹, 1. Juni 1921

Je 30,5×21,5 cm
Berlin, Deutsches Institut für Normung e. V. (DIN)

25/5 Georg Schlesinger und seine Arbeitsgebiete: Rationalisierung, Passungen, Zerspanung und Normung. Photomontage aus Anlaß seines 25jährigen Dienstjubiläums als ordentlicher Professor an der Technischen Hochschule Berlin-Charlottenburg, 1929

Photographie (Reproduktion)
Berlin, TUB, Institut für Werkzeugmaschinen und Fertigungstechnik

Georg Schlesinger (1874–1949) leistete an dem für ihn 1904 eingerichteten ›Lehrstuhl für Werkzeugmaschinen und Fabrikbetrieb‹ grundlegende Forschungen zur rationellen Planung und Durchführung von Produktionsprozessen. 1933 wurde Schlesinger aus dem Hochschuldienst entlassen, weil er Jude war. Er verließ Deutschland 1934 und lebte von 1939 bis zu seinem Tod in England, wo er die Forschungsabteilung der ›Institution of Production Engineering‹ leitete.

25/6 Berichte des Versuchsfeldes für Werkzeugmaschinen an der Technischen Hochschule Berlin-Charlottenburg
Georg Schlesinger, Max Kurrein

Heft 7, Berlin 1924
Berlin, TUB, Institut für Werkzeugmaschinen und Fertigungstechnik

25/7 Psychotechnik und Betriebswissenschaft
Georg Schlesinger

Berlin 1920
Berlin, TUB, Institut für Werkzeugmaschinen und Fertigungstechnik

25/8 Topf-Staubsauger aus der ›Protos-Serie‹ (Abb.)
Siemens-Schuckertwerke

Berlin 1928; emailliertes Stahlblech; H 44 cm, Dm 27 cm (Gehäuse)
München, Siemens-Museum (2462)

1924 wurde im Elektromotorenwerk von Siemens-Schuckert ein kleiner tragbarer Ventilatorstaubsauger entwickelt, der die Grundlage für die ein Jahr später einsetzende Staubsaugerproduktion bildete. Abweichend von der vorherrschenden, aus den USA übernommenen Bauart produzierte Siemens den sogenannten Topf- oder Kesselstaubsauger. In einem aufrecht stehenden Topf lag ein Stoff-Filter; Motor und Gebläse waren in einem abnehmbaren Oberteil untergebracht.

25/9 Werbung für den ›Protos‹-Staubsauger (Abb.)

1927; Reproduktion eines Entwurfs von Eugen Spiro
München, Siemens-Museum

25/10 Tragbarer Staubsauger ›Saugling‹, mit Gebrauchsanweisung und Garantieschein
Borsig

Berlin, um 1925; vernickeltes Gehäuse; L 60 cm (Gehäuse) bzw. 300 cm (Schlauch)
Berlin, Fa. Borsig GmbH

25/11 Stielstaubsauger ›Vampyr‹
AEG

Berlin, nach 1927; Gußeisen (Gehäuse), Aluminium; H 121 cm, Dm 30 cm
Frankfurt a. M., Firmenarchiv AEG Aktiengesellschaft (2262)

Mit einem durchschnittlichen Kaufpreis von 165 Mark (um 1928) waren Staubsauger für viele Berliner Haushalte unerschwinglich.

25/12 ›Dame – und doch Hausfrau‹ Reklameblatt der AEG für den Staubsauger ›Vampyr Duplex‹

1931; Photographie (Reproduktion)
Frankfurt a. M., Firmenarchiv AEG Aktiengesellschaft

25/13 Werbeblatt ›Edmonde Guy mit dem AEG Vampyr‹

Um 1930; Photographie (Reproduktion)
Frankfurt a. M., Firmenarchiv AEG Aktiengesellschaft

Die Werbung für Haushaltsgeräte zeigt oft Filmstars, Schönheitsköniginnen u. ä., die die Geräte bedienen. Damit sollte – ähnlich wie bei dem vorher aufgeführten Reklameblatt – die Illusion ›Dame – und doch Hausfrau‹ erzeugt werden.

25/14 Werbung für ›Protos‹-Haushaltsgeräte der Firma Siemens

Sechs Photographien, Reproduktionen aus: Der Anschluß. Zeitschrift für den Elektrohandel, hg. von Siemens-Schuckert, Jg. 1/2, Berlin 1930/31

Auch hier arbeitet die Werbung mit dem Glanz der Filmstars: »Frau Lil Dagover schaut als interessierte Hausfrau der neuen Wäschehilfe (Schleuder) bei der Arbeit zu.« Suggeriert wurde Arbeitsreduzierung, ja Befreiung von Hausarbeit durch die neuen technischen Geräte: »Die Vielseitigkeit der Hausfrauen nimmt zu. Telefonieren und Staubsaugen zur gleichen Zeit.«

25/1

25/15 Die ›Protos-Ecke‹ am Kurfürstendamm

Um 1930; Farbdruck (Reproduktion)
München, Siemens-Museum

Auf einer riesigen Reklamefläche, die sich über mehrere Häuserfassaden erstreckte, leuchtete der Schriftzug ›Protos dient der Hausfrau‹ auf.

25/16 Kühltrommel mit 60 Liter Nutzinhalt für 350 Reichsmark – Attraktion der Leipziger Frühjahrsmesse, 1933
Robert Bosch A.-G.

Stuttgart; Stahlblech, lackiert und emailliert (innen); Winkelstahl (Ständer); 84×58×60 cm
Stuttgart, Robert Bosch GmbH (1817)

Der genannte Preis von 350 Mark war für einen Kühlschrank sensationell niedrig, lag der Durchschnittspreis zu dieser Zeit doch bei 750 Mark. Der Werbeprospekt preist die Vorzüge eines elektrischen Kühlschranks gegenüber einem ›Natureisschrank‹: »Der alte Eisschrank ist immer feucht, und das Tropfwasser ist voll schädlicher Keime. Ganz anders wird das alles mit dem Bosch-Kühlschrank ... Den bösen Schimmelpilzen und Fäulnisbakterien ist ihr verderbliches Handwerk gründlich gelegt ... Sie schonen ihre Kräfte und haben mehr Zeit übrig; dabei sind die Betriebskosten erstaunlich gering!«

25/17 Turbo-Waschmaschine aus der ›Protos‹-Serie
Siemens-Schuckertwerke

Berlin 1928; Kupfer; H 100 cm, Dm 76 cm
München, Siemens-Museum (0253)

25/2

In einem großen Kessel befindet sich eine Trommel zum Waschen und zum Schleudern. Zum Umschalten der Trommelgeschwindigkeit wurde die gesamte Maschine gekippt. Da die Maschine nicht aufheizte, mußte die Hausfrau heißes Wasser einfüllen. Der Anschaffungspreis war mit 650 Mark sehr hoch.

25/18 Elektrisches Bügeleisen
AEG

Berlin, um 1925; Eisen, Holz; L 20 cm, Dm 12 cm
Frankfurt a. M., Firmenarchiv AEG Aktiengesellschaft

Ein elektrisches Bügeleisen kostete um 1928 etwa acht Mark.

25/19 Elektrisches Bügeleisen
Siemens-Schuckertwerke

Berlin 1926; Stahlblech, 14×17×8 cm
München, Siemens-Museum (0322)

25/20 Reisebügeleisen ›Graetzor‹, mit Gebrauchsanweisung
Ehrich & Graetz

Berlin, um 1930; vernickeltes Eisen; 16×15×6,5 cm
Berlin, Berliner Kraft- und Licht (Bewag)-AG, Gerätesammlung (SB 0222)

25/21 Kaffeemaschine
Rowenta

Offenbach a. M., um 1930; verchromtes Messingblech; H 34 cm, Dm 11 cm
Berlin, Berliner Kraft- und Licht (Bewag)-AG, Gerätesammlung (SB 0062)

25/22 Brotröster
AEG

Berlin 1926; vernickeltes Messingblech, 21×23×10,5 cm
Berlin, Berliner Kraft- und Licht (Bewag)-AG, Gerätesammlung (SB 0036)

25/23 Informationsbroschüre ›Elektrissima. Das Teilzahlungssystem der BEWAG‹

Um 1926
Berlin, Berliner Kraft- und Licht (Bewag)-AG, Archiv

Mit dem Ausbau des Elektrizitätsnetzes seit 1924 war die Bewag auch an einer Steigerung des Stromverbrauchs privater Haushalte interessiert. Die hohen Anschaffungskosten für elektrische Installationen, Beleuchtungskörper und Haushaltsgeräte bedeuteten dabei ein erhebliches Hindernis, das die Bewag mit dem Teilzahlungssystem ›Elektrissima‹ mindern wollte. Mit Erfolg: Bereits im ersten Geschäftsjahr 1926/27 wurden rund 66 000 von Berliner Privathaushalten gestellte Anträge auf Ratenzahlung bewilligt. Davon entfielen 41 000 auf Installationen und Beleuchtungskörper und die restlichen auf elektrische Geräte. Die meistgefragten Haushaltsgeräte waren ›Apparate zur Körperpflege‹ (6700), Bügeleisen (6000), Staubsauger (3000), Strahlungsöfen (1600), ›Heißluftduschen‹ (= Föne; 1400), Heizkissen (1400) und Ventilatoren (1300).

25/24 Drei Rechnungen der Berliner Städtischen Elektrizitätswerke mit Werbung für Haushaltsgeräte

1926–1929; Farbdrucke, je 30×20 cm
Berlin, Berliner Kraft- und Licht (Bewag)-AG, Archiv

25/25 Das Einküchenhaus und seine Verwirklichung als Weg zu einer neuen Heim-Kultur

Hg. von der Einküchenhaus-Gesellschaft der Berliner Vororte und der Gesellschaft für neue Heim-Kultur zur Reform des Wohnungs-, Haushaltungs- und Erziehungswesens, Berlin S. W., Berlin: Selbstverlag 1908
Berlin, Kunstbibliothek, SMPK (E 13 598)

1909 wurden in Berlin fünf Mehrfamilienhäuser für das gehobene Bürgertum fertiggestellt, die mit einer gemeinsamen Küche für alle Wohnungen ausgestattet waren. Auf dieses, allerdings schon in seinen Anfängen gescheiterte Pionierprojekt arbeitsreduzierender Haushaltsführung beriefen sich die Rationalisierungsbestrebungen der zwanziger Jahre.

25/26 Rationelle Küche, gezeigt auf der Deutschen Bauausstellung Berlin, 1931

Photographie (Originalabzug), 11,8 × 16,8 cm
Berlin, Ausstellungs-Messe-Kongress-GmbH

25/27 ›Hilfsmittel für die rationelle Haushaltführung‹

Abbildung, in: Christine Frederick, Die rationelle Haushaltführung. Betriebswissenschaftliche Studien (Titel der amerik. Originalausgabe: The New Housekeeping. Efficency Studies in Home Management), Berlin 1921 (Taf. VI)
Berlin, Senatsbibliothek (Fa 193)

Empfohlen wurde die Anlage einer »Zeit und Arbeit sparenden Familienkartei«, eines »Umschlags zum Aufbewahren größerer Zeitungsausschnitte usw.«, eines »Ordners zum Aufbewahren von Rechnungen« und einer »Kochkartei«, denn »auch die peinlich ordentlichste Hausfrau wird nicht bestreiten können, daß das Suchen oder Heraussuchen ein ganz Teil ihrer Zeit in Anspruch nimmt, oder daß es für sie eine bedeutende Erleichterung wäre, wenn alles in ihrem Haushalt, also auch jede kleine Rechnung, seinen bestimmten, seinen sogenannten Normalplatz hätte ... Auch in diesem Fall müssen wir uns als Richtlinie den geschäftlichen oder büromäßigen Betrieb vor Augen halten.«

25/28 Der rationelle Haushalt

a) Amerikanisches Küchenbüffet mit Arbeitstisch und Zusatzschränken
b) Das Anpassen der Arbeitshöhe an die Größe der Arbeitenden
c) Tageseinteilungskarte der Hausfrau

Zeichnungen, Reproduktionen aus: Irene M. Witte, Heim und Technik in Amerika, Berlin 1928

25/9

25/8

25/29 Wegweiser zur wirtschaftlichen Haushaltsführung

a) ›Zweckmäßige Möbelstellung – Sinnwidrige Möbelstellung‹
b) ›Falsch! – Richtig! Verstellbarer Patentbügeltisch mit Wäscheaufhang und -auffänger‹

Zeichnungen, Reproduktionen aus: Erna Meyer, Der neue Haushalt. Ein Wegweiser zur wirtschaftlichen Hausführung, 29. Aufl., Stuttgart 1929 (Erstauflage 1926)

25/37

25/30 Eine Junggesellenküche auf einem Quadratmeter Raum, gezeigt auf der Ausstellung des Berliner Hausfrauenvereins, 1927

Photographie (Originalabzug), 16,5 × 21,2 cm
Berlin, Ullstein Bilderdienst

25/31 Rationelle Einbauküche

Photographie, Reproduktion aus: Glas und Metall als Baustoff. Ausstellung der Arbeitsgemeinschaft für deutsche Handwerkskultur verbunden mit der Sonderausstellung ›Die neue Küche‹, Berlin (1928)

Die Größe dieser »allen Ansprüchen eines einfachen großstädtischen Haushaltes« entsprechenden Küche betrug 4,5 qm. Ihr oberstes Ordnungsprinzip war der »vorteilhafte Arbeitsablauf«.

25/32 Die denkende Hausfrau. Eine Bilderfolge mit Versen von Hedwig Schwarz

Zeichnung, Reproduktion aus: Frauenwelt, Jg. 7, 1930, H. 16 (S. 370f.)

25/33 Schreibmaschine ›Senta‹ *Frister & Rossmann*

Berlin 1928; Metall, 20 × 35 × 35 cm
Berlin, Lutz Rolf

»Nicht denken, nicht besinnen, weiter, weiter, geschwinde, geschwinde, tipp, tipp, tipptipptipptipptipp ... Im Kopf beginnt ein kleiner Schwindel zu kreisen. Geschwindigkeit ist Rausch ... Da beginnen die Muskeln im Nacken sich schmerzhaft zu spannen. Die Kraft der Arme erlahmt, die Verkrampfung der inneren Anspannung bricht jäh auseinander. Tief atemholend schaue ich auf. Stapel erledigter Post türmen sich zu meiner Linken, Stapel der unerledigten zu meiner Rechten. Acht Stunden hat der Arbeitstag, die Hälfte ist erst vergangen. Also weiter, geschwinde, geschwinde« (C. A. Brück, Schicksale hinter Schreibmaschinen, Berlin 1930).

25/34 Klemmleuchte

Um 1930; H 65 cm, Dm 21 cm (Schirm)
Berlin, Brigitte Kippe

25/35 Plakat ›Tretet ein in den Gewerkschaftsbund der Angestellten‹ *Hans-Joachim Christoph*

Berlin: Hollerbaum & Schmidt 1920; Farblithographie, 69 × 93 cm
Berlin, Kunstbibliothek, SMPK

25/40

Der »freiheitlich-sozial-nationale« Gewerkschaftsbund der Angestellten bildete neben dem der Sozialdemokratie nahestehenden Allgemeinen Freien Angestelltenbund und dem christlich-nationalen Gesamtverband Deutscher Angestelltengewerkschaften einen der drei Spitzenverbände der Angestelltenbewegung. Im Kampf um bessere Arbeitsbedingungen war ein Drittel aller Angestellten gewerkschaftlich organisiert.

25/36 ›Hinter den Kulissen der Propaganda‹

Artikel mit vier Abbildungen, in: Werbekunst. Blätter für Schaufenster-Geschäftsausstattung-Reklame. Beilage zur Textilzeitung, Jg. 3, Nr. 15
Berlin, Kunstbibliothek, SMPK (K 5817)

25/37 Schreibsaal im Reichspatentamt (Abb.)

Um 1930; zwei Photographien (Reproduktionen)
Berlin, Deutsches Patentamt, Dienststelle Berlin

25/38 Im Berliner Büro von Siemens & Halske

Um 1930; zwei Photographien (Reproduktionen)
München, Siemens-Museum

25/39 Elektrische Schreibmaschine ›Mercedes Elektra‹, mit dazugehörigem Werbematerial

Mercedes Büromaschinen-Werke

Zella-Mehlis i. Thür. 1921; Metall, 45 × 35 × 25 cm
Köln, Uwe H. Breker

25/40 ›Mercedes Elektra‹ Werbeplakat für elektrische Schreibmaschinen (Abb.)

Alexander M. Cay

Berlin: Richard Fuchs, um 1920; Farblithographie, 76 × 96 cm
Berlin, Kunstbibliothek, SMPK

25/41 Schreibmaschine ›Rofa‹

Robert Fabig GmbH

Berlin 1921; Metall, 16 × 32 × 26 cm
Berlin, Lutz Rolf

25/42 Schreibmaschine ›Neya‹

A. Ney

Berlin 1926; Metall, 16 × 32 × 26 cm
Berlin, Lutz Rolf

25/44

25/43 Diktiergerät ›Parlograph‹
Carl Lindström A.G.
Berlin, um 1920; Holz, Metall; 61,5×27×42 cm
Berlin, Pärschke Bürobedarf – Becker & Albrecht oHG

Im Januar 1913 schrieb Franz Kafka an seine Verlobte Felice Bauer, die seit 1912 in leitender Stellung bei der Parlographenabteilung der Firma Carl Lindström A.G. Berlin tätig war: »Eine Maschine mit ihrer stillen, ernsten Anforderung scheint mir auf die Arbeitskraft einen viel stärkern, grausamern Zwang auszuüben, als ein Mensch. Wie geringfügig leicht zu beherrschen, wegzuschicken, niederzuschreien, auszuschimpfen, zu befragen, anzustaunen ist ein lebendiger Schreibmaschinist, der Diktierende ist der Herr, aber vor dem Parlographen ist er entwürdigt und ein Fabriksarbeiter, der mit seinem Gehirn eine schnurrende Maschine bedienen muß.«

25/44 Verkaufsstand der Firma ›Parlograph Diktiermaschinen Carl Lindström A.G. Berlin SO 36‹ (Abb.)
Um 1920; Photographie (Originalabzug), 17,2×23,4 cm
Berlin, Pärschke Bürobedarf – Becker & Albrecht oHG

25/45 Bleistiftschärf-Maschine ›Jupiter‹
Guhl & Harbeck
Hamburg 1925; Metall (Guß), 12×35×16 cm
Berlin, Manfred Pfeifer

25/46 Rechenmaschine ›Hamann, Modell Manus A‹
Chr. Hamann
Berlin 1925; Metall, 12,5×26×14,5 cm
Berlin, Christian Plähn

25/47 Werbespiegel ›Hamann-Automat‹
Um 1926; Glas, 8×12×1,5 cm
Berlin, Christian Plähn

25/48 ›Tasma‹, kleinste sichtbar schreibende Volltastatur-Addiermaschine
Chr. Hamann
Berlin 1924; Metall, 28×14×20 cm
Berlin, Christian Plähn

25/49 ›BUG Calculator‹
Bergmann Universalges.m.b.H.
Berlin 1923; Metall, 21×4×3,2 cm
Berlin, Christian Plähn

RAUM 26
LUNA-PARK UND METROPOL

Die Arbeit im Zeichen der Rationalisierung forderte den ganzen Menschen. Ihm galten dementsprechend auch die neuen Angebote der Freizeit. Die großstädtischen Zerstreuungsmöglichkeiten des anbrechenden 20. Jahrhunderts, erst recht die der zwanziger Jahre nahmen den Charakter einer Industrie an. Ob Luna-Park, Haus Vaterland, Tonfilm oder Revue – es war eine Ästhetik des Totalen, die umfassende Anregung und Befriedigung aller menschlichen Sinne an einem Ort und zum selben Zeitpunkt.

Als Fossilien blieben die Kinder- und Erwachsenenvergnügungen von früher wie der alte Jahrmarktsrummel erhalten, wenn auch in die Vorstädte verbannt, während der Luna-Park am westlichen Ende des Kurfürstendamms emporwuchs. An die soziale Peripherie gerieten aber mit dem Aufstieg des ›Neuen Westens‹ zum Geschäfts- und Amüsierzentrum vor dem Ersten Weltkrieg selbst die alte Mitte und mit ihr ihre nächtlichen Reize. Von der Friedrichstraße, einst die »Substantiierung der Weltstadtexistenz Berlins«, wußte Curt Morecks ›Führer durch das lasterhafte Berlin‹ zu berichten: »Immerhin haben die Vergnügen, die sie bietet, einen gewissen musealen Reiz. Es ist schon belustigend, von den Linden her durch die ›Passage‹ zu streifen, durch diesen glasüberdachten Durchgang mit seinen aneinandergereihten, bunten Auslagen, die eine Schreckenskammer des Kitschs von gestern bilden, stark mit Erotischem gemischt ... von der Aufklärung im Bilderautomaten ... bis zur Wachsfigur im anatomischen Museum.«

Die hier erwähnte Lindenpassage oder auch Kaisergalerie zog sich mit einem leichten Knick von einem Eingang Unter den Linden zu einem anderen an der Ecke Friedrich-/Behrenstraße hin. Im Jahre 1873 wurde sie eingeweiht, ihr trauriger Verfallszustand endete mit einer vollständigen Modernisierung 1928. Hier hatte das Passage-Panopticum seit 1888 das Großstadtpublikum mit seinen Darbietungen menschlicher Abnormitäten, dem dicksten und dem dünnsten Menschen der Welt, dem lebenden ›Löwenmenschen‹ Lionel und Lentini, dem Dreibeinigen, erschauern lassen. Hier gab es die ›Bergbewohner Abessiniens‹ zu sehen und 1908 den leibhaftigen ›Hauptmann von Köpenick‹, Wilhelm Voigt.

Jahrmarkt und Panoptikum – all das war auch der Luna-Park, nur größer, lärmender und technisch auf der Höhe seiner Zeit. Im Mai 1904 hatte ein Terrassenrestaurant am Halensee eröffnet, das dem Großgastronom Aschinger gehörte und das nun ein ehemaliger Küchenchef der Kempinski-Betriebe, Bernhard Hoffmann, pachtete. Wenige Jahre später baute Hoffmann mit einer internationalen Aktien-Gesellschaft das Gelände zum Luna-Park aus. Im Jahre 1910 galt dieser bereits als größter Vergnügungspark in Europa. Nervenkitzel wie eine Berg- und Talbahn, die zeittypischen ›Völkerschauen‹ mit exotischen Dorfgenres, Eingeborenentänzen und Tierdressuren fehlten ebensowenig wie Filmvorführungen, Akrobatik und Tanzvergnügen.

In den Nachkriegsjahren 1919/20 erfuhr der Luna-Park eine nochmalige Erweiterung und Umgestaltung. Künstler wie Max Pechstein und Rudolf Belling wirkten daran mit und verhalfen expressionistischen Stilmitteln durch Form und Bemalung der Kulissenbauten zu ungeahnter Popularität. Attraktionen wie eine Geisterbahn, eine Rennbahn für Kleinautos oder eine Wasserrutschbahn bereicherten den Luna-Park. Unter den unzähligen Sport-, Rundfunk- und Tanzveranstaltungen sei nur der siegreiche Kampf Max Schmelings um die deutsche Meisterschaft im Halbschwergewicht 1926 erwähnt. Einen besonderen Anziehungspunkt bildete seit 1927 das Wellenbad, das wie der ganze Park bis spät in die Nacht geöffnet war. Mit der Weltwirtschaftskrise geriet auch er in Schwierigkeiten. Verächtern der Republik galt er als Symptom ihrer kulturellen Dekadenz. Im Oktober 1933 mußte der Luna-Park nach vergeblichen Versuchen, ihn dem Zeitgeschmack anzupassen, Konkurs anmelden. Im Laufe der nächsten Jahre wichen die meisten Gebäude neuen Straßenbauten.

Ein verwandter Spielplatz der Sinnenlust, in dem der Berlin-Flaneur Franz Hessel das Antlitz von »Monster-Deutschland« zu erblicken meinte, befand sich am Potsdamer Platz. Was Franz Schwechten, Erbauer der Gedächtniskirche und des Anhalter Bahnhofs, 1911/12 als ›Café Picadilly‹ errichtet hatte, war nach Kriegsausbruch 1914 patriotisch in ›Haus Vaterland‹ umbenannt worden. Bis 1927 weitgehend im Besitz der Filmgesellschaft UFA, erforderte die schlechte Ertragslage der umfangreichen Gastronomiebetriebe im Haus eine neue Nutzungsidee. Die Bank für Handel und Grundbesitz erwarb das Grundstück und ließ das Haus Vaterland mitsamt dem Kino ›Kammerlichtspiele‹ bis 1928 vollständig umbauen. Das gestalterische Konzept stammte von Leo Kronau, einem bewährten Spezialisten des Luna-Parks.

Sein Publikum suchte das neue Haus Vaterland nicht nur unter den vier Millionen Berlinern, sondern auch unter den Fremden, denen es ein Sinnbild des modernen Berlin bot, der ›Weltstadt‹ auch in der Bedeutung, daß hier nicht nur Berlin, sondern gleich die halbe Welt dem Genusse des Besuchers offenstand. Schon im ersten Jahr nach dem Umbau waren es mehr als eine Million Menschen, welche die großzügige, mit Travertinplatten ausgelegte und verkleidete Eingangshalle betraten. Die Decke schimmerte silberglänzend, milchgläserne Leuchtkörper an Wand und Decke verbreiteten mildes und feierliches Licht. Bronzene Fahrstuhltüren und schwere Sessel, mit schwarzem Saffianleder bezogen, hätten ebensogut ins Foyer einer Großbank, einer Konzernverwaltung oder in die Abfertigungshalle des neuen Flughafens Tempelhof gepaßt. Kühle, jedoch repräsentative Nüchternheit empfing den Gast im Entree. »Dahinter aber«, schrieb der Kritiker Siegfried Kracauer, »grinst Grinzing«.

Das Haus Vaterland nämlich war ein Ensemble kleinerer und größerer Gaststätten, die in Dekor und folkloristischer Gewandung des Personals eine bayerische Bierschwemme, eine Wild-West-Bar, ein Türkisches Café, einen ungarischen Csárdás-Keller und eben jenes Heurigenlokal in Grinzing zitierten. Die Rheinterrasse bot neben dem Frohsinn von Rüdesheim ein künstliches Gewitter, das im Abstand von einer halben Stunde aufzog – »solange wie ein Rumpsteak braucht«, wie die Reporterin des ›Berliner Tageblatts‹, Gabriele Tergit, feststellte. Den prächtigen zweistöckigen Ballsaal zierten versilberte Palmenornamente und Büsten des späteren NS-Staatsbildhauers Josef Thorak. Der gesamte Gastronomiebetrieb lag in den Händen der Firma Kempinski, deren Restaurants damals der Inbegriff für den bezahlbaren Luxus waren: Lokale, wohin jedermann gehen konnte, der sich und anderen etwas Außergewöhnliches gönnen wollte.

Unter den künstlerischen Mitteln der Zeit, welche die Synthese der Sinnenreize anstrebten, alle Kunststile, ob Expressionismus oder Kubismus, zur Zerstreuung des großstädtischen Massenpublikums verarbeiteten – und verflachten, wie die Puristen meinten –, nahm die Revue eine besondere, sehr zeitgebundene Rolle ein.

Im Jahre 1924 übernahm der ehemalige Tänzer und Schauspieler Erik Charell die Leitung des Großen Schauspielhauses am Schiffbauerdamm, das Hans Poelzig 1919 zu einem Theater umgebaut hatte, welches ganz im Sinne der demokratischen Aufbruchsstimmung mit seinen 5000 Plätzen und niedrigen Eintrittspreisen als ›Theater für alle‹ da sein sollte. Charell eröffnete seine Amtszeit mit einer schillernden Ausstattungsrevue, die den programmatischen Titel ›An alle‹ trug. Sollte Berlin, das großstädtische Laboratorium für die Demokratisierung Deutschlands, in der Revue die egalitäre Kunstform gefunden haben? Oder war es nur ein besonders stark wirkendes Selbstbetäubungsmittel für die sozial und kulturell obdachlosen Mittelschichten?

Betont nichtssagende, aber eingängige Titel unterstrichen den Charakter der Revuen, denen es nicht auf eine Handlung ankam, sondern auf die Zahl der ›Bilder‹, auf die Pracht der Kostüme und Kulissen, auf die Attraktivität der tanzenden Girls, auf die Prominenz der Solisten. Herman Hallers Revuen im Admiralspalast hießen ›Drunter und drüber‹ (1923), ›Noch und noch‹ (1924), ›Achtung! Welle 505‹ (1925), ›An und aus‹ (1926), ›Wann und wo‹ (1927), ›Schön und schick‹ (1928) – eine Revue, die schließlich mit fünfzig ›Bildern‹ aufwartete. Den Mittelpunkt der Aufmerksamkeit bildete gewöhnlich die Girltruppe. Die rhythmisierte Bewegung der Tänzerinnen, das gleichförmige Erscheinungsbild des Mädchentypus, wie es die legendären ›Tiller-Girls‹ vorgeprägt und bei mehreren Berlin-Tourneen vorgeführt hatten, mochte den kritischen Beobachtern leichthin als Reflex der gleichzeitigen Taylorisierung in der Arbeitswelt erscheinen. Das Leben der Revuegirls, obschon ein Inbegriff genormter Weiblichkeit, war indes das Wunschbild mancher unerfüllten Büroexistenz. Und so ließen es sich denn im Jahre 1928 auch die weiblichen Mitglieder des Kurzschriftvereins der Deutschen Bank nicht nehmen, bei ihrem Ball in der Berliner Bockbrauerei ihren Kollegen und Direktoren als ›Black and White Girls‹ vorzutanzen, wie die ›Monatshefte für die Beamten der Deutschen Bank‹ mit Freude berichteten.

Karriereträume und Unterhaltungsbedürfnisse der Massen verbanden sich auch im großen Kampfsport, der nichts mehr mit der gesundheitsbetonten Vorstellung von ›Leibesübungen‹ zu tun hatte, wie sie z. B. die Arbeitersportbewegung pflegte. Die Autorennen auf der AVUS oder das seit 1909 nach New Yorker Vorbild auch in Berlin gefahrene Sechs-Tage-Marathon der Radrennfahrer im Sportpalast waren gesellschaftliche Ereignisse für einige und Nervenkitzel für alle. Insbesondere den Box-Sport, den erst die aus England heimgekehrten Kriegsgefangenen in Deutschland eingeführt hatten, umgab ein Nimbus modernen Gladiatorentums.

In der Scala in der Martin-Luther-Straße und im Wintergarten am Bahnhof Friedrichstraße waren die internationalen Varieté-Stars zu Hause. Hier feierte der

Jongleur Enrico Rastelli seine Triumphe, bis er 1930 zum letzenmal das Scala-Publikum mit seinen Keulen, Reifen und Bällen entzückte. Hier kündigten die Nummerngirls, welche die Scala ins deutsche Varieté eingeführt hatte, den Clown Grock und viele andere Artisten an.

Nicht mehr als eine Varieté-Nummer war auch die erste Filmvorführung in Berlin gewesen. Im Jahre 1895 hatten die Brüder Max und Emil Skladanowsky im Wintergarten am Ende eines Programms ihre ersten Streifen gezeigt. Schon ein Jahr später eröffnete in einem Haus Unter den Linden das erste Kino, doch blieb der Film bis in die Zeit vor dem Ersten Weltkrieg eher ein Jahrmarkts- und Vorstadtvergnügen. Die Produktion von Spielfilmen und ›Kulturfilmen‹ in Deutschland monopolisierte in den zwanziger Jahren mehr und mehr die UFA (Universum Film Aktiengesellschaft). Im Jahre 1917 mit dem eindeutigen Zweck der Kriegspropaganda von der Reichsregierung ins Leben gerufen, ging sie mit dem Ende des Krieges weitgehend in den Besitz der Deutschen Bank über. Obwohl in ständiger finanzieller Bedrängnis und einem starken Konkurrenzdruck Hollywoods ausgesetzt, investierte die UFA in gigantische Studioanlagen in Neubabelsberg, in teure Großproduktionen wie Fritz Langs ›Metropolis‹, die sich an amerikanischen Vorbildern messen sollten, sowie in eine Kette von Kinos, zu denen auch große Häuser am Kurfürstendamm wie der Gloria-Palast gehörten. Ihre Büros hatte die UFA bis 1927 im Haus Vaterland, woran die wechselseitige Verzahnung der großen Unterhaltungsindustrien topographisch ablesbar war. Die wirtschaftliche Dauerkrise der UFA mündete um die Jahreswende 1925/26 in einen Zusammenschluß von Teilen des UFA-Verleihs mit den Hollywood-Riesen Paramount und Metro-Goldwyn-Mayer zur ›Parufamet‹, wodurch sich für den amerikanischen Film günstige Möglichkeiten boten, die gesetzlichen Kontingentierungen für ausländische Filme neben den deutschen Produktionen zu ihren Gunsten auszuschöpfen.

Insofern bildete die deutsche Filmproduktion ein Gebiet von besonderem Interesse für nationalistische Kreise, denen spätestens mit der Premiere von Eisensteins ›Panzerkreuzer Potemkin‹ in Berlin (1926) klar sein mußte, welcher Überzeugungselan dem Medium innewohnen konnte. Der Großverleger Alfred Hugenberg übernahm 1927 die Aktienmehrheit der UFA, die er bis 1932 aus dem Verbund der ›Parufamet‹ löste. Auch jetzt noch produzierte die UFA die ganze Palette von Spielfilmen und Filmmusicals, aber mit dem Rechtsruck der Republik Anfang der dreißiger Jahre militarisierte sich auch das UFA-Programm.

Filme gerieten in den Brennpunkt politischer Auseinandersetzungen und empörender Zensurmaßnahmen, wie die Kundgebungen der Nationalsozialisten gegen die deutsche Erstaufführung der amerikanischen Produktion ›Im Westen nichts Neues‹ im Theater am Nollendorfplatz (1930) oder die Zensureingriffe bei ›Kuhle Wampe‹ von Brecht/Dudow (1932) erwiesen. Der kommunistische Widerpart Hugenbergs auf dem Gebiete der Presse, Willi Münzenberg, versuchte schon seit 1925 mit dem Prometheus-Verleih, einer Tochterunternehmung der gleichfalls von Münzenberg gegründeten Internationalen Arbeiter-Hilfe (IAH), ins Filmgeschäft einzusteigen. Er brachte die ›Russenfilme‹, wie die sowjetischen Produktionen genannt wurden, in die Kinos, produzierte aber auch selbst, so etwa einen der bekanntesten ›Zille-Filme‹ – das sozialkritische Melodram ›Mutter Krausens Fahrt ins Glück‹ (1929).

Das Filmpublikum hatte sich schon in den letzen Jahren vor 1914 sozial verbreitert. Großkinos wie das Cines am Nollendorfplatz (1912) oder das Marmorhaus am Kurfürstendamm (1913) mit Polstersitzen, Rängen, Logen, Samtvorhang, elegant dekorierten Wandelgängen und livrierten Platzanweisern machten dies deutlich. Auch die Kinopaläste der Nachkriegszeit entlang der Kinomeile Berlins, dem Kurfürstendamm, wollten ihren Kulturanspruch unter Beweis stellen – etwa der Gloria-Palast mit seiner 1925 schon sehr anachronistisch wirkenden neobarocken Theaterarchitektur. Hans Poelzigs Capitol am Zoo (1925/26) suchte die ästhetische Geschlossenheit des Gesamtkunstwerkes. Das Haus, für 1300 Zuschauer gebaut, verfügte über einen Orchestergraben, eine erweiterungsfähige Bühne für Revueeinlagen und raffinierte Beleuchtungseinrichtungen, welche die zeltartige Kuppel mit wahren Lichtkaskaden überzogen.

Dementsprechend strebten auch die Filmstoffe zur höheren Kultur, und das hieß in erster Linie zur Aufnahme klassischer Bildungsgüter ins Produktionsprogramm. So kamen die ›Nibelungen‹ 1924 auf die Kinoleinwand, so erlebte auch ›Faust‹ – in einer Filmfassung von Friedrich Wilhelm Murnau – 1926 seine Premiere im UFA-Palast am Zoo.

Im Filmmusical, nach der Einführung des Tonfilms, vereinten sich Revue und Film zu einer Melange voll fröhlichem Optimismus, der besonders in den Jahren der politischen und wirtschaftlichen Depression gut ankam – so in ›Die Drei von der Tankstelle‹ (1930) oder ›Der Kongreß tanzt‹ (1931, Regisseur Erik Charell). Die Stars in beiden Filmen waren Willy Fritsch und Lilian Harvey. Dieses Traumpaar des deutschen Films jener Zeit verkörperte einen Schauspielertypus, der epochenweit von dem nur zehn Jahre zurückliegenden exaltierten Stil des filmischen Expressionismus in der Art des ›Dr. Caligari‹ entfernt war, wie auch die Inszenierung die Leichtigkeit amerikanischer Komödien zumindest nachzuahmen suchte.

B.-M. B.

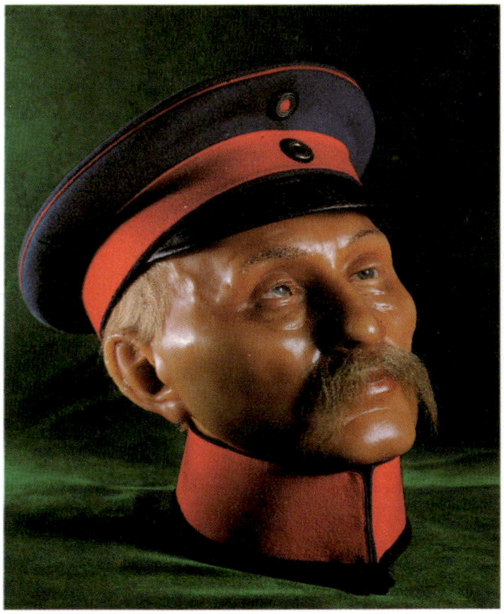

26/19

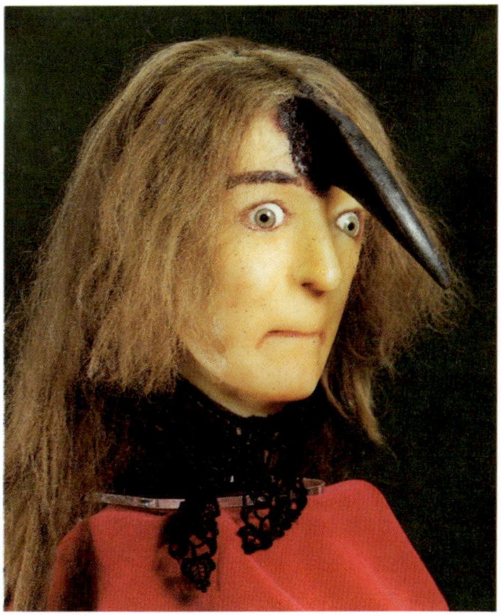

26/20

26/30

26/1 Reklameschrift für ›Bentes Orpheum‹ in der Alten Jakobstraße

Berlin: J. G. Brüschecke (nach 1862); 37×25 cm
Berlin, Staatsbibliothek PK, Handschriftenabteilung (YB 12 325 m)

Auf der ersten und letzten Seite der Broschüre ist das Innere des ›Orpheums‹ mit dem Rokoko-Tanzsaal des Kgl. Baumeisters Ende abgebildet. Das ›Orpheum‹ in der Alten Jakobstraße war in den sechziger Jahren das erste Vergnügungsetablissement, das weltstädtisches Niveau besaß, und das die Berliner wegen seines Talmiglanzes und Gaslichtzaubers den Besuchern der Stadt begeistert vorführten. Der Reiseführer ›Berlin bei Nacht‹ von 1896 erwähnt das ›Orpheum‹ als Ort elegant drapierter Prostitution: »Der Berliner ist zynisch genug zu gestehen und damit zu prahlen, daß das ›Orpheum‹ und seine Schönen nur für Fremde, für Potsdamer und deren Reinfall berechnet ist.«

26/2 Innenansicht der Linden-Passage
Hermann Rückwardt

1881; Photographie (Originalabzug), aus der Mappe: Berlin und seine Umgebung in Architektur, Landschaft und Plastik; 31×22 cm
Berlin, Berlinische Galerie, Fotografische Sammlung (BG-FS 67/85,29)

26/3 Eingang zum Passage-Panopticum, Friedrich-/ Ecke Behrenstraße

Um 1912; Ansichtskarte
Wien, Felix Adanos

Über dem Eingang zur Passage ist ein großes Werbeplakat für den berühmten ›Löwenmenschen Lionel‹ zu erkennen. ›Lionel‹, richtig Stefan Bibowski (1890– ca. 1930), aus Polen stammend, gehörte zu den sogenannten ›Haarmenschen‹, bei denen eine Überbehaarung des Körpers auch das Gesicht mit einschloß. Schon als Kleinkind von drei Jahren wurde er in Berlin der Gesellschaft für Anthropologie, Ethnologie und Urgeschichte vorgestellt; danach trat er im Schaustellergewerbe auf.

26/4 ›Castan's Panoptikum in der Passage. Das königliche Haus‹
Hermann Rückwardt

1880; Photographie (Originalabzug), aus der Mappe: Berlin und seine Umgebung in Architektur, Landschaft und Plastik; 20,5×33 cm
Berlin, Berlinische Galerie, Fotografische Sammlung (BG-FS 67/85,30)

Castans Panoptikum befand sich anfangs wie das Passage-Panopticum in der Lindengalerie, später wenige Meter entfernt in dem Gebäude der großen Pschorr-Bierhalle. Der Artist Felix Adanos, der seine Kindheit in Berlin zugebracht hat, schrieb über Castans Panoptikum, es sei »in künstlerischer Hinsicht, was Ausführung der Figuren wie auch Sujets, Gruppierungen, historische Aussage betrifft, aber auch an Reichhaltigkeit von zweifellos ernstem musealen Wert und dem Passage-Panopticum weit überlegen« gewesen. Die Photographie zeigt ein Figurenensemble, das die Hohenzollern-Dynastie darstellt.

26/5 Plakat ›Castan's Panoptikum Friedrichstr. 165 ... Die Bergbewohner Abessiniens. 65 Personen. Das abessinische Dorf‹

Hamburg: Adolph Friedländer (um 1900); Lithographie, 65×90 cm
Essen, Museum Folkwang Essen, Deutsches Plakat Museum

26/6 Plakat ›Der nordische Riese Olaf und die Däumlingsmenschen‹

Berlin: Beigat Lithodruck (um 1930); Farblithographie, 83×58 cm
Wien, Museen der Stadt Wien (175.512)

26/7 Plakat ›Der Riese Paul Herold ... 2,43 m groß‹
W. Rabe

Berlin: Plakatkunstanstalt Krüger u. Co. (um 1915); Farblithographie, 95×71 cm
Wien, Museen der Stadt Wien (175.513)

Der Riese Paul Herold arbeitete ab 1893 bis in die dreißiger Jahre in Zirkus, Varieté und Schaustellerei.

26/8 Plakat ›Les frères Jean et Jacques Libbera / Das eigenartigste Phänomen der Welt‹

Hamburg: Adolph Friedländer 1913; Farblithographie, 95×36 cm
Wien, Museen der Stadt Wien (175.514)

26/9 Plakat ›Prinzessin Elisabeth / Die lebende Puppe‹

Berlin: Tibor (um 1880); Farbdruck, 95×62,5 cm
Wien, Museen der Stadt Wien (175.526)

›Prinzessin Elisabeth‹ war nur 72 Zentimeter groß und trat als »die lebende Teepuppe« in den achtziger Jahren auf.

26/10 Werbezettel ›Passage-Panopticum / Die wilden Feuerfresser / ohne extra Entrée‹

Berlin: J. O. Steiner Kunstanstalt Arnold Weylandt (um 1910); Farblithographie, 17,8×23,5 cm
Wien, Museen der Stadt Wien (175.727)

26/11 Werbezettel ›Das Theater der dressierten Flöhe!‹

Um 1910; Lithographie, 30×20,8 cm
Wien, Museen der Stadt Wien (175.729)

26/12 Die drei Geschwister Höhne im Passage-Panopticum

Um 1920; Ansichtskarte
Wien, Felix Adanos

26/13 ›Der Riese Machnow – der grösste Mensch der je gelebt‹

Ansichtskarte
Wien, Felix Adanos

›Machnow‹ (der Russe Fedor Mechnowitz) trat als Riese von 2,40 Metern seit 1900 in Europa und Amerika auf, u. a. im Passage-Panopticum.

26/32

26/14 Die siamesischen Zwillinge Daisy und Violet Hilton

Ansichtskarte
Wien, Museen der Stadt Wien (175.896)

Die Schwestern Hilton (1908–1969) aus England traten 1913 zum erstenmal in Berlin auf.

26/15 ›Die 2 Kleinköpfe‹ / ›The 2 Small Heads‹

Um 1910; zwei Ansichtskarten
Wien, Museen der Stadt Wien (175.801, 175.802)

Es handelt sich um sogenannte ›Vogelkopfmenschen‹ mit abnorm verkleinertem Kopf. Sie wurden in entsprechender Kostümierung und Kopfputz als Angehörige exotischer Völker, z. B. als ›letzte Azteken‹, präsentiert.

26/16 Die siamesischen Zwillinge Josefa und Rosa Blazek mit Franzel im Passage-Panopticum

Um 1910; zwei Ansichtskarten
Wien, Felix Adanos

26/17 ›Der Koloss E. Cannon‹

Vor 1920; Ansichtskarte; mit Stempel: Passage-Theater-Berlin
Wien, Museen der Stadt Wien (175.762)

26/18 ›Wilhelm Voigt. Der Hauptmann von Köpenick. Vormittags 11–1 Uhr, nachmittags 3–9 Uhr‹ Ankündigung des Passage-Panopticums

Ansichtskarte
Wien, Museen der Stadt Wien (175.719)

Der Schuster Wilhelm Voigt, dessen ›Köpenikkiade‹ im Jahre 1906 den Militarismus des wilhelminischen Deutschland bloßgestellt hatte, war nach seiner Entlassung aus dem Gefängnis 1908 für das Passage-Panopticum engagiert worden; sein Auftritt wurde aber wenig später polizeilich verboten.

26/19 Wilhelm Voigt, der ›Hauptmann von Köpenick‹ (Abb.)

Nach 1906; Wachsbüste mit Hauptmannsmütze und -kragen, Originalstück aus Castans Panoptikum; H 30 cm
Wien, Museen der Stadt Wien (175.711/5)

26/20 ›Madame Dimanche, die gehörnte Frau aus Paris‹ (Abb.)

Um 1900; Wachsbüste mit Textilteil, Originalstück aus Castans Panoptikum; H 27 cm
Wien, Museen der Stadt Wien (175.711/4)

26/21 Darstellung einer Augenoperation

Um 1890; Wachsbüste aus dem ehemaligen Anatomischen Museum in der Linden-Passage; H 48 cm
Berlin, Berliner Panopticum

26/22 Auswirkungen des Korsetttragens auf die inneren Organe

Um 1890; Wachsbüste mit geöffneter Brust- und Bauchhöhle aus dem ehemaligen Anatomischen Museum in der Linden-Passage; H 84 cm
Berlin, Berliner Panopticum

26/23 Paul von Hindenburg und Max Schmeling
Fa. Weber

Berlin 1926; zwei Wachsbüsten, je H 27 cm
München, Münchner Stadtmuseum

26/24 Mondäne Zeitschriften

a) ›Das galante Leben‹ (H. 8, 1924)
b) ›Reigen‹, Sondernummer ›Film‹ (Winter 1920)
c) ›Reigen‹ (H. 3, 1926)
d) ›Ich und die Großstadt‹, Sondernummer ›Die Nacht‹ (Jg. 3, H. 8, August 1921)
e) ›Die Ohne. Die Frau ohne Mann‹ (Nr. 9, 1924)
f) ›Berliner Leben‹ (Nr. 37, Dezember 1927)

Berlin, Sammlung Lehmann

26/25 Erotische Postkarten

a) ›Beinchen-Revue‹
b) ›Hohe Stiefelchen Modell Katja‹
c) ›Das Luxuskorsett‹
d) Lauschende Zofe
e) Zwei Mädchen mit Plüschtier

Berlin: Photo-Verlag Franz Rehfeld (um 1928)
Berlin, Sammlung Lehmann

26/26 Knöpfstiefel einer ›Domina‹

Um 1925; schwarzes Leder, H 48 cm
Berlin, Sammlung Lehmann

26/27 Korsett
Fa. Gebr. Lewandowski

Berlin, um 1920; weißes Leinen mit mauvefarbenem Seidenband und weißen Spitzen, L 45 cm
Berlin, Sammlung Lehmann

26/28 Damenstrümpfe

Um 1920; lachsfarbene Seide, L 71 cm
Berlin, Sammlung Lehmann

26/29 Spielautomat ›Internationales Heiraths Vermittlungs Bureau für Damen / für Herren‹

1897; Holz und Metall, bemalt; 148×33,5×59 cm
Wien, Museen der Stadt Wien (173.315)

26/30 Berliner Rummelplatz (Abb.)
Hans Baluschek

1914; Öl/Lw., 150×100 cm; bez. u. r.: HBaluscheck 1914
Berlin, Bröhan-Museum

26/31 Schwedische Rutschbahn in Weißensee bei Berlin

Holzstich nach einer Originalskizze von W. Busch, aus: Das Buch für Alle, 1880, Nr. 15 (S. 349); 32,5×23 cm
Berlin, Archiv Klünner

26/36

26/32 Plakat ›Luna-Park Berlin-Halensee, 47 Attraktionen‹ (Abb.)
Josef Fenneker
Berlin: Dinse & Eckert 1921; Farblithographie, 140×90 cm
Berlin, Kunstbibliothek, SMPK

Josef Fenneker (1895–1956) war Schüler von Emil Orlik; er arbeitete als Plakatgestalter für Theater und Film sowie als Ausstatter für den Luna-Park, die Haller-Revuen im Admiralspalast, für Theater- und Operninszenierungen.

26/33 Im Luna-Park: Eingang zum Wellenbad
Felix H. Man
1929; Photographie (Abzug vom Originalnegativ), 22,6×17 cm
Berlin, Berlinische Galerie, Fotografische Sammlung (BG-FS 19/82,6)

26/34 Im Luna-Park: Das Fahren auf dem Eisernen See
1920; Photographie (Reproduktion)
Berlin, Bildarchiv PK

26/35 Im Luna-Park: Fastnachtsrummel im Wellenbad
1929; Photographie (Originalabzug), 15,5×20,5 cm
Berlin, Ullstein Bilderdienst

26/36 Haus Vaterland: Fassade am Potsdamer Platz und gastronomische Betriebe nach dem Umbau (Abb.)
Um 1930; drei Ansichtskarten
Berlin, Archiv Klünner

»Dieses Etablissement ... diente dem schönen Zweck, jenen aus der Provinz zureisenden Herren, die voller Lüsternheit nach Amüsement aus dem Potsdamer und Anhalter Bahnhof herausquollen, eine möglichst bunte und möglichst rationalisierte Stimmungskollektion aus den heimischen Ecken unseres Vaterlandes, der Pappmaché-Exotik von Übersee, aus Heurigenrührseligkeit und verjazztem Trapperschweiß zusammenzumixen, die billig war, bequem und im Geschmack eines Provinzlers angemessen« (Inge von Wangenheim, Mein Haus Vaterland. Erinnerungen einer jungen Frau, Berlin 1950).

26/37 Haus Vaterland: Foyer des Gaststättentraktes, Große Halle und Ballsaal
Drei Photographien, Reproduktionen aus: Deutsche Bauzeitung, Nr. 38, Mai 1929

»Kluge Leute also, vor allem einheimische mit größerem Portemonnaie gingen daher, um sich den Versuchungen dieser vaterländischen Vergnügungsindustrie gar nicht erst auszusetzen, gleich zu Beginn des Abends in die dritte Etage, wo ein sogenannter ›Palmensaal‹ mit dick-molligen Plüschteppichen, einem spiegelblanken Tanzparkett, einer erstklassigen Tanzkapelle und diskret effektvoller Illumination seinen Gästen zwischen Tango, Kaviartoast, Sekt und Pistazieneis eine kleine Revue bot« (I. v. W.).

26/49

26/38 Haus Vaterland: Rheinterrasse

Um 1929; Photographie (Reproduktion)
Koblenz, Bundesarchiv Koblenz

26/39 Haus Vaterland: Revuegirls und Geschäftsführer

Um 1929; Photographie (Reproduktion)
Koblenz, Bundesarchiv Koblenz

»Der ›materielle Kern‹ dieses Programms waren sechzehn Tanzgirls – mehr oder weniger fest verankert im Haus durch die Fürsorge einiger Herren aus der Geschäftsleitung –, die über fünf volle Stunden als Buam und Madln, als Weinreben, als Boleros, als Neapolitanerinnen, als Barkeeper und als wer weiß was sonst ... zwischen den Tischen der vaterländischen Gäste ins rosa überschminkte Fleisch gezwickt wurden, sich ununterbrochen in einer viel zu engen Garderobe zu bemalen und umzuziehen hatten und ein vormittags auch noch von langwierigen Tanzproben erfülltes, tatsächlich grauenvolles Leben führten« (I. v. W.).

26/40 Haus Vaterland: Speisekarte zur Eröffnungsfeier des umgebauten Hauses in der Rheinterasse, 30. August 1928

24,5 × 16,5 cm
Berlin, Landesarchiv Berlin (Rep.240 Acc.187 Nr.17)

26/41 Plakat ›Kroll Garten und Terrassen tägl. große Konzerte / Tanz‹

Berlin: Hollerbaum & Schmidt (um 1926); Farblithographie, 69,5 × 96 cm
Berlin, Kunstbibliothek, SMPK

Im Jahre 1844 hatte der Musiker Josef Kroll das nach ihm benannte ›Etablissement‹ errichten lassen, gegenüber dem Palais Raczynski, dem späteren Standort des Reichstags: eine Mischung aus Restaurant, Ballhaus, Kleinkunstbühne und Gartenlokal, wo überdies Ausstellungen und Weihnachtsbasare stattfanden. Seit 1848 verfügte Kroll auch über eine Sommerbühne, wo im März desselben Jahres ein Benefizkonzert für die Hinterbliebenen der Revolutionsopfer gegeben wurde. Später fanden hier Konzerte der Philharmoniker und Aufführungen des königlichen Opernhauses statt. Der Restaurant- und Ausstellungsbetrieb bestand weiter, bis in den Jahren 1927 bis 1931 die ›Kroll-Oper‹ unter Otto Klemperer zum zweiten Haus der Staatsoper wurde.

26/42 Ball in der Scala

Lou Albert-Lasard

Um 1922; Öl/Lw., 67 × 82 cm
Berlin, Berlinische Galerie (BG-M 3249/83)

Das Innere der Scala in der heutigen Martin-Luther-Straße wurde 1920/21 von dem Architekten Walter Würzbach und dem Bildhauer Rudolf Belling neugestaltet. Kristalline Formen mit dreieckigen und rhombenförmigen Bauelementen, wie sie der architektonische Expressionismus dieser Jahre bevorzugte, ergaben einen phantastischen Raumeindruck.

26/43 Jazzband

Rudolf Großmann

Aquarellierte Lithographie, aus der Serie: Cocain (Nr.3); 36,5 × 21,5 cm
Bremen, Kunsthalle Bremen, Kupferstichkabinett (25/7)

26/44 Porzellanfigur ›Charleston‹

Gustav Oppel (Entwurf), Fa. Rosenthal

1927; H 26 cm, Dm 8,5 cm (Sockel); bez. auf dem Sockel: »GO«
Lennestadt, Meinolf Wulff

26/45 In der Bar

Jeanne Mammen

1927/28; Federzeichnung, 50,5 × 40 cm
Berlin, Berlinische Galerie (BG-G 689/78)

26/51

26/46 Eldorado
Otto Dix

1927; Aquarell, 56×39 cm
Berlin, Berlinische Galerie (BG-G 141/76)

Das Eldorado in der Martin-Luther-Straße war ein eleganter Transvestiten-Nachtklub, der jedoch auch von Schaulustigen und Nachtschwärmern aller Art aufgesucht wurde. Wie einige andere Homosexuellen-Lokale Berlins war auch das Eldorado Ziel eines regelrechten Verruchtheits-Tourismus. Das Lokal wurde 1933 von den Nationalsozialisten geschlossen.

26/47 Frauenkostüm des Transvestiten Hans Hardi Anton Krotoschin in arabischem Stil mit Ohrhängern

Um 1918; Seidenchiffon, Straß, Blech
Berlin, ›Die Spitze‹, Mayr / Noltekuhlmann

26/48 Zwei Werbepostkarten für Hans Hardi Anton Krotoschin

Um 1918
Berlin, ›Die Spitze‹, Mayr / Noltekuhlmann

Eine der beiden Karten zeigt den Künstler mit dem ausgestellten Kostüm.

26/49 Erik Charell, Regisseur und Direktor des Großen Schauspielhauses Berlin (Abb.)

1930; Photographie (Reproduktion)
Berlin, Bildarchiv PK

Erik Charell (1895–1974), als Erich Karl Löwenberg in Breslau geboren, begann als Tänzer und Choreograph, leitete u. a. während des Ersten Weltkriegs auf Initiative der deutschen Militärführung in Rumänien eine Tanztruppe und spielte für Max Reinhardt, von dem er 1924 die künstlerische Leitung des Großen Schauspielhauses übernahm. Bis 1931 inszenierte er hier seine großen Revuen und Operetten, die dem späteren Genre ›Musical‹ entsprachen.
Er verließ Deutschland bereits vor 1933, um in London seine Berliner Erfolgsstücke wie ›Casanova‹ oder ›Die drei Musketiere‹ auf die Bühne zu bringen.

26/50 ›Empfang im Kaiserpalast‹ Entwurf für ein Szenenbild der Revue ›Der Mikado‹ im Großen Schauspielhaus (Regisseur Erik Charell)
Ernst Stern

1927; Kreidezeichnung mit Tempera, 27,1×38,2 cm
Köln, Universität zu Köln, Theatermuseum des Instituts für Theater-, Film- und Fernsehwissenschaft (19 004 a, Slg. Niessen)

Ernst Stern (1876–1954) war vor 1933 einer der bedeutendsten Bühnenbildner des deutschsprachigen Theaters. Er arbeitete mit Max Reinhardt, später mit Erik Charell zusammen. Die Emigration 1933 führte ihn über Holland, Paris und Hollywood nach London, wo er bis zu seinem Tod arbeitete.

26/52

26/51 ›Nacht in Venedig‹ Entwurf für ein Szenenbild der Operette ›Casanova‹ (Regisseur Erik Charell) (Abb.)

Ernst Stern

1928–1933; Kreidezeichnung mit Tempera, 38×63 cm
Köln, Universität zu Köln, Theatermuseum des Instituts für Theater-, Film- und Fernsehwissenschaft (17 158 c, Slg. Niessen)

26/52 ›Der Rhein‹ Entwurf für eine Revueszene (Abb.)

Benno von Arent

1923; aquarellierte Federzeichnung, 21,7×36,1 cm
Köln, Universität zu Köln, Theatermuseum des Instituts für Theater-, Film- und Fernsehwissenschaft (18 888 b)

Benno von Arent (1898–1956) arbeitete seit 1920 als Architekt und Bühnenausstatter, insbesondere als Kostümentwerfer für die Berliner Firma Hugo Baruch & Cie. Seit 1931 Mitglied der NSDAP (seit 1932 der SS), gründete er 1932 den ›Bund nationalsozialistischer Bühnenkünstler‹. Nach 1933 kontrollierte und beeinflußte er Bühnenbilder und -ausstattungen der deutschen Theater. 1936 erhielt er den Titel ›Reichsbühnenbildner‹. In dieser Funktion gestaltete er den ›Dauerfestschmuck‹ für Berlin, der erstmals zum Mussolini-Besuch 1937 verwendet wurde.

26/53 Vorhangentwurf für die Haller-Revue ›Schön und schick‹ (Komponist Walter Kollo)

Josef Fenneker

1928; Tempera, 34,2×57,6 cm
Köln, Universität zu Köln, Theatermuseum des Instituts für Theater-, Film- und Fernsehwissenschaft (33048 b)

Die Revue wurde im Admiralspalast aufgeführt. Mitwirkende waren u. a. Rosa Valetti und Hubert von Meyerinck. Herman Haller (1871–1943), zunächst als Schauspieler am Victoria-Theater und am Deutschen Theater Berlin tätig, inszenierte 1896 anläßlich der Berliner Gewerbeausstellung in seinem eigenen Theater am Alexanderplatz das große Varieté- und Zirkusprogramm ›Orient‹. Später machte sich Haller als Operettenregisseur einen Namen. Von 1923 bis 1929 zeigte er im Admiralspalast am Bahnhof Friedrichstraße (heute Metropol-Theater) seine international berühmten ›Haller-Revuen‹. Haller emigrierte 1933 nach London.

26/54 »Das glänzende grandiose Finale der Revue ›Noch und Noch‹«

Illustration im Programmheft für die Revue von Herman Haller mit den ›Lawrence-Tiller-Girls‹
1924 im Admiralspalast
Berlin, Sammlung Lehmann

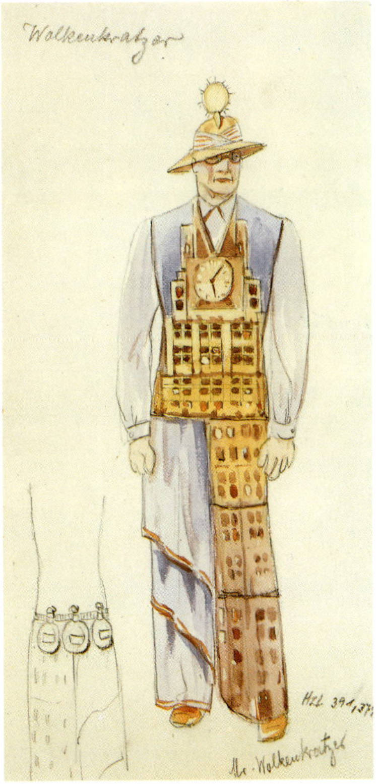

26/56

26/58

26/57

26/56

26/55 Vier Kopfhauben für Revuekostüme

Um 1930; Krepp mit Brokatstickerei
Berlin, ›Die Spitze‹, Mayr/Noltekuhlmann

26/56 Entwürfe für Revuekostüme (Abb.)

Fa. William Budzinski

›Cowboy‹, ›Tango‹, ›Eishockey Rose Honey‹, ›Reittanz‹, ›Expressionistische Tirolerin‹, ›Elsa Lobe‹, ›Dschungel‹, ›Blackbottom-Plantation‹, ›Vampyr‹, ›Die Schlange – Mme. Schelska‹, ›Kaskade‹, ›Amerika‹, ›Groteske‹, ›Kücken‹, ›Chinesin Gauklerin‹, ›Zwei Libellen‹, ›Insekten‹, ›Wespe – Hummel – Marienkäfer‹, ›Paradiesvogel – Raubvogel‹, ›Hühnerhof‹, ›Im Reiche der Insekten‹, ›Soldaten Chor‹, ›Wolkenkratzer‹
1916–1934, teilweise datiert; 23 aquarellierte Bleistiftzeichnungen, 14,6×9 cm bis 36,4×19,2 cm
Berlin, Kunstbibliothek, SMPK (Sign. 391–393, Hdz Lipp)

26/57 Entwürfe für Revuekostüme (Abb.)

Fa. William Budzinski

1916–1938; vierzehn aquarellierte Bleistiftzeichnungen, eine aquarellierte Tuschzeichnung; 18,6×7,4 cm bis 36,4×19,2 cm
Berlin, Kunstbibliothek, SMPK (Sign. 391–393, Hdz Lipp)

26/58 ›Erde‹ Entwurf für ein Revuekostüm aus dem ›Planetenballett‹ (Abb.)

Basil Crage

1923; Tuschfederzeichnung mit Tempera, 28,8×19,8 cm
Köln, Universität zu Köln, Theatermuseum des Instituts für Theater-, Film- und Fernsehwissenschaft (33 047)

26/59 ›Jalousie‹ (Eifersucht) Entwurf für ein Revuekostüm

Georges de Pojedajew

Um 1924; Feder- und Bleistiftzeichnung, Tempera; 29,4×18,4 cm
Köln, Universität zu Köln, Theatermuseum des Instituts für Theater-, Film- und Fernsehwissenschaft (18 926, Slg. Niessen)

26/60 Die ›Black and White Girls‹ auf dem Fest des Kurzschriftvereins der Deutschen Bank (Abb.)

Photographie, Reproduktion aus: Monatshefte für die Beamten der Deutschen Bank, Mai 1928

26/60

26/61 Eingang der Scala bei Nacht mit Reklame für den Clown Grock (Abb.)

1929; Photographie (Reproduktion)
Berlin, Bildarchiv PK

26/62 Eingangsportal des Wintergartens bei Nacht

Um 1928; Photographie (Reproduktion)
Berlin, Bildarchiv PK

26/63 Mantel von Enrico Rastelli in japanischem Stil (Abb.)

Um 1920; schwarzer Seidenbrokat, bestickt
Köln, Bernhard Paul

Enrico Rastelli (1896–1931) wurde in seiner Jugend maßgeblich von dem japanischen Jongleur Takashima beeinflußt. Seit etwa 1915 konzentrierte er sich auf das nach einem anderen japanischen Artisten benannte ›Awata-Spiel‹ mit drei Stäben und einem Ball. Dabei trat er in dieser betont japanischen Kostümierung auf.

26/64 Drei Jonglierstäbe aus dem Besitz von Enrico Rastelli

Holz; L je 30 cm
Berlin, Internationales Jongleur-Archiv

26/65 Rugbyball aus dem Besitz von Enrico Rastelli

Fa. Berg

Nürnberg, um 1930; Leder, Dm 30 cm
Berlin, Internationales Jongleur-Archiv

26/61

26/66 Drei Bälle aus dem Besitz von Enrico Rastelli

Gummi, Stoff; Dm 16 cm, Dm 12 cm, Dm 8,5 cm
Köln, Bernhard Paul

26/67 Enrico Rastelli als Jongleur in Berlin

Um 1930; Photographie (Originalabzug), 26×19 cm
Berlin, Internationales Jongleur-Archiv

26/68 Jonglierkeule ›Salerno-Fackel‹

1918; L 58 cm
Berlin, Internationales Jongleur-Archiv

Die erste Leuchtkeule mit Farbwechsel, erfunden von dem Berliner Artisten Salerno (= Adolf Behrend, 1869–1946), einem der größten ›Gentleman-Jongleure‹ und überdies Flugpionier, der 1910 den ›Lanz-Preis‹ gewann.

26/69 Clown Grock

Um 1930; Wachsbüste mit Pappmaché
Köln, Bernhard Paul

Der Clown Grock (= Adrian Wettach, 1880–1959) zählte zu den bekanntesten Vertretern des Varieté- und Zirkusberufs.

26/70 Clownnummer im Wintergarten
a) Stelzenschuhe
b) Photographie des Auftritts

Nach 1920
Köln, Bernhard Paul

26/71 Artistenfahrrad

1903; 58×50 cm
Berlin, Museum für Verkehr und Technik Berlin (1/1981/0197)

26/72 In der Manege
Heinrich Heuser

Um 1922; Öl/Lw., 197,5×97 cm (gemalt für ein Fest der Secessionisten)
Berlin, Berlinische Galerie (BG-M 638/78)

26/73 Zwei Szenenmodelle für den Film ›Faust‹ (Regisseur Friedrich Wilhelm Murnau, Entwurf Robert Herlth)
a) Der Dämon taucht über der Stadt Fausts auf und bringt ihr die Pest
b) Der Flug Fausts und Mephistos

Rekonstruktionen 1958 (Originale 1926); Pappe, bemalt; 53×70×59 cm, 37×270×54 cm
Berlin, Stiftung Deutsche Kinemathek

26/63

Für die ›Frankfurter Zeitung‹ berichtete der Berliner Korrespondent Siegfried Kracauer im Januar 1926 aus den UFA-Studios in Neubabelsberg von den Dreharbeiten zu Murnaus ›Faust‹: »In einer Halle, die früher Korsaren zur Ausführung ihres Räuberlebens diente, weitet sich der Erdenkreis en miniature. Faust wird den Äther durchfliegen, von Prospekt zu Prospekt. Eine hölzerne Gleitbahn, die in Kurven sich talwärts zieht, bezeichnet seinen Luftweg. Der Apparat rodelt auf ihr hinab und sprüht unter kundiger Führung Ansichten von der Reise hervor. Nebel aus Wasserdampf, von einer Lokomobile bereitet, umhüllen der Berge schicklich modellierte Gipfelriesen, denen Faust entfährt.«

26/74 Szenenentwurf für den Film ›Die letzte Droschke von Berlin‹ (Regisseur Carl Boese)
Franz Schroedter

1926; Kohle- und Bleistiftzeichnung, 32,5×25 cm
Berlin, Stiftung Deutsche Kinemathek

Der Film zeigt das Familiendrama um einen alten Pferdedroschkenkutscher, der sich der Konkurrenz des Automobils ausgesetzt sieht – um so mehr, als ausgerechnet ein Chauffeur seine Tochter heiraten möchte. Verzweifelt will sich der Kutscher Lüdecke (gespielt von Lupu Pick) im Rausch mitsamt seiner Droschke ins Wasser stürzen, wird aber von seinem künftigen Schwiegersohn gerettet.

26/75 Zwei Szenenentwürfe für den Film ›Die Blumenfrau vom Potsdamer Platz‹ (Regisseur Jaap Speyer)
Franz Schroedter

1925; Bleistift- und Kohlezeichnungen, eine davon aquarelliert; 24,3×34,3 cm, 28×44,5 cm
Berlin, Stiftung Deutsche Kinemathek

Die Entwürfe zeigen das ›Palais in der Friedrichstraße‹ und die ›Complex-Bar‹. Im Film geht es um Streit und Eifersucht zwischen den Eheleuten, Trude, der jungen Blumenverkäuferin vom Potsdamer Platz, und August. Er läßt sich mit der verführerischen Erna ein, sie sich mit dem flotten Assessor Dr. Schmitz. Nachdem August wider Willen mit Erna eine Nacht im ›Palais in der Friedrichstraße‹ durchzecht hat, amüsiert sich Trude mit dem Assessor ebenfalls im Berliner Nachtleben. Die Rivalen prügeln sich, fast kommt es zur Scheidung; das Ende jedoch ist glücklich.

26/76 Filmplakat ›Die Geheimnisse einer Großstadt‹

1921; Lithographie, 93×62,5 cm
Frankfurt a. M., Deutsches Filmmuseum

26/77 Filmplakat ›Das Fräulein von Kasse 12‹ (Regisseur Erich Schoenfelder) (Abb.)
Josef Fenneker

1927; Lithographie, 140×95,5 cm
Frankfurt a. M., Deutsches Filmmuseum

26/78 Filmplakat ›Die Seeschlachten bei Coronel und den Falklandinseln‹

1928; Lithographie, 141×96 cm
München, Archiv der Deutschen Städte-Reklame GmbH (07 132)

26/79 Filmplakat ›Das Girl von der Revue‹ (Regisseur Richard Eichberg, Hauptrolle Dina Gralla)

1928; Lithographie, 141,5×96 cm
Frankfurt a. M., Deutsches Filmmuseum

26/80 Filmplakat ›Grosstadtschmetterling – Ballade einer Liebe‹ (Regisseur Richard Eichberg, Hauptrolle Anna May Wong)

1929; Lithographie, 142×94,5 cm
Frankfurt a. M., Deutsches Filmmuseum

26/81 Filmplakat ›Frau im Mond‹ (Regisseur Fritz Lang, Drehbuchautorin Thea von Harbou)

1929; Lithographie, 208×95 cm
München, Archiv der Deutschen Städte-Reklame GmbH (07 203)

Eine Expedition zum Mond, wo die Teilnehmer Gold zu finden hoffen, endet mit dem Tod des führenden Kopfes und seines Konkurrenten, der die Interessen eines mächtigen Syndikats vertritt. Der Film entstand unter der fachlichen Beratung des Raketenpioniers Hermann Oberth.

26/82 Filmplakat ›Mutter Krausens Fahrt ins Glück‹ (Regisseur Piel Jutzi)

Otto Nagel

1929–1932; Lithographie, 150×100 cm
Amsterdam, Internationales Institut für Sozialgeschichte (DUI 5.1-H-1)

Das Plakat nennt unter der Überschrift »Protektorat« Käthe Kollwitz, Hans Baluschek und Otto Nagel. Mutter Krause, eine arme Zeitungsfrau im Berliner Hinterhofmilieu, reagiert voller Verzweiflung, als ihr Sohn bei einem Diebstahl gefaßt wird. Sie geht auf die »Fahrt ins Glück«, wie der bittere Titel des Films lautet: sie dreht den Gashahn auf. Den Elendsschilderungen Heinrich Zilles, dem der Film gewidmet ist, fühlte sich eine ganze Reihe weiterer ›Zille-Filme‹ verpflichtet.

26/83 Filmplakat ›Die Nacht gehört uns‹ (Regisseur Carl Froelich) (Abb.)

1930; Lithographie, 208×95 cm
München, Archiv der Deutschen Städte-Reklame GmbH (07 219)

26/84 Filmprojektor der Brüder Skladanowsky

Um 1895; 46×30×58 cm
Berlin, Stiftung Deutsche Kinemathek

Mit den Brüdern Skladanowsky, Max (1863–1939), Emil (1859–1945) und Eugen (1859–1945), beginnt die Geschichte des Films in Berlin, in Deutschland und in gewissem Sinne auf der ganzen Welt, denn Max Skladanowskys erste Vorführung im Berliner Wintergarten 1895 lag zwei Monate vor einem vergleichbaren Ereignis der Pariser Brüder Lumière, doch erwies sich deren technisches System als besser. Max und Emil Skladanowsky bereisten mit ihren ›Bioskopen‹ Europa, ihr Bruder Eugen spielte in den ersten Streifen mit. Die Skladanowskys verfügten jedoch nicht über die finanziellen Mittel und wohl auch nicht über das künstlerische Vermögen, die neue Erfindung in großem Stil zu nutzen.

26/77

26/85 Kinoautomat ›Mutoskop‹

Um 1900; Blech, bemalt; 145×27×69 cm
Köln, Bernhard Paul

26/86 Filmdose

Fa. A. Schimmel

Berlin, um 1910; Blech
Berlin, Stiftung Deutsche Kinemathek

26/87 Filmprojektor

Fa. Erko

1934
Berlin, Stiftung Deutsche Kinemathek

26/88 Kinobude auf dem Jahrmarkt in Niederschönhausen

Friedrich von Zglinicki

Vor 1914; Photographie (Originalabzug), 10,6×15,5 cm
Berlin, Stiftung Deutsche Kinemathek

26/89 ›Versuchung der Großstadt‹ Filmanzeige des Metropol-Kino-Theaters

Photographie (Originalabzug), 12,3×17,4 cm
Berlin, Stiftung Deutsche Kinemathek

26/83

26/90 Zuschauerraum des Gloria-Palastes

Nach 1925; Photographie (Originalabzug), 14,2×19 cm
Berlin, Stiftung Deutsche Kinemathek

Der Gloria-Palast wurde 1925 in einem der ›romanisch‹ gestalteten Eckhäuser an der Gedächtniskirche eröffnet. In starkem Kontrast zum Stil der Fassade stand die Einrichtung des Kinos, die sich an süddeutschem Barock orientierte.

26/91 Berliner Union-Theater am Kurfürstendamm: Fassade mit Filmreklame für ›Jedermanns Weib‹

1924; Photographie (Originalabzug), 28,9×22,5 cm
Berlin, Stiftung Deutsche Kinemathek

26/92 Lichtspielhaus Capitol (Entwurf Hans Poelzig): Kasse, Garderobe und Zuschauerraum (Abb.)

Vier Photographien (Originalabzüge); 22,7×16,8 cm, 22,7×16,5 cm, 21×15,7 cm, 12,3×22,5 cm
Berlin, Kunstbibliothek, SMPK (M V C 7)

26/93 Kino Atrium, mit Reklame für den Film ›Die andere Seite‹

Um 1930; Photographie (Originalabzug), 9×11,5 cm
Berlin, Stiftung Deutsche Kinemathek

26/94 Aus dem Leben des Filmstars Lilian Harvey

a) Bei der Morgengymnastik, um 1924
b) Autogrammstunde mit Lilian Harvey und Gustav Fröhlich im Luna-Park in Berlin-Halensee, 1929
c) Auf dem Kurfürstendamm, umschwärmt von ihren Fans, um 1931
d) Mit dem Flieger Ernst Udet (Abb.)
e) Ihr erstes eigenes Auto, 1928
f) Lilian Harvey und ihr Mercedes
g) Empfang in der Berliner Reichskanzlei (Else Elster, Leni Marenbach, Adolf Hitler, Lilian Harvey, Karin Hardt, Dinah Grace und Willy Fritsch), um 1936

Sieben Photographien (Reproduktionen)
Frankfurt a. M., Deutsches Filmmuseum

Lilian Harvey (1906–1968) wurde als Tochter einer englischen Mutter geboren. Bei einem Besuch in Deutschland – woher ihr Stiefvater stammte – im Jahre 1914 verhinderte der Kriegsausbruch die Rückkehr nach England. Lilian Harvey ging in Berlin zur Schule, nahm danach Ballettunterricht, arbeitete als Revuetänzerin und wurde von Richard Eichberg 1924 für den Film entdeckt. Seit 1929 arbeitete sie bei der UFA. Die in englisch- und französischsprachigen Varianten gedrehten ersten UFA-Tonfilme wie ›Die drei von der Tankstelle‹ oder ›Liebeswalzer‹ machten Lilian Harvey zum Weltstar. Im Januar 1933 siedelte sie nach Hollywood über. Ihrem Lebensgefährten Paul Martin zuliebe, der mit ihr nach Hollywood gegangen war, dort jedoch erfolglos blieb, kehrte sie 1935 nach Deutschland zurück. Obwohl das NS-Regime den international angesehenen Star umwarb und seine hohen Gagen in Devisen bezahlte, fühlte sich Lilian Harvey in Berlin zunehmend unwohl. Berufliche Konflikte mit der nationalsozialistischen Kulturpolitik und eine private Krise endeten im Jahre 1939 mit ihrer fluchtartigen

Emigration nach Frankreich. Seit 1941 wieder in den USA, arbeitete sie nicht mehr beim Film, sondern als Krankenschwester und Theaterschauspielerin. Nach dem Krieg kehrte sie nach Europa zurück, trat noch gelegentlich auf deutschen Bühnen auf und starb 1968 in ihrem Wohnort Cap d'Antibes an der Côte d'Azur. Der Kunstflieger und spätere General Ernst Udet hatte Lilian Harvey am Rande einer Luftfahrt-Veranstaltung in Los Angeles im Juli 1933 besucht und ihr Flugunterricht erteilt.

26/95 Hose, getragen von Lilian Harvey in dem Film ›Nie wieder Liebe‹

1931; Seiden-Duchesse
Frankfurt a. M., Deutsches Filmmuseum

›Nie wieder Liebe‹ war eine Produktion Erich Pommers nach einem englischen Bühnenstück. Lilian Harvey erobert an der französischen Riviera das Herz eines Millionärs. Der Film wurde am Originalschauplatz gedreht, einige Schwimmaufnahmen entstanden im Wellenbad des Luna-Parks in Halensee. Regie führte der spätere Hollywood-Regisseur Anatol Litvak.

26/92

26/96 Steppschuhe, getragen von Lilian Harvey in dem Film ›Miquette‹

1940; schwarzes Leder
Frankfurt a. M., Deutsches Filmmuseum

Nach ihrer Flucht aus Deutschland im Frühjahr 1939 spielte Lilian Harvey noch in den beiden französischen Produktionen ›Serenade‹ und ›Miquette‹. Dieser Film, 1940 gedreht, war zugleich der letzte ihrer Filmkarriere.

26/94 d

26/97 Silhouette der Mercedes-Sonderanfertigung für Lilian Harvey

Laubsägearbeit aus Hartfaserplatte
27×76×4,2 cm
Frankfurt a. M., Deutsches Filmmuseum

Den schneeweißen 7,7-Liter Mercedes, eine Sonderanfertigung für 64000 Reichsmark, hatte sich Lilian Harvey gekauft, nachdem sie Anfang 1933 ihren Vertrag mit der amerikanischen ›Twentieth-Century-Fox‹ unterschrieben hatte. Sie nahm den Wagen mit nach Hollywood und wieder mit zurück nach Berlin. Er wurde nach ihrer Emigration 1939 beschlagnahmt.

26/98 Amerikanisches PKW-Kennzeichen des Mercedes aus dem Besitz von Lilian Harvey

Blech, 17×37 cm
Frankfurt a. M., Deutsches Filmmuseum

26/101

26/99 Silberner Briefbeschwerer

Frankfurt a. M., Deutsches Filmmuseum

Der Briefbeschwerer war ein Abschiedsgeschenk Willy Fritschs an Lilian Harvey bei ihrer Abreise nach Amerika im Januar 1933. Das öffentliche Interesse an der privaten Beziehung des Film-›Traumpaares‹ gehörte zu den charakteristischen Erscheinungen des Starkultes. Während das Publikum in ihnen auch im wirklichen Leben ein Liebespaar zu sehen wünschte, scheint ihr Verhältnis eher distanziert gewesen zu sein.

26/100 Silberne Zigarettendose mit eingravierter Widmung, 1943

11×14 cm
Frankfurt a. M., Deutsches Filmmuseum

Es handelt sich um ein Geburtstagsgeschenk Charly Chaplins, mit dem Lilian Harvey in der Zeit ihres zweiten Amerika-Aufenthaltes eng befreundet war.

26/101 Bildnis des Boxers Max Schmeling (Abb.)

George Grosz

1926; Öl/Lw., 109×79 cm
Berlin, Sammlung Axel Springer

Max Schmeling hatte 1926 im Luna-Park den deutschen Meistertitel im Halbschwergewicht gegen Max Dieckmann errungen und damit einen ersten Höhepunkt seiner Karriere erreicht. Da der Boxer wegen seiner gebändigten Schlagkraft und Körperbeherrschung geradezu als Inbegriff des modernen Menschen galt, erregte er die Aufmerksamkeit von Künstlern und Schriftstellern. Durch Vermittlung des Kunsthändlers Flechtheim, der selbst ein häufiger Besucher von Boxkämpfen war, kam es zu dem Porträt von George Grosz. Schmeling berichtet in seinen Erinnerungen, Grosz habe ihm erklärt, er wolle ihn nicht allein als bestimmte Person, sondern vor allem als Typus des Boxers darstellen.

26/102 Bildnisstatue des Max Schmeling

Rudolf Belling

1929; Bronze, 54,4×27×38,7 cm
Berlin, Berlinische Galerie (BG-S 2050/80)

Max Schmeling war dem Bildhauer in dem Prominenten-Lokal ›Schwannecke‹ vorgestellt worden. Belling interessierte sich sehr für den Boxsport und boxte selbst als Amateur.

26/103 Die Körpermaße des Boxers Max Schmeling

Jean Jacoby

1931; Kohle- und Tuschzeichnung mit Deckweiß, 27,5×19,8 cm
Berlin, Axel Springer Verlag AG

26/104 Sechs-Tage-Rennen im Sportpalast: Halle, Rennbahn, Zuschauerplätze

McKing

1926; Kreidezeichnung, 31×46 cm; bez. u. l.: McKing 26
Berlin, Axel Springer Verlag AG

»Die Galerien stampfen mit den Füßen, animieren die Favoriten. In wildem Tempo kreisen die Fahrer. Unermüdlich spielt die Musik. In den Logen blühen angeschimmert von Streiflichtern die schönen Schultern eleganter Frauen neben schwarzen Smokings. Blasiertes Geflüster, von Lächeln begleitet, von matten Gesten umflattert, erstirbt unter dem unmenschlichen Gebrüll, das von oben die Vorgänge auf der Bahn verfolgt. In olympischer Höhe behauptet sich die Unterwelt. Schon nachmittags versammelt sich hier tout Berlin und nimmt seinen Tee. Unten bei den Boxen der Fahrer streift die Elite des Westens und des Ostens in buntem Gemisch. Puderduft und Käsestullengeruch, Petroleumgestank und Öldunst, Parfüm und Schweiß ... Schlaftrunken taumeln Männer in Dreß von ihren Matratzen, lassen sich auf die Räder heben und setzen sich stumpfsinnig in Fahrt. Andere torkeln von den Maschinen und sinken erschöpft in ihre Winkel. Sechs Tage, sechs Nächte, ein unermüdliches Karussell« (Curt Moreck 1931).

RAUM 27
DAS GEDRÄNGE DER NAMEN (ROMANISCHES CAFÉ I)

»Unsere Heimat waren die Cafés. Die Cafés hatten damals noch eine Funktion, die verlorengegangen ist. Sie waren die Wechselstuben der Gedanken und Pläne, des geistigen Austauschs, die Produktenbörse der Dichtung, des künstlerischen Ruhms und auch des Untergangs«, erinnerte sich Max Krell, damals Lektor bei Ullstein und einer der vielen Literaten, die Stammgäste im Romanischen Café waren.

Bereits in den zwanziger Jahren war das Romanische Café ein Mythos. Jede Annäherung an die Wirklichkeit dieser »freie(n) Akademie für mitternächtliche Beredsamkeit, mit Bewirtschaftung und Raucherlaubnis« (Walther Kiaulehn), trifft folglich eher auf Anekdoten und Geschichten als auf *die* Geschichte des Cafés. Diese ist schon deshalb nicht einfach, weil es im Grunde um zwei Cafés geht, um das Café des Westens und das Romanische Café, die nacheinander, zeitweise aber auch nebeneinander existierten.

Im Zentrum des Neuen Westens, an der Ecke Kurfürstendamm/Joachimsthaler Straße, etablierte sich in einem 1894/95 erbauten großbürgerlichen Prachtbau ein eher kleines Café, das seit 1898 in den Telefonbüchern und Stadtführern als ›Café des Westens‹ geführt wurde und als ›Café Größenwahn‹ in die Literatur einging. Das Café des Westens war um die Jahrhundertwende Treffpunkt der Literaten um Frank Wedekind, Paul Lindau, Peter Hille, Carl Sternheim und eines Teils der Maler der Berliner Secession. Willi Jaeckels 1911 entstandenes Gemälde eines Caféhauses, das erst in den siebziger Jahren den Titel ›Im Romanischen Café‹ erhielt, stellt mit großer Wahrscheinlichkeit das Café des Westens dar, Leo von Königs ›Boheme-Café‹ aus dem Jahre 1909 mit Sicherheit. Auf dem Bild Leo von Königs ist John Höxter zu erkennen, der als Schnorrer und Morphinist, Dichter und Zeichner eine legendäre Gestalt der Berliner Künstlerszene war.

Die Marmorplatten der Tische, auf die der Maler Ottmar Begas seine Caféhausgenossen gezeichnet hatte, sind nicht erhalten geblieben; wohl aber sind etliche Verse und Schüttelreime überliefert, mit denen John Höxter, Erich Mühsam und die Puppenmacherin Lotte Pritzel ihre schreibenden Kollegen bedachten:

»Wenn mancher Mann wüßte,/ Wer Thomas Mann wär'/
Tät' mancher Mann Heinrich Mann/ Manchmal mehr Ehr'.«

Um 1905 kamen Künstler des literarischen und bildnerischen Expressionismus aus dem Umkreis der Dichterin Else Lasker-Schüler und ihres Mannes Herwarth Walden hinzu. Im Café des Westens gründete Walden 1910 die Zeitschrift ›Der Sturm‹, in der Gottfried Benn, Alfred Döblin, Salomon Friedlaender, Alfred Lichtenstein, Jakob van Hoddis und andere ihre Texte, die Künstler Oskar Kokoschka, Ernst Ludwig Kirchner, Wilhelm Morgner und Franz Marc ihre Holzschnitte und Lithographien veröffentlichten. ›Der Sturm‹ und die Galerie gleichen Namens, die Walden in der Potsdamer Straße eröffnet hatte, wirkten weit über Berlin hinaus.

Die zweite Zeitschrift, die an den Marmortischen des Cafés des Westens konzipiert wurde, war Franz Pfemferts ›Aktion‹, die im Februar 1911 erstmals erschien. Sie war politischer als ›Der Sturm‹ und gehörte einige Jahre später zu den wenigen Stimmen, die trotz scharfer Zensur entschieden Stellung gegen die Kriegsbegeisterung nahmen.

Die große Zeit des Cafés des Westens währte bis zum Herbst 1913. Der Besitzer Ernst Pauly gab das kleine Café auf. Er hatte einige Häuser weiter am Kurfürstendamm 26 ein nun wahrhaft luxuriöses Café eröffnet, das jedoch nicht den Geschmack der Künstler traf, auch gar nicht treffen sollte. Ein Lokalverbot für Else Lasker-Schüler mag hinzugekommen sein, jedenfalls trennte sich die Boheme von Oberkellner Hahn und ›Richard dem Roten‹, dem geldverleihenden Zeitungskellner, und zog in das Romanische Café gegenüber der Kaiser-Wilhelm-Gedächtniskirche.

›Romanisch‹ wie die Kirche waren die neuen Gebäude am Auguste-Viktoria-Platz. So hatte es der Kaiser gewollt, und so hatte sie Franz Schwechten gegenüber dem Chor und dem Portal gebaut. Eines dieser beiden ›Romanischen Häuser‹ (an der Stelle des heutigen Europa-Centers) beherbergte seit seiner Fertigstellung im Jahre 1900 ein Café-Restaurant: Groß und häßlich soll es gewesen sein, das Romanische Café, im Innern düster, jedoch mit einer großen hellen Terrasse. »Es war ein Anachronismus, eine architektonische Scheußlichkeit ... Der Kaffee war schlecht, der Kuchen alt, die Eier im Glase teuer ...« (Hans Tasiemka).

Gleich neben dem Eingang hatten die Maler und Zeichner um Max Slevogt, Emil Orlik und Rudolf Großmann ihren Stammtisch. Emanuel Lasker, Schachweltmeister von 1894 bis 1921 und Schwager von Else Lasker-Schüler, war regelmäßiger Gast auf der für Schachspieler reservierten Empore. Seit dem Wechsel der Künstler vom Café des Westens ins ›Romanische‹ war es vorbei mit der Überschaubarkeit der kulturellen Szene. Ein neuer metropolitaner Typus des Künstler-Cafés entstand: Secessionisten, Expressionisten und Dadaisten hatten hier ihre angestammten Tische; Literaten und Regisseure, Kunsthändler und Maler, Schauspieler und Bühnenbildner besetzten die beiden Räume, das ›Schwimmerbassin‹, das den bereits Arrivierten vorbehalten war, und das ›Nichtschwimmerbassin‹ für die ›Laufkundschaft‹ und diejenigen, die noch berühmt werden wollten. Diese Einteilung wurde jedoch keineswegs strikt eingehalten. Hermann Kesten notierte rückblickend: »Da saßen Schulreformer neben Schwarmgeistern, abseitige Liebespaare neben Neutönern, Genies neben Pumpgenies, Revolutionäre neben Taschendieben, Morphinisten neben Gesundheitsaposteln, Mäzene, die ihr Geld hingaben, neben jungen Mädchen, die sich hingaben.« Die Tänzerin Anita Berber, die skandalumwobene ›femme fatale‹ der zwanziger Jahre, war hier ebenso Gast wie Marianne Raschig, die Chiromantin, die hier ihre Künstlerklientel traf, deren Handabdrücke sie in einer (kürzlich wiederaufgefundenen) Sammlung zusammentrug.

Nach der Revolution hatten die Dadaisten ihre Hoch-Zeit. John Heartfield, George Grosz und Walter Mehring polemisierten in ihren Zeitschriften, wie der ›Pleite‹ und dem ›Gegner‹, gegen das übernommene Alte in der jungen Republik. Das Café selbst wurde zum Ort dadaistischer Aktionen: George Grosz posierte auf der Terrasse des Romanischen Cafés als Tod, als der ›traurigste Mann Europas‹ mit Mantel und Spazierstock.

Wie andere Künstler-Cafés lebte das Romanische Café nicht allein von seinen – oft zu anspruchslosen – Stammgästen, sondern ebenso von den bürgerlichen Besuchern, die es aufsuchten, um sich »einmal einen Blick auf dieses eigenartige Milieu zu verschaffen«, wie der Berliner Stadtsyndikus Friedrich Carl August Lange eingestand. Auch Emigranten trafen sich im ›Romanischen‹. Das Café war die erste Anlaufstelle von Russen, Ungarn, Balten und von aus dem Osten kommenden Juden, die hier ihre Landsleute zu treffen wußten.

Für manche war das Café Arbeitsplatz. Zwar entstanden an seinen Tischen nicht die großen Romane und Theaterstücke der Zeit, aber Gedichte und Kritiken wurden geschrieben und in Fülle entstanden Skizzen und Zeichnungen. Emil Orlik, Rudolf Großmann und Benedikt F. Dolbin porträtierten, wen immer sie für prominent hielten. Karl Hubbuch sah im Café, anders als Ludwig Meidner, kein expressionistisches Chaos: er gab nüchterne, fast dokumentarische Ortsbeschreibungen. Friedrich Feigl empfand es als Gruft und für Jeanne Mammen war es Treffpunkt emanzipierter Frauen.

Nicht selten führten Café-Bekanntschaften zu Atelier-Bildern: Der Maler Christian Schad lernte Sonja, die Verkörperung der modernen Berlinerin, und den Dichter Max Herrmann-Neiße im Romanischen Café kennen, und Otto Dix traf hier den Lyriker Iwar von Lücken, der als republikanische Inkarnation des ›armen Poeten‹ galt – und von Dix auch so gemalt wurde.

Für Iwar von Lücken wie für zahlreiche andere Künstler war das ›Romanische‹ nicht nur »Obdachlosenasyl für die Unbehausten im Geiste« (Hans Sahl), sondern oftmals in der Tat Wärmehalle bis nach Mitternacht und darüber hinaus auch Ort des kleinen und großen Mäzenatentums: Neben den üblichen Schnorrereien um einen Kaffee oder einen Imbiß gab es ›Wochentarife‹, die vor allem John Höxter forderte und oft auch erhielt. Bisweilen wurde sogar die längerfristige Förderung der Kunst-Talente registriert. Elias Canetti berichtet in seiner Autobiographie, daß im Romanischen Café ein französischer Fabrikant nach kurzer Bekanntschaft der ungarischen Lyrikerin Ibby Gordon ein monatliches Darlehen von 200 Mark für ein Jahr angeboten und regelmäßig überwiesen habe – ohne jede Gegenleistung. Die hektische Schaubühne der Berliner Kultur hatte so auch eine soziale Funktion. Gerade in den Krisenjahren der Republik bot sie Lebens- und Überlebenshilfe für manchen Künstler. *P. H.*

27/1 Im Romanischen Café (Abb.)
Willy Jaeckel

1912; Öl/Lw., 101×100 cm; bez. u. l.: Jaeckel 12
Berlin, Bröhan-Museum

27/2 Boheme-Café (John Höxter und Spela Albrecht im Café des Westens) (Abb.)
Leo von König

1909; Öl/Lw., 88×108 cm; bez. u. l.: L. v. König 1909
Hamburg, Privatbesitz

John Höxter (1884–1938) war schon zu Lebzeiten eine legendäre Gestalt der Berliner Caféhaus-Boheme. »Wirklich kennt nur der Maler John Höxter das Romanische Café. Er hat die Generationen, die hier wie in den früheren Lokalen ein- und ausgehen und auf Boheme machen, überdauert, mit der tragischen Miene eines ewigen Todeskandidaten die feinsten Schwingungen ihrer Künstlerseelen und ihrer Brieftaschen ergründet, sie nach Kategorien von fünfzig Pfennig bis zwei Mark registriert und dieses Wissen durch unentwegten, jahrzehntelangen Pump in Geld umgesetzt« (Matheo Quinz, in: Der Querschnitt, 1926). Höxter beging 1938 Selbstmord.

27/3 Im Romanischen Café
Lesser Ury

1911; Öl/Lw., 46×57 cm; bez. u. l.: L. Ury 1911
Berlin, Nationalgalerie, SMPK

27/4 Bildnis der Tilla Durieux (Abb.)
Oskar Kokoschka

1910; Öl/Lw., 55×65 cm
Köln, Museum Ludwig

Tilla Durieux (1880–1971), als Ottilie Godefroy in Wien geboren, kam 1903 nach Berlin. Zwischen 1910 und 1933 spielte sie bei Max Reinhardt, Leopold Jessner und Erwin Piscator. 1909 heiratete sie den Kunsthändler und Verleger Paul Cassirer. 1933 emigrierte Tilla Durieux nach Jugoslawien. Sie starb 1971 in Berlin.

27/5 Stammtischgäste im Café des Westens

Photographie, Reproduktion aus: Der Weltspiegel, Illustrierte Halbwochen-Chronik des Berliner Tageblatts, Nr. 41, 21. Mai 1905

Abgebildet sind Anna Scheerbart, Samuel Lublinski, Salomon Friedlaender, Paul Scheerbart, Else Lasker-Schüler und Herwarth Walden.

27/6 ›Der Sturm‹ Zeitschrift, hg. von Herwarth Walden

Nr. 72, Berlin: Selbstverlag 1911
Berlin, Helmut Köhler

27/7 ›Die Aktion‹ Zeitschrift, hg. von Franz Pfemfert

Jg. 4, Nr. 10, Berlin: Selbstverlag 1914
Berlin, Helmut Köhler

Die ›Aktion‹ verstand sich als »Wochenschrift für Politik, Literatur, Kunst«. Dieses Heft war Rosa Luxemburg gewidmet. Die Titelzeichnung von Lothar Homeyer, eine Allegorie des Krieges als Tod, entstand sechs Monate vor Ausbruch des Ersten Weltkrieges.

27/8 Zwanzig Jahre Café des Westens, hg. von Ernst Pauly

Berlin: Richard Labisch & Co. G.m.b.H. 1913
Berlin, Senatsbibliothek (0 648)

27/9 Else Lasker-Schüler – der »schwarze Schwan«
John Höxter

1928; Tuschzeichnung mit Deckweiß, 21×15 cm
Berlin, Axel Springer Verlag AG

Diese und die folgenden drei Zeichnungen sind Illustrationen einer Artikelfolge Höxters, die in der ersten Augusthälfte 1928 in der ›BZ am Mittag‹ anläßlich der Schließung des Cafés des Westens erschien.

27/10 ›Paul Lindau, damals der Älteste der Jüngsten‹
John Höxter

1928; Tusch- und Bleistiftzeichnung, weiß gehöht; 15,2×12 cm
Berlin, Axel Springer Verlag AG

27/11 ›Frank Wedekind, der Star der Cafés‹
John Höxter

1928; Tusch- und Bleistiftzeichnung, weiß gehöht; 9,5×14 cm
Berlin, Axel Springer Verlag AG

27/12 Oberkellner Hahn
John Höxter

1928; Tusch- und Bleistiftzeichnung, 15,5×14 cm
Berlin, Axel Springer Verlag AG

27/1

27/2

27/4

27/13 So lebten wir. 25 Jahre Berliner Boheme. Erinnerungen
John Höxter

Berlin: Biko-Verlag 1929
Berlin, Landesarchiv Berlin, Bibliothek (Bio 1605)

Höxters Buch ist eine anekdotenreiche Rückschau auf das Café des Westens. In ihm sind die Artikel zusammengefaßt, die Höxter 1928 für die ›BZ am Mittag‹ geschrieben hatte.

27/14 Eisschale aus dem Café des Westens
Fa. Bohrmann

Berlin, um 1900; Weißmetall, versilbert; 15×10,5 cm (oval); mit der Gravur »Café des Westens«
Berlin, Privatbesitz

27/15 Aschenbecher aus dem Café des Westens
Fa. Bohrmann

Berlin, um 1900; Weißmetall, versilbert; H 11,4 cm, Dm 15 cm; mit der Gravur »C. d. W.«
Berlin, Peter Nottebaum

27/16 Bildnis des Iwar von Lücken
Oskar Kokoschka

Lithographie, Reproduktion in: Iwar von Lücken, Gedichte, Berlin: Horen-Verlag 1928; numeriertes und signiertes Exemplar (Nr.8)
Berlin, Berlinische Galerie

Iwar von Lücken (1875–1935) – von Oskar Kokoschka gezeichnet, von Otto Dix gemalt – war ein ›armer Poet‹ und Schnorrer im Romanischen Café. Dieser Gedichtband war seine einzige Veröffentlichung.

27/17 Die gesammelten Gedichte
Else Lasker-Schüler

München: Kurt Wolff 1920; Entwurf der Einbandzeichnung von der Autorin
Berlin, G. Gohlke

27/18 Gehirne (Novellen)
Gottfried Benn

Leipzig: Kurt Wolff 1916; Einbandcollage von Rudolf Ausleger
Berlin, G. Gohlke

27/19 Gottfried Benn
Franz Pfemfert

1927; Photographie (Reproduktion)
Marbach a. N., Schiller Nationalmuseum / Deutsches Literaturarchiv

Der Arzt Gottfried Benn (1886–1956) war einer der sprachstärksten Lyriker und Novellisten der deutschen Literatur zwischen 1912 (dem Erscheinungsjahr von ›Morgue‹) und der Zeit nach dem Zweiten Weltkrieg. Kurzfristig sympathisierte er mit den Nationalsozialisten, hielt sich aber nach 1936 dem Kulturbetrieb fern und veröffentlichte erst wieder in der Zeit nach 1945.

27/20 Apropoésies Bohèmiennes
John Höxter

Um 1928; mit Widmung des Autors an einen »unbekannten Mäzen« aus dem Romanischen Café
Berlin, G. Gohlke

27/21 Empörung / Andacht / Ewigkeit
Max Herrmann (-Neiße)

Leipzig: Kurt Wolff 1917
Berlin, G. Gohlke

27/22 Das Puppenbuch

Mit Texten von René Schickele, Kasimir Edschmid, Theodor Däubler und Carlo Mierendorff, Berlin: Erich Reiss 1921
Berlin, G. Gohlke

27/23 Lotte Pritzel (Abb.)
Atelier Rieß

1925; Photographie (Originalabzug), 23×17 cm
Berlin, Ullstein Bilderdienst

Lotte Pritzel (1887–1952) gehörte wie John Höxter zu den Symbolfiguren der Berliner Boheme. Neben ihrer gelegentlichen Tätigkeit als Kostümbildnerin wurde sie vor allem durch die Gestaltung ihrer Puppen bekannt. Ihre höchst manieriert wirkenden Figuren, häufig der europäischen und asiatischen Mythologie entlehnt, waren sorgfältig aus Draht, Wachs und Stoff gebildet.

27/24 Asiatische Tänzerin (Vitrinenpuppe)
Lotte Pritzel

Berlin, um 1925; Wachs, Metall, Stoff; auf vergoldetem Sockel; H 42 cm (mit Sockel)
Berlin, Leonore Mösch

27/23

27/26

27/25 Zwei Figurinen zu Klabunds ›Der Kreidekreis‹

Lotte Pritzel

1924; Bleistift und farbige Kreide auf Pergamin, je 25×17 cm
London, Irmelin Mayer

Auf Initiative von Max Reinhardt entwarf Lotte Pritzel die Kostüme zu Klabunds Schauspiel ›Der Kreidekreis‹, das im Deutschen Theater 1925 aufgeführt wurde. Elisabeth Bergner spielte die Haitang. »Ein graziöses Spiel mit schönen Bühnenbildern von Neher und den raffinierten Kostümen von Lotte Pritzel« (Friedrich C. A. Lange, Gross-Berliner Tagebuch, 1951).

27/26 Anita Berber als Koreanische Tänzerin, 1917 (Abb.)

A. Binder

Photographie (Originalabzug), 21,8×15,5 cm
Berlin, Ullstein Bilderdienst

Anita Berber (1899–1928) verkörperte wie keine andere Gestalt der kulturellen Szene Berlins die Schnellebigkeit und Exzessivität der frühen zwanziger Jahre. Seit 1915 in Berlin, nahm sie Tanzunterricht in der Ballettschule Sachetto und wurde bereits 1917 vom Apollo-Theater engagiert. Es folgten Verpflichtungen im Wintergarten und in der Weißen Maus, zahlreiche Gastspiele und Filme. Sie war Ausdrucks- und Nackttänzerin, und schon ihre Programmtitel waren skandalträchtig: ›Morphium‹, ›Selbstmord‹, ›Tänze des Lasters, des Grauens und der Ekstase‹. Sie starb 1928 an Tuberkulose im Kreuzberger Krankenhaus Bethanien.

27/27 Bildnis der Else Lasker-Schüler (Abb.)

Jankel Adler

1924; Öl/Lw., 151×75 cm; bez. u. r.: Adler
Wuppertal, Von der Heydt-Museum

Else Lasker-Schüler (1869–1945) kam 1895 nach Berlin. 1904 veröffentlichte sie ihren ersten Gedichtband. Im Kreise der Berliner Boheme um Peter Hille und Herwarth Walden, mit dem sie seit 1903 verheiratet war, entwickelte sie sich zu einer eigenständigen, bedeutenden Lyrikerin. Ihre Gedichtbände und Prosatexte illustrierte sie meist selbst. Als freischaffende Künstlerin lebte sie zeitweilig in Armut. 1933 emigrierte sie nach Palästina, wo sie 1945 starb.
Das Bildnis des ost-jüdischen Malers Jankel Adler wurde 1937 als ›entartete Kunst‹ aus dem Wuppertaler Museum entfernt. 1986 gelang es dem Von der Heydt-Museum, das Gemälde aus Pariser Privatbesitz zurückzukaufen.

27/28 Bildnis des Max Herrmann-Neiße (Abb.)

Ludwig Meidner

1920; Tempera auf Karton, 100×70 cm; bez. o. l.: L. Meidner 1920
Darmstadt, Städtische Kunstsammlungen Darmstadt

Max Herrmann (1886–1941), der sich seit 1917, dem Jahr seiner Übersiedelung nach Berlin, nach seinem Geburtsort Herrmann-Neiße nannte, arbeitete als Theaterkritiker in Neiße und als Korrektor in Berlin. Er schrieb Gedichte, Theaterstücke, Kabarettexte und Erzählungen und war vor allem nach Gründung der literarischen Zeitschriften ›Der Querschnitt‹, ›Literarische Welt‹ und ›Neue Bücherschau‹ ein vielbeschäftigter Autor. Der kleine verwachsene Max Herrmann-Neiße gehörte zur literarischen Prominenz Berlins, die sich im Romanischen Café oder im Restaurant ›Schwannecke‹ traf. Für viele der bildenden Künstler Berlins war er ein faszinierendes Porträtmodell. Max Herrmann-Neiße emigrierte 1933 und starb 1941 in London.

27/27

27/29 Bildnis der ›Sonja‹ (im Hintergrund Max Herrmann-Neiße) (Abb.)

Christian Schad

1928; Öl/Lw., 90×60 cm; bez. auf dem Ärmel: SCHAD 28
Schweiz, Privatbesitz

Dargestellt ist eine Szene im Romanischen Café. Sonja, deren Nachname nicht überliefert ist, arbeitete als Sekretärin. Schad malte sie als Verkörperung der selbständigen und modebewußten Großstädterin.

27/30 Bildnis des Heinrich Mann

Rudolf Großmann

Um 1932; Kreide- und Federzeichnung mit Deckweiß, 50×38,2 cm
Marbach a. N., Schiller Nationalmuseum / Deutsches Literaturarchiv

Heinrich Mann (1871–1950) schrieb mit ›Der Untertan‹ und ›Professor Unrat‹ zwei bedeutende gesellschaftskritische Romane der Kaiserzeit. Von 1930 bis 1933 war er Präsident der neugegründeten Sektion Dichtkunst der Preußischen Akademie der Künste; im Februar 1933 emigrierte er nach Frankreich, 1940 in die USA.

27/31 Bildnis des Alfred Döblin

Rudolf Großmann

Um 1932; Tuschfederzeichnung, 50×37,5 cm; bez. u. l.: R. Großmann
Marbach a. N., Schiller Nationalmuseum / Deutsches Literaturarchiv

Der Arzt und Schriftsteller Alfred Döblin (1878–1957) hatte mit Gottfried Benn zusammen einen Stammtischplatz am ›Doktorentisch‹ im Romanischen Café. Sein Hauptwerk ist der berühmteste deutsche Großstadtroman ›Berlin Alexanderplatz‹ (1929). Döblin emigrierte 1933 über die Schweiz nach Frankreich und 1940 in die USA. 1945 kehrte er nach Deutschland zurück, ging aber 1951 wieder nach Paris. Er starb 1957 in einem Sanatorium im Schwarzwald.

27/32 Bildnis des Bertolt Brecht

Rudolf Großmann

Um 1932; Tuschzeichnung (Pinsel und Feder) mit Kreide und Deckweiß; 50,1×37,5 cm
Marbach a. N., Schiller Nationalmuseum / Deutsches Literaturarchiv

Bertolt Brecht (1898–1956) lebte seit 1924 in Berlin. Seinen Ruf als Theaterautor begründete das Schauspiel ›Trommeln in der Nacht‹, das im September 1922 in München uraufgeführt wurde und bereits im Dezember desselben Jahres in Berlin Premiere hatte. Darauf folgten u. a. ›Im Dickicht‹ (1923; in der zweiten Fassung ›Im Dickicht der Städte‹), ›Mann ist Mann‹ und in Zusammenarbeit mit Kurt Weill ›Die Dreigroschenoper‹, die 1929 zu einem der größten Theatererfolge der Epoche wurde. Brecht emigrierte 1933 über die Schweiz nach Dänemark und lebte von 1941 bis 1947 in den USA. Er kehrte 1949 nach Ost-Berlin zurück und gründete zusammen mit Helene Weigel das ›Berliner Ensemble‹.

27/33 Bildnis des Egon Erwin Kisch
Rudolf Schlichter

Um 1927; Bleistiftzeichnung, 42×30 cm; bez. u. r.: R. Schlichter
München, Michael Hasenclever. Galerie

Egon Erwin Kisch (1885–1948) lebte seit 1913 mit Unterbrechungen in Berlin. Hier wurde der ehemalige Prager Lokalreporter zum Inbegriff des großstädtischen, literarisch ambitionierten, auch sozialkritischen Journalisten. Mit dem ›Rasenden Reporter‹, dem Titel einer 1925 in Berlin erschienenen Reportagesammlung, wurde Kisch selbst identifiziert. 1933 ausgewiesen, nahm er später am spanischen Bürgerkrieg teil; er starb 1948 in Prag.

27/34 Selbstbildnis
Rudolf Schlichter

Um 1925; Aquarell, 60×45 cm; bez. u. r.: R. Schlichter
Karlsruhe, Mirko Heipek Kunstkabinett

27/35 Berliner Café
Ernst Ludwig Kirchner

1914; Lithographie, 59,5×50,5 cm
Frankfurt a. M., Städtische Galerie im Städelschen Kunstinstitut Frankfurt a. M.

27/36 Berliner Caféhaus
Ludwig Meidner

1913; Tuschzeichnung (Pinsel und Rohrfeder), 56×46 cm; bez. o.: Meidner 1913
Milwaukee (WI)/USA, Marvin & Janet Fishman

27/37 Im Romanischen Café
Friedrich Feigl

1925; Kreidezeichnung mit Wasserfarben, 37,5×49,6 cm; bez. u. l.: Feigl 1925; bez. u.: Roman. Cafe Metella Abramczyk herzlichst
Berlin, Kupferstichkabinett, SMPK

27/38 Bildnis des ›Nitz‹

1929; Federzeichnung, 31,5×22,7 cm
Schwäbisch Gmünd, Wolfgang Hollmann

›Nitz‹ (auch ›Nietz‹) war der aus Sachsen stammende, langjährige Portier des Romanischen Cafés.

27/39 Innenansicht des Romanischen Cafés

1928; Farbstiftzeichnung, 31,5×23,5 cm
Schwäbisch Gmünd, Wolfgang Hollmann

27/28

27/40 Im Café
Karl Hubbuch

Um 1922; Bleistift- und Kreidezeichnung, 39×45 cm; bez. u. r.: Hubbuch
München, Michael Hasenclever. Galerie

27/41 Kaffeekännchen und Kaffeetasse
Karl Hubbuch

Um 1922; Kreidezeichnung, 20×27 cm; bez. u. l.: Hubbuch
München, Michael Hasenclever. Galerie

27/42 Caféhausszene (Abb.)
Karl Hubbuch

1924; Lithographie, 29×34 cm; bez. u. r.: Hubbuch
Karlsruhe, Ellen Hubbuch

27/43 Berliner Café (mit einem Bildnis des Emil Orlik)
Karl Hubbuch

1922; Bleistiftzeichnung, 23,5×32 cm
Pfarrkirchen, Sammlung R. und V. Ziegert

Die meisten Caféhausszenen, die Karl Hubbuch Anfang der zwanziger Jahre in Berlin zeichnete, entstanden im Romanischen Café.

27/29

27/44 Berliner Café (Abb.)
Jeanne Mammen

Um 1925; Aquarell, 49×37 cm; bez. o. r.: J Mammen
Albstadt, Städtische Galerie Albstadt, Städtische Kunstsammlungen

Das Aquarell ist in Kurt Morecks (= Konrad Hämmerling) ›Führer durch das »lasterhafte« Berlin‹ (1931) unter dem Titel ›Im Romanischen Café‹ abgebildet.

27/45 Schachspieler
Jeanne Mammen

1925; Öl/Lw., 70×80 cm
Berlin, Berlinische Galerie

27/46 ›Im Romanischen‹
Karl Arnold

1928; Tusch- und Federzeichnung, 36,4×37,8 cm
Hornburg, Claus Arnold

Die Zeichnung erschien in der ›Münchner Illustrierten Presse‹ (1928, Nr. 43) unter dem Titel ›Literaten-Café‹. Die Bildunterschrift lautet: »Zwei Eier im Glas mit Brot, ein Kaffee, macht 1,40 Mark!« – »Schreiben Sie zwei Mark auf und geben Sie 40 für Nacht-Omnibus 'raus.«

27/47 Berliner Café
Eduard Braun

1929; Holzschnitt, 12×8 cm; bez. u. r.: E. Braun
Berlin, Galerie Bodo Niemann

27/48 Max Slevogt am ›Malertisch‹ des Romanischen Cafés mit Emil Orlik und anderen

Um 1927; Photographie (Originalabzug), 12×16,8 cm
Schwäbisch Gmünd, Wolfgang Hollmann

Die Photographie trägt auf der Rückseite eine Widmung: »Stammtisch Romanisches Café dem Portier Nitz zur Erinnerung«, unterschrieben von Max Slevogt, Emil Orlik, Fritz Klimsch, Max Oppenheimer und anderen. Wie die Katalognummern 27/38 und 27/39 stammt sie aus dem Besitz des Portiers des Romanischen Cafés, ›Nitz‹.

27/49 Im Romanischen Café, 1926 (Abb.)
Emil Orlik

Bleistiftzeichnung, Reproduktion in: Emil Orlik. Neue 95 Köpfe, Berlin: Bruno Cassirer, 1926
Berlin, Hochschule der Künste, Hochschulbibliothek (G 56473 4°)

Abgebildet sind Bruno Cassirer, Max Slevogt und Karl Dannemann am ›Malertisch‹ des Romanischen Cafés. Emil Orlik schenkte das Buch mit einer Widmung 1926 der Bibliothek der Vereinigten Staatlichen Hochschule für freie und angewandte Kunst in Charlottenburg.

27/50 Bildnis des Paul Cassirer
Emil Orlik

Bleistiftzeichnung, 16,5×10,3 cm
Berlin, Berlin Museum

Paul Cassirer (1871–1926) war Kunsthändler und Verleger. In seinem Verlag erschienen Werke von Heinrich Mann und von Vertretern des literarischen Expressionismus.

27/51 Bildnis des Max Flechtheim
Emil Orlik

Schwarze Kreide, 16,6×12,5 cm; bez. u. r.: Orlik
Berlin, Berlin Museum

27/52 Bildnis des Alfred Flechtheim
Rudolf Belling

1927; Bronze; H 18,7 cm, Dm 12 cm
Hagen, Karl Ernst Osthaus Museum

27/42

Alfred Flechtheim (1878–1937), Kunsthändler wie sein Bruder Max, machte vor allem die zeitgenössische französische Malerei in Berlin bekannt. 1921 gründete er die Zeitschrift ›Der Querschnitt‹. »Manchmal erscheint auch der Kunsthändler Alfred Flechtheim, sitzt hier mit seiner prominenten Nase ...« (Eugen Szatmari, Das Buch von Berlin, 1927). Flechtheim emigrierte 1933 nach England.

27/53 Bildnis des Karl Scheffler
Rudolf Großmann

1932; Lithographie; 16 × 12 cm, 31 × 21 cm (Blgr.); bez. u. l.: R. Großmann
Berlin, Axel Springer Verlag AG

Karl Scheffler (1869–1951) war Kunstkritiker und Herausgeber der Zeitschrift ›Kunst und Künstler‹. Seine Autobiographie ›Die fetten und die mageren Jahre‹ (1948) berichtet ausführlich über den ›Malertisch‹ im Romanischen Café.

27/54 Emanuel Lasker
Eugen Smith

1918; Photographie (Originalabzug), 13 × 17 cm
Berlin, Ullstein Bilderdienst

Emanuel Lasker (1868–1941) war Mathematiker, Schachspieler, Schachtheoretiker und Autor philosophischer Schriften. Von 1894 bis 1921 war er Schachweltmeister. 1933 emigrierte er in die USA.

27/55 Schachfiguren des Emanuel Lasker

Vor 1896; Staunton-Form; Holz, bleibeschwert; H zwischen 6 u. 12 cm
Bamberg, Lothar Schmid

Mit diesen Figuren verteidigte Emanuel Lasker im Jahre 1896 erfolgreich seinen Weltmeistertitel in St. Petersburg gegen Wilhelm Steinitz.

27/56 Skizzenbuch
George Grosz

1917; Bleistiftzeichnungen; Skizzenbuch: 10 × 16 cm
Berlin, Akademie der Künste, George-Grosz-Archiv

27/57 Die Tragigrotesken der Nacht
Wieland Herzfelde

Berlin: Malik-Verlag 1920; mit einer Einbandzeichnung von George Grosz
Berlin, G. Gohlke

27/58 ›Der Gegner‹ Zeitschrift, hg. von Julian Gumperz und Wieland Herzfelde

Jg. 2, H. 7, Berlin: Malik-Verlag 1920/21
Berlin, Helmut Köhler

27/44

27/59 Figurinen für die Revue ›Einfach klassisch!‹ von Walter Mehring (Entwurf George Grosz)
a) Elektra von der Heilsarmee
b) Orest, Offizier eines attischen Freikorps, königliche Hoheit Wilhelm II.

Rosemarie Hammer

Nachbildungen 1977 (Originale 1919); bemalter Gips, Textilien; H 79, H 65 cm
Berlin, Berlinische Galerie (BG-O 2619/82 ⟨2,3⟩)

Das Puppenspiel, eine »Orestie mit glücklichem Ausgang«, wurde anläßlich der Eröffnung des Kabaretts ›Schall und Rauch‹ im Dezember 1919 aufgeführt.

27/60 Terrassenstuhl
Fa. Thonet

Um 1900; Holz, weiß lackiert; 85 × 42 × 42 cm
Berlin, Privatbesitz

Stühle dieser Art standen auf der Terrasse des Romanischen Cafés.

27/61 ›Nachtkaffeehaus‹
George Grosz

Um 1917; Federzeichnung, 35,8 × 21 cm
Stuttgart, Staatsgalerie Stuttgart, Graphische Sammlung

27/62 Belebte Straßenszene mit Literaten
George Grosz

Um 1918; Federzeichnung, 55,8 × 38 cm; bez. u. l.: Grosz
Berlin, Galerie Nierendorf

Unter den Passanten sind Theodor Däubler, Otto Schmalhausen und an der Brandmauer des linken hinteren Hauses Max Herrmann-Neiße zu erkennen.

27/63 Café des Westens
Paul Citroen

1921; Radierung, 20 × 30 cm; bez.: Paul Citroen 21, Mitarbeiter
London, Marlborough Graphics Gallery

27/64 Selbstbildnis im Café Größenwahn
Walter Mehring

Um 1925; Federzeichnung, 25 × 20,5 cm
Berlin, Akademie der Künste, Walter-Mehring-Archiv

27/65 Figurine ›Felix‹ für das satirische Drama ›Methusalem‹ von Yvan Goll
George Grosz

1920; Aquarell, 70 × 50 cm; bez. u. r.: George Grosz
Köln, Universität zu Köln, Theatermuseum des Instituts für Theater-, Film- und Fernsehwissenschaft (32127d, Slg. Niessen)

Die Figurinen, die Grosz überlebensgroß geplant hatte und mit denen die Schauspieler agieren sollten, wurden nicht ausgeführt.

27/66 George Grosz als ›dadaistischer Tod‹

Um 1920; Photographie, Reproduktion aus: Uhu, Jg. 3, H. 5, 1926/27

27/67 Anita Berber mit Federboa
Charlotte Berend

1919; aus einer Serie von acht Lithographien; 62 × 49,5 cm
Neuss, Sammlung K. u. K. Rosenthal

Die Blätter der von Fritz Gurlitt herausgegebenen Mappe, Anita Berber gewidmet, zeigen die Tänzerin in ›lasterhafter‹ Pose.

27/68 Büste des Joachim Ringelnatz
Renée Sintenis

1923; Bronze, H 32 cm; bez. hinten l.: R. S.
Regensburg, Ostdeutsche Galerie Regensburg (1209)

27/69 Engländerin
Ernesto de Fiori

Um 1922/23; Bronzeskulptur, H 137 cm
Berlin, Georg-Kolbe-Museum

27/70 Bildnis der Valeska Gert
Jeanne Mammen

1928/29; Öl/Lw., 60×44 cm
Berlin, Berlinische Galerie (BG-M 651/78)

Valeska Gert (= Gertrud Valesca Samosch, 1892–1978) war Schauspielerin und Tänzerin – »eine tolle Nummer, eine hervorragende Tänzerin, eine außerordentliche Frau« (Kurt Tucholsky).

27/71 Hände-Studie
Fritz Bersch

1909; Gouache, 57×35 cm; bez. u. l.: Bersch 09
Berlin, Heimatverein für den Bezirk Steglitz 1923 e. V.

27/72 Handabdrücke von Charlotte Berend, Alfred Döblin, Tilla Durieux, Valeska Gert, George Grosz (Abb.), Rudolf Großmann, Leopold Jessner, Herbert Ihering, Alfred Kerr, Heinrich Mann, Emil Orlik, Erwin Piscator, Renée Sintenis
Marianne Raschig

1924–1935; je 25×18 cm (Blgr.); mit Autogrammen der Künstler
Berlin, Bickhardt'sche Buchhandlung KG

Marianne Raschig, deren Lebensdaten unbekannt sind, verstand sich als ›wissenschaftliche Chiromantin‹. Sie legte zwischen 1924 und 1935 in Berlin ein einmaliges Archiv von ca. 2400 Handabdrücken an. Bevorzugt waren es Schauspieler und Künstler, aber auch Sportler und Politiker, die sie überreden konnte, ihre mit Druckerschwärze eingefärbten Hände auf einem Bogen Papier abzudrücken. Jedes Blatt wurde von der jeweiligen Person unterzeichnet und datiert.

27/73 Außen- und Innenansicht des Romanischen Cafés

Um 1925; zwei Photographien (Reproduktionen)
München, Süddeutscher Verlag, Bilderdienst

27/49

27/74 Drei Uhr morgens im Romanischen Café: der Kellner rechnet ab
Felix H. Man

1929; Photographie (Reproduktion)
Berlin, Bildarchiv PK

27/75 Auguste-Viktoria-Platz bei Nacht
Umbo (= Otto Umbehr)

1937; Photographie (Originalabzug), 23×23 cm
Berlin, Berlinische Galerie, Fotografische Sammlung (BG-FS 4/81, 3045)

27/76 Blick auf die Terrasse des Romanischen Cafés

Nach 1930; Photographie (Originalabzug), 22×17 cm
Berlin, Ullstein Bilderdienst

27/77 Demonstration am Auguste-Viktoria-Platz nach der Ermordung Walther Rathenaus, 1922

Photographie (Reproduktion)
Berlin, Ullstein Bilderdienst

27/72

RAUM 28
SCHAUBÜHNE UND JOURNALISTENBÖRSE (ROMANISCHES CAFÉ II)

Wer in Berlin Nachwuchs für eine Zeitungsredaktion suchte oder ein neues Magazin aus der Taufe heben wollte, konnte im Romanischen Café fündig werden. An Literaten und Journalisten aller Sparten war kein Mangel. Sportreporter und Lokalredakteure, auch der ›Rasende Reporter‹ und Schriftsteller Egon Erwin Kisch, waren Stammgäste; Redakteure und Mitarbeiter von Zeitungen aller Schattierungen trafen sich hier: des republikanischen ›Berliner Tageblatt‹, der eher distinguierten ›Vossischen Zeitung‹, der pazifistischen ›Welt am Montag‹ und von Willi Münzenbergs ›Welt am Abend‹. Auch der mondäne ›Querschnitt‹, Ullsteins Massen-Magazin ›Uhu‹, Leopold Schwarzschilds liberales ›Tage-Buch‹, Carl von Ossietzkys radikaldemokratische ›Weltbühne‹, die kommunistische ›Linkskurve‹, die Blätter des ›Neuen Nationalismus‹ und die vielen avantgardistischen Kunst- und Literaturzeitschriften hatten hier ihr Forum. Journalisten von der »Roten Fahne bis zur Kreuzzeitung« meinte Matheo Quinz – er schrieb für den ›Querschnitt‹ – 1926 im Café antreffen zu können. Die Vielfältigkeit der ›Zeitungsstadt Berlin‹ spiegelte sich in seinen Besuchern wider. Selbst Kurt Tucholsky, ein eher seltener Gast, erwies dem Romanischem Café seine Referenz: »Alle Wege führen nach Berlin zurück und ins Romanische.«

1925 beschlossen hier Ernst Rowohlt und Willy Haas, eine wöchentlich erscheinende Literaturzeitschrift in Format und Aufmachung einer Tageszeitung herauszugeben. Das war die ›Literarische Welt‹, die bald zum wichtigsten literarischen Periodikum der zwanziger Jahre wurde. Mit Geschick und Spürsinn versammelte Willy Haas darin beinahe alle, die Rang und Namen hatten oder doch bald haben sollten: von Thomas Mann und Max Herrmann-Neiße bis Bertolt Brecht, von Jean Cocteau bis George Bernard Shaw. Zu den ständigen Mitarbeitern zählten Walter Benjamin, Ernst Robert Curtius und Robert Musil. Johannes R. Becher lieferte ebenso Beiträge wie Ernst Jünger. Damals noch relativ unbekannte Autoren wie Franz Kafka, Marcel Proust und Peter Huchel machte die Zeitschrift einem breiteren Publikum bekannt.

Das Romanische Café war Kreditanstalt, Börse und Markt, Auftrags- und Arbeitsvermittlungsstelle für Dichter, Schauspieler und Journalisten. An die Tische der Künstler kamen die »Händler, Makler, Filmverleiher, Buchhändler, Verleger, Impresarios« (Hans Sahl). Es war Drehscheibe des Kulturbetriebs, lärmend, selbstdarstellerisch, erfolgssüchtig und zweckgerichtet wie Berlin selbst. Erich Mühsam sprach vom »Industriegebiet der Intelligenz an der Gedächtniskirche« und vom »Büro für originelle Effekte«. Was Mühsam abfällig meinte, machte gerade die Attraktivität und Produktivität des Cafés aus. Die vielfältige Betriebsamkeit, das Zusammentreffen von Künstlern aller Sparten zog gemeinsame Projekte nach sich. So, wenn Max Reinhardt Lotte Pritzel beauftragte, die Kostüme für seine Inszenierung von Klabunds ›Der Kreidekreis‹ zu entwerfen, wenn Klabund Billy Wilder aufforderte, seine Erlebnisse als Eintänzer im Eden-Hotel niederzuschreiben (die ›B.Z. am Mittag‹ druckte sie ab), oder wenn George Grosz auf Wunsch Erwin Piscators für dessen Inszenierung der ›Abenteuer des braven Soldaten Schweijk‹ Prospekte und Figurinen zeichnete.

Zunehmend bestimmten die Leute vom Theater, die Regisseure, Schauspieler und Bühnenbildner die Caféhausszene. Max Reinhardt und Tilla Durieux hatten schon zu den Gästen des Cafés des Westens gehört. Hier traf man sie wieder. Leopold Jessner, Reinhardts Regiekollege vom Staatstheater am Gendarmenmarkt, hatte seinen eigenen Tisch, wenig später zählten auch Piscator und sein Kreis zu den Stammgästen.

Am späten Nachmittag vor den Auftritten oder bevor man zu ›Schwannecke‹ in die Rankestraße aufbrach, wurde das Café zum ›Korso‹ für Schauspieler von Theater und Film. Elisabeth Bergner, von Emil Orlik gezeichnet, ließ sich ebenso sehen wie Carola Neher, die mit Brecht befreundet und mit Klabund verheiratet war, Alexander Granach, Star bei Jessner und bei Piscator, Heinrich George und Rosa Valetti, die von 1920 bis 1922 das ›Kabarett Größenwahn‹ geleitet hatte. Der Kritiker Herbert Ihering war ständiger, Bertolt Brecht gelegentlicher Gast. Der ›Starkritiker‹ Berlins allerdings mied das Café: Alfred Kerr.

Es fällt heute schwer, sich vorzustellen, welch angespanntes Interesse, welch aufwühlende Aufmerksamkeit das Berliner Theater jener Jahre auf sich zog, welchen Raum es in der Tagespresse einnahm. An den Premierenabenden, so heißt es, wischten die Kellner über leere Tische. Die Ungeduldigen fanden sich um Mitternacht an den Fernbahnhöfen ein und kauften dort die druckfrischen Nachtausgaben mit den Kritiken des Abends. So erinnerte sich Georg Zivier. Danach traf man sich wieder. Man nahm Partei im Streit der Kritiker um Stücke und Regisseure. Wie das politische Geschehen wurden Klassiker-Inszenierungen kommentiert: Als »revolutionär und antinationalistisch« beschrieb Fritz Kortner die ›Wilhelm Tell‹-Inszenierung Jessners vom Dezember 1919.

So skandalträchtig und umstritten wie die Regisseure und ihre Inszenierungen waren die Bühnenbilder. Die berühmte ›Hohle Gasse‹ im Wilhelm Tell stellte Emil Pirchan für Jessner nicht als vertrauten Waldweg dar, sondern er begnügte sich mit einer keilförmigen Aussparung des hinteren Bühnenprospekts. Es entsprach zwar Jessners Regieprinzip, nicht »die Fabel«, sondern die »Idee der Fabel« zu inszenieren, aber es löste einen jener großen Theaterskandale der Republik aus, hervorgerufen durch ›Monarchisten der Kunst‹, wie Alfred Kerr die störenden und randalierenden Opponenten dieser Inszenierung nannte.

Piscator ging einen anderen, ebenso umstrittenen Weg. Er brachte die Montage auf die Bühne. Mit Film- und Diaprojektionen suchte er in Walter Mehrings ›Kaufmann von Berlin‹ Stadtrealität präsent zu machen, die »Wirklichkeit des Augenblicks«. »Nie kam ›die Straße‹ jemals derart auf die Bühne«, behaupteten die einen, von einer »Technik, die sich selber auffraß«, sprachen die anderen und forderten: »Werft alle Piscatoren auf den Kehrricht-Haufen«.

Ein einziges Mal traten alle, die im Theater der Republik Rang und Namen hatten, gemeinsam auf: bei der Gedächtnisfeier für den Schauspieler Albert Steinrück am 28. März 1929, nachdem die Bühnengenossenschaft zu dieser Benefiz-Veranstaltung aufgerufen hatte. Leopold Jessner inszenierte, nur für diesen einen Abend,

Wedekinds ›Marquis von Keith‹; Heinrich Mann sprach die Gedenkworte. Große und hochbezahlte Stars von Bühne und Film übernahmen kleine und kleinste Rollen: Die auf dem Theaterzettel versammelten Namen der Schauspieler und der Repräsentanten von Kultur und Politik lassen den Schluß zu, daß mit dieser Veranstaltung nicht nur eines Schauspielers gedacht wurde, sondern des Theaters der Republik, dessen Krisenjahre beginnen sollten. »Alle Anzeichen deuten darauf hin, daß eine geistige Reaktion ohne Beispiel den Vorstoß, den das Theater versuchte, beantworten wird«, schrieb Herbert Ihering 1925. Bereits im Januar 1930 trat Leopold Jessner von der Intendanz des Staatlichen Schauspielhauses zurück.

So glanzvoll die kulturelle Szene der zwanziger Jahre in Berlin auch erschien, so dünn war doch die republikanische Decke, von der sie getragen wurde. Die Zeitungen des Hugenberg-Konzerns und andere nationalkonservative Blätter hatten den Boden bereitet für die nicht erst 1933 einsetzende Diffamierung und Verfemung derer, die die Kultur der Republik verkörperten. Als wurzellos und dekadent, zersetzend, verfälschend und vor allem ›jüdisch‹ beschimpfte man sie – ›Intellektuelle‹ oder ›Asphaltliteraten‹ waren nur anfangs verbale Schmähungen. So versteht es sich, daß das Romanische Café mit seinen vielen jüdischen Gästen, seinen Künstlern und Intellektuellen, seinen Pazifisten, Kommunisten, Sozialisten und Demokraten geradezu als Inbegriff des »auszumerzenden Undeutschen« attackiert wurde: Die Karikatur Mjölnirs (= Hans Schweitzer), die in Joseph Goebbels Pamphlet ›Kampf um Berlin‹ abgebildet ist und das Zentrum des Neuen Westens um die Gedächtniskirche zum Thema hat, benennt ausdrücklich das Romanische Café.

Mit der Bücherverbrennung auf dem Berliner Opernplatz am 10. Mai 1933 endete die kurze, beispiellose Epoche der republikanischen Kultur. Als Treffpunkt der Kunst und des Geistes war das Romanische Café tot, lange bevor es 1945 zerbombt wurde. Diejenigen, die seinen Ruhm begründet hatten und nicht wie Erich Mühsam und Carl von Ossietzky in der KZ-Haft oder an deren Folgen starben, die nicht wie John Höxter nach dem Pogrom vom 9./10. November 1938 den Freitod wählten, emigrierten, wurden vertrieben. Einige der nicht-jüdischen Gäste des Romanischen Cafés verstanden es, sich mit der braunen Macht zu arrangieren.

P. H.

28/5

28/1 Bildnis des Leopold Jessner
Rudolf Großmann

Pinselzeichnung, 32,3×27 cm; bez. u.: R. Großmann / Jessner
Berlin, Berlin Museum

Leopold Jessner (1878–1945) übernahm 1919 als Intendant das Staatliche Schauspielhaus am Gendarmenmarkt. Mit seinen aufsehenerregenden Klassikerinszenierungen, in denen er die dramatischen Konflikte politisch interpretierte, schuf Jessner ein Theater für die Republik. Alfred Kerr sprach von der Ära Jessner als dem »perikleischen Zeitalter« des Theaters der zwanziger Jahre. Jessner emigrierte 1933 nach England.

28/2 Bildnis der Elisabeth Bergner
Emil Orlik

Um 1927; Pastell, 63×43,5 cm; bez. u. r.: Orlik
Berlin, Berlin Museum (GHZ/T)

Elisabeth Bergner (1897–1984) erlebte ihren künstlerischen Durchbruch in der Hauptrolle von George Bernard Shaws ›Heiliger Johanna‹ (1923). Sie wurde eine der beliebtesten Schauspielerinnen Berlins. Anläßlich der Aufführung von William Shakespeares ›Wie es euch gefällt‹ im Lessing-Theater 1923 – die Bergner spielte die Viola – notierte Herbert Ihering: »Ihre geniehafte improvisierte Begabung ... entzündete sich an der aufgelösten Form zu einem Reichtum ohnegleichen.«

28/3 Bildnis des Albert Steinrück
Carl Hofer

Um 1928; Öl/Lw., 123×84,5 cm; bez. u. r.: CH
Berlin, Berlin Museum

Albert Steinrück (1872–1928) begann in den neunziger Jahren mit dem Theaterspielen. Ab 1921 gehörte er zum Ensemble des Staatlichen Schauspielhauses unter Leopold Jessner. Daneben spielte er im Schiller-Theater und im Deutschen Theater. Er war ein Schauspieler von kräftiger Statur, mit sparsamen Gesten, der seine Paraderollen bei Wedekind fand. Alfred Polgar schrieb über ihn: »Er stand wie ein Baum, breiten Schatten werfend, wuchtig und schwer in der dramatischen Landschaft.«

28/4 Theaterzettel für ›Der Marquis von Keith‹, inszeniert von Leopold Jessner aus Anlaß der Albert-Steinrück-Gedächtnisfeier im Schauspielhaus am Gendarmenmarkt, 28. März 1929

36×22,5 cm
Berlin, Carlos Kühn

Die Benefiz-Vorstellung, veranstaltet von der Deutschen Bühnengenossenschaft zugunsten der Familie Albert Steinrücks, führte nahezu alle zusammen, die im Theater der Republik Rang und Namen hatten.

28/16

28/16

28/22

28/12

28/5 Albert-Steinrück-Gedächtnisfeier, 28. März 1929 (Abb.)

Photographie (Originalabzug), 22×29 cm
Berlin, Ullstein Bilderdienst

Die Aufnahme zeigt von links nach rechts: Max Pallenberg, Fritzi Massary, Hermann Vallentin, Tilla Durieux, Werner Krauss, Max Hansen, Jakob Tiedtke, Heinrich George, Leopold Jessner, Fritz Kortner, Otto Wallburg, Eleonore von Mendelssohn, Elisabeth Bergner, Maria Bard, Lothar Müthel, Mady Christians, Carola Neher, Albert Florath, Trude Hesterberg, Alfred Fischer und Tilly Wedekind.

28/6 Bildnis des Alfred Kerr
Augusta von Zitzewitz

Öl/Lw., 64×61,5 cm; bez. u. r.: A v Zitzewitz
Berlin, Akademie der Künste, Alfred-Kerr-Archiv

Alfred Kerr (1867–1948) war über drei Jahrzehnte der ›Starkritiker Berlins‹. Als brillanter und präziser Stilist etablierte er die Theaterkritik als literarische Kunstform. Seine Kritiken waren fast nie beschreibend, sie waren eher Vermerke, oft lapidar, ironisch, bisweilen vernichtend. Seine Neigung gehörte Henrik Ibsen und Gerhart Hauptmann, den frühen Brecht lehnte er ab. Seit 1919 schrieb er vor allem für das Berliner Tageblatt. Kerr emigrierte 1933 nach England.

28/7 Büste des Herbert Ihering
Gustav Seitz

Um 1928; Bronze, H 40 cm
Berlin, Berlin Museum

Herbert Ihering (1888–1977) war neben Alfred Kerr der wichtigste Kritiker der zwanziger Jahre in Berlin. Anfangs schrieb er für die Vossische Zeitung, dann für den Berliner Börsen-Courier. Er erkannte das Talent Bertolt Brechts und Carl Zuckmayers sowie die außergewöhnlichen schauspielerischen Fähigkeiten von Fritz Kortner und Helene Weigel. Ihering erhielt 1935 Schreibverbot.

28/8 Projektions-Photomontage für Walter Mehrings ›Der Kaufmann von Berlin‹ in der Inszenierung von Erwin Piscator in der Piscator-Bühne am Nollendorfplatz (Uraufführung 6. September 1929)
László Moholy-Nagy

Reproduktion
Köln, Universität zu Köln, Theatermuseum des Instituts für Theater-, Film- und Fernsehwissenschaft (21401)

Piscator eröffnete mit Mehrings »historischem Schauspiel aus der deutschen Inflation« seine zweite Spielzeit im eigenen Haus am Nollendorfplatz. Das Stück über Drahtzieher und

Opfer im Dschungel der Inflation wurde in Piscators Inszenierung trotz heftiger Kritik – Schlagzeile im Lokal-Anzeiger: »Dreck! Weg damit!« – und mangelhafter Bühnentechnik ein Erfolg. »Nie kam ›die Straße‹ jemals derart auf die Bühne ... Die Straße trampelt, die Straße schreit« (Frankfurter Zeitung, 11. September 1929).

28/9 Bühnenmodell für Ernst Tollers ›Die Wandlung‹ in der Inszenierung von Karl-Heinz Martin in der Tribüne (Uraufführung 30. September 1919)

Robert Neppach

Holz, Metall, Textil; 30×59×44,5 cm
Köln, Universität zu Köln, Theatermuseum des Instituts für Theater-, Film- und Fernsehwissenschaft (52)

Ernst Toller vollendete das Stück während der Festungshaft, zu der er nach der Niederschlagung der Münchner Räterepublik verurteilt worden war. Es zeigt die Wandlung eines Kriegsfreiwilligen zum Revolutionär. Die Aufführung galt als Beginn des idealistisch-politischen Theaters der Republik. Fritz Kortner erzielte in der Hauptrolle des jungen deutschen Juden, Künstlers und Rebellen seinen Durchbruch in Berlin.

28/10 Szenenentwurf für Romain Rollands ›Danton‹ in der Inszenierung Max Reinhardts im Großen Schauspielhaus (Premiere 14. Februar 1920)

Ernst Stern

Aquarellierte Federzeichnung, 38,5×66,6 cm
Köln, Universität zu Köln, Theatermuseum des Instituts für Theater-, Film- und Fernsehwissenschaft (17068a, Slg. Niessen)

Mit Rollands ›Danton‹, seiner dritten Inszenierung in dem von Hans Poelzig erbauten Großen Schauspielhaus, folgte Reinhardt seiner Idee eines ›Theaters des Volkes‹, eines ›Theaters der 5000‹, das Zuschauer und Akteure in großen Massenszenen zusammenführen sollte. Die Aufführung war als großes Tribunal angelegt. Die Ankläger agierten inmitten der Zuschauer, das Publikum wurde zum Volk von Paris.

28/11 Bühnenmodell für Friedrich Schillers ›Wilhelm Tell‹ in der Inszenierung von Leopold Jessner im Staatlichen Schauspielhaus (Premiere 12. Dezember 1919)

Emil Pirchan

Holz, Karton, Textil; 64,4×68×52,2 cm
Köln, Universität zu Köln, Theatermuseum des Instituts für Theater-, Film- und Fernsehwissenschaft (36)

Jessners erste Regiearbeit als Intendant des Schauspielhauses geriet zum Skandal. Bei der ›Hohlen Gasse‹, die Pirchan auf der ›entrümpelten Bühne‹ nur als Spalt zwischen schwarzen Wänden zeigte, erzwangen Proteste die Unterbrechung der Aufführung und das Eingreifen der Polizei.

28/12 Vier Szenenentwürfe für William Shakespeares ›Othello‹ in der Inszenierung von Leopold Jessner im Staatlichen Schauspielhaus (Premiere 11. November 1921) (Abb.)

Emil Pirchan

Pastellkreide; 33,2×44,5 cm, 32,5×45,5 cm, 30,5×45,5 cm, 34×45 cm
Köln, Universität zu Köln, Theatermuseum des Instituts für Theater-, Film- und Fernsehwissenschaft (612a,b,c,f)

An den Scheinwerfersäulen von Pirchans Entwürfen wird deutlich, wie sehr das Bühnenlicht als eigenständiges dramatisches Kunstmittel verwandt wurde.

28/13 Bühnenmodell für William Shakespeares ›Richard III.‹ in der Inszenierung von Leopold Jessner im Staatlichen Schauspielhaus (Premiere 5. November 1920)

Emil Pirchan

Holz, Karton, Textil; 66×67,3×51,5 cm
Köln, Universität zu Köln, Theatermuseum des Instituts für Theater-, Film- und Fernsehwissenschaft (37)

Jessner interpretierte ›Richard III.‹ als Gleichnis vom skrupellosen Aufstieg zur Höhe der Macht und vom schmachvollen Absturz. Pirchans Stufenbühne wurde, weil sie in der Inszenierung als dramaturgisches Mittel genutzt wurde, als ›Jessner-Treppe‹ legendär.

28/14 Bühnenmodell für Carl Hauptmanns ›Der abtrünnige Zar‹ in der Inszenierung von Fritz Holl in der Volksbühne (Premiere 10. Oktober 1923)

Oskar Schlemmer

Holz, Gips; 75×128×125 cm
Köln, Universität zu Köln, Theatermuseum des Instituts für Theater-, Film- und Fernsehwissenschaft (227)

Schlemmers Modell ist ein besonders konsequentes Beispiel für die Raumvorstellungen im Bühnenbild der zwanziger Jahre. Wuchtig und ausgreifend, von drei Seiten und auf mehreren Ebenen bespielbar, ist die Zarenburg selbst Sinnbild des dramatischen Vorgangs.

28/15 Szenenphoto aus William Shakespeares ›Hamlet‹ in der Inszenierung von Leopold Jessner im Staatlichen Schauspielhaus (Premiere 3. Dezember 1926; Bühnenbild Caspar Neher)

Originalabzug, 8×11 cm
Köln, Universität zu Köln, Theatermuseum des Instituts für Theater-, Film- und Fernsehwissenschaft (42794, Slg. Niessen)

Die Versuche, klassische Stücke im Hinblick auf aktuelle politische Kräfte und Konflikte zu interpretieren, führten zu scharfen Reaktionen, vor allem deutschnationaler Gruppen. Jessners ›Hamlet‹-Inszenierung zog eine Anfrage im preußischen Landtag nach sich.

28/16 Zwei Szenenentwürfe für Christian Dietrich Grabbes ›Napoleon oder Die hundert Tage‹ in der Inszenierung von Leopold Jessner im Staatlichen Schauspielhaus (Premiere 5. Mai 1922) (Abb.)

César Klein

Aquarell, Gouache und farbige Kreide; je 31×46,5 cm
Köln, Universität zu Köln, Theatermuseum des Instituts für Theater-, Film- und Fernsehwissenschaft (16295a20,a21)

Fritz Kortner lehnte die Hauptrolle dieses historischen Schauspiels ab: »Die Blücher-Verherrlichung in dem Stück schien mir nun doch zu sehr im Gegensatz zu den antimilitaristischen Bemühungen der Mitte und der Linken zu stehen ... Bald nach der Premiere wurde Rathenau von Fememördern erschossen (24. Juni 1922). Am Abend jenes Unheilstages schlich Jessner ins Theater und strich die Blücherszene« (Fritz Kortner, Aller Tage Abend, 1969).

28/17 Bühnenmodell für Ernst Tollers ›Hoppla, wir leben‹ in der Inszenierung von Erwin Piscator in der Piscator-Bühne am Nollendorfplatz (Uraufführung 3. September 1927)

Traugott Müller

Holz, Metall, Textil; 62×76×77,5 cm
Köln, Universität zu Köln, Theatermuseum des Instituts für Theater-, Film- und Fernsehwissenschaft (M83)

Mit der Revue ›Hoppla, wir leben‹ eröffnete Piscator sein Theater am Nollendorfplatz. Traugott Müllers Stahlgerüst, die ›Etagenbühne‹, ließ Platz für Filmprojektionen mit Daten und Bildern aus Politik, Wirtschaft, Kultur, Sport, Mode usw. Piscators Idee einer Dramaturgie durch Technik und Montage war so realisierbar geworden.

28/18 Zwei Szenenphotos aus Walter Mehrings ›Der Kaufmann von Berlin‹ in der Inszenierung von Erwin Piscator in der Piscator-Bühne am Nollendorfplatz

Lucia Moholy-Nagy

1929; Photographien (Originalabzüge), je 29×38 cm
Köln, Universität zu Köln, Theatermuseum des Instituts für Theater-, Film- und Fernsehwissenschaft

28/19 Szenenmodell für ›Rasputin, die Romanows, der Krieg und das Volk, das gegen sie aufstand‹ nach Tolstoi und Schtschegolew in der Inszenierung von Erwin Piscator in der Piscator-Bühne am Nollendorfplatz (Uraufführung 10. November 1927)

Traugott Müller

Holz, Metall, Textil; 58,3×74×74 cm
Köln, Universität zu Köln, Theatermuseum des Instituts für Theater-, Film- und Fernsehwissenschaft (84)

Piscator zeigte mit ›Rasputin‹ ein Panorama der europäischen Geschichte zwischen 1914 und 1917, gesehen als Zerfall der herrschenden Klassen: eine »Schicksalsrevue ganz Europas«, ein »Drama des Erdballs« (Piscator). Von daher rührt seine sogenannte Globus-Segment-Bühne, die geschlossen als Projektionsfläche für Dokumentarfilme diente und aufgeklappt sehen ließ, was im Inneren vor sich ging. Die Lösung der Verzerrungsprobleme bei der Projektion erregte Aufsehen. Die filmischen Hintergrundinformationen in Piscators ›politischem Theater‹ erhielten großen Beifall, wenngleich die meisten Kritiker den Text dürftig fanden.

28/20 Photomontage für ›Rasputin, die Romanows, der Krieg und das Volk, das gegen sie aufstand‹ nach Tolstoi und Schtschegolew

Sasha Stone

Reproduktion
Berlin, Akademie der Künste

28/21 Das Profil Erwin Piscators als Schattenriß vor der Bühnenkonstruktion Traugott Müllers zu ›Hoppla, wir leben‹ von Ernst Toller (Abb.)

Sasha Stone

Reproduktion einer Photomontage von 1927
Berlin, Ullstein Bilderdienst

28/21

28/22 Szenenentwurf für Bertolt Brechts ›Die Dreigroschenoper‹ in der Inszenierung von Erich Engel im Theater am Schiffbauerdamm (Uraufführung 31. August 1928) (Abb.)

Caspar Neher

Aquarellierte Federzeichnung, 34,5 × 42 cm
Köln, Universität zu Köln, Theatermuseum des Instituts für Theater-, Film- und Fernsehwissenschaft (17937)

›Die Dreigroschenoper‹ mit der Musik von Kurt Weill wurde zum größten Theatererfolg der zwanziger Jahre. Das Stück lief fast ein Jahr lang, die Songs wurden Hits, die Verfilmung folgte 1931. Von Brecht selbst »ein Versuch epischen Theaters« genannt, zeigte die Aufführung die typischen dramaturgischen Mittel dieses Genres: halbhoher Vorhang, Vorankündigung des Szeneninhalts auf Tafeln (Projektionen).

28/23 Zwei Bühnenbildentwürfe für Bertolt Brechts ›Trommeln in der Nacht‹ (nicht ausgeführt)

Caspar Neher

1922; Aquarelle, je 19,5 × 25 cm
Berlin, Kunstbibliothek, SMPK (HzL 146,13 u.16)

28/24 ›Die Weißen Blätter‹, hg. von René Schickele

Jg. 2, H. 2, Leipzig: Verlag der weißen Bücher 1915; Jg. 4, H. 6, Zürich und Leipzig: Verlag Rascher 1917
Berlin, Helmut Köhler

Die Zeitschrift wurde ab 1915 von René Schickele herausgegeben. Sie vertrat auch während des Krieges pazifistische Tendenzen. Als Schickele 1916 in die Schweiz emigrierte, erschienen ›Die Weißen Blätter‹ zuerst in Zürich, dann in Bern und 1919 bis 1920 schließlich in Berlin.

28/25 ›Die Zukunft‹, hg. von Maximilian Harden

Jg. 18, H. 5, Berlin: Selbstverlag 1919
Berlin, Helmut Köhler

28/26 ›Freie Deutsche Bühne‹, hg. von Max Epstein und Emil Lind

Jg. 11, Nr. 13, Berlin: Selbstverlag 1920
Berlin, Helmut Köhler

Im vorliegenden Heft rezensiert Arthur Eloesser Leopold Jessners Inszenierung ›Richard III.‹ vom 5. November 1920: »Jessner ist in sofern von heute und morgen, als er nicht von der Seite der sinnlichen Erscheinung ausgeht, sondern von der des Geistes, des Willens.«

28/27 ›Uhu‹

Jg. 2, H. 11, Berlin: Ullstein 1926
Berlin, Helmut Köhler

Das Massenmagazin des Ullstein-Verlages, im Format zwischen Illustrierter und Buch angesiedelt, wurde nach dem Vorbild englischer Magazine gestaltet.

28/28 ›Der Querschnitt‹, hg. von Hans von Wedderkop

Jg. 6, H. 8, Berlin: Propyläen-Verlag 1926/27
Berlin, Helmut Köhler

Die Umschlagzeichnung dieses Heftes stammt von George Grosz, Matheo Quinz veröffentlichte hier seinen ironischen Bericht über das Romanische Café.

28/29 ›Der Klassenkampf‹, hg. von Max Adler und anderen

Jg. 1, H. 2, Berlin: Laubsche Verlagsbuchhandlung 1927
Berlin, Helmut Köhler

Erwin Piscator schreibt hier unter dem Titel ›Das Theater unserer Zeit‹: »... auf die stärkste Wirkung in das reale Leben hinein kommt es uns an ... Die Verbindung zwischen Film und Bühne geschieht nicht aus Sensationslust oder Effekthascherei, sondern mit der Absicht, die Totalität eines politischen Weltbilds anschaulich zu machen.«

28/30 ›Das Tagebuch‹, hg. von Stefan Grossmann

Jg. 10, H. 7, Berlin: Ernst Rowohlt 1929
Berlin, Helmut Köhler

28/31 ›Die Weltbühne‹, hg. von Carl von Ossietzky

Jg. 26, H. 30 und H. 40, Berlin: Selbstverlag 1930
Berlin, Helmut Köhler

In Heft 30 beschreibt ›Celsus‹ (= Carl von Ossietzky) unter dem Titel ›Germanisches Café‹ die »Tendenzwende« der Literatur um 1930: »An jenen Plätzen um die Gedächtniskirche, wo Epochen gemacht und wieder zum Streichsatz getan werden, trägt man nicht mehr rot. Man ist erschöpft und benutzt gern das auch in den Glanztagen des Radikalismus nicht fortgeworfene Retourbillet in vergangene Zeiten ... So haben sie in aller Stille ihr Germanisches Café gegründet, wo es sehr geistig, sehr literarisch zugeht. Es wird viel von nationaler Revolution gesprochen, von soldatischer Überlieferung, vom echten Adel, vom Mythos des Führertums ...«

28/32 ›Die Horen. Monatshefte für Kunst und Dichtung‹, hg. von Hans Martin Elster und Wilhelm von Scholz

Jg. 5, H. 8, Berlin: Selbstverlag 1928/29
Berlin, Helmut Köhler

28/33 ›Die Linkskurve‹, hg. von Johannes R. Becher und anderen

Jg. 1, Nr. 2, Berlin: Internationaler Arbeiterverlag 1929
Berlin, Helmut Köhler

28/34 ›Die neue Bücherschau‹, hg. von Gerhart Pohl

Jg. 7, H. 7 und H. 9, Berlin: Adalbert Schultz 1929
Berlin, Helmut Köhler

Das Titelblatt von Heft 9 zeigt eine Montage zweier Bühnenbilder der Piscator-Bühne.

28/35 ›Kunst der Zeit. Zeitschrift der Künstler-Selbsthilfe‹, hg. von J. J. Ottens

Jg. 1, H. 1, Ausgabe B, Berlin: Selbstverlag 1929
Berlin, Helmut Köhler

Die Umschlagzeichnung dieses Heftes stammt von Käthe Kollwitz.

28/36 ›Die Literarische Welt‹, hg. von Willy Haas

Jg. 4, Nr. 35 und Jg. 5, Nr. 50; Berlin: Selbstverlag 1928, 1929
Berlin, Helmut Köhler

In der Ausgabe vom 31. August 1928 erinnert Ernst Blaß an »das alte Café des Westens«.

28/37 ›Die Neue Revue‹, hg. von Gert von Gontard

Jg. 1, Nr. 8 und Jg. 2, Nr. 3/4, Berlin: Walter Feith 1930, 1931
Berlin, Helmut Köhler

28/38 ›Die Tat‹, hg. von Hans Zehrer

Jg. 24, H. 4, Jena: Eugen Diederichs 1932
Berlin, Helmut Köhler

28/39 ›Der Rote Aufbau‹, hg. von Willi Münzenberg

Jg. 5, H. 11, Berlin: Selbstverlag 1932
Berlin, Helmut Köhler

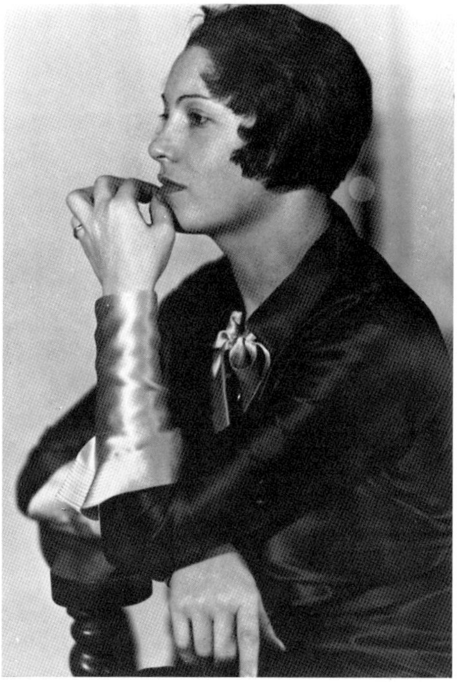

28/44

28/45

28/40 Die Bücherverbrennung auf dem Berliner Opernplatz, 10. Mai 1933

Heinrich Hoffmann

Photographie (Reproduktion)
Berlin, Bildarchiv PK

28/41 ›Schriftsteller ist er?‹

George Grosz

1935; Lithographie, aus der Mappe ›Interregnum‹, New York: Black Sun Press 1936 (Nr. 52)
Berlin, FUB, Universitätsbibliothek

George Grosz schuf im amerikanischen Exil eine Reihe von anklagenden, Folter und Verfolgung darstellenden Graphiken als Reaktion auf die Nachricht von der brutalen Behandlung und Ermordung seines Freundes Erich Mühsam durch die Nationalsozialisten.

28/42 Erich Mühsam als Häftling im Konzentrationslager Oranienburg, 1934

Photographie (Reproduktion)
Berlin, Ullstein Bilderdienst

Erich Mühsam (1878–1934), eine der bedeutendsten Persönlichkeiten der literarischen Szene Berlins zu Beginn dieses Jahrhunderts, schrieb u. a. für ›Die Aktion‹. Als Mitglied des Zentralrats der bayerischen Räterepublik zu 15 Jahren Festungshaft verurteilt, kam er 1925 frei. 1933 wurde er erneut verhaftet und 1934 im Konzentrationslager Oranienburg ermordet.

28/43 Carl von Ossietzky als Häftling im Konzentrationslager Esterwegen bei Papenburg, 1934

Photographie (Reproduktion)
Berlin, Ullstein Bilderdienst

Carl von Ossietzky (1889–1938), seit 1927 Herausgeber der ›Weltbühne‹, wurde 1933 von den Nationalsozialisten in das Konzentrationslager Esterwegen bei Papenburg verschleppt. 1935 erhielt er den Friedensnobelpreis. 1936 erfolgte seine durch vielfache Proteste erwirkte Freilassung. Er starb 1938 an den Folgen der KZ-Haft.

28/44 Zehn Porträtphotographien: Alfred Döblin, Valeska Gert, George Grosz (Abb.), Egon Erwin Kisch (Abb.), Lotte Lenya, Carola Neher (Abb.), Ernst Toller (Abb.), Kurt Tucholsky, Kurt Weill, Friedrich Wolf

Lotte Jacobi

1927–1932; Originalabzüge, je ca. 22× 17 cm
Berlin, Ullstein Bilderdienst

Lotte Jacobi (geb. 1896) kam 1927 nach Berlin und übernahm das Photoatelier ihres Vaters. Sie wurde eine der großen Porträtphotographinnen der zwanziger und beginnenden dreißiger Jahre. 1935 emigrierte sie in die USA. Auch die zehn hier porträtierten Schriftsteller, Theaterleute, Dramatiker, Komponisten und Journalisten mußten Deutschland nach 1933 verlassen.

28/48

28/50

28/45 Selbstbildnis mit ›Judenpaß‹ (Abb.)

Felix Nußbaum

1943; Öl/Lw., 56×49 cm
Osnabrück, Kulturgeschichtliches Museum

Felix Nußbaum (1904–1944) kam 1925 nach Berlin. Er studierte Malerei und Zeichnung und erhielt 1932 ein Stipendium für die Deutsche Akademie in der Villa Massimo in Rom. Als Joseph Goebbels bei seinem Rombesuch 1933 auch die Villa Massimo aufsuchte, flüchtete Nußbaum. Ab 1935 lebte er in Belgien und heiratete dort seine Lebensgefährtin, die Porträtmalerin Felka Platek, die er 1926 in Berlin kennengelernt hatte. Nach Kriegsausbruch wurde er im Lager Saint-Cyprien in Südfrankreich interniert. Nußbaum gelang die Flucht zurück nach Brüssel, wo er sich bei Freunden verbergen konnte. 1944 wurde er denunziert und zusammen mit seiner Frau von den Nationalsozialisten nach Auschwitz deportiert. Hier wurden Felix Nußbaum und Felka Platek wahrscheinlich am 9. August 1944 in den Gaskammern des Lagers ermordet.

28/46 Brief John Höxters an Leo von König, Berlin 1938

Reproduktion des Originalbriefes im Besitz von Anna Freifrau von König, München

Den undatierten Brief schrieb John Höxter wenige Tage nach dem Pogrom vom 9./10. November 1938. »Es sind übrigens nicht erst die Ereignisse der letzten Tage, die mich zu meinem letzten Schritt trieben, ich war schon einige Zeit entschlossen, aus der dauernd wachsenden Entwürdigung jenem Weg zu folgen, den unter der Herrschaft wahnsinniger Tyrannen ein Cato oder ein Seneca vorausgingen ... Halten Sie der Situation zu gute, daß ich etwas unklar schreibe. Ich bin noch ein ungeübter Selbstmörder.« Am 16. November 1938 erhängte sich John Höxter im Grunewald.

28/47 »Heroischer Einfall«

Karikatur, in: Die Brennessel, Jg. 3, Folge 10, 8. März 1933
Berlin, Helmut Köhler

Die Sektion Dichtkunst der Preußischen Akademie der Künste wird als zerborstene Tempelruine dargestellt, in der die Schriftsteller Heinrich und Thomas Mann, Ludwig Fulda, Ricarda Huch und Alfred Döblin zu identifizieren sind. Die ›Brennessel‹ war die satirische Zeitschrift der Nationalsozialisten, die den ›Simplicissimus‹ imitierte. Die meist platt polemischen, antisemitischen Karikaturen verhöhnten die Kultur der Republik.

28/52

28/48 »Bilderbuch der ›Guten Alten Zeit‹«, Nr. 8: »Daitsche Kunst« (Abb.)
Karikatur, in: Die Brennessel, Jg. 4, Folge 5, 30. Januar 1934
Berlin, Helmut Köhler

Die inzwischen emigrierte Kunst der Republik wird als betrügerischer Rummel dargestellt. Ein Moritatenerzähler mit den Zügen Alfred Flechtheims erläutert »die einzig wahre Kunst«: die Bilder der Expressionisten, Veristen und Konstruktivisten. Aus der Schaubude ›Reinhardts Zirkus‹ treten Schauspieler, hetzerisch als Juden karikiert. Im Hintergrund erscheint das Bauhaus als Irrgarten.

28/49 Das erwachende Berlin
Joseph Goebbels
München: Zentralverlag der NSDAP 1934
Berlin, Sammlung Friedrich

28/50 Das Zentrum des Neuen Westens (Abb.)
Mjölnir (= Hans Schweitzer)
Karikatur, in: Joseph Goebbels, Kampf um Berlin, 11. Aufl., München 1937
Berlin, Sammlung Friedrich

28/51 Im zerstörten Romanischen Café, 1945
Walter Sanders
Zwei Photographien (Reproduktionen)
New York, Life Picture Service

28/52 Blick auf das ausgebrannte Romanische Café, 1945 (Abb.)
Fritz Eschen
Photographie (Reproduktion)
Berlin, Ullstein Bilderdienst

V. METROPOLIS

RAUM 29
DIE SCHNELLSTE STADT DER WELT

»Man überquert den Potsdamer Platz, den Spittelmarkt, den Alexanderplatz, die Straße am Stettiner Bahnhof, den Wedding und dergleichen Punkte mehr. Da merkt man die gigantische Bewegung, das Flitzen, Flirren, Huschen und Sausen. Welle auf Welle jagt heran und flieht. – Rasendes Tempo! Das Herz des Reiches, dies Berlin, pulst Leben! 4 Millionen Menschen in Betrieb, ein Fünfzehntel des deutschen Volkes im Schnellschritt! Und während unten alles eilt und drängt, singt aus den Lüften der Motor! Großartiger Anblick: Flughafen Tempelhof!« Es ist eine atemlose Sprache voller Stakkato, Pathos, Emphase, aus Expressionismus, Kriegs- und Sportberichterstattung, im Rhythmus von Lokomotiven und Rotationsmaschinen, welche die Graphische Anstalt Otto Elsner wählte, als sie zum Welt-Reklamekongreß 1929 in Berlin eine Werbebroschüre für Berlin und sich selbst herausbrachte.

Die Schnelligkeit irgendeines Geschehnisses interessiere den modernen Menschen fast ebenso wie die Massenhaftigkeit, bemerkte Werner Sombart im Jahre 1920, und wer sich nicht selbst im Fluge fortbewegen könne, der erfreue sich an den Ziffern, die er über irgendwo erreichte Schnelligkeiten lese. Das wirkliche ›Berliner Tempo‹ trug daher schon seit den Tagen des Kaiserreiches ebenso zu jener Begeisterung – und Beunruhigung – über die Dynamik Berlins bei wie die Selbstreklame der Stadt, sie sei die schnellste der Welt oder wenigstens das ›New York Europas‹.

Die Großstadt als Brennpunkt des Massenzeitalters, die Großstadt als Maschine, als Bewegungssystem aus Menschenmassen, Waren-, Geld- und Verkehrsströmen: der neue Mensch, der neue Berliner der Zeit nach 1918 sollte seine Erfüllung darin finden, sich von diesem hochtourigen Fortschritt mitreißen zu lassen und ihn womöglich zu beschleunigen. Das ›symphonische‹ Zusammenwirken von Mensch und Maschine, wie es Walter Ruttmanns berühmter Berlin-Film aus dem Jahre 1929 behauptete, faszinierte seltsam überparteilich. Es war der Stoff für totalitäre Utopien ebensosehr wie für die Hoffnung der Republikaner, was in wirtschaftlicher und technischer Hinsicht so hervorragend funktioniere, werde es mit etwas Glück und Ausdauer dereinst auch in einem politischen und gesellschaftlichen Sinne tun. »Die große Stadt ist wesentlich vernünftig«, so begründete Heinrich Mann 1921 seine Erwartungen an das republikanische Berlin, in dem er ein Vorbild für das ganze Reich sah.

Beschleunigte, jedoch disziplinierte Bewegung und Masse bildeten die Komponenten dieser Großstadtutopie. Die großstädtischen Massen bewegten sich dort, wo in Berlin noch nie der Flaneur die Schrittgeschwindigkeit angegeben hatte: »Die Straße schafft – ein gewaltiges Kollektiv – den neuen Typ Mensch«, schrieb Adolf Behne 1929 zum eben stattfindenden Weltreklame-Kongreß. Die Straße war demokratisch, Reklame bedeutete die Demokratisierung der Kultur, die moderne Politik als Massenereignis war stets auch Straßenereignis.

Die Straße war auch Bühne. Der Architekt Marcel Breuer nannte den Verkehr das »Dramatische der Großstadt«. Einen zweiten Faktor bildete das Licht. Für die architektonischen Avantgardisten wie Erich Mendelsohn zählten Licht, Leuchtbänder oder Leuchtschriften zu den Bestandteilen des neuen Bauens. Das Licht wurde, nachdem es sich in der individuellen Geschäftsreklame längst durchgesetzt hatte, Teil der öffentlichen Selbstinszenierung Berlins. Sie gipfelte in der großen Aktion ›Berlin im Licht‹, die vom 13. bis zum 16. Oktober 1928 stattfand. ›Berlin als die neue Lichtstadt Europas‹ lautete die selbstbewußte Devise – freilich mit dem charakteristischen Zusatz, Berlin sei die Stadt der ästhetischen Lichtreklame geworden, die es vermieden habe, ihr Nachtbild »durch schreiende, grell leuchtende Lichtplakate ... zu verunstalten«, wie es in der offiziellen Broschüre des Ereignisses hieß. Ähnlich wie beim Hochhausbau zeigte sich auch hier ein spezifisch deutscher und berlinischer Anspruch, die Ausdrucksformen großstädtischer Modernität nicht im Sinne eines kapitalistischen Wildwuchses, sondern eines wie auch immer gearteten Gemeinschaftsgeistes und Gemeinwohls angewandt zu haben.

Der Film, in seinem technischen Grundprinzip selbst ein System aus Licht, Bewegung, Montage, erwies sich als großer Vermittler des Mythos Großstadt. Und zwar nicht allein jenes Riesenspektakel von fragwürdigster sozialer Botschaft und eindringlicher Bildsprache namens ›Metropolis‹, in welchem Fritz Lang 1927 die Vorstellungen seiner Zeit von einer babylonisch-new yorkischen Hochhausstadt der Zukunft ausmalte, die sich von manchem ernstgemeinten Architektenentwurf vielleicht in den Ausmaßen, nicht aber im Stil unterschied. Der Schriftsteller Bernard von Brentano jedenfalls fand bei der Premiere des Films, daß die »unbehaglichen Wolkenkratzer« in Metropolis einem »aufgestockten Kurfürstendamm« ähnlich sähen. Die Lichter der Großstadt, die harten Gegensätze von Hell und Dunkel gehörten zur wesentlichen stilistischen Erbschaft des expressionistischen Films im Deutschland der zwanziger Jahre. Ein Filmtitel wie Joe Mays 1929 fertiggestelltes Werk ›Asphalt‹ verwies exemplarisch auf das Großstadtthema, wie auch der Held des Films nicht von ungefähr Verkehrspolizist ist: der Mann der Ordnung in den Strömen des Chaos aus Verkehr, Scheinwerfer- und Schaufensterlicht, der Einsame in den hochaufgetürmten Häuserschluchten.

Neben der wirklichen Gestalt Berlins in der Zeit der Republik existierte in Filmszenarien wie denen zu ›Asphalt‹ und in Architektenphantasien ein zweites, visionäres: das Zukunfts-Berlin der Wolkenkratzer. In den ersten Jahren der Republik, als eine daniederliegende Wirtschaft große Bauvorhaben fast unmöglich machte, begeisterten sich die deutschen Architekten wie nie zuvor für Hochhäuser. Das Hochhaus als Ausdruck eines ›Gemeinschaftswillens‹ wurde in den theoretischen Abhandlungen immer wieder gegen die überlieferte kapitalistische Stadt ausgespielt, der Unterschied zu Manhattan als Abbild egoistischen Wildwuchses polemisch betont.

Später wichen solche Vorstellungen einer unideologischen Versachlichung des Hochhausgedankens. Die meisten Projekte blieben aufgrund der Berliner Bauordnung ohnehin Fingerübungen auf dem Papier, wie die 1925 geplante Aufstockung des neobarocken Hotels Excelsior am Anhalter Bahnhof zum Hochhaus. Für die ›Weltstadtplätze‹ im Sinne des Stadtbaurats Martin Wagner bildeten stets bescheiden dimensionierte Hochhäuser die Felsen in der Brandung des Großstadtverkehrs: so bei dem niemals realisierten Projekt für den Potsdamer Platz und der verändert ausgeführten Umgestaltung des Alexanderplatzes in den Jahren 1928/29, wo U-Bahn, S-Bahn, Straßenbahn-, Bus- und Autoverkehr, ein Fernbahnhof, Geschäfts- und Kaufhäuser ein Kreuzungssystem vielfältiger Bewegungsströme bildeten.

Es war kein Zufall, daß der erste Versuch einer motorischen, den flutenden Weltstadtverkehr abbildenden Architektur einem Pressehaus galt: dem Verlag Rudolf Mosse in der Jerusalemer Straße. Der Architekt Erich Mendelsohn stülpte 1921 bis 1923 dem verschnörkelten Vorgängerbau eine elegante abgerundete Eckfassade und ein neues Obergeschoß über. Das sei »nicht Potsdam oder Neu-Ruppin«, begeisterte sich Adolf Behne, »sondern Großstadt, moderne City, konzentriertes, mächtiges Leben, Zuversicht, Bejahung, Wille und Arbeitstempo«.

In diesem Hause nun, mit dessen Einweihung auch die Jahre der Stabilität begannen, erschien eine Zeitung, die zu den publizistischen Säulen der Republik gehörte, wie sie im Kaiserreich zu den aufgeklärtesten Widersachern des wilhelminischen Kurses gezählt hatte: Das ›Berliner Tageblatt‹, das Mitte der zwanziger Jahre täglich in einer Auflage von über 300000 Exemplaren erschien. Seit 1906 und bis zu seiner Emigration 1933 gab der Chefredakteur Theodor Wolff (1868 – 1943) der Zeitung ihr Profil. Der Gründer des Verlagshauses, Rudolf Mosse (1848 – 1920), hatte mit einer Annoncen-Expedition die Vermittlung von Anzeigen an alle großen Zeitungen und Zeitschriften in Deutschland begonnen, dann ganze Anzeigenteile großer Bilderblätter wie der ›Gartenlaube‹ oder des ›Kladderadatsch‹ übernommen, bis er 1872 das ›Berliner Tageblatt‹ gründete. Auch künftig allerdings ruhten die Zeitungen des Verlages auf den festen Fundamenten des Anzeigengeschäfts und einer großen Zahl von Almanachen und Nachschlageperiodika.

An Umfang der Verlagsproduktion weitaus größer war der politisch gleichfalls liberal orientierte Ullstein-Verlag. Auch er hatte seinen Sitz im Zeitungsviertel an der Ecke Koch-/Charlottenstraße. Um das Stammhaus zu entlasten, errichtete der Ullstein-Verlag allerdings 1924 bis 1926 ein neues Druckzentrum in Tempelhof, dessen Hochhausturm ein markantes architektonisches Zeichen setzte. Leopold Ullstein (1826–1899), vordem im Papiergroßhandel tätig, hatte 1877 das fast bankrotte ›Neue Berliner Tageblatt‹, eine Gründung abtrünniger Mosse-Redakteure, übernommen. Weitere Zeitungen folgten, von denen vor allem die 1898 erstmals erschienene ›Berliner Morgenpost‹ erwähnt werden muß, seit 1903 die auflagenstärkste deutsche Tageszeitung (1926: 600000 Exemplare). Im Jahre 1904 kam die ›B.Z.‹ hinzu, ein Boulevardblatt, das in den zwanziger Jahren den Anspruch erheben durfte, mit einem Abstand von nur 8 Minuten zwischen dem Empfang der letzten Meldung und der Verbreitung der ersten Exemplare in Berlin – mit eigenem Flugdienst auch in andere Städte –, die »schnellste Zeitung der Welt« zu sein (1926: 180000 Exemplare täglich).

Journalistisches Flaggschiff des Ullstein-Verlages, den zu jener Zeit die Söhne des Firmengründers leiteten, war seit 1914 die altehrwürdige ›Vossische Zeitung‹ (Auflage 1926: 55000). Eine Modezeitschrift (›Die Dame‹), ein populäres Wissenschaftsperiodikum (›Die Koralle‹), ein Witzblatt (›Uhu‹), ein höchst erlesenes mehrsprachiges Intellektuellenmagazin (›Der Querschnitt‹) ergänzten die Palette der Ullstein-Produkte. Die ›Berliner Illustrirte Zeitung‹ war mit 1,6 Millionen verkauften Exemplaren pro Nummer eines der größten Bilderblätter der Welt, billige

Taschenbücher mit sensationellen Verkaufszahlen – wie etwa Vicki Baums ›Menschen im Hotel‹ – rundeten einen ganzen Ullstein-Horizont. Liberal im Ton, gut geschrieben in der Regel, den Extremen abhold, der Oberflächlichkeit nicht immer – die ideale Lesekost für den eiligen Weltstädter, den eben deshalb kulturpessimistischer Dünkel als ›Ullsteindeutschen‹ glaubte, dingfest machen zu müssen.

Ein dritter Zeitungsverlag stand auf der äußersten rechten Seite des politischen Spektrums: der August-Scherl-Verlag. Der Unternehmensgründer August Scherl (1849 – 1921) war eine phantasiereiche, etwas bizarre Persönlichkeit. Seine originellste Schöpfung stellte der ›Berliner Lokal-Anzeiger‹ dar, dessen wichtigste Zutat ein kritikloser Herzensmonarchismus in zeitungstechnisch modernster Aufmachung war. Mit diesem Blatt, seiner Illustrierten ›Die Woche‹ und einer größeren Anzahl weiterer aufgekaufter Bilderpostillen wie der ›Gartenlaube‹ – alle nach demselben Strickmuster – hatte Scherl ein Vermögen verdient, es allerdings durch unüberlegte Expansion und abenteuerliche Projekte in anderen Wirtschaftszweigen wieder verloren.

Im Jahre 1916 übernahm der politisch ehrgeizige Krupp-Direktor Alfred Hugenberg zusammen mit anderen Ruhr-Industriellen den Verlag. In den folgenden Jahren baute Hugenberg, der 1928 zugleich Vorsitzender der Deutschnationalen Volkspartei wurde, auf der Basis des Scherl-Verlages mit einer Anzeigenagentur und einem Nachrichtendienst, mit einigen Provinzzeitungen, redaktionellen sowie organisatorischen Beratungsdiensten und mit der Filmgesellschaft UFA ein rechtskonservatives Meinungsimperium auf. Hierin hatte die Republik einen erbitterten Feind vom ersten bis zum letzten Tag ihres Bestehens. Auch Hugenberg plante seit 1925 ein neues Gebäude. Die Entwürfe von Otto Kohtz zeigen, daß auch ein monarchistischer Verlag Gefallen am Hochhausgedanken gefunden hatte. Doch ähnelte das neue Scherl-Haus eher einer Stufenpyramide, einem Tempel, einer festen Burg trotziger Uneinsicht inmitten der republikanischen Presselandschaft entlang der Kochstraße.

Zu Beginn der dreißiger Jahre zählte Berlin 45 Morgenzeitungen, vierzehn Abendzeitungen und zwei Mittagszeitungen. Neben den Blättern der drei großen Pressekonzerne hielten sich weitere Zeitungen von Format, so z. B. die ›Berliner Börsen-Zeitung‹ (seit 1855) oder der ›Berliner Börsen-Courier‹ (seit 1868), dem unter anderen der bekannte Theaterkritiker Herbert Ihering zu einem besonders angesehenen Feuilleton verhalf. Die konservative ›Deutsche Allgemeine Zeitung‹, aus Bismarcks staatssubventioniertem Sprachrohr ›Norddeutsche Allgemeine Zeitung‹ (seit 1861) hervorgegangen, war zeitweilig im Besitz des Multiindustriellen Hugo Stinnes, auch das Reich engagierte sich finanziell jahrelang in diesem Blatt. Die Parteipresse bildete einen ebenfalls nicht unwesentlichen Teil der Pressestadt Berlin: der ›Vorwärts‹ der SPD, die ›Rote Fahne‹ der KPD, seit 1927 auch der nationalsozialistische ›Angriff‹ des Joseph Goebbels. Neben der parteiunmittelbaren Presse der Kommunisten hatte Willi Münzenberg (1889 – 1940) im Auftrag der KPD eine scheinbar unabhängige Verlagsproduktion aufgebaut, die um eine parteipolitisch ungebundene Leserschaft warb und spiegelbildlich Ullstein- oder Scherl-Vorlagen wiederholte: auch hier Billigbroschiertes (der ›Rote Eine-Mark-Roman‹), Boulevardblätter (›Welt am Abend‹, ab 1929 für kurze Zeit noch ›Berlin am Morgen‹) und die Arbeiter-Illustrierte Zeitung (AIZ).

Gegen Ende der Weimarer Republik mehrten sich in den großen liberalen Zeitungsverlagen Ullstein und Mosse die Symptome innerer Krisen, die bei diesen tragenden Säulen des demokratischen Staates besonders aufhorchen ließen. Im Falle von Ullstein war es ein schweres Zerwürfnis unter den geschäftsführenden Brüdern Ullstein, in das der Chefredakteur der ›Vossischen Zeitung‹, Georg Bernhard, verwickelt war und das zur Verdrängung Franz Ullsteins aus der Funktion des faktischen Generaldirektors führte. Bei Mosse war es die Geschäftspolitik von Hans Lachmann-Mosse, Schwiegersohn des Unternehmensgründers und sein Nachfolger in der Verlagsleitung, dessen Rationalisierungspläne und Eingriffe in den politischen Kurs namentlich des ›Berliner Tageblatts‹ zum Dauerzwist mit Theodor Wolff und anderen Verlagsangehörigen führten. Noch vor der Machtübernahme der Nationalsozialisten, welche die Enteignung der Verlage, das Verbot oder die ›Gleichschaltung‹ der Zeitungen nach sich zog, setzte in den Redaktionen eine schleichende Selbstzensur, eine stärkere Tolerierung nationalistischer und militaristischer Tendenzen ein.

Was in die Zeitung einmündete, in hunderttausendfacher Auflage über die Rotationswalzen jagte – die ›Nachricht‹ –, wurde aus vielen anderen Kanälen der Übermittlung gespeist: Telegraph, Telephon, Rohrpost, Funk. Auch in Berlin war es nicht die Befriedigung menschlicher Neugier, welche dieselben in erster Linie ins Leben gerufen hatte, sondern Geld und Macht. Die erste deutsche Zeigertelegraphenverbindung Berlin–Koblenz 1832/33 diente dem Militär, die erste Stadtrohrpost führte 1865 vom Zentraltelegraphenamt zum Börsengebäude in der Burgstraße; der Börse galt dann auch der erste Eintrag ins erste Berliner Fernsprechverzeichnis.

Auch für die Entwicklung der drahtlosen Telegraphie, erst mit Lichtbogen, dann mit Hochfrequenzröhren-Sendern, interessierten sich vor allem die Militärs. Seit 1906 hatte die Telefunken AG eine Großfunkstelle in Nauen vor den Toren Berlins errichtet und 1911 Empfangsstationen in der deutschen Kolonie Togo und in den USA. Als im Ersten Weltkrieg die Alliierten die Überseekabel kappten, konnte so der Funkverkehr mit den bis 1917 neutralen USA aufrechterhalten werden, weshalb die Funkstation Nauen 1916 noch einmal einen großen Erweiterungsbau (von Hermann Muthesius) erhielt. Einen weiteren Schritt in diese Richtung bedeuteten im Mai 1927 die gemeinsamen Versuche der Telefunken AG und des Reichspostzentralamtes einer Nachrichtenübermittlung durch ›Bildtelegraphen‹ zwischen Berlin und Wien. Das Reichspostzentralamt in Berlin-Tempelhof, ein mächtiger Klinkerbau, bildete seit 1929 den Mittelpunkt der technologischen Forschung und der Anwendung moderner Nachrichtentechnik bei der Reichspost. Beim Reichspostzentralamt lag aber auch die Verantwortung für die Technik in Entwicklung und Betrieb des Funks als neuem Massenmedium.

Im Oktober 1919 trug Hans Bredow, früher Telefunken-Direktor und Leiter der ›Abteilung für Funktelegraphie‹ im Reichspostministerium, der in Weimar tagenden Nationalversammlung Pläne für einen zukünftigen Rundfunk vor. Während der Inflationszeit wurden die Sendeanlagen bereits für Börsen- und Wirtschaftsmeldungen benutzt. Der Beschluß der Reichspost, ein Sendenetz für den Rundfunk aufzubauen, fiel im Mai 1923; im November verbreitete die Funkstelle die ersten eigentlichen Nachrichtensendungen – über den Hitler-Putsch in München. Der reguläre Sendebetrieb begann 1924 unter dem Reichsrundfunkkommissar Bredow, dem die Oberaufsicht über die Programmgestaltung oblag, während sich die verschiedenen Sender im Reich um die organisatorische und wirtschaftliche Seite des Rundfunkbetriebs kümmerten, dessen technischer Apparat noch immer der Reichspost unterstand.

Von 1580 Rundfunkteilnehmern im Januar 1924 schnellte die Hörerzahl bis zum Jahresbeginn 1925 auf 548 749 hoch, im Jahr darauf war die Millionengrenze überschritten, 1929 hörten 2 635 567 Teilnehmer, 1931 waren es 3 509 509. Nicht einmal die Wirtschaftskrise vermochte es, das Ansteigen der Kurve wesentlich abzuflachen. Die rundfunktypischen Genres – Konzert, Hörspiel, Interview, Reportage (die Domäne des legendären Alfred Braun), Werbesendung – wurden schon im ersten Betriebsjahr 1924 ausgestrahlt.

Die ›Funkstunde‹ und die ›Deutsche Welle‹ hatten ihren Sitz zusammen mit der Reichsrundfunkgesellschaft und dem Reichsrundfunkkommissar im Vox-Haus an der Potsdamer Straße. Dann wurde 1929 mit dem Bau des großen Funkhauses an der Masurenallee nach dem Entwurf von Hans Poelzig begonnen, seine Vollendung erfolgte erst 1933. Im ersten Jahr des Rundfunks 1924 fand auch die erste Funkausstellung auf dem Messegelände statt. Im Jahr 1929 wartete die Funkausstellung mit einem noch ganz experimentellen neuen Medium auf: den ›Gegenseh-Sprecheinrichtungen‹ – dem Fernsehen. Zugleich begann die Reichspost mit regelmäßigen Versuchssendungen; einen Programmdienst mit dem ›Fernsehsender Paul Nipkow‹ (benannt nach dem Fernsehpionier) nahm man 1935 auf, eine größere Verbreitung über die 28 sogenannten ›Fernsehstuben‹ sollte es erst während der Olympiade 1936 geben.

Während sich das Rundfunkprogramm der ›Funkstunde‹ bis Ende der zwanziger Jahre betont neutral, ja nahezu unpolitisch gab, geriet der Rundfunk in den letzten Jahren der Republik unter zunehmenden Druck. Seine Bedeutung als politisches Massenmedium erregte erst jetzt Interesse, doch konnten die Wünsche des späteren Propaganda-Ministers Joseph Goebbels und des späteren Reichs-Sendeleiters Eugen Hadamovsky, der NSDAP Einfluß und Redezeit im Funkhaus zu verschaffen, noch bis 1932 abgewiesen werden. Die Kommunisten hatten ohnehin niemals Gelegenheit, sich vor dem Mikrophon zu äußern. Das Jahr 1932 bedeutete die Wende: Wie in den großen liberalen Zeitungsverlagen begann ein Prozeß der Selbstentmündigung und Selbst-›Gleichschaltung‹, noch bevor Hitler an der Macht war. Linke und liberale Journalisten mußten gehen, im Sommer 1932 auch der Berliner Intendant Hans Flesch. Das Kabinett Papen führte eine ›Stunde der Reichsregierung‹ ein und öffnete zugleich den Rundfunk für die Nationalsozialisten.

Am 18. Juli 1932 sprach Goebbels zum erstenmal – über den »Nationalcharakter als Grundlage der Nationalkultur«. Im selben Monat wurden die Sendegesellschaften verstaatlicht, wurde das Programm zensierenden Maßnahmen unterworfen. Den Reichsrundfunkkommissar kontrollierte nun Freiherr von Gayl, ein Beauftragter des Reichsinnenministers. Eugen Hadamovsky hißte im August 1932 eine Hakenkreuzfahne auf der internationalen Funkausstellung.

»Seit Kindertagen empfand ich halb unbewußt und doch fast so körperlich wie den Kreislauf meines Blutes das Betäubende dieses unendlichen, immer vorwärts getriebenen Umströmens der Menschenmassen, die von den Türen des Warenhauses aufgesogen, durch die Gänge, Treppen und Fahrstühle zu unablässiger Bewegung gezwungen, schließlich aus den Türen wieder ausgestoßen wurden, um sich nach jenem Zick-Zack-Lauf in den geraden Strom der Straße zurückzuergießen.« So ließ Kurt Pinthus eine fiktive Gesprächspartnerin 1928 das Körpergefühl beim Kaufhausbesuch wiedergeben, bei welchem sich offenbar verstärkt der Rhythmus der Großstadt erleben ließ.

Am 21. Juni 1929 wurde das Kaufhaus Karstadt am Hermannplatz eröffnet. Der monumentale Bau, in grauem Muschelkalk, mit zwei Turmaufbauten, die 15 Meter hohe Lichtsäulen trugen – zur Reklame und zur Orientierung für die Flugzeuge auf dem Weg nach Tempelhof –, stellte, um mit dem ›Berliner Börsen-Courier‹ zu sprechen »ein neues Tor zur Weltstadt Berlin« dar, während das ›Berliner Tageblatt‹ zu berichten wußte: »Im übrigen nahm nicht nur der Bau und die Inneneinrichtung etwas typisch Amerikanisches, auch die Schnelligkeit, mit der in den letzten Tagen gearbeitet wurde, erinnert stark an Vorbilder aus USA. Das Interesse von amerikanischer Seite für das Haus ist, wie wir berichteten, ziemlich groß gewesen.«

Ein direkter Zugang von der U-Bahnstation in das Kaufhaus entsprach jenem Ideal einer sinnvollen Koordination von ›Fließverkehr‹ und ›Standverkehr‹, von Menschen- und Warenströmen, wie es Stadtbaurat Martin Wagner einmal für sein Konzept der ›Weltstadtplätze‹ formuliert hatte. In mancher Hinsicht bedeutete Karstadt am Hermannplatz damals auch ein republikanisches Bauwerk. Zwar gab es kleinere Filialhäuser von Tietz oder Wertheim auch in den Vorstädten. Daß aber ein Kaufhaus des gehobenen Bedarfs, das noch dazu bestimmt war, Flaggschiff eines überregionalen Konzerns zu werden, nun einen Anziehungspunkt der südöstlichen Arbeiterviertel bilden sollte, zeugte von Optimismus gegenüber den bestehenden Verhältnissen. Als Einkaufszentrum bezog sich das Kaufhaus am Hermannplatz nicht zuletzt auf einen republikanischen Schwerpunkt des neuen Berlin, die gemeinnützige Siedlung in Britz.

Vielleicht erwartete man von dem neuen Warenhaus eine ähnliche Sogwirkung, wie sie das KaDeWe ausgeübt hatte, als der Kaufhausunternehmer Jandorf es 1912 in einer reinen Wohngegend errichten ließ. Damals waren Mietshäuser, die erst zwölf Jahre standen, abgerissen worden; das KaDeWe, 1927 von Tietz übernommen und vergrößert, trug in der Folgezeit zweifellos zur Umwandlung des ganzen Viertels in eine neue Geschäftscity neben der ursprünglichen Haupteinkaufsgegend in der Leipziger Straße bei, wo sich die Zentralen von Hermann Tietz (seit 1900) und Wertheim (seit 1897 in dem immer wieder erweiterten Bau von Alfred Messel) befanden.

Im Kaufhaus, so hatte Maximilian Hardens ›Zukunft‹ 1894 befunden, begegneten sich »Wildnis und Weltstadt«. Die Kaufhausunternehmen, obschon in der Regel in Kleinstädten entstanden – Hermann Tietz 1882 in Gera, Georg Wertheim 1876 in Stralsund, Rudolph Karstadt 1881 in Wismar –, konnten ihre Dynamisierung des ganzen Detailhandels nur mit den großstädtischen Bevölkerungsmassen bewirken. Das Kaufhaus machte das Selbstbedienungsrestaurant und das Emaillegeschirr populär, es half bei der Verbreitung von Konservennahrung und Räucherlachs nach. Und schließlich: Kaufhaus bedeutete nicht nur eine Warenlandschaft, sondern auch ein Meer von Licht, besonders nachdem um die Jahrhundertwende die Glühbirne den etwas kalten Schein der elektrischen Bogenlampe ersetzt hatte.

Beständig wohnte dem Kaufhaus ein kulturelles Sendungsbewußtsein inne. Kaufhausbauten wie Messels erster Wertheim-Bauabschnitt oder Sehrings Tietz-Gebäude von 1900 konnten mit ihren leichten Glasfassaden als Inkunabeln einer modernen Architektur gelten, was auch für den Hochhaus-Amerikanismus des Karstadt-Gebäudes von 1929 galt. Das Kaufhaus, wie es eine Festschrift der Firma Hermann Tietz betonte, wollte »uns zugleich Wegweiser und Lehrbild« sein »für die Erleichterung einer verbesserten Lebensführung«.

Dies umso mehr in den Jahren der Republik, als die nüchterne Effizienz des Kaufhausbetriebes ebenso wie die besondere Bereitschaft gerade dieser Unternehmen, sich durch monumentale Architektur und Lichtreklame an der Inszenierung ›Weltstadt‹ zu beteiligen, ihr Ansehen derart erhöhte, daß der Reichskunstwart Edwin Redslob 1928 das Kaufhaus »eine Akademie der modernen Lebenskultur« nannte. »Ich gedenke eines Nachmittags bei Karstadt am Hermannplatz« – so leitet Heinrich Mann elegisch einen Abschnitt seines Erinnerungsbuches ›Ein Zeitalter wird besichtigt‹ (1947) ein, worin er eine Lesung seiner Texte Anfang der dreißiger Jahre vor Neuköllner Kaufhausbesuchern beschreibt, zu deren Unterhaltung ihn die Direktion geladen haben mochte wie sonst Tanzkapellen und Stehgeiger ins Dachgartenrestaurant. Das Zufallspublikum hörte ihm aufmerksam zu. »Dieses mein anonymes Auftreten in einer fließenden Menge, die meinetwegen keine Umstände machte, zählte zu meinen reinsten Erinnerungen an das öffentliche Leben der Republik.«

Die Bewegung der Warenströme hatte ihr Aquarium – das Schaufenster. Die Bewegung des Geldes verlief subkutan, sichtbar nur in Krisensituationen wie der Inflation von 1922/23 oder dem Bankenkrach von 1931. Die Inflation brachte eine dramatische Beschleunigung von Geldumlauf und -herstellung, als die phantastischen Geldmengen auf Rotationsmaschinen gedruckt und waschkörbeweise unter die Leute gebracht werden mußten. Die Börsenspekulation mit Effekten und Devisen wurde eine Art Volkssport. Wechselstuben, ›schwarze Börsen‹, ›wilde Märkte‹ entstanden auf den Straßen oder in den Hinterzimmern kleiner Cafés. Gewitzte Banklehrlinge konnten mit ein paar aufgeschnappten Informationen ein Vermögen verdienen unter den empörten Blicken einer weltkriegs- und inflationsverarmten Mittelschicht.

Die Währungskonsolidierung und der Dawesplan brachten den risikoträchtigen Zustrom amerikanischer Dollarkredite, die den rasanten Ausbau des ›europäischen New York‹ an der Spree beschleunigten. Die Bankenkrise von 1931, die dramatische Verringerung des Geldumlaufs, die langen Schlangen verängstigter Sparer vor den geschlossenen Filialen der Danat-Bank standen am Ende der Weimarer Republik, deren Anfang von der Inflation begleitet war – Turbulenzen des Geldmarktes, die in der Mentalität der Deutschen ihre Spuren hinterließen.

Berlin als Reichshauptstadt bildete auch in den zwanziger Jahren mit 3200 Kreditunternehmen und nicht zuletzt als Sitz der Reichsbank das Finanz- und Börsenzentrum des Reiches, zu dem es seit der preußischen Annexion des bis dahin führenden Geldmarktes Frankfurt im Jahre 1866 geworden war. Das Bankgeschäft der zwanziger Jahre entlang der Behrenstraße kontrollierten die vier ›D-Banken‹: Deutsche Bank, Dresdner Bank, Disconto-Gesellschaft und Danat-Bank (Darmstädter und National-Bank). Am Ende der Republik waren nur noch zwei übriggeblieben. Deutsche Bank und Disconto-Gesellschaft hatten 1929 fusioniert, und so lautete der Name des gemeinsamen Unternehmens bis 1937 im Kürzel ›DeDi-Bank‹. Die 1931 zusammengebrochene Danat-Bank war mit der gleichfalls schwer angeschlagenen Dresdner Bank unter staatlichem Druck zwangsvereint worden. Mit der zeitüblichen Vertrustung, Konzentration und Rationalisierung reagierten die Banken auf die veränderten wirtschaftlichen Verhältnisse.

Es veränderte und anonymisierte sich der Typus des Bankiers, der in wilhelminischer Zeit das Bild des kaiserlichen Berlin stark mitbestimmt hatte. Nachdem die Privatbankiers wie Bismarcks Ratgeber in Geldangelegenheiten, Gerson (von) Bleichröder, gegenüber den Aktienbanken bis zum Ende des 19. Jahrhunderts ihren Einfluß weitgehend verloren hatten, konnten die führenden Köpfe auch dieser Großunternehmen in der Gründergeneration noch den Nimbus kultivierter Kauzigkeit und Individualität wahren, ob es sich nun um den Kunstsammler Eugen Gutmann (1840–1925, Dresdner Bank) handelte, den Gelehrten und Parlamentarier Arthur von Gwinner (1856–1931, Deutsche Bank) oder den »Grandseigneur des vorigen Jahrhunderts«, so die ›Financial Times‹ 1928 über Carl Fürstenberg (1850–1933, Berliner Handelsgesellschaft), der die persönliche Bindung an seine Bank noch dadurch unterstrich, daß er seine Dienstwohnung in dem von Alfred Messel errichteten Bankhaus der BHG hatte. Obwohl die meisten dieser Generation noch bis in die zwanziger Jahre hinein lebten und tätig waren, traten nun Bankmanager wie Eduard Mosler (1873–1939, BHG, dann Disconto-Gesellschaft) in den Vordergrund, Bankiers, die ihre Geschäfte beherrschten, aber in den unpersönlicher werdenden Großapparaten nicht mehr den anekdotenträchtigen Stil und die unverwechselbare Handschrift eines Carl Fürstenberg entwickeln konnten.

In den Börsianern wollten manche, so gering der Berufsstand auch an Zahl sein mochte, zuzeiten den modernen Großstadtmenschen schlechthin sehen. Wenn die Beschreibungen des Börsenmenschen, in denen nicht selten der Neid auf mühelos verdientes Geld die Feder führte, jemals zutrafen, so handelte es sich stets um jene agilen, hellwachen Leute – Augen und Ohren überall, mit ausgeprägter Befähigung zu schneller Auffassung und schnellem Genuß –, die allgemein als metropolentypisch angesehen wurden. »Es sind das ruhelose Menschen, die sich aber trotzdem sehr wohl befinden. Sie sind im Stande, ohne daß Ihnen ein Gleichnis einfällt, einen Gymnastiker auf dem höchsten und gefährlichsten Trapez in der Luft schweben zu sehen, obgleich sie selbst zu jeder Stunde in gleicher Schwebe, über gleichem Abgrund hangen. Sie fangen in kritischen Zeiten die wichtigsten und bedenklichsten telegraphischen Depeschen auf wie der Jongleur die Messerspitzen. Sie hangen mit Napoleon, mit dem nordamerikanischen Präsidenten an einem Lebensfaden, interessieren sich für den Großtürken, hören die Diplomaten auf Socken gehen und das Gras der nächsten Wintersaat wachsen«, so der Berliner Gesellschaftsjournalist Hans Wachenhusen schon im Jahre 1867, als eben das neue große Börsengebäude des Architekten Friedrich Hitzig eröffnet worden war, das bis zu seiner Zerstörung im Zweiten Weltkrieg Zentrum des Berliner Wertpapierhandels war.

Einen ausgesprochenen Großstadttypus, der freilich irregulierend in die Geldströme eingriff, wird man auch in den Brüdern Sass am Werke sehen müssen. Franz und Erich Sass, Söhne einer Arbeiterfamilie aus Moabit, brachten es mit kriminellem Fleiß und Witz zu internationaler Berühmtheit als Geldschrankknacker in Berlin. Nach gescheiterten Anschlägen auf eine Reparationsrate im Keller der Oberfinanzdirektion, auf Tresorräume der Danat-Bank am Nollendorfplatz oder der Dresdner Bank in der Budapester Straße gelang ihnen im Januar 1929 der große Coup. Sie drangen über einen kleinen selbstgegrabenen Tunnel und einen Ventilationsschacht in den Depositenraum der Disconto-Gesellschaft an der Ecke Kleist-/Bayreuther Straße vor und räumten von 181 Tresorfächern 179 aus.

Den beiden Brüdern konnte nichts nachgewiesen werden, obwohl viele Indizien gegen sie sprachen: kostbarer Brillantschmuck im Besitz der Mutter, die als Wäscherin arbeitete, Prospekte für Horch-Limousinen, Rechnungen eleganter Herrenschneider, Postkarten von Badeorten an der französischen Riviera. Die Beute tauchte niemals auf. Die Brüder Sass verlegten 1933 ihre Tätigkeit nach Kopenhagen, wurden dort verhaftet, wegen Paßfälschung und Einbruchsdelikten verurteilt und nach vier Jahren nach Deutschland ausgeliefert. In einem erneuten Prozeß erhielten sie hohe Zuchthausstrafen, wurden jedoch wenige Wochen nach dem Urteilsspruch der Gestapo ausgeliefert und im Konzentrationslager Sachsenhausen ermordet.

»Zehn Jahre später, wenn in gleichem Tempo der Aufstieg weiter geht, ist vieles höher vollendet ... dann wird Berlin der Mittelpunkt Europas« lautete die Verheißung der eingangs zitierten Werbebroschüre aus dem Jahre 1929. Das Tempo – das waren die Rotationsmaschinen, U-Bahnen, Automobile, der Verkehrsturm am Potsdamer Platz, das war aber auch ein besonders exklusives Verkehrsmittel, zu dem die Berliner im wahrsten Wortsinne aufsahen, worin sich Modernität, Wagemut und Zukunftshoffnungen, aber auch frühzeitig ein Gefühl von Bedrohung der Stadt versinnbildlichten: das Flugzeug.

Im Jahre 1909 konnten die Berliner zum erstenmal einen Flugapparat sehen, als Orville Wright nach Europa gekommen war, um für seine Flugzeuge zu werben. Der Verleger August Scherl nutzte die Flugzeugvorführung auf dem Tempelhofer Feld zu Reklamezwecken und leitete damit die jahrzehntelange Allianz zwischen Zeitungsunternehmen und Fliegerei ein, die in subventionierten Pioniertaten, Flug-Preisen und Exklusiv-Berichterstattung bestand. Ullstein stiftete 1911 einen ›B.Z.-Preis der Lüfte‹.

In wenigen Jahren entwickelte sich eine deutsche Luftfahrtindustrie, die allerdings sehr bald allein für kriegerische Zwecke produzierte. Die Bedingungen des Versailler Vertrages von 1919, verschärft hinsichtlich des Flugzeugbaus durch das ›Londoner Ultimatum‹ vom Mai 1921, führten für wenige Jahre zu erheblichen Einschränkungen der Produktion, insbesondere was Größe und Leistungsfähigkeit der Maschinen anbelangte. Nichtsdestoweniger begannen im Jahre 1923 die Planungen des Magistrats, auf dem nicht mehr benötigten Exerzierfeld in Tempelhof einen internationalen Flughafen anzulegen. Zwei große Fluggesellschaften, die ›Aero Lloyd‹ und ›Junkers Luftverkehr‹ wurden ebenfalls 1923 gegründet. Im Januar 1926 fusionierten beide Gesellschaften im Hotel Kaiserhof zur ›Deutschen Lufthansa AG‹. Im selben Jahr beendete das Pariser Luftfahrtabkommen die noch bestehenden Hindernisse für den deutschen Zivilflugzeugbau.

Schon im Laufe der zwanziger Jahre wurden Flugverbindungen zu allen deutschen Großstädten, zu den Badeorten der Nord- und Ostsee sowie zu fast allen europäischen Hauptstädten aufgebaut. Gegenüber der Eisenbahnfahrt halbierte sich beispielsweise die Reisezeit nach Leipzig auf 65 Minuten; nach Leningrad war der Reisende nur noch 15 Stunden unterwegs und nicht mehr drei Tage wie auf dem Schienenweg. Berlin wurde zum Zentrum des europäischen Luftverkehrs.

Ende 1927 war der erste, 1929 der zweite Bauabschnitt eines großen Abfertigungsgebäudes auf dem Flughafen Tempelhof vollendet. Der ausgeführte Wettbewerbsentwurf der Architekten Paul und Klaus Engler trug, obschon es sich doch um einen zivilen Zweckbau handelte, das Kennwort ›Richthofen‹: Die deutsche Luftfahrt war die Domäne gewesener, geheimer und zukünftiger Militärs. Die Mentalität des Fliegers als motorisiertem Herrenreiter beruhte auf seiner Fähigkeit, sich vermöge der Maschine über die vermeintlichen Niederungen seiner Zeit zu erheben. Die sowjetische Journalistin Larissa Reissner, die während ihrer Berlin-Reise 1924 auch die Junkers-Flugzeugwerke, das führende Unternehmen auf diesem Sektor im nahegelegenen Dessau, besuchte, faßte die Denkungsart des Fliegers in die Worte: »Die Erde gehörte der ›Republik‹. Sie ist restlos aufgeteilt, für viele Jahre zugeschnitten. Die Nähte, die der Versailler Friede und der Dawespakt zugezogen haben, werden nicht so bald von Bajonetten aufgetrennt werden. Dagegen ist der Himmel, der große blaue Kontinent, noch nicht restlos entdeckt und erobert.« Fliegerische Leistungen fanden ihren Beifall auch deshalb, weil sie patriotische Gefühle nährten. Das Flughafengelände in Tempelhof bildete den Rahmen für den Stahlhelmtag 1932. Flugtechnische Neuigkeiten wie das viermotorige Junkers-Flugzeug ›G 38‹, das 1933 auf den Namen ›Generalfeldmarschall von Hindenburg‹ getauft wurde, waren Anlaß zu großem militärischem Gepränge der Reichswehr.

Wahren Begeisterungstaumel lösten die fliegerischen Expeditionen in die weite Welt aus. Im April 1928 gelang es Hermann Köhl, Leiter des Nachtflugdienstes der Lufthansa in Berlin, Ehrenfried-Günther von Hünefeld, Pressechef des Norddeutschen Lloyd, und dem irischen Major James Fitzmaurice, mit der Junkers-Maschine ›Bremen‹ den Nordatlantik von Irland nach Neufundland erstmals in Ost-West-Richtung zu überqueren. Die triumphale Rückkehr nach Deutschland, der Empfang auf dem Flughafen in Tempelhof in Anwesenheit des Reichskanzlers bekam bald einen deutlich politischen Akzent. Die Atlantikflieger wurden von der Rechtspresse vereinnahmt, für die Hünefeld zuvor schon gelegentlich geschrieben hatte, die ›Drei von der Bremen‹ toasteten mit ›Stahlhelm‹-Funktionären und machten zu allem noch Visite bei dem früheren Kaiser Wilhelm II. in Doorn, was als Affront gegen die Republik empfunden werden konnte.

Auf dem Höhepunkt der Weltwirtschaftskrise im Sommer 1931 entschloß sich das Verlagshaus Ullstein, ein Vorhaben zu finanzieren, das sich mit einem nationalen Hoffnungsträger von umstrittenem verkehrsökonomischem, seit der Jahrhundertwende aber hohem Gefühlswert verband. Die geplante Expedition des Luftschiffes ›LZ 127 Graf Zeppelin‹ zum Nordpol ging auf eine Initiative des amerikanischen Zeitungsverlegers Hearst zurück. Sein Plan: Ein Unterseeboot sollte unter dem Polareis zum Nordpol vorstoßen, dort auftauchen und sich mit dem gleichzeitig aufgebrochenen Luftschiff treffen, was ein sensationelles Medienereignis gewesen wäre, für das Hearst das Monopol der Berichterstattung besessen hätte. Das U-Boot scheiterte unterwegs; um die prestigeträchtige Polarexpedition zu retten, kaufte der Ullstein-Verlag die Presse-Rechte für 10000 Dollar. Als exklusiv berichtenden Ullstein-Journalisten an Bord sah die Verlagsleitung den sechsundzwanzigjährigen erfolgreichen Wissenschaftsredakteur der ›Vossischen Zeitung‹ vor, den späteren Romanschriftsteller Arthur Koestler.

Am 24. Juli traf das »Ungeheuer von erhabener Schönheit, Idol und Fetisch eines zum Götzendienst leicht geneigten Volkes« – so Koestler in seinen Memoiren – aus Friedrichshafen kommend in Berlin ein. Der Luftschiff-Eigner und Kommandant Hugo Eckener ließ es eine Stunde lang über der Stadt kreisen, die es mit Hupkonzerten und Fabriksirenen begrüßte.

Auf dem Flugplatz Staaken konnte der Zeppelin in der folgenden Nacht von der Bevölkerung gegen Eintrittsgeld besichtigt werden, während Koestler mit einigen Wissenschaftlern der Expeditionsgesellschaft im dicken Polaranzug durch das Berliner Nachtleben bummelte. Die Stadt war im »Zeppelinfieber« (Koestler). Übe Leningrad führte die fünftägige Fahrt zum Pol, währenddessen die internationale Gelehrtengemeinde an Bord Messungen und Experimente durchführte. Für ein paar Minuten traf das Schiff mit dem russischen Eisbrecher ›Malygin‹ zusammen und kehrte am 29. Juli nach Berlin zurück – begrüßt »von einer brennenden Julisonne und einer jubelnden Menschenmenge mit ›Deutschland, Deutschland über alles‹«. Koestler avancierte zum stellvertretenden Chefredakteur der ›B.Z. am Mittag‹.

Der Luftfahrtpatriotismus der Berliner fand ständig neue Nahrung: Am 24. Mai 1932 endete auf dem Müggelsee, in der Nähe des Lokals ›Rübezahl‹, nach 45300 Kilometern der Weltflug des sechsmotorigen Riesenflugzeugs ›Do-X‹, der vom Bodensee über Südamerika nach New York und über Neufundland und England nach Berlin geführt hatte. »Türen auf, und wir hören den Reichsverkehrsminister uns sagen, wie das Lied von deutschem Fleiß und deutschem Können, das unsere Propeller rund um den Erdball trugen, nun auch in der Heimat Widerhall gefunden hat...« – so erinnerte sich Frau Strassmann, einziger Passagier an Bord. Mehr als 200000 Berliner besichtigten das Flugboot in den folgenden Tagen.

Wenige Wochen zuvor, im April 1932, hatte ein dreimotorig bewegter Deus ex machina gezeigt, wie das Flugzeug für die Pose eines vom Himmel herabschwebenden Erlösers zu nutzen sei. Statt des Rundfunks, der Hitler noch nicht zu Willen war, bediente er sich bei seinen ›Deutschlandflügen‹ im Reichspräsidentenwahlkampf einer ›Rohrbach Roland‹-Maschine der Lufthansa. Das »keß Moderne, Tempomäßige, Futuristische im Dienste der zukunftsfeindlichen Ideenlosigkeit«, das der emigrierte Thomas Mann von Zürich aus 1933 am siegreichen Nationalsozialismus beobachtete, das kam nicht aus der braunen Provinz, die späteren Entlastungsfloskeln zufolge Berlin angeblich ›erobern‹ mußte. Das gebar die Stadt selbst. Und die Nationalsozialisten waren bei aller großstadtfeindlichen Attitüde weit entfernt davon, dem dynamischen Berlin seine Funktion als Motor für das ganze Land zu nehmen.

Der moderne Flughafen Tempelhof wurde zu einem noch größeren, der neue Flugrekorde wie den ersten Nonstop-Flug Berlin–New York 1938 erlebte. Das Weltstadt-Pathos der architektonischen Planungen für das nationalsozialistische Zukunfts-Berlin ließ manches Wirklichkeit werden, was hinter Stadtentwürfen und filmischen Visionen der Republik unbehaglich heraufdämmerte – gemildert noch durch demokratische Gesittung, Arglosigkeit oder guten Willen, aber doch

H.
ASPHALT
EIN JOE MAY FILM DER
ERICH POMMER PRODUKTION
NACH EINER FILMNOVELLE VON ROLF E. VANLOO
DREHBUCH VON FRED MAJO, HANS SZEKELY u. ROLF E. VANLOO
FOTOGRAFIE: GÜNTHER RITTAU
REGIE: JOE MAY
HAUPTDARSTELLER:
GUSTAV FRÖHLICH
BETTY AMANN
UFA FILM
H.A. SCHLETTOW·ELSE HELLER·ALBERT STEINRÜCK
UFA-FILMVERLEIH G·M·B·H
VERLEIHBETRIEB DER UNIVERSUM FILM A·G· BERLIN SW 68 KOCHSTR. 6-7.

29/2

im Kern voller Bereitschaft zur Brutalisierung der Stadtgestalt. Das schnellste Nahverkehrssystem der Welt wurde noch schneller, auch wenn jetzt altertümelnd-gotische Buchstaben die Stationsschilder zierten. An der Vorstellung einer motorisierten Gesellschaft berauschte sich das Regime. Die fixe Idee vom ›New York Europas‹ beherrschte noch immer die Gehirne. Daß seine Reichskanzlei in so kurzer Zeit fertig war, lobte Hitler beim Richtfest 1938, das sei »kein amerikanisches Tempo mehr«, sondern schon das »deutsche Tempo«. Walter Ruttmann, der mit der ›Sinfonie der Großstadt‹ dem Berliner Elan ein so schönes Denkmal gesetzt hatte, filmte bald die Wehrmacht bei der Verheerung Europas: stärker, schneller, weiter, höher und zuletzt mit Aplomb in den Abgrund. *B.-M. B.*

29/1 Filmplakat ›Metropolis‹ (Regisseur Fritz Lang)

1927; Lithographie, 210×95 cm
München, Archiv der Deutschen Städte-Reklame GmbH (07 054)

Diese Produktion der UFA nach einem Buch von Thea von Harbou wurde im Verleih der ›Parufamet‹ (Paramount, UFA, Metro-Goldwyn-Mayer) gezeigt. Der bis dahin teuerste in Deutschland gedrehte Film mit einem Heer von Statisten und aufwendigster Architektur galt in seiner Zeit allgemein als Film der Superlative. Für die Aufnahmen der Wolkenkratzer-Stadt und der in den Straßenschluchten sich bewegenden Flugzeuge, Züge und Automobile wurde eine neue Tricktechnik (das sogenannte ›Schüfftan-Verfahren‹) entwickelt. Der Film, der stark mit religiöser Motivik durchsetzt ist (Turm von Babylon, Jungfrau Maria), entfaltet die Vision einer totalitären Zukunftsmetropole, in der eine kleine Oberschicht über vollständig versklavte, an unterirdischen Riesenmaschinen arbeitende Massen herrscht. Nach dem Bild des Mädchens Maria, von den Arbeitern wie eine Heilige verehrt, bildet der Erfinder Rotwang (Rudolf Klein-Rogge) ein täuschend ähnliches Maschinenwesen (Brigitte Helm), das die Unterdrückten zum Aufstand aufwiegelt. Die Maschinenstadt wird zerstört – am Ende kommt es durch Vermittlung des gutherzigen Unternehmersohnes Freder (Gustav Fröhlich) zur sentimentalen Versöhnung und einem kräftigen Händedruck zwischen Kapital (Alfred Abel) und Arbeit (Heinrich George).

29/2 Filmplakat ›Asphalt‹ (Regisseur Joe May) (Abb.)

1929; Lithographie, 210,5×96 cm
München, Archiv der Deutschen Städte-Reklame GmbH (07 178)

Der UFA-Film nach einem Buch von Fred Majo, Hans Székely und Rolf E. Vanloo zeigt das Drama um einen jungen Polizisten (Gustav Fröhlich) mit ›happy end‹: er nimmt pflichtvergessen Beziehungen zu einer schönen jungen Diebin auf und erschlägt in Notwehr einen ebenfalls kriminellen Bekannten der Frau. Sein Vater (Albert Steinrück), ein ehemaliger Polizist, dem er seine Tat offenbart, bringt ihn zur Polizei, wo sich schließlich dank der Aussage und des Schuldbekenntnisses der Diebin alles zum Guten wendet. In Nebenrollen des Films waren Paul Hörbiger und Hans Albers zu sehen.

29/3 Vier Szenenentwürfe für den Film ›Asphalt‹ (Abb.) *Robert Herlth*

1929; Bleistift- und Kohlezeichnungen; 25×35 cm, 20,4×31,5 cm, 25×33,5 cm, 29×34,4 cm
Berlin, Stiftung Deutsche Kinemathek

29/4 ›Wenn wir in Berlin Wolkenkratzer haben werden‹ *Heinrich Abeking*

1921; Federzeichnung, 36×24,5 cm
Berlin, Axel Springer Verlag AG

29/3

29/5 ›Das Reichshaus am Königsplatz‹ Blick in die große Halle

Otto Kohtz

1920; aquarellierte Lichtpause, mit Bleistift überzeichnet; 54,2×33 cm
Berlin, TUB, Plansammlung der Universitätsbibliothek (9067)

29/6 Entwürfe für Turmhäuser in Berlin

a) Hochhaus im Zentrum Berlins (nicht lokalisiert)
b) Zwei flankierende Doppelturmhäuser in der Nähe des Leipziger Platzes
c) Hochhaus am Potsdamer Platz (Josty-Ecke)

Otto Kohtz

1921; aquarellierte Tuschfederzeichnungen; 34×45 cm, 38×76,5 cm, 34,7×31,5 cm
Berlin, TUB, Plansammlung der Universitätsbibliothek (9015, 9004, 9008)

29/7 Entwurf für Neubauten am Potsdamer Platz

Hans und Wassili Luckhardt

1928; Photomontage, 11,4×23,9 cm
Berlin, Akademie der Künste, Sammlung Baukunst

Potsdamer und – nur durch zwei Torbauten von Karl Friedrich Schinkel davon getrennt – Leipziger Platz stellten in den zwanziger Jahren ein gravierendes Verkehrsproblem dar. Hier begegneten sich die Verkehrsströme aus Berlins Hauptgeschäftsstraße, der Leipziger Straße, die zugleich einen Großteil des Ost-West-Verkehrs zu bewältigen hatte, mit dem Nord-Süd-Verkehr über Königgrätzer (heute Stresemann-) Straße und Potsdamer Straße. Ähnlich wie am Alexanderplatz sollte auch hier nach Plänen aus dem Jahre 1928 eine vorbildliche ›Weltstadtarchitektur‹ im Sinne des Stadtbaurats Martin Wagner entstehen, eine moderne Verkehrsplanung als sinnvolle Koordinierung der Menschen- und Warenströme. Ein Hochhaus sollte in der Blickachse der Leipziger Straße die Platzanlage beherrschen. Dem ›Columbushaus‹ (1929–1931 nach Plänen von Erich Mendelsohn erbaut) an der Ecke Bellevuestraße sollte ein weiterer Neubau gegenüberliegen, so daß der gesamte Platz ein modernes Gesicht erhalten hätte. Zu den geplanten Baumaßnahmen kam es nicht.

29/8

29/8 Hochhaus am Potsdamer Platz: vier Ansichten eines Modells von Hans und Wassili Luckhardt in verschiedenen Varianten der Fassadengestaltung und Reklamebeschriftung (Abb.)

1928; Photographien (Abzüge von den Original-Glasnegativen), je 30×24 cm
Berlin, Akademie der Künste, Sammlung Baukunst

Der Entwurf des Architektenbüros Luckhardt & Anker aus dem Jahre 1928 mutet bis heute verblüffend avantgardistisch an. Es ist durchaus denkbar, daß die Monumentalarchitektur der Maschinenstadt ›Metropolis‹ in dem 1927 uraufgeführten Film den Entwurf beeinflußt hat, dessen Einzelformen kein Vorbild und keinen Bezugspunkt in der Tradition Berliner Hochhausentwürfe haben. Die Reklameschrift an dem Modell des Hochhauses erinnert daran, daß der futuristische Wolkenkratzer das Café Josty aufnehmen sollte, das zu den ältesten und seit dem Vormärz traditionsreichsten Alt-Berliner Konditoreien zählte und sich auf dem betreffenden Grundstück am Potsdamer Platz befand.

29/9 Weltstadtverkehr (Abb.) *Richard Matz*

Um 1933; Farblithographie, 67,9×95,9 cm
Berlin, Privatbesitz

Der Berliner Stadtbaurat Martin Wagner schrieb 1928 einen Wettbewerb für den Alexanderplatz aus. Hier befanden sich das große Warenhaus Tietz (Altbau im Bild oben rechts), das Polizeipräsidium (linker Bildrand), ein Fernbahnhof (oben) und ein zweistöckig unter der Erde liegender U-Bahnhof. Hinter Wagners Plänen stand nicht nur der Wunsch, den verkehrsreichen Platz neu zu ordnen, sondern auch die Absicht, im Osten der Stadt ein Geschäftszentrum als Gegengewicht zu der immer stärkeren Westverlagerung der City zu schaffen. An dem Wettbewerb beteiligten sich u. a. das Büro Luckhardt & Anker, Johann Emil Schaudt, Ludwig Mies van der Rohe und Peter Behrens. Dessen Entwurf für die beiden Flügelbauten zur Königstraße hin wurde verwirklicht. Die beiden Gebäude stehen heute noch.

29/10 Entwürfe für den Alexanderplatz: vier Ansichten der Modelle von Luckhardt & Anker

a) Gesamtansicht der Platzanlage
b) Die Platzanlage in Richtung Königstraße (Bahnhof Alexanderplatz)
c) Variante mit konkav geschwungenem, geschlossenem Baukörper
d) Variante zu c)

1929; Photographien (Abzüge von den Original-Glasplatten); 16,2×22,6 cm, 12,1×23 cm, 12,5×23,5 cm, 12×23,2 cm
Berlin, Akademie der Künste, Sammlung Baukunst

Der Entwurf des Büros Luckhardt & Anker lehnte sich eng an die Vorgaben von Martin Wagner an. Der Entwurf erhielt den ersten Preis, wurde aber nicht ausgeführt.

29/11 Modell der Neuplanungen für den Alexanderplatz, ausgestellt auf der Deutschen Bauausstellung Berlin, 1931

Photographie, 22×29,2 cm
Berlin, Ausstellungs-Messe-Kongress-GmbH

29/12 Entwurf für einen Erweiterungsbau des Hotels Excelsior *Johann Emil Schaudt*

1926; Pause auf Leinen, 63×53,5 cm
Berlin, Landesarchiv Berlin (Rep.206 Acc.1985 Nr.2042)

Das Hotel (erbaut 1906–1908) war 1919 in den Besitz des Geheimen Kommerzienrats Curt Elschner übergegangen. Er plante, den Mittelrisalit um fünf Stockwerke zu erhöhen und die Fassade stark zu vereinfachen. Dies werde »auf die Fremden einen überraschenden, großstädtischen Eindruck ausüben«, schrieb er 1927 in seinem Baugesuch, das allerdings nach Einsprüchen von Nachbarn abgelehnt wurde.

29/9

29/13 ›Wählt kommunistisch‹
Arthur Kampf
Nach 1918; Öl/Lw., 82×57 cm
Berlin, Berlinische Galerie (BG-M 1689/79)

Arthur Kampf (1864–1950) war seit 1907 Präsident der Preußischen Akademie der Künste und von 1915 bis 1927 Direktor der Hochschule für die bildenden Künste in Berlin.

29/14 ›Revolutionstage in Berlin‹
a) ›Schüsse am Brandenburger Tor‹
b) ›Streik in Mariendorf‹
c) ›Panik im Lustgarten‹
Ernst Stern
1919; drei Lithographien, aus der Mappe: ›Revolutionstage in Berlin‹; je 50,5×68,5 cm
Berlin, Berlin Museum

29/15 Kapp-Putsch Berlin
Else Hertzer
Um 1920; Öl/Pappe, 32×39,5 cm
Berlin, Berlinische Galerie (BG-M 1366/78)

29/16 Die Politik der Straße
a) Demonstrationszug gegen den Friedensvertrag von Versailles in der Wilhelmstraße, Mai 1919
b) Kundgebung der KPD im Lustgarten, 1926
c) Maikundgebung der SPD im Lustgarten, 1930
d) Polizisten am U-Bahnhof Nollendorfplatz zum Schutz der Uraufführung des Antikriegsfilms ›Im Westen nichts Neues‹ gegen Störversuche der Nazis, 9. Dezember 1930
e) Kundgebung der Eisernen Front im Lustgarten, Herbst 1932
f) Panzerwagen der Polizei während einer SA-Demonstration am Bülowplatz, dem Sitz der KPD-Zentrale
g) Hitler nach seiner Ernennung zum Reichskanzler auf dem Balkon der Reichskanzlei, 30. Januar 1933

Sieben Photographien (Reproduktionen)
a) f) Berlin, Landesbildstelle Berlin
b) e) München, Süddeutscher Verlag, Bilderdienst
c) d) g) Berlin, Ullstein Bilderdienst

29/17

29/17 Rhythmus I (Abb.)
Hermann Nonnenmacher

1931; Eichenrelief; 84×112×12 cm (ohne Sockel), 97,5×125×13,5 cm (mit Sockel)
Berlin, Berlinische Galerie (BG-S 3476/84)

29/18 ›Berliner Straßenszenen‹
a) Verkehrsunfall
b) Wurstmaxe, Straßenkehrer, Ullstein-Auto
c) Boxkampf ›Achtung Großaufnahme!!!‹
d) ›Berliner Illustrirte! heute neu!‹
e) Großer Zeitungskiosk und Leser
f) Fußgänger, Motorrad, Automobil
Paul Simmel

1930; aquarellierte Tusch- und Bleistiftzeichnungen; 25,5×101,8 cm, 24,9×113,8 cm, 25,7×101,6 cm, 26,1×101,2 cm, 26,6×99,7 cm, 24,9×101,9 cm
Berlin, Axel Springer Verlag AG

Paul Simmel (1887–1933) war nach 1918 Zeichner und Karikaturist bei der ›Berliner Illustrirten‹.

29/19 Kurfürstendammpaar
Jeanne Mammen

1931/32; Lithographie, 69,5×49,5 cm
Berlin, Berlinische Galerie (BG-G 1356/78)

29/20 Plakat ›Reklame-Schau‹, 1929
Bernhard, Atelier Fritz Rosen

Berlin: Hollerbaum & Schmidt; Lithographie, 136×95 cm
Berlin, Kunstbibliothek, SMPK

Die Reklame-Schau wurde vom Reichsverband Deutsche Reklame-Messe und dem Messe-, Ausstellungs- und Fremdenverkehrsamt der Stadt Berlin anläßlich des ›Welt-Reklamekongresses‹ organisiert.

29/21 Bildnis des Rudolf Mosse (Abb.)
Franz von Lenbach

Um 1890; Öl/Lw., 109,2×82,6 cm
Madison (WI)/USA, George L. Mosse

Rudolf Mosse (1843–1920), aus Grätz in der Provinz Posen gebürtig, kam 1861 nach Berlin. Hier gründete er 1867 eine Annoncen-Expedition, Grundstein des späteren Verlagshauses Mosse. Er wurde einer der reichsten Männer Berlins und Preußens in der Kaiserzeit. Einen guten Teil seines Vermögens wandte er für karitative Zwecke auf. Den Adelstitel, den ihm der Kaiser anbot, lehnte er ab. Nach der Revolution 1918, die auch die Besetzung des Mosse-Verlagshauses mit sich brachte, zog er sich von der Geschäftsführung zurück.

29/22 Bildnis des Leopold Ullstein
Oscar Begas

1882; Öl/Holz, 65×51,3 cm; bez. M.: Oscar Begas 1882
Berlin, Axel Springer Verlag AG

Leopold Ullstein (1826–1899) kam 1848 aus Leipzig, wo er mit seinen Brüdern eine Papiergroßhandlung betrieb, nach Berlin. 1877 erwarb er das ›Neue Berliner Tageblatt‹ und 1878 die ›Berliner Zeitung‹ (›B. Z.‹). Damit begann der Aufbau des später führenden Berliner Zeitungs- und Zeitschriftenverlags Ullstein.

29/23 Bildnis des Hermann Ullstein (Abb.)
Max Slevogt

1925; Öl/Lw., 101×81 cm; bez. u. r.: Slevogt 25
Berlin, Sammlung Axel Springer

Hermann Ullstein (1875–1943), der fünfte Sohn des Verlagsgründers, trat 1901 als Teilhaber in das Verlagshaus Ullstein ein, wo er bis 1934, dem Jahr des Zwangsverkaufs der Ullstein AG, in leitender Position tätig war; er emigrierte nach der ›Reichskristallnacht‹ im November 1938 in die Vereinigten Staaten, wo er fünf Jahre später in New York starb.

29/21

29/23

29/24 Bildnis des August Scherl

Um 1890; Photographie (Reproduktion)
Berlin, Ullstein Bilderdienst

August Scherl (1849–1921) begründete seinen Verlag 1883 mit dem ›Berliner Lokal-Anzeiger‹. Mit Adreßbüchern und einer Annoncenexpedition nahm der Verlag einen schnellen Aufschwung. Ab 1899 erschien im Scherl-Verlag die Illustrierte ›Die Woche‹ und ab 1900 die Tageszeitung ›Der Tag‹. 1916 übernahm Alfred Hugenberg die Kontrolle über die A. Scherl GmbH.

29/25 Alfred Hugenberg im Kreise von Funktionären der Deutschnationalen Volkspartei (DNVP) und des ›Stahlhelms‹ in Bad Harzburg, 11. Oktober 1931

Photographie (Reproduktion)
München, Süddeutscher Verlag, Bilderdienst

Die Aufnahme entstand bei einem Feldgottesdienst des Hofpredigers Doehring für die ›Harzburger Front‹, die deutsche Rechtskoalition gegen die Republik.

29/26 Bildnis des Willi Münzenberg

1930; Photographie (Reproduktion)
Berlin, Ullstein Bilderdienst

Während des Ersten Weltkriegs machte Willi Münzenberg (1889–1940) in der Schweiz die Bekanntschaft Lenins. Nach 1917 war er mit vielen Aufgaben der internationalen kommunistischen Bewegung betraut (u. a. Gründung der Kommunistischen Jugendinternationale und der Internationalen Arbeiter-Hilfe). Seiner Tätigkeit als Verleger und Reichstagsabgeordneter der KPD folgte nach 1933 in Paris eine führende Rolle in der Exilpresse. Er war Herausgeber des ›Braunbuches‹ zum Reichstagsbrand. Münzenberg löste sich vor Kriegsausbruch von den Kommunisten. 1940 wurde er in Südfrankreich ermordet.

29/27 Bildnis des Theodor Wolff (Abb.)

Um 1918; Photographie (Reproduktion)
Berlin, Bildarchiv PK

Im Jahre 1906 wurde Theodor Wolff (1868–1943) Chefredakteur des ›Berliner Tageblatts‹, für das er seit 1894 aus Paris berichtet hatte. Er war ein Neffe des Verlagsgründers Rudolf Mosse. 1918 Mitbegründer der Deutschen Demokratischen Partei (DDP), war Wolff als Leitartikler wie als Gastgeber eines literarisch-politischen Salons ein Kristallisationspunkt der tragenden politischen Kräfte der Weimarer Republik. Er emigrierte 1933 nach Südfrankreich und wurde 1942 an die Deutschen ausgeliefert. Nach der Inhaftierung in mehreren Gefängnissen und Konzentrationslagern starb er 1943 im Jüdischen Krankenhaus in Berlin.

29/28 Bildnis des Georg Bernhard (Abb.)

Um 1922; Photographie (Reproduktion)
Berlin, Ullstein Bilderdienst

Als vorwiegend wirtschaftspolitisch versierter Journalist wurde Georg Bernhard (1875–1944) im Jahre 1920 Chefredakteur der ›Vossischen

29/27

29/28

Zeitung‹, bis er das Blatt 1930 im Zuge des Machtkampfes innerhalb des Ullstein-Verlags verließ. Daneben gehörte Bernhard 1928 bis 1930 als Mitglied der Deutschen Demokratischen Partei (DDP) dem Reichstag und 1930 bis 1933 als geschäftsführendes Präsidialmitglied dem in Berlin ansässigen ›Verband deutscher Waren- und Kaufhäuser‹ an. 1933 emigrierte er nach Frankreich, wo er in der antifaschistischen Exilpresse (›Pariser Tageblatt‹, später ›Pariser Tageszeitung‹) eine führende Rolle spielte. Er starb 1944 in New York.

29/29 Modell des Verlagshauses Rudolf Mosse in der Jerusalemer Straße

Werkstatt für Modellbau und Fotografie Monath & Menzel

Berlin 1987; Kunststoff, Acrylglas; Grundfläche 210×105 cm; M 1:50
Berlin, Berliner Festspiele GmbH

Von 1921 bis 1923 bauten Erich Mendelsohn und der damals in seinem Büro tätige, später gleichfalls prominente Architekt Richard Neutra das Verlagshaus Rudolf Mosse in der Jerusalemer Straße um. Die elegante Rundung des Eckbaus und die bewegte Form der Dachaufstockung erzielten eine dynamische Wirkung. Die Verbindung Mendelsohns mit Verlag und Familie Mosse dauerte an. Er errichtete 1927 ein Kesselhaus für das Verlagsgebäude, entwarf 1928 den Mosse-Pavillon für die internationale Presse-Ausstellung ›Pressa‹ in Köln und 1927 bis 1931 die WOGA-Bauten am Kurfürstendamm (u. a. das Kino ›Universum‹, die heutige ›Schaubühne am Lehniner Platz‹), die im Besitz der Familie Lachmann-Mosse waren. Im Gegensatz zu dem modernen Äußeren des Mosse-Verlagshauses wurde in den Redaktionsräumen ein distinguierter, betont altmodischer Stil gepflegt, wie sich Walter Kiaulehn erinnert: »Mosses Redaktionen hingegen waren ganz im alten Freytagschen Soll- und Haben-Stil eingerichtet. Hier war es schick, an Stehpulten zu arbeiten, den Augenschirm auf der Stirn. Die Mosseschen Redaktionen hatten Clubcharakter und zwischen den Ressorts waren ewige Schachpartien im Gange.« Das Verlagsgebäude überstand den Krieg stark beschädigt und ist in veränderter Form erhalten.

29/30 Entwurf eines Herrenhauses für Rudolf Mosse in Dyrotz, Osthavelland

Hans Grisebach

Nach 1880; Bleistiftzeichnung, 50×72 cm
Berlin, TUB, Plansammlung der Universitätsbibliothek (1604)

29/31 Wohnhaus von Rudolf Mosse

Ebe & Benda

Architektonischer Bilderbogen (244), Lichterfelde: Wilhelm Wicke 1889; Lichtdruck, 28,5×42 cm
Berlin, Landesarchiv Berlin (Rep.250 Acc.346 Bd.3)

Das Gebäude wurde 1883 bis 1888 nach Plänen von Gustav Ebe und Julius Benda in der Voßstr. 22 erbaut. Hier befand sich Mosses berühmte Kunstsammlung.

29/32 Perspektivische Ansicht des Scherl-Hauses

Otto Kohtz

Um 1925; Kohle auf Transparentpapier, 60,5×85,7 cm
Berlin, TUB, Plansammlung der Universitätsbibliothek (9288)

29/34

29/33 ›Scherl-Haus. Hauptbau. Jerusalemerstr. 52–58‹ Schnitt durch das Gebäude

Otto Kohtz

1925; Bleistift- und Kohlezeichnung, 99,2×147,7 cm
Berlin, TUB, Plansammlung der Universitätsbibliothek (9854)

29/34 Entwurf für einen Bibliotheks- oder Club-Raum im Scherl-Haus (Abb.)

Otto Kohtz

Um 1925; Bleistift-, Feder- und Buntstiftzeichnung; 39×37 cm
Berlin, TUB, Plansammlung der Universitätsbibliothek (9865)

29/35 Das Verlagshaus Ullstein, 1926

Photographie (Reproduktion)
Berlin, Ullstein Bilderdienst

Es handelt sich um eine Photomontage (Autos und Passanten sind nachträglich eingefügt), auf der das Verlagshaus in der Ansicht Koch-/Ecke Charlottenstraße zu sehen ist.

29/36 Schaufenster des Scherl-Hauses

Um 1933; Photographie (Reproduktion)
München, Süddeutscher Verlag, Bilderdienst

Alfred Hugenberg (1865–1951), im ersten Kabinett Hitler noch Minister, wurde mitsamt der nicht-nationalsozialistischen Rechten bald politisch ausgebootet; die Deutschnationale Volkspartei (DNVP) löste sich selbst auf. Hugenberg trennte sich, um staatlichen Eingriffen zuvorzukommen, von der UFA und den vielfältigen Nebenunternehmen seines Verlagsgeschäftes wie dem Anzeigenvertrieb ALA und der Nachrichtenagentur TU, behielt aber den Kern des alten Verlagshauses Scherl. Diesen veräußerte er 1944 im Zeichen des ohnehin kriegsbedingt geschrumpften Pressegeschäftes an den Staat.

29/37 Ansicht des Ullstein-Druckhauses Tempelhof, 1928

Photographie (Reproduktion)
Berlin, Landesbildstelle Berlin

29/38 Rotationsmaschine

König & Bauer

Würzburg 1922; 270×510×315 cm
Mannheim, Landesmuseum für Technik und Arbeit (84/412)

29/39 Umbruch der ›B.Z.‹, Drucklegung (Abb.)
Magnus Zeller

1928; Öl/Lw., 91 × 104 cm; bez. u. r.: Magnus Zeller 1928
Berlin, Axel Springer Verlag AG

Dargestellt sind Egon Jameson, Ernst Wallenberg, Moritz Müller, Norbert Falk, Gustav Kauder und Metteure bei der Drucklegung.

29/40 Allegorie auf die sieben Ullstein-Blätter (Abb.)
Ernst A. Fischer

1902; Aquarell mit Deckfarben, 65 × 48 cm
Berlin, Axel Springer Verlag AG

29/41 Wunschträume des ›Lokal-Anzeiger‹-Lesers
Willi Steinert

Um 1925; Feder- und Kohlezeichnung, 32,5 × 47,3 cm; bez. u. r.: WS
Berlin, Axel Springer Verlag AG

29/42 ›Berliner Tageblatt‹

Ausgabe Nr. 479, 10. Oktober 1930
Aachen, Internationales Zeitungsmuseum der Stadt Aachen (61/179)

Das ›Berliner Tageblatt‹ erschien erstmalig 1871 und war neben der ›Berliner Volkszeitung‹ die wichtigste Zeitung des Hauses Mosse. Nach der Enteignung des Verlages 1933 sollte das ›Berliner Tageblatt‹ bis zur endgültigen Einstellung 1939 unter der Chefredaktion des ehemaligen Tageblatt-Korrespondenten in Washington, Paul Scheffer, für die Illusion einer noch halbwegs eigenständigen, parteiunabhängigen Presse sorgen.

29/43 ›Vossische Zeitung‹ (Berlinische Zeitung von Staats- und gelehrten Sachen)

Ausgabe 10. Oktober 1930
Aachen, Internationales Zeitungsmuseum der Stadt Aachen (68/327)

Im Jahre 1914 wurde die ›Vossische Zeitung‹ vom Ullstein-Verlag übernommen. Seit dem 31. Oktober 1933 erschien sie, nach vielen Berufsverboten für die Redakteure, nur noch als Morgenzeitung und mußte am 31. März 1934 ihr Erscheinen ganz einstellen.

29/44 ›Vossische Zeitung‹

Letzte Ausgabe, 31. März 1934
Aachen, Internationales Zeitungsmuseum der Stadt Aachen

29/45 ›Tempo‹

Erste Ausgabe, 11. September 1928
Aachen, Internationales Zeitungsmuseum der Stadt Aachen (283/24)

Dieses Abendblatt des Ullstein-Verlages erschien nur bis zum 5. August 1933.

29/46 ›B. Z. am Mittag‹ (Berliner Zeitung)

Ausgabe Nr. 206, 31. Juli 1929
Aachen, Internationales Zeitungsmuseum der Stadt Aachen (202/5)

Die ›B. Z. am Mittag‹ des Ullstein-Verlages erschien am 22. Oktober 1904 als erste deutsche Zeitung im Straßenverkauf. Sie stellte ihr Erscheinen am 28. Februar 1943 ein.

29/47 ›Deutsche Allgemeine Zeitung‹

Ausgabe Groß-Berlin, Jg. 68, Nr. 556, 30. November 1929
Aachen, Internationales Zeitungsmuseum der Stadt Aachen (53/133)

August Braß gründete 1861 die ›Norddeutsche Allgemeine Zeitung‹. Sie wurde zum offiziösen Blatt Bismarcks. Am 12. November 1918 wurde sie in ›Deutsche Allgemeine Zeitung‹ umbenannt und 1920 von Hugo Stinnes (1870–1924) aufgekauft. Nach dessen Tod wurde die Zeitung von der Regierung übernommen, bevor sie 1927 an ein Industriellen-Konsortium überging.

29/48 ›Berliner Börsen-Courier‹

Ausgabe Jg. 61, Nr. 229, 19. Mai 1929
Aachen, Internationales Zeitungsmuseum der Stadt Aachen (294/17)

Georg Davidsohn gründete am 1. Oktober 1868 den ›Berliner Börsen-Courier‹ für Bank- und Börsenkreise. 1934 wurde das ehedem liberale Blatt mit der konservativen ›Berliner Börsen-Zeitung‹ (gegr. 1855) zwangsvereinigt.

29/49 Werbeplakat für die Zeitung ›Der Tag‹

Um 1900; Lithographie, 15,6 × 11,5 cm
Bremen Kunsthalle Bremen (Slg. Kleinplakate)

›Der Tag‹ war eine im Jahr 1900 gegründete Tageszeitung des Scherl-Verlages. Die Farbe des Titels trug ihr den Beinamen »der rote Tag« ein. Für die Mitarbeit an dieser ehrgeizigen, aber wenig rentablen Zeitung konnten die besten deutschsprachigen Schriftsteller der Zeit gewonnen werden. Im Jahre 1930 wies ›Der Tag‹ noch eine Auflagenhöhe von 68 000 Exemplaren auf.

29/39

29/50 ›Berliner Lokal-Anzeiger‹

Ausgabe Jg. 48, Nr. 1, 1. Januar 1930
Aachen, Internationales Zeitungsmuseum der Stadt Aachen (66/146)

Der ›Berliner Lokal-Anzeiger‹ wurde von August Scherl gegründet und erschien am 3. November 1882 erstmals in einer Auflage von 200 000 Exemplaren. 1944 ging er in der ›Berliner Morgenpost‹ auf.

29/51 ›Die Welt am Abend‹

Ausgabe 13. April 1932
Aachen, Internationales Zeitungsmuseum der Stadt Aachen (56/148)

›Die Welt am Abend‹ wurde seit 1922 herausgegeben und später von Willi Münzenberg übernommen, der damit seinen Zeitungsverlag begründete.

29/52 ›Rote Fahne‹

Ausgabe 10. November 1918
Aachen, Internationales Zeitungsmuseum der Stadt Aachen (229/13)

Die ›Rote Fahne‹ war die zweite Ausgabe des Parteiorgans des Spartakus-Bundes, später der KPD (bis 1933). Sie wurde auf Rotationsmaschinen des Scherl-Verlages gedruckt, als Anhänger des Spartakus-Bundes das Zeitungsviertel besetzt hatten.

29/53 ›Der Angriff‹

Ausgabe Nr. 10, 13. Januar 1931
Aachen, Internationales Zeitungsmuseum der Stadt Aachen (57/95)

›Der Angriff‹ erschien seit dem 4. Juli 1927 zunächst einmal, ab September 1929 zweimal wöchentlich und erst vom November 1930 an als Tageszeitung. Die Anfangsauflage betrug ca. 2000 Stück. Offizielles Parteiblatt der Nationalsozialisten war bis 1929 die im ›Kampfverlag‹ Gregor Strassers veröffentlichte ›Berliner Arbeiterzeitung‹. Der ›Angriff‹ wurde von Joseph Goebbels privat herausgegeben, allerdings bei Parteiveranstaltungen neben den offiziellen Zeitungen der Partei verkauft.

29/54 Titelseiten der Zeitschrift ›Die Woche‹

a) ›Die Großstadt der Zukunft‹
b) ›Die Eisenbahn der Zukunft‹
c) Graf Zeppelin und Luftschiff vor der Silhouette von New York

Ausgaben Jg. 26, Nr. 15, 12. April 1924; Jg. 26, Nr. 39, 27. September 1924; Jg. 30, Nr. 44, 3. November 1928
a) Berlin, Werkbund-Archiv
b) c) Berlin, Privatbesitz

1899 erschien erstmals die illustrierte Wochenzeitschrift des Scherl-Verlages. Chefredakteur war Oskar Klaussmann. ›Die Woche‹ hatte im Jahre 1930 eine Auflage von 207000 Exemplaren pro Ausgabe.

29/55 Titelseiten der ›AIZ‹ (Arbeiter-Illustrierte Zeitung)

a) ›1 Minute vor 8. Zu unserer Reportage: Das Mädchen aus der Konfektion‹
b) ›Wir schützen die Sowjet-Union‹

Ausgaben Nr. 42, 1929; Nr. 31, 1930
Berlin, Werkbund-Archiv

Die ›AIZ‹ erschien seit 1926 im Verlag Willi Münzenberg, der seit 1922 mit der Übernahme der ›Welt am Abend‹ eine KPD-nahe, lebendig gestaltete Presse schuf, die auch über die Mitglieder der KPD hinaus weite Verbreitung fand. Die ›AIZ‹ wurde u. a. durch die Photomontagen von John Heartfield berühmt.

29/56 Titelseiten der ›Berliner Illustrirten Zeitung‹

a) ›Der Kronprinz auf einem Beobachtungsturm‹
b) ›Richten einer schweren Kanone der österreichisch-ungarischen Artillerie‹

Ausgaben Jg. 24, Nr. 3, 17. Januar 1915; Jg. 24, Nr. 5, 31. Januar 1915
Berlin, Werkbund-Archiv

29/57 ›Die schnellste Zeitung der Welt‹, Werbebroschüre für die ›B. Z.‹

Um 1928
Berlin, Ullstein Bilderdienst

29/58 Packraum des Scherl-Verlags (Abb.)

Photographie (Reproduktion)
München, Süddeutscher Verlag, Bilderdienst

29/59 Verteilen einer Extra-Ausgabe des ›Berliner Tageblatts‹ auf dem Potsdamer Platz

Um 1925; Photographie (Reproduktion)
Berlin, Landesbildstelle Berlin

29/60 Zeitungsverkäufer am Potsdamer Platz

Josef Futterer

1927; Bleistiftzeichnung, 19×11 cm
Berlin, Berlinische Galerie (BG-G 498/77)

29/61 Zeitungsfahrer verlassen mit der neuesten Nachtausgabe das Druck- und Verlagshaus Scherl in der Kochstraße (Abb.)

1934; Photographie (Reproduktion)
Berlin, Bildarchiv PK

29/62 Internationaler Zeitungskiosk in Berlin

Friedrich Seidenstücker

1934; Photographie (Originalabzug), 18×13 cm
Berlin, Berlinische Galerie, Fotografische Sammlung (BG-FS 7/82,10)

Bis zum Kriegsausbruch 1939 waren trotz der Unterdrückung und ›Gleichschaltung‹ der Inlandspresse viele Zeitungen und Zeitschriften des Auslands, auch der nicht-faschistischen Staaten, zu kaufen.

29/63 Presseball in den Marmorsälen am Zoo (Abb.)

Walter Miehe

1929; Aquarell mit Deckfarben, 41,3×49,4 cm; bez. u. r.: Walter Miehe
Berlin, Berlin Museum

29/64 Berliner Presseball, 1939

Photographie (Reproduktion)
München, Bayerisches Hauptstaatsarchiv

Der Presseball wurde auch nach 1933 als gesellschaftliches Ereignis inszeniert, obwohl viele Journalisten, Künstler, Politiker, die den glanzvollen Pressebällen der Republik ihr Prestige verliehen hatten, von den Nationalsozialisten inhaftiert, in die Emigration getrieben oder ermordet worden waren. Die Aufnahme zeigt Gäste (ganz rechts der schwedische Reiseschriftsteller Bengt Berg), die einen Hauptgewinn der Tombola umstehen: den ›Kraft durch Freude‹-Wagen, den Vorläufer des VW-Käfers.

MORGENPOST
BERLINER MORGENPOST
B.Z. am Mittag
Berliner Allgemeine Zeitung
Berliner Illustrirte Zeitung
Die Blaue Hausfrau
FISCHER-COERLIN

29/40

29/58

29/65 Tanzkleid

Berlin 1927/28; schwarzer Tüll und Crèpe Georgette, paillettenbestickt in verschiedenen Blautönen; L 105 cm
Berlin, Kunstgewerbemuseum, SMPK

Das Kleid stammt aus dem Berliner Kaufhaus Rudolf Hertzog und wurde beim Presseball 1928 getragen.

29/66 Oberpostdirektion Berlin

Um 1874; Aquarell, 43×31 cm
Frankfurt a. M., Bundespostmuseum

Das Gebäude wurde 1874 bis 1884 nach Entwürfen von Schwatlo und Kind von dem Baubeamten der Postverwaltung Tuckermann erbaut. Das Blatt zeigt die Fassade zur Königstraße. Das Gebäude erstreckte sich bis zur Spandauer Straße und beherbergte neben den Dienststellen der Oberpostdirektion und der Dienstwohnung ihres Leiters noch Hofpostamt, Briefpostamt, Fernsprechvermittlungsamt V und die Generalpostkasse, welche sich im Gebäudeteil an der Königstraße befand.

29/67 Deckenlampe aus einem Dienstraum des Reichspostzentralamts

Um 1929; Milchglas, vernickeltes Messing; 23×125×224,5 cm
Berlin, Landespostdirektion Berlin

29/68 Herstellung der Schablonen für Adressiermaschinen in einem Postscheckamt

1917; Photographie (Originalabzug), 24,8×19 cm
Frankfurt a. M., Bundespostmuseum

29/61

29/69 Postscheckamt Berlin: Umschlagdruckerei für Kontoauszüge der Postscheckkunden mit Adressiermaschinen, 18. März 1927

Photographie (Originalabzug), 12×15,8 cm
Frankfurt a. M., Bundespostmuseum

29/70 Hoffmanns Geldzähler, erstes maschinelles Geldzählgerät der Welt

1910; Holz, Messing; 22×49×28 cm
Frankfurt a. M., Bundespostmuseum

29/71 Typendrucktelegraph, System Hughes

1865; Grauguß, Messing, Holz; 140×100×60 cm
Berlin, Berliner Post- und Fernmeldemuseum

David Edward Hughes (1831–1900) erfand 1855 den nach ihm benannten Typendrucktelegraphen. Hughes-Apparate fanden in Berlin seit 1865 Anwendung, z. B. im Telegraphenbüro der 1864 fertiggestellten neuen Börse. Nach dem Ersten Weltkrieg nahm ihre Verbreitung allmählich ab.

29/72 Ferndrucker
Siemens & Halske

Berlin 1898; Holz, Metall; 28×30 x40 cm
Frankfurt a. M., Bundespostmuseum

29/73 Absetzen der Wheatstone-Streifen

1919; Photographie (Originalabzug), 11,7×17 cm
Frankfurt a. M., Bundespostmuseum

Charles Wheatstone (1802–1875), dessen 1837 erfundener Zeigertelegraph seit 1841 in Preußen erprobt wurde, hat in den vierziger Jahren mit dem moderneren Morse-System experimentiert und eine Technik der Nachrichteneingabe mit Hilfe von papierenen Lochstreifen entwickelt. Wheatstone-Apparate blieben in Berlin für einige Telegraphenverbindungen (nach Schweden und Finnland) noch bis in die zwanziger Jahre in Anwendung.

29/74 Station einer Hausrohrpostanlage mit Fußbetrieb
Fa. Rohr- und Seilpostanlagen

Berlin 1896; Holz, Gußeisen, Messing; 220×93×50 cm
Frankfurt a. M., Bundespostmuseum

Die benötigte Druck- und Saugleistung wurde durch einen Blasebalg erzeugt.

29/63

29/75 Karte der Berliner Rohrpost- und Telegraphenanlagen
Julius Straube

Berlin, um 1900; 53×67 cm
Frankfurt a. M., Bundespostmuseum

29/76 Telegrammverteilung in der Stadtrohrpoststelle des Berliner Haupttelegraphenamtes (Abb.)

1910; Photographie (Originalabzug), 16,5×22,5 cm
Frankfurt a. M., Bundespostmuseum

29/77 Rohrpost und Kartothek
Zander & Labisch

1911; Photographie (Originalabzug), 29,8×24 cm
Frankfurt a. M., Bundespostmuseum

Zander und Labisch gründeten 1895 eine Firma für Momentphotographie und belieferten die ›Berliner Illustrirte‹ mit aktuellen Pressephotos.

29/78 Telephon-Klappenschrank für 50 Teilnehmeranschlüsse und bis zu vier Fernleitungen
Mix & Genest

Berlin 1899; Holz, Metall; 182×62×65 cm
Frankfurt a. M., Bundespostmuseum

29/79 Telephonapparate

a) Fernsprechtischapparat mit Kurbelinduktor
Um 1895; Holz, Metall; 60×35×20 cm

b) Fernsprechtischapparat ›ZBSA 19‹
Um 1920; Metall, 27×30×18 cm

29/76

c) Fernsprechreihenapparat

Um 1925; Holz, Metall; 30×28×40 cm, 8×15×34 cm (Beikasten)

Frankfurt a. M., Bundespostmuseum

Die ersten Telephone, die durchweg in Handarbeit gefertigt wurden, konnten wegen der geringen Verbreitung der Fernsprecheinrichtungen und der überwiegend wohlhabenden Teilnehmer des Fernsprechnetzes noch aus kostspieligen und edlen Materialien hergestellt werden. Gute Hölzer, Kupfer, Messing, Platin waren üblich. Während dies für Telegraphenapparate, die in der Regel als Einzelstücke produziert wurden, auch weiterhin galt, nahmen die Telephone bei der raschen Verbreitung bis zur Jahrhundertwende bereits schlichtere Gestalt an. Der Fernsprechtischapparat ›ZBSA 19‹, unter der Regie der Post im letzten Kriegsjahr 1918 entwickelt und eine Art Standardgerät der zwanziger Jahre, trug die Züge kriegsbedingter Bescheidenheit in der Ausstattung und betonte bereits technisch-funktionale Nüchternheit.

29/80 Berliner Fernsprechamt, 1891

Photographie (Originalabzug), 23,5×33,5 cm
Frankfurt a. M., Bundespostmuseum

29/81 Fernsprechamt: Innenraum mit Beamtinnen

Um 1900; Photographie (Originalabzug), 9×14 cm
Berlin, Landesarchiv Berlin (Rep.250 Acc.1473 Nr.2)

29/82 Berliner Postscheckamt: Ordnen der eingegangenen Zahlkarten nach Kontonummern

1927; Photographie (Originalabzug), 15×21 cm
Frankfurt a. M., Bundespostmuseum

29/83 Abspannungsgestänge für 5000 Telephonleitungen des Vermittlungsamtes II in Berlin

Photographie (Originalabzug), 13×18 cm
München, Deutsches Museum, Plansammlung (5174–20)

29/84 Erster ›Fernsprech-Automat‹ in Berlin

Um 1910; Photographie (Reproduktion)
Berlin, Landesbildstelle Berlin

29/85 Zwei Fernsprechmarken der Deutschen Reichspost

Vorderseite: »Deutsche Reichspost«, Rückseite: »Nur für Münzfernsprecher«; um 1924; Eisen, Dm je 2,2 cm
Frankfurt a. M., Bundespostmuseum

29/86 Empfangseinrichtung und Lichtbogensender zur drahtlosen Übertragung von Telephongesprächen (Abb.)

Gesellschaft für drahtlose Telegraphie mbH

Berlin 1906; 170×95×64 cm
München, Deutsches Museum (22 786)

Der dänische Physiker Valdemar Poulsen hatte 1903 mit Versuchen begonnen, Bogenlampen als Sender für elektrische Schwingungen einzusetzen und damit ein System drahtloser Telephonie zu entwickeln. Die 1903 gegründete Telefunken AG wollte das Poulsen-Prinzip übernehmen, aber die C. Lorenz AG kam ihr zuvor. Daraufhin entwickelte Telefunken ein eigenes System, das auf einer Serienbogenlampe mit Siedekühlung beruhte. Im Herbst 1906 wurden die Lichtbogensender erprobt; ein Versuch mit Musikübermittlung wurde dem Kaiser vorgeführt.

29/86

29/87 Das Telefunken-Laboratorium für Bildtelegraphie am Tempelhofer Ufer

Um 1927; Photographie, Reproduktion aus: 25 Jahre Telefunken. Festschrift der Telefunken-Gesellschaft 1903–1928, Berlin 1928

Im Mai 1927 begann die Telefunken AG zusammen mit dem Reichspostzentralamt Versuche einer Schnelltelegraphie auf elektrisch-optischer Grundlage zwischen Berlin und Wien. Dabei tastete ein Lichtstrahl die geschriebene Vorlage ab; je nachdem wie stark er reflektiert wurde, fiel die Umsetzung über Photozellen in Spannungsschwingungen aus. Der Empfänger setzte die Spannungsschwankungen wieder in Helligkeitswerte um, die den Telegrammtext auf einer lichtempfindlichen Unterlage widergaben.

29/88 Modell des Empfängers für die Zeitsignale der Funkstationen Nauen und Eiffelturm

1921; Holz, Metall; ca. 23×24×10 cm
Frankfurt a. M., Bundespostmuseum

29/89 Großfunkstelle Nauen

Otto Thiele

1935; Öl/Lw., 98×123 cm; bez. u. r.: Otto Thiele
Frankfurt a. M., Bundespostmuseum

1911 ersetzte die Telefunken AG den 1906 errichteten Funkturm durch einen 260 Meter hohen Turm. Die Großfunkstelle erfuhr während des Ersten Weltkriegs durch den Architekten Hermann Muthesius eine bedeutende bauliche Erweiterung. 1947 wurden die Sendemasten demontiert.

29/90 Modell des ersten Rundfunksenders der Deutschen Reichspost im Berliner Voxhaus

1923; Holz, Metall; 34×115×15 cm
Frankfurt a. M., Bundespostmuseum

Das Voxhaus befand sich am Potsdamer Platz, es wurde Anfang der siebziger Jahre abgerissen. In seinen Räumen waren die Sendeeinrichtungen der ›Funkstunde‹ und der Reichsrundfunkgesellschaft bis zum Umzug in das Haus des Rundfunks an der Masurenallee untergebracht.

29/91 Haus des Rundfunks: Ansicht von der Masurenallee

Hans Poelzig

1929; Kohle auf Pappe, 71×145 cm
Berlin, TUB, Plansammlung der Universitätsbibliothek (4587)

Im Jahre 1929 wurde der Grundstein für das Haus des Rundfunks gelegt, das im Oktober 1933 auch im Innern fertiggestellt war. Der Entwurf Poelzigs zeigt eine Variante der später realisierten Fassadengestaltung.

29/94

29/92 Funkhalle auf dem Messegelände
Hans Poelzig
Pastell auf Pappe, 100×127 cm
Berlin, TUB, Plansammlung der Universitätsbibliothek (3544)

Die Reichsrundfunkgesellschaft plante seit 1927 auf dem Ausstellungs- und Messegelände am Funkturm eine ›Funkhalle‹. Ausgeführt wurde jedoch nicht der Entwurf von Poelzig, sondern der von Heinrich Straumer.

29/93 Modell des Berliner Funkturms
Hünten
1966; Blech, Aluminium; 300×100×100 cm; M 1:50
Berlin, Berliner Post- und Fernmeldemuseum

Der Funkturm wurde nach einem Entwurf von Heinrich Straumer gebaut und 1926 zur 3. Deutschen Funkausstellung eröffnet.

29/94 ›Fünf Jahre Deutsche Hörerzahlen‹
Plakat der Reichsrundfunkgesellschaft zur Großen Deutschen Funkausstellung in Berlin, 1928 (Abb.)
Reproduktion
München, Süddeutscher Verlag, Bilderdienst

29/95 Plakat ›Seibt Empfangsgeräte von der einfachsten bis zur hochwertigsten Ausführung‹
Berlin: Atelier Elsner; Farboffsetdruck, 28×22 cm
Berlin, Kunstbibliothek, SMPK

29/96 Plakat ›Radio Telefunken‹
1931; Lithographie, 118×86 cm
München, Archiv der Deutschen Städte-Reklame GmbH (22 286)

29/97 Plakat ›Tungsram Radio-Röhren‹ (Abb.)
1933; Lithographie, 118×83,5 cm
München, Archiv der Deutschen Städte-Reklame GmbH (22 300)

29/98 Rundfunkempfänger ›Nora P 2 a‹
1928; Holzgehäuse, 10×14,5×16 cm
Berlin, Deutsches Rundfunk-Museum e. V. (184)

29/99 Rundfunkempfänger ›Brandt B 3‹
1929/30; Preßstoffgehäuse, 8,5×19×15,5 cm
Berlin, Deutsches Rundfunk-Museum e. V. (183)

29/100 Rundfunkempfänger ›Lorenz NETV 429 W Völkerbund 2‹
1929/30; lackiertes Blechgehäuse mit Preßstoffdeckel und -unterteil, 23,5×37,5×23 cm
Berlin, Deutsches Rundfunk-Museum e. V. (67)

29/101 ›Er hört 14 Phon Lärm‹
Max Oppenheimer
1931; Kopierstift- und Kohlezeichnung, aquarelliert; 25,7×24 cm
Berlin, Axel Springer Verlag AG

29/102 Stand der Firma ›AHEMO Radiogeräte‹ auf der Großen Deutschen Funkausstellung, 1927
Photographie (Originalabzug), 12,7×17,3 cm
Berlin, Ausstellungs-Messe-Kongress-GmbH

29/103 ›Rundfunkstörer‹
Schaubild auf der Großen Deutschen Funkausstellung, 1927
Photographie (Originalabzug), 11,7×16,3 cm
Berlin, Ausstellungs-Messe-Kongress-GmbH

29/104 Reklamegirls der Firma Klasing & Dettmers auf der Großen Deutschen Funkausstellung, 1927
Photographie (Originalabzug), 16,2×12,1 cm
Berlin, Ausstellungs-Messe-Kongress-GmbH

29/105 Übertragung der Funkstunde auf der Großen Deutschen Funkausstellung, 1927

Photographie (Originalabzug), 12×17,2 cm
Berlin, Ausstellungs-Messe-Kongress-GmbH

29/106 Experimentierstand für Fernsehtechnik auf der Großen Deutschen Funkausstellung, 1927

Photographie (Originalabzug), 12,7×16,2 cm
Berlin, Ausstellungs-Messe-Kongress-GmbH

29/107 ›Der Rundfunk-Großhandel‹ Schaubild auf der Großen Deutschen Funkausstellung, 1934

Photographie (Originalabzug), 15,5×20,5 cm
Berlin, Ausstellungs-Messe-Kongress-GmbH

29/108 Modell des Deutschen Kurzwellensenders in Zeesen auf der Großen Deutschen Funkausstellung, 1934

Photographie (Originalabzug), 17×22,5 cm
Berlin, Ausstellungs-Messe-Kongress-GmbH

29/109 Antennen des Deutschen Kurzwellensenders in Zeesen, 1934

Photographie (Originalabzug), 15,5×23,3 cm
Berlin, Ausstellungs-Messe-Kongress-GmbH

Mit diesen Antennen war die Funkübertragung nach Nord-, Mittel- und Südamerika, Afrika und Asien möglich.

29/110 Fernsehapparate auf der Großen Deutschen Funkausstellung, 1934

Photographie (Originalabzug), 18×24,1 cm
Berlin, Ausstellungs-Messe-Kongress-GmbH

29/111 Produktion des ›Volksempfängers‹ auf der Großen Deutschen Funkausstellung, 1934

Photographie (Originalabzug), 22,3×16,7 cm
Berlin, Ausstellungs-Messe-Kongress-GmbH

29/112 Alfred Braun bei einer Rundfunkprobe

Um 1928; Photographie (Reproduktion)
Berlin, Ullstein Bilderdienst

Alfred Braun (1888–1978) war zunächst als Schauspieler (Schüler von Max Reinhardt) für verschiedene Berliner Bühnen tätig, bis er als Reporter zum Rundfunk überwechselte. 1933 von den Nationalsozialisten entlassen, emigrierte Braun in die Türkei, bis er 1939 wieder nach Deutschland zurückkehrte, wo er an Spielfilmen der NS-Propaganda mitarbeitete. Nach 1945 knüpfte er beim Rundfunk des sowjetischen Sektors von Berlin an seine frühere Tätigkeit an und war von 1954 bis 1957 erster Intendant des Senders Freies Berlin.

29/113 Der Rundfunksprecher Alfred Braun kommentiert die Beerdigungsfeier Gustav Stresemanns, 1929

Photographie (Reproduktion)
Berlin, Ullstein Bilderdienst

29/114 Reichs-Sendeleiter Eugen Hadamovsky, 29. Juni 1933

Photographie (Reproduktion)
Berlin, Ullstein Bilderdienst

Eugen Hadamovsky (1904–1944) gehörte seit 1930 der NSDAP an und war seit 1931 Berliner ›Gau-Funkwart‹. Nach der Machtübernahme wurde er zum ›Reichs-Sendeleiter‹ und Vizepräsidenten der Reichsrundfunkkammer, 1935 überdies zum Vorsitzenden der Fernsehgemeinschaft in der Kammer ernannt. Keiner seiner vielen Aufgaben im NS-Progagandaapparat beruflich recht gewachsen und mehr und mehr in unbedeutende Tätigkeitsbereiche abgeschoben, meldete sich Hadamovsky 1943 freiwillig zur Wehrmacht und fiel im folgenden Jahr an der Ostfront.

29/97

29/116 b

29/115 Zwei Bildempfänger ›Telefunken FE IV‹

Nachbauten der Originale von 1935/36; Holz, je 58×110×84 cm
Berlin, Deutsches Rundfunk-Museum e. V.

Fernsehempfangsgeräte dieses Typs wurden in öffentlichen Fernsehstuben zur Olympiade 1936 aufgestellt. Seit 1935 betrieben Reichsrundfunkgesellschaft und Deutsche Reichspost gemeinsam einen regelmäßigen Fernseh-Programmdienst zwischen 20 und 22 Uhr. Nachdem die Übertragungen während der Olympiade erstmals größeres Aufsehen erregt hatten, bezog das Fernsehen 1937 weitere Räumlichkeiten im ›Deutschlandhaus‹ am Adolf-Hitler-Platz (heute Theodor-Heuss-Platz). Obwohl der Teilnehmerkreis des Fernsehprogramms bis zur Einstellung 1944 auf wenige tausend Zuschauer in Berlin begrenzt blieb, war das Angebot umfangreich: politische Propaganda, Spielfilme, Unterhaltungssendungen und live produzierte einstündige Fernsehspiele.

29/116 Arnolt Bronnen

a) Am Schreibtisch, 1931
b) Als Regisseur beim Fernsehsender ›Paul Nipkow‹ während der Aufnahme des Fernsehspiels ›Nachts ging das Telefon‹, 1937 (Abb.)
c) Bei einer Regiebesprechung mit dem Schauspieler Werner Gille im Fernsehstudio, 1938

Drei Photographien (Reproduktionen)
a) München, Süddeutscher Verlag, Bilderdienst
b) c) Berlin, Ullstein Bilderdienst

Arnolt Bronnen (1895–1959) begann als expressionistischer Bühnenautor (›Vatermord‹) an der Seite des jungen Bertolt Brecht in Berlin. Schon frühzeitig wurde er für den Rundfunk tätig. Sein Gespür für reißerische Stoffe und seine moderne Erzähltechnik stellte er bald in den Dienst rechtsradikaler Ideologien. Gegen Ende der Republik offener Sympathisant des Nationalsozialismus, ohne jedoch nach 1933 die erwartete Karriere zu machen, betätigte er sich als Dramaturg beim Rundfunk und dem eben entstehenden Fernsehen. Nach 1945 wurde er Kommunist und lebte bis zu seinem Tode in der DDR.

29/117 Modell des Kaufhauses Karstadt am Hermannplatz

Werkstatt für Modellbau und Fotografie Monath & Menzel

Berlin 1987; Konstruktion aus Messingprofilen, Fassade aus Kunststoff und Acrylglas; 145×300×150 cm; M 1:50
Berlin, Berliner Festspiele GmbH

Die Fassade des Kaufhauses war mit fränkischem Muschelkalk verkleidet. Gesamtlänge der Straßenseite: 256 m, Höhe des Gebäudes mit Türmen: 56 m, Lichtsäulen: 15 m, Gesamtfläche aller Geschosse: 72000 qm. Der Dachgarten mit Gaststättenbetrieb und Musikunterhaltung umfaßte 4000 qm. Besonderer Wert wurde auf die nächtlichen Lichteffekte des Bauwerks gelegt: »Wenn nach Einbruch der Dunkelheit am Berliner Hermannplatz turmhohe, senkrechte Lichtstreifen den riesigen Leib des Warenhauses, ganz anders als er im Tageslicht wirkt, neuartiger und mächtiger gliedern und wenn über den Türmen hohe Lichtsäulen ihre silbernen Schäfte in den dunklen Himmel stoßen, dann scheint eine der utopischen Welten der Technik verwirklicht, von denen die Romane eines Jules Verne oder Wells fabulieren« (Werner Hegemann, zit. nach: Berlin und seine Bauten, Teil 8, Bd. A). Das Gebäude wurde in den letzten Kriegstagen zerstört und – unter Einbeziehung eines erhaltenen Altbaurestes in der Hasenheide – durch einen einfachen Neubau ersetzt.

29/118 Kaufhaus Karstadt am Hermannplatz

a) Ansicht, 24. Juni 1929
b) Hauptportal, Juni 1929
c) Treppenhaus und Fahrstuhlgang, Juli 1929
d) Empfangshalle von der Untergrundbahn aus, Juni 1929
e) Turmfassade, Juli 1929
f) Dachgarten, Juni 1929

Sechs Photographien (Originalabzüge), je ca. 16,5×22 cm
Essen, Karstadt AG

29/119 Großer Lichthof des Kaufhauses Karstadt, 1929

Photographie (Reproduktion)
München, Süddeutscher Verlag, Bilderdienst

29/120 ›Das gigantische Werk ist vollendet‹ Plakat zur Eröffnung des Kaufhauses Karstadt am Hermannplatz, 1929

42×29 cm
Essen, Karstadt AG

29/121 ›Besonders zu empfehlen‹ Lebensmittelauslagen im Kaufhaus Karstadt, 27. April 1929

Klinke & Co.

Photographie (Originalabzug), 16,7×23,4 cm
Essen, Karstadt AG

29/126

29/122 ›Führer durch das modernste Warenhaus Deutschlands, Hermannplatz. Karstadt AG Berlin‹

Um 1930
Berlin, Karstadt AG

29/123 Bauarbeiten am Kaufhaus Karstadt am Hermannplatz

1928/29; zwei Photographien (Originalabzüge); 8,7×11,2 cm, 11,8×15,1 cm
Berlin, Karstadt AG

Es handelt sich um Amateurphotographien von der Hand eines an den Bauarbeiten Beteiligten.

29/124 Die Fischabteilung im Kaufhaus Karstadt am Hermannplatz

Lavierte Federzeichnung, aus: Das Fisch-Magazin, handgezeichnete humoristische Zeitschrift zum Jahresende 1933; 22×34,5 cm
Berlin, Karstadt AG

Die Zeitschrift war ein Geschenk für den Fischverkäufer Paul Hohl.

29/125 Filial-Kaufhaus Karstadt in der Turmstraße

Carl Siegert

Um 1929; Photographie (Originalabzug), 6,1×21,9 cm
Berlin, Karstadt AG

29/126 Kaufhaus Wertheim in der Leipziger Straße (Abb.)

Um 1912; Photographie (Originalabzug), 21,5×28,8 cm
Berlin, Kunstbibliothek, SMPK (8065 M VI A 4)

Die Aufnahme zeigt die Fassade des ersten Bauabschnitts (1896/97), entworfen von Alfred Messel.

29/127 Kaufhaus Tietz in der Leipziger Straße

1900; Photographie (Originalabzug), 35,3×23,9 cm
Berlin, Kunstbibliothek, SMPK (KBB 8055)

Das Kaufhaus Tietz wurde vom Architektenbüro Sehring & Lachmann entworfen, das 1896 das Theater des Westens erbaut hatte.

29/128 Kaufhaus Tietz am Alexanderplatz

1909; Photographie (Originalabzug), 26,4×35,3 cm
Berlin, Kunstbibliothek, SMPK (M VI A 4)

Die Architekten des Baus waren Wilhelm Hubert Cremer und Richard Wolffenstein, die auch das alte Verlagshaus Rudolf Mosse entworfen hatten.

29/129 Kaufhaus Tietz am Alexanderplatz: Ansicht des großen Lichthofes

1910; Photographie (Originalabzug), 25,4×35,1 cm
Berlin, Kunstbibliothek, SMPK (KBB 8053)

29/130 Kaufhaus Maassen am Oranienplatz

1907; Photographie (Originalabzug), 26×35,3 cm
Berlin, Kunstbibliothek, SMPK (KBB 8024)

Das Kaufhaus Maassen wurde vom Architektenbüro Breslauer & Salinger erbaut.

29/131 Passagekaufhaus W. Wertheim

Um 1910; Photographie (Originalabzug), 24×31,5 cm
Berlin, Kunstbibliothek, SMPK (M VI A 4)

Das 1908 fertiggestellte Passagekaufhaus wurde von Franz Ahrens erbaut.

29/132 Kaufhaus N. Israel, Spandauer-/Ecke Königstraße

1899; Photographie (Originalabzug), 25×35 cm
Berlin, Kunstbibliothek, SMPK (KBB 7985)

Das auf Textilhandel spezialisierte Unternehmen wurde 1815 gegründet. Der Neubau Spandauer-/Ecke Königstraße entstand in mehreren Abschnitten zwischen 1899 und 1914 nach Entwürfen von Ludwig Engel, der sich deutlich an Messels Wertheim-Bau orientierte.

29/133 ›Der Traum der Tietzmädchen‹ (Abb.)

Karl Hubbuch

1921; Radierung, 29×35 cm
München, Michael Hasenclever. Galerie

29/134 Plakat ›Modellhut Ausstellung Hermann Tietz‹

Josef Fenneker

Berlin: Dinse & Eckert; Farblithographie, 69×93 cm
Berlin, Kunstbibliothek, SMPK

29/135 Vor den Schaufenstern (Abb.)

Richard Ziegler

1927/28; Pastell auf Japan-Bütten, 37×28 cm; bez. u. M.: R. Ziegler
Calw, Richard-Ziegler-Stiftung

29/136 Weiße Woche im Kaufhaus des Westens, 1929

Drei Photographien (Reproduktionen)
Berlin, Landesbildstelle Berlin

29/137 Bildnis des Gerson (von) Bleichröder (Abb.)

Emile Charles Wauters

1888; Öl/Lw., 38,5×35,5 cm; bez. o. l.
Berlin, Berlin Museum

Gerson (von) Bleichröder (1822–1893) nahm neben seinem eigenen Bankgeschäft in der Berliner Finanzwelt insbesondere die Interessen der weitverzweigten Bankiersdynastie Rothschild wahr. Seit 1859 war er der persönliche Vermögensverwalter und -berater Bismarcks. Die wachsende Bedeutung des Hauses Bleichröder, die internationalen Kontakte und die besondere Beziehung zu Bismarck brachten es mit sich, daß Bleichröders Dienste auch auf politischer Ebene gesucht wurden, so bei der Finanzierung des Krieges von 1866 und den Friedensverhandlungen mit Frankreich 1871. 1872 wurde Bleichröder nobilitiert. Unter der Führung seines Teilhabers Julius Schwabach und dessen Sohn Paul

29/133

Hermann bestand das Bankhaus nach dem Tode Gerson (von) Bleichröders fort; nach der Machtübernahme der Nationalsozialisten von der ›Arisierung‹ betroffen, existierte es nur noch bis 1938 in Berlin.

29/138 Bildnis des Eugen Gutmann
Max Liebermann

Öl/Lw., 110×81 cm
Berlin, Berlin Museum

Eugen Gutmann (1840–1925) wandelte mit Karl und Felix von Kaskel 1872 deren Privatbankhaus in eine Aktiengesellschaft um, die fortan den Namen Dresdner Bank führte. Seit 1881 unterhielt die Bank eine Niederlassung in Berlin, die 1884 zum Hauptsitz wurde. Während z. B. die Berliner Handelsgesellschaft eine Geschäftsbank ohne Filialen blieb, setzte Gutmann gerade darauf, durch ein weitgespanntes Zweigstellennetz die Vielzahl kleinerer Sparguthaben zu großen Kapitalien zu verdichten. Wie alle deutschen Großbanken übte auch die Dresdner Bank unter Gutmanns Regie maßgeblichen Einfluß auf die Industrie aus, in diesem Fall z. B. auf die großen Ruhrunternehmen Gelsenkirchener Bergwerks AG und Hibernia. 1920 zog sich Gutmann auf den Sitz eines Ehrenpräsidenten der Dresdner Bank zurück.

29/139 Bildnis des Eduard Mosler
Fritz Rhein

1917; Öl/Lw., 109×89 cm
Frankfurt a. M., Deutsche Bank AG

Eduard Mosler (1873–1939) war von 1911 bis 1929 Inhaber der Disconto-Gesellschaft, seit deren Fusion mit der Deutschen Bank 1929 dort Vorstandsmitglied und von 1934 bis 1938 Sprecher des Vorstands.

29/140 Bildnis des Oscar Wassermann
R. Woldan

Um 1925; Öl/Lw., 69×64 cm
Frankfurt a. M., Deutsche Bank AG

Oscar Wassermann (1869–1934) wurde in Bamberg geboren, wo seine Familie ein alteingesessenes Bankhaus besaß. Er gehörte 1912 bis 1933 dem Vorstand der Deutschen Bank in Berlin an, ebenfalls bis 1933 dem Generalrat der Reichsbank. Neben seiner Tätigkeit im Bankwesen war Wassermann ein engagierter Förderer jüdischer Institutionen in Deutschland: Er war Vizepräsident im Verwaltungsrat der ›Akademie für die Wissenschaft des Judentums‹ wie auch seit 1922 Leiter der deutschen Abteilung des ›Keren Hayesod‹, der Finanzorganisation der zionistischen Bewegung. Nach der Machtübernahme durch die Nationalsozialisten mußte er alle seine Funktionen in der Bank aufgeben.

29/141 Der Bankier Carl Fürstenberg beim Verlassen des Gebäudes der Berliner Handelsgesellschaft

Um 1925; Photographie (Originalabzug), 18×26 cm
Frankfurt a. M., Berliner Handels- und Frankfurter (BHF-)Bank

Carl Fürstenberg (1850–1933) kam 1869 aus seiner Geburtsstadt Danzig nach Berlin, um für kurze Zeit in die Disconto-Gesellschaft einzutreten. Er wechselte zu S. Bleichröder über, wo er bald die Stelle eines Prokuristen innehatte. 1883 übernahm er die Führung der Berliner Handelsgesellschaft, die 1856 als eine der ersten preußischen Aktienbanken von Berliner und rheinischen Privatbankiers gegründet worden war und sich zum Zeitpunkt von Fürstenbergs Eintritt in einer krisenhaften Situation befand. Fürstenberg schaffte es in den folgenden Jahren, der BHG einen führenden Platz unter den Finanziers der großen Industrie zurückzugewinnen; insbesondere mit der AEG bestand eine enge Geschäftsbeziehung. 1931 zog sich Fürstenberg auf einen Präsidiumssitz bei der BHG zurück.

29/142 ›Aufbahrung des Herrn Dr. Georg von Siemens‹
F. Schloenbach

1901; Photographie (Originalabzug), 17×22 cm ; handschriftlicher Zusatz: »Im Lichthof d. Dtsch. Bank in Berlin.«
Frankfurt a. M., Deutsche Bank AG

Georg (von) Siemens (1839–1901), Sohn des Justizrats Johann Georg (von) Siemens, eines Vetters von Werner (von) Siemens und Mitbegründers von ›Siemens & Halske‹, war zunächst für dieses Unternehmen tätig. Er wechselte 1870 in die Leitung der im selben Jahr gegründeten Deutschen Bank über, deren Entwicklung vom reinen Auslandsgeschäft zur ›Universalbank‹ mit allen Kredit- und Emissionstätigkeiten er maßgeblich beeinflußte. Siemens gehörte seit 1874 für mehrere Jahre dem preußischen Abgeordentenhaus und dem Reichstag als Mitglied der Nationalliberalen bzw. der Freisinnigen an und wurde 1899 in den Adelsstand erhoben.

29/143 Arthur von Gwinner

Um 1890; Photographie (Originalabzug), aus dem Familienalbum von Gwinner; 23,6×16 cm
Frankfurt a. M., Deutsche Bank AG

Arthur von Gwinner (1856–1931) war von 1894 bis 1919 im Vorstand der Deutschen Bank, wobei er insbesondere im Auslandsgeschäft tätig war (amerikanische und türkische Eisenbahnen, rumänische Ölfelder); danach übernahm er den Vorsitz des Aufsichtsrats der Deutschen Bank. 1910 zog er ins preußische Herrenhaus ein. Als 1923 die ›Paneuropa-Union‹ gegründet wurde, arbeitete von Gwinner ihre Satzung mit aus.

29/144 Glückwunschadresse für Gerson (von) Bleichröder, Berlin, 30. September 1888

Aquarell mit Zierschrift in goldenem Prägedruck, 40,5×53 cm; bez. u. l.: Herm. Senger Berlin; Ledereinband: Hofbuchbindermeister W. Collin; Samt mit Goldprägung und Metallbeschlägen
München, Bayerische Staatsbibliothek München, Handschriftenabteilung (Cgm 8730)

Aufschrift: »Herrn / Gerson von Bleichröder / Königlichen Geheimen Commerzien-Rath / Königlichen Großbritannischen General Consul / Ritter hoher Orden ppl. / beglückwünscht zum / fünfzigjährigen Jubiläum / seiner Tätigkeit im Bankhause / S. Bleichröder / in größter Hochachtung und Verehrung / die ihm durch 45 Jahre geschäftlicher Verbindung / treu ergebene / Firma M. Blumenthals Nachfolger«.

29/145 Prunkalbum für Herrn Marcus Goldschmidt für 25 Jahre Mitarbeit vom Aufsichtsrat und von der Direktion der Dresdner Bank (Abb.)

1897; aquarelliertes Schmuckblatt, 37,2×44 cm; grüner Ledereinband mit Metallbeschlägen, 37,5×48 cm
Frankfurt a. M., Dresdner Bank AG

Das Album enthält Photographien von Direktoren und Aufsichtsratsmitgliedern der Dresdner Bank.

29/146 Kassenraum des Bankhauses S. Bleichröder

Um 1900; Photographie (Originalabzug), 23×29,2 cm
Berlin, Kunstbibliothek, SMPK (KBB 7910)

Das von Hans Jessen erbaute Bankgebäude befand sich Unter den Linden 12/13.

29/147 Kassenhalle der Pommerschen Hypotheken-Aktien-Bank, Behrenstr. 35

1898; Photographie (Originalabzug), 34,8×25,5 cm
Berlin, Kunstbibliothek, SMPK (KBB 7921)

29/135

29/148 ›Erweiterungsbau Berliner Handelsgesellschaft. 1. Stockwerk, Möblierungs-Plan‹
Alfred Messel

Feder- und Bleistiftzeichnung, 72 × 46 cm
Berlin, TUB, Plansammlung der Universitätsbibliothek (12429)

29/149 Türentwürfe für die Berliner Handelsgesellschaft
Alfred Messel

Feder- und Bleistiftzeichnung, 61,7 × 129,5 cm
Berlin, TUB, Plansammlung der Universitätsbibliothek (12436)

29/150 Berliner Handelsgesellschaft
a) Außenansicht in der Behrenstraße (links der Direktionseingang)
b) Direktionsaufgang
c) Empfangsraum des Geschäftsinhabers
d) Fernsprechabteilung
e) Zugang zum Tresorraum
f) Registratur

Um 1928; sechs Photographien (Reproduktionen)
Frankfurt a. M., Berliner Handels- und Frankfurter (BHF-) Bank

29/151 ›Darmstädter Bank. Tischlampe für den kleinen Sitzungssaal‹
Alfred Messel

Blei- und Buntstiftzeichnung, 136 × 57 cm
Berlin, TUB, Plansammlung der Universitätsbibliothek (11971)

29/152 ›Das Gebäude der Dresdner Bank in Berlin, erbaut 1887–1888 in der Behrenstraße 38/39 von Ludwig Heim‹
Lichtdruck, aus: Architektonische Bilderbogen (Bl. 251); 28,5 × 42 cm
Berlin, Landesarchiv Berlin (Rep.250 Acc.346 Bd.3)

29/153 Bauliche Modernisierungen im Hauptgebäude der Dresdner Bank (Abb.)
Zwei Photographien, Reproduktionen aus: Photoalbum zu den baulichen Modernisierungen im Hauptgebäude der Dresdner Bank, 1927–1928; bez.: »Herrn Direktor P. Pessler zur freundlichen Erinnerung an gemeinsame Arbeit gewidmet von Otto P. Kayser, Architekt«
Frankfurt a. M., Dresdner Bank AG

29/137

29/154 Aktie der Northern Pacific Railway Company
1896/97; 20 × 28 cm
Frankfurt a. M., Deutsche Bank AG

1893 geriet die Northern Pacific Railroad Company, in die viel deutsches Kapital investiert worden war, in eine Krise. Nach der Umwandlung und Umbenennung der Aktiengesellschaft unter Beteiligung von Bernhard Dernburg, Georg (von) Siemens und Arthur von Gwinner in die Northern Pacific Railway Company 1896 wurden die Obligationen und Aktien der Railroad Company in die der Railway Company umgetauscht.

29/155 Aktien der Deutschen Bank und Disconto-Gesellschaft Berlin: 100-Reichsmark-Aktie, 1929 und 1000-Reichsmark-Aktie, 1932
Je 21 × 30 cm
Frankfurt a. M., Deutsche Bank AG

29/156 ›Schwarze Börse‹
Rudolf Großmann

Um 1923; aquarellierte Lithographie, aus der Serie: ›Cocain‹ (Nr. 8); 25 × 37 cm
Bremen, Kunsthalle Bremen, Kupferstichkabinett (25/12)

29/157 Lohngeldtransport einer kleinen Firma
1923; Photographie (Reproduktion)
Koblenz, Bundesarchiv Koblenz, Bildarchiv (72/62/11)

29/145

29/158 Geldscheinausgabe in der Deutschen Reichsbank

1923; Photographie (Reproduktion)
Koblenz, Bundesarchiv Koblenz, Bildarchiv (ABC-Nr.131)

29/159 Werbebroschüren der Danat-Bank: ›Lass Dein Spargeld nicht im Schrank, gib's auf Zins zur Danatbank‹ und ›Der Weg zum Wohlstand‹

Frankfurt a. M., Dresdner Bank AG

Im Jahre 1922 verschmolzen die Darmstädter Bank (Bank für Handel und Industrie) und die Nationalbank für Deutschland zur Darmstädter und Nationalbank KGaA (Kommanditgesellschaft auf Aktien). Einer der Geschäftsinhaber war bis 1923 der spätere Reichsbankpräsident Hjalmar Schacht. Nach seinem Ausscheiden bestimmte Jakob Goldschmidt (1882–1955), seit 1918 Leiter der Nationalbank, die Geschäfte des Unternehmens.

29/160 Telegramm der Danat-Bank in Berlin an die Filiale Lübeck mit der Aufforderung, die Kassenräume zu schließen und Polizeischutz anzufordern, 13. Juli 1931

Frankfurt a. M., Privatbesitz

Im Mai 1931 geriet der Karstadt-Konzern in finanzielle Schwierigkeiten, im Juni brach die ›Nordwolle‹, ein führendes europäisches Textilunternehmen, zusammen, wobei die Danat-Bank 50 Millionen Reichsmark, und damit 18 Millionen mehr als ihr Aktienkapital ausmachte, verlor. Am 5. Juni 1931 verband die Regierung Brüning im Zeichen der Wirtschaftskrise eine Notverordnung zur Gehaltskürzung im öffentlichen Dienst mit einem Appell an die Schuldnerländer Deutschlands, die Reparationslasten zu senken. Dort galt das Deutsche Reich nunmehr als zahlungsunfähig – die immensen Dollarkredite wurden gekündigt. Die wegen ihrer risikoträchtigen Geschäftspolitik besonders gefährdete und wegen ihrer Verluste angeschlagene Danat-Bank mußte am 13. Juli 1931 ihre Illiquidität bekanntgeben. Wegen der panischen Reaktion vieler Kunden mußten am nächsten Tag auch die übrigen Bankhäuser die Schalter schließen. Erst Anfang August wurden die Beschränkungen der Geschäftstätigkeit aufgehoben.

29/153

29/161 Menschenandrang vor Sparkassen und Banken während der Weltwirtschaftskrise, 1931

a) Bankkunden vor den geschlossenen Schaltern der Danat-Bank in der Friedrichstraße
b) Schlangen verängstigter Sparer vor der Sparkasse der Stadt Berlin am Mühlendamm (Abb.)
c) Wartende Kunden vor dem Postscheckamt

Photographien (Reproduktionen)
Berlin, Ullstein Bilderdienst

29/162 Innenansicht der Börse
Friedrich Hitzig

1859; Federzeichnung, 57×22 cm
Berlin, TUB, Plansammlung der Universitätsbibliothek (1849)

Der Bau der Berliner Börse wurde 1859 bis 1864 errichtet.

29/163 Berliner Börse

Um 1928; sechs Photographien (Reproduktionen)
Berlin, Ullstein Bilderdienst

29/164 Entwurf eines Geldschranks für die Nationalbank Berlin

Aquarellierte Federzeichnung, 53,7×64,3 cm
Berlin, TUB, Plansammlung der Universitätsbibliothek (12291)

29/165 Entwurf eines Effektentresors für die Nationalbank Berlin

Um 1900; Ausschnitt aus einem Firmenkatalog der Fa. Arnheim, Berlin; handkoloriert, 31×46,6 cm
Berlin, TUB, Plansammlung der Universitätsbibliothek (12288)

29/166 Safe der Von-der-Heydt-Bank

Um 1930; Photographie (Reproduktion)
Berlin, Ullstein Bilderdienst

29/167 Bei Fliegeralarm im Tresor der Bank

Um 1944; Photographie (Originalabzug), 8,3×11,5 cm
Frankfurt a. M., Dresdner Bank AG

29/161 b

29/168 Die Brüder Sass (Abb.)

1927; zwei Photographien (Originalabzüge); 9×11 cm, 13,5×8,5 cm
Berlin, Landesarchiv Berlin (Akte Sass, Bd.III, IX)

Die Aufnahme zeigt Erich Sass an einem Ferienort.

29/169 Plakat mit der Ausschreibung einer Belohnung von 30000 Reichsmark für Hinweise auf die Geldschrankeinbrecher, Berlin, 2. Februar 1929

46×30 cm
Berlin, Landesarchiv Berlin (Akte Sass, Bd.I)

29/170 Karikatur eines Geldschrankes aus dem Notizbuch der Brüder Sass (Abb.)

Um 1929
Berlin, Landesarchiv Berlin (Akte Sass, Bd.I, Nr.2)

29/171 Versuchte Tresoreinbrüche der Brüder Sass

1927; vier Photographien (Reproduktionen)
Berlin, Landesarchiv Berlin (Lichtbildmappe Nr. Ia, IIf, IVb, VII)

Es handelt sich um eine Filiale der Dresdner Bank am Savignyplatz und eine Depositenkasse der Deutschen Bank in Alt-Moabit.

29/172 Der Tresorraum der Disconto-Gesellschaft in der Kleiststraße nach dem Einbruch der Brüder Sass (Abb.)

1929; vier Photographien (Originalabzüge), je 24×18 cm
Berlin, Landesarchiv Berlin (Akte Sass, Bd.I, Nr.10–13)

29/173 Beweisstücke aus den Ermittlungen gegen die Brüder Sass

a) Vier Ansichtskarten aus Monte Carlo, Nizza und Toulon, geschrieben von Erich Sass, 1927
b) Prospekt der Autowerke Horch
c) Rechnung der Juweliere N. & S. Graetz über eine goldene Herrenkette, Berlin, 23. September 1925

29/170

d) Rechnung der Hofschneiderei Bothmer & Dünzer über einen Paletot, Berlin, 4. November 1925
e) Visitenkarte von ›Wilhelm Ugé Wertheim Automobil Gesellschaft m. b. H.‹

Berlin, Landesarchiv Berlin (Akte Sass, Bd.III, IX)

In den Gerichtsakten zum Fall Sass finden sich Rechnungen von Herrenschneidern, Juwelieren, Autovertretern sowie Reklameprospekte von Automobilen gehobener Preisklassen, außerdem Postkarten von Reisen der Brüder Sass an die französische Riviera. Zeugnisse des aufwendigen Lebensstils stützten den Verdacht gegen die beiden Einbrecher, die offiziell keiner Beschäftigung nachgingen.

29/174 Modell einer Dampflokomotive mit Tender
Ausbesserungswerk der Reichsbahn Brandenburg

1936; Baureihe 03 der Reichsbahn; L 260 cm; M 1:10
Berlin, Museum für Verkehr und Technik Berlin (EM 540/541)

Das Modell stammt aus den Beständen des ehemaligen Verkehrs- und Baumuseums im Hamburger Bahnhof.

29/175 Modell eines S-Bahnzuges, bestehend aus vier Wagen
Fredi Woytnik, Modellbautechnik

Berlin 1987; Messingblech, Messingschleuderguß; 4×6×20 cm; M 1:87
Berlin, Fredi Woytnik, Modellbautechnik Berlin

Bei diesem Modell handelt es sich um den gebräuchlichen S-Bahntyp, von dem nach einem Prototyp von Orenstein & Koppel in vielen Waggonfabriken zwischen 1929 und 1931 insgesamt 634 Trieb-, 461 Steuer- und 173 Beiwagen hergestellt wurden. In diesem Zeitraum wurde die Elektrifizierung des S-Bahnnetzes, die im August 1924 mit der Strecke nach Bernau begonnen hatte, abgeschlossen.

29/176 Modell eines U-Bahnzuges
Fredi Woytnik, Modellbautechnik

Berlin 1987; geätztes Messingblech, Messingschleuderguß; 5×15×5 cm; M 1:87
Berlin, Fredi Woytnik, Modellbautechnik Berlin

Nachgebildet wurde ein Wagen des Typs ›B1‹, der ›Tunneleule‹, gebaut seit 1924 für die Nord-Süd-Strecke der U-Bahn, deren erster Abschnitt zwischen Stettiner Bahnhof und Halleschem Tor ein Jahr zuvor eingeweiht worden war.

29/177 Modelle Berliner Straßenbahn-Züge aus den zwanziger und dreißiger Jahren
a) Triebwagen ›T 24‹ mit zwei Beiwagen ›B 24‹ und ›B 25‹, gebaut ab 1924
b) Triebwagen ›TF 13/25‹ mit einem Beiwagen ›BF 13/25‹, gebaut ab 1913, umgebaut 1925
c) zwei Triebwagen ›TM 33‹, gebaut ab 1933, mit Beiwagen ›B 28‹, gebaut ab 1928

Karl-Heinz Jung

Um 1985; Messing, Spritzguß; M 1:87
Berlin, Karl-Heinz Jung

Im Jahre 1881 fuhr die erste elektrische Straßenbahn Berlins, 1902 wurde die letzte Pferdestraßenbahn ausgemustert. Die geringen Bau- und Betriebskosten der ›Elektrischen‹ machten sie auch im Zeichen eines rasanten Ausbaus der modernen Massenverkehrsmittel U-Bahn, S-Bahn und Bus unverzichtbar. 1929 umfaßte das Straßenbahnnetz in Berlin 635 km neben 58,9 km U-Bahn- und 250 km Busstrecken.

29/178 Drei Fahrscheine der Straßenbahn und der U-Bahn

Um 1905
Berlin, Landesarchiv Berlin (Rep.240 Acc.1067 Nr.3–5)

29/168

29/172

29/179 U-Bahnhof Potsdamer Platz: Bahnsteig mit Personenzug, 1902

Photographie (Originalabzug), aus einer Serie: Ansichten vom Bau der U-Bahnlinie 1; 28,3×22,6 cm
Berlin, Landesarchiv Berlin (Rep.250 Acc.3039)

29/180 Innenansicht des U-Bahnhofs Wittenbergplatz, 1931

Photographie (Originalabzug), 17×20 cm
München, Deutsches Museum, Plansammlung (1931/31–1)

29/181 30000-Volt-Kabel-Verlegung für die Berliner Ring- und Vorortbahn

Photographie (Originalabzug), 15×21 cm
München, Deutsches Museum, Technisches Archiv

29/182 Reklamefigur für eine Autoreifenfirma an der Berliner AVUS (Nachbildung des Originals von Rudolf Belling und Wassili Luckhardt)

Carolin Jahn

Berlin 1987 (Original 1920); Gips auf Schaumstoffkern, 200×150×150 cm
Berlin, Berliner Festspiele GmbH

29/183 Zwei Marionetten ›Motorradfahrer‹

Hermann Nonnenmacher

1927; Holz; H 113 cm, H 108 cm
München, Münchner Stadtmuseum (44.975, 44.976)

Die Marionetten wurden für eine Aufführung im Berliner ›Kabarett der Komiker‹ angefertigt.

29/184 Tankstelle bei Nacht (Abb.)

Um 1930; Photographie (Originalabzug), 12,4×21,6 cm
Berlin, Kunstbibliothek, SMPK (KBB 8048)

29/185 Tankstelle mit Garage bei Nacht

Um 1930; Photographie (Originalabzug), 13×23 cm
Berlin, Kunstbibliothek, SMPK (KBB 8049)

Der Architekt der Tankstelle, Heinrich Kosina, hatte zusammen mit Paul Mahlberg auch die Anlage des ersten Flughafens Tempelhof geplant.

29/186 Horch-Limousine

Horch-Werke AG

Horch 830, Pullman-Limousine mit vier Türen, 8-Zylinder-Motor mit 75 PS bei 3600 U/min.; Zwickau, Berlin 1935; 190×520×190 cm
Berlin, Museum für Verkehr und Technik Berlin

29/187 Plakat ›Internationale Automobil- und Motorrad-Ausstellung Berlin 1933‹

Otto Arpke

Berlin: Rotophot A. G.; Farblithographie, 59×41 cm
Berlin, Kunstbibliothek, SMPK

Die Ausstellung fand im Februar 1933 unter dem Protektorat des Reichspräsidenten Paul von Hindenburg statt. In seiner Eröffnungsrede versprach der eben zum Kanzler ernannte Adolf Hitler eine großangelegte staatliche Förderung des Automobilbaus.

29/188 Plakat ›Quittung für 1929. 48 tote und 1062 verletzte Fußgänger. Gib acht beim Überqueren der Straße!‹

1929; Lithographie, 83×119 cm
München, Münchner Stadtmuseum (C 22/21 A 22/21)

29/189 Motorradrennfahrer auf der AVUS

Max Esser

1939; Bronze; 153×98×240 cm, 134×83×250 cm
Berlin, Bildgießerei Hermann Noack

29/190 Taxistand am Potsdamer Platz

Willy Pragher

1934; Photographie (Originalabzug), 23,5×30,5 cm
Berlin, Berlinische Galerie, Fotografische Sammlung (BG-FS 83/81,3)

29/191 Der Verkehrsturm auf dem Potsdamer Platz

Hanni Michaels

Um 1938; Photographie (Originalabzug), 17,5×24 cm
Berlin, Berlinische Galerie, Fotografische Sammlung (BG-FS 55/82,1)

29/192 Beleuchtung des Potsdamer Platzes durch vier Tiefstrahler

Photographie (Originalabzug), 13×18 cm
München, Deutsches Museum, Technisches Archiv

29/184

29/193 Straßenarbeiter beim Teeren und Walzen (Abb.)
Werner Muszinski
Um 1930; zwei Photographien (Originalabzüge); 18×24,2 cm, 24×18,4 cm
Berlin, Berlinische Galerie, Fotografische Sammlung (BG-FS 41/83,12 u.14)

29/194 Motorradpaar
Friedrich Seidenstücker
1930; Photographie (Originalabzug), 13×18 cm
Berlin, Berlinische Galerie, Fotografische Sammlung (BG-FS 7/82,16)

29/195 ›Mercedes‹ aus der Nordkurve in die Gerade übergehend
Cucuel-Offelsmeyer
1926; Kreidezeichnung mit Deckfarben, 29×34 cm; bez. u. r.: Cucuel-Offelsmeyer
Berlin, Axel Springer Verlag AG

Die AVUS (Automobil-Verkehrs- und Übungsstraße) war schon vor dem Ersten Weltkrieg geplant worden; die Bauarbeiten im Grunewald wurden jedoch erst 1920 mit finanzieller Hilfe des Industriellen Hugo Stinnes vollendet. Seit 1921 fanden im Rahmen der ›Deutschen Automobil-Ausstellung‹ und der damit verbundenen ›Automobil-Woche‹ auf der AVUS Autorennen statt. Im Juli 1926 wurde auf der AVUS erstmals der ›Große Preis von Deutschland‹ gefahren, woran sich 22 deutsche und 16 ausländische Rennsport-Marken beteiligten. Sieger war Rudolf Caracciola auf ›Mercedes‹.

29/196 Avusrennen
Nils Stenbock
1932; Federzeichnung mit Deckweiß, 22×25,8 cm; bez. u. r.: Nils Stenbock
Berlin, Axel Springer Verlag AG

29/197 Der Flieger (Abb.)
Rudolf Belling
1915; Bronze, H 40 cm
Mannheim, Städtische Kunsthalle Mannheim (S 2359)

29/198 Plakat ›Konkurrenz-Fliegen auf dem Flugplatz Berlin-Johannisthal‹, 1909
Lucian Bernhard
Lithographie, 89×118,5 cm
München, Münchner Stadtmuseum (C 19/9)

29/199 ›Bahlsens Luftfahrt-Proviant‹ Entwurf für einen Ausstellungsstand
Karl Bernhart
1912; Tempera auf Pappe, 49×42 cm
Hannover, H. Bahlsens Keksfabrik KG, Firmenarchiv

29/200 Völkerwanderung zum Rohrbach-Riesen-Flugboot ›Romar‹
Jean Jacoby
1928; Kohlezeichnung mit Deckweiß, 23,1×25 cm; bez. u.r.: Jacoby
Berlin, Axel Springer Verlag AG

29/193

Im Flugboot sah man in den zwanziger Jahren die einzige Möglichkeit eines transatlantischen Flugverkehrs, abgesehen vom Zeppelin. Die Lufthansa veranstaltete 1927 eine große Flugbootschau auf dem Wannsee. 1928 wurden die drei von der Lufthansa bestellten Flugboote des Typs ›Romar‹ von der Berliner Flugzeugfabrik Rohrbach gebaut. Zwei von ihnen scheiterten schon 1929 bei Versuchsflügen in der Kieler Bucht; ebensowenig wie die ›DO X‹ fand die ›Romar‹ jemals im Zivilluftverkehr Verwendung.

29/201 Luftrennen um den B.Z.-Preis

Jean Jacoby

1930; Gouache, 47,3×38,5 cm; bez. u. r.: Jacoby
Berlin, Axel Springer Verlag AG

29/202 Erhard Milch im Cockpit einer ›Condor‹, 29. März 1926

Photographie (Reproduktion)
Köln, Deutsche Lufthansa AG, Firmenarchiv

Anläßlich der zum 6. April 1926 vorgesehenen Aufnahme des Flugverkehrs begrüßte Erhard Milch als Vorstandsmitglied der am 26. Januar 1926 gegründeten Deutschen Lufthansa AG in Berlin-Tempelhof aus dem Cockpit einer ›Condor‹ die Vertreter der Presse. Das Flugzeug hatte der ehemalige Jagdflieger Ernst Udet (1896–1941) entwickelt, der nach 1918 als Kunstflieger und Flugzeugbauer tätig war. In der NS-Zeit erlangte Udet hohe Positionen in der Luftwaffe. Erhard Milch (1892–1972) war seit 1926 im Vorstand der Lufthansa, deren Präsident er 1942 wurde. Seit 1933 Staatssekretär in Görings Reichsluftfahrtministerium, wurde er 1938 Generalinspekteur der Luftwaffe und 1940 Generalfeldmarschall. In einem Kriegsverbrecherprozeß 1947 erhielt er eine lebenslange Freiheitsstrafe, wurde aber 1954 entlassen.

29/203 Feierliche Eröffnung der IATA-Konferenz in Berlin im Bundesratssaal des Auswärtigen Amtes, 27. August 1926

Photographie (Reproduktion)
Köln, Deutsche Lufthansa AG, Firmenarchiv

29/204 Modell einer ›Rohrbach Staaken‹

Josef Wimmer

Um 1980; Sperrholz; Spannweite 280 cm
Mönchengladbach, Josef Wimmer

Bei der ›Rohrbach Staaken‹ handelt es sich um einen einmalig gebauten Prototyp eines Großflugzeugs mit vier Motoren und teilweise metallverkleidetem Rumpf aus dem Jahre 1919. Die Weiterentwicklung des Flugzeugs scheiterte an den Bestimmungen des Versailler Vertrages.

29/205 Modell einer ›Rohrbach Roland VIII A‹

Josef Wimmer

Um 1980; Sperrholz; Spannweite 460 cm, L 270 cm
Mönchengladbach, Josef Wimmer

Die ›Roland VIII A‹ war ein seit 1926 gebauter Flugzeugtyp, der wegen seiner hohen Leistungsfähigkeit auf den damaligen Langstrecken Berlin-London und Berlin-München im Passagierverkehr eingesetzt wurde.

29/206 Modell einer ›Junkers F 13‹

Holz; Spannweite 71 cm, L 45 cm; M 1:25
München, Messerschmitt-Bölkow-Blohm GmbH

Die ›F 13‹ war das erste Ganzmetall-Flugzeug mit geschlossener Kabine. Obwohl sie nur vier Passagiere mit sich führen konnte, war sie zwischen 1926 und 1932 mit über 40 Maschinen der am meisten eingesetzte Flugzeugtyp der Lufthansa.

29/207 Modell einer ›Focke-Wulf A 16‹

Kurt Kloss

Holz; Spannweite 68 cm, L 40 cm, H 13 cm
Bremen, Flughafen Bremen GmbH

Das seit 1924 gebaute Passagierflugzeug wurde überwiegend für Flüge im Bäderdienst nach Norderney und anderen Nordseeinseln eingesetzt.

29/208 Modell einer ›Messerschmitt M 20‹

Holz; Spannweite 105 cm, L 65 cm; M 1:25
München, Messerschmitt-Bölkow-Blohm GmbH

Der seit 1928 gebaute Flugzeugtyp wurde im internationalen Luftverkehr eingesetzt. Die ›M 20‹ konnte zehn Passagiere befördern.

29/209 Berlin – das ›Luftkreuz Europas‹

a) Flughafen Tempelhof, nach 1929
b) Inneres der Funkstation, um 1930
c) Modell des 1939 fertiggestellten Großflughafens Tempelhof von Ernst Sagebiel, um 1934
d) Stand der Deutschen Lufthansa auf der ›Internationalen Luftfahrt-Ausstellung‹, Berlin 1928
e) Vor dem Abfertigungsgebäude, um 1929
f) Flughafenrestaurant, um 1929
g) In der Abfertigungshalle
h) Ein Alligator als Luftfracht auf der Waage
i) Elektrokarren befördern das Gepäck der Fluggäste zur Abfertigung
j) Flugpassagiere besteigen eine ›Junkers F 13‹ über die Tragflächen
k) Fluggäste, darunter der Boxer Max Schmeling, um 1930
l) Flugpassagiere, um 1926
m) Ein kleiner Flugpassagier geht an Bord, um 1928
n) Der Weihnachtsmann kommt mit dem Flugzeug an

29/197

o) Eugenio Pacelli, der spätere Papst Pius XII., von 1920 bis 1929 Nuntius in Berlin, als Flugpassagier in Tempelhof
p) Kabine einer ›Junkers G 24‹, von 1926 bis 1935 im Dienst der Lufthansa (Abb.)
q) Touristin in einer ›Junkers G 31‹
r) Passagier bei der Lektüre des ›Völkischen Beobachters‹ in einer ›Junkers Ju 90‹, um 1939

Achtzehn Photographien (Reproduktionen)
Köln, Deutsche Lufthansa AG, Firmenarchiv

Das Abfertigungsgebäude von 1929 wurde bis zur Zerstörung im Zweiten Weltkrieg benutzt, da der in der NS-Zeit geplante Nachfolgebau bis zum Kriegsausbruch nicht fertiggestellt war.

29/210 Zwei Flugscheine der Deutschen Lufthansa

Nach 1926; je 9,5 × 15 cm
Köln, Deutsche Lufthansa AG, Firmenarchiv

29/211 Taschenflugplan der Deutschen Lufthansa, Frühjahrsausgabe, 1. März – 30. April 1932

Köln, Deutsche Lufthansa AG, Firmenarchiv

29/212 Informationsschild ›Lufthansa – Auskunft und Buchung hier‹

Um 1938; Email, 33 × 25 cm
München, Hans J. Ebert

29/213 Modell der ›Bremen‹
Modellbau Helmut Zirzow

Metall; Spannweite 90 cm, L 52 cm, H 18 cm
Bremen, Flughafen Bremen GmbH

Mit dem Junkers-Flugzeug der Serienbezeichnung ›W 33 L‹ überquerten Köhl, von Hünefeld und Fitzmaurice 1928 den Atlantik.

29/209 p

29/214 Der Atlantikflug der ›Bremen‹, 1928

a) Fliegerbrille Hermann Köhls

Leder, Glas

b) Kurskoppelgerät

Plastik, 15 × 15 cm

c) Schal, Krawatte und Zipfelmütze Hermann Köhls

d) Taschenuhr der Marke Ingersoll (USA) Hermann Köhls

e) Modell der ›Bremen‹

1928; versilbert; Spannweite 36 cm, L 21 cm; Geschenk von Professor Hugo Junkers an Hermann Köhl mit Widmung vom 28. Juli 1928

f) Die ›Bremen‹ auf der Internationalen Luftfahrt-Ausstellung in Berlin, 1928

Photographie (Originalabzug), 15 × 10 cm

g) Ehrenmedaille des Deutschen Reichsausschusses für Leibesübungen für Hermann Köhl

Aufschrift: »Hauptmann a. D. Dr. Köhl dem Wegbereiter zwischen zwei Welten. Berlin, Juni 1928«; Bronze, Dm 10 cm

Pfaffenhofen a. d. Roth, Hermann-Köhl-Schule

29/215 Die drei Atlantikflieger Köhl, von Hünefeld und Fitzmaurice

a) Der amerikanische Pilot Duke Schiller holt die drei Atlantikflieger in Greenly Island auf Neufundland ab, um sie am 26. April 1928 nach New York zu bringen
b) Frau Köhl liest in Berlin das Extrablatt des ›Berliner Lokal-Anzeigers‹
c) Transatlantische Radioansprache im Hotel ›Ritz Carlton‹ in New York
d) Besuch des New Yorker Oberbürgermeisters Jimmy Walker im Hotel
e) Die drei Piloten mit Herta Junkers, einer Tochter von Hugo Junkers
f) Im Wagen während der Konfettiparade in New York
g) Die Konfettiparade von einem Hochhaus aus

29/215 k

h) Verleihung des ›Flying Cross‹, mit US-Präsident Calvin Coolidge und Außenminister Frank B. Kellogg
i) Empfang in Berlin: Ansprache eines Chargierten des Korps ›Palaio Markomania‹ auf dem Flughafen Tempelhof
j) Empfang der Atlantikflieger beim ›Stahlhelm‹
k) Das Kaufhaus Tietz am Alexanderplatz, geschmückt mit den Porträts der drei Atlantikflieger (Abb.)
l) Nach dem Besuch bei Reichspräsident von Hindenburg
m) Visite bei Ex-Kaiser Wilhelm II. in seinem Exil in Doorn

Dreizehn Photographien (Reproduktionen)
München, Elfriede Köhl

29/216 ›Die deutschen Flieger in Sicherheit!‹
Extrablatt zur Atlantiküberquerung von Köhl, von Hünefeld und Fitzmaurice

›Berliner Lokal-Anzeiger‹, 14. April 1928
Berlin, Werkbund-Archiv

29/217 Modell des Luftschiffs ›LZ 127 Graf Zeppelin‹

Metallspanten, Modellbauholz; L 358 cm, Dm 46 cm; M 1:66
Friedrichshafen, Städtisches Bodensee-Museum, Zeppelin-Museum

29/218 Spaten aus der Ausrüstung von ›LZ 127 Graf Zeppelin‹ für den Polarflug, 1931

Friedrichshafen, Heinz Urban

29/219

29/219 Montur der Zeppelin-Besatzung beim Polarflug von ›LZ 127 Graf Zeppelin‹, 1931: Jacke, Hose, Pullover, Ledermütze, Fausthandschuhe und Schneebrille (Abb.)
Friedrichshafen, Heinz Urban

29/220 Begegnung von ›LZ 127 Graf Zeppelin‹ mit dem Eisbrecher ›Malygin‹ im Polareis
Alexander Kircher
1931; Öl/Lw., 81 × 122 cm; bez.: Alex Kircher 1931
Schlüchtern-Elm, Isa von Brandenstein

29/221 Der Ullstein-Reporter Arthur Koestler und das Luftschiff ›LZ 127 Graf Zeppelin‹ zu Beginn und während des Polarfluges
1931; fünf Photographien (Reproduktionen)
Berlin, Ullstein Bilderdienst

29/222 Modell der ›Do X‹
Spannweite 120 cm, H 25 cm, L 100 cm; M 1:40
Luzern, Verkehrshaus der Schweiz

29/223 Kabine des Flugschiffs ›Do X‹
Photographie (Reproduktion)
Köln, Deutsche Lufthansa AG, Firmenarchiv

29/224 ›Do X‹ auf dem Müggelsee vor Anker, 1932
Photographie (Reproduktion)
München, Dornier GmbH (DWM 98/136172)

29/225 Ex-Kronprinz Wilhelm und Kapitän Christiansen bei der ›Do X‹-Besichtigung auf dem Müggelsee, 1932
Photographie (Reproduktion)
München, Dornier GmbH (DWM 98/60347)

29/226 Flugzeugmodell als Richtkrone beim Richtfest des Ullstein-Druckhauses in Tempelhof, 1926
Photographie (Reproduktion)
Berlin, Landesbildstelle Berlin

29/227 Das Flugzeug als Propagandainstrument
a) Pfingsttreffen des ›Rotfront-Kämpferbundes‹ auf dem Tempelhofer Feld, 1926
b) Werbe-Flugzeug mit der Aufschrift »Hindenburg« zur Reichspräsidentenwahl, 1932
c) SA-Männer beim Auftanken einer Maschine am Flugtag des ›Nationalen Flugsportvereins‹ in Staaken, 1932

Drei Photographien (Reproduktionen)
a) München, Süddeutscher Verlag, Bilderdienst
b) c) Berlin, Ullstein Bilderdienst

29/228 Hitlers ›Deutschlandflüge‹, 1932
a) Titelseite der NS-Dokumentation ›Hitler über Deutschland‹
b) Der ›Führer‹ an Bord (Abb.)
c) Die wartende Menge im Lustgarten, 4. April 1932

Vier Photographien (Reproduktionen)
a) Bremen, Staats- und Universitätsbibliothek
b) c) Berlin, Ullstein Bilderdienst
d) Berlin, Landesbildstelle Berlin

29/229 Der Schatten des Bombenkriegs über Berlin
Photographie, Reproduktion aus: Die Woche, 31. Dezember 1931

29/230 Taufe eines Lufthansa-Flugzeuges ›Junkers G 38‹ in Tempelhof auf den Namen ›Generalfeldmarschall von Hindenburg‹, 29. April 1933
Photographie (Reproduktion)
Köln, Deutsche Lufthansa AG, Firmenarchiv

29/228 b

VI. INNERE UND ÄUSSERE ZERSTÖRUNG

RAUM 30
DER KAMPF DER SYMBOLE

Die Folgen der weltweiten Wirtschaftskrise, die im Herbst 1929 begann, trafen Berlin, die ›Hauptstadt des deutschen Wirtschaftslebens‹, wo 2,3 Millionen Menschen einer Berufstätigkeit nachgingen, besonders hart. Nach einer Reihe von Bank- und Firmenzusammenbrüchen stieg die Zahl der Arbeitslosen 1931 sprunghaft an: Waren noch im Dezember 1929 nicht mehr als 200000 Erwerbslose in Berlin registriert, so verdoppelte sich deren Zahl vom Dezember 1930 bis zum Dezember 1931 von 275000 auf 564000 und erreichte am Ende des nächsten Jahres mit 639000 einen vorläufigen Höchststand.

Da seit Sommer 1930 die Bezugsdauer und die Höhe der Arbeitslosenunterstützung auf dem Wege der Notverordnung mehrmals erheblich gekürzt wurden, verschlechterten sich die Lebensbedingungen der meisten Arbeitslosen drastisch; nach der letzten Notverordnung vom 14. Juni 1932 endete der Anspruch auf Arbeitslosenunterstützung, der 1927 auf ein halbes Jahr Laufzeit festgesetzt worden war, bereits nach sechs Wochen. Ein in seiner statistischen Nüchternheit beeindruckendes Bild der Folgen dieser Politik gibt Hubert Renfro Knickerbocker, der Berliner Korrespondent der ›New York Times‹, in seinem Buch ›Deutschland – so oder so‹ (1932): »Nach einer Statistik des Arbeitsamtes kann der Berliner Unterstützungsempfänger ... täglich ein halbes Brot, ein Pfund Kartoffeln, hundert Gramm Kohl, fünfzig Gramm Margarine und dreimal im Monat einen Hering pro Kopf kaufen.«

Massenarbeitslosigkeit und Wirtschaftskrise trugen zur Verschärfung des politischen Klimas bei, in dem die antirepublikanischen Verbände und Parteien, die im politischen Leben der Weimarer Republik von Anfang an eine große Rolle spielten, regen Zulauf fanden. Diese Entwicklung zeichnete sich schon bei den Wahlen zur Berliner Stadtverordnetenversammlung im November 1929 ab. Zwar verlor die Deutschnationale Volkspartei (DNVP) sieben ihrer bisher 47 Sitze; gleichzeitig jedoch konnte die NSDAP, die 1925 nur im Bezirk Spandau kandidiert und dabei ganze 137 Stimmen bekommen hatte, mit 13 Sitzen ins neue Stadtparlament einziehen. Andererseits gewann die KPD 14 Sitze dazu und war jetzt mit 56 Sitzen zweitstärkste Fraktion nach der SPD, die statt mit 74 nur noch mit 64 Sitzen vertreten war. Bemerkenswert hohe Verluste mußte die Deutsche Demokratische Partei (DDP) hinnehmen, die ein Drittel ihres bisherigen Bestandes verlor und nur noch auf 14 Sitze kam. Viele, die bisher eher den Parteien der bürgerlichen Mitte zuneigten, suchten aus Angst vor der Arbeitslosigkeit, ja, mehr noch aus Angst vor den Arbeitslosen selbst, die ein gefährliches Bürgerkriegspotential zu bilden schienen, ihr Heil bei denen, die diese Angst noch schürten, indem sie den Bürgerkrieg immer wieder in Szene setzten.

Rechnerisch gab es weiterhin eine ›Linksmehrheit‹ im Berliner Stadtparlament, und die Tatsache, daß auch bei den Reichstagswahlen 1930 und 1932 mehr als die

Hälfte der Berliner eine der beiden Arbeiterparteien wählte, schien die schon vor 1914 geprägte Formel vom ›roten Berlin‹ zu bestätigen. Aber dieses ›rote Berlin‹ war gespalten, der Graben, der die Gegner der Republik von ihren Verteidigern trennte, verlief mitten durch die Arbeiterbewegung. Während die SPD als Gründerin der Republik um deren Bestand kämpfte, glaubte die KPD, die Krise als akut revolutionäre Situation interpretieren zu können und durch parlamentarische und außerparlamentarische Aktionen noch verschärfen zu müssen. Wie scharf die Gegensätze und wie absurd die Feindbilder waren, dic das wechselseitige Verhalten bestimmten, zeigte sich an zwei Berliner Ereignissen besonders deutlich: dem ›Blutmai‹ von 1929 und dem BVG-Streik von 1932.

Als der sozialdemokratische Berliner Polizeipräsident Karl Zörgiebel sich weigerte, zum 1. Mai 1929 ein schon länger bestehendes Demonstrationsverbot aufzuheben, entschloß sich die Führung der KPD, ihre Mitglieder dennoch zur Demonstration aufzurufen. Da die Polizei, vor allem im Wedding und in Neukölln, mit Waffengewalt gegen die Demonstranten vorging, wobei es zu 31 Toten und zahllosen Verletzten kam, schienen für viele KPD-Mitglieder die letzten Zweifel an der Theorie beseitigt, die die Politik der KPD gegenüber der SPD seit einiger Zeit bestimmte: zumindest die Führung der SPD sei ›sozialfaschistisch‹ und müsse deshalb noch schärfer bekämpft werden als die rechten Parteien. Die SPD drehte den Vorwurf um und stellte, mit Formeln wie »gleiche Brüder mit ungleichen Kappen« oder »Nazi = Kozi«, die KPD an die Seite der NSDAP. Spätestens im November 1932 schien auch für diese Behauptung der Beweis erbracht, als die der KPD nahestehende Revolutionäre Gewerkschaftsopposition (RGO) in einem Streik bei der BVG, den zu führen der Allgemeine Deutsche Gewerkschaftsbund (ADGB) ablehnte, in einer Front mit den Nationalsozialisten stand.

Die Beteiligung der Nationalsozialistischen Betriebszellenorganisation (NSBO) an diesem Streik war eines der zahlreichen taktischen Manöver im Rahmen einer politischen Strategie, die auf die besonderen Bedingungen Berlins zugeschnitten war. Da die NSDAP sich in der ›Hauptstadt der deutschen Arbeiterbewegung‹ als Alternative zu den beiden Arbeiterparteien präsentieren mußte, konnte sie nicht umhin, das revolutionäre Pathos ihrer Propaganda punktuell unter Beweis zu stellen. Dem Versuch der Nationalsozialisten, über die Gründung von Betriebszellen in Berlin in die Reihen der organisierten Arbeiterschaft einzudringen, war jedoch kein großer Erfolg beschieden.

Daß die »Eroberung des roten Berlin« mißlang, die Joseph Goebbels propagierte, der seit dem 1. November 1926 ›Gauleiter‹ der bisher unbedeutenden Berliner NSDAP war, läßt sich auch an den Ergebnissen der Reichstagswahl vom 6. November 1932 ablesen. In Berlin mußten sich die Nationalsozialisten, die im Reich insgesamt auf 33 Prozent der Stimmen kamen, mit nur 26,2 Prozent begnügen; die KPD dagegen erhielt 31,3 Prozent und überflügelte damit erstmals in Berlin die SPD, für die sich nur 23,3 Prozent der Wähler entschieden. Während in Arbeiterbezirken wie dem Wedding mehr als 60 Prozent der Wähler ihre Stimme der KPD und nur 18 Prozent der NSDAP gaben, konnten die Nationalsozialisten in Bezirken mit überwiegend kleinbürgerlicher Bevölkerung größere Erfolge erzielen; in Steglitz z.B. entschieden sich mehr als 40 Prozent für die NSDAP. Einen ihrer größten Erfolge konnten sie an der Technischen Hochschule Berlin verbuchen, wo der Nationalsozialistische Deutsche Studentenbund im Wintersemester 1930/31 bei den Studentenschaftswahlen 61,7 Prozent erreichte.

Die Erregung öffentlicher Aufmerksamkeit durch gezielte Provokationen und Gewalttätigkeiten war die ›Hauptwaffe‹, die die Nationalsozialisten im »Kampf um Berlin«, wie Goebbels diese Politik der Jahre 1926 bis 1933 rückblickend beschrieb, einsetzten. Kundgebungen an traditionellen Versammlungsorten der SPD und der KPD mit anschließenden Saal-und Straßenschlachten, bewaffnete Überfälle auf Sozialdemokraten und Kommunisten erzeugten eine Atmosphäre des Bürgerkriegs, in der die Rufe nach dem Retter der bürgerlichen Ordnung immer lauter wurden, als der sich die NSDAP dann wiederum präsentierte. Wichtigstes Instrument für die Verwirklichung dieser Doppelstrategie war die ›Parteiarmee‹ der NSDAP, die SA, die ihre Mitglieder zu einem nicht geringen Teil aus dem immer größer werdenden Heer der Arbeitslosen rekrutierte, bei denen die scheinsozialistischen Parolen einer Propaganda, deren Aggressivität und Radikalität über den Mangel an Inhalt hinwegtäuschten, einigen Anklang fanden. Eine große Faszination ging von dem pausenlosen Aktivismus und dem paramilitärischen Charakter der SA aus. »Der Ausdruck der Nationalsozialisten ist der militärische. Das Zivilleben kennen sie nicht mehr«, schrieb Gabriele Tergit im Dezember 1931 im ›Berliner Tageblatt‹. »Auf das ›Angriffslokal‹ wird ein Überfall erwartet. Und das Angriffslokal, die ›Stellung‹, die ›gestürmt‹ wird oder ›verteidigt‹ werden muß, ist eine beliebige Kneipe. Vor diesen Berliner Restaurants ... ›ziehen sie auf Wache‹. Sie stehen ›Wachtposten‹. Das Feld ist nicht der Schützengraben in Frankreich, sondern die Hedemannstraße.«

Uniform, Aufmarsch und Fahne erfreuten sich nicht nur bei Gruppierungen der politischen Rechten, sondern auch bei Organisationen, die der SPD und der KPD nahestanden, großer Beliebtheit. Diese militärischen Darstellungsformen gingen, vermittelt über das Reichsbanner Schwarz-Rot-Gold, das 1924 von SPD, DDP und Zentrum als ›Schutztruppe‹ der Republik gegründet worden war, in gewissem Maße in die politische Symbolik der Republik selbst ein. Im Zentrum der Veranstaltungen, mit denen die Republik am 11. August 1929 in Berlin den zehnten Jahrestag ihrer Verfassung feierte, stand der »glänzende Aufmarsch des Reichsbanner Schwarz-Rot-Gold« (Vossische Zeitung), dessen Vorsitzender Otto Hörsing den »Marsch zur Republikanisierung der Herzen und Hirne« verkündete. Die Mobilisierung politischer Affekte, die Hörsing in militärischer Metaphorik beschwor, ist der Republik mit ihren wenigen und schlichten Symbolen jedoch nie gelungen. Das Verfassungsdenkmal, das vom Reichsbanner für diesen 11. August 1929 auf dem Pariser Platz errichtet wurde, war einer der wenigen entschiedenen Versuche, eine eigene republikanische Symbolik zu entwickeln; in seiner nüchternen, strengen Gestaltung jedoch war dieses Denkmal kaum geeignet, den offensichtlichen Bedarf an Pathos zu decken.

Das Reichsbanner war ebenso wie 1925 der Rote Frontkämpferbund vor allem gegen die rechten Wehrverbände gegründet worden. Beide Organisationen waren auch in ihren Parteien nicht unumstritten, stand doch ihr betont militärisches Auftreten in krassem Gegensatz zu den antimilitaristischen Traditionen der Arbeiterbewegung. Aber die ›Pfingsttreffen‹, die der Rote Frontkämpferbund bis zu seinem Verbot nach den Berliner Mai-Unruhen 1929 jährlich in Berlin veranstaltete, machten sichtbar, daß nicht nur militärischen Darstellungs- und Verhaltensformen, sondern auch einer stark gefühlsbetonten Symbolik, die vom ritualisierten Gruß bis zur Fahnenweihe reichte, immer größere Bedeutung zukam. Begeistert berichtete die ›Rote Fahne‹ über eine KPD-Veranstaltung im Sportpalast: »Geschlossen marschieren zuerst die Frauen herein. Feuerrot glühen die Tücher auf den Köpfen dieser Proletarierinnen. Soldaten der Revolution, disziplinierte Kolonnen ... Da kommt der RFB mit den Standarten, geschlossen rhythmisch marschieren sie an ...«

Auch das Reichsbanner paßte sich diesem affektbetonten Stil des politischen Lebens an. Die im Dezember 1931 von Reichsbanner, SPD, Freien Gewerkschaften und Arbeitersportlern als Reaktion auf den Zusammenschluß rechter Parteien und Organisationen in der Harzburger Front gegründete Eiserne Front vertauschte nicht nur die schwarz-rot-goldene Fahne der Republik gegen die rote Fahne der Arbeiterbewegung, sondern übernahm auch eine von dem Exilrussen Sergej Tschachotin entworfene Propagandasymbolik, in deren Zentrum das Symbol der ›drei Pfeile‹ stand. Die ›drei Pfeile‹ sollten, wie Tschachotin in seinem Buch ›Dreipfeil gegen Hakenkreuz‹ (1933) rückblickend erläuterte, als Gegensymbol zum Hakenkreuz der Eisernen Front und der mit ihr verbundenen SPD den Erfolg sichern, den die Nationalsozialisten dem Hakenkreuz verdankten. Während noch Propagandaaufmärsche und blutige Auseinandersetzungen in den Straßen Berlins das politische Leben in der Öffentlichkeit prägten, wurde hinter den Kulissen der NSDAP die Macht übergeben. *H. W.*

30/1

30/1 Modell des Denkmals des Reichsbanners Schwarz-Rot-Gold zur Verfassungsfeier am 10./11. August 1929 in Berlin (Abb.)

380×450 cm; M 1:5
Berlin, Berliner Festspiele GmbH

»Am Pariser Platz steht das kühne, einfache Denkmal, das der ausgezeichnete Bildhauer Pillartz entwarf. Die Musik bricht ab, der Jubel schweigt, das Winken hört auf, und schweigend neigen sich die Köpfe und rauschend die Fahnen vor dem Gedächtnis der Toten.« So beschrieb Theodor Wolff im ›Berliner Tageblatt‹ den Vorbeimarsch der 150000 Reichsbanner-Leute vor dem Verfassungsdenkmal. Dieses Denkmal war, wie aus den Aufschriften hervorgeht, »Allen Toten des Weltkriegs«, »Den Opfern der Republik und der Arbeit« und »Den Toten des Reichsbanners« gewidmet.

30/2 Festschrift des Reichsbanners Schwarz-Rot-Gold zur Verfassungsfeier am 10./11. August 1929 in Berlin (Abb.)

21×15 cm
Koblenz, Bundesarchiv Koblenz, Zeitgeschichtliche Sammlung (1–82/1⟨9⟩)

30/3 ›Berliner, beweist Eure Gastfreundschaft. Gebt Quartiere!‹ Aufruf des Reichsbanners Schwarz-Rot-Gold zur Verfassungsfeier am 10./11. August 1929 in Berlin

Berlin: Rotophot AG; Buchdruck, 70×46 cm
Koblenz, Bundesarchiv Koblenz, Plakatsammlung (2/21/19)

30/4 Anstecknadel des Reichsbanners Schwarz-Rot-Gold

Dm 4 cm
Bonn, Archiv der sozialen Demokratie, FES

30/5 Emblem des Reichsbanners Schwarz-Rot-Gold

Stoff, Dm 24 cm
Berlin, Fritz Neubecker

30/6 ›Wählt Liste 1 Sozialdemokraten‹ Plakat der SPD zur Kommunalwahl 1929

Berlin: G. Vierether; Farblithographie, 70×94 cm
Koblenz, Bundesarchiv Koblenz, Plakatsammlung (2/21/44)

30/7 ›Unser Weg. Bilder aus der kommunalen Arbeit der SPD‹ Drei Wahlzeitungen der SPD zur Berliner Kommunalwahl 1929

Bonn, Archiv der sozialen Demokratie, FES

30/8 ›Wegfegen! Wählt K.P.D.‹ Plakat der KPD zur Berliner Kommunalwahl 1929

Lithographie, 42×30 cm
Koblenz, Bundesarchiv Koblenz, Plakatsammlung (2/19/50)

30/9 ›Deine Feinde Prolet!‹ Plakat der KPD zur Berliner Kommunalwahl 1929 (Abb.)

Lithographie, 30×42 cm
Koblenz, Bundesarchiv Koblenz, Plakatsammlung (2/17/25)

Diese Wahl stand im Zeichen der als ›Sklarek-Skandal‹ bekannten Korruptionsaffäre, die im September 1929 aufgedeckt wurde. Die Brüder Leo, Max und Willi Sklarek hatten sich als Textilgroßhändler durch Bestechung einiger Mitglieder der Berliner Stadtverwaltung ein Belieferungsmonopol sichern können und die Stadtbank um zehn Millionen Reichsmark betrogen. Daß einer der Sklarek-Brüder auf diesem Plakat Arm in Arm mit Goebbels und dem Berliner Polizeipräsidenten Zörgiebel tanzt, zeigt auf prägnante Weise, daß aus der Sicht der KPD die Sozialdemokraten, als Repräsentanten der ›korrupten‹ Republik, sich kaum von den Nationalsozialisten unterschieden.

30/10 ›Das Rote Neukölln. Organ der werktätigen Bevölkerung des 14. Verwaltungs-Bezirks‹ Zeitung der KPD zur Berliner Kommunalwahl 1929

Jg. 2, Nr. 5, 1. November 1929
Bonn, Archiv der sozialen Demokratie, FES

Die Arbeiterbezirke Neukölln, Mitte, Wedding, Friedrichshain, Prenzlauer Berg und Kreuzberg waren Hochburgen der Berliner KPD. Außerdem gab es in Moabit, Schöneberg und Charlottenburg kleine, oft nur wenige Straßen umfassende Gebiete, die, vornehmlich von Kommunisten bewohnt, als ›roter Kiez‹ bekannt waren.

30/11 ›Das rote Berlin wählt die Partei der Revolution‹ Flugblatt der KPD zur Berliner Kommunalwahl 1929

29,6×21 cm
Berlin, Landesarchiv Berlin (Rep.240 Acc.2127 Nr.15)

30/2

30/12 ›Funkspruch an alle!‹
Plakat der NSDAP zur Berliner Kommunalwahl 1929

Berlin: Nauck und Hartmann; Buchdruck, 94×70 cm
Koblenz, Bundesarchiv Koblenz, Plakatsammlung (2/40/28)

30/13 ›Schluss jetzt mit Hitlers Volksverhetzung! Wählt Hindenburg‹
Plakat der SPD zur Reichspräsidentenwahl 1932

Farboffsetdruck, 71×94 cm
Koblenz, Bundesarchiv Koblenz, Plakatsammlung (2/16/7)

Der Ruf nach dem ›starken Mann‹, der den bürgerkriegsähnlichen Zuständen ein Ende bereiten sollte, gehörte in das Propagandaarsenal der politischen Rechten. Die SPD übernahm in ihrer Kampagne für die Wiederwahl Hindenburgs als Reichspräsident dieses Motiv und verband es mit der aus der sozialistischen Tradition bekannten Figur des ›Riesen Proletariat‹, der die Stärke der Arbeiterbewegung verkörpern sollte.

30/14 ›Der zertrümmert Alles! Stimmt ihn nieder‹
Flugblatt der SPD zur Reichspräsidentenwahl 1932

35×27 cm
Bonn, Archiv der sozialen Demokratie, FES

30/15 ›Für Arbeit, Frieden, Sozialismus. Wählt Thälmann‹
Plakat der KPD zur Reichspräsidentenwahl 1932

Leipzig: Neue Werkstätten AG; Buchdruck, 34×49 cm
Koblenz, Bundesarchiv Koblenz, Plakatsammlung (2/16/82)

30/16 ›Schluss jetzt! Wählt Hitler‹
Broschüre der NSDAP zur Reichspräsidentenwahl 1932

Berlin, Landesarchiv Berlin (Rep.240 Acc.1435)

30/17 ›Hitler wird Reichspräsident. Wir nehmen das Schicksal der Nation in die Hände!‹
Plakat der NSDAP zur Reichspräsidentenwahl 1932

Berlin: Plakatkunstdruck Eckert; Farblithographie, 84×53 cm
Koblenz, Bundesarchiv Koblenz, Plakatsammlung (2/16/46)

30/18 ›Sozialistischer Aufbau der einzige Ausweg aus Not und Elend‹
Plakat der KPD zur Reichstagswahl, November 1932

Buchdruck, 63×45 cm
Koblenz, Bundesarchiv Koblenz, Plakatsammlung (2/17/38)

30/19 ›Wir Arbeiter sind erwacht‹
Plakat der NSDAP zur Reichstagswahl, Juli 1932
Felix Albrecht

Berlin: Plakatkunstdruck Eckert; Farblithographie, 86×60 cm
Koblenz, Bundesarchiv Koblenz, Plakatsammlung (2/42/67)

Die NSDAP benutzte die Figur des ›Riesen Proletariat‹, um die Behauptung, sie sei eine sozialistische Arbeiterpartei, demonstrativ zur Schau zu stellen und so Stimmen aus dem Wählerpotential von SPD und KPD zu gewinnen.

30/20 ›Wer zahlt?‹
Plakat der KPD zur Reichstagswahl, Juli 1932

Berlin: Gebr. Schwolow; Buchdruck, 140×92 cm
Koblenz, Bundesarchiv Koblenz, Plakatsammlung (2/17/59)

30/21 ›Die zwei sind schuld‹ Plakat der SPD zur Reichstagswahl, November 1932

Karl Geiss

Farblithographie, 163×82 cm
Koblenz, Bundesarchiv Koblenz, Plakatsammlung (2/20/89)

Die Gleichsetzung der rechten und der linken Gegner der Republik, der NSDAP und der SA einerseits mit der KPD und dem Roten Frontkämpferbund andererseits, gehörte zum Standardrepertoire der Selbstdarstellung der SPD als der politischen Kraft, die den Bestand der Republik sichert.

30/22 ›Eiserne Front. Vier Aufrufe‹ Broschüre mit Aufsätzen von Otto Wels, Karl Höltermann, Peter Graßmann und Fritz Wildung, Berlin 1932

Koblenz, Bundesarchiv Koblenz, Zeitgeschichtliche Sammlung (1–90/43⟨22⟩)

30/23 ›Der Kampf ist unser Element!‹ Titelseite der ›Illustrierten Republikanischen Zeitung‹, 23. Januar 1932

Jg. 4, Nr. 9, Berlin: J. H. W. Dietz Nachf.
Bonn, Archiv der sozialen Demokratie, FES

30/24 Drei Fahnen der Eisernen Front, 1932

Stoff; 100×120 cm (2), 120×80 cm
Bonn, Archiv der sozialen Demokratie, FES
Berlin, Fritz Neubecker

Mitte Juni 1932 übernahm die Eiserne Front das Zeichen der ›drei Pfeile‹ als Gegensymbol zum Hakenkreuz. Der Wahlkampf der SPD für die Reichstagswahl im Juli stand ganz im Zeichen dieser neuen Symbolik, zu der auch die emporgereckte rechte Faust und der Ruf ›Freiheit‹ gehörten. Diese Symbole waren Teil des von Sergej Tschachotin entwickelten neuen Propagandastils, der, anders als bisher, »die Gefühlssaiten der Seele anzupfe«.

30/25 ›Eiserne Front gegen Hitler-Barone‹ Plakat der Eisernen Front und der SPD zur Reichstagswahl, Juli 1932

Berlin: Vorwärts Buchdruckerei; Farboffsetdruck, 84×60 cm
Koblenz, Bundesarchiv Koblenz, Plakatsammlung (2/20/66)

30/9

30/26 ›Agitátions-Sprechchöre‹ Broschüre der Eisernen Front zur Reichstagswahl, Juli 1932

Bonn, Archiv der sozialen Demokratie, FES

Sprechchöre mit kurzen, einprägsamen Formeln waren wirkungsvolle Propagandainstrumente für die neuen, »stark gefühlsmässig getönten Versammlungen«. Tschachotin spricht von »Aufpeitschdialogen zwischen dem Sprecher und der Masse, wobei der letzteren die Möglichkeit gegeben wird, durch kollektive Willensäusserung den Kampfesmut in der Seele eines jeden Einzelnen schärfer einzuprägen«.

30/27 Schablone zum Malen der drei Pfeile der Eisernen Front, 1932

Pappe, 21,2×16,2 cm
Bonn, Archiv der sozialen Demokratie, FES

Zu den neuen Propagandaformen gehörte der sogenannte ›Symbolkrieg‹ gegen das Hakenkreuz. Mit Kreide, Farbtopf und Schablonen ausgerüstet, sollten die ›Kämpfer‹ der Eisernen Front in kleinen Gruppen durch die Straßen gehen und Hakenkreuze mit den drei Pfeilen übermalen. »Jetzt los in den Kampf, streicht das eckige Ungeheuer mit einem Pfeile, einem Blitze durch« (S. Tschachotin).

30/28 ›Kundgebung der Eisernen Front in Berlin am 15. Juli 1932‹

Photographie (Reproduktion)
Bonn, Archiv der sozialen Demokratie, FES

»Voran marschierte eine Gruppe von 12 ausgesuchten Jünglingen in einheitlicher Kleidung, die drei enorme metallische, lackierte und in der Sonne glänzende Pfeile trugen. Im Musiktakt wurden nun die Pfeile wie auf Kommando vorgetrieben und dabei ›Freiheit‹ gerufen. Jede 15 Sekunden wurde diese Bewegung gemacht. Das gab dem ganzen eine ungeheure dynamische Wirkung, alles jubelte, alles rief ›Freiheit‹ mit, und zitterte vor Erregung« (S. Tschachotin).

30/29 ›Paus-Vorlagen‹ zur Herstellung von Flugblättern für den Reichstagswahlkampf, Juli 1932

Broschüre, hg. von der Werbe-Abteilung der sozialdemokratischen Partei, Berlin SW 68, Lindenstr. 3
Berlin, Sammlung Janoschka

30/30 Papierfähnchen und Klebczettel der Eisernen Front, 1932

Berlin, Archiv Zeitgeschichte Gräfer

30/31 ›Eine Million Freiheitspfeile fliegen über Deutschland!‹ Flugblatt der Eisernen Front, 1932

23,5 × 15,5 cm
Bonn, Archiv der sozialen Demokratie, FES

30/32 Abzeichen der Eisernen Front zum Aufnähen, 1932 (Abb.)

Stoff, 7,5 × 5,5 cm
Berlin, Fritz Neubecker

30/33 Frauen der Eisernen Front bei einer Demonstration in Berlin, 1932 (Abb.)

Photographie, 5,5 × 8 cm
Berlin, Fritz Neubecker

Die Aufnahme zeigt Erna Thape, Lisa Albrecht, Dora Seegall, Friedel Neubecker, Alice Westphal, Gertraud Klühs und andere.

30/34 Aufmarsch des Reichsbanners Schwarz-Rot-Gold im Lustgarten, 22. Februar 1931

Zwei Photographien (Reproduktionen)
Berlin, Ullstein Bilderdienst
Berlin, Bildarchiv PK

Am 22. Februar 1931, dem siebten Jahrestag seiner Gründung, gab das Reichsbanner die Bildung sogenannter ›Schutzformationen‹ bekannt. Diese kleinen, gut ausgebildeten Kampfgruppen sollten in den immer deutlicher sich abzeichnenden bürgerkriegsähnlichen Auseinandersetzungen mit rechten Organisationen, vor allem der SA, eingesetzt werden.

30/35 Kundgebung der ›Republikanischen Aktion‹ im Sportpalast, 19. Januar 1932

Photographie, 12 × 32 cm
Bonn, Archiv der sozialen Demokratie, FES

Mit der Gründung der ›Republikanischen Aktion‹ unternahm das Reichsbanner den Versuch, die Mitglieder bürgerlich-demokratischer Parteien und Organisationen, die der ›roten‹ Eisernen Front distanziert gegenüberstanden, zur Mitarbeit zu gewinnen. Diese erste Kundgebung, auf der der Dichter Fritz von Unruh als Redner auftrat, war zugleich die letzte: Die ›Republikanische Aktion‹ wurde wegen des geringen Interesses im Februar 1932 wieder aufgelöst.

30/36 Erste Kundgebung der Eisernen Front im Sportpalast, 31. Januar 1932

Photographie (Reproduktion)
Berlin, Ullstein Bilderdienst

30/37 Kundgebung der Eisernen Front im Sportpalast, 20. September 1932

Photographie, 18 × 24 cm
Bonn, Archiv der sozialen Demokratie, FES

30/38 ›Trotz Zörgiebel Massendemonstration am 1. Mai!‹ Aufruf der KPD, 1929

Berlin: Peuvag; Buchdruck, 14 × 47 cm
Koblenz, Bundesarchiv Koblenz, Plakatsammlung (2/19/1)

30/39 ›Straße frei am 1. Mai!‹ Flugblatt der KPD, 1929

29,6 × 21 cm
Berlin, Landesarchiv Berlin (Rep.240 Acc.2127 Nr.6)

30/32

30/33

30/40 Demonstranten blockieren Straßenbahnschienen in Neukölln, 2. Mai 1929

Photographie (Reproduktion)
Berlin, Ullstein Bilderdienst

In Neukölln und im Wedding dauerten die Straßenkämpfe mehrere Tage an. In einem Aufsatz in der ›Weltbühne‹ vom 14. Mai 1929 schrieb Carl von Ossietzky die blutige Bilanz dieser Maitage ganz auf das Konto des »brutalen Vorgehens der Polizei«, die »ein aberwitziges Kriegsspiel über ein paar dichtbevölkerte Stadtteile verhängte« und so »die Tumulte erst herausforderte«.

30/41 Polizeieinsatz in der Kösliner Straße im Wedding, 3. Mai 1929

Photographie (Reproduktion)
Bonn, Archiv der sozialen Demokratie, FES

30/42 ›Blutige Maitage in Berlin‹ Broschüre der KPD zu den Vorgängen in der ersten Maiwoche 1929

Koblenz, Bundesarchiv Koblenz, Zeitgeschichtliche Sammlung (1–65/76 ⟨12⟩)

30/43 ›An Deutschlands Arbeiterschaft!‹ Flugblatt der SPD vom 2. Mai 1929 zu den Vorgängen am Vortag

29,6×21 cm
Berlin, Landesarchiv Berlin (Rep.240 Acc.2127 Nr.7)

30/44 ›Der Mai-Putsch. Die Schuld der Kommunisten an den blutigen Maivorgängen 1929 in Berlin‹ Sonderausgabe der ›Sozialdemokratischen Parteikorrespondenz‹

Koblenz, Bundesarchiv Koblenz, Zeitgeschichtliche Sammlung (1–90/24 ⟨1⟩)

Der Parteivorstand der SPD rechtfertigte den harten Einsatz der Polizei in der ersten Maiwoche gegen scharfe Kritik in der Öffentlichkeit. Unter anderem wurde behauptet, die KPD-Führung habe schon vor dem 1. Mai bewaffnete Auseinandersetzungen und Todesopfer bewußt einkalkuliert, um ihrer Bewegung ›Märtyrer‹ zu schaffen.

30/45 ›2. Heerschau der Roten Klassenfront‹ Plakat des Roten Frontkämpferbundes zum zweiten Reichstreffen in Berlin, Pfingsten 1926

Berlin: Peuvag; Buchdruck, 18×46 cm
Koblenz, Bundesarchiv Koblenz, Plakatsammlung (2/18/22)

Der Rote Frontkämpferbund wurde am 13. August 1925 in das Vereinsregister beim Amtsgericht Berlin-Mitte eingetragen, da der Bundesvorstand des RFB unter dem Vorsitzenden Ernst Thälmann und dem zweiten Vorsitzenden Willi Leow seinen Sitz in der KPD-Zentrale, dem Karl-Liebknecht-Haus am Bülowplatz, hatte. Schon am 21. Mai 1925 hatte im Lichtenberger Stadion das erste der vier Pfingsttreffen stattgefunden, zu denen sich bis 1928 die Rotfrontkämpfer regelmäßig in Berlin trafen. Beim zweiten Reichstreffen 1926, das im ›Berliner Tageblatt‹ als »friedliches Volksfest mit beachtlichem Bierkonsum« beschrieben wurde, zählte der Polizeibericht mehr als 21 000 uniformierte Teilnehmer, deren »imposanter« Aufmarsch wegen seiner »militärischen Disziplin« auch bei der Polizei lobende Anerkennung fand.

30/46 Plakat ›Das 3. Reichstreffen des Roten Frontkämpfer Bundes, Berlin 3. – 7. Juni 1927‹ *R. Horlemann*

Offsetdruck nach einer Photographie, 43×82 cm
Koblenz, Bundesarchiv Koblenz, Plakatsammlung (2/18/25)

In Berichten über das Pfingsttreffen 1927 im Weddinger Schiller-Park sprach die Polizei von 60 000, die ›Rote Fahne‹ von 250 000 Teilnehmern und Zuschauern insgesamt. Zum Gruß des RFB, der mit der Handinnenfläche nach vorn gerichteten, geballten Faust auf erhobenem senkrechtem Unterarm, gehörte der Ruf »Rot Front«. Das Motiv der geballten Faust geht vermutlich auf John Heartfield zurück, der auch für die graphische Gestaltung der Embleme und Abzeichen des RFB verantwortlich war.
Auf der Rednertribüne am linken Bildrand Willi Leow.

30/47

30/48

30/47 ›Rote Frontkämpfer, Reichsbanner-Arbeiter, Arbeitersportler, Land- und Industriearbeiter!‹
Plakat des Roten Frontkämpferbundes zum dritten Reichstreffen in Berlin, Pfingsten 1927 (Abb.)
Alfred Stiller
Farblithographie, 69×46 cm
Koblenz, Bundesarchiv Koblenz, Plakatsammlung (2/18/26)

Der Lastwagen im Hintergrund spielt wohl auf die bekannten Bilder der Berliner Spartakuskämpfer von 1919 an, in deren Tradition sich der RFB sah. Daß dieser Aufruf sich auch an ›Reichsbanner-Arbeiter‹ wandte, entsprach der kommunistischen Taktik der Bildung einer ›Einheitsfront von unten‹: Einfache SPD-Mitglieder sollten von der ›korrupten‹ SPD-Führung getrennt und zum RFB und der KPD als den wahren Vertretern ihrer Interessen herübergezogen werden.

30/48 ›4. Reichstreffen Pfingsten 1928 Berlin‹
Plakat des Roten Frontkämpferbundes (Abb.)
A. Malsov
Berlin: Peuvag; Farblithographie, 61×50 cm
Koblenz, Bundesarchiv Koblenz, Plakatsammlung (2/18/14)

30/49 ›Rote Pfingsten in Berlin‹
Plakat des Roten Frontkämpferbundes zum vierten Reichstreffen in Berlin, Pfingsten 1928
Berlin: Peuvag; Buchdruck, 18×46 cm
Koblenz, Bundesarchiv Koblenz, Plakatsammlung (2/18/20)

30/50 Aufmarsch des Roten Frontkämpferbundes beim dritten Reichstreffen in Berlin, 1927
Photographie (Reproduktion)
Berlin, Bildarchiv PK

Die aus feldgrüner Russenbluse mit Ledergürtel, ›Leninmütze‹ und Breeches bestehende Uniform des RFB war am Vorbild der Roten Armee orientiert. Links Ernst Thälmann, rechts Willi Leow.

30/51 Aufmarsch des Roten Frontkämpferbundes in den Straßen Berlins, 1928
Photographie (Reproduktion)
Berlin, Ullstein Bilderdienst

30/52

30/52 Hitler-Stabpuppe (Abb.)

Holz, Stoff; 85×30 cm
Berlin, Sammlung Janoschka

Satire als Waffe im politischen Kampf: Solche Marionetten gegnerischer Politiker wurden von mobilen Theatergruppen benutzt, die auf Straßen und Hinterhöfen mit kleinen Spielszenen, Sprechchören und Liedern auf witzige Weise Agitation und Propaganda für die Sache der KPD und des RFB betrieben. Eine der bekanntesten Berliner Gruppen dieser Art waren die ›Roten Raketen‹.

30/53 ›Rote Raketen‹ Textbuch der ›Berliner Spieltruppe des Roten Frontkämpfer Bundes‹

22×15,6 cm
Koblenz, Bundesarchiv Koblenz, Zeitgeschichtliche Sammlung (1–65/21 88)

30/54 ›Roter Pfeffer‹ Satirische illustrierte Zeitschrift der KPD

Jg. 5, H. 7, Berlin: Neuer Deutscher Verlag, Juli 1932
Berlin, Landesarchiv Berlin (Rep.240 Acc.1477 Nr.2)

30/55 ›Streik bei der BVG‹ Flugblatt der ›Zentralen Streikleitung der BVG-Arbeiter‹ zum BVG-Streik, 3. November 1932

29,6×21 cm
Bonn, Archiv der sozialen Demokratie, FES

Im September und Oktober 1932 wurden die Löhne der Arbeiter in der privaten Wirtschaft und im öffentlichen Dienst auf dem Wege der Notverordnung drastisch gekürzt. In den Verhandlungen über die Löhne der BVG-Arbeiter konnte die Gewerkschaft mit einem Lohnabbau um zwei Pfennige in der Stunde einen, verglichen mit anderen Betrieben, günstigen Kompromiß erzielen. Das Ergebnis der anschließenden Urabstimmung am 2. November blieb umstritten; während der ADGB davon ausging, daß der ausgehandelte Kompromiß akzeptiert worden sei, riefen sowohl die der KPD nahestehende Revolutionäre Gewerkschaftsopposition (RGO) als auch die Nationalsozialistische Betriebszellenorganisation (NSBO) die BVG-Arbeiter zum Streik auf.

30/56 Streikposten der Revolutionären Gewerkschaftsopposition (RGO) beim BVG-Streik vor dem Straßenbahndepot in Charlottenburg, November 1932

Photographie (Reprodukton)
Berlin, Bildarchiv PK

Die Bereitschaft der RGO, gemeinsam mit der NSBO zu streiken, stieß auch innerhalb der KPD auf heftige Kritik. Die RGO hoffte offenbar, durch solche gemeinsamen Aktionen NSBO-Mitglieder für die KPD gewinnen zu können.

30/57 ›Streik!‹ Flugblatt der ›N.S.-Fachgruppe B.V.G.‹ zum BVG-Streik, 3. November 1932 (Abb.)

31,5×22 cm
Berlin, Landesarchiv Berlin (Rep.240 Acc.2164 Nr.39)

Auch die Entscheidung der NSBO für einen gemeinsamen Streik mit der RGO beruhte auf taktischen Überlegungen: Man hoffte, endlich mehr Anhänger in der organisierten Arbeiterschaft zu finden. Wenige Tage nach der erfolglosen Beendigung des Streiks am 7. November notierte Goebbels in sein Tagebuch: »Während des Streiks gerieten wir zur KPD in eine unangenehme aber unvermeidliche Tuchfühlung. Jetzt muß wieder Abstand genommen werden.«

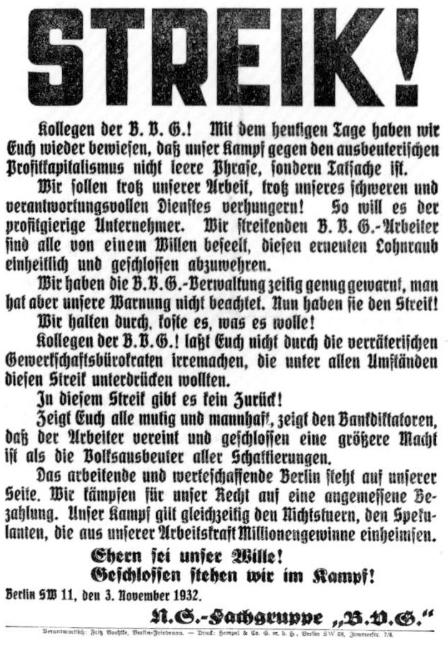

STREIK!

Kollegen der B. V. G.! Mit dem heutigen Tage haben wir Euch wieder bewiesen, daß unser Kampf gegen den ausbeuterischen Profitkapitalismus nicht leere Phrase, sondern Tatsache ist.

Wir sollen trotz unserer Arbeit, trotz unseres schweren und verantwortungsvollen Dienstes verhungern! So will es der profitgierige Unternehmer. Wir streikenden B. V. G.-Arbeiter sind alle von einem Willen beseelt, diesen erneuten Lohnraub einheitlich und geschlossen abzuwehren.

Wir haben die B.V.G.-Verwaltung zeitig genug gewarnt, man hat aber unsere Warnung nicht beachtet. Nun haben sie den Streik!

Wir halten durch, koste es, was es wolle!

Kollegen der B.V.G.! laßt Euch nicht durch die verräterischen Gewerkschaftsbürokraten irremachen, die unter allen Umständen diesen Streik unterdrücken wollten.

In diesem Streik gibt es kein Zurück!

Zeigt Euch alle mutig und mannhaft, zeigt den Bankdiktatoren, daß der Arbeiter vereint und geschlossen eine größere Macht ist als die Volksausbeuter aller Schattierungen.

Das arbeitende und werteschaffende Berlin steht auf unserer Seite. Wir kämpfen für unser Recht auf eine angemessene Bezahlung. Unser Kampf gilt gleichzeitig den Nichtstuern, den Spekulanten, die aus unserer Arbeitskraft Millionengewinne einheimsen.

Ehern sei unser Wille!
Geschlossen stehen wir im Kampf!

Berlin SW 11, den 3. November 1932.

N.S.-Fachgruppe „B.V.G."

30/57

30/58 Streikposten der Nationalsozialistischen Betriebszellenorganisation (NSBO) beim BVG-Streik vor dem U-Bahnhof Friedrichstraße, November 1932

Photographie (Reproduktion)
Berlin, Ullstein Bilderdienst

30/59 ›Was wollen die Nationalsozialisten in den Betrieben?‹ Heft 1 der Schriftenreihe der ›Nationalsozialistischen Betriebszellen-Organisation‹ (NSBO) *Reinhold Muchow*

Koblenz, Bundesarchiv Koblenz (NSD 51/Nr.33)

Die Einrichtung einer reichsweiten Nationalsozialistischen Betriebszellenorganisation (NSBO) im Frühjahr 1931 war am Vorbild der Berliner ›Gaubetriebszellen-Abteilung‹ orientiert, die 1930 auf Initiative Reinhold Muchows gegründet worden war. Dieser Gründung war bereits 1926/27 die Bildung ›Nationalsozialistischer Wählerschaften‹ in einigen Berliner Betrieben vorausgegangen: bei der Knorr-Bremse AG, bei Siemens, Borsig, bei der AEG und der BVG. Muchow hatte sich bei der Einrichtung von Betriebszellen ebenso wie beim Aufbau von Straßenzellen, mit dem er bereits 1925 im Unterbezirk Neukölln begonnen hatte, die KPD zum Vorbild genommen.

30/60 ›Die Nazi-Schutzgarde der Ausbeuter und Profitjäger. Was wollen die Nazis in den Betrieben?‹ Broschüre der KPD, 1931

Koblenz, Bundesarchiv Koblenz, Zeitgeschichtliche Sammlung (1–67/1 ⟨15⟩)

30/61 ›HIB-Aktion‹ Broschüre der Nationalsozialistischen Betriebszellenorganisation zur Eröffnung der Kampagne ›Hinein in die Betriebe‹, Berlin 1932

Berlin, Landesarchiv Berlin (Rep.240 Acc.1247 Nr.2)

30/62 ›Hitlerbandit mit Peitsche und Pistole gegen Arbeitermädchen!‹ Flugblatt der KPD, Berlin 1932

29,6 × 21 cm
Berlin, Landesarchiv Berlin (Rep.240 Acc.2087 Nr.28)

30/63 ›Alarm! Einwohner Charlottenburgs‹ Handzettel der KPD, 1931 (Abb.)

14 × 23,5 cm
Berlin, Landesarchiv Berlin (Rep.240 Acc.2087 Nr.11)

Dieser Aufruf zum »Kampf gegen den Faschismus« erging, wie sich aus der handschriftlichen Bemerkung entnehmen läßt, im Frühjahr 1931 im »Bezirk des Sturms 33«. Mitglieder dieses SA-Sturms hatten im Januar 1931 in ihrem ›Sturmlokal‹ in der Hebbelstr. 20 einen Kommunisten, am 1. Februar in der Schloßstraße den parteilosen Arbeiter Otto Grüneberg ermordet. Mindestens sechs Morde gingen bis 1933 auf das Konto dieses SA-Sturms, der nicht nur von politischen Gegnern, sondern auch von den eigenen Mitgliedern ›Mördersturm‹ genannt wurde.

30/64 Plakat der NSDAP zur Ankündigung einer Veranstaltung am 15. Februar 1927 in Seitz' Festsälen in Spandau

Berlin: Nauck und Hartmann; Buchdruck, 140 × 94 cm
Koblenz, Bundesarchiv Koblenz, Plakatsammlung (2/41/82)

Nach dieser Veranstaltung kam es, ebenso wie nach dem Propagandamarsch von 320 SA-Männern durch das ›rote Neukölln‹ am 14. November 1926 und nach Auftritten Goebbels' am 25. Januar 1927 in Seitz' Festsälen in Spandau und am 11. Februar 1927 in den Pharus-Sälen im Wedding, zu gewalttätigen Auseinanderset-

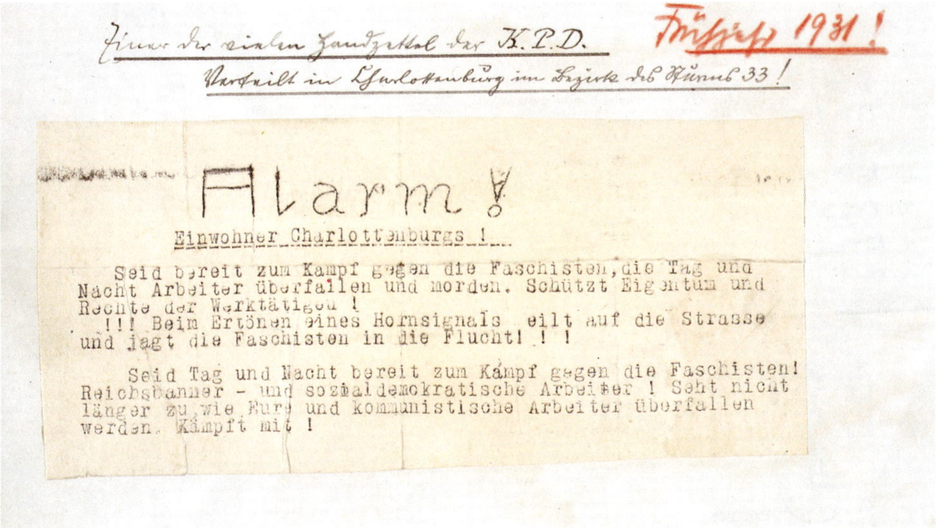

Einer der vielen Handzettel der K.P.D. Frühjahr 1931!
Verteilt in Charlottenburg im Bezirk des Sturms 33!

Alarm!

Einwohner Charlottenburgs !

Seid bereit zum Kampf gegen die Faschisten,die Tag und Nacht Arbeiter überfallen und morden. Schützt Eigentum und Rechte der Werktätigen !
!!! Beim Ertönen eines Hornsignals eilt auf die Strasse und jagt die Faschisten in die Flucht! ! !

Seid Tag und Nacht bereit zum Kampf gegen die Faschisten! Reichsbanner - und sozialdemokratische Arbeiter ! Seht nicht länger zu wie Eure und kommunistische Arbeiter überfallen werden. Kämpft mit !

30/63

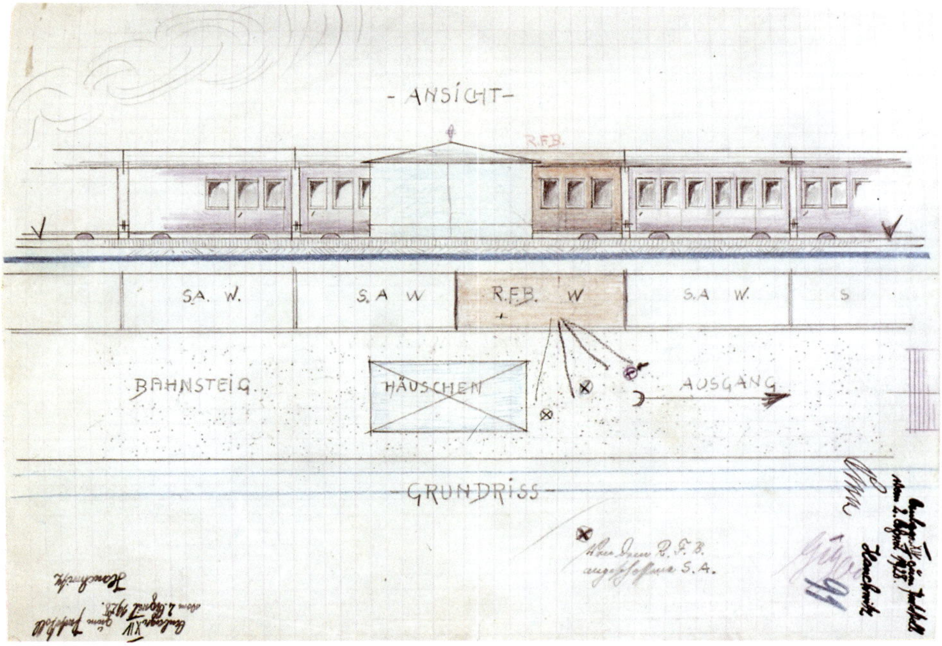

30/65

zungen zwischen SA-Männern und Mitgliedern des RFB, die von Goebbels fest eingeplant waren. Nach einigen weiteren Vorkommnissen dieser Art wurde die Berliner NSDAP am 5. Mai 1927 von Polizeipräsident Zörgiebel verboten. Das Verbot wurde am 31. März 1928 wieder aufgehoben.

30/65 Die Auseinandersetzungen zwischen SA und Rotem Frontkämpferbund auf dem Bahnhof Lichterfelde-Ost, 20. März 1927 (Abb.)

Zwei kolorierte Bleistiftzeichnungen; 29,5×42 cm, 21×30 cm
Berlin, Landesarchiv Berlin (Rep.58 Nr.302 Bd. VIII)

Am 20. März 1927 kam es zu einem Zusammenstoß zwischen 600 SA-Leuten und einer Musikgruppe von 23 Roten Frontkämpfern. Auf dem Bahnhof Lichterfelde-Ost stürmten die Nationalsozialisten mit Waffengewalt den RFB-Wagen des gemeinsam benutzten Eisenbahnzuges. Fast alle Insassen wurden schwer verletzt. Im Anschluß daran zog die SA unter Führung von Goebbels durch Steglitz und Friedenau bis zum Wittenbergplatz, wo es während der Abschlußkundgebung zu Tätlichkeiten gegenüber jüdisch aussehenden Passanten kam. Die beiden Zeichnungen wurden im Rahmen der polizeilichen Ermittlungen zur Rekonstruktion der Vorgänge auf dem Bahnhof angefertigt und dem Protokoll vom 2. April 1928 beigelegt.

30/66 Zerstörter RFB-Wagen auf dem Bahnhof Lichterfelde-Ost, 20. März 1927

Zwei Photographien, je 18×24 cm
Berlin, Landesarchiv Berlin (Rep.58 Nr.302 Bd. VII)

30/67 Schlagring, nach den Auseinandersetzungen am 20. März 1927 auf dem Bahnhof Lichterfelde-Ost von der Polizei sichergestellt

Berlin, Landesarchiv Berlin (Rep.58 Nr.302 Bd. II)

30/68 ›Der Berliner Polizei-Vizepräsident ist ein...‹ Plakat der NSDAP, Ortsgruppe Berlin, mit Ankündigung einer Rede von Joseph Goebbels in den ›Unionsbrauereien‹ in der Hasenheide am 16. Mai 1928

Berlin: Nauck und Hartmann; Buchdruck, 71×94 cm
Koblenz, Bundesarchiv Koblenz, Plakatsammlung (2/43/32)

Zu den spektakulärsten Aktionen der antisemitischen Propaganda der Berliner NSDAP gehörte die Diffamierungskampagne gegen den jüdischen Polizeivizepräsidenten Berlins, Bernhard Weiß, der von Goebbels in zahlreichen Reden und Zeitungsartikeln beleidigt wurde.

30/69 Beschluß des Amtsgerichts Charlottenburg »gegen den Schriftsteller Dr. Joseph Goebbels« wegen Beleidigung des Berliner Polizeivizepräsidenten Bernhard Weiß, 19. August 1930

30×21 cm
Berlin, Landesarchiv Berlin (Rep.58 Nr.47 Bd. I)

30/70 ›Züchterstolz‹ Karikatur des Berliner Polizeivizepräsidenten Bernhard Weiß und des Kommandeurs der Berliner Schutzpolizei, Magnus Heimannsberg (Abb.) *Mjölnir (= Hans Schweitzer)*

Kolorierte Bleistiftzeichnung, 14×17 cm
Berlin, Landesarchiv Berlin (Rep.58 Nr.302 Bd. VI)

Neben Bernhard Weiß galt der demokratisch gesinnte Oberst Heimannsberg den Nationalsozialisten als Repräsentant des ›Weimarer Systems‹. Der Zeichner Hans Schweitzer, der sich den Künstlernamen Mjölnir zugelegt hatte, entwarf diese Zeichnung für eine antisemitische und antirepublikanische Hetzschrift, die Goebbels 1929 unter dem Titel ›Das Buch Isidor‹ veröffentlichte. Mit dem Namen ›Isidor‹ verunglimpfte Goebbels den Polizeivizepräsidenten.

30/70

30/77

30/71 ›Der Jude ist schuld‹ Plakat der NSDAP zur Ankündigung einer Veranstaltung in der ›Neuen Welt‹ am 28. Juni 1929

Berlin: Nauck und Hartmann; Buchdruck, 135 × 94 cm
Koblenz, Bundesarchiv Koblenz, Plakatsammlung (2/41/92)

30/72 Plan des Kurfürstendamms und der Umgebung mit den Standorten der einzelnen SA-Leute am 12. September 1931

Photographische Reproduktion eines Stadtplans mit handschriftlichen roten und blauen Markierungen, 16 × 30 cm
Berlin, Landesarchiv Berlin (Rep.58 Nr.20 Bd. I)

»Am Abend des 12. September 1931 fanden in der Zeit von etwa 20 Uhr ab in den Strassenzügen des Kurfürstendamms und der Tauentzienstrasse sowie der Nebenstrassen, dem südöstlichen Teil der Hardenbergstrasse, am Bahnhof Zoo, in dem östlichen Teil der Kantstrasse Zusammenrottungen statt, aus denen mit vereinten Kräften gegen Passanten jüdischen Aussehens Gewalttätigkeiten begangen wurden.« So die Anklageschrift in einem Verfahren gegen 38 SA-Männer, die am jüdischen Neujahrstag »Personen, deren Äusseres auf ihre Zugehörigkeit zum Judentum schließen liess«, wie es weiter heißt, beschimpften, beleidigten und schlugen. Da die Nationalsozialisten in Zivil auftraten, um den Eindruck zu erwecken, es handle sich um eine Äußerung spontanen Volkswillens, mußten die ermittelnden Behörden den Nachweis der planmäßigen Vorbereitung und Durchführung der Aktion führen; zu diesem Zweck wurde der vorliegende Plan angefertigt.

30/73 ›Die Nazis morden in Reinickendorf‹ Flugblatt der KPD zu dem Überfall der SA auf die Kolonie ›Felseneck‹ am 18. Januar 1932

12 × 20 cm
Berlin, Landesarchiv Berlin (Rep.58 Nr.37 Bd. II)

Am 18. Januar 1932 überfielen ca. 90 SA-Männer nach einer Versammlung die vornehmlich von KPD-Mitgliedern bewohnte Laubenkolonie ›Felseneck‹ in Reinickendorf. Bei den Auseinandersetzungen kamen ein Bewohner der Kolonie und ein Nationalsozialist ums Leben.

30/74 Fundstücke nach dem SA-Überfall auf die Kolonie ›Felseneck‹: Trommler-Zigarettenpackung, NSDAP-Abzeichen, drei Patronenhülsen und ein Mantelknopf

Berlin, Landesarchiv Berlin (Rep.58 Nr.37 Bd. III)

30/75 ›Deutsche Studenten! Arbeiter der Stirn! ... Wir greifen an!‹
Flugblatt mit Einladung zu einer Veranstaltung des ›Nationalsozialistischen Deutschen Studentenbundes an der Universität Berlin‹ am 22. Januar 1931

23,5 × 18,4 cm
Bonn, Archiv der sozialen Demokratie, FES

30/76 ›Massen-Wahlkundgebung / Deutsches Volk entscheide!‹
Plakat der NSDAP, Sektion Zehlendorf, 1932

Berlin: Hollerbaum & Schmidt; Farblithographie, 68 × 94 cm
Zürich, Plakatsammlung – Museum für Gestaltung Zürich (10–922)

30/77 ›Arbeiter, Angestellte, Beamte des Bezirksamts Spandau!‹
Zwei Aufrufe zu öffentlichen Versammlungen der Nationalsozialistischen Betriebszelle des Bezirksamts Spandau am 19. und 28. Juli 1932 (Abb.)

15,9 × 20,7 cm, 16,3 × 23,6 cm
Berlin, Landesarchiv Berlin (Rep.240 Acc.1918 Nr.18,19)

Das Blatt ist mit handschriftlichen polemischen Bemerkungen eines Mitglieds der Eisernen Front versehen.

RAUM 31
ANFÄNGE DER DIKTATUR

Als Heinrich Sahm, seit 1931 Oberbürgermeister von Berlin, am 14. November 1933 dem Reichskanzler Adolf Hitler den Ehrenbürgerbrief der Stadt überreichte, glaubte er die »Versicherung« abgeben zu dürfen, »daß die Reichshauptstadt in bedingungsloser Gefolgschaftstreue und eiserner Geschlossenheit sich hinter den Führer stellt«. Dieses Bekenntnis Sahms war teils Vollzugsmeldung, teils Absichtserklärung, denn noch bei der Reichstagswahl am 5. März 1933, bei der die NSDAP im Reich 43,9 Prozent der Stimmen erhielt, hatte sich nur ein Drittel der Berliner mit dem Stimmzettel zum Nationalsozialismus bekannt; allerdings bestätigten elf Prozent der Wähler mit ihrem Votum für die ›Kampffront Schwarz-Weiß-Rot‹ die Koalition der DNVP mit der NSDAP. SPD und KPD konnten, obwohl ihnen der Wahlkampf sehr schwer und zum Teil unmöglich gemacht wurde, in Berlin immer noch fast die Hälfte der Stimmen auf sich vereinen.

Um die am 30. Januar 1933 von den machttragenden Eliten an Hitler und die NSDAP ausgelieferten Machtpositionen zu sichern, wurden in Berlin, wie überall im Reich, Maßnahmen zur ›Gleichschaltung‹ der öffentlichen Verwaltung ergriffen. Zwei Tage nach der Kommunalwahl vom 12. März, bei der die NSDAP 38,2 Prozent der Stimmen erhielt, ernannte Hermann Göring als kommissarischer preußischer Innenminister den Vorsitzenden der NSDAP-Fraktion im Berliner Stadtparlament, Julius Lippert, zum ›Staatskommissar für die Stadt Berlin‹, zum nationalsozialistischen Kontrolleur der Stadtverwaltung. Anders als in anderen Städten, wo man diese ›Gleichschaltungsagenten‹ nach getaner Arbeit im Sommer 1933 wieder absetzte, wurde Lipperts Amt am 31. Mai 1933 durch das ›Gesetz über die Einsetzung eines Staatskommissars in der Hauptstadt Berlin‹ in eine Dauereinrichtung umgewandelt.

Als wichtigstes Instrument zur ›Gleichschaltung‹ der Kommunalverwaltung stand dem ›Staatskommissar‹ das ›Gesetz zur Wiederherstellung des Berufsbeamtentums‹ vom 7. April 1933 zur Verfügung, das in § 4 die Kündigung aller politisch mißliebigen Beamten erlaubte, eine Möglichkeit, von der Lippert reichlich Gebrauch machte: etwa ein Drittel aller in der Berliner Verwaltung Beschäftigten wurde entlassen. Juden wurden aufgrund des § 3 dieses Gesetzes, des sogenannten ›Arierparagraphen‹, nicht nur aus dem öffentlichen Dienst entfernt, sondern auch an der Ausübung freiberuflicher Tätigkeiten gehindert.

Dieses Gesetz bot auch die Handhabe für den Ausschluß von Arnold Schönberg und Renée Sintenis, um nur zwei Beispiele zu nennen, aus der Preußischen Akademie der Künste. Diesen Ausschlüssen war schon im Februar der erzwungene Rücktritt von Heinrich Mann und Käthe Kollwitz vorausgegangen, dem sich Max Liebermann und Martin Wagner angeschlossen hatten. Damit begann ein beispielloser Exodus von Künstlern und Wissenschaftlern, Journalisten und Politikern aus Berlin: Ohne Arbeits- und Existenzmöglichkeit, nicht selten von Verfolgung und droht, sahen sich Tausende zur Emigration gezwungen, deren Tätigkeit den Ruf Berlins als Kulturmetropole mitbegründet hatte. Daß diese Epoche zu Ende war wurde spätestens sichtbar, als auf Initiative des Nationalsozialistischen Deutschen Studentenbundes am 10. Mai 1933 auf dem Platz neben der Deutschen Staatsoper bedeutende Werke der deutschen Literatur als ›undeutsches Schrifttum‹ verbrannt wurden.

Die Aktion auf dem Opernplatz war Teil einer Welle der Verbote, der Einschüchterung und des Terrors, die all die Maßnahmen, deren gesetzliche Fundierung den Anschein der Rechtmäßigkeit erzeugte, von Anfang an begleitete. Am 1. April 1933 fand ein sogenannter ›Judenboykott‹ statt: SA-Männer postierten sich vor jüdischen Geschäften, Arztpraxen und Rechtsanwaltskanzleien, beschmierten Schaufensterscheiben mit antijüdischen Parolen und belästigten Kunden und Patienten. Nachdem man den 1. Mai zum ›Tag der nationalen Arbeit‹ erklärt und mit gigantischem Propagandaaufwand auf dem Tempelhofer Feld in Szene gesetzt hatte, wurden am 2. Mai die Gewerkschaftshäuser von der SA besetzt und die Freien Gewerkschaften aufgelöst. Während die bürgerlichen Parteien sich freiwillig auflösten, verbot man am 22. Juni die SPD, deren Abgeordnete noch am 23. März im Reichstag gegen das ›Ermächtigungsgesetz‹ gestimmt hatten; die Abgeordneten der KPD hatten schon an dieser Sitzung nicht mehr teilnehmen können, da ihre Mandate annulliert und viele von ihnen bereits verhaftet waren.

Schon vor diesen Verhaftungen, ermöglicht durch eine am 28. Februar 1933, nach dem Reichstagsbrand, erlassene Verordnung des Reichspräsidenten, wurden Funktionäre der KPD und der SPD, Gewerkschafter, linke Intellektuelle und andere Gegner des Nationalsozialismus Opfer eines Terrors, bei dem staatliche Macht mit privater Gewalttätigkeit im Bunde war. Am 11. Februar hatte Göring SA- und SS-Männer zu ›Hilfspolizisten‹ ernannt, die ihre Opfer in Keller von ›Sturmlokalen‹, in ehemalige Kasernen und andere Gebäude verschleppten und grausam mißhandelten. Von diesen, heute ›wilde Konzentrationslager‹ genannten, Folterstätten, die über ganz Berlin verstreut waren, wurden später vor allem die Kaserne in der General-Pape-Straße und das Columbiahaus in Tempelhof bekannt, das von 1934 bis 1936 der Gestapo als Konzentrationslager diente. Am 21. März 1933, dem Tag, an dem man in Potsdam den neuen Reichstag mit einer Propagandainszenierung eröffnete, mit der die NSDAP für alle sichtbar den ›Geist Preußens‹ zu beerben suchte, richtete die Berliner SA in einer ehemaligen Brauerei in Oranienburg bei Berlin ein Konzentrationslager ein.

Viele Angehörige der Arbeiterbewegung, gegen die sich der Terror in erster Linie richtete, waren von Anfang an gewillt, dem Regime Widerstand zu leisten, und Berlin war zweifellos das Zentrum dieses Widerstands. Widerstand, das hieß, unter schwierigsten technischen Bedingungen, ständig bedroht von Verhaftung, Folter und Tod, illegale Organisationen aufzubauen, Informationen zu sammeln und zu verbreiten, Flugblätter und Broschüren zu drucken und zu verteilen. »In Berlin wurden beispielsweise in den Fernsprechbüchern der öffentlichen Fernsprechzellen Hetzzettel gefunden«, hieß es in einem Bericht der Gestapo über den kommunistischen Widerstand in Berlin im Frühjahr 1934, »aus fahrenden Hochbahnzügen erfolgte der Abwurf von Flugblättern. In den Warteräumen der Reichsbahn waren Handzettel niedergelegt. Die Betriebsstellen der Berliner Verkehrs-AG, die Depots der Berliner Straßenreinigung und öffentliche Gebäude sind ebenfalls beliebte Ablagestätten für derartige Schriftstücke.« Auch in den Kirchen entwickelten sich, nach anfänglicher Zustimmung oder wohlwollender Neutralität gegenüber dem Regime, gerade in Berlin Ansätze zum Widerstand. Zwar verhielten sich die Amtskirchen weiterhin unterstützend oder indifferent, aber in einzelnen Gemeinden formulierten Laien und Pfarrer gemeinsam ihren Widerspruch. Vor allem die in Dahlem gegründete ›Bekennende Kirche‹, hervorgegangen aus dem von dem Dahlemer Gemeindepfarrer Martin Niemöller gegründeten ›Pfarrernotbund‹, wirkte über die Grenzen Berlins hinaus für die Freiheit der evangelischen Kirche und gegen die Verfolgungsmaßnahmen des Regimes.

Dennoch konnten sich auch in Berlin die nationalsozialistischen Machthaber von Anfang an bei einem großen Teil der Bevölkerung der Zustimmung oder zumindest eines gewissen Wohlwollens sicher sein. Zwar stand die Bevölkerung der Reichshauptstadt wohl nie »in bedingungsloser Gefolgschaftstreue und eiserner Geschlossenheit hinter dem Führer«, aber im Laufe der Jahre wuchs bei vielen Berlinern die Bereitschaft zur Anpassung und zum Arrangement. Diese Entwicklung war nicht zuletzt der Tatsache zu verdanken, daß »in Berlin weite Kreise des Volks an der Realität vorbeisehen konnten« (Karl Korn). Unterstützt wurde diese Selbsttäuschung durch eine Propaganda, die sich weniger politischer Parolen als eines breiten Konsum- und Unterhaltungsangebots bediente und so der Illusion Nahrung gab, das nationalsozialistische Berlin sei die moderne, weltoffene Stadt geblieben, die sie vor 1933 war. Ihren Höhepunkt hatte diese Selbstdarstellung zweifellos während der Olympiade 1936, die durch ihre geschickte Inszenierung die Berliner und die Gäste außerordentlich beeindruckte. Vielen war die Tatsache, daß die Stadt für wenige Wochen voll ausländischer Besucher war und antisemitische Plakate und Parolen für kurze Zeit aus dem Straßenbild verschwanden, willkommener Anlaß, der immer wieder laut beteuerten Friedfertigkeit des Regimes ebenso Glauben zu schenken wie den Beschwörungen der ›Volksgemeinschaft‹.

Zur 700-Jahr-Feier der Stadt präsentierte sich das nationalsozialistische Berlin als Erbe der lokalen und kommunalen Traditionen Berlins, als Abschluß und Höhepunkt einer Stadtgeschichte, in deren Vordergrund eindeutig die kleinbürgerlichen Elemente standen. Mit der Ernennung Albert Speers zum ›Generalbauinspektor für die Reichshauptstadt‹ am 30. Januar 1937 allerdings bekundete das Regime den Willen zum Bruch mit der Geschichte Berlins durch die radikale Veränderung der Gestalt der Stadt. Speer war in allen die Stadtplanung betreffenden Angelegenheiten mit Weisungsbefugnis gegenüber der Kommunalverwaltung ausgestattet, an deren Spitze nach dem ›Gesetz über die Verfassung und Verwaltung der Reichshauptstadt Berlin‹ seit dem 1. Januar 1937 der bisherige Staatskommissar Julius Lippert als ›Oberbürgermeister und Stadtpräsident‹ stand. Nach einer Reihe von Auseinandersetzungen über Kompetenzfragen wurde Lippert 1940 auf Betreiben Speers von Hitler seines Amtes enthoben. Hätten die Planungen des ›Generalbauinspektors‹ für die Neugestaltung Berlins verwirklicht werden können, wäre ihnen ein großer Teil der historisch gewordenen Gestalt und damit der Identität der Stadt zum Opfer gefallen. *H. W.*

31/1 Filmplakat ›Blutendes Deutschland‹
Meerwald

1933; Farblithographie, 42×29,5 cm
Berlin, Archiv des Diakonischen Werkes der Evangelischen Kirche in Deutschland (Plakatsammlung)

31/2 Plakat ›Erstes Nationalsozialistisches Revolutions-Museum der Standarte 6 Berlin, Neue Friedrichstr. 83 Ecke Königstrasse‹

1934; 16×35 cm
Berlin, Landesarchiv Berlin (Rep.240 Acc.1390 Nr.17)

31/3 Ausschneidebogen mit SA-Motiven

50×78 cm
Berlin, Sammlung Janoschka

31/4 ›Sturm 33 – Hans Maikowski‹ Broschüre, »geschrieben von Kameraden des Toten« (Abb.)

Berlin: NS-Druck und Verlag 1933
Berlin, Landesarchiv Berlin, Bibliothek (Bio 1594 S)

Nach dem Fackelzug von SA, SS und Stahlhelm in der Nacht des 30. Januar 1933 marschierte der als ›Mördersturm‹ berüchtigte Charlottenburger SA-Sturm 33 auf dem Rückweg zum ›Sturmlokal‹ durch die überwiegend von Kommunisten bewohnte Wallstraße, die heutige Zillestraße. Es kam, wie beabsichtigt, zu Tumulten und einer kurzen Schießerei, bei der der begleitende Polizist Zauritz und der Führer des Sturms, Hans Maikowski, getötet wurden. Die beiden Morde beging mit großer Wahrscheinlichkeit ein SA-Mann im Auftrag der Berliner Parteileitung. Mehr als 50 Bewohner der Straße wurden wegen der Mordfälle angeklagt und zu langjährigen schweren Haftstrafen verurteilt. Maikowski bekam ein aufwendig inszeniertes Staatsbegräbnis, und die Wallstraße wurde in Maikowskistraße umbenannt.

31/5 ›Our Street‹ Englische Ausgabe des Romans ›Unsere Straße‹
Jan Petersen

London: Victor Gollancz 1938
Frankfurt, Deutsche Bibliothek, Deutsches Exilarchiv 1933–1945 (EB 58/34)

Jan Petersen schrieb den Roman ›Unsere Straße‹ während seiner Tätigkeit im kommunistischen Widerstand 1933/34 in Berlin. Aus eigener Erfahrung beschreibt der Autor in dieser »Chronik der Ereignisse in der Wallstraße in Berlin-Charlottenburg« den Terror der Nationalsozialisten gegen kommunistische und sozialdemokratische Arbeiter, aber auch deren Widerstand gegen das Regime. Das Manuskript konnte, nach zwei vergeblichen Versuchen, Anfang 1935 nach Prag gebracht werden. Das Buch erschien 1936 in Bern und Moskau, eine englische Übersetzung 1938 in London.

31/6 ›Vorwärts‹ – Sonderausgabe, Berlin, 31. Januar 1933

Berlin, Landesarchiv Berlin (Rep.240 Acc.290 Nr.67)

Das ›Berliner Volksblatt‹ und ›Zentralorgan der Sozialdemokratischen Partei Deutschlands‹, wie der ›Vorwärts‹ mit doppeltem Untertitel hieß, wurde ebenso wie die ›Rote Fahne‹, das Zentralorgan der KPD, am 28. Februar 1933 verboten.

31/7 ›Berlin bleibt rot‹ Letzte Kundgebung der Eisernen Front im Lustgarten, 19. Februar 1933

Zwei Photographien (Reproduktionen)
Bonn, Archiv der sozialen Demokratie, FES

Auf einer Kundgebung am 7. Februar 1933 im Lustgarten konnten der SPD-Parteivorsitzende Otto Wels und der Reichsbannervorsitzende Karl Höltermann noch vor 200000 Demonstranten sprechen. Bei der letzten Kundgebung am 19. Februar mußte Franz Künstler, der Vorsitzende des SPD-Bezirks Berlin, bereits einen mit roten Fahnen bedeckten Lastwagen als improvisiertes Rednerpult benutzen. Hubertus Prinz zu Löwenstein, eines der wenigen Zentrumsmitglieder im Reichsbanner, erinnert sich: »Jedesmal, wenn das Wort ›Freiheit‹ fiel, brachen die Menschenmengen in Beifallsstürme aus.«

31/8 ›Alles mal herhören ...‹ Flugblatt der SPD zur Reichstagswahl am 5. März 1933

30×21 cm
Berlin, Archiv Zeitgeschichte Gräfer

31/9 Aufruf der KPD zur Kundgebung im Sportpalast am 23. Februar 1933

11,5×16 cm
Berlin, Landesarchiv Berlin (Rep.240 Acc.2127 Nr.33)

Dies war die letzte legale Kundgebung der KPD in Berlin.

31/10 ›Nachrichtendienst des RFB‹ Flugblatt der Berliner KPD zur Reichstagswahl am 5. März 1933

30×21 cm
Berlin, Landesarchiv Berlin (Rep.240 Acc.2088 Nr.200)

Der Rote Frontkämpferbund (RFB), die Wehrorganisation der KPD, bestand nach seinem Verbot am 6. Mai 1929 als getarnte Organisation weiter.

31/11 ›Mord! 35 Tote!‹ Klebezettel der KPD zur Reichstagswahl am 5. März 1933

5,8×8 cm
Berlin, Archiv Zeitgeschichte Gräfer

31/12 ›Der Reichstag in Flammen‹ Plakat der NSDAP zur Reichstagswahl am 5. März 1933

Berlin: Franz Lück; Buchdruck, 100×85 cm
Koblenz, Bundesarchiv Koblenz, Plakatsammlung (2/42/157)

31/13 ›Braunbuch über Reichstagsbrand und Hitlerterror‹

Paris 1933
Amsterdam, Internationales Institut für Sozialgeschichte (D 615/50)

In dem von Willi Münzenberg in Zusammenarbeit mit zahlreichen Emigranten herausgegebenen ›Braunbuch‹ sind Dokumente zusammengestellt, die beweisen sollen, daß der Reichstagsbrand nicht von Kommunisten, sondern von Nationalsozialisten gelegt wurde. Die Rolle, die die Nationalsozialisten bei der Brandstiftung tatsächlich spielten, ist bis heute nicht endgültig geklärt.

31/14 ›Reichstagsbrand von Hitlers Hand‹ Illegales Flugblatt der Berliner KPD, April 1933

30×21 cm
Zürich, Stiftung Studienbibliothek zur Geschichte der Arbeiterbewegung (Slg. Pinkus)

31/15 Mitglieder von Berliner SA- und SS-Einheiten werden als Hilfspolizisten vereidigt und bewaffnet, Februar 1933

Zwei Photographien (Reproduktionen)
Berlin, Ullstein Bilderdienst

31/4

31/16 Schießscheibe eines ›Pistolenpreisschießens‹ der SA-Hilfspolizei der Polizeiinspektion Tempelhof am 13. Juli 1933 (Abb.)

Holz, 44×44 cm
Berlin, Werkbund-Archiv

31/17 ›Köpenicker Blutnacht‹ Bericht im ›Neuen Vorwärts‹ Nr. 5, 16. Juli 1933

Prag
Bonn, Archiv der sozialen Demokratie, FES

In der Woche vom 21. bis 27. Juni 1933 verschleppten die zu Hilfspolizisten ernannten Mitglieder der SA-Standarte 15 in Köpenick mehrere hundert Kommunisten, Sozialdemokraten und Gewerkschafter in die SA-Sturmlokale Demuth, Jägerheim, Seidler und in das Gefängnis des Amtsgerichts, wo die Opfer mißhandelt und gefoltert wurden. Im Laufe dieser ›Köpenicker Blutwoche‹ ermordete die SA 91 Menschen. Eines der Opfer war das Mitglied des SPD-Parteivorstands, Johannes Stelling, bei dessen Beerdigung am 15. Juli es zu einer spontanen Demonstration kam.
Der ›Neue Vorwärts‹ erschien seit dem 18. Juni 1933 als Wochenzeitung der Exil-SPD in Prag.

31/16

31/18 ›Oranienburg. Erster authentischer Bericht eines aus dem Konzentrationslager Geflüchteten‹ (Abb.)

Gerhart Seger

Broschüre mit einem Geleitwort von Heinrich Mann; Karlsbad: Verlagsanstalt Graphia 1934
Bonn, Archiv der sozialen Demokratie, FES, Bibliothek (28065)

Gerhart Seger, von 1925 bis 1933 für die SPD im Deutschen Reichstag, konnte Anfang 1934 aus dem Konzentrationslager Oranienburg bei Berlin fliehen, nach Prag emigrieren und in der Verlagsanstalt Graphia in Karlsbad, dem Exil-Verlag der SPD, diese Broschüre veröffentlichen. Das internationale Echo war so groß, daß die Berliner SA-Leitung sich genötigt sah, vom Lagerkommandanten, dem SA-Sturmbannführer Schäfer, ein ›Anti-Braunbuch über das erste Konzentrationslager‹ veröffentlichen zu lassen. Alle aus dem Konzentrationslager Oranienburg bekannten Photographien entstammen diesem Buch; es sind verharmlosende Propagandaaufnahmen, die nichts von der Wirklichkeit in diesem Lager erkennen lassen.

31/19 Rundschreiben des Exilparteivorstands der SPD über die Versendung der ersten illegalen Broschüre ›Revolution gegen Hitler!‹, Prag, 21. Juli 1933

Bonn, Archiv der sozialen Demokratie, FES

Ende Mai 1933 gründeten emigrierte Mitglieder des SPD-Parteivorstands in Prag den ›Vorstand der Sozialdemokratischen Partei Deutschlands im Exil‹ (SOPADE). Das Büro des SOPADE-Vorstands begann ab Mitte Juni mit der Veröffentlichung von Zeitungen und Broschüren, die nicht nur die ausländische Öffentlichkeit über die Zustände in Deutschland informieren, sondern vor allem den zum Widerstand entschlossenen Mitgliedern in Deutschland als Aufklärungs- und Propagandamaterial dienen sollten. Zu diesem Zweck wurden Ausgaben im Miniaturformat hergestellt, die, durch unverfängliche Umschläge getarnt, von Kurieren über die Grenze nach Deutschland gebracht wurden.

31/20 ›Revolution gegen Hitler! Die historische Aufgabe der deutschen Sozialdemokratie‹

Karlsbad: Verlagsanstalt Graphia 1933
Bonn, Archiv der sozialen Demokratie, FES, Bibliothek (Slg. A 84–8099)

31/21 ›Julius Caesar: Der gallische Krieg‹ Getarnte ›Deutschlandausgabe‹ der Broschüre ›Revolution gegen Hitler!‹

Karlsbad: Verlagsanstalt Graphia 1933; 10×7 cm
Bonn, Archiv der sozialen Demokratie, FES

31/22 ›Einen herzlichen Ostergruss‹ Selbstgezeichnete Ansichtskarte mit drei verfremdeten Pfeilen der Eisernen Front

Berlin, Fritz Neubecker

Fritz Neubecker, Mitglied der SPD in Tempelhof, schrieb diese Karte am 29. März 1934 aus einem der Gefängnisse, in denen er vom 19. August 1933 bis zum 22. Juni 1934 von der Gestapo festgehalten wurde. Man warf ihm und seinen beiden Mitangeklagten, dem früheren Chefredakteur des ›Vorwärts‹, Franz Klühs, und dem SPD-Parteisekretär für den Bezirk Brandenburg, Willi Krüger, vor, sich im Sommer 1933 mehrmals mit Mitgliedern verschiedener Berliner SPD-Ortsgruppen in Gaststätten am Alexanderplatz getroffen zu haben, um sich, wie es in der Anklageschrift heißt, »für den Wiederaufbau einer illegalen SPD-Leitung in Berlin« zu betätigen. Willi Krüger hatte einem SOPADE-Kurier einen Bericht über die Ereignisse anläßlich der Beerdigung Johannes Stellings übergeben, der im ›Neuen Vorwärts‹ Nr. 7 veröffentlicht wurde; Franz Klühs hatte von einem Besuch beim Exilvorstand in Prag mehrere Tarnschriften mitgebracht und an SPD-Freunde weitergegeben. Beide wurden wegen »der Vorbereitung eines hochverräterischen Unternehmens« zu zwei Jahren und neun Monaten Gefängnis verurteilt; Fritz Neubecker wurde aus Mangel an Beweisen freigesprochen.

31/23 ›Tag der Arbeit‹ Sondernummer des ›Illustrierten Beobachters‹ zum 1. Mai 1933

Berlin, Werkbund-Archiv

31/24 ›Feiertag der Nationalen Arbeit 1. Mai 1933‹
Programmheft der Veranstaltung auf dem Tempelhofer Feld

Berlin, Landesarchiv Berlin (Rep.240 Acc.1354 Nr.23)

31/25 Polizisten und SA-Hilfspolizisten bei einer Razzia auf Kommunisten in der Danckelmannstraße in Charlottenburg, 28. April 1933

Zwei Photographien (Reproduktionen)
Berlin, Bildarchiv PK

31/26 SA-Hilfspolizisten bei einer Razzia in der Teichstraße in Reinickendorf, April 1933

Photographie (Reproduktion)
Berlin, Bildarchiv PK

31/27 Polizisten und SA-Hilfspolizisten bei einer Razzia in der Grenadierstraße in Berlin-Mitte, März 1933

Photographie (Reproduktion)
Koblenz, Bundesarchiv Koblenz, Photosammlung (ABC-2941 A)

31/28 ›Die Rote Fahne. Berliner Organ der KPD‹
Illegale Zeitung zum 1. Mai 1933

Zürich, Stiftung Studienbibliothek zur Geschichte der Arbeiterbewegung (Slg. Pinkus)

31/29 ›Hammer und Sichel. Organ der KPD Berlin, Unterbezirk »Stettin«‹
Illegale Zeitung 19. September 1934, (Abb.)

Zürich, Stiftung Studienbibliothek zur Geschichte der Arbeiterbewegung (Slg. Pinkus)

Der Unterbezirk ›Stettin‹ in der Gegend des Stettiner Bahnhofs im Norden von Berlin-Mitte war einer der 29 Unterbezirke des Bezirks Berlin der illegalen KPD. Jeder dieser Unterbezirke gab regelmäßig eine oder zwei eigene hektographierte Zeitschriften mit Auflagen von mehreren hundert Exemplaren heraus. Die Unterbezirke waren wiederum in insgesamt etwa 400 Straßenzellen unterteilt, von denen aus konspirativen Gründen keine mehr als zehn Mitglieder hatte. Allerdings bot die komplizierte und stark hierarchisierte Organisationsstruktur der illegalen KPD mit ihren vielfältigen Querverbindungen der Gestapo immer wieder die Möglichkeit zu umfangreichen Verhaftungen. Deshalb waren von den insgesamt ca. 15000 Berliner KPD-Mitgliedern, die im Widerstand arbeiteten, durchschnittlich immer nur 3000 bis 4000 KPD-Mitglieder gleichzeitig aktiv.

31/18

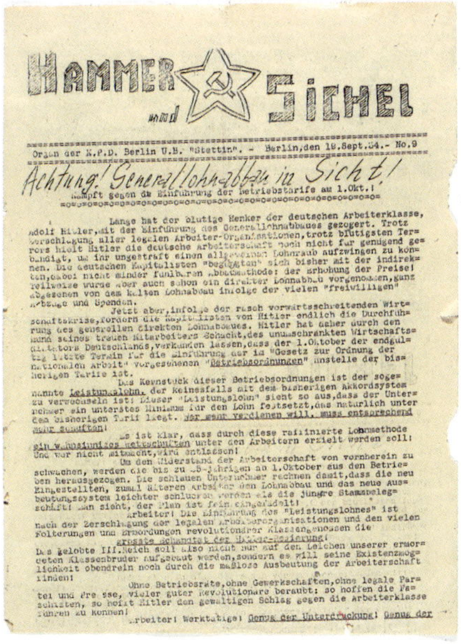

HAMMER und SICHEL

Organ der K.P.D. Berlin U.B. "Stettin". - Berlin,den 19.Sept.34.- No.9

Achtung! Generallohnabbau in Sicht!

Kämpft gegen die Einführung der Betriebstarife am 1.Okt.!

Lange hat der blutige Henker der deutschen Arbeiterklasse,
Adolf Hitler,mit der Einführung des Generallohnabbaues gezögert. Trotz
Zerschlagung aller legalen Arbeiter-Organisationen,trotz blutigsten Ter=
rors hielt Hitler die deutsche Arbeiterschaft noch nicht für genügend ge=
bändigt, um ihr ungestraft einen allgemeinen Lohnraub aufzwingen zu kön=
nen. Die deutschen Kapitalisten "begnügten" sich bisher mit der indirek=
ten,dabei nicht minder fühlbaren Abbaumethode: der Erhöhung der Preise!
Teilweise wurde aber auch schon ein direkter Lohnabbau vorgenommen,ganz
abgesehen von dem kalten Lohnabbau infolge der vielen "freiwilligen"
Abzüge und Spenden.

Jetzt aber,infolge der rasch vorwärtsschreitenden Wirt=
schaftskrise,fordern die Kapitalisten von Hitler endlich die Durchfüh=
rung des generellen direkten Lohnabbaues. Hitler hat daher durch den
Mund seines treuen Mitarbeiters Schacht,des unumschränkten Wirtschafts=
diktators Deutschlands,verkünden lassen,dass der 1.Oktober der endgül=
tig letzte Termin für die Einführung der im "Gesetz zur Ordnung der
nationalen Arbeit" vorgesehenen "Betriebsordnungen" anstelle der bis=
herigen Tarife ist.

Das Kernstück dieser Betriebsordnungen ist der soge=
nannte Leistungslohn, der keinesfalls mit dem bisherigen Akkordsystem
zu verwechseln ist! Dieser "Leistungslohn" sieht so aus,dass der Unter=
nehmer ein unterstes Minimum für den Lohn festsetzt,das natürlich unter
dem bisherigen Tarif liegt. Wer mehr verdienen will, muss entsprechend
mehr schuften!

Es ist klar, dass durch diese raffinierte Lohnmethode
ein wahnsinniges Wettschuften unter den Arbeitern erzielt werden soll!
Und wer nicht mitmacht,wird entlassen!

Um den Widerstand der Arbeiterschaft von vornherein zu
schwächen, werden die bis zu 25-jährigen am 1.Oktober aus den Betrie=
ben herausgezogen. Die schlauen Unternehmer rechnen damit,dass die neu
Eingestellten, zumal älteren Arbeiter den Lohnabbau und das neue Aus=
beutungssystem leichter schlucken werden als die jüngere Stammbeleg=
schaft! Man sieht, der Plan ist fein eingefädelt!

Arbeiter! Die Einführung des "Leistungslohnes" ist
nach der Zerschlagung der legalen Arbeiterorganisationen und den vielen
Folterungen und Ermordungen revolutionärer Klassengenossen die
grösste Schandtat der Hitler-Regierung!
Das gelobte III.Reich soll also nicht nur auf den Leichen unserer ermor=
deten Klassenbrüder aufgebaut werden,sondern es will seine Existenzmög=
lichkeit obendrein noch durch die maßlose Ausbeutung der Arbeiterschaft
finden!

Ohne Betriebsräte,ohne Gewerkschaften,ohne legale Par=
tei und Presse, vieler guter Revolutionäre beraubt: so hoffen die Fa=
schisten, so hofft Hitler den gewaltigen Schlag gegen die Arbeiterklasse
führen zu können!

Arbeiter! Werktätige! Genug der Unterdrückung! Genug der

31/29

31/33

31/30 ›Wider den undeutschen Geist‹ Plakat der ›Deutschen Studentenschaft‹ zur Vorbereitung der Bücherverbrennung, 13. April 1933

Berlin: W. Henckel 1933; Buchdruck, 70×48 cm
Würzburg, Staatsarchiv (RSF/NSDStB-Archiv ad I 21 C 14/1)

31/31 Bücherverbrennung auf dem Opernplatz, 10. Mai 1933

Zwei Photographien (Reproduktionen)
Berlin, Ullstein Bilderdienst

31/32 Plünderung des Instituts für Sexualwissenschaften

Photographie (Reproduktion)
Berlin, Akademie der Künste, Archiv

Am 6. Mai 1933 plünderten ca. 100 Mitglieder des NS-Studentenbundes das von Magnus Hirschfeld gegründete und geleitete Institut für Sexualwissenschaften in Berlin-Tiergarten, In den Zelten 9a.

31/33 Büste des Magnus Hirschfeld (Abb.)

Harald Isenstein

Gips, H 34 cm
Berlin, Akademie der Künste, Archiv (85/84/45)

Die Plünderer des Instituts für Sexualwissenschaften nahmen nicht nur die umfangreiche und wertvolle Bibliothek, sondern auch diese kleine Büste mit, um sie bei der Bücherverbrennung am 10. Mai 1933 auf den Scheiterhaufen zu werfen. Ein Mitarbeiter der Berliner Stadtreinigung, die am Tag nach der Bücherverbrennung den Schmutz beseitigen mußte, fand die nur leicht angekohlte Büste und nahm sie an sich. Eine Angehörige dieses Mannes übergab sie 1973 dem Archiv der Akademie der Künste. Magnus Hirschfeld hielt sich zum Zeitpunkt der Plünderung im Ausland auf. Er blieb im Exil in Paris, wo er 1935 starb.

31/34 Manuskript der von Alfred Kantorowicz am 10. Mai 1935 in der Deutschen Freiheitsbibliothek in Paris gehaltenen Rede

30×21 cm
Hamburg, Staats- und Universitätsbibliothek Hamburg (Nachl. A. Kantorowicz; L 9,Nr.24)

Am 10. Mai 1934, dem ersten Jahrestag der Bücherverbrennung, gründete ein internationales Komitee, dem unter dem Präsidium Heinrich Manns u. a. André Gide, Romain Rolland und Bertrand Russell angehörten, in Paris die Deutsche Freiheitsbibliothek. Diese Bibliothek, so ihr Leiter und Sekretär des Komitees, Alfred Kantorowicz, in seiner Rede zum zweiten Jahrestag, »enthält die wichtigsten jener Schriften, die in Deutschland heute nur illegal gelesen werden können«.

31/35 ›Deutsch für Deutsche‹ Illegale Tarnschrift mit Texten ›verbrannter‹ Autoren und Photomontagen John Heartfields

Hg. vom Schutzverband deutscher Schriftsteller, Paris 1935
Bonn, Archiv der sozialen Demokratie, FES

31/36 Plakataufruf zum Boykott jüdischer Geschäfte am 1. April 1933

München 1933; 180×80 cm
München, Bayerisches Hauptstaatsarchiv, Plakatsammlung (13469)

31/37 Boykott jüdischer Geschäfte, 1. April 1933

a) Menschenmenge vor dem KaDeWe in der Tauentzienstraße (Abb.)
b) Posten der SA vor einem Berliner Warenhaus

Zwei Photographien (Reproduktionen)
Berlin, Ullstein Bilderdienst

31/37 a

31/38 Telegramm der Reichsvertretung der deutschen Juden an den Evangelischen Oberkirchenrat mit der Bitte um Stellungnahme der Kirche zum angekündigten Boykott jüdischer Geschäfte, Berlin, 30. März 1933

14×20 cm
Berlin, Evangelisches Zentralarchiv in Berlin
(Best.7, Ev. Oberkirchenrat, Nr.3688, Bl.20)

31/39 Entwurf eines Antwort-Telegramms des Evangelischen Oberkirchenrats an die Reichsvertretung der deutschen Juden mit einer Stellungnahme zum Boykott jüdischer Geschäfte, Berlin, 1. April 1933

15×21 cm
Berlin, Evangelisches Zentralarchiv in Berlin
(Best.7, Ev. Oberkirchenrat, Nr.3688, Bl.53)

31/40 Reichstagung der ›Deutschen Christen‹ im Berliner Sportpalast, 13. November 1933

Photographie (Reproduktion)
Berlin, Landesbildstelle Berlin

Auf der von 20000 Teilnehmern besuchten Sportpalast-Kundgebung forderte der Hauptredner Reinhold Krause unter anderem »die Befreiung vom Alten Testament mit seiner jüdischen Lohnmoral«. Die Veranstaltung provozierte offenen Protest in den Gemeinden. In unzähligen Telegrammen an Reichsbischof Ludwig Müller wurde die Entlassung von Mitgliedern der ›Deutschen Christen‹ aus Kirchenämtern gefordert. Der Reichsleiter der ›Deutschen Christen‹, der brandenburgische Bischof Hossenfelder, mußte sein Amt niederlegen.

31/41 ›Kirche ohne den Christus der Bibel? Die Deutschen Christen verleugnen die Bekenntnisgrundlage‹ Flugblatt des ›Pfarrernotbundes‹ zur Reichstagung der ›Deutschen Christen‹, Berlin, 13. November 1933

29×21 cm
Berlin, Evangelisches Zentralarchiv in Berlin
(Best.7, Ev. Oberkirchenrat, Nr.1017)

31/42 ›Pfarrerverpflichtung‹ des ›Pfarrernotbundes‹ gegen den kirchlichen ›Arierparagraphen‹, Berlin, 19. September 1933

20,5×29,4 cm
Berlin, Evangelisches Zentralarchiv in Berlin
(Best.7, Ev. Oberkirchenrat, Nr.1017)

Da die ›Deutschen Christen‹ nach dem Sieg bei den Kirchenwahlen am 23. Juli 1933 mit 70 Prozent der Stimmen zum ersten Mal über die Mehrheit in den kirchlichen Gremien verfügten, konnten sie auf der Preußischen Generalsynode vom 4. bis 6. September 1933 ihre kirchenpolitischen Ziele durchsetzen. Insbesondere aus Pro-

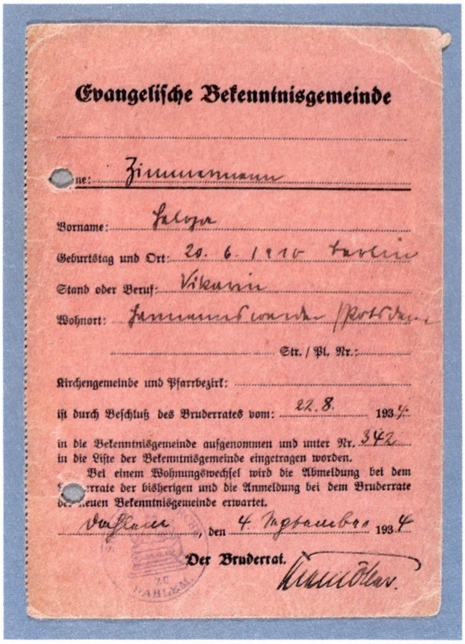

Evangelische Bekenntnisgemeinde

…ne: Zimmermann

Vorname: Helga

Geburtstag und Ort: 20. 6. 1910 Berlin

Stand oder Beruf: Vikarin

Wohnort:

Str. / Pl. Nr.:

Kirchengemeinde und Pfarrbezirk:

ist durch Beschluß des Bruderrates vom: 22. 8. 1934

in die Bekenntnisgemeinde aufgenommen und unter Nr. 342 in die Liste der Bekenntnisgemeinde eingetragen worden.

Bei einem Wohnungswechsel wird die Abmeldung bei dem …rrate der bisherigen und die Anmeldung bei dem Bruderrate de… neuen Bekenntnisgemeinde erwartet.

Dahlem, den 4. September 1934

Der Bruderrat.

31/43

test gegen die Einführung des sogenannten ›Arierparagraphen‹ in der Kirche gründeten Berliner Pfarrer um Martin Niemöller den ›Pfarrernotbund‹, dessen Mitglieder sich unter anderem verpflichteten, die vom ›Arierparagraphen‹ betroffenen Kirchenbeamten und Pfarrer zu unterstützen. Aus dem ›Pfarrernotbund‹ ging die ›Bekennende Kirche‹ hervor, die sich auf der zweiten Bekenntnissynode, die am 19. und 20. Oktober 1934 in Berlin-Dahlem stattfand, zur rechtmäßigen Repräsentantin der evangelischen Kirche erklärte und die Einrichtung eigener Kirchengremien beschloß.

31/43 ›Rote Karte‹ Mitgliedsausweis der ›Bekennenden Kirche‹, unterzeichnet von Martin Niemöller, Berlin, 4. September 1934 (Abb.)

15,2 × 10,5 cm
Berlin, Helga Weckerling

31/44 Postkarte mit dem Bildnis und einem Zitat von Martin Niemöller, Berlin 1938

Berlin, Martin-Niemöller-Haus

31/45 Ablehnung des Gesuchs des Gemeindekirchenrats Berlin-Dahlem um Entlassung des Pfarrers Martin Niemöller aus dem Konzentrationslager durch Adolf Hitler, 26. April 1938

Berlin, Evangelische Kirchengemeinde Dahlem (2034, 3. Pfarrstelle, 1938–47)

Die ›Bekennende Kirche‹ wurde durch die Verhaftung Martin Niemöllers am 1. Juli 1937 ihres wichtigsten Mitglieds beraubt. Die Verhaftung löste zahlreiche Solidaritätsbekundungen aus: Unter anderem wurden Postkarten mit Niemöllers Porträt verschickt und Bittgesuche um seine Freilassung an Regierungsstellen gerichtet. Niemöller wurde bis Juli 1941 im KZ Sachsenhausen, später im KZ Dachau festgehalten.

31/46 ›Wo kauft der Nationalsozialist ...?‹ Reklameblatt für ›Herren-Ausstattungen der Firma »Modeteufel« in Berlin, Wilhelmshavener Straße 28, Eckhaus Birkenstraße‹ (Abb.)

23 × 15,6 cm
Berlin, Landesarchiv Berlin (Rep.240 Acc.1390 Nr.32)

Der ›Kampfbund für den gewerblichen Mittelstand der N.S.D.A.P.‹, dem der Besitzer der Firma ›Modeteufel‹ angehörte, wurde im November 1932 gegründet. Der ›Kampfbund‹ war nicht nur führend an der Gleichschaltung von Handels- und Handwerkskammern durch die Einsetzung von Staatskommissaren beteiligt, sondern war auch eine treibende Kraft bei der Vorbereitung des organisierten Boykotts jüdischer Geschäfte am 1. April 1933. Am 8. August 1933 wurde der ›Kampfbund‹ aufgelöst und in die ›Nationalsozialistische Handwerks-, Handels- und Gewerbeorganisation‹ eingegliedert.

31/47 ›Handel und Handwerk im Dritten Reich‹ Titelseite des ›Bildberichts aus der Arbeit des Gaues Groß-Berlin der »Nationalsozialistischen Handwerks-, Handels- und Gewerbeorganisation« (NS-Hago)‹, 1933

Berlin, Werkbund-Archiv

31/46

31/49

31/48 ›Blätter für Handel, Handwerk und Gewerbe der NS-Hago‹, Berlin, 1. Oktober 1933
Berlin, Werkbund-Archiv

31/49 ›Der braune Laden. Amtlich zugelassene Verkaufsstelle der Reichszeugmeisterei der N.S.D.A.P.‹ Reklameschild des ›PG. E. Senff in Berlin N. 4, Schwarzkopfstr. 14‹ (Abb.)
Emailliertes Blech, 49×32 cm
Berlin, Berlin Museum

31/50 ›Berliner Hochschulblatt‹ Zeitung des NS-Studentenbundes an der Universität Berlin, 1. Juli 1933
Berlin, Werkbund-Archiv

31/51 Haustafel der NSDAP und ihrer Organisationen
Emailliertes Blech, 80×64 cm
Berlin, Sammlung Janoschka

»In jedem Mietshaus wird an übersichtlicher Stelle (Hausflur parterre) eine Haustafel gemäß den aufgeführten Vorschriften angebracht. Der Blockleiter ist verantwortlich für die Inordnunghaltung der Haustafel.« Dieser Plan, der 1938 im ›Organisationsbuch‹ der NSDAP, einem Handbuch für die Funktionsträger der Partei, veröffentlicht wurde, mußte schon im nächsten Jahr aufgegeben werden: Infolge der Rohstoffbevorratung für die Kriegsproduktion stand für solche Zwecke nicht mehr genügend Metall zur Verfügung.

31/52 Plakat ›Internationale Automobil- u. Motorrad Ausstellung Berlin 1934‹, 8.–18. März
Theo Matejko
Berlin: Dr. Selle-Eysler AG; Farblithographie, 58,5×41 cm
Berlin, Kunstbibliothek, SMPK

31/53 ›700 Jahre Berlin‹
Plakat der ›Freigeländeschau am Funkturm, 14. August bis 12. September 1937‹
Jupp Wiertz
Offsetdruck, 117×83 cm
Berlin, Privatbesitz

31/54 Plakat ›Berlin 1936. Olympische Spiele‹ (Abb.)
Würbel
Farblithographie, 102×63,5 cm
München, Münchner Stadtmuseum, Plakatsammlung (B 19/52)

31/54

31/55 ›»Lernen Sie das schöne Deutschland kennen«. Ein Reiseführer, unentbehrlich für jeden Besucher der Olympischen Spiele‹

Prag 1936
Zürich, Stiftung Studienbibliothek zur Geschichte der Arbeiterbewegung (Slg. Pinkus)

In dieser kleinformatigen Sondernummer der ›Arbeiter-Illustrierten Zeitung‹ (AIZ) werden auf verschiedenen Reiserouten nach Berlin und in Berlin selbst Gefängnisse, Konzentrationslager und andere Stätten nationalsozialistischen Terrors vorgestellt. Diese Flugschrift wurde an Besucher der Berliner Olympiade verschickt.

31/56 ›Olympiade in Berlin?‹ Illegale Broschüre der KPD zur Olympiade 1936 (Abb.)

Paris 1936
Bonn, Archiv der sozialen Demokratie, FES

Sport als Vorbereitung zum Kriegseinsatz: Das Titelbild zeigt hinter einem zum Wurf ausholenden Speerwerfer den Schatten eines Soldaten mit einer Handgranate.

31/57 ›Terminplan von der Großen Achse‹ (Stand der Planung: 24. September 1941)

Stadtplan mit farbigen Markierungen und eingetragenen Abrißterminen für November 1941; kolorierte Pause, 276×94 cm; M 1:4000
Berlin, Landesarchiv Berlin (Rep.92 Acc.2849)

Im Zentrum der geplanten Baumaßnahmen des ›Generalbauinspektors für die Reichshauptstadt‹ stand die sieben Kilometer lange und 120 Meter breite ›Nord-Süd-Achse‹. Deren Verwirklichung erforderte umfangreiche Abrißmaßnahmen, denen bereits in den Jahren 1938/39 ganze Straßenzüge im Bereich des Spreebogens, am Kemperplatz und in der alten Stadtmitte zum Opfer gefallen waren. Insgesamt war der Abriß von etwa 50000 Wohnungen vorgesehen.

31/58 Emigrierte Berliner Schriftsteller

a) Alfred Döblin (1878–1957), emigriert 1933
b) Lion Feuchtwanger (1884–1958), emigriert 1933
c) Heinrich Mann (1871–1950), emigriert 1933
d) Arnold Zweig (1887–1968), emigriert 1933
e) Walter Mehring (1896–1981), emigriert 1933
f) Bertolt Brecht (1898–1956), emigriert 1933
g) Alfred Kerr (1867–1948), emigriert 1933
h) Johannes R. Becher (1891–1958), emigriert 1933

Acht Photographien
Berlin, Bildarchiv PK

Neben Mitgliedern der Organisationen der Arbeiterbewegung und Vertretern bürgerlicher Parteien gingen in den ersten Monaten nach der Machtübernahme der Nationalsozialisten zahlreiche Berliner Künstler und Wissenschaftler ins Exil. Diejenigen, denen die Flucht nicht rechtzeitig gelang, wurden, wie z. B. Carl von Ossietzky, verhaftet und jahrelang in Gefängnissen und Konzentrationslagern festgehalten.
Die hier getroffene Auswahl von 32 Emigranten aus Kultur und Wissenschaft soll einen Eindruck von der Breite der Emigration und den irreversiblen Verlusten für das kulturelle und wissenschaftliche Leben der Stadt vermitteln.

31/59 Emigrierte Berliner Schauspieler, Regisseure und Komponisten
a) Max Reinhardt (1873–1943), emigriert 1933
b) Fritz Kortner (1892–1970), emigriert 1933
c) Elisabeth Bergner (1897–1986), emigriert 1933
d) Curt Bois (geb. 1901), emigriert 1933
e) Billy Wilder (geb. 1906), emigriert 1933
f) Fritz Lang (1890–1976), emigriert 1933
g) Arnold Schönberg (1874–1951), emigriert 1933
h) Kurt Weill (1900–1950), emigriert 1933

Acht Photographien
Berlin, Bildarchiv PK

31/56

31/60 Emigrierte Berliner Architekten und bildende Künstler
a) George Grosz (1893–1959), emigriert 1933
b) John Heartfield (1891–1968), emigriert 1933
c) László Moholy-Nagy (1895–1946), emigriert 1934
d) Max Keilson (1900–1953), emigriert 1933
e) Erich Mendelsohn (1887–1953), emigriert 1933
f) Bruno Taut (1880–1938), emigriert 1933,
g) Walter Gropius (1883–1969), emigriert 1934
h) Martin Wagner (1885–1957), emigriert 1935

Acht Photographien
Berlin, Bildarchiv PK

31/61 Emigrierte Berliner Wissenschaftler
a) Albert Einstein (1879–1955), emigriert 1932
b) Erwin Schrödinger (1887–1961), emigriert 1933
c) Georg Schlesinger (1874–1949), emigriert 1934
d) Walter Benjamin (1892–1940), emigriert 1933
e) Emil Lederer (1882–1939), emigriert 1933
f) Hajo Holborn (1902–1969), emigriert 1933
g) Karen Horney (1885–1952), emigriert 1933
h) Wilhelm Reich (1897–1957), emigriert 1933

Acht Photographien
Berlin, Bildarchiv PK

31/62 Exilpublikationen

a) ›Die Sammlung‹

Literarische Monatsschrift unter dem Patronat von André Gide, Aldous Huxley und Heinrich Mann, hg. von Klaus Mann; Jg. 4, H. 6., Amsterdam: Querido-Verlag, Februar 1934

b) ›Neue Deutsche Blätter‹

Monatsschrift für Literatur und Kritik, Jg. 2, Nr. 6, Prag: Verlag Wieland Herzfelde, August 1935

c) ›Die neue Weltbühne‹

Wochenschrift für Politik – Kunst – Wirtschaft, Jg. 32, Nr. 29, Prag: Selbstverlag, 16. Juli 1936

d) ›Das Wort‹

Literarische Monatsschrift; Doppelnummer ›Vier Jahre Deutsche Literatur‹, Redaktion: Bertolt Brecht, Lion Feuchtwanger und Willi Bredel, Moskau: Jourgaz-Verlag, April/Mai 1937

e) ›Das Neue Tagebuch‹

Hg. von Leopold Schwarzschild; Jg. 5, H. 14, Paris: Selbstverlag, 24. April 1937

f) ›Naziführer sehen Dich an. 33 Biographien‹
Walter Mehring

Paris: Editions Du Carrefour 1934

g) ›Furcht und Elend des III. Reiches. 24 Szenen‹
Bertolt Brecht

New York: Aurora Verlag 1938

h) ›Der verwandelte Platz‹
Johannes R. Becher

Zürich: Ring-Verlag 1934

a)-e) Berlin, Helmut Köhler
f)-h) Berlin, Michael Lehr

Viele Emigranten aus Politik, Kultur und Wissenschaft wurden im Exil gegen das nationalsozialistische Regime publizistisch aktiv. Veröffentlicht wurden Berichte über Vorgänge und Personen in Deutschland und über die Aktivitäten einzelner Exilgruppen, aber auch literarische Verarbeitungen des Lebens im ›Dritten Reich‹ und unter den Bedingungen des Exils. Charakteristisch für die mehrere tausend Titel zählende Exilpublizistik waren Zeitschriften, deren Mitarbeiterkreise einander oft überschnitten. In den Redaktionen dieser Zeitschriften fanden sich nicht selten Gegner des Nationalsozialismus ganz verschiedener Herkunft.

RAUM 32
›VOLKSGEMEINSCHAFT‹ UND TERROR

Im Rückblick auf zehn Jahre »Kampf um Berlin« könne man nun, schrieb 1936 die nationalsozialistische Zeitung ›Der Angriff‹ anläßlich der Feiern zum zehnjährigen Bestehen des Gaues Berlin der NSDAP, offen zugeben, daß die »Millionenmassen der Einwohner« dieser Stadt den Nationalsozialismus »nicht freiwillig auf sich genommen haben«: »wir haben uns aufgezwungen«. Nicht nur die neuen Herren, die die Machtergreifung als ›Eroberung Berlins‹ heroisierten, sondern auch ihre Gegner, die in keiner anderen deutschen Stadt so zahlreich waren, haben die ›Gleichschaltung‹ der Reichshauptstadt gern einseitig als einen Akt der Unterwerfung dargestellt: Berlin, die moderne, aufgeklärte, weltoffene Metropole sei durch die ›braune Provinz‹ besetzt worden.

Gewiß waren bei einem großen Teil der Bevölkerung Berlins die Vorbehalte gegenüber den Nationalsozialisten größer als anderswo. Daher bemühten sich die neuen Machthaber darum, die Wende von 1933 nicht als einen endgültigen Bruch mit dem Selbstverständnis der Stadt erscheinen zu lassen: Berlin sollte »Stadt der Gegenwart« bleiben, wie ›Der Angriff‹ anläßlich der 700-Jahr-Feier Berlins schrieb. Die Nationalsozialisten waren sich darüber im klaren, daß sie die ›rote‹ Stadt der Arbeiterbewegung auf Dauer nicht nur mit Gewalt beherrschen und die Stadt der modernen Technik und leistungsorientierten urbanen Gesellschaft nicht einfach in einen »Acker aus Blut und Boden« umpflügen konnten. Soziales Engagement und egalitäres Auftreten einerseits, technisch-wissenschaftliche Modernität und Leistungskraft andererseits waren zwei wichtige Kontinuitätslinien Berliner Geschichte, die aufzunehmen und fortzusetzen auch die Nationalsozialisten nicht umhin konnten, wollten sie ihre Herrschaft in der Reichshauptstadt dauerhaft stabilisieren.

Hitler hatte schon 1926 mit der Abordnung von Joseph Goebbels, einem Exponenten des ›linken‹ Flügels der NSDAP, als seinem »Statthalter von Berlin« diese taktische Linie der flexiblen Anpassung an die von ihm ungeliebte Stadt vorgegeben. Diese Politik wurde auch nach der Machtübernahme fortgesetzt. Das ›Berliner Winterhilfswerk‹, im Winter 1931/32 von den freien Wohlfahrtsverbänden und der Berliner Stadtverwaltung gegründet, wurde von Goebbels als Parteiorganisation imitiert und nach 1933 zu einer riesigen, reichsweiten Organisation aufgebaut. Auch die zweite wichtige NS-Organisation mit karitativen Aufgaben, die ›Nationalsozialistische Volkswohlfahrt‹, war in Berlin aus einer kleinen Gruppe von Nationalsozialisten in der kommunalen Wohlfahrtspflege von Wilmersdorf entstanden. Winterhilfswerk und NS-Volkswohlfahrt galten vielen als Sinnbild eines neuen ›nationalen Sozialismus‹, auch wenn ein großer Teil der imponierenden Millionenbeträge weniger durch Spenden als durch Abgaben zustandekam, die zwangsweise vom Lohn einbehalten wurden.

Als die Nationalsozialisten 1933 die Macht übernahmen, war Berlin mit über

650000 registrierten Erwerbslosen die Stadt mit der höchsten Arbeitslosenzahl in Europa. Die verfallenden Elendsviertel der Reichshauptstadt waren Brutstätten eines ›roten‹ Radikalismus und blieben auch im ›Dritten Reich‹ noch lange Zeit Zentren des Widerstandes gegen den Nationalsozialismus. Die starke Betonung sozialer und karitativer Hilfstätigkeiten, wie sie vom Winterhilfswerk und der NS-Volkswohlfahrt geleistet wurden, waren für den Nationalsozialismus somit vor allem in Berlin eine politische Notwendigkeit.

Diese Überlegungen und Motive spielten auch beim Entwurf des sogenannten ›Göring-Plans‹ eine wichtige Rolle. Staatliche Arbeitsbeschaffungsmaßnahmen hatten zwar, begünstigt durch eine allgemeine Belebung der Weltwirtschaft, schon 1933 zu einem deutlichen Rückgang der Erwerbslosigkeit geführt, doch der Abbau der Arbeitslosenzahlen erfolgte in Berlin ebenso wie in einigen anderen Großstädten sehr viel zögernder als im übrigen Reich. Im Frühjahr 1934 wurde daher auf Initiative des ›Staatskommissars in der Hauptstadt Berlin‹, Julius Lippert, ein auf Berlin zugeschnittenes Arbeitsbeschaffungsprogramm, der ›Göring-Plan‹, beschlossen. Er beruhte vor allem auf direkten oder indirekten Zwangsmaßnahmen, die etwa ab 1936 für die nationalsozialistische Politik des ›Arbeitseinsatzes‹ im Reich zum Vorbild genommen wurden. Im Rahmen dieses Programms wurde Arbeitslosen der Zuzug verweigert, Berlin zum Sperrgebiet erklärt. Gleichzeitig verpflichtete die Berliner Verwaltung jährlich etwa 20000 einheimische Erwerbslose auf Baustellen in die Provinz, eine Maßnahme, die in den betroffenen Gemeinden starke Proteste auslöste: Die Bauernschaft befürchte, so der Reichsbauernführer in seinem Beschwerdebrief an den Staatskommissar Lippert, eine »Verseuchung des Landvolkes« durch den »Abschaum Berlins«. Die Proteste waren nicht ganz unbegründet, denn die Berliner Arbeitsämter setzten den ›Göring-Plan‹ gezielt dazu ein, den ›roten Arbeitslosensumpf‹ trockenzulegen. In der Folge kam es in den Barakkenlagern wiederholt zu Aufständen und Meutereien der ›Göring-Arbeiter‹. Unzufriedenheit und Widerstand wurden damit zwar in die ländlichen Gebiete und kleinen Gemeinden ›exportiert‹, in Berlin selbst aber wurde durch den ›Göring-Plan‹ ein bedeutendes politisches Unruhepotential vermindert. Erst die Rüstungskonjunktur führte ab 1936/37 zum völligen Verschwinden der Arbeitslosigkeit; damit verlor der bis dahin in Berlin außerordentlich starke organisierte Arbeiterwiderstand seinen sozialen und kulturellen Rückhalt.

Fast noch wichtiger als die ›Austrocknung des roten Arbeitslosensumpfes‹ mußte für die Nationalsozialisten die ›Gleichschaltung‹ der Belegschaften in den großen Betrieben sein. Schon Wochen vor dem 2. Mai 1933, der Besetzung der Gewerkschaftshäuser, drang die ›Nationalsozialistische Betriebszellenorganisation‹ (NSBO) in die ihnen bis dahin weitgehend verschlossenen Betriebe ein, verhaftete die teilweise kurz zuvor gewählten ›roten‹ Betriebsräte oder zwang sie zum Rücktritt. Tausende wurden wegen ›politischer Unzuverlässigkeit‹ entlassen.

An die Stelle der Freien Gewerkschaften trat die Zwangsorganisation ›Deutsche Arbeitsfront‹, wobei mancher Arbeitnehmer erst durch ein am Fabrikgebäude angebrachtes Schild – »100 Prozent« – von seiner Mitgliedschaft erfuhr. Propagandistischer Höhepunkt dieses »Kampfes um die Seele des schaffenden Menschen«, wie der Reichsleiter der Arbeitsfront Robert Ley formulierte, war eine Propagandaveranstaltung am 10. November 1933, als sich um 13 Uhr in Fabriken, Kontoren,

Amtsstuben, Kaufhäusern und Geschäften, in Straßen und auf Plätzen in Berlin wie im gesamten Reich zahllose Menschen um Lautsprecher und Übertragungswagen versammelten, um die Rundfunkübertragung einer Rede Hitlers zu hören. Diese Veranstaltung, an der sich die Gestaltung des Ausstellungsraumes orientiert, fand nicht zufällig in den Berliner Werken des Siemens Konzerns statt, d. h. in einer Stadt, die Hauptstadt der deutschen Arbeiterbewegung war, und in einem Konzern, der wie kein anderer eine neue Form moderner Sozial- und Betriebspolitik repräsentierte, an die auch die Nationalsozialisten anzuknüpfen versuchten. Gleichzeitig schufen sich die Nationalsozialisten mit dem aus Anlaß der Siemens-Veranstaltung eingeführten ›Gemeinschaftsempfang‹, eine durch funktechnische und organisatorische Anweisungen sorgfältig vorbereitete, gleichzeitige Übertragung von Radiosendungen in die Betriebe, ein modernes technisches Instrument totalitärer Indoktrination und Propaganda.

Demgegenüber erfaßte die wichtigste Unterorganisation der Arbeitsfront, die NS-Gemeinschaft ›Kraft durch Freude‹ (KdF), eher den scheinbar unpolitischen Teil des Alltags. »Freut Euch des Lebens!« und »Freie Bahn dem Tüchtigen!« waren ihre Propagandaparolen. Die Volksfeste, Dichterlesungen, Konzertabende und Kunstausstellungen, die KdF in Zusammenarbeit mit den Betrieben organisierte und damit Kunst einem größeren Publikum zugänglich machte, waren kein Ersatz für den durch den Exodus berühmter Dichter, Musiker und Maler bewirkten Verfall der internationalen künstlerischen Ausstrahlungskraft Berlins; sie schienen aber andererseits zumindest für viele Einwohner der Stadt die Behauptung des Auslandes zu widerlegen, Berlin sei unter dem Nationalsozialismus zu einer ›freudlosen Kulturwüste‹ verkommen. Darüber hinaus bestimmte KdF mit den von ihr veranstalteten Berlin-Reisen maßgeblich auch das Außen- und Selbstbild der Stadt im ›Dritten Reich‹. Werbeslogans wie: »Berlin – arbeitsfiebernde Metropole«, »Berlin – Stätte unbändiger Arbeitskraft«, »Berlin – nimmermüde Stadt der Arbeit«, »Berlin – Kraftquell des Reiches« entsprachen zweifellos dem Selbstverständnis vieler Einwohner der Stadt; sie unterstrichen damit das Bemühen der Nationalsozialisten um ein mit der Geschichte der Stadt zu vereinbarendes modernes, soziales und egalitäres Berlin-Verständnis.

Berlin blieb auch im ›Dritten Reich‹ Sinnbild technischer und wissenschaftlicher Modernität und Leistungsfähigkeit. Die Stadt war nach wie vor stolz darauf, Vorreiterin einer im Deutschen Reich beispielgebenden Politik zu sein: ob mit dem ›Göring-Plan‹ in der Sozial- und Arbeitspolitik oder der Erlaßsammlung zur ›Wiederbevölkerung Berlins‹ in der sogenannten ›Rassenpolitik‹. Die erzwungene Emigration zahlreicher Wissenschaftler und Techniker führte zwar auf vielen Gebieten zu einem bedeutenden Verlust an wissenschaftlicher Kapazität, sie konnte jedoch nicht verhindern, daß Berlin zu einer zentralen Produktionsstätte für technisch hochentwickelte Rüstungsgüter wurde. Außerdem traten neue Forschungsrichtungen, wie Eugenik, Rassenhygiene oder Wehrtechnik, an die Stelle verbotener oder verdrängter Wissenschaftszweige. Der Faszination und Anziehungskraft aber, die von dieser Entwicklung Berlins in der zweiten Hälfte der dreißiger Jahre zweifellos ausgingen, lag eine Vorstellung von pervertierter Modernität zugrunde, die sich, ungeachtet der moralischen und politischen Folgen, darauf beschränkte, ›technisch auf der Höhe‹ zu sein. Der ausgestellte Flugzeugmotor, der zumindest in Teilen von jüdischen Häftlingen eines Berliner Außenlagers des Konzentrationslagers Sachsenhausen hergestellt wurde, soll diese Aspekte verdeutlichen.

Ab Mitte der dreißiger Jahre entwickelte sich Berlin zur größten Rüstungsmetropole Europas. Mit mehr als 2,3 Millionen Beschäftigten erarbeitete die Reichshauptstadt allein 14 Prozent des Gesamtumsatzes der deutschen Wirtschaft, wobei schon zu Kriegsbeginn etwa 30 Prozent aller Arbeiter – in der Metallindustrie sogar fast 90 Prozent – Waffen, Kriegsmaterial und andere Rüstungsprodukte herstellten: zeitweise stammten jeder zweite Flugzeugmotor, jedes zweite Geschütz und jeder vierte Panzer aus Berlin. Vor allem die elektrischen Bordgeräte für Flugzeuge, Panzer und U-Boote wurden fast ausschließlich in den Betrieben der Berliner Elektroindustrie hergestellt.

Die arbeitende Bevölkerung bezahlte die Aufrüstung mit der ständig wachsenden Ausbeutung ihrer Arbeitskraft. Widerstand, wie die während des ›Dritten Reiches‹ wohl größte Arbeitsniederlegung von etwa 600 Sattlern des Spandauer Auto-Union Werkes am 24. Juli 1936, wurde rücksichtslos gebrochen.

Selbst in der Phase des Rüstungsbooms erlebte die Mehrheit der Berliner Bevölkerung keine ›goldenen dreißiger Jahre‹. Lange Schlangen vor den Geschäften, leere Auslagen und in der Folge drastische Preissprünge gehörten schon seit 1934 zum Alltag der Hausfrauen. Die Folgen der ›Kanonen statt Butter‹-Politik trafen die Reichshauptstadt härter als andere deutsche Städte. Besucher stellten noch 1940 fest, daß die allgemeine Versorgung Berlins mit Lebensmitteln und anderen Artikeln des täglichen Bedarfs schlechter war als anderswo. Tumulte der Berlinerinnen auf den Märkten ließen die aufgeschreckte Verwaltung schon 1935 zu ersten Rationierungsmaßnahmen greifen. An Versorgungsengpässe, Karten und Marken gewöhnt, empfanden große Teile der Bevölkerung daher die Einführung des Bezugsscheinsystems am 31. August 1939 kaum mehr als ein einschneidendes Ereignis, zumal es dem NS-Regime auch während des Krieges gelang, die gerade in Berlin folgenschweren ›Steckrübenwinter‹ des Ersten Weltkrieges zu vermeiden. Erst gegen Kriegsende sanken die zugeteilten Rationen unter das Existenzminimum.

Seit Kriegsbeginn wurden immer mehr Arbeitskräfte zwangsweise der Rüstungsindustrie zugeführt: Frauen, Kriegsgefangene, Fremd- und Zwangsarbeiter. Im Herbst 1944 befanden sich mehr als 310 000 Fremdarbeiter – was zu diesem Zeitpunkt einem Bevölkerungsanteil von mehr als elf Prozent entsprach – in hunderten von schnell zusammengezimmerten, über das ganze Stadtgebiet verteilten Lagern. Vor allem polnische und sowjetische Fremdarbeiter fristeten ein Leben zwischen ständigem Hunger, brutaler Willkür und totaler Ausbeutung; eine bisher unbekannte Anzahl starb an Erschöpfung, Hunger und Seuchen, die in den Lagern grassierten. Auch die Konzentrationslager stellten ihre Häftlinge zur Verfügung. Tag für Tag verließen diese die mehr als siebzehn Berliner Außenlager von Sachsenhausen und Ravensbrück, um durch die Straßen der Stadt zu ihren Arbeitsplätzen geführt zu werden.

Berlin war als Reichshauptstadt die Zentrale, von der die rassistisch begründete Ausrottungspolitik ihren Ausgang nahm. Menschenzüchtung und -vernichtung waren allerdings nicht allein das Produkt des nationalsozialistischen ›Blut- und Boden-Rassismus‹. In Berlin repräsentierte das schon 1927 gegründete Kaiser-Wilhelm-Institut für Anthropologie, menschliche Erblehre und Eugenik eine ›Rassenforschung‹, die sich als Teil der modernen Naturwissenschaften verstand. Die Ideen der Eugeniker und Rassenhygieniker fanden ihren Niederschlag in einer als vorbildlich gepriesenen Erlaßsammlung zur ›Wiederbevölkerung Berlins‹ vom 16. März 1934. Zwangssterilisationen einerseits und Ehrenpatenschaften andererseits sollten, wie der deutsch-nationale Oberbürgermeister Sahm am 25. April 1934 erklärte, die »planvolle Züchtung der Bevölkerung Berlins« einleiten. Berlin sollte, so hieß es in der Denkschrift, die der Stadtmedizinalrat Klein im Februar 1934 Hitler überreichte, von einer »Stadt der Abtreiber« in eine »Stadt echten Rasseadels« umgewandelt werden.

Auf den 1. September 1939, den Beginn des Zweiten Weltkriegs, datierte Hitler seine Anweisungen zur ›Vernichtung lebensunwerten Lebens‹, der sogenannten ›Euthanasie‹. Auch aus den Berliner Heil- und Pflegeanstalten, aus Kinderkliniken und Altenheimen deportierte man nun Tausende von Menschen, die als ›unnütze Esser‹ galten, in spezielle Tötungsanstalten, wie z.B. Brandenburg an der Havel oder Meseritz-Obrawalde in Pommern. Zu den Opfern dieser ›Wissenschaft ohne Menschlichkeit‹ zählten auch Berliner Sinti und Roma, die Anfang 1943 aus dem ›Zigeunerlager Marzahn‹ bei Berlin, das bereits 1936 während der Olympiade eingerichtet worden war, nach Auschwitz verschleppt wurden.

Das Ausmaß der durch den Rassismus bewirkten inneren Zerstörung der Stadt ist am deutlichsten am Schicksal seiner jüdischen Bevölkerung ablesbar. In Berlin, der mit rund 170000 Mitgliedern größten jüdischen Gemeinde, lebte 1933 ein Drittel aller deutschen Juden. Die Stadt beherbergte zahlreiche jüdische Einrichtungen und war Mittelpunkt einer deutsch-jüdischen Kultur. Nach den Verfolgungen der Anfangsjahre leiteten die ›Nürnberger Gesetze‹ von 1935 eine neue Phase der Diskriminierung und Entrechtung ein: Die letzten jüdischen Staatsbeamten wurden entlassen, ›Mischehen‹ wurden verboten, das Delikt der ›Rassenschande‹ wurde erfunden und unnachsichtig verfolgt. Antijüdische Hetzplakate und Aufkleber gehörten inzwischen zum alltäglichen Straßenbild. Schon 1938 erfolgte mit der Einführung der jüdischen Kennkarte auch die äußerliche Kennzeichnung. Juden setzten sich gegen diese Diskriminierungen zur Wehr, z.B. mit Flugblattaktionen gegen die ›Nürnberger Gesetze‹. Doch während ein Teil der Berliner sich an den sogenannten ›Arisierungen‹ bereicherte, sah die große Mehrheit der zunehmenden Verfolgung und Isolierung der jüdischen Bürger tatenlos zu.

Im September 1933 schlossen sich die jüdischen Verbände unter dem Vorsitz des Berliner Rabbiners Leo Baeck zur ›Reichsvertretung der deutschen Juden‹ zusammen, die ihre wichtigste Aufgabe darin sah, die Not der jüdischen Bevölkerung durch wirtschaftliche Unterstützung, Auswanderungs- und Ausbildungshilfen zu lindern. Der zunehmenden Verarmung versuchte auch die Jüdische Winterhilfe zu begegnen. Der Jüdische Kulturbund schließlich organisierte das kulturelle Leben; seine Theater-, Opern-, Konzert- und Vortragsabende fanden regen Zulauf. Diese erzwungene Ghettoisierung führte bei den vorher größtenteils assimilierten jüdischen Bürgern Berlins zum Teil zu einer ›Wiederentdeckung‹ des Judentums. Die Isolierung und Ausgrenzung der Juden auf allen gesellschaftlichen Ebenen aber war die Voraussetzung dafür, daß die Nationalsozialisten die Vernichtung des Judentums durchführen konnten, ohne auf größere Widerstände in der christlichen Bevölkerung zu stoßen.

G. M.

32/1

32/1 Der ›Arbeitsfront-Empfänger DAF 1011‹, Gemeinschaftsprodukt aller deutschen Radio-Hersteller (Abb.)

1935; 26×40×22 cm
Berlin, Deutsches Rundfunk-Museum e. V.

Das Empfangsgerät wurde nach der Siemens-Veranstaltung am 10. November 1933 benannt und speziell für Rundfunkübertragungen im ›Gemeinschaftsempfang‹ gebaut.

32/2 Zwei Flaschenmikrophone mit Stativ

Fa. Neumann, Fa. Danner

Nach 1930; H 44 cm, Dm 10 cm
Berlin, Deutsches Rundfunk-Museum e. V.
Berlin, Fa. Georg Neumann Kondensator-Mikrophone
Berlin, Technische Werkstätten GmbH & Co. KG Konstantin Danner

Die Mikrophone bestehen aus Neumann-Flasche, Stativ und Stativanschlußteil.

32/3 Marmormikrophon ›Reisz M 104‹ mit Stativ

1924/25; Dm 30 cm
Berlin, Deutsches Rundfunk-Museum e. V.

32/4 Ampellautsprecher zum ›Gemeinschaftsempfang‹ in Werkstätten und Fabriken

Fa. Grawor

Nach 1930; H 40 cm, Dm 60 cm
Berlin, Deutsches Rundfunk-Museum e. V.

32/5 Pilzlautsprecher

AEG

1937; H 100 cm, Dm 70 cm
Frankfurt a. M., Firmenarchiv AEG Aktiengesellschaft (2178)

32/6 Lautsprecher für die Beschallung von großen Hallen und Plätzen

Um 1937; 46×42×43 cm
Berlin, Deutsches Rundfunk-Museum e. V.

32/7 ›Wer nicht mithilft, ist unser Feind. Gebt zur Arbeits-Spende!‹ Plakat zur nationalsozialistischen ›Arbeitsschlacht‹

H. Hajek Halke

Berlin: F. Lück (um 1933); Offsetdruck, 82×60 cm
Koblenz, Bundesarchiv Koblenz, Plakatsammlung (3/23/26)

32/8 ›Arbeitsschlacht. Nr. 243.684 erhält von der Stempelmaschine ihren Stempel auf die Erwerbslosenkarte‹, Berlin 1934

Photographie (Reproduktion)
Berlin, Ullstein Bilderdienst

32/9 Erwerbslosenausweis und ›Stempelkarte‹ eines arbeitslosen Asphalteurs, Berlin

Mit Eintragungen zwischen 1930 und 1938; 13,5×10 cm, 10×15 cm
Berlin, Vereinigung der Verfolgten des Naziregimes, Verband der Antifaschisten

Der Abbau der Arbeitslosigkeit erfolgte zwar zügig, doch nicht ohne Schwankungen. Vor allem der Übergang von den direkten Arbeitsbeschaffungsmaßnahmen, wie etwa dem ›Göring-Plan‹, zur Rüstungskonjunktur verlief nicht reibungslos. Noch 1937 gab es in Berlin über 100000 Arbeitslose, die jedoch auf Grund ›kosmetischer‹ Maßnahmen kaum noch auffielen. Das durchschnittliche Wocheneinkommen eines Berliner Erwerbslosenhaushalts betrug im Sommer 1933 etwa 20 Reichsmark.

32/10 ›Arbeitslose Volksgenossen der Reichshauptstadt Berlin!‹ Flugblattaufruf des Präsidenten des Landesarbeitsamtes Brandenburg zum ›Göring-Plan‹, 1934

30×21 cm
Berlin, Landesarchiv Berlin (Rep.214 Acc.794 Nr.1)

32/11 ›9 Gebote für den Berliner Arbeitskampf (Göring-Plan)‹ (Abb.)

1934; Photographie, Reproduktion aus: Gerd Rühle, Das Dritte Reich, Berlin 1935

32/12 Berliner Autobahnarbeiter auf dem Weg zur Arbeitsstätte

Um 1935; Photographie, 24,5×18 cm
Berlin, Ullstein Bilderdienst

Für viele Arbeitslose bedeutete die Verpflichtung zum ›Göring-Plan‹ selbst gegenüber ihrem bisherigen Arbeitslosendasein einen sozialen Abstieg. In Lagern mit Berliner Arbeitern waren Widersetzlichkeiten die Regel. Um die Erwerbslosen trotzdem zur Arbeit zu zwingen, veranstaltete Goebbels zusammen mit der Nationalsozialistischen Volkswohlfahrt und den freien Wohlfahrtsverbänden in Berlin ›Treibjagden‹ auf sogenannte Asoziale, die man in Konzentrationslager oder Arbeitshäuser, wie etwa Rummelsburg, einlieferte. Der Autobahnbau war für die Beseitigung der Arbeitslosigkeit faktisch von geringer Bedeutung.

32/13 ›Nazigewalt im Betrieb!‹ Illegales Flugblatt der ›roten Funktionäre‹ der Firma AEG – Werk Brunnenstraße – gegen die Absetzung des Betriebsrats durch die SA, Ende März 1933

30×21 cm
Berlin, Werner Zips

Noch im Januar 1933 konnten die ›linken‹ Gewerkschaftslisten bei den Betriebsratswahlen in den Werken von AEG und Siemens der Nationalsozialistischen Betriebszellenorganisation große Niederlagen zufügen. Die Ergebnisse bei den Berliner Versorgungsbetrieben Bewag und Gasag bestätigten noch im Februar und März 1933 diesen Trend.

32/14 Plakat ›Die Front der Arbeit liest den Angriff, die Tageszeitung der Deutschen Arbeitsfront‹
L. Heinemann

Um 1936; Farboffsetdruck, 60×42 cm
Berlin, Landesarchiv Berlin (Rep.240 Acc.2579 Nr.2)

›Der Angriff‹ wurde seit 1927 von Joseph Goebbels herausgegeben. Er war offizielles Organ der Berliner Gauleitung der NSDAP. Seit dem 10. Mai 1933 erschien ›Der Angriff‹ als Tageszeitung der am gleichen Tag gegründeten DAF, einer Ersatzorganisation für die verbotenen Freien Gewerkschaften.

32/15 Abzeichen der Deutschen Arbeitsfront (DAF)

Nach 1933; Metall, Dm 3 cm
Berlin, Archiv Zeitgeschichte Gräfer

Das Emblem der Deutschen Arbeitsfront, ein Zahnrad, war dem des Deutschen Metallarbeiterverbandes, einer Organisation der Freien Gewerkschaften, nachgebildet.

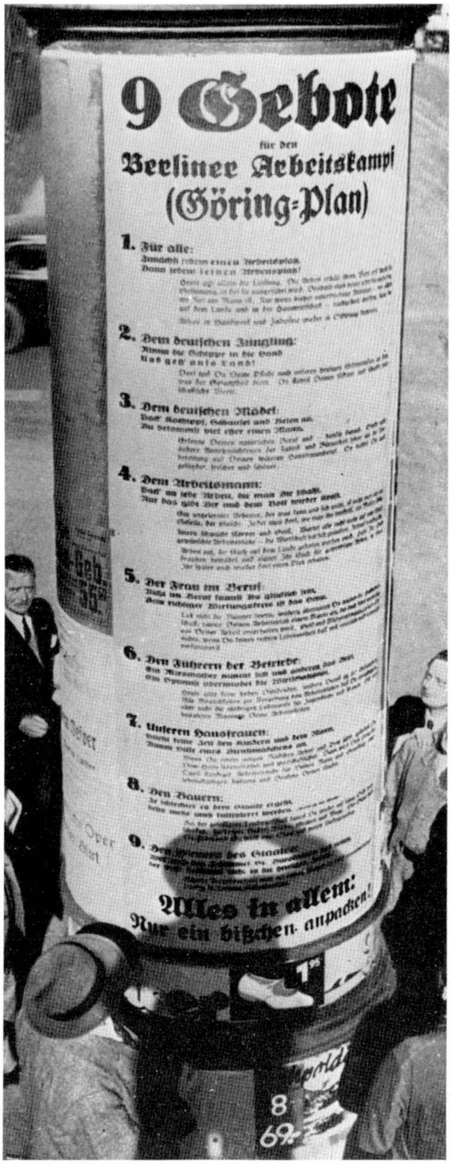

32/11

32/18

32/16 Mitgliedsbuch der Deutschen Arbeitsfront (DAF), Berlin 1933

15×11 cm
Berlin, Gertrud Holstein

32/17 Aufruf an »alle schaffenden Deutschen« zum Eintritt in die Deutsche Arbeitsfront
Gemeinsames Plakat der Berliner Siemenswerke und der führenden sozial- und wirtschaftspolitischen NS-Institutionen, 30. November 1933

61×43 cm
Berlin, Landesarchiv Berlin (Rep.240 Acc.290 Nr.69)

32/18 Propagandaveranstaltung am 10. November 1933 im Dynamowerk der Siemens-Schuckertwerke anläßlich der ›Reichstagswahl und Volksabstimmung‹ am 12. November 1933 (Abb.)

Photographien (Reproduktionen) und Filmausschnitte
Berlin, Landesbildstelle Berlin
Berlin, Museum für Verkehr und Technik Berlin
Koblenz, Bundesarchiv Koblenz, Filmarchiv

Victor Klemperer verfolgte am Radio die Übertragung dieser Veranstaltung, die er für ein »Meisterstück« nationalsozialistischer Regie hielt: »Minutenlang der volle Betriebslärm, Hämmern, Rasseln, Dröhnen, Pfeifen, Knirschen. Dann die Sirene und das Singen und allmähliche Verstummen der abgestoppten Räder. Dann aus der Stille heraus, ruhig mit Goebbels' tiefer Stimme der Botenbericht. Und nun erst Hitler, dreiviertel Stunde ER ... Adolf Hitler, der Heiland, kommt zu den Arbeitern nach Siemensstadt« (›Lingua tertii imperii, Tagebuch eines Philologen‹).
Die Diaserie zeigt Aufnahmen aus der Siemens-Veranstaltung am 10. November 1933 sowie den Empfang der Rundfunkübertragung in den Borsigwerken, am Potsdamer Platz und vor Scherls Reisebüro.

32/19 Spruchband ›Hier gilt nur der Deutsche Gruß »Heil Hitler«‹

17×79 cm
Berlin, Landesarchiv Berlin (Rep.240 Acc.1390 Nr.23)

32/20 ›100 %‹
Schild der Deutschen Arbeitsfront (Abb.)

Um 1933; emailliertes Blech, 31×49 cm
Berlin, Sammlung Janoschka

Dieses zumeist am Fabriktor angebrachte Schild sollte besagen, daß alle Betriebsangehörigen Mitglieder der DAF waren.

32/21 ›Die Arbeitsfront ruft Dich!‹
Werbeplakat der DAF-Fachschaft Verkehr und Handel des Deutschen Arbeiterverbandes der Öffentlichen Betriebe
Beringer
Farboffsetdruck, 73×51 cm
Berlin, Kunstbibliothek, SMPK

32/22 ›KdF-Volksfest in Treptow‹
Plakat der Deutschen Arbeitsfront, NS-Gemeinschaft ›Kraft durch Freude‹ (KdF) Gau Groß-Berlin (Abb.)
Berlin: Erasmusdruck, Brüder Krause; Farboffsetdruck, 180×84 cm
Berlin, Kunstbibliothek, SMPK

32/23 ›Kunst im Kriege – Helfer zum Siege. Ihr starker Mittler: Kraft durch Freude‹
Plakat der NS-Gemeinschaft ›Kraft durch Freude‹ (KdF) Gau Groß-Berlin
Um 1939; Farboffsetdruck, 80×64 cm
München, Bayerisches Hauptstaatsarchiv, Plakatsammlung, Sammlung Rehse (12889)

32/24 Plakat ›Internationale Automobil- und Motorrad-Ausstellung‹, Berlin 1939
Klotz und Kienast
Berlin: Elsnerdruck 1939; Farboffsetdruck, 100×63 cm
Berlin, Kunstbibliothek, SMPK

32/25 ›Berlin – die nimmer müde Stadt der Arbeit ...‹
Broschüre der NS-Gemeinschaft ›Kraft durch Freude‹ (KdF) Gau Groß-Berlin, 1. August 1934
Faksilime, 21×30 cm
Berlin, Geheimes Staatsarchiv PK, Zeitgeschichtliche Sammlung (XII.HA 1,Nr.240)

Mit ›KdF‹, im November 1933 als Freizeitorganisation der DAF gegründet, wurden wohl erstmalig organisierte Berlin-Reisen in großem Umfang veranstaltet. Auch der Ausflugsverkehr der Berliner in das Umland wurde von dieser Organisation im Stil moderner Reiseunternehmen aufgezogen. Zu vergleichsweise günstigen Preisen konnten jetzt auch Arbeiter ihren Bezirk verlassen, um z.B. noch 1943 mit einer der 250 angebotenen Dampferfahrten an den Templiner See oder nach Neu-Helgoland zu reisen: pro Person für zwei bis vier Mark am Tag.

32/20

32/26 ›Berlin – Kraftquell des Reiches‹
Allgemeines Programmheft der NS-Gemeinschaft ›Kraft durch Freude‹ (KdF) Gau Groß-Berlin, Nr. 10, 1. Oktober 1941
36×26,5 cm
Berlin, Privatbesitz

32/22

32/32

32/27 ›Männer und Frauen!‹ Plakataufruf Adolf Hitlers zu »höchster Pflichterfüllung« in den Rüstungsbetrieben, 22. Januar 1943

Buchdruck, 42×30 cm
Koblenz, Bundesarchiv Koblenz, Plakatsammlung (3/23/50)

32/28 ›Mach Dich nicht mitschuldig an der Kriegsverlängerung!‹ Flugblatt des Internationalen Sozialistischen Kampfbundes (ISK), Februar 1945

30×21 cm
Bonn, Archiv der sozialen Demokratie, FES

32/29 Henschel Flugzeug-Werke AG Schönefeld bei Berlin

a) Werksausweis

Aluminium, 6×7,5 cm
Berlin, Werkbund-Archiv

b) Werbephotographie

Reproduktion aus: Henschel-Hefte 1937

1933 gründeten die Henschel Werke in Schönefeld die Henschel Flugzeug-Werke AG. Hier wurden ausschließlich Ganzmetall-Flugzeuge in Großserie, vor allem für die Luftwaffe, gebaut. 1944 richtete das Frauenkonzentrationslager Ravensbrück dort ein Außenlager ein.

32/30 Arbeitsbuch mit Eintragungen zwischen 1935 und 1945, Berlin

15×11 cm
Berlin, Gertrud Holstein

Das Arbeitsbuch, im Februar 1935 reichseinheitlich eingeführt, diente der »wirtschaftlichen und militärischen Mobilmachung«. Es regelte die Verteilung der Arbeitskräfte. Mit Hilfe der Arbeitsbuchkartei, die von den Arbeitsämtern geführt wurde, konnten auch ›politisch unzuverlässige‹ Personen aus Rüstungsbetrieben ferngehalten werden.

32/31 Beschäftigte der Firma Daimler-Benz AG verlassen das Flugzeugmotoren-Großserienwerk Genshagen bei Berlin

Um 1942; Photographie (Reproduktion)
Stuttgart, Historisches Archiv der Daimler-Benz AG

Das Werk der Firma Daimler-Benz befand sich, gut getarnt vor Fliegerangriffen, in einem Wald bei Berlin. Auch andere Großbetriebe wie Henschel, Arado und IG-Farben verlegten ihre neuen Werke in die Randbezirke; allerdings nahm, trotz der Intervention der Hauptluftschutzstelle, die Konzentration der Großbetriebe im Stadtinnern eher zu.

32/32 Verbotene Kontaktaufnahme mit französischen Kriegsgefangenen, Berlin 1941 (Abb.)

Mietje Bontjes van Beek
Zwei Handzeichnungen; 21×29,5 cm, 29,5×21 cm
Ottersberg, Mietje Bontjes van Beek

Obwohl streng verboten, nahmen drei Berliner Kunststudentinnen Kontakt mit französischen Kriegsgefangenen auf. In S-Bahnzügen steckten sie den Franzosen Briefe zu, versorgten sie mit Lebensmitteln und verabredeten geheime Treffen. In Zeichnungen sind diese Begegnungen festgehalten.

32/33 Fremdarbeiterlager im Bezirk Steglitz, April 1943

Übersichtsplan des Verwaltungsbezirks Steglitz, 1937 durch das Vermessungsamt des Bezirks angefertigt, mit nachträglichen handschriftlichen Eintragungen und einem Verzeichnis der Grundstücke; 48×40 cm; M 1:20000
Berlin, Landesarchiv Berlin (Rep.212 Acc.2568 Nr.4426 Bl.24)

Außer dem ›Generalbauinspektor für die Reichshauptstadt‹, der Stadtverwaltung und der DAF bauten auch private Firmen Fremdarbeiterlager, so etwa die 1942 von acht Privatfirmen gegründete Barackenanlagen GmbH mit Sitz in der Alboinstr. 108. Den ausländischen Arbeitern wurde für ihre Unterbringung eine Reichsmark vom Lohn abgezogen. Bei Luftangriffen fingen die Holzbaracken schnell Feuer; dabei wurden viele Fremdarbeiter getötet.

32/34 Persönliche Unterlagen des dänischen ›Deutschlandarbeiters‹ E. W.

a) Anwerbebestätigung der Argus-Motoren-Gesellschaft Berlin, 30. April 1941
29×23 cm

b) Zwei Photographien, Berlin 1941
Je 7×4,5 cm; eine der beiden Photographien zeigt ein mit einem Dolch durchbohrtes Hitler-Bildnis

Kopenhagen, Therkel Straede

32/35 Arbeitspapiere von Fremdarbeitern bei Werken der AEG

a) Arbeitsbuch des tschechischen Monteurs K. T., ausgestellt am 3. März 1942
b) Arbeitsbuch der belgischen Lackspritzerin M. J., ausgestellt am 29. Juli 1944

32/38 b

c) Arbeitskarte des niederländischen Hilfsarbeiters H. Z., ausgestellt am 28. Dezember 1942
15×21 cm, 15×21 cm, 11×10,5 cm
Berlin, Rolf Jachmann

32/36 Ausweiskarte eines ›Zivilarbeiters‹ aus der Sowjetunion, mit Photo und Fingerabdrücken

15×21 cm
Berlin, Archiv Zeitgeschichte Gräfer

32/37 Argus-Flugzeugmotor ›AS 10 C‹, Baureihe 3 (luftgekühlter Achtzylinder-Viertakt-Reihenmotor)

Argus Motoren GmbH
Berlin; 110,5×88×71,8 cm
Berlin, Museum für Verkehr und Technik Berlin

Der ›Kriegsmusterbetrieb‹ Argus Motoren GmbH zählte mit seinen über 8000 Beschäftigten im Jahre 1944 zu den bedeutendsten Flugzeugmotorenherstellern. Der relativ klein ausgelegte Motor ›AS 10 C‹ wurde hauptsächlich in Schulungs- und Beobachtungsflugzeuge, wie den ›Fieseler Storch‹, eingebaut. Spätestens im September 1944 richtete die Firma Argus ein Außenlager des KZ Sachsenhausen in der Nähe des Werkes in der Flottenstraße ein, wo etwa 1000 ungarische Jüdinnen untergebracht wurden. Überlebende Häftlinge berichteten von brutalen Mißhandlungen und Morden.

32/38 a

32/38 c

32/38 Häftlingsutensilien aus dem KZ Sachsenhausen bei Oranienburg
a) Häftlingsanzug (Abb.)
b) Bleistiftzeichnung des dänischen Malers Per Ulrich (Abb.)
c) Schachspiel mit Figuren aus Pappe in einer Zigarettendose des Dänischen Roten Kreuzes (Abb.)
d) Drei Häftlingsnummern
e) Metallarmband mit gravierter Häftlingsnummer
f) Zigarettenetui aus Duraluminium, graviert

Kopenhagen, Das Museum für Dänemarks Freiheitskampf 1940–1945

Das Konzentrationslager Sachsenhausen bei Oranienburg, etwa 25 Kilometer von Berlin entfernt, wurde im Juli 1936 erbaut. Zehntausende von KZ-Häftlingen fanden hier den Tod. Berliner Außenlager von Sachsenhausen befanden sich u. a. bei den Firmen: AEG, Argus, Borsig, Demag, Henschel, Registrierkassengesellschaft-Krupp, Siemens und Zehlendorfer-Spinnstoffwerke. Im März 1945 erreichte das Schwedische Rote Kreuz die Freilassung der dänischen und norwegischen KZ-Häftlinge, die daher nicht mehr am ›Todesmarsch‹ der verbliebenen 33 000 Häftlinge teilnehmen mußten.

32/39 ›Drei »Rassen-Köpfe« in natürlicher Größe zur Verwendung im »Rassenkundeunterricht« für Blinde‹: ›Dinarischer Typ‹ (zwei Exemplare) und ›Negerkopf‹ (Abb.)
K. Hildebrand

Hergestellt mit Unterstüzung des Kaiser-Wilhelm-Instituts für Anthropologie, menschliche Erblehre und Eugenik; Berlin, um 1936; Gipsbüsten (zwei bemalt), H je 38 cm
Berlin, Museum für Blindenwesen an der Johann-August-Zeune-Schule für Blinde

32/40 ›Jeder volksbewußte Deutsche Mitglied der NSV! Gesunde Jugend, Gesundes Volk!‹
Werbeplakat der Nationalsozialistischen Volkswohlfahrt Berlin
H. Köhler

Farboffsetdruck, 118 × 84 cm
Berlin, Kunstbibliothek, SMPK

Vorläufer der NSV war der Berliner Verein ›Nationalsozialistische Volkswohlfahrt e. V.‹, entstanden aus einer kleinen Gruppe von Nationalsozialisten in der kommunalen Wohlfahrtspflege von Wilmersdorf. Daß es nicht nur eine ›Volksküchen-NSV‹, sondern auch eine NSV zur ›Gesundheitsführung von Volk und Rasse‹ gab, wollten viele Zeitgenossen nicht wahrhaben. Die NSV wirkte vor allem an der Aussonderung der sogenannten ›Asozialen‹, ihrer Kasernierung, Zwangssterilisierung und Tötung mit.

32/39

32/41 ›Das Wunder des Lebens‹ Katalog der Ausstellung in Berlin, 23. März bis 5. Mai 1935 (Abb.)

Herbert Bayer (Illustrationen)

Berlin, Archiv des Diakonischen Werkes der Evangelischen Kirche in Deutschland (ADW, CA, G-S 99)

Die Ausstellung ›Das Wunder des Lebens‹ sollte, so Reichsinnenminister Frick in seiner Eröffnungsansprache, »Erbgesundheit und Rassenreinheit zum selbstverständlichen Allgemeingut des Volkes machen«. Zentrales Ausstellungsstück war der ›Gläserne Mensch‹.

32/42 Grundriß der menschlichen Erblichkeitslehre und Rassenhygiene

Erwin Baur, Eugen Fischer, Fritz Lenz

München: J. F. Lehmann 1921, Bd. 1
Berlin, TUB, Zentrum für Antisemitismusforschung

32/43 Sozialpolitik und Rassenhygiene

Otmar von Verschuer

Schriften zur politischen Bildung, Reihe 7: Volkstum, H. 8, Langensalza: Hermann Beyer & Söhne 1928
Berlin, TUB, Zentrum für Antisemitismusforschung

1927 wurde das Kaiser-Wilhelm-Institut für Anthropologie, menschliche Erblehre und Eugenik in Berlin-Dahlem gegründet. Zum Direktor wurde Eugen Fischer ernannt, aus dessen Lehrbuch ›Grundriß der menschlichen Erblichkeitslehre und Rassenhygiene‹ Hitler wesentliche Teile in ›Mein Kampf‹ übernommen hatte. Die Nachfolge Fischers, der 1933 auch zum Rektor der Berliner Universität bestimmt wurde, trat im November 1942 Otmar von Verschuer an. Das Institut fertigte Gutachten für Zwangssterilisierungen und ›Rassenschande‹-Prozesse an, bildete die SS-Ärzte aus, die in Vernichtungslagern und Tötungsanstalten die Opfer selektierten, und stand der NS-Regierung bei wichtigen Vorhaben der Rassenpolitik beratend zur Seite.

32/44 ›Rassenkundliches Studium an Schädeln fremder Völker und an Gipsabdrücken von Händen‹ im Kaiser-Wilhelm-Institut für Anthropologie, Berlin-Dahlem 1941 (Abb.)

Photographie, 23,5 × 17 cm
Berlin, Ullstein Bilderdienst

Im Auftrag des Kaiser-Wilhelm-Instituts für Anthropologie, menschliche Erblehre und Eugenik führte der KZ-Arzt Josef Mengele in Auschwitz Experimente an Zwillingen durch und schickte Organe der getöteten Opfer zur weiteren Untersuchung nach Dahlem.

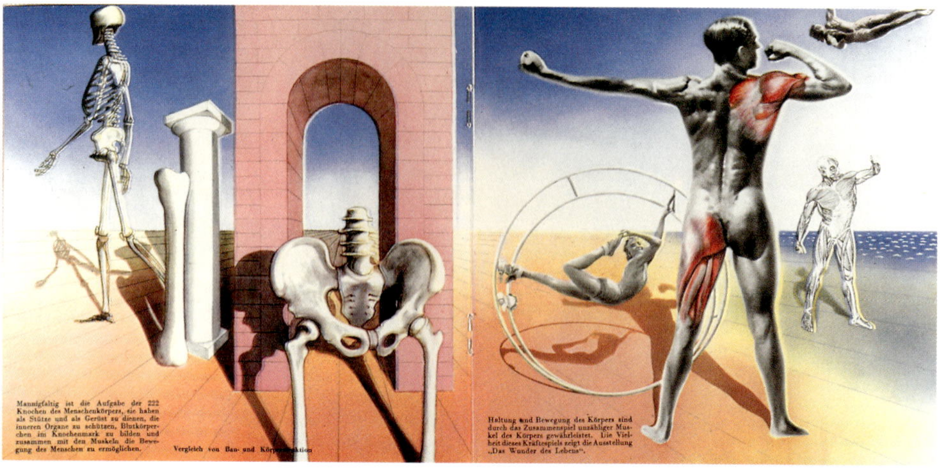

32/41

32/45 Sterilisierungskarte der Wittenauer Heilstätten, Berlin

Um 1935; 12×16 cm
Berlin, FUB, Universitätsbibliothek, Sammlung Rott (8/4 b)

Am 14. Juli 1933 wurde die von Ärzten und ›Rassenforschern‹ lange schon geforderte Zwangssterilisierung gesetzlich ermöglicht.

32/46 Meldebogen der Wittenauer Heilstätten für die Patientin L. S., 8. September 1942

30×21 cm
Berlin, Karl-Bonhoeffer-Nervenklinik

Mit Hilfe der Meldebögen bestimmte eine ärztliche Gutachterkommission diejenigen Patienten, die als ›unnütze Esser‹ getötet werden sollten. Als Vergütung erhielten die Gutachter pro Meldebogen 5 Pfennig. In Berlin fanden diese Selektionen unter maßgeblicher Beteiligung des Hauptgesundheitsamtes statt.

32/47 Patientenakte der Wittenauer Heilstätten, 1944

a) Todesmeldung aus der Tötungsanstalt Meseritz-Obrawalde, 3. März 1944
b) Todestelegramm, 1944

31×21 cm; 15×21 cm
Berlin, Karl-Bonhoeffer-Nervenklinik

Die Angehörigen der ›Euthanasie‹-Opfer erhielten von den Tötungsanstalten fingierte Todesmeldungen, sogenannte Trostbriefe. Trotzdem wurden die Vorgänge bekannt und nach Protesten prominenter Kirchenführer, wie des Berliner Dompropstes Lichtenberg, nach offiziellen Angaben eingestellt. In Wirklichkeit wurden die Tötungen bis Kriegsende im Geheimen fortgesetzt.

32/48 Mitteilung der Gestapo Berlin an den Oberfinanzpräsidenten Berlin-Brandenburg über die Einweisung Berliner Sinti und Roma in das Vernichtungslager Auschwitz, 5. Mai 1943

30×21 cm
Berlin, Oberfinanzdirektion Berlin

32/44

32/49 Plan von Berlin-Charlottenburg mit Eintragung von Häusern und Grundstücken jüdischer Eigentümer, 1939

Photographie, 35×54,5 cm
Berlin, Berlinische Galerie (BG-AR 35/79, 13)

Die ›Verordnung über den Einsatz des jüdischen Vermögens‹ vom 3. Dezember 1938 bestimmte u. a. den Zwangsverkauf von Grundeigentum. Zur sogenannten Entjudung des Berliner Grundbesitzes waren in Charlottenburg 700 Grundstücke vorgesehen.

32/50 Plakatanschlag ›Von Juden und für Juden darf nur von 16 bis 17 Uhr eingekauft werden‹ (Abb.)

Berlin 1940; 42×30 cm
Berlin, Landesarchiv Berlin (Rep.207 Acc.3122 Nr.5249)

32/51 Praxisschild eines ›jüdischen Krankenbehandlers‹ (Abb.)

Berlin 1938; emailliertes Blech, 25×29,5 cm
Berlin, Jüdische Gemeinde zu Berlin

Jüdische Ärzte verloren am 25. Juli 1938 ihre Approbation. Eine Ausnahmeregelung erlaubte auf Widerruf die Zulassung als ›Krankenbehandler‹ für jüdische Patienten. Ebenso erhielten Rechtsanwälte, die analog zu den Ärzten in Ausnahmefällen als ›Konsulenten‹ arbeiten durften, am 27. September 1938 Berufsverbot.

32/52 Handzettel mit Anweisungen zur Abgabe von Pelz-, Ski- und Wollsachen, Berlin 1942

Maschinenschrift, 29,6×21 cm
Berlin, Jüdische Gemeinde zu Berlin

Mit Kriegsbeginn verschlechterten sich die Lebensumstände der Juden durch weitere Verordnungen: Ab 1939 mußten Juden gegen Niedriglohn Zwangsarbeit in Berliner Industriebetrieben leisten (21 000 im Oktober 1941); sie hatten Radiogeräte, Schreibmaschinen, Haustiere, Pelz-, Ski- und Wollsachen abzuliefern; ihnen wurde der Telefonanschluß gesperrt, sie unterlagen einer nächtlichen Ausgangssperre, ihre Einkaufszeit wurde auf 16 bis 17 Uhr beschränkt. Nach der Aufhebung des Mieterschutzes 1939 erfolgte die verstärkte Einweisung in sogenannte ›Judenhäuser‹. Diese Maßnahmen bewirkten die völlige Isolierung und Ghettoisierung der jüdischen Bürger.

32/53 Ausschließungsschein aus der Wehrmacht, Berlin, 5. Juni 1943

21×15 cm
Berlin, Privatbesitz

32/50

32/51

Das ›Wehrgesetz‹ vom 21. Mai 1935 schloß Juden vom aktiven Wehrdienst aus. Bei der Musterung ihres Jahrganges erhielten Juden ihren Ausschließungsschein.

32/54 Jüdische Kennkarte, 27. März 1943

14×10 cm
Berlin, Privatbesitz

Die erste Kennzeichnung der Juden erfolgte durch die Zwangseinführung der Vornamen ›Sara‹ und ›Israel‹ vom 17. August 1938 sowie durch die ›Kennkarten‹ vom 22. Juli 1938, die der leichteren polizeilichen Überwachung dienten.

32/55 Fünf Programmhefte des Jüdischen Kulturbundes

Berlin 1935–1938; je 21×15 cm
Berlin, Jüdische Gemeinde zu Berlin

Nach dem Ausschluß der Juden aus dem deutschen Kulturleben bot der 1933 gegründete Kulturbund den jüdischen Künstlern neue Arbeitsmöglichkeiten. Der von dem ehemaligen Intendanten der Berliner Oper, Kurt Singer, geleitete Kulturbund beschäftigte bis zur Zwangsauflösung 1941 zeitweise 200 Menschen.

32/56

32/56 Orchester und Chor des Jüdischen Kulturbundes unter der Leitung von Kurt Singer (Abb.)
Abraham Pisarek
1938; Photographie, 12,2 × 17,6 cm
Berlin, Bildarchiv Abraham Pisarek

32/57 Sportveranstaltung des Jüdischen Kulturbundes im Grunewald
Abraham Pisarek
1937; Photographie (Reproduktion)
Berlin, Bildarchiv Abraham Pisarek

32/58 Festveranstaltung zugunsten der Jüdischen Winterhilfe: Ansprache von Leo Baeck
Abraham Pisarek
Um 1938/39; Photographie, 12,5 × 17,5 cm
Berlin, Bildarchiv Abraham Pisarek

32/59 ›Chanukka Haussammlung‹ Werbezettel für die Jüdische Winterhilfe (Abb.)
Abraham Pisarek
Berlin, um 1939; 25,5 × 18 cm
Berlin, Bildarchiv Abraham Pisarek

32/60 Ehrenmedaille der Jüdischen Winterhilfe
Berlin 1935/36; Bronze, Dm 8 cm
Berlin, Jüdische Gemeinde zu Berlin

32/61 Sammelbüchse der Adass Jisroel Gemeinde mit der Aufschrift: »Adass Jisroel Wohltätigkeit rettet vor Unheil« (Abb.)
Berlin, 19. Jh.; Messing, versilbert; H 12 cm, Dm 9 cm
Berlin, Jüdische Gemeinde zu Berlin

Diese Sammelbüchse wurde von der 1869 gegründeten orthodoxen Synagogengemeinde Adass Jisroel bis zu ihrer Zwangsauflösung durch die Gestapo 1939 im Gottesdienst benutzt.

32/62 Stoffbahn mit 77 aufgedruckten ›Judensternen‹
Berlin 1941; L 75 cm, B 72 cm bzw. 92 cm
Berlin, Privatbesitz

Diese trapezförmig zugeschnittene Stoffbahn mit ›Judensternen‹, wahrscheinlich zur Verteilung an die Ausgabestellen vorgesehen, lagerte im Gestapo-Gefängnistrakt des Jüdischen Krankenhauses. Solche Stoffbahnen waren dort zu einem Stapel von einem Meter Höhe aufgeschichtet. Nach der Befreiung wurden sie von einem ehemaligen jüdischen Häftling gefunden.

32/63 Anstecker und Plaketten des nationalsozialistischen Winterhilfswerks (WHW)
Berlin, Wolfgang Menge

Die bunten Plaketten, Anhänger und Anstecker des Winterhilfswerks dienten einerseits der Gesinnungskontrolle und schützten andererseits den Spender vor weiteren Zudringlichkeiten.

32/64 ›Winter-Hilfswerk des Deutschen Volkes 1935/36‹
Betriebsaushang der Siemenswerke Berlin zum Spenden-Abzug für das Winterhilfswerk, Oktober 1935
41×29,5 cm
München, Siemens-Museum

32/65 Güterwagen mit gespendeten Kartoffeln aus dem Land Ruppin für das Winterhilfswerk (WHW), mit der Aufschrift »Det allens for de Balina«, Berlin, November 1936
Photographie (Reproduktion)
Berlin, Ullstein Bilderdienst

32/66 ›Berlin voran‹
Werbeflugblatt für das Kriegswinterhilfswerk
Um 1939; 30×21 cm
Berlin, Landesarchiv Berlin (Rep.240 Acc.911 Nr.7)

32/67 ›Närmil. Für wenig Geld – satt und gesund!‹
Werbeplakat der Berliner Firma ›Indula‹ für Ersatzlebensmittel (Abb.)
42×30 cm
Berlin, Werkbund-Archiv

32/68 ›Haushaltsnachweis‹, ausgestellt durch den Bürgermeister des Verwaltungsbezirks Wedding am 29. Dezember 1936
11×21 cm
Berlin, Archiv Zeitgeschichte Gräfer

Schon bald nach der Machtübernahme traten vor allem bei Fleisch, Butter, Margarine, Schmalz, Eiern, Kaffee und Obst Versorgungslücken auf. Mit Kundenlisten regelten die Einzelhandelsgeschäfte ab 1935 die Abgabe knapper Waren. Zum Eintrag in die Kundenlisten benötigte man einen ›Haushaltsnachweis‹.

32/59

32/61

32/69 ›Haushaltsausweis der Reichshauptstadt Berlin‹, 1941
21×15 cm
Berlin, Gertrud Holstein

Der ›Haushaltsausweis‹ galt im Krieg für nichtbezugsscheinpflichtige Waren, die nach Kundenlisten abgegeben wurden.

32/67

32/70 Aktion ›Kampf dem Verderb!‹
a) Merktafel ›Das Vierjahresplan-Schwein‹
b) Flugblatt ›So hat der Berliner »Schwein«‹
Um 1936; 40×25 cm, 30×21 cm
Berlin, Landesarchiv Berlin (Rep.240 Acc.2782 Nr.479,480)

Die Merktafel verzeichnet, welche Küchenabfälle ein Schwein frißt. Das ›NSV-Schweinchen‹ war Erkennungszeichen des ›Ernährungshilfswerkes des deutschen Volkes‹. Nahrungsmittelimporte sollten durch Mangelbewirtschaftung vermieden werden, um Devisen für die Rüstung freizumachen.

32/71 Kartensammelpaß für drei Berliner Akkumulatoren-Fabriken
22×15,5 cm
Berlin, Landesarchiv Berlin (Rep.240 Acc.2790 Nr.27)

32/72 ›Berliner! Bezugsschein bedeutet gerechte Verteilung‹
Aufruf des stellvertretenden Gauleiters von Berlin zur Einhaltung der Disziplin bei Einführung des Bezugsscheinsystems, 31. August 1939
32×23 cm
Berlin, Sieghard Sladek

32/73 Sammelmappe für Bezugsscheine und Lebensmittelkarten, mit Zuteilungskarten aus den Jahren 1939 bis 1948 (Abb.)
Kartonumschlag, 20×12×4 cm
Berlin, Gertrud Holstein

32/74 ›Berliner! Ernährung!‹
Flugzettel des Berliner Oberbürgermeisters zu Anordnungen und Mitteilungen des Hauptternährungsamtes, 1940
10,5×15 cm
Berlin, Archiv Zeitgeschichte Gräfer

32/75 Zwei Plakatanschläge des Haupternährungsamtes der Stadt Berlin
a) ›Sonderzuteilung von 125 g Butter‹, 25. Juli 1940
b) ›Abgabe von Bohnenkaffee und Hülsenfrüchten‹, Dezember 1940
Je 29,5×42 cm
Berlin, Kunstbibliothek, SMPK

32/76 ›An meine Berliner Mitbürger!‹
Flugblatt des Gauleiters von Berlin, Joseph Goebbels, zur Ankunft eines Lebensmittelsonderzuges
Weihnachten 1942; 30×21 cm
Berlin, Archiv Zeitgeschichte Gräfer

32/77 Sonderzug mit Nahrungsmitteln aus der Ukraine auf dem Hamburg-Lehrter Güterbahnhof in Berlin, 13. Dezember 1942
Zwei Photographien, je 17,5×12,5 cm
Berlin, Ullstein Bilderdienst

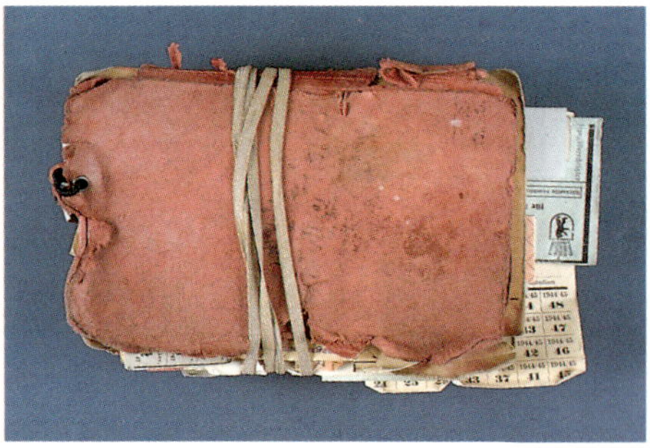

32/73

RAUM 33
DER ›TOTALE KRIEG‹

Am 1. September 1939 wurde von Berlin aus der Zweite Weltkrieg entfesselt. Dieser Krieg war nicht nur ein Eroberungskrieg, in dem neuer ›Lebensraum‹ besetzt werden sollte, sondern auch ein ›Rassenkrieg‹, in dem, durch die Unterwerfung und Vernichtung angeblich minderwertiger ›Rassen‹, die europäische Vorherrschaft und schließlich sogar die Weltherrschaft des Deutschen Reiches und der ›arischen Rasse‹ verwirklicht werden sollten.

In der Reichshauptstadt befanden sich die politischen und militärischen Zentralen, von denen der Krieg und der Völkermord geplant und befohlen wurden. Unabhängig von den Meinungen und Wünschen der Berliner Bevölkerung war die Stadt damit zum Mittelpunkt und Entscheidungszentrum einer mörderischen imperialistischen und rassistischen Politik geworden. Sie war die Hauptstadt eines politischen Systems, dessen verbrecherischer Charakter sich in immer größere Dimensionen entwickelte, eines Systems, das Zerstörung über große Teile Europas und schließlich über das eigene Land brachte.

Die gigantischen Pläne für die Umwandlung Berlins in die Hauptstadt ›Germania‹ eines deutschen Weltreiches und das ›Wannsee-Protokoll‹ der Organisatoren des Völkermordes an den Juden dokumentieren auf je eigene Weise die Verstrikkung Berlins in den Imperialismus und Rassismus des NS-Systems während des Zweiten Weltkrieges. Sie symbolisieren zugleich die eigentlichen Ursachen für die Zerstörung der Stadt im Bombenkrieg.

Anders als 1914 löste der Beginn des Krieges 1939 wie überall im Reich so auch in Berlin keine Begeisterung aus. Ausländische Korrespondenten beobachteten auf den Straßen der Stadt eher Angst und Apathie. Erst die militärischen Erfolge brachten auch in der Berliner Bevölkerung einen Stimmungsumschwung hervor, der seinen Höhepunkt im Sommer 1940 nach dem Sieg über Frankreich erreichte.

Im weiteren Verlauf des Krieges wurde die Reichshauptstadt von den Nationalsozialisten immer häufiger als Bühne für ihre inszenierten Propagandaveranstaltungen benutzt. Am 18. Februar 1943, kurz nach der kriegsentscheidenden Niederlage der Wehrmacht vor Stalingrad, rief Goebbels im Berliner Sportpalast, dem ›größten Privattheater der Welt‹, wie die Berliner spotteten, den ›Totalen Krieg‹ aus. Goebbels übernahm im Laufe des Krieges im Hinblick auf die Stadt Berlin immer mehr Ämter: Als er 1944 zum Stadtpräsidenten von Berlin ernannt wurde und damit das Recht erhielt, dem Oberbürgermeister und dem Regierungspräsidenten Weisungen zu erteilen, war er außerdem Gauleiter, Beauftragter der NSDAP und Reichsverteidigungskommissar für Berlin.

Die Ausrufung des ›Totalen Krieges‹ führte jedoch zunächst zu keiner wesentlichen Beeinträchtigung der hauptstädtischen Unterhaltungs- und Zerstreuungskultur, im Gegenteil: Ablenkung war erwünscht und wurde immer wichtiger. Im Sommer 1943 dirigierte Wilhelm Furtwängler sogenannte ›Werkpausenkonzerte‹

vor Rüstungsarbeitern bei AEG und Siemens; neun von zehn Theatern, die auf dem Programmzettel der Freizeitorganisation ›Kraft durch Freude‹ standen, gaben Operetten oder Lustspiele, und in den Varietés, dem Wintergarten, der Scala und dem Plaza, wurden große Revuen veranstaltet. Erst am 10. August 1944 verbot Goebbels alle »Veranstaltungen mit nichtkriegsmäßigem Charakter«.

Nicht nur mit Unterhaltung und Zerstreuung beherrschten die Nationalsozialisten die Stadt, sondern vor allem mit Terror. So fällten Berliner Gerichte 1943 allein im ersten Vierteljahr 51 Todesurteile. Zu den Opfern zählten überwiegend einfache Menschen, die Zweifel am ›Endsieg‹ geäußert oder Meldungen verbotener ›Feindsender‹ weitererzählt hatten. Die Berliner Gestapo richtete einen neuen Typ von Konzentrationslager ein, die sogenannten ›Arbeitserziehungslager‹ Großbeeren im Kreis Teltow und Berlin-Wuhlheide. In diese Lager wurden, vor allem aus Berliner Großbetrieben, zeitweise täglich mehr als hundert ausländische und deutsche Arbeiter eingeliefert.

Die Schreckensbilanz des nationalsozialistischen Terrors war nicht zuletzt deshalb so groß, weil Berlin auch während des Krieges die Hauptstadt des deutschen Widerstandes blieb. Trotz großer Opfer bildeten vor allem Kommunisten immer wieder neue illegale Organisationen, aus denen die nach ihren prominentesten Mitgliedern benannten Gruppen ›Kapelle‹, ›Uhrig‹, ›Baum‹, ›Saefkow‹ und ›Schulze-Boysen/Harnack‹ (›Rote Kapelle‹) hervorragten. Auch Sozialdemokraten und Gewerkschafter wie Julius Leber, Adolf Reichwein und Wilhelm Leuschner, Christen wie Jakob Kaiser und Helmuth James Graf Moltke, Konservative und Deutschnationale wie Carl Goerdeler und Ulrich von Hassell sammelten Gleichgesinnte um sich und suchten die nationalsozialistische Gewaltherrschaft zu unterminieren. Eine existentielle Bedrohung für das NS-Regime ging dann vor allem von der Verschwörergruppe um Oberst Claus Graf Schenk von Stauffenberg aus, die am 20. Juli 1944 das Attentat auf Hitler wagte.

Bei der Mehrheit der Berliner Bevölkerung ließen die Sorgen um das tägliche Auskommen, der Ärger über den immer beschwerlicheren Alltag und die Beschränkung auf die eigene, kleine Welt allerdings Vorstellungen von Widerstand oder Revolte gar nicht erst aufkommen. Die viel größeren Leiden der vom Nationalsozialismus Verfolgten stießen zumeist nur auf Resignation und Gleichgültigkeit.

Spätestens nach dem Pogrom gegen die Juden am 9./10. November 1938, der sogenannten ›Reichskristallnacht‹, war für jedermann ersichtlich, daß die Nationalsozialisten sich nicht mehr mit der Entrechtung der jüdischen Bevölkerung zufrieden gaben, sondern eine radikalere ›Lösung‹ der ›Judenfrage‹ anstrebten. Bei den Ausschreitungen wurden in Berlin neun von zwölf großen Synagogen zerstört, jüdische Bürger mißhandelt und ermordet, zahllose Geschäfte jüdischer Inhaber geplündert und 12000 jüdische Männer in das Konzentrationslager Sachsenhausen verschleppt. Wie von den Inszenatoren des Pogroms beabsichtigt, setzte nun ein verstärkter Andrang auf die Emigrationsbüros ein, die bald ebenso überfüllt waren wie Umschulungskurse und Sprachlehrgänge. Mehr als 90000 Berliner Juden hatten ihre Heimatstadt bei Kriegsbeginn verlassen.

Am 18. Oktober 1941, einen Monat nach dem Beginn der öffentlichen Kennzeichnung der Juden mit dem gelben Stern, wurden von der Berliner Gestapo erstmals etwa eintausend Menschen deportiert. Von nun an rollten insgesamt 180 Transportzüge in 68 sogenannten ›Wellen‹ von den Berliner Bahnhöfen Grunewald, Putlitzstraße und Anhalter Bahnhof direkt oder auf Umwegen in die Vernichtungslager. Vor allem Goebbels setzte seinen ganzen Ehrgeiz daran, Berlin als erste Stadt »gänzlich judenfrei« zu machen. Im Juni 1943 schließlich schlossen Beamte der Berliner Gestapo die Büros der Jüdischen Gemeinde und transportierten ihre letzten Angestellten ab. Insgesamt wurden damit schätzungsweise mehr als 50 000 Berliner Juden deportiert und, mit wenigen Ausnahmen, ermordet.

Seit dem Beginn der Deportationen versuchten viele Juden, sich dem Zugriff der Gestapo zu entziehen: Es wird geschätzt, daß mehr als eintausend Menschen in ihren Wohnungen Selbstmord begingen und eine etwa gleiche Anzahl in verschiedenen Verstecken in der Stadt überlebte. Als während der ›Fabrikaktion‹ im Februar 1943 auch jüdische Zwangsarbeiter, die in sogenannten ›Mischehen‹ lebten, in die Deportationen einbezogen wurden, demonstrierten über zweihundert Ehefrauen täglich vor dem Sammellager in der Rosenstraße, bis die Verhafteten nach einer Woche freigelassen wurden. Allerdings gab es auch Privatpersonen oder kleinere Gruppen und Organisationen wie z. B. das der ›Bekennenden Kirche‹ nahestehende ›Büro Grüber‹, das ›Hilfswerk beim Bischöflichen Ordinariat‹, die ›Berliner Quäker‹ oder die ›Gruppe Emil‹, die versuchten, den Verfolgten Hilfe zu leisten.

Als Gestapo und SS die ersten Kolonnen von Juden über die Straßen der Stadt von den Sammellagern zu den Deportationsbahnhöfen trieben, saß die Berliner Bevölkerung nicht etwa in den Luftschutzkellern; sie flanierte vielmehr in ihrer Freizeit gern auf dem belebten Kurfürstendamm und besuchte die überfüllten Cafés. Bis zum Herbst 1941 hatte es zwar schon 90 Luftalarme gegeben – der erste Angriff der britischen Bomber war am 25. August 1940 erfolgt –, aber die Schäden waren noch vergleichsweise geringfügig. Von November 1941 bis Januar 1943 trat sogar eine über einjährige Pause ein.

Gleich nach der Machtübernahme hatte das ›Dritte Reich‹ mit großem propagandistischem Aufwand für den Luftschutz geworben; Entrümpelungsaktionen und Luftschutzübungen erinnerten jedoch eher an Volksfeste. Erst nach der sogenannten ›Sudetenkrise‹ 1938 begann man, den Ausbau von Luftschutzmaßnahmen zu forcieren. Vor allem die Querelen zwischem dem Generalbauinspektor für die Reichshauptstadt, der Menschen und Material für seine Monumentalbauten benötigte, und den zuständigen Ämtern behinderten die Verwirklichung der Baupläne für 2000 öffentliche Schutzräume, die mehr als 400 000 Menschen Platz bieten sollten; nicht mehr als 15 Prozent davon wurden bis Kriegsbeginn fertiggestellt. Der Bau von Großbunkern, die als einzige sicheren Schutz boten, wurde erst ab 1940 vorangetrieben. Aber selbst bei Kriegsende boten diese unübersehbaren Betonklötze wie der Flakturm am Zoo, die Großbunker am Anhalter Bahnhof, im Humboldthain, im Friedrichshain sowie im Kleistpark lediglich 65 000 Menschen eine Zuflucht.

So mußte die übergroße Mehrheit der Berliner in primitiv ausgebauten Kellerräumen Schutz suchen, als die Royal Air Force am 16. Januar 1943 die Bombardierung Berlins wieder aufnahm. Im Sommer 1943, nach dem Großangriff auf Hamburg, fiel dann die Entscheidung zugunsten der ›Evakuierung‹ großer Teile der Bevölkerung. Am 1. August 1943 ließ Goebbels Handzettel an alle Haushaltungen verteilen, in denen er »Frauen, Kinder, Pensionäre und Rentner« zum Verlassen der Stadt aufforderte. Dieser Aufforderung folgten in der zweiten Jahreshälfte 1943 mehr als 700000 Berliner, die vor allem in den Aufnahme-Gauen Mark Brandenburg, Ostpreußen und Wartheland Unterkunft fanden; weitere 300000 bis 400000 wurden in den folgenden Monaten evakuiert. Von den 4,3 Millionen Einwohnern der Stadt zu Beginn des Krieges sollen sich zum Zeitpunkt der Kapitulation nur noch etwa 2,3 Millionen in den Trümmern aufgehalten haben.

Am 18. November 1943 trat der Luftkrieg mit der ›Schlacht um Berlin‹ in eine neue Phase. Allein bei den drei Großangriffen am 22., 23. und 26. November 1943 kamen 3756 Menschen ums Leben, wurden 9907 verwundet und verloren 417665 ihr Obdach. Ganze Stadtteile brannten nieder. Das Schloß Charlottenburg, die Staatsoper, der Französische Dom am Gendarmenmarkt, das Schloß Bellevue und der Reichstag fielen in Trümmer. Mit einem Aufruf an die »Berliner und Berlinerinnen« vom 24. November 1943 versuchte Goebbels daraufhin die Bevölkerung zum Durchhalten zu ermuntern: »Die ganze Welt«, so Goebbels, »schaut heute mit Spannung auf uns.« Bis zum März 1944 flogen die britischen Bomber weitere dreizehn Großangriffe, bei denen etwa 6000 Menschen ihr Leben verloren. Trotz der großen Verwüstungen aber war die ›Schlacht um Berlin‹ ein Mißerfolg. Die Moral der Bevölkerung sank nicht wie erhofft, sondern die Menschen suchten dem Elend und der Angst dadurch zu entkommen, daß sie sich in die Arbeit stürzten – mit dem Effekt, daß die Produktionszahlen der Berliner Rüstungsindustrie 1944 ihren höchsten Stand erreichten.

Am 4. März 1944 begann die amerikanische Luftwaffe auch mit Tagesangriffen. Im Wechsel von Tages- und Nachtangriffen wurde die Stadt mehr und mehr zerstört. Mit dem ersten amerikanischen Großangriff im Juni 1944 trat der Luftkrieg in seine letzte Phase ein. Als ab Februar 1945 Berlin fast pausenlos bombardiert wurde, kamen die Menschen kaum noch aus den Kellern. Die Versorgung wurde immer kritischer, der Transport- und Nachrichtenverkehr brach zusammen, die Rüstungsproduktion kam zum Erliegen, Bezirke und Stadtteile begannen, ein Eigenleben zu führen.

Bei den insgesamt 310 britischen und amerikanischen Bombardements sind nach amtlichen Angaben mindestens 20000 Einwohner Berlins umgekommen. Am 21. April 1945 erlebte Berlin seinen 389. und gleichzeitig letzten Luftalarm. Am gleichen Tag trieben SS-Mannschaften noch 33000 Häftlinge des Konzentrationslagers Sachsenhausen auf einen Todesmarsch in Richtung Ostsee; die verbliebenen Häftlinge wurden am folgenden Tag von den sowjetischen Truppen befreit.

Bereits am 21. April hatte die Rote Armee im Norden und Osten die Stadtgrenzen überschritten und drang unter verlustreichen Straßen- und Häuserkämpfen im Laufe der letzten Aprilwoche zur Stadtmitte vor. SS-Einheiten waren bereit, Berlin »bis zum letzten Blutstropfen« zu verteidigen; die alten Männer vom ›Volkssturm‹ und die Kinder der ›Hitlerjugend‹ wurden in den sicheren Tod geschickt. Soldaten, die sich weigerten, weiterzukämpfen und deshalb ihre Waffen und Uniformen wegwarfen, aber auch Zivilisten, die es wagten, die Hoffnung auf ein baldiges Kriegsende zu äußern, wurden von SS-Kommandos erschossen oder am nächsten Laternenmast erhängt. Zwar wurde Hitlers Befehl vom März 1945, alle Industrie-, Versorgungs- und Verkehrsanlagen zu zerstören, nicht mehr ausgeführt; wenige

Tage vor Kriegsende jedoch sprengte ein SS-Kommando die großen Lebensmittellager des Kaufhauses Karstadt am Hermannplatz. Noch in den frühen Morgenstunden des 2. Mai 1945 sprengten Pionier-Einheiten den S-Bahntunnel unter dem Landwehrkanal, wobei zahllose Zivilisten, die dort Schutz gesucht hatten, ertranken. Am gleichen Tag forderte General Weidling, der letzte Kampfkommandant Berlins, alle deutschen Truppen in der Stadt zur »sofortigen Einstellung jeglichen Widerstands« auf.

Für die Berliner war damit, sechs Tage vor der bedingungslosen Kapitulation des Deutschen Reiches, der Krieg zu Ende. Die Stadt bot ein Bild unbeschreiblicher Verwüstung. Rund ein Drittel aller Gebäude war zerstört oder schwer beschädigt. 500 000 der 1,5 Millionen Wohnungen, die man 1939 in der Stadt zählte, waren nicht mehr bewohnbar. Fast 40 Prozent der Bevölkerung waren obdachlos, denn vor allem die Innenstadtbezirke Mitte, Friedrichshain, Kreuzberg und Wedding, aber auch Teile Tiergartens und Schönebergs mit ihrer engen Bebauung und den dicht belegten Häusern waren Ziel der meisten und schwersten Luftangriffe gewesen.

Generaloberst Bersarin, der bereits in der letzten Aprilwoche vom Oberkommando der Roten Armee zum Stadtkommandanten von Berlin ernannt worden war, begann sofort nach dem Waffenstillstand Maßnahmen zur Versorgung der Bevölkerung der Stadt zu ergreifen: Bereits am 15. Mai wurden neue Lebensmittelkarten ausgegeben. Am 17. Mai setzte Bersarin einen Magistrat für Berlin ein, wobei ihn eine zehnköpfige Gruppe von KPD-Funktionären beriet, die, unter der Leitung des ehemaligen Reichstagsabgeordneten und Bezirkssekretärs der KPD Berlin-Brandenburg, Walter Ulbricht, im Gefolge der Roten Armee Anfang Mai aus der Emigration nach Berlin gekommen war. Unter dem parteilosen Oberbürgermeister Arthur Werner gehörten dem neuen Magistrat nicht nur neun Kommunisten an, unter ihnen Karl Maron, Arthur Pieck und Otto Winzer, sondern auch mehrere prominente Persönlichkeiten: Ferdinand Sauerbruch, der für das Gesundheitswesen, Hans Scharoun, der für das Bau- und Wohnungswesen, und Andreas Hermes, der für Ernährung zuständig war. Dem tatkräftigen Einsatz Bersarins und seiner Mitarbeiter verdanken ohne Zweifel viele Berliner ihr Leben. In der Erinnerung der Bevölkerung jedoch haben sich die zahllosen Übergriffe, Plünderungen und Vergewaltigungen, die sich nicht wenige sowjetische Soldaten in den ersten Tagen und Wochen zuschulden kommen ließen, stärker eingeprägt.

Nach zwei Monaten endete die alleinige sowjetische Besatzungsherrschaft in Berlin. Ab 1. Juli 1945 rückten amerikanische und britische Truppen in die Stadt ein, die, alliierten Vereinbarungen entsprechend, von den Siegermächten gemeinsam verwaltet werden sollte. Am 11. Juli 1945 übernahm die Alliierte Kommandantur, die aus dem sowjetischen, dem amerikanischen, dem britischen und ab 12. August 1945 auch dem französischen Militärkommandanten bestand, in Berlin die Regierungsgewalt. Diese Kommandantur wurde dem Alliierten Kontrollrat für ganz Deutschland unterstellt, dessen Bildung bei einem Treffen der vier Oberbefehlshaber der Besatzungsarmeen am 5. Juni 1945 in Köpenick verkündet wurde. Der Kontrollrat hatte seinen Sitz in Berlin. *G. M., H. W.*

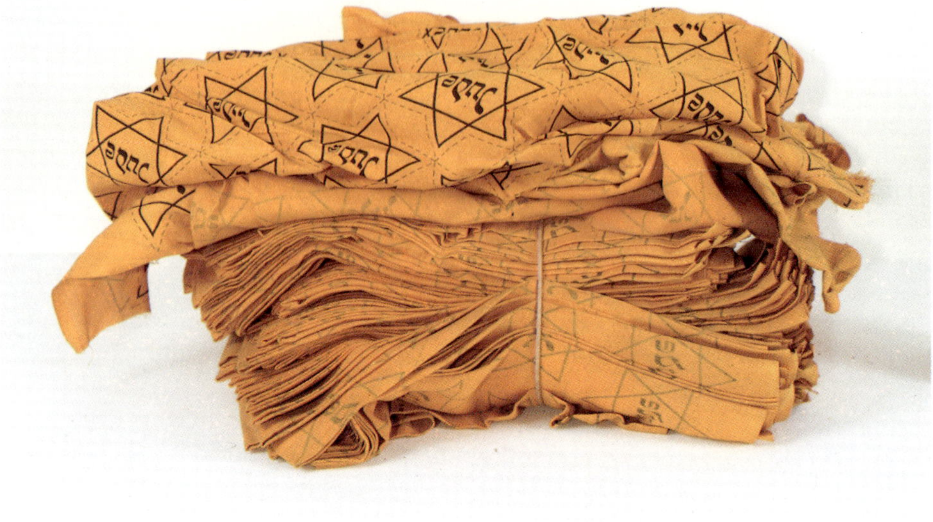

33/4

33/1 Modell ›Große Halle‹
Manfred Jonas

1984; Holz, Kunststoff; M 1:500
Berlin, Landesarchiv Berlin

Eines der Hauptprojekte der Planungen zur Umgestaltung Berlins in die Welthauptstadt ›Germania‹ war die ›Große Halle‹, die am Nordende der ›Nord-Süd-Achse‹ im Spreebogen gebaut werden sollte. In dieser Halle, mit 315 Metern Seitenlänge und einer Höhe von 220 Metern als größtes Bauwerk der Welt geplant, hätten 150000 bis 180000 Menschen Platz gefunden. »Einmal im Jahr«, erklärte Hitler im September 1941, den vermeintlichen ›Endsieg‹ vor Augen, »wird dann ein Trupp Kirgisen durch die Reichshauptstadt geführt, um ihre Vorstellung mit der Gewalt und Größe ihrer steinernen Denkmale zu erfüllen.«

33/2 ›Große Halle‹ und Reichstag: Ansicht von Süden

1939; Braunpause, 129,5×73 cm; M 1:500
Berlin, Landesarchiv Berlin (Rep.92 Acc.2849)

33/3 Plakat ›Das Dritte Reich baut für Jahrhunderte‹

München: Heinrich Hoffmann 1939; Offsetdruck, 56×74 cm
Koblenz, Bundesarchiv Koblenz, Plakatsammlung (3/21/30)

33/4 Stoffbahn mit aufgedruckten ›Judensternen‹ (Abb.)

Um 1942; zu einem Ballen aufgerollte Stoffbahnen mit Aufdruck der Schnittlinien für ›Judensterne‹; Webkante: 60 cm
Berlin, Jüdische Gemeinde zu Berlin

Seit dem 19. September 1941 waren Juden vom sechsten Lebensjahr an gezwungen, den handtellergroßen ›Judenstern‹ zu tragen. Für die Ausgabe der ›Sterne‹ – jeder erhielt nur einen auf Bezugsschein – waren 10 Pfennig zu entrichten. Juden, die den ›Stern‹ nicht oder nicht vorschriftsmäßig trugen, den ›Stern‹ verdeckten oder nur lose befestigten, konnten von der Gestapo sofort verhaftet und anschließend deportiert werden.

33/5 ›Wannsee-Protokoll‹ Konferenz zur »Endlösung der Judenfrage«, 20. Januar 1942

29,8×21 cm; Reproduktion des Originals im Politischen Archiv des Auswärtigen Amtes, Bonn

33/6 Zwei Gebäudepläne des ›Sammellagers Große Hamburger Straße‹

a) Erdgeschoß und erste Etage
b) Dachgeschoß und Keller

33/10

1966; je 44×62 cm
Berlin, Der Generalstaatsanwalt bei dem Landgericht (StA.⟨K⟩ Berlin 1 Js.9/65, Beistück Nr.12)

Ende 1942 wurde das jüdische Altersheim Große Hamburger Straße in ein Sammellager für die zur Deportation bestimmten Berliner Juden umgewandelt. Die beiden Pläne wurden von der Berliner Staatsanwaltschaft nach den Angaben von Augenzeugen 1966 im Zuge der Prozeßvorbereitungen gegen Angehörige der Gestapoleitstelle Berlin (Bovensiepen u. a.) angefertigt.

33/7 ›Transportlisten‹ der Gestapo zur Deportation Berliner Juden, 1941/42

a) Ein Blatt der Transportliste: Welle XVI., 26. Juni 1942
b) Ein Blatt der Transportliste: Welle XL., 12. Januar 1943

Je 22,5×32 cm
Berlin, Oberfinanzdirektion Berlin

Diese Listen mit den Namen von deportierten Berliner Juden wurden von der Geheimen Staatspolizei erstellt und an den Oberfinanzpräsidenten Berlin-Brandenburg zur Einziehung des beschlagnahmten Vermögens der Deportierten zugunsten des Deutschen Reiches übersandt. Unter der Nr. 638 ist die jüdische Schriftstellerin Else Ury (1877–1943) genannt. Arthur Lilienthal (1899–1942), seit 1939 Vorstandsmitglied der Reichsvereinigung der Juden in Deutschland, ist unter der Nr. 123 verzeichnet.

33/8 Telefonverzeichnis der Geheimen Staatspolizei, Staatspolizeileitstelle Berlin, Stand 1. Januar 1945

30×21 cm
Berlin, Der Generalstaatsanwalt bei dem Landgericht (StA⟨K⟩Berlin 1 Js 9/65, Beistück Nr.1)

33/9 Fremdsprachenunterricht für jüdische Auswanderer, Berlin 1935
Abraham Pisarek

Photographie, 12,8×17,8 cm
Berlin, Bildarchiv Abraham Pisarek

33/10 Wartesaal der Auswanderungsberatungsstelle des ›Hilfsvereins der deutschen Juden‹, Berlin 1935 (Abb.)
Abraham Pisarek

Photographie, 12,8×17,8 cm
Berlin, Bildarchiv Abraham Pisarek

33/11 Reisepaß mit Visum für Palästina, Berlin 1933

14×19,5 cm
Berlin, Archiv Zeitgeschichte Gräfer

33/13 b

33/12 Schreiben der Konsularabteilung der Amerikanischen Botschaft mit den Einreisebedingungen für die USA, Berlin 1939

Maschinenschrift, 29,6 × 10 cm
Berlin, Jüdische Gemeinde zu Berlin

33/13 Pogrom gegen die Juden (›Reichskristallnacht‹), 9./10. November 1938

a) Ausgebrannte Synagoge in Wilmersdorf
b) Zerstörte Geschäfte jüdischer Inhaber in der Potsdamer Straße (Abb.)

Zwei Photographien (Reproduktionen)
Berlin, Bildarchiv PK

33/14 Handzettel mit Anweisungen der ›Jüdischen Kultusvereinigung zu Berlin e. V.‹ zur Durchführung der Deportationen in Berlin, 18. September 1942

Maschinenschrift, 29,6 × 21 cm
Berlin, Wolfgang Scheffler

Die Jüdische Gemeinde Berlin wurde ebenso wie andere jüdische Gemeinden von der Gestapo gezwungen, an der Durchführung der Deportationen, der organisatorischen Vorbereitung, der Betreuung und vorübergehenden Unterbringung der Juden, mitzuwirken. Vom 18. Oktober 1941 (Deportationsbeginn) bis Ende 1942 wurden 20903 Juden in die Vernichtungslager des Ostens und 10155 in das Konzentrationslager Theresienstadt verschleppt. Am 2. März 1943 schrieb Joseph Goebbels in sein Tagebuch: »Wir schaffen die Juden nun endgültig aus Berlin heraus.« Schon ein Jahr zuvor, am 27. März 1942, hatte er zum Vorgehen der SS notiert: »Es wird hier ein ziemlich barbarisches und nicht näher zu beschreibendes Verfahren angewandt, und von den Juden selbst bleibt nicht mehr viel übrig ... Auch hier ist der Führer der unentwegte Vorkämpfer und Wortführer einer radikalen Lösung ...«

33/15 Zwei Armbinden mit den Aufschriften »Jüdisches Sanitätspersonal« und »Jüdischer Ordner«

Berlin 1941
Berlin, Landesarchiv Berlin (Rep.200 Acc.2334)

33/16 Zettel mit dem Notruf: »Papa! Sind abgeholt. Komme sofort nach der Gr. Hamburger. Klaus und Mama«, Berlin, 8. Mai 1943

8 × 15 cm
Berlin, Klaus Scheurenberg

Von der Gestapo unbemerkt, gelang es dem damals 18jährigen Klaus Scheurenberg, seinen Vater mit diesen hastig geschriebenen Zeilen von dem Abtransport der Familie in das Sammellager Große Hamburger Straße zu unterrichten.

33/17 ›Wenn Du dieses Zeichen siehst ...‹
Antisemitische Flugschrift, Berlin, Oktober 1941 (Abb.)
29×19,5 cm
Berlin, Archiv Zeitgeschichte Gräfer

33/18 ›Verfall des Vermögens der Jüdin Else Sara Ury‹
Mitteilung des Regierungspräsidenten von Liegnitz an den Oberfinanzpräsidenten Berlin-Brandenburg, 1. Juni 1943
Berlin, Oberfinanzdirektion Berlin

33/19 Bildnis der Else Ury
Um 1930; Photographie, 14×9 cm
London, Ernest K. Heyman

33/20 Nesthäkchen und ihre Enkel
Else Ury
Berlin: Meidinger's Jugendschriften GmbH 1934
Berlin, Ingetraud Kreßner

Die Berliner Jugendbuchautorin Else Ury (1877–1943) wurde 1934 als Jüdin aus dem ›Reichsverband Deutscher Schriftsteller‹ ausgeschlossen und mit Berufsverbot belegt. Ihre neunbändige Mädchenbuchreihe ›Nesthäkchen‹ war jedoch weiterhin so populär, daß man 1942 in einer ›Geschichte des deutschen Jugendbuches‹ auf ihre jüdische Abstammung aufmerksam machte. Im Januar 1943 wurde Else Ury, die zuletzt in Berlin-Tiergarten, Solinger Str. 10 wohnte, nach Auschwitz deportiert.

33/21 Gefälschter Werksausweis für die illegal lebende Jüdin Inge Deutschkron, ausgestellt am 15. Dezember 1943 in Berlin (Abb.)
9×11,5 cm
Tel Aviv, Inge Deutschkron

33/22 In der Blindenwerkstatt Otto Weidt
Um 1943; Photographie, 12×17,5 cm
Tel Aviv, Inge Deutschkron

Otto Weidt unterstützte mit Geld, Lebensmitteln, gefälschten Papieren und Versteckmöglichkeiten 56 Juden, von denen 27 überlebten. Er half auch Inge Deutschkron, die neun Mal das Versteck wechseln mußte, um nicht entdeckt zu werden. Otto Weidt gehört zu den 725 vom Berliner Senat für die Rettung von Juden ausgezeichneten Bürgern.

33/17

33/23 ›Vermeldung‹ des Dompropstes Bernhard Lichtenberg, Berlin, Oktober 1941
14,8×21 cm
Berlin, Der Generalstaatsanwalt bei dem Landgericht

33/24 Bildnis des Dompropstes Bernhard Lichtenberg
Nach 1930; Photographie, 14,5×9,5 cm
Berlin, Bistum Berlin

Nach dem Novemberpogrom gegen die Juden 1938 schloß der Berliner Dompropst der St. Hedwigskathedrale, Bernhard Lichtenberg (1875–1943), bis zu seiner Verhaftung am 23. Oktober 1941 die verfolgten Juden und die Gefangenen in den Konzentrationslagern in sein öffentliches Abendgebet ein. Bei der Haussuchung fand die Gestapo die ›Vermeldung‹, seine als Kanzelverkündigung formulierte Entgegnung auf die antisemitische Flugschrift ›Wenn Du dieses Zeichen siehst ...‹. Auf Anordnung von Joseph Goebbels war dieses Flugblatt zu Beginn der Deportationen an alle Berliner Haushaltungen verteilt worden. Unmittelbar nach seiner zweijährigen Haft im Gefängnis Tegel, während der er u. a. das Römische Brevier ins Deutsche übersetzte, sollte der bereits Schwerkranke ins KZ Dachau gebracht werden. Auf dem Weg dorthin starb er am 11. November 1943 in Hof.

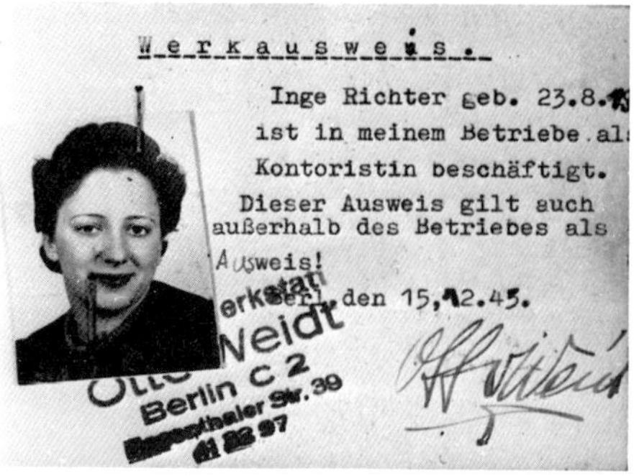

33/21

33/25 Arbeitsheft Bernhard Lichtenbergs aus der Haftzeit (›Heft 4‹)
Berlin 1942
Berlin, Diözesanarchiv Berlin

33/26 ›Abwanderungsbuch‹ von Margarete Sommer, Leiterin des ›Hilfswerks beim Bischöflichen Ordinariat‹ in Berlin, mit Eintragungen zwischen 1941 und 1943
Berlin, Diözesanarchiv Berlin

Margarete Sommer (1893–1965) leitete seit 1939 das ›Hilfswerk beim Bischöflichen Ordinariat‹, das katholische Christen unterstützte, die auf Grund der NS-Rassengesetze als jüdisch galten. Sie notierte in ihrem heimlich geführten ›Abwanderungsbuch‹ die Deportationsdaten von über 260 Personen aus dem Kreise der vom Hilfswerk Betreuten.

33/27 ›An die Bevölkerung der Reichshauptstadt!‹ Flugblattaufruf von Joseph Goebbels zum ›Empfang des Führers‹ bei seiner Rückkehr aus Frankreich, 6. Juli 1940
31×21 cm
Berlin, Sieghard Sladek

33/28 Begrüßung Adolf Hitlers bei seiner Rückkehr aus Frankreich, 6. Juli 1940
Photographie (Reproduktion)
Berlin, Ullstein Bilderdienst

33/29 ›An die Bevölkerung der Reichshauptstadt‹ Flugblattaufruf von Joseph Goebbels zum Empfang der Berliner Truppen bei ihrer Rückkehr aus Frankreich, 18. Juli 1940
30×21 cm
Berlin, Landesarchiv Berlin (Rep.240 Acc.911 Nr.9)

33/30 Begrüßung der aus Frankreich zurückkehrenden Berliner Truppen, 18. Juli 1940
Photographie (Reproduktion)
Berlin, Ullstein Bilderdienst

Als die erste Berliner Division bei ihrer Rückkehr vom Frankreichfeldzug unter dem Glokkengeläut aller Berliner Kirchen durch das Brandenburger Tor zog, notierte der amerikanische Korrespondent Howard K. Smith: »Szenen echter, hemmungsloser Begeisterung«.

33/31 Der ›Wagen von Compiègne‹ wird durch das Brandenburger Tor gezogen, März 1941 (Abb.)
Photographie (Reproduktion)
Berlin, Bildarchiv PK

Der Salonwagen des französischen Marschalls Foch, in dem am 11. November 1918 in einem Wald bei Compiègne der deutschen Delegation die Waffenstillstandsbedingungen übergeben worden waren, galt Hitler wie vielen anderen Deutschen als Symbol nationaler Schmach. Am 21. Juni 1940 inszenierte die deutsche Führung eine Waffenstillstandszeremonie am selben Ort. Als Demonstrationsobjekt ›getilgter Schande‹ wurde der Eisenbahnwagen im Berliner Lustgarten am 16. März 1941, dem ›Heldengedenktag‹, zur Besichtigung freigegeben.

33/32 Sowjetische Beutewaffen auf der Ausstellung ›Das Sowjet-Paradies‹ im Berliner Lustgarten, Juni 1942
Photographie (Reproduktion)
Berlin, Kurt Siebke

Vom 9. Mai bis zum 21. Juni 1942 fand im Lustgarten die große antisowjetische Propagandaschau ›Das Sowjet-Paradies‹ statt, auf der auch sowjetische Beutewaffen gezeigt wurden. Am 18. Mai verübte die kommunistisch-jüdische ›Widerstandsgruppe Baum‹ einen Brandanschlag auf diese Ausstellung. Der größte Teil der etwa 35 Personen umfassenden Organisation wurde wenige Tage danach von der Gestapo aufgedeckt; viele Mitglieder wurden verhaftet, zum Tode verurteilt und hingerichtet. Dem ›Reichsführer SS‹, Heinrich Himmler, genügte dies nicht; auf seinen persönlichen Befehl hin wurden am 28. Mai 1942 als Vergeltungsmaßnahme 154 Berliner Juden zusammen mit 96 jüdischen KZ-Häftlingen im Konzentrationslager Sachsenhausen erschossen.

33/31

33/33 Plakat ›Alle Kraft gespannt! Totaler Krieg – kürzester Krieg!‹
Mjölnir (= Hans Schweitzer)

Berlin: Wilhelm Limpert; Farboffsetdruck, 86×60 cm
Koblenz, Bundesarchiv Koblenz, Plakatsammlung (3/29/37)

Ein riesiges Spruchband mit der Aufschrift »Totaler Krieg – kürzester Krieg!« hing als einzige Dekoration im Sportpalast während der Goebbels-Veranstaltung am 18. Februar 1943.

33/34 ›10 Fragen an das Volk – ein millionenfaches Ja!‹ (Abb.)

In: Das 12 Uhr Blatt, Jg. 25, Nr. 43, 19. Februar 1943
Berlin, Werkbund-Archiv

Am 18. Februar 1943 verkündete Joseph Goebbels im Berliner Sportpalast den ›Totalen Krieg‹. Die Begeisterungsstürme des fanatisierten, von Parteiorganisationen ausgewählten Publikums weckten in anderen Teilen des Deutschen Reiches Aversionen gegen die Berliner Bevölkerung.

33/35 ›Verräter‹ Plakat gegen das Hören von ›Feindsendern‹ (›Schwarzhören‹)
Max Spielmanns

Oslo: Copia, Lithographische Anstalt (nach 1939); Farboffsetdruck, 26×20 cm
Koblenz, Bundesarchiv Koblenz, Plakatsammlung (3/27/1)

Die Nationalsozialisten verboten mit Kriegsbeginn das Abhören ausländischer Sender. Wer ›schwarzgehörte‹ Meldungen weiterverbreitete, konnte zum Tode verurteilt werden. Tatsächlich versuchten deutsche Emigranten, ›Verräter‹ im Nazi-Jargon, über ›BBC‹ oder ›Radio Moskau‹ die Reichsbevölkerung über den wirklichen Kriegsverlauf und die nationalsozialistischen Verbrechen zu unterrichten.

33/36 ›Uebernachtung in Berliner Beherbergungsbetrieben‹ Plakat des Reichsverteidigungskommissars für Berlin, Joseph Goebbels, 20. Juni 1944

Berlin: Säulenreklame; Buchdruck, 30×42 cm
Koblenz, Bundesarchiv Koblenz, Plakatsammlung (3/29/3)

Mit dieser Anordnung wurde die Aufenthaltsdauer in Berliner Beherbergungsbetrieben auf fünf Übernachtungen beschränkt. Nur bei »kriegswichtigen Gründen« erteilte das Fremdenverkehrsamt eine Ausnahmegenehmigung.

10 Pfennig

DAS 12 Uhr BLATT

Maßnahmen zur Energie-Einsparung
5000 „Knobelbecher“ auf einen Schlag

Freitag, 19. Februar 1943

10 Fragen an das Volk – ein millionenfaches Ja!

Flammendes Bekenntnis der ganzen Nation zum totalen Krieg / Dr. Goebbels' Rede an Alle

Packt alle zu!

Ein Programm des Sieges wurde verkündet

Die Heimat ein Willensblock, auf den sich Führer und Front blindlings verlassen können

33/34

Mit OKW.-Bericht Mittwoch, 9. August 1944 / Nr. 190 — 92. Jahrgang / Deutscher Verlag

Berliner Volks-Zeitung Abendausgabe 5 Pf Auswärts 10 Pf

Das Urteil des Volksgerichts vollstreckt

Der Strang für die Verräter

In der Normandie schwerste Kämpfe

Feindliche Stoßkeile aufgefangen

Das Attentat fand seine Sühne

„Ihre wirkliche Schuld sprengt jedes Maß“

Die Urteilsbegründung

USA-Gangster in Uniform

Das Eichenlaub

33/42

33/37 Vernagelte Ladenfront im Fahnenschmuck anläßlich Adolf Hitlers 54. Geburtstag am 20. April 1943

Photographie (Reproduktion)
Berlin, Bildarchiv PK

»Alles in großer Nervosität, weil morgen Adolfs Geburtstag ist. Seine Untertanen verlassen panikartig die Hauptstadt, weil sie fürchten, daß die Geburtstagsfeier mit gar zuviel feindlichem Feuerwerk begangen wird« (Ursula von Kardorff, 19. April 1943).

33/38 Bildnis des Claus Graf Schenk von Stauffenberg, 1944

Photographie (Reproduktion)
Berlin, Bildarchiv PK

Am 20. Juli 1944 um 12.50 Uhr explodierte im ostpreußischen Führerhauptquartier ›Wolfschanze‹ eine Sprengladung. Durch eine Aufeinanderfolge von Zufällen überlebte Hitler das Attentat. Das militärische Hauptquartier der Verschwörer um den Attentäter Oberst Claus Graf Schenk von Stauffenberg befand sich im Berliner Oberkommando des Heeres in der Bendlerstraße. Von den militärischen und zivilen Führern des Widerstandskreises, an ihrer Spitze Generaloberst Ludwig Beck, wurden mit Hilfe der unter der Deckbezeichnung ›Walküre‹ vorbereiteten Mobilisierungspläne »für den Fall innerer Unruhen« Truppen der Wehrmacht in Marsch gesetzt, um die Machtzentralen des nationalsozialistischen Regimes zu überwältigen. Doch der Staatsstreich konnte noch am selben Tag niedergeschlagen werden. Zu viele Offiziere fühlten sich angesichts des mißglückten Attentats zur Loyalität gegenüber Hitler verpflichtet.

33/39 »Der Führer Adolf Hitler ist tot!« Fernschreiben des Generalfeldmarschalls von Witzleben, Berlin, 20. Juli 1944

29×21 cm
Berlin, Michael Ruland

Witzleben, der von Generaloberst Beck als neuer Oberbefehlshaber der Wehrmacht eingesetzt worden war, übertrug mit diesem Fernschreiben alle Macht auf die von ihm ernannten militärischen Befehlshaber. Bei dem Dokument handelt es sich um die sogenannte ›Absetzvorlage‹, die, versehen mit der höchsten Dringlichkeits- (›FRR‹) und Geheimhaltungsstufe (›Geheime Kommandosache‹), von zwei Fernschreiberinnen im ›G-Raum‹ des Bendlerblocks in die Geheimschreiber eingegeben wurde.

33/40 Geheimschreiber ›T 52 d‹ zur Übermittlung von streng geheimen, verschlüsselten Fernschreiben der ›Obersten Führung‹ des Reiches (Abb.)

Siemens
40×70×50 cm
Lindau, Günter Hütter

Diese Schlüsselfernschreibmaschine (SFM) ›T 52 d‹ wurde zur Verschlüsselung streng geheimer Kommandosachen eingesetzt. In der Bendlerstraße befanden sich mehrere dieser Geheimschreiber, über die am 20. Juli 1944, etwa ab 16 Uhr, die Verschwörergruppe die ›Walküre‹-Befehle und weitere Fernschreiben absetzte.

33/40

33/41 Fernschreiben des Generaloberst Ludwig Fromm, Berlin, 21. Juli 1944

29×21 cm
Berlin, Michael Ruland

Mit diesem Fernschreiben teilte Fromm verschiedenen Militärdienststellen mit, daß er die Anführer des »Putschversuchs« habe erschießen lassen und die Befehlsgewalt wieder übernommen habe. Für den militärischen Ablauf des Staatsstreiches hatte Generaloberst Fromm als Befehlshaber des Ersatzheeres eine Schlüsselstellung inne. Obwohl eingeweiht, verweigerte er seine Mitarbeit im entscheidenden Augenblick. Zunächst von den Verschwörern arrestiert, konnte er sich befreien und zusammen mit anderen Offizieren die Stauffenberg-Gruppe überwältigen. Kurz nach Mitternacht ließ Fromm Oberst von Stauffenberg, Oberleutnant von Haeften und Oberst Mertz von Quirnheim im Hof des Bendlerblocks standrechtlich erschießen; Beck wurde zum Selbstmord gezwungen. Trotzdem deckte die Gestapo Fromms Verwicklung in das Attentat auf; er wurde im März 1945 zum Tode verurteilt und hingerichtet.

33/42 ›Der Strang für die Verräter‹ Bericht zum Urteil des Volksgerichtshofes im Prozeß gegen die Verschwörer des 20. Juli 1944 (Abb.)

In: Berliner Volkszeitung, Jg. 92, Nr. 190, 9. August 1944 (Abendausgabe)
Berlin, Werkbund-Archiv

Schon am Tag nach dem Attentat vom 20. Juli 1944 setzten Massenverhaftungen ein. Unter dem Vorsitz Roland Freislers folgte vor dem Volksgerichtshof eine Flut inszenierter Prozesse. Tausende wurden bis April 1945 ermordet.

33/43 Wilhelm Leuschner und Carlo Mierendorff im Konzentrationslager Lichtenburg, Pfingsten 1934

Zwei Photographien (Reproduktionen)
Darmstadt, Beatrice Czibulinski

Wilhelm Leuschner (1890–1944) war von 1928 bis 1933 hessischer Innenminister. Als Mitglied des Bundesvorstandes des Allgemeinen Deutschen Gewerkschaftsbundes (ADGB) und designierter Nachfolger des Vorsitzenden Theodor Leipart gründete er im April 1933 zusammen mit christlichen und liberalen Gewerkschaftsführern den ›Führerkreis der vereinigten Gewerkschaften‹ als Keimzelle einer politisch unabhängigen Einheitsgewerkschaft. Am 2. Mai 1933 verhafteten ihn die Nationalsozialisten beim Sturm auf das Berliner Gewerkschaftshaus und transportierten ihn in das ehemalige ›Friedensmuseum‹, wo er von der SA schwer mißhandelt wurde. Im Juni 1933 wurde er erneut verhaftet und in das KZ Lichtenburg bei Torgau transportiert, wo er u. a. zusammen mit dem späteren Oberbürgermeister von Berlin, Ernst Reuter, bis zum Juni 1934 inhaftiert war. In derselben Kolonne befand sich auch Carlo Mierendorff, ehemaliges Mitglied der SPD-Reichstagsfraktion und enger Mitarbeiter Leuschners.

33/44 Utensilien aus der Fabrik Wilhelm Leuschners, Zentrale des überregionalen gewerkschaftlichen Widerstandes
a) Firmenstempel, dreiteilig
b) patentierter Bierzapfhahn
c) drei Firmenprospekte

Darmstadt, Beatrice Czibulinski

Nach seiner Entlassung aus dem KZ Lichtenburg übernahm Wilhelm Leuschner eine kleine Berliner Fabrik für Bierdruckapparate. Durch seine Betätigung für die illegale Reichsleitung der deutschen Gewerkschaften wurde die Fabrik zum Zentrum eines weitgespannten Netzes gewerkschaftlichen Widerstandes.

33/45

33/45 Aktentasche Wilhelm Leuschners mit Klebezettel der Asservatenkammer des Gefängnisses Plötzensee (Abb.)

Darmstadt, Beatrice Czibulinski

Leuschners Geschäftsreisen für ›die Fabrik‹ erlaubten es ihm und seinen Angestellten, sowohl die alten Gewerkschaftskollegen, wie z.B. den späteren Vorsitzenden des DGB Hans Böckler, als auch die Generäle aufzusuchen, ohne Verdacht zu erregen. Dabei kam er bald schon in Kontakt mit Generaloberst Beck und anderen Vertretern des ›militärischen‹ und ›bürgerlichen‹ Widerstandes. Als möglicher Vizekanzler oder gar Reichspräsident eines neuen Deutschland war er über die Attentatspläne der Stauffenberg-Gruppe informiert und sollte nach dem geglückten Anschlag auf Hitler über den Rundfunk einen Aufruf an das deutsche Volk richten.

33/46 Wilhelm Leuschner vor dem Volksgerichtshof in Berlin, 8. September 1944

Zwei Photographien (Reproduktionen)
Darmstadt, Beatrice Czibulinski

Am 16. August 1944 gelang der Gestapo die Verhaftung des nach dem 20. Juli 1944 untergetauchten Wilhelm Leuschner. Am 8. September wurde er zusammen mit Carl Goerdeler und Ulrich von Hassell vom Volksgerichtshof zum Tode verurteilt und am 29. September in Plötzensee gehängt. Seine letzte Botschaft an die alten Gewerkschaftskollegen lautete: »Morgen werde ich gehenkt, schafft die Einheit!«

33/47 Navigations-Hilfsmittel für britische Bomber-Piloten: Nordeuropa-Karte und Miniatur-Kompaß

London, The Trustees of the Imperial War Museum (264/86,30A/65)

33/48 Vier über Berlin abgeworfene Sprengkörper
a) Britische Sprengbombe, 500 lb
b) Britische Phosphorbombe, 30 lb
c) Amerikanische Minenbombe, 1000 lb
d) Russische Minenbombe, 200 kg

Berlin, Der Polizeipräsident in Berlin – Studiensammlung der Polizeifeuerwerker

Im Verlauf des Luftkrieges warfen fast 30000 britische und amerikanische Flugzeuge bei 310 Angriffen mehr als 45000 Tonnen Bomben auf Berlin ab.

33/49 Plakat ›Tretet ein in den Reichsluftschutzbund‹ (Abb.)
H. Leibeling

Berlin: Hollerbaum & Schmidt (nach 1933); Farboffsetdruck, 60×41 cm
Berlin, Kunstbibliothek, SMPK

1933 wurde der Reichsluftschutzbund (RLB) gegründet. Er hatte die Aufgabe, die Bevölkerung über die Gefahren von Luftangriffen aufzuklären und sie im Selbstschutz auszubilden. Zu diesem Zweck wurde die Wohnbevölkerung in ›Luftschutzgemeinschaften‹ eingeteilt, die aus den Bewohnern eines oder mehrerer Häuser bestanden, angeleitet und kontrolliert von einem ehrenamtlichen Luftschutzhauswart. Unter seiner Leitung wurden Keller und Dachböden entrümpelt, Luftschutzkeller provisorisch eingerichtet und Luftschutzübungen veranstaltet.

33/50 ›Aufruf! An alle Volksgenossen!‹ Flugblatt des Reichsluftschutzbundes, Landesgruppe Groß-Berlin – Bezirk II. Tiergarten, zur Boden-Entrümpelung, September 1934

30×21 cm
Berlin, Landesarchiv Berlin (Rep.240 Acc.1390 Nr.21)

33/51 ›Fliegeralarm in Siemensstadt‹ Luftschutzübung 1937 in den Berliner Siemenswerken

Drei Photographien (Reproduktionen)
München, Siemens-Museum

33/52 ›Einladung in Kellers Festsäle!‹ Nationalsozialistisches Flugblatt

30×21 cm
Berlin, Archiv Zeitgeschichte Gräfer

Diese fiktive, ironisch gemeinte Einladung in den Luftschutzkeller zum »großen Feuerwerk mit Bomben und Granaten« dokumentiert die Sorglosigkeit und Gleichgültigkeit der Nationalsozialisten zu Beginn des Luftkrieges: Großangriffe hunderter feindlicher Bomber hielt man zunächst nicht für möglich. Aus diesem Grund waren auch effektive Zivilschutzmaßnahmen vernachlässigt worden.

33/53 Tarnnetze über der Ost-West-Achse, 22. Februar 1942

Zwei Photographien (Reproduktionen)
Berlin, Kurt Siebke

Um den Bomberverbänden die Orientierung zu erschweren, wurde die Ost-West-Achse ebenso wie der Lietzensee 1941 mit grünen Netzen überspannt. Winterstürme fegten die Tarnnetze in den Tiergarten.

33/54 Plakat ›Der Feind sieht Dein Licht! Verdunkeln!‹

Farblithographie, 55 × 37 cm
London, The Trustees of the Imperial War Museum (3708)

33/55 ›Polizeiliche Anordnung über die Heranziehung der gesamten abwehrfähigen Bevölkerung im Luftschutzort Berlin zum Selbstschutz‹ Plakat des Berliner Polizeipräsidenten Helldorff, 4. August 1942

Berlin: Säulenreklame; Buchdruck, 60 × 43 cm
Koblenz, Bundesarchiv Koblenz, Plakatsammlung (3/26/25)

33/56 ›Verhalten bei Luftangriffen!‹ Flugblatt des Gauleiters und Reichsverteidigungskommissars für Berlin, Joseph Goebbels, Berlin, 4. März 1943

30 × 21 cm
Berlin, Archiv Zeitgeschichte Gräfer

Am 16. Januar 1943 nahm die britische Royal Air Force nach über einjähriger Pause die Bombardierung der Stadt wieder auf. Nach dem Angriff vom 2. März 1943 sah sich Goebbels zu diesem Flugblatt veranlaßt, weil »die Berliner zu lange in ihren Kellern gesessen haben und ihre Häuser haben niederbrennen lassen«. Auch die Partei, so der Eintrag in seinem Tagebuch, zeigte sich ihren Aufgaben nach schweren Luftangriffen nicht gewachsen.

33/49

33/57 ›Berliner! Berlinerinnen!‹ Aufruf des Gauleiters und Reichsverteidigungskommissars für Berlin, Joseph Goebbels, zur Evakuierung, 1. August 1943

31,5 × 22 cm
Berlin, Landesarchiv Berlin (Rep.240 Acc.228 Nr.17)

33/58 ›Luftnotgebiete – kein Platz für Kinder!‹ Plakataufruf der Gauleitung Berlin der NSDAP zur Kinderlandverschickung, 1943

Berlin: Säulenreklame; Buchdruck, 33 × 42 cm
Koblenz, Bundesarchiv Koblenz, Plakatsammlung (3/26/10)

33/59 Aufruf des Gauleiters und Reichsverteidigungskommissars für Berlin, Joseph Goebbels, an die Bevölkerung Berlins, 24. November 1943

32 × 22 cm
Berlin, Sieghard Sladek

Mit diesem Flugblatt reagierte Goebbels auf den Beginn der ›Schlacht um Berlin‹.

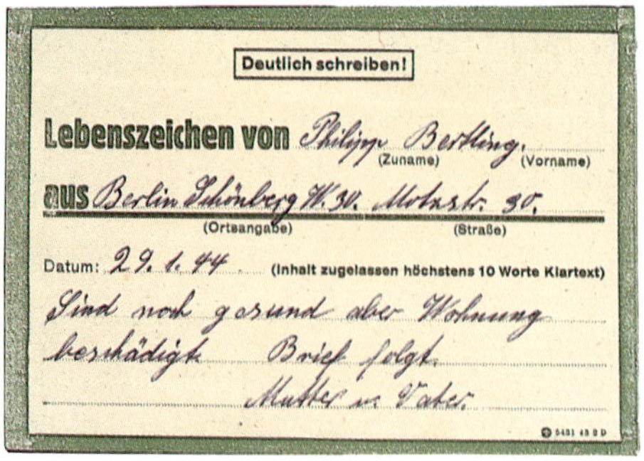
Deutlich schreiben!
Lebenszeichen von Philipp Bertling, (Zuname) (Vorname)
aus Berlin Schöneberg W.30. Motzstr. 30. (Ortsangabe) (Straße)
Datum: 29.1.44 (Inhalt zugelassen höchstens 10 Worte Klartext)
Sind noch gesund aber Wohnung beschädigt Brief folgt. Mutter u. Vater.

33/63

33/60 ›Entfernungskarte für Groß-Berlin‹

Berlin: Richard Schwartz; 38×38 cm;
M 1:2000000
Berlin, Landesarchiv Berlin (Rep.240 Acc.1054 Nr.23)

Mit Hilfe dieser Karte bestimmten Berliner Luftschutzstellen die Entfernung anfliegender Bomberverbände.

33/61 Ortung alliierter Flugzeugverbände in einer Funkpeilstelle mit Hilfe einer Entfernungskarte, 1944

Photographie (Reproduktion)
Berlin, Ullstein Bilderdienst

33/62 Werkluftschutz-Paß der Firma C. Lorenz AG, Berlin-Tempelhof, ausgestellt am 10. April 1940

10,5×15 cm
Berlin, Archiv Zeitgeschichte Gräfer

33/63 ›Lebenszeichen‹ aus Schöneberg, 29. Januar 1944 (Abb.)

10×14 cm
Berlin, Archiv Zeitgeschichte Gräfer

Nach den ersten schweren Luftangriffen richtete die Post einen besonderen ›Eilnachrichtendienst‹ ein. Mit den rot umränderten Karten für den zivilen und den grün umränderten für den Feldpostverkehr konnten Informationen an Verwandte und Bekannte gegeben werden.

33/64 Nach einem Großangriff, April 1945

Photographie (Reproduktion)
Berlin, Ullstein Bilderdienst

33/65 Berliner im Feuersturm nach einem Bombenangriff, Februar 1945 (Abb.)

Photographie (Reproduktion)
Berlin, Bildarchiv PK

»Die Menschen kamen mir wie Gespenster entgegen, Tücher und dunkle Brillen vor dem Gesicht, gegen den Rauch, der wie ein Pilz über der Stadt liegt. Schwankende Gestalten, Heerzug der Geschlagenen« (Ursula von Kardorff, 27. November 1943). Goebbels notierte unter dem gleichen Datum in seinem Tagebuch: »Der Himmel über Berlin erhebt sich blutrot in einer schaurigen Schönheit.«

33/66 Einkauf in Ruinen, März 1945 (Abb.)

Photographie (Reproduktion)
Berlin, Ullstein Bilderdienst

33/67 Notspeisung am Potsdamer Platz, März 1945

Photographie (Reproduktion)
Berlin, Bildarchiv PK

33/68 Bergung der Opfer eines schweren Bombenangriffs auf Berlin, Februar 1945

Zwei Photographien (Reproduktionen)
Freiburg, Bundesarchiv – Militärarchiv (Bestand Nlg-27)

Über die Auswirkungen der schweren Luftangriffe berichten Augenzeugen: »Es war der größte Luftangriff auf Berlin, am 24. Februar 1945. In den Straßen lagen kleinverbrannte Menschen …« »Am Morgen war die Sonne nicht mehr zu sehen. Es war alles sehr elend. Leute rannten schreiend rum. Ich hatte eine Rauchvergiftung. Blaue Lippen, plötzlich macht das Herz nicht mehr mit« (J. Köhler, Klettern in der Großstadt).

33/69 Hinweisschild ›Zum Luftschutzraum‹

Emailliertes Blech, 15×42 cm
Berlin, Anti-Kriegs-Museum

33/70 Tür eines Luftschutzraumes in der Nogatstraße in Neukölln mit Eintragungen der Luftalarme zwischen 1939 und 1945

Holz mit Eisenbeschlägen, 192×96 cm
Berlin, Anti-Kriegs-Museum

33/65

33/66

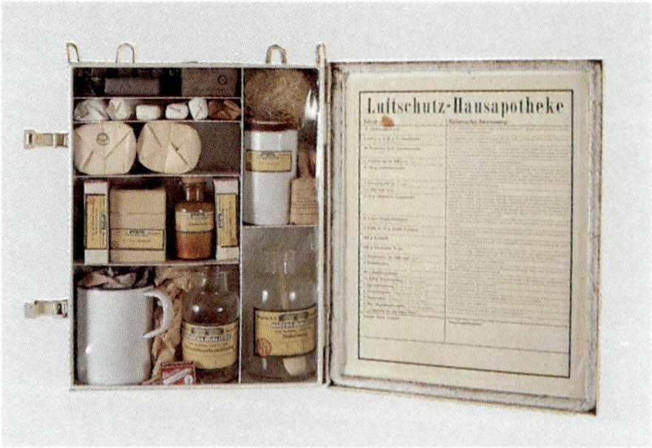

33/71 a

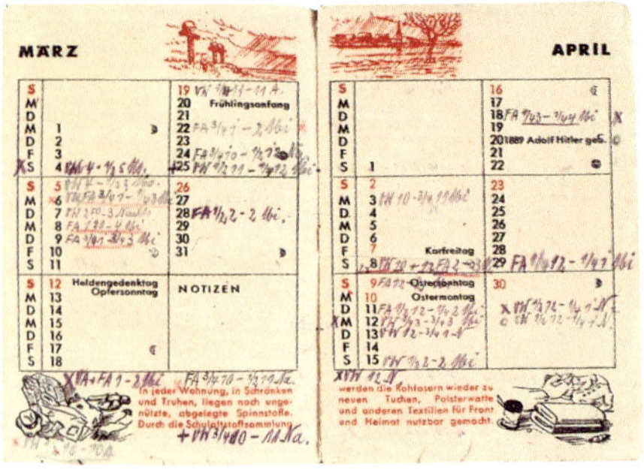

33/80

33/71 Ausstattung für den Luftschutzkeller
a) Luftschutz-Hausapotheke (Abb.)
b) Tüte mit Löschsand
c) Schild mit Anweisungen zum Verhalten im Luftschutzraum
d) Luftschutzraum-Ordnung
Berlin, Anti-Kriegs-Museum

33/72 Selbstschutzgeräte für den Luftschutz, um 1940
a) Zwei Handfeuerspritzen mit Schlauch
b) Metalleimer
c) Schutzhelm
d) Tüte mit Löschsand
e) Volksgasmaske mit Blechbehälter
f) Reißhaken
g) Dynamo-Taschenlampe
a)-e) Berlin, Deutsches Rundfunk-Museum e. V.
f)-g) Berlin, Michael Winkelmann

33/73 Zu beleuchtender Stopfpilz
1940; H 15 cm, Dm 10 cm
Frankfurt a. M., Firmenarchiv AEG Aktiengesellschaft

33/74 Volksempfänger ›VE 301 WL‹
35×30×20 cm
Frankfurt a. M., Firmenarchiv AEG Aktiengesellschaft

33/75 ›Berechtigt zum Betreten dieses LS. (= Luftschutz)-Bunkers sind: ...‹ Plakat des Berliner Polizeipräsidenten, 20. August 1944
44×60 cm
Koblenz, Bundesarchiv Koblenz, Plakatsammlung (3/26/23)

33/76 ›Erfassung der männlichen Benutzer von LS (= Luftschutz)-Bunkern und öffentlichen LS-Räumen‹ Plakat des Berliner Polizeipräsidenten Helldorff, 17. Juni 1944
Berlin: Säulenreklame; Buchdruck, 62×43 cm
Koblenz, Bundesarchiv Koblenz, Plakatsammlung (3/26/16)

Der Name Helldorffs wurde wegen dessen Verwicklung in das Attentat vom 20. Juli 1944 nachträglich geschwärzt.

33/77 Grundrißentwurf zu Luftschutzbunkerbauten in Berlin, 1941
Federzeichnung, 65×75 cm; M 1:100
Berlin, Landesarchiv Berlin, Plankammer (IX.Abt. Nr.8 Bl.8)

33/78 Ausweiskarte für einen Angehörigen der Kaiser-Wilhelm-Gesellschaft zum Betreten des Luftschutzraumes Nr. 1 des Berliner Schlosses, ausgestellt am 15. März 1944
8×11 cm
Berlin, Landesarchiv Berlin (Rep.240 Acc.2074 Nr.26)

33/79 Haushaltsaufstellungen für eventuelle Entschädigungsanträge im Falle von Bombenschäden, Berlin, 28. Februar 1945
Berlin, Gertrud Holstein

33/80 Merkbüchlein mit Eintragungen über Fliegeralarme, Berlin 1943/44 (Abb.)
10×8 cm
Berlin, Gertrud Holstein

33/81 Plakat ›Um Freiheit und Leben. Volkssturm‹, 1944
Mjölnir (= Hans Schweitzer)
Farblithographie, 59×42 cm
London, The Trustees of the Imperial War Museum (5762)

Der Volkssturm wurde durch Erlaß vom 25. September 1944 aus den nicht der Wehrmacht angehörigen Männern zwischen 16 und 60 Jahren gebildet. Er unterstand nicht dem militärischen Kommando, sondern Dienststellen der NSDAP. In der ›Schlacht um Berlin‹ wurden etwa 40000 Angehörige des Volkssturms und 5000 Hitlerjungen eingesetzt, von denen viele ums Leben kamen.

33/82 ›Berlin ist zum Entscheidungskampf angetreten. Die Reichshauptstadt steht unter dem Gesetz der Front‹
Titelseite der letzten Ausgabe der ›Berliner Morgenpost‹, 22. April 1945
Berlin, Berlin Museum

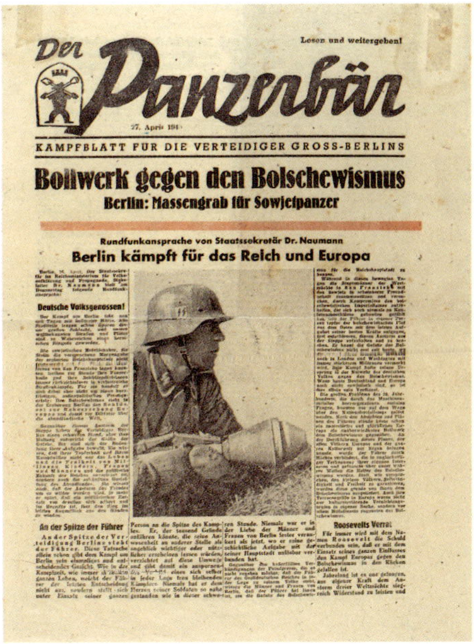
Lesen und weitergeben!
Der Panzerbär
27. April 1945
KAMPFBLATT FÜR DIE VERTEIDIGER GROSS-BERLINS
Bollwerk gegen den Bolschewismus
Berlin: Massengrab für Sowjetpanzer
Rundfunkansprache von Staatssekretär Dr. Naumann
Berlin kämpft für das Reich und Europa
Deutsche Volksgenossen!
An der Spitze der Führer
Roosevelts Verrat

33/83

33/83 ›Der Panzerbär. Kampfblatt für die Verteidiger Gross-Berlins‹, 27. April 1945 (Abb.)
Berlin, Berlin Museum

Nachdem am 22. April 1945 die letzten Berliner Zeitungen, das ›12-Uhr-Blatt‹ und die ›Berliner Morgenpost‹, ihr Erscheinen hatten einstellen müssen, wurde auf Veranlassung des Propagandaministers und Reichsverteidigungskommissars für Berlin, Joseph Goebbels, der ›Panzerbär‹ gedruckt. Der ›Panzerbär‹ wurde kostenlos verteilt und diente weniger der Information als der propagandistischen Verbreitung von Durchhalteparolen. In der ersten Nummer forderte die Reichsregierung zur Lynchjustiz an all denen auf, die nicht bereit waren, sich weiter am Krieg zu beteiligen.

33/84 ›Die Russen im Vorgelände von Berlin‹
Sowjetisches Flugblatt mit einem Passierschein für Überläufer zum Abtrennen, 24. Februar 1945
Berlin, Staatsbibliothek PK, Handschriftenabteilung (Einbl.1939/45, 8717.3310)

Sowjet Panzer
– in Richtung BERLIN

ALLE OPFER WAREN UMSONST!!

Mit der grössten Lüge dieses Krieges, der Lüge, dass die furchtbaren Opfer der Preis für den sicheren deutschen Endsieg sein würden, hat die Partei- und Staatsführung acht Monate lang vom Volke OPFER, OPFER UND NOCHMALS OPFER gefordert.

DIE OPFER WURDEN GEBRACHT — ABER DER PREIS BLIEB AUS.

Und immer wieder wurden die täglich wachsenden Qualen und Leiden der Zivilbevölkerung „gerechtfertigt" und „entschuldigt" im Namen der GROSSEN WESTOFFENSIVE, in der es — wie Rundstedt sagte — „UMS GANZE" ging.

JETZT, einen Monat nach dem Zusammenbruch der Rundstedt'schen Westoffensive ist auch im Osten die HKL überrannt und

DIE OSTFRONT ZUSAMMENGEBROCHEN!

Zieht die Partei- und Staatsführung die Konsequenzen?? NEIN! Im Namen eines sinnlosen „DURCHHALTENS" und „WEITERMACHENS" fordern die Fanatiker der Führung NEUE OPFER!

DIE PARTEI FORDERT: „WEITERMACHEN!"
DIE ZUKUNFT DEUTSCHLANDS FORDERT:
Schluss machen!

WG 33

33/85

33/85 ›Sowjet Panzer – in Richtung Berlin ...‹
Sowjetisches Flugblatt, 10. März 1945 (Abb.)
Berlin, Landesarchiv Berlin (Rep.240 Acc.1671 Nr.2)

33/86 ›An die Einwohnerschaft Berlins!‹ Sowjetisches Flugblatt, 21. April 1945

Berlin, Staatsbibliothek PK, Handschriftenabteilung (Einbl.1939/45, 8718.53–829)

33/87 ›An die deutschen Soldaten und Offiziere und an die Bevölkerung der Stadt Berlin!‹ Sowjetisches Flugblatt, 25. April 1945

Berlin, Staatsbibliothek PK, Handschriftenabteilung (Einbl.1939/45, 8718.53–839)

33/88 ›Sturm auf Berlin I‹ (Abb.) *Konstantin Gorbatov*

1945; Gouache, 35×47 cm
Berlin, Privatbesitz

Konstantin Gorbatov (1875–1945) war Professor an der Kunstakademie in St. Petersburg, bis er 1921 zusammen mit Wassily Kandinsky in die USA emigrierte. In den dreißiger Jahren kam er nach Deutschland und lebte bis zu seinem Tod in den ersten Maitagen 1945 in Berlin.

33/89 ›Sturm auf Berlin II‹ (Abb.) *Konstantin Gorbatov*

1945; Gouache, 35×47 cm
Berlin, Privatbesitz

33/90 Befehl Nr. 1 des Chefs der Besatzung der Stadt Berlin, 28. April 1945 (Abb.)

Plakatanschlag in deutscher und russischer Sprache, 46×62 cm
Koblenz, Bundesarchiv Koblenz, Plakatsammlung (4/2/62)

Mit diesem Plakatanschlag gab Generaloberst Nikolai Bersarin seine Ernennung zum sowjetischen Militärkommandanten Berlins und die Einsetzung von Bezirkskommandanten für die Verwaltungsbezirke bekannt. Angeordnet wurde unter anderem die Wiederaufnahme der Arbeit der öffentlichen Betriebe, der Krankenhäuser, der öffentlichen Verkehrsmittel, der Lebensmittelgeschäfte und der Bäckereien. Für die Zeit von 22.00 Uhr bis 8.00 Uhr morgens wurde eine Ausgangssperre verhängt; die Abhaltung von Gottesdiensten und der Betrieb von Vergnügungsstätten und Restaurants wurden bis 21.00 Uhr erlaubt.

33/91 Berliner Dienstausweis in deutscher und russischer Sprache, ausgestellt am 4. Juni 1945

30×21 cm
Berlin, Archiv Zeitgeschichte Gräfer

33/92 ›Merkblatt über die Klassifizierung der Bevölkerung bei der Verteilung von Lebensmitteln nach der Bekanntgabe des Kriegskommandanten von Neukölln‹, 12. Mai 1945

Hg. vom Neuköllner Bezirksbürgermeister; 30×21 cm
Berlin, Landesarchiv Berlin (Rep.240 Acc.2174 Nr.5)

Nach einer provisorischen Neuregelung der Lebensmittelversorgung auf der Grundlage der alten Lebensmittelkarten wurde die Berliner Bevölkerung am 11. Mai 1945 in fünf Versorgungsgruppen eingeteilt. Die Rationen wurden »unter Berücksichtigung der Arbeitsleistung« festgesetzt. Die oberste Gruppe I umfaßte Schwerarbeiter und Personen in leitenden Positionen, in die unterste Gruppe V wurden alle Nichtberufstätigen eingestuft.

33/93 ›An die Bevölkerung der Stadt Berlin‹ Bekanntmachung der Stadtverwaltung von Berlin über die Lebensmittelversorgung der Bevölkerung, 13. Mai 1945

Berlin, Sieghard Sladek

Die Rationen der einzelnen Versorgungsgruppen unterschieden sich erheblich voneinander. Während Inhaber einer Lebensmittelkarte der Gruppe I 100 Gramm Fleisch und 30 Gramm Fett täglich beziehen konnten, waren für die Inhaber der Karte V, die allgemein als ›Hungerkarte‹ bezeichnet wurde, 20 Gramm Fleisch und 7 Gramm Fett vorgesehen.

33/94 Brot- und Lebensmittelkarten für verschiedene Bevölkerungsgruppen, Berlin, Mai/Juni 1945

Berlin, Landesarchiv Berlin (Rep.240 Acc.1918 Nr.8–17)

33/95 ›Bekanntmachung über die Bildung einer Berliner Städtischen Selbstverwaltung‹ Titelblatt der ›Täglichen Rundschau‹, der Tageszeitung des Kommandos der Roten Armee für die deutsche Bevölkerung, Ausgabe Nr. 3, 17. Mai 1945

Berlin, Landesarchiv Berlin (Rep.240 Acc.217 Nr.4)

33/88

33/89

33/96 ›Befehl Nr. 1‹ der interalliierten Militärkommandantur der Stadt Berlin
Plakatanschlag in russischer, englischer und deutscher Sprache, 11. Juli 1945
42×23 cm
Berlin, Landesarchiv Berlin (Rep.240 Acc.1875 Nr.95)

»Die interalliierte Militärkommandantur hat die Kontrolle über die Verwaltung der Stadt Berlin am 11. Juli 1945 übernommen.« Die Kommandantur übernahm alle von den sowjetischen Stadtkommandanten und der sowjetischen Militärverwaltung seit dem 2. Mai 1945 erlassenen Anordnungen und Gesetze.

33/97 ›Memorandum‹ des amerikanischen Militärkommandanten von Berlin über das Verhältnis der ›Alliierten Kommandantur‹ zum Magistrat der Stadt Berlin, 5. September 1945
Maschinenschrift, 30×21 cm
Berlin, Landesarchiv Berlin (LAZ 4719)

33/98 Rote Fahne mit den aufgenähten Flaggen der vier alliierten Siegermächte, Berlin 1945
180×80 cm
Berlin, Berlin Museum

Mit Befehl Nr. 5 vom 31. Mai 1945 ordnete der sowjetische Stadtkommandant an, solche Fahnen für jedes öffentliche Gebäude, jeden Betrieb und jedes Haus Berlins anzufertigen.

33/99 Siegesparade der alliierten Truppen auf der Ost-West-Achse, 6. September 1945
Sechs Photographien (Reproduktionen), zum Teil retuschiert
Bonn, Archiv der sozialen Demokratie, FES

33/100 ›Gebäudeschäden im Gebiet der Stadt Berlin. Stand 1945‹, hg. vom Amt für Kartographie und Kartendruck
Topographische Karte mit nachträglichem Farbaufdruck; vier Blätter, je 44,3×45,3 cm; M 1:25 000
Berlin, Staatsbibliothek PK, Kartenabteilung (Kart 2897a, Bl.3445,3446,3545,3546)

33/101 ›Das zerstörte Berlin‹
a) Friedrichstraße und Markgrafenstraße
b) Unter den Linden mit Blick auf den Bahnhof Friedrichstraße
c) Stadtschloß und Dom mit Blick auf das Brandenburger Tor
d) Einblicke in verschiedene Straßen

Sechs Photographien (Reproduktionen)
Berlin, Bildarchiv PK

33/102 ›Das zerstörte Berlin‹
a) Der Reichstag
b) Die Reichskanzlei
c) Der abgebrannte Tiergarten mit dem Brandenburger Tor
d) Das Kaufhaus Wertheim am Leipziger Platz
e) Der Ufa-Palast am Zoo
f) Das Kaufhaus des Westens

Sechs Photographien (Reproduktionen)
Berlin, Bildarchiv PK

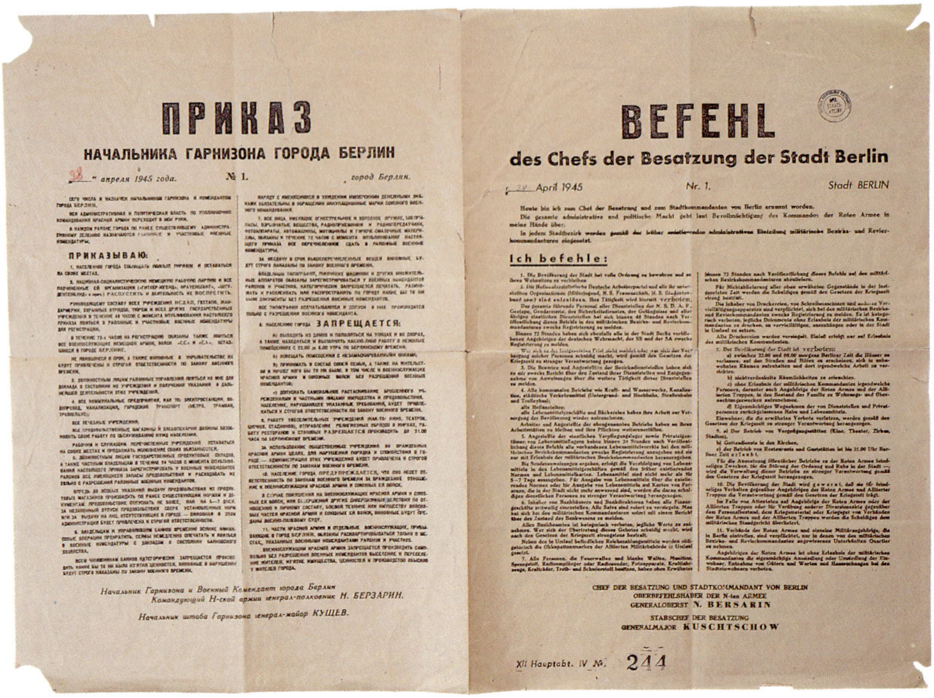
ПРИКАЗ
НАЧАЛЬНИКА ГАРНИЗОНА ГОРОДА БЕРЛИН
"28" апреля 1945 года. № 1. город Берлин.
ПРИКАЗЫВАЮ:
2. НАСЕЛЕНИЮ ГОРОДА ЗАПРЕЩАЕТСЯ:
Начальник Гарнизона и Военный Комендант города Берлин
Командующий Н-ской армии генерал-полковник Н. БЕРЗАРИН.
Начальник штаба Гарнизона генерал-майор КУЩЕВ.

BEFEHL
des Chefs der Besatzung der Stadt Berlin
28 April 1945 Nr. 1. Stadt BERLIN
Ich befehle:
CHEF DER BESATZUNG UND STADTKOMMANDANT VON BERLIN
OBERBEFEHLSHABER DER N-ten ARMEE
GENERALOBERST N. BERSARIN
STABSCHEF DER BESATZUNG
GENERALMAJOR KUSCHTSCHOW
XII Hauptabt. IV Nr. 244

33/90

VII. GEGENWART ALS GESCHICHTE

RAUM 34
LEBEN IN TRÜMMERN

Schon in den ersten Wochen nach dem Ende der Kampfhandlungen kam Berlins öffentliches Leben wieder in Gang. Bereits Mitte Mai konnten, unterstützt von der sowjetischen Kommandantur, die ersten kulturellen Veranstaltungen stattfinden. Am 13. Mai gab das Berliner Kammerorchester im Bürgersaal des Schöneberger Rathauses das erste öffentliche Konzert. Fünf Tage später folgte das Orchester des Deutschen Opernhauses, und am 26. Mai dirigierte Leo Borchard im Titania-Palast in Steglitz die Berliner Philharmoniker. Am nächsten Tag sah man im Renaissance-Theater mit dem ›Raub der Sabinerinnen‹ die erste Theateraufführung nach dem Krieg, und am 15. Juni wurde die Städtische Oper mit einem Ballettabend wiedereröffnet. Das Theater des Westens, das anstelle des ausgebrannten Opernhauses als Spielstätte zur Verfügung stand, war eine Ruine. Musiker und Bühnenarbeiter, Tänzer und Requisiteure arbeiteten gemeinsam an den notwendigen Reparaturen, schafften in stundenlangen Fußmärschen Material aus anderen Trümmerhäusern heran. Einige unterernährte Mitglieder des Ensembles brachen während der Proben zusammen.

Die künstlerische Aufbruchstimmung war nicht denkbar ohne den Willen zu einem entschiedenen Neuanfang, zum Aufbau einer antifaschistischen, demokratischen Gesellschaft, bei dem der Kultur eine zentrale Rolle zukommen sollte. Ein Beispiel für die enge Verbindung von Kultur und Politik war der ›Kulturbund zur demokratischen Erneuerung Deutschlands‹, der es bei seiner Gründungsversammlung am 8. August 1945 als seine Aufgabe bezeichnete, die »Neugeburt des deutschen Geistes im Zeichen einer streitbaren demokratischen Weltanschauung herbeizuführen«. Die personelle Zusammensetzung des Präsidiums und des Präsidialrats des Kulturbunds spiegelte das breite, parteienübergreifende antifaschistische Engagement, das das gesellschaftliche, politische und kulturelle Leben Berlins in der unmittelbaren Nachkriegszeit bestimmte. Hier hatten sich, unter dem Vorsitz Johannes R. Bechers, der Anfang Juni aus der sowjetischen Emigration zurückgekehrt war, der Maler Carl Hofer, der Schriftsteller Bernhard Kellermann, der Altphilologe Johannes Stroux und der Schauspieler Paul Wegener zusammengefunden; neben Ferdinand Friedensburg und Ernst Lemmer von der CDU saßen Gustav Dahrendorf von der SPD und Anton Ackermann und Otto Winzer von der KPD. Schon bald jedoch geriet der Kulturbund in den Sog der politischen Polarisierung der beiden Großmächte. Einen Tag nach Beendigung eines internationalen Schriftstellerkongresses, den der Kulturbund vom 4. bis 7. Oktober 1947 veranstaltete und auf dem es zu harten, fast tumultartigen Auseinandersetzungen zwischen den amerikanischen und den sowjetischen Teilnehmern kam, untersagte die amerikanische Militärregierung dem Kulturbund jede Tätigkeit in ihrem Sektor.

Andere Versuche zu einem antifaschistischen und demokratischen Neubeginn waren schon im Mai 1945 auf Weisung der sowjetischen Besatzungsmacht beendet worden. In Berlin hatten sich, wie auch in anderen Zentren der Arbeiterbewegung vor 1933, sogenannte ›Antifaschistische Komitees‹ gebildet, in denen sich Sozialdemokraten und Kommunisten, Gewerkschafter und bürgerliche Gegner des Nationalsozialismus zusammengefunden hatten, um »sowohl bei der Lösung der dringendsten Tagesfragen als auch bei der politischen und geistigen Umerziehung im demokratischen Sinne aktiv mitzuwirken«, wie ein Mitglied eines Charlottenburger Komitees formulierte. Solche spontanen, parteienübergreifenden Initiativen waren im Konzept der sowjetischen Besatzungsmacht zur Reorganisation des politischen Lebens in Deutschland, das eine Erneuerung der Parteienkonstellation der Weimarer Republik zum Ziel hatte, nicht vorgesehen. Die ›Antifa-Komitees‹ wurden deshalb auf Befehl des sowjetischen Stadtkommandanten unverzüglich aufgelöst und stattdessen sogenannte ›Volkskomitees‹ gebildet, aus deren Reihen sich Haus-, Straßen- und Blockobleute rekrutierten, die ehrenamtlich auf der untersten Verwaltungsebene tätig waren; zu ihren Aufgaben gehörte die Verteilung der Lebensmittelkarten ebenso wie die Registrierung von Bombenschäden. Diese Obleute-Organisation war unter den Besatzungsmächten umstritten: Die amerikanische Militärregierung befahl am 21. August 1945 allen Haus-, Straßen- und Blockobleuten ihres Sektors, ihre Tätigkeit sofort einzustellen; diesem Verbot schlossen sich die britische Militärregierung im Oktober 1945 und die französische Militärregierung im August 1946 an. In der Antwort auf ein Protestschreiben des Oberbürgermeisters Arthur Werner gegen das Verbot räumte die amerikanische Militärregierung zwar ein, daß die Obleute »zeitweilig der Gemeinschaft wertvolle Dienste geleistet haben«, stellte aber zugleich fest, daß »das System ... dem System der Nazizeit nachgeahmt« sei und eine zu große Ähnlichkeit mit dem Blockwartsystem besitze.

Die sich hier abzeichnenden Schwierigkeiten beim Umgang mit der nationalsozialistischen Vergangenheit traten besonders deutlich an den Widersprüchen und Paradoxien der ersten Versuche zur ›Entnazifizierung‹ zutage. So mußte der Magistrat am 5. Oktober 1945 seinen Ende Juni gefaßten Beschluß, alle ehemaligen Nationalsozialisten in die unterste Lebensmittelkartengruppe einzustufen, auf Intervention aller vier Besatzungsmächte revidieren; ab sofort mußten alle ehemaligen Mitglieder der NSDAP, der SA und der SS, die zu schwerer körperlicher Arbeit herangezogen wurden, beim Bezug der Lebensmittelkarten wie alle anderen Berliner ihrer Tätigkeit entsprechend behandelt werden. Allerdings waren schon im Mai und Juni 1945 viele ehemalige Nationalsozialisten aus dem Dienst der Stadtverwaltung entfernt worden; am 6. Juli 1945 legte der Magistrat eine Bilanz über 11 677 Entlassungen vor. Erst am 26. Februar 1946 jedoch erließ die Alliierte Kommandantur verbindliche Richtlinien für die Entnazifizierung, in deren Zentrum die Unterscheidung zwischen ›offen erklärten Anhängern des Nazismus‹ und solchen Personen stand, die nur nominell der NSDAP angehört hatten. Alle Personen, die als ›erklärte Anhänger‹ eingestuft wurden, sollten aus leitenden Stellungen des öffentlichen wie des privaten Lebens entfernt werden. Gegen diese Entlassungen war ein Widerspruch bei den Entnazifizierungskommissionen möglich, die ebenfalls am 26. Februar 1946 bei allen Bezirken, in den einzelnen Sektoren und bei der Alliierten Kommandantur eingerichtet wurden.

Die im Vergleich mit anderen Städten umfangreichen Entlassungen waren möglich, da in Berlin sehr viele Menschen lebten, die vor 1933 in der öffentlichen Verwaltung oder als Mitarbeiter von Parteien und Verbänden tätig gewesen waren und sich jetzt bereit erklärten, ihre Kenntnisse für den Wiederaufbau der städtischen Infrastruktur zur Verfügung zu stellen. Denn trotz der aufsehenerregenden kulturellen Ereignisse und der leidenschaftlichen politischen Diskussionen stand für die Verwaltung ebenso wie für die Mehrzahl der Berliner die Befriedigung der einfachsten Lebensbedürfnisse im Vordergrund. Die Bereitstellung von Heizmaterial, die Versorgung mit Strom, Wasser und Gas waren vollständig zum Erliegen gekommen und nur langsam in Gang zu bringen. Vor allem Strom wurde streng kontingentiert und nur zu bestimmten Tageszeiten zugeteilt. Die Arbeit der Kraftwerke hing wesentlich von der Belieferung mit Kohle ab, die wiederum aus Mangel an funktionierenden Verkehrsverbindungen und Transportkapazität oft ausblieb. Die gleiche Ursache lag häufig den Engpässen bei der Versorgung mit Lebensmitteln zugrunde, die bei einer Zuteilung von ca. 1600 Kalorien in der obersten Lebensmittelkartengruppe I und ca. 1200 Kalorien in der untersten Gruppe V ohnehin knapp genug bemessen war.

Wer in Berlin nicht hungern wollte, hatte zwei Möglichkeiten: Er konnte in die Mark Brandenburg fahren, um bei den Bauern Sachwerte gegen Lebensmittel zu tauschen. Oder er ging auf den Schwarzen Markt, der in der Umgebung des Reichstagsgebäudes konzentriert war. Hier war fast alles zu haben, aber nicht gegen Bezugskarten. Die einzige Währung, die hier anerkannt war, waren amerikanische Zigaretten, wobei eine ›Chesterfield‹ oder ›Lucky Strike‹ im Durchschnitt mit etwa 20 Reichsmark bewertet wurde; ein Pfund Butter war für etwa 400 Reichsmark zu haben. Noch im Februar 1949 lag, nach einer offiziell geführten Statistik der Schwarzhandelspreise, der Preis für ein Pfund Rindfleisch bei 22 DM; das entsprach ziemlich genau der Summe, die ein Schwerarbeiter in einem Monat für alle Lebensmittel aufwenden mußte, die er auf seine Lebensmittelkarte I kaufen konnte. Zwar versuchten die Militärregierungen wiederholt, den Schwarzen Markt durch die Verhängung drakonischer Strafen zu unterbinden; doch gehörten gerade die Angehörigen der Besatzungstruppen zu den wichtigsten Abnehmern von Teppichen und Schmuck, Bildern und Porzellan und zu den Hauptlieferanten für Lebensmittel. Und ohne den Schwarzen Markt wären viele Berliner verhungert.

Die katastrophale Versorgungssituation wurde durch den ständigen Zustrom von Flüchtlingen und Vertriebenen verschärft, der Mitte Juni 1945 begann. Zwar wurde der überwiegende Teil der 1,3 Millionen Menschen, die bis Oktober 1945 als Vertriebene nach Berlin kamen, mit Hilfe der Militärkommandanten in die umliegenden Provinzen, aber auch nach Süddeutschland weitergeleitet; die meisten hielten sich aber zumindest einige Tage in einem der 59 Durchgangslager auf, so daß ständig etwa 50 000 Menschen zusätzlich ernährt werden mußten. Die Lagerbaracken, die vor Kriegsende zumeist Fremd- und Zwangsarbeitern als Unterkunft gedient hatten, waren in einem so schlechten Zustand, daß im Winter eine unbekannte Zahl Vertriebener erfror oder zumindest schwere Erfrierungen erlitt.

Der ›Katastrophenwinter‹ 1946/47 traf die gesamte Berliner Bevölkerung besonders hart. Der Stadtrat für Gesundheitswesen legte am 13. Februar 1947 eine vorläufige Bilanz der Kältekatastrophe vor: Etwa 200 Menschen waren erfroren, mindestens 40 000 mußten wegen Erfrierungen ärztlich behandelt werden, und täglich wurden im Durchschnitt 1000 Fälle von Lungenentzündung registriert. Ein sofort gebildetes Notkomitee unter Bürgermeisterin Louise Schroeder ordnete die Schließung von Schulen, Kinos und Theatern an, in denen zum Teil öffentliche Wärmehallen eingerichtet wurden.

Zu diesem Zeitpunkt hatte Berlin schon wieder mehr als drei Millionen Einwohner. Im Laufe von nur eineinhalb Jahren waren etwa eine Million Soldaten und Evakuierte nach Berlin zurückgekehrt, und die Volkszählung vom 20. Oktober 1946 ergab, daß von den fast 3,2 Millionen Menschen, die in der Stadt lebten, 60 Prozent Frauen waren. Den Frauen vor allem verdankt Berlin seinen raschen Wiederaufbau. Zehntausende beteiligten sich, ohne Ausrüstung und Arbeitskleidung, an den Eimerketten, mit denen im Sommer 1945 die Aufräumungsarbeiten begannen. Für viele ›Trümmerfrauen‹ war diese Tätigkeit notwendig zum Überleben, denn nur so waren sie zum Bezug einer Lebensmittelkarte berechtigt, deren Rationen über denen der ›Hungerkarte‹ V lagen. Auch als nach den provisorischen und unsystematischen Anfängen die Trümmerbeseitigung zentral geplant und stärker mechanisiert wurde, waren im Sommer 1946 von den etwa 80000 Bauhilfsarbeitern in Berlin noch mehr als die Hälfte, nämlich 44245, Frauen. Deren Zahl nahm zum Jahresende allerdings ab, während die der qualifizierten Handwerker, die bei Instandsetzungsarbeiten tätig waren, stetig zunahm.

Während die Instandsetzung leicht zerstörter Gebäude und Wohnungen gefördert wurde, waren Neubauten bis zur Vorlage eines Wiederaufbauplans für Berlin untersagt. Im Sommer 1946 traten zwei konkurrierende Planungen ans Licht der Öffentlichkeit. Im Juni präsentierte die Zehlendorfer Außenstelle des von Hans Scharoun geleiteten Hauptamts für Planung beim Magistrat in einer kleinen Ausstellung unter dem Titel ›Planungen zum Wiederaufbau Berlins‹ nicht nur Vorschläge zur Trümmerverwertung, sondern auch einen von Walter Moest und Willi Goergen entworfenen Plan zur Umgestaltung des Berliner Verkehrsnetzes. Im August 1946 stellte ein Planungskollektiv, das von Hans Scharoun selbst geleitet wurde, unter dem Titel ›Berlin plant – Erster Bericht‹ im Weißen Saal des Stadtschlosses Neubaupläne aus, die sich von dem sogenannten ›Zehlendorfer Plan‹ grundsätzlich darin unterschieden, daß in ihnen eine vollständige Umgestaltung der Stadt vorgesehen war. Beiden Plänen war jedoch gemeinsam, daß sie, vor der politischen Spaltung der Stadt entworfen, selbstverständlich als Planungen für Groß-Berlin gedacht waren. *H. W.*

34/1 Plakat ›Aufhebung von Nazi-Gesetzen‹, Gesetz Nr. 1 des Alliierten Kontrollrates, 20. September 1945

Buchdruck, 56,5 × 43 cm
Koblenz, Bundesarchiv Koblenz, Plakatsammlung (4/1/46)

34/2 Auflösung der Nationalsozialistischen Deutschen Arbeiterpartei (NSDAP) Wandanschlag des Gesetzes Nr. 5 des Obersten Befehlshabers der Amerikanischen Streitkräfte in Europa, Groß-Berlin, 1945

30 × 42 cm
Berlin, Landesarchiv Berlin (Rep.240 Acc.1875 Nr.93)

34/3 Verfügung des Magistrats von Berlin über die Entlassung von NSDAP-Mitgliedern aus dem Dienst der Stadtverwaltung und den städtischen Betrieben, 30. Juni 1945

Maschinenschrift, 29,6 × 21 cm
Berlin, Landesarchiv Berlin (Rep.240 Acc.217 Nr.23)

34/4 Aufforderung an alle ehemaligen Mitglieder der NSDAP, SS und SA, sich zum Arbeitseinsatz zu melden Wandanschlag des Bezirksbürgermeisters von Zehlendorf, 30. Oktober 1945

Berlin: Hermann Spieker & Co.; 21 × 30 cm
Koblenz, Bundesarchiv Koblenz, Plakatsammlung (4/6/12)

Auf Befehl der sowjetischen Bezirkskommandanten wurden schon in den ersten Maiwochen 1945 ehemalige Nationalsozialisten zum Sonderarbeitseinsatz herangezogen. »In Scharen treten sie jeden Morgen an. Punkt sieben Uhr früh. Sie sitzen vor den ehemaligen Arbeitsämtern und warten auf Abruf: Fünfzehn Pg.s zum Schuttwegräumen. Acht Pg.s zum Leichenausgraben. Dreißig Pg.s zum Straßenkehren, zum Kloakensäubern, zum Steineklopfen. Sie klopfen Steine. Sie graben Leichen. Sie säubern Kloaken« (Ruth Andreas-Friedrich). Am 12. Oktober wies die Alliierte Kommandantur den Direktor des Hauptarbeitsamtes Berlin noch einmal an, für »schmierige und unerfreuliche Arbeiten ehemalige aktive Nationalsozialisten heranzuziehen«.

34/9

34/5 Bescheinigung über den Sondereinsatz eines ehemaligen Mitgliedes der NSDAP, 15. September 1945

Maschinenschrift, 8 × 11 cm
Berlin, Archiv Zeitgeschichte Gräfer

34/6 Bekanntmachung über die Hinrichtung der ehemaligen Anstaltsoberärztin Dr. Hilde W. und der ehemaligen Anstaltspflegerin Helene W., 14. Januar 1947

Berlin: Berek-Druck; 30 × 40 cm
Berlin, Der Generalstaatsanwalt bei dem Landgericht (11 KS 8/46b, Bl.12)

Die beiden wegen Mordes verurteilten Frauen hatten im Rahmen des ›Euthanasie-Programms‹ bei der Tötung zahlreicher Anstaltsinsassen in der Tötungsanstalt Meseritz-Obrawalde mitgewirkt.

34/7 Gedenktafel ›Hier wurde am 1. Februar 1931 der Antifaschist Otto Grüneberg vom SA-Sturm 33 ermordet‹

Marmor, 41 × 60 × 2 cm
Berlin, Vereinigung der Verfolgten des Naziregimes, Verband der Antifaschisten

Diese am Haus Schloßstr. 22 in Charlottenburg angebrachte Tafel wurde wiederholt von unbekannten Tätern zerschlagen. Im Februar 1985 wurde sie durch eine neue Tafel ersetzt.

34/11

34/8 ›Tegeler marschiert mit ... Massenkundgebung in der Werner-Seelenbinder-Kampfbahn‹
Plakat mit der Ankündigung der ersten öffentlichen Großkundgebung zu Ehren der ›Opfer des Faschismus‹ am 9. September 1945
21,2 × 15,1 cm
Berlin, Berlin Museum

Diese Kundgebung wurde von dem Hauptausschuß ›Opfer des Faschismus‹ veranstaltet, der am 3. Juni 1945 bei der Magistratsabteilung für Sozialwesen eingerichtet worden war. Diesem Ausschuß oblag die soziale und kulturelle Betreuung der vom nationalsozialistischen Regime politisch Verfolgten in Berlin. Am 5. Juni 1945 leitete der Magistrat besondere Hilfsmaßnahmen ein. Alle politischen Gefangenen, die langjährig und bis zur Befreiung durch die alliierten Truppen inhaftiert worden waren, erhielten eine einmalige Unterstützung in Höhe von 450 Reichsmark, für drei Monate die Lebensmittelkarte für Schwerarbeiter und das Recht auf bevorzugte Arbeits- und Wohnungsvermittlung. Anfang Oktober 1945 waren 2700 Personen als ›Opfer des Faschismus‹ anerkannt.

34/9 ›Gedächtnis-Kundgebung für die Opfer des faschistischen Terrors am 9. September 1945 in Berlin-Neukölln, Werner-Seelenbinder-Kampfbahn‹ (Abb.)
Programm, hg. vom Hauptausschuß ›Opfer des Faschismus‹ des Magistrats der Stadt Berlin; 30 × 21 cm
Berlin, Sammlung Friedrich

Dieser Kundgebung mit rund 35 000 Teilnehmern waren Feierstunden in allen Berliner Schulen und in den Stadtbezirken vorausgegangen.

34/10 ›Kinder sehen den Krieg!‹
Plakat für die Ausstellung des Volksbildungsamtes Reinickendorf, Oktober 1945
Berlin: Blankenburg; 42 × 30 cm
Berlin, Berlin Museum

34/11 Ausstellung ›Kinder sehen den Krieg!‹, Oktober 1945:
Zwei Schülerzeichnungen und Blick in die Ausstellung (Abb.)
Abraham Pisarek
Drei Photographien; 12 × 18 cm (2), 13 × 22,5 cm
Berlin, Bildarchiv Abraham Pisarek

34/12 ›Tag des verbrannten Buches – Tag des freien Buches‹
Plakat des Kulturbunds zur demokratischen Erneuerung Deutschlands zur Kundgebung am 10. Mai 1947 (Abb.)
Berlin: Berek-Druck; 120 × 83 cm
Berlin, Landesarchiv Berlin (Rep.240 Acc.947 Nr.4)

34/13 ›Tag des freien Buches‹ Programm der Kundgebung am 10. Mai 1947

Maschinenschrift, 29,7×21 cm
Hamburg, Staats- und Universitätsbibliothek Hamburg, Handschriftenabteilung (Nachl. A. Kantorowicz, L 9, Nr.13)

34/14 ›Tag des freien Buches‹ Kundgebung vor der Berliner Universität, Unter den Linden, 10. Mai 1947

a) Alfred Kantorowicz am Rednerpult
b) Günther Weisenborn am Rednerpult
c) Zuhörer

Abraham Pisarek

Drei Photographien; 13×17,5 cm, 18×24 cm, 24×18 cm
Berlin, Bildarchiv Abraham Pisarek

34/15 ›Scheiterhaufen wurden Fanale des Widerstandes‹ Artikel zum ›Tag des freien Buches‹, 1947

Alfred Kantorowicz

In: Tägliche Rundschau, 10. Mai 1947
Hamburg, Staats- und Universitätsbibliothek Hamburg, Handschriftenabteilung (Nachl. A. Kantorowicz, L 9, Nr.17)

Diesem Artikel liegt das Manuskript der Rede zugrunde, die Alfred Kantorowicz am ›Tag des freien Buches‹ hielt. Kantorowicz (1899–1979) war 1933 nach Frankreich emigriert, wo er in Paris ab 1934 die Deutsche Freiheitsbibliothek leitete. Von 1936 bis 1938 nahm er als Offizier der internationalen Brigaden am spanischen Bürgerkrieg teil; er lebte während des Zweiten Weltkriegs in den USA und kehrte 1946 nach Berlin zurück. Seit 1949 Professor für neueste deutsche Literatur an der Humboldt-Universität, siedelte er 1957 in die Bundesrepublik über.

34/16 Plakat ›Wer einen Schieber anzeigt ist kein Denunziant, er hilft, dem Ärmsten das Leben sichern‹

Berlin: Schulz und Henschel 1946; Offsetdruck, 84×60 cm
Berlin, Landesarchiv Berlin (Rep.240 Acc.1587 Nr.292)

34/12

34/17 Falschdruckerei für amerikanische Zigarettenpackungen, 1945

Köln, Zollmuseum beim Zollkriminalinstitut

Diese Druckstöcke wurden von Berliner Zigarettenherstellern benutzt, um ihre eigenen Produkte als amerikanische Zigaretten auf den Markt zu bringen. Amerikanische Zigaretten galten als Währung auf dem Schwarzmarkt; eine ›Lucky Strike‹ hatte zeitweise einen Wert von 20 Reichsmark.

34/18 Tauschladen in Berlin-Dahlem, Ende 1945

Photographie mit Retusche für die Presseveröffentlichung, 18×13 cm
Bonn, Archiv der sozialen Demokratie, FES (Telegraf-Bildarchiv)

Am 24. August 1945 ordnete die Alliierte Kommandantur im Rahmen der Bekämpfung des Schwarzmarktes die Einrichtung von Tauschläden an. Am 25. Oktober erließ die Abteilung für Handel und Handwerk des Magistrats eine Marktordnung für diese Läden, die den Tausch und Verkauf von Haushalts- und Einrichtungsgegenständen sowie Textilien jeder Art aus Privatbesitz gestattete. Verboten wurde der Verkauf von Lebens- und Genußmitteln sowie von Gold- und Silberwaren und anderen Edelmetallen. Die Tauschläden standen nur Zivilpersonen offen, die ein Eintrittsgeld in Höhe von einer Reichsmark entrichten mußten.

34/19 Zettelwand mit Suchanzeigen und Tauschangeboten, 1945

Photographie mit Retusche für die Presseveröffentlichung, 18 × 24 cm
Bonn, Archiv der sozialen Demokratie, FES (Telegraf-Bildarchiv)

34/20 Plakat ›Heimkehrer aus Berlin‹, August 1945

Schwerdtner

Hg. vom Magistrat von Groß-Berlin, Abt. für Arbeit; Berlin: Hansa Druck- und Verlag; Farboffsetdruck, 61 × 41 cm
Berlin, Landesarchiv Berlin (Rep.240 Acc.579 Nr.144)

34/21 Heimkehrende Kriegsgefangene in Berlin, 1945 (Abb.)

Fritz Eschen

Drei Photographien mit Retuschen für die Presseveröffentlichung; 18 × 13 cm, 19 × 18 cm, 24 × 18 cm
Bonn, Archiv der sozialen Demokratie, FES (Telegraf-Bildarchiv)

34/22 ›Aufruf an die Ausgewiesenen!‹ Plakat des Magistrats der Stadt Berlin, 15. Juli 1945

Berlin: Magistratsdruckerei; Buchdruck, 42 × 29,8 cm
Berlin, Landesarchiv Berlin (LAZ Nr.3019)

Der Magistrat forderte die Vertriebenen auf, wegen der Versorgungsschwierigkeiten Berlin sofort wieder zu verlassen und in die ländliche Umgebung weiterzuziehen.

34/23 Plakat ›Geschlechtskrankheiten drohen!‹

Gerhard C. Schulz

Hg. von der Zentralverwaltung Gesundheitswesen 1945; Farboffsetdruck, 59 × 42 cm
Berlin, Kunstbibliothek, SMPK

Die große Verbreitung von Geschlechtskrankheiten veranlaßte die Alliierte Kommandantur, am 6. September 1945 die Einführung einer Zwangsbehandlung anzuordnen. Der Magistrat wurde aufgefordert, »energische Maßnahmen zur Bekämpfung der Prostitution« zu ergreifen. Die Abteilung für Gesundheitswesen des Magistrats richtete mit Verordnung vom 18. September in jedem Bezirk Sonderkrankenhäuser ein.

34/24 Plakat ›Die zehn Gebote der Seuchenbekämpfung‹

Berlin 1945; Offsetdruck, 59 × 42 cm
Frankfurt a. M., Behringwerke AG

Da in den ersten Wochen nach Beendigung der Kampfhandlungen menschliche Leichen und Tierkadaver oft nur notdürftig verscharrt werden konnten, wuchs die Bedrohung durch epidemische Krankheiten besorgniserregend. Im Juni 1945 brach in Berlin eine Ruhrepidemie aus, der bereits in der ersten Woche 285 Menschen zum Opfer fielen.

34/25 Plakat ›Immer wieder: Tod der Laus heisst Fleckfieber vermeiden‹

Gerhard C. Schulz

Hg. von der Zentralverwaltung Gesundheitswesen; Berlin: Erich Thieme 1946; Farboffsetdruck, 59 × 42 cm
Berlin, Kunstbibliothek, SMPK

Nach der weiteren Ausbreitung einer Typhusepidemie, die Mitte August 1945 begonnen hatte, befahl die Alliierte Kommandantur am 5. September dem Oberbürgermeister der Stadt Berlin die Einleitung einer ›Entlausungskampagne‹. Diese Kampagne sollte sich vor allem auf die Bewohner von Durchgangslagern für Heimkehrer und Flüchtlinge konzentrieren.

34/26 ›Entlausungsapparat‹

Metall; H 130 cm, Dm 70 cm
Berlin, Gesundheitsamt Reinickendorf

Dieser ›Entlausungsapparat‹ wurde bis September 1946 im Flüchtlings-Durchgangslager in der Pankstr. 52 im Wedding benutzt.

34/27 ›Sammlung unbenutzter Möbel!‹ Aufforderung des Bezirksbürgermeisters Otto Ostrowski an die Bevölkerung Wilmersdorfs, unbenutzte Möbelstücke abzugeben, Juni 1946

Berlin: Freese & Schulz; Buchdruck, 42 × 30 cm
Koblenz, Bundesarchiv Koblenz, Plakatsammlung (4/6/17)

34/28 ›Verkehrsplan von Berlin, Stand vom 25. 8. 45‹ (Abb.)

40 × 60 cm
Berlin, Archiv Zeitgeschichte Gräfer

Nach Beendigung der Kampfhandlungen war ein großer Teil des Fuhrparks und der Betriebsanlagen der BVG zerstört. Der Wagenpark der U-Bahn umfaßte mit 608 einsatzbereiten Wagen immerhin noch die Hälfte des Vorkriegsbestandes; allerdings waren 35 Bahnhöfe und weite Teile des Streckennetzes durch Wassereinbrüche überflutet, Tunneldecken und Hochbahnbrükken waren eingestürzt. Bis Ende Juli gelang es, die U-Bahn mit 61,7 Kilometern zu ca. 80 Prozent eingleisig wieder in Betrieb zu nehmen. Bei der Straßenbahn standen mit 662 übriggebliebe-

34/28

nen Wagen 22 Prozent des Vorkriegsfuhrparks zur Verfügung, außerdem waren 95 Prozent der Oberleitungsanlagen zerstört. Von den restlichen 18 Autobussen konnte wegen Reifenmangels nur ein Teil eingesetzt werden.

34/29 Berliner Verkehrsverbindungen und Fahrpläne, 30. Juni 1945

Maschinenschrift, zwei Blatt; je 30×21 cm
Berlin, Archiv Zeitgeschichte Gräfer

34/30 Enttrümmerungskarte, 1946

Blaupause eines Berliner Stadtplans mit handschriftlichen farbigen Markierungen; 56×77 cm
Berlin, Landesarchiv Berlin (LAZ Nr.5648)

Seit dem Frühjahr 1946 wurden die Aufräumungsarbeiten systematisch geplant: Enttrümmerungszentren wurden festgelegt, die auf dieser Karte ebenso verzeichnet sind wie die Aufbereitungsanlagen zur Wiederverwertung von Trümmermaterialien.

34/31 Enttrümmerungsarbeiten in Berlin, 1945 (Abb.)

Vier Photographien, teilweise mit Retuschen für die Presseveröffentlichung; 18×24 cm (2), 12×18 cm, 18×12 cm
Bonn, Archiv der sozialen Demokratie, FES (Telegraf-Bildarchiv,12.83)

34/32 ›Werte unter Trümmern‹ Katalog zur Ausstellung am Funkturm, 12. April bis 11. Mai 1947

Berlin, Landesarchiv Berlin (LAZ Nr.3089)

34/33 ›Werte unter Trümmern‹ Ausstellung am Funkturm, 12. April bis 11. Mai 1947

Drei Photographien; 16,5×24,5 cm, 12,5×16,5 cm (2)
Bonn, Archiv der sozialen Demokratie, FES (Telegraf-Bildarchiv,7.52/23)

34/34 Berliner Trümmerfrauen, 1945

Vier Photographien (Reproduktionen)
Berlin, Bildarchiv PK

34/35 Hammer einer Berliner Trümmerfrau

Nach 1920; L 26 cm
Berlin, Paul Marzschesky

34/36 Arbeitsbuch einer ›Abrissarbeiterin‹, Berlin 1947/48

14,8×10,5 cm
Berlin, Erna Deininger

Am 26. Juni 1945 ordnete die ›Abteilung für Arbeitseinsatz‹ beim Magistrat der Stadt Berlin die »Wiedereinführung des Arbeitsbuchs« an. Dieser Ausweis über die Beschäftigungsverhältnisse wurde von den Arbeitsämtern ausgestellt, um den Arbeitsmarkt kontrollieren zu können. Den Ernährungsämtern bot er eine Grundlage für die Eingruppierung des Inhabers in eine der fünf Bezugsgruppen für Lebensmittelkarten. Wohl vor allem aus Papiermangel benutzte man die noch vorhandenen Exemplare des ›Deutschen Arbeitsbuchs‹, das im Frühjahr 1935 von den Nationalsozialisten eingeführt worden war.

34/37 Kleid aus eingefärbter Fallschirmseide

Berlin 1945
Berlin, Werkbund-Archiv

34/38 ›Die alte Uniform zivilisiert‹

Zeichnungen von Elly Lemke-Czerwinsky, Reproduktion in: Berlins Modenblatt Nr. 5, 5. Sonderheft für Änderungen (um 1947)
Berlin, Kunstbibliothek, SMPK (Sign. Zb 325 Lipp)

34/39 ›Was es war ... Was es wurde‹

Zeichnungen, Reproduktion in: Berlins Modenblatt Nr. 5, 1946; bez.: APW
Berlin, Kunstbibliothek, SMPK (Sign. Zb 325 Lipp)

34/40 Modeentwurf ›Palette‹
Walter Friedrich Schulz

1945; aquarellierte Bleistiftzeichnung, eingebunden in ›Haute Couture‹; 29,5 × 21,8 cm; bez.: WFS
Berlin, Kunstbibliothek, SMPK (Sign. Dfn 39a Lipp)

Das auf der Zeichnung entworfene ›Flickenkleid‹ beschreibt Walter Friedrich Schulz mit den Worten »Seiden Flicken der Rock Bluse Seide Schwarz«. Dieses Kleid, das auf der ersten Nachkriegsmodenschau Berlins am 8. September 1945 vorgeführt und von der Ansagerin als »Clou des Nachmittags« bezeichnet wurde, fertigte Schulz aus nur 20 oder 50 Zentimeter breiten Stoffresten, die die Kundinnen selbst mitbringen mußten.

34/41 Nachbildung des Trümmerfrauen-Denkmals im Volkspark Hasenheide
Katharina Szelinski-Singer

Berlin 1987 (Original 1955); Gips auf Styroporkern, H 80 cm
Berlin, Berliner Festspiele GmbH

Am 30. April 1955 enthüllte der Regierende Bürgermeister Otto Suhr das von Katharina Szelinski-Singer geschaffene Trümmerfrauen-Denkmal, das auf Anregung des Neuköllner Bezirksbürgermeister Kurt Exner auf der aus Trümmerschutt errichteten ›Rixdorfer Höhe‹ aufgestellt wurde. Wegen Beschädigungen mußten Teile der Plastik 1986 restauriert werden.

34/42 Zwei selbstgebaute Elektrokocher, aus Gasmaskenfilter und Bombenfuß, 1945

Metall; H 7 cm, Dm 13 cm; H 11 cm, Dm 15 cm
Hamburg, Electrum – Das Museum der Elektrizität

34/43 Thermosflasche, Notprodukt der Jahre 1946/47
AEG-Röhrenfabrik

Berlin; H 27,5 cm
Frankfurt a M., Firmenarchiv AEG Aktiengesellschaft (569)

34/44 Elektrotopf mit Erdkabel, Notfertigung um 1945

H 20 cm, Dm 20 cm
München, Siemens-Museum (0626)

34/45 Zusammenklappbarer Karren für Hamsterfahrten, Notprodukt 1945/46

Frankfurt a. M., Firmenarchiv AEG Aktiengesellschaft (1226)

34/46 Hamsterfahrten in die Mark Brandenburg (Abb.)

Vier Photographien; 24 × 18 cm (2), 18 × 24 cm
Bonn, Archiv der sozialen Demokratie, FES (Telegraf-Bildarchiv,12.06/4)

34/47 CARE-Paket mit Dosen und Einzelpackungen amerikanischer Lebensmittelkonserven

Berlin, Berlin Museum

Die ersten Pakete der amerikanischen Hilfsaktion CARE (Cooperative for American Remittances to Europe) trafen am 10. August 1946 in Berlin ein. Diese standardisierten Lebensmittelpakete wurden von karitativen Organisationen an Bedürftige verteilt.

34/31

34/46

34/54

34/48 ›Berlin plant – Erster Bericht‹
Plakat zur Ausstellung der Abteilung Bau- und Wohnungswesen des Magistrats von Groß-Berlin im Weißen Saal des Berliner Schlosses, 22. August bis 30. September 1946
Hans Leistikow

Offsetdruck, 82 × 57,5 cm
Berlin, Akademie der Künste, Sammlung Baukunst

34/49 ›Berlin plant – Erster Bericht‹
Katalog zur Ausstellung im Weißen Saal des Berliner Schlosses, 1946

Berlin, Akademie der Künste, Sammlung Baukunst

34/50 ›Berlin plant – Erster Bericht‹
Die Ausstellung im Weißen Saal des Berliner Schlosses, 1946

Zwei Photographien, je 18 × 24 cm
Berlin, Akademie der Künste, Sammlung Baukunst

34/51 Katalog zur Ausstellung ›Der Zehlendorfer Plan. Ein Vorschlag für die Neuordnung des Verkehrs beim Wiederaufbau Berlins‹, 1946

Berlin, Akademie der Künste, Sammlung Baukunst

34/52 Plakat ›Ausstellung junger Kunst, Eggert, Lindenberg, Trökes‹ in der Galerie Gerd Rosen, Berlin W 15, Kurfürstendamm 215, August/September 1945
Heinz Trökes

Buchdruck mit Aquarell, vom Künstler überarbeitet; 30,5 × 42 cm; bez. u. r.: T 45
Berlin, Galerie Pels-Leusden

Im Sommer 1945 gründete Gerd Rosen zusammen mit dem Konsul Leon Fleming und dem Maler Heinz Trökes in einem ehemaligen Militäreffektenladen am Kurfürstendamm 215 die erste private Kunstgalerie in Deutschland nach dem Zweiten Weltkrieg. Bei der Eröffnung der ersten Ausstellung am 3. August 1945 hielt Edwin Redslob eine Rede mit dem Titel ›Um die Freiheit der Kunst‹.

34/53 ›Im März 1946‹
Plakat zu einer Ausstellung von Zeichnungen und Gemälden Werner Heldts in der Galerie Gerd Rosen
Werner Heldt

Berlin: Dr. Hans Muschke; Linolschnitt, 31 × 46 cm
Zürich, Plakatsammlung – Museum für Gestaltung Zürich (27–292)

34/54 Bemalte Tür (Abb.)
Werner Heldt

Um 1946; Wachskreide und Schminkfarben auf Holztür, 151,5 × 58,5 cm
Berlin, Berlinische Galerie (BG-M 525/77)

34/55 Plakat ›Sinfonie-Konzert der Berliner Philharmoniker‹, 25. August 1945 im Deutschen Opernhaus (Dirigent Leo Borchard)

87 × 62 cm
Berlin, Archiv der Berliner Philharmoniker e. V.

Zwei Tage vor dem hier angekündigten Konzert wurde Leo Borchard von einem amerikanischen Wachtposten versehentlich erschossen. Das Konzert, dirigiert von Robert Heger, wurde zur Trauerfeier für Borchard, der vor 1945 als Mitglied der ›Gruppe Emil‹ im Berliner Widerstand tätig war.

34/56 Gotthold Ephraim Lessings ›Nathan der Weise‹ in der Inszenierung von Fritz Wisten im Deutschen Theater (Premiere 7. September 1945)

a) Paul Wegener als Nathan
b) Paul Wegener und Alfred Balthoff

Abraham Pisarek

Zwei Photographien; 18 × 13 cm, 12,5 × 17 cm
Berlin, Bildarchiv Abraham Pisarek

34/57 Günther Weisenborns ›Die Illegalen‹ in der Inszenierung von Franz Reichert im ›Studio‹ des Hebbel-Theaters (Uraufführung 20. März 1946)

a) Lu Säuberlich und Wolfgang Borchert
b) Szenenphoto

Abraham Pisarek

Zwei Photographien; 24 × 18 cm, 12 × 18 cm
Berlin, Bildarchiv Abraham Pisarek

Günther Weisenborn verarbeitete in diesem Stück über den Widerstand gegen das NS-Regime eigene Erfahrungen. Er war 1937 aus der Emigration in die USA nach Berlin zurückgekehrt, wo er sich der Widerstandsgruppe ›Rote Kapelle‹ anschloß. 1942 verhaftet, war er bis zur Befreiung durch die Rote Armee im Zuchthaus Luckau inhaftiert.

34/58 Plakat ›Cabaret Ulenspiegel‹ Programmankündigung mit einem Porträt von Werner Finck, September 1946

Lithographie, 60 × 42 cm
Berlin, Landesarchiv Berlin (Rep.240 Acc.579 Nr.111)

Erscheint täglich
Einzelnummer 10 Pf.
Berliner Zeitung
Nummer 21
Sonntag, den 10. Juni 1945
1. Jahrgang
Demokratie
Demokratische Freiheiten in der Sowjetzone
Im sowjetisch besetzten deutschen Gebiet die Bildung antifaschistischer Parteien und Gewerkschaften gestattet
Pressekonferenz bei Marschall G. K. Shukow und A. J. Wyschinski
Befehl Nr. 2
des Obersten Chefs der Sowjetischen Militärischen Administration
Landesarchiv Berlin

34/61

34/59 ›Die Dachluke‹ Programm des ›Cabaret Ulenspiegel‹, Januar 1948

Vier Photographien; 18 × 12,5 cm (2), 12,5 × 17 cm (2)
Bonn, Archiv der sozialen Demokratie, FES (Telegraf-Bildarchiv 7.44/16 ⟨Theater⟩)

34/60 Programmheft des Films ›... und über uns der Himmel‹ – ›Ein Hans Albers Film der Objectiv-Film GmbH‹ (Regisseur Josef von Baky)

Berlin 1947; 30 × 21 cm
Berlin, Archiv Zeitgeschichte Gräfer

»Die Ereignisse der Filmhandlung führen uns mitten in die Erlebniswelt des Nachkriegs-Deutschlands, insbesondere in die Welt des neuen Berlin, das aus dem Chaos, das der Krieg hinterlassen hat, einen neuen Weg sucht. Viele Menschen ... dieser Stadt haben sich noch nicht wieder gefunden. Allenthalben sind sie von Schutt umgeben, und schwerer zu tragen ist fast noch die Last der seelischen Trümmer.« So beginnt dieses Programmheft mit der Inhaltsangabe des Films, der ein Panorama des Lebens im Berlin der ersten Nachkriegsjahre entfaltet.

34/68

34/61 ›Befehl Nr. 2 des Obersten Chefs der Sowjetischen Militärischen Administration‹ Titelseite der ›Berliner Zeitung‹, 10. Juni 1945 (Abb.)

Berlin, Landesarchiv Berlin (Rep.240 Acc.217 Nr.22)

Weniger als sechs Wochen nach Beendigung der Kampfhandlungen ließ die Sowjetische Militäradministration (SMA) die Betätigung antifaschistischer Parteien und Gewerkschaften zu. Dieser Befehl ermöglichte in der sowjetischen Zone und in Berlin die Wieder- bzw. Neugründungen von KPD, SPD, CDU und Liberal-Demokratischer Partei (LDP), die sich am 14. Juli 1945 als ›Einheitsfront der antifaschistischen demokratischen Parteien‹ zu »gemeinsamer Aufbauarbeit«, zur Zusammenarbeit mit den Besatzungsbehörden und zur »Pflicht zur Wiedergutmachung« bekannten.

34/62 Die erste Zusammenkunft des ›Organisationskomitees der SPD, der freien Gewerkschaften und des Afa-Bundes‹ in der Kantstr. 125, 15. Mai 1945

a) Türschild ›Organisationskomitee der II. Internationale‹

Handgeschrieben auf Pappe, in deutscher und russischer Sprache; 30×20 cm

b) Liste mit den Unterschriften der Teilnehmer

29×21 cm

c) Protokoll der Sitzung

Maschinenschrift, 29,5×21 cm

a) b) Berlin, Karl J. Germer
c) Berlin, Fritz Neubecker

Bereits vor der offiziellen Zulassung antifaschistischer Parteien traf sich diese Gruppe ehemaliger SPD- und Gewerkschaftsfunktionäre in der Wohnung des früheren Leiters des Vorwärts-Verlages, Karl J. Germer, um zu beraten, wie man mit der ›Interalliierten Kommission‹ Kontakt aufnehmen könne.

34/63 ›Schaffendes Volk in Stadt und Land! Männer und Frauen – Deutsche Jugend‹ Flugblatt der KPD, Berlin, 11. Juni 1945

29,5×42 cm
Bonn, Archiv der sozialen Demokratie, FES

Einen Tag nach Erlaß des ›Befehls Nr. 2‹ durch die SMA veröffentlichte das Zentralkomitee der KPD ein antifaschistisches Aktionsprogramm, in dem die Einführung eines »Sowjetsystems« als unzweckmäßig abgelehnt und die Gründung einer »parlamentarisch-demokratischen Republik« gefordert wurde.

34/64 ›Arbeiter, Bauern und Bürger! Männer und Frauen! Deutsche Jugend!‹ Flugblatt des Zentralausschusses der SPD, Berlin, 15. Juni 1945

29×21 cm
Berlin, Fritz Neubecker

Dieses Programm, veröffentlicht im Namen der vierzehn Mitglieder des Ausschusses, der sich in Berlin aus einzelnen informellen Gruppen gebildet hatte, forderte die »restlose Vernichtung aller Spuren des Hitlerregimes« und die Verwirklichung des »Sozialismus in Wirtschaft und Gesellschaft«. Eine Funktionärskonferenz, die am 17. Juni 1945 im Lokal Deutscher Hof in Kreuzberg stattfand, bestätigte den Ausschuß und wählte als Vorstand Otto Grotewohl, Gustav Dahrendorf, Erich Gniffke und Max Fechner.

34/65 Mitgliedsausweis des Zentralausschusses der SPD, 12. Juli 1945

29×21 cm
Berlin, Fritz Neubecker

Die für das Mitglied des geschäftsführenden Vorstands des Zentralausschusses, Fritz Neubecker, in deutscher und russischer Sprache ausgestellte Bescheinigung autorisierte den Inhaber

34/72 b

aufgrund des ›Befehls Nr. 2‹, »im ganzen sowjetisch okkupierten Gebiet sich frei bewegen und alles ungehindert tun (zu) dürfen, was für den Aufbau der Partei zweckdienlich ist«.

34/66 Mitgliederverzeichnis des SPD-Bezirksverbandes Berlin-Spandau, Falkensee, 1945

30×42 cm
Bonn, Archiv der sozialen Demokratie, FES

Die Liste führt die ersten Mitglieder der wiedergegründeten Partei auf, die sich ab Anfang Juli 1945 ähnlich rasch wie in den anderen Berliner Kreisverbänden zusammenfanden. Die Angaben zu Alter, Beruf und vorheriger Organisation lassen fast ausnahmslos ein Wiederanknüpfen an die alte Zugehörigkeit zu SPD, Freien Gewerkschaften oder Reichsbanner erkennen.

34/67 Flugblatt ›Aufruf des vorbereitenden Gewerkschaftsausschusses für »Groß-Berlin«‹, 15. Juni 1945

29×21 cm
Bonn, Archiv der sozialen Demokratie, FES

Die erstrebte Einheitlichkeit beim »Wiederaufbau freier demokratischer Gewerkschaften« sollte dadurch deutlich werden, daß Vertreter »aller früheren Richtungen« der Gewerkschaften den Aufruf unterzeichneten. Neben je drei Vertretern der ehemaligen Freien Gewerkschaften und der Revolutionären Gewerkschaftsopposition beteiligten sich die CDU-Mitglieder Jakob Kaiser für die ehemaligen Christlichen Gewerkschaften und Ernst Lemmer für die ehemaligen Hirsch-Dunckerschen Gewerkvereine am Aufbau des Freien Deutschen Gewerkschaftsbundes (FDGB).

34/68 Plakat ›Einheit KPD – SPD‹ (Abb.)

1946; Berlin: Verlag Einheit; Farblithographie, 83×59 cm
Berlin, Kunstbibliothek, SMPK

Der Einheitsgedanke entsprach der Grundstimmung der meisten im Nationalsozialismus verfolgten Kommunisten und Sozialisten. Der Vorschlag zur Schaffung einer einheitlichen Arbeiterpartei wurde schon im Juni 1945 vom SPD-Zentralausschuß gemacht, blieb aber auf kommunistischer Seite lange unbeachtet. Erst nach der Konsolidierung der eigenen Kaderpartei setzte Ende 1945 in der sowjetischen Besatzungszone und in Berlin eine massive Vereinigungskampagne der KPD gegenüber der mitgliederstärkeren SPD ein, die durch Druck und Versprechungen der sowjetischen Besatzungsbehörde unterstützt wurde.

34/75 e

34/69 ›Sozialdemokraten. Beweist der Welt, daß unser Volk für die Demokratie reif ist‹
Plakataufruf zur Urabstimmung am 31. März 1946

Offsetdruck, 61×86 cm
Bonn, Archiv der sozialen Demokratie, FES

Am 1. März 1946 hatte die Funktionärskonferenz der SPD im Admiralspalast auf Antrag von Franz Neumann beschlossen, zur Frage der Vereinigung von SPD und KPD in Berlin eine freie und geheime Urabstimmung durchzuführen. Der von den Vertretern der Opposition gegen die Fusion, Klaus Peter Schulz und Karl J. Germer, unterzeichnete Aufruf appellierte an die SPD-Mitglieder, gegen die »sofortige Verschmelzung« zu stimmen.

34/70 Das Wilmersdorfer Wahllokal für die Urabstimmung der Berliner Sozialdemokraten, 31. März 1946

Zwei Photographien; 16×21 cm, 13×18 cm
Bonn, Archiv der sozialen Demokratie, FES

34/71 ›Ergebnisse der Urwahl am 31. 3. 1946 aus den Kreisen‹

Handschriftliche Notiz; 29×21 cm
Bonn, Archiv der sozialen Demokratie, FES

Aus den leeren Spalten der Tabelle wird deutlich, daß sich die Mitglieder der Kreise des Ostsektors nicht an der Abstimmung beteiligen konnten, da die sowjetische Besatzungsbehörde die Durchführung dort kurzfristig untersagte. An der Abstimmung in den westlichen Sektoren beteiligten sich 23755 Mitglieder; das entsprach 71,5 Prozent der auf 33747 bezifferten Mitgliedschaft. Die erste Frage »Bist Du für den sofortigen Zusammenschluß beider Arbeiterparteien?« wurde von 82,2 Prozent verneint. Die zweite Frage »Bist Du für ein Bündnis beider Parteien, welches den Bruderkampf ausschließt und gemeinsame Arbeit sichert?« wurde von 62,1 Prozent mit Ja beantwortet. Der Zentralausschuß respektierte dieses Votum nicht und betrieb die Vereinigung mit der KPD.

34/72 Der Gründungsparteitag der Sozialistischen Einheitspartei Deutschlands (SED) im Admiralspalast, 21./22. April 1946

a) Ansprache Otto Grotewohls (im Hintergrund die Bildnisse von August Bebel und Wilhelm Liebknecht)

Photographie (Reproduktion)
Bonn, Archiv der sozialen Demokratie, FES

b) Händedruck zwischen Wilhelm Pieck und Otto Grotewohl (im Vordergrund Walter Ulbricht) (Abb.)
Abraham Pisarek

Photographie, 18×24 cm
Berlin, Bildarchiv Abraham Pisarek

c) Demonstrationszug des FDGB zum Lustgarten, 1. Mai 1946

Zwei Photographien, je 18×24 cm
Berlin, Landesbildstelle Berlin

34/73 ›Anerkennung des SPD-Stadtausschusses und der SEPD in Berlin‹
Anordnung der ›Alliierten Kommandatura Berlin‹, 31. Mai 1946

Maschinenschrift, 29,5×21 cm
Berlin, Landesarchiv Berlin (LAZ Nr.4865)

Aufgrund des Resultats der Urabstimmung konstituierte sich die SPD auf einem Parteitag am 7. April als selbständiger Berliner Verband; sie mußte die Lizenzierung durch die Alliierte Kommandantur neu beantragen. Auch der SED fehlte nach ihrer Gründung die formelle Zulassung für alle vier Sektoren. Durch einen Kompromiß zwischen den Besatzungsmächten im Alliierten Kontrollrat erhielten beide Parteien die Genehmigung zur »Ausübung ihrer Tätigkeit innerhalb von Gross-Berlin«. Infolgedessen blieb die SPD im Ostsektor Berlins im Gegensatz zur sowjetischen Besatzungszone als politische Organisation anerkannt.

34/74 ›Bekanntmachung zur Wahl der Stadtverordneten von Groß-Berlin und der Bezirksverordneten in den Berliner Verwaltungsbezirken am 20. Oktober 1946‹

Wandanschlag, 60×40 cm
Berlin, Landesarchiv Berlin (Rep.240 Acc.791 Nr.5)

34/75 Sechs Wahlplakate mit den Forderungen der SPD, 1946

a) ›... Nahrung für die Berliner‹
b) ›... Gegen Korruption und Schwarzen Markt‹
c) ›... Wohnungen für die Berliner‹
d) ›... Feuerung für die Berliner‹
e) ›... saubere Verwaltung‹ (Abb.)
f) ›... gegen jede Diktatur‹

Farboffsetdrucke, je 42×29 cm
Berlin, Landesarchiv Berlin (Rep.240 Acc.579 Nr.6)

34/76 ›Die berufstätige Frau wählt SPD‹
Plakat zu den Stadtverordneten-wahlen, 1946
G. Krauskopf

Farboffsetdruck, 84×59 cm
Berlin, Berlin Museum

34/77 Die Wahlen zur Stadtverordnetenversammlung von Groß-Berlin, Oktober 1946

a) Wahlplakatierung der SED im Ostsektor
b) Stimmenauszählung unter Aufsicht alliierter Kontrolloffiziere
c) Bekanntgabe des Ergebnisses im Sitzungssaal des Stadthauses

Vier Photographien, je 18×24 cm
a) Berlin, Landesbildstelle Berlin
b) c) Berlin, Ullstein Bilderdienst

34/78 Das Ergebnis der Stadtverordnetenwahlen 1946

a) ›Berlin hat entschieden‹
Titelseite des ›Tagesspiegel‹, 21. Oktober 1946

54×37,5 cm
Berlin, Landesarchiv Berlin (Rep.240 Acc.863 Nr.37)

34/79

b) Plakat ›Berlin mahnt‹, 1946

Farboffsetdruck, 42×30 cm
Bonn, Archiv der sozialen Demokratie, FES

Die ersten freien Wahlen in Berlin seit der Errichtung der NS-Diktatur brachten der SPD mit einem Anteil von 48,7 Prozent und mehr als einer Million Stimmen einen überwältigenden Erfolg; die SED mußte mit 19,8 Prozent eine deutliche Niederlage hinnehmen, auch im Ostsektor erhielt sie nur 29,9 Prozent. Die CDU erhielt 22,4 Prozent der Stimmen, die LPD 9,3 Prozent. Da die SED im Unterschied zu den anderen Parteien eine aufwendige Propaganda betreiben konnte, war der Wahlausgang überraschend. In erster Linie war er dem Protest gegen die Vorrangstellung der SED und die sowjetische Besatzungspolitik zu verdanken und fand in der westlichen Öffentlichkeit als demokratisches Votum Berlins Beachtung. Die Stadtverordnetenversammlung von Groß-Berlin wählte am 5. Dezember 1946 den von allen Parteien gebildeten ›Magistrat von Groß-Berlin‹ mit dem Oberbürgermeister Otto Ostrowski (SPD) und dessen Vertretern Ferdinand Friedensburg (CDU), Heinrich Acker (SED) und Louise Schroeder (SPD).

34/79 ›Sozialisten der Welt – wir rufen und grüssen euch aus den Ruinen‹
Maiplakat der SPD, 1947 (Abb.)

Berlin: E. Zander; Farboffsetdruck, 84×59 cm
Berlin, Landesarchiv Berlin (Rep.240 Acc.579 Nr.136)

RAUM 35
WELTPOLITIK UND STADTGESCHICHTE

»Möglich, daß wir schon ab morgen zwei Stadtregierungen und eine chinesische Mauer mit Wehrgang und Wachtürmen längs der Sektorengrenze haben. Vielleicht braucht man dann ein Auslandsvisum, um von Charlottenburg nach den Linden zu fahren«, schrieb die Journalistin Ruth Andreas-Friedrich am 6. September 1948 in ihr Tagebuch. Wenig mehr als drei Jahre nach dem Ende des Krieges und der NS-Herrschaft war das Auseinanderbrechen der Stadt mehr als nur eine vage Möglichkeit.

In den Londoner Abkommen des Jahres 1944 hatten die Siegermächte vereinbart, die Reichshauptstadt, die Sitz des Alliierten Kontrollrats werden sollte, gemeinsam zu verwalten. Groß-Berlin – die ›fünfte Zone‹ – wurde nicht nur in Sektoren aufgeteilt, sondern zugleich einer gemeinsamen Behörde, der Alliierten Kommandantur, unterstellt. Diese Regelung beruhte auf der Annahme übereinstimmender Interessen der Siegermächte des Zweiten Weltkriegs und setzte gegenseitige Kompromißfähigkeit bei entstehenden Interessengegensätzen voraus. Genau daran aber fehlte es seit 1947 zunehmend, und die Viermächtestadt Berlin wurde in besonderer Weise zum Objekt und Schauplatz des Kalten Krieges.

Ein Vorzeichen der politischen Polarisierung war im März 1946 die Auseinandersetzung um die Fusion der beiden Arbeiterparteien SPD und KPD. Den Berliner SPD-Kreisverbänden gelang es, trotz des Drucks der KPD und der führenden SPD-Funktionäre im Zentralausschuß, sich als selbständige Organisation gegenüber der Sozialistischen Einheitspartei Deutschlands (SED) zu behaupten, was in der sowjetischen Besatzungszone (SBZ) nicht durchsetzbar war. Bei den ersten freien Berliner Kommunalwahlen seit 1933, die im Oktober 1946 stattfanden, erhielt die SPD mit fast einer Million Stimmen und einem Anteil von 48,7 Prozent eine breite Unterstützung für ihre Politik.

Der von allen Parteien gebildete Magistrat blieb abhängig von der Zustimmung und den Anordnungen der Kommandantur. Die nach den Wahlen fälligen Umbesetzungen der Magistrats- und Bezirksverwaltungen wurden dadurch erschwert, daß die SED ihre Vorrangstellung mit Hilfe der sowjetischen Besatzungsmacht zu behaupten suchte. 1947 war der Dissens der Siegermächte bereits von offenen Spannungen, Zwischenfällen im Interzonenverkehr und gegenseitigen Schuldvorwürfen wegen der Versorgungsmängel begleitet. Der wegen seiner Haltung gegenüber der SED von der eigenen Fraktion erzwungene Rücktritt des SPD-Oberbürgermeisters Otto Ostrowski und die Wahl Ernst Reuters zu seinem Nachfolger, die im Juni 1947 trotz eines angekündigten sowjetischen Vetos erfolgte, waren Zeichen für die immer stärkere Einbeziehung der städtischen Verwaltung in den Ost-West-Konflikt. Reuter, ein dezidierter Antikommunist, der zugleich die sozialdemokratische Tradition des ›roten Berlin‹ verkörperte, wurde zur politischen Symbolfigur des ›Berliner Abwehrkampfes‹.

Mit der Währungsreform in den Westzonen wurde eine Kraftprobe der Besatzungsmächte in Berlin in Gang gesetzt. Die sowjetische Militärregierung reagierte in ihrer Zone mit einer eigenen Währungsumstellung und verfügte am 23. Juni 1948 die Einbeziehung Gesamt-Berlins in ihr Währungsgebiet, so daß es keine Möglichkeit mehr gab, in Groß-Berlin eine besondere Währungseinheit zu bilden. Stattdessen verfügten Gegenbefehle für die Westsektoren die Einführung der DM-West, gleichzeitig jedoch blieb die von der sowjetischen Militärverwaltung ausgegebene Währung lange Zeit gesetzliches Zahlungsmittel. Mit ›technischen Verkehrsstörungen‹, die seit dem 24. Juni 1948 den Güter- und Personenverkehr nach West-Berlin völlig unterbrachen, und der Einstellung der Stromlieferungen versuchte die Sowjetunion, den Abzug der Westmächte aus Berlin zu erzwingen und gleichzeitig deren Weststaatpläne zu durchkreuzen – mit entgegengesetztem Effekt.

Fast elf Monate dauerte die Blockade – das Schlüsselereignis der Berliner Nachkriegspolitik. Die Abschnürungsmaßnahmen riefen einen unerwartet starken Selbstbehauptungswillen hervor, der in zahlreichen Protestkundgebungen zum Ausdruck kam, an denen jeweils mehrere hunderttausend Menschen beteiligt waren. Die von General Lucius D. Clay initiierte Luftbrücke der US Air Force und der Royal Air Force bewerkstelligte mit der wohl umfangreichsten friedlichen Operation der Luftfahrtgeschichte die Versorgung von etwa zwei Millionen Menschen mit den notwendigsten Gütern, selbst während des Winters. Der Ausbau der Luftflotte, die Einsatzbereitschaft der Piloten und die imponierende Organisation ermöglichten nicht nur gefeierte Transportrekorde der Luftbrücke, sondern stärkten – unterstützt durch stets hörbare Präsenz – Solidarität und Durchhaltebereitschaft. Die individuelle Versorgungsweise nahm Züge einer politischen Willensbekundung an: Trockenkartoffeln und Milchpulver als Ausdruck politischer Unbeirrbarkeit, die freilich ohne ›Hamstern‹ kaum durchzuhalten war. Aber lediglich fünf Prozent der West-Berliner machten von dem Angebot Gebrauch, sich bei den Ernährungsstellen im Ostsektor anzumelden.

In erbitterten Auseinandersetzungen vollzog sich seit dem Sommer 1948 die politisch-administrative Spaltung der Stadt: In wenigen Wochen, angefangen bei der Polizei und einzelnen Magistratsabteilungen, wurden sämtliche Verwaltungs- und Versorgungseinrichtungen aufgeteilt. Politische Entlassungen führten zu einem buchstäblichen Beschäftigtenaustausch zwischen Ost- und West-Behörden. Die von der SED majorisierte Einheitsgewerkschaft FDGB zerbrach, im Westen entstand die Unabhängige Gewerkschaftsorganisation (UGO). Aufgrund der heftigen Störungen, denen sich die Stadtverordnetenversammlung im Stadthaus in der Parochialstraße ausgesetzt sah, verlegte ihr Vorsteher, Otto Suhr, die Sitzungen im September in den britischen Sektor. Vollendet wurde die Spaltung am 30. November, als eine Versammlung der SED im Admiralspalast den gewählten Magistrat für abgesetzt erklärte und einen neuen, nur noch der sowjetischen Besatzungsmacht verantwortlichen Magistrat proklamierte, den ›Stadtsowjet‹, wie er im Westen genannt wurde. Die nur in den Westsektoren durchführbaren Wahlen im Dezember 1948 waren mit einer Beteiligung von 86,3 Prozent ein deutliches Votum gegen die Boykottkampagne der SED und Voraussetzung dafür, daß sich Magistrat und Stadtverordnetenversammlung im Schöneberger Rathaus als einzige legale Vertretung der Berliner betrachten konnten. Nach Aufhebung der Blockade hatte sich das Berlin-Bild in der westlichen Öffentlichkeit grundlegend gewandelt, ein Teil der besiegten Hauptstadt des NS-Staats war zur Bastion der Freiheit geworden. Umgekehrt vollzog sich ein rasanter Rollenwandel der westlichen Besatzungstruppen, für die sich der Begriff der Schutzmächte einbürgerte.

Ein zusammenhängendes Stadtgebiet war zum Austragungsort der Konfrontation zweier unvereinbarer politisch-wirtschaftlicher Systeme und ihrer wechselseitigen Feindbilder geworden: Der ›demokratische Sektor‹, wie sich Ost-Berlin offiziell nannte, wurde als Regierungszentrum der im Oktober 1949 konstituierten DDR rasch in deren zentralistischen Planungs- und Machtapparat einbezogen und diente als Aushängeschild des 1952 beschlossenen sozialistischen Aufbauprogramms nach sowjetischem Vorbild. Ebenso wandelte sich die SED durch ›Säuberungen‹ zur leninistischen Partei. Auf der anderen Seite verstand sich das ›freie Berlin‹ mit seiner 1950 verabschiedeten Verfassung als Land der Bundesrepublik, wurde aber erst 1952 mit dem dritten Überleitungsgesetz in das Rechts-, Finanz- und Wirtschaftssystem der Bundesrepublik einbezogen. Mit großem Propagandaaufwand betriebene Kampagnen wie das Deutschlandtreffen der Freien Deutschen Jugend (FDJ) im Juni 1950 und die Massenaufmärsche stalinistischen Zuschnitts am Lustgarten kennzeichneten ebenso die Atmosphäre schroffer Konfrontation wie die Freiheitskundgebungen am 1. Mai auf dem Platz der Republik. Der Antitotalitarismus, wie ihn 1950 der ›Kongreß für kulturelle Freiheit‹ prominenter westlicher Intellektueller propagierte, wurde zum Leitbild des wissenschaftlichen und kulturellen Lebens in West-Berlin, dessen politisches Selbstgefühl, ein aus den Blockade-Erfahrungen dauerhaft geprägter antikommunistischer Konsens, sich regelmäßig in dem trotzig-illusionären Refrain des RIAS-Funk-Kabaretts mitteilte: »Der Insulaner verliert die Ruhe nicht ... der Insulaner hofft unbeirrt, daß seine Insel wieder'n schönes Festland wird.«

Das kriegszerstörte und blockadegeschädigte West-Berlin, dessen Arbeitslosenzahl bis 1950 auf 300 000 angestiegen war und von dessen Bevölkerung zeitweilig 20 Prozent von sozialen Unterstützungsleistungen abhängig waren, vollbrachte mit Hilfe von Marshallplan und ›Notopfer Berlin‹ einen erstaunlichen wirtschaftlichen Wiederaufstieg. Am Anfang standen seit 1949 umfangreiche Notbeschäftigungsprogramme bei der Enttrümmerung, die Beendigung der Bewirtschaftung und der 1951 beginnende Wohnungsneubau. Das sich gegenüber Ost-Berlin vor allem auch wechselkursbedingt einstellende wirtschaftliche Gefälle, das wachsende Warenangebot, die Verheißungen der Reklame und der Messen am Funkturm, ein freies Pressewesen und ein vielfältiges Unterhaltungs- und Kulturprogramm ließen West-Berlin zum ›Schaufenster des Westens‹ und Gegenmodell zu den ›Errungenschaften der Volksdemokratien‹ werden.

Die Schwierigkeit, einen Wandel im politischen System der DDR zu erreichen, zeigte sich im Juni 1953 mit dramatischer Deutlichkeit. Streiks und Protestmärsche der Bauarbeiter der Stalinallee gegen Arbeitsnorm-Erhöhungen schlugen innerhalb eines Tages zu einer Massenerhebung gegen Partei- und Regierungsstellen um, die ganz Ost-Berlin und große Teile der DDR erfaßte und erst durch den Einsatz sowjetischer Truppen rasch zusammenbrach. Die Juni-Ereignisse forderten zahlreiche Todesopfer; viele der Verletzten wurden in Krankenhäusern West-Berlins versorgt. Die folgende Welle harter Repressionsmaßnahmen diente der Stabilisierung des von SED-Parteisekretär Walter Ulbricht repräsentierten Herrschaftssystems. Offiziell wurde der Juni-Aufstand von der DDR zum Putschversuch westlicher Geheimdienste umgedeutet. Im Westen sah man den Aufstand dagegen als ein Fanal des Freiheitswillens und als Bestätigung des Anspruchs auf nationale Wiedervereinigung. Sichtbar wurde während der Juni-Ereignisse aber auch, daß in Berlin die Sektorengrenze trotz der übergreifenden Viermächterechte zur respektierten Trennlinie der Machtblöcke geworden war.

Die Schließung der ›Zonengrenzen‹ 1952 verstärkte die Isolierung der Enklave West-Berlin hinter dem ›Eisernen Vorhang‹, verlieh ihr aber zugleich eine zusätzliche Bedeutung als einzige offene Ost-West-Verbindung: Es gab Tausende von ›Grenzgängern‹, die im Ostsektor wohnten und im Westen arbeiteten, durchgehende S- und U-Bahnverbindungen und ein damit verbundenes reges Geschäftsleben, die Möglichkeit zum Besuch der Schulen und Universitäten in West-Berlin. Auf 500000 Pendelbewegungen wurde 1960 der tägliche Personenverkehr über die Sektorengrenze geschätzt. In der einzigartigen Position einer ›Stadt zwischen den Welten‹, wurde Berlin bei großen Kirchentagen, Sportveranstaltungen, Messen oder Vertriebenentreffen zur innerdeutschen Begegnungsstätte, galt es aber auch als Tummelplatz von Geheimdiensten und obskuren Kampfgruppen oder als Ort mysteriöser Entführungsaffären. West-Berlin bot fast der Hälfte der 2,6 Millionen Menschen, die die DDR verließen, den ersten Zufluchtsort; allein 1953 wurden in den Berliner Meldestellen 300000 Flüchtlinge registriert. Zwischen 1950 und 1960 siedelten innerhalb der Stadt 246000 Personen von Ost nach West um, nur 40000 in der umgekehrten Richtung. Zweifellos wirkte die stete Bevölkerungsabwanderung, insbesondere wegen ihrer Alters- und Berufsstruktur, für die DDR als offene Wunde, für West-Berlin als ökonomischer Aktivposten. Da die DDR innere Gründe für die Abwanderung nicht eingestehen konnte, mußte sie die Hemmnisse für ihre Konsolidierung in ›westlicher Abwerbung‹ und die Existenz der offenen Stadt als ›Dorn im Fleisch‹ sehen. Umgekehrt diente gerade diese Funktion zur Untermauerung der ›Politik der Stärke‹ der Bundesrepublik gegenüber ›Pankow‹.

Eine erneute Eskalation des Ost-West-Konflikts um Berlin setzte die als Chruschtschow-Ultimatum bekanntgewordene Note der UdSSR im Oktober 1958 in Gang, die den Abzug der Westmächte forderte und die Übertragung der Hoheitsrechte für alle Zugangswege an die DDR ankündigte. Eine erneute Blockade Berlins schien sich anzubahnen und ließ Bevölkerung, Parteien und politische Führung der Stadt zusammenrücken, denn eine völkerrechtlich selbständige ›Freie Stadt‹ hätte rasch ihre Lebensfähigkeit eingebüßt. Gegen die sowjetischen Drohungen formulierte die Regierung der USA die drei ›essentials‹ ihrer Berlin-Politik: Freiheit der Bevölkerung, Anwesenheit westlicher Truppen und freier Zugang. Im Sommer 1961 glich die Situation in Berlin mehr und mehr einem Nervenkrieg, der die Flüchtlingszahlen dramatisch in die Höhe trieb, bis am 13. August 1961 ein Großaufgebot von Militär-, Polizei- und Miliz-Einheiten der DDR begann, »rings um das ganze Gebiet Westberlins, einschließlich seiner Grenze mit dem demokratischen Berlin, eine verläßliche Bewachung und eine wirksame Kontrolle zu installieren«, wie die Erklärung der Warschauer Vertragsstaaten lautete. Mit ohnmächtiger Empörung erlebten die Berliner die gewaltsame Teilung ihrer Stadt durch die Errichtung zunehmend undurchlässigerer Sperranlagen. Damit wurden die faktische

Einverleibung Ost-Berlins in die DDR und die Beseitigung der innerstädtischen Bewegungsfreiheit vollzogen. Trotz der Verbitterung über die Hinnahme des Mauerbaus durch die Westmächte und trotz der nervösen Angst vor einem militärischen Konflikt um die Zugangswege gab es in West-Berlin keine Panikreaktion. Für den Westteil der Stadt erwiesen sich trotz aller Befürchtungen die Garantien der Westmächte als wirksam.

Erst nach Beilegung der Kuba-Krise wurde im Dezember 1962 eine Lockerung des durch die sowjetischen Drohungen heraufbeschworenen Spannungszustandes spürbar – verbunden mit der stillschweigenden Akzeptierung des status quo, der von nun an einerseits die Existenz der Mauer als eine Art Bestandssicherung der DDR und andererseits die westliche Präsenz in West-Berlin einschloß. Welche Zäsur und Desillusionierung für die deutsche Nachkriegspolitik ein letztlich gelungenes Krisenmanagement der Großmächte zur Klärung der Machtverhältnisse bedeutete, beschrieb Willy Brandt in seinen Erinnerungen mit dem Vergleich, man habe »einen Vorhang aufgezogen, um uns eine leere Bühne zu zeigen«.

Die Lebensfähigkeit der eingemauerten Stadt konnte mit Hilfe weiterer Wirtschaftsförderung, mit Soforthilfeprogrammen und durch Arbeitskräfteanwerbung gesichert werden, außerdem auch dadurch, daß dem Absinken in bloße ›Frontstadt‹-Stimmung und der Abwanderung mobiler Berufsgruppen erfolgreich begegnet werden konnte. Obwohl die Ost-Berliner Presse nun ihrerseits von einer »Fluchtwelle« zu berichten wußte, zeigte die Bevölkerungsbilanz für den Zeitraum vom August 1961 bis zum Dezember 1963 lediglich einen Wanderungsverlust von 29000 Personen. Der von der Bevölkerung jubelnd begrüßte Besuch des US-Präsidenten John F. Kennedy im Juni 1963 und sein vielzitiertes Berlin-Bekenntnis wirkten über die demonstrative Bekräftigung der amerikanischen Garantien hinaus auch als Aufmunterung zur Wiedererlangung weltstädtischer Geltung.

Mit dem Rückhalt eines Wahlerfolges von 61,9 Prozent für die SPD im Februar 1963 begann der Senat Willy Brandt/Heinrich Albertz den Versuch einer ›Politik der kleinen Schritte‹, die aus der erstarrten Konfrontation herausführen sollte. Ein erster Schritt war das in mühseligen Verhandlungen zustandegekommene Passierschein-Abkommen vom 17. Dezember 1963, das West-Berlinern nach 28 Monaten erstmals wieder Verwandtenbesuche in Ost-Berlin ermöglichte. Allerdings dauerte es noch acht Jahre, ehe im Zuge der Entspannungspolitik der SPD/FDP-Bundesregierung eine Entkrampfung der Berlin-Situation erreicht werden konnte. Im September 1971 unterzeichneten die Vertreter der vier Mächte im Kontrollratsgebäude das Viermächteabkommen. Ohne daß es den auf den ›originären Rechten‹ der Siegermächte des Zweiten Weltkriegs basierenden Status in Frage stellte, führte es eine pragmatische Modus-vivendi-Regelung herbei, die den verschiedenen Einflußsphären Rechnung trägt und ausdrücklich die Bindung West-Berlins an die Bundesrepublik und die weitere Entwicklung dieser Bindungen bestätigt. Es schuf insbesondere die Grundlagen für die Transit- und die Besucher-Regelungen und bildet seitdem – skeptischen Prognosen zum Trotz – den wirksamen Rahmen für eine Fülle weiterer Vereinbarungen. *C. S.*

35/1 ›Protocol between the Governments of the United States of America, the United Kingdom, and the Union of Soviet Socialist Republics, on the zones of occupation in Germany and the administration of »Greater Berlin« ... Lancaster House, London SW1, 12th September 1944‹
Maschinenschrift, 31,5×20 cm
London, Public Record Office (F.O. 1079/13/2)

Protokoll über die Aufteilung Deutschlands in Besatzungszonen und die Verwaltung Berlins. Das von den Vertretern der drei Mächte getroffene Übereinkommen bestimmte, zeitlich unbegrenzt, u. a. »ein besonderes Berliner Gebiet, das gemeinsam von den drei Mächten besetzt wird«. Dessen Abgrenzung von der sowjetischen Besatzungszone und seine Einteilung in drei Kontrollsektoren wurde auf beigefügten Kartenblättern markiert. Eindeutig wurde es als »das Territorium Groß-Berlin, wie im Gesetz vom 27.4.1920 definiert«, bezeichnet.

35/2 Karte ›Germany: Zones of Occupation‹, London, 14. November 1944
65×87 cm; M 1:1600000
London, Public Record Office (F.O. 1079/13/3)

In der Deutschland-Karte mit den Verwaltungsgrenzen von 1937 sind die von den drei Siegermächten festgelegten Grenzen der Besatzungszonen und des Gebiets von Groß-Berlin farbig markiert. Das als »Map C« gekennzeichnete und von den drei Regierungsvertretern paraphierte Blatt war Bestandteil des ergänzenden Abkommens der ›European Advisory Commission‹ (EAC) vom 14. November 1944 zum Protokoll vom 12. September 1944. Darin wurde u. a. auch die Bildung des britischen und des amerikanischen Sektors von Berlin präzisiert.

35/3 ›Agreement on control machinery in Germany ... Lancaster House, London SW1, 14th November 1944‹
Maschinenschrift, 31,5×20 cm
London, Public Record Office (F.O. 1079/13/4)

Abkommen über die Errichtung eines Kontrollapparates in Deutschland.
In § 7 des Abkommens wurde von den drei Siegermächten u. a. die gleichberechtigte und gemeinsame Ausübung der souveränen Gewalt in Groß-Berlin vereinbart. Diese sollte durch eine dem Kontrollrat unterstellte Regierungsbehörde wahrgenommen werden, die hier als »Inter-Allied Governing Authority« oder »Komendatura« bezeichnet wurde; nach ihrer Installierung im Juli 1945 nannte sie sich ›Allied Kommandatura Berlin‹.

35/5

35/4 ›Rapport de la Commission Consultative Européenne aux Gouvernements du Royaume Uni, des Etats-Unis d'Amérique, de l'Union des Républiques Socialistes Soviétiques et au Gouvernement Provisoire de la République Française ... Londres, le 26 juillet 1945‹
Maschinenschrift, 31,5×20 cm
London, Public Record Office (F.O. 93/1/265)

Der Bericht an die vier alliierten Regierungen kommentierte das Übereinkommen der ›Europäischen Beratenden Kommission‹ (EAC) zur Beteiligung Frankreichs an der Besetzung Deutschlands aufgrund der Entscheidung der Konferenz von Jalta vom 11. Februar 1945.
Die im Londoner Protokoll vom 12. September 1944 getroffenen Abmachungen über die Bildung von Besatzungszonen und über die Einteilung Berlins in Kontrollsektoren mußten deshalb modifiziert werden. Zusammengenommen konstituierten die ›Londoner Protokolle‹ auf der Grundlage der durch militärische Besetzung geschaffenen ›originären Rechte‹ die völkerrechtliche Konstruktion des Viermächtestatus Berlins.

35/5 ›Berliner! Die Spaltung erdrosselt den ehrlich Schaffenden!‹ Plakat der SED für die Einbeziehung Gesamt-Berlins in das Währungsgebiet der sowjetischen Besatzungszone (Abb.)

1948; Farboffsetdruck, 83×61 cm
Berlin, Landesarchiv Berlin (Rep.240 Acc.579 Nr.24)

35/6 ›Befehl des Obersten Chefs der Sowjetischen Militärverwaltung in Deutschland Nr. 111‹ Titelseite der ›Täglichen Rundschau‹, 23. Juni 1948

53×45 cm
Berlin, Archiv Zeitgeschichte Gräfer

Dieser Befehl Marschall Sokolowskijs ordnete die Einbeziehung Gesamt-Berlins in das Währungs- und Wirtschaftsgebiet der sowjetischen Besatzungszone an.

35/7 Geldschein der ›Kupon-Mark‹

Berlin, Archiv Zeitgeschichte Gräfer

Aufgrund des sowjetischen Befehls vom 23. Juni 1948 zirkulierten vom 24. Juni bis zum 25. Juli 1948 mit Wertmarken beklebte Reichs- oder Rentenmarkscheine als provisorische Zahlungsmittel.

35/8 Geldschein ›Eine Deutsche Mark‹

Berlin, Archiv Zeitgeschichte Gräfer

Von der Deutschen Notenbank ab 25. Juli 1948 emittierte Banknote, die sogenannte ›Ostmark‹.

35/9 ›Deutsche Mark für Berlin‹ Sondernummer der ›Neuen Zeitung, Berliner Ausgabe‹, 23. Juni 1948

Flugblatt, 53×37 cm
Berlin, Landesarchiv Berlin (Rep.240 Acc.947 Nr. 7)

Der Befehl der amerikanischen Militärregierung vom 23. Juni 1948 zur Währungsumstellung erklärte – wie entsprechende Befehle im britischen und französischen Sektor – den sowjetischen Befehl für die Westsektoren für ungültig und verfügte dort die Geldumstellung in DM-West.

35/10 Geldschein ›Eine Deutsche Mark‹

Berlin, Archiv Zeitgeschichte Gräfer

Die in den Westsektoren ab 24. Juni 1948 emittierte neue Währung, die sogenannte ›Westmark‹, war mengenmäßig stark begrenzt und mit dem Stempelaufdruck »B« besonders gekennzeichnet, um ihren Umlauf unter Kontrolle halten zu können. Erst mit der zweiten Währungsumstellung am 20. März 1949 wurde die Währungseinheit mit den Westzonen hergestellt.

35/11 Wechselkurstabelle ›Ost- gegen West-DM‹

1948/49; 15×20 cm
Berlin, Landesarchiv Berlin (Rep.240 Acc.1373 Nr.321)

35/12 ›Berliner, kämpft um Eure Freiheit!‹ Sondernummer des ›Sozialdemokrat‹, 24. Juni 1948

Flugblatt, 47,5×32 cm
Berlin, Sammlung Friedrich

35/13 Massenkundgebung der SPD am Bahnhof Gesundbrunnen, 24. Juni 1948 (Abb.)

Fritz Eschen

Zwei Photographien, je 16×24 cm
Berlin, Ullstein Bilderdienst

Diese Kundgebung mit 60 000 Teilnehmern auf dem Hertha-Sportplatz unmittelbar an der Sektorengrenze war die erste große Manifestation des Selbstbehauptungswillens gegenüber der sowjetischen Machtpolitik während der Blockade. Als Sprecher traten vor allem Politiker der SPD hervor, bei dieser Veranstaltung Erich Ollenhauer und Ernst Reuter. Hinter Reuter sind die amtierende Oberbürgermeisterin Louise Schroeder, Franz Neumann und Otto Suhr zu erkennen.

35/14 ›An die Bevölkerung der Berliner Westsektoren!‹ Plakataufruf des Magistrats zur Sparsamkeit angesichts der Blockademaßnahmen

1948; Offsetdruck, 62×42 cm
Berlin, Landesarchiv Berlin (LAZ Nr.5649)

35/15 Werbeplakat für den ›Rundfunk im amerikanischen Sektor‹ (RIAS)

1948; Farblithographie, 37×27 cm
Berlin, Kunstbibliothek, SMPK

35/13

35/16 Nachbildung des Luftbrückendenkmals

Nach 1951; Holz, lackiert; H 250 cm
Berlin, US Air Force, 7350th Air Base Group

Das von Eduard Ludwig entworfene, 1951 vor dem Flughafen Tempelhof errichtete Denkmal für die Opfer der Luftbrücke symbolisiert mit drei verbundenen, nach Westen ausragenden Betonbögen die drei ›Luftkorridore‹, über die die britische und amerikanische Luftflotte die Stadt während der sowjetischen Blockade versorgte. An der Nachbildung sind Flugzeugmodelle angebracht, wie sie als Souvenirs vielfach hergestellt wurden.

35/17 ›Durch Berlin fließt immer noch die Spree ... die Wolga aber durch Rußland!‹ Plakat der SPD zu den Stadtverordnetenwahlen am 5. Dezember 1948 (Abb.)

Berlin: E. Zander; Farboffsetdruck, 84×59,5 cm
Berlin, Landesarchiv Berlin (Rep.240 Acc.579 Nr.16a)

35/18 Die Spaltung der Berliner Polizeibehörden

a) Fernschreiben des suspendierten Polizeipräsidenten Paul Markgraf gegen die Dienststätigkeit des Polizeipräsidiums in der Friesenstraße, 2. August 1948
b) Fernschreiben des kommissarischen Polizeipräsidenten Johannes Stumm: »Das Fernschreiben des Herrn Markgraf ist unbeachtet zu lassen ...«, 3. August 1948

Berlin, Landesarchiv Berlin (LAZ Nr. 11014, 11017)

Die Polizeibehörde war die erste Institution Groß-Berlins, die während der Blockade gespalten wurde. Im März 1948 beantragte der Magistrat ohne Erfolg bei der Alliierten Kommandantur die Amtsenthebung des Polizeipräsidenten Markgraf, der vom sowjetischen Stadtkommandanten im Mai 1945 eingesetzt worden war und seitdem die zentralen Polizeiabteilungen der Kontrolle durch Magistrat und Stadtparlament beharrlich entzog. Da Markgraf sich weigerte, Weisungen des Magistrats zu folgen und Maßnahmen zum Schutz der Stadtverordnetenversammlung zu ergreifen, wurde er am 26. Juli von Bürgermeister Friedensburg (CDU) suspendiert, der Johannes Stumm als kommissarischen Polizeipräsidenten einsetzte.

35/17

35/19 ›Der Stimmzettel spaltet Berlin – geht nicht zur Spalterwahl‹
Boykottaufruf des ›Demokratischen Blocks Berlin‹ zu den Wahlen am 5. Dezember 1948

Farboffsetdruck, 42×30 cm
Berlin, Landesarchiv Berlin (Rep.240 Acc.1373 Nr.24)

Der ›Demokratische Block‹ war ein Zusammenschluß der SED mit Gruppierungen, die sich von den Berliner Verbänden der CDU und der Liberal-Demokratischen Partei (LDP) abgetrennt hatten. Zusammen mit dem Verbot der Wahlvorbereitungen im Ostsektor durch den sowjetischen Kommandanten Kotikow bereitete dieser Aufruf die Einsetzung eines Gegen-Magistrats vor, mit der am 30. November 1948 die administrative Spaltung der Stadt vollzogen wurde.

35/20 Plakataufruf der Stadtverordnetenversammlung zur Beteiligung an den Wahlen am 5. Dezember 1948

Berlin: Buchdruckerei Großkreutz; Farboffsetdruck, 62×42 cm
Bonn, Archiv der sozialen Demokratie, FES

35/21 ›Klar Mensch! Berlin bleibt Berlin‹
Wahlplakat der SPD, 1948

Berlin: E. Zander; Farboffsetdruck, 84×58,5 cm
Berlin, Berlin Museum

35/22 Werbeplakat des satirischen Magazins ›der Insulaner‹
Hans Kossatz

Berlin: Druckhaus Tempelhof 1948; Farboffsetdruck, 57×40 cm
Berlin, Kunstbibliothek, SMPK

35/23 Plakat ›Herr Schimpf und Frau Schande – verdienen im Westen und kaufen im Osten‹ (Abb.)

Berlin: Alfa Druck 1950; Farboffsetdruck, 84×59 cm
Berlin, Landesarchiv Berlin (Rep.240 Acc.2054 Nr.22)

35/24 Die Sektorengrenze auf dem Potsdamer Platz
a) Von Polizisten markierter Verlauf der britisch-sowjetischen Sektorengrenze, 1949 (Abb.)
b) Doppelte Absperrung durch Polizeiketten, 1. Mai 1950
c) Das Columbushaus mit Transparenten für die ›Volksbefragung gegen die Remilitarisierung Deutschlands‹, 1950
d) Panoramaansicht von der Potsdamer Straße aus, 1952

Vier Photographien; 18×24 cm (2), 24×18 cm
a) b) Bonn, Archiv der sozialen Demokratie, FES (Telegraf-Bildarchiv, 12.05/8.1,13.00.10)
c) Berlin, Ullstein Bilderdienst
d) Berlin, Berlinische Galerie, Fotografische Sammlung (BG-FS 22/79,3)

Trotz der Kriegszerstörungen ringsum blieb der Potsdamer Platz ein innerstädtischer Verkehrsknotenpunkt, der auf der Sektorengrenze zugleich Austragungsort der Ost-West-Konfrontation wurde. Als Reaktion auf die Vertriebssperre gegen westliche Zeitungen in Ost-Berlin ließen die West-Berliner Zeitungsverleger 1950 an der Potsdamer Straße auf einem 25 Meter hohen Gerüst eine Leuchtschriftanlage errichten, um Informationen und Meldungen weit in den Ostsektor hineinzustrahlen.

35/25 Dokumente zur Vorbereitung der Gründung der Freien Universität Berlin

a) Einladung zur Erörterung, »welche Möglichkeiten bestehen, um eine neue Universität im Westen Berlins zu gründen«, 15. Juni 1948

Maschinenschrift mit den Unterschriften der Einladenden, 29,5×20 cm

b) ›Protokoll der Sitzung im Haus der »Freunde der Natur- und Geisteswissenschaften«‹, 19. Juni 1948
Maschinenschrift, 26,5 × 20 cm

c) ›Aufruf zur Gründung einer freien Universität Berlin‹, Manifest des Vorbereitenden Ausschusses, 23. Juli 1948
Flugblatt, hektographiert; 33 × 21 cm

Berlin, FUB, Hochschularchiv (Persönl. Akte Kurator, ›Gründungsvorgänge‹)

Die im Januar 1946 wiedereröffnete Berliner Universität war von der sowjetischen Militärverwaltung der Zentralverwaltung für Volksbildung der sowjetischen Besatzungszone unterstellt worden. Angesichts der fortschreitenden Umwandlung in eine ›Partei-Universität‹ beauftragte die Stadtverordnetenversammlung am 11. Mai 1948 den Magistrat, »alle Maßnahmen für die Errichtung einer freien Hochschule zu ergreifen«.

35/26 ›Der Kampf um die Universität‹
Sondernummer der Studentenzeitschrift ›Colloquium‹, April 1948
Berlin, FUB, Hochschularchiv

Im ›Colloquium‹ erschienen regelmäßig kritische Artikel und Glossen über die Zulassungspraktiken und die politische Reglementierung an den Universitäten der sowjetischen Besatzungszone. Den Herausgebern und Autoren Otto Hess, Joachim Schwarz und Otto Stolz wurde im April 1948 von der Zentralverwaltung für Volksbildung wegen einer »in ihrer publizistischen Tätigkeit liegenden Verletzung von Anstand und Würde eines Studierenden« die Zulassung zum Studium entzogen. Diese Relegation, der bereits Verhaftungen anderer politisch unliebsamer Studentenvertreter vorangegangen waren, bestärkte die Bestrebungen zur Gründung einer politisch unabhängigen Universität.

35/27 ›Gründerstudenten und -studentinnen‹ der Freien Universität Berlin
1948/49; 30 Photographien (Reproduktionen)
Berlin, FUB, Hochschularchiv

Vertreter der Studierenden waren an der Initiative zur Gründung der Freien Universität Berlin maßgeblich beteiligt. Einzelne Mitglieder des Studentenrats an der Berliner Universität, Unter den Linden, die 1947/48 gegen die politischen Reglementierungen eintraten, und Mitglieder des studentischen Gründungsausschusses sind namentlich aufgeführt und mit ihren damaligen Paßbildern dokumentiert.

35/23

35/28 Büste des Oberbürgermeisters Ernst Reuter
1954; Bronze, H 40 cm
Berlin, Landesarchiv Berlin (Ernst-Reuter-Archiv)

Die Büste wurde im Rahmen des Berliner Künstlerförderungsprogramms des Marshallplans von einem unbekannten Künstler hergestellt.

35/29 Baskenmütze und Spazierstock des Oberbürgermeisters Ernst Reuter
Berlin, Landesarchiv Berlin (Ernst-Reuter-Archiv)

Ernst Reuter (1889–1953) wurde mit Beginn der Ost-West-Konfrontation zum führenden Politiker des demokratischen Parteienbündnisses der Stadt und war als sozialdemokratischer Oberbürgermeister zugleich die integrative Leitfigur der Westorientierung und des Aufbaus West-Berlins.
Reuter, seit 1912 SPD-Mitglied, schloß sich in russischer Kriegsgefangenschaft den Bolschewiki an und wurde 1918 Vorsitzender des Sowjets der Wolgadeutschen Republik. 1921 war er für kurze Zeit Generalsekretär der KPD; nach dem Parteiausschluß 1922 kehrte er zur SPD zurück. 1926 bis 1931 war er Verkehrsstadtrat in Berlin, 1931 bis 1933 Oberbürgermeister von Magdeburg. Nach der Entlassung aus dem Konzentrationslager Oranienburg emigrierte er 1935 in die Türkei. Im November 1946 wurde er wieder Berliner Stadtrat für

35/24 a

Verkehr und Versorgungsbetriebe, 1947 Oberbürgermeister, aber durch sowjetisches Veto an der Amtsausübung gehindert. Im Dezember 1948 wählten ihn die Stadtverordneten erneut zum ›Oberbürgermeister von Groß-Berlin‹ (de facto von West-Berlin); seit 1951 war er Regierender Bürgermeister.

35/30 Tabellarischer Lebenslauf Ernst Reuters, in türkischer Sprache

1935; Maschinenschrift, 29 × 20,5 cm
Berlin, Landesarchiv Berlin (Rep.200 Acc.2326 Nr.13)

35/31 ›Opfer des Faschismus‹ Ausweis Ernst Reuters, ausgestellt im Februar 1948

14 × 19,5 cm
Berlin, Landesarchiv Berlin (Rep.200 Acc.2326 Nr.12/32)

35/32 ›Nicht-Bestätigung Dr. Reuters als Oberbürgermeister‹ Anordnung der ›Alliierten Kommandatura Berlin‹, 18. August 1947

Maschinenschrift, 29 × 21 cm
Berlin, Landesarchiv Berlin (LAZ Nr.1465)

Reuter war als Nachfolger des zurückgetretenen Oberbürgermeisters Otto Ostrowski (SPD) von SPD, CDU und LDP gegen die Stimmen der SED am 24. Juni 1947 von der Stadtverordnetenversammlung zum Oberbürgermeister gewählt worden, erhielt jedoch aufgrund des Einspruchs des sowjetischen Stadtkommandanten, Generalmajor Kotikow, nicht die zur Amtsübernahme erforderliche Bestätigung durch die Alliierte Kommandantur.

35/33 Dienstausweis für den ›Oberbürgermeister von Groß-Berlin‹, Februar 1949

8 × 21 cm
Berlin, Landesarchiv Berlin (Rep.200 Acc.2326 Nr.12/20)

35/34 Ehrenurkunde der SPD für Ernst Reuter »für die seit dem Jahre 1912 bewiesene Treue und Mitarbeit«, 29. Juli 1952

49 × 37 cm
Berlin, Landesarchiv Berlin (Rep.200 Acc.2326 Nr.14)

35/35

35/35 ›Berlin räumt auf – helft alle mit‹ Werbeplakat des Ost-Berliner Magistrats zur Verschönerung des Stadtbilds (Abb.)

Berlin: Greif Graphischer Großbetrieb 1952; Farblithographie, 84 × 59 cm
Bonn, Bundesanstalt für Gesamtdeutsche Aufgaben, Gesamtdeutsches Institut, Plakatsammlung

35/36 ›Wir bauen alle mit und fordern freie demokratische Wahlen in ganz Berlin!‹ Propagandaplakat zum ersten Fünfjahresplan der DDR

1950; Farboffsetdruck, 59 × 42 cm
Bonn, Bundesanstalt für Gesamtdeutsche Aufgaben, Gesamtdeutsches Institut, Plakatsammlung

Nach der Beseitigung der Verwaltungseinheit Berlins wurde die Einbindung des sowjetischen Sektors in die sowjetische Besatzungszone und später die DDR beschleunigt. Die am 7. Oktober 1949 von der ›provisorischen Volkskammer‹ beschlossene Verfassung der DDR erklärte Berlin zur ›Hauptstadt der Republik‹. Ost-Berlin, das offiziell bis 1955 als ›Demokratischer Sektor‹ bezeichnet wurde, wurde Regierungssitz, blieb aber formell von der DDR unterschieden.

35/42

35/37 ›Das schönere Berlin‹
Architekturskizze zur Gestaltung eines ›Fest- und Aufmarschplatzes‹

Abbildung, in: Neue Berliner Illustrierte, 24. November 1950; 38×55 cm
Berlin, Privatbesitz

Ein »optischer Vergleich zwischen dem alten und dem neuen, entstehenden Zentrum der deutschen Hauptstadt«. Mit dem vom Ministerium für Aufbau der DDR und dem Ost-Berliner Magistrat beschlossenen Plan, den Stadtkern in ein repräsentatives Zentrum umzuwandeln, wurde gleichzeitig der Abriß der Ruine des Stadtschlosses durchgesetzt. Mit ihrer Sprengung wurde im September 1951 begonnen.

35/38 ›Bau mit. Nationales Aufbauprogramm der Hauptstadt Berlin 1952‹
Plakat der SED

Dresden: Ratsdruckerei VEB; Farboffsetdruck, 76×62 cm
Bonn, Bundesanstalt für Gesamtdeutsche Aufgaben, Gesamtdeutsches Institut, Plakatsammlung

Schwerpunkt des Aufbauprogramms, zu dem die SED 1951 »alle deutschen Staatsbürger« aufgerufen hatte, war der erste Bauabschnitt der Stalinallee, der »ersten sozialistischen Straße Berlins«.

35/39 Plakat des Ost-Berliner Magistrats zur Auszeichnung einiger der »hervorragendsten Berliner«

Berlin: Greif Graphischer Großbetrieb 1952; Farboffsetdruck, 59×84 cm
Bonn, Bundesanstalt für Gesamtdeutsche Aufgaben, Gesamtdeutsches Institut, Plakatsammlung

35/40 ›Bauten des Fünfjahrplanes‹
Plakat zur Wiederherstellung der Staatsoper Unter den Linden

Hg. vom Zentralkomitee der SED, Berlin 1953; Farboffsetdruck, 59×41,5 cm
Bonn, Bundesanstalt für Gesamtdeutsche Aufgaben, Gesamtdeutsches Institut, Plakatsammlung

35/41 ›Ostberliner Arbeiter rufen zum Generalstreik gegen ihre Unterdrücker auf‹
›Der Abend‹, Extrablatt, 16. Juni 1953

Flugblatt, 45×30 cm
Berlin, Landesarchiv Berlin (Rep.240 Acc.2146 Nr.44)

35/42 ›Befehl des Militärkommandanten‹ zur »Erklärung des Ausnahmezustandes im sowjetischen Sektor von Berlin«, 17. Juni 1953 (Abb.)

Wandanschlag, 59×41 cm
Berlin, Landesarchiv Berlin (Rep.240 Acc.929 Nr.1)

35/43 ›Die Regierung fordert die Bevölkerung auf‹
Bekanntmachung der Regierung der Deutschen Demokratischen Republik, Berlin, 17. Juni 1953

Wandanschlag, 51×36 cm
Berlin, Landesarchiv Berlin (Rep.240 Acc.217 Nr.16)

Spontane Streiks gegen die Erhöhung der Arbeitsnormen, die am 16. Juni 1953 auf den Baustellen in der Stalinallee begannen, hatten sich innerhalb eines Tages zu einer unkontrollierten Massenbewegung gegen die DDR-Regierung und die SED entwickelt. Mit dieser Erklärung des Ministerpräsidenten der DDR, Otto Grotewohl, wurde der Aufstand als »Werk von Provokateuren und faschistischen Agenten ausländischer Mächte« bezeichnet.

35/46

35/44 Unterschriftenlisten amerikanischer Spender für die Freiheitsglocke

1950; je 52×37 cm
Berlin, Der Senat von Berlin, Senatskanzlei

Im Verlauf der Kampagne ›Crusade For Freedom‹, die 1950 durch zahlreiche Staaten der USA führte, sammelte das ›National Committee for a Free Europe‹ Spenden und etwa sechzehn Millionen Unterschriften unter die ›Declaration of Freedom‹, die General Lucius D. Clay am 24. Oktober 1950 zusammen mit der Freiheitsglocke als Symbole der Verbundenheit des Westens feierlich in Berlin überreichte.

35/45 Plakat ›Berlin is calling the world – Visit the city of the freedom bell‹
Graff

1951; Farboffsetdruck, 96×63 cm
Düsseldorf, DGB, Bundesvorstand, Archiv

35/46 Die Flüchtlings-Meldestelle in der Kuno-Fischer-Straße, Charlottenburg (Abb.)

1953; drei Photographien, je 18×24 cm
Berlin, Landesbildstelle Berlin

35/47 ›Der Flüchtling‹
Zwei Titelblätter des ›Organs des Zentralverbandes politischer Ostflüchtlinge und Ostgeschädigter e. V.‹, September 1953

Je 46×32 cm
Berlin, Landesarchiv Berlin (Rep.240 Acc.2212 Nr.29/30)

35/48 ›Wir lernen, wir arbeiten, wir kämpfen für die Deutsche Demokratische Republik‹
Plakat zum ›Deutschlandtreffen‹ der ›Freien Deutschen Jugend‹ (FDJ) in Berlin (Abb.)

Berlin: Greif Graphischer Großbetrieb 1950; Farboffsetdruck, 61×43 cm
Berlin, Landesarchiv Berlin (LAZ Nr.14901,19)

35/49 ›Einwohner von Tempelhof befolgt das Beispiel Eurer Mitbürger!‹
Plakataufruf der SPD, CDU und FDP, kommunistische Flugblattverteiler der Polizei zu übergeben

1950; Farboffsetdruck, 86×62 cm
Berlin, Landesarchiv Berlin (Rep.240 Acc.1684 Nr.29)

35/48

35/50

35/50 ›Arbeit in Frieden und Freiheit‹
Plakat der ›Unabhängigen Gewerkschaftsorganisation‹ (UGO) zum 1. Mai 1950 (Abb.)

Farboffsetdruck, 83×59 cm
Berlin, Landesarchiv Berlin (Rep.240 Acc.1684 Nr.27)

Die UGO formierte sich innerhalb der Einheitsgewerkschaften des FDGB als Opposition gegen das undemokratische Wahlsystem und das Übergewicht der SED in den Vorständen. Auf der Stadtkonferenz des FDGB am 13. Mai 1948 kam es zum Bruch; die UGO konstituierte in den Westsektoren selbständige Gewerkschaftsverbände. Im Juli 1950 wurde die UGO als ›Landesbezirk Groß-Berlin‹ in den Deutschen Gewerkschaftsbund (DGB) aufgenommen.

35/51 Die Maikundgebung auf dem Platz der Republik, Blick von der Ruine des Reichstagsgebäudes auf die Ruine der Kroll-Oper, 1950

Photographie (Reproduktion)
Berlin, Ullstein Bilderdienst

35/52 Tribünenaufbauten für die Maikundgebungen auf dem Platz der Republik in den Jahren 1952, 1953, 1959

Drei Photographien; 18×14 cm, 24×18 cm, 22×16 cm
Berlin, Landesbildstelle Berlin
Bonn, Archiv der sozialen Demokratie, FES (Telegraf-Bildarchiv, 13.00/10)

35/53 Werbe- und Informationsbroschüren zur Einbeziehung von West-Berlin in den Marshallplan
a) ›Schritt für Schritt voran. Berlin baut auf‹, 1950 (Abb.)
b) ›Berlin baut auf – Berlin am Werk!‹, 1951
c) ›Das Berliner Notstandsprogramm im Haushaltsjahr 1950‹, 1951
d) ›Marshall-Hilfe für Berlin‹, 1952

a) Berlin, Berlin Museum
b) c) Berlin, Landesarchiv Berlin (LAZ, Nr.3094,3148)
d) Berlin, Archiv Zeitgeschichte Gräfer

Der Marshallplan (European Recovery Program – ERP) schuf eine wesentliche Voraussetzung für den wirtschaftlichen Aufbau West-Berlins. Aus Mitteln des ERP wurden von 1950 bis 1960 Investitionskredite von ungefähr vier Milliarden DM finanziert, teilweise auch umfangreiche Beschäftigungsprogramme zur Überwindung der hohen Arbeitslosigkeit.

35/54 Plakat ›Deutsche Industrieausstellung Berlin 1951‹
Wolfgang Edel

Berlin: E. Zander; Farboffsetdruck, 118,5 × 83,5 cm
Berlin, Kunstbibliothek, SMPK

Die am 1. Oktober 1950 erstmals eröffnete Messe war mit über einer Million Besucher – davon fast die Hälfte aus Ost-Berlin und der DDR – die größte Ausstellung der Nachkriegsjahre. Sie fand, mit immer dem gleichen Plakatmotiv werbend, bis 1962 jährlich statt, um die Prosperität der westlichen Wirtschaft und die wiedergewonnene Leistungsfähigkeit der Industrie in West-Berlin zur Schau zu stellen.

35/55 Werbeplakat ›Autoschau Berlin 1950‹ (Abb.)
Wolfgang Edel

Berlin: Lindemann & Lüdecke; Farblithographie, 118,5 × 83,5 cm
Berlin, Kunstbibliothek, SMPK

Dieser ersten Berliner Nachkriegsmesse mit internationaler Beteiligung, die zur gleichen Zeit veranstaltet wurde wie das ›Deutschlandtreffen‹ der FDJ in Ost-Berlin, maßen die Veranstalter hohe politische Bedeutung zu: »Mit dieser Ausstellung wird im Kalten Krieg eine Schlacht geschlagen und gewonnen. Könnte sie irgendwo und irgendwann besser geschlagen und gewonnen werden als in Berlin und zu Pfingsten 1950?« (SPD-Stadtrat Klingelhöfer).

35/56 ›Kaufst du was – denk an Berlin‹
Werbeplakat des ›Bundesbeauftragten zur Förderung der Wirtschaft Berlins‹
Heinz Weisbrich

Berlin: Pedersen 1955; Farboffsetdruck, 49 × 42 cm
Berlin, Kunstbibliothek, SMPK

35/57 Der Titania-Palast
a) Veranstaltungsort der ersten Filmfestspiele, Juni 1951
b) Nach der Renovierung, während der Berliner Festwochen, September 1953
c) Mit Flaggenschmuck aus Anlaß der Bundespräsidentenwahl in Berlin, Juli 1954

Drei Photographien; 24 × 18 cm (2), 18 × 24 cm
Berlin, Landesbildstelle Berlin

35/53 a

35/55

15 Pf

B.Z.

Extrablatt

Seit heute früh:

BLOCKADE über Ost-Berlin verhängt!

Panzer an allen Grenzen

Stacheldraht um Sowjetsektor

Verbot für alle Grenzgänger

Interzonenverkehr normal

WETTER: Meist stärker bewölkt / 20 Grad

35/58

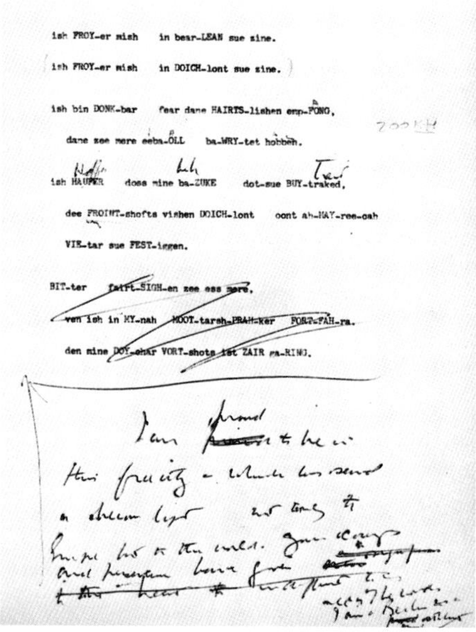
ish FROY-er mish in bear-LEAN sue sine.

ish FROY-er mish in DOICH-lont sue sine.

ish bin DONK-bar fear dane HAIRTS-lishen emp-FONG,

dane zee mere eeba-ÖLL ba-WRY-tet hobbeh.

ish HAUPER doss mine ba-ZUKE dot-sue BUY-traked,

dee FROINT-shofts vishen DOICH-lont oont ah-MAY-ree-cah

VIE-tar sue FEST-iggen.

BIT-ter fairt-SIGH-en zee ess mere,

ven ish in MY-nah MOOT-tarsh-PRAH-ker FORT-FAH-ra.

den mine DOY-shar VORT-shots ist ZAIR ga-RING.

35/64

35/58 ›Blockade über Ost-Berlin verhängt!‹
Extrablatt der ›B.Z.‹, 13. August 1961 (Abb.)
37,5 × 27,5 cm
Berlin, Landesarchiv Berlin (Rep.240 Acc.929 Nr.2)

Am 13. August 1961 begannen Militär- und Milizeinheiten der DDR, Sperranlagen an der gesamten Sektorengrenze und auf einer Reihe von Bahnhöfen Ost-Berlins zu errichten. Mit der Beseitigung der Bewegungsfreiheit und dem Ausbau einer militärisch kontrollierten ›Staatsgrenze‹ beabsichtigte die Regierung der DDR, die andauernde Fluchtbewegung nach West-Berlin einzudämmen. Diese Absperrmaßnahmen, die die völlige Teilung der Stadt herbeiführten, trafen Berliner Senat und Öffentlichkeit unvorbereitet. Die drei Westmächte protestierten, konzentrierten sich aber praktisch auf die Sicherung West-Berlins.

35/59 ›Bekanntmachung des Ministeriums des Innern der Deutschen Demokratischen Republik ... Berlin, den 12. August 1961‹
Wandanschlag, 59,5 × 42 cm
Berlin, Landesarchiv Berlin (Rep.240 Acc.1534 Nr.31)

35/60 Brief des Regierenden Bürgermeisters Willy Brandt an Präsident John F. Kennedy, 16. August 1961
Für die Akten gefertigte Abschrift
Bonn, Archiv der sozialen Demokratie, FES (Depositum W. Brandt, Sign.30)

Unter dem Eindruck der Sperrmaßnahmen der DDR und ihrer Hinnahme durch die Westmächte legte Brandt die damit verbundene »politisch-psychologische Gefahr« einer »Vertrauenskrise« und eines Funktionsverlustes Berlins dar und versuchte Kennedy zu »einer wenigstens politischen Initiative« zu bewegen.

35/61 Antwortbrief Präsident John F. Kennedys an den Regierenden Bürgermeister von Berlin, Willy Brandt, 18. August 1961
Maschinenschrift, 26,4 × 18 cm
Bonn, Archiv der sozialen Demokratie, FES (Depositum W. Brandt, Sign.30)

Eindeutig formulierte Kennedy, für eine wesentliche Änderung der Sachlage stünden keine Mittel zur Verfügung, der Westen dürfe sich nicht durch sowjetische Aktionen, die in Wirklichkeit ein Eingeständnis der Schwäche darstellten, aus der Fassung bringen lassen. Das Schließen der Grenze bedeute offensichtlich »eine grundlegende sowjetische Entscheidung, die nur durch Krieg rückgängig gemacht werden könnte. Weder Sie noch wir oder irgendeiner unserer Verbündeten haben jemals gemeint, daß wir deswegen einen Krieg beginnen sollten.«

35/68 d

35/68 e

35/62 Aktenvermerk des Regierenden Bürgermeisters von Berlin, Willy Brandt, an die Bundesregierung über den Besuch des amerikanischen Vizepräsidenten Lyndon B. Johnson in Berlin, 22. August 1961

Bonn, Archiv der sozialen Demokratie, FES (Depositum W. Brandt, Sign.75)

35/63 Büste des John F. Kennedy, Präsident der Vereinigten Staaten von Amerika

Leo Cherne

1964; Bronze, H 40 cm
Berlin, FUB, John F. Kennedy-Institut für Nordamerikastudien

35/64 Manuskript John F. Kennedys für seine Rede vor dem Schöneberger Rathaus am 26. Juni 1963 (Abb.)

26,5 × 20 cm
Berlin, Der Senat von Berlin, Senatskanzlei

Dieser Teil der Rede wurde zur Einübung der auf Deutsch gesprochenen Schlußpassage in phonetischer Schreibweise verfaßt, von Kennedy selbst handschriftlich ergänzt und mit der Formulierung »I am a Berliner« abgeschlossen.

35/65 Konfettiparade für John F. Kennedy bei seinem Besuch in Berlin

Photographie, Reproduktion in: Berliner Illustrirte, Sonderdruck; Berlin: Ullstein 1963
Berlin, Landesarchiv Berlin (Rep.240 Acc.1153)

35/66 ›Ein großer Tag in der Geschichte unserer Stadt‹
Illustrierte Broschüre des Senats über den Besuch John F. Kennedys, Juni 1963

Berlin, Werkbund-Archiv

35/67 ›Ab Donnerstag 13 Uhr: Passierscheine‹
Extrablatt der ›B.Z.‹ und der ›Berliner Morgenpost‹, 17. Dezember 1963

53 × 37 cm
Berlin, Landesarchiv Berlin (Rep.240 Acc.1231 Nr.2)

35/68 Die erste Passierscheinaktion, Dezember 1963 / Januar 1964

a) Ankunft der Ost-Berliner Postangestellten am Übergang Sandkrugbrücke
b) Warteschlange vor der Antragsstelle Schiller-Schule in Charlottenburg

c) Antragsstelle in Schöneberg
d) Öffnung der Mauer an der Oberbaumbrücke (Abb.)
e) Übergang Oberbaumbrücke (Abb.)
f) Behelfsmäßige Einreisekontrolle am Bahnhof Friedrichstraße

Sechs Photographien (Reproduktionen)
a) e) Bonn, Archiv der sozialen Demokratie, FES (Telegraf-Bildarchiv, 12.05/8.1)
b) c) d) f) Berlin, Landesbildstelle Berlin

Auf mehr als eine Million wurde die Zahl der Teilnehmer an der ersten Passierscheinaktion geschätzt. Mit dem am 17. Dezember 1963 unterzeichneten Protokoll über eine Passierscheinregelung wurde erstmals seit dem Bau der Mauer vom Senat direkt mit DDR-Stellen eine Vereinbarung getroffen. Zwischen dem 18. Dezember 1963 und dem 4. Januar 1964 erhielten West-Berliner die Möglichkeit, mit Tagesaufenthaltsgenehmigungen Verwandte im Ostteil der Stadt zu besuchen.

35/69 Das Viermächteabkommen über Berlin, Urschrift des am 3. September 1971 von den Botschaftern Frankreichs, Großbritanniens, der Sowjetunion und der USA im Gebäude des Alliierten Kontrollrats in Berlin unterzeichneten Vertrags

London, Public Record Office (F.O. 949/78/1)

Erst mit dem Viermächteabkommen wurde Berlin spürbar in den Prozeß der Ost-West-Entspannung einbezogen. Für die West-Berliner wurden wieder regelmäßige Besuche im Ostteil der Stadt und in der DDR möglich. Die Zugangswege wurden erstmals rechtlich garantiert. Im Verlauf langwieriger Verhandlungen einigten sich die beiden Seiten unter Ausklammerung ihrer unvereinbaren Grundsatzpositionen darauf, »die Beseitigung von Spannungen und die Verhütung von Komplikationen in dem betreffenden Gebiet zu fördern«. Nach westlicher Auffassung wurde formal über ganz Berlin verhandelt, nach sowjetischer lediglich über die Westsektoren, worauf sich die substantiellen Bestimmungen des Abkommens beziehen. Die Aufrechterhaltung und Entwicklung der Bindungen zur Bundesrepublik, einschließlich der konsularischen Vertretung und der Einbeziehung in internationale Verträge, wurden von sowjetischer Seite unter der Voraussetzung anerkannt, daß West-Berlin kein konstitutiver Teil der Bundesrepublik ist.
Mit der Unterzeichnung des Schlußprotokolls durch die vier Außenminister am 3. Juni 1972 wurde das Abkommen in Kraft gesetzt. Damit wurden auch die ausführenden Regelungen über die Transitwege und über den Reise- und Besuchsverkehr gültig, die die im Abkommen beauftragten deutschen Regierungen vereinbart hatten.

RAUM 36
STADT DER WIDERSPRÜCHE

Auch nach 1961 blieb die Entwicklung Berlins in hohem Maße von den weltpolitischen Konstellationen abhängig. Die Politik der Sowjetunion war weiterhin darauf ausgerichtet, einerseits Ost-Berlin als ›Hauptstadt der DDR‹ von allen Viermächtebindungen zu befreien und andererseits West-Berlin zu einer ›besonderen politischen Einheit‹ ohne den militärischen Schutz der Westmächte und ohne die festen Bindungen an den Bund zu machen. Die Situation West-Berlins blieb krisenhaft, und die Gefährdung der Stadt war in den Störungen und Erschwerungen des Transitverkehrs für jedermann unmittelbar erfahrbar. Erst im Zuge der beginnenden Entspannung zwischen den Weltmächten und im Rahmen der neuen Ost- und Deutschlandpolitik der Bundesrepublik zeichnete sich die Möglichkeit einer dauerhaften Stabilisierung der politischen Verhältnisse in Berlin ab, wie sie mit dem Viermächteabkommen von 1971 und den damit verbundenen praktischen Vereinbarungen erreicht wurde.

Solange Bonn als ›Provisorium‹ galt, war Berlin zumindest aus westlicher Sicht eine ›Hauptstadt im Wartestand‹. Noch 1957 veranstalteten die Bundesregierung und der Senat von Berlin einen Wettbewerb ›Hauptstadt Berlin‹, dessen Planungsvorgaben wie selbstverständlich die ganze, ungeteilte Stadt umfaßten. Spätestens 1961 aber konnte man die Augen nicht mehr vor der Tatsache verschließen, daß auf absehbare Zeit weder eine Überwindung der Teilung Berlins noch eine ›Wiedervereinigung‹ der beiden deutschen Staaten zu erwarten war. Auch in anderer Hinsicht veränderten sich die Funktion und der Stellenwert West-Berlins: Es war nicht länger der einzige freie Zugang zum Westen, der weitgehend unkontrollierte Übergang zwischen den großen weltpolitischen Blöcken, es war auch nicht mehr in erster Linie ›Frontstadt‹ des Kalten Krieges und ›Schaufenster des Westens‹. Die Stadt brauchte eine neue politische Perspektive, die allerdings nicht leicht zu finden war. Alle Versuche, Berlin als ›Brücke‹ oder ›Drehscheibe‹ zwischen West und Ost zu definieren, scheiterten an den tatsächlichen Verhältnissen. Umgekehrt trug auch das Programm der radikalen Anspruchslosigkeit – Berlin als eine ganz ›normale Großstadt‹ – den Besonderheiten der Stadt zu wenig Rechnung. Die Situation der geteilten Stadt war und ist alles andere als normal, und auch die lebensnotwendige Unterstützung durch den Bund resultiert nur aus der Anerkennung der besonderen Lage Berlins. Selbst die neue Ost- und Deutschlandpolitik, deren Grundlagen in Berlin erarbeitet wurden und deren Erfolge auch der Stadt zugute kamen, hat Berlin nicht zur Normalität verhelfen können. Auch für Ost-Berlin gilt übrigens, daß es alles andere als normal ist, daß die Hauptstadt eines Staates nur einen Teil einer Stadt ausmacht, deren anderer Teil einem ganz anderen politischen und gesellschaftlichen System angehört.

Der Wunsch nach ›Normalität‹ war nach den langen Jahren des permanenten Ausnahmezustandes und der lebensbedrohenden Krisen durchaus nicht unverständlich. Er war ein Zeichen der Erschöpfung der Bewohner West-Berlins wie auch der politisch Verantwortlichen – nicht zuletzt aus dieser Haltung lassen sich auch die scharfen Abwehrreaktionen großer Teile der Bevölkerung gegen die in der Mitte der sechziger Jahre einsetzenden Studentenunruhen erklären. Dennoch ließ sich mit dem Wunsch nach ›Normalität‹ keine Zukunft der Stadt begründen. Es war im Gegenteil nötig, ein neues, unverwechselbares Profil Berlins zu entwickeln, das den besonderen Gegebenheiten Rechnung trug, aber nicht bei ihnen stehenblieb. Die wirtschaftlichen Strukturprobleme einer Stadt, die über kein Hinterland mehr verfügte und mit der Hauptstadtfunktion auch die Anziehungskraft auf die Zentralen der großen Industrieunternehmen, der Banken und der Wirtschaftsverbände eingebüßt hatte, waren unübersehbar, und die Aussichten, diese Probleme kurzfristig zu beheben, waren gering. Es lag daher nahe, künftig vor allem auf das wissenschaftliche und kulturelle Potential einer (Teil-) Stadt zu setzen, die mit ihren rund zwei Millionen Einwohnern noch immer zu den größten Städten Europas zählt.

Die Entwicklung Berlins in den letzten zwei Jahrzehnten war teils das Ergebnis bewußter politischer Entscheidungen, teils das Resultat sozialer Prozesse, die sich der politischen Planung und Steuerung weitgehend entzogen. So wurde auf der einen Seite die besondere Förderung der Wissenschaften und der Kultur zum zentralen Programmpunkt der Berliner Politik, und zwar über alle Senatsumbildungen hinweg. Anderes entwickelte sich dagegen eher spontan, in Opposition zur offiziellen Politik, ohne deswegen für das neue Bild der Stadt von geringerer Bedeutung zu sein. Berlin wurde eine unruhige, zeitweise tief zerrissene Stadt, eine Stadt, in der allgemeine Probleme der Zeit ihre oft dramatische Zuspitzung fanden. Dennoch trugen die weit über Berlin hinaus wirkenden politischen und sozialen Rebellionen der jüngeren Generation, die Entstehung einer sich immer wieder erneuernden, breit aufgefächerten Alternativkultur oder die kontroversen öffentlichen Auseinandersetzungen über die Grundfragen unserer Gesellschaft entscheidend dazu bei, aller Welt deutlich zu machen, daß es sich hier keineswegs um eine absterbende, künstlich am Leben gehaltene, sondern um eine höchst lebendige, zukunftsträchtige Stadt handelte, die durchaus in der Lage war, zumindest in wichtigen Teilbereichen weiterhin die Funktionen einer Metropole wahrzunehmen. Auch das rasche Anwachsen der ausländischen Arbeiterbevölkerung seit den späten sechziger Jahren bewirkte, ungeachtet aller damit verbundenen Spannungen und Konflikte, eine positive Veränderung des Erscheinungsbildes der Stadt: Das widersprüchliche Nebeneinander der unterschiedlichen sozialen und kulturellen Milieus, das eine große Stadt auszeichnet, trat deutlicher hervor; die von den Nationalsozialisten zerstörte Tradition Berlins, gerade den Außenseitern und Minderheiten Lebens- und Entfaltungsmöglichkeiten zu bieten, wurde wieder sichtbar. Schließlich gehörte das Berlin der siebziger Jahre auch zu den Orten, an denen die besonderen urbanen Qualitäten der scheinbar ›unregierbaren‹ Großstädte wiederentdeckt wurden. Die innerstädtischen Wohnbereiche wurden aufgewertet, die großstädtischen Lebens- und Kommunikationsformen wurden wieder aufgenommen und weiterentwickelt, auch im internationalen Vergleich erschien Berlin (West) plötzlich als ein möglicher Wegbereiter allgemeiner Großstadtentwicklungen im ausgehenden 20. Jahrhundert.

Als preußische und deutsche Hauptstadt war Berlin, zumindest bis 1933, ein unbestrittenes Zentrum der Wissenschaften. Die Universität und die Technische Hochschule, die Reichsanstalten und die Institute der Kaiser-Wilhelm-Gesellschaft genossen höchstes internationales Ansehen; für deutsche Wissenschaftler war eine Spitzenposition in Berlin der Höhepunkt ihrer Karriere. Im Vergleich dazu erwies sich die Situation der Wissenschaften im geteilten Berlin als außerodentlich schwierig. In Ost-Berlin fand zwar mit dem Ausbau der Hauptstadtfunktionen eine erneute Zentralisierung wissenschaftlicher Einrichtungen statt, doch zogen ideologische Vorgaben und politische Kontrollen der wissenschaftlichen Entwicklung enge Grenzen. In West-Berlin fehlte der Hauptstadteffekt, und auch die isolierte Lage der Stadt mußte sich negativ bemerkbar machen. Daß es trotz dieser ungünstigen Voraussetzungen gelang, West-Berlin wieder zu einer Stadt der Wissenschaften zu machen, gehört zu den bemerkenswerten Leistungen der Berliner Nachkriegsgeschichte. Neben den großen Universitäten entstanden zahlreiche neue Forschungseinrichtungen: von den Instituten der Max-Planck-Gesellschaft über die Deutschen Institute für Urbanistik, für Wirtschaftsforschung oder für Normung bis zum Wissenschaftszentrum Berlin und dem Zentrum für Produktionstechnik der Technischen Universität und der Fraunhofer-Gesellschaft. In anderen Institutionen wie dem Deutschen Institut für Entwicklungspolitik, dem Berliner Innovations- und Gründerzentrum und den Arbeitszentren für Technologietransfer wird die Brücke zwischen Wissenschaft und Politik wie auch zwischen Wissenschaft und Privatwirtschaft geschlagen. Vor allem in jüngster Zeit ist die Verbindung zwischen Wissenschaft und Industrie, nicht zuletzt durch den besonderen Zuschnitt der im Frühjahr 1987 gegründeten Berliner Akademie der Wissenschaften, auf vielfältige Weise intensiviert worden. Mit dem Wissenschaftskolleg zu Berlin verfügt die Stadt seit 1981 auch über das einzige deutsche ›Institute for Advanced Study‹, das nach dem Vorbild des berühmten Princeton-Instituts hochrangigen Wissenschaftlern des In- und Auslandes die Möglichkeit intensiver Forschung während eines einjährigen Gastaufenthaltes bietet.

Für das kulturelle Leben der Stadt bedeutete das Jahr 1961 einen scharfen Einschnitt. Bis dahin bildete Berlin trotz der politischen Spaltung zumindest in den Bereichen der Literatur und des Theaters, der Musik und der bildenden Künste noch immer eine Einheit. Das Publikum pendelte zwischen den Berliner Philharmonikern im Westen und der Komischen Oper im Osten, und viele Künstler empfanden das Leben in den so gegensätzlichen Teilen der Stadt als eine intellektuelle und künstlerische Herausforderung. Nicht alle Beziehungen rissen mit dem Mauerbau ab, wie die Arbeiten vieler Schriftsteller in beiden Teilen der Stadt erkennen lassen, und es ist alles andere als ein Zufall, daß viele der Ost-Berliner Autoren, die seit der Mitte der siebziger Jahre eine Ausreisemöglichkeit erhielten, ihren Wohnsitz in West-Berlin wählten. Dennoch mußten seit 1961 erhebliche Anstrengungen unternommen werden, um der Gefahr der künstlerischen Austrocknung und Provinzialisierung im Westen der Stadt – im Osten stellten sich andere Probleme – entgegenzuwirken. Vieles veränderte sich schon bald nach dem Bau der Mauer: Bereits wenige Wochen später konnte der lange vorher begonnene Neubau der Deutschen Oper in Charlottenburg fertiggestellt werden, 1963 wurde das neue Gebäude der Philharmonie eröffnet, und auch die Freie Volksbühne erhielt im gleichen Jahr ein eigenes großes Haus. Daneben wurden neue Programme und Initiativen wichtig:

Ebenfalls 1963 begann das ›Künstlerprogramm‹ des Deutschen Akademischen Austauschdienstes in Berlin, wurde auch das Literarische Colloquium Berlin gegründet, das sich schnell zu einer prominenten Stätte des internationalen Literaturaustauschs, der Förderung junger Autoren, aber auch der literarischen Auseinandersetzung mit dem gegenwärtigen Berlin entwickelte.

In verhältnismäßig kurzer Zeit gelang es, nicht nur den Anschluß an die große künstlerische Tradition der Stadt zu finden, sondern zugleich eigene, unverwechselbare Akzente zu setzen. Das gilt für die großen Orchester – die Berliner Philharmoniker, seit 1954 unter der Leitung Herbert von Karajans, und das Radio-Symphonie-Orchester –, aber auch für die zahlreichen Solistenensembles und Kammermusikgruppen von den Cellisten des Philharmonischen Orchesters bis zum Kreuzberger Streichquartett. Die Berliner Bühnen, die großen Staatstheater und die vielen Privattheater, traten immer wieder mit aufsehenerregenden, oft kontroversen Aufführungen hervor, und seit dem Beginn der siebziger Jahre setzten die Schaubühne (zunächst am Halleschen Ufer, seit 1981 am Lehniner Platz) und das Grips-Theater neue Standards des zeitgenössischen Theaters – von ›Peer Gynt‹ bis zur ›Orestie‹ des Aischylos, von ›Ein Fest bei Papadakis‹ bis zum Berlin-Musical ›Linie 1‹. Künstlerselbsthilfegalerien – 1965 die Galerie Großgörschen, 1977 die Galerie am Moritzplatz – wurden zur Geburtsstätte neuer Richtungen der zeitgenössischen Malerei, von den ›Kritischen Realisten‹ bis zu den ›Neuen Wilden‹, die seit Beginn der achtziger Jahre auch in New York und London als Repräsentanten einer neuen, expressiven deutschen Kunst enthusiastisch gefeiert wurden. Wenige Jahre später sammelte sich in Berlin bereits die Avantgarde des ›Neuen deutschen Design‹.

Die Lebendigkeit der Kunststadt Berlin beruhte allerdings nicht allein, vielleicht sogar nicht einmal in erster Linie auf den großen Ereignissen – den internationalen Konzerten und großen Ausstellungen, den Festwochen, Theatertreffen, Filmfestspielen, Jazzfestivals und Festivals der Weltkulturen –, sondern auch auf dem dichten Geflecht der kleinen und kleinsten Theater, der Musikgruppen, Galerien, literarischen Buchhandlungen und Cafés, der Kunstkneipen und lockeren Zusammenschlüsse. Vor allem in Kreuzberg, aber auch in anderen Berliner Bezirken entstanden ›alternative‹ Milieus, die von Malern und Schriftstellern, Performance-Gruppen und Rock-Bands geprägt wurden. Hier dominierten Protest- und Verweigerungshaltungen, vermischten sich ästhetische Forderungen und politisch-gesellschaftliche Kritik an den bestehenden Verhältnissen. Der Gegensatz zum ›offiziellen‹ Kulturbetrieb wurde scharf betont, Thesen und Gegenthesen wurden radikal formuliert. Dennoch wäre es über weite Strecken falsch, von einem Gegensatz zwischen ›Hochkultur‹ und ›Subkultur‹ zu reden – die Außenseiter werden rasch zu ›Insidern‹, der Erfolg verändert die Maßstäbe und Perspektiven, die öffentlichen Subventionen reichen bis weit in die Alternativkultur hinein, und eine scharfe qualitative Grenzlinie läßt sich ohnehin kaum ziehen. Gemeinsam ist den meisten Berliner Künstlern, daß ihre Arbeit in einem hohen Maße durch die Erfahrung der großen Stadt, durch die widersprüchliche Vielfalt und das schroffe Nebeneinander ganz unterschiedlicher Lebenswelten bestimmt ist. Die große Stadt provoziert die spezifische intellektuelle und ästhetische Radikalität, aber sie schafft auch die Freiräume, deren die schöpferische Arbeit bedarf.

Die Vitalität, die das Berlin der Gegenwart in vielen Bereichen auszeichnet, ist ohne die politischen und sozialen Protestbewegungen, die die Stadt seit der Mitte der sechziger Jahre immer wieder erschüttert haben, kaum vorstellbar. Berlin war ein Zentrum der Studentenbewegung, der alternativen Lebensentwürfe und schließlich auch der Hausbesetzerbewegung. Die Studenten protestierten gegen den amerikanischen Krieg in Vietnam, gegen die politische Unterdrückung im Iran, gegen die Verdrängung der NS-Vergangenheit im eigenen Land, gegen die Große Koalition und die Notstandsgesetzgebung, gegen ein erstarrtes Universitätssystem, gegen die Ausgrenzung ›kritischer‹, vor allem marxistischer Denktraditionen. Die Kritik war umfassend und radikal. Sie war Ausdruck einer tiefen gesellschaftlichen Krise, aber auch der Hoffnung auf eine demokratische Erneuerung. Scharfe Auseinandersetzungen konnten nicht ausbleiben, und in Berlin kam es schon bald zu massiven Zusammenstößen und Gewalttätigkeiten. Die weitgesteckten Ziele ließen sich nicht verwirklichen; die politischen und gesellschaftlichen Verhältnisse waren stabiler, als die revoltierenden Studenten angenommen hatten. Resignation und Apathie breiteten sich aus, und schon bald galt das öffentliche Interesse dem neuen Phänomen des politischen Terrorismus, der auch in Berlin für erhebliche Beunruhigung sorgte.

Dennoch war die Studentenbewegung alles andere als wirkungslos. Wenn auch nur wenige Forderungen unmittelbar durchgesetzt werden konnten, war doch unverkennbar, daß sich die politische Landschaft gewandelt hatte, daß Denk- und Verhaltensweisen anders geworden waren. Die Wissenschaften hatten sich neuen Fragestellungen geöffnet, in den Schulen wurde anders unterrichtet, in den politischen Parteien anders diskutiert. Diese Veränderungen wurden von einer breiten politischen Aufbruchstimmung getragen, aber die Studenten waren es, die in vielen Bereichen die Initiative ergriffen. Das gilt auch für die Herausbildung alternativer Lebensformen, die in Berlin besonders früh und nachdrücklich in Erscheinung traten. Was bei den ersten ›Kommunen‹ heftig umstritten war, wurde schon wenig später alltägliche Praxis. Diese ›Kulturrevolution‹ veränderte die Sexualmoral, krempelte die Vorstellungen über Ehe und Familie grundlegend um, stellte zentrale Elemente des bürgerlichen Normensystems in Frage. Von der neuen Lässigkeit der Kleidung und der Umgangsformen bis zu den Wohngemeinschaften, den Kinderläden und der antiautoritären Erziehung veränderten sich wesentliche Grundformen des alltäglichen Verhaltens und der zwischenmenschlichen Beziehungen. Die Grenzen zwischen dem Öffentlichen und dem Privaten, zwischen den gesellschaftlichen Normen und den individuellen Bedürfnissen wurden neu abgesteckt, und die Berliner Versuche und Erfahrungen spielten bei diesem Vorgang eine wesentliche Rolle.

Seit dem Ende der siebziger Jahre wurde Berlin von einer neuartigen Sozialrebellion erfaßt – der Hausbesetzerbewegung, die ihren Höhepunkt 1981 mit 165 ›besetzten‹ Häusern erreichte. Es handelte sich, wie auch immer die Motivation einzelner ›Besetzer‹ gewesen sein mag, um eine radikale Protestbewegung gegen die Zerstörung der Stadt, gegen ›Kahlschlagsanierung‹, gegen Mieten- und Bauspekulation. »Lieber Instand-Besetzen als Kaputt-Besitzen«, lautete die zentrale Parole, die Zustimmung weit über den Kreis der unmittelbar Beteiligten hinaus fand. Die ›besetzten‹ Häuser wurden zu neuen Mittelpunkten der alternativen Bewegung, nicht wenige auch zu Orten kultureller Experimente. Das ›Hausbesetzen‹ faszinierte die Künstler: In der Charlottenburger ›Villa Schilla‹ fand eine Ausstellung statt, an der sich prominente ›Künstler-Paten‹, unter ihnen Joseph Beuys, beteiligten, und das ›Kunst- und KulturCentrum Kreuzberg‹ (KuKuCK) in der Nähe des Anhalter Bahnhofs war mit Theater-, Film- und Musikveranstaltungen drei Jahre lang ein weit über Berlin hinaus bekanntes Zentrum alternativer Kultur.

Die ›Hausbesetzungen‹ stellten lediglich die radikale Zuspitzung eines zentralen Problems der modernen Wohnungs- und Stadtbaupolitik dar. Jahrzehntelang war in Berlin abgerissen und ›saniert‹ worden – von den großen historischen Gebäuden bis zu den heruntergekommenen Mietshäusern. Die Stadtplanung war dem Prinzip der ›Entmischung‹ der städtischen Funktionsbereiche gefolgt – die großen Trabantensiedlungen an der Peripherie der Stadt waren das sichtbare Ergebnis dieser Politik. Die Verkehrsplanung hatte die autogerechte Stadt zum Ziel – dem reibungslosen Fluß der Verkehrsströme wurden fast alle anderen Interessen untergeordnet. Die Abkehr von diesen städtebaulichen Prinzipien, die entschiedene Veränderung der Prioritäten, war eine Voraussetzung für die Erhaltung und Wiedergewinnung der urbanen Qualität Berlins. Der Prozeß des Umdenkens war mühsam, die festverwurzelten Vorstellungen und die entgegenstehenden Interessen waren nur schwer zu überwinden. Dennoch setzte sich allmählich eine Neuorientierung an dem Konzept ›Wohnen in der Innenstadt‹ durch, das vor allem die Arbeit der IBA (Internationale Bau-Ausstellung Berlin) prägte, die 1984 und 1987 ihre Planungen und Ergebnisse zusammenfassend präsentierte. Mit den innerstädtischen Wohnungsneubauten, aber auch mit den Großbauten staatlicher und privater Bauherren – Produktionstechnisches Zentrum, Wissenschaftszentrum oder Grundkreditbank – wurde erfolgreich an die große Tradition der Berliner Großstadtarchitektur im ersten Drittel unseres Jahrhunderts angeknüpft. Nicht weniger bedeutsam war das Programm der ›behutsamen Stadterneuerung‹, der vorsichtigen ›Stadtreparatur‹, das die Verbesserung der Wohnstandards mit einem Minimum an Eingriffen in die gewachsenen Lebensverhältnisse der Bewohner zu verbinden sucht. Zum Mittelpunkt dieser ›Stadtreparatur‹-Arbeiten wurde Kreuzberg, und in der Wiederbelebung älterer Strukturen, der ›Kreuzberger Mischung‹ von Wohn- und Gewerbeflächen wurde der erfolgreiche Versuch unternommen, eine Alternative zum ›Entmischungs‹-Programm zu schaffen.

Kreuzberg ist seit den siebziger Jahren auch der Teil Berlins, in dem die Ansätze zu einer multikulturellen Entwicklung der Stadt am auffälligsten in Erscheinung treten. Der große Anteil ausländischer Bewohner hat diesen Stadtteil besonders geprägt, hat die Probleme, aber auch die Chancen des Neben- und Miteinanders verschiedener Kulturen deutlicher als anderswo hervortreten lassen. Es ist vor allem das ›türkische Berlin‹, das das Bild der Stadt heute mitbestimmt. In ihm wie in den vielen anderen Gruppen ausländischer Bewohner Berlins – und in den Angehörigen der über dreißig Religionsgemeinschaften, die in der Stadt beheimatet sind – stellt sich die Aufgabe, an die Tradition der Toleranz und der Integration anzuknüpfen, die die Stadt bis zur ›Machtergreifung‹ der Nationalsozialisten bestimmt hat. Berlin hat viele Generationen lang Fremden und Einheimischen, die sich als Minderheiten konstituierten, Raum für ihre eigenständige Entwicklung und die Wahrung ihrer Identität gewährt, und es ist eine Voraussetzung für seine Zukunft als große Stadt, daß diese Tradition gefestigt und weiterentwickelt wird. *R. R.*

36/1 Schaubild ›Verbindungen zwischen Berlin-West und Berlin-Ost‹
Hermann Waldenburg

Berlin 1987; Metall, Kunststoff;
220×200×9,5 cm
Berlin, Berliner Festspiele GmbH

36/2 Pressekonferenz im Lapidarium anläßlich der Übergabe der Schloßbrückenfiguren an Ost-Berlin
Otto Stark

1981; Photographie (Reproduktion)
Berlin, Ullstein Bilderdienst

Im Lapidarium, der ehemaligen ›Pumpstation des Radialsystems III‹ an der Ecke Hallesches Ufer / Schöneberger Straße, gab der Regierende Bürgermeister von Berlin, Hans-Jochen Vogel, auf einer Pressekonferenz am 24. April 1981 die Überführung der im Zweiten Weltkrieg in den Westteil der Stadt ausgelagerten acht Figurengruppen der Schloßbrücke (heute: Marx-Engels-Brücke) nach Ost-Berlin bekannt. Es sind Werke von Mitarbeitern und Schülern Christian Daniel Rauchs nach Entwürfen von Karl Friedrich Schinkel, die zwischen 1853 und 1857 aufgestellt wurden. Vier für die Preußen-Ausstellung 1981 angefertigte Abgüsse sind heute im Nordvestibül des Martin-Gropius-Baus aufgestellt.

36/3 Verladen der Fassadenteile des Ephraim-Palais zum Abtransport nach Ost-Berlin auf DDR-Lastwagen
Klaus Lehnartz

1983; Photographie (Reproduktion)
Berlin, Landesbildstelle Berlin

1935 wurde das Palais im Zuge der Erweiterung des Mühlendamms abgetragen. Nach dem Krieg befanden sich Teile des Baus auf dem Territorium von West-Berlin. Das Vorhaben einer Rekonstruktion im Westteil der Stadt wurde aufgegeben, als Pläne zur Wiedererrichtung des Gebäudes in unmittelbarer Nähe seines ursprünglichen Standorts in Berlin-Mitte bekannt geworden waren. Die Übergabe der Bauteile an die dortige Verwaltung geschah in dem Bestreben, die Geschichtsgemeinschaft zwischen beiden Teilen der Stadt zu bekräftigen.

36/4 Entwürfe für Tellerdekorationen, Modell ›Englische Form‹

Berlin, um 1885; vier aquarellierte Bleistiftzeichnungen; 22,9×23,3 cm, 29×26,6 cm, 25,2×24,1 cm, 28,8×26,6 cm
Berlin, Staatliche Porzellan-Manufaktur Berlin (KPM), Archiv (Mappe 223,Nr.188/9,192,194)

36/6

36/5 Entwürfe für den Dekor der ›Vase Münchner Sorte No 2‹
Rosenthal

Berlin 1833; zwei aquarellierte Bleistift- und Federzeichnungen, mit Goldbronze belegt; je 63×86,4 cm; bez. u. r.: fecit Rosenthal 1833
Berlin, Staatliche Porzellan-Manufaktur Berlin (KPM), Archiv (Mappe 146,Nr.125)

36/6 Entwurf für den Dekor der ›Vase Münchner Sorte No 3‹ (Abb.)
Gottfried Wilhelm Voelker

Berlin 1832; aquarellierte Bleistift- und Federzeichnung, 79,6 cm×52,5 cm; bez. u. r.: Angegeben und entworfen von Voelker 1832
Berlin, Staatliche Porzellan-Manufaktur Berlin (KPM), Archiv (Mappe 146,Nr.126)

Im Austausch für die Schloßbrückenfiguren wurde 1981 von Ost-Berlin das KPM-Archiv an die Staatliche Porzellan-Manufaktur in West-Berlin übergeben. Das Archiv umfaßt Auftragsbücher, Geschäftskladden, kolorierte Kupferstiche und Originalvorlagen zur Porzellandekoration, die seit der Gründung der Königlichen Porzellan-Manufaktur im Jahre 1763 zusammengetragen wurden. Zu den prächtigsten Blättern gehören die Entwürfe zu den Dekorationen der ›Münchner Vasen‹, die im vergangenen Jahrhundert als Ziervasen beliebte Geschenke des Königshauses waren.

36/7 Nymphe
Alexander Calandrelli

1885; Marmor, 145×40×45 cm
Berlin, Der Senator für Bau- u. Wohnungswesen

Die Skulptur des Berliner Bildhauers Alexander Calandrelli (1834–1903) war Bestandteil des Nymphen-Brunnens, der in der kleinen Anlage am Herkulesufer vor der Villa von der Heydt aufgestellt war. 1986 wurde sie von den Behörden in Ost-Berlin dem Landeskonservator in West-Berlin übergeben. Sie ist in der Transportkiste in nichtrestauriertem Zustand ausgestellt.

36/8 Stuhl (Abb.)
Elvira Bach

Berlin 1985; Holz, mit Ölfarbe bemalt; 76×46×48 cm; bez. unter der Sitzfläche: Elvira Bach 85
Berlin, Design-Galerie Herbert Jakob Weinand

36/9 Stuhl (Abb.)
Rainer Fetting

Berlin 1985; Holz, mit Ölfarbe bemalt; 76×46×48 cm; bez. unter der Sitzfläche: Fetting 85
Berlin, Design-Galerie Herbert Jakob Weinand

Die beiden Stühle wurden für die Eröffnungsausstellung der ersten Berliner Design-Galerie von zwei der bekanntesten Vertreter der ›Jungen Wilden‹ angefertigt.

36/10 Rainer Fetting und Bernd Zimmer. Auf der Rolltreppe
Anne Jud

1980; Photographie (Reproduktion)
Berlin, Anne Jud

Rainer Fetting und Bernd Zimmer gehörten wie Anne Jud zu den Gründungsmitgliedern der ›Galerie am Moritzplatz‹, die Ende der siebziger Jahre vor allem mit Helmut Middendorf und Salomé (= Wolfgang Cihlarz) den internationalen Ruf der neuen deutschen Malerei der siebziger Jahre begründete.

36/11 Hochbahn und Utopie
Ulrich Baehr

1984; Gouache, 80×100 cm; bez. u. r.: Baehr 84
Berlin, Berliner Festspiele GmbH

Das Bild, dessen Gegenstand die Verbindung von kritischer Philosophie und Studentenbewegung Mitte der sechziger Jahre ist, wurde zur 750-Jahr-Feier in die Plakatserie ›Stadtlandschaften‹ aufgenommen. Es zeigt vor der Berliner Hochbahn den Vordenker der Studentenbewegung, Rudi Dutschke (1940–1979), und den Philosophen Ernst Bloch (1885–1977).

36/12 Projekt ›Naturkatastrophen‹, Videoband ›Naturkatastrophenballet‹ und ›Naturkatastrophenkonzert‹
Die Tödliche Doris

Berlin 1983; Spieldauer 1 Min. 45 Sek. und 2 Min. 45 Sek.
Berlin, Berliner Festspiele GmbH

36/13 Performance-Relikte des Projekts ›Naturkatastrophen‹: fünf Kartons mit Mikrophonresten
a) Harmonie-Kino, Frankfurt, 14. Juni 1983
b) Villingen-Schwenningen, 17. Juni 1983
c) Werkstattkino, München, 19. Juni 1983
d) Künstlerhaus Bethanien, Berlin, 24. Juni 1983
e) Kitchen, New York, 9. April 1984

Die Tödliche Doris

Pappe, Papier, Kunststoff; je ca. 22×16×6 cm
Berlin, Die Tödliche Doris

Die Tätigkeit der Gruppe ›Die Tödliche Doris‹ (Käthe Kruse, Wolfgang Müller und Nikolaus Utermöhlen) ist keiner einzelnen Kunstgattung zuzuordnen. Sie umfaßt die Bereiche Musik, Film, Malerei und Essay. Von New York bis Tokio, von Helsinki bis Rom wird diese Multimedialität mit aggressiven Untertönen als typisch für die Vielfalt der Berliner Künste der achtziger Jahre angesehen.

36/14 Film ›Freak Orlando‹
a) ›Originaldrehbuch mit handschriftlichen und visuellen Notizen‹ (Abb.)
b) Videoband mit Ausschnitt ›Bote der Inquisition und Ledermänner‹
c) Fahne des ›Boten der Inquisition‹

Ulrike Ottinger

Berlin 1981; a) 30×44×6 cm (aufgeschlagen), b) Kopie, Spieldauer 30 Sek., c) Deckfarbe auf Satin, Holz, Metall; 75×50 cm
a) Berlin, Ulrike Ottinger
b) Berlin, Berliner Festspiele GmbH
c) Berlin, Privatbesitz

Als ›Kleines Welttheater in fünf Episoden‹ zeichnet der Film die Geschichte der Freaks und Außenseiter vom Mittelalter bis heute nach. Er wurde ausschließlich an Berliner Schauplätzen gedreht.

36/8

36/9

36/15 Bühnenbildmodell für ›Peer Gynt‹ von Henrik Ibsen in der Inszenierung von Peter Stein in der Schaubühne am Halleschen Ufer (Premiere 13./14. Mai 1971)

Karl-Ernst Herrmann

Holz, Metall, Acrylglas, Pappe, Textil, Gips; 52,5 × 137,5 × 96 cm
Köln, Universität zu Köln, Theatermuseum des Instituts für Theater-, Film- und Fernsehwissenschaft

»Diese Produktion ist stupend. Sie verbreitet Schönheit. Sie ist ein technisches Wunder. Sie stellt, was sie darstellt, dauernd in Frage. Sie erheitert und erstaunt beständig. Und sie macht dem Mitdenker, der eigenen Kritik, macht der Vorliebe und Abneigung unentwegt wägende Beschäftigung. Was könnte Theater mehr?« (Friedrich Luft in ›Die Welt‹, 17. Mai 1971).

36/16 Wissenschaftszentrum Berlin für Sozialforschung, Ansicht von Süden (Landwehrkanal) und Schnitt durch die Nordsüdachse

James Stirling, Michael Wilford

1979; zwei kolorierte Tuschzeichnungen auf Transparentpapier, je 27 × 81 cm
Berlin, Büro James Stirling

36/17 Das ›GLOBUS-Weltmodell‹, Computersimulationsmodell

Berlin 1980–1987; Personalcomputer und Diskette
Berlin, Wissenschaftszentrum Berlin für Sozialforschung GmbH (WZB), Forschungsgruppe GLOBUS

GLOBUS ist die Abkürzung für ›Generating Longterm-Options By Using Simulations‹, d. h. ›Darstellung politischer und wirtschaftlicher Entscheidungsalternativen sowie ihrer langfristigen Auswirkungen durch Computersimulation‹. 1976 begannen die Vorarbeiten für das Globus-Weltmodell unter dem Direktor des Wissenschaftszentrums Karl W. Deutsch (Leiter der Forschungsgruppe GLOBUS: Stuart A. Bremer, Ph. D.; Mitarbeiter: Peter Brecke, Thomas R. Cusack, Ph. D., PD Wolf-Dieter Eberwein, Walter L. Gruhn, Prof. Barry B. Hughes, Ph. D., Brian M. Pollins, Ph. D., Peter Rindfuß, Dale L. Smith).

36/18 ›Berliner Kunstherz‹ (Mehrmembranpumpe zum Ersatz des Herzens) (Abb.)

Emil S. Bücherl, Ewald Hennig

Berlin 1984; Polyurethan, Titan, Silikonkautschuk, Dacron; 13 × 13 × 12,5 cm; Schlagvolumen links 120 ml, rechts 100 ml
Berlin, FUB, Chirugische Universitätsklinik und Poliklinik im Klinikum Charlottenburg

Forschungen zur Entwicklung eines künstlichen Herzens begannen in Berlin zu Beginn der sech-

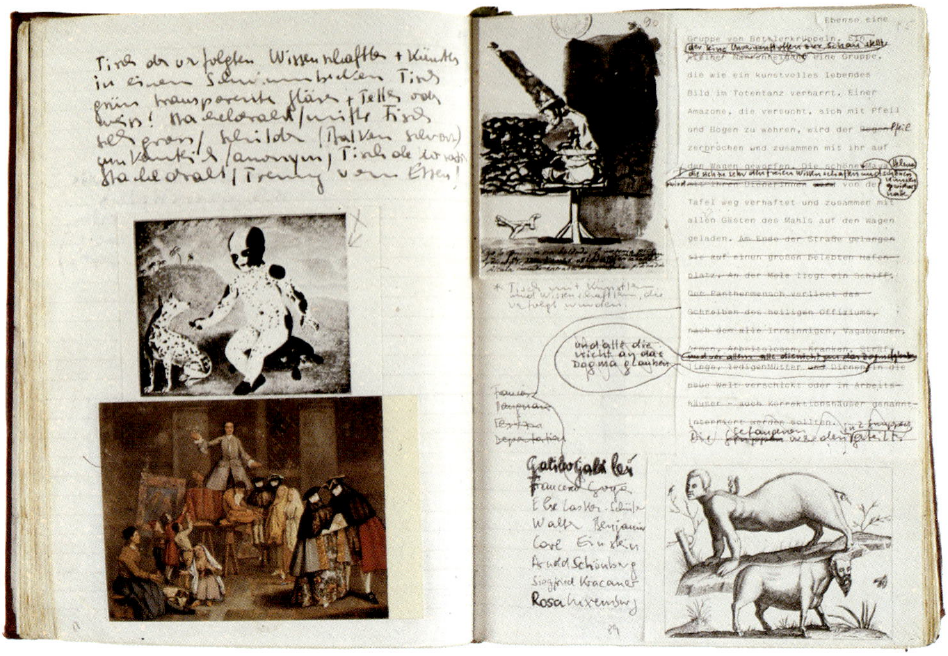

36/14 a

ziger Jahre. Am 7. März 1986 setzte der Herzchirurg Emil S. Bücherl im Klinikum Charlottenburg einem Menschen zum ersten Mal in Europa ein Kunstherz ein. Es besteht aus zwei Herzkammern mit den entsprechenden Anschlüssen für die Arterien sowie für den rechten und linken Vorhof. Die beiden Membranpumpen werden über Druckluftschläuche angetrieben, die aus dem menschlichen Körper heraus zu einem Antrieb führen, der nicht ausgestellt ist. Der erste Berliner Kunstherzpatient lebte mit dem neuen Herzen nur zwei Tage. In Übereinstimmung mit amerikanischen Ärzten, die ebenfalls an der Entwicklung eines total implantierbaren Kunstherzens arbeiten, sehen die Berliner Wissenschaftler den Organersatz als Übergangslösung; er soll nur solange im Körper der Patienten bleiben, bis ein geeignetes Spenderherz zur Verfügung steht.

36/19 Modell ›TUBSAT 2‹
Lehr- und Forschungssatellit des Instituts für Luft- und Raumfahrt der Technischen Universität Berlin, 1986/87

Institutswerkstätten der Technischen Universität Berlin

Aluminium, elektronische Bauteile, Batterien, aluminisiertes Teflon; L 50 cm, Dm 48 cm, Spannweite 186 cm
Berlin, TUB, Institut für Luft- und Raumfahrt

Der TU Berlin-Satellit, ›TUBSAT‹, ist ein kleiner, aber leistungsfähiger Experimentalsatellit, dessen Serienfertigung in Berliner Handwerksbetrieben vorgesehen ist. Dem Vorbild des Personalcomputers folgend, soll er den Nutzerkreis in Zukunft drastisch erweitern helfen. Er wurde im Rahmen der Lehrveranstaltung ›Satellitenentwurf‹ an der Technischen Universität entwikkelt (Leitung: Udo Renner; Mitarbeiter: Amnon Ginati, Nikolaus Balteas).

36/20 Das Goldene Buch von Berlin I

Hans-Joachim Franke (Buchbinder)

1948; Opalinpapier, Blattgold, Einband: Leder mit Blindprägung; 47,5 × 35 × 2,5 cm
Berlin, Der Senat von Berlin, Senatskanzlei

Das erste Goldene Buch von Berlin enthält Eintragungen aus dem Zeitraum 1948 bis 1953.

36/21 Geschirrspülmittel und Shampoo
Hygienemittel aus der Berlin-Bevorratung in Originalverpackung

Um 1985; Neun Kunststoff-Flaschen; H 26 cm, Dm 6 cm und H 14 cm, Dm 4,5 cm
Berlin, Der Senator für Wirtschaft und Arbeit

36/18

36/22 Kette des Präsidenten der Preußischen Akademie der Künste, gestiftet von Kaiser Wilhelm II. anläßlich des 200jährigen Gründungsjubiläums der Akademie

Berlin 1896; feuervergoldetes Metall; L 52 cm, Dm 7 cm (Medaille)
Berlin, Akademie der Künste, Archiv der Preußischen Akademie der Künste (84–56–285)

Die Kette ging in den Wirren des Zweiten Weltkrieges verloren. Der Leiter des Archivs der Akademie der Künste, Walter Huder, fand sie Ende der fünfziger Jahre bei einem Berliner Trödler und ließ sie restaurieren. Die Kette wurde von den Präsidenten der Akademie seitdem jedoch nicht benutzt. Günter Grass erinnerte sich ihrer 1986 anläßlich seiner Verabschiedung und legte sie als Akt ironischer Symboldistanz seinem Nachfolger Giselher Klebe um.

36/23 ›Goldener Bär‹, ›Großer Preis‹ der Berliner Filmfestspiele

Renée Sintenis

1986 (Original um 1932); vergoldete Bronze, 22,5×10×7,5 cm
Berlin, Berliner Festspiele GmbH

1951 wurde der ›Goldene Bär‹ anläßlich der ersten ›Berlinale‹ aufgrund einer Besucherabstimmung vergeben. Seit 1956 übernimmt eine alljährlich neu berufene Internationale Jury die Vergabe des Hauptpreises für den besten Spielfilm.

36/24 Kleinste Glocke des Berliner Carillons (C^6)

Glockengießerei Koninklijke Eijsbouts

Asten/Niederlande 1987; Bronze; Dm 16 cm, H 13 cm
Berlin, Berliner Festspiele GmbH

Berlin erhält, von der Daimler-Benz AG anläßlich der 750-Jahr-Feier gestiftet, das größte Carillon Europas. Ein Carilloneur bringt es durch das Anschlagen von Tasten eines Stockenspieltisches mechanisch zum Klingen. Das Instrument wurde von Jeffery Bossin entworfen, umfaßt 5 1/2 Oktaven und besteht aus 68 Glokken mit einem Gesamtgewicht von 48 Tonnen, die in einem neugebauten Turm in der Nähe der Kongreßhalle installiert werden. Es soll am 27. Oktober 1987 in einem Festkonzert zum ersten Mal erklingen.

36/25 Taktstock Herbert von Karajans

1961, Holz, weiß lackiert, Korkgriff; L 31 cm
Berlin, Privatbesitz

36/27

36/26 Zucker-Modell des Brandenburger Tores

Manfred Podlesny (Konditormeister)

Berlin 1984/85; 35×43×41 cm
Berlin, Zucker-Museum (1455)

Das Modell des Brandenburger Tores wurde dem Regierenden Bürgermeister Eberhard Diepgen 1985 auf der 50. Internationalen Grünen Woche anläßlich des 200. Jubiläums der chemischen Zuckergewinnung aus Rüben überreicht.

36/27 ›Kommunetüten‹ mit Porträts des Schahs von Persien, Mohammad Resa Pahlawi, und der Schahbanu, Farah Diba (Abb.)

Berlin 1967; Papier mit aufgeklebten, photokopierten Porträts; 43×21,5×10,5 cm, 36×25,5×10,5 cm
Berlin, Privatbesitz

Unter dem Motto »Man geht nicht mehr ohne Tüte« verkauften die Mitglieder der Kommune I am 1. Juni 1967, dem Vorabend des Schah-Besuchs in Berlin, für zehn Pfennig überklebte und mit Sehschlitzen versehene Einkaufstüten aus Papier. Die Tüten wurden einen Tag später bei den Anti-Schah-Demonstrationen über den Kopf gestülpt getragen.

36/28 ›Tätigkeitsbuch‹ des ehemaligen Polizeireviers in der Schloßstraße, Berlin-Charlottenburg, mit einer Eintragung vom 3. Juni 1967

Berlin 1966–1968
Berlin, Werkbund-Archiv

Am Abend des 2. Juni 1967 wurde der Student Benno Ohnesorg während einer Demonstration gegen den Besuch des Schahs von Persien vor der Deutschen Oper von dem Polizeiobermeister Karl-Heinz Kurras erschossen. Der Spannungszustand zwischen Polizei und Berliner Bürgern fand seinen Niederschlag auch in den ›Tätigkeitsbüchern‹ der Polizeireviere. Im vorliegenden Fall kam es an der Ecke Kurfürstendamm / Meinekestraße laut Eintrag im Verlauf einer Auseinandersetzung über ein Verkehrsdelikt mehrmals zu der beleidigenden Äußerung ›Mordbuben‹ gegen den protokollierenden Wachtmeister, der daraufhin Strafantrag stellte.

36/29 Plaketten

a) ›Seid nett zueinander sagt DDR‹ (50 Pf.)
b) ›AMI go home. Raus aus VIETNAM‹ (50 Pf.)
c) ›Auch ich gehöre zur ANERKENNUNGSPARTEI‹ (50 Pf.)
d) ›ich liebe Polizisten‹ (1.00 DM)
e) ›enteignet Springer‹ (1.50 DM)

Berlin, um 1968; Kunststoff, Blech
Berlin, Privatbesitz

Diese Plaketten wurden in der Technischen Universität Berlin und in Berliner Studentenkneipen verkauft.

36/30 Vietcong-Fahne, von Studenten für eine Vietnam-Demonstration 1966 in Berlin angefertigt

Roter und blauer Satin mit gelbem Stern; 97×157 cm
Berlin, Privatbesitz

Die Vietcong-Fahne hatte für die Studentenbewegung der sechziger Jahre hohen Symbolwert, weil sich in ihr die internationale Solidarität mit unterdrückten Völkern der Dritten Welt manifestierte. Zu den Höhepunkten der Studentenbewegung in Berlin zählte der ›Internationale Vietnam-Kongreß‹ im Auditorium Maximum der Technischen Universität am 17. und 18. Februar 1968 mit nahezu 5000 Teilnehmern aus fast allen europäischen Ländern. Zum Abschluß des Kongresses demonstrierten mehr als 12000 Menschen auf den Straßen Berlins gegen den Vietnam-Krieg.

36/31 Plakat ›Intoleranz und Hysterie greifen um sich. Deshalb unser Appell zur Vernunft‹

Hg. von der Internationalen Liga für Menschenrechte / Sektion Berlin, der Humanistischen Union Berlin und dem Arbeitskreis Kirche und Gesellschaft; Berlin 1968; 59,6×82,5 cm
Berlin, Privatbesitz

Auf dieser Veranstaltung am 6. März 1968 sprachen Heinz Brandt, Gerd Bucerius, Martin Fischer, Günter Grass und Gerhard Kade. Alle Redner wandten sich gegen die »Menschenjagd« und gegen die Parolen, wie sie während einer

DER APO POPANZ
DER APOPOPANZ
ich-ch bin-n-n da-da-das revolution-ionäres Subjek-jek
LENIN
ENGELS
MARX
Ohnesorg
immer dabei
A P O
Arbeit macht frei
Volle Touren
GEGEN Manipulation
EXTRA
Apo Opa
APO-SAFT IST ARBEITS KRAFT
Am besten gleich
Entwicklungsstufe 1
Entwicklungsstufe 2
Entwicklungsstufe 3
Entwicklungsstufe 4
Linkeck
Schuldgefühle
Aggression
Depression
LENIN
LASSALLE
MARX
Funktion des orgasmus
Klassenkampf
Zur Sache,
Schätzchen
Doch während sich Dutschke ohne Mühe über politische Theorien unterhalten kann, fehlen ihm Namen für einfache Dinge wie
Stuhl
kritische Aufklärung
Sauber
Was tut Bonn gegen Meinungs-Terror?
Kommune
immer am BAll

36/34 d

Kundgebung vor dem Rathaus Schöneberg laut geworden waren. Günter Grass betonte, seine eigene Kritik am SDS müsse verstummen, »solange diese Minderheit vor den Augen der Polizei wie Freiwild gejagt wird«. Am 21. Februar 1968 hatten der Berliner Senat und die ÖTV die »schweigende Berliner Mehrheit« zu einer Kundgebung vor dem Rathaus Schöneberg aufgerufen, die sich gegen die Teilnehmer des ›Internationalen Vietnam-Kongresses‹, gegen den Sozialistischen Deutschen Studentenbund (SDS), wie generell gegen die Außerparlamentarische Opposition (APO) richtete.

36/32 ›Ostern 68‹
Günter Zint

1968; Photographie, 112×84,5 cm
Hamburg, Günter Zint

Den unmittelbaren Anlaß für die Studentendemonstrationen und Straßenschlachten Ostern 1968 lieferte das Attentat auf Rudi Dutschke (1940–1979) am 11. April, bei dem er durch drei Schüsse lebensgefährlich verletzt wurde.

36/33 Plakat ›Alle reden vom Wetter. Wir nicht‹
Jürgen Holtfreter

Hg. vom Sozialistischen Deutschen Studentenbund (SDS), Berlin 1968; 85,2×60 cm
Berlin, Privatbesitz

36/34 Zeitschriften, Broschüren und Raubdrucke zur Programmatik alternativer Lebensformen um 1968

a) ›Jedes Urteil wissenschaftlicher Kritik ist mir willkommen‹

Titelseite der Zeitschrift ›Linkeck‹, Jg. 1, Nr. 4, Berlin: Selbstverlag Bernd Kramer 1968

b) ›Schnittmuster für eine Banane‹

Titelseite der Zeitschrift ›Pravda‹ (= ›Linkeck‹), Jg. 1, Nr. 5, Berlin: Selbstverlag Bernd Kramer 1968

c) ›Kinderkollektiv II. Dokumentationen zum Schülerladen »Rote Freiheit« (Berlin)‹

Broschüre, hg. von der Roten Zelle Pädagogik, (Hannover) 1970

d) ›DER APO POPANZ‹ (Abb.)

Doppelseite in der Zeitschrift ›Linkeck‹, Jg. 1, Nr. 4, Berlin: Selbstverlag Bernd Kramer 1968

e) ›Wir wollen nicht länger in fremde Taschen arbeiten‹

Rückseite vom ›2. Flugblatt‹: ›Warum unterstützen Mütter den STREIK der Kindergärtnerinnen‹, hg. vom Aktionsrat zur Befreiung der Frauen, Berlin (um 1967); 29,5×21 cm

f) ›Wehrt euch jetzt‹

Titelseite der Schülerzeitung ›Radikalinski‹, hg. vom Aktionsrat Spandauer Schüler, Jg. 1, Nr. 1, Berlin 1968

g) ›Kommune‹

Mitglieder der Kommune I, nackt an eine Wand gelehnt, hg. von der Kommune I, Berlin 1967; Offsetdruck, 29,5×21 cm

h) ›LSD, Haschisch, Opium‹

Titelseite der Zeitschrift ›Love‹, hg. von Frank T. Schickler, Jg. 1, Nr. 2, Berlin 1969

i) ›Provokation‹

Splasch Poster Nr. 1, Berlin: Verlag Magdalinski 1968; 29,5×21 cm

j) ›Kommune I. Quellen zur Kommuneforschung. Alle numerierten, nichtnumerierten Flugblätter, Internen Zirkulare, Rundbriefe, Anmerkungen, Fotos-Personenkult‹ (Abb.)

Hg. von der Kommune I, Berlin 1968

36/34 j

k) Die charakterologische Überwindung des Ödipuskomplex
Wilhelm Reich
Vortrag, gehalten auf der Tagung der Deutschen Psychoanalytischen Gesellschaft in Dresden, 28. September 1930, Raubdruck, Berlin (um 1966); 21×29,5 cm

l) Der Einbruch der Sexualmoral
Wilhelm Reich
Raubdruck, Berlin (um 1966; Erstaufl.: Berlin 1931); 29,5×21 cm

m) ›Erziehung ohne Repression‹
Mit Berichten über Experimente im Moskauer Kinderheim-Laboratorium; Raubdruck, Berlin 1968 (Erstaufl.: Leipzig, Wien und Zürich 1924); 21×15 cm

n) Anleitung für eine revolutionäre Erziehung
Vera Schmidt
Hg. vom Zentralrat der sozialistischen Kinderläden West-Berlin, 1969

a) – i) Berlin, Werkbund-Archiv
j) – k) Berlin, Privatbesitz
l) – n) Berlin, Tilman Fichter

36/35 Hausbesetzer-Transparent ›AUSSTELLUNG INSTANDBESETZUNG ist eine KUNST‹ (Abb.)
Künstlergruppe Villa Schilla
Berlin 1981; Plakafarbe auf Nessel, 270×240 cm
Berlin, Sud Jonas und Liese Petry

Das Charlottenburger Mietshaus Schillerstr. 23 wurde am 14. Februar 1981 als ›Villa Schilla‹ von bildenden Künstlern besetzt. Zwei Wochen später fand dort die erste Ausstellung zur ›Kunst der Instandbesetzung‹ statt.

36/36 Teil der zweiflügeligen Eingangstür eines besetzten Hauses
Berlin 1980; Holz, Metall; 290×131×22 cm
Berlin, Werkbund-Archiv

Das Kreuzberger Mietshaus Luckauerstr. 3 wurde im März 1980 besetzt. Die Tür zeigt Spuren: Sie wurde während der Instandbesetzungsphase von den Hausinsassen verbarrikadiert und von der Polizei aufgebrochen. Im ›heißen Sommer‹ 1981 gab es in West-Berlin 165 besetzte Häuser, gegen deren geplanten Abriß durch Instandbesetzung protestiert wurde. So war z. B. auf einem selbstgefertigten Plakat zu lesen: »Sanierung ist Gewalt. Eine Gewalt, die unseren Kiez zerstört, die Häuser, die Läden, die Beziehungen der Menschen untereinander, das Gewerbe ruiniert.« Der Berliner Senat bewältigte die Hausbesetzerproblematik auf

36/35

zwei Arten: durch die Räumung der besetzten Häuser oder durch das Angebot von Dauermietverträgen, die den Besetzern den Ausbau der Häuser in eigener Verantwortung ermöglichten.

36/37 KuKuCK-Plenumsprotokoll (Abb.)
KuKuCK, Rainer Wahnsinn u. a.
Berlin 1982; Lack und Wasserfarben auf Karton, 59,4×42 cm
Berlin, Rainer Warzecha

Das ›Kunst- und KulturCentrum Kreuzberg‹ (KuKuCK) bot 1981 bis 1983 in einem besetzten Gebäude in der Anhalter Straße Raum für nichtkommerzielle Musik- und Theaterveranstaltungen sowie für Kunstaktionen.

36/38 ›BASTELBOGEN FÜR HAUSBESETZER UND SOLCHE DIE ES WERDEN WOLLEN!‹
MOB
Berlin 1981; 42,9×60,8 cm
Berlin, Privatbesitz

36/39 ›MUSIK IST RITMUS‹ ›Musicassette‹ und Plakatvorlage (Copy-Retusch-Grafik) für die Gruppe A & P (Abb.)
Rainer Warzecha und Gruppe A & P
Berlin 1984; vier zusammengesetzte Photokopien und handretuschiertes Original, auf Pappe aufgezogen; 100×70 cm; Tonband, Spieldauer 10 Min.
Berlin, Rainer Warzecha

36/40 Plakat ›Lieber Instand-Besetzen als Kaputt-Besitzen. Gegen Wohnungsnot, Abriß, Beton und Spekulation‹
Hg. von der Alternativen Liste Berlin, Gegensatz und FDGÖ, Berlin 1980; 61×43 cm
Berlin, Bernd Laurisch

36/41 Plakat ›INSTAND(BE-)SETZUNG in der Cuvrystraße 20–27‹
Detlef Surrey
Berlin 1979; 61,1×43 cm
Berlin, Bernd Laurisch

36/42 Hausbesetzer aus dem geräumten Haus Mittenwalderstraße kampieren demonstrativ auf dem Rankeplatz, 24. Juni 1981
Pavel Sticha
Photographie (Reproduktion)
Berlin, Ullstein Bilderdienst

36/43 Zeitschriften, Broschüren und Flugblätter zu den Themen Bauspekulation, Haus- und Instandbesetzung, 1968 -1981

a) ›Gegendarstellung zur Boulevard-Presse. Verhinderung der Instandbesetzung in Berlin und ihre Folgen‹
Dokumentation, hg. vom Besetzerrat, Berlin 1980

b) ›Enten Post. Illustriertes Wochenmagazin für Entenhausen‹
Vierte Umschlagseite der ›Instand Besetzer Post‹, Jg. 1, Nr. 9, Berlin, 7. April 1981

c) ›TUWAT SPEKTAKEL IN BÄRLIN AB 25. 8.‹
Flugblatt, hg. vom Mieterrat Waldemarstraße, Berlin 1981; 21×29,5 cm

d) ›INge STAND und BErthold SETZER informieren: Nur Mut reicht nicht aus!‹
Broschüre der besetzten Häuser Fraenkelufer 4, 8, 30; Admiralstraße 20; Kohlfurterstraße 40 und 46; Kottbusserstraße 8; Berlin, 1981

e) ›So sah es am Tag der Besetzung aus – und 9 Monate später.‹
Flugblatt, hg. von dem Blockrat Fraenkelufer 30, Berlin 1982; 21×29,5 cm

f) ›TUWAT GEGEN MAUERN. KOHLE FÜR GEFANGENE‹
Ganzseitige Anzeige des Herbstfestes am 12. September 1981 in: Instand Besetzer Post, hg. von K.-D. Riedel, Jg. 1, Nr. 21, Berlin, 4. September 1981

g) ›Warum‹
Titelseite der Zeitschrift ›Instand Besetzer Post‹, hg. von K.-D. Riedel, Jg. 1, Nr. 23, Berlin, 18. September 1981

h) ›Tanz auf dem Vulkan‹
Titelseite der Zeitschrift ›Instand Besetzer Post‹, Jg. 1, Nr. 14, Berlin: Selbstverlag, 12. Juni 1981

i) ›Paten werden ist nicht schwer – PATEN SEIN DAGEGEN SEHR?‹
Titelseite der Zeitschrift ›Instand Besetzer Post‹, hg. von K.-D. Riedel, Jg. 1, Nr. 28, Berlin, 31. Oktober 1981

j) ›Hausbesetzung‹
Titelseite der Zeitschrift ›Bambule‹, Jg. 1, Nr. 6, Berlin und Hannover 1973

k) ›Georg von Rauch-Haus‹
Titelseite der Zeitschrift ›Berliner Anzünder‹, hg. vom Redaktionskollektiv ›BA‹, Jg. 1, Nr. 2, Berlin 1972

l) ›Stadtteilzentrum Feuerwache. Teil I‹
Broschüre, hg. von der Bürgerinitiative Feuerwache, Berlin 1979

m) ›Der Cuvry-Bote‹
Druckvorlage zur deutschen Ausgabe der Zeitschrift, hg. von der Mieterinitiative Cuvrystraße, Jg. 1, Nr. 2, Berlin, Juli 1980; 21×29,7 cm (Aufl. 700 Stück)

n) ›Cuvry-Habercisi‹
Druckvorlage zur türkischen Ausgabe der Zeitschrift, hg. von der Mieterinitiative Cuvrystraße, Jg. 1, Nr. 2, Berlin, Juli 1980; 21×29,7 cm (Aufl. 350 Stück)

o) ›Instand-be-setzt 1 Jahr‹
Titelseite der Zeitschrift ›Der Cuvry Bote‹, hg. von der Mieterinitiative Cuvrystraße, Jg. 1, Nr. 3, Berlin, November 1980

p) ›Senat – Architekten – Spekulanten – Baugesellschaften‹
Broschüre zur Ausstellung ›Diagnose zum Bauen in West-Berlin‹ in der Architekturfakultät der Technischen Universität anläßlich der Bauwochen des Senators für Bau- und Wohnungswesen, Berlin 1968

a) – k) Berlin, Werkbund-Archiv
l) – o) Berlin, Bernd Laurisch
p) Berlin, Tilman Fichter

36/37

36/39

36/44 ›Einzeln und frei wie ein Baum II‹ Vorlage für das Wandbild in Kreuzberg, Gneisenaustr. 80

Akbar Behkalam

1980; Tempera/Lw., 115×90 cm; bez. u. r.: Akbar Behkalam 80
Dortmund, Christina und Klaus Leubner

Akbar Behkalam wurde 1944 in Azerbeidjan-Täbris, Iran, geboren und übersiedelte 1976 nach Berlin. 1980 gewann er im Rahmen des Wettbewerbs ›Kunst im Stadtraum – Wandmalerei an 15 Standorten‹ mit diesem Entwurf den Auftrag für die Gestaltung eines Hausgiebels in Kreuzberg. Auf dem Giebel sind zweisprachig die Zeilen des türkischen Schriftstellers Nazim Hikmet zu lesen: »Leben / einzeln und frei / wie ein Baum / und brüderlich / wie ein Wald / ist unsere Sehnsucht« – »Yasamak / bir agac gibi / tek ve hür / ve bir orman gibi / kardescesine / bu hasret bizim.«

36/45 Modell für das Türkische Kulturzentrum in Kreuzberg, Blücherplatz (Abb.)

Engelbert Kremser

1973; Gips
Berlin, Berlinische Galerie (BG-S 1849/79)

Aufgrund von Umfragen bei türkischen Arbeitnehmern sowie einer Senatsveröffentlichung zur »Eingliederung der ausländischen Arbeitnehmer und ihrer Familien« entwarf der Architekt das Kulturzentrum. Trotz der vertraglich abgesicherten Baufinanzierung durch einen türkischen Zeitungsverleger verweigerte der damalige Senat die Bereitstellung eines Grundstücks. Er wollte die Notwendigkeit eines »zentralen Kulturzentrums für eine Gruppe der ausländischen Mitbürger unserer Stadt«, wie es im Ablehnungsbescheid heißt, nicht anerkennen.

36/46 Grundriß des Türkischen Kulturzentrums und der Moschee in Kreuzberg, Blücherplatz

Engelbert Kremser

1973; Tusche auf Transparentpapier, 60×90 cm
Berlin, Engelbert Kremser

Das Raumprogramm umfaßt Räume für Freizeitbeschäftigungen, Erwachsenenbildung, Information und kulturelle Veranstaltungen, eine Bibliothek, eine Anzahl von Läden und eine ärztliche Fürsorgestelle für Kinder und Erwachsene.

36/47 Türkisches und deutsches Mädchen in einer Kreuzberger Straße

Wolfgang Krolow

1981; Photographie (Reproduktion)
Berlin, Wolfgang Krolow

36/48 Modell des Doppelinstituts ›Zentrum für Produktionstechnik der Technischen Universität Berlin und der Fraunhofer-Gesellschaft‹ (Abb.)

Wolfgang Hoffmann Modellbau

Berlin 1983; Holz, Kunststoff; 45×200×221 cm
Berlin, Der Senator für Wissenschaft und Forschung
Berlin, Fraunhofer-Gesellschaft

Das Institut ist ein Beispiel für das Zusammenwirken von universitärer und außeruniversitärer Forschung, ein Forschungszentrum für die ›Fabrik der Zukunft‹, in der die Fertigungsprozesse von Robotern gesteuert werden. Es wurde 1986 eröffnet (Entwurf: Arbeitsgemeinschaft Bayerer, Fesel, Hecker, Ostertag; verantwortliche Architekten: Peter Bayerer und Gerd Fesel).

36/49 Modell der ›Hochdruck-Leichtbenzinspaltanlagen 3 und 4, Gaswerk Berlin-Mariendorf‹

Fa. Lurgi Modellbau

Frankfurt 1970; Holz, Metall, Acrylglas; 118×150×100 cm
Berlin, Berliner Gaswerke (Gasag)

Die Anlagen wurden 1970 in Betrieb genommen (Werksentwurf: Berliner Gaswerke ⟨Gasag⟩).

36/45

36/50 Modell des ›Europa-Centers‹

Wolfgang Schulz Modellbau

Aktualisierte Fassung, 1986; Kunststoff, Holz, Acrylglas; 60 × 170 × 120 cm
Berlin, Europa-Haus Grundstücksgesellschaft mbH & Co. KG

Das Europa-Center wurde 1965 eröffnet (Entwurf: Helmut Hentrich und Hubert Petschnigg; städtebaul. Konzeption: Werner Düttmann; künstler. Beratung: Egon Eiermann; Entwurf der Umbauten: Ivan Krusnik; künstler. Beratung: Henry Walshe). Umbauten fanden 1974 und 1982 statt. 1987 erfolgte die Erweiterung des Hotel Palace.

36/51 Modell der ›Grundkreditbank‹ (Abb.)

Wolfgang Schulz Modellbau

Berlin 1983; Holz, Kunststoff; 45 × 140 × 140 cm
Berlin, Grundkreditbank

Die neue Berliner Zentrale der Grundkreditbank wurde 1985 eröffnet (Entwurf: Pysall, Stahrenberg und Partner; Projektpartner Grundei).

36/52 Fensterausblick vom Raum 36 der Ausstellung ›Berlin, Berlin‹ im Erdgeschoß des Martin-Gropius-Baus

a) Vorn links: Ehemaliges Gelände des Prinz-Albrecht-Palais

Zu sehen sind Reste der Gartenmauer und das provisorische Gebäude für die Dokumentation ›Topographie der Terrors‹ sowie Fundamente der ehemaligen Zentrale der Geheimen Staatspolizei (Gestapo), u. a. Teile des Gefängnistraktes. Im ›Hausgefängnis‹ der Gestapo waren zwischen 1933 und 1945 Widerstandskämpfer und Oppositionelle aller politischen Richtungen inhaftiert.

b) Hinten links: Wohn- und Geschäftshäuser, Anhalter Str. 7

Vormals: ›Kunst- und KulturCentrum Kreuzberg‹ (KuKuCK, 1981–1983). Das zweiteilige KuKuCK-Wandbild auf den Brandmauern des Vorder- und Hinterhauses wurde beim Umbau überstrichen. Der Umbau der Häuser war 1986 abgeschlossen.

c) Mitte hinten: ›Excelsior-Haus‹, Wohn- und Geschäftshaus, Stresemannstr. 78

1972 wurde der nach dem Entwurf von Franz Heinrich Sobotka und Gustav Müller erbaute Gebäudekomplex eröffnet. Früher stand hier in der Königgrätzer Straße (1935–1945 Saarlandstraße) das 1908 eröffnete Hotel Excelsior (Fassadenentwurf: Otto Rehnig). Mit 750 Betten in 650 Zimmern war das ›Excelsior‹ das größte Hotel auf dem europäischen Kontinent. 1928 entstand ein Fußgängertunnel, der den direkten Zugang zur Eingangshalle im gegenüberliegenden Anhalter Bahnhof ermöglichte. Im Zweiten Weltkrieg wurde das Hotel zerstört.

d) ›Deutschlandhaus‹, Büros des Berliner Landesverbandes der Vertriebenen, Stresemannstr. 90

Vormals: Erster Bauabschnitt des ›Europahauses‹, Königgrätzer Straße (1935–1945 Saarlandstraße). Der Bauabschnitt wurde 1927 fertiggestellt (Entwurf Bielenberg & Moser), im Zweiten Weltkrieg teilzerstört und 1961 nach Umbauten als ›Deutschlandhaus‹ wieder eröffnet.

e) ›Europahaus‹, Fernmeldeämter 3 und 4 der Deutschen Bundespost, Stresemannstr. 92

Vormals: Zweiter Bauabschnitt des ›Europahauses‹ mit Hochhaus, 1931 eröffnet (Entwurf: Otto Firle). In den beiden Bauabschnitten des alten ›Europahauses‹ befanden sich einige der bekanntesten Vergnügungszentren Berlins. Das ›Café Europa‹ lieferte Christopher Isherwood die Anregungen für sein Buch ›Leb wohl, Berlin‹, das als Vorlage für den Film ›Cabaret‹ diente. Im Zweiten Weltkrieg wurde auch dieser Bauabschnitt teilzerstört und später in denselben Proportionen neu aufgebaut. Die Fernmeldeämter wurden 1961 in Betrieb genommen.

f) Rechts hinten: ›Hervis-Haus‹, Gebäudekomplex mit Hotel, Geschäftsräumen und Wohnungen, Stresemannstr. 97–103

1968 wurde der nach einem Entwurf von Franz Heinrich Sobotka und Gustav Müller erbaute Gebäudekomplex eröffnet. Früher standen hier Wohnhäuser.

g) Im Vordergrund: Platz vor dem neuen Haupteingang des Martin-Gropius-Baus

Der Martin-Gropius-Bau, erbaut als Kunstgewerbemuseum nach einem Entwurf der Architekten Martin Gropius und Heino Schmieden, wurde 1881 eröffnet und im Zweiten Weltkrieg teilzerstört. Der Wiederaufbau und die Restaurierung wurden in den Jahren 1978 bis 1986 unter der Leitung der Architekten Winnetou Kampmann und Ute Weström durchgeführt. Der ehemalige Haupteingang befindet sich auf der Nordseite des Hauses und ist heute nicht zugänglich, da er von der Berliner Mauer begrenzt wird.

36/48

36/51

»DIE STADT ABER IST DER MENSCH ...«

In einer Tagebuchnotiz vom 5. März 1928 erinnert der Berliner Stadtsyndikus Friedrich C. A. Lange an die Berlin-Schelte Heinrich Heines aus dem Jahre 1828, in der der Stadt jeglicher »Lokalpatriotismus« und jeglicher »Charakter« abgesprochen wird. Denn Berlin »sei gar keine Stadt, sondern Berlin gebe bloß den Ort dazu her, wo sich eine Menge Menschen, und zwar darunter viele Menschen von Geist versammelten«. Lange ruft sich das Aperçu Heines vor allem deswegen ins Gedächtnis, um ihm für seine Zeit entschieden zu widersprechen. Die Bedeutung Berlins, so schreibt der Stadtsyndikus nicht ohne Stolz, gründe auf der Leistung seiner Einwohner: »Berlin ist nicht durch einen Zufall groß geworden, sondern durch Arbeitswillen, Organisationstalent und Opferfreudigkeit.« Lange, der in seinen Tagebüchern akribisch und sensibel zugleich die Ereignisse und Stimmungen im neuen Groß-Berlin kommentiert, hat Ende der zwanziger Jahre eine Stadt vor Augen, die ein höchst positives Eigenbild von sich entwickelt hat, die sich längst nicht mehr nur als »Ort, wo sich eine Menge Menschen versammle«, begriff, sondern wo urbanes Leben in beispielhafter Form verwirklicht schien.

1928, im Jahr der Langeschen Tagebuch-Reflexion, war der erste Band einer aufwendig konzipierten und nobel ausgestatteten Jahrbuchreihe erschienen, die sich nicht ohne Emphase ›Unser Berlin‹ nannte und in der die Zuschnittslinien für eine neue großstädtische Identität gezeichnet wurden. Die ganz im Stil der neuen Sachlichkeit und mit den Mitteln einer brillianten Photoästhetik aufgemachte Publikation – Untertitel ›Ein Jahrbuch von Berliner Art und Arbeit‹ – war Leseempfehlung Nummer Eins in den Richtlinien zu einer ›Berliner Heimatkunde‹, die Ende der zwanziger Jahre an der jungen Moritz-Diesterweg-Hochschule konzipiert worden waren. Doch nicht nur begeisterungsfreudige Jungpädagogen sprachen nach zehn Jahren republikanischen Berlins von der Großstadt-Heimat, sondern auch eher skeptische Berlin-Beobachter wie Walter Benjamin, Franz Hessel oder Kurt Tucholsky stimmten in das Heimatlob ein. In einer Rezension von Franz Hessels ›Spazieren in Berlin‹ geizte beispielsweise Benjamin 1929 nicht mit Anerkennung für die Bewohner der Stadt: »Langsam beginnt ihr problematischer Gründerstolz auf die Hauptstadt der Neigung zu Berlin als Heimat Platz zu machen.« ›Heimat Berlin‹ – das war schon 1921 der Titel eines Schlagers von Walter Mehring, in dem das neue Lebensgefühl und das neue Großstadttempo fast frenetisch besungen wurden und in dem die Wahrnehmungs- und Erlebnisformen der pulsierenden Millionenstadt in den schnell wechselnden Wort- und Bildstakkati ihren Ausdruck fanden.

1927 hatte sich Berlin im Film Walter Ruttmanns selbst bewundern können, in dem – so ein Kommentar der Zeit – »Schulkinder, Arbeitermassen, brausender Verkehr, Naturschönheiten, Großstadtsumpf, das Luxushotel und Zilles Milljöh, der mächtige Rhythmus der Arbeit, der rauschende Hymnus des Vergnügens, der

Verzweiflungsschrei des Elends und das Donnern der steinernen Straßen« zu einer ›Sinfonie der Großstadt‹ vereinigt worden waren. Im imponierenden Zusammenspiel und Gesamtklang der in der großen Stadt registrierbaren höchst unterschiedlichen und höchst widersprüchlichen Lebensformen und Kulturstile war die Vision und das Modell einer Berliner Urbanität geschaffen, die mit ihrem unverwechselbaren Charakter und Lokalbewußtsein über jene Eigenschaften verfügte, die Heinrich Heine 100 Jahre vorher vermißt hatte. ›Berlin. Die Sinfonie der Großstadt‹ – der Filmtitel liest sich wie die Erfolgsmeldung einer gelungenen Urbanisierung. Und in der Tat leitete sich das Bild Berlins in den zwanziger Jahren, zumal zu deren Ende, eher aus einem neuen großstädtischen Lebensgefühl her als aus reichshauptstädtischem Stolz, obwohl die Rolle Berlins als nationale Metropole nie so unangefochten war wie in der Zeit der Weimarer Republik.

Die hektische Bevölkerungszunahme, die über mehr als drei Generationen die Stadt in atemloser Bewegung gehalten hatte, war Mitte der zwanziger Jahre zur Ruhe gekommen. Die Stadt lernte, aus sich selbst heraus zu leben, ordnete die Erfahrung, die sie im dynamischen und rasanten Aufbau zur Industrie- und Reichsmetropole gemacht hatte. Keine der großen Städte in Deutschland und auf dem Kontinent hatte eine solch ungebärdige Entwicklung durchgemacht wie Berlin – und das trifft auf ihre politische Funktion zu, auf ihren wirtschaftlichen Wandel und auf ihr Wachstum. Innerhalb eines Jahrhunderts war aus der brandenburgisch-preußischen Residenzstadt – als »entsetzlich kleinstädtisch« war sie noch 1851 dem preußischen Handelsminister Rudolf Delbrück vorgekommen – die Hauptstadt Deutschlands geworden, in der die junge Republik ihr Kraftfeld hatte. Nicht einmal achtzig Jahre hatte es gebraucht, bis Berlin zur größten und modernsten Industriemetropole des Kontinents geworden war – Walther Rathenau hatte schon 1902 vom »Spreechikago« gesprochen. Berlin war in den zwanziger Jahren nicht nur der größte Industriestandort in Deutschland, sondern auch der Ort, wo sich mit Elektro- und Chemie-Industrie die damals modernsten Produktionszweige verdichteten. Als Zentrum des Waren- und Geldverkehrs, des Handels und der Banken, der Reichsverwaltung und -institutionen war Berlin auch die Stadt einer neuen ›Schicht‹ der Angestellten geworden, die den Stil der großstädtischen Kultur einschneidend verändert hatten.

Anläßlich einer Vortragsreihe des Reichsbunds Deutscher Technik, die um die Jahreswende 1929/30 unter dem Titel ›Berlin arbeitet!‹ stattfand, wies die ›Vossische Zeitung‹ stolz auf die »technischen, organisatorischen und kulturellen Leistungen dieser Riesenstadt, die nicht nur Deutschlands Herz, sondern auch Deutschlands Kopf und Hand ist«. Die Industriestadt mit ihren in der zweiten Hälfte des 19. Jahrhunderts mächtig gewachsenen Arbeitsmöglichkeiten war der Magnet für die Menschenmassen, die über Jahrzehnte hinweg Jahr für Jahr zu Tausenden nach Berlin gekommen waren. Ab 1830 ging die Bevölkerungskurve steil nach oben – keine andere europäische Großstadt erlebte im 19. Jahrhundert ein Wachstum in solcher Geschwindigkeit und Wucht wie Berlin. Zwar war die preußische Hauptstadt schon zur Schinkel-Zeit mit knapp 200 000 Einwohnern die größte Stadt Deutschlands gewesen, aber die Transformation Berlins zur Millionenstadt hatte dennoch Probleme bisher nicht gekannter Art entstehen lassen – ungelöste und nicht bewältigte Probleme, die freilich im Urteil der zwanziger Jahre lösbar schienen. Berlin präsentierte sich als ein Gebilde, das zur Selbstorganisation fähig war, das die wichtigsten Voraussetzungen seiner Stabilität und Dynamik, seiner Strukturen und Prozesse in Eigenregie hergestellt hatte.

Unverkennbar am Berlin-Lob zur Zeit der Republik ist der Hinweis auf den Charakter der Berliner Bevölkerung. Anders als in der Zeit der Monarchie wurde die Bedeutung Berlins in den zwanziger Jahren nicht mehr als Resultat preußischer Staatskunst und hohenzollerischen Regierungswillens gesehen, sondern als Leistung einer neuen Spezies Mensch, die sich im Verlauf der vehementen Berliner Urbanisierung herausgebildet hatte. In diesem Zusammenhang sprach Heinrich Mann 1921 von der »Menschenwerkstatt Berlin«. Damit war ein Begriff gefunden, mit dem die erfolgreiche Urbanisierung Berlins treffend gekennzeichnet war. Berlin war zum Synonym für eine Urbanität in ausgereiftem Sinn, zum Inbegriff des Urbanen schlechthin geworden – und das auch mit all seinen Widersprüchen und Paradoxien von Boulevard und Laubenkolonie, Romanischem Café und Kiezmief, Häusermeer und Waldesrauschen, Weltoffenheit und Intoleranz.

›Menschenwerkstatt Berlin‹ – das ist die knappe Formel für eine Fülle von Urteilen, Meinungen und Ansichten. Sie läßt an die während der Großstadtbildung erworbenen Eigenschaften, eingeschliffen in den Reibungen von Enge und Menge, ebenso denken wie an Tempo und Arbeit – Merkmale, die von Beobachtern der Stadt immer wieder als typisch und prägend für den Lebensrhythmus Berlins genannt worden sind. »Das Tempo ist auch ganz deutlich in der Art, sich zu vergnügen, zu erkennen. Amüsement ist hier eine Arbeit«, hatte Kurt Tucholsky schon ein Jahr vor Heinrich Manns enthusiastischem Berlin-Essay geschrieben und so darauf aufmerksam gemacht, daß die Arbeit über die Fabrik und das Büro hinausgreift in das Großstadtleben und diesem Struktur und Form gibt. ›Menschenwerkstatt‹ weist auf die soziale Dynamik und Energie, die Berlin aufzubringen hatte, um die große Stadt zu einer Einheit im Plural, zu einem Gefüge vielfältiger Lebenswelten und Kulturformen zusammenzuschweißen. Nicht dem Oktroi militärischer Disziplin verdanke die Stadt ihr Funktionieren und ihre Regelhaftigkeit – so die gängige Meinung über Berlin in den zwanziger Jahren, sondern der Eigenformung und Selbstprägung, deren Normen und Werte eher von der Fabrik und dem Büro als von preußischem Drill diktiert worden seien. Für das Selbstverständnis Berlins ist in der Tat die Borsigsche Maschinenbauanstalt wichtiger als die Kaserne. Es ist übrigens bezeichnend, und das Berlin-Buch von 1984 mit dem suggestiven Untertitel ›Exerzierfeld der Moderne‹ ist ein Beleg dafür, daß die aktuelle Rückschau auf die Geschichte Berlins nur zu gerne der Perspektive der zwanziger Jahre folgt und damit die Dynamik der Urbanisierung ins Bewußtsein ruft, um von daher Zuschnittslinien und Muster für eine Berliner Identität in der Gegenwart zu beziehen: Mehr denn je greift Berlin im Jubiläumsjahr auf das Berlin-Bild der Weimarer Ära zurück, um sich als selbsternannte Kulturmetropole und Urbanistik-Labor dort hineinzuprojizieren.

Das Selbstbild, das Berlin in den zwanziger Jahren voller Stolz von seiner Gegenwart und Geschichte gezeichnet hat, war sicher zutreffend – aber es war geglättet und geschönt. Denn das Leben im republikanischen Berlin war durch krasse soziale Unterschiede, wirtschaftliche Krisen, Mangel an Wohnungen und durch hohe Verschuldung wie auch durch eine zunehmende politische Radikalität gekennzeichnet. Aber die große Stadt hatte ihren eigenen Takt und ihren eigenen Rhythmus gefunden – und einen Entwurf aus eigenem Antrieb. Voll republikanischen Überschwangs hat Wilhelm Hausenstein 1919 in seinen ›Berliner Eindrücken‹ die deutsche Metropole als »absolute Stadt«, als »städtisches Absolutum« gepriesen. Als Grund dafür nannte er den zunehmenden Abstand vom »Preußischen«, vom »anmaßenden Kommandoton des Wilhelminismus«; im Gegenzug dazu konstatierte er die Ausbildung eines »liberalen Lebenstons«. Hausenstein folgerte daraus, daß Berlins »Gravitationspunkt in der Perspektive der Zukunft und nicht in der Vergangenheit« liege. Trotz aller Widersprüche und Probleme war die Stadt doch auch voller Energie und Lebensfreude, trotz aller Zeit- und Gesellschaftskritik strahlte sie einen fast hemmungslosen Zukunftsoptimismus aus.

Ähnlich zukunftsgewiß und einer ähnlichen historischen Dynamik Ausdruck gebend, hatte im Jahre 1847 eine Zeichnung von Wilhelm Scholz die »Geschichte der Entwicklung Berlins« imaginiert. Die Zeichnung schmückte das Frontblatt einer kleinen Broschüre, deren Titel ›Physiologie Berlins‹ lautete und die in knapper Form die gesellschaftlichen Wandlungsvorgänge von der Residenzstadt zur sich herausbildenden Industriestadt nachzeichnete. Dargestellt waren – übereinander angeordnet – mehrere historische Figuren, und – rittlings auf einer Lokomotive – der Handelsgott Merkur. Die unterste Figur, müde hingestreckt neben einem Bären, dem Berliner Wappentier, gibt sich als ein in barocker Standestracht gekleideter Höfling zu erkennen, dem die Allonge-Perücke von einem friderizianisch uniformierten Offizier abgezogen wird. Diesem wiederum wird der Zopf abgeschnitten – von einem Soldaten der Schinkel-Zeit. Über dem Soldaten erhebt sich bildbestimmend der Kessel einer Lokomotive, auf dem ein vital-jugendlicher Merkur thront – zur Rechten das Flaggenband seines Zepters mit der Aufschrift »Handelsfreiheit«, zu seiner Linken kraftvoll aufsteigender Lokomotivdampf. Aufwärts in eine ›göttliche‹ Zukunft, im Zeichen des Handels und Gewerbes, emanzipiert vom Zopf- und Perücken-Geist höfischer Bindungen, das war die Botschaft des Bildes, das einen Text illustrierte, in dem die »Industrie und Fabrikation und der Handel« auch deshalb begrüßt wurden, weil sie Stück für Stück »Berlin, die versteinerte Cabinettsordre der Hohenzollern eroberten«. Die Zeichnung hielt eindrucksvoll fest, was später immer wieder als typisch für die Stadtgeschichte diagnostiziert wurde: die Tradition der Traditionslosigkeit; sie veranschaulichte die Behauptung, daß sich Berlin alle 30 Jahre neu denkt und anders entwirft.

Als bezeichnendes historisches Indiz für diese in eine Allegorie gefaßte Entwicklung der Stadt hatte 1844 schon die Tatsache gelten können, daß für die erste große Gewerbeausstellung in Berlin (zum zehnjährigen Bestehen des Zollvereins) das militärische Zeughaus, damals noch ganz Waffenkammer, ausgeräumt worden war. Und in der Tat konnte von der Stadt als »Hauptschwingungsknoten eines riesigen, dampfbeschwingten Verkehrs« die Rede sein, denn im Erscheinungsjahr der Broschüre über die ›Physiologie Berlins‹ war die Borsigsche Maschinenbauanstalt zehn Jahre alt und nur ein Jahr zuvor, 1846, war die hundertste Lokomotive mit einem der ersten Industriefeste Berlins gefeiert worden. Die Lokomotive galt als Metapher des Fortschritts, die nicht nur in Borsigschen Preisgedichten bejubelt, sondern auch in Gassenhauern besungen wurde. Schon aus dem Jahre 1838, als die erste Eisenbahn von Berlin nach Potsdam fuhr, ist ein Lied überliefert, das im neuen Beförderungsmittel die Chiffre für den neuen ›Zeitgeist‹ sah:

»Fort mit dem alten Schlendrian,
wir lassen uns nicht halten,
kutschieren mit der Eisenbahn,
zum Trotz Euch klugen Alten.
Bewegt Euch langsam nur vom Ort,
wir rutschen mit dem Zeitgeist fort
nach Potsdam, Potsdam. Tralala...«

Berlin war Mitte des 19. Jahrhunderts nicht nur der Ort der neuen Fabriken, in denen der Fortschritt produziert wurde, sondern auch der Ort neuer Mentalitäten, die ihren Prägestempel in allgemein beobachtbaren und nachvollziehbaren Modellerlebnissen und Erlebnismodellen hatten. Die Epoche des Dampfes und der innovativen technischen Kräfte war in Berlin nicht nur eine Sache der ›Physikalischen Gesellschaft‹ (dort trug Helmholtz 1847 – ebenfalls im Erscheinungsjahr der erwähnten Broschüre – seine Krafterhaltungstheorie vor), sondern auch der Alltagserfahrungen, die vom Rhythmus neuer Arbeits- und Verkehrsbedingungen, neuer Bewegungs- und Wahrnehmungsformen diktiert waren. Der Zukunftsoptimismus, den Berlin schon in den vierziger Jahren ausstrahlte, profitierte nicht nur vom Elan der Borsigschen, Egellschen oder Schwartzkopffschen Fabrikarbeiter, die im Lokomotivbau einen Dienst am Fortschritt sahen, auch die Perspektive der Zuwandernden war vorwärts gerichtet. In einem Verwaltungsbericht von 1840 hieß es, daß in aller Regel die Aussicht auf ein besseres Fortkommen »die Neu-Berliner in die Stadt ziehe«. Für die vielen Tausend, die in den Vierzigern jährlich in die Stadt strömten, war Berlin immer auch der Ort eines erweiterten Möglichkeitshorizonts, der Ort, an dem man es zu etwas bringen konnte. Die Eisenbahnbegeisterung verspann sich auf subtile Weise mit den Erwartungen und Planungsperspektiven der Zugewanderten: Bewegung war nicht nur in der Stadt, sondern Bewegung war auch in den Köpfen der neuen Stadtbewohner.

Diese zukunftsorientierten Erwartungen entwickelten sich trotz eingeschränkter Lebensbedingungen, wie sie für das vormärzliche Berlin bezeichnend waren. Trotz Elend, Wohnungsnot und Cholera bildete sich schon in der ersten Hälfte des 19. Jahrhunderts eine urbane Mentalität heraus, die ganz auf eine zivilisatorische Dynamik setzte und die zu einer Art Grundmuster berlinischen Denkens und berlinischer Selbsteinschätzung wurde. Es ist erstaunlich, daß selbst die ersten soziographischen Darstellungen Berlins, von Ernst Dronke (1846) und Friedrich Saß (1846), die die Probleme der wildwachsenden Großstadt, ihre Not, ihre Armut und sozialen Ungerechtigkeiten in düsteren Farben schildern, nicht frei von Faszination angesichts der großen Stadt sind. »Die Lokomotive pfeift«, so heißt im Ton der neuen Zeit der erste Satz von Dronkes Berlin-Buch, das wegen seines sozialkritischen Reportagestils den preußischen Behörden als »verwerfliche Schrift« galt; Dronke sah jedoch auch im »bewegten öffentlichen Leben« und im »großstädtischen Element« den »schätzbarsten Vorzug, welchen Berlin gewährt«. Trotz der drastischen Ausführungen zu Wohnungsnot und Pauperismus ist auch bei Friedrich Saß von einer »großartigen Entwicklung« Berlins die Rede, von einer »modernen Stadt, worin Erwerb, Konkurrenz, die Schlagadern bieten«. Zwar fehlte bei Saß und Dronke nicht der Hinweis auf eine weitverbreitete »stumpfsinnige Resignation« und den politischen »Indifferentismus, dessen man die Massen in Berlin so mannigfach anklagt«, aber im System der Großstadt selbst, in ihrer vielfältigen Gegliedertheit und im bewegten Neben- und Gegeneinander der Kräfte wurde ein urbanes Gebilde voller Dynamik und voller Wandlungsfähigkeit gesehen.

Die Fahrt mit der Eisenbahn, die Arbeit in den Maschinenbauanstalten, die Architektur der Bahnhöfe und der Dampf der Fabrikschlote (übrigens schon 1837 von Karl Friedrich Schinkel in einem Aquarell für den Freund und Gewerbeförderer Peter Christian Wilhelm Beuth imponierend-mythologisierend ins Bild gesetzt) waren Neuigkeiten, die dem Berliner Selbstverständnis wichtige Impulse gaben. Wie keine andere Stadt in Deutschland erschien Berlin als Metapher eines automatisch verlaufenden Fortschritts, der in den Erlebnis- und Wahrnehmungsakten des Einzelnen als neue großstädtische Wirklichkeit, als Sensation im ursprünglichen Wortsinn erfahrbar wurde und so das berlinische Bewußtsein mit prägte. Schon in der Urbanisierungsphase des Vormärz wurden Mentalitäten und Orientierungsmuster gestanzt, die lange Zeit als berlintypisch angesehen wurden. In einer seiner zahlreichen Diagnosen des Berliners hatte der um die Jahrhundertwende in der Reichshauptstadt tätige Arzt und zum revisionistischen Flügel der SPD gehörige Willy Hellpach das produktive Wechselspiel von »emotionaler Indifferenz« und »sensueller Vigilanz« als Wesenszug der Stadt und ihrer Bewohner beschrieben. Unter Indifferenz verstand er das, was in den frühen Berlin-Soziographien Apathie, Resignation und tatsächlich auch ›Indifferentismus‹ genannt worden war. Als »vorzüglichsten Charakterzug der Stadt« hatte Ernst Dronke das »Verschwinden des Einzelnen in der Gesamtheit« ausgemacht und damit auf die emotionale Gleichgültigkeit hingewiesen, die nötig ist, um ein Leben in Massenhaftigkeit und mit vielfältigen neuen Anmutungen zu bewältigen.

Sensuelle Vigilanz meinte bei Hellpach jene angestrengte, energiegeladene Sinneswachheit, die offen ist für neue Anmutungen, für neue Erlebnismodelle. Mit sensueller Vigilanz wird die große Stadt erobert, wird ihr Terrain als Möglichkeitshorizont ausgemessen, und die emotionale Indifferenz verhindert, daß es zu Katastrophen bei der Integration und Anpassung kommt. Hellpach sah in den Berlinern die Verkörperung des modernen Menschen schlechthin – eine Ansicht, die er als Arzt und Psychologe, wachsam durch sein damaliges politisches Engagement, auf vielen Erkundungsgängen in der großen Stadt gewonnen hatte. Am Beispiel des Berliner Materials hat er die Wechselbeziehung von Urbanisierung und Mentalitätswandel immer wieder durchdekliniert. Berliner Denkweise und Berliner Verhaltensstil seien in einer langen Dauer aufgebaut worden und nicht in jedem Fall den historischen Ereignissen und Einschnitten zeitgleich gefolgt; dennoch dürften sie nicht unabhängig von der politischen Geschichte und den politischen Funktionen der Stadt gesehen werden, weil ständig wechselnde Erlebnismodelle und Erfahrungsanforderungen ihre Spuren im kollektiv-urbanen Bewußtsein hinterließen. Hellpachs Überlegungen, erstmals um die Jahrhundertwende formuliert, lesen sich wie ein früher Beitrag zur Geschichte der ›inneren Urbanisierung‹.

Wie gesagt: schon in der hektischen ersten Urbanisierungsphase des Vormärz sind emotionale Indifferenz und sensuelle Vigilanz als typische Berliner Haltungen deutlich zu erkennen. Resignation und Gefühlsdumpfheit bilden die Untertöne zu den Äußerungen und Selbsteinschätzungen, die der junge Schweizer Heinrich Grunholzer in den gut 400 Mietsstuben des Vogtlandes vor dem Hamburger Tor für Bettina von Arnims 1843 erschienenes ›Königsbuch‹ recherchiert hatte. Gleichgültigkeit und Emotionslosigkeit behaupteten sich in den Wohnungen der verarmten Handwerker, die ihre desolate Lage als Tribut an den wirtschaftlich-technischen Fortschritt des neuen Industriestandorts Berlin deuteten. Apathie und Gleichgültigkeit funktionierten als Anpassungsregler in einer angespannten Situation, die durch miserable Wohnbedingungen, wie sie zum Dauerproblem der explodierenden Großstadt werden sollten, und durch ›Abstieg in die Nahrungslosigkeit‹, wie sie den alten Gewerbezweigen aufgrund der raschen Industrieentwicklung drohte, gekennzeichnet war. Eher schwerfällig stellt sich auch eine der ersten urbanfolkloristischen Kunstfiguren dar, der von Adolf Glaßbrenner geschaffene Eckensteher Nante, der auf den Wandel und auf das wachsende Tempo der Stadt mit Gelassenheit und behäbiger Distanz reagiert – von »indifferenter Physiognomie« ist bei ihm sogar ausdrücklich die Rede. Adolf Glaßbrenners Typenlehre, schon in den dreißiger Jahren entwickelt, erschien übrigens ursprünglich unter dem Titel ›Berliner Don Quixote‹ – und ähnlich Cervantes' Held sind viele der Glaßbrennerschen Straßentypen Repräsentanten einer schwindenden Welt. Und so bezieht der Glaßbrennersche Witz seine Schärfe und Treffsicherheit in aller Regel aus dem Zusammentreffen von residenzstädtischer Konvention und metropolitaner Perspektive, aus der Konfrontation von altem und neuem Stadtverständnis – wobei die Dynamik des urbanen Wandels selber zum Gegenstand der Satire wird. Glaßbrenners Figuren sind konstruiert, und deshalb ist in sie ein Stück auch jener sensuellen Vigilanz einmontiert, die dem mentalen Aggregatzustand der immer größer werdenden Stadt in besonderer Weise zu entsprechen schien und ihre Ausdrucksformen in Schlagfertigkeit und politischer Neugierde fand. Glaßbrenners Texte offerierten Leitfiguren und Leitlinien für das Berliner Selbstverständnis – und bieten sie bis heute. Aber auch ohne Volksliteratur und Stadtfolklore bildeten sich Sinneswachheit und Regsamkeit heraus: in Reaktion auf die in steter Veränderung begriffene Lebenspraxis. Bei dem Ausmaß und Tempo der Veränderungen, die typisch für die Berliner Stadtentwicklung waren, mußte Aufgeschlossenheit dem Neuen gegenüber zwangsläufig eines der Hauptkennzeichen des Berliner Charakters werden. Innovationsfreudigkeit, Neugierde und Wagemut wurden zu Stadt-Eigenschaften. »Drum, wer nur Courage hat, komme in die Lindenstadt«, hieß es in einem Gassenhauer, der in den vierziger Jahren als Parodie auf das Berliner Lindenlied gesungen wurde.

Wie sehr Berlin schon im Vormärz der Ort wirtschaftlicher und sozialer Veränderungen war, als Ort des Neuen also vor allen anderen Städten und Regionen Preußens hervortrat, belegt eine Untersuchung des königlich-preußischen statistischen Bureaus, die im Jahre 1847 feststellte, daß in nur drei Jahrzehnten die Zahl der Fabrikarbeiter und Handwerksgesellen in ganz Preußen nur um 6,85 Prozent, in Berlin aber bei den Handwerkergesellen um 56,60 Prozent und bei den Fabrikarbeitern sogar um 170,41 Prozent zugenommen hatte. Es war also nicht nur die Bevölkerungszunahme an sich, durch die sich die Stadt veränderte, sondern auch die Form der Produktion, die Art der Erzeugnisse und deren Fertigung. Der Arbeitsstolz, der vom Fortschrittsenthusiasmus seinen Glanz zu erhalten schien und sich der Neuheit technischer Produktion verbunden wußte, machte die miserablen Existenzbedingungen, insbesondere die Wohnungsnot – und dies war das Hauptproblem der sozialen Frage in Berlin – ertragbar, indem er sie mental ausglich.

Es gibt kein Thema, das einprägsamer beschrieben und abgehandelt worden ist als die Wohnungsfrage im Berlin des 19. Jahrhunderts. Gerade auch im wuchernden Mietswohnungsbau und in den Wohnverhältnissen der Arbeiterviertel Berlins sah die wissenschaftliche und literarische Großstadtfeindschaft, deren Denkkonturen in den fünfziger Jahren erstmals skizziert wurden, die Wurzeln des urbanen Chaos. Die Klagen über die Wohnungszustände reichen von der Zeit des Vormärz (Bettina von Arnims ›Königsbuch‹ enthielt eine der ersten Wohnungsenqueten) bis in die Zeit nach dem Ersten Weltkrieg (mit den berühmten Photodokumentationen der Krankenkassen). Die Erhebungen von staatlichen und kommunalen Behörden, die zum Teil eigens zu dem Zweck eingerichtet worden waren, um mit den Urbanisierungsproblemen fertig zu werden, beschönigten und verharmlosten das Mietelend in keiner Weise – im Gegenteil, sie sahen in den Wohnbedingungen die Ursache für andere Übel der Großstadt. Die überfüllten Mietshäuser galten ihnen als »wahre Herbergen von Katarrhen und Rheumatismen«, als Herd für epidemische und sittliche Gefährdungen. Der Handelsgott Merkur, den die Berlin-Mythologie der vierziger und fünfziger Jahre so gerne beschwor (und später an die Fassaden des Geschäftshauses applizierte), hatte zwar Handel und Wandel der Stadt aufs Neue verpflichtet, aber auch die Elendsquartiere entstehen lassen. »... statt unzähliger Götter schleichen unzählige Krankheiten herum und mischen sich erbarmungsvoll unter das arme Volk«, so hatte, im Blick auf das Mietshauselend, kurz nach der Jahrhundertwende der Nervenarzt Alfred Döblin geschrieben – in einem kleinen Berlin-Essay mit dem bezeichnenden Titel ›Das Märkische Ninive‹.

War Wachheit, sensuelle Vigilanz also, eine nutzbringende und hilfreiche Eigenschaft für die neuen Formen der Arbeit und für die Orientierung in der großstädtischen Öffentlichkeit, so erwiesen sich Apathie und Gefühlsgleichgültigkeit als situationsadäquate Urbanisierungshaltungen beim Einleben in die ›größte Mietskasernenstadt der Welt‹. Neben den disziplinierenden Miet- und Hausordnungen, im harschen Ton einer militärischen Anweisung gehalten, war es vor allem die »seelische Mieterpanzerung« (Peter R. Gleichmann), die eine Eingliederung der Einzelnen im Mit- und Durcheinander der dichtbelegten Mietskasernen ermöglichte. Die emotionale Indifferenz wirkte als Art Immunschutz gegenüber den Anforderungen und Zumutungen der ungeordneten Kommunikationsbeziehungen und bewahrte solcher Art vor emotionalen Katastrophen – insbesondere wenn man an die Überfüllung der Wohnungen, an das Schlafstellen- und Untermieterwesen und an die häufigen Umzüge denkt.

Die Einrichtung eines spezifischen Gefühlshaushalts (ausgezeichnet gleichermaßen durch Abwehr- und Aufnahmereaktionen), war für die innere Urbanisierung nicht weniger wichtig als die Installationen der Stadttechnik und Hygiene für die äußere Urbanisierung. Mit den Verkehrsadern, den Versorgungs- und Entsorgungssystemen, mit den Gasanstalten und Gesundheitsämtern wurden Einrichtungen geschaffen, die ein Leben in der großen Stadt ohne soziales Chaos und ohne permanente Gesundheitsgefährdung ermöglichten. Lange Zeit sahen die Kommunalsachverständigen in Berlin gerade in der fortschreitenden Technik das Heilmittel gegen die Urbanisierungsübel. So trug Hermann Schwabe, Direktor des Statistischen Büros der Stadt Berlin, immer wieder mit reichem soziographischen Material unterfütterte Plädoyers zur Gründung und Ausgestaltung moderner Verkehrs- und Versorgungsnetze vor, um dem entgegenzuwirken, was »seit Jahren Berlin bedroht und alle Nervenfasern seines sozialen, geschäftlichen, physischen und moralischen Lebens zermürbt« – gemeint war die Bevölkerungsinvasion und die daraus resultierende Wohnungsnot. In Rudolf Virchow hatte Berlin einen Gesundheits- und Hygiene-Ingenieur ersten Ranges, der imstande war, auf den Ebenen der Kommunalpolitik, des Medizinalwesens und der Zivilisationstheorie der Urbanisierung Berlins neue Impulse zu geben. Den Respekt, der Virchow in der Stadt gezollt wurde, hat übrigens Mark Twain in einer eindrucksvollen Reportage über dessen öffentlich gefeierten siebzigsten Geburtstag im Jahre 1891 beschrieben.

Auch die Rieselfelder und Gasanstalten als bisher unbekannte Einrichtungen der Technik und der Hygiene verstärkten das Modernitäts- und Neuheitsrenommee von Berlin. Mit Wasserleitungen, Abwasserkanälen und Stadtbahnen partizipierte der Berliner am Fortschritt, den er voller Stolz in seiner Stadt lebensnah verwirklicht sah – auch dies wieder trotz Wohnungsnot und Mieterelend. Diese galten als Mißstände, die man als vorübergehende Erscheinungen, als Tribut an die beobachtbare Zivilisationstendenz, wahrzunehmen bereit war. Die Ingenieurwissenschaften wurden nicht müde, die zukunftsweisenden technischen Stadtinstallationen als menschheitsbeglückende Leistungen auszudeuten. »Segensreich« und »großartig« waren die Attribute, mit denen der Architekt und Baumeister August Orth in der Festrede zur Schinkelfeier 1875 die »Neubildungen auf dem Gebiet der sanitären, wirtschaftlichen und Verkehrseinrichtungen« rühmte.

Dynamik, Zukunftserwartung und Modernität gründeten freilich nicht nur in den ›Neubildungen‹ der Städtetechnik und im neuen Charakter einer in vielen Bereichen und Branchen immer moderner werdenden Industriearbeit. Ein wesentlicher Faktor für das Bild Berlins als ›neuer‹ Stadt war sicher auch das Alter der Bevölkerung. Unabhängig von Inhalten und Zielen der Neuerungen war damit in Berlin eine wesentliche Voraussetzung für Innovationen aller Art entstanden. Der Altersaufbau sorgte für ein Klima, in dem die Durchsetzung des Neuen kaum durch traditionelle Gewöhnungen und Wertvorstellungen behindert war. Das niedrige Durchschnittsalter machte Berlin zu einem im Ganzen innovationsfreudigen System.

Zwischen 1816 und 1890 hatte Berlin die ›jüngste‹ Bevölkerung in Deutschland. 1870, im vierten Jahr seines Bestehens, teilte das Statistische Büro der Stadt Berlin mit, daß »in Berlin von sämmtlichen Altersklassen die lebensfrischesten, kräftigsten und strebsamsten, nämlich die 20 – 30jährigen, am stärksten vertreten sind« und schloß daran eine Reihe von Überlegungen an, welche Rückwirkungen diese Tatsache auf das »Selbstgefühl« und »die Eigentümlichkeiten unserer Stadt« habe. Erwähnt wurden nicht nur der Planungsoptimismus, der sich vom Ehrgeiz der jugendlichen Zuwanderer und vom Streben nach Anerkennung der Arbeitenden in allen Sektoren und Etagen der Industrie herleite, sondern auch die »ameisenartige Regsamkeit der Großstadt, in der die Welt sich schneller um ihre Achse zu drehen scheint«. Und noch potenziert werde der »junge« Charakter der Stadt, weil mit dem Fehlen der höheren »Altersklassen Kräfte der Beharrung, der Erinnerung, der Reflektion und des Maßgebens deutlich eingeschränkt« seien. Diese Konstellation sei schließlich auch der Grund für den Mangel an einer in die lebendige Generationenfolge eingebundenen Belehrung und Erziehung, was dazu führe, daß »in Berlin die Bildung des Geistes und Herzens auf weniger breiter Grundlage ruhe«. Beobachtungen dieser Art, die die Großstadtkritik gerne in Begriffe wie entwurzelt, heimatlos und verloren gefaßt hat, galten den Urbanisierungsstrategen durchaus als Positivum. Im abschließenden Kommentar zum Altersaufbau las man als Quintessenz: »Die relativ geringe Anzahl alter Leute in Berlin wird daher zur Folge haben, daß sie weniger Einfluß gewinnen und da dieser ein konservativer ist, daß die Bevölkerung unserer Großstadt zu rascherem Fortschritt und Wechsel geneigter ist.« Durch die Altersstruktur der Bevölkerung, ab 1867 von den Kommunal-Statistikern penibel erfaßt und publiziert, war das Berliner Lebensgefühl auf Neuheitserwartungen, Aufbauprozesse und Möglichkeitshorizonte angelegt.

Starken Auftrieb erhielt das Berlin-Bewußtsein nach der Reichsgründung, durch die die Stadt zur nationalen Metropole wurde – zum Parvenü unter den Hauptstädten Europas. Berlin sah sich als Hauptstadt eines Reiches, welches voller Kraftgefühl und Optimismus in die Weltpolitik eingestiegen war. Über Nacht, so hieß es in zeitgenössischen Urteilen, war Berlin das Zentrum der deutschen Reichspolitik geworden. Berlins Bevölkerung applaudierte den Hohenzollern und fand selbst eine Rolle im Schauspiel des Kaiserreichs. Die kollektive Begeisterung bei den Paraden, Aufmärschen, bei den Kaiser- und Staatsfesten schnitt sich tief ins reichshauptstädtische Bewußtsein ein und bewirkte auf der einen Seite eine hohe Identität mit der Stadt, auf der anderen Seite aber auch jene Überheblichkeit und Arroganz, die im Kaiserreich als Charakterzug der Berliner galt. Als »Kollektivschneidigkeit« hat Carl Sternheim diese Haltung im Rückblick bezeichnet.

In einer Abhandlung über den Berliner Ton, wenige Jahre nach der Reichsgründung geschrieben, hatte Theodor Fontane drei Arten der Berliner Sprechweise unterschieden: »Im Haus, in der Gesellschaft und mit Fremden«. Allen dreien gemeinsam sei eine »infernale Heiterkeit«, gepaart mit einem »Mangel an Politesse, Theilnahme und Menschenfreundlichkeit«. Eine gewisse Formlosigkeit sei dem Umgangston im Haus und in der Gesellschaft abzulauschen – Indizien für die routinierte Kommunikation der Stadtbevölkerung untereinander. Mit Fremden jedoch schlage in aller Regel die »Orts-Eitelkeit« durch, die sich im »Laut-Sprechen« und im »Viel-Sprechen« äußere; der Berliner verlange vom Fremden zudem ein »Eingehen auf seine Stadt und das Leben und die Interessen derselben«. Fontane sah den Schlüssel für die berlinischen Sprechgewohnheiten in der Geschichte der Stadt – in der stürmischen Entwicklung Berlins zu einer »Residenz mit einem Hof, einem Reichstag und einem Heuschrecken-Proletariat«. Der »krasse Egoismus«, das »vollkommen aufrichtige Durchdrungensein von der Überlegenheit und besonderen Berechtigung der eigenen Person und des Orts« gründe in der Rolle Berlins als Reichshauptstadt.

Tatsächlich wird man annehmen können, daß die der großen Industriemetropole zugewachsene politische Funktion als Hauptstadt des neuen, jungen Reiches – Max Weber hat vom »Jugendstreich« der Reichsgründung gesprochen – sich auf das Bewußtsein der Hauptstadtbewohner übertrug. Ein Beispiel für die erlebnishafte Prägekraft der neuen Kapitale war die pompöse Inszenierung des Einzugs der siegreichen Truppen am 16. Juni 1871. Im Duktus großstädtischer Erlebnisformen war eine Staatszeremonie arrangiert worden, in der sich die neue Reichshauptstadtbevölkerung als Akteur auf der politischen, sogar weltpolitischen Bühne plaziert sah. In nur wenigen Tagen hatten Berlins Künstler – darunter Adolph (von) Menzel, Anton von Werner und Reinhold Begas – mit Statuen, Trophäen aus Gips und Gemälden auf Segeltuch die Stadt zu einem Erlebnisraum gestaltet, der – glaubt man späteren Berichten – noch jahrzehntelang in der Kollektiv-Erinnerung blieb. Besonders eindrucksvoll sollen vor allem die neuen Gaslicht-Illuminationen am Brandenburger Tor und Unter den Linden gewesen sein. »Die Dächer der Häuser am Pariser Platz waren schwarz von Menschen. Von der Silhouette der Victoria mit dem Vierergespann auf dem Brandenburger Tor war nicht viel mehr zu sehen als die Gestalt der den bronzenen Adlerstab emporhaltenden Lenkerin, so dicht war die Menge, die Zutritt zu dem luftigen Platz erhalten hatte«, so schilderte der Engländer Sidney Whitman voller Enthusiasmus das Ereignis. »Wimpel und Banner, venezianische Masken mit den in halber Höhe angebrachten Wappenschildern von Städten und Provinzen und geschmückt mit Flaggen, Draperien und sonstigem Zierat verwirrten das Auge durch ihre kaleidoskopartige Mannigfaltigkeit.« Und die aufmerksame Beobachterin und Kommentatorin des kaiserstädtischen Berlins, Hildegard Baronin Spitzemberg, meinte in ihrem Tagebuch, »wer diese feierlichen, großen erhabenen Stunden nicht miterlebt hat«, der könne »die stolze Seeligkeit, das überschäumende Glücksgefühl, das die Stadt ergriffen hatte«, nicht verstehen.

›Kolossal‹ war das Attribut, mit dem solche Ereignisse wie der Siegeseinzug am 16. Juni 1871 gerne belegt wurden. Es ist ein Wort des Kaiserreichs, in dem die Eindrucksqualitäten großstädtischer Inszenierungskünste zum Ausdruck gebracht werden sollten. Kolossal war die Siegeszeremonie im Sommer 1871 auf jeden Fall, und sie war nur der Auftakt für eine ganze Reihe von Veranstaltungen, bei der die große Stadt als massenkultureller Resonanzboden mit eingeplant wurde. Bei den Sedansfeiern, bei den Kaisergeburtstagen, bei Staatsbesuchen war die Berliner Bevölkerung nicht nur ein begeistert akklamierendes Publikum, sondern auch Mitspieler: Statisten im Dienste der staatlichen Repräsentation. Trotz aller sozialer Unterschiede, trotz kultureller und ideologischer Barrieren war die Beteiligung an den monarchischen Festen, die in der großstädtischen Öffentlichkeit inszeniert wurden, enorm. Über die Feiern zum neunzigsten Geburtstag von Kaiser Wilhelm I. berichtete 1887 die ›Gartenlaube‹: »In den Straßen wälzte sich eine halbe Million Menschen. Die Stadtbahnhöfe glichen Jahrmarktsplätzen ..., die unzähligen öffentlichen Lokale, die Restaurants, die Cafés waren vollgepfropft mit Menschen.«

Als Reichshauptstadt war Berlin zum Ort der Projektion nationalen Ehrgeizes und zum Ort der Konzentration von Leistungen und Möglichkeiten in Kultur, Wissenschaft und Wirtschaft geworden. Berlin war Brennpunkt und Spiegelbild aller Ambitionen, Probleme und Konflikte des Staats, den die Stadt repräsentierte, und der Gesellschaft, der sie angehörte. Wie die anderen europäischen Metropolen war

Berlin auch der Ort nationaler Identitätsfindung und internatonaler Kommunikation – und das eine durch das andere. Die Berliner gefielen sich in der Rolle von Zuschauern und Mitwirkenden des Staatsschauspiels, zumal ihnen in einem gewissermaßen ›caesaristischen Populismus‹ zahlreiche erlebnishafte Aktions- und Partizipationsmöglichkeiten geboten wurden. Der Stolz auf die Stadt wurde sinnlich-plausibel dadurch unterstützt, daß das reichshauptstädtische Berlin vor den Augen der Bevölkerung größer und schöner wurde und durch eine rege Bautätigkeit der Reichsinstitutionen neue Markierungs- und Orientierungspunkte erhielt. Im Reichstagsgebäude fand der junge Nationalstaat seine symbolische Mitte, und in den pompösen Architekturen der großen Ämter sah sich Berlin gleichrangig neben Wien, Paris, London – und New York.

So, wie die Stadt durch die neuen Bauten neu gegliedert wurde – der Zug nach dem ›Neuen Westen‹ begann –, so wurden mit den vielen Denkmälern der Kaiserzeit historische Merkzeichen gesetzt. Nicht nur die Stadtgestalt erhielt neue Akzente, sondern auch das Stadtbewußtsein, das Bewußtsein der Berliner. Monumentalbauten und Denkmäler sollten als ›stumme Lehrer‹ wirken und ein Staats- und Stadtbewußtsein im monarchischen Sinn schaffen. Die Mehrheit der im Kaiserreich errichteten Standbilder und Skulpturen an den Fassaden öffentlicher Gebäude strahlte »eine Botschaft von eindeutiger Staatstreue, von Stolz, Kraft und positivem Selbstvertrauen aus« (Peter Paret). Dies gilt vor allem für die Zeit Wilhelms II. In der Siegesallee im Tiergarten, in der der Werdegang der hohenzollerischen Dynastie in Stein gemeißelt wurde (auch einige Gestalten aus der Stadtgeschichte fanden Platz), sollte die Kunst mithelfen, so Kaiser Wilhelm II. in der Eröffnungsrede 1901, »erzieherisch auf das Volk einzuwirken«, denn das Ideal der Kunst sei, »den arbeitenden, sich abmühenden Klassen die Möglichkeit (zu) geben, sich an dem Schönen zu erheben und sich aus ihren sonstigen Gedankenkreisen heraus- und emporzuheben«. Die Siegesallee, an deren Skulpturen die bedeutendsten Berliner Bildhauer der Zeit gearbeitet hatten, gehörte zu dem Programm Wilhelms II., mit dem er Berlin »zur schönsten Stadt der Welt« machen wollte. Der Stolz auf die Kaiserstadt wurde auf diese Weise dem urbanen Massenpublikum subtil vermittelt. Durch das alltägliche Erleben der Kunstwerke in der städtischen Öffentlichkeit sollten, so war es das explizite Bestreben des Monarchen, den in häßlichen Vorstädten, in tristen Mietskasernen und grauen Arbeitervierteln lebenden Unterschichten die Möglichkeit zur Identifikation mit ›ihrer Stadt‹ gegeben werden. 1905 zählte ein Berliner Stadtführer 232 Denkmäler in Stein und Erz, in denen insgesamt 716 Personen dargestellt waren.

Man hat die forcierte Traditionspflege und die ›Denkmalswut‹ Wilhelms II. mit dessen Alter erklärt: Historismus als Gegensteuerung zu einer prätentiös zur Schau gestellten persönlichen Jugendlichkeit und auch zur Politik des ›Neuen Kurses‹. In der Tat läßt sich vieles von der Kostümfreude und der Geschichtsästhetik, die am Hof und in der Stadt inszeniert wurden, als Kontrapunkt zur Modernität des »roi parvenu« (Maximilian Harden) ausdeuten. Großstadt-Kaiser und Industrie-Kaiser waren Begriffe, die von Zeitgenossen gerne gebraucht wurden, um den neuen, schneidigen, oftmals traditionsvergessenen Politik- und Regierungsstil Wilhelms II. zu kennzeichnen. In der Person des Kaisers trafen sich jugendliches Aussehen, ein ganz und gar vitaler Habitus, politische Unbekümmertheit und Elemente, die in ihrer Wirkung bewußt auf ein großstädtisches Massenpublikum arrangiert waren. Das Selbstverständnis Berlins als junge Stadt wurde so maßgeblich auch vom Elan des jungen Kaisers gefördert.

Das Verhältnis von Wilhelm II. zu der Großstadt Berlin ist oft beschrieben und oft kritisiert worden. Was der Kunsthistoriker Karl Scheffler als bemerkenswerte Tatsache konstatierte, daß nämlich der Kaiser sich der »Atmosphäre, worin die dem Reichs- und Großstadt-Illusionismus verfallene Menge lebt», der »Weltstadtstimmung« nicht mehr habe entziehen können, wurde von Maximilian Harden aufs Heftigste attackiert. Mit Mitteln der Massensuggestion, mit einer »Ära der Feste«, einem »inhaltlosen aufwendigen Pomp« und einer »ständigen Steigerung der Reizmittel« habe Wilhelm II. im Zeichen großstädtischer Vermassungstendenzen »eine feiertäglich aufgeputzte Politik«, eine »Politik der Galaopern und Manegen-Pantomimen« betrieben. Die Großstadt-Gesellschaft und -Kultur hatte die Regie der monarchistischen Repräsentation verändert, andererseits waren die »illuminierte Politik« (Harden) und auch die Person Wilhelms II. nicht ohne Einfluß auf das Bewußtsein der Reichshauptstädter geblieben. Die berlinische Identifikation mit dem jungen Kaiser muß um die Jahrhundertwende soweit gegangen sein, daß die Kopie seines Aussehens (»der Bart auf der Oberlippe bekommt ein idealisiertes Gepräge«) zur Mode wurde. 1905 notierte eine anonym publizierte Berlin-Beschreibung: »Armee und Gesellschaft vereinigen sich zu einer typisch-gleichmäßigen Wiederholung des Kaiserkopfs.«

Walther Rathenau hat in seinem berühmten Aufsatz ›Der Kaiser‹ auf die Wechselwirkung von »Volkscharakter und Monarchen-Charakter« als Problem des Wilhelminismus hingewiesen und unter anderem das »überhitzte, tatsachenhungrige Großstadtleben« für das parvenühafte und auf Wirkung bedachte Verhalten dieses Kaisers verantwortlich gemacht. Andererseits habe die »Lautverstärkung der höfischen Akustik« für ein durch und durch wilhelminisches Berlin gesorgt. »Nie hat eine Epoche mit größerem Recht den Namen ihres Monarchen geführt«, so hat es Rathenau mit Blick auf die Berliner Gesellschaft und Kultur ein halbes Jahr nach dem Ende des Kaiserreichs formuliert.

Trotz der starken monarchischen Prägung, die von Ausländern immer wieder beobachtet wurde, war Berlin um die Jahrhundertwende das Zentrum sozialistischer Ideen und Organisationen in Deutschland geworden. In der größten Arbeiterstadt des Kontinents hatte die sozialdemokratische Partei ihre Hochburg – trotz der Behinderungen durch das Sozialistengesetz (bis 1890) und das Dreiklassenwahlrecht (auf der kommunalen Ebene bis 1918). 1890 und 1893 konnten in den sechs Berliner Wahlkreisen die sozialistischen Reichstagskandidaten jeweils 41,1 und 56,6 Prozent der Stimmen auf sich vereinigen. Von einem ›roten Berlin‹ und der Hauptstadt der deutschen Arbeiterbewegung konnte tatsächlich die Rede sein – mehr noch nach 1900, als die SPD verstärkt auch in der Kommunalpolitik tätig und die Gewerkschaftsbewegung gefestigt wurde. Im Gegensatz zu anderen politischen Parteien und Lagern – insbesondere zu den liberalen Gruppen, die über Jahrzehnte hinweg die oppositionelle Kraft gewesen waren – wirkte die sozialdemokratische Bewegung äußerst jugendlich und kraftvoll, vor allem was ihre Aufzüge, Aktionen und Manifestationen in der Öffentlichkeit anbetrifft. In Programmatik und Symbolik – ›Vorwärts‹ und ›Morgenröte‹ – war die Arbeiterpartei, deren Anhängerschaft sich aus den Zugewanderten und qualifizierten Fabrikarbeitern rekrutierte, kompromißlos auf die Zukunft gerichtet, ja auf das Visionäre und auf die Utopie verpflichtet. Ihre politischen Perspektiven waren eng mit der urbanen Fortschrittsgläubigkeit und Technikeuphorie verschlungen. Auch von dieser Dynamik und Vitalität wurden das Berlin-Bild und das Selbstverständnis der Berliner, jedenfalls eines nicht unbeträchtlichen Teils der Stadtbevölkerung, geprägt, zumal dann, wenn die Partei ihre Parolen voller Selbstbewußtsein kommunalpolitisch zuschnitt: »Berlin gehört uns!«

Die Bindung an die Sozialdemokratie, die nicht nur gesellschaftlich-politische, sondern auch kulturell-geistige Identitätslinien vorgab, existierte vielfach in einem mentalen und ideologischen Nebeneinander zur monarchischen Gesinnung. Die Berlin-Historiographie hat diese doppelte Loyalität (gegenüber Bebel und dem Kaiser) gerne mit einer stets in der Geschichte Berlins nachweisbaren Unterströmung und Gegenbewegung zur preußischen Obrigkeit und zur Macht der Hohenzollern in Zusammenhang gebracht. Der Historiker Hans Rothfels, der diese demokratische Kontinuität Berlins nachgezeichnet hat, hat das für Berlin typische Nebeneinander der ideologischen Orientierungen mit der Anekdote von einer Flickschneiderin aus der Katzbachstraße illustriert: Die Frau, die »als in der Wolle gefärbte Sozialdemokratin« keine Kaiserparade ausließ und stets munter Hurra rief, soll – über diesen Widerspruch befragt – geantwortet haben: »Zu Willem loof ick, aber für Aujusten Bebel sterb ick!«

Solche Widersprüche, Paradoxien und Ungleichzeitigkeiten gehören zum Wesen der großen Stadt, die von dem Durcheinander vielfältiger sozialer Gruppen, der Mischung unterschiedlichster Lebensformen gekennzeichnet ist und zudem kulturelle Stimuli in Fülle bietet. Die Großstadt als kaleidoskopartiges System von Reizen und Anmutungen, Erlebnisformen und Orientierungsmustern, Impressionen und Suggestionen war 1903 Thema einer Abhandlung des Berliner Philosophen und Soziologen Georg Simmel. Dieser Aufsatz – ganz von Berliner Erfahrungen bestimmt – markiert den Anfang einer modernen Großstadttheorie. Simmel diagnostiziert im Menschen der Großstadt eine »Steigerung des Nervenlebens, die aus dem raschen und ununterbrochenen Wechsel äußerer und innerer Eindrücke hervorgeht«. Ganz anders als die urbanitätsfeindlichen und zivilisationskritischen Großstadtansichten vor ihm, analysiert er die Metropole als Entstehungsort und Lernfeld der gesellschaftlichen und kulturellen »Differenzierung, Verfeinerung, Bereicherung«. »Statt mit dem Gemüte«, so charakterisierte Simmel den Großstädter, »reagiert er ... mit dem Verstande«, und er leitet daraus die allgemeinere Beobachtung ab, daß diese »Verstandesmäßigkeit, so als ein Präservativ des subjektiven Lebens gegen die Vergewaltigung der Großstadt erkannt, sich in und mit vielfachen Einzelerscheinungen verzweigt«.

So sensibel Simmel dem subjektiven Leben des Großstädters nachspürte, so detailliert befaßte er sich auch mit den objektiven Veränderungen der Lebensumwelt, insbesondere der neuen Dingwelten. In ihrer beispiellosen Modernität war Berlin die Stadt, in der Simmels Überlegungen angeregt wurden und in der sie ihre empirische Basis hatten. In zahlreichen kleinen Abhandlungen hat er Berliner Ereignisse und Begebenheiten feinfühlig und scharfsinnig kommentiert, wobei ihm immer der Nachweis der »praktischen Vernunft Berlins« wichtig war, weil diese die Voraussetzung dafür bot, die »Fülle und Buntheit vorüberhastender Eindrücke« zu verkraften. Simmel interessierte die Metropole Deutschlands nicht primär als Ort der politischen Entscheidung, nicht als nationale Mitte, sondern als exemplarischer Ort der Entwicklung von Vielfalt und Widerspruch, als Ort, wo ein neues »Bewußtseinsquantum« und ein neuer »Rhythmus des sinnlich-geistigen Lebens« entstanden.

Wie sehr Simmels Großstadttheorie auf Berliner Erfahrungen bezogen war, zeigt sich auch daran, daß ihre Grundlinien in einem Bericht über die Berliner Gewerbe-Ausstellung im Jahre 1896 erstmals fixiert worden sind. Das Wechselverhältnis von veränderter Dingwelt und verändertem Seelenleben wird am Exempel der Berliner Produktion und Konsumtion gezeigt, wobei das Ausgestellte und Gezeigte als Leistungs- und Zivilisationsnachweis der Weltstadt Berlin dargetan werden: Die besonderen Formen der Berliner Produktion und Konsumtion, über die Georg Simmel anläßlich der Ausstellung im Treptower Park nachdachte, waren tatsächlich innerhalb einer Generation völlig anders geworden – sowohl was die Produkte als auch was die Art und Weise des Produzierens und Konsumierens betrifft. Die urbanen Lebensbedingungen hatten den Massenkonsum und die moderne Verkehrswirtschaft entstehen lassen und damit auch die Entwicklung von neuen Bedürfnissen und die Art ihrer Befriedigung in Gang gesetzt. Durch die Massenversorgung und bisher unbekannte Verteilungssysteme bildeten sich im Wechselspiel von Uniformierung und Differenzierung neue Konsumgewohnheiten heraus, die bei allen schichtspezifischen Unterschieden doch einen klaren großstädtischen Stil erkennen lassen – einen Stil, der sich durch Schnellgenießbarkeit, Abwechslung (Mode) und ›Schaufenster-Qualität‹ auszeichnet.

In seiner gewitzten Dissertation über den ›Berliner Flaschenbierhandel‹ (1900) hat Gustav Stresemann die Wandlungen des großstädtischen Konsumverhaltens nachgezeichnet und dabei die ›moderne‹ Zigarette und die Aschingerschen Bierquellen als Produkte und Medien der metropolitanen Kultur beschrieben. Stresemann orientiert sich in seinen subtilen Analysen an der Methode Georg Simmels, indem er die banalen Einzeldinge als »Elemente eines Ganzen«, als »Glieder einer höheren Einheit« interpretiert – und so das unverwechselbare System der Berliner Großstadtkultur am Beispiel der »in einem Rahmen vereinten Dinge mit ihren wechselseitig erregten Kräften, ihren Widersprüchen wie ihrem Zusammengehen« analysiert.

Vor einigen Jahren haben Tilman Buddensieg und Henning Rogge einen Bildband über die AEG publiziert, dessen faszinierenden Photographien die Modernität der Produktion in einer der Leitbranchen der Berliner Industrie abzulesen ist. Die Photographien – sie stammen aus der Zeit kurz vor dem Ersten Weltkrieg – zeigen, daß die Arbeitsabläufe in den modernen Fabriken schon früh rationell organisiert waren, insbesondere in jenen Bereichen, in denen Produkte für eine massenhafte Verwendbarkeit hergestellt wurden, und denen überdies die Kontur des zivilisatorischen Fortschritts eigen war. Allen voran die Elektro-Industrie, bei der es nach der AEG-Philosophie »um die Entstehung eines neuen Wirtschafts-Gebietes und um eine Umgestaltung eines großen Teils aller modernen Lebensverhältnisse« ging. Es war eine Umgestaltung, »die nicht vom Konsumenten ausging, sondern vom Produzenten organisiert und gewissermaßen aufgezwungen werden mußte«. So, wie die Borsig-Arbeiter in den vierziger Jahren in den Lokomotivschmieden den ›neuen Zeitgeist‹ mitschufen, so wurde in den Hallen der AEG jene Elektrotechnik produziert, die lange Zeit ebenfalls als Fortschrittsmetapher gefeiert wurde. Und die Reklame-Poesie der Elektrofirmen verselbständigte sich zum Straßenlied:

»Hoch klingt das Lied vom klugen Mann,
der sich elektrisch Licht legt an.
Da strahlt die Wohnung jederzeit
in voller Tageshelligkeit,
verklärt vom milden Zauberschein.«

Schon 1902 hatte Paul Lincke in seiner Operette ›Lysistrata‹ mit dem später zum Schlager gewordenen ›Glühwürmchen, Glühwürmchen flimmre‹ die Elektrizität als Erlebnismodell besungen und die damit verbundenen Erfahrungen und Erwartungen zu einem einprägsamen Bild verdichtet. Bis weit in die Zeit der Weimarer Republik trieb Berlin einen wahren Licht- und Elektrizitätskult und ließ sich nicht ungern ›Elektropolis‹ nennen. Erich Kästner reimte in den späten zwanziger Jahre auf »Potsdamer Platz«: »Die Nacht glüht auf in Kilowatts.« In seinem letzten Amtsjahr pries der Oberbürgermeister von Groß-Berlin, Gustav Böss, die Leistung und Entwicklung der Berliner Elektrizitätswirtschaft, klagte jedoch darüber, daß die deutsche Metropole noch weit hinter anderen Weltstädten zurückstehe. »Der Hundertsatz der elektrisch versorgten Wohnungen betrug 1927 in Berlin 43; in Chicago dagegen 94. Berlin stand 1927 erst da, wo Chicago bereits im Jahre 1918 war.«

Böss' Argumentation benennt deutlicher als manch geglätteter Rückblick die Probleme, Projekte und Visionen Groß-Berlins. Kompromißlos modern in seinem Eigenentwurf, bestimmt von sozialen Ungleichheiten und damit von kulturellen Ungleichzeitigkeiten, ambitioniert im Anspruch, es Chicago oder New York gleichzutun: so sah sich Berlin. Der Blick auf Amerika, auf die amerikanischen Arbeits- und Lebensverhältnisse, auf die amerikanischen Vergnügungen und Bewegungen gab dem Berlin der zwanziger Jahre die Folie für seine Selbstdeutungen: rasant gewachsen, geprägt durch Innovationsbereitschaft, Ordnung und Chaos ausbalancierend, Bewegungen und Neuerungen folgend, die wenig von Traditionen gelenkt und gebändigt waren, eine Vielzahl von Kulturstilen vereinigend, im Habitus bestimmt durch die Zuwanderergruppen – mit diesen Strukturmerkmalen setzte sich Berlin in den Vergleich mit Amerika. Vor allem nach dem Ende der Monarchie, nach dem zum amerikanischen Großstadtwachstum die politische Freiheit hinzugekommen war, intensivierte sich die Berliner Amerika-Faszination – und zwar auf allen Ebenen und in allen Bereichen. Die Rationalisierung und Automatisierung mit ihren streng normierten Bewegungsformen hatten die Arbeit in Fabrik und Büro rhythmisiert und waren sogar in die Vergnügungsindustrie und in den Sport eingedrungen, amerikanische Perspektiven beherrschten die Planungen und Entwürfe der Architekten und selbst die revoltierenden Künstler gaben sich als ›Asphalt-Cowboy‹ (George Grosz) oder kultivierten einen ›Amerika-Spleen‹ (Rudolf Schlichter). Voller Überschwang hatte Erich Mendelsohn in seinem Amerika-Buch von 1926 das Planen und Bauen in den Vereinigten Staaten als »Hoffnung einer neuen Welt« begrüßt und Berlins Architekten New York und Chicago als Vorbild empfohlen. Und in dem erwähnten Schlager ›Heimat Berlin‹ von Walter Mehring hatte es schon zu Anfang der Zwanziger geheißen: »New York – Berlin een eenz'ger Satz«. Ein Jahrzehnt später ließ sich Berlin im ›Querschnitt‹ von einem Ausländer bestätigen, daß es das »New York Alt-Europas« sei, eine »neue Hauptstadt«, in der die amerikanischen Tugenden »Lebendigkeit und Freimut« verwirklicht seien.

Lebendigkeit und Freimut resultierten sicher aus der Eigenart der stürmischen Berliner Urbanisierung, aber auch aus der intellektuellen Radikalität der Kunstrichtungen und Kunstgattungen, die nach dem Krieg und nach dem Sturz des Kaisers in der Stadt herrschten. Die Wildheit, Exzessivität und Schärfe der Berliner Kulturszene in den Anfangsjahren der Republik erklärt sich zu einem nicht geringen Teil aus dem abrupt und schnell vollzogenen Wechsel von der Monarchie zur Demokratie. So jedenfalls haben es übereinstimmend Hannah Höch und Claire Goll in ihren Rückblicken dargestellt. Hannah Höch spricht vom eruptiven Aufflammen »einer Art negativen Nachrufs auf die eben untergegangene Staats- und Lebensform«, und Claire Goll bringt Berlin als »ein Fest, ein Wirbelsturm, eine Revolution, alles gleichzeitig« in Erinnerung. Ihre Erklärung: »Ein Volk ohne politische Erfahrung, ohne revolutionäre Vergangenheit wollte sich nun plötzlich von der preußischen Unterdrückung und von dem erstickenden Bürgermief befreien. Verrücktheit, Hoffnung und Träume gingen wirr durcheinander ...« Die Geschichtswissenschaft beurteilt das übrigens nicht anders als die memorierfreudigen Protagonistinnen der ehemaligen Berliner Kulturszene. So sieht auch der Berlin-Historiker Hans Herzfeld im raschen Übergang der Staatsformen berlinische Eigenschaften und Qualitäten am Werke: »So konnte Berlin die Umwelt durch die Schnelligkeit in Erstaunen versetzen, mit der Kaiser, Hof und selbst das ›Militärwesen‹ hier fallen gelassen wurden; es stellte sich mit einem Realismus, der im Reiche oft genug Anstoß erregte, auf den Boden der neuen Tatsachen und sicherte sich dadurch sofort eine leitende Stellung in der neuen Demokratie.«

Wie in keiner anderen Stadt Deutschlands war in dem republikanischen Berlin ein Kulturklima entstanden, das durch und durch von Urbanität bestimmt war. Zwei Merkmalen ist dies besonders deutlich abzulesen. Das ist einmal der ›publizistische‹ Charakter der Berliner Literatur und Kunst. Die Schriftsteller und Maler wollten auf die Öffentlichkeit einwirken, sie wandten sich mit Medien aller Art an ein kulturelles Massenpublikum. Alte und neue publizistische Mittel wurden in den Kanon künstlerischer Gestaltung einbezogen: eine kaum überschaubare Anzahl von Zeitungen, Illustrierten und Zeitschriften war in Berlin auf dem Markt, und Kino, Rundfunk und die neuen Formen des Massentheaters wurden ebenfalls von den Wort- und Bildkünstlern als Experimentierfeld benutzt. Die politische Literatur blühte genauso auf wie die gesellschaftlichen Genres der bildenden Kunst. Der Essay war an der Tagesordnung, und man sprach sogar – an Benjamin, Bloch und Kracauer denkend – von einer Berliner ›Philosophie im Revuestil‹.

Die Öffnung auf breite Publikumskreise hin hängt freilich auch mit dem zusammen, was Siegfried Kracauer als ›Angestellten-Kultur‹ beschrieben hat. Und in der Tat bilden die Kulturbedürfnisse der und die Kulturangebote für die neuen Mittelschichten ein weiteres prägendes Merkmal der großen Stadt. Schon im Kaiserreich hatten die in der Reichshauptstadt in starker Konzentration entstehenden Institutionen und Organisationen der Verwaltung, des Handels, der Banken und Versicherungen ein Angestelltenheer anwachsen lassen, das seine Erwartungen in Kultur und Lebensweise schon vor dem Ersten Weltkrieg in neuen Warenangeboten, Konsumformen und Vergnügungsmedien wie Kabarett und Operette verwirklicht sehen konnte. In den zwanziger Jahren, mit der fortschreitenden Erweiterung des Verwaltungs- und Handelsbereichs und der daraus folgenden Ausbreitung der sozialen Mittelschichten, bildeten sich jedoch in scharfer Pointierung moderne Offerten einer durch und durch urban geprägten Angestelltenkultur heraus, die zum Teil ältere Formen der für Berlin typischen Kulturangebote in sich integrierten. Den Wechsel in der Programmatik der Freien Volksbühne kommentierte 1929 Erwin Piscator, Erfinder der ›sozialistischen Revue‹: »Ihr Publikum hat sich gewandelt. Das klein- und mittelbürgerliche Element dominierte die ›Stullenfresser‹.«

Berlin war, wie Siegfried Kracauer 1930 schrieb, »die Stadt der ausgesprochenen Angestellten-Kultur«. Trotz weiterhin bestehender massiver sozialer Ungleichheiten und politischer Spannungen konstituierte sich, stimuliert durch die Erwartungen des Massenpublikums, ein Kulturstil, der schichtübergreifende Identitätslinien bot – über alle klassen-, gruppen- und milieubedingten Differenzen hinweg. Piscator und die Operette, Brecht und der amerikanische Revuestil, die neue Sachlichkeit und der Film, der Expressionismus und der Luna-Park standen in vielfältigen Wechselbeziehungen, die zu einer Kultur führten, in der sich die Kompensations- und Illusionswünsche der Angestellten, der ›proletarisch-innervierte‹ Agitationswille und die Unterhaltungswerte der alten Mittelschichten effektvoll verbanden.

Wirksam war die neue Massenkultur mit ihrem Trend zur Homogenisierung und Demokratisierung von Kunst- und Unterhaltungsangeboten vor allem deswegen, weil in ihr die Gleichzeitigkeit von Produktion, Kultur und Lebensgefühl Ausdruck fand. Alle drei Bereiche – Produktion, Kultur und Lebensgefühl – griffen dynamisch ineinander und bestärkten sich gegenseitig. Die Faszination über die Lebendigkeit, das Temperament und Tempo der Stadt war freilich nicht nur auf der Bühne zu bewundern, aus dem Vox-Haus zu hören und aus den Essays herauszulesen, sondern war auch erfahrbar im Privatleben selbst. Die Freizeit hatte zugenommen, vor allem aber war das Verhältnis von Arbeit und Freizeit nach festen Prinzipien gegliedert, die technischen zivilisatorischen Errungenschaften eroberten sich einen Platz im Alltag, das Erleben der gesamten Stadtöffentlichkeit unterlag keinen schicht- und gruppenspezifischen Gewohnheiten mehr, sondern die Stadt hatte sich allen und allem geöffnet. Kurt Tucholsky meinte, sogar im Erscheinungsbild und in der Physiognomie der Berliner den Wechsel der Staatsform und die Wirkungen des republikanischen Berlins erkennen zu können.

Die Dynamik der auf den Straßen, auf den Schienen und in der Luft immer schneller und verkehrsreicher werdenden Stadt übertrug sich auf die individuellen kollektiven Bewegungsformen, die zusätzlich noch von den Normen der neuen Spiel- und Sportkultur beeinflußt wurden. Der Sport drang in zweifacher Weise in Praxis und Logik des Alltags ein: als Spiel und neue Form der Freizeitgestaltung und als Schausport, bei dem Kraft- und Schnelligkeitsleistungen vor einem großen Publikum exhibitioniert wurden. Der ›Strand von Berlin‹, das Wannseebad (Neubau 1929/30), steht für die erste Sportform wie der Sportpalast (Erweiterungsbau 1928) mit seinen Boxkämpfen und Sechs-Tage-Rennen für die zweite. Der in den zwanziger Jahren vergrößerte und umgestaltete Luna-Park wiederum bot beides: das Wellenbad und den Boxring, wo übrigens Max Schmeling seine ersten Titel gewann. Der Berliner Sportenthusiasmus ist mit einigem Recht als Kontrasterlebnis zur Monotonisierung der Welt in Fabrik und Büro, als Gegenentwurf zum tristen Dasein in den Arbeitervierteln gedeutet worden, aber man wird den Sport nicht zuletzt im Wechselspiel zu der vom Rhythmus der großen Stadt ausgehenden Bewegungsfreude, zur Synchronisation von Verkehrs-, Wahrnehmungs- und Verhaltensformen zu sehen haben. Über Abwechslung und Zerstreuung hinaus war er Mittel zur Modellierung des Körpers und des Körperbewußtseins, sinnfällig unterstützt von der jungen Mode, von Kosmetik und von einer ›Schönheits-Hygiene‹.

Neben den Beschleunigungen und Stilisierungen der Bewegung ist von zeitgenössischen Beobachtern immer wieder die demonstrative und theatralische Geste registriert worden – und eben nicht nur auf der Bühne, sondern auch auf der Straße, insbesondere im Umkreis der politischen Massenaktionen. Berlin war der Ort, wo sich neue Symbol- und Manifestationsformen entwickelten, die auf Wirkung in der Masse und im Nebeneinander der vielfältigen Großstadtimpressionen bewußt kalkuliert waren. Die politische Botschaft wurde, wenn man etwa an die Aufmärsche und Demonstrationen denkt, durch eine markante Massen- und Bewegungsregie verstärkt – bis hin zu den Symbolkonkurrenzen, die sich gegen Ende der Republik zunehmend radikalisierten.

Die Uniformierungen und Ritualisierungen in allen politischen Lagern, die Erfindung von neuen politischen Grußformeln und Bildsignalen und deren kollektive Einübung im Schiller-Park und im Sportpalast, waren Ausdruck der politischen Polarisierungen – und zwar symbolhaft-ästhetisch akzentuierter Ausdruck im Zeichen großstädtischer Massen- und Zerstreuungskultur. Das ›Pathos der Nüchternheit‹, das die politische Kultur des republikanischen Berlins auszeichnen und bewußt vom Pomp und Prunk des kaiserlichen Berlins absetzen sollte, wurde durch die Inszenierung der Politik in den unterschiedlichen Parteien unterlaufen: gefordert und gefördert durch die Großstadtgesellschaft wurde ein Politik- und Propagandastil geschaffen, der auf starke Resonanz und breite Wirksamkeit hin angelegt war. Die inszenierte Geste mochte vom wagemutigen Theater der Stadt, von der expressionistischen Bühnenkunst Leopold Jessners oder von der Bewegungsregie Erwin Piscators gelernt haben, aber sie war auch beeinflußt vom Erbe des selbstdarstellenden Verhaltens, wie es als Prinzip in der Kommunikation der Großstadt aufgebaut worden war.

Folgt man ausländischen Beobachtern, und ihnen fällt ja gerade das für den Ort Typische und Selbstverständliche auf, dann war Bewegung das Kennzeichen Berlins in der republikanischen Ära. Die Bewegung fiel umso mehr auf, weil sie in vielfältiger Form rhythmisiert, organisiert und stilisiert war. Nichts sei auffallender in Berlin gewesen als die »Bewegung der Körper« und die »Dynamik der Köpfe«, so erinnert sich die französische Journalistin Stéphane Roussel an die republikanischen Jahre in Berlin. Es sei eine Stadt gewesen, die den Vergleich mit Paris, London und New York nicht habe zu scheuen brauchen, weil das urbane Lebensgefühl einen europäischen und mondialen Zuschnitt erhalten habe.

Nicht anders hatte der Schriftsteller und Zeitungskorrespondent Bernard von Brentano ebenfalls gegen Ende der Republik in der Energie und Dynamik der Stadt die Ursachen für das neue demokratische Lebensgefühl gesehen und es sogar auf die Bewegung selbst zurückgeführt: »Die Stadt aber ist der Mensch. Und immer geht hier der Mensch mit dem Menschen. Keinem kann es gelingen allein zu sein. Diese demokratische Bewegung schafft zwangsläufig eine demokratische Mentalität.«

Berlin hat in den Jahren, in denen die Diktatur zur Staatsform wurde, diese Eigenschaft, Urbanität in einem europäisch-mondialen Sinn zu verkörpern, verspielt. Berlin verlor seine Weltoffenheit, geistige Vitalität und soziale Energie, als es zu ›Germania‹, der Hauptstadt des tausendjährigen Reiches gemacht werden sollte. Es waren Planungen und Entscheidungen gegen das urbane Prinzip, das sich die Stadt in einem Jahrhundert beigebracht hatte. Die innere und äußere Zerstörung Berlins nahm ihren Anfang 1933 – die Verfolgungen nach dem Reichstagsbrand, die Bücherverbrennungen und der 1./2. Mai 1933 waren die ersten Schritte in die Terrorherrschaft.

Zwar zeigen die Wahlergebnisse der Jahre 1932 und 1933, daß Berlin – etwa im Unterschied zu anderen deutschen Großstädten – seine eingewurzelten demokratischen Traditionen keineswegs freiwillig gegenüber dem Nationalsozialismus aufgab, aber dennoch wurde die Stadt schnell zur Bühne des nationalsozialistischen Spektakels und zum Zentrum der Gewaltherrschaft. Doch Berlin war auch das Zentrum der Auflehnung, von dem roten Widerstand über die Bekennende Kirche bis hin zum 20. Juli 1944. Die äußere Zerstörung Berlins war die Antwort auf die imperialistische Kriegspolitik, die von Berlin 1939 ihren Ausgang nahm. Es ist nicht einfach, die Rolle Berlins und der Berliner in der Zeit der nationalsozialistischen Diktatur angemessen zu bestimmen. Zutreffend ist sicher der Doppelcharakter von Anpassung und Widerstand, wobei beide politische Haltungen sich auf Eigenschaften zurückführen lassen, die möglicherweise im Urbanisierungsverlauf ausgebildet und aus diesem weitervererbt worden sind. Walter Kiaulehn, von dem eine der spannendsten, materialreichsten und amüsantesten Berlin-Geschichten stammt, hat die Zeit der Diktatur als eigentlich »unberlinisch«, als dem Berliner Wesen fremd ausgeklammert. Dies ist eine Position, die auf dem Hintergrund der zeitgeschichtlichen Schock-Erfahrung – Kiaulehns ›Berlin – Schicksal einer Weltstadt‹ erschien 1958 – verständlich, aber dennoch fragwürdig ist. Waren es nicht gerade die in der raschen Großstadtbildung erlernte Beweglichkeit, Angleichungsfähigkeit und Ruhelosigkeit, die in Verbindung mit der am Ort vorgegebenen preußisch-militärischen Untertänigkeit die Anpassung bewirkt hatten? Und waren es nicht die gleichen Eigenschaften, die in Verbindung mit der am Ort geschaffenen kritischen Liberalität und dem demokratischen Bewußtsein dem Widerstand typische berlinische Energien vermittelten? Keine andere europäische Metropole hat innerhalb eines Jahrhunderts solch einen dramatischen Wechsel, aber auch solch einen Verschleiß an politischen Leitvorstellungen, an politischen Wert- und Weltorientierungen, an Bildung von Vergangenheit und Zukunft verkraften müssen wie Berlin. Sind es die ›intellektuelle Vigilanz‹ und ›emotionale Indifferenz‹ oder negativ gewendet, »die ins Kolossale getriebene, sehr tüchtige Untüchtigkeit«, die diese Brüche, Schnitte und Rupturen ertragbar machten?

Auch in der Gegenwart erstaunt, daß Berlin weiterhin von den aus der Zeit der Entwicklung zur Metropole ererbten Eigenschaften profitiert. Trotz Verlustes des Hauptstadtrangs, trotz der Teilung und Ummauerung hat sich die geistig-physische Regsamkeit der Stadtwirklichkeit gehalten. Nach wie vor ist es die kulturelle und soziale Vielfalt, die der Stadt eine geistige Lebendigkeit, ihre vitale Toleranz, ihr schöpferisches Temperament und ihre flexible Assimilationskraft gibt. Berlin war immer nur durch diese Vielfalt mit sich selbst identisch. Die Ausbildung eines urbanen Lebensstils, für den Berlin hierzulande immer noch steht, erschöpft sich weder in den Daten und Ereignissen einer politischen Geschichte Preußens, des Reiches oder – nach 1945 – der beiden deutschen Staaten. Die Kulturphysiognomie Berlins hat sich gewiß nicht unabhängig von der politischen Bedeutung dieser Stadt, aber doch auch in einer eigenen Urbanisierungsdynamik entwickelt. Wenn irgendwo von Stadtmenschen die Rede sein kann, dann vor allem in Berlin, wo im Aufbau des Neuen das Tradierte und Lokale so radikal abgeschliffen wurde, daß – wie Georg Simmel zu Beginn dieses Jahrhunderts geschrieben hatte – »Leben im unterbrochenen Wechsel äußerer und innerer Eindrücke, hauptsächlich im Tempo und in den Mannigfaltigkeiten des wirtschaftlichen, beruflichen und gesellschaftlichen Lebens« möglich war und bis heute möglich geblieben ist.

Gottfried Korff

ABKÜRZUNGEN UND BENUTZERHINWEISE

Abb.	Abbildung
Anm.	Anmerkung
Aufl.	Auflage
B	Breite
Bd., Bde.	Band, Bände
bez.	bezeichnet
Bgr.	Bildgröße
Bl.	Blatt
Blgr.	Blattgröße
bzw.	beziehungsweise
ca.	circa
d.Ä.	der Ältere
d.h.	das heißt
d.J.	der Jüngere
Dm	Durchmesser
f., ff.	und folgende
Fig.	Figur
geb.	geboren(e)
gegr.	gegründet
H	Höhe
H.	Heft(e)
Hg.	Herausgeber
hg.	herausgegeben
i.J.	im Jahre
Jg.	Jahrgang
Jb.	Jahrbuch
Jh.	Jahrhundert
Kap.	Kapitel
kgl., königl.	königliche(r)
L	Länge
l.	links, linke(r)
Lw.	Leinwand
M	Maßstab
M.	Mitte
N.F.	Neue Folge
Nr.	Nummer
N.S.	Neue Serie
o.	oben
Öl/Lw.	Öl auf Leinwand
o.J.	ohne Jahresangabe
o.O.	ohne Ortsangabe
Plr.	Plattenrand
r.	rechts
S.	Seite
s.	siehe
Slg.	Sammlung
T	Tiefe
T.	Teil
Taf.	Tafel
u.	unten
u.a.	unter anderem, und andere
vgl.	vergleiche
z.B.	zum Beispiel
zit.	zitiert
z.T.	zum Teil

Wenn nicht anders angegeben, erfolgen die Maßangaben in der Reihenfolge Höhe × Breite bzw. Höhe × Breite × Tiefe.

Wo statt der Bildgröße ein anderes Maß angegeben ist, wird dieses in Klammern näher erläutert (Plr. = Plattenrand, Blgr. = Blattgröße).

Die Aufzählung von Personen erfolgt von links nach rechts und von vorne nach hinten.

Abkürzungen im Namen des Leihgebers sind im Verzeichnis der Leihgeber aufgeschlüsselt.

Redaktionsschluß für das Objektverzeichnis war der 15. Juni 1987. Spätere Zusagen und Absagen sowie sachliche Ergänzungen und Korrekturen konnten nicht mehr berücksichtigt werden.

ZU DEN KATALOGABBILDUNGEN

Die Berliner Festspiele GmbH dankt allen Leihgebern, die Abbildungsvorlagen für den Katalog zur Verfügung gestellt haben.
Darüberhinaus dankt sie folgenden Archiven und Photographen:
BASEL: Colorphoto Hans Hinz
BERLIN: Jörg P. Anders, Hans-Joachim Bartsch, Bildarchiv PK, Kranichphoto, Wolfgang Krolow, J. Littkemann, Knud Peter Petersen, Peter Schmidt
BREMEN: Erhard Czysty
DÜSSELDORF: Hans Lachmann
FRANKFURT A. M.: Ursula Edelmann, René von Falkenburg, Ursula Seitz-Gray
HAMBURG: Thomas Grebe, Ralph Kleinhempel
HANAU: Thomas Busch
INGOLSTADT: Anni Hochstatter
JERUSALEM: Yoram Lehmann
KARLSRUHE: Walter Schmidt
KOPENHAGEN: Peter Birk Henriksen, Lennart Larsen, Anita Schulin
LINDAU: Ulrike Schneiders
LOHMAR: Theo O. Krath
LUDWIGSBURG: Jörg Jordan
MÜNCHEN: Kerstin Schuhbaum, Michael Volkmann
ODENSE/DÄNEMARK: Wermund Bendtsen
ORSAY/FRANKREICH: Gerard Leyris
OUDERKERK A. D. AMSTEL/NIEDERLANDE: Tom Haartsen
PERCHTOLDSDORF/ÖSTERREICH: Alice Schuhmacher
PLANEGG: Artothek
SEEHEIM: Hanno Wilking
SÜDSTADT/ÖSTERREICH: Marianne Haller
WIEN: Michael Oberer, Herbert Tscherni

REGISTER

Das Register enthält Personen- und Ortsnamen, Bezeichnungen von Firmen, Institutionen und Gebäuden sowie Titel von Zeitschriften und Ausstellungen.

A

B

C

D

E

F

G

H

I

J

K

L

M

N

O

P

Q

R

S

T

U

V

W

Z

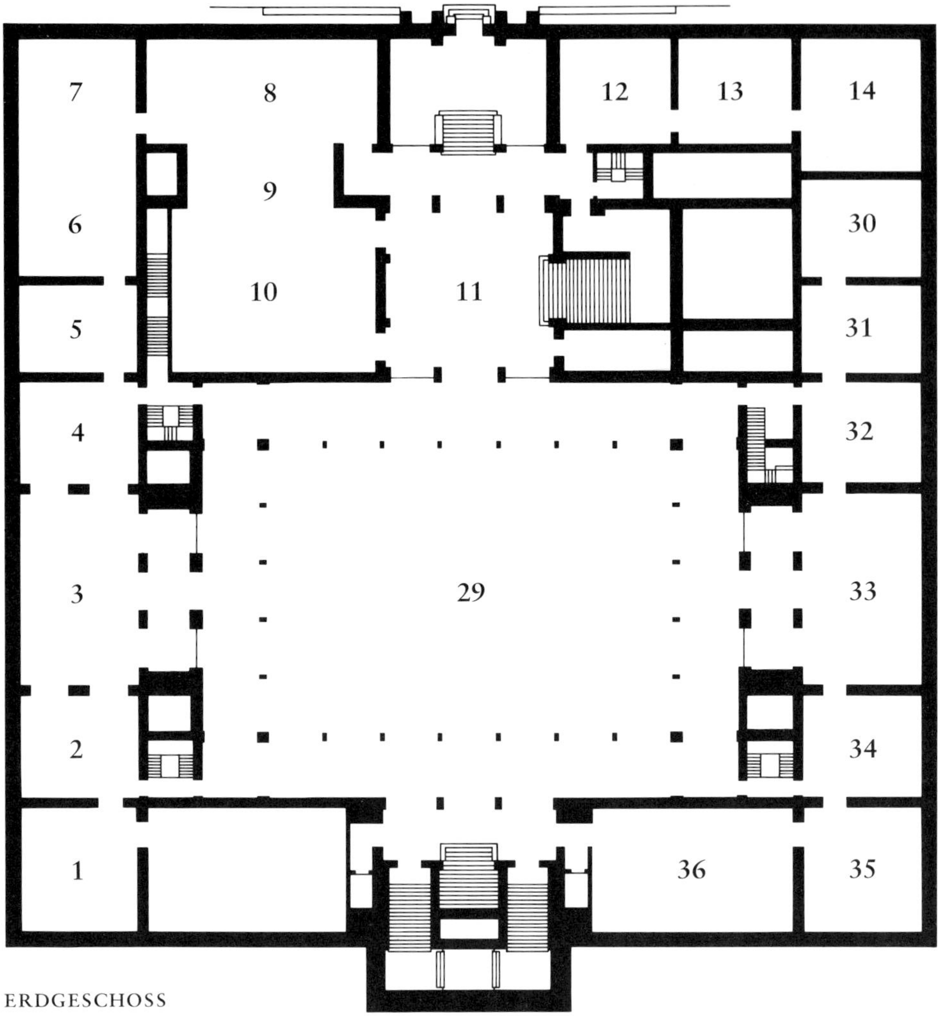

ERDGESCHOSS

I. DIE STADT UND DER HOF
1. Die mittelalterliche Handelsstadt
2. Reformation und Geistesleben
3. Residenz und Garnison
4. Juden, Hugenotten, Böhmen
5. Aufklärung und Emanzipation
6. Das bürgerliche Berlin
7. Krisen und Barrikaden

II. DER AUSBAU DER GROSSEN STADT
8. Industriestandort Berlin
9. Kommunale Selbstverwaltung und Polizei
10. Die Technik der Großstadt
11. Das Grand Hotel
12. Lebensmittelversorgung und Massenkonsum
13. Stadtgrün und Bestattungswesen
14. Gesundheitsvorsorge und Hygiene

V. METROPOLIS
29. Die schnellste Stadt der Welt

VI. INNERE UND ÄUSSERE ZERSTÖRUNG
30. Der Kampf der Symbole
31. Anfänge der Diktatur
32. ›Volksgemeinschaft‹ und Terror
33. Der ›totale Krieg‹

VII. GEGENWART ALS GESCHICHTE
34. Leben in Trümmern
35. Weltpolitik und Stadtgeschichte
36. Stadt der Widersprüche

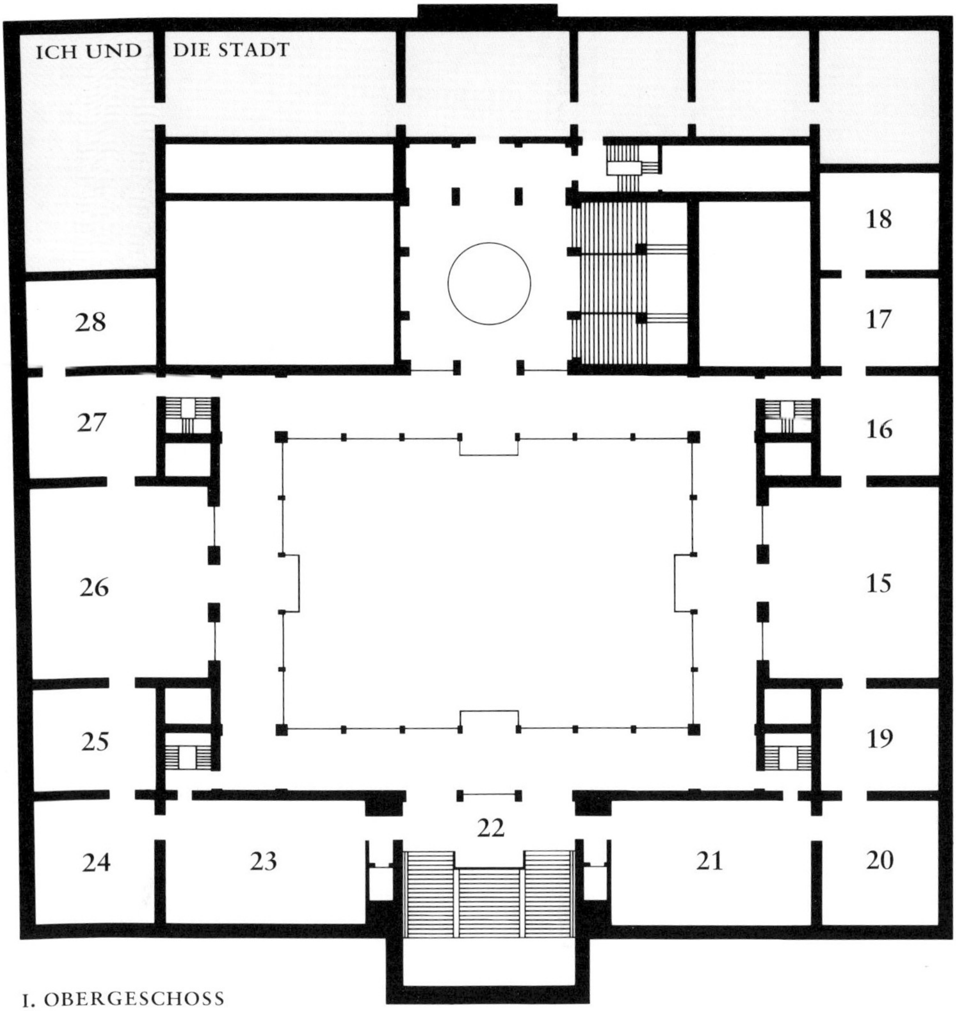

I. OBERGESCHOSS

III. REICHSHAUPTSTADT UND ›PARVENÜPOLIS‹
15. Metropole in Gardeuniform
16. Kunst und Repräsentation
17. Zentrum der Wissenschaften
18. Exkurs: Berliner Töne
19. Das dunkle Berlin
20. Nächstenliebe und Wohltätigkeit
21. Das arbeitende Berlin
22. Zivilisationskritik und Zeitenwende

IV. DAS REPUBLIKANISCHE BERLIN
23. Groß-Berlin: Entwürfe und Probleme
24. Die Befreiung des Körpers
25. Rationalisierung der Arbeit
26. Luna-Park und Metropol
27. Das Gedränge der Namen (Romanisches Café I)
28. Schaubühne und Journalistenbörse (Romanisches Café II)